LA RÉVÉLATION D'ARÈS

THE REVELATION OF ARÈS

Autres ouvrages, articles et textes divers
du frère Michel Potay,
témoin des événements surnaturels et de la révélation d'Arès:

Le Pèlerin d'Arès:
sous forme de brochure (en français seulement):
44 numéros de 1978 à 1988 (épuisé),
sous forme de livre (bilingue français-anglais):
sous titre: «Et ce que tu auras écrit»
3 ouvrages: 1989, 1990 et 1991-1992 (1993-1994 en préparation)

Other books, articles and various texts
by brother Michel Potay,
witness to the supernatural events and the revelation of Arès:

Le Pèlerin d'Arès (The Pilgrim to Arès or *The Arès Pilgrim):*
in brochure form (quarterly, in French only):
44 issues from 1978 to 1988 (out of print),
in book form (bilingual, French-English):
subtitle: «Et ce que tu auras écrit» — *"And what you shall have written"*
3 books: 1989, 1990 and 1991-1992 (1993-1994 in preparation)

LA RÉVÉLATION D'ARÈS

THE REVELATION OF ARÈS

Édition Bilingue
Textes Révisés
Annotations Entièrement Réécrites

Bilingual Edition
Revised Texts
Entirely Rewritten Annotations

Traduit en anglais par le frère Michel Potay,
témoin des événements surnaturels et de la révélation d'Arès

Translated into English by brother Michel Potay,
witness to the supernatural events and the revelation of Arès

MAISON DE LA RÉVÉLATION, 33740 ARÈS, FRANCE

Cet ouvrage est publié par
This book is published by

Frère Michel Potay,
MAISON DE LA RÉVÉLATION
46, avenue de la Libération, B.P. 16, 33740 ARÈS (France)

Tous droits réservés. Aucune partie de cet ouvrage ne peut être copiée ou reproduite sous aucune forme ni par aucun procédé que ce soit: mécanique, photographique, électronique, y compris la photocopie, l'ordinateur, le scanner, l'enregistrement sonore, etc., sans autorisation préalable expresse de l'éditeur.

All rights reserved. No part of this book may be reproduced or transmitted in any form or by any means, mechanically, photographically, electronically, including photocopying, computering, scannering, recording, taping, etc., without prior permission in writing from the publisher.

La Révélation d'Arès — *The Revelation of Arès*
© Frère Michel Potay 1995
Première édition bilingue Français-Anglais
Textes révisés
Annotations entièrement réécrites,

First bilingual edition, French-English
Revised texts
Entirely rewritten annotations

Imprimé en France
Printed in France

Principales éditions antérieures: L'Évangile Donné à Arès 1974
Le Livre (paru dans le périodique Le Pèlerin d'Arès) 1978, 1980
La Révélation d'Arès Intégrale 1984, 1987, 1989 (nombreuses réimpressions)

Main previous editions: The Gospel Delivered in Arès 1974
The Book (published in Le Pèlerin d'Arès, a periodical) 1978, 1980
The Revelation of Arès, complete edition, 1984, 1987, 1989 (reprinted many times)

Copyright Washington, Library of Congress :
First 1988 — For this Edition 1995

ISBN 2-901821-07-03

Mes sœurs, toutes les femmes,
et mes frères, tous les hommes,
Voici réapparue la floraison de l'arbre de Vérité, qui
nous invite à nous greffer à lui et à faire des fruits.
Personne n'est exclu. La rudesse de l'écorce, par
endroits, n'est que celle de l'Amour qui se protège.
J'atteste que cette révélation, qu'elle soit passée par mes
oreilles et par mes yeux en 1974 et 1977 ou par mon
âme et par mon esprit par la suite, est du Créateur.

My sisters, all of women,
and my brothers, all of men,
Here has reappeared the blossom of the tree of Truth
which prompts us to graft onto it and grow into fruit.
No one is left out. The ruggedness of the bark, in places,
is but that of Love which protects itself.
I attest that this revelation, whether it passed through
my ears and eyes in 1974 and 1977 or through my soul
and mind afterwards, is by the Maker.

<table>
<tr><td>

SOMMAIRE

Introduction Générale 1995   12

Introduction Générale 1989   26

1. L'Évangile Donné à Arès :

Liminaire de 1974   44

Liminaire de 1981   66

Préface de 1983   80

L'ÉVANGILE
DONNÉ À ARÈS   106

2. Le Livre :

Récits, Notes et Réflexions   348

Liminaire de 1982   442

Préface de 1983   464

LE LIVRE   474

3. Appendices :

Nous croyons,
Nous ne croyons pas   718

Informations Générales   768

</td><td>

CONTENTS

1995 General Introduction   13

1989 General Introduction   27

1. The Gospel Delivered in Arès :

1974 Front Matter   45

1981 Front Matter   67

1983 Foreword   81

THE GOSPEL
DELIVERED IN ARÈS   106

2. The Book :

Accounts, Notes and Thoughts   349

1982 Front Matter   443

1983 Foreword   465

THE BOOK   474

3. Appendices :

We believe,
We do not believe   719

General Information   769

</td></tr>
</table>

LA
RÉVÉLATION
D'ARÈS

THE
REVELATION
OF ARÈS

INTRODUCTIONS
GÉNÉRALES

GENERAL
INTRODUCTIONS

1995

1989

LA RÉVÉLATION D'ARÈS

INTRODUCTION GÉNÉRALE
DE
L'ÉDITION BILINGUE
FRANÇAISE-ANGLAISE (1995)

Sous les apparences d'un texte religieux, jamais révélation surnaturelle n'a posé la question de la Vérité, de Dieu et de la religion de façon aussi aiguë. Jamais nous n'en avons su aussi peu sur Dieu, mais aussi nous n'avons jamais été aussi sûrs de son existence, jamais aussi proches de lui. Et jamais avant 1974 et 1977 nous n'avions compris ce qu'est tout homme : un Dieu.

Quand, en 1974, commença l'événement surnaturel qui allait bouleverser ma vie, la première évidence qui se dégagea de Jésus, de sa présence physique comme de ses paroles, fut que les théologiens n'avaient pas assez fait valoir ce verset de la Genèse : « Il créa l'homme à son image et ressemblance »(1), parce qu'ils n'avaient pas défendu la Vérité, mais la religion. Ils avaient fait de la religion un Dieu pour dominer l'homme(2). Or l'homme n'est pas le sujet du Créateur, mais le « fils », et le co-créateur de ce monde. « Assujettis la terre ! », lui dit le Père(3). Il va sans dire que l'homme est encore moins le sujet de la religion, que Dieu appelle « roi blanc »(4), ni le sujet de la politique, de l'argent et de l'intellect, que Dieu appelle « roi noir »(4). L'homme est bien un Dieu, ce que Dieu lui-même rappelle à propos de tout homme qui a vaincu le péché et retrouvé la vie spirituelle(5). Ceci nous amène à cette révision capitale : Ce n'est pas la foi, mais le comportement ou l'action en conformité avec le Plan Créateur, qui est le facteur déterminant du salut de l'humanité. Ainsi, même l'incroyant qui retrouve l'amour et l'intelligence(6) de sa vraie vocation humaine, peut être un christ, un messie.

On me demande quelquefois : « Vous avez reçu la visite de Dieu. À votre avis, qu'est Dieu ? » Je réponds que dans l'église j'avais et j'enseignais une théorie sur lui, mais que depuis qu'il m'a lui-même parlé, en 1977, je suis bien incapable d'en donner une définition. Je me contente de lui attribuer les noms qu'il s'attribue lui-même, notamment « Père » et « Je », ce qui ne nous renseigne pas beaucoup sur sa nature. Mais nous avons une absolue certitude : Des liens étroits nous unissent, lui et nous. À nous, qui ne représentons qu'une poussière physique (mais sans doute une énorme potentialité spirituelle) dans l'univers, Dieu porte un intérêt considérable. Si fort est son intérêt que l'intérêt que l'homme le plus aimant porte à un

---

1. Genèse 1/27.
2. L'Évangile Donné à Arès 3/4-5.
3. Genèse 1/28, 9/7.
4. Le Livre XXXI/12, XXXVII/14 + autres références.
5. L'Évangile Donné à Arès 2/13.
6. L'Évangile Donné à Arès 32/5.

THE REVELATION OF ARÈS

GENERAL INTRODUCTION OF THE FRENCH-ENGLISH BILINGUAL EDITION (1995)

Under the exterior of a religious text no supernatural revelation has ever raised the question of Truth so acutely, God and of religion. Never have we known so little about God, but at the same time we have never been so positive about his existence, we have never been so close to him. And never before 1974 and 1977 had we understood what every man is : a God.

When, in 1974, the supernatural event that was going to change radically my life began, the first obvious fact which Jesus, his physical presence and his words alike, brought to light was that theologians had not enough emphasized the verse of Genesis, "He created man in his image and likeness" (1), because they had stood up for religion, but not for Truth. They had made religion a God to hold sway over man(2). But man is not the Creator's subject; he is the Creator's 'son', he is the co-creator of this world. The Father told him, "Subdue the earth!" (3). It goes without saying that man is still less the subject of religion, which God calls 'the white king' (4), and that he is not the subject of politics, money and intellect, which God calls 'the black king' (4). Man is definitely a God, which God himself recalls with reference to every man who has conquered sin and regained spiritual life(4). This brings us round to a cardinal reappraisal : It is not faith, it is behavior or action in accordance with the Maker's Plan which is the determining factor of man's salvation. So, even a nonbeliever who regains love and the understanding or intelligence (5) of his true human vocation, can become a christ, a messiah.

I sometimes happen to be asked, "God has visited you. In your opinion, what is God?" I answer that when I was a churchman I used to have and teach a theory on him, but since he spoke to me, in 1977, I have been definitely unable to state a definition of him, I have contented myself with calling him by the names that he calls himself, notably 'Father' and 'I', which does not give us much information about his nature. But we have an absolute certainty : We are closely related to him. In us, who constitute only some physical dust (but probably an enormous spiritual potentiality) in the universe, God takes a considerable interest. So strong is his interest that the interest the most loving man shows in another man is compar-

---

1. Genesis 1/27.
2. The Gospel Delivered in Arès 3/4-5.
3. Genesis 1/28, 9/7.
4. The Book XXXI/12, XXXVII/14 + other referrences.
5. The Gospel Delivered in Arès 2/13.
6. The Gospel Delivered in Arès 32/5.

autre homme est faible en comparaison. Par là nous découvrons qu'aucune religion ne nous a aidés à retrouver la nature originelle d'Adam. La vie spirituelle, la vraie foi dynamique et créatrice, n'a pas encore recommencé depuis la chute.

Toutefois, je peux me faire une idée de Dieu, une idée très vague mais pas trop folle de lui, en regardant mon frère humain. Mais, depuis La Révélation d'Arès, les questions théoriques ne comptent plus beaucoup. Nous savons désormais ce que nous devons faire.

LA VÉRITÉ FLEURIT TOUJOURS LOIN D'OÙ TOMBE LA GRAINE[1].

Si, plus de vingt ans après les apparitions de Jésus et L'Évangile Donné à Arès (1974), dix-sept ans après les Théophanies et Le Livre (1977), vous arrivez à Arès[2], petit port ostréicole du Bassin d'Arcachon, vous trouvez ses habitants majoritairement ignorants de l'événement qui a motivé votre long voyage — même la mairie et l'office de tourisme semblent l'ignorer —. Ceux qui en parlent ont généralement un air pincé ou goguenard ; très rares semblent ceux qui en parlent avec respect ou intérêt. Mais à des centaines de kilomètres d'Arès dans certaines grandes villes de France, et même à des milliers de kilomètres de là, par exemple dans les Iles Britanniques, en Amérique et jusqu'en Australie, vous trouvez des gens qui connaissent La Révélation d'Arès. Sans parler de la Suisse, de l'Allemagne, de la Belgique, de la Hongrie, de la Pologne, de la Russie, de l'Amérique du Sud, de l'Afrique, et j'en passe. Il y a deux mille ans on trouvait le même contraste entre Nazareth, où l'évocation de Jésus faisait hausser les épaules, et le reste de l'empire romain où l'Évangile commençait à recevoir une certaine considération.

POURQUOI AUCUNE TRADUCTION NE FUT ÉDITÉE AVANT 1995.

Cependant, aucune traduction de La Révélation d'Arès n'a encore circulé. La présente traduction est la première éditée. Elle est anglaise et bilingue. Anglaise parce que cette langue est la grande charrue polysoc sur le champ d'idées terrestre ; bilingue, parce que Jésus puis Dieu à Arès ont parlé en français et que le texte français reste l'incontournable référence.

Pourquoi aucune traduction ne fut-elle éditée avant 1995 ? Le propre et le devoir du prophétisme étant de se répandre, des traductions en plusieurs langues sont depuis longtemps envisagées, bien sûr. Mais leur édition ne m'a pas seulement posé le problème immédiat et pratique de la traduction proprement dite, de l'imprimerie et de la diffusion lointaine, il m'a surtout posé le problème médiat et essentiel des retombées prévisibles : Comment faire face à l'émotion des lecteurs lointains ?

Ce livre n'a-t-il pas déjà ému 200.000 lecteurs de langue française, si je me fonde sur le nombre approximatif de lettres que j'ai reçues de 1974 à 1995 ? Du travail considérable auquel ce courrier m'a astreint j'ai appris la prudence et acquis la conscience de mes limites humaines. Bref, La Révélation d'Arès n'étant pas un roman mais un Appel universel, sa diffusion pose, outre un problème financier et logistique, le problème de l'accueil spirituel des âmes naissantes, de

---

1. Luc 4/24.
2. Arès se trouve dans le Sud-Ouest de la France à 47 km (29 miles) de Bordeaux en direction du Cap Ferret.

atively faint. In this we discover that no religion whatever has ever helped us to restore us to Adam's original nature. Spiritual life, the true dynamic creative faith, has not yet resumed since the fall.

Nevertheless, I can get some idea of God, an obscure, though not too silly idea of him, by looking at my human brother. But, since The Revelation of Arès was delivered to us, theoretical questions have counted for little. From now on we know what we have to do.

TRUTH ALWAYS BLOSSOMS A LONG WAY FROM WHERE THE SEED FALLS(1).

If, more than twenty years after Jesus' appearances and The Gospel Delivered in Arès (1974), seventeen years after the Theophanies and The Book (1977), you arrive in Arès(2), a small oyster farming town by the Bay of Arcachon (France), you find out that most of the inhabitants are unaware of the event that has motivated your long journey—Even the town hall and tourist information staff seem unaware of it—. The persons who talk about it are usually stiff or quizzical; very rare are those who talk about it with respect or interest. But in French cities hundreds of miles from Arès, and even thousands of miles away in such areas as the British Isles, America and even Australia, you may meet persons who have known of The Revelation of Arès. Not to mention Germany, Switzerland, Belgium, Hungaria, Poland, Russia, South America, Africa, and that's not all. Two thousand years ago Nazareth, where people used to shrug their shoulders at an evocation of Jesus, made the same contrast with other areas of the Roman empire where people were beginning to regard the Gospel as something to be reckoned with.

THE REASON WHY NO TRANSLATION WAS PUBLISHED BEFORE 1995.

Still, no translation of The Revelation of Arès has been circulating yet. This translation is the first published. It is English and bilingual. English, because that language is the big multiple plow on the terrestrial field of ideas; bilingual, because Jesus and after him God spoke French in Arès so that the French original will for ever remain the inescapable reference.

Why was not any translation published before 1995 ? Since to spread around the world is the specific characteristic and duty of prophetism, translations into various languages have been long envisaged, of course. But not only have their publishing raised the immediate problems of translation strictly speaking, of printing and of circulation in faraway areas, but it has particularly posed for me the mediate essential problem of the foreseeable fallouts: How to cope with the stir and emotion of faraway readers?

Has not this book already moved 200,000 French speaking readers, an evaluation based on the approximate number of letters I received from 1974 to 1995? From the considerable work which that mail forced upon me I learned prudence, and gained consciousness of my human limits. In short, since The Revelation of Arès is not a novel, but a universal Call, its circulation throughout the world raises, apart from a financial and logistical question, the problem of the spiritual reception and welcome of the nascent souls and the availability which they are to

---

1. Luke 4/24.
2. Arès is situated in southwestern France, 29 miles (49 km) west of Bordeaux (going to Cape Ferret).

la disponibilité qu'elles attendent de moi et de nos missions. Il faut bien reconnaître que le problème de la disponibilité est encore loin d'être résolu.

Quand un livre de Vie — non un livre d'idées — comme La Révélation d'Arès touche le cœur, le cœur pérégrine irrésistiblement. De là le nom instinctivement donné, dès 1975, à ceux qui croient dans ce livre : Pèlerins d'Arès. De là aussi l'image de l'Exode par quoi je désigne souvent le mouvement d'âmes que cette Révélation a provoqué :

L'Exode émotionnel d'abord. Évasion hors des habitudes de foi ou de pensée, hors de la culture. Rencontre avec le grand Appelant perpétuel, qu'on croit nouveau, mais qui, défiguré, n'était qu'oublié. Délices et souffrances de trouver le vrai Créateur et la vraie vocation humaine : se (re)créer et (re)créer le monde et non attendre la Grâce et la Miséricorde des sacrements ou de l'observation d'un formalisme.

L'Exode-pèlerinage ensuite. L'irrésistible désir de mettre le cap sur Arès, de s'incliner sur le lieu où Dieu parla — ce qui n'arrive qu'une fois tous les mille ou deux mille ans —. Et l'irrésistible désir de faire escale dans nos missions, de rencontrer des «vieux» Pèlerins d'Arès pour voir comment ils vivent leur foi dans La Révélation d'Arès. Mais à Arès pour accueillir le voyageur ? Il n'y a personne en dehors du Pèlerinage de Feu, l'été, et encore ; cet accueil jusqu'à présent a été plus ou moins improvisé, assuré par des sœurs et des frères de grande foi mais d'expérience inégale, et seulement en langue française. En dehors d'Arès, nos groupes et nos missions à Paris, Lorient, Strasbourg, Lyon, etc., sont spontanés et libres, comme l'est la foi arésienne, et ne montrent pas encore le haut niveau spirituel qu'ils visent — «quatre générations ne suffiront pas».

L'Exode conquérant enfin. Non l'Exode que les Hébreux changèrent en violente aventure politico-religieuse et en inhumaine agression contre Canaan, mais l'Exode conquérant spirituel qui n'a jamais eu lieu, qu'il faut enfin commencer pour rendre heureuse toute la terre, car la «terre promise» est toute la terre sur laquelle l'amour et la sagesse doivent se répandre.

Tout est à commencer. Nous sommes dans la préhistoire de la vie spirituelle. C'est pourquoi tout Pèlerin d'Arès, outre un pénitent, doit être un moissonneur, un apôtre. Mais cet Exode, quelle tâche ! Alors, on devine la question qui me hanta pendant les années où je réfléchis à l'édition de traductions de La Révélation d'Arès et à leur diffusion dans le monde : «Suis-je déjà celui, sommes-nous déjà ceux que comptent rencontrer les frères lointains qui feront le voyage jusqu'à nous, et sur qui leurs propres pénitences et missions pourront se calquer ?» Autrement dit, était-il sage de déclencher déjà le grand Exode partout ? Question d'autant plus préoccupante que le mouvement arésien est libre, non dogmatique, non gouverné, placé sous la seule responsabilité de consciences individuelles. Ce mouvement pouvait-il être élargi en l'absence d'un modèle ? La vie spirituelle, certes, n'est que Vie avec toute la diversité de la vie, mais elle n'est pas n'importe quelle vie. J'étais tourmenté.

Alors, la Sagesse me secoura. Elle m'envoya une maladie, aujourd'hui guérie, qui de 1991 à 1993 m'obliga à envisager ma disparition et à accélérer ma tâche. La Sagesse me rappela à l'inévitable imperfection des choses et aux risques qu'il faut courir dans toute entreprise, même spirituelle. Elle me rappela notamment que si les premiers Pèlerins d'Arès étaient dévoués mais décevants, les apôtres de Jésus, les compagnons de Mahomet, les disciples de tous les prophètes n'avaient

expect from me and our missions. I must admit that we are still a long way from solving the problem of availability.

When a book of Life—not a book of ideas—like The Revelation of Arès touches a heart, that heart begins peregrinating irresistibly. Hence the name instinctively given in 1975 to those that believed in this book: 'Les Pèlerins d'Arès', that is, the Pilgrims to Arès or Arès Pilgrims. Hence also the image of the Exodus by which I have often called the movement of souls brought about by this Revelation:

First the emotional Exodus. An escape from habits of faith and thought, from culture. An encounter with the great perpetual Caller whom one thinks is new, but who, disfigured, was just forgotten. Delights as well as sufferings discovering the true Creator and man's true vocation: to (re)create himself and (re)create the world, and not to expect Grace and Mercy from sacraments or the submission to some formalism.

Then the pilgrimage-Exodus. The compelling need to head to Arès and bow down before the spot where God spoke—which occurs once every one thousand or two thousand years—. And the compelling need to put in at our missions, meet 'old' Arès Pilgrims and see how they live out their faith in The Revelation of Arès. But who welcomes travelers in Arès? No one, except during the Pilgrimage of Fire in summer, and even that reception is not flawless; thus far it has been more or less improvised, performed by sisters and brothers of great faith but unequally experienced, and only in French. And, outside Arès, our groups and missions in Paris, Lorient, Strasbourg, Lyon, etc., are spontaneous and free, just as is Aresian faith, and they do not yet show the high spiritual standard that they have set out to reach—"four generation will not be enough".

Finally the conquering Exodus. Not the Exodus which the Hebrews turned into a violent political and religious experience and an inhuman aggression against Canaan, but the conquering spiritual Exodus that has not yet been achieved, that we must initiate at last in order to make the whole earth happy, considering the 'promised land' is the whole earth over which love and wisdom are to spread.

Everything is to begin. We still live in the prehistory of spiritual life. For this reason not only must every Arès Pilgrim be a penitent, but he or she must be a harvester, an apostle. But that Exodus, what a hard task! So, the reader guesses the sort of question that haunted me for the years when I thought about publishing translations of The Revelation of Arès and circulating them in the world, "Am I already the one, are we already those whom our faraway brothers likely to journey to France expect to meet, and whom they can model their own penitence and mission on?" In other words, was it wise of me to set off the great Exodus already anywhere? The question was all the more worrying since the Arésian movement is free, not dogmatic, not ruled, only placed under the joint responsibility of individual consciousnesses. Was it appropriate to let this movement spread and develop without a model? Spiritual life, of course, is just Life, it has the wide diversity of life, but it is not just any life. I was in great torment.

Wisdom came to my assistance. It sent me a disease, which would be cured later, but which from 1991 to 1993 forced me to foresee my possible death and to speed up my task. Wisdom reminded me of the inevitable imperfection of things and the risks we are bound to take in all undertakings, even spiritual ones. Wisdom reminded me particularly that Jesus' apostles, Muhammad's companions, all other prophets' disciples had not been less devoted but disappointinge than we, early

pas moins été dévoués mais décevants. Face à cette déception générale les premiers croyants, à chaque étape prophétique de l'histoire, peuvent opter pour le réalisme, la patience et l'humilité, ou pour l'irréalisme et la présomption. L'irréalisme, rappela la Sagesse, l'avait toujours emporté: Partout, à toute époque, on avait idéalisé les premiers disciples, on les avait déclarés au-dessus des faiblesses humaines; on avait canonisé les apôtres. La réputation de sainteté de chaque première génération s'était poursuivie jusqu'à nous, de sorte que les premiers croyants d'Arès se sont persuadés qu'ils devaient être des parfaits, des admirables, ou vivre cachés. Ainsi la Sagesse me fit-elle mieux comprendre — bien comprendre est toujours mieux comprendre — pourquoi la Parole nous demande de répéter quatre fois par jour que «le Père seul est Saint»[1], et pourquoi elle insiste sur le grand nombre d'hommes[2], d'hommes ordinaires comme vous, comme moi — non des saints — qu'il faudra pour «changer le monde»[3]. Alors je décidai d'appeler le monde et j'entrepris d'éditer cette traduction anglaise.

PROBLÈMES DU TRADUCTEUR.

Je suis à la fois le témoin de La Révélation d'Arès et son traducteur en anglais. Je suis bien le dernier qualifié pour cette traduction. Donc, tout naturellement, d'autres personnes qualifiées ou très qualifiées firent les premières traductions anglaises de ce livre. De 1977 pour l'Évangile Donné à Arès seul, à 1987 pour l'ensemble de La Révélation d'Arès, quatre traductions anglaises complètes ou partielles furent effectuées. Les quatre contenaient des fautes de sens et des défigurements. Les fautes de sens étaient pour la plupart légères, mais nombreuses et sensiblement déformantes; certaines étaient hélas lourdes et radicalement trompeuses. Par défigurement j'entends, par exemple, la tendance des traducteurs à mettre en langue ordinaire un parler surnaturel inordinaire, ou à rationaliser celui-ci. Je demandai: «Pourquoi n'avez-vous pas traduit telle phrase comme elle est?» Tel ou tel traducteur me répondait: «Parce que cela n'est pas naturel en anglais; pour une oreille anglaise c'est bizarre.» Je devais alors rappeler: «Mais cela ne se dit pas non plus en français; c'est tout aussi bizarre pour une oreille française. Pourtant, le Père (ou Jésus) prononça ces mots. Jésus et le Père voulaient clairement provoquer un dépaysement, sortir des clichés et des impasses intellectuelles.» Non seulement les styles et les tons des traducteurs ne reflétaient pas toujours ceux si particuliers de La Révélation d'Arès, mais la traduction par elle-même était parfois sommaire, abrégée ou même escamotée, notamment quand la phrase française, ses inversions, sa complexité, sa logique serpentine mais rigoureuse, posaient à la phrase saxonne un problème de rendu difficile, mais non insoluble en y mettant le temps.

Je ne fais aucun reproche à ces traducteurs. Bien au contraire. Quand je pense au temps qu'ils passèrent à ce travail je suis pris de tendresse et de reconnaissance fraternelles. Si la présente traduction n'est pas trop éloignée de ce qu'une traduction idéale de La Révélation d'Arès doit être, c'est eux qu'il me faut remercier. Ils me firent découvrir que traduire est très difficile et demande beaucoup de temps, dont ils ont probablement manqué, et que traduire La Révé-

---

1. L'Évangile Donné à Arès 12/4.
2. L'Évangile Donné à Arès 24/2 et 4-5.
3. L'Évangile Donné à Arès 28/7.

Arès Pilgrims, were devoted but disappointing. Confronted with such a disappointment at every stage of prophetism believers can opt either for realism, patience and humility or for unrealism and presumption. Unrealism, Wisdom reminded, had always overridden realism: Everywhere, in all times of history, the first disciples had been idealized, declared to be above human weaknesses; the apostles had been canonized. The reputation of sanctity of every early generation had been handed down to us so that the early Aresian believers had persuaded themselves that they must either be perfect and admirable or live hidden. So Wisdom made me understood better—to understand well is to understand better and better—why the Word asks us to repeat four times a day that "The Father is the only Saint" (1), and why it lays stress on the great number of men(2), ordinary men like you, like me—no saints—will be necessary for "changing the world" (3). Then I made up my mind to call the world and I set myself to prepare the publication of this English translation.

<u>THE TRANSLATOR'S PROBLEMS</u>.

I am both the witness to The Revelation of Arès and its translator into English. I am definitely the less competent person to fulfil that task. It was therefore natural for other persons qualified, one of them very qualified, to translate this book into English first. From 1977 for The Gospel Delivered in Arès to 1987 for The Revelation of Arès in its entirety four complete or part translations were carried out. The four of them contained wrong meanings and disfigurements. The wrong meanings were mostly slight, but numerous and noticeably distorting; some were unfortunately serious and radically deceptive. By disfigurement I mean, for example, the translators' leaning towards putting the uncommon supernatural speech into common speech, or rationalizing it. I asked, "Why haven't you translated that sentence just as it is?" Such-and-such translator replied to me, "Put like that it is not natural in English; to English speaking people it sounds bizarre," And I had to explain, "But even to French speaking people it sounds bizarre; it is not natural in French either. Yet the Father (or Jesus) did utter these words. Jesus and the Father clearly willed the listeners into feeling disorientation, they wilfully kept away from clichés and intellectual dead ends." Not only did the translators' styles and tones often failed to reflect the styles and tones peculiar to The Revelation of Arès, but parts of the translation itself were summary, shortened or even dodged, particularly where the French sentence, its inversions, its intricacy, its serpentine but rigorous logic, posed a problem of rendering for the Saxon sentence, a difficult though not insolvable problem, should the necessary time be taken.

I do not direct any reproaches at those translators. Quite the contrary! When I recall their spending very much time on that work I feel brotherly tenderness for them, and deep gratefulness to them. If this translation is not too remote from what a translation of The Revelation of Arès ought to be, I have them to thank for it. They brought me to find out that translating is very difficult and requires much time, which they may have lacked, and that translating The Revelation of Arès and the appended texts is especially hard and takes a huge amount of time. Those

1. The Gospel Delivered in Arès 12/4.
2. The Gospel Delivered in Arès 24/2 & 4-5.
3. The Gospel Delivered in Arès 28/7.

lation d'Arès et les textes qui l'accompagnent est une tâche particulièrement difficile et dévoreuse de temps. Ces traducteurs me firent aussi comprendre que toute traduction n'est jamais qu'un compromis.

Pour résumer, je fus confronté à l'alternative : Ou bien me décider pour une traduction en bon anglais courant, élégant, grammaticalement parfait, mais relatif et parfois faux quant au sens et à l'atmosphère, ou bien tenter moi-même de traduire dans un anglais inélégant, et même boiteux par endroits, mais plus proche du sens et de l'esprit originaux, présentant moins d'erreurs de fond en tout cas. N'étant qu'un traducteur d'occasion, hésitant, j'avais sur ceux qui possèdent parfaitement la langue anglaise une supériorité: Doutant de moi, je vérifie tout ce que je fais. J'ai ainsi vérifié presque chaque mot de cette traduction dans plusieurs dictionnaires, notamment Oxford, Webster, Longman, American Heritage.

UNE LUMIÈRE TOTALE AU-DESSUS DES CATÉGORIES DE SAVOIR ET DE PENSÉE.

Dans l'introduction de 1989, qui n'est qu'une mise à jour de l'introduction de 1984, je soulignai les difficultés rencontrées pour éditer et promouvoir La Révélation d'Arès en France dès 1974. Vingt ans plus tard, évoquant avec quelques éditeurs le temps où ils éconduirent ce livre, j'ai retenu de leurs réponses ceci : Quelques éditeurs avaient bien réalisé l'importance du livre, mais ne savaient pas dans quelle collection le placer. Par «religion» l'édition entend «religions traditionnelles»; La Révélation d'Arès, bien qu'étant de source surnaturelle, ne s'y range pas. «Ésotérisme» évoque la réservation à un petit nombre d'initiés de connaissances et de pouvoirs mystérieux ; La Révélation d'Arès, populaire et vulgarisatrice par essence, en est tout le contraire. Par «philosophie ou métaphysique» l'édition désigne un ensemble de systèmes intellectuels, mais La Révélation d'Arès n'est pas intellectuelle. Etc.

Les libraires confirment la difficulté de classer La Révélation d'Arès. La raison en est claire : Elle est la Parole de Dieu, surnaturelle mais non religieuse, non politique, non juridique, non cabalistique, non idéologique, non fictionnelle. Elle est simplement et entièrement la vie, elle invite à la vie au sens le plus large et sublime du mot. Une fois de plus on constate que quand Dieu parle, il gêne, il tente l'homme de le rejeter, parce que sa Parole est étrangère aux idées et valeurs établies, sacralisées, même quand elle connote celles-ci. Dépassante, dépaysante ? C'est encore peu dire. Si le Père dit homme, amour ou mort, ce qu'il entend par chacun de ces mots est, à l'évidence, très différent de ce que les cultures humaines y ont enfermé. La Parole est d'un autre ordre ; si cela ne saute pas aux yeux, c'est parce qu'elle s'habille d'une langue humaine. Sans entrer dans ce sujet immense, notons cette différence caractéristique : Les idées et valeurs établies, religieuses ou non, étant toutes systématisées, étant notamment des réductions, divisions et subdivisions, elles ne s'accomodent pas au dépassement, à la transfiguration à quoi Dieu ne cesse d'appeler l'homme. Les plus audacieuses synthèses religieuses ou philosophiques n'envisagent pas que l'homme soit vraiment «image et ressemblance » du Créateur et capable de se créer transcendant. Certains libraires, sentant ou comprenant le caractère transcendant de La Révélation d'Arès, en répartissent des exemplaires à travers tous les rayons avec lesquels elle peut avoir quelque chose en partage.

translators also made me understand that a translation whatsoever is but a compromise.

To sum things up, I found myself confronted with the following alternative: Either to plump for The Revelation of Arès translated into good standard English, elegant in style and neat in grammar, but relative and even false in parts as to the meaning and the atmosphere alike, or to attempt to translate it myself into inelegant English, even clumsy here and there, but closer to the original meaning and spirit, containing less basic mistakes, in any case. As a hesitant occasional translator I had a superiority to those who master perfectly the English language: As I am unsure of myself, I check everything I do. So I have laboriously checked the meaning of most words of this translation in several dictionaries, notably Oxford, Webster, Longman, American Heritage.

<u>A TOTAL LIGHT ABOVE THE CATEGORIES OF KNOWLEDGE AND THOUGHT.</u>

In the 1989 Introduction, which was just an update of the 1984 Introduction, I laid stress on the impediments I had encountered while undertaking to publish and promote The Revelation of Arès as soon as 1974. Twenty years later, it may happen that I meet with publishers and recall the time when they dismissed this book; from their answers I have learned this: Some publishers had realized the importance of the book, but were irresolute about the collection in which it might have belonged. By 'religion' the publishing industry means 'traditional religions'; The Revelation of Arès does not belong among them, although its source is supernatural. 'Esotericism' conjures up reservation of mysterious knowledge and abilities for a few initiates; as The Revelation of Arès is popular and popularizing in essence, it is contrary to esotericism. By 'philosophy and metaphysics' the publishing industry means a congeries of intellectual systems, but The Revelation of Arè is not intellectual. Etc.

Booksellers' remarks confirm the difficulty in classifying The Revelation of Arès. The reason for this is clear: It is God's Word, supernatural but not religious, not political, not juridical, not cabalistic, not ideological, not fictional. It is merely and entirely life, it invites men to life in the broadest, most sublime sense. Once more we see that God, whenever he speaks to men, embarrasses them, tempts them to reject him, because his Word is foreign to the established ideas and values which man regards as sacred, even when the Word connotes them. Is it exceeding, disorienting? These are understatements. The Father says 'man', 'love', 'death', but what he means by these words is quite evidently different from what human cultures have enclosed in them. The Word lives in another connection, which is not obvious at first sight because the Word clothes itself in a human language. Without entering into that immense issue, let us notice one typical difference: Since all of the established ideas and values are systematized, and since they are notably reductions, divisions and subdivisions, they cannot adapt to surpassing and transfiguration which God keeps calling on man to strive after. The most daring religious and philosophic syntheses never view man as the Maker's real 'image and likeness' able to create himself transcendent. Some booksellers sense or even understand the transcending nature of The Revelation of Arès; they distribute copies of it between all the counters in which it may have a share.

Quand au IIIe s. av. J.C. à Alexandrie soixante-dix sages recensèrent la Bible hébraïque (non sans soulever des remous dans la judaïté), quand vers 400 à Carthage une commission ecclésiastique détermina la Bible chrétienne (non sans provoquer des remous dans le chrétienté), et quand vers 655 à Médine Uthman Ibn Affan fixa d'autorité le Coran (non sans déclencher les protestations des vieux compagnons de Mahomet encore vivants), tous eurent à trier des textes nombreux et disparates dont aucun, ancien ou récent, n'était plus indiscutablement la pure Parole de Dieu. Ces textes formaient un ensemble de déclarations, préceptes, lois, récits, commentaires et gloses, desquels il était difficile ou impossible de discerner l'unique Vérité fondamentale, autrement dit, les paroles vraiment entendues du Ciel. À l'inverse, La Révélation d'Arès est la pure Parole du Père ; je l'affirme, parce que j'en suis le témoin en même temps que le transcripteur et l'éditeur. La Révélation d'Arès constitue à la fois un document et un fait historique sans précédents. L'affirmer est le premier point de ma mission prophétique.

    Pour autant, cette pure Parole n'est pas sans poser de problèmes. D'abord le problème de la foi. On croit ou on ne croit pas en cette Parole — notons que ne sont sacrées, donc «authentiques», que les choses dans lesquelles on croit —. Il en fut ainsi à toute époque prophétique, mais de nos jours les hommes, finalement «scandalisés»(1) par les religieux comme par les idéologues, tendent à croire beaucoup moins. Ensuite, quand on a foi dans La Révélation d'Arès, il y a les problèmes qu'elle pose à certaines sensibilités et terrains culturels, à commencer par le problème qu'elle posa à mes propres sensibilité et terrain culturel. De ma gangue de préjugés la lumière dont m'avait doté le Père en 1974 ne se dégagea vraiment qu'en 1977 — «La parole de Mikal est Ma Parole»(2) —, et n'emplit mon esprit que progressivement jusqu'en 1984. Pour éviter aux lecteurs de langue anglaise cette lente progressivité, j'estime indispensable d'accompagner La Révélation d'Arès des annotations, des liminaires, des préfaces et des «Récits, Notes et Réflexions» inclus dans les précédentes éditions françaises. Ils aident à comprendre vite ce que je dus moi-même comprendre lentement. Raconter et expliquer constituent une fonction prophétique fondamentale.

    La Révélation d'Arès n'est pas religieuse, ne débouche sur aucune religion. Dieu nous appelle clairement à la vie spirituelle libre ; il nous appelle à remplacer par la foi d'amour, de création et de liberté la vieille foi religieuse de dogme et d'observance. Or, il n'existe pas de liberté, d'amour, de création de masse. C'est donc chacun de nous qui est visité invididuellement par La Révélation d'Arès et qui doit développer en lui-même la liberté, l'amour et le pouvoir créateur. Par «peuple», ce peuple que formeront tous les chacuns rassemblés, Dieu n'entend pas masse mais complémentarité: les liens créatifs de l'amour.

    Dire que les Pèlerins d'Arès promeuvent la vie spirituelle, dont on pourrait conclure qu'ils en ont l'exclusivité et qu'ils ont seuls la mission de la prêcher, serait oublier l'extraordinaire générosité de la Parole du Père. Vie spirituelle est un terme plus que large, il désigne la vocation essentielle de l'humanité. La vie spirituelle revêt mille extérieurs dont la variété même indique qu'elle est immensément riche! Ainsi l'universalité de la Parole d'Arès est-elle plus que sa

---

1. L'Évangile Donné à Arès 28/4.
2. Le Livre I/12.

When in the 3rd century B.C., in Alexandria, seventy wise men made an inventory of the Hebraic Bible (but not without causing a stir in Judaism), and when circa 400, in Carthage, a panel of churchmen determined the Christian Bible (but not without causing a stir in Christiandom), and when circa 655, in Medina, Uthman Ibn Affan fixed the Quran on his own authority (but not without rousing the loud protests of Muhammad's old companions still alive), they all had to sort out numerous disparate texts none of which, whether old or recent, still was undisputably the pure Word of God. Those texts made up a collection of statements, precepts, laws, accounts, comments and glosses, from which it was either difficult or impossible to tell the one and only fundamental Truth, that is, the words truly heard from Heaven. Conversely, The Revelation of Arès is the Father's pure Word; I can assert this, because I am its ear- and eyewitness as well as its transcriber and publisher. The Revelation of Arès constitutes a historic event and a historic record, both unprecedented. To assert it is the first point of my pophetic mission.

For all that, this pure Word is not without raising problems. First, the problem of faith. One believes in it or one does not—let's notice that only things in which one believes are sacred, 'authentic' then—. That was the way of the world at every prophetic time, but today men, who have ended up being 'scandalisés' (¹) by religion and ideology alike, are much less bent on believing. Second, when one has faith in The Revelation of Arès, there are the problems it poses for certain sensitivities and cultural terrains, starting with the problem it posed for my own sensitivity and cultural terrain. From my thick coating of prejudices the light that the Father had endowed me with in 1974 was not totally released until 1977—"Mikal's word is My Word" (²)—, then it progressively filled my mind up to 1984. In order that the English-speaking readers may be spared such slow progressiveness, I have deemed it essential to accompany The Revelation of Arès with the annotations, the forewords and the "Accounts, Notes and Thoughts" that have been included in the French editions thus far. Today they help understand quickly what I was once bound to understand slowly. Recounting and explaining constitute a fundamental prophetic duty.

The Revelation of Arès is not religious and does not result in some religion. God appeals to us clearly to lead free spiritual life; he calls on us to replace the old religious faith made of dogmas, worship and rules with the faith made of love, creativeness and freedom. Now, there does not exist any mass freedom, mass love or mass creativeness. Accordingly, each of us is individually visited by The Revelation of Arès, each of us is to develop freedom, love and power to create within him- or herself. By 'people', the people who are to be made up of all of the 'each's' assembled, God does not mean masses, he means complementarity, that is, the creative bonds of love.

If I stated that the Arès Pilgrims are promoting spiritual life, from which the reader might infer that they have got a monopoly on it, and that they alone might be in charge of preaching it, I would disregard the exceptional generosity of the Word of the Father. Spiritual Life is not just a broad term, it designates mankind's essential vocation. Spiritual life assumes a thousand exteriors, the very diversity of

---

1. The Gospel Delivered in Arès 28/4. In its evangelical sense this French word has no English match. 'Scandalisés' (noun or adjective) are those whom religious hypocrisy and abuses have caused to lose faith.
2. The Book I/12.

caractéristique, elle est la signature même du Créateur de ce monde, dont l'humanité est co-créatrice.

Ce qui compte avant tout pour le Père, et pour ceux qui ont foi dans La Révélation d'Arès, c'est l'homme. De nos jours, penser à l'homme est penser soit à la politique, soit à l'aide humanitaire. Ni l'une ni l'autre ne caractérise la préoccupation fondamentale de la foi arésienne. Non que les Pèlerins d'Arès se désintéressent de la politique et de la charité, mais l'histoire montre que les lois sociales et économiques les plus protectrices et les secours humanitaires les plus généreux ne changent pas le cœur de l'homme. Ils le corrompent même. Les calamités et, pour finir, l'effondrement du communisme, pourtant fondé sur de bonnes intentions, en font la démonstration tragique. Quand le Père m'envoya Jésus en 1974, puis vint me parler lui-même en 1977, il savait sans aucun doute([1]) que quinze ans plus tard le drapeau rouge serait amené sur le Kremlin, que le mur de Berlin tomberait ; il savait que le monde, qui voit bien que l'anticommunisme triomphant n'a pas mieux résolu le problème de la dureté humaine, se poserait cette question : Mais alors quelle voie prendre ?

La réponse reste : Il faut changer le cœur de l'homme ; aucune religion, aucune politique, aucune loi ne feront jamais ce travail. Pour changer le cœur de l'homme il importe d'abord de lui redonner la Vérité qu'il a perdue. Des hommes qui ne sont pas convaincus qu'ils possèdent enfin la Vérité ne trouveront jamais la force de «changer leur vie» et de «changer le monde»([2]). Ceux qui croient dans La Révélation d'Arès doivent savoir que sans leur sacrifice (pénitence, moisson) et l'exemple qu'il constitue ils ne convaincront pas l'humanité de la Vérité.

Je me reconnais imparfait, je ne suis qu'un pénitent, mais j'affirme qu'il n'y a pas de mensonge dans ce livre. Une seule chose sépare l'homme de la Vérité, le mensonge ; la plupart des haines, malheurs, guerres et autres malheurs provoqués par l'homme ont pour origine un mensonge. Le monde moderne est pratiquement construit sur le mensonge. C'est sans doute le péché le plus préoccupant ; il est plus préoccupant que la cupidité, car si le cupide ne mentait jamais, il guérirait tôt ou tard.

Arès, 1er mai 1995   Frère Michel

---

1. L'Évangile Donné à Arès 28/3-10-20, 31/1-5 + autres références.
2. L'Évangile Donné à Arès 30/11, 28/7.

which shows that it is immensely rich! The universality of the Word of Arès is more than its specificity, it is the very signature of the Creator of the world, of which mankind is the co-creator.

For the Father and those who have faith in The Revelation of Arès man is more important than anything else. Nowadays, thinking of man amounts to thinking of politics and humanitarian aid. Neither characterizes the essential concern of the Aresian faith. Not that the Arès Pilgrims are uninterested in politics and charity, but history has shown that the most protective social and economic laws and the most generous humanitarian aids do not change man's heart. They sometimes corrupt it. This is tragically demonstrated by the calamities and then the collapse of communism, although it was based on good intentions. When the Father sent Jesus to me in 1974, and then came himself and spoke to me in 1977, he unquestionably(1) knew that within fifteen years the red flag would be struck on the Kremlin and the wall of Berlin would come down; he knew that mankind, well aware that the now triumphant anticommunism has not sorted out the problem of hard-heartedness either, would ask this question: For goodness' sake, what path should we follow now?

The answer still is the same: Man must change his heart; there exists no religion or politics or law able to fulfil the transformation. To change man's heart what matters first is to help man to regain Truth which he has lost. So long as men are not convinced that they have got Truth at last, they will be lacking in fortitude to 'change their lives' and 'change the world' (2). Those who believe in The Revelation of Arès must keep in mind that without their sacrifice (penitence, harvest) and the model it constitutes they will not succeed in convincing mankind of Truth.

I count myself an imperfect man, a mere penitent, but I claim that this book does not contain any lie. Only one thing separates man from Truth: lying; a lie is the origin of most acts of hatred and dissension, of most breakups, murders, wars and other misfortunes caused by man. The modern world is virtually built on lies. Lying is probably the most worrying sin; it is more worrying than greed, for a greedy man who would never lie would heal up sooner or later.

Arès, May 1, 1995   *Brother Michel*

---

1. The Gospel Delivered in Arès 28/3-10-20, 31/1-5 + other references.
2. The Gospel Delivered in Arès 30/11, 28/7.

LA RÉVÉLATION D'ARÈS

INTRODUCTION GÉNÉRALE DE 1989

La première édition intégrale de La Révélation d'Arès parut en janvier 1984. Elle succédait à plusieurs éditions, échelonnées de 1974 à 1983, de L'Évangile Donné à Arès et du Livre publiés séparément.

La deuxième édition intégrale de La Révélation d'Arès parut en juillet 1987, corrigée de certaines erreurs et omissions du précédent volume. Les erreurs étaient typographiques pour l'essentiel; les omissions étaient dues à de malencontreuses manipulations du texte au moment du montage de l'édition 1984 (la note XXII/5 et les versets et notes XIX/19 à 26).

Le présent volume, troisième édition, paraît en 1989. Il a reçu quelques corrections mineures.

DIFFICULTÉ DE FAIRE CONNAÎTRE UN ÉVÉNEMENT DE CETTE IMPORTANCE ET D'EN DIFFUSER LE MESSAGE.

Quand, en 1984, La Révélation d'Arès apparut dans les librairies, dix ans après les apparitions du Christ et sept ans après les Théophanies[1], certains se demandèrent pourquoi ce livre s'était fait attendre. Les méfiants suggérèrent que le témoin d'Arès avait tenu à observer les réactions des lecteurs lors des premières éditions — diffusées hors commerce — avant de «manipuler» ses commentaires en conséquence. Il n'en est rien. Je n'ai pas varié dans ma façon de présenter La Révélation d'Arès. Elle ne parut pas en librairie avant 1984 faute de moyens de distribution.

Devant l'abondance d'informations écrites ou radiotélévisées et l'accumulation des livres dans les librairies le public s'imagine que l'édition et la diffusion des nouvelles et des idées sont ouvertes à tout le monde sur tous les sujets. Le public ignore la censure occulte. Celle-ci est due tantôt à la restriction mentale des éditeurs et des journalistes, tantôt à leur peur, tantôt au principe du silence qu'ils observent sur les sujets «sensibles». La censure peut aussi être délibérément appliquée à une information particulière par les groupes de pression qui gouvernent de nombreux media.

On pourrait croire cette partie du monde tombée dans l'indifférence religieuse, mais la censure des media s'observe aussi dans le domaine spirituel. L'éditeur qui acceptera de promouvoir un livre comme celui-ci — même ou surtout parce que ce livre est promis à une irrésistible diffusion —, ne devra craindre ni de soulever des remous de conscience ni de s'aliéner les hautes sphères d'attributions religieuses ou idéologiques et les pouvoirs de toutes sortes. La Révélation d'Arès s'est rangée

---

1. Théophanies: Manifestations directes de Dieu, comme celles dont furent témoins Abraham (au Chêne de Mambré) ou Moïse (au Buisson ardent et au Sinaï). Les théophanies sont rares dans l'histoire. Dieu se manifeste plutôt indirectement, par exemple par des messagers: L'ange consacrant Isaïe, ou l'ange visitant Mahomet au Mont Hîra, ou Jésus visitant le frère Michel en 1974, trois ans avant les Théophanies d'Arès.

THE REVELATION OF ARÈS

1989 GENERAL INTRODUCTION

*T*he first complete edition of The Revelation of Arès came out in January, 1984. It succeeded several editions, spaced out from 1974 to 1983, of The Gospel Delivered in Arès and The Book published separetely.

The second complete edition was published in July 1987; in that edition some mistakes and omissions of the previous book were put right. The mistakes were typographical in the main; the omissions had been caused by an awkward handling of the text in the course of the editing and page make-up of the 1984 edition (the note XXII/5, the verses & notes XIX/19-26).

The present book, the third complete edition of The Revelation of Arès, comes out in 1989. It has undergone further minor corrections.

THE DIFFICULTY IN MAKING KNOWN AN EVENT OF THIS SIGNIFICANCE AND CIRCULATING ITS MESSAGE.

When, in 1984, The Revelation of Arès appeared in bookstores, ten years after Christ's appearances and seven years after the Theophanies(1), some people wondered why it had taken so long a time for me to publish the book. The mistrustful ones implied that the witness to the event of Arès had been anxious to study the readers' responses to the earlier editions—handed out or sold directly to the public—in order to 'rig' his comments accordingly. This is untrue. I have not varied on my presentation of The Revelation of Arès. The book had not been on sale in bookstores before 1984 only for want of means of distribution.

In view of the profusion of printed and broadcasted news and the piling up of books in bookstores people imagine that anyone can have informations and ideas published and circulated on every issue possible. The public is unaware of hidden censors; censoring may be caused by publishers and journalists' mental restriction, or their fear, or the principle of silence they apply to 'sentitive' issues. Special interest groups which rule over numerous mass media may also smother some particular news deliberately.

One might think that this part of the world has lapsed into indifference to religion, but the mass media censorship is also observable in the spiritual field. A publisher that agrees to promote a book like this—even or chiefly because this book is set for an irresistible spreading—should not be afraid of the stir it will cause to human conscience or afraid of alienating the higher realms of religious and ideological attributions and all kinds of powers. The moment The Revelation of Arès appeared, in 1974, it ranked among the major spiritual texts. By its very

---

1. Theophanies: Direct manifestations of God like those witnessed by Abraham (at the Oak of Mamre) or Moses (at the Burning Bush or on Mount Sinai). Theophanies are few in history. God's manifestations are preferably indirect, e.c. through messengers: An angel consecrating Isaiah, an angel visiting Muhammad at Mount Hira, Jesus visiting brother Michel in 1974 three years before the Théophanies in Arès.

dès 1974 parmi les grands textes spirituels. Elle y occupe, par sa seule nature, une place «insurgeante»([1]) et souveraine. Elle ne prête pas, comme un ouvrage littéraire, philosophique ou théologique, aux critiques et aux débats qui réduisent ou modifient la portée d'une œuvre humaine. Absolue en soi — elle vient ou elle ne vient pas de Dieu —, elle provoque des réactions absolues : rejet ou conversion. Ses conséquences sont aussi imprévisibles que l'étaient celles des Livres Bibliques, de l'Évangile et du Coran au temps de leur apparition. Les gens de pouvoir, de système et d'intérêts n'ont jamais aimé l'imprévisible, qui est le propre de Dieu. Autrefois ils tuaient le prophète. De nos jours, ils commencent par lui refuser les moyens d'édition et de diffusion.

En 1974, dix-sept éditeurs furent pressentis pour L'Évangile Donné à Arès. Ils ne répondirent pas. Ils ne rendirent même pas le manuscrit ; signe des contradictions qui les tiraillaient ou signe d'un mépris extrême ? L'Evangile Donné à Arès dut être auto-édité à l'automne 1974. Imprimé par Delmas à Bordeaux, il se heurta au refus des distributeurs. Pourtant, quelques dépôts de L'Évangile Donné à Arès chez les libraires furent des succès, mais la censure veillait. Au printemps 1975, la grande librairie Féret de Bordeaux en vendit un grand nombre d'exemplaires en deux semaines, puis refusa sans explication un nouveau dépôt. D'autres libraires firent de même. L'évidence d'une pression extérieure, la mainmise sur l'édition, sur la distribution et sur la librairie de ceux qui organisent et contrôlent la circulation des idées se faisaient jour. Tout allait le confirmer.

De 1975 à 1977, l'exploration des éditeurs fut élargie. Trente furent pressentis pour L'Évangile Donné à Arès, portant à quarante-sept le chiffre total des éditeurs approchés depuis 1974. Trois, Albin Michel, Robert Laffont et Le Mont Blanc, dont la courtoisie vaut un hommage — leurs concurrents gardèrent le silence —, rendirent le manuscrit, exprimèrent leurs regrets de ne pas pouvoir l'éditer et donnèrent même quelques conseils. Un quatrième offrit d'éditer à compte d'auteur, mais le contrat proposé ne prévoyait pas la promotion et la distribution du livre.

En 1988, une nouvelle exploration des maisons d'édition fut entreprise. Cette fois dans des conditions très favorables, pensai-je, puisque La Révélation d'Arès était présentée aux éditeurs sur un plateau d'argent, pour ainsi dire : un livre matériellement réalisé, qu'ils n'avaient qu'à réimprimer, objet d'une demande régulière, bénéficiant d'une publicité permanente et gratuite assurée par nos missions et nos manifestations dans les villes de France et d'autres pays francophones. Une vingtaine d'éditeurs furent visités. Tous refusèrent à nouveau. Aucun n'osa prétexter les risques financiers ; il n'y en avait pas. Comme en 1974 et 1977, les seules raisons du refus semblaient être en 1988 la restriction mentale, la peur ou la censure délibérée.

Quand, dès 1978, il s'était avéré sage de ne pas compter sur l'industrie de l'édition pour promouvoir La Révélation d'Arès, je m'étais lancé dans la seule action raisonnable : apprendre à distribuer ce livre moi-même dans les circuits du livre. Dans cette entreprise je reçus l'aide d'une équipe de Pèlerins d'Arès décidés. La distribution en librairie ne fut vraiment mise au point et étendue à toute la France qu'entre 1984 et 1986. Nous avons fini par savoir à peu près tout ce que les professionnels de l'édition savent. La volonté farouche de vaincre les

---

[1]. Frère Michel préfère *insurgeant* (dont il a tiré *insurgeance*) à «révolutionnaire» à cause de la violence et de la haine qu'évoque l'idée de révolution. Mais l'idée de bouleversement reste, quoique pacifique.

nature it has taken a status of 'opposingness' (1) and sovereignty. Unlike literary, philosophical and theological books it does not invite the criticisms and debates which reduce or alter the import of a human work. Being absolute in itself—it comes or it does come from God—, it brings about absolute reactions: dismissal or conversion. Its repercussions to come are as unpredictable as those of the Biblical Books, the Gospel and the Quran were in the times they appeared. The men of power, of system and of interests have never appreciated the unpredictable, which is a distinctive feature of God, though. In days of old they killed the prophet. Nowadays they begin by denying any means of publishing and distribution to him.

In 1974, seventeen publishers were approached for The Gospel Delivered in Arès. They did not answered. They did not even send back the manuscript; was this a sign that they were torn between antagonistic feelings, or that they felt extreme contempt for it? The Gospel Delivered in Arès had to come out self-published in the fall of 1974. It was printed by Delmas in Bordeaux, then it was rejected by distributors. Nevertheless, some booksellers who held copies on sale or return sold them all, but the censors were watchful. In the spring of 1975, the big bookstore Féret in Bordeaux sold a good number of copies in two weeks, and then refused to accept a new delivery without explanation. So did other booksellers. I began suspecting that someone brought pressure to bear on them; the seizure of the publishing industry, of the book distribution and retail by those that organize and monitor the movement of ideas was looming. This was going to be confirmed.

From 1975 to 1977 the exploration of the publishing industry was widened. Thirty publishers were approached for The Gospel Delivered in Arès so that the number of publishers approached since 1974 was brought to forty-seven. Three of them, Albin Michel, Robert Laffont and Le Mont Blanc, whose courtesy is worth praising—their competitors did not answer—, sent me the manuscript back, wrote or phoned that they were sorry not to publish it, and even gave pieces of advice. Another publisher offered to put out the book at my expense, but the contract made no provision for promotion and distribution.

In 1988, I undertook to explore the publishing industry again. This time I thought The Revelation of Arès would be met with a welcome since it was offered to publishers served up on a plate, as it were: a book the realization of which had been achieved, only to be reprinted, the demand for which was steady, benefitting from a continual advertising by our missions and rallies in cities of France and other French-speaking countries. We approached a score of publishers. They all refused again. None dared give as a pretext that the financial risks were too big; there were no such risks. Like in 1974 and 1977 the refusal seemed to be caused by mental restriction, fear, or deliberate censoring.

When, from 1978, I had understood it would be more sensible not to count on the publishing industry to promote The Revelation of Arès, I had embarked on the only reasonable action: to learn to feed the book into the bookstores network myself. A team of resolute Arès Pilgrims was a great help to me. The distribution to booksellers was not finalized and spread throughout France until 1984-1986. We finally knew nearly all that the booktrade professionals know. That unshake-

---

1. Brother Michel prefers the word *opposing* (from which he has derived *opposingness*) to the word revolutionary because the concept of revolution conjures up violence and hatred. But the notion of upheaval remains, though peaceful.

barrages, de prospecter des milliers de libraires chaque année, nous l'avons eue pour Dieu et pour l'avenir de l'homme. Nous n'aurions pas accompli ce travail titanesque pour nous-mêmes.

Et cette gageure, distribuer La Révélation d'Arès, nous l'avons réussie sans appui médiatique.

La grande presse n'informe pas vraiment ; elle veut mettre en scène l'histoire. L'information qui refuse de passer par l'atmosphère ou par la direction qu'elle veut donner aux événements, elle l'écarte. Seuls quelques media, de ceux qui n'ont que faire de votre acceptation — publications d'audience réduite et peu sérieuse — ont évoqué La Révélation d'Arès. Côté radio-télévision, la réponse de l'émission « Tribune Libre » (FR3) se passe de commentaire : « Les pèlerins d'Arès n'entrent pas dans le cadre de La Tribune Libre ». Par la suite, quelques émissions télévisées ont offert de m'accueillir sur leur plateau, mais ou bien leur cadre ne convenait pas au Message que je porte, ou bien elles ne voulaient pas m'interviewer en direct, se réservant de censurer la bande d'enregistrement. Quant à Bernard Pivot, récemment approché, son secrétariat fait savoir qu'il ne s'intéresse pas aux livres en général, mais seulement aux productions des grandes maisons d'édition, celles-là mêmes qui refusent d'éditer La Révélation d'Arès. Le système reste bien étanche.

Depuis 1974 c'est par l'auto-édition que La Révélation d'Arès est publiée comme elle le mérite ; elle est mise à la disposition du public dans les librairies grâce à la distribution qu'assurent bénévolement et efficacement des Pèlerins d'Arès de France et de l'étranger. C'est par ces hommes et femmes libres, issus de toutes les couches sociales, c'est par ce peuple qu'il aime que le Père fait toujours passer sa Parole, sa Grâce et sa Force.

COMPOSITION DE L'OUVRAGE.

Ce livre fut appelé familièrement « L'Intégrale » en 1984, parce qu'il réunissait pour la première fois dans un même volume L'Évangile Donné à Arès et Le Livre, jusqu'alors publiés séparément, ainsi que divers textes de ma main : annotations, liminaires, préfaces et récits disséminés dans les précédentes éditions alors épuisées. Beaucoup de Pèlerins d'Arès considèrent ce tout comme historique et indivisible, et en recommandent la lecture complète à ceux qui désirent connaître aussi bien l'événement surnaturel d'Arès et son message que mes sentiments et mon cheminement de témoin pendant les apparitions de Jésus (1974), les Théophanies (1977) et les premières années de ma mission.

La Révélation elle-même est ce que Dieu l'a faite, on ne peut en discuter. Elle ne doit rien à ma pensée ; je la transmets comme je la reçus. La rédaction des textes annexes s'étendit sur dix années : liminaire de 1974, préfaces et annotations de 1981 à 1983, et « Les Récits, Notes et Réflexions sur les Théophanies » écrits sur le vécu des manifestations de Dieu à l'automne 1977. Si, en raison des conditions diverses où ils virent le jour et de leur échelonnement, ces textes présentent une certaine inégalité de plume, cette inégalité même leur donne de la vie. C'est pourquoi, en réunissant ces textes pour préparer l'édition intégrale de 1984, je n'ai pas voulu les remanier pour les homogénéiser ou en faire un système avec une pensée coulée et des grâces de logique. J'ai laissé battre mon cœur comme il battit en 1974 et 1977. Sur le fond l'unité de ces textes demeure totale.

able will to overcome the barriers, to canvass thousands of bookstores every year, we would not have had it, had it not have been for our devotion to God and man's future. We would not have performed that titanic task for ourselves.

And we achieved the impossible, the distribution of The Revelation of Arès, without any support of the media.

The popular press does not really pass on information; it is out to put history on stage. Any piece of information unlikely to follow the mood or the direction the great press wants to give to events is brushed aside. Only a few mass media, among those that have no need of your agreement—publications which usually do not arouse much interest—have touched on The Revelation of Arès. In the radio and TV field, the answer of the program 'Tribune Libre' (Open Forum) (FR3) producer read, "The Arès Pilgrims are beyond the scope of the 'Tribune Libre' program." No comment. Later on I was asked to take part in a few TV programs, but either their context was irrelevant to the Message that I bear, or they did not agree to interview me live and reserved the right to censor the recording. As for Bernard Pivot recently approached, his secretary makes it clear that he is not interested in books as a whole, he is only interested in the products of the big publishers, the very ones that refuse to publish The Revelation of Arès. The system remains impenetrable.

Ever since 1974 it is through self-publishing that The Revelation of Arès has been issued as it deserves to be, and the public has found it in bookstores thanks to the Arès Pilgrims of France and abroad who have voluntarily and efficiently ensured its distribution. It is through those free men and women at all levels of society, through the people whom he loves, that the Father has always conveyed his Word, his Grace, his Strength.

THE STRUCTURE OF THE BOOK.

That book was familiarly called 'L'Intégrale' (The Unabridged) in 1984, because for the first time an only volume combined The Gospel Delivered in Arès and The Book, both published separately until then, along with various texts in my handwriting: annotations, front chapters, forewords and stories which had been scattered in the previous editions, all of them out of print then. Many Arès Pilgrims consider this whole as historic and indivisible; they recommend this book to all those who want to have an exact idea of the supernatural event and message of Arès as well as my feelings and line of thought during Jesus' appearances (1974), the Theophanies (1977) and the early years of my mission.

The Revelation itself is such as God made it, it cannot be discussed. It does not owe anything to my mind; I convey it to the world exactly as I received it. The writing of the appended texts was spread over ten years: the 1974 front chapter, the forewords and annotations from 1981 to 1983, and the "Accounts, Notes and Thoughts about the Theophanies" written down in 1977 during my real-life experience of God's manifestations. For the varied special conditions of their writing and for their spacing-out those texts are somewhat uneven in quality, but the very unevenness make them so live! For this reason, while I was preparing the 1984 edition, gathering together all of those texts, I was anxious not to rewrite them, not to homogenize them or merge them into a system with a perfectly even and smooth flow of thought and a well-preened logic. I let my heart throb freely

Les annotations peuvent paraître ennuyeuses, mais ma conscience prophétique autant que ma joie d'homme qui découvrait le vrai Dieu en animent chaque ligne. Je les écrivis pour amener le lecteur à se sentir associé au Plan du Créateur comme Dieu m'y avait associé lors des prodiges de 1974 et 1977.

Pouvoir passer à tout moment de L'Evangile Donné à Arès au Livre, aux récits des faits surnaturels et aux annotations facilite considérablement la compréhension de l'événement d'Arès et de ses perspectives. Cette commodité, dont les Pèlerins d'Arès furent privés jusqu'en 1984, contraints de se livrer à une lecture dispersée des sources, est offerte à tous dans cette édition dite « Intégrale ».

COMMENT LIRE CE LIVRE.

Considérons deux catégories de lecteurs.

Première catégorie : Les croyants qui admettent que Dieu revienne parler à l'homme quand il veut ; les croyants ouverts à l'avènement d'une vie spirituelle libre, dynamique, insurgeante, transformatrice du monde (le plan de La Révélation d'Arès est tout entier là) ; les incroyants ouverts à un témoignage de bonne foi, prêts à s'unir à des croyants pour travailler ensemble au «changement du monde »(1).

Deuxième catégorie : Les croyants pour qui la Parole est définitivement close et accomplie, qui n'admettent pas que Dieu s'adresse encore à l'homme, et qui restent fermés à toute remise en question ; les croyants d'attitude sceptique ou rationaliste ; les indifférents ; les incroyants qui redoutent et exècrent tout ce qui pourrait les émouvoir, les convaincre et remplir leur vide.

Il est remarquable que beaucoup d'incroyants de la première catégorie se soient montrés plus réceptifs au Message d'Arès que les croyants de la deuxième catégorie. L'incroyant sans préjugé dit : « Pourquoi l'homme d'Arès inventerait-il cette histoire ? Pourquoi refuser son témoignage ? »

Les athées forcenés et les croyants d'attitude rationaliste de la deuxième catégorie affirment : « Le surnaturel n'existe pas, » ou « Dieu ne parle pas. » Certains, chrétiens, juifs et musulmans, qui n'ont pas encore oublié la source surnaturelle de la Bible et du Coran mais qui veulent s'en tenir à ces Livres, précisent : « Le surnaturel n'existe plus » et « Dieu ne parle plus. » Bien en peine d'expliquer pourquoi, selon eux, le Créateur devrait s'interdire de communiquer avec la créature, ces réfutateurs me jettent à la face des grands mots : « Illuminisme », « Dédoublement de personnalité», qui les rassurent, quand je rapporte simplement un fait vu, entendu, vécu.

Les croyants fermés croient aux apparitions en général, mais seulement s'il s'agit d'une vierge catholique, par exemple. Pour eux l'événement d'Arès est satanique et son témoin un pauvre égaré. Les ésotéristes, les réincarnationnistes, les spirites, etc., croiraient volontiers à La Révélation d'Arès s'ils pouvaient y retrouver leurs idées. Ne les y trouvant pas, ils disent que j'ai mal entendu Dieu ou que je l'interprète mal. Quant aux sectateurs, ils ne s'intéressent pas à ce qui se passe hors de leurs sectes.

À tous ces réfutateurs que recommander ? D'ouvrir ce livre avec confiance.

---

1. L'Évangile Donné à Arès 28/7.

instead, just as it had throbbed in 1974 and 1977. Fundamentally, at any rate, those texts retain utter consistency.

The annotations may seem tedious, but my prophetic conscience as well as my joy, that of a man who discovered the true God, animate every line. I wrote the annotations to induce the reader to feel associated with the Maker's Plan just as God had made me a party to it during the wonders of 1974 and 1977.

Now the reader can at any time skip from The Gospel Delivered in Arès to The Book, to the accounts of the supernatural facts and to the annotations; this helps him to perfectly understand the event of Arès and its prospects. This convenience offered by 'L'Intégrale' (The Unabridged), the Arès Pilgrims did not have it when they had to consult separate materials before 1984.

HOW TO READ THIS BOOK.

Let us consider two categories of readers.

First Category: The believers that agree that God may come back and speak to man whenever he wants to; the believers that admit the happening of dynamic, 'opposing', free spiritual life capable of transforming the world (this is definitely the plan of The Revelation of Arès); the open-minded non-believers that do not reject an honest testimony and are ready to work along with believers to "change the world" ([1]).

Second category: The believers that regard the Word as definitively closed and fulfilled, that do not agree that God might still speak to man, and that keep impervious to any calling into question; the believers with skeptical or rationalistic attitudes; the indifferent; the non-believers that dread and loathe anything likely to move them, convince them and fill their void.

Many non-believers of the firt category have proved outstandingly more receptive to the Message of Arès than the believers of the second category. The unprejudiced unbeliever says, "Why would that man in Arès invent such a story? Why should I reject his testimony?"

The mulish atheists and the believers with rationalist attitudes of the second category assert, "There is no such thing as the supernatural," or, "God does not speak." Some Christians, Jews and Muslims who have not forgotten the supernatural source of the Bible and the Quran yet, but who want to stick to those books, are more specific; they say, "There is no such thing— any more," or "God no longer speaks." As these refuters are virtually unable to tell me why the Maker should not let himself communicate with his creature, they hurl high-sounding words at me, "Illuminism," "Split personality," whereas I purely and simply report a fact that I have seen, heard, lived.

The bigoted believers believe in the supernatural, but only if a Catholic virgin appears, for example. They regard the event of Arès as devilish and its witness as a poor deranged man. The esotericists, reincarnationists, spiritualists, etc, would by nature believe in The Revelation of Arès, if they could find their concepts in it. As they cannot, they say that I misheard God, or that I misinterpret him. As for the sectarians, they are not interested in anything taking place outside their sects.

What can I advise all those refuters to do? Open this book trustfully.

---

1. The Gospel Delivered in Arès 28/7.

Par contre, les lecteurs de la première catégorie trouvent sans difficulté dans La Révélation d'Arès un développement naturel, et même attendu pour certains, du Dessein éternel. Ils y trouvent aussi l'explication des multiples formes que la Parole revêt depuis l'aube biblique, puisque La Révélation d'Arès revêt deux formes d'expression : L'Évangile Donné à Arès et Le Livre, qui se confirment et s'enrichissent mutuellement dans deux langages très différents. L'intention de Dieu y est évidente ; la liberté d'expression qu'il donne à l'unique Vérité est un message en soi, annonçant pour la foi comme pour la société un avenir de liberté. L'homme s'épanouira hors des religions et des dogmes, et de leurs pendants profanes : politiques, idéologies et lois.

Toute religion prêche l'impossibilité de penser le salut et l'avenir autrement que par son analyse. De là, le rejet presque unanime de La Révélation d'Arès par les religieux. Mais Dieu à Arès proclame que la religion a toujours échoué ; rien ne la justifie. L'amour et la justice n'ont pas été répandus sur terre malgré les moyens énormes, moraux et politiques dont la religion a disposé pour cela. Le présent religieux, malgré ses réajustements, prolonge cet échec. Son insistance dogmatique aggrave même le désastre spirituel, comme le démontre la disparition croissante de la foi.

C'est donc avec l'esprit résolument tourné vers l'avenir qu'il faut lire La Révélation d'Arès. Elle ne supplante pas la Bible et le Coran(1), mais elle ne s'y réfère qu'en rappelant que la révélation éternelle doit être comprise pour demain. Même Abraham est pour demain, beaucoup plus qu'il n'est d'hier en chacun de nous. À plus forte raison Moïse, Jésus, Mahomet sont pour demain. La réalisation de leur message : vie spirituelle, amour, justice, terre promise, est encore attendue, et toujours possible. La religion n'est que la préhistoire mourante de la vie spirituelle, la vraie.

Tout recours à l'analyse théologique coupe la lecture de ce livre et le vide de sa raison d'être et de sa vie, comme « les princes du culte et les docteurs »(2) ont vidé l'Écriture de son essence et de son énergie. Le salut est existentiel(3). L'homme n'est transformé et sauvé qu'en accomplissant, en vivant la révélation, à ce point que l'incroyant qui vit la révélation sans le savoir peut-être plus justifié que celui qui y croit et qui l'étudie sans la vivre(4).

La Révélation d'Arès ne règle pas de comptes(5). Au contraire, le procès qu'elle fait à l'humanité est constructif, pose le décor du premier acte de l'avenir. Tout va dans son sens. Le lecteur qui, pour s'indigner contre ou pour s'en réjouir, ne retient que les avertissements qu'elle lance contre les fauteurs d'erreur et de mal ne voit certes pas ses propres péchés, mais il ne voit surtout pas les immenses perspectives de la Parole de Dieu. Pour les voir, il doit raccorder La Révélation d'Arès au vaste horizon qu'elle prolonge, celui de la Bible et du Coran. La Bible et le Coran ne nous racontent pas l'histoire d'un peuple, issu d'Abel comme de Caïn, de Noé et d'Abraham comme d'Ésaü et d'Achab, avec ses lumières et ses ténèbres, pour faire de nous ses juges et ses commentateurs, mais pour que nous

---

1. La Révélation d'Arès traite à égalité tous les prophètes et leurs livres, y compris Jésus qui n'est qu'un prophète *(Jésus n'est pas Dieu, 32/2)* et Mahomet *(2/9)*.
2. Avertissement répété contre *les princes du culte et les docteurs* dans L'Évangile Donné à Arès.
3. Frère Michel entend le mot «existentiel» dans son vieux sens aujourd'hui rendu par «existentialiste».
4. L'Évangile Donné à Arès 28/10-11.
5. L'Évangile Donné à Arès 30/13.

On the other hand, the readers of the first category readily see in *The Revelation of Arès* a development, natural and even foreseeable to some of them, of the eternal Purpose. In this book they also find the explanation of the multiple forms which the Word has taken since the biblical dawn, since *The Revelation of Arès* takes two forms of expression: *The Gospel Delivered in Arès* and *The Book* which confirm and enrich each other in two very different languages. God acted thus on purpose: the freedom of expression he gives to the one and only Truth is a message in itself, heralding a future of freedom for faith and for society alike. Man will blossom free from religions and dogmas, and free from their profane counterparts: politics, ideologies, and laws.

Every religion preaches the impossibility of envisaging salvation and the future without using its analysis. This is why men of religion are nearly unanimous to reject *The Revelation of Arès*. But in Arès God states that religion has failed; nothing justifies it. Love and justice have not been spread over the earth in spite of the huge moral and political means once available to religion. Its readjustments notwithstanding, religion prolongs its failure nowadays. Its dogmatic insistence even worsens the spiritual disaster, which the increasing vanishing of faith clearly shows.

One must, therefore, read *The Revelation of Arès* with one's mind resolutely turned towards the future. *The Revelation of Arès* does not supersede the Bible and the Quran(1), but it only refers to them in recalling that the eternal revelation still is for tomorrow and that it is not correctly understood otherwise. Even Abraham is for tomorrow much more than he is yesterday's man in each of us; all the more reason for Jesus and Muhammad's being for tomorrow. The fulfilment of their message: spiritual life, love, justice, promised land, still lies before us, and still is possible. Religion is nothing but the dying prehistory of spiritual life, the true one.

Every recourse to theological analysis breaks the reading of this book, drains it of its object, of its whole life, just as 'the princes of religion and doctors' (2) have drained the Scripture of its essence and energy. Salvation is existential(3). Only by achieving, by living up to the revelation are we transformed and saved, to such a point that an unbeliever that lives up to it unknowingly may be more justified than a man that believes in it and studies it without living it(4).

The Revelation of Arès does not settle old scores(5). On the contrary, it puts mankind on trial constructively, it puts up the stage-setting for the first act of the future. All of *The Revelation of Arès* goes in this direction. If the only thing that sticks in a reader's mind is the string of warnings, whether he is waxing indignant or feeling delighted at them, which *The Revelation of Arès* hurls at the evil- and error-makers, not only does that reader not see his own sins, but he does not see the tremendous prospects of God's Word. He cannot see them if he fails to connect *The Revelation of Arès* to the vast horizon that it extends, that of the Bible and the Quran. The Bible and the Quran does not tell us the story of a people, born of Abel as well as Cain, of Noah and Abraham as well as Esau and Ahab, with their light

---

1. The Revelation of Arès considers all of the prophets as equal with one another, including Jesus who is only a prophet *(Jesus is not God, 32/2)* and Muhammad *(2/9)*.
2. A repeated warning against *the princes of religion and doctors* in *The Gospel Delivered in Arès*.
3. Brother Michel gives the word 'existential' its old meaning which is rendered today by 'existentialist(ic)'.
4. The Gospel Delivered in Arès 28/10-11.
5. The Gospel Delivered in Arès 30/13.

réalisions ce qu'il n'a pas réalisé. De même, La Révélation d'Arès nous raconte notre monde présent pour que nous écartions et exorcisions devant nous les serpents dont les hommes — c'est-à-dire nous-mêmes — continuent de semer le champ nourricier, le champ de l'avenir. L'avenir, pour Dieu, est toujours Éden, son plan initial qu'il n'a pas abandonné. Nous ne sommes pas appelés à juger les pécheurs. Quiconque juge s'aveugle, se déconstruit[1]; il y a là bien plus que de l'orgueil qui n'est que manque d'intelligence[2]. Tous les hommes sont pécheurs, dit Dieu, non seulement les puissants et les juges, mais aussi la masse qui se soumet à eux. Nous sommes appelé à nous mettre debout[3], à changer de vie[4], à moissonner le monde, à combattre le mal[5].

La Révélation d'Arès est prophétique. Elle l'est parfois au sens étroit. Par exemple, Dieu prophétise la paix entre l'Égypte et Israël, la guerre d'Afghanistan et la victoire des «frères de Mouhamad»[6]. Mais on ne saurait lire La Révélation d'Arès comme un almanach de prédictions ou comme une histoire du destin universel. Elle est essentiellement prophétique au sens large et créatif. Elle ne reflète jamais la fatalité. S'il avait décidé du destin de l'homme, Dieu ne reviendrait pas l'appeler à changer de voie. Dieu souligne la liberté de l'homme; il lui dit en substance : Restaure Éden que tu as détruit! Lutte pour le bon avenir, et donc lutte contre toi-même, contre les ténèbres, contre les forces qui t'enchaînent, et gagne!

La Révélation d'Arès n'assied pas l'homme devant elle pour en être adorée. Elle lève l'homme; elle le mobilise. C'est bien là le problème qu'elle pose au lecteur. Mais quel splendide idéal pour celui qui l'accepte!

UN IRRÉSISTIBLE MOUVEMENT LIBÉRATEUR.

La Révélation d'Arès ne fonde ni religion ni église ; au contraire, elle libère les croyants de toutes les religions et églises. Ceux qui suivent La Révélation d'Arès se nomment entre eux Pèlerins d'Arès, même ceux qui n'ont pas fait et qui ne feront jamais le Pèlerinage d'Arès, pourvu qu'ils fassent chaque jour le pèlerinage spirituel par la pénitence[7] et la prière, et le pèlerinage du conquérant du monde par la mission.

Au moment où paraît cette édition 1989, combien sont les Pèlerins d'Arès ? Depuis 1974 j'ai reçu personnellement près de cent vingt mille témoignages de foi, mais ce chiffre n'est pas vraiment significatif. N'étant «le chef de personne»[8], je ne me permets pas de contrôler le cheminement spirituel de mes frères ; beaucoup de fluctuations m'échappent.

Croyants libres, les Pèlerins d'Arès ne sont listés, fichés ou enregistrés nulle part dans leurs assemblées. Enregistrés, ils ne le sont que dans le cœur de Dieu et dans leur propre conscience. Et cependant, malgré leurs considérables différences,

---

1. Matthieu 7/1-2.
2. L'Évangile Donné à Arès 32/5.
3. L'Évangile Donné à Arès l/1.
4. L'Évangile Donné à Arès 30/11.
5. Dans *L'Évangile Donné à Arès* le thème de la *moisson* revient assez souvent. L'assimilation de la *pénitence* et du *changement du monde* à un combat est générale dans *La Révélation d'Arès*.
6. Le Livre XXV/4 -6, XV/1-8.
7. La *pénitence* non au sens doloriste traditionnel, mais au sens arésien vivant et constructif 30/11-13.
8. L'Évangile Donné à Arès 16/1.

and their darkness, so that we may judge them and comment their deeds, but so that we may achieve what they failed to achieve. Likewise, The Revelation of Arès tells us about our current world so that we, while progressing, will drive out and exorcize the serpents with which men—that is, all of us—keep on sowing the nourishing field, the field of the future. To God the future is always Eden, his primary plan that he has never given up. We are not called on to judge sinners. Whoever judges blinds himself, deconstructs himself[1]; here is much more than pride which is only lack of intelligence[2]. All men are sinners, God says, not only the mighty and the judges, but also the masses who submit to them. We are called on to stand up[3], change our lives[4], harvest all over the world, fight evil[5].

The Revelation of Arès is prophetic. In some parts it is prophetic in a narrow sense. For example, it prophesies that Egypt and Israel will make peace, it prophesies the war of Afghanistan and the victory of "Muhammad's brothers"[6]. But one cannot read The Revelation of Arès as a predictions almanac or a history of the universal destiny. It is essentially prophetic in a wide and creative sense. It is nowhere near reflective of inevitability. If he had decided on man's fate, God would not have once more come to ask him to change his route. God emphasizes man's freedom, to man he says in substance, "Restore Eden which you wrecked! Struggle for the good future, consequently struggle against yourself, against darkness, against the powers which have chained you up, and win!"

The Revelation of Arès does not seat man in front of it so that he shall adore it. It gets man up, it calls him up to fight. That is the problem it poses for the reader. But that is also the noblest ideal for whoever takes it as true!

AN IRRESISTIBLE MOVEMENT OF FREEING.

The Revelation of Arès does not start a religion or a church. On the contrary, it frees believers from all religions and churches. Those who follow The Revelation of Arès call one another Arès Pilgrims, even though many of them have never made or will never make the Pilgrimage to Arès, on the condition that they make the everyday spiritual pilgrimage through penitence[7] and prayer, and the pilgrimage of the world's conqueror by missionizing.

At the time this edition is issued, in 1989, how many Arès Pilgrims are there? Since 1974 I personally have received nearly 120,000 expressions of faith, but this figure is not quite indicative of the reality. As I am "no ruler for anyone" [8], I do not allow myself to check my brothers' spiritual development; a large number of fluctuations escape my notice.

As they are free believers, the Arès Pilgrims are not listed, or put on files, or registered anywhere in their assemblies. Registered they are only in God's heart

---

1. Matthew 7/1-2.
2. The Gospel Delivered in Arès 32/5.
3. The Gospel Delivered in Arès 1/1.
4. The Gospel Delivered in Arès 30/11.
5. In *The Gospel Delivered in Arès* the theme of the *harvest* is recurrent. Throughout *The Revelation of Arès* penitence and the *world's transformation* are classed with fighting actions.
6. The Book XXV/4 -6, XV/1-8.
7. Not *penitence* in the traditional doloristic sense, but in the living, constructive Aresian sense 30/11-13.
8. The Gospel Delivered in Arès 16/1.

leur indéterminable mais évidente cohérence prouve qu'on peut, en ce monde, réussir quelque chose de grand sans enrégimenter et réglementer. Les seuls Pèlerins d'Arès dénombrables sont les plus engagés dans l'apostolat, quelques milliers pour l'instant.

Le nombre de Pèlerins d'Arès est une inconnue ; cette inconnue même prouve que l'élan spirituel est bien parti d'Arès dans le sens voulu par Dieu. Parce que La Révélation d'Arès est libératrice — elle libère l'homme de la religion comme de la politique dans laquelle Dieu voit une religion profane —, elle donne au monde un «juste prophète»(1), mais elle ne donne pas de «chef»(2) aux croyants, pas d'organisation centralisée et hiérarchisée. Il n'y a dans la fraternité des Pèlerins d'Arès ni fichiers ni registres, rien de ce qui permettrait le comptage(3) et le contrôle de l'homme par l'homme.

Cent vingt mille exemplaires de La Révélation d'Arès sous diverses formes(4), sans compter les innombrables citations sur les lèvres des missionnaires, dans les conversations ou dans le courrier. Le nombre d'hommes touchés par cette Sainte Parole, en dépit des entraves que lui ont mises la censure et les puissances du monde, est proprement miraculeux. Elle porte bien la signature de son Auteur.

Pour contester toute importance à La Révélation d'Arès, certains de ses adversaires disent qu'il ne faut y voir qu'une «synthèse de réflexions auxquelles quelques religions auraient déjà abouti, dans le mouvement œcuménique notamment». En fait, Dieu non seulement nie la légitimité des religions et des pouvoirs, mais il n'est nullement impressionné par leur aggiornamento et leurs alliances, rappelant que la fraternité des erreurs ne fait pas la vérité et la justice. La Révélation d'Arès n'apporte pas l'œcuménisme, mais l'affranchissement. Dieu élève sa Parole comme le rempart des âmes libres et appelle à construire une société vraiment affranchie. Il ne fait aucun doute que La Révélation d'Arès, de même que la Bible et le Coran lus comme il faut les lire, appelle à la déculturation, à la déstructuration, à la déréglementation du monde et lance un nouvel Exode vers Éden, qu'il faut retrouver.

« Hommes, crie La Révélation d'Arès, "mettez vos pas dans les Pas de Dieu," (5) reprenez le chemin du paradis perdu ! — Utopie ! crient les incroyants et d'autres qui se disent croyants. — Espérance logique, répondent les Pèlerins d'Arès et leur nombreux sympathisants, Dieu ne peut pas vouloir d'autre monde que celui qu'il a créé à l'origine. »

Pourquoi la marche vers Éden ne reprend-elle pas en masse ? Pourquoi nos missionnaires ont-ils tant de difficultés à se faire entendre, difficultés annoncées par Dieu, du reste ? (6) Les hommes, sauf une minorité de souffrants et de clairvoyants, seraient-ils plus heureux, plus satisfaits d'eux-mêmes, ressentiraient-ils

---

1. Le Livre XXXVII/2.
2. L'Évangile Donné à Arès 16/1, 36/19.
3. Le thème du *compte* qui revient fréquemment dans *Le Livre*.
4. On a même vu, surtout de 1975 à 1984, *La Révélation d'Arès* recopiée à la main sur des cahiers, des carnets, par des inconnus qui l'ont ainsi fait circuler. Au moment de la présente édition 1995, le nombre d'exemplaires imprimés, distribués directement ou vendus en librairie, doit approcher deux cent mille, ce qui paraît peu pour un livre de cette importance, mais qui est considérable pour un livre étouffé, auquel sont refusés les moyens habituels de diffusion, en France tout du moins.
5. L'Évangile Donné à Arès 2/12, 32/3.
6. L'Évangile Donné à Arès 24/2, 31/7, etc.

and in their own consciences. Nevertheless, despite considerable differences between them, their indeterminable, though obvious coherence demonstrates that a great enterprise is feasable in this world without dragooning men into a strictly regulated society. The only countable Arès Pilgrims are those most committed to apostolate, a few thousands for the time being.

The number of the Arès Pilgrims is an unknown; this very unknown proves that the spiritual momentum has started from Arès in the direction expected by God. The Revelation of Arès sets man free—it frees man from religion and politics which God regards as a profane religion—, it gives the world a *"just prophet"* (¹), but it does not give believers any *"ruler"* (²) or centralized hierarchized organization. In the Arès Pilgrims fraternity there exists no card index or record, nothing likely to allow the counting(³) and control of man by man.

A hundred and twenty thousand copies of The Revelation of Arès in varied forms(⁴), let alone the countless quotations on the missionaries' lips, in conversations, in letters. The great number of men touched by the Saint's Word, in spite of the obstacles put in its way by the world's powers and censors, is undoubtedly miraculous. Its Author is unmistakeable.

Some opponents of The Revelation of Arès who have been disputing its significance say that this book ought to be considered as nothing more than 'a synthesis of thinkings to which a few religions have already come to, notably in the ecumenical movement.' As a matter of fact, not only does God repudiate the legitimacy of religions and powers, but he shows himself unimpressed by their aggiornamento reminding that the brotherhood of errors does not make truth and justice. The Revelation of Arès does not bring in ecumenism; it is an appeal for emancipation. God makes his Word the souls' rampart, he calls upon people to build a society really freed. Beyond all doubt The Revelation of Arès, the Bible and the Quran alike, if they are read as they always should have been, call on men to deculture, destructure and deregulate the world, and starts up a new Exodus towards Eden which is to be rediscovered.

The Revelation of Arès calls out, "Men, 'set your steps in God's steps,' (⁵) set off on your journey to the lost paradise!" "Utopia!" shout the unbelievers and other men who claim they are believers. The Arès Pilgrims and their many sympathisers reply, "This is a logic expectation. God cannot expect a world other than the one he created originally."

Why are not people moving towards Eden en masse? Why are so many difficulties—foretold by God, besides(⁶)—confronting our missionaries? Would men, except a minority of suffering and clear-sighted ones, be happier, more satisfied with and by themselves, would they feel much less the need to 'change the world',

---

1. The Book XXXVII/2.
2. The Gospel Delivered in Arès 16/1, 36/19.
3. The theme of the *count* recurs often in *The Book*.
4. There have been reports, particularly from 1975 to 1984, that *The Revelation of Arès* had been circulated by unknown people in the forms of handwritten transcriptions in notebooks and exercise books. At the time of the present edition, 1995, the number of printed copies which have been both handed out and sold on the bookstores market must be nearing 200,000. This figure may seem low for a book of this significance, but it is considerable considering the book has been refused the normal means of publishing and distribution, at least in France.
5. The Gospel Delivered in Arès 2/12, 32/3.
6. The Gospel Delivered in Arès 24/2, 31/7, etc.

beaucoup moins le besoin de "changer le monde", que leur longue habitude de récriminer ne le laisse penser ? Certainement. Mais n'y a-t-il pas un autre problème ? Oui. Ce problème toujours irrésolu — mais soluble puisque Dieu nous appelle à l'éliminer —, fut soulevé par la liberté que Dieu donna à Adam en faisant de lui son «image et ressemblance»(1). La liberté, inconnue de l'animal et du végétal, est le point de parenté prime de l'homme avec le Père, l'originalité motrice, initiatrice, de l'homme dans la Création ; ses autres points de parenté avec le Père : parole, amour, créativité, ne sont pas mineurs, mais ne s'activeraient pas sans la liberté. Or, la liberté s'exerçant dans un organisme pensant dont chaque particularité a son opposé, comme il est logique, l'homme a aussi le penchant de la facilité, la paresse, tout autant ignorés des animaux et des plantes. La langueur et la paresse réduisent la liberté à des impulsions courtes ou superficielles, ou l'annulent, réinstallant l'instinct. De là viennent le scepticisme et le cynisme, et leurs aboutissements : athéisme et égoïsme, qui résultent de la paresse de l'esprit ou d'un instinct réapparu, voisin de la peur. L'homme ne sera pas changé et sauvé de force ; il ne changera et ne se sauvera qu'en se recréant, c'est-à-dire dans l'effort. Or, pas d'effort sans liberté. À Arès Dieu appelle l'homme au salut, c'est-à-dire à l'effort, une fois de plus, peut-être pour la dernière fois si l'humanité — surtout le "reste" et le "petit reste" qui sauveront tous les autres hommes — se met enfin en marche vers les Hauteurs(2).

Arès, le 1er mars 1989   frère Michel

---

1. Genèse 1/27.
2. L'Évangile Donné à Arès 7/1, etc.
3. Faute de place ce dernier paragraphe dut être résumé pour les éditions 1987 et 1989. Dans la présente édition il peut être lu dans son intégralité. Il en est de même de certains parties des liminaires et préfaces.

than their long-standing habit of remonstrating against everything makes us think they would? Most probably. But isn't there another problem? Yes, there is. This problem still unresolved—though solvable since God calls on us to eliminate it— was raised by freedom given to Adam by God so making him his 'image and likeness' (1). Freedom foreign to animals and vegetals is the primary point of kinship of man with the Father, it is the original initiator and motor of man in the Creation; his other points of kinship with the Father: speech (or language), love, creativity, are not minor, but man could not operate them without freedom. Now, since freedom is performing in a thinking organism every feature of which has its opposite, which is logical, man also has the liking for easy means and solutions, laziness, which is equally foreign to animals and vegetals. Laziness and listlessness reduce freedom to short or superficial impulses, or quash it, and so let man be gripped by instinct. Hence skepticism and cynicism, and their outcomes: atheism and egoism which result from the mind's laziness or from some reappearing instinct akin to fear. Man will not be changed and saved forcibly; he will be changed, and saved, by recreating himself with great efforts. But no effort is possible without freedom. In Arès God calls on man to choose salvation, that is, choose effort, once more, perhaps for the last time if mankind—particularly the "remnant" and "small remnant" who are to save all of other men—set out for the Heights at last(2).

Arès, March 1, 1989   *brother Michel*

---

1. Genesis 1/27.
2. The Gospel Delivered in Arès 7/1, etc.
3. For want of room this last paragraph had to be summarized in the editions of 1987 and 1989. It is printed in its entirety in the present edition. The same applies to a few parts of the front matters and forewords.

1

L'ÉVANGILE DONNÉ À ARÈS

THE GOSPEL DELIVERED IN ARÈS

Les apparitions de Jésus
du 15 janvier au 13 avril 1974
et son Message

*The appearances of Jesus
from January 15 to April 13, 1974,
and his Message*

L'ÉVANGILE DONNÉ À ARÈS

LIMINAIRE DE 1974

NOTA. Ce liminaire tint lieu à la fois de premier récit des apparitions de Jésus, de premier commentaire du témoin et d'introduction de la première édition de L'Évangile Donné à Arès (Octobre 1974). Le témoin des quarante apparitions de Jésus à Arès rédigea ce témoignage entre mai et août 1974. Le lecteur doit donc garder à l'esprit que l'auteur de ces pages sortait tout juste de l'événement qui avait bouleversé ses convictions et sa vie — la dernière apparition de Jésus avait eu lieu le 13 avril 1974.

L'écriture est celle d'un homme d'église. Quoique reflétant déjà la grande Lumière qu'il vient de recevoir, son témoignage est plein de tours de pensée et de théologie dont l'auteur mettra quatre ans à se libérer. Le frère Michel peine, hésite ; il a des difficultés à se situer par rapport au prodige surnaturel, à son sens, et à la mission qu'il se voit forcé de commencer. Cette souffrance durera environ quatre ans. Ce sont les théophanies, à l'automne 1977, qui achèveront de fixer chez le témoin les concepts de Vérité accessibles à l'homme, notamment le concept de vie spirituelle libre, re-créatrice de l'individu et du monde.

Ce témoignage intéresse tous ceux qui sont curieux de l'évolution du frère Michel depuis les premiers jours de sa mission prophétique.

Sauf quelques citations de la Bible et de L'Évangile Donné à Arès figurant déjà dans l'édition originale (1974), les notes en bas de page furent écrites en 1983 pour la première édition intégrale de La Révélation d'Arès (Janvier 1984).

L'Évangile qu'on va lire pieusement m'a été dicté par le Christ, qui m'a visité et qui m'a parlé à quarante reprises du 15 janvier au 13 avril 1974 dans ma maison d'Arès, sur les rivages du Bassin d'Arcachon.

Cette révélation est bien un Évangile. J'ai pesé le mot, j'ai pris conseil à son sujet, avant de l'imprimer sur la couverture de ce livre, et après avoir hésité entre d'autres titres : Message, dont le sens m'a paru trop étroit ; Révélation, trop imprécis pour l'objet évident du livre ; Parole au sens trop vaste. Évangile est le mot propre : un enseignement complet du Christ aux hommes en vue de leur rédemption.

Suis-je donc un évangéliste ? Non seulement je n'oserais pas me parer de ce nom qui revient aux mérites des apôtres, mais encore l'usage désigne plutôt par là un témoin des Œuvres achevées à jamais par la Croix, la Résurrection et l'Ascension. Le Christ que j'ai vu et entendu, qui m'a touché de sa main, étant donc bien l'Incarné, était surtout rayonnant de sa Gloire, le Dieu du Jugement, l'Éternel. C'est sans doute pour cette raison, par référence au Dieu du Ciel plutôt qu'au Dieu fait homme, que des premiers auditeurs ou lecteurs de cet Évangile me parvinrent des appellations comme *nouveau Moïse*. J'eus à peine le temps de protester que d'autres appellations m'arrivèrent, dans le même esprit : *prophète*,

THE GOSPEL DELIVERED IN ARÈS

1974 FRONT MATTER

N.B. This text served for the first narrative of Jesus' appearances, for the witness's first comment and for the front mater of the first edition of The Gospel Delivered in Arès (October 1974). The witness of Jesus' forty appearances in Arès wrote this testimony between May and August, 1974. The reader ought to bear in mind that the author of these pages had just emerged from the event that had upset his beliefs and unsettled his life—Jesus' last appearance had taken place on April 13, 1974.

The writing is a churchman's. Though already indicative of the great Light which he has received, his testimony is filled with turns of thought and theology the author will take four years to get rid of. Brother Michel is hesitating, he is having a hard time, great difficulties in placing himself in relation to the supernatural wonder, its meaning, and the mission he will have to start. This suffering will last about four years. Until the theophanies, in the fall of 1977, the witness will not be well aware of the concepts of Truth within man's reach, particularly the concept of spiritual life free and capable of recreating the individual and the world.

This testimony interests all the persons curious about brother Michel's evolvements from the early days of his prophetic mission.

Apart from a few quotations of the Bible and The Gospel Delivered in Arès which had appeared in the original edition (1974) the footnotes were written in 1983 for the first complete edition of The Revelation of Arès (January 1984).

The Gospel that you will reverently read was dictated to me by Christ who visited me and spoke to me forty times from January 15 to April 13, 1974, in my house at Arès, on the shore of the Bay of Arcachon (France).

This revelation is definitely a Gospel. I weighed the word, I sought some advice about it before having it printed on the cover of this book, and after having been hesitant about other titles: Message, the sense of which I found too narrow; Revelation, which is too imprecise in regard to the obvious matter of the book; Word, which has too wide a sense. Gospel is the right word: A complete teaching of Christ to men with a view to their redemption.

Am I an evangelist then? Not only would I not dare to assume a title that is the apostles' by right because of their merits, but also the word 'evangelist' has come into common use to designate a witness to the Works forever achieved by the Cross, the Resurrection and the Ascension. The Christ whom I saw and heard, whose hand touched me, was definitely the Incarnation, was first and foremost radiant with Glory, the God of Judgement, the Eternal. It was probably the reason why some early listeners and readers of this Gospel referring to the God of Heaven rather than the God incarnate called me by specific names like *new Moses*. Hardly had I protested at being called *Moses* when, in a similar spirit, other people hung

nâbi(1), ou d'autres plus influencées par le supranormal que par le surnaturel (peut-être en raison de mon passé d'occultiste avant que je n'entre dans les ordres) : *voyant, oracle,* et j'en passe. Tous ces noms mirent mon esprit en alerte, non par modestie mais par souci de la vérité; c'est pourquoi, avant d'en venir à ce que je crois être depuis le 15 janvier 1974, j'insiste sur ce que je ne suis pas. Un *prophète* ou *nâbi* est un inspiré qui contribue par ses moyens propres : personnalité, intellect, style, à traduire aux hommes la révélation qui lui parvient comme un sentiment, et ce n'est pas mon cas. Le *voyant* est un visionnaire ou un métagnome, qui procède d'un don paranormal : vision, intuition, prescience, et non du surnaturel, et ce livre n'est pas venu sous ma main de cette façon-là. Enfin, *Moïse,* s'il entendit et vit d'une certaine manière (le buisson ardent) Dieu physiquement, comme je l'entendis et le vis dans le Christ, fut institué conducteur de son peuple, et ce n'est pas ce que veut de moi Dieu, qui me dit : *Tu ne seras le chef de personne(2).* Tout au plus m'ordonne-t-il *d'établir le rite(3)* et la *prière(4),* la règle intérieure de ses *assemblées,* et naturellement d'annoncer cet Évangile*(5).*

Ce que je ne suis pas étant dit, que fit donc de moi l'élection de Dieu? Simplement ce qu'elle fit de deux pèlerins sur la route d'Emmaüs quand le Christ leur apparut. Comme eux j'étais déjà disciple du Christ, mais comme eux j'avais encore *le cœur insensé et lent à croire à la Parole(6),* me livrant religieusement aux erreurs et à l'hypocrisie de l'église. Comme à eux le Christ m'apparut et me parla, et pour les mêmes raisons : pour leur apporter la Lumière du Ressuscité, et pour que le monde gardât le souvenir de ce prodige. Si les paroles que m'adressa le Christ ont la dimension d'un Évangile, c'est sans doute parce que les hommes de notre siècle ont besoin d'une plus grande Lumière encore. Je ne suis qu'un pèlerin qui a rencontré son Sauveur et qui rapporte à ses frères ce qu'il lui a dicté.

La nécessité comme la forme de ce liminaire furent longues à s'établir dans mon esprit. Tout d'abord, quand fut close la dernière des veilles, la quarantième, au long desquelles le Christ me donna cet Évangile, je décidai, dans l'absolu et la hâte de mon exaltation, de l'éditer sans introduction d'aucune sorte. Je me fondai sans discernement d'une part sur l'interdiction du Seigneur à quiconque *d'ajouter son discours à la Parole(7),* d'autre part sur le raisonnement selon lequel le lecteur ne dispose d'aucun moyen matériel de vérifier l'authenticité de cette Révélation, que j'ai reçue seul, et qu'une introduction pourrait passer pour une manœuvre de persuasion inconvenante.

C'était une décision honnête mais mal discernée. La réaction quasi générale des premiers auditeurs de cet Évangile me fit vite comprendre que la sagesse que Dieu attend de moi n'est pas dans mon effacement total derrière le Verbe et derrière la conscience religieuse de son auditoire, mais dans la manière charitable de faire accepter le Verbe à son auditoire. Je constatai ainsi que pour introduire l'essentiel, l'Évangile, dans les esprits religieux les plus éclairés il fallait passer

---

1. Mot sémitique pour *prophète* (hébreu et arabe).
2. L'Évangile Donné à Arès 16/1.
3. L'Évangile Donné à Arès 12/1, 20/9.
4. L'Évangile Donné à Arès 35/4.
5. On mesure ici la distance qui sépare encore l'esprit du frère Michel de la vaste et radicale mission prophétique qui lui est assignée, et qui lui sera confirmée par *Le Livre* en 1977.
6. Évangile de Luc 24/25.
7. L'Évangile Donné à Arès 10/11.

on me labels like *prophet, nabi(1),* or labels more relevant to spiritualism than to the supernatural (possibly because I had been an occultist before joining clergy): *seer, oracle,* and that's not all. All those names brought my mind on the alert, not from humbleness, but from concern for truth; for this reason, before I move on to what I think I became in January 15, 1974, I put stress on what I did not. A *prophet* or *nabi* is an inspired man who, through his own powers: personality, intellect, style, contributes to translating for men the revelation that reaches him as a feeling, which is not the case with me. A *seer* is a visionary or a metagnome whose vision, intuition or prescience originate in a paranormal power, not from the supernatural; I was not led to write this book in that way. Lastly, even if *Moses* had in a way heard and seen God's physical presence (the burning bush), just as I heard and saw God through Christ, he was appointed the leader of his people, which is not the role God assigns me to since he tells me, *You shall not be a ruler for anyone(2).* I have only been ordered to *set the observances(3)* and *prayer(4),* the internal order of God's *assemblies,* and, naturally, make this Gospel(5) known.

As what and who I am not has been clarified, what did God select me to be? Merely what he had selected two pilgrims to be when Christ appeared to them on the road to Emmaus. Like them I was a follower of Christ, but also like them I was *foolish-hearted and slow to believe in the Word(6)* since I religiously indulged in the church's errors and hypocrisy. Christ appeared and talked to me just as he had appeared and talked to them, for the same reason, for showing them the Light of the Resurrected one so that the world would remain conscious of that wonder. The words that Christ spoke to me beyond all doubt have the magnitude of a Gospel because this century's men need an even brighter Light. I am just a pilgrim who encountered his Savior, and who is telling his brothers what he dictated to him.

I was long in two minds about the necessity and the form of this front matter. First and foremost, when the last, the fortieth, of the vigils in the course of which Christ had delivered this Gospel to me was over, I felt so dashing and absolute an elation that I decided to publish it with no introductory text whatever. Such a decision devoid of sense was based, on the one hand, on the Lord's forbidding anybody *to add his or her word to the Word(7),* and, on the other hand, on the reasoning that, since no one has any practical means of checking the truthfulness of this Revelation I had received by myself, an introductory chapter might be regarded as an unseemly ploy to persuade the readers.

My decision, though honest, proved ill-considered. The overall response from the early listeners of this Gospel led me to understand that the wisdom that God is expecting me to gain does not consist in my complete eclipse behind the Word and behind the religious conscience of my audience; it consists in my charitable manner of getting my audience to take the Word as true. I have thus come to notice that I could not introduce the most enlightened minds to the essential, the Gospel,

---

1. A Semitic (Hebrew, Arabic) word which means *prophet.*
2. The Gospel Delivered in Arès 16/1.
3. The Gospel Delivered in Arès 12/1, 20/9.
4. The Gospel Delivered in Arès 35/4.
5. From this it is easily inferred that the gap between brother Michel's frame of mind and the huge fundamental prophetic mission he has been appointed to, which *The Book* would confirm in 1977, was still wide.
6. The Gospel according to Luke 24/25.
7. The Gospel Delivered in Arès 10/11.

par leur curiosité pour l'accessoire, pour les circonstances de sa révélation et ses conséquences pratiques et secondaires(1).

Je décidai donc dans un second temps de rédiger une longue introduction dans ce sens. Malheureusement, dans un esprit encore enfiévré par le prodige que j'avais eu sous les yeux trois mois durant, convaincu que la Parole que le Christ venait d'adresser à la chrétienté réformait de fond en comble sa foi et sa vie religieuse, convaincu sans plus de discernement que les commandements qu'il m'avait donnés demandaient une exécution rapide, je m'aventurai jusqu'à des anticipations, des conclusions abruptes(2).

Le Sauveur m'appela à une plus sage relativité avant que cette introduction-là ne partît pour l'imprimerie. Dans l'après-midi du 29 juillet 1974, tandis que je tapais quelques lettres dans mon bureau, une mandorle(3) aveuglante se forma devant moi. Pour la première fois depuis Pâques(4) j'entendis la voix du Christ; il me dit ces quelques mots : « Pourquoi ne fais-tu pas ce que je te dis ? Pourquoi ne mets-tu plus ta soutane ? » (5). Aussitôt après la mandorle s'évanouit. Je fus tout à fait désorienté parce que, le Christ m'ayant ordonné en termes de colère de quitter l'église et son clergé, j'avais naturellement supprimé de ma vie tout ce qui pouvait rappeler l'ecclésiastique. Mais, formé par l'église à classer les situations en catégories étanches entre elles, j'étais en fait incapable de concevoir que ma robe et mes engolpia(6) puissent suivre un chrétien qui ne soit plus *prince* et *discoureur*(7). C'est pourquoi le 29 juillet 1974 date pour moi l'éveil à la liberté.

Pour la première fois je pus revêtir ma tenue ecclésiastique sans me sentir ecclésiastique, en me sentant simplement le *pénitent qui fait Mémoire du Sacrifice, qui est séparé du monde*(8). Je compris que, par cet *Évangile donné à Arès,* le Christ n'ordonnait pas, comme j'avais cru l'entendre, un bouleversement total de la vie religieuse, mais qu'une nouvelle fois depuis son sermon sur la montagne il

---

1. Jusqu'à la fin des années 70 les correspondants et visiteurs du frère Michel se montrèrent, dans leur ensemble, insuffisamment conscients des leçons et incitations composant le message de Jésus. C'était notamment le cas de ceux que le frère Michel appela «les chasseurs... ou les mesureurs de barbe», à cause de leur question fréquente: «La barbe du Christ était-elle longue ou courte?», préoccupés de détails (couleur des yeux, timbre de voix et accent, gestes, taille, etc., de Jésus), ou le cas de ceux qui semblaient assoiffés de faveurs — «Jésus a-t-il promis des miracles?» —. Sauf quelques premiers disciples d'une grande maturité spirituelle, ce n'est que graduellement que la conscience des Pèlerins d'Arès se fixerait sur les aspects constructifs et sur les exigences de *La Révélation d'Arès*.
2. Ce paragraphe comme les suivants font ressortir les hésitations qui rendirent quelques temps mouvante la réflexion du frère Michel sur le fond de *L'Évangile Donné à Arès*. Après avoir bien compris que Jésus appellait à une «réforme de fond en comble de la vie religieuse chrétienne», il revint sur cette vérité qui lui sembla excessive, ou qui l'effraya. Ainsi hésita-t-il plusieurs fois entre le sens évidemment radical de l'Appel d'Arès et ce qu'il appela «une plus sage relativité». Il s'imagina même tenir cet esprit de «relativité» du «Seigneur» en personne, et dirait quelques années plus tard: «J'ai joué au chat et à la souris avec la Vérité.»
3. Mandorle: Phénomène surnaturel lumineux en forme d'amande debout, de la taille d'un homme, comme une auréole autour d'un vague contour humain.
4. Le 13 avril 1974, date de la dernière apparition de Jésus, était jour de Pâques.
5. Soit Jésus demanda au frère Michel de porter sa soutane pour s'exercer à chasser de sa conscience la théologie ecclésiastique que cette soutane représentait, et pour faciliter en lui la dissociation de la culture et de la Vérité; soit Jésus dit *tunique (10/13, 34/1, etc.)* et non «soutane» comme crut l'entendre le témoin plein de routines et de réflexes ecclésiastiques. De toute façon, *La Révélation d'Arès* ordonnait au frère Michel de quitter le clergé et d'établir des *assemblées* sans clercs, donc sans soutanes ni ornements (34/2).
6. Croix et médaillons suspendus à des chaînes, que les dignitaires orthodoxes portent sur la poitrine.
7. L'Évangile Donné à Arès 7/5.
8. L'Évangile Donné à Arès 10/13-14, 34/1.

without making the most of their curiosity about the unessential, the revelation's circumstances and down-to-earth secondary outcomes(1).

Consequently, I decided to write a long introductory text in that sense. Unfortunately, being still stirred by the wonder that I had eyewitnessed for three months, I was persuaded that the Word addressed by Christ to Christiandom was meant to completely overturn faith and religious life, and equally persuaded, with no more sense, that the commandments he had given me should be quickly carried out, so that I set to venturing rough, uncritical anticipations and conclusions(2).

The Savior called my attention to wiser relativity before that introductory text was sent to the printer. On July 29, 1974, while I was typing a few letters in my study, a dazzling mandorla(3) took shape opposite me; it was the first time I had heard the voice of Christ since Easter Day(4). He uttered a few words, "Why have you not taken to my advice? Why do you not put on your cassock?"(5). Right after the mandorla vanished. I felt absolutely bewildered because Christ had previously ordered me in angry terms to quit the church and clergy, and I had so given up everything reminiscent of clerical life. But, as a churchman I had been trained to sort situations into categories impervious to one another, I was unable to conceive of a Christian at once wearing a robe and engolpia(6) and being no longer regarded as a *prince* and *speechifier*(7). For this reason I consider my awakening to freedom as dated July 29, 1974.

For the first time I was able to wear my clerical clothes without feeling like a cleric; I merely felt like the *penitent* who *recalls the Sacrifice to Remembrance, who has split off from the world(8)*. I understood then that I had misconstrued what I had heard from Christ; through this *Gospel Delivered in Arès* Christ had not commanded religious life to be changed drastically, he had simply told once more

---

1. Until the late 70s most of the correspondents and visitors to brother Michel showed inadequate consciousness of the teaching and incentives that make up Jesus' message. Particularly unconscious were those whom brother Michel called 'beard hunters or beard measurers' because they used to ask, "Was Christ's beard long or short?", most preoccupied with details (Jesus' eye color, tone of voice, accent, gestures, height, etc), and others who seemed thirsty for favors—"Did Jesus promise he would work miracles?"—. Except some first disciples with mature spirituality, it was with slow progressiveness that the Arès Pilgrim's conscience would be focussing on the constructive aspects and demands of *The Revelation of Arès*.
2. Really noticeable in this paragraph and the following is the hesitation that made brother Michel's thinking about the fundamental sense of *The Gospel Delivered in Arès* variable and fitful for a long time. After he had perfectly understood that Jesus called upon men to "overturn completely faith and religious life", he reconsidered this point of truth which seemed either undue or fearsome to him. He thus wavered several times between the obviously radical meaning of the Arès Call and what he called "wiser relativity". He even imagined that he had got this spirit of "relativity" from the Lord in person, and he would say a few years later, "I played cat and mouse with Truth."
3. Mandorla: A luminous supernatural phenomenon in a shape of an almond upright, about a man's height, like a corona round a blurred outline of a human body.
4. The day of Jesus' last appearance, 13th of April, 1974, was Easter Day.
5. Either Jesus asked brother Michel to wear his cassock in order to train himself to free his conscience from the church theology which this cassock epitomized, and in order to make the dissociation of Truth from culture easier within himself, or Jesus said *tunic (10/13, 34/1, etc)* instead of 'cassock' which the witness thought he heard because he still used to react by clerical habits and familiar routines. In any case, *The Revelation of Arès* had ordered brother Michel to quit clergy and set up *assemblies* without clerics, without cassocks or vestments, therefore (34/2).
6. Crosses and medals or lockets suspended from chains round the neck, worn by Orthodox dignitaries.
7. The Gospel Delivered in Arès 7/5.
8. The Gospel Delivered in Arès 10/13-14, 34/1.

venait la *parfaire*(1). J'envie ceux qui trouvent cela évident dès les premières lectures. Je tiens à rappeler aux autres les erreurs que je faillis commettre dans l'interprétation de cet Évangile, pour les inciter à la prudence dans leurs conclusions, à prier longuement pour être libérés de leur conditionnement religieux antérieur, mais aussi pour ne pas tomber dans le débridement(2).

C'est en m'efforçant d'appliquer cette liberté et cette mesure qu'après avoir déchiré l'introduction préparée avant le 29 juillet(3), j'écris le présent liminaire, en forme de confession, qui convient mieux à mon état de péché et d'insuffisance.

Outre mes difficultés de discernement qu'on vient de lire, il faut bien dire en effet que rien dans ma vie de pécheur ne me rendit jamais digne et capable de la mission sublime que Dieu me confie. Rien, ni mérites, ni même dispositions spirituelles, car, homme de prière, je n'étais pas mystique; pasteur pugnace, je n'étais ni doux, ni contemplatif; témoin de plusieurs miracles dans ma vie passée, je fus souvent incrédule; je ne fus jamais intéressé par les annales du surnaturel, les récits de révélations et d'apparitions que je jugeais niais, dénués de dynamique pastorale et donc inutiles. Je n'étais vraiment pas l'homme qui pouvait s'attendre à être tiré de son sommeil une nuit de janvier, appelé dans un lieu de sa maison pour y voir et entendre le Christ(4).

Et que dire de mes convictions doctrinales d'alors, qui m'éloignaient plus encore des Vérités que j'ai aujourd'hui mission de crier à la face du mensonge! Orthodoxe sincère, je n'aurais pas supporté d'entendre que la trinité (qui fut aussi le vocable de mon église à Bourges) est une fable des *docteurs* pour *façonner un dieu à trois têtes pour étonner les faibles*(5), ou bien que les épîtres de Paul ou de Pierre doivent être rejetées des Livres Saints, n'étant que *livres d'hommes*(6), que l'absolution du prêtre est un *blasphème* et l'usage de l'eau bénite une *superstition*(7). Même enclin à douter de la fondation divine du clergé dans sa forme

---

1. Matthieu 5/17. Ici frère Michel fait encore de la théologie (voir n. 2 page précédente), donnant à «parfaire» un sens complexe et équivoque. En fait, par «parfaire» il faut entendre sans ambiguïté *dépasser, remplacer*.
2. En écrivant ces pages le frère Michel n'était pas un hypocrite, mais, à l'évidence, ses ambiguïtés reflétaient son subconscient ecclésiastique quand il conseillait aux lecteurs de *L'Évangile Donné à Arès* de s'en tenir à la «prudence» vis-à-vis du «conditionnement religieux antérieur» ou du «débridement», c.-à-d. d'en rester à une incertitude assez jésuitique. Cette prudence-là est sans rapport avec la *prudence* que recommande la Parole *(35/10)*. Cependant, dans d'autres passages de ce liminaire, on trouve le frère Michel déjà capable de passer la profonde brèche que *L'Évangile Donné à Arès* creuse entre la Vérité et ses «convictions doctrinales» (voir n. 7 ci-dessous).
3. On peut regretter que «l'introduction écrite avant le 29 juillet» ait été détruite.
4. Le frère Michel se dépeint sans complaisance, avec objectivité. Vingt ans plus tard il déclarera encore: «Quoique je remplisse ma mission avec conscience et scrupule, le choix que Dieu porta sur moi comme *prophète* ne cessera pas de m'abasourdir. Je considère ce choix comme l'assurance solennelle donnée aux êtres les plus ordinaires qu'ils retiennent l'attention du Père» (Pèlerinage 1994).
5. L'Évangile Donné à Arès 23/7.
6. L'Évangile Donné à Arès 16/12, 35/12.
7. L'Évangile Donné à Arès 21/1, 30/15, 20/6, etc. Tout en hésitant sur le fond de la révélation et en donnant de mauvais conseils à ses premiers lecteurs, le frère Michel doit bien s'incliner devant des préceptes dénués d'équivoque. Il les énumère honnêtement. Dans les lignes qui suivent il avoue la difficulté qu'il éprouve à se convertir. Quelques années plus tard il dira: «Aussi extraordinaire soit l'événement qui bouleverse votre vie — Jésus en chair et en os, ressuscité et transfiguré, puis quatre ans plus tard Dieu lui-même —, vous n'êtes pas converti automatiquement. Le fait surnaturel imprime, certes, à votre vie une direction irréversible, mais la solution au problème ainsi posé ne vient que lentement, dans la souffrance, parce que vous devez vaincre votre culture, votre nature et tous vos choix antérieurs incrustés dans votre être profond.»

since the sermon on the hill that he had come to *perfect it(1)*. I envy the persons that find this obvious the first time they read this book. Let others be reminded of the mistakes which I nearly made interpreting this Gospel; let them be so incited to shun foolhardy conclusions and pray long that their religious conditioning will end and they will avoid becoming like unbridled horses(2) as well.

Intent on abiding by both freedom and moderation I have torn to pieces the introductory text that I had written before July 29(3), and I begin writing this front matter, in confession form, which suits a sinful and inadequate man like me.

In addition to my difficulty in discernment, which I have just pointed, I must admit to having lived a sinful life devoid of special dignity or ability to undertake the sublime mission I am entrusted with by God. I have not done anything creditable, I have not even had any special spiritual aptitude; as a determined but not especially gentle, not contemplative pastor, I have been a man of prayer, but not a mystic. I witnessed miracles, but I was sometimes incredulous; I was not interested in the annals of the supernatural, the accounts of revelations and apparitions which I deemed to be devoid of pastoral dynamic and accordingly useless. I was not the sort of man who might expect to be waked from sleep on a January night, be called to a room in my house and see and hear Christ(4).

Not to mention the doctrinal beliefs which held me far removed from the Truths that I have been commissioned to shout at liars since then! As a sincere Orthodox I could not have tolerated people's calling the trinity (to which my church in Bourges was dedicated) a fable devised by *doctors* who had *fashioned a three-headed god in order to stun the weak(5)*, or telling that Paul and Peter's epistles should be dismissed from the Holy Books because they had been nothing but *books of men(6)*, or calling the priest's absolution *blasphemous* and the holy water *superstitious(7)*. Even though I had been prone to doubt the divine institution

---

1. Matthew 5/17. Brother Michel still thinks in a theological manner (see n. 2 the page before) giving an equivocal complex meaning to 'to perfect'. Actually, 'to perfect' means unambiguously *to surpass, replace*.
2. While writing these pages brother Michel was not hypocritical, but his ambiguities obviously reflected his clerical subconscious when he advised the readers of *The Gospel Delivered in Arès* to abide by 'prudence' in relation to 'religious conditioning' or 'becoming like unbridled horses', that is, abide by some rather jesuitical uncertainty. This prudence bears no relation to the *prudence* recommended by the Word *(35/10)*. But from other passages of this front matter we can deduce that brother Michel was already partly able to get over the deep gulf that *The Gospel Delivered in Arès* had created between Truth and his 'doctrinal beliefs' (see n. 7 below).
3. Many people feel regret about the destruction of the 'introductory text written before July 29, 1974.'
4. Brother Michel depicts himself without complacency or bias. Twenty years later he will still state: «Although I have been fulfilling my mission with conscience and scruples, I will go on being amazed that God chose me as a *prophet*. I consider that choice as the formal assurance given to the commonest men that they attract The Father's attention." (Pilgrimage, 1994).
5. The Gospel Delivered in Arès 23/7.
6. The Gospel Delivered in Arès 16/12, 35/12.
7. The Gospel Delivered in Arès 21/1, 30/15, 20/6. While being undecided about the fundamental sense of the revelation and giving wrong advice to his first readers, brother Michel must yield to the precepts devoid of ambiguity. He enumerates them honestly. In the following pages he admits that he is having great difficulty in becoming converted. A few years later he will say, "However extraordinary the event—resurrected, transfigured Jesus in the flesh, and then God himself—that upsets your life is, you are not automatically converted. The supernatural fact, of course, communicates an irreversible direction to your life, but you cannot solve the problem thus created otherwise than painfully and slowly, because you have to conquer your culture, your nature, and all your previous options long settled deep down within you."

actuelle, j'avais constaté à l'épreuve des faits la grande médiocrité spirituelle de la masse chrétienne, et je croyais à la nécessité d'une hiérarchie et de structures ecclésiales pour garder la foi et les rites. Sur ce plan, comme sur le plan des sacrements, des livres canoniques ou de la théologie des pères, j'aurais défendu ma foi jusqu'à la mort.

Il fallut bien que vint devant moi le Christ en personne pour ordonner à ma foi orthodoxe des redressements si profonds, même pour les plus nuancés, qu'ils font de celui qui écrit ces lignes un homme encore en voie de conversion.

Je prie, je jeûne, j'implore: « Reviens, Seigneur ! », car je me sens tragiquement réduit à mon insuffisance, comme durent se sentir les disciples après l'Ascension. Mon retard (combien de temps durera-t-il?) dans *l'accomplissement* de la vraie foi n'ajourne pas seulement l'installation de la paix dans mon esprit, mais encore celle de la vie pratique dans les *assemblées* de Dieu.

Qu'on ne me demande pas encore quelle prière y sera établie, comme me l'a ordonné le Christ[1], hormis celle adressée au Père[2], ni comment se célébrera pratiquement *la Mémoire du Sacrifice[3]!* Même s'il est d'ores et déjà clair qu'elle remplacera la messe pour les catholiques, la liturgie pour les orthodoxes, le culte protestant. Qu'on ne me demande pas encore comment se dérouleront exactement *le baptême[4], les épousailles, les funérailles[5]!* Qu'on ne me demande pas encore comment se fera *l'alliance fraternelle avec les assemblées des synagogues et celles des soumis de Dieu* (les musulmans)[6], car je suis tout aussi certain que le Christ ne peut ordonner que s'allient Évangile, Coran et Écriture Juive, si ces Livres ne contiennent pas déjà les termes d'une unité, que je suis incapable de discerner en eux ces termes ! Qu'on ne me pose encore aucune des nombreuses et importantes questions qu'inspire au lecteur cet Évangile dense ! Comme n'importe quel lecteur je le découvre, et les quelques mois d'avance que j'ai pris dans sa lecture constituent un frêle avantage, ne peuvent pas combler *ma faible tête[7]*, ni dénouer ma peur de commettre erreurs et abus, comme j'ai déjà failli le faire[8]. J'attends passivement, pleurant sur mon irrésolution, l'instant pentecostal promis, où Dieu *soufflera l'Esprit dans ma tête et rendra mon regard perçant[9]*. J'espère la Grâce d'apporter au lecteur dans un proche avenir les lumières que sa foi et sa piété attendent encore.

Mais cet Évangile n'est pas hermétique. Il est même très clair. Les lumières attendues concernent le mode et la mesure de la vie chrétienne qu'il ouvre devant

---

1. L'Évangile Donné à Arès 33/12, 35/4.
2. La prière *Père de l'Univers*, L'Évangile Donné à Arès 12/4.
3. Voir Veillées 8 à 10, particulièrement cette dernière. Tout en comprenant dès 1974 que *la Mémoire du Sacrifice* devrait «remplacer la messe», le frère Michel célébra de 1974 à 1977 un culte eucharistique simplifié qui ressemblait encore à une messe. Il n'en prit pas conscience jusqu'aux Théophanies. Ceci démontre une fois de plus les difficultés qu'il eut à sortir de ses concepts sacramentels et liturgiques.
4. L'Évangile Donné à Arès 20/7.
5. L'Évangile Donné à Arès, Veillée 33.
6. L'Évangile Donné à Arès 35/11.
7. L'Évangile Donné à Arès 23/1.
8. En qualifiant «d'erreurs et d'abus» l'interprétation radicale de *L'Évangile donné à Arès*, le frère Michel montre une fois de plus sa difficulté à comprendre la Parole. Cette interprétation radicale est cependant la seule bonne.
9. L'Évangile Donné à Arès 33/4.

clergy in their current form, I was often put to factual tests from which I could infer the unquestionable mediocrity of the Christian masses so that I believed in a great need for a church hierarchy and structures to keep up faith and worship. Concerning this as concerning sacraments, canonical books and the fathers' theology, I would have defended my faith to the bitter end.

No one could have forced my Orthodox faith to change except Christ himself appearing to me; the changes I have to perform now, even the subtlest ones, are so radical that the man who is writing these lines is just in the process of conversion.

I pray, I fast, I beseech, "Come again, Lord!", for I feel tragically reduced to my inadequacy just as the disciples must have felt after the Ascension. My slowness in *achieving* true faith (will I stay thus slow long?) defers the entry of peace into my mind and the setting up of the practical way of life in God's *assemblies*.

Christ ordered me to *establish prayer(1)*, but let one not yet ask me what kind of prayer will be established besides that to the Father(2). And let one not yet ask me about the practical way of *recalling the Sacrifice to Remembrance(3)* even though this, from now on, shall obviously replace Catholic mass, Orthodox liturgy, Protestant worship. Let one not yet ask me about the right way to celebrate *baptism(4), nuptials, funeral(5)!* Let one not yet ask me how we will enter into a *fraternal alliance with the synagogue assemblies and the assemblies of the men who surrender to God* (Muslims)(6), because I am sure that Christ would not tell us to link together the Gospel, the Quran and the Jewish Scripture if these books did not already contain the terms of unity, although I am still unable to discern such terms in them! Let the readers not yet ask me the numerous important questions that this compact Gospel suggests to them! Just as many a new reader of this Gospel I am still discovering it; I began reading it a few months earlier, but the lead I have thus taken over the current readers does not favour me much, it cannot make up for my *frail head(7)* or undo my fear of making mistakes and misuses like those that I all but made(8). Lamenting over my irresoluteness I am passively waiting for the Pentecostal moment promised by God, when he *breathes the Spirit into my head and makes my eyes piercing(9)*. I hope for the Grace that should before long enable me to appease the trustful pious readers' expectation of further insight into this Word.

This Gospel is not impenetrable, however. It is clear. The insight expected concerns the mode and happy medium of the Christian life the path to which this

---

1. The Gospel Delivered in Arès 33/12, 35/4.
2. The prayer *Father of the Universe*, The Gospel Delivered in Arès 12/4.
3. See Vigils 8 to 10, particularly the latter. Although he understood as early as 1974 that *recalling the Sacrifice to Remembrance* was to 'replace mass', brother Michel from 1974 to 1977 would celebrate a simplified eucharist resembling mass or liturgy. He would not awake to his mistake until the Theophanies. This shows once more that he was having great difficulty foregoing his sacramental and liturgical concepts.
4. The Gospel Delivered in Arès 20/7.
5. The Gospel Delivered in Arès, Vigil 33.
6. The Gospel Delivered in Arès 35/11.
7. The Gospel Delivered in Arès 23/1.
8. Calling the radical interpretation of *The Gospel Delivered in Arès* 'mistakes and misuses' brother Michel showed once more that he was having great difficulties in understanding the Word. The radical interpretation is the only right interpretation, though.
9. The Gospel Delivered in Arès 33/4.

l'homme à venir, non le fond. Il apporte dès sa première lecture des certitudes qui n'appellent ni commentaires ni problèmes d'application : L'interdiction des *princes du culte* (évêques), des *prêtres* et des *docteurs* (les théologiens, canonistes, etc.), si souvent répétée que je ne peux en dénombrer les références ; l'interdiction (corollaire de l'interdiction des *docteurs*) *d'ajouter un discours à la Parole de Dieu(1)*, qui annule la tradition post-évangélique et appelle les prêcheurs à la prudence ; l'interdiction de confesser, *le pire scandale contre le faible*, et *d'absoudre*, un *blasphème(2)* ; l'interdiction *d'évoquer à tout propos la Miséricorde de Dieu pour encourager les faiblesses*, et le devoir de rappeler aux *impénitents* le châtiment qui les guette *(3)*, le devoir de les *exclure des assemblées(4)*, *d'exposer leur honte dans les conseils et sur les places(5)*, préceptes qui mettent fin au laxisme actuellement de mode ; l'interdiction de prier les «saints»(6), de vénérer leurs images(7), *sauf Marie(8)*, exaltée dans *l'excellence de son salut* ; l'institution de tous les *pénitents* mâles pour *faire Mémoire du Sacrifice* (célébrer l'eucharistie)*(9)* à la place des *prêtres* ; l'appel insistant à *la pénitence* qui n'est pas mortification, mais volonté vécue du pécheur de *cesser de pécher(10)*, et qui est la seule voie de salut avec les œuvres supérieures à la foi seule, car *mieux vaut que la justice s'établisse sans le Nom de Dieu plutôt qu'en son Nom règne ce qu'il a en horreur(11)*. Ce sont là des exemples, mais on lira de page en page bien d'autres interdictions, commandements, conseils et redressements si clairement exprimés qu'ils se passent d'exégèse.

Le sens de cet Évangile jaillit si facilement de la première lecture, si grande est sa richesse en leçons immédiatement claires, comment aurais-je pu attendre, pour le rendre public, d'être en état de dégager l'enseignement de ses passages lapidaires, de fournir le mode d'application des passages qui visent les *rites,* la vie religieuse pratique, voire la vie sociale, ainsi que me le conseillaient certains ? Ne dois-je pas plutôt *prendre conseil(12)*, comme me le recommande le Christ, du plus grand nombre possible de lecteurs pieux et éclairés avant de publier les *ordonnances* que *le Souffle* de Dieu rendra indélébiles*(13)*? Et pour cela ne dois-je pas répandre le livre d'abord ?

---

1. L'Évangile Donné à Arès 10/11. «Évêques, theologiens»: Ici le frère Michel se réfère encore à l'église. En fait, *princes du culte* désigne les chefs de toutes les religions et même, par analogie, les chefs politiques; *prêtres* se réfère à tous clergés (prêtres, pasteurs, rabbins, mollahs) et aux serviteurs de tous les pouvoirs, etc.
2. L'Évangile Donné à Arès 30/15.
3. L'Évangile Donné à Arès 16/15 et ailleurs.
4. L'Évangile Donné à Arès 27/4 et ailleurs.
5. L'Évangile Donné à Arès 27/3.
6. L'Évangile Donné à Arès 39/4.
7. L'Évangile Donné à Arès 11/3.
8. L'Évangile Donné à Arès 39/5, 11/2.
9. L'Évangile Donné à Arès 8/2, 9/1, 10/4. Au milieu d'une énumération honnête de notions sans équivoque revient l'ambiguïté: Le frère Michel comprend que «la mémoire du sacrifice doit remplacer la messe», mais il parle «d'eucharistie» et se montre ainsi encore prisonnier de concepts ou de mots sacramentels.
10. L'Évangile Donné à Arès 30/10-11.
11. L'Évangile Donné à Arès 28/11-12.
12. L'Évangile Donné à Arès 35/7. De tels «conseils» embrouillaient le frère Michel. Chaque personne consultée voyait *L'Évangile Donné à Arès* selon ses espérances propres: chrétiennes, juives, musulmanes, ésotériques, théosophiques, etc. Aussi le frère Michel se libéra-t-il des conseillers pour méditer seul, mais son incertitude sur certains points ne disparurent pas avant les Théophanies en 1977.
13. L'Évangile Donné à Arès 20/9 et ailleurs.

Gospel shows to tomorrow's man; it does not concern the deep substance. From the first reading this Gospel reveals certainties which need no comments and raise no problems of application: The ban on *princes of religion* (bishops), *priests* and *doctors* (theologians, canonists, etc), so often repeated that I cannot count all the references to it; the ban—parallel to the ban on *doctors*—on anyone's *adding a speech to God's Word(1)*, which voids the post-evangelical tradition and calls on preachers to be cautious; the ban on confession, *the worst outrage against the weak*, and on *absolution*, a *blasphemy(2)*; the ban on anyone's *conjuring up God's Mercy at the slightest thing and so encouraging weakness;* the duty to remind the *impenitents* of the chastisement lying in wait for them(3), and the duty to *expel them from the assemblies(4)* and *to unfold in councils and in public areas all that brings shame on them(5)*, all the precepts that put an end to laxity currently in fashion; the ban on anyone's praying to the 'saints' (6) and worshipping icons(7) *except those of Mary(8)* who is extolled for *the excellence of her salvation;* the institution of all the male penitents as celebrants of the *recalling of the Sacrifice to Remembrance* (celebration of eucharist)(9) in place of *priests;* the insistent appeal for *penitence* which is not mortification but the sinner's active will to *stop sinning(10)*, and which is the only path to salvation along with the good deeds superior to faith by itself, for it is *better to establish justice without God's Name than let what he loathes rule in his Name(11)*. These are just instances; from page to page the reader will come across many other interdictions, commandments, advice and straightenings so clearly expressed that they need no exegesis.

From the first time you read this Gospel its meaning is so obvious, it is so rich in immediately clear lessons, that I publish it without waiting—although some have advised me to wait—until I am able to unearth the teachings of its terse parts and give the readers the right way of carrying out the points related to *observances*, practical religious life, and even social life. Rather than wait to understand everything by myself should I not *take advice(12)* from as many pious and enlightened readers as possible, according to Christ's recommendation, before I publicize the *edicts* which God's *Breath* will make indelible(13)? And with this aim in view must I not bring out and spread this book first?

1. The Gospel Delivered in Arès 10/11. 'Bishops, theologians': Here brother Michel is still referring to the church. Actually, *princes of religion* designates the *leaders* of all religions and even, by analogy, the political leaders; *priests* are all clergy (priests, pastors, rabbis, mollahs) and every power's servants alike.
2. The Gospel Delivered in Arès 30/15.
3. The Gospel Delivered in Arès 16/15 and elsewhere.
4. The Gospel Delivered in Arès 27/4 and elsewhere.
5. The Gospel Delivered in Arès 27/3.
6. The Gospel Delivered in Arès 39/4.
7. The Gospel Delivered in Arès 11/3.
8. The Gospel Delivered in Arès 39/5, 11/2.
9. The Gospel Delivered in Arès 8/2, 9/1, 10/4. Amid an honest listing of unambiguous notions ambiguity reappears: Brother Michel understands that the *recalling of the Sacrifice to Remembrance* is to replace mass, but he mentions 'eucharist', and so proves to be still a prisoner of sacramental concepts or words.
10. The Gospel Delivered in Arès 30/10-11.
11. The Gospel Delivered in Arès 28/11-12.
12. The Gospel Delivered in Arès 35/7. Such 'advice' threw brother Michel into confusion. Each adviser interpreted *The Gospel Delivered in Arès* following his own expectations Catholic, Protestant, Jewish, Muslim, esoteric, theosophical, etc. Soon brother Michel freed himself from the advisers and thought things over by himself, but he would remain unsure about some points until the time of the Theophanies, 1977.
13. The Gospel Delivered in Arès 20/9 and elsewhere.

RÉCIT DES APPARITIONS DE JÉSUS.

Quant au surnaturel ce fut simple comme toujours quand l'homme devient passif et que Dieu seul agit. Les apparitions du Christ furent précédées de phénomènes lumineux répétés chaque nuit, du 5 ou 6 au 15 janvier. Parfois simples flammes suspendues dans l'espace, parfois luminescence générale des meubles, murs et plafond. J'eus ces prodiges sous les yeux, étant réveillé par eux et me rendormant souvent avant qu'ils n'aient cessé, de vingt-trois heures à deux heures environ. Ils me mirent plus dans un état de crainte que d'émerveillement, me firent prier éperdument: c'était peut-être leur but. De toute façon je ne prévoyais pas du tout ce qu'ils préparaient pour la nuit du 15 janvier[1].

Cette nuit-là, le prodige lumineux s'étant produit comme les jours précédents, j'entendis une voix, pas celle du Christ dont le timbre et l'accent sont inimitables, une voix plus commune, qui me dit: « Lève-toi ! Va dans tel lieu ! » — Je ne dois pas révéler ce lieu[2] —. Je m'y rendis, et avant même d'y entrer, par l'encadrement de la porte et d'aussi loin que j'approchai, je vis le Christ. Je passe sur mon sentiment dans ce moment-là, étant hors de propos, et sans doute incommunicable à quiconque n'a pas vécu pareille rencontre. Le Christ était debout dans un drapé indéfinissable sans ressemblance avec les vêtements dont l'habille l'iconographie, un vêtement aux plis innombrables, fins, orientés en tous sens et si près du corps qu'il était là comme pour seulement dire que le Christ ne voulait pas paraître nu. L'image la plus proche serait celle d'une tunique mouillée sur un corps nu. Les cheveux étaient vraisemblablement très longs, quoique je n'aie jamais vu le Seigneur de dos pour l'affirmer; bouffants comme des cheveux nouvellement lavés, ils étaient réunis derrière la tête et suggéraient l'existence d'une « queue de cheval ». Le visage rappelait bien davantage[3] les représentations iconographiques quant aux traits, mais comment comparer la fixité, l'absence de vie, des icônes et le visage que j'eus devant moi durant quarante veilles, qui parlait et regardait? Les mains étaient belles, viriles comme le visage et comme lui mobiles; les bras s'écartaient peu du corps, les pieds étaient nus, reposant bien sur le sol et non en lévitation comme dans l'imagerie. Les deux poignets, mais un seul pied portaient les stigmates, que je vis saigner chaque fois que le Christ me parla de ses *Plaies*[4]; une nuit que je regardais cet unique pied stigmatisé, il me dit: « Je fus crucifié le dernier; un fer manquait; un seul pied fut ferré, la cheville libre lui fut liée. »

Le Christ que je vis n'était pas un esprit, mais une personne bien en volume et certainement pesante, car je sentis la lourdeur de son bras quand il posa sa main sur ma tête. Quand il m'oignit les lèvres je distinguai les sillons de la peau des phalangettes et les ongles normaux.

C'est un homme, étrange, d'une majesté indicible, mais seulement un homme que j'aurais eu devant les yeux, si cinq particularités ne l'avaient distingué d'un mortel: l'irradiation de toute sa personne, juste un peu moins intense sur les

---

1. Plus précisément la nuit du 14 au 15 janvier après minuit. De même la dernière *veillée* eut lieu dans la nuit du 12 au 13 avril après minuit.
2. L'Évangile Donné à Arès 35/5.
3. La forme et les traits du visage rappelaient un peu les icônes traditionnelles, mais le regard, les yeux mobiles, l'expression générale, les lèvres qui parlaient, bref la vie, ne les rappelaient pas du tout.
4. L'Évangile Donné à Arès 8/4, 30/4.

THE ACCOUNT OF JESUS' APPEARANCES.

As to the supernatural, it was simple as is usual when man becomes passive and God alone acts. From January 5 or 6 to January 15 luminous phenomena arising every night preceded Christ's appearances. Sometimes mere separate flares hovering in the air, sometimes a general luminescence of the furniture, walls and ceiling. From 11 p.m. to 2 a.m. or thereabouts I could watch these marvels after they had waked me up; time and again I went back to sleep before they disappeared. They got me into a state of fear rather than admiration, and set me praying desperately, which may have been their purpose. Anyhow I did not by any means foresee what they were preparing me for up until the night of January 15(1).

On that night the luminous marvel had gone off just as it had done for several days when I heard a voice which was not Christ's voice the resonance and tone of which are matchless; it was rather a common voice, which told me, "Get up! Go to such and such a room!"—I am not allowed to disclose which room(2)—. I walked in that direction; then, a while before entering the room I was slowly drawing near to, I could see Christ through the doorframe. I pass over my feeling on that moment; it is off the point and probably incommunicable to whoever has never had such an encounter. Christ stood wrapped in a garment of indefinable drape unlike that of Christ's garments in icons; the garment was arranged in innumerable fine folds turned in all the directions and so next to the body that it seemed only intended to make me tell that Christ was not naked. The closest image might be that of a completely wet tunic on a naked body. His hair was very long in all likelihood, though I cannot assert it, because I never saw the Lord from behind; the hair had volume as if it had been freshly shampooed and dried, it was collected behind the neck as if it ended in a 'ponytail'. Christ's face was reminiscent(3) of icons with regard to the features, but how could I compare the fixedness, the lifelessness of icons to the face that I watched for forty vigils, a face which spoke and looked? His hands were fine, as manly and mobile as his face; his arms did not often part from his body; he was barefooted, and his feet touched the floor, he was not levitating as in imagery. The stigmata were visible on both of the fists but on a single foot; I saw them bleeding every time Christ talked to me of his *Wounds(4);* a night I was staring at that single stigmatized foot, he said to me, "They crucified me last; they lacked one iron; so they bound the loose ankle to the single nailed foot."

The Christ I saw was no spirit; he was a person who took up space and was undoubtedly weighty, for I felt the heaviness of his arm when he laid his hand on my head. When he anointed my lips I could distinctly make out the grooves on his thumb and noticed that the fingernails were normal.

The man in front of me, though weird and unspeakably majestic, would have been but a man, had he not had five peculiarities which were not a mortal's: the radiation of his whole body, only a little less intense in his hair and beard, a gleam

---

1. More precisely on the night between the 14th and the 15th of January after midnight. Likewise the last *vigil* took place on the night between the 12th and the 13th of April after midnight.
2. The Gospel Delivered in Arès 35/5.
3. The shape and the features of the face were vaguely reminiscent of traditional icons, but the look and mobility of the eyes, the overall expressiveness, the speaking lips, in short, life, were not so at all.
4. The Gospel Delivered in Arès 8/4, 30/4.

cheveux et la barbe, une clarté qui n'est comparable à aucune brillance en ce monde, la lumière probable de la transfiguration(1), pâlissant les couleurs de manière que l'apparition me parut monochrome, un corps éclatant aux traits et volumes nets ; ses dimensions de proportions parfaites, mais toutes plus grandes que la normale humaine : taille, largeur de buste et de hanches, tête, membres, mains, pieds (était-ce une impression provoquée par l'irradiation ?) ; l'ascension de la personne à la fin de chaque veille ; son parfum, parfois rémanent longtemps après son ascension ; enfin sa voix au timbre et à l'accent incomparables, indescriptibles, une voix qui à elle seule m'aurait jeté dans la prosternation et dans la crainte si elle n'avait accompagné le Christ visible.

De décrire si froidement mon Dieu(2) j'éprouve de l'embarras, il me semble être impie, mais ma nature n'est pas extatique, je ne trouve pas le langage émerveillé des grands mystiques. Dieu me le pardonne, qui m'a élu comme je suis ! Je me soumets à ce récit parce que j'ai vu les faiblesses de l'esprit humain, j'ai compris mon devoir de passer par sa curiosité pour la petite histoire afin de l'ouvrir à l'essentiel : *L'Évangile*. C'est sans doute pour satisfaire ce besoin de détail qu'a l'homme que le Christ m'a ordonné de *remplir de lui mes yeux et mes oreilles*(3), de *graver sa Face dans mon regard*(4) pour publier sur les toits et dans les assemblées *Ce Que j'ai entendu* mais aussi *Ce Que j'ai vu*(5).

LA TRANSCRIPTION DE «L'ÉVANGILE DONNÉ À ARÈS».

Quand je me trouvai pour la première fois devant le Christ, il m'ordonna : « Écris ! » Dès la seconde veille et pendant toutes les suivantes j'écrivis sans qu'il dût me répéter cet ordre, mais ce fut seulement vers la dixième veille que je réalisai qu'il me dictait un livre. Jusqu'alors je m'imaginais, pauvre fat, que je recevais une confidence divine, une grâce personnelle. Quand je compris que je n'étais que le réceptacle d'un message de portée universelle, je commençai à numéroter mes copies veille par veille, mais je dus reconstruire de mémoire l'ordre dans lequel les premières dictées m'avaient été faites, et, sauf si l'Esprit Saint y a veillé, je ne suis pas certain d'avoir retrouvé la bonne chronologie. De toute façon le sens de ces premières dictées est totalement préservé. Lorsqu'après Pâques je dus mettre au propre mes copies, je ne pus pas toujours me relire facilement ; ma graphie aurait été très suffisante pour la mise au clair de n'importe quel texte important, mais s'agissant de la Parole de Dieu, je faillis sombrer dans les scrupules les plus excessifs, puisque j'allais jusqu'à envisager de laisser en blanc dans cette édition les mots sur la lecture desquels j'avais le plus petit doute. Finalement je résolus d'imprimer en *italique* tous les mots pour lesquels je n'avais pas une certitude absolue quant à la lettre ou quant au sens. Ceux dont le sens est douteux sont rares ; ils résultent presque tous de confusions par consonances,

---

1. La Transfiguration que virent les apôtres Pierre, Jacques et Jean, Évangile de Marc 9/2-9.
2. L'Évangile donné à Arès 32/2 souligne la différence radicale entre Jésus et Dieu : «*L'homme Jésus n'est pas Dieu, c'est le Christ qui est Dieu,*» mais le frère Michel ne donne pas encore dans la nuance ; sa conception trinitaire de Jésus-Dieu est encore visible et même choquante.
3. L'Évangile Donné à Arès 37/1.
4. L'Évangile Donné à Arès 40/1.
5. L'Évangile Donné à Arès 37/4.

unlike any brilliance in the world, probably the light of transfiguration[1], which made all bodily colors pallid so that Jesus' appearance looked monochrome to me, a body with clear-cut features and volumes but only bright; his dimensions perfectly well-proportioned, but all above human average: his height, chest and waist width, head, limbs, hands, feet (did Jesus seem to be oversize only because of his radiation?); the ascension of his body at the close of each vigil; his fragrance which sometimes persisted long after his ascension; and his voice with an incomparable indescribable resonance and accent, a voice that, should not Christ have been visible, would have be enough to make me bow low.

Coldly describing my God[2] bothers me, I feel impious, but I am not ecstatic by nature, I cannot use the language filled with wonder of the great mystics. May God forgive me, since he chose me just as I am! I have submitted to the task of writing this account because I have noticed the human mind's weaknesses, I have realized that it was my duty to reach man's mind through its curiosity about the footnotes of history, and so open his eyes to the essential: *The Gospel*. It was no doubt to answer that need for man to know of detail that Christ ordered me *to let my eyes and ears fill with him*[3], to let *his Face be engraved on my eyes*[4] in order to *proclaim from the rooftops and in the assemblies* not only *That Which I have heard*, but also *That Which I have seen*[5].

THE WRITING DOWN OF "THE GOSPEL DELIVERED IN ARÈS".

The first time I was in front of Jesus, he ordered me, "Write!" From the second time onward, on every vigil, I wrote without his having to repeat that order, but I did not understand that he was dictating a book to me until the tenth vigil. Until then I poor smug man imagined that God was telling me confidences, I thought God graced me with his presence privately. When I realized that I was just the receptacle of a message of wordlwide significance, I began to number my records vigil after vigil, but I had to rebuild from memory the order in which the first dictations had been made, so that I am not sure that I restored the right chronology later on, unless the Holy Spirit saw to it. At any rate, the meaning of those dictations was perfectly preserved. When, after Easter Day, I had to copy out my records, I had difficulty in reading over some of their parts; my graphy would have been adequate to read clearly any important text, but with respect to God's Word I almost fell into excessive scruples, I went so far as to consider to leave blanks instead of the words the reading of which I had the slightest doubt about. I eventually made up my mind to ask the printer to typeset in *italics* all the words that I was not utterly sure of the sense or literality of. There are very few words with questionable meanings; almost all of them result from confusion through consonance, for example *broyés* (in English *ground to fragments*) which I had

---

1. The Transfiguration witnessed by apostles Peter, James and John, Gospel of Mark 9/2-9.
2. The Gospel Delivered in Arès 32/2 lays stress on the fundamental difference between Jesus and God: "*Man Jesus is not God; it is Christ who is God*," but brother Michel cannot yet see the difference; his concept of God-Jesus is still obvious and even bluntly spoken.
3. The Gospel Delivered in Arès 37/1.
4. The Gospel Delivered in Arès 40/1.
5. The Gospel Delivered in Arès 37/4.

comme par exemple : *broyés*, que j'ai écrit à propos des fils de Noé [1], alors que le contexte nous dit que le Christ dut me dicter *noyés, ou* bien *déchiffreras* qui est peut-être *défricheras* [2], quoique je penche pour le premier sens. La grande majorité des mots ou même des phrases en *italique* dans cette édition n'offrent pour moi aucun doute, ou très peu de doutes, quant au sens, et sont seulement la reconstitution plus ou moins laborieuse de graphies bâclées par la vitesse d'écriture. Enfin les mots par lesquels j'ai dû remplacer de mon initiative des graphies irrémédiablement illisibles sont également rares ; pour cela j'ai fait appel à ma mémoire et au contexte, j'ai aussi beaucoup prié pour appeler sur mon choix la lumière de l'Esprit Saint. De toute façon on remarque que nulle part les mots ou groupes de mots incertains n'entraînent de doutes sur le sens du texte ; ce hasard est trop providentiel pour qu'on n'y reconnaisse pas le soin apporté par Dieu à une édition sans erreurs de son *Évangile*.

Enfin le rythme du texte, comme il est publié ici : sa ponctuation, ses à-la-ligne, est tel que je l'ai noté sous la dictée divine, tel que ses intonations, accents, ralentissements et arrêts me l'ont inspiré sur le moment même, pour autant qu'il soit restituable.

Le Christ me parla en français. Quelquefois il me dit : « Lève ta main ! » pour m'entretenir de choses personnelles, répondre aux questions qu'il lisait dans mon esprit. Quant à moi je ne lui adressai jamais la parole, ma langue en sa présence fut toujours comme paralysée.

LES ÉPREUVES DIURNES DANS LA PÉRIODE DES APPARITIONS.

Au surnaturel nocturne et divin répondit, tant que durèrent les visites du Christ, un surnaturel diurne et démoniaque. Convoqué une nuit sur deux par Dieu [3] en moyenne — en fait, les fréquences de ses visites, comme leur durée, furent inégales [4] —, j'étais le jour, et pratiquement chaque jour, tourmenté par le démon, qui tenta de me souiller, de m'amollir et même de me révolter, pour faire échec à la rencontre entre Dieu [3] et l'homme.

Entrer dans les détails des tourments et tentations qu'il me fit subir serait hors de propos. Dieu, s'il m'abandonnait assez longuement à Satan pour m'éprouver, savait les limites de mes forces : chaque soir vers vingt-deux heures, que Jésus vienne ou ne vienne pas cette nuit-là, le démon s'éloignait de moi. Dieu ne voulait pas non plus que le drôle maltraitât mon corps : le 6 avril, rageant devant ma résistance, le démon me souleva de terre, me jeta sur le sol de mon cabinet de travail, tête la première ; mais la nuit suivante le Christ posa sa main sur la plaie de ma tête, qui disparut.

CONDITION MORALE DU TÉMOIN AU MOMENT OÙ IL ÉCRIT CE LIMINAIRE.

Ma confession et mon récit ont-ils satisfait la curiosité du lecteur avant qu'il n'ouvre cet *Évangile* ? Sa piété, et sa prudence, y puiseront-elles la conviction,

---

1. L'Evangile Donné à Arès 2/7.
2. L'Evangile Donné à Arès 27/6.
3. Toujours sous l'emprise du dogme trinitaire, le frère Michel ne peut pas encore distinguer Jésus de Dieu.
4. Il y eut quarante apparitions en 88 jours, soit une apparition toutes les deux nuits en moyenne. En fait, il arriva que Jésus apparut plusieurs nuits à la suite, auxquelles succédèrent plusieurs nuits sans apparitions.

about Noah's sons(1) whereas one infers from the context that Christ certainly dictated *noyés* (in English *drowned)*, or *déchiffreras* (in English *shall decipher)* which may be *défricheras(2)* (in English *shall clear the way)*, although I am inclined to favour the former. I am in no doubt or just in slight doubt about the senses of most words or sentences in *italics* in this edition; they are only re-buildings of words thrown together in great haste. The words with which I deliberately replaced a few irremediably illegible graphies are also scarce; for those replacements I called up my memories and read through the context, I also prayed to the Holy Spirit that it would guide me in the selection. Readers will notice, anyhow, that the uncertain words or groups of words never lead them to question the overall sense of the text; such a chance is so providential that we can recognize by it that God himself saw to it that this edition of his *Gospel* would be free from mistakes

Finally, the rythm of the text just as it is rendered in this book, its punctuation, its 'starts on the next line', are such as written when I took down the divine dictation, such as they were suggested by Christ's changes in tone, slowings-down and stoppings at the very moments they occurred, supposing the rythm can be restored.

Christ spoke French to me. Every so often he told me, "Raise your hand!" and talked to me of private issues, or answered questions which he had read in my mind. As for me I did not address him ever, it was as though my tongue was paralysed in his presence.

HARDSHIPS IN DAYTIME IN THE JESUS' APPEARANCES PERIOD.

Apart from the nocturnal divine supernatural events there were some diurnal devilish supernatural occurrences during the period of Christ's visits. God(3) called me every other night on average—actually his visits were irregular in frequency and duration alike(4)—, and in daylight I was tormented almost daily by the devil who attempted to sully me, weaken me and even make me rebel against God in order to foil the meeting between God(3) and man.

It would be irrelevant to go into details about those torments and temptations. God let me be tried by Satan for rather long whiles, but he was aware of my limits: Every night by 10 p.m. he forced the devil to withdraw from me, whether Jesus was or was not to come overnight. Neither did God let the demon ill-treat my body: On April 6, the devil grew furious that I was adamantly resisting him, he lifted me off the ground, then he threw me headfirst on the floor of my study, but the next night Christ laid his hand on my head, and the wound vanished.

THE WITNESS'S MORAL STATE WHILE WRITING THIS FRONT MATTER.

Have my confession and my account satisfied the reader's curiosity before he opens this *Gospel?* Will the reader's piety and prudence draw from these confes-

---

1. The Gospel Delivered in Arès 2/7.
2. The Gospel Delivered in Arès 27/6.
3. Being still in the grip of the trinity dogma, brother Michel could not tell Jesus from God yet.
4. There were forty appearances of Jesus in 88 days, that is, one appearance every other night on average. Actually, it occasionally happened that Jesus appeared for a few nights in a row, followed by a few nights without his appearing.

sans quoi son cœur peut ne pas s'ouvrir à la Parole ? Peut-être attendait-il que je me situe plus largement face à l'événement proprement biblique qui me surprend et me transforme à 45 ans ? Cela aurait nécessité des notes biographiques. Je ne peux pas aller jusque là, car Dieu m'a ordonné de *publier Ce Que j'ai vu et entendu*(1) au cours de ses apparitions(2), mais il m'a interdit *d'évoquer ma vie passée*, qui ne comporte *rien dont je puisse être fier*(3). Et même, c'est là l'occasion pour moi de demander à mon tour une faveur au lecteur pieux : ses prières pour que s'effacent mon indignité et mes défaillances, qui résultent de mon passé, pour que je devienne *un homme du temps qui vient*(4), *l'homme du Dessein* de Dieu(5).

Je me sens écrasé sous la tâche que Dieu me désigne, car il m'a élu, mais il ne m'a pas affranchi de mes responsabilités. Que ma soumission à sa volonté et mon amour pour lui émeuvent sa miséricorde, apaisent sa sévérité très juste pour mes défaillances actuelles et à venir. Que son *Souffle*(6) anime ma conversion permanente à sa Parole, dans tous ses Livres, et mon courage pour affronter ses ennemis.

LE VŒU QUE CETTE RÉVÉLATION CHANGE LE MONDE.

Que mon faible cri, amplifié par son *Souffle*, parvienne jusqu'aux *trônes de ceux qui règnent à Jérusalem, à Rome, à Athènes, partout*(7) où le Christ est trahi, où il est recrucifié(8) ! Que mon cri parvienne, élevé par sa *Puissance*, jusqu'aux sommets des murailles escarpées de l'indifférence à Dieu ou du laxisme religieux, son parent, du matérialisme cupide et jouisseur, des fausses doctrines, de toutes choses clairement démasquées comme manœuvres du *tentateur* pour perdre les hommes(9) ! Que cet *Évangile Donné à Arès* ravive et éclaire, pour ceux qui les ont oubliés ou défigurés, les Evangiles déjà donnés en Galilée et en Judée ! Qu'il leur fasse découvrir leur erreur et trembler devant leur *hypocrisie*(10) ! Qu'à *ceux qui ont été scandalisés*(11) il redonne confiance en Dieu, *pour que les nations reviennent vers lui*(12) ! Qu'il touche le cœur des incroyants ! Que tous vibrent de joie et d'espérance, *ouvrent les yeux et reconnaissent le Seigneur*(13) dans cet *Évangile* et dans mon récit de ses visites à Arès comme des pèlerins sur la route d'Emmaüs le reconnurent ! Que comme le cœur de ces pèlerins le cœur de tous soit *tout brûlant en dedans d'eux* tandis que le Christ leur parle dans ces pages !

---

1. L'Évangile Donné à Arès 37/4.
2. Le frère Michel attribue ces «apparitions» à Dieu, encore inconscient de la leçon de la Veillée 32: *L'homme Jésus n'est pas Dieu*. Même si l'apparition de 1974 manifeste le *Christ*, c'est le prophète Jésus qui apparaît, et non Dieu, lequel ne surviendra pas en personne avant l'automne 1977 (*Le Livre*).
3. L'Évangile Donné à Arès 16/10.
4. L'Évangile Donné à Arès 30/13.
5. L'Évangile Donné à Arès 28/27.
6. *Souffle*, mot fréquent dans *L'Évangile Donné à Arès:* L'Esprit Divin vu sous son aspect dynamique, créateur, animateur, pénétrant, vivifiant, complément de son aspect statique: Vérité éternelle, sainteté, lumière de Dieu, qui est plutôt désigné par *Esprit*.
7. L'Évangile Donné à Arès 3/4.
8. L'Évangile Donné à Arès 30/4.
9. L'Évangile Donné à Arès 26/2-7-16.
10. L'Évangile Donné à Arès 22/10.
11. L'Évangile Donné à Arès 28/4.
12. L'Évangile Donné à Arès 28/21.
13. Luc 24/13-43.

sion and account the conviction failing which his heart might not open to the Word? The reader may have expected me to place myself much more amply in relation to the specifically biblical event that caught me unawares at the age of 45. This would require biographic comments. I am not allowed to do so, for God ordered me *to publish That Which I have seen and heard(1)* in the course of his appearances(2), but he forbade me *conjuring up my past in which nothing is worth pride(3)*. This, besides, gives me an opportunity to ask the pious reader to be so good as to pray for me so that my unworthiness and my shortcomings which result from my past will disappear, and that I can become *a man of the time to come(4), the man of God's Design(5)*.

I feel overburdened with the task that I have been assigned by God, because he has chosen me, but he has not set me free from my responsabilities. Let me submit to his will, and let my love for the Merciful move him, soothe his very just severity on my weaknesses of today and tomorrow alike! Let his *Breath(6)* impel me to permanent conversion to his Word, his Word in all of his Books, and sustain my courage to confront his enemies!

THE WISH TO CHANGE THE WORLD THROUGH THIS REVELATION.

Let my weak shout amplified by his *Breath* reach the *thrones of those who reign in Jerusalem, in Rome, in Athens, wherever(7)* men have betrayed Christ, *wherever* they have recrucified him(8)! Let my shout exalted by his *Power* reach the tops of the steep walls of indifference to God, or of the close relative of indifference: religious laxity, or of greedy and sensual materialism, or of deceitful ideologies, or of all things clearly unmasked as being ploys the *tempter* use to send men to their doom(9)! Let this *Gospel Delivered in Arès* revive and illuminate the Gospels once delivered in Galilee and Judea in the minds of those who have forgotten or distorted them! Let it get them to uncover their error and to tremble at their *hypocrisy(10)!* Let it help *those whom hypocrits have led to lose faith or righteousness(11)* rely on God again *so that nations can move back to him(12)!* Let it deeply touch unbelievers! Let all men become vibrant with joy and hope, let their *eyes open,* let them *recognize the Lord(13)* in this *Gospel* and in my account of his visits in Arès just as some pilgrims to Emmaus once recognized him! Let

---

1. The Gospel Delivered in Arès 37/4.
2. Brother Michel ascribed those 'appearances' to God because he had not yet understood the teaching in Vigil 32: *Man Jesus is not God*. Even though the 1974 appearance was a manifestation of *Christ*, only prophet Jesus appeared, not God who would not materialize in person until the fall of 1977 *(The Book)*.
3. The Gospel Delivered in Arès 16/10.
4. The Gospel Delivered in Arès 30/13.
5. The Gospel Delivered in Arès 28/27.
6. *Breath,* a frequent word in *The Gospel Delivered in Arès:* The Divine Spirit considered from its dynamic, creative, driving, penetrating, vivifying side, the complement to its static side: eternal Truth, Sanctity, God's light, which is rather called *Spirit*.
7. The Gospel Delivered in Arès 3/4.
8. The Gospel Delivered in Arès 30/4.
9. The Gospel Delivered in Arès 26/2-7-16.
10. The Gospel Delivered in Arès 22/10.
11. The Gospel Delivered in Arès 28/4.
12. The Gospel Delivered in Arès 28/21.
13. Luke 24/13-43.

Que par ce Livre, qui enrichit les Écritures sacrées d'une nouvelle gemme, dont la beauté et la grandeur suprahumaines dominent de si haut tout ce qu'un homme pourrait écrire de lui-même pour servir Dieu, s'ouvre une nouvelle ère chrétienne dans la Vérité et la justice ! Avançons vers notre salut, ayant sur les lèvres *trois fois le jour, une fois la nuit*[1], la prière que le Christ nous donne :

Père de l'Univers,
Toi seul es Saint.
Que règne sur nous Ta Sainteté
pour que nous fassions Ta Volonté,
pour que nous recevions notre nourriture,
pour que nous puissions pardonner
et recevoir pardon,
pour que nous résistions aux tentations
et que soit abattu le malin,
pour que règnent à jamais sur nous
Ta Sainteté, Ta Puissance et Ta Lumière !

Arès (Gironde) France, le 15 août 1974   Michel Potay

---

1. L'Évangile Donné à Arès 12/4.

everyone's *heart be burning within them,* just as those pilgrims' hearts were, while Christ is speaking to them through those pages! This Book enriches the sacred Scriptures with a new gem, its beauty and superhuman grandeur tower high above all that a man could write on his own even to serve God; let this Book begin a new Christian era in Truth and justice! Let us move towards our salvation saying *three times by day, once by night*(1) the prayer that Christ has given us:

Father of the Universe,
You are the only Saint.
Let your Sanctity prevail over us
so that we do your Will,
so that we get our food,
so that we are able to forgive
and worth forgiving,
so that we resist temptation,
and the devil is brought down,
so that we are ruled for ever by
Your Sanctity, Your Might and Your Light!

Arès (Gironde) France, August 15, 1974   Michel Potay

---

1. The Gospel Delivered in Arès 12/4.

L'ÉVANGILE DONNÉ À ARÈS

LIMINAIRE DE 1981

NOTA. C'est en mai 1981 que ce liminaire parut en tête d'une brochure missionnaire, appelée aussi «édition populaire». Cette brochure de 64 pages, étudiée pour la diffusion de masse, gratuite, de L'Évangile Donné à Arès, fut réimprimée plusieurs fois. Le texte reproduit ici a été amputé du récit des apparitions de Jésus; ce récit n'apporterait rien que n'apportent déjà suffisamment le liminaire de 1974 et la préface de 1983.

Quand ceux qui rient toujours des révélations auront bien ri, ils n'auront rien résolu. Il restera que le témoignage d'un homme de bien vaut l'attention.

Il y a plus d'un miracle à Arès!

Dieu s'est manifesté, a parlé, mais aussi, depuis ce moment, beaucoup d'hommes ont trouvé la foi, une raison de vivre et de lutter, et même le bonheur et la guérison.

Le réalisme n'est pas de dire: «Je n'y crois pas!» avant même d'écouter, de lire et de méditer. Il n'est pas plus réaliste de dire: «Je ne crois qu'à ce que je vois», car ce que tu vois autour de toi et dans le monde vaut-il toujours que tu y croies?

Le réalisme, n'est-ce pas plutôt se demander si les voies du bonheur qu'on appelle «réalistes», qui ont amené les pires idéalismes: du culte matérialiste à l'arbitraire rationaliste, sont fondées? N'avons-nous pas rejeté Dieu parce que les religions, les églises et les sectes nous avaient abusés, quand ce sont elles qu'il fallait rejeter?

LE PREMIER MATÉRIALISTE, LE PREMIER RÉALISTE: DIEU.

«Mais qu'offre-t-il, le tentateur, qui ne peut rien créer, ni joies, ni biens? Qu'offre-t-il que Je ne donne déjà?» [1] Père de la matière et de la réalité, Dieu n'est-il pas Père du matérialisme et du réalisme, ces forces portantes de toute vie?

Où est le réalisme *d'ânes assoiffés de n'importe quoi qui apaise leur soif* [2], qui courent *les temples de l'ambition ou de l'or* [3], et aussi les temples intellectuels et politiques, partout où l'on célèbre un faux matérialisme qui n'aime ni ne défend la matière, et qui aime moins encore les hommes, mais qui s'idolâtre lui-même, et s'épuise dans une orgie égoïste de *l'héritage* [4] de la terre?

---

1. L'Évangile Donné à Arès 26/8.
2. L'Évangile Donné à Arès 30/2.
3. L'Évangile Donné à Arès 27/4.
4. L'Évangile Donné à Arès 3/2.

THE GOSPEL DELIVERED IN ARÈS

1981 FRONT MATTER

N.B. In May 1981 this front matter introduced the main text of a mission booklet, also called 'pop edition'. That 64 pages booklet was designed for a mass circulation of free copies of The Gospel Delivered in Arès; it was reprinted several times. The account of Jesus' appearances has been severed from the text below; this account would not contribute anything new because the 1974 front matter and the 1983 preface contain sufficient reports of Jesus's appearances.

When those people minded to invariably mock revelations have laughed till they could laugh no more, they will not have sorted the matter out. The fact will remain that a good man's testimony is worth taking heed.
There has been more than one wonder in Arès!
God manifested himself, and spoke, but also since then numerous men have found faith, a reason to live and struggle, and even happiness and healing.
Being realistic does not consist in stating "I don't believe that!" even before listening, reading and pondering. Stating "I believe only what I can see" is not realistic either; is all that you can see around you and in the world any more worth believing?
Being realistic, isn't it rather wondering if the paths of happiness called 'realistic', by which the worst idealisms have invaded us: cult of materialism and rationalistic arbitrariness, are warranted? Have we not rejected God because religions, churches and sects had deceived us, whereas we ought to have rejected them instead?

THE FIRST MATERIALIST, THE FIRST REALIST: GOD.

"But what does the tempter offer, he who cannot create any joys, any goods, anything? Does he give anything that I have not yet given Myself?(1)" Since God is the Father of matter and reality, is he not the Father of materialism and realism, these supporting forces of every life?
Is there any realism in *donkeys thirsty for anything that slakes their thirst(2)*, who go the rounds of *the temples of ambition and of gold(3)*, and the intellectual and political temples, wherever a false materialism is celebrated which is no love or defense of matter and no love of men, but which idolizes itself and wears itself out in an egoistic orgy of the *legacy(4)* of the earth?

1. The Gospel Delivered in Arès 26/8.
2. The Gospel Delivered in Arès 30/2.
3. The Gospel Delivered in Arès 27/4.
4. The Gospel Delivered in Arès 3/2.

Et les clergés, qui devaient défendre la vérité, la création, établir la fraternité et le bonheur, est-ce par réalisme qu'ils ont trahi leur mission, *dressé la croix pour leur compte(1)*, entretenu des *superstitions, dont ils tirent domination et profit(2)*?

Qui est réaliste, sinon Dieu, qui maintenant *se lève à la place* des clergés *(3)*? Il ouvre les *fosses(4)* qui enferment *vivants(5)* ses enfants ; il crie : «*Sauvez-vous !*»*(6)* Chacun peut choisir d'y pourrir, chacun peut choisir de fuir. Tous sont créés *libres* comme *le serpent des champs(7)*, mais tous *ne glorifient pas Dieu* comme la bête avisée, qui sait encore, elle, où sont son intérêt, sa joie, et de quoi il faut avoir peur.

Ce réalisme marque tout l'événement d'Arès. Loin des vatican, cathédrales, temples, etc., de tous les pouvoirs religieux, ainsi que des capitales et des puissants politiques, de leurs media, loin des institutions devenues incapables de défendre la vérité, Dieu se manifeste dans un bourg retiré de la Gironde côtière (France) à un inconnu, *l'homme Michel(8)*, clerc pieux, sain de corps et d'esprit, mais sans importance sociale, sans mérites particuliers, et qui n'est pas un mystique.

L'ÉVÉNEMENT SURNATUREL D'ARÈS EST SANS RAPPORT AVEC LES APPARITIONS DE MARIE OU DU SACRÉ-CŒUR. IL SE RATTACHE AUX ÉVÉNEMENTS QUI DONNÈRENT NAISSANCE À LA BIBLE ET AU CORAN.

À Arès Dieu livre son message à l'Occident.

De janvier à avril 1974 il parle par Jésus, apparu quarante fois au frère Michel. Jésus n'apparaît pas dans une vision, mais dans son corps physique éternellement sauvegardé. Il révèle *L'Évangile Donné à Arès*.

Plus tard, en automne 1977, Dieu se manifestera et parlera lui-même au même témoin, dans une conflagration extraordinaire de lumière et de forces physiques.

Les apparitions d'Arès sont sans rapport avec la vision de Paray-le-Monial (Jésus) ou les visions de Lourdes, La Salette, Fatima et Garabandal (Marie), non des réelles présences physiques, mais des fantômes immatériels délivrant des messages brefs, de portée limitée et clairement inspirés par les préjugés religieux locaux. À Arès le surnaturel — Jésus (1974) et les Théophanies (1977) —, en raison de ses particularités, de la personnalité et de la maturité du témoin (un père de famille de 45 ans en 1974), et surtout de la nature et du sens de son message, s'apparente bien davantage aux grands moments bibliques. L'Événement d'Arès est une étape importante des rapports historiques entre Dieu et l'homme. Comment ne pas relier l'apparition arésienne de Jésus à la visite des envoyés de Dieu à Abraham(9) plutôt qu'à la vision du « sacré-cœur » à Paray-le-Monial ? Comment ne pas identifier les théophanies de 1977 au *buisson ardent,* au *Mont Sinaï(10)* ou au Mont Hîra (Mahomet) plutôt qu'à la vision christique de Plock ? L'ampleur et

---

1. L'Évangile Donné à Arès 34/3.
2. L'Évangile Donné à Arès 21/1.
3. L'Évangile Donné à Arès 28/12.
4. L'Évangile Donné à Arès 2/1, 31/11.
5. L'Évangile Donné à Arès 2/5.
6. L'Évangile Donné à Arès 36/23.
7. L'Évangile Donné à Arès 28/13.
8. L'Évangile Donné à Arès 1/1.
9. Genèse 18.
10. Exode 3/2-6 et Exode 19/3.

And clergy, supposed to defend truth, the creation, and to establish fraternity and happiness—, is it from realism that clergy have betrayed their mission, *set up the cross on their own behalf(1)* and preserved *superstitions from which they derive domination and profit(2)?*

Is there a realist other than God who *rises instead of* clergy now(3)? He opens the *graves* (or *pits)(4)* that shut in his children *alive(5);* he shouts, *"Be saved!" (6)* Every man can opt for rotting in there, or for fleeing. All men are created *free as field serpents(7)*, but not all of them *glorify God* as beasts do which, circumspect, know how to identify their interests, true joy, and what they should really fear.

This realism is characteristic of the Arès event. Away from vaticans, cathedrals, temples, etc., from all religious powers, from all political capital cities and powers, from their mass media, away from all institutions incapable of defending truth God has revealed himself in a secluded town on the coast of Gironde (France) to an unknown, *man Michel(8)*, a pious cleric sound in body and soul but devoid of social significance and special merits, and who is not a mystic.

THE ARÈS SUPERNATURAL EVENT HAS NOTHING TO DO WITH THE
APPARITIONS OF MARY OR OF THE SACRED-HEART. IT IS RELATED TO
THE EVENTS FROM WHICH THE BIBLE AND THE QURAN HAVE ORIGINATED.

In Arès God delivered his message to the western mankind.

In 1974 from January to April he spoke to brother Michel through Jesus who appeared forty times. Jesus did not appear in a vision; he was present in his physical body eternally safeguarded. He revealed *The Gospel Delivered in Arès*.

Later on, during the fall of 1977, God manifested himself and spoke to the same witness, in an extraordinary show of light and physical forces.

The supernatural event of Arès has nothing to do with the visions of Paray-le-Monial (Jesus) or the visions of Lourdes, La Salette, Fatima, Garabandal (Mary), which were no real physical presences but immaterial ghosts delivering short messages of no great import and clearly influenced by the local religious prejudices. In Arès the supernatural—Jesus (1974) and the Theophanies (1977)—, in view of its peculiarities, of the witness's personality and maturity (45 years old in 1974, a family man), and especially of the nature and sense of its message, has much more similarities to the main biblical occurrences. The Event in Arès constitutes a major stage of the historic relations between God and man. How could one not connect Jesus' appearance in Arès with the call paid by God's messengers on Abraham(9) rather than with the vision of the sacred-heart in Paray-le-Monial? How could one not identify the Theophanies with the *burning bush, Mount Sinai(10)* and Mount Hira (Muhammad) rather than with the christlike vision in

---

1. The Gospel Delivered in Arès 34/3.
2. The Gospel Delivered in Arès 21/1.
3. The Gospel Delivered in Arès 28/12.
4. The Gospel Delivered in Arès 2/1, 31/11.
5. The Gospel Delivered in Arès 2/5.
6. The Gospel Delivered in Arès 36/23.
7. The Gospel Delivered in Arès 28/13.
8. The Gospel Delivered in Arès 1/1.
9. Genesis 18.
10. Exodus 3/2-6 and Exodus 19/3.

la force de *La Révélation d'Arès,* la lumière qu'elle apporte aux bâtisseurs de l'avenir spirituel, la rattachent à la Bible et au Coran.

CE MONDE, RELIGIEUX OU PROFANE, QUI REFUSE LE MESSAGE D'ARÈS.

« Impossible ! Dieu ne parle plus. Je suis son émanation finale, son ultime aboutissement, » s'écrie chaque religion, chaque église, chaque secte. Dieu les dément : *« Je parle encore aujourd'hui (1)* à l'inconnu d'Arès. »

« Impossible ! La vérité et le salut passent par moi seul, » (2) clame chaque clergé, chaque intronisé, consacré, ordonné, initié. Dieu les écarte : *« Vous venez sur Mes Pas comme les charlatans. »(3)*

« Restons dans l'ordre établi !, » dit le conformiste *craintif.* Dieu lui répond : « À force de t'être *dérobé,* tu as perdu le monde. » (4)

« Pas sérieux ! », s'indignent le rationaliste, l'homme de pouvoir et l'homme d'argent ; exclamation dont use également l'homme d'église. Dieu les prévient : *« Qu'ils méditent vite Ma Parole, ceux qui fixent le prix de la terre, du fer et du feu, les salaires et l'intérêt de l'argent, avant qu'il soit trop tard ! » (5)*

Et les immanquables calomnies et railleries que lancent contre l'événement d'Arès et son témoin ceux qui *règnent au milieu des taupes,* qu'irrite la *lumière entrant dans leur tunnel(6)* où ils organisent et exploitent plus ou moins tranquillement jusqu'à présent les ténèbres intellectuelles et matérielles !

L'intelligence est devenue *faible lumignon* en s'usant à régner sur *l'abîme(7),* au lieu de travailler au *Champ d*e Dieu. De cette erreur meurent les religions(8), mais le discernement humain général déclinera de même jusqu'à atteindre *le péché des péchés(9),* le temps où le monde devenu *glacé,* peuplé de *vers aveugles (10),* sans Dieu, sans âmes — l'enfer sur terre déjà amorcé —, tournera en *ténèbres* complètes pires que *l'obscurité(11)* religieuse et idéologique, si l'homme ne *change* pas.

QUE L'HOMME SE LIBÈRE ET RETROUVE LE BONHEUR !

Appelant l'homme à se libérer du péché et de son sillage de souffrances, *L'Évangile Donné à Arès* rejette l'apocalypse(12), rappelle que la libération ne viendra pas d'une intervention divine mais de la volonté humaine de se sortir du mal, de retrouver sa créativité, sa divinité (Genèse 1/27). L'appel est réaliste, vigoureux : Il faut reconsidérer la vocation et la place de l'homme dans l'univers,

---

1. L'Évangile Donné à Arès 2/15.
2. L'Évangile Donné à Arès 21/3.
3. L'Évangile Donné à Arès 33/20.
4. L'Évangile Donné à Arès 2/16-18.
5. L'Évangile Donné à Arès 28/24.
6. L'Évangile Donné à Arès 23/2.
7. L'Évangile Donné à Arès 32/5-8.
8. L'Évangile Donné à Arès 22/12.
9. L'Évangile Donné à Arès 38/2.
10. L'Évangile Donné à Arès 16/15.
11. L'Évangile Donné à Arès 38/5.
12. L'Évangile donné à Arès 16/12. En rejetant les livres de Jean parce qu'ils ne sont pas Parole de Dieu, *La Révélation d'Arès* rejette, outre le Quatrième Évangile et les Épîtres de Jean, l'Apocalypse.

Plock? By its size and strength, and by the light it brings to the builders of the spiritual future, *The Revelation of Arès* is akin to the Bible and the Quran.

THAT WORLD, WHETHER RELIGIOUS OR PROFANE, WHICH REJECTS THE MESSAGE OF ARÈS.

"Impossible! God has given up speaking. I am his final emanation, his ultimate outcome," every religion, every church, every sect claims. God contradicts such a claim, saying, *"I am still speaking today(1)* to the unknown of Arès."

"Impossible! Truth and salvation depend on us alone,"(2) all of clergy claim, the enthroned, consecrated, ordained, initiated ones. God dismisses them, saying *"You are following close on My Heels like charlatans." (3)*

"Let's stay in the established order!," says the *apprehensive* conformist. God replies to him, "You have continually *shied away* from Truth and so you have misled the world."(4)

The rationalist, the mighty one and the money man wax indignant, "That's not serious!" So does the churchman exclaim. God warns them all, *"Let them meditate on my Word quickly, all them who set the price of the land, the price of iron and fire, the wages, and the money interest rate, before it is too late!" (5)*

What about the inevitable slander and derision levelled against the event of Arès and its witness by those who *reign among their fellow moles,* whose eyes are irritated by the *light that comes into their burrows(6)* where they have more or less quietly organized and exploited the intellectual and material darkness so far.

Intelligence wore itself out ruling over the *abyss(7)* instead of working on God's *Field*, and turned into a *dull candle end.* From this error religions die(8), but man's overall discernment will decline likewise until it reaches *the (worst) sin of (all) sins(9),* the time when the world gets *frozen,* populated by *blind worms(10)* with no God or souls—hell on earth already under way—, will turn into total *darkness* worst than religious and ideological *darkness(11),* if man does not *change*.

LET MAN SET HIMSELF FREE AND RECOVER HAPPINESS!

By calling on man to free himself from sin and its wake of sufferings *The Gospel Delivered in Arès* rejects John's "Revelation", reminds us that the liberation will not be caused by a divine intervention, but by man's will to get out of evil and regain his creativity, his divinity (Genesis 1/27). The call is realistic, vigorous: Man shall reconsider his vocation and position in the universe, and shall contradict

1. The Gospel Delivered in Arès 2/15.
2. The Gospel Delivered in Arès 21/3.
3. The Gospel Delivered in Arès 33/20.
4. The Gospel Delivered in Arès 2/16-18.
5. The Gospel Delivered in Arès 28/24.
6. The Gospel Delivered in Arès 23/2.
7. The Gospel Delivered in Arès 32/5-8.
8. The Gospel Delivered in Arès 22/12.
9. The Gospel Delivered in Arès 38/2.
10. The Gospel Delivered in Arès 16/15.
11. The Gospel Delivered in Arès 38/5.
12. The Gospel Delivered in Arès 16/12. In rejecting John's books because they do not belong in God's Word *The Revelation of Arès* rejects John's "Revelation" along with his Gospel and Epistles.

démentir la fatalité du mal à laquelle il a fini par croire, se droguant de scepticisme. Bref, il faut lancer la recherche de la vertu et du bonheur.

C'est un merveilleux et dynamique programme de reconquête de la *Vie*.

UNE RÉVÉLATION QUI RAVIVE ET ÉCLAIRE LA RÉVÉLATION ÉTERNELLE.

Le contenu spirituel de *L'Évangile donné à Arès* n'innove pas. Dans ses grandes lignes il continue la Bible et le Coran, mais en réhabilitant la Vérité dénaturée, tournée en conformisme, parfois en intégrisme, par le *bavardage*[1] religieux qui a *fatigué*[2] le monde. Il redonne ainsi à la foi sa liberté créatrice ; la vie spirituelle est une reconstruction perpétuelle. *L'Évangile donné à Arès* réadapte la vie pratique et sociale à la Vérité éternelle. Dieu apprécie d'autant mieux le progrès, la technique et les recherches de l'esprit qu'il en a créé lui-même les moyens et les matériaux[3]. *Père de l'Univers*[4], il a donné plus que les biens matériels, il a *donné la beauté, la musique, les joies*[5]. Rien d'heureux, pas même la *fête*[6] du peuple, ne se fera sans que l'homme ne redevienne un Dieu[7], ne recrée le monde ! C'est dans cet esprit que *L'Évangile Donné à Arès* met en garde, outre les religieux contre leur dogmatisme *momifiant (Le Livre XLIX/7)*, les dirigeants, possédants, idéologues, scientifiques, et jusqu'aux artistes, contre l'illusion que leurs créations, découvertes, conquêtes et pouvoirs politiques, matériels et moraux prouveraient leur indépendance à l'égard de toute vie spirituelle, au point qu'ils ne croient plus qu'en eux-mêmes.

Certes, avant *La Révélation d'Arès* des hommes dénonçaient déjà l'incapacité de la religion comme du matérialisme absolu d'installer le bonheur. Mais ils jugeaient sur le naufrage de *l'arche* intellectuelle, théologique, morale, politique et économique. Or, le seul vrai naufrage est celui de la vie spirituelle[8], c.-à-d. de *l'arche* de l'amour et de *l'intelligence*[9] spirituelle. La religion en est tout particulièrement responsable ; dans son souci de « faire sérieux », elle fait alliance avec tous les pouvoirs ; son discours opportuniste s'inspire du discours profane général.

LE RETOUR À LA VRAIE VIE.

De cette mort spirituelle Dieu veut que l'homme ressuscite en *retrouvant la Vie*[10], sa vraie *vie* humaine, qui commence par la construction de *l'âme*[11]. Sans âme l'homme est incomplet, il n'a qu'une vie biologique et intellectuelle, il n'est qu'un *échafaudage*[11]. La vraie *vie*, tout comme Jésus en ressuscitant, remportera sa *victoire*[12] sur le mal, qui n'est qu'une forme de la mort.

1. L'Évangile Donné à Arès 32/6.
2. L'Évangile Donné à Arès 28/4-6.
3. L'Évangile Donné à Arès 26/8.
4. L'Évangile Donné à Arès 12/4.
5. L'Évangile Donné à Arès 26/8-10.
6. L'Évangile Donné à Arès 30/11.
7. L'Évangile Donné à Arès 2/13, 32/2. Tout homme a vocation de devenir un christ.
8. L'Évangile Donné à Arès 18/5.
9. L'Évangile Donné à Arès 32/5.
10. L'Évangile Donné à Arès 24/3-5.
11. L'Évangile Donné à Arès Veillées 17 et 18, Le Livre Ch. XXXIX.
12. L'Évangile Donné à Arès 10/7, 29/4.

evil's inevitability in which he has ended up believing; he doses himself with skepticism. In short, man shall boost the search of virtue and happiness.

It is a marvelous and dynamic program to recover *Life*.

THIS REVELATION REVIVES AND CLARIFIES THE ETERNAL REVELATION.

The spiritual content of *The Gospel Delivered in Arès* is not innovative. In its broad outlines it pursues the Bible and the Quran, but by restoring Truth distorted, turned into conformism, sometimes into fanatism, by the religious *talkings(1)* that have *wearied(2)* the world. So it restores creative freedom to faith; spiritual life is a perpetual rebuilding action. *The Gospel Delivered in Arès* readjusts practical and social life to eternal Truth. God values highly progress, technique and the mind's quests all the more because he himself created their means and materials(3). As the *Father of the Universe(4)* he has given man more than material goods, he has given him *beauty, music, joys(5)*. Nothing happy, not even the people's *festivity(6)*, will ever take place if man does not become a God*(7)* again, does not recreate the world! This is the spirit in which *The Gospel Delivered in Arès* warns not only religious people against their *mummifying (The Book XLIX/7)* dogmatism, but also leaders, wealthy men, ideologues, scientists, and even artists, against the illusion that their creations and discoveries, their political, material and moral conquests and powers, would constitute the proof of their independence from spiritual life, so much so that they have long believed in anything but themselves.

Before *The Revelation of Arès* some men, it is true, already used to denounce the incapacity of religion and absolute materialism alike to establish happiness on earth. But they judged from the foundering of the intellectual, theological, moral, political and economic *ark*. But the only real wreck is that of spiritual life(8), that of the *ark* of love and spiritual *intelligence(9)*. Religion is especially answerable for it; as it has always sought to 'look serious', religion has allied itself with all the profane systems; its opportunist rhetoric draws on the profane overall rhetoric.

RETURN TO TRUE LIFE.

From that spiritual death God wants man to resurrect by *recovering Life(10)*, his true human *life* that begins with the building of the *soul(11)*. Without a *soul* man is incomplete, he has only biological and intellectual life, he is nothing but *scaffolding(11)*. True *life*, just as Jesus when he rose from the dead, will be *victorious(12)* over evil which is nothing but a form of death.

1. The Gospel Delivered in Arès 32/6.
2. The Gospel Delivered in Arès 28/4-6.
3. The Gospel Delivered in Arès 26/8.
4. The Gospel Delivered in Arès 12/4.
5. The Gospel Delivered in Arès 26/8-10.
6. The Gospel Delivered in Arès 30/11.
7. The Gospel Delivered in Arès 2/13, 32/2. Every man is cut out for becoming a christ.
8. The Gospel Delivered in Arès 18/5.
9. The Gospel Delivered in Arès 32/5.
10. The Gospel Delivered in Arès 24/3-5.
11. The Gospel Delivered in Arès Vigils 17 & 18, The Book Ch. XXXIX.
12. The Gospel Delivered in Arès 10/7, 29/4.

LE MAL VAINCU PAR L'HOMME ABSOLU.

Le mal, la *science* ne le vaincra pas(1). L'homme absolu, c.-à-d. l'homme à la fois charnel et spirituel, le vaincra. *La Révélation d'Arès* se dresse face au monde dans cette affirmation. L'homme prend une valeur unique et sublime, une force surnaturelle qui le libère de la prison biologique, mentale et sociologique d'autant plus injuste et humiliante que l'homme est faible. L'homme *ressuscitera de la taupe, s'élèvera comme une tour, son regard deviendra perçant*(2) dès qu'il retrouvera sa *ressemblance* avec Dieu(3) et son privilège de perpétuité.

Ce n'est pas une question de dogmes et de sacrements *illusoires*(4), de rang social ou intellectuel. C'est une question d'amour et *d'intelligence*(5) spirituelle, mais pas seulement ça. C'est aussi une question de vouloir *être* ainsi. C'est donc une grande question existentialiste.

LE *PETIT RESTE* QU'APPELLE DIEU.

Mais quels hommes formeront ce *petit reste*(6) de consciences libres et constructives, de co-créateurs du monde avec le Créateur? Qui seront les reflets lucides d'hommes-Dieux comme *Élie, Jésus*(7) ou *Marie*(8)? N'importe qui! Ils sont à l'usine, à la terre, au bureau, à la boutique, partout où, sur ce *champ* du monde *sillonné de haies d'épines et de pierrailles stériles*(9), monte encore un beau blé d'humanité: les humbles, du moins ceux qui ont évité *l'abîme*. Ils voient bien la simplicité des causes et des voies, celle de leurs malheurs et de leur solution. C'est eux que l'appel d'Arès redresse. Ils sauveront tous les autres hommes. Nous touchons au cœur de tout appel de Dieu depuis Abraham ou depuis Moïse(10): Homme, *libère-toi!*(11)

À Arès Dieu relance *l'Exode,* la conquête — qui n'est plus géographique mais spirituelle et civilisatrice — de *la terre promise,* qui est, cette fois, toute la terre et toutes ses richesses, particulièrement les richesses humaines, redistribuées entre les *générations*(12) qui viennent. D'aucuns appellent cela révolution, mais *L'Évangile Donné à Arès* l'appelle *ascension*(13).

1. L'Évangile Donné à Arès 26/3. Dans *L'Évangile Donné à Arès* la science n'est pas entendue au sens étroit. Elle représente toutes les «valeurs» et connaissances «efficaces» admises par le monde rationaliste.
2. L'Évangile Donné à Arès 33/4.
3. Genèse 1/27.
4. L'Évangile Donné à Arès 21/1.
5. L'Évangile Donné à Arès 32/5.
6. L'Évangile Donné à Arès 26/1.
7. L'Évangile Donné à Arès 2/10-15.
8. L'Évangile Donné à Arès 33/14-15.
9. L'Évangile Donné à Arès 14/1.
10. Les Hébreux se libérèrent de l'esclavage *(Exode),* mais en ajoutant à la *Torah* spirituelle des lois humaines barbares et superstitieuses. Les circonstances imposaient-elles vraiment cette barbarie un peuple alors arriéré? En tout cas, la barbarie limita considérablement leur libération. L'Exode se déroula et se termina dans le sang, ce que n'escomptait pas l'Éternel. Pour ces raisons et d'autres Jésus rappela sans cesse la relativité de *la loi qu'il ne venait dépasser*. La loi dite de Moïse maintenue au-delà des circonstances qui l'avaient peut-être justifiée n'est plus qu'une prison religieuse, comme chez les pharisiens autrefois ou chez les juifs ultra-orthodoxes aujourd'hui. *La Révélation d'Arès* rappelle que le salut ne résulte pas d'un code de moralité, de comportement et de punition; le salut une création de la conscience.
11. L'Évangile Donné à Arès 28/6, 28/20-21.
12. L'Évangile Donné à Arès 24/2-5.
13. L'Évangile Donné à Arès 7/2.

EVIL CONQUERED BY THE ABSOLUTE MAN.

Science cannot conquer evil(1). The absolute man, that is, at once corporeal and spiritual man, is going to conquer it. By that assertion *The Revelation of Arès* rises up against the world. Man will assume a sublime unique value, he will gain a supernatural strength which will elevate him above the biological, mental, sociological conditions, all the more unjust and humiliating since man is weak. Man will rise from the *mole(s), be raised as a tower, his eyes will become piercing(2)* when he regains his *likeness* to God*(3)* and his privilege of perpetuity.

This is not a matter of *illusive* dogmas and sacraments(4), of social and intellectual degree. It is a matter of love and spiritual *intelligence(5)*, but not just that. It also is a matter of strong will *to be* so. It is a major existentialistic question, therefore.

THE *SMALL REMNANT* WHOM GOD CALLS.

But what men will make up that *small remnant(6)* of free constructive consciences, co-makers of the world along with the Maker? What men will be the clear-sighted reflections of God-men like *Elijah, Jesus(7)* or *Mary(8)*? Anybody! They are in factories, in farms, in offices, in shops and stores, wherever a handsome human *wheat* still grows and rises on the worldly *field crisscrossed with thorn hedges and barren rockslides(9)*: the humble, at least those who have kept clear of the *abyss*. They can see the simplicity of the causes and ways, the simplicity of their hardships and of the solution to them. The call from Arès helps those men on their feet. They will save all of mankind. We reach the core of God's permanent call since Abraham or Moses' days(10): Man, *free yourself!(11)*

In Arès God gets the *Exodus* to start anew, the reconquest—which is no longer geographic, but spiritual and civilizing—of the *promised land* which this time is the whole earth and all its richness, particularly human richness, redistributed among the *generations(12)* to come. Some people call this a revolution, but *The Gospel Delivered in Arès* calls it an *ascent(13)*.

1. The Gospel Delivered in Arès 26/3. In *The Gospel Delivered in Arès* the meaning of science is not narrow. Science represents all the 'efficient' 'values' and learning acknowledged by the rationalistic world.
2. The Gospel Delivered in Arès 33/4.
3. Genesis 1/27.
4. The Gospel Delivered in Arès 21/1.
5. The Gospel Delivered in Arès 32/5.
6. The Gospel Delivered in Arès 26/1.
7. The Gospel Delivered in Arès 2/10-15.
8. The Gospel Delivered in Arès 33/14-15.
9. The Gospel Delivered in Arès 14/1.
10. The Hebrews escaped from slavery *(Exodus)*, but they added many barbarian and superstitious human laws to the spiritual *Torah*. Did special circumstances make those barbarian laws imperative over a then backward people? In any case, barbarism restricted their liberation significantly. The Exodus unfolded and ended in a bloodshed, which had not been expected by the Eternal. For those reasons and others Jesus continually recalled the relativity of *the law which he had come to transcend*. As the law called Moses' law has been preserved beyond the circumstances that may once have warranted it, it is now a religious prison like that of the pharisees in the past or ultra-orthodox Jews today. *The Revelation of Arès* reminds that salvation does not result from a code of morality, behaviour and punishment; salvation is a creation of conscience.
11. The Gospel Delivered in Arès 28/6, 28/20-21.
12. The Gospel Delivered in Arès 24/2-5.
13. The Gospel Delivered in Arès 7/2.

Si Dieu n'envoie pas son messager Jésus aux *trônes de Jérusalem ou de Rome(1),* s'il l'envoie à un obscur dont on dit «qui est-ce?», à Arès dont on dit «où est-ce?», ce n'est pas pour relancer par en-bas la lutte des classes. C'est parce que toute *ascension* commence par en-bas. À ceux qui croient s'être élevés, *à Rome, à Jérusalem, ailleurs,* Dieu dit en substance : «*Descendez!(2),* c'est d'en-bas qu'on repart.»

Dieu sait que seul un *petit reste(3)* lui répondra. Alors, la chance des autres ? Elle est paradoxalement dans *la violence* qui les surprendra, montée de *la steppe(4),* parabole qui n'évoque pas le péril communiste athée, mais la purification, la justice et la vérité surgies d'où on ne les attend pas. Dans ce sens tout Pèlerin d'Arès, sans *porter la main sur personne(5),* participe de *la steppe(6).*

À Arès on ne voit pas une foule superstitieuse en quête de miracles. À Arès l'été, quand le Pèlerinage est ouvert, on ne voit que la piété de pèlerins engagés dans une transformation intérieure — *pénitence* ou recréation de soi*(7)* — et extérieure — *changement du monde(8)* — dont la simplicité est modelée sur la simplicité de Dieu. Cette simplicité cache toute la force de bouleversement de la Bible et du Coran, qui couve à Arès comme elle couvait sous les premiers moments, toujours inaperçus, des grands mouvements prophétiques de l'histoire.

Les miracles que certains récoltent à Arès — cela arrive quand même parfois— sont comme quelques baisers visibles de l'amour invisible, immense et ininterrompu de Dieu pour ceux qui se lèvent à son appel, et sont les prémices de sa *victoire.*

LA VIE SPIRITUELLE TELLE QU'ELLE DOIT ÊTRE*(9).*

On me demande: «*La Révélation d'Arès* rejette la religion et vos commentaires exaltent la vie spirituelle. Mais religion et vie spirituelle, n'est-ce pas la même chose?» Hélas non. La religion, même si ce mot n'apparaît pas dans la Parole d'Arès où il est remplacé par *culte(10),* qualifie un système de foi. Tout système de croyance, dit Dieu en substance, est une mauvaise ou fausse vie spirituelle, écartons le mot religion ! La vie spirituelle est libre et créatrice ; la religion domine et immobilise. La vie spirituelle, telle qu'elle se déduit de *La Révélation d'Arès,* est vie féconde de l'homme et de la Parole sans intermédiaire (dogmes, clergés, etc.). Dans «*prononcer la Parole pour l'accomplir»(11)* accomplir souligne la créativité, l'évolution continuelle. L'homme et le monde doivent se

---

1. L'Évangile Donné à Arès 3/4.
2. L'Évangile Donné à Arès 3/9, 15/7.
3. L'Évangile Donné à Arès 26/1.
4. L'Évangile Donné à Arès 28/20-21.
5. L'Évangile Donné à Arès 28/27.
6. L'Évangile Donné à Arès 28/3-10-20, 31/1-5.
7. L'Évangile Donné à Arès 30/11.
8. L'Évangile Donné à Arès 28/7.
9. Ce dernier paragraphe manquait dans l'édition 1981, faute de place. Une lacune réparée en 1984.
10. Le mot «religion» n'apparaît pas dans *La Révélation d'Arès* originale. On le trouve dans la traduction anglaise à la place du mot «culte» dans l'expression péjorative répétitive *princes du culte* (traduit par *princes of religion),* dont l'éventuelle traduction par «princes of the worship» ou par «princes of the cult» serait inexacte; l'une et l'autre ont un sens trop étroit, trop limité ou trop spécialisé.
11. L'Évangile Donné à Arès 35/6.

God did not send his messenger Jesus to *the thrones of Jerusalem and Rome(1),* he sent him to an obscure man about whom people ask, "Who is he?", in Arès about which they ask, "Where is it?" So doing did God mean to restart the class struggle at the bottom? No, he did so because any *ascent* starts at the bottom. To those *in Rome, Jerusalem, elsewhere,* who regard themselves as elevated God says roughly, « *Step down!(2),* everyone restarts at the bottom.»

God knows that only a *small remnant(3)* is to answer him. What chance have others, then? Paradoxically their chance lies in the *violence* which will catch them unawares, the *violence* coming up from *the steppe(4),* a word which does not conjure up the atheistic communist peril, it represents purification, justice and truth emerging from the most unexpected places and men. In this sense every Arès Pilgrim partakes of *the steppe(5),* though he never *strikes anyone(6).*

In Arès one cannot see a superstitious crowd of miracle seekers. Here in summer, when the Pilgrimage is open, one can only see the piety of pilgrims committed to a transformation both inner—*penitence* or recreating oneself*(7)*—and outer—*changing the world(8)*—, the simplicity of which is modeled on God's simplicity. This simplicity conceals all the upheaving strength of the Bible and the Quran which is smouldering in Arès just as it smouldered in the always unnoticed early moments of the major prophetic movements in history.

In Arès miracles occur even so. The miracles some pilgrims are granted now and then are like the visible kisses from God's invisible, immense, unbroken love for those who stand up when he calls on them to; they also foreshadow his *victory.*

SPIRITUAL LIFE SUCH AS IT SHALL BE*(9).*

Some people ask me, *"The Revelation of Arès* rejects religion and your comments exalt spiritual life. But aren't both religion and spiritual life the same?" Unfortunately they are not. Religion, even if this word is not found in the (original French) Word of Arès where *'culte' (10)* substitutes for it, designates any system of faith. Every system of belief, God says in substance, is a wrong or sham spiritual life; let's brush the word religion aside! Spiritual life is free and creative; religion is domineering and immobilizing. Spiritual life, such as it is deduced from *The Revelation of Arès,* is fecund life of man and the Word without intermediaries (dogmas, clergy, etc). In *"to utter the Word so as to achieve it"(11) to achieve* stresses creativity, continuous evolution. Man and the world shall recreate them-

---

1. The Gospel Delivered in Arès 3/4.
2. The Gospel Delivered in Arès 3/9, 15/7.
3. The Gospel Delivered in Arès 26/1.
4. The Gospel Delivered in Arès 28/20-21.
5. The Gospel Delivered in Arès 28/3-10-20, 31/1-5.
6. The Gospel Delivered in Arès 28/27.
7. The Gospel Delivered in Arès 30/11.
8. The Gospel Delivered in Arès 28/7.
9. For want of room this last paragraph was not printed in the 1981 edition. That lacuna was filled in 1984.
10. The French word 'religion' is not found in the original *Revelation of Arès*. In the English translation the English word *religion* is substituted for the French word 'culte' in the recurrent disparaging phrase *princes of religion* (in French: *princes du culte*) the translation of which into 'princes of (the) worship' or 'princes of the cult' would be wrong or inaccurate, because either has too narrow or too specific a sense.
11. The Gospel Delivered in Arès 35/6.

recréer, mais ensuite l'homme et le monde se créeront indéfiniment. Le Créateur et le co-créateur (l'homme) se mêlent étroitement: Les Pèlerins d'Arès *prononcent* toute la *Parole*, Bible, Coran, *Révélation d'Arès ;* quand, ce faisant, je *proclame la Chéma : Écoute Israël, l'Éternel est Un. Tu aimeras l'Éternel, ton Dieu etc.(1)*, je *prononce* une révélation qui parle à la deuxième personne: Tu..., une révélation que je devrais entendre et non dire, semble-t-il. Eh bien, je peux la *prononcer*, parce que je suis à la fois Dieu qui parle et la créature qui écoute; la rencontre de Dieu et de l'homme est permanente en moi. Comprendre cela est comprendre ce qu'est la vie spirituelle, mais il reste à *l'accomplir : La Parole que Je te donne, tu l'enseigneras..., tu l'attacheras à ton bras, à ton front...* bref! tu la vivras concrètement. Alors, j'entre vraiment dans la vie spirituelle.

La vie spirituelle est *accomplie* par chacun à sa *mesure(2)*. Elle est volonté d'être spirituel, c'est-à-dire de devenir un autre, de devenir *image et ressemblance de Dieu*, de tout refaire dans ce monde, mais chacun réalise sa part du Plan de Dieu selon sa force d'âme, son âge, ses aptitudes: *Il ne te sera pas demandé compte* de tes difficultés et de tes limites, *mais de ton découragement qui est impiété(3)*. Il n'y a pas de technique. On peut même remarquer que ceux qui enseignent des méthodes d'élévation telles que « contemplation », « méditation », « mystique », « ascèse », etc., quelles que soient les peines, souvent grandes, de ceux qui s'y adonnent, n'ont jamais rien fait, ne feront jamais rien qui transforme ce monde et qui restaure Éden, parce qu'ils ne s'intègrent pas à l'humanité et à ses réalités, ils s'en éloignent.

Bien au contraire, la vie spirituelle revient au mot d'ordre de Jésus: *« Allez dans le monde entier. Enseignez toute la création ! »(4)*, c'est-à-dire : Enseignez à tout homme à se libérer, à construire un autre homme, un autre monde. La vie spirituelle est vie, donc fécondante, transformatrice, créatrice. À cause de cela elle se heurtera aux intérêts religieux et profanes installés. Comme Jésus elle sera crucifiée ou comme Mahomet quasi assassinée, de différentes façons, mais comme eux elle ressuscitera ou triomphera toujours. Jésus (c.-à-d. l'homme par excellence) en 1974 et Dieu en 1977 ont vraiment parlé à Arès; ils ont relancé *l'Exode* pour la reconquête spirituelle de la *terre promise*, toute la terre.

Arès, le 31 janvier 1981   frère Michel

REMARQUE:
Pour la présente édition bilingue 1995 le frère Michel a remanié quelques phrases. Elles paraissent ainsi plus claires à des lecteurs qui ne sont pas de culture française. Certains passages se rapportant aux religions, clergés, etc. estimés offensants, ont été adoucis, bien que l'intention du texte original ne fut pas d'offenser mais de rappeler les reproches que Dieu lui-même fait à la religion.

1. Deutéronome 6/4.
2. Dans *La Révélation d'Arès* l'expression française *avec mesure*, généralement traduite en anglais par *with moderation*, recouvre en fait une certaine étendue de sens, notamment *within one's capabilities, on a human scale* (à la mesure de chacun, à l'échelle humaine).
3. L'Évangile Donné à Arès 13/8.
4. Marc 16/15.

selves, but afterward man and the world will keep on creating themselves indefinitely. The Creator and the co-creator (man) mingle tightly: The Arès Pilgrims *utter* the entire *Word*, the Bible, the Quran, *The Revelation of Arès;* when, so doing, I *proclaim the Shema: Listen, Israel: The Eternal is The One. You shall love the Eternal, your God, etc(1)*, I *utter* a revelation that speaks in the second person: You—, a revelation I should listen, and not say, it seems. Well, I can *utter* it because I am at once God who speaks and the creature who listens; the meeting of God and man is permanent within me. Understanding this is understanding spiritual life, but a lot remains to do, *achieving* it: *The Word I enjoin on you, you shall teach it to your children—, fasten it on your arm, on your brow—*, in short, you shall practically live it. Then, I enter upon concrete spiritual life.

It is *within* every man's *capabilities(2)* that spiritual life is to be *achieved*. Spiritual life is the will to be spiritual, that is, to become another man, become God's *image and likeness,* make all anew in the world, but every one accomplishes one's share of God's Plan according to one's fortitude, age and ability: *You will not have to account to God for* your difficulties and limits, *but for your despondency which is impiety(3)*. There exists no technique. It is even noticeable that those who teach methods of elevation like 'contemplation', 'meditation', 'mystic', 'asceticism', etc, however painful the efforts to perform them are, have never done and will never do anything likely to transform the world and restore Eden, because they do not integrate into humanity and its realities; they distance themselves from them instead.

Quite the contrary, spiritual life amounts to Jesus' watchword, *"Travel the whole world. Teach all of the creation!" (4),* that is to say, "Teach every man to free oneself, to build a different man, a new world." Spiritual life is life, fertilizing, transforming and creative, then. For this reason it will come up against all religious and profane established interests. Just as Jesus was crucified and Muhammad almost murdered spiritual life will be, in various ways, but like them it will always resuscitate or triumph. Jesus (that is, man par excellence) in 1974 and God in 1977 did speak in Arès; they relaunched the *Exodus* for the spiritual reconquest of the *promised land,* the whole earth.

Arès, January 31, 1981   brother Michel

COMMENT:
For this 1995 bilingual edition brother Michel reshaped a few sentences in order to make them readily comprehensible to readers whose cultures are not French. Some sections about religions, clergy, etc, which had been deemed offensive, were mellowed, although the original text had not been meant to offend; it had been meant to remind the readers of the reproaches God directs at religion himself.

1. Deuteronomy 6/4.
2. In *The Revelation of Arès* the French phrase *'avec mesure'* generally translated into English by *with moderation* actually covers a certain range of meanings, notably *within one's capabilities, on a human scale*.
3. The Gospel Delivered in Arès 13/8.
4. Mark 16/15.

L'ÉVANGILE DONNÉ À ARÈS

PRÉFACE DE 1983

Avant de lire cette préface le lecteur peut, s'il le désire, prendre connaissance du liminaire de la première édition de *L'Évangile donné à Arès,* parue en 1974, puis du liminaire de l'édition de 1981, tous les deux reproduits dans cet ouvrage.

Le liminaire de 1974 raconte pour la première fois les apparitions de Jésus, son comportement, sa façon d'énoncer le message qu'il apportait de Dieu, et qui préparait les esprits pour les théophanies de 1977 *(Le Livre).* On a reproché à ce liminaire d'être laborieux et schématique, mais c'est un témoignage irremplaçable. On y trouve aussi, mêlée au récit des apparitions, ma confession personnelle, celle d'un homme surpris par le surnaturel et par le sens de la révélation qu'il reçoit, et qui commence *l'ascension,* que Dieu lui ordonne, entravé par ses conceptions et son écriture ecclésiastiques.

Le liminaire de 1981, sept ans plus tard, marque ma prise de conscience presque accomplie du message de 1974. Paru dans une brochure missionnaire, c'est plutôt une proclamation de foi et comme un inventaire des renversements spirituels et sociaux qu'appelle *L'Évangile Donné à Arès*.

Dans la préface que voici je reprends le récit des apparitions de Jésus et de ma vie dans la période qui les précéda et dans celle qui les suivit. Je l'écris comme je raconterais au coin du feu. Pour un homme qui avait la foi et la piété avant les apparitions de Jésus, mais dont la nature n'appelait ni aventure intérieure, ni expérience mystique, l'assimilation à l'événement d'Arès fut lente et difficile. Son achèvement s'accompagne d'un apaisement apprécié.

LE FAIT PHYSIQUE DES APPARITIONS DE JÉSUS. COMMENT LE CONSIDÉRER.

Les apparitions de Jésus furent éprouvantes. Cependant, leur souvenir exalta mes pensées jusqu'en 1975. Puis ce souvenir se voila, sans disparaître, pour faire place aux questions pratiques: Comment *accomplir* la Parole d'Arès?([1]) Mais après les théophanies (1977), plus pénibles encore, la peur que revienne le surnaturel — une appréhension qui me poursuivit longtemps — fit que j'effaçai totalement de mes pensées les manifestations de Jésus et de Dieu, et les phénomènes qui les avaient accompagnées. Les problèmes concrets qu'elles me posaient suffisaient à m'occuper. Certains jugent que je devrais au contraire vivre dans la contemplation permanente de leur souvenir, et laisser à d'autres la réalisation de leur message. J'en mourrais. Comme je comprends l'avertissement fait à Moïse: *Qu'on n'insiste pas pour voir Dieu, on mourrait en grand nombre* ([2])! C'est vrai, même en pensée.

---

1. L'Évangile Donné à Arès 35/6.
2. Exode 19/21.

THE GOSPEL DELIVERED IN ARÈS

1983 FOREWORD

The reader should first read, if he whishes to, the front matter of the original edition of *The Gospel Delivered in Arès* published in 1974 and the foreword of the 1981 edition; both appear in this book.

In the 1974 front matter one finds the first account of Jesus' appearances, behaviour and way of expressing the message he brought from God, a message that, moreover, prepared people's minds for the 1977 theophanies *(The Book)*. The main criticism of that front matter has been that it is much labored and oversimplified; but even so it is an irreplaceable testimony. It also contains my personal confession mingled with the narrative of the appearances, a confession of a man caught unawares by the supernatural and by the sense of the revelation he has just received, a man beginning the *ascent* that God has ordered him to make, a man hindered by his ecclesiastical concepts and way of writing.

Seven years later, the 1981 front matter marks my almost completed awareness of the 1974 message. That front matter printed in a mission booklet is rather a declaration of faith and a kind of inventory of the spiritual and social reversals that *The Gospel Delivered in Arès* calls on men to achieve.

Through the present foreword I am going over Jesus' appearances and my life before the appearances and my life in the following time. I am writing as if I were telling a story by the fireside. For a man who had had faith and piety before Jesus' appearances, but who had lacked eagerness for inner adventure or mystical experience, assimilating the event of Arès was lengthy and hard. The end of the assimilation has lately come with a much appreciated relief.

THE PHYSICAL FACT OF JESUS' APPEARANCES. HOW WE CAN CONSIDER IT.

Although Jesus' appearances had been trying, my memories of them elated my thoughts until 1975. Then, without disappearing, the memories grew hazy giving way to practical questions like: How shall I *achieve* the Word of Arès?([1]) After the even more trying theophanies (1977) I was so fearful that the supernatural might resume—this apprehension would be hounding me for a long while— that I erased totally from my thoughts Jesus' and God's manifestations and the phenomena that had come with them. The practical problems they raised in my mind were big enough to take up my time and energy. Some people consider that I should live in the permanent contemplation of my memories of them instead, and leave it to others to deal with the realization of their message. I would die of it. How lucid Moses' warning sounds to me now: *Let the people not insist on looking at God, or many of them will perish([2])!* This is true, if only in thought.

---

1. The Gospel Delivered in Arès 35/6.
2. Exodus 19/21.

« Pourquoi ce qui devrait vous laisser un souvenir sublime, et effacer en vous tout intérêt pour la pénombre terrestre, vous laisse-t-il au contraire un sentiment pénible ? » Ceux qui me demandent cela, parfois avec sévérité, ignorent de quoi ils parlent. Le surnaturel — je parle du contact direct physique avec Dieu ou avec ses envoyés — ne se passe pas dans la béatitude statique des images de première communion (voir plus loin: L'IMAGERIE RELIGIEUSE DÉMENTIE). C'est pour mieux l'expliquer que je reprends le récit des apparitions de Jésus, en m'inspirant du ton plus vivant et plus naturel des *Récits, Notes et Réflexions sur les Théophanies* écrits sur le vécu des manifestations de Dieu en 1977 (voir *Le Livre*).

Écrites ou rapportées dans mes paroles, les apparitions de Jésus et le bouleversement de ma vie ont été racontés tant de fois ! Aucun fait qui n'ait déjà été lu ou entendu n'intervient ici. Comment des souvenirs inédits me reviendraient-ils après dix ans ? Mais, sur la base des faits connus, une longue méditation, et aussi les entretiens et les courriers que j'ai eus avec les Pèlerins d'Arès, ont mûri les points importants des apparitions elles-mêmes et des changements qu'elles ont provoqués dans mon existence spirituelle et sociale. Un enseignement plus riche en est sorti. Certains aspects du surnaturel, qui m'avaient paru secondaires dans les premiers temps, valent d'être racontés à nouveau. Cette nécessité fut d'ailleurs sentie dès 1976, quand parut dans « Dieu Manifesté à Arès » (1) cette remarque : « Le premier message d'Arès, c'est l'apparition elle-même. »

Faire et refaire le tour des apparitions d'Arès, comme Moïse fit le tour du *buisson ardent* (2), et le tour de ma vie qu'elles révolutionnaient, voilà qui nous apprendra toujours plus sur l'intention qu'y mit Dieu. Pourquoi, au lieu d'irruptions, n'a-t-il pas emprunté les voies lentes de l'inspiration ou du mûrissement de ma foi ? Pour nous adresser son message à la veille du XXIe siècle il n'a pas pu choisir sans raison précise l'apparition physique subite et totale : visuelle, tangible et sonore, la terrible violence faite à ma conscience, à mon émotivité, presque à ma vie — j'ai parfois cru mourir. Nos esprits doivent cultiver toute la réalité du fait d'Arès, afin qu'il ne dégénère pas en traductions intellectuelles ou idéologies, comme ce fut le cas pour tant d'autres faits, par exemple la croix d'une horrible mise à mort devenue par la théologie, et l'effet d'un inquiétant lyrisme, la croix idéale, « qui sauve ». Non-sens. Si le fait d'Arès vire à l'idéologie, si ma vie passe au romanesque, des constantes aberrantes suivront, à la base de toutes les religions-systèmes. Une vigilance permanente à garder vivant, concret, le fait d'Arès les déniera plus que tous les discours. C'est ainsi que je crois comprendre l'intention mise par le Ciel dans sa manifestation physique à Arès.

DE BOURGES À ARÈS, LE DERNIER VOYAGE ECCLÉSIASTIQUE.

Quand je quitte Bourges pour Arès, vingt siècles ont passé depuis *l'homme Jésus* (3), en qui j'idolâtre encore Dieu-même ; dix-neuf siècles ont passé depuis que fut fondée l'église orthodoxe, dont je suis pour quelques semaines encore un clerc convaincu ; et mille trois cents ans depuis l'Islam, dans lequel je ne vois encore qu'un médiocre avorton biblique.

---

1. Monographie duplicopiée, parue en 1976 ; épuisée en 1977.
2. Exode 3/3-4.
3. L'Évangile Donné à Arès 32/2.

« That which should have left sublime memories and effaced any interest in the earthly half-light for you, why have you kept a painful feeling of that ? » Those who ask me this question, sometimes with severity, have no idea of the supernatural. The supernatural—I mean direct physical contacts with God or his messengers—does not take place in the static beatitude showing in popular pious pictures (see below: RELIGIOUS IMAGERY CONTRADICTED). In order to explain this better I am coming back to my account of Jesus' appearances drawing my inspiration from the livelier and more natural tone of the *Account, Notes and Thoughts about the Theophanies* written while I was living through God's manifestations in 1977 (see *The Book*).

Whether told in writings or in talks, Jesus' appearances and the great deal of upset they caused my life to suffer have been related many times. Along these lines no new facts are coming to light altering or extending my earlier accounts. Might any new memories conceivably recur to me after ten years? But, on the basis of the well-known facts my continual pondering as well as my talks and correspondence with Arès Pilgrims have helped me mature major aspects of the appearances and of the changes they brought about in my spiritual and social life. From this I have learned a good deal. Some sides of the supernatural which I regarded as minor in the early years are worth retelling now. That need for retelling arose as early as 1976 when this remark, "The first message of Arès is the very apparition," appeared in 'Dieu Manifesté à Arès' (1).

Looking on and on round the appearances of Arès just as Moses looked round the *burning bush* (2), and looking on round my life in which they caused a radical stir, will teach us more and more on what God meant by them. Why did God burst in on me instead of taking the slow path of inspiration or making me mature my faith? He intended something particular by opting for sudden, total, physical manifestations, visual, tangible and sonorous, doing violence to my conscience and sensitivity and even to my life—at times I felt myself dying—, to send us a message on the eve of the 21st century. We must cultivate the reality of the fact of Arès in our minds so that it will not develop into intellectual renderings or ideologies as was the case for many other events, for example the cross of a horrible execution turned into the ideal cross, the cross that 'saves', through theology or worrisome lyricism. A nonsense. If the fact of Arès changes to ideology and my life turns to romance, nonsensical permanent errors will follow, those that have paved the ways for all religious systems. Vigilant care to keep the fact of Arès living and concrete will do much better than fine speeches to deny those errors. This is my outlook on the intention of Heaven manifesting itself physically in Arès.

FROM BOURGES TO ARÈS MY LAST JOURNEY AS A CLERGYMAN.

When I left Bourges for Arès twenty centuries had gone by since the days of *man Jesus'* (3) whom I was still idolizing as God in person; nineteen centuries had gone by since the founding of the Orthodox Church a convinced clergyman of which I would still remain for a few weeks; and a thousand three hundred years since the beginning of Islam which I then regarded as a mediocre biblical offshoot.

1. i.e. 'God Manifesting Himself in Arès'. A mimeographed brochure, 1976 (out of print 1977).
2. Exodus 3/3-4.
3. The Gospel Delivered in Arès 32/2.

Je cesse mes fonctions ecclésiastiques à Bourges le 31 décembre 1973. À l'heure où je ferme mes malles, où je cloue mes caisses pour déménager à Arès, dans l'attente d'une nouvelle charge pastorale, on m'appelle encore « Père » ou « Monseigneur Michel ». Je suis, quant à la doctrine, à l'opposé du message que je vais incessamment recevoir de Jésus. Comment me douterais-je que dans quelques semaines je devrai croire que Jésus n'est qu'un prophète, et que je quitterai l'église pour vivre un christianisme vrai ? Comment soupçonnais-je que le Coran attirera bientôt mon regard pieux et fraternel ? Comment envisagerais-je qu'il me faudra avertir le monde des dangers que représente pour la vie spirituelle la conception ecclésiastique de la foi, modèle de toutes les idéologies trompeuses, y compris les idéologies athées qui ont emprunté leurs structures à la religion ?

Vocation tardive, c'est à 39 ans que j'entrai dans le clergé orthodoxe. Auparavant je fus ingénieur et athée pendant quelque dix ans, puis, après un passage dans l'ésotérisme dont je découvris la fausseté, je trouvai la foi en 1964. En 1969 je suis titulaire de l'église de la ste-Trinité, centre orthodoxe régional nouvellement créé dans l'ancien couvent des Sœurs de l'Assomption à Bourges. En 1971, pour sortir ma communauté régionale de la crise où la plonge le décès de son évêque, Mgr Jean Kovalesvski (dont le diocèse passera plus tard sous l'Église Orthodoxe Roumaine), j'accepte la proposition de l'Église Orthodoxe Vivante(1) d'être son représentant exarchal(2) en Occident. Au début, cette fonction n'atteint pas aux devoirs de mes origines et de ma citoyenneté françaises. Mais, graduellement, on me contraint à des compromissions politiques. En mars 1973, on me somme de faire passer mes courriers exarchaux par des organismes diplomatiques ou de presse soviétiques. Mon engagement personnel étant uniquement religieux, je refuse. On insiste. Je démissionne. On me prie cependant d'assurer jusqu'au 31 décembre l'exarchat, qui sera le 1er janvier 1974 transféré à Prague. Non déposé, ni réduit à l'état laïc, attendant un nouveau ministère que je veux seulement spirituel, je reste un clerc orthodoxe convaincu et fidèle.

Avec mon épouse, Christiane, et quelques fidèles, je veux profiter de cet intermède pour tenter un retour aux sources, « l'expérience de la paroisse originelle », dis-je à l'époque. Trois mois après ma démission d'exarque, j'achète en juin 1973, à Arès en Gironde, l'ensemble des bâtiments où j'espère installer quelques familles avec la mienne, en semi-collectivité. Des légendes ont déjà couru sur la découverte de cette petite propriété. Si, sans nul doute, Dieu en permet l'achat(3), rien n'est moins merveilleux que le chemin qui mène à Arès : l'indicateur immobilier Bertrand. Pas de songe, pas d'étoile suivie comme l'étoile des mages vers Bethléem, pas de réminiscence personnelle non plus, car je ne connais pas la Gironde.

Les bâtiments, plutôt délabrés, sont ceux d'un restaurant-pension de famille désaffecté. Le 11 septembre 1973, la famille Brouillet, venant de Nice, s'installe

---

1. *Église Vivante:* Fraction non-conformiste et moderniste de l'Église Russe Orthodoxe éclatée en 1917. *L'Église Vivante* prit naissance au Concile de Moscou de 1923. Quand, en 1971, *L'Église Vivante* pressentit celui qui est encore le Père Michel, elle est en pleine réorganisation intérieure et extérieure avec l'aide (et peut-être sous l'impulsion) du gouvernement soviétique. L'autorité ecclésiale hors-URSS, dont il va dépendre, est logée par l'agence soviétique *Novosti* à Beyrouth. Une notice sur *l'Église Vivante,* qui mentionnait «S.E. Mgr Michel Potay», fut publiée par l'encyclopédie «Quid?» de 1971 à 1974.

2. L'exarque est le représentant à l'étranger d'une église orthodoxe orientale, sorte d'évêque missionnaire.

3. Le vendeur consentit à une réduction importante (33%) du prix, puis un crédit bancaire, lui aussi peu espéré, fut obtenu. Ces facilités de prix et de paiement furent considérées comme miraculeuses.

1983 FOREWORD — *THE GOSPEL DELIVERED IN ARÈS*

I quit my clerical office in Bourges on December 31st, 1973. While I was packing my trunks and nailing boxes to move to Arès, where I was going to live waiting for a new pastoral office, people still called me 'Father Michel' or 'Your Grace'. Doctrinewise my views were opposite to the message that I was going to receive from Jesus. How could I have guessed that, in a few weeks, I would be made to believe that Jesus had only been a prophet, and be made to quit church and begin living up to true Christianity? How could I have suspected that, in a few weeks, Islam would attract my pious and fraternal attention? How could I have anticipated having to warn the world that spiritual life is jeopardized by clergy's concept of faith which represents the very model of all deceptive ideologies, including atheistic ones which have all borrowed their structures from religion?

I had not felt a vocation for priesthood until my thirties, so that I was 39 when I became an Orthodox clergyman. I had been an engineer and atheist for ten year or so, and then an occultist for some time; finding out that esotericism was a sham I had turned to faith in 1964. In 1969 I took office in The Holy Trinity parish in Bourges, a then new regional Orthodox center set up in the former Assumption Sisters Convent. In 1971, striving to get my congregation out of a crisis caused by the death of its bishop, H.E. Jean Kovalevski (whose see would come under the Rumanian Church later), I agreed to a proposal of the Living Orthodox Church([1]), I became its exarchal representative([2]) in the West. At first, the office did not interfere with my duties as a man of French stock and citizenship. But, gradually, I was forced to give in to some unpleasant political compromises. In March 1973 My superiors enjoined me to have my exarchal correspondence mailed through Soviet diplomatic and press organisms. As my personal commitment was but religious, I disagreed. My superiors were insistent. I resigned. They begged me to remain in charge of the exarchate until December 31st, 1973; the exarchate would be transferred to Prague on January 1st, 1974. Being neither deposed nor sent back to lay life, I remained a loyal, convinced Orthodox clergyman waiting for a new office which I hoped would be only spiritual.

Along with my wife Christiane and a few of my congregation I took advantage of this interlude to attempt a return to basics, 'experimenting with the original parish,' I called it then. Three months after my resignation as an exarch, I bought a property in Arès (Gironde) in June 1973: a group of buildings in which, I envisaged, a few families, including mine, were going to settle to experiment with a half-communal living. There are some legends that this modest property was discovered miraculously. If God, no doubt, helped me with the deal([3]), nothing was less miraculous than the path to Arès: the 'Bertrand' real estate gazette. No dream, no guiding star like the star that had led the wise men to Bethlehem, and no personal reminiscence since I did not know Gironde.

---

1. *Living Orthodox Church:* A nonconformist modernist section of the Russian Orthodox Church which had broken up in 1917. The *Living Church* came into existence at the 1923 Concil of Moscow. When, in 1971, the *Living Church* sounded out the then still called Father Michel, it was being under inward and outward full reorganization with the help (and probably the impulse) of the Soviet government. The clerical authority to which he was going to be answerable was lodged by the Soviet press agency *Novosty* in Beirut. A note on the *Living Orthodox Church*, which mentioned 'HE Michel Potay', appeared in the encyclopedia 'Quid?' from 1971 to 1974.
2. An exarch is an Eastern Orthodox Church's representative abroad, a kind of a missionary bishop.
3. The vendor granted a substantial discount (33%) on the price, then a bank granted a credit, of which the purchaser had not been too hopeful. Those unexpected price and credit terms were regarded as miraculous.

dans la bâtisse qui longe le ruisseau Garguéhos. Avec ma famille(1) j'arrive de Bourges le 3 janvier 1974. Nous occupons le bâtiment situé sur l'avenue de la Libération (appelé par la suite Maison de la Révélation) où va apparaître Jésus, et où je réside aujourd'hui encore(2). Reste une maison vide, rue Jean Lebas (la future Maison de la Sainte Parole), destinée à une troisième famille, qui ne viendra jamais. Les apparitions de Jésus vont bouleverser tous les projets.

Sitôt improvisée une chapelle dans une ancienne salle de restaurant, où l'on dispose autel, icônes, lampades, apportés de Bourges, le frère André Brouillet, nos épouses Christiane et Paulette, et moi, nous nous attaquons de nos mains à une œuvre considérable de réfection et de transformation des bâtiments, qui durera plusieurs mois, et même plusieurs années sur des points moins urgents. Nous entassons sable, briques, ciment, plâtre, tuiles, bois, matériel électrique, peinture. C'est au milieu de ce chantier, de meubles en désordre, de bagages non déballés — ce n'est pas même dans la chapelle! —, à un homme fatigué par son déménagement, qui dans ce moment a raccroché la soutane pour la salopette, plus occupé de travaux que de religion, que la nuit du 14 au 15 janvier 1974(3) l'envoyé de Dieu, Jésus, va survenir.

LES SIGNES ANNONCIATEURS.

Dès le 5 ou le 6 janvier une clarté, sensible à travers mes paupières, me réveille chaque nuit. Entre mon lit et le plafond je vois des flammèches qui dessinent grossièrement dans l'air la forme de mon corps allongé. Chacune dure un instant, aussitôt remplacée. Ces occultations exaspèrent mon regard; j'ai parfois la nausée. Certaines nuits, les murs, le plafond et les meubles se couvrent de luminescence. Elle dure parfois si longtemps que, la fatigue s'imposant à mon émotion, je me rendors avant qu'elle ne disparaisse. De l'angoisse que provoque en moi ce phénomène comment prévoirais-je l'événement le plus imprévu qui soit: l'apparition prochaine du Christ? Inquiet, mais ne sachant pas quel sens donner à ces signes, je prie pour en être délivré.

La nuit du 14 au 15 janvier 1974, vers vingt-trois heures trente, la clarté me réveille à nouveau. Je ne vois que quelques flammèches et peu de luminescence; il fait donc sombre. Tandis que je prie sous mon drap, espérant chasser le phénomène, sur lequel je jette de temps en temps un œil anxieux, une voix douce — voix féminine? — m'appelle. Ce n'est pas la voix de Jésus, virile, que je vais entendre dans un instant, mais la voix qui m'appellera désormais la nuit quarante fois jusqu'au 13 avril. La voix m'ordonne: «Lève-toi, va dans *tel lieu!*» Alors les flammèches s'avivent, s'enflent et éclairent la chambre assez pour que je puisse me lever sans allumer de lampe. Pourquoi, quelques semaines plus tard, Jésus

1. Son épouse Christiane, ses filles Nina et Anne (respectivement nées en 1969 et 1970 à Bourges). Sara naîtra à Arès le 9 novembre 1975.
2. Ayant habité La Maison de la Révélation 18 ans, la nécessité de se désenclaver jointe à des problèmes de santé forceront frère Michel à quitter Arès en 1992 pour résider dans une grande ville.
3. Assez longtemps le frère Michel, qui n'en nota pas la date sur le moment, croit que la première apparition de Jésus eut lieu la nuit du 15 au 16 janvier. Mais un jour de 1981, son épouse en plaisantant, lui rappelle qu'il ne lui souhaita pas son anniversaire (15 janvier) en 1974. Le frère Michel se frappe le front et s'exclame: «Je n'ai pu oublier votre anniversaire que sous l'emprise d'une préoccupation intense. Donc, la première apparition de Jésus eut lieu la nuit précédente, celle du 14 au 15 janvier.» Date retenue depuis pour l'événement.

The rather decaying buildings were those of a disused restaurant and boarding house. On September 11, 1973, Mr and Mrs Brouillet and their younger son moved from Nice and settled in the building by the brook Guarguehos. Along with my wife and daughters (1) I left Bourges on January 3, 1974. We moved into the building on Liberation Avenue (later called The House of the Revelation) where Jesus was going to appear, and where I am still living (2). An unoccupied house (the future House of the Saint's Word) on Jean Lebas Street was destined for a third family who would never come. Jesus' appearances were to disrupt our plans.

After I had made a makeshift chapel in a former restaurant hall, putting in an altar and some icons and oil lamps taken from Bourges, brother André Brouillet, our wives Paulette and Christiane, and I got down to considerable works of restoration and conversion of the buildings, which would last several months, and even several years on less urgent points. We stacked sand, bricks, cement, plaster, tiles, wood, electric hardware, paint. It was in the middle of those shambles, among the furniture in a mess and the baggage not yet unpacked—it was not even in the chapel—that God's messenger Jesus was going to appear, on the January 14 night (3), to an exhausted man who had hung up his cassock and put on overalls, busier with hard labor than with religion.

THE HERALDING SIGNS.

From January 5 or 6 a brightness showing through my eyelids woke me up every night. I saw sparks and flares flying between my bed and the ceiling, in the air they roughly drew an outline of my lying body. Each flying spark or flare lasted a very short while, then was replaced by another. Those occultations often exasperated my sight; I felt nauseous at times. Some nights the walls and the ceiling were covered with luminescence. Occasionally it lasted so long that tiredness overwhelmed my emotion and I went back to sleep before it vanished. How could I have inferred from the anxiety these phenomena brought to me the very most unexpected event: Christ's impending appearance? Concerned, but unaware of the meaning of those signs, I prayed to be relieved of them.

In the January 14 night at around 11:30 p.m. the brightness woke me up as usual. There were only a few flying sparks and flares, the luminescence was dull; consequently it was rather dark. I was praying beneath the blanket hoping to dispel the phenomenon, I gave anxious stealthy glances to it every so often, when a soft voice—a feminine voice?—called me. It was not Jesus' manly voice which I was going to hear very soon, but the voice that would call me forty times from now onward to April 13. The voice ordered me, "Get up and go to *such and such place!*" Then the flying sparks revived, swelled and lighted the bedroom enough

---

1. His wife Christiane and daughters Nina and Anne (both born in Bourges respectively in 1969 and 1970); Sara would be born in Arès on November 9, 1975.
2. After residing at The House of the Revelation for 18 years, a need to make himself less isolated along with health problems prompted brother Michel to move from Arès and live in a big city in 1992.
3. Brother Michel did not note down the date at the time. Long afterward he was believing that Jesus' first appearance had taken place during the January 15 night. But, some day in 1981, his wife in a joking tone reminded him that he had forgotten to celebrate her birthday (January 15) in 1974. Brother Michel tapped his forehead and exlaimed, "I couldn't forget your birthday unless I was overwhelmed with some intense concern. Therefore, Jesus' first appearance took place during the January 14 night." This date has been accepted as the right once since then.

m'enjoindra-t-il : *« Tu ne montreras à personne la place où Je Me tiens pour te parler »? (1)* Pendant près de quatre ans j'interpréterai ce verset comme l'interdiction de vénérer tout lieu d'apparition, l'assimilant à l'interdiction d'idolâtrer les reliques ou les tombeaux (2). Incapable de comprendre concrètement avant l'automne 1977 — quand Dieu lui-même se manifestera — cet autre verset : *« Tu pourras dire : "J'ai vu Dieu" »* (3), je ne verrai dans l'interdiction de montrer le lieu d'apparition de Jésus rien d'autre qu'un appel implicite au lieu idéal, non physique, où le Christ *se tient* en permanence, c'est-à-dire partout où il représente l'espérance. En fait, Jésus, qui *n'est pas Dieu (4),* mais qui sait que Dieu apparaîtra moins de quatre ans plus tard dans un autre lieu, la Maison de la Sainte Parole, donne d'avance à celle-ci la préséance comme sanctuaire.

JÉSUS APPARAÎT QUARANTE FOIS.

Je me lève. Je tremble de peur et de froid. Dans le silence qui suit l'appel, je perçois un bruit léger dans la direction que je dois prendre. J'ouvre doucement la porte de la chambre, je marche sans allumer dans la maison pleine de nuit. Je tire devant moi par pudeur — pourquoi ne pas l'avouer ? — mon tricot de corps, parce que je me suis jeté tout à l'heure dans mon lit sans pyjama, épuisé. D'émotion, je n'ai pas eu le réflexe de me couvrir en me levant. J'avance avec précaution, évitant de heurter les gâchoirs à plâtre, les caisses à outils, les piles de briques, les meubles garés ici et là. Un clou m'entre dans le pied, je me mets à boîter. Dans l'encadrement de la porte, qui s'ouvre sur le lieu où je suis appelé, je vois une lumière très blanche. Je claque des dents. Passant la tête dans l'encadrement de la porte, stupéfait et dans l'effroi à son comble, je vois Jésus debout. J'ai honte d'être presque nu. Jésus étend vers moi une main à plat, puis, en repliant ses doigts sur la paume, il me fait signe d'entrer.

L'air d'Occident qu'on veut donner à tout ce qui paraît supérieur, laissant à l'Orient le reste, parce qu'on croit que tout ce qui est bon est chez nous ! Jésus en est l'illustration. On nous l'a montré mille fois sur les tableaux des maîtres, les icônes, les fresques d'église et les illustrations des missels et des catéchismes. On nous l'a même filmé. Nous avons fini par nous l'imaginer avec le profil gaulois, l'œil et le teint clairs, la bouche petite, le cheveu châtain, léger. Nous lui voyons l'air doux, un peu triste, impénétrable mais occidental. Ses ennemis, par contre, sont représentés levantins, le teint foncé, l'œil et le cheveu noirs, épais, le nez busqué, la bouche grande, sévère. Or, c'est cette dernière description qui répond au Jésus que je vois. Un oriental typique.

Saurai-je jamais pourquoi certains voient dans ce type oriental la preuve qu'il ne peut pas s'agir de Jésus ? Un exemple : En septembre 1974, je recevrai la visite de trois femmes, qui, sans préambule, placeront sous mes yeux l'image d'un Jésus blond aux yeux bleus. Avec brusquerie, comme des policiers veulant confondre un suspect : « Est-ce lui ? — C'est tout son contraire, devrai-je leur répondre.— Donc, c'est Satan que vous avez vu, Satan seul a le teint mat, l'œil et le poil noirs. » Et l'une d'elles conclura, avec la décevante subjectivité de beaucoup de nos frères

---

1. L'Évangile donné à Arès 35/5.
2. L'Évangile donné à Arès 33/35, 35/5, 39/4.
3. L'Évangile donné à Arès 37/3.
4. L'Évangile donné à Arès 32/1.

for me to rise without putting on a lamp. Why would Jesus order me a few weeks later, *"You shall not show anyone the place where I am standing to speak to you"?(1)* For nearly four years I would be interpreting these words as a ban on worshipping all the places of supernatural appearances likening it to the ban on idolizing relics or tombs(2). Unable to understand another verse, *"You will have grounds for stating, 'I saw God'" (3)* until God's personal manifestation in 1977, I would be considering the ban on showing the *place* of Jesus' appearance only as an implicit call to the ideal non-physical place where Christ permanently *stands*, that is, wherever he typifies hope. Actually, Jesus, who *is not God(4)*, knew that God was to appear within four years in another place, The House of the Saint's Word, and gave beforehand precedence to the latter.

JESUS APPEARS FORTY TIMES.

I got up trembling with fear and cold. In the silence that followed the call I perceived a faint noise from the part of the house I was to head for. I gently opened the door of the bedroom, I did not put the lights on, I walked through the house filled with dark. From modesty I was pulling on my undershirt because—why not admit to it?—a while ago I had fallen into bed without pajamas, dog-tired. I had just got up so moved that I had not even had the instinct to dress. I was progressing with extreme caution dodging the plaster mixing boxes, toolchests, stacks of bricks, pieces of furniture that blocked the way. A nail stuck in my foot, I began walking with a limp. I saw a snowwhite light in the doorway opening onto the room I had been called to. My teeth were chattering. I poked my head round the doorway, and I was completely dumbfounded and scared seeing Jesus stand. I felt ashamed of being half-naked. Jesus stretched out his hand flat towards me, then bending repeatedly his fingers against the palm he beckoned me to come in.

Oh, that Occidental air we are anxious to attribute to whatever seems superior, leaving the rest for the East, because we believe that all that is good comes from us! Jesus perfectly illustrates this. Numberless times he has been shown to us in masterpieces, icons, church frescos, missal and catechism illustrations. He has even been shown to us in films. So we have eventually imagined him with a Gallic profile, a fair complexion, pale colored eyes, a small mouth, a delicate light brown hair. We picture him with a gentle, somewhat sad, inscrutable, but Occidental look. His enemies, on the other hand, are depicted as Levantines with swarthy colorings, black hair and eyes, hook noses, wide stern mouths. Well then it is the Levantines' depiction that meets that of the Jesus I was watching. A typical Middle Easterner.

Will I ever know why some people consider this Eastern type as proof that the man I saw could not possibly be Jesus? Here is an example: Three ladies called on me in September 1974; without any preleminaries they showed me a picture of a Jesus with a fair hair and blue eyes. Brusquely, just as policemen try to confound a suspect, they asked, "Is it he?" "All the opposite," I replied. "You have seen Satan, then. Only Satan has a mat complexion and black eyes and hairs." One of them concluded saying, with the disappointing subjectivity of many among our

---

1. The Gospel Delivered in Arès 35/5.
2. The Gospel Delivered in Arès 33/35, 35/5, 39/4.
3. The Gospel Delivered in Arès 37/3.
4. The Gospel Delivered in Arès 32/1.

croyants : « C'est étonnant, vous qui avez les yeux si clairs, le type celte, que vous acceptiez que Jésus puisse avoir l'air d'un rastaquouère *(sic).* »

Mais Jésus — plus qu'une apparition au sens traditionnel, une présence en chair — ne révèle pas que son type oriental. Son port est royal ; il a une sublime et impressionnante dignité qu'accentue sa très haute taille. Celle-ci peut être évaluée ; comme il va et vient, Jésus se tient souvent près d'une porte de 2,08 m (je la mesurerai plus tard) ; il paraît plus petit de 20 cm tout au plus. *L'homme Jésus* rayonne de noblesse et de force.

Ce n'est pas un fantôme ; c'est bien un homme. Si la lumière blanche qui transpire de tout son être, sauf des yeux, des cheveux et de la barbe, et sa manière de me quitter par élévation à la fin de chaque veille montrent son état transfiguré, j'aurai maintes preuves de son corps matériel, pondérable. Un jour Jésus posera sa main sur ma tête, je sentirai parfaitement le poids du bras. Un autre jour il oindra mes lèvres, j'en sentirai le toucher, je distinguerai les sillons de la peau et les ongles, normaux.

De plus, Jésus qui m'apparaît n'a pas la fixité des visions de l'imagerie. Il va et vient posément ; il se montre de face, de profil, cependant jamais de dos. Ses pieds nus reposent sur le sol, font craquer les gravats. S'il longe un objet, le frôlement est audible. Je me souviens avoir dit ou écrit : « Il aurait pu faire un accroc à sa tunique. » Comme dans le lieu de l'apparition les murs béent, les portes sont dégondées, les cheveux de Jésus flottent dans le courant d'air glacial. Le mois de janvier 1974 est froid à Arès.

Néanmoins, il est des détails surnaturels dans cet *homme Jésus,* pour la description desquels nos sens n'ont ni mots, ni mesure. D'abord, sauf les endroits pileux, toute sa personne diffuse une clarté blanche, je l'ai dit, mais une clarté qui n'évoque pas la physique terrestre. « Pas vraiment une lumière, une luminescence, proche de celle qui éclairait les murs et les meubles de ma chambre dans les jours précédents l'apparition. Cette sueur blanche se transmet » (1) à l'air environnant. Si je fixe ce halo indéfinissable, je perds toute notion de distance entre l'apparition et moi. Soit cette clarté décèle une dimension qui nous est inconnue : l'infini, soit elle aplatit la perspective terrestre. Clarté probable de la transfiguration (2), qui fait oublier les couleurs, lesquelles pourtant sont là, bien discernables, comme celles de la peau et des lèvres, sous la brillance. Ensuite il y a sa tunique qui colle au corps robuste, musclé, qui cloque comme une longue chemise de nuit mouillée. Il y a le parfum, souvent sensible dans toute la maison plusieurs heures encore après l'apparition, et le timbre de voix, indescriptible, « une voix qui à elle seule m'aurait jeté dans la prosternation et la crainte », ai-je écrit dans le premier liminaire de *L'Évangile Donné à Arès.*

Devant cet homme — car c'est un homme, glorieux et transfiguré, mais entier — d'une majesté indicible, j'ai peur en effet. « Non la peur physique de recevoir un mauvais coup, mais celle de me sentir traversé, lu, jugé dans les recoins les plus reculés de mon esprit, de mon cœur, de mes secrets. Mes péchés les plus subtils étaient nus sous ce regard. » (3) L'œil de Jésus pèse sur moi. Les pensées qui me traversent, tandis qu'il parle ou qu'il m'observe en silence, modifient son regard ou provoquent ses réponses à mes questions muettes. Entre humains la chair peut

---

1. «Dieu manifesté à Arès». monographie éditée en 1976, épuisée en 1977, jamais rééditée depuis.
2. Marc 9/2-9.
3. Relevé dans des allocutions du frère Michel (Causerie de Nantes, juin 1976).

believer brothers, "It's surprising a man like you with very light eyes, a Celtic type, agrees that Jesus might look like a darkskinned wog (sic)."

But Jesus—much more than an apparition in the traditional sense, a corporeal presence—did not show only his Eastern looks. His bearing was kingly, sublime; his dignity was impressive, emphasized by his tallness. I managed to reckon how tall he might be; Jesus would walk to and fro and sometimes stand close to a door; I measured this door: 6-foot.10-in (2,08 m); Jesus looked smaller by 8 inches (20 cm) at the most. *Man Jesus* was radiant with nobleness and strength.

He was not a ghost; he was definitely a man. The white light that came through his skin, except through his eyes, hair and beard, and the way he would leave me by ascending at the end of every vigil, showed his state of transfiguration, but I was going to have many a proof of his weighable, material body. One day Jesus laid his hand on my head, I felt perfectly the weight of his arm. Another day he anointed my lips, I felt his touch and saw the lines of his fingertip and his fingernails, all of them normal.

What is more, Jesus did not appear to me in the fixedness of the visions on religious prints. He moved to and fro unhurriedly; I usually saw him face on, sometimes in profile, but never from behind. His feet touched the floor, crunched the rubble. When he brushed against something, the rustle was audible. I remember writing or telling, "He could have made a tear in his tunic." Since there were openings in the walls and the doors were unhinged Jesus'hair streamed in the icy draft. It was cold in Arès in January 1974.

We human beings, however, lack some senses and our languages lack words and measures to describe some supernatural characteristics of that *man Jesus*. Firstly, apart from its hairy places, his whole body diffused a white light, as has been mentioned, but a light I could not liken to any earthly light. 'Not really a light it was, but rather a luminescence reminiscent of that that had lit the walls and furniture in my bedroom for the past days. This white sweat transmitted itself'([1]) to the surrounding air. If I looked intently at this undefinable halo I lost all sense of distance between Jesus and me. Either this light indicated a dimension unknown to men: the infinite, or it flattened terrestrial perspective. Was it the light of transfiguration([2])? It made me oblivious of color, and yet color was all over him, discernible under his brilliance like the colors of the skin and the lips. Secondly, there was his tunic which clung to his muscular robust body; it crinkled and blistered as a sodden long nightshirt. There were a scent, which would often be perceptible throughout the house for several hours after Jesus' appearances, and the undescribable timbre of his voice 'which by itself could have plunged me into fear and made me prostrate myself,' I would write in the front matter of the first edition of *The Gospel Delivered in Arès*.

In front of that man—really, he was a man, a glorious, transfigured but complete man— with an unspeakable stateliness I was indeed afraid, 'not bodily afraid of getting a blow, I was scared of being pierced, read, judged, for I felt the recesses of my mind, my heart, my secrets searched and unveiled. My subtlest sins were stark naked under those eyes' ([3]). Jesus' gaze hung heavy on me. Any thought that flashed through my mind while he was talking, or watching me in silence, made

---

1. 'Dieu Manifesté à Arès', a roneoed monograph, published 1976, out of print 1977, has not been reprinted.
2. Mark 9/2-9.
3. Excerpts from brother Michel's short speeches (Talks of Nantes, 1976).

cacher les pensées, mais à l'être céleste la chair ne cache rien. « Je me sentais sale, pleins de secrets inavouables, de pourriture, exhibés sous cet œil. J'ai vraiment su ce jour-là ce que signifie être un pécheur face à son juge. »(1)

Que dire encore ? Jésus porte trois stigmates : un à chaque poignet, mais un seul au bas de la cheville gauche, donc trois en tout. Une nuit, je m'interrogerai sur cette unique plaie inférieure, contraire à la tradition ; Jésus captera ma pensée et répondra : « Je fus crucifié le dernier. Un fer manquait ; un seul pied fut ferré ; la cheville libre lui fut liée »(2). Ces stigmates saigneront chaque fois que Jésus parlera de *plaies (3)*.

L'IMAGERIE RELIGIEUSE DÉMENTIE.

Désemparé, jeté hors de l'imagerie traditionnelle des apparitions, héritée de l'église, qui peut l'être plus que moi la nuit du 14 au 15 janvier 1974 ?

Jusqu'à mon arrivée à Arès, où Jésus me surprend presque aussitôt, je vivais dans l'œuf clos d'une résidence ecclésiastique, haute en murs, étanche au profane, dans le semi-silence des voix compassées et du froissement des soutanes. La fumée des cierges et de l'encens, la psalmodie des heures (4) et de la liturgie s'élevaient vers le Ciel, qui me semblait s'être partagé là avec la terre. Tout était pieux, « sérieux », conforme au seul climat et au seul lieu où les « saints » et Dieu sont sensés apparaître selon l'imagerie séculaire. Pas du tout mystique, ecclésiastique pragmatique, je n'avais jamais attendu d'apparition, mais si j'avais dû en attendre une, ç'aurait été à Bourges, où tout était voué au sacré derrière les murs épais d'un ancien couvent, qui fut aussi une résidence épiscopale au XVIIIe s. Et voilà devant moi Jésus entre les sacs de plâtre, il piétine les gravats, son port est royal, mais ses épaules larges sont bien d'un charpentier, ses cheveux noués sur la nuque pour ne pas gêner son travail s'agitent dans les courants d'air d'un ancien hôtel-restaurant, aux murs ouverts à la pioche et au marteau (au fond, il est bien ici dans son élément : le bâtiment), dont les chambres et les salles virent sans doute bien des péchés de chair et de bonne chère !

Où est-elle la vision translucide flottant entre sol et nuages, qu'on voit sur les images religieuses, traversée par un rayon de lumière oblique tombé d'En-Haut, parfois tombé d'un vitrail, sous les yeux d'un voyant en extase ? Ici nulle extase ne me transporte. Le Christ qui m'apparaît est d'une autre réalité que les formes apaisantes et souriantes de l'imagerie. Il est transfiguré, mais décidé à *abattre de force le pécheur (5)* sous le poids de son corps physique intégral passé à l'éternité, plus vigoureux et plein de santé qu'il ne fut peut-être jusqu'au jour de l'ascension où il s'éleva devant les apôtres.

Il me faudra pourtant des mois pour évaluer le sens de l'apparition physique de Jésus. Cette apparition apportait la preuve vivante que Dieu peut ressusciter un homme et lui donner l'éternité. C'est le premier message d'Arès : Au *Jour* de

---

1. Relevé dans les propos du frère Michel lors de sa visite à Nantes en juin 1976.
2. Liminaire de la première édition de *L'Évangile Donné à Arès*, 1974.
3. L'Évangile Donné à Arès 8/4, 30/4.
4. Dans l'église orthodoxe le chant des *heures* (Prime, Tierce, Vêpres, Complies, etc.) n'est pas confiné dans les monastères, mais étendu à tout lieu de culte : cathédrale, paroisse, etc.
5. L'Évangile Donné à Arès 12/9.

his look alter or made him answer my mute questions. Between human beings the flesh can conceal thought, but the flesh cannot conceal anything from the heavenly being. 'I felt nasty, full of shameful secrets, of rot, displayed under those eyes. On that day I really learned how to be a sinner facing his judge was like.'([1])

What can I add? Jesus bore three stigmata: one on each wrist, but a sole stigma on the left ankle; three in all. One night I would be pondering over the sole wound of the lower limbs contrary to tradition; Jesus would pick up my thought and say, "I was crucified last. They lacked an iron; they nailed one foot and tied the other to it."([2]) The stigmata would bleed whenever Jesus talked of *wounds* ([3]).

RELIGIOUS IMAGERY CONTRADICTED.

I was thrown out of the traditional church imagery of apparitions; who on earth might feel as helpless as I felt on the night of January 14, 1974?

Until my settling in Arès, where Jesus caught me unawares shortly after my move, I had lived in an enclosed egg of a clerical residence, within high walls, in the near silence of stuffy people's voices and cassock rustle. There the smoke of the candles and incense burners, the hours and liturgy chant ([4]) had been ascending towards Heaven apparently unseparated from Earth. All had been pious, 'serious', true to the climate and place where God's 'saints' should appear according to the age-old imagery. As a pragmatic clergyman, not mystic at all, I had never expected apparitions, but if I would have expected any, it would have been in Bourges in a place totally dedicated to the sacred between the thick walls of a former episcopal residence (18th c.) and nunnery (19th-20th c.). Now in front of me Jesus stood among cement sacks, at times he trod on rubble; his bearing was kingly, but his broad shoulders were undoubtedly a carpenter's; his hair, knotted on the nape of his neck so that he could have worked unhindered, was stirring in the drafts of a disused restaurant and boarding house with walls hammered and picked open (after all, here Jesus was being in his element, the building craft), the bedrooms and dining room of which had witnessed many a sin of the flesh and of gluttony.

I did not recognize the translucent vision of the religious prints, the vision hanging between the ground and the clouds, crossed by a slanting beam of light falling from Heaven or from a stained-glass window before the very eyes of an ecstatic visionary. On that night no ecstasy carried me away. The Christ who appeared to me was a reality unrelated to the smiling, mollifying bodily shapes of imagery. He was transfigured but determined *to forcibly bring the sinner down*([5]) under his complete physical body turned eternal, perhaps more vigorous and healthier than it had ever been until the day he was lifted up in the presence of the apostles, the ascension day.

It would take several months for me to assess the meaning of Jesus' physical appearance. That appearance was the living evidence of God's power to resurrect a man and give him eternity. The first message of Arès is: Like Jesus we will rise

---

1. Noted down from comments made by brother Michel during public talks in Nantes, June 1976.
2. From the front matter of *The Gospel Delivered in Arès* first edition, 1974.
3. The Gospel Delivered in Arès 8/4, 30/4.
4. In the Orthodox Church the Hours (Prime, Tierce, Vespers, Compline, etc.) are not only performed in monasteries; they are performed in all places of worship: parish churches, cathedrals, etc.
5. The Gospel Delivered in Arès 12/9.

Dieu(1) nous ressusciterons comme Jésus. Reste à s'y préparer. Pour que ce Jour soit pour notre bonheur, nous devons *changer nos vies(2)* et *changer ce monde(3)*.

EN QUARANTE VEILLÉES JÉSUS DICTE «L'ÉVANGILE DONNÉ À ARÈS».

Jésus devant moi, je tombe à genoux ; je tire plus fort sur mon tricot de corps jusqu'à mi-cuisse. J'entends ces mots par quoi commence *L'Évangile Donné à Arès* : «*Redresse-toi, homme Michel, debout ! Cesse tes pleurs et ton tremblement ! Que cesse ta honte ; Je t'ai mis nu pour te revêtir d'un manteau neuf.*» Jésus se tait un instant, puis m'ordonne : «Écris !» Je trouve un papier d'emballage et un crayon. Je note ses premiers mots de mémoire et à toute hâte pour rattraper sa parole car, déjà, il parle à nouveau. C'est pourquoi les premières phrases sont imprimées en italique ; sûres quant au sens, elles sont moins sûres littéralement. Au long de *L'Évangile Donné à Arès* on trouve en *italique*, pour la même raison, des mots, parfois des phrases, reconstitués sur l'original griffonné ou noté en style télégraphique quand mon écriture est en retard sur la parole de Jésus. Il ne dicte pas comme un instituteur, il parle apparemment sans se soucier de mes difficultés à le transcrire, et mon écriture semi-typographique n'est pas très rapide.

Quarante fois Jésus va dicter son message jusqu'à la nuit du 12 au 13 avril. Mais ce n'est qu'à partir de la dizième veillée que je comprends que son message sera peut-être long. L'écritoire improvisé des premiers jours est amélioré et laissé en permanence sur le lieu. Tout naturellement je donne à chaque dictée le nom de *veille* ou *veillée,* parce qu'elle a toujours lieu la nuit. Les circonstances seront toujours les mêmes : Une voix m'appelle entre 23 h et 3 h. Invariablement, quand j'arrive sur le lieu de l'apparition, Jésus m'y a précédé et m'attend. Par contre, à l'issue de chaque veille, je vois disparaître Jésus en ascension ; il semble glisser, bras en avant, dans le lambris du plafond comme un ours blanc dans la mer.

Cependant, ce face à face ne se réduit pas à des dictées monotones. Jésus n'est pas l'estafette qui débite impersonnellement le message de Dieu, puis se retire. S'il ne répond pas à l'image populaire d'un Jésus intime, tout en chaleur, en confidence et en compassion, son comportement souverain et sévère n'est pas de ceux que repousserait la ferveur populaire, parce qu'un cœur y bat. Jésus éprouve des émotions. Le timbre de sa voix est très grave, un peu couvert, mais l'accent «chante». Son visage, plutôt sévère, peut s'animer. Alors il ne regarde plus l'infini d'un regard que la matière n'arrête pas, son œil se pose sur tout, souvent sur moi. «Enfin, dans ces moments, je ne me sentais plus traversé comme l'écume de l'humanité ; Jésus regardait en moi la personne» (4). Ce «regard d'homme à homme» a pour moi d'autant plus de prix que je remarque, et que je ressens avec douleur, «quel effort représente pour Jésus d'apparaître en ce monde pourri de péché — en commençant par moi — comme l'épreuve de descendre dans une fosse infecte. J'avais le sentiment de puer de l'esprit, et qu'il fallait vraiment beaucoup d'amour pour m'approcher et pour me regarder.»(4) — J'éprouverai une impression semblable en 1977 en présence du bâton de lumière —. Jésus bouge, il tourne et remue la tête, les bras, les mains, très posément. Ses sentiments se

---

1. L'Évangile Donné à Arès 31/8.
2. L'Évangile Donné à Arès 30/11.
3. L'Évangile Donné à Arès 28/7.
4. Tiré de commentaires du frère Michel lors des causeries de Paris (Musée Social), Lyon, Nantes, juin 1976.

from the dead on God's *Day(1)*. But we have to prepare for it. We must *change our lives(2)* and *change the world(3)* so that God's *Day* will be our bliss day.

IN FORTY VIGILS JESUS DICTATES 'THE GOSPEL DELIVERED IN ARÈS'.

Jesus was facing me, I fell to my knees; I began pulling at my undershirt harder on my thighs. I heard the opening words of *The Gospel Delivered in Arès*, *"Straighten up, man Michel, stand up! Stop shedding tears and trembling! Let your shame vanish! I have stripped you to put a new coat on you."* Jesus fell silent for a while, then he ordered me: "Write!" I found some wrapping paper and a pencil. I noted down his first words from memory and in great haste to catch up with his word, because he had started speaking again. This is why the first sentences are printed in italics; I am sure of their sense, but not this sure of their literalness. For the same reason, throughout *The Gospel Delivered in Arès,* the reader comes across italicized words and sentences restored from the original scribbled in a telegraphic style when I wrote hurriedly to keep up with Jesus' word. He did not dictate as a teacher, he spoke as if he did not cared about my difficulty in noting him down—and my semitypographical writing is rather slow.

Jesus was going to dictate his message forty times until the 12th April night. But I would not realize that his message might be long until the tenth vigil. From that time I improved the first days' makeshift writing set, and I left it permanently on the spot. I thought it natural to call every dictation a *vigil,* since it always took place at night. The circumstances were unchanging: A voice called me between 11:00 pm and 03:00 am. Invariably, when I walked into the appearances room Jesus had preceded me and was waiting there. On the other hand, at the end of every vigil I could see him disappear by ascending; he seemed to slide upwards, stretching his arms, into the ceiling panelling like a white bear into the sea.

The face-to-face did not amount to monotonous dictations, however. Jesus was not an orderly pouring God's word out in an impersonal tone, and then withdrawing. Even though he did not fit the traditional idea of Jesus who people imagine should be a close friend speaking warmly, compassionately, in a confidential voice, his stern regal attitude was not the kind that popular fervor would reject, because a heart pounded within him. Jesus had feelings. His rather severe face lit up at times. At those times he no longer looked at the infinite with that gaze which matter did not stop, he turned his eyes to everything, often to me.'At last, in those moments, I no longer felt his gaze passing through me as if I was the scum of humanity; Jesus looked in me as in a person.' (4) I found this 'man-to-man glance' all the more priceless as I deeply and painfully noticed and felt 'the great effort Jesus must make to appear in this world rotten with sin—especially me—, as if he had to descend into a foul pit. I had a feeling that my mind reeked and that Jesus could not have come near me or even looked at me, had he not have immeasurable love.' (4)—I would have a similar feeling in 1977 in front of the stick of light—. Jesus walked, he turned and moved his head, arms and hands, very calmly. His feelings were especially perceptible in 'the strange changes in the brilliance of his

1. The Gospel Delivered in Arès 31/8.
2. The Gospel Delivered in Arès 30/11.
3. The Gospel Delivered in Arès 28/7.
4. From comments by brother Michel during public talks in Paris (Musée Social), Lyon, Nantes, June 1976.

traduisent plutôt « par l'étrange variation de la brillance de l'œil. » (¹) Le plus souvent accroupi, j'écoute et j'écris, déférent et silencieux. « Je ne parlais pas, mais si je cachais quelques émotions et interrogations dans les battements de mon cœur, la voix de Jésus ou son regard montraient qu'il les avait décelées. Il pouvait alors interrompre son message pour répondre de vive voix à ma question muette. Ces réponses ne figurent pas dans *L'Évangile donné à Arès*, mais, gardées à jamais dans ma conscience, elles m'ont souvent aidé à mieux comprendre le sens de la Parole, surtout au début. » (¹)

« L'EMBARRAS S'ORGANISE » AUTOUR DU TÉMOIN.

Une nuit sur deux environ (40 apparitions en 88 jours) Jésus me visite, mais le jour rien ne laisse deviner l'événement. Seul mon entourage immédiat : mon épouse, la famille Brouillet, et Michel Clément, un voisin qui effectue les travaux de tuyauterie, devenu depuis un ami, connaît l'épreuve que je subis. Ils me voient tourmenté, rendu irritable par une révélation qui bouleverse mes convictions et remet en cause ma vie religieuse. L'épreuve se transmet à tous, tous se sentent bientôt concernés au point que nous n'en parlons presque pas de peur d'attiser la question qui nous perturbe intérieurement : Où tout cela nous entraîne-t-il ? Pour oublier l'éprouvante expérience surnaturelle de la nuit, je me tue le jour au travail de réfection et de transformation de la maison avec frère André. J'en refais l'électricité entièrement ; frère André mure des portes, en ouvre d'autres, bâtit et répare de tous côtés ; avec ma femme nous rampons sous les combles pour traiter la charpente rongée par le capricorne.

Un matin, je gratte dehors une caisse à plâtre, le curé de Lège vient à moi. « Vous êtes le bienvenu dans la région, » dit-il au clerc orthodoxe que je suis encore ; il m'invite aux réunions œcuméniques qui rassemblent à Cassy et à Andernos des prêtres, des pasteurs et des fidèles. Comme je n'ai pas encore une conscience d'ensemble du message que me dicte Jésus, j'accepte. J'en espère même un heureux dérivatif. Celui-ci durera jusqu'au moment où *L'Évangile donné à Arès* m'étant connu aux deux tiers, je ne pourrai plus me cacher à moi-même ni cacher aux autres ce que Dieu veut. Alors, ma présence au colloque religieux posera un problème à tous ses membres.

Dans Arès les bonnes gens, d'abord surpris qu'un clerc orthodoxe s'installe chez eux, m'appellent vite « le pope », et me considèrent comme une manière de pieux consolateur. Beaucoup viennent me confier leurs malheurs, demander un conseil, une prière, jusqu'au jour où ils déduisent de la disparition de ma soutane et des bruits qui courent que je quitte l'église. « Pourquoi ? se demandent-ils entre eux—À cause de soi-disant apparitions, répondent les mieux renseignés. » À partir de ce moment, le prestige ecclésiastique m'abandonnant, « l'embarras s'organise », dis-je à mes proches en plaisantant amèrement.

L'embarras des collègues cléricaux, prêtres et pasteurs, qui m'ont joint à leur club œcuménique, est plus grand encore. Comme font toujours les gens d'église, ils n'abordent pas le sujet devant moi. Simplement, pour me signifier mon exclusion, ils ne m'envoient plus la voiture qui, les jours de réunion, me prend et me ramène chez moi. Plus tard, quand sera édité *L'Évangile donné à Arès*, certains

---

1. Tiré de commentaires du frère Michel lors des causeries de Paris (Musée Social), Lyon, Nantes, juin 1976.

eyes.'(1) I listened and wrote deferential and silent, most of time in a squatting position. 'I was being quiet but if I concealed some emotions or questions in the throb of my heart, variations in Jesus' voice or the look in his eyes showed me that he detected them. He occasionally interrupted his message in order to answer my mute questions. Those answers do not appear in *The Gospel Delivered in Arès*, but I retain them in my conscience forever; they have often helped me go deeper into the Word's meaning, especially in the early days.'(1)

'EMBARRASSMENT GETS ITSELF ORGANIZED' AROUND THE WITNESS.

Jesus called on me every other night or thereabouts (40 appearances in 88 days), but in the daytime nothing made the event discernible. Only a few people around me: my wife, the Brouillets, and Michel Clément, a neighbour who helped with the piping, and who would become a friend, knew of the trying experience I was subjected to. Often they saw me tormented, made irritable by a revelation that was disrupting my beliefs and calling my religious life into question. Before long my hardship was shared in by all of them; they all felt affected by it so much that we almost never talked about it for fear that we might stir up the question that was harrowing us: What was that leading us into? By day, in order to forget the nightly trying experience, I was working myself to death restoring and altering the house along with brother André. I was wiring the house anew; brother André was bricking up some doorways and opening new ones, he was building and repairing everywhere; my wife and I crawled under the roof trusses to process the frame eaten into by capricorn beetles.

On a morning I was in the garden scraping out a plaster mixing box, the Catholic priest of Lège came up to me. "You are most welcomed in the area," he said to me, an Orthodox cleric as yet; he asked me to ecumenical gatherings of priests, ministers and lay people in Cassy and Andernos. As I was not yet totally conscious of the message Jesus had been dictating to me, I accepted. I hoped that it would distract me from my trial. The distraction would last until two thirds of *The Gospel Delivered in Arès* was revealed, so I would no more feel entitled to conceal from myself and from others what God willed. Then, my participation in the clerical colloquy began confronting all its members with a problem.

In Arès people were at first amazed that an Orthodox cleric had settled in their town, then they called me 'the pope' and regarded me as a kind of pious comforter. Many confided their hardships to me, they sought advice, prayers. Later they inferred from the disappearance of my cassock and from rumors that I had quit the church. "Why?" they asked each other. "Because of so-called apparitions," the well-informed replied. From then on, as I lost the clerical glamour, "embarrassment gets itself organized", I said to my family and friends in a bitter joking tone.

The embarrassment of the Catholic and Protestant fellow churchmen who had asked me to join them was even bigger. As is usual with churchmen, they never touched on the issue in my presence. They gave me notice of expulsion simply by omitting to send the car that had picked me up at my house on meeting days until then. Later on, when *The Gospel Delivered in Arès* was published, some of them would go so far as to consider my influence as the most serious peril for souls; a

---

1. From comments by brother Michel during public talks in Paris (Musée Social), Lyon, Nantes, June 1976.

iront jusqu'à considérer mon influence comme un péril des plus graves pour les âmes ; une mise en garde circule discrètement : « Il ne convient pas à des chrétiens de rencontrer cet homme-là. »

Du côté de l'église orthodoxe l'embarras fait bientôt place aux condamnations. Je ne reverrai jamais mes amis ecclésiastiques, même les plus familiers ; sauf un, peut-être pris de remords, de réminiscence d'amitié et d'estime, qui me rendra visite en 1977, et qui d'ailleurs évitera de parler des apparitions et du message de Jésus.

Jusqu'à mes amis laïcs, des amis de très longue date parfois, qui cesseront peu à peu tout contact, toute correspondance. Je semble devenu la peste. Pour un homme qui a toute sa vie cultivé l'amitié, c'est une profonde souffrance.

Naturellement, les calomnies pleuvent. Elles ne viennent pas des amis et des relations, qui se contentent de s'éloigner et de se taire. Elles viennent, comme toujours, de ceux qui ne me connaissent pas, mûs par ce penchant commun qui est de traiter tout fait spirituel comme un simple fait d'opinion, et donc de le refuser et de le flétrir sans obligation de respect et de scrupules, et sans risques de représailles. « Je suis un pécheur, dis-je, je ne mérite ni éloges ni considération particulière. Mais pourquoi la flétrissure et des histoires à dormir debout ? Elles outragent dans le témoin du surnaturel, aussi indigne soit-il, le Christ qui l'a visité ; elles matelassent les oreilles contre son message. Une fois de plus dans l'histoire de la révélation, il faudra lentement dégager l'événement d'Arès et sa Parole de dessous les ragots, les mensonges, les futilités de sacristie, de salon, de boutique. »

C'est la grande solitude du prophète. Le réconfort viendra de la conversion et de l'estime d'hommes et de femmes qu'enflamme *La Révélation d'Arès,* pour la plupart des inconnus, des méconnus ou des indifférents d'hier devenus des soutiens. Les frères remplacent les amis. Mais le respect sacré, instinctif, qu'ils éprouvent face au témoin de Jésus, plus tard témoin de Dieu, établit et maintient désormais une invisible, presque insurmontable distance entre eux et moi. La camaraderie, l'amitié intime, que j'ai savourées toute ma vie, me sont à jamais refusées.

LA RAISON CONTRE L'APPARITION.

Ainsi Jésus m'apparaît quarante fois et me dicte le message de Dieu pour les hommes d'aujourd'hui. L'événement commençant à être connu, outre l'épreuve de « l'embarras », je subis l'épreuve de la « raison ». L'épreuve de ma propre raison qu'il me faut maîtriser d'un effort surhumain — Qui a déjà vu le regard de l'homme auquel on dit : Jésus m'est apparu ? Paralysant ! —, et plus encore l'épreuve de la « raison » du monde.

Parmi les croyants, les uns ne croient pas à l'apparition de Jésus à Arès, parce que son aspect ne répond pas à l'imagerie traditionnelle, on l'a vu. Les autres n'y croient pas, parce que le message d'Arès contredit leurs doctrines ou dénonce leurs péchés. Jésus n'est rien d'objectif pour beaucoup de nos frères « chrétiens » ; il n'est que le prétexte ou la figuration de leur culture, de leurs opinions, parfois de leurs intérêts personnels.

Mais chez d'autres croyants qui raisonnent comme des athées que dire de cette dérisoire prétention de « raison » basée sur l'idée simpliste que puisque « tout le monde ne voit pas ces choses-là, elles n'existent pas » ?

discreet warning began going round about me: 'It is improper for Christians to meet that man.'

On the Orthodox Church side embarrassment soon changed into condemnation. I would never meet my clergy fellows again, even some close friends, except one perhaps stricken with remorse, seized by memories of our friendship and of the high regard we had had for each other; he would pay me a visit in 1977, but would avoid talking of Jesus' appearances and message.

Also my lay acquaintances, even long-standing friends, would distance themselves from me and finally stop calling and writing. Everyone avoided me like the plague. For a man who had cultivated friendship all his life this was a painful predicament.

Slander began raining down, of course. It did not originate from my friends and acquaintances who merely kept distant and silent. As usual they originated from those who did not know me well or did not know me at all, driven by that common propensity to consider any spiritual fact as a mere fact of opinion which, therefore, may be rejected and sullied without anyone's feeling duty-bound to have respect and scruples, and without any risk of retaliation. "As a sinner I deserve no praise or special esteem," I said. "But why blacken me and tell cock-and-bull stories? Through the witness to the supernatural, unworthy though he may be, they offend Christ who visited him; they quilt men's ears against his message. Once more in the history of the revelation men will have to slowly sort out the event of Arès and its Word from gossips, lies, trivialities of sacrities, of lounges, of shops."

This was the prophet's great lonesomeness. But I would derive comfort from men and women converting and feeling esteem for me, all fired with enthusiasm for *The Revelation of Arès,* most of them unknown to me, some underrated by me so far, some others previously indifferent to me turned supporters. The brothers were going to replace the friends. But their growing instinctive pious respect for the witness to Jesus, later witness to God, was going to generate and then set an invisible, almost unconquerable distance between them and me. I would be refused companionship, close friendship, which I had so much prized all my life.

REASON AGAINST JESUS' APPEARANCES.

So Jesus appeared to me forty times and dictated to me God's message for men of today. As the news of the event was spreading, I suffered the test of 'reason' in addition to the test of the 'embarrassment'. The test of my own 'reason' which I had to master with superhuman efforts—Has any reader ever seen the eyes of a man whom you tell, "Jesus appeared to me"? Paralysing!—, and even more the test of the world's 'reason'.

Among believers some did not believe in Jesus' appearance in Arès, because his look did not fit with the traditional imagery, as has already been mentioned. Others did not believe in it because his message did not square with their doctrines or it laid bare their sins. Jesus is nothing objective for many of our 'Christian' brothers; he is only the pretext or figuration of their cultures, of their opinions, and occasionally of their private interests.

But with other believers, whose ways of reasoning are akin to atheists', what about that absurd claim to 'reason' based on the simplistic idea that 'since not anybody can see such things, they do not exist'?

Certains rationalistes n'osent pas aller si loin ; ils préfèrent se taire. Mon témoignage ne peut pas être récusé sur le « je ne crois que ce que je vois », quand ceux mêmes qui la formulent croient à mille choses sentimentales, historiques, sociales, économiques, politiques, publicitaires, improuvées ou même prouvées fausses. Mais pour récuser des apparitions de Jésus nul n'a besoin de prouver son discernement, il suffit d'avoir pour soi les idées reçues, le conformisme. Ce monde, dont les convictions sont faites de 50 % de chimères, refuse le très simple témoignage qui dit : « J'ai vu, j'ai entendu. » Est-ce si difficile à accepter ?

Arguant de la science, certains m'écrivent qu'ils ne doutent pas de ma sincérité, mais que je dois me faire à l'idée que je n'ai rien vu ; j'ai « cru voir. » Quoi ? « La projection du moi, un dédoublement » de ma personne. À tous ceux-là, parmi lesquels des psychologues diplômés et même le fameux abbé Oraison, j'ai toujours répondu par une question : « Sur quoi vous appuyez-vous ? Avez-vous déjà observé votre propre dédoublement, comme le pharmacien observe son urine dans l'éprouvette, que vous en parliez comme d'une évidence scientifique ? Pour ma part, j'ai vu et entendu Jésus, et ce n'était pas moi, ni une partie de moi, je vous l'assure. C'est une certitude, aussi certaine que le géranium que je vois sur ma fenêtre n'est pas moi. » Aucun de ces experts n'a jamais répondu à ma question. Bonne occasion d'observer que la psychologie, de son propre aveu muet, ne repose pas sur du solide, dans mon cas tout du moins. Si certains psychologues, conscients de la vacuité de leurs arguments, « ne nient pas qu'il y ait une énigme », ils ajoutent aussitôt que « celle-ci a de toute façon une explication rationnelle », incapables de dire laquelle. Je leur réponds : « La seule explication rationnelle, c'est que Jésus est apparu. » Parler de « dédoublement » ou de « projection de personnalité » va à contresens de tout ce que l'événement d'Arès est venu contrarier dans ma nature, mes convictions, bref ! dans ma personnalité. Avant Arès, aucun problème de foi ne me minait, rien qui pût un jour faire surgir des fonds de ma conscience des images et des paroles nées d'une rebellion secrète. Ma difficile reddition à l'appel d'Arès le prouve.

Avec gravité, les ecclésiastiques opposent à l'événement d'Arès « le sérieux ». Qu'entendent-ils par « le sérieux » ? Qui saura jamais. Certains hésitent à me traiter « d'illuminé » non parce que cela leur paraît un jugement gratuit, mais parce que ça ne fait « pas très charitable ». Mais d'autres usent de ce jugement expéditif qui leur épargne toute réflexion. Ceux qui tentent d'argumenter de façon moins rudimentaire ne s'élèvent pas beaucoup plus haut ; leurs « raisons » reposent sur l'imagerie populaire : « Ce n'est pas comme à Arès que les apparitions et les révélations surviennent », affirment-ils. Je leur réponds comme aux psychologues : « Avez-vous eu vous-même des apparitions de Jésus, que vous affirmiez qu'elles ne se passent pas comme j'en fus témoin ? Comparons nos expériences. » Pas de réponse. Je découvre ceci : aurais-je inventé les apparitions d'Arès, les théologiens n'ont aucun moyen d'en démontrer la tromperie. La religion, qui par principe repose sur le surnaturel, ne connaît rien au surnaturel. Monde d'aveugles. Ses arguments contre Arès révèlent une incroyable misère spirituelle.

Donc, parmi les négateurs de tous bords, certain pensent que j'ai froidement tout inventé, mais ils sont les moins nombreux, et de loin — cette rareté honore mon honnêteté, mais elle m'intrigue quand même, car après les apparitions de Jésus je m'attendais à être massivement rejeté comme menteur —. Le mobile du mensonge ? Ils hochent la tête ; ils cherchent en vain l'intérêt pratique qui pouvait

Some rationalists dared not go that far; they preferred to keep silent. My testimony could not be objected to from the 'I-only-believe-what-I-can-see' since the very men who state it believe in thousands of sentimental, historical, social, economic, political and advertising things, all of them unproved or even proved wrong. But no man who refutes Jesus' appearances is ever required to prove his discernment, he only has to take sides with conformists, with generally accepted ideas. Mankind, whose convictions are made up of 50% of chimeras, rejects the simple testimony that said, "I saw, I heard." Why is it that difficult to accept?

Putting forward scientific rules a few wrote me that they did not question my honesty, but I should realize that I had seen nothing; "You thought you saw". I saw what? "The outward manifestation of your self, a splitting of your personality." To those, sometimes fully qualified psychologists, and even famous Father Oraison, I replied with a question, "What personal experience have you got to be so positive? It seems you rely on scientific evidence, but have you ever observed your own personality splitting like a pharmacist observes his urine in a test tube? As for me I saw and heard Jesus; he was not I, he was no part of me either, I assure you. This is as certain a certainty as the fact that the geranium over there on the window-sill is not I." None of the experts ever answered my question. I thus found opportunities to note that psychology overtly proved itself devoid of soundness, at least in my case. Some psychologists, showing consciousness of the emptiness of their argument, did "not deny there would be an enigma," but they added straight away that "the enigma has a rational explanation, anyhow" without giving the explanation. I replied, "The only rational explanation is that Jesus appeared to me." Arguing for 'splitting or projection of personality' amounted to overlooking all that the event of Arès had suddenly impeded and contradicted in my nature, in my beliefs, in short, in my personality. Before Arès no problem whatever had been undermining my faith, no secret rebellion might have made factious images and words emerge from the depths of my conscience. My painful surrender to God's appeal in Arès proved this.

Solemnly, the churchmen opposed 'seriousness' against the event of Arès. What did they mean by 'seriousness'? Who would ever know? Some dared not call me a 'crank' not because they thought it to be a wanton judgement, but because it sounded 'not very charitable'. But some others used that haphazard judgement which saved them thinking. Those who tried arguing in a less rudimentary way did not show more grandiosity; their 'reasons' were based on the popular imagery: "Appearances and revelations do not occur in the way things took place in Arès," they stated. I replied to them as to the psychologists, "Have you watched appearances of Jesus yourselves so that you insist they do not happen in the way I witnessed? Let's compare our experiences." No answer. I found out that if I had invented the supernatural fact of Arès the theologians were thoroughly unable to demonstrate its deceptiveness. Religion which is in principle founded on the supernatural does not know anything about the supernatural. A world of blind men. Its argument against Arès betrays incredible, extreme, spiritual poverty.

So, among the deniers whatever sides they were some thought that I had coolly invented all of the business, but they were a minority by far—the scarcity of those deniers did credit to my honesty, but it intrigued me even so, for I had been expecting to be overwhelmingly rejected as a liar after Jesus' appearances—. The motive of my lie? They shook their heads; they tried without avail to find some

m'amener à changer ainsi ma vie, à la jeter dans des problèmes et des soucis moraux, matériels et sociaux. Les négateurs, dans leur majorité, nient mon témoignage tout en l'admettant vrai(1).

Quand s'enfle la discussion à propos d'Arès, tout devient ambigu. Les négateurs s'embrouillent dans leurs arguments, et même, dans notre passion de défendre la Vérité, mes frères s'embrouillent parfois dans leurs protestations et je m'embrouille moi-même dans mon témoignage. Si « le premier message d'Arès est la manifestation surnaturelle », l'ambiguïté de sa confrontation avec les idées du monde est sa première leçon. En 1976, dans le trouble et la peine de ma conversion, méditant sur le prodige d'Arès, j'eus cette lumière : Croire en Dieu n'est pas raisonnable par nature ; pas de preuves ordinaires de Dieu, pas d'évidence immédiate que l'univers a été créé. L'intuition de la raison n'est pas sans force contre l'intuition de la foi. On doit croire en Dieu pour une seule raison, qui est la raison de l'histoire, celle qui repose sur les rapports des témoins : Dieu est apparu et a parlé à Abraham, à Moïse, à Mahomet, au frère Michel. On peut ne pas y croire, mais si l'on croit, on n'a pas d'autre prémisse de foi, pas d'autre raison d'entreprendre de se changer soi-même et de changer l'histoire. La foi subjective peut croiser le vrai Dieu, par hasard, mais ce n'est vraiment qu'un hasard ; la plupart du temps elle s'égare dans les dogmes, le conformisme, ou dans le mysticisme. L'événement surnaturel d'Arès se dresse tout à coup comme un phare puissant sur cette mer d'incertitudes, de contradictions et d'errements qui ont sombré dans l'athéisme ou dans le désespoir.

Arès, 1er novembre 1983   frère Michel

---

1. Les tenants de la thèse du «mensonge» furent peu nombreux, on peut même dire rares. C'était inattendu. Le frère Michel dit: «Il m'aurait paru normal que les incrédules fussent nombreux, car si, avant le 15 janvier 1974, l'histoire d'Arès était venue à mes oreilles, je n'y aurais pas cru moi-même. Étant donnée notre culture "raisonnable", il m'aurait paru normal que de nombreuses personnes cherchent une "raison" à une "invention aussi extravagante". Au lieu de cela, la majorité des détracteurs me disaient: "Nous n'avons pas de raison de nier ce que vous racontez, mais cet événement ne nous concerne pas." Ils me jetaient ainsi dans un grand désarroi; ils étaient totalement illogiques. Comment pouvait-on croire que les apparitions et le message d'Arès avaient vraiment eu lieu et ne pas se sentir concerné? C'est alors que je compris que le manque de foi n'est pas une position intellectuelle ou même culturelle, il est dû à l'incapacité de l'esprit ravagé, rendu désertique par le péché.» (Causerie publique, Pèlerinage d'Arès 1988).

practical interest which might have brought me to so dramatic a change in my life, and into moral and social problems and worries, and money shortage. Most of the deniers rejected my testimony while acknowledging it to be true (1).

While the discussion about Arès is swelling, everything grows ambiguous. The deniers' arguments become muddled, and even in our passionate plea for Truth my brothers occasionally get into a muddle while protesting and so do I myself while testifying. "The first message of Arès is the supernatural manifestation itself," but the ambiguity of its confrontation with the world's common ideas is its first teaching. In 1976, I lived stricken with the troubles and pains of my conversion then, one day I was pondering over the wonder of Arès I received this light: Belief in God is not reasonable by nature; there are no ordinary proofs of God's existence, no immediate obviousness that the universe has been created. The intuition of reason is not wanting in strength when faced with the intuition of faith. The single reason for believing in God is the reason of history, that is, by relying on the witnesses' records: God appeared and spoke to Abraham, Moses, Muhammad, and brother Michel. One may not believe them, but, when one believes, one has no other premisses of faith, no other reason to set about changing oneself and changing history. Subjective faith may intersect the true God's route by chance, but this really happens only by chance; most of time faith wanders through dogmas, conformism, or mysticism. The supernatural event of Arès suddenly looms up as a powerful lighthouse over this sea of uncertainties, contradictions and wanderings which have sunk into atheism or despair.

Arès, November 1, 1983   brother Michel

---

1. There were few upholders of the 'falsehood' thesis; they were even very scarce. That was unexpected. Brother Michel said, "I would have thought it normal that the incredulous would be numerous, because I myself wouldn't have believed the story of Arès if I had heard of it before January 15, 1974. Given our 'reasonable' culture, I would have thought it normal that a great number of people would be looking for the 'reason' for 'so crazy an invention'. Most of the detractors said to me instead: 'We have no reason to deny what you are telling, but that event doesn't concern us.' Those people threw me into utter confusion; they were thoroughly illogical, inconsistent. How could men at once believe that the appearances and the message of Arès had really occurred and not feel concerned? I understood then that lack of faith doesn't result from intellectual or even cultural positions; it results from inability of the mind ravaged by sin, made a desert by sin." (From public talks, 1988 Arès Pilgrimage).

L'Évangile Donné à Arès
The Gospel Delivered in Arès

RÉVÉLATION ORIGINALE — *ORIGINAL REVELATION*
Les mots en *italiques* reconstituent les mots illisibles du document manuscrit
The italicized words are reconstructions of the illegible words of the handwritten record
---

1 1. *Redresse-toi,* homme Michel, debout !
Cesse tes pleurs et ton tremblement !
Que cesse ta honte ! Je t'ai mis nu pour te revêtir d'un manteau neuf.
2. Tu trembles aujourd'hui ; hier tu siégeais en Mon Nom, sûr de toi ; tu parlais en Mon Nom, sûr de paroles *savamment* établies sur les siècles par les prêtres,
discourant sur les Livres de Mes Messagers
et de ceux qui passent pour mes messagers,
3. te croyant en paix avec Moi,
abrité derrière la fausse sagesse à laquelle les siècles donnent majesté, que la science de ses discuteurs impose en respect au peuple,
4. issu du trône des princes du culte, des géniteurs des prêtres et de leurs serviteurs
depuis Philippe, Mon Témoin,
5. croyant marcher devant Moi pour porter sur l'autel l'offrande du peuple comme il marcha lui-même mais dans la Justice,
6. croyant donner Ma Parole et réaliser Ma Promesse,
entendant la prière des pécheurs,
te croyant béni sous Mon Bras étendu,

---

1 1. *Straighten up,* man Michel, stand up !
Stop shedding tears and trembling !
Stop feeling shame ! I have stripped you to clothe you in a new coat.
2. You are trembling today ; yesterday self-assured you used to sit in My Name ; in My Name you used to speak positive about words *learnedly* established over the centuries by priests,
expatiating on the Books of My Messengers
and of those who have been passed off as my messengers,
3. believing that you were at peace with Me,
taking cover behind the false wisdom that the centuries have brought to grandeur, and that the art of its arguers has driven the people to respect,
4. being descended from the throne(s) of princes of religion, begetters of priests and of priests' servants,
ever since the days of Philip, My Witness,
5. believing that you were walking in front of Me to carry the people's offering onto the altar just as he himself had walked, but in Justice,
6. believing that you delivered My Word and fulfilled My Pledge,
hearing the entreaty of sinners,
believing that you were blessed under My outstretched Arm,

ANNOTATIONS
Verset par verset ou générales ★
Either verse by verse or general ★
---

1 LA FOI PRÊCHÉE PAR LES CLERGÉS NE CHANGERA PAS LE MONDE (28/7). IL FAUT RÉVEILLER LA FOI CRÉATRICE LIBRE, LA VIE SPIRITUELLE INNÉE À TOUT HOMME; TOUT HOMME EST UN FILS DE DIEU ENDORMI.

★ Le 15 janvier 1974, vers 1 h du matin, Jésus, dans son corps physique intégral, apparaît à celui qui va devenir le frère Michel *(frère aîné 16/1; prophète 36/17, XXXVII/2)*. À quarante reprises jusqu'au 13 avril Jésus lui apparaît et lui transmet un message de Dieu: *L'Évangile donné à Arès*. Le témoin est alors un ecclésiastique orthodoxe, fermement dévoué à son église, à sa doctrine, à son culte, à ses sacrements. Les reproches que Dieu adresse au témoin sont en fait destinés à tous les clergés de toutes les religions: les prétendus habilités ou consacrés de Dieu: Évêques, prêtres, pasteurs, rabbins, mollahs, etc.

2. *Livres de Mes Messagers:* La Bible (voir 16/12, 35/12 à propos de l'épuration de la Bible) et le Coran. *Ceux qui passent pour mes messagers:* Les fondateurs de religions, d'églises, de sectes, etc., et leurs continuateurs, les clergés, théologiens, dogmatistes, etc.

4. Les évêques qui ordonnèrent le frère Michel descendent sans nul doute de l'apôtre *Philippe* par la succession apostolique. Ils n'en égarent pas moins les âmes. Tout comme *Philippe* fut apôtre, puis s'égara (5/3-5), tout homme qui ne met pas *ses pas dans les Pas de Dieu (2/11-12, 32/3)* risque fort de s'égarer. *Princes du culte:* Tout pouvoir religieux *(roi blanc* dans *Le Livre)*, mais aussi par analogie tout pouvoir politique, financier, judiciaire, etc. du système dominateur mondial *(roi noir* dans *Le Livre)* que Dieu assimile à une religion (voir n. X/6).

5. C.-à-d. *croyant* que les âmes ne peuvent pas être guidées et sauvées sans clergé.

6. *Entendant la prière des pécheurs:* Entendant la «confession» (rebaptisée «sacrement de pénitence» par les Catholiques) condamnée comme *le pire scandale contre le faible (30/15)*.

---

1 THE FAITH THAT CLERGY PREACH CANNOT CHANGE THE WORLD (28/7). WE MUST AWAKEN FREE CREATIVE FAITH, SPIRITUAL LIFE INNATE TO EVERY MAN; EVERY MAN IS A SLEEPING SON OF GOD.

★ On January 15, 1974, around 01:00 am, Jesus in his full physical body appears to the man that will soon become brother Michel *(the eldest brother 16/1; prophet 36/17, XXXVII/2)*. On forty occasions until April 13 Jesus will appear to him and convey to him a Message from God: *The Gospel Delivered in Arès*. The witness is then an orthodox clergyman, firmly devoted to his church, its doctrine, cult and sacraments. The reproaches that God directs at the witness are actually leveled at all clergy of all religions: the men allegedly empowered or consecrated by God: Bishops, priests, ministers, preachers, rabbis, mollahs, &c.

2. *Books of My Messengers:* The Bible (see 16/12, 35/12 about purging the Bible) and the Quran. *Those passed off as my messengers:* The founders of religions, churches, sects, and their successors, clergy, theologians, dogmatists, etc. *Sit:* As an official of a church.

4. The bishops who ordained brother Michel were genuine descendants of apostle *Philip* through the apostolic succession. They mislead souls none the less. Just as *Philip* was an apostle and then *went astray (see 5/3-5)*, any man who fails to *set his steps in God's Steps (2/11-12, 32/3)* is likely to stray. *Princes of religion* or *cult:* Every religious power in all religions *(white king* in *The Book)*, but also by analogy every political, judicial, financial, etc, power of the worldwide ruling system *(black king* in *The Book)* that God assimilates to a *religion* or *cult* (see n. X/6).

5. That is, *believing* that souls cannot be well guided and saved without the help of clergy.

6. *Hearing the entreaty of sinners:* Hearing 'confession' (renamed 'penitence sacrament' by Catholics) condemned as being *the worst way to make the week man lose true faith (30/15)*.

RÉVÉLATION ORIGINALE — ORIGINAL REVELATION
Les mots en *italiques* reconstituent les mots illisibles du document manuscrit
The italicized words are reconstructions of the illegible words of the handwritten record

7. croyant exaucer Mes Vœux,
inclinant ton cœur non à l'obéissance à Ma Parole et à Mes Œuvres,
mais à celles de ton engeance princière,
qui s'est *emparée de* Mes Assemblées sur toute la terre.
8. Car il est facile de parler en Mon Nom loin de Moi, comme le jeune homme se sent abrité dans son lit,
dans la paix de la nuit,
loin du père et de son châtiment qui viendront avec le jour, dans l'éclat de la lumière.
9. Cesse ton tremblement, rentre tes pleurs !
Tu sais Qui te parle.
Tout homme, même celui qui n'a jamais reçu Ma Parole, au milieu des *arbres et des bêtes sauvages,* au milieu des cités bâties avec *science,* même celui qui M'a rejeté avant de Me connaître, sait Qui Je suis quand Je lui parle,
10. car il ne s'est pas levé tant de milliers de soleils sur les hommes depuis leur père, Mon Premier Fils, qu'ils n'aient gardé par la Puissance du Souffle Que J'exhale sur eux souvenir de Moi,
11. car Je suis si proche d'eux qu'ils peuvent ne pas Me voir, mais qu'ils

---

7. believing that you fulfilled My Wishes,
bringing your heart not to compliance with My Word and Works, but (to compliance) with those of your bunch of princes
who have *appropriated* My Assemblies all over the earth.
8. For to speak on My Behalf far from Me is easy, just as a young man feels sheltered in his bed,
in the night stillness,
far from the father and his chastisement that are to come at daybreak, in the brightness of the light.
9. Stop trembling, check your tears !
You know Who is speaking to you.
Every man, even the one who has not received My Word ever, in the midst of *trees and wild beasts,* in the midst of the cities built with *science,* even the one who rejected Me before he knew Me, knows Who I am when I am speaking to him,
10. for thousands of suns have risen over men since (the days of) My First Son, their father, but not so many so that men could not keep memories of Me through the Power of the Breath that I have exhaled onto them,
11. for I am so close to them that they may not see Me, but they are *molded*

ANNOTATIONS
Verset par verset ou générales ★
Either verse by verse or general ★

7. *Engeance princière:* Toutes les autorités religieuses de toutes les religions, églises et sectes, correspondant à *roi blanc* (terme générique) dans *Le Livre (IX/3 à 7, X/6, XIII/20/23, etc.).*

8. Cette parabole rappelle la parenté directe de Dieu *(Père de l'Univers, 12/4)* et des hommes, et la fausse impression de sécurité que les erreurs et illusions religieuses donnent aux croyants.

10. *Premier Fils:* Adam, *premier* homme spirituel (mais non premier homme biologique et intellectuel, voir VII/1-4), *premier* de la lignée de *fils* qu'ont constituée tous ceux et celles qui se sont efforcés de retrouver l'intégrité d'Adam avant le péché (2/1+). Le sens spécieux du mot *fils* dans la trinité et d'autres pluridivinités (23/7, XX/18) est implicitement dénoncée ici.

11-12. Tout comme il a fini par ignorer les véritables beautés et les faveurs de la vie, l'homme a fini par ignorer Dieu. Malgré tout, l'homme reste *l'image et ressemblance* du Père (n. ★★ qui suit et n. ★ Veillée 2), autrement dit, le Créateur reste le *Temple* et le *moule indestructibles* de l'homme. L'amour du Père pour l'homme est *blessé (30/4-16);* le Père en souffre, mais l'aveuglement et la violence humaines ne peuvent pas le détruire. Par contre, l'homme peut *s'anéantir (4/4).* La *Colère* de Dieu n'est en fait que la colère de l'homme contre lui-même, par identité.

> ★★ L'homme est plus qu'une créature privilégiée de Dieu; dans l'univers la nature humaine est unique, faite à *l'image et à la ressemblance* du Créateur, dit la *Genèse 1/26-27.* Même vivant dans un milieu *qui n'a pas reçu la Parole* de Dieu, tout homme, du fait de son hérédité profonde, peut reconnaître ou pressentir dans cette Parole une Vie transcendante dont il partage certains traits de nature. Ce fut le cas pour Abraham et Mahomet qui, païens, ne connaissaient pas Dieu avant que celui-ci ne leur parle. Tout homme moderne peut de même trouver directement Dieu, sans intermédiaire, avec d'autant plus de succès et d'authenticité qu'il rejette ou ignore tous ceux qui prétendent être ses représentants consacrés, les autorités religieuses qui cherchent à lui imposer leurs doctrines et leurs cultes.

7. *Bunch of princes:* All religious authorities of all religions, churches and sects; it corresponds to *white king* (a generic term) in *The Book (IX/3 à 7, X/6, XIII/20/23, etc).*

8. This parable reminds us of the direct kinship between God *(Father of the Universe, 12/4)* and man, and the false impression of security which religious errors and illusions give to believers.

10. *First Son:* Adam, *first* spiritual man (but not the first biological and intellectual man, VII/1-4), the *first* of the long line of *sons* made up by all the men and women who have striven to regain the integrity of Adam prior to his sinning (2/1+). The specious sense of the word *son* in the trinity and other multidivinities (23/7, XX/18) is implicitly denounced in this verse.

11-12. Just as he has come to disregard the real beauties and favours of life man has come to ignore God. All the same, man remains the Father's *image-and-likeness* (see n. ★★ below and n. ★ Vigil 2), in other words, the Maker remains the *indestructible Temple* and *mold* of man. The Father's love for man is *wounded (30/4-16),* but man's blindness and violence cannot destroy him. On the other hand, man can *annihilate himself (4/4).* In actual fact God's *Wrath* is nothing but the wrath of man with himself out of identity.

> ★★ Man is not just a privileged creature of God; throughout the universe man's nature is unique, it is made in the the Maker's *image and likeness,* says *Genesis 1/26-27.* Even though he lived in an environment which *has not received the Word* of God, every man, on account of his deep-rooted heredity, can recognize or sense in that Word a transcendent Life whose certain natural features he shares, as was the case with Abraham and Muhammad, two pagans unaware of God before He revealed himself to them. Likewise, any modern man is able to find God directly, without go-betweens, even more successfully and genuinely since he rejects or ignores all those who claim to be God's consecrated representatives, religious authorities of all kinds determined to impose their doctrines and rituals upon him.

RÉVÉLATION ORIGINALE — *ORIGINAL REVELATION*
Les mots en *italiques* reconstituent les mots illisibles du document manuscrit
The italicized words are reconstructions of the illegible words of the handwritten record

sont *moulés* à Moi comme l'arbre poussé contre le mur du Temple se *moule* au contour de ses pierres, se courbe selon l'arc de son porche.
12. Mais le Temple est indestructible,
tandis que l'arbre ne peut survivre qu'à l'abri de ses murailles.
Que souffle sous son porche Ma Colère,
et l'arbre se dessèche et tombe comme sous la tempête !

2

1. Je suis Celui Qui a parlé par Adam, Mon Premier Fils, qui a choisi d'être maître de la terre et de M'en payer tribut
en passant par les plaies de Job
et par la fosse,
2. qui a choisi d'être maître des arbres et de leurs fruits, décidant souverainement lequel sera planté, lequel sera abattu, quels fruits seront récoltés,
lesquels seront mangés par ses enfants,
lesquels seront mangés par ses troupeaux,
3. qui, de compagnon d'Ève, a choisi de devenir son maître, lui imposant *ses ruts,* sans plus partager les joies que J'ai réservées aux époux,
faisant d'Ève une chamelle toujours grosse

---

to Me as the tree that has grown against the wall of the Temple *molds* to the outline of its stones and curves along the arch of its porchway.
12. But the Temple is indestructible
while the tree cannot survive off the shelter of its walls.
Should My Wrath be blowing through the porchway,
the tree would wither away and fall down as in a storm !

2

1. I am The one Who spoke through Adam, My First Son, who chose to be master of the earth and pay tribute to Me for it
by undergoing Job's sores
and the grave,
2. who chose to be master of trees and fruit, who overbearingly determined on the trees to be planted and those to be felled, the fruit to be gathered,
those to be fed to his children,
(and) those to be fed to his cattle,
3. Eve's companion who chose to turn into Eve's master forcing *his ruts* upon her, no longer sharing (with her) the joys which I had reserved for husband and wife,
making Eve a continually pregnant camel

JE SUIS CELUI QUI A PARLÉ PAR ADAM — *I AM THE ONE WHO SPOKE THROUGH ADAM*

ANNOTATIONS
Verset par verset ou générales ★
Either verse by verse or general ★

2 DIEU AU NOM DE QUI JÉSUS PARLE À ARÈS EST LE DIEU DE LA BIBLE, DU CORAN ET D'AUTRES MESSAGES QUE LEURS DESTINATAIRES N'ONT PAS TRANSMIS PAR PEUR DU MONDE.

1. Voir n.1/10. Cette Révélation entend dénoncer tout de suite, parmi d'autres *superstitions (21/1)*, le dogme chrétien qui proclame que Jésus est «fils unique de Dieu». L'ordinal *premier* s'oppose à unique, qui est réservé au *Père seul (12/4)*. *Premier* ouvre une suite infinie de *fils de Dieu*. Jésus, qui n'est qu'un *homme (32/2)*, est appelé *second fils* non par ordre chronologique, hiérarchique ou de qualité, mais comme *second* (ou nouvel) Adam parmi l'infinité de tous les nouveaux Adam possibles. Tout *pénitent (30/11, 35/2)* accompli est *fils* de Dieu. Jésus est le *pénitent*, ou christ, de référence — tout croyant est appelé à devenir un christ, par définition.

2-5. L'homme depuis Adam exploite frénétiquement la création. Il s'est profondément corrompu à cette activité, autant quand il croit bien faire que lorsqu'il abuse des biens terrestres et de ses semblables, parfois au point qu'il préfère mourir (prendre *le vêtement d'os secs*) que de partager avec eux (origine des guerres et des *guerriers*).

---

2 GOD ON WHOSE BEHALF JESUS SPEAKS IN ARÈS IS THE GOD OF THE BIBLE, OF THE QURAN AND OF OTHER MESSAGES WHICH THEIR RECEPIENTS FAILED TO CONVEY FOR FEAR OF THE WORLD.

1. See n. 1/10. Here and now this Revelation means to denounce many *superstitions (21/1)*, notably the Christian dogma that claims that Jesus is 'God's unique son'. The ordinal *first* contrasts with 'unique' reserved for the *Father alone (12/4)*. *First* opens an unlimited succession of *God's sons*. Jesus, who is just a *man (32/2)*, is called a *second son* not in a chronological or hierarchical or quality order, but as a *second* (or new) Adam among the infinite number of all the new Adams possible. Every accomplished *penitent (30/11, 35/2)* is a *son* of God. Jesus is the *penitent* or christ of reference—every believer is called on to become a christ, by definition.

2-5. Since Adam's days man has wildly exploited the creation. So acting he has corrupted himself deeply, both when he thinks he does good and when he misuses the earthly goods and exploits his fellow creatures sometimes to such an extent that he would rather die (put on *the clothing of dry bones*) than share anything with them (origin of war and *warriors*).

RÉVÉLATION ORIGINALE — *ORIGINAL REVELATION*
Les mots en *italiques* reconstituent les mots illisibles du document manuscrit
The italicized words are reconstructions of the illegible words of the handwritten record

pour grossir les rangs de ses armées et de ses serviteurs, pour pourvoir à ses *cuisines* et à ses adultères,

4. qui a voulu être maître du fer, qu'il a forgé pour ouvrir la terre, sa sujette, au grain et aux sources, pour armer ses guerriers, pour abattre ses arbres, maître de l'or, de la laine des brebis, des couleurs des roches pour en parer ses plus belles femmes, en faire saillir leurs formes qui mettent en joie son regard et ses *basses* entrailles, pour les corrompre et corrompre tous ceux dont il tire profit et joie, puissance et obéissance,

5. qui a choisi d'être maître des pierres,
qu'il a érigées pour s'abriter, vivant ou mort,
dans son *humidité mouvante* et tiède
comme dans le vêtement d'os secs et froids qu'il a *voulu* pour M'attendre au creux de la terre.

6. Je suis Celui Qui a parlé par Azor,
qui M'a fait connaître au-delà de l'immense mer, portant Mon Message pendant quarante jours comme à travers un désert, passant par les peines de la soif, les tourments de la solitude et du *léviathan*, et dont les os reposent, comme fils d'Adam, au pied des grands pics, en attendant Mon Jour.

---

in order to swell the numbers of his army and service force, (and) in order to recruit (people) for his *kitchens* and his adulteries,

4. who wanted to be master of iron which he forged in order to break the soil, his subject, open to grain and springs, in order to arm his warriors, in order to fell his trees, (and who wanted to be) master of gold, of sheep wool, of the dyes from rocks in order to adorn his loveliest wives, to set off their figures at which his eyes and *lower* entrails are overjoyed, in order to corrupt them and corrupt all of those from whom he derives benefit and joy, power and submissiveness,

5. who chose to be master of stones
which he set up in order to shield himself, alive or dead,
in his warm *moving dampness*
as well as in the clothing of dry cold bones that he *wanted* (to have on when lying) in the hollow of the ground waiting for Me to come .

6. I am The one Who spoke through Azor,
who made Me known beyond the huge sea, taking My Message for forty days as across a desert, enduring the trials of thirst, the agony of loneliness and (the fear) of the *leviathan*, (Azor) whose bones lie, as a son of Adam, at the foot of the high peaks, waiting for My Day to come.

ANNOTATIONS
Verset par verset ou générales ★
Either verse by verse or general ★

★ Tout homme est *image et ressemblance* de Dieu (n.★★ Veillée 1). Ainsi les facultés humaines de parole, amour, individualité, pouvoir de création et liberté, sont très inférieures en puissance mais similaires en nature à celles du Créateur. La liberté domine toutes ces facultés et peut leur donner des orientations inattendues. Par exemple, l'Amour de Dieu décida du Déluge (v.7, Genèse 6/6-8/22), qui heureusement ne dura pas. À l'inverse, la décision d'Adam d'être indépendant d'Éden, d'orienter l'amour sur soi (égoïsme, rancune) plutôt que sur les autres, d'user la parole pour le mensonge et la justice pour l'injustice, de souffrir et mourir plutôt que vivre *(v.5, le tribut v.1)*, dure toujours. L'habitude a consolidé ces choix de sorte que la raison les considère irréversibles aujourd'hui. *La Révélation d'Arès* a pour objet de rappeler qu'il n'en est rien *(28/7)*, mais elle reconnaît que des choix d'Adam payé cher découlent quantité de problèmes très difficiles à résoudre, notamment le problème de la religion par quoi l'homme a remplacé Dieu et la vie spirituelle (sa vraie vocation), le problème de l'amour et de la créativité retirés aux individus et confiés aux pouvoirs politiques, financiers, intellectuels, qui asservissent et abrutissent, etc. Pourquoi l'homme use-t-il de sa liberté pour son malheur, notamment par la violence qu'il subit de ses semblables et qu'il impose à ses semblables dans *une vengeance sans fin (27/9)*? Le mystère demeure ici, la perte de *l'intelligence* étant le résultat et non l'origine du mal *(32/5)*. Dieu, en donnant la liberté à l'homme, prit les risques considérables mais normaux de l'Amour. Comme un *père* terrestre *(1/8)* ne peut pas forcer son enfant à l'aimer et à le suivre, Dieu ne peut que laisser faire l'homme (Après le Déluge Dieu renonça à détruire l'homme, *Genèse 8/21 et 9/11*). Ainsi l'expression figée «S'il y avait un Dieu, de tels malheurs n'arriveraient pas!» est mal fondée; l'humanité se suffit pour se tyranniser et se détruire. À Arès le *Père aimant (12/7)*, par son Messager Jésus, appelle *les fils d'Adam* à *changer de vie (30/11)*.

6. Un *Azor* est cité dans la généalogie de Jésus *(Matthieu 1/13-14)*, mais ici *Azor* est un prophète hébreu qui partit sur *l'immense mer* (l'Atlantique), qui prêcha et mourut *au pied des grands pics* (cordillère nord- ou sud-américaine). Les ethnologues ont confirmé que des Amérindiens connaissaient certains faits bibliques: Création, Déluge, etc., longtemps avant que les Européens n'atteignent l'Amérique.

★ Every man is the *image-and-likeness* of God (n.★★ Vigil 1). Thus man's faculties of speech, love, individuality, power to create, and freedom, are very much inferior in power but similar in nature to God's. Freedom dominates all those faculties, it may induce them to take unexpected, surprising turns and actions. For example, God's Love decided on the *Flood (v.7, Genesis 6/6-8/22)*, which fortunately did not last long. Conversely, Adam's decision to become independent of Eden, to turn love toward himself (selfishness, spite) rather than others, to use speech for lying and justice for injustice, to suffer and die instead of living *(v.5, the tribute v.1)*, has lasted until now. Habit has enforced those options so that reason considers them irreversible today. The object of *The Revelation of Arès* is to recall that there is nothing final about them, but this revelation recognizes that Adam's choices, the price of which is very high, have resulted in problems very hard to solve, notably the problem of religion which man has substituted for God and spiritual life (man's real vocation), the problem of love and creativity taken from individuals and entrusted to political, financial and intellectual powers which subdue man and deaden his mind, etc. Why does man use freedom for misfortune and hardship, notably through violence, both the violence he is subjected to by others and that he subjects others to, in *an endless revenge (27/9)*? Here this mystery remains, as the loss of *intelligence* is the result, not the cause, of evil *(32/5)*. By giving man freedom God took the significant, though normal, risks of Love. Just as an earthly *father (1/8)* cannot force his child to love and follow him, God cannot but leave men free to act and behave as they like (After the *Flood* God abandoned the idea of destroying men, *Genesis 8/21 and 9/11*). So the set phrase "If there were some God, such misfortunes would not occur!» is ill-founded; mankind is selfsufficient to tyrannize and destroy itself. In Arès the *loving Father (12/7)*, through his Messenger Jesus, calls on *Adam's sons* to *change their lives (30/11)*.

6. There is an *Azor* in Jesus' genealogy *(Matthew 1/13-14)*, but *Azor* here mentioned is a Hebrew prophet who sailed *the huge sea* (the Atlantic), and then preached and died *at the foot of the high peaks* (a North or South American cordillera). Ethnologists have borne out that some Amerindians had known of biblicals events such as the Creation, the Flood, etc., long before the Europeans reached America.

RÉVÉLATION ORIGINALE — ORIGINAL REVELATION
Les mots en *italiques* reconstituent les mots illisibles du document manuscrit
The italicized words are reconstructions of the illegible words of the handwritten record

7. Je suis Celui Qui a parlé par Noé, couché en terre au *Kerak* comme fils d'Adam, avant même que ses propres fils l'aient écouté, qu'il sauva pourtant de Ma Colère, mais qui finirent *noyés.*
8. Je suis Celui Qui a parlé par Abraham et par Moïse dont les os reposent, comme fils d'Adam, ayant accompli leurs exploits et laissé Ma Promesse à leur descendance, l'un dans *l'antre* de Makpéla, l'autre à *Rabba,* attendant Mon Jour.
9. Je suis Celui Qui a parlé par Mouhamad, le briseur d'idoles, le plus écouté de Mes Messagers, le plus sage, qui n'a pas fait ployer son peuple sous les observances et ne l'a pas fait fléchir sous les ordonnances des princes du culte, et qui pour cela a connu une descendance vaste comme le sable des rivages où ils échouent leurs *boutres* pour la prière, comme le sable des déserts dont J'ai fait jaillir pour eux la richesse et la *puissance,*
le fils d'Adam qui repose à Yatreb, attendant Mon Jour.
10. Je suis Celui Qui a parlé par Élie,
le premier échappé au vœu d'Adam, son père, de M'attendre en terre, renonçant à l'héritage de la terre, renonçant à M'en payer tribut, échappant à la fosse,

---

7. I am The one Who spoke through Noah, who, as a son of Adam, was laid in a grave at *the Kerak* before ever his sons listened to him; he had rescued them from My Anger, though, but they ended up drowned later.
8. I am The one Who spoke through Abraham and Moses who did great achievements and left My Pledge to their descendants, and whose bones lie, as sons of Adam, the one('s bones) in the *cave* of Makpela, the other('s) at *Rabba,* waiting for My Day to come.
9. I am The one Who spoke through Muhammad, the idolbreaker, the one among My Messengers whose words men have valued most, the wisest, who did not let his people be weighed down with rules and bow down to the edicts of princes of religion, and who for that reason had descendants as abundant as the sands of the shores where they strand their *dhows* at prayer times, and as the sands of the deserts from which I have made wealth and *power* gush for them,
the son of Adam that lies in Yatrib waiting for My Day to come.
10. I am The one Who spoke through Elijah,
the first to elude his father Adam's vow to wait for Me in a grave by giving up the legacy of the earth, giving up paying tribute to Me for it, (so that) he evaded the grave,

ANNOTATIONS
Verset par verset ou générales ★
Either verse by verse or general ★

7. Il ne s'agit pas de Sem, Cham et Japhet et de leurs enfants dont l'histoire est connue *(Genèse 6/9 à 10/32)*. Les *fils de Noé* représentent ici une partie de l'humanité *sauvée* du Déluge mais *noyée** plus tard, c.-à-d. retombée dans la déchéance (deuxième *chute* de l'homme).

* La première édition (1974) de *L'Évangile Donné à Arès* utilisait le mot *broyés*, déchiffrage possible du griffonnage de l'original, mais il s'agit logiquement de *noyés* par association avec le Déluge.

8. *Abraham:* Emblème de l'entente directe entre l'homme et Dieu, de la foi sans religion, la seule qui puisse créer un monde neuf *(28/7);* ce païen converti racheta les descendants *(fils) de Noé (v.7)* de leur chute, seconde chute de l'homme après celle d'Adam. *Moïse:* Libérateur des Hébreux devenus esclaves de l'état et du paganisme égyptiens; mais spirituellement l'Exode échoua, finit en religion et en politique sanglante. *Rabba* est Rabbat ben-Ammon: Amman.

9. L'islam prêché par *Mouhamad,* réel prophète, est loué pour n'avoir pas institué d'église et de clergé comme le fit la chrétienté qui ne suivit *Jésus* que de loin. Mais similairement à l'Exode qui dégénéra, l'islam n'a pas encore atteint l'idéal spirituel. *Mouhamad* fut *sage* de fuir ses assassins en se réfugiant à *Yatreb* (Médine) pour poursuivre sa mission, compensant le sort funeste de *Jésus,* dont le prophétisme est inachevé (29/5, 5/2-4). C'est pourquoi *La Révélation d'Arès* ne prescrit pas d'embrasser le christianisme ou l'islam, prescrivant seulement *l'alliance fraternelle* avec eux (ainsi qu'avec le judaïsme, 35/11); *La Révélation d'Arès* prescrit clairement de dépasser les religions et d'accéder à la vie spirituelle pure, qui peut seule recréer l'humain.

10. *Jésus* (nn.1 et 9) mourut avant de ressusciter et d'être élevé jusqu'au *Séjour (20/4, 26/12)* d'où il serait renvoyé sur terre, notamment à Arès en 1974. Mais *Élie,* 850 ans avant *Jésus,* avait été glorifié sans passer par la mort *(Rois II, ch.2).* La divinité et la gloire unique prêtées à *Jésus* par les dogmes chrétiens sont démythifiées (23/7, 32/1-2). Prophète exceptionnel, chargé d'une

---

7. This verse is not about Sem, Ham and Japheth and their children whose story is well known *(Genesis 6/9 to 10/32)*. Here *Noah's sons* represent part of mankind *saved* from the Flood but *drowned** later, that is, lapsing back into degeneration (man's second *fall).*

* In the first edition (1974) of *The Gospel Delivered in Arès* the word *broyés* (crushed or broken up) was used, a possible deciphering of the original scribble, but the right word consistently is *noyés* (drowned), in connection with the Flood.

8. *Abraham:* Emblem of direct harmony of man and God, of nonreligious faith, the only faith likely to create a new world *(28/7);* that converted pagan atoned for the fall of the descendants *(sons) of Noah (v.7),* man's second fall after Adam's. *Moses:* Liberator of the Hebrews enslaved by the Egyptian state and become slaves to Egyptian paganism; but the Exodus failed to achieve its spiritual aim, ended in religion and bloody politics. *Rabba* is Rabbath ben Ammon: Amman.

9. Islam preached by *Muhammad,* a real prophet, is praised for not having instituted any church and clergy as Christendom had done so distancing itself from *Jesus.* But similarly to the Exodus which degenerated Islam has not reached the spiritual ideal yet. *Muhammad* was *wise* fleeing from his murderers and taking refuge in *Yatrib* (Medina) to go on with his mission, so that he made up for the fatal lot of *Jesus* whose prophetic mission had remained uncompleted (29/5, 5/2-4). This is why *The Revelation of Arès* does not command to embrace Christianity or Islam, it prescribes only a *fraternal alliance* with them (and also with Judaism, 35/11); it clearly instructs us to exceed religions and attain pure spiritual life which alone can recreate humanity.

10. *Jesus* (n.1 & n.9) died before rising from the dead and being lifted to the *Abode (20/4, 26/12),* from which he would be sent back to earth, notably in Arès, 1974. But *Elijah,* 850 years before *Jesus,* had been glorified without enduring death *(Kings II, ch.2).* The divinity and unique glory that Christian dogmas attach to Jesus is demythologized (23/7, 32/1-2). An outstanding

RÉVÉLATION ORIGINALE — *ORIGINAL REVELATION*
Les mots en *italiques* reconstituent les mots illisibles du document manuscrit
The italicized words are reconstructions of the illegible words of the handwritten record

et qui à être le premier par la splendeur du tombeau que lui aurait érigé
son peuple préféra devenir le dernier dans Mon Lieu,
un *ver infime* réchauffé à jamais par l'éclat de Ma *Gloire,* une poussière
portée par Mes Anges dans Mon Séjour Que ne limite aucune étoile,
Qui n'a ni levant ni couchant,
dont la blancheur fait paraître les soleils plus pâles que des lunes.

11. Je suis Celui Qui a parlé par Jésus, Mon Second Fils, celui qui,
après Élie, déjà glorifié,
a renoncé au vœu d'Adam de dominer la terre
et les nations
pour le prix d'un tombeau glacé *où M'attendre,*
12. et qui fut plus glorifié *encore.*
Celui que J'ai oint Moi-même.
Celui dont J'ai effacé la *tare*
à cause de ses exploits pour mettre ses pas dans Mes Pas, pour aimer
Mon Peuple,
en effaçant des registres de César
son nom
et le nom de sa mère des registres du temple,

---

he who to being the first by the splendor of the tomb which his people
would build for him preferred being the last in My Place,
a *lowly worm* warmed forever in the blaze of My Glory, a speck of dust
carried by My Angels throughout My Place not bounded by any stars,
Which has no east or west,
Which is so white that beside It the suns look paler than moons.

11. I am The one Who spoke through Jesus, My Second Son, the one who,
following Elijah once glorified,
renounced Adam's vow to rule the earth
and nations
at the cost of a freezing tomb *where he should wait for Me to come,*
12. and who was *even* more glorified.
The one whom I Myself anointed.
The one whose *taint* I erased
owing to his achievements (which he performed) to set his steps in My
Steps, (and) to love My People,
when I erased from Caesar's registers
his name
and his mother's name from the registers of the temple,

ANNOTATIONS
Verset par verset ou générales ★
Either verse by verse or general ★

mission des plus sublimes *(plus glorifié encore, v. 12)*, *Jésus* n'est pourtant pas au-dessus *d'Élie* et d'autres messagers de Dieu (XIII/5-12).

11. Comme *Élie*, *Jésus* jouissait d'une intelligence, d'une force de caractère et d'un ascendant sur le peuple tels qu'il aurait pu, en suivant une carrière publique traditionnelle, atteindre au triomphe politique ou religieux. Mais *Jésus* fit sienne *l'horreur (28/11)* de Dieu pour les visées politiques et religieuses qui, par nature, s'opposent toujours au grand *Dessein* de la Création.

12-13. Ici *se fondent (v. 13)* le *Je* de Dieu et le *je* du *pénitent accompli* ou *parfait (Lévitique 19/2)* qu'est *Jésus* ou tout homme qui *met ses pas dans les Pas du Père (v.12)*. Cette fusion du *Je* divin et du *je* humain (en l'occurence le *je* de Jésus), continuelle dans *La Révélation d'Arès*, est essentielle et constructive. Elle signifie que l'action de l'homme et l'action du Père sont apparentées quoique pas vraiment assimilables: À la différence de l'homme, le Père est *hors du temps (12/6)* et hors de la spatialité *(IV/1)*, parce que le Père — le *Saint (12/4)* qui *est* et qui *a (II/1)* la Conscience totale — n'agit pas selon l'impulsion de l'instinct et des sentiments violents humains, et parce que le Père n'est pas confiné dans des perspectives ponctuelles, limitées, occasionnelles (providence, faveur, châtiment, etc.) contrairement à la croyance populaire. La *Miséricorde (16/15)* et la *Colère (v. 7)* du Père peuvent ne paraître qu'occasionnelles, mais elles contribuent toujours à l'accomplissement ininterrompu de son *Dessein* global. Quand la *Force (4/9, 7/6, etc.)* ou Grâce* du Père assiste un homme dans sa lutte contre le péché et contre les maux dus au péché, elle vise en fait au *changement* général du *monde (28/7)*. Jusqu'au *Jour* de Dieu *(31/8-13)* la Grâce ne garantira personne contre le malheur, la maladie, la mort, dûs au péché général (de là la nécessité de *changer le monde, 28/7)*, mais, quand la Grâce habite le *pénitent*, tout se passe comme si le Créateur et l'homme se *fondaient* l'un dans l'autre, de sorte

---

prophet in charge of a most sublime mission *(even more glorified, v. 12)*, *Jesus* is not superior to *Elijah* and other messengers of God, however (XIII/5-12).

11. Like *Elijah's Jesus'* intelligence, strength of character and ascendancy over the people were so strong that he could have achieved a political or religious triumph if he had assumed a classic public career. But *Jesus* adopted God's *loathing (28/11)* for the political and religious aims which, by nature, always oppose the great *Design* of the Creation.

12-13. *Merged together (v. 13)* are the *'I'* of God and the *'I'* of the accomplished or *perfect (Leviticus 19/2) penitent* embodied by *Jesus* or by every man that *sets his steps in God's Steps (v.12)*. The merging of God's *'I'* and man's *'I'* (in this case Jesus' *'I'*) of frequent occurrence in *The Revelation of Arès* is essential and constructive. It means that man's action and the Father's are related though not really comparable: Unlike man the Father is *outside time (12/6)* and outside spatiality *(IV/1)*, because the Father—the *Saint (12/4)* that *is* and *has (II/1)* the full Consciousness—does not act on the impulses of instinct and of human violent feelings, and because the Father is not confined in selective, limited, occasional prospects (providence, favor, chastisement, etc) contrary to the popular belief. The Father's *Mercy (16/15)* and *Anger (v.7)* may look only occasional, but they always contribute to the steady fulfillment of his overall *Design*. When the Father's *Strength (4/9, 7/6, etc.)* or Grace* helps a man with his struggle against sin and the evils consequent on sin, it aims at *changing* the whole *world (28/7)* in actual fact. Until God's *Day (31/8-13)* Grace will not guarantee anyone against misfortune, illness and death due to general sin (hence the necessity to *change the world, 28/7)*, but, when Grace dwells in the *penitent*, things unfold just as if the Maker and the man were *merged together*, so that it is virtually the *penitent* who acts beneficially on himself or herself; that is (for instance) how he or

RÉVÉLATION ORIGINALE — *ORIGINAL REVELATION*
Les mots en *italiques* reconstituent les mots illisibles du document manuscrit
The italicized words are reconstructions of the illegible words of the handwritten record

    pour qu'il n'ait plus de *génération*,
    pour que sa mère restât une jeune fille,
    qu'aucune inscription de fiançailles ne demeurât,
13. pour l'enlever à tout ascendant
    et le faire entrer dans Ma Maison Royale,
    en faire un Dieu
    en le fondant en Moi sans retour
14. comme l'argent s'allie à l'or,
    pour former un miroir qui serait
    plus éblouissant que mille soleils
    si Je n'y faisais passer Mon Souffle
    pour en ternir l'éclat
    et le rendre *supportable* aux anges et aux élus,
    Mon Souffle Que J'*exhale* pour Me rendre visible.
15. J'ai parlé par Jésus
    et Je parle encore par lui
    à toi aujourd'hui.
16. J'ai voulu parler par d'autres en grand nombre,
    mais ils se sont dérobés ;

---

    in order that he would have no *generation* any more,
    in order that his mother would remain a girl
    (and) no betrothal would ever be kept registered,
13. in order that he would be cut off from all ancestry
    and brought into My Royal House,
    made a God,
    I merged him into Me irremediably
14. as silver alloys with gold
    so that he would have formed a mirror which might be
    more dazzling than a thousand suns
    if I had not been blowing My Breath over it
    to dim its brightness
    and make it *endurable* for the angels and the elect,
    My Breath Which I *exhale* to make Me visible.
15. I spoke through Jesus
    and I am still speaking through him
    to you today.
16. I have meant to speak through others many in numbers,
    but they have shirked ;

ANNOTATIONS
Verset par verset ou générales ★
Either verse by verse or general ★

qu'en pratique c'est le *pénitent* qui agit bénéfiquement sur lui-même; ainsi crée-t-il son *âme (17/3)*, par exemple — *Je* divin se ramène à *je* humain —. L'action bénéfique de cette *fusion* est immanquable sur tout homme (par exemple *Jésus*) ou tout groupe (par exemple le *petit reste, 24/1, 26/1, la pieuse gent XLV/13-16*), qui *accomplissent la Parole (35/6)*. Disons, par une image philosophique, que l'Existentialisme du Créateur d'Adam se *fond dans* l'existentialisme de tous les Adam qui se recréent. Le Père en déclarant qu'il *oint lui-même Jésus* et implicitement tous ceux qui répondent à son Appel veut dire qu'ils se donnent eux-mêmes *l'onction* divine par le fait même de leur *ascension (7/2, 25/6, 36/14, 38/5)*, mais nul homme n'a le pouvoir *d'oindre* un autre homme, de le consacrer, de le canoniser, etc. (de tels actes seraient des actes de sélection, notion étrangère à la *Justice*, voir 8/1-2, etc.). De même, le Père en déclarant qu'il *efface la tare de Jésus* (comportement de pécheur reçu des ancêtres) et implicitement la *tare* de tout *pénitent* accompli veut dire que tout homme qui reconstruit en lui *l'image et ressemblance* positive et créatrice du Père, se régénère lui-même. Les onctions, bénédictions, absolutions *(pouvoirs illusoires 7/4)* des religieux (21/1, 30/15, etc.) n'assureront jamais le salut de personne. Le salut résulte des *exploits (v.8)* des croyants, dont *Jésus* est le modèle, qui *mettent leurs pas dans les Pas* de Dieu, c.-à-d., qui combattent le péché, aiment les hommes, etc. Par exemple, ce n'est pas le «sacrement» de mariage *(fiançailles* en termes bibliques, *Luc 2/5)* qui fait la glorieuse *âme* d'une mère — à preuve, Marie qui était mère célibataire —, mais son refus de la fatalité du péché représenté par le *registre,* son refus du monde rival de Dieu.

* Le terme Grâce n'apparaît pas dans *La Révélation d'Arès*. Dieu y parle de sa *Force*. Grâce, cependant, éclaire mieux le lecteur encore peu averti des particularités de *La Révélaton d'Arès;* ce mot évite aussi les confusions que pourrait provoquer *Force,* dont les sens sont divers dans le langage courant.

13-14. *Pour l'enlever à tout ascendant:* Pour qu'il détruise en lui l'hérédité corrompue, se libère de toute religion et idéologie, retrouve la vraie vie spirituelle. *En faire un Dieu:* Pour qu'il

---

she creates his or her *soul (17/3)*—Divine *'I'* is so reduced to human *'I'*—. The action of this *merging* is bound to benefit every man (for example, *Jesus*) and every group (for example the *small remnant, 24/1, 26/1, the pious race XLV/13-16*) that *achieve the Word (35/6)*. Let's say, by a philosophic image, that the Existentialism of Adam's Maker *merges into* the existentialism of all the Adams who are recreating themselves. In stating that he *himself anoints Jesus* and implicitly all those who answer his Call the Father means that they give themselves the divine *anointment* by the very fact of their *ascent (7/2, 25/6, 36/14, 38/5)*, but no man has the power to *anoint* another man, or consecrate him, or canonize him, etc. (such acts would be acts of selection, a notion irrelevant to *Justice,* see 8/1-2, etc.). Likewise, in stating that he *erases Jesus' taint* (the sinner's behavior inherited from ancestors) and implicitly the *taint* of any accomplished *penitent,* the Father means that every man who rebuilds the positive, creative *image-and-likeness* of the Father within himself regenerates himself. Anointments, blessings, absolutions *(illusive powers 7/4)* given by men of religion (see 21/1, 30/15, etc) will never ensure anybody salvation. Salvation results from the *achievements (v.8)* of believers, whose model *Jesus* is, who *set their steps in* God's *Steps,* that is, who fight sin, love men, etc. For example, what gives a mother a glorious *soul* is not the 'sacrament' of marriage (*betrothal* in the biblical language, *Luke 2/5)*—just look at Mary who was an unmarried mother—, it is her refusal to believe in the inevitability of sin symbolized by the *register,* her refusal of the world which rivals God.

* In *The Revelation of Arès* the word Grace is not found. God uses the word *Strength* or *Force* instead (the French word *Force* has all the senses of both *Strength* and *Force* in English). Grace, however, is more perspicuous to a reader little aware of the peculiarities of this *Revelation;* Grace also averts confusions that may be caused by *Strength* or *Force* the senses of which vary in the common langage.

13-14. *That he would be cut off (or removed) from all ancestry:* So that he might kill his corrupted hereditary nature, set himself free of any religion and ideology, regain true spiritual life. *(That he*

RÉVÉLATION ORIGINALE — ORIGINAL REVELATION
Les mots en *italiques* reconstituent les mots illisibles du document manuscrit
The italicized words are reconstructions of the illegible words of the handwritten record

craintifs, ils n'ont pas pu sortir du monde,
se distinguer du monde, monter sur Mon *Parvis*
pour s'adresser à lui en Mon Nom,

17. craignant les incrédules et les moqueurs,
les princes du culte et leurs docteurs,
les chefs des nations et leur *justice,*
les discuteurs de toutes sortes ;

18. ou bien ils n'ont pas livré Ma Parole,
taisant ce qui déplaît au monde.
Et le malheur est venu sur eux et sur le monde,

19. car quand Mon Souffle cesse,
comme le vent tombe, laissant choir dans la mer la graine qu'il transportait, la pluie qu'il poussait devant lui, le désert reste désert, et ce qui y restait de vie meurt.

20. Toi, homme Michel, Je t'ai reconnu avant que de ton père tu n'entres dans les entrailles maternelles ;
Je t'ai réservé à Mon Service ;
J'ai éloigné de toi les récompenses et les honneurs du monde,
les degrés et les *succès* auxquels porte le monde,

---

apprehensive they have been unable to forsake the world,
differentiate themselves from it, stand on My *Parvis*
to address the world in My Name,

17. for fear of incredulous men and mockers,
princes of religion and their doctors,
heads of nations and their *justice,*
all manner of arguers ;

18. or (on other occasions) they have failed to deliver My Word
by hushing up whatever displeases the world.
Then hardships have come over them and the world,

19. because, when My Breath vanishes
just as the wind abates and drops into the sea the seed it was carrying (and) the rain it was driving along, the desert remains a desert, and the remnant of life in it is going to die.

20. I acknowledged you, man Michel, before you went from your father into your mother's womb ;
I reserved you for My Service ;
I have spared you the world's rewards and honors,
the ranks and *successes* toward which the world directs (man)

ANNOTATIONS
Verset par verset ou générales ★
Either verse by verse or general ★

redevienne *l'image et ressemblance* positive et glorieuse du Créateur que fut Adam avant son choix malheureux (v. 1) (voir ★★ Veillée 1 et ★ Veillée 2).

15. Aucun doute, c'est *Jésus* qui apparaît au frère Michel et qui lui parle au Nom de Dieu.

17-18. Les croyants ont oublié le Père Vivant qui ne cesse pas de créer (XXII/12); depuis longtemps leur foi n'est plus créatrice et évolutive. La religion a remplacé la vraie foi libre et dynamique, ou vie spirituelle, celle d'Adam (avant la chute) et des prophètes. La religion adore un Dieu *momifié (XLIX/7);* elle est régie par des dogmes fossilisés, bridée par l'étroitesse d'esprit; elle résiste à toute correction ou évolution qu'elle considère comme apostasie, rébellion ou folie. Ces *autres en grand nombre (v.16)* que Dieu visita pour faire d'eux des prophètes, mais que paniqua l'idée d'abandonner leur religion, se turent et se cachèrent, ou bien expurgèrent et dénaturèrent le Message. Telle est la force de l'habitude religieuse. Le Père se manifeste pour réveiller la *Vie (18/5, 24/3-5, etc.)*, appeler l'homme à se libérer des habitudes, pouvoirs et intérêts établis, profanes ou religieux. *La Révélation d'Arès* flétrit les lâches, avertit le *prophète* et la *pieuse gent (XLV/13)* qu'ils ne se *sauveront* ni ne *changeront le monde* sans le courage, l'amour, la ténacité, l'esprit créateur, qui restaurent la synergie et relance l'Exode.

19. Dieu ne sauvera pas l'humanité malgré elle. Ayant le libre choix, l'homme croyant ou humaniste (la foi n'est pas une condition absolue du salut 28/11-13) doit *changer (28/7, 30/11)* lucidement, mériter sa *gloire (37/9)* de redonner au *monde* la *Vie*. Un *reste (XXX/10, 24/1, 33/12)* de croyants et d'humanistes suffira pour cette entreprise, mais s'il perd son élan prophétique, il *choira* stérile comme la *graine* dans un *désert*, laissant le monde spirituellement mort.

20. Quoique ce verset concerne le frère Michel, il ne faut pas y voir comme une «nativité», une incarnation de Dieu. Dieu appelle son témoin *prophète (35/9, 36/17, XXXVII/2, etc.)* et déclare

---

would be) made a God: So that he might become the Maker's positive and glorious *image-and-likeness* as had been Adam before his disastrous choice (v. 1) (see ★★ Vigil 1 & ★ Vigil 2).

15. It is undoubtedly Jesus who appears and talks to brother Michel on God's Behalf.

17-18. Believers have forgotten the Living Father who has never stopped creating (XXII/12); long ago their faith ceased to be creative and evolutionary. Religion has replaced true, free, dynamic faith, or spiritual life, that of Adam (before the Fall) and of the prophets. Religion worships a *mummified (XLIX/7)* God; it is ruled by fossilized dogmas, bridled by narrow-mindedness; it resists every correction or evolution which it regards as apostasy, rebellion, or madness. Those *others many in numbers (v.16)* whom God visited to make them prophets, but who panicked at the prospect of deserting their religion, either kept silent and hid or watered down and misrepresented the Message. Such is the force of religious habit. The Father reveals himself to awaken *Life (18/5, 24/3-5, etc)*, to call on man to free himself of established habits, powers and interests profane and religious. *The Revelation of Arès* cries shame upon cowards, and warns the *prophet* and the *pious race (XLV/13)* that they will not *find salvation* and *change the world* without courage, love, stubbornness and spirit of creation which restore synergy and revive the Exodus.

19. God will not save mankind against its will. Since man, whether a believer or a humanist (faith is not an absolute condition for salvation 28/11-13), has free will, he must *change (28/7, 30/11)* lucidly, deserve *glory (37/9)* for restoring *Life* in the *world*. A *remnant (XXX/10, 24/1, 33/12)* of believers and humanists will be enough for this enterprise, but if their prophetic surge weakens, they will *drop* as sterile as *seeds* in a *desert* and so will leave the world spiritually dead.

20. In this verse, though it is about brother Michel, the reader should not see a kind of 'nativity', an incarnation of God. God calls his witness *prophet (35/9, 36/17, XXXVII/2, etc)*, and states that

RÉVÉLATION ORIGINALE — *ORIGINAL REVELATION*
Les mots en *italiques* reconstituent les mots illisibles du document manuscrit
The italicized words are reconstructions of the illegible words of the handwritten record

21. pour que tu n'entres pas en tentation de M'échapper,
de devenir triste à Mon Appel.
Je t'ai consacré ; J'ai étendu Mon Bras vers toi
pour oindre ta bouche de Ma Main,
y déposer Ma Parole,
pour que tu sois Mon Messager,
non pas un prince du culte,

3 ...
1. car sur Mes Assemblées Je n'ai établi aucune principauté.
2. C'est le monde qui l'a établie, comme l'envahisseur s'installe sur l'héritage des nations conquises par sa violence,
qui leur *clôt* les oreilles, les yeux, la bouche,
pour qu'elles ne M'entendent plus,
pour qu'elles ne Me voient plus
et ne Me parlent plus,
3. pour qu'elles le croient mon *tenancier*,
l'envahisseur habile à Me faire dire ce que Je ne dis pas,
à *faire vivre* les nations comme Je ne veux pas.

---

21. in order that you would not yield to the temptation to elude Me
(or) become gloomy at My Call.
I consecrated you ; I stretched My Arm toward you
to anoint your mouth with My Hand
(and) leave My Word in it
in order that you would become My Messenger,
but not a prince of religion,

3 ...
1. for I have not set up any princedom over My Assemblies.
2. The world has set it up, just as an invader establishes himself over the legacy of the nations conquered by his violence,
who *shuts* their ears, eyes and mouths,
so that they may no longer hear Me,
so that they may no longer see Me
and no longer talk to Me,
3. so that they may consider him as my *manager,*
the invader skilful at putting his own words in My Mouth,
at *forcing* nations *to live* as I do not want them to.

ANNOTATIONS
Verset par verset ou générales ★
Either verse by verse or general ★

que la *parole de Mikal (Michel) est Parole de Dieu (I/12)*. Mais en rappelant que, par le passé, il *voulut parler par d'autres* qui *se dérobèrent (v. 16)*, Dieu rappelle aussi au frère Michel qu'il n'est pas moins que *d'autres* capable de refuser l'Appel. Par là, Dieu rappelle que son souci constant du sort de l'homme est inséparable de son respect de la liberté humaine. Par suite, quand Dieu déclare que la vocation du frère Michel *vaut aussi pour ses fidèles et sa descendance (39/10)*, il souligne que le frère Michel devra former ses *frères* comme *moissonneurs* volontaires et libres. La liberté valorisera la *gloire* de ceux qui *changeront le monde*.

21. *Mon Messager, non pas un prince du culte:* L'*onction (33/20)* qu'un dignitaire *(un prince du culte)* reçoit d'une religion, d'une église ou d'une secte est *illusoire (7/4)*; il n'est pas *oint* par Dieu. Mais tout homme qui transmet *droitement (12/7)* la Parole, et qui agit selon elle, est *l'oint* de Dieu par le seul fait qu'il transmet sa Parole et agit selon elle (voir n. 12).

3 CHIMÉRIQUES SONT LES CHEFS RELIGIEUX, LEURS CLERGÉS ET THÉOLOGIENS, ET MÊME LEURS *REBELLES* QUI SE CROIENT PLUS PRÈS DE LA VÉRITÉ MAIS QUI NE DISPENSENT PAS PLUS DE LUMIÈRE.

1. ...*car* laisse penser que le début de la phrase a été manqué ou perdu. En fait, ...*car* prolonge la Veillée 2. Il en est de même entre les Veillées 4 et 5. Jusqu'au 25 janvier environ frère Michel note les messages de Jésus à la suite sur le même papier (un sac de plâtre vide) qu'il laisse sur les lieux. Plus tard, incapable de distinguer certaines veillées des autres, il décidera de les scinder là où les sujets lui paraîtront séparables sans nuire au sens.

3. Au début, les appellations flétrissantes appliquées par Jésus aux institutions religieuses et profanes indisposèrent le témoin. Elles indisposèrent de même les premiers lecteurs de *La*

Mikal's (Michel's) word is God's Word (I/12). But by recalling that, in the past, he *meant to speak through others* who *shirked (v. 16)* God also reminds brother Michel that he is not less capable of rejecting the Call than *others*. So saying God recalls that his constant concern for man's destiny is inseparable of his respect for man's freedom. Accordingly, when God states that brother Michel's vocation *applies to his faithful and descendants as well (39/10)*, he emphasizes that brother Michel shall train his *brothers* as free, voluntary *harvesters*. Freedom will make the glory of those that will *change the world* even greater.

21. *My Messenger, but not a prince of religion:* The *anointment (33/20)* given to a dignitary *(a prince)* by a religion, a church or a sect, is *illusive (7/4)*; he is not *anointed* by God. But any man who conveys the Word *uprightly (12/7)*, and acts in accordance with it, is God's *anointed* by the very fact that he conveys it on and acts every day in accordance with it (see n. 12).

3 CHIMERICAL ARE THE RELIGIOUS LEADERS, THEIR CLERGY AND THEOLOGIANS, AND EVEN THEIR *REBELS* WHO, THOUGH THEY THINK THEY HAVE COME CLOSER TO TRUTH, DO NOT DISPENSE MORE LIGHT.

1. ...*for* suggests that the beginning of the sentence was missed or lost. In fact ...*for* continues the Vigil 2. The same occurs between the Vigil 4 and the Vigil 5. Until about January 25 brother Michel took down Jesus' messages one after the other on the same paper (an empty plasterbag) which he left on the spot. Later, unable to distinguish some vigils from others, he would cut them where the subjects would seem to him separable without conflicting with the sense.

3. At first, the blemishing names given by Jesus to religious and profane institutions antagonized the witness. They also antagonized the early readers of *The Revelation of Arès* who regarded

RÉVÉLATION ORIGINALE — *ORIGINAL REVELATION*
Les mots en *italiques* reconstituent les mots illisibles du document manuscrit
The italicized words are reconstructions of the illegible words of the handwritten record

4. Je ne Me suis pas donné de masque,
   Je n'ai pas établi un rang de princes devant Moi pour Me cacher la Face,
   qu'ils siègent au levant ou au couchant,
   les princes du culte couronnés
   et leurs docteurs serviles,
   qui méditent avec art Ma Parole pour Y trouver des lois qui assurent leurs trônes et leurs *chaires*
   à Jérusalem, à Rome, à Athènes,
   au-delà des mers,
5. partout où les princes ont établi leurs conquêtes,
   où ils convoquent *leurs bans*,
   où leurs rebelles ont *essaimé*, ayant *délaissé* leurs couronnes et leurs trônes, mais ayant gardé leurs docteurs pour faire de Ma Parole d'autres lois
   qui ne valent pas mieux que celles des princes ;
6. tous, princes ou rebelles, proclamant Mon Nom,
   tous élevant ma croix comme un bâton de commandement qui retient le regard des nations
   comme sous un charme.

---

4. I have not given myself a mask,
   I have not set up a rank of princes in front of Me to conceal My Face,
   whether their sees are in the east or in the west,
   the crowned princes of religion
   and their subservient doctors,
   who artfully ponder over My Word in order to draw from It laws which secure their thrones and *pulpits*
   in Jerusalem, in Rome, in Athens,
   (and) beyond the seas,
5. wherever the princes have established their conquests,
   where they convene *their vassals*,
   wherever their rebels have *spread giving up* their crowns and thrones but retaining their doctors to derive from My Word
   other laws
   as worthless as the princes' laws ;
6. all of them princes and rebels (have been) proclaiming My Name,
   all of them (have been) raising my cross as a commander baton which holds the nations' attention
   as (if they were) under a spell.

ANNOTATIONS
Verset par verset ou générales ★
Either verse by verse or general ★

Révélation d'Arès. Dédaigneux ou démesurés, voire injurieux furent jugés des termes comme *tenancier (v.2), envahisseur, dominateurs, spoliateurs (27/9), etc.* Certains y virent un manque d'amour et conclurent à l'invraisemblance, à des erreurs de transcription. Mais l'étude approfondie de *La Révélation d'Arès* montra que, d'une part, elle ne ménage aucune catégorie de pécheurs (puissants et faibles, riches et pauvres), d'autre part, elle ne rejette aucun homme sans appel; ce qu'elle rejette sans appel, ce sont les principes, institutions, croyances, illusions, en vertu desquels sont revendiqués la direction des *âmes* et des *esprits*, et le gouvernement des *nations*. Le Père montre la *Voie Droite* à tous, gens de religion compris. Non seulement le Père ne peut user que de mots justes, mais il veut manifestement écarter toute ambiguïté et devancer les *discuteurs (1/3) habiles* à nuancer et retourner toute Parole contre son sens même.

★ Dieu désavoue la religion et, par suite, tout système qui prétend gouverner l'esprit, et qui se pose autoritairement en providence du peuple (politique, idéologie, etc.). Tous les prophètes, à toute époque, ont prévenu les hommes contre les institutions religieuses et profanes; ce désaveu est sans discussion une constante de la Parole. Mais la Parole procède à une censure constructive; elle appelle l'homme non à abolir pour abolir les pouvoirs religieux et profanes, mais à *changer le monde (28/7)*, à installer la vie spirituelle, des rapports nouveaux entre les hommes dans l'amour, la liberté, l'intelligence retrouvée.

4. *Princes du culte couronnés:* Les chefs des grandes et petites religions avec ou sans pouvoir politique, réunis sous le terme de *roi blanc* dans *Le Livre (XXIX/1-2, etc.)*. *Docteurs serviles:* Théologiens, dogmatistes, canonistes, etc., émules des «docteurs de la loi» du temps de Jésus. *Jérusalem, Rome* et *Athènes* désignent respectivement le judaïsme, l'église catholique, l'église orthodoxe (qui était l'église du témoin au moment où Jésus lui apparut). Mais les mots *au-delà des mers, partout...* ouvrent une liste illimitée de religions, églises et sectes. Même si celles fondées de la Bible sont particulièrement censurées, *La Révélation d'Arès* les décrie toutes.

---

words like *manager* (or *shopkeeeper*), *invader, dominators, despoilers (27/9), etc*, as scornful or inordinate or even abusive. In these words some saw a lack of love, and inferred that they were implausible, or mistakes of transcription. But a thorough study of *The Revelation of Arès* showed that, on the one hand, it does not spare any category of sinners (the mighty and the weak, the rich and the poor), on the other hand, it does not reject any man irrevocably; it irrevocably rejects only principles, institutions, beliefs, illusions, by virtue of which control over *souls* and *minds,* and rule over *nations,* are claimed. The Father shows the *Right Path* to all men, including men of religion. Not only cannot the Father use inappropriate words, but he is obviously anxious to be unambiguous and to forestall the *arguers (1/3) skillful* at qualifying every term of the Word of God and turning it round against its very meaning.

★ God disowns religion, and consequently every system which lays claim to ruling the mind, and which poses peremptorily as the people's providence (politics, ideology, etc). All prophets, at all times, have warned men against religious and profane institutions; this disowning is undoubtedly a permanent feature of the Word. But the Word pursues a constructive censure; it does not call on man to abolish for the sake of abolishing religious an profane powers, it calls on him to *change the world (28/7),* establish spiritual life, new relations between men in love, freedom, intelligence recovered.

4. *Crowned princes of religion:* All the leaders of the large and small religions whether with or without political powers, all referred to by the term *white king* in *The Book (XXIX/1-2, etc.)*. *Subservient doctors:* Theologians, dogmatists, canonists, etc., the like of the 'doctors of the law' in Jesus' days. *Jerusalem, Rome, Athens* designate respectively Judaism, the Catholic Church and the Orthodox Church (the witness's church when Jesus appeared to him). But the words *beyond the seas, wherever...* open up an unlimited list of religions, churches and sects. Even if those based on the Bible are especially censured, *The Revelation of Arès* decries them all.

> RÉVÉLATION ORIGINALE — *ORIGINAL REVELATION*
> Les mots en *italiques* reconstituent les mots illisibles du document manuscrit
> *The italicized words are reconstructions of the illegible words of the handwritten record*

7. Ma Parole, ils La proclament à Mon Peuple,
   mais ils ne La lui abandonnent pas.
   Leur main gauche L'offre-t-elle ? Leur main droite aussitôt arrête le lecteur dans son zèle pour Moi, comme le magicien met en garde l'insensé qui boit ses philtres *sans savoir ;*
   car ils excellent à faire un secret, un *lieu* sombre, d'eux seuls connu,
   de Ce Que J'ai livré au monde dans la Lumière.
8. L'un d'eux La proclame-t-il ? Un autre aussitôt enseigne au peuple ce qu'il doit comprendre,
   non pas Ce Qu'il a entendu,
   car ils excellent à faire un *murmure* étrange,
   un langage inconnu,
   de Ce Que J'ai livré au monde dans l'éclat des *Cors* Célestes, dans les accents harmonieux de Mes Messagers.
9. Homme Michel, dépose ta couronne, descends de ce trône ; ce sont les Miens,
   Que J'ai donnés en héritage à tout Mon Peuple ;
   tous sont princes,
   tous règnent sur la mort et sur l'enfer

---

7. They proclaim My Word to My People,
   but they do not leave It up to them.
   Hardly has their left hand given It when their right hand restrains the reader's zeal for Me, just as a wizard warns the fool against *thoughtlessly* drinking his philtres ;
   for they excel in making a secret, a dark *place,* which they alone know,
   from What I have delivered to the world in the Light.
8. No sooner has one of them proclaimed It than another teaches the people what they must understand,
   but not what they have heard,
   for they excel in making a weird *whisper,*
   a strange language,
   from Whatever I have delivered to the world to the strains of the Heavenly *Horns,* to the harmonious accents of My Messengers.
9. Man Michel, lay your crown down, step from this throne down ; they are Mine
   Which I have given My whole People as a legacy ;
   all of My People are princes,
   all of them prevail over death and hell

ANNOTATIONS
Verset par verset ou générales ★
Either verse by verse or general ★

5. *Rebelles:* Hérétiques, schismatiques, et surtout les réformés, dans toute religion. Exemple: les protestants sont les *rebelles (dos gris, XVI/3)* des catholiques et comptent parmi eux beaucoup de fractions *rebelles* les unes aux autres. Les sectes figurent en bonne place parmi ces *rebelles*. *Lois:* Également dogmes, règles cultuelles et morales, etc.

6. *Ma croix:* Symbolise l'assassinat du *prophète, Jésus* ou un autre. Tuer le *prophète* est tuer (la Parole de) Dieu. La *croix* n'est que l'instrument d'un crime. Pourtant, le mythe du sacrifice humain rédempteur, d'origine païenne, subjugue encore des croyants en grand nombre.

7-8. Il subsiste peu de Parole de Dieu pure. Dans l'Écriture la Parole gît méconnaissable sous les *gloses (10/10)* ici, elle fut effacée là, elle fut inventée ailleurs (par exemple, les quatre récits de l'Exode sont emplis de forgeries et d'ajouts du clergé hébreu). Même les Évangiles ne sont pas purs, et au Coran sont certainement mêlés des *hadith* (conseils du prophète) seulement circonstanciels. De plus, à l'Écriture déjà confuse ou falsifiée chaque religion ajoute son interprétation, aggravant la confusion et la falsification. Ce qui est pire, chaque religion impose ce brouillamini à ses fidèles, attend d'eux une adhésion plus ou moins absolue selon son niveau de tolérance. Que peut-on attendre d'une foi dévoyée par les non-sens, paradoxes, élucubrations et autres *lieux* sombres* de dogmes eux-mêmes fondés sur des textes douteux? C'est pourquoi Dieu demande au frère Michel de purifier la Parole (10/11, 16/12, 35/12).

* *Lieux:* Ce mot est graphiquement celui du manuscrit original; mais le bon mot pourrait être *livres*, plus logique.

9. *Dépose ta couronne:* La mitre des dignitaires orthodoxes ressemble à une *couronne. Trône:* Cathèdre. Tout croyant qui *vit selon la Parole* représente la Vérité, et l'espérance d'un heureux avenir du monde, bien mieux que ne l'ont jamais fait les professionnels religieux.

===

5. *Rebels:* Heretics, schismatics, particularly the reformed, in every religion. For instance, Protestantism is the *rebel (gray back, XVI/3)* of Catholicism and is itself divided into many fractions *rebellious* against one another. The sects, it goes without saying, are listed among the *rebels. Laws:* Also dogmas, rules of worship, of morals, etc.

6. *My cross:* Symbolizes the murder of the *prophet, Jesus* or any other. Killing the *prophet* is killing (the Word of) God. The *cross* is just the instrument of a murder. However, the myth of the redeeming human sacrifice, of pagan origin, still subjugates believers in great numbers.

7-8. Little of God's pure Word is left. In the Scripture The Word lies hardly recognizable under *glosses (10/10)* here, it was deleted there, it was fabricated elsewhere (e.g. the four accounts of the Exodus were filled with forgeries and additions by the Hebrew clergy). Even the Gospels are not pure; the Quran contains some merely circumstantial *hadiths* (words of advice from the prophet). Besides, to the Scripture confused and altered, as it is, each religion has added its interpretation and so worsened the confusion and alteration. What is more, each religion imposes that jumble on its following, expects from them an adherence more or less absolute depending on its level of tolerance. Might any good result from a faith led astray by the nonsense, paradoxes, wild imaginings and other *dark places** of the dogmas which were themselves based on dubious texts? This is why God asks brother Michel to cleanse the Word (10/11, 16/12, 35/12).

* *Place (lieu* in Fr.): This word, though true to the original handwriting, might be *books (livres* in Fr.) which is coherent.

9. *Lay your crown down:* The Eastern Orthodox dignitaries' miter looks like a *crown. Throne:* Cathedra. Any believer who *lives up to the Word* represents Truth and the hope of a happy future for the world far better than religious professionals have ever done.

RÉVÉLATION ORIGINALE — *ORIGINAL REVELATION*
Les mots en *italiques* reconstituent les mots illisibles du document manuscrit
The italicized words are reconstructions of the illegible words of the handwritten record

quand ils vivent selon Ma Parole.
J'ai couronné tous Mes Fidèles.

4
1. Écoute, homme Michel,
tu trembles,
tu chancelles comme le *félon* surpris dans sa trahison.
2. Ne Me crie pas : « Est-ce ma faute ? Les siècles n'ont-ils pas établi l'engeance de princes qui m'a *joint* à elle ? »
Ne crie pas *cela* ; n'offense pas Ma Miséricorde !
3. Avant que tu n'entres dans le ventre maternel Je t'avais élu ; dès ce moment toutes les voies que tu as prises, sauf le péché,
un Guide t'y a conduit,
dans le *lacis* des vanités,
pour que tu connaisses l'habileté, les ruses de ceux que Je t'envoie affronter.
4. Le péché, tu M'en rendras compte,
mais de te dérober à Mon Appel aujourd'hui
tu t'anéantiras,
5. car l'âme peut être souffrante, Je la guéris,

---

when they live up to My World.
I have crowned all of the men faithful to Me.

4
1. Listen, man Michel,
you are trembling,
you are wavering like the *traitor* caught unawares while betraying.
2. Do not cry to me, "Am I to blame ? Have not the centuries entrenched the bunch of princes who *joined* me to them ?"
Do not cry *that* ; do not offend (against) My Mercy !
3. Before you went into your mother's womb I had chosen you ; from that time a Guide has led you
on all the paths that you have followed, except (the path of) sin,
through the *maze* of vanities,
in order to make you aware of the great skill, the guile, of those whom I send you to confront.
4. If you sin, you shall account to Me for your sin,
but if you shy away from My Call today
you will annihilate yourself,
5. because the soul may suffer, I cure it then,

ANNOTATIONS
Verset par verset ou générales ★
Either verse by verse or general ★

4 PEU IMPORTENT LES PÉCHÉS QU'IL COMMIT, PEU IMPORTE SON PASSÉ RELIGIEUX OU PROFANE; L'HOMME QUI ACCEPTE ET *ACCOMPLIT LA PAROLE* AVEC COURAGE CRÉE SON *ÂME*, DEVIENT PROPHÉTIQUE.

1. Dans la période des apparitions frère Michel confie à ses intimes: «Maintenant je sais ce que veut dire être pécheur. Jésus décèle ma moindre arrière-pensée, ma plus secrète turpitude. C'est une terrible expérience.» Le témoin découvre que tout homme, même celui que la morale considère pur et droit, est plein de dissimulation, de fautes cachées, de mensonges intérieurs. «J'ai l'impression de puer; c'est par amour que Jésus surmonte le dégoût que je lui inspire... Quand vous mourez, votre *âme,* que vous croyez belle, se trouve toute nue, exposant sa triste réalité à l'univers et à son Créateur. Quelle épreuve!» Jésus, tout en parlant, capte les pensées et les questions qui traversent l'esprit du témoin; Jésus réagit par un changement de regard, d'attitude; parfois Jésus répond si la pensée du témoin a un rapport avec le Propos.

2. Celui qui invoque la tradition et l'éducation pour excuser sa religion ne convainc pas Dieu. Même un *faible lumignon (32/5),* en lisant honnêtement l'Écriture, aussi déformée soit-elle (n. 3/7-8), peut flairer les contradictions entre la Parole de Dieu et la religion.

3-4. *Un Guide t'a conduit:* Surpris, bouleversé par les apparitions, frère Michel, un croyant pieux mais non mystique, qui n'a jamais recherché d'expérience surnaturelle, peut à peine croire Jésus qui lui apprend que Dieu l'a longuement préparé à l'Événement et à la Révélation dont il est le

4 THE SINS HE COMMITTED AND THE PAST HE HAD, RELIGIOUS OR PROFANE, DO NOT MATTER; ANY MAN WHO ACCEPTS AND *ACHIEVES THE WORD* WITH COURAGE CREATES HIS *SOUL,* BECOMES PROPHETIC.

1. During the appearances period brother Michel confided to his family and close friends, "Now I know what 'to be a sinner' means. Jesus detects my least mental reservation, my innermost turpitude. This experience is terrible." The witness found out that any man, even one considered pure-hearted and righteous according to moral standards, is infected with dissimulation, hidden transgressions, inner lies; he said, "It is as if I reeked. Jesus must love me much to overcome the disgust I fill him with— When you die, your *soul* which you think is fine is laid bare displaying its mean reality in front of the universe and its Maker. What an ordeal!" Jesus, while speaking, picks up the silent thoughts and questions which occur to the witness; Jesus reacts in changing his expression and attitude; at times Jesus replies if the witness's thought is related to the Matter.

2. The man who pleads tradition and education as an excuse for his religion does not convince God. Even a *dim candle end (32/5)* by reading honestly the Scripture, distorted though it may be (n. 3/7-8), can suspect inconsistencies between God's Word and religion.

3-4. *A Guide has led you:* Surprised, deeply distressed by Jesus' appearances, brother Michel, who has been pious but not mystical, who has never longed for supernatural experiences, can barely believe Jesus telling him that God has long prepared him for the Event and the Revelation

RÉVÉLATION ORIGINALE — *ORIGINAL REVELATION*
Les mots en *italiques* reconstituent les mots illisibles du document manuscrit
The italicized words are reconstructions of the illegible words of the handwritten record

mais elle peut aussi trouver sa fin sans retour.
6. L'âme est le regard, la main, la gorge, *l'estomac* du spectre ; par elle Je peux le réchauffer *de l'éclat de Ma Gloire,* Je peux le conduire vers les *magnificences* infinies, Je peux entendre sa louange et sa *conversation,*
Je peux le nourrir à jamais.
7. Sans l'âme le spectre erre, tourmenté, aveugle, *affamé,* par les galeries sombres creusées par les vers et par les enfers glacés,
qui le font *de givre ;* alors il effraie les *humains.*
8. Ne tremble pas à Ma Voix ;
tremble d'anéantir ton âme !
9. Ne Me crie pas : « Comment me rendrai-je auprès des princes du culte ? Leur mépris me *contiendra* hors de leurs demeures. Auprès des chefs des nations ? Leurs gardes m'écarteront comme un insensé. »
Ne crie pas cela ; n'offense pas Ma Force !
10. J'ai envoyé Mon Souffle sur toute la terre ;
par Lui toute vie dès la graine, dès l'œuf,
reconnaît sa nourriture et les lois de son espèce.
Par Lui tout homme reconnaît Ma Voix.
11. Si leur tête reste insoumise,

---

but it can also meet its end irrevocably.
6. The soul is the specter's eye, hand, throat, *stomach;* through the soul I can warm up the specter *with the radiance of My Glory,* I can lead it to the limitless *splendors,* I can hear its praise and its *talk,*
I can feed it forever.
7. Without a soul the specter wanders tormented, blind, *famished,* through the dark galleries dug by worms and through freezing hell
which changes it into hoarfrost; the specter, then, frightens humans.
8. Do not tremble at My Voice ;
tremble with fear of wrecking your soul !
9. Do not cry to Me, "What will enable me to call on princes of religion ? Their contempt for me will *hold* me *back* outside their residences. To meet the nations' heads ? Their guardsmen will push me back as a fool."
Do not cry this ; do not offend (against) My Strength !
10. I have blown My Breath throughout the earth ;
thanks to It every life, even in the seed, even in the egg (or ovum),
knows its food and the laws of its species.
Thanks to It every man recognizes My Voice.
11. Although their heads remain refractory,

ANNOTATIONS
Verset par verset ou générales ★
Either verse by verse or general ★

témoin. Cependant, quoique *guidé*, le *prophète* garde son libre arbitre comme n'importe quel humain. Il peut esquiver la mission que le Père lui assigne — *Ne reviens pas sur tes pas ! (39/6)* — comme le firent *d'autres (2/16)*. Et s'il ne se corrige pas lui-même de ses péchés (comme Marie se corrigea des siens 12/12), ils ne seront pas effacés par l'effet des apparitions de Jésus.

5-6. Le bonheur personnel après la mort comme le bonheur général qui pourrait s'établir sur terre dépendent du nombre et du progrès des *âmes*. L'*âme* ne naît pas avec l'homme (Veillée 17, voir aussi *l'ha ch. XXXIX*). Un homme forme son *âme* en *changeant sa vie (30/11)*, par l'exercice de l'amour, de la justice, de la droiture, en bref, par la *pénitence* (= changement en bien), et en travaillant au *changement du monde (28/7)*, même s'il *ne prononce pas le Nom de Dieu* (voir 28/11-12, nuancé par 28/20-21; des incroyants sont plus justifiés que des croyants et font beaucoup plus pour l'avenir du monde). Mais cet homme peut négliger et détruire l'*âme* qu'il s'est créée. Privé *d'âme*, qu'il n'en ait jamais eue ou qu'il l'ait détruite, l'homme mort n'est qu'un *spectre* sans force ascensionnelle, sans bonheur, mais pas vraiment sans réconfort (33/32).

7. *Givre:* L'apparition fantomatique d'un défunt. Les *enfers* sont aussi appelés *ténèbres (12/5, 16/15, 31/2)*. Notons que les *enfers* ou *ténèbres* sont *glacés* et non de feu comme les décrivent le Coran et d'autres traditions. Mais du gel et du feu ne dit-on pas pareillement «brûlure»?

9. Le *prophète* et les *moissonneurs* ne doivent pas *se dérober (2/16)* devant l'ordre établi. Toutefois, leur *courage (14/3)* ne doit pas être folie; la *prudence* reste la règle *(36/21-22, 29/5)*.

10-11. On retrouve ici le thème des versets 1/10-11: l'homme *image et ressemblance* du Père (nn. ★★ Veillée 1 et ★ Veillée 2), même quand cette *image* est devenue négative. *La Révélation d'Arès* rappelle avec insistance que tout homme *garde souvenir (1/10)* de la Vérité, même celui

---

that he is witnessing. Nevertheless, the *prophet,* although he is *led,* retains his free will as any man. He can shirk the mission that God appoints him to as some *others (2/16)* did—*Do not retrace your steps! (39/6).* And if he fails to cure himself of his sins (just as Mary cured herself of her sins 12/12), they will not be erased by the effect of Jesus' appearances.

5-6. Individual happiness after death as well as general happiness which man could develop on earth depend on *souls'* number and advancement. Man is not born with a *soul* (Vigil 17, see also *the ha, XXXIX*). A man forms his *soul* by *changing his life (30/11)*, exercising love, justice, righteousness, in short, by *penitence* (= change into good), and by working to *change the world (28/7)*, even if he *does not utter God's Name* (see 28/11-12 qualified in 28/20-21; some unbelievers are more justified than some believers and do much more for the world's future). But that man at any time can neglect and wreck the *soul* that he created for himself. Without a *soul*, whether he has never had one or whether he has wrecked it, a man, once he has died, is only a *specter* without ascending strength and happiness, but not really without consolation (33/32).

7. *Hoarfrost:* A dead man's ghostly apparition. *Hell* is also called *darkness (12/5, 16/15, 31/2)*. Note that *hell* or *darkness* is *freezing,* not fiery as the Quran and other traditions depict it. But the wounds made by both frost and fire are called 'burns' in French, aren't they?

9. The *prophet* and the *harvesters* must not *shy away (2/16)* from the establishment. However, their *courage (14/3)* must not turn into rashness; *prudence* remains the rule *(36/21-22, 29/5)*.

10-11. Here is the theme of man as the Father's *image-and-likeness* again (see 1/10-11, n. ★★ Vigil 1 and ★ Vigil 2), even when this *image* has turned negative. *The Revelation of Arès* insistently reminds that every man *keeps memories* of Truth *(1/10),* even the one who did not receive

RÉVÉLATION ORIGINALE — ORIGINAL REVELATION
Les mots en *italiques* reconstituent les mots illisibles du document manuscrit
The italicized words are reconstructions of the illegible words of the handwritten record

tous ceux auxquels tu porteras Mon Message sauront *en dedans d'eux,*
dans leur poitrine où Je souffle, que Mon Messager est véridique,
car si la tête est faible, remplie d'orgueil,
le cœur est *empli* de son Dieu.
12. Beaucoup ne te suivront pas et se perdront ;
certains se soumettront à Ma Parole
et à ta suite commenceront la Moisson.

5 1. *Car le Semeur est passé.*
À travers les filets des princes du culte, les pièges des prêtres, Ma Semence est passée,
portée par Mon Souffle jusque dans les cœurs.
2. Mais que Mes Moissonneurs sur la lisière du Champ jettent un regard en arrière :
J'avais suscité des disciples,
les témoins de Mes Pas sur la terre,
pour les envoyer au Champ d'Israël,
pour gerber la Moisson *lentement* mûrie depuis leur père Abraham,
cent fois menacée par la sécheresse, l'ouragan,

---

all those to whom you shall convey My Message will know *inside them,*
within their chests into which I blow, that My Messenger is truthful,
for, even though the head is weak, filled with pride,
the heart is *filled* with its God.
12. Many men will not follow you, they will meet perdition ;
some will submit to My Word,
and along with you they will start the Harvest.

5 1. *For the Sower has gone past.*
Through the nets of princes of religion, the traps of priests, My seed has passed,
borne on My Breath right into (men's) hearts.
2. But My Harvesters on reaching the edge of the Field should take a backward glance :
I raised up some disciples,
the witnesses of My Steps on earth,
to send them to the Field of Isreal
so that they would bind into sheaves the Harvest that had *slowly* ripened since their father Abraham('s days),

ANNOTATIONS
Verset par verset ou générales ★
Either verse by verse or general ★

qui fut privé d'éducation spirituelle, même le croyant que les dogmes laissent *insoumis* devant la Parole, même le conformiste que les habitudes sociales et culturelles, les avantages acquis et le respect humain laissent également *insoumis* devant toute perspective de *changement (28/7)*. Tout homme peut pressentir qu'il procède d'une Nature transcendante, qu'il a un lien avec l'Origine des forces universelles. Sentant sa parenté avec la Force créatrice, il sent le sens de la Parole; il la comprend mieux encore s'il se libère du joug des idées établies, s'il se déculture.

12. *Moisson:* La mission qui doit transformer et sauver le monde (voir Veillées 5 et 6).

5 LES CRÉDOS, LES CULTES ET L'ÉMOTION MYSTIQUE NE SAUVENT PERSONNE. LA VRAIE FOI EST LIBRE, CRÉATRICE, CONSTRUCTIVE. LES APÔTRES *MOISSONNÈRENT* HORS DU *CHAMP*. ÉVITONS LEUR ERREUR!

1. La religion a beau *avaler sans profit (13/1-3)*, stériliser ou détourner la *Semence* du Créateur, le Créateur ne cesse pas de *semer* le *Champ (35/1)* du monde afin qu'y *germent* et y apparaissent sans cesse les hommes capables de redonner à la *terre* le bonheur auquel renonça *Adam (2/1)*.

2-4. Il s'agit ici des *disciples* de Jésus *(22/5)*. En tout homme est *semée* une force latente de renaissance spirituelle, mais à certains hommes, notamment les Hébreux, a été spécialement adressé l'Appel d'activer et de déployer cette force. Malgré les patients efforts *(Larmes et Sang)* du Très-Haut pour les convertir à la *Vérité* généreuse et universelle (28/7), les Hébreux s'obstinèrent à voir dans le *peuple élu* la seule nation juive, exclusive et pharisaïque, au lieu d'y voir l'humanité entière spirituellement libre, évolutive et créatrice. Par Jésus Dieu tenta une nouvelle fois d'inspirer aux Israélites un idéal universel. En vain. Une fois Jésus mort, ressuscité

---

a spiritual education, even the believer whom dogmas have made *refractory* to the Word, even the conformist whom social and cultural habits, vested interests and fear of others' judgment have made *refractory* to any prospect of *change (28/7)*. Every man can feel that he proceeds from a transcendent Nature and has a link with the Source of universal forces. As he senses his kinship with the creating Strength, he senses the Word's meaning; he understands the Word even better if he sets himself free of the yoke of established ideas, if he decultivates himself.

12. *Harvest:* The mission meant to transform and save the world (see Vigils 5 & 6).

5 CREEDS, WORSHIP AND MYSTICAL EMOTION DO NOT SAVE ANYONE. TRUE FAITH IS FREE, CREATIVE, CONSTRUCTIVE. THE APOSTLES *HARVESTED* OUTSIDE THE *FIELD*. LET'S NOT RESUME THEIR MISTAKE!

1. Even though religion *swallows without any benefit (13/1-3)*, sterilizes or diverts the Maker's *Seed*, the Maker keeps on *sowing* the *Field (35/1)* of the world so that there may continually appear and *germinate (9/2)* men able to revive *on earth* happiness which *Adam* renounced *(2/1)*.

2-4. These verses are about Jesus' *disciples (22/5)*. A latent strength of spiritual revival is *sown* in every man, but to some men, notably to the Hebrews, an Appeal for activating and developing this strength was especially directed. Despite the Almighty's patient efforts *(Tears and Blood)* to convert the Hebrews to the generous universal *Truth (28/7)*, they obstinately persisted in considering the *chosen people* to be the Jewish nation alone, exclusive and pharisaic, instead of whole mankind spiritually free, evolutionary and creative. Through Jesus God made an new attempt to inspire a universal ideal in the Israelites. In vain. Once Jesus was dead, resurrected,

arrosée par Mes Larmes et par Mon Sang,
3. et, découragés *dès* la lisière,
dès les premières gerbes ils ont déposé leurs faux, ils sont partis sur les terres incultes où ils croyaient trouver meilleur profit à défricher et labourer,
oubliant qu'il n'y a qu'un seul Semeur,
4. et la Moisson d'Israël s'est desséchée sur place,
et ils n'ont récolté qu'herbes sauvages et broussailles *luxuriantes,* mais pauvres en bon grain,
odorantes, mais *laissant* les enfants crier leur faim, sur les landes où Mes Disciples ont épuisé leurs forces.
5. Que Mes Moissonneurs aujourd'hui
ne s'égarent pas sur les friches !
6. Vois, Je trace la lisière du Champ où Je t'envoie :
du côté du soleil à midi
jusqu'où descendent *les frimas* en hiver ;
du *côté* opposé
jusqu'où flottent les glaces en été ;
au levant

(and that had been) a hundred times threatened with drought, hurricanes, and showered with My Tears and My Blood,
3. but *no sooner* had My Disciples reached the Field than they lost heart, they bound a few sheaves, and then they laid their scythes and left for waste lands where they thought to clear and to plough would pay off, forgetting that there is only one Sower,
4. and so the Harvest of Israel dried out standing,
and they gathered only wild grasses and scrub *luxuriant,* but poor in good grain,
sweet-smelling, but (inedible,) *leaving* children crying with hunger, on the moors where My Disciples' strength eventually failed.
5. Let not My Harvesters
stray into the fallow lands today !
6. Behold ! I am marking out the Field that I send you to :
Toward the sun at midday
all the way to where *the snows and frost* go down in winter ;
toward the opposite side
all the way to where ice floats in summer ;
in the levant

ANNOTATIONS
Verset par verset ou générales ★
Either verse by verse or general ★

et enlevé au Ciel, ses apôtres *découragés* par la résistance des Juifs à l'Évangile crurent s'être trompés de *Champ;* ils *partirent sur les terres* païennes qu'ils évangélisèrent non sans courage et succès mais avec des conséquences fâcheuses, ce terrain n'ayant pas été préparé. Du mariage sauvage de l'Évangile avec le paganisme naquirent des enfants malformés dont l'église est le type. L'Église se développa sur le modèle des *cultes* païens avec leurs clergés, leurs mythologies (culte des saints 39/4: écho du culte des héros et demi-dieux), leurs *oracles (23/7,* dogmes, théologie, encycliques, etc.), leurs *superstitions (21/1,* sacrements: écho de la magie antique). Ainsi le christianisme n'a pas encore existé, même sur le simple plan de la vertu; quelle société «chrétienne» vit selon l'Évangile? Néanmoins, il ne s'agit plus de missionner *Israël* seul, mais la famille abrahamique (juifs, chrétiens, musulmans, vv. 6-7). *Un seul Semeur:* Tout croyant doit *moissonner,* avec *peine* autant qu'avec *ardeur* et *piété (37/9),* mais le Père *seul sème.* Le christianisme évita l'égoïsme nationaliste juif, mais il se mit à «semer»; il généra donc ses propres idées (une religion) au lieu de seulement *moissonner,* c.-à-d. au lieu de raviver le fond spirituel qui doit caractériser toute organisation humaine heureuse, même complexe. *J'avais suscité des disciples:* Notons à nouveau le balancement entre le *Je* de Dieu et le *je* de Jésus (n. 3/12). Le Père seul parle à Arès, mais Jésus est plus que son porte-parole; Jésus fut un des hommes qui *mirent leurs pas dans les Pas* de Dieu *(2/12, 32/3)* et qui remontèrent à leur source divine. Même si ce n'est pas facile à comprendre (32/5), Jésus s'est *fondu* en Dieu — de cela les apôtres furent *témoins (v. 2)* —. Comme Jésus tout homme est appelé à devenir christ.

6-7. Prenant les choses comme elles sont (refus d'*Israël* d'assumer sa mission universelle, fourvoiement des apôtres v. 3), le Père Miséricordieux a finalement *semé* les *friches (v.5),* qui sont devenues le nouveau *Champ.* C'est pourquoi Dieu se manifeste en France, loin de l'Orient, sa traditionnelle terre de *Révélation* jusqu'alors. Israël reste toutefois inclus dans le *Champ,* dont

---

and then lifted to Heaven, his apostles *disheartened* by the Jews' resistance to the Gospel thought they had embarked on the wrong *Field;* they *left for* to pagan *lands* where they evangelized not without courage and success, but with regrettable consequences, because this terrain had not been prepared. The wild amalgamation of the Gospel with paganism produced malformations the classic example of which the church is. The church developed on the pattern of pagan cults, clergy, mythologies (the saints' worship 39/4: an echo of the worship of heroes and demigods), *oracles (23/7,* dogmas, theology, encyclicals, etc.) and *superstitions (21/1,* sacraments: an echo of ancient magic). Consequently Christianity has not yet existed, even on the mere plane of virtue; is any 'Christian' society living according to the Gospel? Today, however, we have to missionize the whole Abrahamic family (Jews, Christians, Muslims, v. 6 & 7), not *Israel* alone. *Only one Sower:* Every believer has to missionize with *toil, zeal* and *piety (37/9),* but the Father *alone sows.* Christianity eschewed Isreal-like nationalistic egoism, but it took to 'sowing' so that it generated its own ideas (a religion), it did not simply *harvest,* that is, revive the spiritual gist that should characterize all happy human organizations, even the compound ones. *I raised up some disciples:* Once more let's notice the balance between God's *'I'* and Jesus' *'I'* (n. 3/12). Actually only the Father speaks in Arès, but Jesus is more than his spokesperson. Jesus was one of the men that *set their steps in God's steps (2/12, 32/3)* and that returned to their divine source. Hard to understand though it may be (32/5), Jesus has *merged into* God— the apostles *witnessed* this (v. 2)—. Like Jesus every man is called on to become a christ.

6-7. Taking things as they came *(Isreal's* refusal to assume its universal mission, the apostles' going astray v. 3) the Merciful Father has eventually *sowed* the *fallow lands (v.5),* which have become the new *Field.* This is why God manifests himself in France a long way from what has been his traditional area of *Revelation* thus far: the East. Israel, however, is part of the *Field,* the

RÉVÉLATION ORIGINALE — *ORIGINAL REVELATION*
Les mots en *italiques* reconstituent les mots illisibles du document manuscrit
The italicized words are reconstructions of the illegible words of the handwritten record

jusqu'où se dresse l'étendard de Mouhamad ;
au couchant
jusqu'aux îles de corail.
7. Comme J'avais envoyé Mes Disciples aux nations d'Israël Je t'envoie aux nations
que *borne la lisière* que tu as vue,
pas au-delà.

6

1. Tu trembles, homme Michel,
ta face est pâle,
parce que tu dis dans ta tête : « Comment pourrai-je changer un peuple aussi faible et orgueilleux qu'il est *vaste,*
quand le courage me manque de changer ma propre vie ? »
2. Je t'ai dit : « Le Semeur est passé. »
Je ne t'envoie pas aux Semailles mais à la Moisson.
3. Tu donneras ta sueur et ta fatigue à la gerbe,
à battre la gerbe,
à étaler son grain,

---

all the way to where Muhammad's banner has been raised ;
in the west
all the way to the coral islands.
7. Just as I sent My Disciples to the nations of Israel I send you to the nations
bounded by the edge(s) that you have seen (Me draw),
not beyond.

6

1. You are trembling, man Michel,
your face has turned pale,
because in your mind you are saying, "How will I manage to change as weak(-willed) and arrogant a people as they are *countless*
since I do not even feel up to changing my own life ? »
2. I said to you, "The Sower has gone past."
I send you to the Harvest, but not to the Sowing.
3. You shall devote your sweat and strain to (binding) sheaves,
threshing sheaves,
spreading their grain,

ANNOTATIONS
Verset par verset ou générales ★
Either verse by verse or general ★

voici l'étendue: Au sud d'Arès ou de Bordeaux (point de référence): *Jusqu'aux* régions d'Afrique où il peut *neiger et geler,* plus les régions d'Afrique islamisées (voir à l'est d'Arès). Au nord d'Arès: *Jusqu'au* Pôle où la mer est glacée *en été.* À l'est d'Arès: *Jusqu'aux* pays islamisés, judaïsés et christianisés (Sibérie) d'Asie (l'Asie hindoue, bouddhique, confucianiste, chamanique, etc. n'est pas comprise). À l'ouest d'Arès *jusqu'aux îles* coralliennes du Pacifique: Australie, Philippines, Japon. L'Europe et l'Amérique entières sont donc concernées. L'aire *tracée* par Dieu couvre grosso modo la famille abrahamique: juifs, chrétiens et musulmans. Les peuples hors de ce *Champ* ne sont pas ignorés par le Père de toute l'humanité, mais il a pour eux d'autres projets prophétiques. Par exemple, il est clair que les problèmes d'évolution spirituelle en Inde hindoue sont différents de ceux posés dans la famille abrahamique.

6 IL NE SUFFIT PAS DE CROIRE, IL FAUT ÊTRE APÔTRE. PAR NATURE L'AMOUR SE DONNE ET CRÉE. PERSONNE NE *CHANGE SA VIE* (NE SE SAUVE) SANS AIDER D'AUTRES HOMMES ET LE MONDE À *CHANGER.*

1-4. Jésus apparaît au frère Michel, et pourtant celui-ci ne trouvera pas dans ce prodige la force de se convertir instantanément. Presque quatre années d'un difficile bouleversement spirituel — en fait, jusqu'aux Théophanies dont il sera témoin à la fin de 1977 *(Le Livre)* — lui seront nécessaires pour *changer sa vie (30/11)* et être prêt pour sa mission prophétique. La faiblesse du pécheur est profonde, mais qu'il ne s'exagère pas la difficulté de *changer!* Dieu a fait l'homme capable de *changer ce monde* comme il a fait la *graine* capable de se multiplier et de nourrir le monde. Il faut *moissonner,* c.-à-d. trouver et rassembler *(gerber)* les pécheurs qui consentent à mettre en œuvre la Parole telle que Dieu la renouvelle à Arès, et qui ne sont pas forcément ceux

---

extent of which is as follows. To the south of Arès or Bordeaux (the point of reference): *All the way to* the African areas where *the snow and frost* are likely to occur, plus the Islamized African areas. To the north of Arès: *All the way* to the Pole where the sea is iced *in summer.* To the east of Arès: *All the way to* the Islamized, Judaized and Christianized (Siberia) countries of Asia (Hindu, Buddhistic, Confucian, Shamanistic, etc, Asia is not included). To the west of Arès: *All the way to the coral islands* of the Pacific: Australia, Philippines, Japan. Entire Europe and America are concerned, then. The area *marked out* by God covers roughly the Abrahamic family: Jews, Christians, Muslims. The Father of all men does not ignore the peoples outside this *Field;* only he has special prophetic plans in store for them. It is clear, for instance, that the problems of spiritual evolution in Hindu India are different from those in the Abrahamic family.

6 BELIEVING IS NOT ENOUGH, WE MUST BE APOSTLES. LOVE GIVES ITSELF AND CREATES BY NATURE. NO ONE *CHANGES ONE'S LIFE* (SAVES ONESELF) WITHOUT HELPING OTHER MEN & THE WORLD TO *CHANGE.*

1-4. Jesus appears to brother Michel, still the latter will not find in that wonder the strength to convert instantaneously. It will take him almost four years, a four-year-long hard spiritual upheaval—practically all the time until the Theophanies he will witness in late 1977 *(The Book)*—to change his life *(30/11)* and feel fit and ready for his prophetic mission. A sinner's weakness is profound, but he should not exaggerate the difficulty in *changing.* God has made man able to *change the world* just as he has made the *seed* able to multiply and feed the world. What is required is *harvesting,* that is, finding and gathering *(binding into sheaves)* the sinners who agree to implement the Word such as it is refreshed by God in Arès, and who are not

RÉVÉLATION ORIGINALE — *ORIGINAL REVELATION*
Les mots en *italiques* reconstituent les mots illisibles du document manuscrit
The italicized words are reconstructions of the illegible words of the handwritten record

à le *retourner* dans la grange,
4. mais tu n'as pas idée du labeur,
des peines et des larmes,
soixante-dix fois sept fois plus durs
que les tiens,
qu'il a fallu au grain pour mourir en terre,
germer, échapper aux vers et aux oiseaux,
élever sa tige au-dessus de lui et la mûrir.
Cela Je l'ai fait pour toi.

7
1. Tu conduiras Mon Peuple
par le milieu des Hauteurs que Je lui ai réservées, par leurs sentiers *encore accessibles,*
non par des escalades éprouvantes,
non plus par les routes d'en-bas,
bordées d'auberges.
2. Emprunte les sentiers du milieu ; ils montent,
mais leur pente est *supportable,*
elle passe par des sources et des *bosquets fruitiers ;*

---

turning it *over* in the barn,
4. but you have no idea of the labor,
trouble and tears,
seventy times seven times as hard
as yours,
it took for the grain to die in the soil,
to sprout, to evade worms and birds,
to raise its stem above itself and ripen it.
That, I have done for you.

7
1. You shall lead My People
by the middle of the Heights that I have intended for them, by their *still passable* paths,
but not by toilsome rock climbing (routes)
and not by the roads below
lined with inns.
2. Take the middle paths ; they slope upwards,
but the slope is *endurable,*
it goes by springs and through *fruit groves ;*

ANNOTATIONS
Verset par verset ou générales ★
Either verse by verse or general ★

★ *Changer* dans *La Révélation d'Arès* est synonyme de *sauver*, mais *changer* remplace par une idée active et créatrice l'idée statique que la religion a mise dans *sauver*. L'Appel à *se changer* et à *changer le monde* donné au frère Michel *vaut aussi pour tous ses fidèles et les générations de sa descendance (39/10b)*. La foi qui ne crée pas un homme et un monde neufs est une foi égarée; personne ne *se change* ou ne *se sauve* personnellement sans vivre et agir — selon ses moyens — pour que d'autres *se changent* et *se sauvent*. Telle est la dynamique perpétuelle de l'Évangile: *Allez enseigner (c.-à-d. transformer, changer) les nations (Marc 16/15)!* En abandonnant ce devoir général à une poignée de professionnels, les croyants permirent aux religions, aux églises, aux sectes, et à leurs clergés, de s'installer et de *dominer*. Cette *abomination (22/12)* disparaîtra, la vie spirituelle apparaîtra et exercera sur le monde sa pression créatrice.

qui y croient (28/11-12, XXXI/19). Les humanistes athées sont aussi appelés. Il ne s'agit pas de *semer;* Dieu seul *sème* puisque lui seul peut révéler la Vérité. Si, par prétention ou inconséquence, nous nous mettions à semer, nous inventerions une révélation parallèle comme font les *princes du culte* et *docteurs*, nous entretiendrions une foi soit grossière et égarée par les *superstitions*, soit statique et fermée, soit paralysée par la culture, la *science* ou la *peur*.

7 LA VIE SPIRITUELLE N'EST NI LA *ROUTE BORDÉE D'AUBERGES* DU MONDE, NI *L'ESCALADE ÉPROUVANTE* DE LA MYSTIQUE, MAIS UNE *ASCENSION* DANS L'AMOUR, LA CRÉATIVITÉ, LA JOIE ET LA *MESURE*.

2. *Ascension:* Évolution spirituelle. Toute *ascension* personnelle est corrélative de *l'ascension* collective. Les *Hauteurs* ne pourront pas être atteintes par des *ascensions* individuelles séparées, aussi méritantes soient-elles. C'est *l'ascension* du *peuple (le changement du monde 28/7)* qui aboutira au *Jour* de Dieu *(31/8-13)*. De là l'importance de *l'assemblée*, de son *ascension*, du vouloir ou de l'existentialisme collectif, aboutissement du vouloir de chaque âme (Veillée 17).

★ In *The Revelation of Arès* *to change* is synonymous with *to save*, but *to change* substitutes an active creative notion for the static notion that religion has put in *to save*. The Incentive directed to brother Michel to *change himself* and *change the world* is also directed to *his following and descendants (39/10b)*. The faith that does not create a new man and world is a stray faith; one cannot *change oneself* or *save oneself* individually if one does not live and act—according to one's capabilities—to make other men *change themselves* and *save themselves*. Such is the perpetual dynamic of the Gospel, *"Go and teach (that is to say: transform, change) the nations (Mark 16/15)!"* By leaving it up to a handful of professionals to perform this general duty believers allowed religions, churches and sects to settle and *dominate*. This *abomination (22/12)* will disappear, spiritual life will appear and apply its creative pressure on the world.

necessarily men who believe in it (28/11-12, XXXI/19). Atheistic humanists are called too. We are not meant to *sow;* only God can *sow* since he alone can reveal Truth. If we took to *sowing* out of conceit or thoughtlessness, we would invent a parallel revelation as *princes of religion* and *doctors* have done, we would foster some rough faith misled by *superstitions*, or a static narrow-minded faith, or a faith paralysed by culture, *science* or *fear*.

7 SPIRITUAL LIFE IS NOT THE *ROAD LINED WITH INNS* OF THE WORLD OR THE *TOILSOME CLIMBING* OF MYSTIC; IT IS AN *ASCENT* PERFORMED WITH LOVE, CREATIVITY, JOY AND *MODERATION*.

2. *Ascent:* Spiritual evolution. Every individual *ascent* correlates with the collective *ascent*. The *Heights* will not be reached by separate individual *ascents*, deserving though they are. It is the *people's ascent* (the *world's change 28/7*) that will end in God's *Day (31/8-13)*. Hence the significance of the *assembly*, of its *ascent*, of the collective will or existentialism, in which every *soul's* willpower should end up (Vigil 17).

RÉVÉLATION ORIGINALE — *ORIGINAL REVELATION*
Les mots en *italiques* reconstituent les mots illisibles du document manuscrit
The italicized words are reconstructions of the illegible words of the handwritten record

les enfants peuvent y marcher ;
les femmes peuvent y suivre leurs époux,
s'allonger contre eux à l'étape
pour réchauffer leurs corps, les emplir de joie
pour oublier ensemble jusqu'au matin
la fatigue de l'ascension.
3. Ne cherche pas à trop exhorter,
tu feras perdre courage,
ni à trop convaincre,
tu feras douter.
4. Je ne t'envoie pas abolir les assemblées de culte, mais les *nettoyer* des princes,
de leurs prêtres et de leurs docteurs,
que Je n'ai pas établis sur elles,
les laver des enseignements trompeurs
et des pouvoirs illusoires
que Je n'ai livrés en aucune main,
car Ma Parole seule sauve,
Mon Bras seul donne force,

---

along the slope the children can walk,
the wives can follow their husbands
(and) lie down right next to them at halting places
in order to warm up their bodies, fill them with joy,
so that they together overnight
forget about the strain of the ascent.
3. Do not overdo exhortation,
or else you will dishearten people,
and do not overdo persuasion,
or else you will arouse doubts.
4. I do not send you to do away with the assemblies of religion, I send you to *clear* them of their princes,
their priests and doctors
whom I have not established over them,
(and) wash them of the deceptive teachings
and illusive powers
which I have not put into anyone's hands ever,
because My Word alone saves,
My Arm alone imparts strength,

ANNOTATIONS
Verset par verset ou générales ★
Either verse by verse or general ★

★ À Arès le Père demande à l'humanité de retrouver la vie spirituelle, mais, sachant que le péché a affaibli l'homme, il veut lui éviter un nouvel échec. Aussi le Père recommande-t-il à l'homme de *changer* avec *mesure (v. 6)*. La *mesure*, appelée aussi *milieu des Hauteurs*, est rappelée plusieurs fois dans *La Révélation d'Arès*. Certains hommes — Jésus par exemple — poussent très loin leur *pénitence* ou *changement* ou *ascension*, mais les autres, le commun des *pénitents*, ne doivent pas se sentir comparativement nuls, car la valeur d'une *pénitence* ou *changement* ou *ascension* réside surtout dans sa *constance (13/8, Coran 103/3)*. Le Père n'impose pas d'altitude à la vertu, il demande seulement à l'homme de *monter* sans arrêt. Le Sage rappelle au *pénitent* les effets desséchants, parfois contraires au but recherché, des efforts démesurés (l'ascétisme monacal 38/7-8, par exemple). La joie, l'usage des biens terrestres, l'art, etc., sont normaux et même nécessaires (30/11), donc équilibrants; ils ressortissent aux dons (26/8-10) créatifs donnés à *l'image et ressemblance*. Il leur suffit d'une bonne *mesure*, de *constance*, et d'un esprit généreux et constructif (voir Veillée 6); ils contribueront ainsi à faire de l'histoire du malheur l'histoire du bonheur.

3. La *mesure (v. 6)* prescrite ici répond au discernement prescrit Veillée 5: Tu es *moissonneur*, non *Semeur*. Le croyant doit écarter dogmatisme, intégrisme, fanatisme, mysticisme, ascétisme, etc. les excès par lesquels il croit atteindre à la Vérité et au sublime, mais par lesquels il ne fait, hélas, qu'outrepasser la Sagesse et s'égare.

4. Ici le mot *assemblées* ne désigne pas le *petit reste*, mais les groupes de croyants rattachés à des *religions*. Que les *assemblées* deviennent libres! Par exemple, Dieu ne rejette pas l'église comme *assemblée* fraternelle populaire, mais comme système de *pouvoirs illusoires* — ce n'est pas cette *assemblée* fraternelle populaire dont nous nous défions, mais seulement son clergé et ses dogmes dont nous devons nous *tenir loin (36/22)* —. Les clergés se prononcent à propos de tout avec une telle autorité que, même de nos jours, peu de fidèles osent les contredire avec une équivalente autorité. Pour asseoir leur pouvoir, toutes les doctrines sous-entendent une menace,

★ In Arès the Father asks mankind to regain spiritual life, but, as he knows that sin has weakened man, he tries to spare man further failure. So the Father advises man to *change* with *moderation (v. 6)*. In *The Revelation of Arès* moderation, also called *the middle of the Heights*, in repeatedly brought back into mind. Some men—Jesus for example—carry *penitence* or *change* or *ascent* much farther than others do, but the common run of *penitents* should not feel comparatively worthless, since the value of *penitence* or *change* or *ascent* depends principally on *constancy (13/8, Quran 103/3)*. The Father had not set virtue at a definite level; he asks man to *ascend* continuously. The Wise one reminds the *penitent* of the soul-deadening effects, sometimes in conflict with the spiritual goal, which inordinate efforts (monastic asceticism 38/7-8, for example) may bring about. Joy, enjoyment of wordly goods, art, etc., are normal and even necessary (30/11), therefore stabilizing; they belong among the creative gifts (26/8-10) given to the *image-and-likeness*. Man only needs to use them with right *moderation* and generous constructive spirit (see Vigil 6), and they will help turn the history of unhappiness into the history of happiness.

3. Here *Moderation (v. 6)* matches discernment recommended in Vigil 5: You are the *harvester*, and not the *Sower*. A believer must dismiss dogmatism, fundamentalism, fanaticism, mysticism, asceticism, etc, all the excesses through which he thinks he attains Truth and the sublime, but he actually does nothing but overstep Wisdom and goes astray.

4. Here the word *assemblies* is not related to the *small remnant;* it designates groups of believers joined to religions. Let believers' *assemblies* become free! God does not reject the church as a popular brotherly *assembly*, he rejects it as a system of *illusive powers*—it is not this popular brotherly *assembly* whom we shall guard against; we have to *keep off (36/22)* its clergy and its dogmas—. Clergy express opinions and decisions on the greatest number possible of issues with so strong authority that, even nowadays, few among the faithful dare to rebut them with equivalent authority. All doctrines strengthen their power by implying a threat, whether tinged

RÉVÉLATION ORIGINALE — *ORIGINAL REVELATION*
Les mots en *italiques* reconstituent les mots illisibles du document manuscrit
The italicized words are reconstructions of the illegible words of the handwritten record

Mon Pardon seul *absout*.
5. Tu resteras ce que tu es
moins le prince,
moins le discoureur,
mais le porteur de Ma Parole,
le gardien de Mes *Instructions*, qui ne gouverne ni ne juge,
mais qui rappelle avec amour Ma Volonté Qui sauve et l'anéantissement des âmes rebelles.
6. En toute circonstance tu garderas la mesure, car tu n'as pas pouvoir,
ni plus que toi un autre homme,
de dépasser Ma Parole
ni d'égaler Ma Force.
7. Emprunte les sentiers du milieu
et tu conduiras Mon Peuple
sur la Montagne Sainte.

My Forgiveness alone *absolves*.
5. You shall remain that which you are
minus the prince,
minus the speechifier,
(you shall be) but the bearer of My Word,
the keeper of My *Instructions* who neither rules nor judges,
but who lovingly recalls My Will That saves and the annihilation of the rebellious souls.
6. Under all circumstances you shall keep up moderation, for you do not hold the power,
and no man holds it any more than you,
to exceed My Word
and to equal My Strength.
7. If you take the middle paths
you will lead My People
up the Saint's Mountain.

ANNOTATIONS
Verset par verset ou générales ★
Either verse by verse or general ★

teintée de «charité» ou non, contre tout contradicteur. Ainsi les croyants en sont-ils venus à accepter l'équation dogme + clergé = vérité; beaucoup croient même que la foi sans système dogmatique et sans clergé pour le fixer, va à vau-l'eau et conduit en enfer; de plus, certains croient que le système est infaillible. Dieu n'a *pas établi* de clergé; *Aaron (34/2)* fut seulement adjoint à Moïse comme porte-parole; en se faisant *prêtre* il outrepassa cette fonction, la foi dégénéra en culte du *veau d'or (Exode 32/1+)*. La Parole que Jésus apporta en Palestine ou qu'il apporte à Arès (voir 8/3) n'institue pas de clergé: *On n'appellera personne rabbi, ni père, ni docteur (Matthieu 23/8-10)*. L'homme reçoit directement de Dieu *la Parole* par les *prophètes*, et, s'il *entre en pénitence* et se fait *moissonneur* (apôtre), il trouve *pardon* (voir 30/10) et *salut* par ces actions mêmes. Même l'incroyant qui ne reçoit pas la Parole est justifié s'il accorde sa vie sur le *Dessein* divin *(28/11)*, serait-ce par hasard. Ceci prouve que le bien actif est plus significatif que la soumission à la religion. La foi et la justice ne trouvent leur *mesure*, et ne deviennent créatrices, qu'en refusant les systèmes autoritaires, y compris les systèmes politiques qui tous s'inspirent des systèmes religieux.

5. *Ce que tu es moins le prince:* Le frère Michel avait un certain rang dans son église. Mais désormais c'est dans sa simplicité naturelle qu'il *conduira (v.7)* ses frères, au seul nom de la *Vérité* et de *l'amour.*

6. *Ni d'égaler Ma Force:* Aucune institution religieuse n'a été appelée à bénir, maudire, délivrer des grâces (sacrements), absoudre (21/1, 36/11), dogmatiser et décréter à *égalité* avec Dieu.

7. *Montagne Sainte:* Image du bonheur futur, parfois trouvée dans la Bible aussi.

---

with 'charity' or not, against every contradictor. So believers have come to agree to the equation dogma + clergy = truth; a lot of them also believe that faith without a dogmatic system and clergy to establish it goes to pot and leads to hell; besides, some believe that the sytem is infallible. God has not *set up* clergy; *Aaron (34/2)* was only appointed as a spokesman to Moses; he overstepped this position when he made himself a priest, then faith degenerated into the *golden calf cult (Exodus 32/1+)*. The Word Jesus delivered 2,000 years ago in Palestine and the Word he delivers in Arès today (see 8/3) do not institute clergy: *"You must not have people call you rabbi, father, or doctor (Matthew 23/8-10)."* Man receives the Word directly from God by *prophets,* and, if he becomes a *penitent* and a *harvester* (apostle), he is *forgiven* (see the sense of this word in 30/10) and *saved* through those very actions. Even unbelievers who have not received the Word are justified when they live up to the divine *Design (28/11),* even if they do so by sheer coincidence. This proves that active good is more significant than submission to religion. Faith and justice cannot meet *moderation* and become creative unless they dismiss all of authoritarian systems, including political systems which are all inspired by religious systems.

5. *That which you are minus the prince:* Brother Michel was rather high-ranking in his church. But from now onward it is in his natural simplicity that he shall *lead (v.7) his* brothers, merely on behalf of *Truth* and *love.*

6. *And to equal My Strengh:* No religious institution has ever been called on to bless, curse, deliver graces (sacraments), absolve, (21/1, 36/11), dogmatize and decree as God's *equal.*

7. *The Saint's Mountain:* An image of happiness to come; a metaphor also found in the Bible.

RÉVÉLATION ORIGINALE — *ORIGINAL REVELATION*
Les mots en *italiques* reconstituent les mots illisibles du document manuscrit
The italicized words are reconstructions of the illegible words of the handwritten record

8 1. Tu n'imposeras les mains à aucun *successeur,*
   tu ne fonderas pas une dynastie sur Mes Assemblées,
   car avec toi déjà,
mais après toi plus encore
elles seront souveraines d'elles-mêmes.
2. Tu n'établiras pas de prêtres,
   car personne que Moi ne donne force et pardon.
   Personne que Moi ne donne Mon Corps et Mon Sang.
   Plus personne *ne fera seul* Mémoire de Mon Sacrifice.
3. Les prêtres et leurs princes, comme des taureaux ils ont soufflé leur haine à Ma Face,
   ils M'ont encorné sur le bois.
   Par là ils ont anéanti leur race
   par le mal qu'elle *sécrète dans* tous les siècles.
   Comment aurais-Je établi
   des prêtres sur Mon Mémorial ?
4. *Au reste,* tous les hommes sont pécheurs : lequel d'entre eux est plus digne d'être prêtre ?

---

8 1. You shall not lay your hands on any *successor,*
   you shall not start a dynasty (to rule) over My Assemblies,
   because in your lifetime they will already be
in control of themselves,
and all the more reason for them to be so afterwards.
2. You shall not set up priests
   because apart from Me no one gives strength and forgiveness,
   apart from Me no one gives My Body and Blood.
   One shall *not recall by oneself* My Sacrifice to Remembrance any more.
3. Priests and their princes like bulls blew their hatred at My Face,
   they gored Me to the wood.
   So doing they annihilated their own guild
   by the evil that they *exude for* all the centuries.
   Might anyone expect Me to set up
   priests on My Memorial ?
4. *Besides,* all men are sinners; is any man worthier (than others) to be a priest ?
   My pierced Body, the Blood spilled from My Wounds, I (will) expose

ANNOTATIONS
Verset par verset ou générales ★
Either verse by verse or general ★

8 LA VIE SPIRITUELLE EST *SOUVERAINE D'ELLE-MÊME*; RELIGION ET POLITIQUE N'ONT AUCUN DROIT SUR ELLE. TOUS LES HOMMES DE BIEN DOIVENT COMBATTRE LE MAL DONT DIEU EST LA PREMIÈRE VICTIME.

1-2. *Imposer les mains:* Geste de la consécration (ordination) des clergés. Dieu insiste: tout clergé est injustifié et répand l'erreur. Le témoin est mis en garde contre une mauvaise interprétation de la *Révélation*, il ne doit pas penser qu'il faut rejeter le clergé passé et présent pour le remplacer par un nouveau clergé supposé purifié.

> ★ *Faire Mémoire du Sacrifice* ne signifie pas célébrer la messe. Au contraire, la *Mémoire du Sacrifice* (de Dieu) dénonce l'interprétation théologique de la cène (Luc 22/14-20). La cène n'institue pas un culte au cours duquel les *prêtres,* pour *se faire une gloire (34/2),* s'attribuent le pouvoir magique *illusoire (21/1)* de changer *le pain* en chair du Christ (eucharistie). *Faire Mémoire du Sacrifice* est faire un vrai *sacrifice,* un effort exceptionnel de foi, d'amour, de prophétisme, c'est passer régulièrement un temps de dépassement. Par *Mon Sacrifice (v.2)* Dieu veut dire qu'en aimant l'homme, en pleurant le péché et en appelant inlassablement l'homme à restaurer le bien, le Créateur *assume le Sacrifice* de sa Majesté, il s'abaisse à toutes les exigences de l'Amour. Puisque le *Sacrifice* divin, manifesté dans la Patience, la Miséricorde, la Bonté, etc., n'a pas inspiré la masse des hommes qui traitent leurs semblables sans patience, sans miséricorde, sans bonté, l'abnégation des justes n'a que plus de prix — Les *justes* sont ceux, encore rares, qui *mettent leurs pas dans les Pas (2/12)* du Père en *sacrifiant* leur vie à la restauration de la vie spirituelle —. *Sacrifice* n'évoque pas la *crucifixion;* au propre ou au figuré tuer un homme de bien *(un fils)* est tuer l'espérance du monde, c'est aussi comme vouloir tuer *le Père,* immortel mais soumis à la douleur du chagrin. De cela les *pénitents* font *Mémoire;* chacun *à son tour* (v.9) *sacrifie* sa tranquillité, son temps, sa *table (Veillée 10)* — il rappelle par la même occasion que *le monde doit changer (28/7)* —. L'homme retourne à Dieu par les efforts mêmes (le *sacrifice* même) que Dieu assume en appelant l'homme patiemment *(image et ressemblance,* réciprocité de Dieu et de l'homme, n. ★★ Veillée 1, n. ★ Veillée 2).

8 SPIRITUAL LIFE IS *IN CONTROL OF ITSELF;* RELIGION AND POLITICS HAVE NO POWER OR RIGHT OVER IT. ALL GOOD MEN SHALL STRUGGLE AGAINST EVIL THE FIRST VICTIM OF WHICH GOD IS.

1-2. *Laying the hands on one:* The gesture to consecrate (ordain) clergy. God insists, all clergy are unwarranted and spread error. The witness is warned against a wrong interpretation of the *Revelation;* he must not think that past and current clergy should be rejected in order to be replaced by new clergy supposed to be purified.

> ★ *Calling the Sacrifice to Remembrance* does not mean celebrating mass. On the contrary, *calling the Sacrifice to Remembrance* denounces the theological interpretation of the 'last supper' (Luke 22/14-20). The 'last supper' institutes no worship during which *priests* claim an *illusive (21/1)* magical power to change the *bread* into Christ's flesh (eucharist), and so *glorify themselves (34/2).* To call the Sacrifice to Remembrance is to make a real *sacrifice,* an exceptional effort of faith, love and prophetism, it is to spend regularly a time surpassing oneself. By *My Sacrifice* (v.2) God means that in loving man, bemoaning sin and keeping on calling on man to restore good, the Maker *performs the Sacrifice* of his Majesty, he descends to all the demands of Love. Since the divine *Sacrifice,* shown in Patience, Mercy, Goodness, etc, has not been inspiring to the mass of men who treat their fellow men without patience, mercy, goodness, etc, the self-denial of the just is even more priceless—The *just* are those, still rather rare, who *set their steps in the Steps (2/12)* of the Father by *sacrificing* their lives to the restoration of spiritual life—. *Sacrifice* does not conjure up the crucifixion; in the literal and metaphorical sense to kill a good man *(a son)* is to kill the world's expectations, and amounts to seek to kill the Father immortal but subjected to the pain of grief. This is what the *penitents call to Remembrance;* each *in his turn sacrifices* his peace and quiet, his time, his *table (Vigil 10)*—so doing he also reminds that *the world is to change (28/7)*—. Man returns to God through the very efforts (the very *sacrifice)* that God has been making since Adam's days to remain in touch with man *(image and likeness,* reciprocity of God and man, n. ★★ Vigil 1, n. ★ Vigil 2).

RÉVÉLATION ORIGINALE — *ORIGINAL REVELATION*
Les mots en *italiques* reconstituent les mots illisibles du document manuscrit
The italicized words are reconstructions of the illegible words of the handwritten record

Mon Corps transpercé, le Sang versé de Mes Plaies, Je Les livre aux regards et aux mains de tous les pénitents, *tant que tous pécheront contre Moi,*
5. comme on montre leur crime aux *parricides,*
comme on met de force dans leur bouche la chair et le sang du père qui gît sous les coups de ses fils, pour *raviver* leur remords, pour leur arracher larmes et cris de repentir.
6. Quiconque pèche contre Moi, mais entre en pénitence, *sans doute tous encore,*
est ordonné à faire Mémoire de Mon Sacrifice,
à toucher et manger Mon Corps et Mon Sang
7. dans l'affliction du repentir,
dans l'espérance de Ma Miséricorde
et de la guérison de Mes Plaies
— *Que disparaisse le péché pour qu'il ne reste plus trace de Mes Plaies!* —
8. pour que de *la Droite* de la Puissance
Je revienne sur les nuées du Ciel au milieu des Miens.
9. Tu feras établir dans les assemblées
en toute *égalité*

---

them to the eyes of all the penitents, I (will) put them in their hands, *as long as all (men) sin against Me,*
5. just as one shows their murder(ed father) to *parricides,*
just as one thrusts into their mouths the flesh and blood of the father lying slained by his sons in order to *deepen* their remorse (and) draw tears and shouts of repentance from them.
6. Any man who sins against Me, but goes into penitence, *probably all (men) till now,*
is ordained to call My Sacrifice to Remembrance,
touch and eat My Body and Blood,
7. in affliction of repentance,
in the hope that My Mercy come,
and that My Wounds be cured
—*Let sin disappear so that no marks of My Wounds will be left!*—
8. so that from *the Right (Side)* of the Might
I will come (borne) on Heaven's clouds back home among My People.
9. You shall make the assemblies
in perfect *fairness* establish
every one's turn

ANNOTATIONS
Verset par verset ou générales ★
Either verse by verse or general ★

3-4. Dieu ne saurait *établir des prêtres* qui ne servent à rien comme tels. De plus, ils ont détourné son *Dessein*, muselé, parfois persécuté ses prophètes. Le *Corps transpercé* et le *Sang versé* ne sont ni ceux de Dieu, incorporel (au sens humain en tout cas*), ni ceux du crucifié; le dogme du Dieu incarné sacrifié est un mythe, *Jésus n'est pas Dieu (32/1)*. Le *Corps* et le *Sang* représentent toutes les souffrances humaines partagées par le Père, spécialement les souffrances des justes. On retrouve l'assimilation de Dieu à son *image et ressemblance* humaine (n. 2/12-13).

* En 1977, pendant la période des Théophanies, le frère Michel dit: «Pourquoi les théologiens prétendent-ils que Dieu est "pur esprit"? Dieu est physique, même si sa physique n'est pas charnelle, puisqu'il émet des sons, de la lumière, de l'énergie, bref, de la matière. Cela paraît logique chez le Créateur de la matière.»

6. *Toucher le Corps et le Sang* de Dieu est donner, quand on ne peut échapper au sacrifice de sa vie ou de sa liberté, son propre *corps* (personne libre) et/ou son propre *sang* (vie) pour sa foi en Dieu et sa foi en l'homme et en un *monde changé*. Le sacrifice extrême doit être rare, car Dieu interdit de le rechercher (29/5). Toutefois, sacrifier chaque jour son égoïsme, son orgueil, sa paresse, à l'amour et à l'apostolat *(moisson)* est déjà *faire Mémoire du Sacrifice* de Dieu, même si cela ne dispense pas de la paroxysmale *Mémoire du Sacrifice* accomplie *à son tour (v. 9)*.

8. *Pour que Je revienne:* Pour que Dieu redevienne perceptible à l'homme comme il le fut à Adam avant la chute *(Genèse 3/8)*. Évoque aussi par analogie les visites des *Messagers*, comme Jésus en 1974 à Arès. Jésus depuis l'ascension vit à *la Droite*, c.-à-d. à la disposition, de Dieu qui l'envoie en mission auprès de l'humanité à laquelle il appartient — l'humanité que Dieu appelle les *Miens*, sa famille —. Ainsi Jésus poursuit-il sa mission interrompue par la croix.

9. *En toute égalité:* En pratique, tant que les croyants revenus à la Vérité restent rares, il est impossible *d'établir le tour de chacun de faire Mémoire du Sacrifice* sans toujours désigner les mêmes *hommes (les femmes ne font pas Mémoire du Sacrifice, 9/1)* et leur imposer ainsi un

---

3-4. God will never *set up priests* who are of no use as such. Besides, they have diverted God's *Design* and gagged, sometimes persecuted, his prophets. The *pierced Body* and *spilled Blood* are not God's—God is incorporeal, at least in the human sense*— and not the crucified one's: The dogma of God incarnate is a myth, *Jesus is not God (32/1)*. The *Body* and *Blood* represent all men's misery which the Father shares, especially the misery of the just. Once more we find the inclusion of God in his human *image-and-likeness* (n. 2/12-13).

* In 1977, during the Theophanies period, brother Michel said, "Why do theologians insist that God is 'mere spirit'? God is physical, even though his physics is not corporeal, since he sends out sounds, light, energy, in short, matter. This seems logic with the Maker of matter, doesn't it?."

6. *Touching God's Body and Blood* means giving up one's own *body* (free self) and *blood* (life) for one's faith in God, in man, in the *changed world*, when one cannot elude the sacrifice of one's freedom or life. Extreme sacrifice shall be unusual, for God forbids us to seek it (29/5). However, sacrificing every day one's selfishness, pride and laziness to love and apostolate *(harvest)* is *calling God's Sacrifice to Remembrance*, as it is, even though it does not exempt anyone from the paroxysmal *Remembrance of the Sacrifice* performed *in one's turn (v. 9)*.

8. *So that I will come back...:* So that God will become perceptible to man again as he was to Adam before the fall *(Genesis 3/8)*. Analogically this also evokes the Messengers' visits like Jesus' in Arès, 1974. Since his ascension Jesus has lived *on the Right*, that is, at the disposal, of God who sends him as a missionary to mankind to which he belongs—Mankind which God calls his *home, his People*—. So Jesus carries on with his mission broken off by the crucifixion.

9. *In perfect fairness:* As long as the believers that regain Truth are few, *establishing every one's turn to call the Sacrifice to Remembrance* amounts to repeatedly appointing the same *men (women do not call the Sacrifice to Remembrance 9/1)* and so imposing on them a dispropor-

RÉVÉLATION ORIGINALE — *ORIGINAL REVELATION*
Les mots en *italiques* reconstituent les mots illisibles du document manuscrit
The italicized words are reconstructions of the illegible words of the handwritten record

le tour de chacun
de faire Mémoire de Mon Sacrifice.
Je n'ai pas laissé d'autre observance à Mes Témoins.

9 1. Les femmes ne feront pas Mémoire de Mon Sacrifice, parce qu'elles ne M'ont pas condamné. Quelle pénitence feraient-elles d'un crime *qui n'est pas le leur* ? Et même beaucoup d'entre elles M'ont pleuré.
2. Et n'est-ce pas l'une d'entre elles
qui a prêté ses entrailles,
qui en a fait abandon au Père
Qui les a remplies de Sa Puissance
pour que le fils y *germe* en homme ?
3. Quand Mes Témoins étaient retombés dans le péché, ne furent-elles pas seules à résister au tentateur,
à rendre témoignage de Ma Résurrection ?
4. Comme le fils fut *dominé* par les prêtres et leurs princes, qui le traitèrent comme un esclave,
la femme ne se laisse-t-elle pas dominer par l'époux ?

---

to call My Sacrifice to Remembrance.
I did not leave a different observance to My Witnesses.

9 1. Women shall not call My Sacrifice to Remembrance, because they have not condemned Me. Is there any reason for their repenting of a murder *which is not theirs* ? Besides, many women have wept for Me.
2. And did not one of them
lend her womb,
give it up to the Father
Who filled it with his Might
so that the son would *germinate* as a man in it ?
3. After My Witnesses had relapsed into sin only women withstood the tempter
(and) bore witness to My Raising the dead prophet, didn't they ?
4. Just as the son was *kept down* by the priests and their princes, who treated him as a slave,
does not a woman let herself be kept down by a husband ?

fardeau démesuré (sans *mesure*), donc préjudiciable. Quand les *frères* seront nombreux, celui dont *le tour* viendra de *faire Mémoire du Sacrifice* accomplira ce devoir *six jours* durant (voir Veillée 10), tenant *table* ouverte, faisant la charité, portant témoignage de la Vérité, etc.

9. LE PÉCHÉ A RÉDUIT L'HOMME À CETTE FORCE BRUTALE QU'IL PREND POUR DE L'EFFICACITÉ. IL S'INSPIRERA DE LA FEMME QUI, QUOIQUE PÉCHERESSE AUSSI, A GARDÉ DOUCEUR ET INSTINCT SPIRITUEL.

1. Opposés à la rudesse ou à la violence fréquente chez l'homme quand ses convictions et intérêts sont menacés, la clairvoyance et le pacifisme féminins seront précieux dans le processus de restauration de la vie spirituelle. Peu de femmes — certaines femmes sont cependant cruelles, comme Jézabel *(I Rois 21/8-16)* — *ont condamné* les prophètes. Notamment les femmes pleurèrent Jésus, comprenant son authenticité et prévoyant les conséquences de son assassinat pour la communauté humaine, parce que *condamner* le prophète est *condamner* et *sacrifier* Dieu, donc l'amour, et continuer d'exposer l'homme aux ténèbres et au malheur de la barbarie.

2. Ce verset confirme la fécondation de Marie sans coït (Luc 1/26-38).

3. Il s'agit des femmes qui trouvèrent le tombeau de Jésus vide et qui crurent en sa résurrection, alors que les apôtres *(témoins)*, avec leur «raison» masculine, avaient perdu la foi (Marc ch. 16).

4. La similitude des *prophètes* muselés, entravés *(dominés)* ou tués par les puissants et des *femmes* subordonnées aux hommes, notamment à leurs *époux,* n'est pas claire à première vue, car leurs motivations respectives et les circonstances sont très différentes. Dieu veut dire que les

tionate (without *moderation),* therefore detrimental, burden. When the *brothers* are numerous, the one whose *turn* it will be *to call the Sacrifice to Remembrance* shall perform that duty for *six days (see Vigil 10)* keeping open house, giving to charity, testifying to Truth, etc.

9. SIN HAS REDUCED MAN TO THAT BRUTE FORCE HE MISTAKES FOR EFFICIENCY. HE SHALL BE INSPIRED BY WOMAN WHO, THOUGH ALSO SINFUL, HAS RETAINED GENTLENESS AND SPIRITUAL INSTINCT.

1. As opposed to the toughness or violence frequent with men when their interests and convictions are threatened, women's clearsightedness and pacifism will be invaluable in the process of restoration of spiritual life. Few women—some women are ruthless, however, like Jezabel *(I Kings 21/8-16)*—have condemned the prophets. Notably the women *wept* or *mourned* for Jesus, they were aware of his genuineness, and they foresaw the repercussions of his murder on the human community because *condemning* the prophet is *condemning* and *sacrificing* God, consequently love, and then keeping man exposed to darkness, unfortune and barbarism.

2. This verse confirms that Mary was made pregnant without coitus (Luke 1/26-38).

3. These women are those who found Jesus' tomb empty and believed in his rising from the dead whereas the *witnesses* or apostles' male 'reason' had made them lose faith (Mark ch. 16).

4. The similitude between *prophets* gagged, hindered *(kept down)* or killed by the mighty and *women* subordinated to men, notably to their *husbands,* is not clear at first sight, because their respective motives and circumstances are very different. God says that *women,* in their condition

5. Établis partout
les femmes dans leurs mérites !
6. Mais mets-les en garde contre l'adultère et l'impudicité sacrilèges, où elles perdent leur Vie, car Marie a fait de son ventre un temple sacré à jamais !
7. Que les joies que J'ai réservées aux époux consacrés demeurent secrètes en(tre) eux,
que leurs cris de bonheur ne percent pas les murs !

10

1. Qui a dit que J'ai parlé d'autel ?
2. L'autel d'Adam, la roche étincelante d'où il élevait vers Moi l'encens,
son hymne accompagné par les *sonnettes* des anges, a été enfoui avec lui après le péché ;
il ne sera redressé qu'avec les os d'Adam et les os de sa descendance.
3. Ne dresse pas d'autel,
mais la table du Mémorial !
4. Tu y feras déposer pain, vin et huile en suffisance pour que le *pénitent* désigné à son tour

---

5. Everywhere (you shall) secure
women's creditable positions !
6. But (you shall) warn them against sacrilegious adultery and immodesty in which they lose their Life, for Mary made her womb a sacred temple for ever !
7. Let the joy that I have meant for the consecrated husband and wife ever remain secret between them ;
let not their shouts of bliss pass through the walls !

10

1. Whoever said that I had told about (putting up) an altar ?
2. The altar of Adam, the glittering rock from which he used to send up incense
(and) raise his hymn accompanied on the angels' *handbells* toward Me, was buried along with him after sin (had appeared) ;
it will not be put up again until Adam's bones and his descendants' are raised.
3. Do not put up an altar,
but (put up) the Memorial table !

ANNOTATIONS
Verset par verset ou générales ★
Either verse by verse or general ★

femmes, dans leur condition de dépendance, sont capables de sagesse, de dignité et d'amour, qui les élèvent très souvent au-dessus de l'autre sexe, et qui font d'elles un honneur, un exemple et surtout une espérance pour l'humanité (voir *Le Livre ch. XXVII*).

6-7. *Cris de bonheur:* Dieu a donné la volupté aux *époux,* mais elle doit *demeurer secrète en(tre) eux,* c.-à-d. intime. Son étalage dénature et avilit l'amour; comme *l'adultère* il empêche *l'âme* de naître ou la tue. Avilissantes sont la lubricité, l'impudeur et ces choses aujourd'hui banalisées que sont la provocation des «charmes», les propos, livres et arts pornographiques, etc.

10 LES FAUX SACRIFICES CÉRÉMONIELS DÉNONCÉS. *SACRIFIER* SON ÉGOÏSME, SA PARESSE ET SON SCEPTICISME POUR DEVENIR UN HOMME NEUF ET *CHANGER LE MONDE,* VOILÀ LE VRAI *SACRIFICE*.

1-5. *Pas d'autel* (voir n. ★ Veillée 8) mais une *table*. Différence capitale! Sur une *table* on mange, on travaille, on écrit; la *table* donne un sens essentiellement pratique à la *Mémoire du Sacrifice,* vrai *sacrifice* de soi autant dans sa forme quotidienne (vie spirituelle) que dans son apogée périodique (pour chaque homme *à son tour v.4, 8/9*) décrite dans cette Veillée. Les femmes y participent, quoique dispensées des efforts extrêmes de sacrifice (9/1), parce qu'elles sont pécheresses aussi, et les enfants parce qu'ils sont de futurs pécheurs. *L'autel sera redressé:* Un jour, l'humanité passera de la vie de *pénitence* (la guerre faite au péché) à la vie de transcendance *(Victoire v. 7,* le bonheur). *Pénitent:* Non le flagellant, l'ascète, celui qui monte sur ses genoux les marches d'une basilique, le puritain ou le doloriste à la mine sombre et contrite, etc., mais l'homme qui *change sa vie dans la joie* de la foi créatrice *(30/11). Pain, vin, huile:* Dans son contexte *l'Évangile Donné à Arès* étend le sens de *Mémoire du Sacrifice* à tous les efforts

---

of subordination, are capable of wisdom, dignity and love which raise them very frequently above the stronger sex, and which make them a model, a credit to mankind, and above all a reason for hope in the world (see *The Book ch. XXVII*).

6-7. *Shouts of bliss:* God has given voluptuousness to the *husband and wife,* but they must keep it *secret between them,* that is, totally private. To flaunt it misrepresents and debases love; it keeps the *soul* from coming into existence, or it kills it, as *adultery* does. Lewdness and immodesty are demeaning, and so are things made commonplace to-day: provocation of 'charms', pornographic talks, books, arts, etc.

10 THE CEREMONIAL FALSE SACRIFICES DENOUNCED. *SACRIFICING* ONE'S SELFISHNESS, LAZINESS AND SKEPTICISM, TO BECOME A NEW MAN AND *CHANGE THE WORLD* IS THE TRUE *SACRIFICE*.

1-5. *Not an altar* (see n. ★ Vigil 8), but a *table*. This makes a major distinction. On a *table* one eats, one works, one writes; the *table* gives a basically practical sense to *recalling the Sacrifice to Remembrance,* a true sacrifice of oneself in its everyday form (spiritual life) as well as in its periodic apogee (for each man *in his turn v.4, 8/9*) described in this Vigil. Women, though exempted from extreme efforts of sacrifice (9/1), participe in it because they are also sinners, and so do children because they are future sinners. *The altar will be put up again:* Some day, mankind will change from life of *penitence* (fight against sin) to life of transcendence *(Victory v. 7,* happiness). *Penitent:* Not a flagellant, or an ascetic, or a person climbing on his knees the stairs to a basilica, or the puritan or dolorist with a sombre contrite face, etc, but the man who *changes his life with the joy* of creative faith *(30/11). Bread, wine, oil:* The context of *The Gospel Delivered in Arès* widens the sense of *recalling the Sacrifice to Remembrance* to all the

RÉVÉLATION ORIGINALE — *ORIGINAL REVELATION*

Les mots en *italiques* reconstituent les mots illisibles du document manuscrit
The italicized words are reconstructions of the illegible words of the handwritten record

pour faire Mémoire de Mon Sacrifice
en prépare de quoi faire manger
tous ceux de l'assemblée, hommes, femmes, enfants.

5. D'huile *comme d'un baume* sur Mes Plaies
le pécheur oindra Mon Corps,
mouillera Mon Sang,
avant de Les porter à ses lèvres ;
chacun fera de même.

6. Au-dessus de la table du Mémorial tu feras disposer le tabernacle ;
son voile sera fermé six jours sur sept,
tant qu'on fera Mémoire de Mon Sacrifice,
tant qu'on fera pénitence,

7. mais chaque septième jour,
parce que Mon Peuple n'a pas la force d'ajouter les jours de repentir
aux jours de repentir,
tu feras enlever les *provisions* du Mémorial,
pas une miette, pas une goutte n'en seront gardées,
et tu feras ouvrir le voile de Mon Tabernacle
du lever au coucher du soleil

---

4. You shall have bread, wine and oil in plenty set on it, in order that the *penitent* designated in his turn
to call My Sacrifice to Remembrance
prepare them to feed
all of the assembly, men, women, children.

5. With oil *as a balm* on My Wounds
the sinner shall anoint My Body
(and) water down My Blood
before lifting Them to his lips ;
every one (present) shall do likewise.

6. Above the Memorial table you shall have the tabernacle set ;
its veil will be shut for six days in seven,
as long as My Sacrifice is being called to Remembrance,
as long as penitence is being done,

7. but on every seventh day,
since My People has not the strength to add further repentance days to the repentance days,
you shall have the *provisions* removed from the Memorial,
not a crumb, not a drop of them will be kept,

LA TABLE DU MÉMORIAL — THE MEMORIAL TABLE

ANNOTATIONS
Verset par verset ou générales ★
Either verse by verse or general ★

prophétiques soutenus au cours de l'existence, mais dans cette Veillée *faire Mémoire du Sacrifice* désigne un effort exceptionnel à caractère solennel: une semaine (v. 6) pendant laquelle le *pénitent* tient *table* ouverte, sacrifice significatif à notre époque de vie privée extrême. Quand vient *son tour (8/9)*, chez lui ou à *l'assemblée (33/27)*, le *pénitent* partage ses *pain, vin et huile*, qui désignent un repas, avec quiconque entre et s'assied à sa *table*. Ce n'est pas une collation frivole. Certes, l'hôte n'est pas responsable de l'attitude des convives qu'il ne choisit pas puisque sa porte est ouverte, mais par sa dignité (qui n'est pas tristesse ou compassement 30/11), par sa *tunique*, par ses propos spirituels, il rappelle que Dieu en créant l'homme à son *image et ressemblance* a fait le *Sacrifice* de son Amour et attend inlassablement que le *péché cesse*.

6. *Tabernacle:* Non une armoire où les prêtres enferment l'eucharistie (une *superstition, 21/1*), mais une tente rappelant les bivouacs de l'Exode. Ce *tabernacle* symbolise le nouvel Exode, celui des *âmes* libérées en marche pour libérer l'humanité. Le *tabernacle* abrite la *table du Mémorial* comme une tente, ou bien la surplombe comme un dais. Cet abri provisoire est conçu pour ne pas gêner le repas (v. 4). Notons que nos frères juifs installent des huttes ou des tauds pour la Fête des Tentes (Sukkoth) en souvenir de l'Exode.

7-8. *Septième jour* sous-entend «à partir du» *septième jour;* c'est le temps indéterminé qui suit une *Mémoire du Sacrifice (8/9)* jusqu'à la suivante. *Septième* évoque l'ère qui suivit les six ères de la Création matérielle de durée inconnue *(premier jour, deuxième jour, etc.*, ne désignent pas des durées, mais des étapes). Au cours de cette *septième* ère ou étape le Créateur *se reposa*, ce qui signifie que la création matérielle était terminée et qu'il la parachevait par des ajouts purement qualitatifs comme la vie spirituelle *(Genèse 2/2;* notons que *Genèse 2/3* est une *glose* à supprimer). L'idée de *septième* étape est suggérée dans le sabbat, le dimanche chrétien ou le vendredi musulman (un septième de la semaine), mais ici le *septième jour* n'est ni une journée

---

prophetic efforts sustained in a lifetime, but in this Vigil *calling the Sacrifice to Remembrance* designates an exceptional effort with a solemn character: a week (v. 6) during which the *penitent* keeps an open board, a significant sacrifice in our times of very private life. When *his turn (8/9)* comes the *penitent*, at home or at the *assembly's (33/27)* place, shares his *bread, wine and oil*, which designate a meal, with whoever comes in and sits down at his *table*. This is not a casual frivolous snack. Although the host is not answerable for the behaviour of his guests whom he does not select since he keeps open house, his dignity (which is no sadness or stuffiness 30/11), his *tunic*, his spiritual talk, call to mind that God by *creating* man in his *image-and-likeness* made the *Sacrifice* of his Love and is still unflaggingly waiting for *sin to disappear*.

6. *Tabernacle:* Not a chest where priests lock away the eucharist (a *superstition)*, but a tent reminiscent of the encampment during the Exodus. This *tabernacle* symbolizes the new Exodus, that of liberated *souls* on the move to liberate mankind. The *tabernacle* either shelters the *Memorial table* like a tent or overhangs it like a canopy. That temporary shelter is especially fit not to hamper the meal (v. 4). Let's notice that our Jewish brothers put up huts or awnings for Sukkoth commemorating the Exodus.

7-8. *Seventh day* understands 'from the *seventh day* onwards'; it is the indeterminate time that follows a *calling of the Sacrifice to Remembrance (8/9)* until the next. *Seventh* evokes the era that succeeded the six eras of the material Creation of unknown duration *(first day, second day*, etc, designate stages, not durations). During that *seventh* era or stage the Maker *had a rest*, which means that the material creation has been completed, and that he perfected it through merely qualitative additions like spiritual life *(Genesis 2/2;* let's notice that *Genesis 2/3* is a *gloss* to be deleted). The idea of a *seventh* stage is suggested in the Sabbath, Christian Sunday and Muslim Friday (one seventh of a week), but here the *seventh day* is neither a particular

RÉVÉLATION ORIGINALE — *ORIGINAL REVELATION*
Les mots en *italiques* reconstituent les mots illisibles du document manuscrit
The italicized words are reconstructions of the illegible words of the handwritten record

    pour que les pécheurs soient consolés
    à la vue de Ma Victoire.
8. Ce jour-là l'assemblée célébrera Mon Triomphe,
    Mes Œuvres *prodigieuses,*
    en hymnes et en cris de liesse,
    elle proclamera Ma Résurrection
    et le Baptême des pécheurs dans Mon Eau Sainte.
    Ce jour-là ce qui sera demandé dans la foi
    vous sera accordé du Père
    en Mon Nom ; la joie de tous sera complète.
9. Tu feras disposer chaque jour dans le lieu de l'assemblée, pour que tout pécheur entrant là dans le repentir Les lise pour lui-même
    ou Les proclame à haute voix
    les Livres de Ma Parole.
10. Leur langue sera sans artifice ;
    leurs marges seront pures de toute glose,
    Ma Parole comme un poulain agile
    courant vers son but,
    libre du harnais que lui *mettent* les docteurs,

---

    and you shall have My Tabernacle opened
    from sunrise to sunset
    so that the sinners will be comforted
    at the sight of My Victory.
8. On that day the assembly will celebrate My Triumph,
    My *wonderful* Works,
    with jubilant hymns and cries ;
    the assembly will proclaim My Resurrection
    and the sinners' Baptism in My Water—the Saint's Water.
    On that day, what will be asked for with (great) faith
    will be bestowed by the Father on you
    in My Name ; everyone's joy will be absolute.
9. You shall have My Word's Books arranged in the assembly's place every day so that every repentant sinner who comes in
    may either read them to himself
    or proclaim them loudly.
10. Their language shall be free of artifices ;
    their margins shall be purified of glosses whatever,
    My Word like a nimble foal

ANNOTATIONS
Verset par verset ou générales ★
Either verse by verse or general ★

particulière ni une durée définie par analogie avec la Genèse de durée inconnue. *Septième jour* désigne la *célébration du Triomphe,* la vie quotidienne *joyeuse (30/11),* c.-à-d. normale, d'un Pèlerin d'Arès en dehors du temps variable, mais bref, consacré à la *Mémoire du Sacrifice.* Les *six jours (v.6)* forment une durée indéterminée. *La Révélation d'Arès* inspire la liberté et la mobilité, l'adaption des actes spirituels à l'homme, et non l'adaptation de l'homme aux actes spirituels (Marc 2/27-28). L'important n'est pas la durée en temps solaire, moins encore un calendrier liturgique sclérosant, mais la durée en temps absolu, c.-à-d. en fidélité, en inflexible volonté *d'ascension (Veillée 7),* en inflexible amour, toujours dans la *mesure* des possibilités de chacun. *Ma Victoire* ou *Mon Triomphe:* Non une fête spéciale, mais la *victoire* quotidienne de l'homme sur le mal, car où l'homme triomphe, le Père triomphe; c'est la *victoire* de l'amour, de l'obstination créatrice de l'homme de bien qui aboutiront à la sublime *Victoire* du *Jour* de Dieu. Dans le v.8 on voit bien cette identification *(fusion)* de Dieu à son *image et ressemblance: Résurrection* signifie le fait d'être ressuscité autant que le fait de ressusciter. De même, le terme *Œuvres prodigieuses* représente certes le fait que Dieu crée (la Création de Dieu est permanente, *XXII/12* et autres réf.), mais aussi le fait que l'homme se (re)crée. *La Mémoire du Sacrifice* est vraiment sans rapport avec la messe ou tout autre culte; elle n'exalte pas Dieu qui n'a pas besoin d'encouragements, mais le *pénitent* comme co-créateur de soi et du monde, même si sa puissance est infiniment inférieure à celle de Dieu.

9. *Repentir:* Ici synonyme de *pénitence.* La Parole est la matière unique de la prière, laquelle a pour but unique de rappeler que la Parole doit être *accomplie* et de quelle façon (35/6). Comment lirait-on la Parole du Créateur sur le ton de lecture ordinaire? Elle *se proclame à haute voix;* sans être criée ou déclamée, elle est psalmodiée de façon bien sentie; le ton monte, descend, s'enfle et s'atténue selon le sens et selon les mots, afin de retenir ceux-ci et de fortifier la volonté de les *accomplir.*

---

weekday nor a precise duration by analogy with the Genesis of unknown duration. *Seventh day* designates the *celebration of the Triumph,* the *joyous (30/11),* that is, normal, everyday life of an Arès Pilgrim except during the variable, but short, time he devotes to the *calling of the Sacrifice to Remembrance.* The *six days (v.6)* constitute an undeterminate length of time. *The Revelation of Arès* inspires freedom and mobility, adaptation of the spiritual acts for man, but not adaptation of man for the sprirtual acts (Mark 2/27-28). The important thing is not duration in solar time, even less an ossifying liturgical calendar, but duration in absolute time, that is, in faithfulness, in unyielding will to keep on *ascending (Vigil 7),* in unyielding love, always with *moderation,* according to every man's ability. *My Victory* or *My Triumph:* Not a special festival, but man's everyday *victory* over evil, for when and where man wins, the Father wins; it is the *victory* of the good man's love and creative stubbornness which will result in the sublime *Victory* of God's *Day.* In v.8 we see perfectly the identification *(melting)* of God with his *image-and-likeness: Resurrection* means both the fact of raising the dead and the fact of rising from the dead. Likewise, not only do the words *wonderful Works* designate the fact that God creates (God's Creation is permanent, *XXII/12* and other ref.), but the fact that man (re)creates himself. The *calling of the Sacrifice to Remembrance* really has nothing to do with mass or any worship; it does not exalt God who does not need encouragements, but it exalts the *penitent* as the co-creator of himself and of the world, even though his power is immensely inferior to God's.

9. *Repentant:* Here synonymous with *penitent.* The Word is the sole material of prayer; prayer is only meant to recall that the Word has to be *achieved* and how man *achieves* it (35/6). Who would read the Maker's Word in the tone of ordinary reading? The Word *is proclaimed loudly;* not shouted or spouted, it is chanted in a heartfelt manner, it is a singsong which varies in tone, which rises and dwindles following the meaning and the words, in order to memorize them both and strengthen the will to *achieve* them.

des haies que dressent devant lui les princes du culte,
tous ceux qui tirent bénéfice de le dompter
et de l'atteler à leur char.

11. Dans le lieu de l'assemblée
personne ne se présentera jamais devant les pécheurs pour ajouter sa parole à Ma Parole,
pour livrer un enseignement de son *cru,* son discours sur Ce Que J'ai proclamé ;

12. Ma Sagesse Se suffit à Elle-même ;
Mon Souffle rafraîchit les intelligences.

13. Pour n'être plus du monde devant Mon Sacrifice comme devant Ma Parole, chaque pécheur à son tour de faire Mémoire de l'Un ou de l'Autre
se réconciliera avec *tout* frère ou sœur,
se vêtira d'une tunique pure, de forme et couleur bien distinguées des vêtements du monde.

14. C'est à ce que son pardon
et sa tunique
feront sourire le monde, ou le fâcheront,

---

running straight to its goal,
free from the harness that doctors *put* on it,
(free) from the hedges that princes of religion raise in front of it,
(free from) all those who benefit by breaking it in
and hitching their waggon to it.

11. At the assembly's place
no one shall ever appear before the sinners to add his word to My Word,
to deliver a teaching of his *own devising,* his speech on That Which I have declared ;

12. My Wisdom is sufficient unto Itself ;
My Breath refreshes intelligences.

13. Each sinner in the face of My Sacrifice or Word, when his turn comes to call Either to Remembrance, shall no longer belong to the world ;
accordingly, he shall make it up with *every* brother or sister,
he shall put on a pure tunic really different from the world's clothes in shape and color.

14. If he makes the world giggle or be impatient
at his forgiveness
and at his tunic

157 MA SAGESSE SE SUFFIT À ELLE-MÊME — MY WISDOM IS SUFFICIENT UNTO ITSELF

ANNOTATIONS
Verset par verset ou générales ★
Either verse by verse or general ★

10-12. *Gloses:* Commentaires non prophétiques, généralement théologiques, mêlés à la Parole même. Les *gloses* ajoutées à des forgeries, des inventions, des récits et des poèmes sans rapport avec le *Fond* de la Révélation, ont changé la Parole en Écriture *(livres, 23/7)* où la Vérité a été falsifiée, *domptée* par les clergés, *attelée au char* de la religion. Les versets 9 à 12 expliquent la *prudence (35/10)* qui retint le *témoin* d'annoter *La Révélation d'Arès* jusqu'en 1982; il craignait que des annotations, pourtant non mêlées au texte saint, fussent prises pour des *gloses* par les lecteurs méfiants (28/5) qui n'avaient pas encore compris que Dieu leur envoyait un *juste prophète* dont la *parole est la Parole (33/10, I/12, XXXVII/II)*. Le frère Michel décida de publier des annotations en 1982, parce que se multipliaient les méprises, confusions et amalgames faits par des lecteurs sincères, et les interprétations délibérément malignes des lecteurs hostiles. Frère Michel dit un jour: «Dans cette Parole les marxistes trouvent le marxisme, les réincarnationistes la réincarnation, les occultistes l'occultisme, les bouddhistes le bouddhisme, les épicuriens l'épicurisme; nos ennemis y trouvent le satanisme et les satanistes y trouvent le déisme et la spiritualité qui les exaspèrent, etcetera. *La Révélation d'Arès* est devenue l'auberge espagnole où chaque client apporte son manger.» Les annotations sont des fenêtres ouvertes sur la Vérité, non des *gloses.* Seul le *juste prophèt*e pouvait les rédiger. Comme la *Sagesse* de Dieu *se suffit,* les notes du frère Michel *suffisent* à expliquer la Parole; après lui personne ne pourra l'annoter.

13. *Se réconciliera* rappelle *Remettez à plus tard votre prière si vous avez quelque chose contre quelqu'un (Marc 11/25).* L'intérêt et l'amour que le croyant porte à Dieu ne vont pas sans l'intérêt et l'amour portés au prochain. Qui, s'il nourrit rancune ou animosité *contre quelqu'un,* pourrait revêtir le *manteau neuf (1/1),* même sous la forme symbolique d'une *tunique (coute, kitoneth* dans *Le Livre, XLVI)*? La *tunique,* que portera le croyant qui *fera Mémoire du Sacrifice (v.6),* est portée par tous au Pèlerinage d'Arès. Certains la revêtent chez eux pour prier (34/1).

10-12. *Glosses:* Nonprophetic comments, mostly theological, with which the Word has been interspersed. The *glosses* together with forgeries, devisings, tales and poems unrelated to the *Core* of the Revelation have changed the Word into the Scripture *(books, 23/7)* where Truth has been falsified, *broken in* by clergy, *hitched to the waggon* of religion. The verses 9 to 12 account for the *prudence (35/10)* that restrained the *witness* from annotating *The Revelation of Arès* until 1982; he feared that annotations, even if they were not mingled with the sacred text, might be mistaken for *glosses* by suspicious readers (28/5) who had not yet understood that God had sent them a *just prophet* whose *word is the Word (33/10, I/12, XXXVII/II)*. Brother Michel decided to publish annotations in 1982 because sincere readers' misunderstandings, mistakes and hotchpotches of ideas, and hostile readers' malignant interpretations, had been multiplying. One day brother Michel said, "In that Word Marxists find Marxism, reincarnationists reincarnationism, occultists occultism, Buddhists Buddhism, Epicureans Epicureanism, our enemies find sanatism, and sanatists find deism and spirituality which exasperate them, etc. *The Revelation of Arès* is like these old Spanish inns to which every guest brought along his own food." The annotations are windows opened onto Truth, not *glosses.* The *just prophet* alone was able to write them. Just as God's Wisdom is *sufficient unto itself* brother Michel's annotating is *sufficient* to explain the Revelation; after him no one will be allowed to annotate this book.

13. *Shall made it up with...* recalls *Postpone praying if you have whatever against anybody (Mark 11/25).* The believer's interest and love for God cannot go without his interest and love for the neighbour. Who could put on the *new coat (1/1),* even in the symbolic shape of the *tunic (coot, kitoneh* in *The Book, XLVI),* if he harbours a feeling of grudge or animosity *against anybody?* The *tunic* that the believer shall wear when he is *calling the Sacrifice to Remembrance (v. 6)* is worn by everyone at the Pilgrimage of Arès. Some put it on to pray at home (34/1).

RÉVÉLATION ORIGINALE — ORIGINAL REVELATION
Les mots en *italiques* reconstituent les mots illisibles du document manuscrit
The italicized words are reconstructions of the illegible words of the handwritten record

qu'il reconnaîtra qu'il est séparé du monde
selon Ma Volonté.

11 1. Parce que Je Me suis fait Image pour Mes Témoins, qui ont senti Mon Haleine,
entendu Ma Voix, vu la couleur de Mon Regard,
tu *n'aboliras* pas Mes Images
Que tu feras fidèlement recopier.
2. Tu en feras de même de Marie,
qui M'a porté, mis au monde, allaité, *vêtu,*
qui a égalé le dévouement des anges qui Me servent.
Mais l'image d'un(e) seul(e) enfant de l'homme
dans l'excellence de son salut
suffit aux regards des pécheurs.
3. Tu aboliras toute autre image d'homme.
Qui peut savoir qui est sauvé,
qui n'est pas sauvé ?

---

the sinner will know that he has split off from the world
according to My Will.

11 1. Since I made Myself an Image for My Witnesses, who felt My Breath,
(who) heard My Voice, (and who) saw the color of My Eyes,
you *shall not do away with* My Images;
you shall see to it that They are accurately copied.
2. You shall do alike with (the images of) Mary
who carried Me, brought Me into the world, breast-fed Me, *clothed* Me,
(and) who was equal in devotion with the angels who serve Me.
But the image of a single child of man
known for excellence in achieving its salvation
suffices for the sinners' eyes.
3. You shall do away with any other human image.
Is anyone able to know whoever is saved,
whoever is not saved ?

QUI PEUT SAVOIR QUI EST SAUVÉ? — IS ANYONE ABLE TO KNOW WHO IS SAVED?

ANNOTATIONS
Verset par verset ou générales ★
Either verse by verse or general ★

14. *Tunique* dépasse le sens matériel étroit de vêtement; on ne peut pas porter continuellement la *tunique*. La vraie *tunique* ou *manteau neuf (1/1)* est constituée par la *pénitence*, le travail au *changement du monde (28/7)*, l'amour du prochain, l'esprit prophétique, bref, la foi active et créatrice. La foi passive, généralement religieuse, agonisera et mourra.

11. PAS DE CULTE DES ICÔNES! LES VRAIES *IMAGES* SONT SEULEMENT LES *JUSTES* VIVANTS DANS NOS MÉMOIRES. LES *RECOPIER* SIGNIFIE VIVRE COMME EUX, DEVENIR LES CHRISTS ET LES MÈRES DU MONDE.

★ La *fusion (2/13)* de Dieu dans son *image* et la *fusion* des *Je*, *Mon* et *Ma* divins dans les *je*, *mon* et *ma* humains ont déjà été expliquées. *L'Haleine, la Voix, le Regard* sont ceux de Dieu dont nous ignorons la nature — elle n'est pas charnelle et n'est cependant pas abstraite —, mais, par analogie, ce sont aussi *l'haleine, la voix* et *le regard* physiques des *justes*, des *prophètes* notamment. Dieu communique avec le monde par ces *images (Genèse 1/27)* que sont les *témoins: prophètes (Abraham, Moïse, Jésus, Mouhamad, etc. Veillée 2)* ou d'autres humains chargés de missions particulières *(disciples Veillée 5, Marie 33/13-16)*. Le *prophète n'est plus rien pour lui-même (40/6)*, il représente Dieu; cependant dans la vie quotidienne il n'est qu'un *pécheur*, un *pénitent*, qui peine à *changer sa vie (30/11)*. Dans cet esprit, *l'image* du *juste* n'est pas son portrait graphique, qui est secondaire, c'est avant tout la *mémoire* spirituelle qu'il a laissée. Cette image spirituelle du *juste suffit* pour inspirer les *pécheurs* qui veulent retrouver la *Voie Droite (Coran 1/5)*. Les *pécheurs* ne peuvent pas *égaler (7/6)* Dieu mais ils peuvent *égaler (v.2)* les *justes*. Plus nombreux qu'on croit sont les *pécheurs* qui peuvent les imiter; même Jésus et Marie, qui furent *pécheurs*, ne sont pas inimitables. Les *pécheurs* qui observent les *images* des *témoins* en esprit (et éventuellement dans des représentations graphiques, si elles ne sont pas des objets de culte mais des aides psychologiques) se voient tels qu'ils peuvent devenir par l'effort. Le v. 3 rappelle: *Tu ne vénéreras pas d'images faites de ta main (Exode 20/4)*, et implique le rejet du culte des «saints» (33/35, 39/4). Dieu seul sait *qui est sauvé, qui n'est pas sauvé*. Jésus et Marie sont *sauvés*, mais ne sont pas des idoles.

---

14. *Tunic* goes beyond the material narrow meaning of garment; one cannot continuously wear the *tunic*. The true *tunic* or *new coat (1/1)* is constituted by *penitence*, work towards *the world's change (28/7)*, love of the neighbour, prophetic spirit, in short, by active and creative faith. The passive faith, usually religious, will be dying out and then will pass out of existence.

11. NO WORSHIP OF ICONS! THE TRUE *IMAGES* ARE SIMPLY THE *JUST* ALIVE IN OUR MEMORIES. *COPYING* THEM MEANS LIVING LIKE THEM, BECOMING THE CHRISTS AND THE MOTHERS OF THE WORLD.

★ The *merging (2/13)* of God with his *image* and the *merging* of the divine *I's* and *My's* with the human *I's* and *my's* have already been explained. The *Breath, Voice and Eyes* are those of God of whose nature we have no knowledge—God's nature is not corporeal, and yet not abstract—, but by analogy they are also the *breaths, voices and eyes* of the *just*, of the *prophets* notably. God communicates with the world through these *images (Genesis 1/27)* that the *witnesses* are: Prophets (Abraham, Moses, Jesus, Muhammad, etc., Vigils 2) or other men and women appointed to special missions *(disciples Vigil 5, Mary 33/13-16)*. The *prophet is no longer anything for himself (40/6)*, he represents God; nevertheless, in everyday life he is only a *sinner*, a *penitent*, who toils away *to change his life (30/11)*. In this spirit, the *image* of the *just one* is not his graphic portrait, which is secondary, it is above all the spiritual *memory* that he has left behind him. That spiritual *image* is *sufficient* to inspire the sinners that strive to return onto the *Straight Path (Quran 1/5)*. Sinners cannot *equal (7/6)* God but they can *equal (v.2)* the *just*. The sinners able to imitate the *just* are not so few as people generally think; even Jesus and Mary, who were *sinners*, are not inimitable. The *sinners* who observe the *witnesses' images* in mind (and occasionally in graphic pictures provided they are considered as a psychological help, never as objects of worship) can see themselves such as they are able to become after much effort. The v. 3 reminds of *You shall not venerate images made by your hand (Exodus 20/4)*, and implies the rejection of the 'saints' worship (33/35, 39/4). Only God knows *whoever is saved and whoever is not*. Jesus and Mary are *saved*, but they are no idols.

RÉVÉLATION ORIGINALE — ORIGINAL REVELATION
Les mots en *italiques* reconstituent les mots illisibles du document manuscrit
The italicized words are reconstructions of the illegible words of the handwritten record

12
1. Écoute, homme Michel,
tu prescriras le rite
selon la mesure que Je t'ai ordonnée.
2. Tu n'éprouveras pas Mon Peuple par une pénitence, une prière,
un chant qui dépassent ses forces,
ou le *jettent* dans l'ennui,
car Moi seul,
et non toi ni aucun homme,
peux l'éprouver.
3. Comme ta tête est faible et ton courage chancelant, Mon Souffle rafraîchira sans cesse tes pensées et ton cœur,
pour que tu distingues ce qui est bon
de ce qui est mal à Mes Yeux,
ce qui est assez
de ce qui est peu ou trop,
ce qui est beau
de ce qui ne l'est pas,
car la beauté est servante du Bien.

12
1. Listen, man Michel,
you shall define the observances
in keeping with the moderation that I ordered you (to follow).
2. You shall not put on My People the strain of a penitence, prayer
(and) song beyond their strength
or likely to *throw* them into boredom,
for I alone
may set them under strain,
but you may not, none of men may.
3. Your head is weak and your courage wavering, therefore My Breath will
continually revive your thought and heart
so that you can tell what is good
from what is evil in My Eyes,
what is enough
from what is not much and what is too much,
what is beautiful
from what is not,
for beauty is the servant of Good.

ANNOTATIONS
Verset par verset ou générales ★
Either verse by verse or general ★

12 LA PRIÈRE EST LIBRE. SEULE RÈGLE: *PRONONCER LA PAROLE POUR L'ACCOMPLIR (35/6)*, ET DIRE *PÈRE DE L'UNIVERS* QUATRE FOIS PAR JOUR. ON PEUT AUSSI *DEMANDER À MARIE LE SECRET DE SA FORCE*.

1-2. *Rite* n'a pas le sens de culte ou cérémonial. Il désigne les formes de la *piété*, mais *La Révélation d'Arès* use clairement du mot *rite* à contrepied pour inciter les croyants à prendre leurs distances à l'égard de tout type de *culte* qui évoque la religion, la *superstition (21/1) — culte* est toujours accolé à *princes —*. *Rite* rejoint les mots comme *pénitence, Sacrifice* et d'autres qui à Arès prennent des sens neufs, se détachent de la tradition religieuse. Non seulement le *rite*, tel que le *prophète* le *prescrira*, ne suit pas l'esprit de religion, mais le Père le réduit au minimum (vv. 4 et 5, 20/9, etc.). *La Révélation d'Arès* donne à la *piété*, et donc au *rite*, une nature

★ Dieu dit que le Notre Père n'a *pas été livré au monde* correctement. En effet, les Évangiles palestiniens en donnent deux versions différentes *(Matthieu 6/9-15* et *Luc 11/2-4)*, sans compter les versions en usage dans les églises et dans les sectes selon les traductions qu'elles ont sacralisées. *La prière des pécheurs comme Je l'ai livrée à Mes Témoins* (les apôtres), *mais qu'ils n'ont pas pu livrer au monde* (c.-à-d. que le monde a ultérieurement déformée): On retrouve ici, dans un exemple concret, la mise en garde répétée de Dieu contre l'Écriture falsifiée (16/12, 35/12, I/5). À Arès nous est restituée la prière au Père. *Père de l'Univers*, revenu du Ciel dans sa pureté, est la seule prière dont *La Révélation d'Arès* impose la forme ainsi que la fréquence: *Trois fois le jour, une fois la nuit (v.5)*. Quatre fois quarante secondes; quelle leçon de *mesure* nous donne Dieu! Les Pèlerins d'Arès récitent généralement cette prière dans l'attitude adoptée par le frère Michel depuis 1974, le visage orienté vers Arès, les paumes des mains tournées vers le Ciel. La piété ne se limite pas à cette prière, puisque *prier est proclamer* (toute) *la Parole pour* (= à seule fin de) *L'accomplir (35/4a et 6)*. En dehors de *Père de l'Univers*, chaque croyant a la libre organisation de sa *piété* et de *l'accomplissement* de sa *pénitence* et de sa *moisson* (son apostolat).

---

12 PRAYER IS FREE. A ONE RULE: *TO UTTER THE WORD IN ORDER TO ACHIEVE IT (35/6)*, AND SAY *FATHER OF THE UNIVERSE* FOUR TIMES A DAY. ONE MAY ALSO *ASK MARY FOR THE SECRET OF HER STRENGTH*.

1-2. The word *observances* does not mean worship or ceremonials. It designates the forms of *piety*, but in *The Revelation of Arès* this word clearly takes the opposite view of tradition and incite believers to stand aloof from every type of worship that evokes *religion, cult, superstition (21/1)—religion* is always appended to *princes—*. *Observances* belongs among words like *penitence, Sacrifice* and some others that, in Arès, take on new senses and are growing away from religious customs. Not only are the *observances*, such as the *prophet* shall *define* them, irrelevant to the spirit of religion, but the Father reduces them to the minimum (v. 4 and 5, 20/9, etc).

★ God says that the prayer Our Father has *not been delivered to the world* correctly. Indeed, in the Palestinian Gospels there are two different versions *(Matthew 6/9-15* and *Luke 11/2-4)*, not to mention the versions in use in Churches and sects consistently with translations they made sacred. *The sinners' prayer such as I delivered it to My Witnesses* (apostles) *which they could not deliver to the world* (i.e. which the world distorted subsequently): Once again, in this concrete example, God warns us against the falsified Scriptures (16/12, 35/12, I/5). The prayer to the Father is restored to us in Arès. *Father of the Universe* sent back to us from Heaven in its purity is the only prayer the words and frequency of which *The Revelation of Arès* imposes on believers: *Three times by day, once by night (v. 5)*. Four times forty seconds; what a lesson of *moderation* God teaches us! An Arès Pilgrim usually says this prayer in the attitude that brother Michel adopted in 1974 and has kept since then, his face turned to Arès and the palms turned to heavens. Piety is not restricted to that prayer, since *praying is uttering the* (whole) *Word in order to achieve it* (that is, for the sole purpose of achieving it, *35/4a & 6)*. Apart from *Father of the Universe* every believer freely organizes his or her *piety* and the *fulfillment* of his or her *penitence* and *harvesting* (apostolate).

RÉVÉLATION ORIGINALE — ORIGINAL REVELATION
Les mots en *italiques* reconstituent les mots illisibles du document manuscrit
The italicized words are reconstructions of the illegible words of the handwritten record

4. Écoute, homme Michel ! Voilà la prière des pécheurs comme Je l'ai livrée à Mes Témoins mais qu'ils n'ont pas pu livrer au monde :
PÈRE DE L'UNIVERS,
TOI SEUL ES SAINT.
QUE RÈGNE SUR NOUS TA SAINTETÉ
POUR QUE NOUS FASSIONS TA VOLONTÉ,
POUR QUE NOUS RECEVIONS NOTRE NOURRITURE,
POUR QUE NOUS PUISSIONS PARDONNER
ET RECEVOIR PARDON,
POUR QUE NOUS RÉSISTIONS AUX TENTATIONS
ET QUE SOIT ABATTU LE MALIN,
POUR QUE RÈGNENT A JAMAIS SUR NOUS
TA SAINTETÉ, TA PUISSANCE ET TA LUMIÈRE.
5. Trois fois le jour,
une fois la nuit,
car le pécheur doit bien à son salut l'instant d'une prière dans les ténèbres où circulent les démons comme les loups,
le pécheur priera comme Je le prescris.
6. Écoute, homme Michel ! Je suis hors du temps,

---

4. Listen, man Michel ! Here is the sinners prayer in the very words that I delivered to My Witnesses, that they could not deliver to the world :
FATHER OF THE UNIVERS,
YOU ARE THE ONLY SAINT.
LET YOUR SANCTITY PREVAIL OVER US
SO THAT WE DO YOUR WILL,
SO THAT WE GET OUR FOOD,
SO THAT WE ARE ABLE TO FORGIVE
AND WORTH FORGIVING,
SO THAT WE RESIST TEMPTATION
AND THE DEVIL IS BROUGHT DOWN,
SO THAT WE ARE RULED FOR EVER BY
YOUR SANCTITY, YOUR MIGHT AND YOUR LIGHT.
5. Three times by day,
once by night,
the sinner shall pray as I have (just) laid it down,
because a short prayer time in the darkness where devils move about like wolves is the least the sinner can devote to his own salvation.
6. Listen, man Michel ! I am outside time,

ANNOTATIONS
Verset par verset ou générales ★
Either verse by verse or general ★

d'adaptation personnelle qui les différencie radicalement des piété et rite religieux. Les *piété* et *rite* arésiens restent inséparables du souci actif de *changer le monde*. Dieu recommande de les pratiquer avec *mesure*, simplicité et liberté, pourvu qu'ils dynamisent une *pénitence* et une *moisson* efficaces (voir aussi n. 36/20).

3. *Souffle:* Esprit de Dieu, concept mêlant la Nature, la Pensée, la Vie, le Pouvoir Créateur propres au Père. *Souffle* ou *Esprit* ne désigne pas la troisième personne mythique de la trinité (qui n'existe pas, 23/7), ni une autre partie de Dieu qui agirait de façon autonome. De même, le souffle d'un homme n'est pas distinct de cet homme. *Ta tête est faible:* Dieu rappelle les croyants, le *prophète* compris, au réalisme: Que chacun garde conscience de ses insuffisances (voir 32/5)! Le *prophète* ne fera rien d'efficace et de *beau* dans le domaine spirituel s'il surestime sa *force (36/14)* et son *intelligence (32/5)*, qui sont si *faibles*, comparées à la *Force (35/10)* et au *Souffle* divins, que le Père devra les *rafraîchir sans cesse*.

5. Dieu ne fixe pas d'heures aux récitations de *Père de l'Univers*. Il précise seulement que la quatrième prière a lieu *la nuit*. Mais *Le Livre XLVIII/2* parlant de la prière en général fixe quatre moments: L'aube, midi, le crépuscule et la nuit. Ainsi les Pèlerins d'Arès prient-ils généralement au lever, avant le déjeuner, avant le dîner, et au coucher.

6. *Hors du temps:* État de transcendance à laquelle l'homme peut revenir, s'il le veut. Adam n'était pas éternel, puisque vulnérable, mais, d'une certaine façon, il vécut *hors du temps* avant de rejeter le Projet de Dieu (2/1). Il entra alors dans le cycle du *temps*, il déclencha l'interminable suite des générations déchirées entre le bien et le mal, produit de l'alternance du jour et de la nuit, de la lumière et de la ténèbre, de la vie et de la mort. C'est le grand malheur du monde,

---

The Revelation of Arès gives *piety, observances* therefore, a nature of individual adaptation that separates them from the religious piety, worship and rites. The Aresian *piety* and *observances* are inseparable from active concern about *changing the world*. God advises to effect them with *moderation*, simplicity and freedom, provided they energize efficient *penitence* and *harvesting* (see n. 36/20).

3. *Breath:* God's Spirit, a concept that mingles the Nature, Thought, Life and Creating Power unique to the Father. *Breath* or *Spirit* does not refer to the mythical third person of the trinity (which does not exist, 23/7), or any other part of God supposed to act in an autonomous way. Likewise a man's breath is not distinct from that man. *Your head is weak:* God recalls believers, the *prophet* included, to the sense of realism: Let every one stay conscious of his inadequacy (see 32/5)! The *prophet* will be unable to fulfill anything efficient and *beautiful* in the spiritual field if he overrates his *strength (36/14)* and *intelligence (32/5);* they are so *weak* compared with the divine *Strength (35/10)* and *Breath* that the Father will have to *revive them continually*.

4. A literal translation of *'Toi seul es Saint'* into *'You alone is Holy'* would be deceptive. *You are the only Saint* is the true sense, and it lays stress on the rejection of the worship of saints.

5. God does not set times to say *Father of the Universe*. He only specifies that the fourth prayer is performed *by night*. But *The Book XLVIII/2*, on the subject of prayer at large, sets four moments: Dawn, midday, sunset and night. This is why the Arès Pilgrims pray mainly on rising, before lunchtime, before dinner, and on going to bed.

6. *Outside time:* The state of transcendence that man can regain if he means to. Adam was not eternal, since he was vulnerable, but in a way he lived *outside time* before rejecting God's Plan (2/1). Then he entered the cycle of *time*, he set off the endless sequence of generations torn apart

RÉVÉLATION ORIGINALE — ORIGINAL REVELATION
Les mots en *italiques* reconstituent les mots illisibles du document manuscrit
The italicized words are reconstructions of the illegible words of the handwritten record

mais toi qui es dans le temps,
tu sais combien de soleils se sont levés depuis Ma Parole et Mes Œuvres,
et combien d'hommes, *presque aucun,*
Les ont crues *assez* pour vivre selon Elles
sans écarter leurs pas des Miens ;
il serait facile à un petit enfant de les compter.

7. La multitude pour qui fut payée la dette du Sang, prix payé du Père par le fils
à ceux qui ne pouvaient pas user droitement
des Dons Divins *qui leur furent faits,*
pour la démesure Desquels le Père *trop* aimant était en dette *envers Ses créatures,*

8. la multitude n'a engendré que des générations ingrates, pires les unes que les autres dans l'impiété
et dans l'hypocrisie de la fausse piété,
la dureté du cœur et la rapacité,
leurs adultères, sacrilèges car ils sont une tentative d'impudicité contre leur Dieu Lui-même,

---

but you are inside time,
(so) you know how many suns have risen ever since (men became aware of) My Word and My Works,
and how many men, *virtually none,*
have had *enough* faith in Them to live up to Them
without leading their steps away from My Steps ;
a little child could easily count those men.

7. The multitude for whom the debt of Blood was paid, the price paid by the Father through the son
to those who were unable to use righteously
the Divine Gifts *that they had been given,*
for the excessiveness of Which the *too much* loving Father was indebted *to His creatures,*

8. the multitude have only begotten ungrateful generations ever worse and worse in impiety
and in the hypocrisy of sham piety,
(in) hard-heartenedness and rapacity,
(and in) their adulteries, sacrilegious because they are an immodesty attempt on their God in person,

165   DÉMESURE DE L'AMOUR DU PÈRE — EXCESSIVENESS OF THE FATHER'S LOVE

ANNOTATIONS
Verset par verset ou générales ★
Either verse by verse or general ★

---

qui cessera au *Jour de Dieu (31/8)*. Dieu dit clairement que peu d'hommes jusqu'à présent *ont cru assez pour vivre selon* leur vraie vocation de *fils* (ou *filles*) et *changer le monde*. Il dénie ainsi à la religion toute raison de prétendre donner le salut. Le verset laisse entendre que beaucoup d'hommes, qui croyaient être sauvés selon les assurances des dogmes, ont été jetés dans les *ténèbres (16/15)*. Mais *qui sait qui est sauvé, qui n'est pas sauvé (11/3)*?

7. *Aimer* n'a pas un sens romantique; *aimer* est se devoir aux hommes. Ayant doté ses *créatures* de pouvoirs *démesurés* (divins), le Père est en *dette* envers elles *(Sacrifice*, nn. ★ Veillées 8 et 29). Il assume le risque qu'il prit — risque éternel de l'amour — en créant Adam à son *image et ressemblance (Genèse 1/27*, n. ★★ Veillée 1, n. ★ Veillée 2), lui insufflant cinq facultés: Parole, amour, liberté, individualité et pouvoir de création, des facultés divines même si leur puissance est chez l'homme infiniment inférieure à ce qu'elle est chez Dieu. La liberté, par exemple, a permis à l'homme de refuser la *Vérité* et le *Dessein* du Père pour se créer sa vérité et son dessein propres (religion, politique, cupidité, etc.), et pour dominer, piller, tourmenter, tuer ses frères. Le mal que l'homme provoque librement est heureusement limité par sa conséquence métabolique même: la mort du pécheur (sans parler du Déluge). Mais Dieu *aime trop* l'homme pour ne pas l'aider à *cesser de pécher*. Dieu appelle l'homme sans cesse à la *Vie (24/5)*, il l'assiste par sa Grâce et sa Miséricorde, assumant sa *dette* envers celui qu'il créa libre de défier son Créateur. Le Père continue de parier que la liberté même de l'homme permettra à celui-ci de retrouver sa vocation spirituelle sublime, inconsidérément refusée par *Adam (2/1)*.

8-10. Triste histoire de la foi: Peu de croyants ont eu une conduite digne des *prophètes*. Ces versets laissent à nouveau entendre l'échec des religions, églises et sectes; ils impliquent aussi un avertissement pour ceux qui critiquent la religion ou qui l'ont quittée par auto-satisfaction et

---

between good and evil resulting from the alternation of day and night, light and darkness, life and death. This is the world's capital misfortune which will end on God's *Day (31/8)*. God makes it clear that until now few men *have had enough belief to live up to* their original vocation of *sons* (or *daughters*) and *change the world*. He so denies religion any grounds to claim that it provides salvation. The verse implies that myriad men who believed they should be saved as dogmas contend they should were thrown into *darkness (16/15)*. But *can anyone know whoever is saved, whoever is not (11/3)*?

7. The sense of *to love* is not romantic; *to love* means 'to devote oneself to men'. As he bestowed *excessive* (divine) powers on his *creatures*, the Father is *indebted to* them *(Sacrifice,* n. ★ Vigils 8 & 29). He faces the risk—the eternal risk of love—that he ran by creating Adam in his *image-and-likeness (Genesis 1/27,* n. ★★ Vigil 1, n. ★ Vigil 2), breathing into him five powers: Speech, love, freedom, individuality and power to create, which are divine even though man's strength to exert them is infinitely lower than God's. Freedom, for example, has enabled man to reject the Father's *Truth* and *Design* and create his own truth and design (religion, politics, greed, etc), and keep down, plunder, torment and kill his brothers. Fortunately, evil which man freely causes is limited by its very metabolic outcome: the sinner's death (not to mention the Flood). But God *loves* man *too much*, he cannot help leading man to *conquer sin*. God calls continually on man to find *Life (24/5)*, he assists him through his Grace and Mercy, so proving himself equal to his *debt* to the one whom he made free to defy his Maker. The Father keeps on betting that the very freedom of man will enable him to resume his sublime spiritual vocation once rashly rejected by *Adam (2/1)*.

8-10. The sad history of faith: Few believers have had the conduct that befits *prophets'* followers. Once more the failure of religions, churches and sects is understood in these verses; these also

---
RÉVÉLATION ORIGINALE — *ORIGINAL REVELATION*
Les mots en *italiques* reconstituent les mots illisibles du document manuscrit
The italicized words are reconstructions of the illegible words of the handwritten record
---

9. la multitude n'a pas engendré un seul pécheur pénitent,
à moins que Je ne l'aie abattu de force dans la honte
pour qu'il connaisse,
ployant sous Mon Genou,
l'horreur de ses fautes,
la grande détresse du pèlerin qui apaise le Père.
10. Et même, la détresse passée,
beaucoup ont redressé leur tête fière
et M'ont défié. Malheur à ceux qui tentent leur Dieu !
11. Quelle créature,
dont les os gisent dans la fosse
dans l'espérance de Ma Miséricorde,
pourrait être priée ?
12. Sauf Marie, grosse du fils,
la pécheresse qui Me défia aussi,
mais qui s'imposa les souffrances
de *gratter* de sa chair les souillures,
d'arracher de son cœur les doutes,
pour renaître pure,

---

9. the multitude have not begotten a single penitent sinner
unless I forcibly brought him down
and shamed him into experiencing,
(by having him) bending under My Knee,
the horror of his faults,
the pilgrim's misery that mollifies the Father.
10. Even then, once their misery had passed off,
many of them have raised their proud heads
and have defied Me. Woe betide those who tempt their God !
11. Is there any creature,
whose bones lie in the grave
in the hope of My Mercy,
worth praying to ?
12. Apart from Mary, pregnant with the son,
the woman sinner who also defied Me,
but who made herself undergo great pain
scraping the stains off her flesh,
extracting the doubts from her heart,
in order to be born again in purity,

ANNOTATIONS
Verset par verset ou générales ★
Either verse by verse or general ★

qui croient que le péché n'existe pas, ou qui croient que le péché ne les concerne pas. Ces versets abordent la question du *pardon*, sans le nommer, sujet qu'on retrouve dans d'autres passages. On y voit bien la discordance entre la Parole et les doctrines religieuses. *La Révélation d'Arès* explique que le *pardon* ne résulte pas d'une appréciation ou d'un jugement de Dieu; le *pardon* est simplement la conséquence métabolique, automatique, de la *pénitence (30/11)*, ou vertu, le résultat d'une action sur soi longue et difficile mais libre, qui fait de l'homme son propre re-créateur et, pour ainsi dire, son propre *pardonneur (n.30/8-10)*. Dans ce processus Dieu n'intervient que par sa *Force*, la Grâce, qui répond à la force spirituelle humaine en stimulant la *pénitence*, mais qui aussi précède la *pénitence*, puisqu'elle s'efforce de faire *ployer* l'homme (comme le frère Michel) devant la Vérité. Dans toutes les religions les croyants rigoureux, qui seraient capables de *se changer*, se rangent malheureusement aux idées reçues où les rapports entre Dieu et les hommes sont généralement calqués sur les rapports terrestres entre pouvoirs (chefs, juges, etc.) et sujets. En perdant la Vérité l'homme a perdu à la fois son humilité lucide et le concept de son énorme puissance d'autocréation.

11. Prier les morts, même les supposés «saints», est païen (Veillée 11, 39/4). La Parole de Dieu seule constitue la prière. On peut s'adresser à *Marie,* mais dans un sens différent (note suivante).

12-13. Le Père est très proche de l'homme, mais sa mystérieuse Nature le fait paraître lointain, sinon absent. Le Père sait que beaucoup de pécheurs en prière se sentent seuls, ne perçoivent pas leur parenté avec le Créateur, ou bien ne la conçoivent qu'intellectuellement. Dans l'état actuel de la foi pauvre et grossière, Dieu, le Sage, comble le besoin d'amour, de consolation et d'affinités des pécheurs en leur permettant de prier un humain glorifié, servant de modèle. Un chrétien — quoique *La Révélation d'Arès* ne s'adresse pas seulement aux chrétiens, mais à toute

---

imply a warning to the men who desert religion or are severe critics of it out of self-satisfaction, and who think that sin does not exist, or that sin does not concern them. These verses touch on the issue of *forgiveness*, though the latter is not named, a matter the reader comes across in other parts of this book. We see perfectly the discordance between the Word and religious doctrines. *The Revelation of Arès* explains that *forgiveness* does not result of God's assessment or judgement; *forgiveness* is simply the metabolic, automatic outcome of *penitence (30/11)*, or *virtue*, the result of a lengthy, hard, but free action of man on himself which makes him his own re-creator and, as it were, his own *forgiver (n.30/8-10)*. In the process God interferes only by his *Strength*, Grace, which answers man's spiritual strength in stimulating *penitence*, and which also precedes *penitence* since it strives to get man (like brother Michel) to *bend* to Truth. In all religions the rigorous believers, who would be able to *change themselves*, unfortunately abide by trite ideas in which relationship between God and man is usually model on earthly relationship between powers (leaders, judges, etc.) and subjects. By losing Truth man has lost both his humble clear-sightedness and his enormous power of self-creation.

11. Praying to the dead, even those supposed to be 'saints', is a pagan practice (Vigil 11, 39/4). God's Word alone makes up prayer. One may address *Mary,* but in a different sense (see below).

12-13. The Father is very close to man, but his mysterious Nature makes him seem remote and even absent. The Father knows that a lot of sinners at prayer feel lonesome, do not sense any kinship with the Maker or conceives of it only in an intellectual way. Given the current state of faith, rough and poor, God, the Wise one, fulfils the sinners' great need of love, comfort and affinities by allowing them to pray to a glorified human being, used as a model. A Christian— although *The Revelation of Arès* is not only meant for Christians but also for Abraham's whole

RÉVÉLATION ORIGINALE — *ORIGINAL REVELATION*
Les mots en *italiques* reconstituent les mots illisibles du document manuscrit
The italicized words are reconstructions of the illegible words of the handwritten record

elle qui était plus faible que tout autre.
13. Sauf elle, qui s'est rangée parmi les esprits debout devant Mon Trône,
parmi les *luminaires d'or,*
aucune créature ne sera priée.

13
1. Vois, homme Michel,
les oiseaux qui virent et piaillent inutilement, mais qui mangent de Ma Main.
2. La foule des hommes fera de même autour de toi,
mais elle se nourrira *pourtant* de tes paroles
sans savoir.
3. Mais cette nourriture ne la sauvera pas malgré elle,
car l'oiseau peut avaler la graine
et, malade ou glouton,
la rejeter sans profit.
4. Ainsi se perdra la foule des impénitents,
qui de siècle en siècle se croient plus loin du trépas qu'ils ne sont,
remettant toujours à demain

---

that woman who had been weaker than anyone else.
13. Apart from her, who joined the spirits that stand in front of My Throne,
(who ranks) among the *golden luminaries,*
no creature is to be prayed to.

13
1. Man Michel, watch
the birds wheeling and screeching needlessly, and yet eating from My Hand.
2. The great mass of men will do likewise around you;
nevertheless, they will feed on your word
unknowingly.
3. But that food will not save them against their will,
for any bird can swallow seed
and then, sick or gluttonous,
it throws it up; seed does no good to it.
4. So the impenitent masses will meet perdition,
who century after century keep on believing that deathtime is farther away than it actually is,
(and so) keep on deferring to the next day

LA FOULE QUI VIRE ET PIAILLE — *WHEELING AND SCREETCHING MASSES*

ANNOTATIONS
Verset par verset ou générales ★
Either verse by verse or general ★

---

la famille abrahamique (5/6-7) — se sent proche d'une femme simple comme *Marie*, qui fut pécheresse comme lui, et qui triompha du péché et de ses épreuves (33/13-16) par ses propres moyens. *Trône* (à propos de Dieu), *prier* (à propos de Marie) sont des termes de concession que Jésus prononce d'un ton non dénué d'amusement. Empruntés aux prières religieuses, ces mots montrent que le Père ne repousse pas les pratiques arriérées tant que le monde n'a pas évolué (voir 25/6). Il va sans dire que Dieu n'a pas de *Trône*, que lui seul est *prié*, et que l'on ne *prie* pas *Marie* au sens strict — en fait, on lui *demande* seulement *le secret de sa force (33/16)*.

13 SANS LE *GRAIN* SPIRITUEL LE MONDE EST UNE VOLÉE *D'OISEAUX MALADES* ET ÉPHÉMÈRES DANS UNE *CITADELLE* CLOSE. IL FAUT LIBÉRER LE MONDE, *MOISSONNER* LE GRAND *CHAMP* DE LA *VIE*.

1-3. *Malade ou glouton:* L'homme *malade* des idées reçues, de l'intellect souverain, du jugement des autres, de la religion, de la politique, etc., ne digère pas la Vérité qui dérange son univers culturel et habituel. En général il la refuse. Si par aventure il accepte la Vérité, il l'avale avec *gloutonnerie* et finit par *la rejeter*. Dieu montre que la *maladie* et la *gloutonnerie* de l'esprit sont deux problèmes auxquels le *prophète* et les *moissonneurs* se heurteront; ils seront cause de beaucoup d'échecs missionnaires. Peu d'hommes *profiteront* tout de suite de la Parole révélée à Arès, d'autres la gâcheront. La *Moisson (v. 7)* sera longue.

4-5. *Aussi grande sera ta tristesse...:* Si nous raisonnons par notre concept moderne de justice sociale et politique, nous rejetons l'idée que des hommes dont le seul méfait est de vivre dans la frivolité et l'impiété ou de refuser certaines idées morales ou divines, soient voués à un pénible destin, cela nous semble une scandaleuse atteinte à la liberté. Mais le problème doit être abordé tout différemment. *Se perdre* au sens spirituel ne signifie pas être châtié. *Perdition* n'a pas le

---

family (5/6-7)—feels close to a plain woman as *Mary*, a sinner like him, who was able to conquer sin and hardship (33/13-16) all by herself. *Throne* (in connection with God) and *praying to one* (in connection to *Mary*) are terms of concession which Jesus uttered in a more or less amused tone. Being borrowed from religious ways of praying these words show that the Father will not reject backward practices as long as the world has not evolved (see 25/6). Obviously God has no *Throne*, obviously he alone is *prayed to* and *Mary* is not *prayed to* strictly speaking —in actual fact, she is only *asked for the secret of her strength (33/16)*.

13 WITHOUT SPIRITUAL *GRAIN* THE WORLD IS A FLIGHT OF *SICK* AND SHORT-LIVED *BIRDS* SHUT IN A *CITADEL*. WE MUST RELEASE THEM, WE MUST *HARVEST* THE LARGE *FIELD* OF *LIFE*.

1-3. *Sick or gluttonous:* Man *sick* with generally accepted ideas, supreme intellect, others' judgement of him, religion, politics, etc., does not digest Truth which disrupts his cultural and habitual universe. Most of time he refuses it. If by any chance he accepts Truth, he swallows it with *glottuny*, and finally *throws it up*. God shows that man's mind's *sickness* and *gluttony* are two problems that the *prophet* and the *harvesters* will come up against; they are going to cause many missionary failures. Few men will *benefit* without delay from the Word revealed in Arès; some others will waste it. The *Harvest (v. 7)* will last long.

4-5. *However deep your sadness...:* If we reason by our modern concept of social and politic justice we cannot accept that men whose only misdeed is living in triviality and impiety or rejecting some ethical or divine ideas are doomed to a painful fate; this seems to us an outrageous blow struck at freedom. But we have to tackle the problem in a very different way. In a spiritual sense *meeting perdition* does not mean being chastised. *Perdition* has not the sense that

de renoncer aux vanités,
et les prières des pénitents suffiront à peine à tiédir leurs os dans les abîmes glacés.
5. Aussi grande sera ta tristesse à leur perte
elle ne pourra pas égaler la Mienne
devant la perte de Mes Enfants.
6. Tu n'auras pas l'orgueil de te croire *la Graine*
en te rendant responsable de leur perte ;
tu n'affaibliras pas ton cœur par une contrition vaniteuse, car en perdant ainsi ta paix et ton courage, tu pécheras gravement à Mes Yeux.
7. Te voilà à la lisière du Champ où Je t'ai conduit.
La moisson que tu vas gerber
a des épis plus nombreux que le gravier des mers, car ils sont les générations des générations qui viennent ;
les gerbes que tu vas coucher devant Moi
sont hautes comme des citadelles.
8. Ne geins pas : « Quel homme faible peut abattre une seule citadelle ? »
Si tu ne perds ni ta paix ni ton courage par des pensées vaines,
il ne te sera pas demandé comptes des épis restés debout malgré toi,

---

giving up vanity,
and the penitents' prayers will be barely enough to warm the bones of the impenitent in the freezing darkness.
5. However great your sadness may be at their perdition,
it cannot match Mine
at the sight of My Children's doom.
6. You shall not be so proud as to think that you are *the Seed*
in considering yourself responsible for their doom ;
you shall not let your heart dim from conceited contrition ; you would gravely sin in My Eyes if you lost your peace and courage in this way.
7. Here are you at the edge of the Field that I have led you to.
The harvest that you are going to bind into sheaves
has much more (wheat)ears than seas have gravel, for they are the generations and generations to come ;
the sheaves which you are going to lay in front of Me
are as tall as citadels.
8. Do not wail, "Is there any frail man able to tear down a single citadel ?"
If you never lose your peace and courage in vain thoughts,
you will not have to account (to Me) for the (wheat)ears left standing in

171 LA MOISSON QU'IL FAUT GERBER — THE HARVEST TO BE BOUND INTO SHEAVES

ANNOTATIONS
Verset par verset ou générales ★
Either verse by verse or general ★

sens que la justice (ou l'injustice) terrestre donne à «punition». La *perte* au sens spirituel résulte d'une déficience de l'activité spirituelle de l'homme comme la maladie et la mort résultent d'une déficience de son activité biologique — L'homme, qu'il le reconnaisse ou non, est créé spirituel, quel que soit le degré de spiritualité qu'il atteint, grand, moyen ou nul —. *Qui se croient toujours plus loin du trépas:* Même des croyants, supposés croire en la survie, vivent en *impénitents.* Les uns oublient qu'on n'a que la survie qu'on s'est préparée (33/31-32); les autres croient que la survie est toujours heureuse; tous oublient qu'on meurt toujours plus tôt qu'on ne l'envisage. *Abîmes glacés: ténèbres glacées (16/15, 31/2, 33/32-33, 36/18),* condition de vie pénible ou médiocre dans l'au-delà. Ce n'est pas un mythe; voyez déjà quelle terre de malheurs les hommes se sont faite!

5-6. *Tu n'auras pas l'orgueil de te croire la Graine* est à rapprocher de *Il n'y a qu'un seul Semeur (5/3).* Dieu, l'âme, la survie, les ténèbres, etc., ces concepts font rire les impies, les *scandalisés (28/4)* à qui la religion fit avaler tant de mythes et de mensonges qu'ils rejettent aujourd'hui la Vérité en bloc. Même de nombreux croyants modernes, d'esprit rationaliste, rient. Le scepticisme et la raillerie du monde ne doivent pas provoquer chez le *moissonneur* la peur du ridicule, un sentiment d'humiliation ou de culpabilité, ou bien inversement la rage irraisonnée de convaincre. L'émotivité est la mauvaise conseillère de la foi et de la mission (v. 7), qui doivent être sereines, réalistes, chaleureuses, et toujours garder *la mesure* (Veillée 7). Insister trop tôt sur des points de Vérité inacceptables par une mentalité moderne ne fait pas avancer la mission: *La larve en se hâtant n'atteint pas l'abeille (24/2).*

7-8. Au thème de la *moisson* et des *moissonneurs* dans *L'Évangile donné à Arès* répond le thème de la *pieuse gent* dans *Le Livre (XLV/12-20).* Tout croyant est apôtre ou missionnaire (39/10);

---

the wordly justice (or injustice) gives 'chastisement'. *Perdition* in a spiritual sense results from a deficiency of man's spiritual activity just as illness and death result from a deficiency of his biologic activity—Man is created spiritual, whether he is or is not conscious of it, whatever level of spirituality he reaches, top, medium or non-existent—. *Keep believing that deathtime is farther away than it actually is:* Even believers, though supposed to believe in afterlife, live as *impenitent* people. Some forget one has but the afterlife one has prepared for (33/31-32); others believe that afterlife is always happy; all forget that one always dies earlier than one contemplates to. *Freezing abysses: freezing darkness (16/15, 31/2, 33/32-33, 36/18),* a painful or mediocre life in the hereafter. This is not a myth; just consider the earth of misfortune that men have made for themselves!

5-6. *Not be so proud as to think you are the Seed* should be connected to *There is an only Sower (5/3).* God, soul, afterlife, darkness, etc, these concepts are laughed at by the impious, by *those who lost faith because of hypocritcal religion (28/4),* those whom religion made swallow many myths and lies so that they came to reject Truth out of hand. Even many modern believers with rationalistic minds laugh. The world's skepticism and mockery should not bring into a *harvester* the fear of being ridiculed, or humiliation and guilt feelings, or conversely an unreasoning passion to convince. Emotionalism is a bad consellor of faith and mission (v. 7) which should be serene, realistic, warm, and always *moderate (Vigil 7).* By laying great stress too early upon terms of Truth which modern minds cannot acknowledge the missionary does not make headway: *Can the hurrying grub catch up with the bee? (24/2).*

7-8. The *harvest* and *harvesters* theme in *The Gospel Delivered in Arès* has an analogue in *The Book:* the *pious gens* theme *(XLV/12-20).* Every believer is an apostle or missionary (39/10); a

RÉVÉLATION ORIGINALE — *ORIGINAL REVELATION*
Les mots en *italiques* reconstituent les mots illisibles du document manuscrit
The italicized words are reconstructions of the illegible words of the handwritten record

---

mais de ton découragement, qui est impiété.
9. Mon Souffle passera devant toi
et les ouvriers de la moisson
pour ployer les tiges, les offrir à vos faux ;
qu'elles se redressent avant d'être coupées,
vous n'en serez pas tenus responsables.

14 1. Les Semailles ont été faites,
les épis ont blanchi,
malgré les mauvaises herbes semées par les docteurs, les *déprédations* de leurs princes,
qui ont *sillonné* Mon Champ de *haies* d'épines
et de coulées de pierrailles stériles.
2. Les épis les plus lourds seront les plus difficiles à gerber : ceux poussés à Rome et à Athènes.
Un rempart d'épines les tient loin de ta faux ;
un orgueil *inouï* dresse leurs tiges comme des lances.
3. Que ton courage ne faiblisse pas devant eux,

---

spite of your efforts,
but you shall have to account for your despondency which is impiety.
9. My Breath will go ahead of you
and (ahead of) the workers at the harvest
in order to bend the stems, to present them to your scythes ;
if they straightened up again before being cut down,
you would not be held responsible (for this).

14 1. The Sowing has been made
(and) the (wheat)ears have whitened
notwithstanding the weeds sown by doctors, the *depredations* of their princes,
who have *crisscrossed* My Field with thorn *hedges*
and barren rockslides.
2. The heaviest (wheat)ears will be hardest to bind into sheaves : those grown in Rome and Athens.
A rampart of thorn keeps your scythe off them ;
an *incredible* arrogance holds their stems up like spears.
3. Let your courage not give out in front of them,

LES SEMAILLES ONT ÉTÉ FAITES — *THE SOWING HAS BEEN MADE*

ANNOTATIONS
Verset par verset ou générales ★
Either verse by verse or general ★

---

nul n'assume la vocation spirituelle humaine s'il ne réveille pas cette vocation chez d'autres, s'il ne *moissonne* pas les âmes, s'il ne *change pas le monde* en un monde neuf où savoir et technique seront préservés et même évolutifs, mais où les valeurs fondamentales seront très différentes. Vaincre la *citadelle* des idées, des habitudes et des intérêts demandera plusieurs *générations (24/2)*, mais Dieu affirme que la victoire des *justes* est possible, non au prix de prouesses surhumaines, mais au prix de la *constance (Coran 103)*, de la sérénité *(paix)*, du *courage*, de la *patience (35/7)*, dans l'absence de *pensées vaines* (système intellectuel, idéologie, peur, etc.).

8. La *moisson* de chaque croyant ne sera pas *comptée* en quantité mais en qualité et en fidélité.

9. La *Force* de Dieu sera prodiguée aux *moissonneurs*. Ici *Force* signifie Grâce.

14 LE *DESSEIN* DE DIEU N'EST PAS VINDICATIF, IL EST CRÉATIF. MÊME LA RELIGION ET LA POLITIQUE SONT APPELÉES À DISPARAÎTRE DE BON GRÉ EN CONTRIBUANT À RECRÉER L'HOMME SPIRITUEL.

1. *Semailles:* voir Veillée 5. *Docteurs:* Théoriciens religieux (dogmatistes, théologiens, canonistes) et même théoriciens non religieux: *La Révélation d'Arès* range parmi les *docteurs* beaucoup d'idéologues politiques, de juristes, de philosophes, etc.

2. La *Rome* catholique et *l'Athènes* orthodoxe grecque sont aussi des capitales politiques. Elles impliquent une liste complète des grands sièges religieux et politiques du monde.

4-5. Les grandes religions et leurs alliés profanes, notamment politiques, judiciaires, médiatiques, ont de bonnes raisons de nuire aux *moissonneurs*. Ceux-ci n'affaibliront pas leurs ennemis sans vaincre leurs propres péché et faiblesse en *changeant de vie (30/10-11)* par la *pénitence*, qui

---

man lives up to the human spiritual vocation only if he awakens other men to it, if he *harvests* souls, and *changes the world* into a new world where learning and technique will be safeguarded, but essential values very different. It will take many *generations (24/2)* to conquer the *citadel* of ideas, customs and interests, but God asserts that the *just* can win, not at the cost of superhuman feats, only at the cost of *steadfastness (Quran 103)*, serenity *(peace)*, *courage*, *patience (35/7)* provided they shun *vain thought* (intellectual systems, ideology, fear, etc).

8. Every believer's *harvest* will not be *taken into account* in relation to quantity, but in relation to quality and faithfulness.

9. God will lavish his *Strength* on the *harvesters*. Here *Strength* means Grace.

14 GOD'S *DESIGN* IS NOT VINDICTIVE, IT IS CREATIVE. EVEN RELIGION AND POLITICS ARE CALLED ON TO DISAPPEAR WILLINGLY BY CONTRIBUTING TO RECREATING SPIRITUAL HUMANITY.

1. *Sowing:* see Vigil 5. *Doctors:* Religious theorists (dogmatists, theologians, canonists) and even non-religious theorists: *The Revelation of Arès* ranks many political ideologists, jurists, philosophers, etc, among *doctors*.

2. Catholic *Rome* and Greek Orthodox *Athens* are also political capital cities. They imply a complete list of the main religious and political headquarters in the world.

4-5. Main religions and their profane allies, notably politicians, judges, mass media, have good grounds for harming and prejudicing the *harvesters*. These will not weaken their enemies if they fail to conquer their own sin and weakness by *changing their lives (30/10-11)* through *penitence*,

RÉVÉLATION ORIGINALE — *ORIGINAL REVELATION*
Les mots en *italiques* reconstituent les mots illisibles du document manuscrit
The italicized words are reconstructions of the illegible words of the handwritten record

car ils sont Ma plus belle Récolte.
Tu devras brûler les épines sans brûler les épis pour *L'atteindre* et, pour en ployer les tiges,
te blesser les mains à leurs barbes raides;
(tu devras) gémir sous le poids de leurs gerbes.
4. Lesquels de tes mérites seraient assez grands
pour fournir seulement une goutte de sueur à une tâche aussi démesurée pour l'homme?
5. Mon Bras sera ton bras,
Ma Parole ta parole.

15 1. Je t'ai fait passer par les palais des princes du culte, leur trône, leurs *cours,* leurs sanctuaires, pour que tu connaisses
toutes leurs ruses,
leur hypocrisie,
leur art de parler,
leur art plus grand encore de se taire;
2. tu connais les mensonges,
les venins subtils de leurs silences.

---

for they are My grand Crop.
To reach It you shall burn the thorn but save the (wheat)ears from burning and to bend the stems
your hands will be injured grasping their stiff beards;
(you shall) groan under the heavy sheaves.
4. Would any virtue of yours be great enough
to (enable you to) provide a single bead of sweat for a labor so much inordinate for man?
5. My Arm will be your arm,
My Word your word.

15 1. I made you go through the palaces of princes of religion, their throne, their *courts,* their sanctuaries, so that you could know
all of their wiles,
their hypocrisy,
their skill at speaking,
their even greater skill at keeping quiet;
2. you are aware of the lies,
the subtle venom of their silences.

exige l'acquisition du *courage (v. 3)*. La *pénitence* active se concilie la Grâce, la forte alliance de Dieu, en vertu du principe de synergie.

★ *La Révélation d'Arès* rapproche souvent les chefs et intellectuels profanes des chefs et intellectuels religieux: *Le roi blanc (et) le roi noir même cuisse (XXXVII/14)*. Tous les pouvoirs et systèmes autoritaires sont visés — *Tu ne seras le chef de personne (16/1)* —, surtout ceux dont les dogmes, les idéologies, les morales et les lois pèsent sur le peuple. Les systèmes politiques, judiciaires, etc., semblent n'être que des dérivés des systèmes religieux. La religion s'étant organisée pour défendre ses intérêts et assurer sa continuité depuis des temps très reculés, elle est sans doute le modèle de tous les pouvoirs organisés. De nos jours, la politique et l'économie athées sont organisées comme des églises. De là la difficulté comme la nécessité de travailler à la disparition des systèmes. Si le système religieux cède devant la *moisson*, tout autre système cèdera à son tour; le *monde changera*. Mais Dieu fixe comme priorité l'extinction des religions, parce que celles-ci règnent sur le terrain le plus *semé*, malgré leurs *déprédations* dans les âmes (v. 1). Ainsi donc, quand la bonne *graine* enfouie dans la religion échappera à l'influence des *princes* et des *docteurs*, le germe évangélique libéré, sera particulièrement abondant et riche, propre à *changer le monde* (voir 15/7) plus vite. Par là, la religion (les églises notamment) est bien *la plus belle Récolte (v. 3)*.

15 LE PROPHÉTISME PARAÎT FAIBLE PARCE QU'IL LIBÈRE. LA RELIGION ET SES ÉMULES (POUVOIRS PROFANES) PARAISSENT FORTS PARCE QU'ILS DOMINENT. MAIS LE PROPHÉTISME PEUT ET DOIT VAINCRE.

1. Quand Jésus lui apparaît, le frère Michel est ecclésiastique (n. ★ Veillée 1). Pourquoi Dieu appelle-t-il un membre de ce clergé qu'il désavoue, qu'il soit chrétien, juif, musulman ou d'autre sorte? Parce qu'il appelle tous les pécheurs sans distinction, et parce qu'il semble que Dieu veut

---

which demands the acquisition of *courage (v. 3)*. Active *penitence* wins Grace, a strong alliance with God, by virtue of the principle of synergy.

★ *The Revelation of Arès* often considers profane leaders and intellectuals as tied up with religious leaders and intellectuals: *The white king (and) the black king (are) a one thigh (XXXVII/14)*. All authoritarian powers and systems are aimed at—*You shall not be a ruler over anyone (16/1)*—, notably those whose dogmas, ideologies, moral standards and laws lie heavy on the people. Political, judiciary, etc, systems seem to be only by-products of religious systems. As religion has got itself organized to secure its interests and continuation since very remote times, it may be the model of all organized powers. Nowadays atheistic politics and economics are organized like churches. Hence both the necessity and toil to do away with systems. If the religious system gives way under the *Harvest* all other systems whatever will give way, the *world* will *change*. But God says that the extinction of religions takes priority, because religions, their *depredations* in souls (v. 1) notwithstanding, rule on the system most densely *sown*. Accordingly, when the good *seed* buried in religion eludes the *princes'* and *doctors'* influence, the thus released evangelical germ will be particularly abundant and rich, likely to speed up the *change of the world* (see 15/7). Therein we see that religion (especially the churches) is definitely the *grand Crop (v. 3)*.

15 PROPHETHOOD SEEMS WEAK BECAUSE IT FREES. RELIGION AND ITS EMULATORS (PROFANE POWERS) SEEM STRONG BECAUSE THEY DOMINATE. BUT PROPHETHOOD CAN AND SHALL WIN.

1. When Jesus appears to brother Michel, the latter is a cleric (n. ★ Vigil 1). Why does God call a member of that clergy he disowns, whatever it is: Christian, Jewish, Muslim or of other kinds? Because he calls all of sinners without exception, and because it seems that God intends to make

RÉVÉLATION ORIGINALE — ORIGINAL REVELATION
Les mots en *italiques* reconstituent les mots illisibles du document manuscrit
The italicized words are reconstructions of the illegible words of the handwritten record

Prends-les en pitié ! Ils jettent leur venin comme les serpents traqués ;
leur silence témoigne de leur peur.
3. Trouvent-ils *une échappée,* ils s'enfuient en sifflant. Leurs sifflements
sont aussi vains que leurs silences. Mais qu'ils veuillent te mordre,
Je ne permettrai pas qu'ils mordent Mon Messager comme leurs proies
pour les engourdir
avant de les dévorer ;
4. Mon Souffle t'élèvera au-dessus d'eux
aussi légèrement que le vent soulève les ailes d'une cigogne au-dessus
des bêtes sauvages.
5. Si, poussés par la crainte d'entrer *en conflit avec* Moi, certains princes
acceptent de t'écouter,
rends-toi à leur convocation,
dans la paix livre-leur Mon Message,
réponds à leurs questions.
6. Mais refuse discussions et compromis ;
Ma Parole ne se divise ni ne se tait ;
que traiterais-Je avec des puissances illusoires ?
7. Que des princes sans ruse acceptent de se rendre à Ma Parole,

---

Pity them ! They spit out their venom as stalked serpents do ; their silence
bespeaks their fear.
3. When they find an *escape path* they flee hissing. Their hisses are as vain
as their silences. But, if they seek to bite you,
I will not allow them to bite My Messenger as (they bite) their preys to
numb them
before devouring them.
4. My Breath will lift you above them
gently as the wind lifts up a stork's wings above wild beasts.
5. If some princes, driven by fear of becoming involved *in a conflict with*
Me, are willing to listen to you,
(you) respond to their summoning,
deliver My Message to them with serenity,
answer their questions.
6. But dismiss discussions and compromises ;
My Word is not (meant) to be divided or silenced ;
whatever dealings would I have with illusive powers ?
7. If guileless princes agree to surrender to My Word,
they shall right away hand in to you their crowns,

ANNOTATIONS
Verset par verset ou générales ★
Either verse by verse or general ★

faire un *prophète* d'un homme qui a acquis une expérience religieuse qui sera précieuse à sa mission que les religions vont combattre.

2-3. L'opinion de Dieu rejoint l'opinion populaire sur les clergés. Comme dans toute société on y trouve le bon et le mauvais, mais dans le clergé seul on peut trouver le pire, parce que, quand des religieux dont on attend sagesse, amour et miséricorde deviennent des politiques et des juges rusés, parfois impitoyables *(serpents qui mordent)*, des *hypocrites (21/3, 28/8)* et des lâches *(serpents qui fuient)*, ils touchent à *l'abomination*, et le monde désespère de la foi.

5. À plusieurs reprises *La Révélation d'Arès* recommande à son *témoin* et à ses compagnons de ne pas forcer la porte des clergés (et des pouvoirs profanes, toujours sous-entendus, étant les émules de la religion), parce qu'ils sont *dangereux (36/22)*. Le *témoin* et ses compagnons sont cependant encouragés à rencontrer les représentants religieux et profanes qui souhaitent les *écouter* de leur plein gré et de bonne foi.

6. Le *prophète* représente *l'Honneur* de Dieu *(XXXVI/16)*. Aussi, pas plus que Dieu *ne traite avec des puissances* qui dominent l'histoire terrestre présente, mais qui sont *illusoires* devant l'avenir historique absolu (la *Victoire* de la vie spirituelle, le retour à Éden), le *prophète* ne traitera avec elles. Dieu peut seulement, en vue du *Triomphe (10/8)* du bien, accepter un *compromis* avec ceux *qui ne prononcent pas son Nom, les hommes rudes des steppes* (voir Veillée 28) ou avec *le siffleur qui chante avec le prophète (XXXI/19)*, quand leur action s'accorde avec son *Dessein*. Mais Dieu refuse tout *compromis* avec ses rivaux séculaires qui disputent à la liberté le règne spirituel comme civil, qui n'ont d'ambition que pour eux-mêmes et pour leurs systèmes dans lesquels ils voient la seule providence du monde.

---

a *prophet* of a man who has gained religious experience which will be invaluable to his mission, which religions are going to fight.

2-3. Closely akin to the popular opinion is God's opinion of clergy. In them as in any society one finds good and evil, but only in clergy the worst may be found because, when religious men from whom one expects wisdom, love and mercy become cunning, sly, sometimes pitiless policians and judges *(snakes which bite)*, hypocrits *(21/3, 28/8)*, and cowards *(snakes which flee)*, they verge on *abomination*, and the world despairs of faith.

5. *The Revelation of Arès* repeatedly advises its *witness* and his companions against forcing their way into clergy's houses (and the houses of profane powers always understood because they emulate religion) because they are *dangerous (36/22)*. The *witness* and his companions, however, are encouraged to meet the religious and profane officials that, of their own will and in good faith, wish to *listen to* them.

6. The *prophet* represents God's *Honor (XXXVI/16)*. Consequently, just as God *has no dealings whatever with powers* which dominate the present history but are *illusive* with regard to the absolute historic future (*Victory* of spiritual life, the return to Eden), the prophet shall not make any deal with them. God, with a view to the *Triumph (10/8)* of good, may only agree to a *compromise* either with men *who do not speak his Name, the tough steppe men (see Vigil 28)* or with *the whistler that sings along with the prophet (XXXI/19)*, when they act in keeping with his *Design*. But God refuses to come to *compromise* with his long-standing rivals who keep on fighting with freedom for the spiritual as well as civil reign, and who have made it their only aim to secure their positions and systems which they consider as the world's only salvation.

qu'ils te remettent sur le champ leur couronne,
leur bâton de commandement.
Qu'ils descendent de leur trône,
qu'ils se chaussent, raidissent leurs poignets de bracelets de cuir,
et te suivent à la Moisson !

16
1. Écoute, homme Michel !
Tu ne seras le chef de personne ;
tu es seulement le premier, comme l'aîné est premier né de ses frères et sœurs,
premier à avoir reçu l'Enseignement du Père.
2. On viendra pour écouter Ma Parole,
on t'appellera pour prendre tes conseils,
non pas pour prendre tes ordres.
3. Beaucoup t'aimeront ; d'autres ne t'aimeront pas ;
cela ne leur sera pas *imputé* à péché
s'ils obéissent à Ma Parole.
4. Aucune assemblée n'appellera ton patronage ; il n'y aura que des assemblées de Dieu.

---

their commander batons.
They shall step down from their thrones,
they shall put on strong shoes, stiffen their wirsts with leather bands,
and then gather the Harvest along with you.

16
1. Listen, man Michel !
You shall not be a ruler over anyone ;
you are only the first, just as the eldest is the first-born among his brothers and sisters,
the first who received the Father's Teaching.
2. People will come (to you) to listen to My Word,
they will call you in to take advice from you,
(but) not to take orders from you.
3. Many of them will be fond of you ; many others will not,
which will not be *imputed* to them as a sin
providing they obey My Word.
4. No assembly will call you as its patron ; there will be only assemblies of God.

ANNOTATIONS
Verset par verset ou générales ★
Either verse by verse or general ★

7. *Bâton de commandement:* Tout insigne de haut rang, surtout religieux: Crosse, croix, etc.

16 L'HUMANITÉ FUT CRÉÉE SANS *CHEFS* NI *JUGES* CIVILS OU RELIGIEUX. LA FOI LIBÉRÉE DE SES DOMINATEURS, QU'ILS SOIENT HOMMES OU MYTHES, ANNONCE LE *MONDE CHANGÉ*.

1-2. Le *juste prophète (XXXVII/2)* représente l'opposé de la religion, et par analogie de la politique, de la justice, etc., qui se posent en institutions sacrées; leur fond est légaliste, immobiliste, *dominateur (29/2, etc.).* Le *prophète* préfigure le serviteur qui remplacera le *chef* et le *juge (Matthieu 7/1, etc.)* en tout domaine. Il ne *commande,* ni ne juge, ni ne *momifie (XLIX/7)* la société des *frères (v.2, 36/19).* Au contraire, il les pousse à évoluer sans cesse librement. Il défend la Vérité qu'il a reçue *le premier,* dispense *enseignement (39/1)* et *conseils (v. 2),* définit le prophétisme pratique *(coupe la perche courte ou longue XX/6-7),* mais sans donner *d'ordres.*

3-6. Jamais aucun culte de la personne. Pas de vedettariat, pas de cérémonial, pas de publicité tapageuse comme ceux qui entourent les puissants religieux et politiques. Le *prophète* d'Arès vit et travaille comme *l'ouvrier* de l'Évangile qui reçoit *son salaire (v.8).* Il suffit à ses frères d'écouter et d'appliquer à leur vie la *Parole* qu'il leur apporte. *Il n'y aura que des assemblées de Dieu:* voir 8/1; une nouvelle fois clergés, hiérarchies, pouvoirs, etc., sont montrés comme le frein de toute évolution heureuse du monde.

---

7. *Commander baton:* Any insignia of high-ranking position, especially religious ones: Crosier, cross, etc.

16 HUMANITY WAS CREATED WITHOUT CIVIL OR RELIGIOUS *RULERS* AND *JUDGES*. FAITH FREED FROM ITS DOMINATORS, WHETHER MEN OR MYTHS, BETOKENS THE *CHANGED WORLD*.

1-2. The *just prophet (XXXVII/2)* constitutes the reverse of religion, and by analogy of politics, law, etc., which pose as sacred institutions; they are based on legalism, immobilism, *domination (29/2, etc).* The *prophet* foreshadows the servant expected to replace the *ruler* and the *judge (Matthew 7/1, etc)* in every domain. He does not *command* or judge or *mummify (XLIX/7)* the society of the *brothers (v.2, 36/19).* On the contrary, he urges them to be forever freely evolving. He defends Truth which he received *first,* gives *teaching (39/1)* and *advice (v. 2),* defines the practical prophetic action *(cuts the pole short or tall XX/6-7),* but he gives *no orders.*

3-6. There shall be no cult of persons ever. No stardom, no ceremonial, no obtrusive publicity ever like those characteristic of religious and political powers. The *prophet* of Arès lives and works as the Gospel's *worker who gets reward for his task (v.8).* His brothers shall only listen to God's Word that they receive from the *prophet* and apply it to their ways of life. *There will be only assemblies of God:* see 8/1; once more God explains that clergy, hierarchies, powers, etc., are a brake upon every evolution propitious to the world.

RÉVÉLATION ORIGINALE — *ORIGINAL REVELATION*
Les mots en *italiques* reconstituent les mots illisibles du document manuscrit
The italicized words are reconstructions of the illegible words of the handwritten record

5. Tu vivras sans pompe ni artifice
   auprès de ton épouse et de ta descendance
   comme tu as vécu jusqu'alors.
6. Tu ne te prêteras pas à la curiosité.
7. Tu ne béniras personne ni aucune chose ;
   Mon Bras seul bénit.
8. Tu imposeras les mains aux malades,
   tu les traiteras de toutes les manières de ton art,
   selon ton art tu défendras les affligés contre le mal et les méchants,
   contre la magie et les devins,
   car le travail est bon à l'ouvrier et il en reçoit son salaire.
9. À la prière tu te rendras le premier ; à tes conseils et préceptes tu seras le premier soumis ;
   ainsi tu formeras l'exemple de toute soumission à Dieu.
10. Tu n'évoqueras pas ta vie passée,
    il n'y a rien là dont tu puisses être fier,
    mais tu revêts aujourd'hui un manteau neuf,
    celui du serviteur du temps qui vient.
11. Non seulement tu suivras Mon Enseignement

---

5. You shall live without pomp or artifice
   with your wife and descendants
   just as you have lived thus far.
6. You shall not indulge (people's) curiosity (about you).
7. You shall not bless anyone or anything ;
   My Arm alone blesses.
8. You shall lay your hands on the sick,
   you shall treat them in all the ways of your art,
   as far as your art can you shall defend the afflicted against evil and the wicked,
   against magic and seers,
   for work is (a) good (thing) for the worker, and he gets reward for it.
9. You shall go to prayer the first ; you shall be the first to abide by your own advice and precepts,
   so you will be the model of complete submission to God.
10. You shall not evoke your past,
    nothing is worth pride in your past,
    but you are clothed in a new coat today,
    the coat of the servant of time to come.

ANNOTATIONS
Verset par verset ou générales ★
Either verse by verse or general ★

7. Voir 36/11.

8. Ce verset évoque un point particulier, quoique secondaire, de la vie du frère Michel. Quand Jésus lui apparaît en janvier 1974, il n'est pas seulement connu comme ecclésiastique (n. ★ Veillée 1), il est aussi connu pour un certain don de conseil et de soulagement des souffrances physiques et morales, selon le précepte évangélique: *En mon Nom ils chasseront le mal, ils transmettront la Parole dans diverses langues, ils affronteront des dangers mais en réchapperont, ils imposeront les mains aux malades et aux autres (Marc 16/17-18).* Après 1974 une rumeur malveillante, citant à contresens *L'Évangile donné à Arès,* répandra que le frère Michel fait de la magie, voire même de la sorcellerie. Au contraire, Dieu ordonne au frère Michel de combattre *devins* et faiseurs de *magie* dans des termes qui rappellent la loi de l'Exode.

9. Autrement dit, il faut vivre comme on demande aux autres de vivre.

10. Qu'aucune apologie, «légende dorée» ou mythe n'auréole le *prophète!* Il est pécheur comme tout homme. Ne fut-il pas ecclésiastique, état que Dieu réprouve? Et avant cela ne fut-il pas un homme de science, un cadre de l'industrie (ingénieur durant les dix premières années de sa vie active)? Dieu ne condamne pas le principe de la science et de l'industrie qui découle du pouvoir créateur de *l'image et ressemblance;* il déplore seulement qu'elles soient des outils aux mains de *dominateurs et spoliateurs (27/9).* Le *prophète* ne fut-il pas aussi un rationaliste athée jusqu'à sa conversion en 1964? De quoi pourrait-il être *fier?* Le passé du *prophète,* s'il était *évoqué,* ne montrerait pas que de bons exemples aux *âmes* qu'il lui faut faire éclore et guider désormais.

---

7. See 36/11.

8. The verse brings up a particular point, though of secondary interest, of brother Michel's life. When Jesus appeared before him in January 1974, not only was brother Michel well known as an ecclesiastic (n. ★ Veillée 1), but he was reknown for a gift for advising people and soothing physical and moral sufferings according to the Gospel precept: *In my Name they will drive off evil, they will deliver the Word in various tongues, they will face dangers but will come through them, they will lay their hands on the sick and on others (Mark 16/17-18).* After 1974 malicious people drew a wrong inference from *The Gospel Delivered in Arès* and spread a rumor that brother Michel used to perform magic and even sorcery. On the contrary, God orders brother Michel to fight against *seers* and *magic* performers in words reminiscent of the Exodus code.

9. In other words, one must live in the way one urges others to live.

10. Let no apology or 'golden legend' or myth glorify the *prophet!* He is a sinner as every man. Did he not belong to clergy, a profession God reproves? And before joining clergy had he not been a man of science, an industry executive (an engineer for the ten early years of his working life)? God does not reject the principle of science and industry which follow from the *image-and-likeness's* power to create; he is just grieved to see that they have been turned into tools in *dominators and despoilers'* hands (27/9). And had the *prophet* not been a atheistic rationalist before he converted in 1964? Is there anything *worth pride* in all that? If the *prophet* would *evoke his past,* he would not give the *souls* he has to bring into existence and guide from now onward an example of what a *soul* must be.

RÉVÉLATION ORIGINALE — ORIGINAL REVELATION
Les mots en *italiques* reconstituent les mots illisibles du document manuscrit
The italicized words are reconstructions of the illegible words of the handwritten record

donné de Voix Humaine à Mes Témoins,
mais aussi Celui donné de Voix Céleste
à Moïse, à tous les prophètes,
car Ce Que Je te livre maintenant n'obscurcit pas, mais éclaircit tout
Mon Enseignement
d'Adam à ce jour.

12. Tu ne prendras pas pour Ma Parole
la parole d'homme,
celle de Paul ou de Jean, de Pierre et d'autres,
et celle de leur descendance, qui leur a forgé des couronnes et qui s'en est coiffée.

13. À leur suite ne creuse plus de puits secs,
ne cherche plus d'eau où elle ne peut pas sourdre.
N'en déduis pas davantage que ces hommes se sont perdus. Ne t'assieds pas à Mon Tribunal après être descendu de Mon Trône !

14. Que tes lèvres ne profèrent aucun jugement
sur personne.
Ne donne ton avis sur son péché qu'à celui qui te le demandera en secret pour lui-même,

---

11. You shall keep to My Teaching
once given to My Witnesses in a Human Voice,
and also the Teaching given to Moses, to all prophets
in a Heavenly Voice,
seeing that What I have been delivering to you now does not obscure,
but clarifies My whole Teaching
from Adam('s days) until today.

12. You shall not mistake man's word
for My Word,
(you shall not mistake) Paul's, John's, Peter's and some others' (word)
or the word of their descendants who forged crowns for them, with which they crowned themselves, (for My Word).

13. Stop boring dry wells as they did,
stop searching for water where it is unlikely to well out.
For all that do not gather that those men met perdition. Do not sit in My Court after you have stepped down from My Throne !

14. Let your lips never utter any judgement
on anyone.
Do not give your views on a man's sin unless he asks you to in secret,

ANNOTATIONS
Verset par verset ou générales ★
Either verse by verse or general ★

11. On ne comprend ce verset qu'en le reliant au suivant (v. 12) et aux versets 35/12 et I/10-11 par lesquels Dieu prévient que l'Écriture a été falsifiée et ordonne au frère Michel de rétablir la Vérité. La Parole que Dieu *donna de Voix Humaine aux Témoins* (les apôtres) ou *de Voix Céleste à Moïse* (au buisson ardent et au Mont Sinaï) *et à tous les prophètes* n'est plus discernable à l'état pur dans l'Écriture. Seul le *prophète* d'Arès la discerne; c'est le sens de *Ce Que Je te livre n'obscurcit pas mais éclaircit.* La parole de *Mikal* (Michel) *(1/12)* corrigera les déformations, les coupures et les ajouts *(Paul, Jean, Pierre et d'autres v. 12)* que l'Écriture a subis d'une part, et les mauvaises interprétations (théologie) d'autre part.

12. *Livres:* Autant des passages de livres, des phrases ou des mots, que des livres entiers. Dieu dénonce autant l'inauthenticité et l'altération des textes que les contresens, que le *prophète* désignera ou qui se déduiront logiquement de l'étude de *La Révélation d'Arès*. L'évangile et l'apocalypse de *Jean*, les épîtres de *Paul* et de *Pierre*, mais aussi *beaucoup d'autres livres* (ou passages de livres) *(35/12, I/10-11)* dont l'Écriture est encombrée, soit expriment l'opinion personnelle de leurs auteurs (réels, supposés ou inconnus) sur ce qu'ils ont entendu, vu et vécu de première ou seconde main, soit cachent des censures, ajouts, déformations, comme ceux dont souffrirent, par exemple, les quatre récits de l'Exode, notamment la majeure partie du code de Moïse bestialisée et remplacée par des lois cléricales. Les religions ont sanctifié ces écrits altérés, soit par erreur, ignorance, ou impossibilité d'y voir clair, soit parce qu'elles y trouvaient de quoi justifier leurs *couronnes*, et *étonner les faibles (23/7)* pour leur profit.

13. *N'en déduis pas que ces hommes se sont perdus: Jean, Paul, Pierre et d'autres (v. 12)* furent de sincères et vaillants missionnaires. L'erreur n'exclut pas la sincérité. On sait que les apôtres s'égarèrent *sur les friches* païennes *(5/3-5)*; certains d'entre eux crurent bien faire en réécrivant la *Parole* de Dieu, enseignant leurs erreurs de bonne foi — *friche* désigne aussi le terrain abstrait

---

11. One cannot understand this verse if one neglects to link it with the next (v. 12) and the verses 35/12 and I/10-11 by which God warns against the falsification of the Scriptures, and orders brother Michel to restore Truth. The Word that God gave *to the Witnesses* (the apostles) *in a Human Voice* or *to Moses* (at the blazing bush and on Mount Sinai) *and to all prophets in a Heavenly Voice* is no longer discernible in its purity in the Scriptures. Only the *prophet* of Arès can discern it; that is the sense of *What I have been delivering to you does not obscure, but clarifies. The word of Mikal* (Michel) *(I/12)* is to correct the distortions, excisions and additions *(Paul, John, Peter and some others v. 12)* the Scripture has been subjected to, on the one hand, and correct the misinterpretations (theology), on the other hand.

12. *Books:* Complete books as well as parts of books, sentences and even words. God denounces the inauthenticity and alteration of texts as well as every misinterpretation, which the *prophet* is to point out, or which will be coherently inferred from the study of *The Revelation of Arès*. *John's* gospel and revelation, *Paul's* and *Peter's* epistles, and *other books* (or parts of books) *(35/12, I/10-11)* with which the Scriptures are cluttered, either express the private opinions of their real, supposed or unknown authors about what they heard, saw and lived through, or conceal excisions, additions, distortions, like for example those that the accounts of the Exodus were subjected to, notably most of Moses' code bestialized and replaced with clerical laws. Religions have hallowed those altered writings either by mistake or by ignorance or for want of perceptiveness, or because they found in them what they needed to vindicate their *crowns* and *stun the weak (23/7)* to their advantage.

13. *For all that do not gather that those men met perdition: John, Paul* and *some others* were sincere and brave missionaries. Sincerity and error are not mutually exclusive. We know that the apostles strayed into the pagans' *fallow lands (5/3-5);* some of them meant well in rewriting

RÉVÉLATION ORIGINALE — ORIGINAL REVELATION
Les mots en *italiques* reconstituent les mots illisibles du document manuscrit
The italicized words are reconstructions of the illegible words of the handwritten record

mais garde-toi de donner ton avis sur la faute de *quiconque à des tiers*, pas même au père à propos de ses enfants, ni à l'époux à propos de son épouse, ni à la veuve à propos de son mari défunt.
Renvoie chacun à Mon Enseignement !

15. N'évoque pas à tout propos Ma Miséricorde
pour encourager les faiblesses,
mais rappelle à l'impénitent qu'il anéantit son âme, et que son spectre errera par les ténèbres glacées, plus malheureux que les vers aveugles et nus *dans les profondeurs des nécropoles,*

16. le spectre qui vient pleurer sur ses os blanchis,
sur sa chair évanouie,
auquel il ne reste, dans le tourment des regrets et le froid infini, que l'espérance de Mon Jour,
le spectre pour qui l'instant est long comme un jour, le jour long comme un siècle,
tant est cruel le froid qui le transperce,
apeurante l'obscurité où il erre.

17. *Maint* pécheur, égaré par les prêtres cajoleurs, te narguera. « Tu parles comme une méchante vieille, te criera-t-il. Dieu est bon. Comment,

---

but you shall guard against giving your views on the fault of *anyone to a third party,* not even to a father on his children, or to a husband on his wife, or to a widow on her late husband.
You shall refer each of them to My Teaching instead !

15. Do not foster (men's) weaknesses
by alluding to My Mercy at every turn,
but remind the impenitent man that he wrecks his soul, and that his specter will roam about the freezing darkness more miserable than blind bare worms *in the depths of necropolises,*

16. the specter which comes (back) to mourn over its bleaching bones,
over its gone flesh,
the specter which, in the misery of regrets and in the infinite cold, has nothing left but the hope that My Day will come,
the specter to which a moment feels like a daytime, a daytime like a century,
because the cold that cuts through the specter is most cruel
(and) the darkness where it wanders most frightening.

17. *Many a* sinner, misled by the coaxing priests, will cheek you. He will shout to you, "You talk like a nasty old woman. God is good. How

ANNOTATIONS
Verset par verset ou générales ★
Either verse by verse or general ★

de l'erreur —. Ils n'imaginaient pas qu'on estimerait plus tard leurs écrits égaux à la Parole de Dieu, de sorte qu'ils ne sont pas responsables de la sanctification de leurs œuvres par la religion.

14. Voir *Matthieu 7/1-2: Ne jugez pas* un homme passé ou présent, croyant ou incroyant. Surtout ne préjugez pas de son salut ou de sa perte (11/3). Ce précepte évangélique est, par surcroît, une sagesse, car quiconque juge se trompe toujours, parce que *l'intelligence* est *faible (32/5)* et l'objectivité impossible. Le *jugement* est un péché contre l'amour et un péché d'arrogance car tout jugement parodie Dieu, qui seul serait le Juge s'il n'était pas *le Père aimant (12/7)*. Ne pas juger ne signifie pas rester passif face à celui qui devient un poison dangereux pour *l'assemblée (37/9)*, qui sera *éloigné* avec fermeté, mais sans *jugement*, sans punition ni représailles.

15. Voir 27/2. En *encourageant les faiblesses* non seulement on approuve ceux qui manquent à la *pénitence* (au sens arésien constructif, créateur, non au sens doloriste), mais on sape à la base le *Dessein* même de Dieu: le *changement du monde*. La *pénitence* n'est pas ascétique, c'est une vie de *joie (30/11)*, mais qui ne suit pas les caprices de l'autosatisfaction, de la paresse et du rêve. Ce verset vise particulièrement les *faiblesses* de notre époque où vivre selon ses caprices paraît la normalité, un droit légitime. Les *faiblesses* peuvent conduire aux *ténèbres glacées*.

16. *Spectre:* Voir 4/5-7. Voici une description de l'enfer qui porte à réfléchir (voir n. 13/4).

17. La religion *encourage* généralement le formalisme, la foi sans effort de transformation. La simple confiance mise dans le «sang du christ versé pour nous» suffit aux chrétiens; l'observation de la torah suffit aux juifs; les cinq piliers de l'Islam suffisent aux musulmans, etc. Pour *La Révélation d'Arès*, il s'agit là d'une foi inopérante. Il faut *changer (28/7, 30/11)*, de sorte que l'action vaut plus que la croyance seule (28/11-12). C'est peut-être pour retenir ses fidèles que la

---

God's Word; they taught their mistakes in good faith—*fallow land* refers to the abstract area of error too—. They did not anticipate that their writings would be considered equal to God's Word, so they were not responsible for the sanctification of their works by the church later.

14. See *Matthew 7/1-2: Do not judge* a man, whether past or present, whether a believer or a nonbeliever. Above all, do not prejudge his salvation or perdition (11/3). Besides this gospel precept is a wisdom because whoever judges is always mistaken, because *intelligence* is *weak (32/5)* and objectivity impossible. *Judgement* is a sin against love and a sin of arrogance, for any judgement parodies God who alone would be the Judge if he were not the *loving Father (12/7)*. *Not judging* does not mean staying passive before anyone turned a poison dangerous to the *assembly (37/9)*; he will be sent away resolutely but without *judgement*, punishment or retaliation.

15. See 27/2. By *fostering weaknesses* not only do you approve of those who fail in their *penitence* (in the constructive, creative Aresian sense, not in a doloristic sense), but you undermine God's very *Design: the world's change*, at its base. *Penitence* is not ascetic, it is a life of *joy (30/11)*, but not prompted by the whims of selfsatisfaction, laziness and dream. The verse applies perfectly to the *weaknesses* of our time when living according to whims seems to be the normality, a legitimate right. *Weaknesses* can lead men to the *freezing darkness*.

16. *Specter:* See 4/5-7. This description of hell should make the reader reflect (see n. 13/4).

17. Religion generally *fosters* formalism, faith without efforts of transformation. Mere trust put in "Christ's blood spilled for us" seems enough to Christians; mere observance of the torah seems enough to Jews; the five pillars of Islam seem enough to Muslims, etc. *The Revelation of Arès* regards such a faith as inoperative. Man has to *change (28/7, 30/11)*, so that the worth of action

étant bon, pourrait-Il me réduire à un spectre *lamentable ?* »

Tu répondras : « Dieu est bon au bout de la pénitence ! »

18. Je n'ai pas laissé d'autre Enseignement à Mes Témoins, et Je n'En retranche *ni ne change rien* ici.

17

1. Tes dents claquent, homme Michel.
L'effroi a *bandé* tes nerfs,
parce que, l'instant d'un regard, Je t'ai montré le séjour des spectres.

2. Mieux vaudrait pour eux d'avoir pourri tout entiers en terre comme l'aurochs abattu par les ans ;
mais l'homme n'est pas un aurochs.
De la bête Je lui ai donné la chair, les entrailles et les os
pour échafaudage

3. *à* son vrai corps,
aussi léger qu'une fumée pure,
qui ne naît pas du ventre de la mère
mais de la vie de l'homme déjà né
qui *s'engendre lui-même* en une autre vie *infinie*

---

could a good God reduce me to a *miserable* specter ? "

You shall answer : " God is good when you end off (your) penitence ! "

18. The Teaching that I left to my Witnesses was not different ; I have neither left out *nor altered anything* of It today.

17

1. Your teeth are chattering, man Michel.
Dread has *tautened* your nerves
because, in a glance's time, I have showed you the specters' abode.

2. It would have been better for them to rot away in the dust as aurochs worn away by the years (long ago) ;
but man is not aurochs.
I gave man the beast's flesh, entrails and bones
as scaffolding

3. *for* his real body,
as light as a pure smoke,
that is not born of the mother's womb,
but (that is born) of the (way of) life of the man already born
who *begets himself* into an *infinite* life

ANNOTATIONS
Verset par verset ou générales ★
Either verse by verse or general ★

religion a réduit la foi à des déclarations et à des pratiques dévotes. Certains clergés appellent «terrorisme spirituel» les appels à l'effort et les allusions aux *ténèbres*, mais croire en un Dieu inconsistant qui fermerait les yeux sur tout, est oublier que le Père a un plan qui, comme son amour, repose sur une logique créatrice. Or, il n'y a pas de création sans travail *(changement);* l'absence de travail conduit à la ruine *(ténèbres)*.

17 L'HOMME NAÎT SANS *ÂME*. IL FAIT SON *ÂME*. IL NE DEVIENT UN HOMME INTÉGRAL QU'EN SE CRÉANT SPIRITUEL. SINON, IL RESTE UNE *BÊTE* PENSANTE, C.-À-D. *UN CORPS ET UN ESPRIT*.

1-2. Cette nuit-là, Jésus précipite le témoin en enfer. Sous les pieds de frère Michel, à mi-chemin entre sa chambre et la pièce où l'attend Jésus (35/5), le sol s'ouvre. Il tombe dans les *ténèbres glacées (16/15, 33/33)*, qu'il parcourt un *instant* avant de *crier vers* Jésus pour être *tiré* de ce lieu triste (voir 36/18). Dieu veut que son témoin comprenne l'importance du développement de *l'âme*, le *vaisseau* qui permet d'échapper à la malheureuse condition du *spectre*.

3. *L'âme* est *le vrai corps* parce qu'elle parachève l'homme. *La chair et l'esprit* (v. 7) ne forment pas l'homme intégral qui est beaucoup plus qu'un être pensant, un être spirituel. L'humanité idéale est complexe. Sans *âme* l'homme est certes subtil et inventif, mais il n'est guère que l'empreinte négative de *l'image et ressemblance* divine. *L'âme* née de la vie vertueuse (pas forcément délibérée et consciente: un incroyant vertueux a une *âme*) rend *l'image* de Dieu positive et créatrice. Quand meurt le vertueux *(pénitent et moissonneur)*, son âme l'élève au-dessus des *ténèbres* — ce que le croyant encore proche du paganisme appelle aller au paradis.

---

is higher than the worth of belief alone (28/11-12). It may be because religion strives to hold back its faithful that it has reduced faith to devout declarations and practices. Allusions to *darkness* and incentives to effort are called 'spiritual terrorism' by some clergy, but believing in a colorless God who would condone everything is forgetting that the Father has a plan based on a creative logic as is his love. Now, there is no creation without work *(change);* absence of work results in ruin *(darkness)*.

17 MAN IS BORN WITHOUT A *SOUL*. HE MAKES HIS *SOUL*. HE BECOMES AN INTEGRAL MAN ONLY BY CREATING HIMSELF SPIRITUAL, OR ELSE HE REMAINS A THINKING *BEAST*, THAT IS, *A BODY AND MIND*.

1-2. That night Jesus threw the witness down to hell. As brother Michel was halfway between his bedroom and the room where Jesus was awaiting him (35/5), the floor opened up. He fell into the *freezing darkness (16/15, 33/33)*, walked about it for *a glance's time*, then *shouted to* Jesus to pull him out of the gloomy place (see 36/18). God wanted his witness to realize the importance of developing the *soul, the ship* thanks to which man escapes the *specter's* wretchedness.

3. The *soul* is the *real body* because it perfects man. The *flesh and mind (v. 7)* do not make up the integral man who is much more than a thinking being, he is a spiritual being. Ideal humanity is complex. Without a *soul* man is subtle and resourceful, but he is just the negative imprint of the divine *image-and-likeness*. The *soul* which *is born of the* virtuous *way of life* (not necessarily deliberate and conscious, since a virtuous nonbeliever has a *soul*) that makes God's *image* positive and creative. When a virtuous man *(a penitent and harvester)* dies, his *soul* lifts him above the *darkness*—which believers still close to paganism call 'going to paradise'.

RÉVÉLATION ORIGINALE — *ORIGINAL REVELATION*
Les mots en *italiques* reconstituent les mots illisibles du document manuscrit
The italicized words are reconstructions of the illegible words of the handwritten record

    qu'il bâtit comme un vaisseau pour prendre le large.
4. Que l'échafaudage soit trop tôt sapé
    et *l'éther* du vaisseau inachevé disparaît !
    Mais que l'échafaudage reste dressé assez longtemps pour que l'homme,
    charpentier à l'écoute du Maître,
    acquière adresse et goût, *fournisse* l'effort pour achever son œuvre,
    le Roi lui gardera son âme pour voile,
    pour qu'il rejoigne la Flotte Céleste,
    laissant ses os blanchis en attente sur le rivage.
5. Si le charpentier est indocile au Maître,
    paresseux, *dissipé*,
    plus soucieux de lui-même que de son œuvre,
    le Feu du Ciel brûlera sa voile ;
    son vaisseau sera jeté dans les abîmes
    où il dérivera dans la souffrance.
6. Je te livre cela par une parabole,
    car les vivants ne peuvent comprendre ces choses,
    mais il importe surtout que ceux
    auxquels tu la rapporteras

---

    which he builds like a ship to head for the open sea.
4. If the scaffold is too early undermined
    the *ether* of the uncompleted ship vanishes !
    But if the scaffold remains upright long enough for the man,
    a shipwright attentive to the Teacher,
    to gain skill and taste, (and) *put* every effort *into* completing his work,
    the King spares him his soul as a sail
    so that he can catch up and join the Heavenly Fleet,
    leaving his bleached bones behind on the shore.
5. If the shipwright is disobedient toward the Teacher,
    lazy, *dissipated*,
    more concerned for himself than for his work,
    the Fire of Heaven will burn his sail ;
    his ship will be thrown into the depths
    where it will drift along in (great) sufferings.
6. This I disclose to you in a parable,
    for the living cannot understand such things,
    but what matters chiefly is that the ones
    whom you will report them to

ANNOTATIONS
Verset par verset ou générales ★
Either verse by verse or general ★

★ *L'âme* est appelée *l'ha* dans *Le Livre (XXXIX/5 à 11)*. La Bible et le Coran ne disent pas grand chose de l'origine, de la nature, de la fonction et des vicissitudes de *l'âme;* il y a sans doute très longtemps que les textes relatifs à *l'âme* ont disparu de ces livres. *L'âme* est tout à la fois le produit et la force ascensionnelle de l'homme qui s'élève au-dessus du mal; quand il est mort c'est par *l'âme* que cet homme s'élève au-dessus des *ténèbres*. Donc, pendant la vie terrestre *l'âme* est à la fois effet et cause: Elle naît de l'existentialisme spirituel, ou volonté d'être vertueux, de tout homme; une fois née, *l'âme* stimule et fortifie l'existentialisme spirituel dont elle est née; cet existentialisme devient ainsi plus dynamique. L'enfant sort *du ventre de la mère (v.3)* avec la *chair* et *l'esprit* seulement — si l'enfant, tant qu'il est de nature angélique, n'a pas *d'âme*, c'est parce qu'il n'en a pas besoin —. *L'âme* est une construction ou création de *l'homme déjà né*, c.-à-d. qui a fait un certain apprentissage de la vie — d'où l'image du *charpentier* —, l'homme qui a choisi le bien et qui combat le mal, l'homme capable de *pénitence, d'ascension* et donc de vie spirituelle, laquelle n'implique pas forcément la foi, mais implique un comportement digne du *Dessein* de Dieu (28/11-12, XXXI/19). *L'âme* peut disparaître (4/8) et être reconstruite; les chutes et les restaurations d'une *âme* peuvent se produire plusieurs fois au cours d'une vie spirituellement inégale. Il y a donc un risque de mourir sans âme. *L'âme* naît ou renaît de la volonté active de revenir dans la *Maison Royale (2/13)*, de revenir à l'état d'analogie divine par *fusion* dans la pureté créatrice *(2/12-14)*. Mettre ses pas dans les *Pas* de Dieu *(2/12, 32/3)* signifie, en fait, faire son *âme*, dont le salut découle. Comme déjà dit, *l'âme* peut *naître* chez des hommes de bien incroyants (28/11-12, XXXI/19), restaurateurs d'Éden et vertueux sans le savoir. Une fois la *chair* morte, *l'esprit*, s'il n'a pas *d'âme*, n'a pas de force ascensionnelle, il reste un *spectre* lourd dans les basses couches de l'au-delà: les *ténèbres glacées*. Certains, influencés par les idées à la mode, croient voir la réincarnation dans le v. 3. Rien dans la Veillée 17 ne signifie que *l'âme* transmigre. *Le Livre (V/1-2)*, du reste, dénie clairement la réincarnation.

6-7. *Les vivants ne peuvent comprendre ces choses* est à rapprocher de *l'intelligence, faible lumignon (32/5)*. L'humain spirituellement déchu tend à se représenter toute réalité invisible selon les préjugés grossiers de son naturalisme ou de sa culture (notamment religieuse) qui ont

★ *The soul* is called the *ha* in *The Book (XXXIX/5 à 11)*. The Bible and the Quran disclose hardly anything about the origin, nature, function and tribulations of the *soul;* the texts relative to the *soul* may have long disappeared from those books. The *soul* is both the product and the ascending strength of the man who elevates himself above evil; when that man dies it is by means of the *soul* that he lifts himself above the *darkness*. During the terrestrial lifetime, therefore, the *soul* is both an effect and a cause: The *soul* is born of the spiritual existentialism, or will to gain virtue, of any man; once it is born, the *soul* stimulates and strengthens the spiritual existentialism that it has been born of, so this existentialism grows in energy. A child comes out of its *mother's womb (v. 3)* only with the *flesh and mind*—children, as long as they keep the angelic nature, have no *souls* because they do not need any. The *soul* is a construction or creation of the *man already born*, that is, the man who has had some experience of life—hence the metaphor of the *shipwright*—, the man that has chosen good and fights evil, the man able to perform *penitence* and the *ascent*, therefore spiritual life, which does not imply necessarily faith, but implies a behavior consonant with God's *Design* (28/11-12, XXXI/19). The *soul* may disappear (4/8), then be rebuilt; the falls and restorations of a *soul* may occur several times during a spiritually erratic lifetime. There is a risk of dying without a *soul*, then. The *soul* is born or reborn of the active will to go back into the *Royal House*, to return to the state of divine analogy by *merging* into the creative purity *(2/12-14)*. To set one's steps in God's steps *(2/12, 32/3)* actually means 'to make one's *soul*', which results in salvation. As mentioned above, the *soul* may *be born* in unbelieving good men (28/11-12, XXXI/19), virtuous men who are unknowingly restorers of Eden. Once the *flesh* has died, the *mind*, if it has no *soul*, is lacking in ascending strength, it remains a heavy *specter* in the lower layers of the hereafter: the *freezing darkness*. To some people, influenced by a new fad, the v. 3 seems to attest 'reincarnation'. Nothing in Vigil 17 means that the *soul* transmigrates; besides, *The Book (V/1-2)* clearly denies reincarnation.

6-7. A link can be established between *the living cannot understand such things* and *intelligence, a dim candle end (32/5)*. The spiritually defective man tends to envision any invisible reality according to the rough prejudices of his naturalism or culture (notably religion), which have

RÉVÉLATION ORIGINALE — *ORIGINAL REVELATION*
Les mots en *italiques* reconstituent les mots illisibles du document manuscrit
The italicized words are reconstructions of the illegible words of the handwritten record

trouvent leur salut dans la crainte
s'ils ne le trouvent pas dans la joie.
7. Ainsi l'homme est de chair, d'esprit et d'âme ;
les trois seront réunis en Mon Jour,
mais jusque là l'esprit sera le linceul glacé des maudits.

18 1. Je *te laisse* une autre parabole :
Un charpentier sur son échafaudage
avait construit un *beau* vaisseau
selon les enseignements du maître.
2. Le vaisseau étant parfait,
prêt à glisser *sur son chantier,*
le charpentier s'aperçut que le sol était sec autour de lui, et aussi loin que portait son regard.
3. Il se dit : « Comment flottera mon vaisseau
quand le temps sera venu *pour moi* d'y embarquer ? »
Il lui revint qu'il avait oublié *l'ultime* leçon du (vrai) Maître ;
il pria le Roi : « Vois, Seigneur, mon vaisseau est prêt, digne de se joindre à Ta Flotte,

---

attain salvation in fear
when they cannot attain it in joy.
7. Thus man is (made) of flesh, mind and soul ;
the three of them will be reunited on My Day,
but the mind will be the freezing shroud of the damned until then.

18 1. I *leave* another parable *to you :*
A shipwright on his scaffold
built a *fine* ship
in accordance with the teacher's instruction.
2. The ship was perfect
ready to slide down *on the slips,*
but the shipwright noticed that the ground was parched around them wherever his eyes could see
3. He thought, "How will I float my ship
when the time comes *for me* to board it ? "
He recalled disregarding the (true) Teacher's *ultimate* advice ;
he prayed to the King, "(As you) see, Lord, my ship is in readiness, fit to join your Fleet,

191 L'HOMME EST DE CHAIR, D'ESPRIT ET D'ÂME — MAN IS OF FLESH, MIND AND SOUL

ANNOTATIONS
Verset par verset ou générales ★
Either verse by verse or general ★

étouffé la connaissance de *l'âme*, de sa naissance, de sa vie et du salut qui en découle. *L'ascension vers les Hauteurs* (voir Veillées 7 et 26), les voies spirituelles, ne suivent pas le raisonnement ou l'intuition de l'homme curieusement partagés entre les archaïsmes religieux (paganisme attardé) et le rationalisme épais du modernisme. L'homme qui, dans cette obscurité, accepte la Parole comme elle est, même simple *parabole*, simple formule à la portée de sa pauvre *intelligence*, retrouvera la Voie de la Lumière et la possession de concepts subtils.

18 LUMIÈRE ET SALUT NE RÉSULTENT PAS DE PRÉDESTINATION, DE RÉINCARNATION, D'INITIATION, D'ASCÉTISME, ETC., MAIS D'UN EXISTENTIALISME SIMPLE ET PUISSANT: *ACCOMPLIR* LA PAROLE.

★ La Veillée 18 peut paraître ambiguë à cause du mot *maître* utilisé dans deux sens différents. L'un (v.3) désigne Dieu ou la Vérité (comme en 17/4), l'autre (v. 1) désigne l'emprise qu'exercent sur la conduite de la vie les traditions, cultures, idées reçues, théories de toutes sortes, idéologies, philosophies, et naturellement religions et parareligions (ésotérisme notamment), et même parfois les sciences, bref, tous les concepts sur lesquels se fonde l'homme qui a perdu la vie spirituelle. Ces concepts, en dépit des réalisations impressionnantes *(beau vaisseau)* qu'ils permettent quelquefois, égarent les hommes qui, comme des *vaisseaux* au sec, attendent éperdument *l'Eau* de la Vérité.

1. *Enseignements du maître:* Allusion aux *maîtres* des grandes théories à la mode, politiques, économiques, philosophiques, religieuses, ésotériques, etc., par opposition au *Maître* de la Création *(v.3 et 17/4)*.

2. *Parfait, prêt:* Qualificatifs ironiques. Ici (à la différence de la veillée 17) le *vaisseau* désigne soit un croyant convaincu d'être promis au salut conformément aux dogmes de sa religion, soit

suppressed the knowledge of the *soul*, its birth, its life, and of salvation which results from it. The *ascent to the Heights* (see Vigils 7 and 26), the spiritual paths, do not follow man's reasoning and intuition curiously divided between religious archaisms (lingering paganism) and the blunt modernistic rationalism. The man who, in this murk, agrees to God's Word such as it is, even as a simple *parable*, a simple formula within reach of his poor *intelligence,* will find the Path to the Light and get the apprehension of subtle concepts.

18 LIGHT AND SALVATION DO NOT RESULT FROM PREDESTINATION, REINCARNATION, INITIATION, ASCETICISM, ETC; IT RESULTS FROM A PLAIN AND STRONG EXISTENTIALISM: *ACHIEVING* THE WORD.

★ The text of Vigil 18 may seem ambiguous on account of the word *teacher* used in two different meanings. The one (v.3) designates God or Truth (like in 17/4), the other (v.1) designates the great ascendency brought to bear over human courses of action by traditions, cultures, preconceived ideas, all kinds of theories, ideologies, philosophies, and religions, of course, and parareligions (notably esotericism), and even occasionally science, in short, all concepts on which man, who has lost spiritual life, is based. Those concepts, notwithstanding the impressive realizations (the *fine ship*) they permit sometimes, mislead the men who, like *stranded ships*, wait desperately for the *Water* of Truth to come.

1. *The teacher's instruction:* This is a hint at the *teachers* (or *masters*) of the great theories in fashion, political, economic, philosophic, religious, esoteric, etc, in contrast with the *Teacher* (or *Master*) of Creation *(v.3, 17/4)*.

2. *Perfect, ready:* Ironic qualifiers. Here (unlike the Vigil 17) the *ship* represents either a believer convinced that he is set for salvation according to the dogmas of his religion, or an agnostic

RÉVÉLATION ORIGINALE — *ORIGINAL REVELATION*
Les mots en *italiques* reconstituent les mots illisibles du document manuscrit
The italicized words are reconstructions of the illegible words of the handwritten record

mais à le *construire* j'ai mis tant d'attention,
j'en ai tiré tant d'orgueil
que j'ai oublié qu'étant maître du bois
je n'étais pas maître de l'Eau où *il puisse flotter,* et mon vaisseau va se dessécher sous le soleil. »

4. Le Roi écouta son humilité,
donna droit à son repentir,
creva les nuées du Ciel et en fit tomber un Déluge
qui forma une Mer
où le vaisseau flotta.
Quand le jour fut venu de mettre à la voile,
le charpentier put rejoindre la Flotte du Roi.

5. Que personne n'oublie l'Eau
sans Quoi *l'arche* la mieux construite
ne prend pas Vie,
ne vaut pas plus que l'échafaudage
qui permit de la dresser patiemment, et avec lui elle s'enfonce dans le sol
où elle pourrit avec sa voile.

---

but I took so great care in *building* it,
I took so great pride in it,
that I forgot that I was the master of wood,
but not the master of the Water in which *it could float,* and my ship will soon be drying up in the sun."

4. The King gave heed to his humbleness,
acceded to his repentance,
made the heavens' clouds burst and a Flood fall from them,
which formed a Sea
in Which the ship floated.
The day when the shipwright had to make way under sail
he was able to join the King's Fleet.

5. Let no one disregard the Water
without Which the very best built *ark*
cannot come into Life,
is no more useful than the scaffold
that permitted (the shipwright) to raise it patiently, and then along with the scaffold it sinks into the ground
where it and its sail rot away.

ANNOTATIONS
Verset par verset ou générales ★
Either verse by verse or general ★

convaincu d'obéir à la raison *parfaite*, soit un «initié» convaincu d'avoir rempli toutes les conditions des «secrets» ou de la «mystique» acquises de ses initiateurs.

3. *J'y ai mis tant d'attention, j'en ai tiré tant d'orgueil...:* Quiconque se trompe se trompe toujours de bonne foi, et content de soi. Bien enracinées sont les théories et convictions de toutes sortes qui cachent les leçons simples du seul vrai *Maître*. Dieu n'est pas l'adversaire des sciences humaines, physiques, mathématiques, etc., il dit qu'elles ne peuvent pas *changer le monde* en bien sans l'amour et *l'intelligence* spirituelle retrouvés par la *pénitence*, et l'insurgeance* (ou opposance; voir *Le Pèlerin d'Arès 1989*, p. 236). Le mot *Eau* est fréquent dans *La Révélation d'Arès (Eau Bleue, Eau du Ciel, Eau du Salut, Eau Sainte, Eau Forte, Eau Grasse, etc.); l'Eau* est la *Vie* coulant du Créateur opposé aux *maîtres* qui *dessèchent* l'homme, *l'Eau* est le nouveau *Déluge* qui n'extermine pas mais qui vivifie.

4. L'homme et ses institutions les plus vénérées s'apercevront que les siècles de recherches, d'exercices, même d'exercices de rigueur morale, et de *science,* les ont conduit à des doutes déchirants quant à leurs possibilités de faire un monde heureux. Tant d'efforts s'avèrent bien moins efficaces que l'effort de vertu évangélique qui, seule, conduira l'homme sur la *Mer* de bonheur. Comme le *charpentier* l'humanité doit se *repentir, changer de vie (30/11).*

5. *L'arche la mieux construite:* Tout système qui prétend sublimer l'homme: philosophie, théologie, idéologie, ésotérisme, etc., et même les sciences quand elles s'érigent en raison absolue. La vie spirituelle ne rejette pas la science, qui est la connaissance de la Création telle qu'elle est, mais elle suit la Vérité, elle est accessible aux humbles; sa base reste l'esprit d'insurgeance* du *Sermon sur la Montagne (Matthieu ch. 5 à 7).*

* Révolution, comme religion, est un mot impraticable, qui a recouvert trop d'erreurs et de violence.

---

he follows the dictates of *perfect* reason, or an 'initiate' convinced that he has fulfilled all the requirements of the 'secrets' or 'mystic' learned from his initiators.

3. *I took so great care (and) pride in it:* Whoever is mistaken is mistaken in all good faith and pleased with himself. Deep-rooted are all manner of theories and beliefs which conceal the only *Teacher's* plain lessons. God is not averse to sciences, human, or physical, or mathematic, etc, he says that they cannot make man good without love and spiritual *intelligence* regained through penitence and opposingness* (see *Le Pèlerin d'Arès 1989,* p. 236). The word *Water* is frequent in *The Revelation of Arès (Blue Water, Heaven's Water, Water of Salvation, the Saint's Water, Strong Water, Rich Water, etc);* the *Water* is the *Life* pouring from the Maker as opposed to the *masters* who *dry up* man; the *Water* is the new *Flood* that not exterminates, but that invigorates.

4. Men and their most revered institutions will realize that centuries-long researches, exercises, even exercises of moral rigor, and *science,* have led them to harrowing doubts about their capability of making a happy world. Such many efforts prove much less efficient than the effort to gain evangelical virtue which alone is to lead man to a *Sea* of happiness. Like the *shipwright* mankind has to *repent* and *change its (way of) life (30/11).*

5. *The very best built ark:* Any system that claims ability to sublime man: philosophy, theology, ideology, esotericism, etc., and even science when it sets itself up as absolute reason. Spiritual life does not oppose science, which is the knowledge of the Creation such as it is, but it follows Truth, it is within reach of the humble; it is based on the spirit of opposingness* (or insurgency), of the *Sermon on the Mount (Matthew ch. 5 to 7).*

* The word revolution, as religion, is unsuitable, because it has covered numerous mistakes and much violence..

RÉVÉLATION ORIGINALE — *ORIGINAL REVELATION*

Les mots en *italiques* reconstituent les mots illisibles du document manuscrit
The italicized words are reconstructions of the illegible words of the handwritten record

19 1. *Mais* mieux vaut laisser pourrir l'arche et sa voile, *qu'il n'en reste rien,*
que d'envoyer l'Eau du Salut au vaisseau qui *ne peut y flotter et qui* sombrera dans les abîmes,
2. que de placer *de force* sur Ses Rivages celui qui n'a pas librement choisi de *mettre à* la voile pour *rejoindre* la Flotte du Roi.
Qu'on ne fasse pas mauvais usage de l'Eau !

20 1. Ni toi ni aucun homme
n'est maître de l'Eau,
mais Moi seul.
2. Tu veilleras à ce qu'on répande Mon Enseignement comme une Aumône pour nourrir
mais non pour séduire,
en sorte que l'homme qui demandera Mon Eau
le fasse de lui-même et ne doive rien à ta bonté
ni à ta séduction.
3. L'eau du baptême
sur quoi tu traces Ma Croix,

---

19 1. *But* (it is) better to let the ark and its sail rot away *until nothing is left of them*
than supply the Salvation Water to the ship that *cannot float in it and that* is to go down to the depths,
2. (and) than *forcibly* place on Its Shores the man who has not freely chosen to *make way under* sail to *join* the King's Fleet.
Let no one use the Water wrongly !

20 1. You are not and none of men is
master of the Water;
I am its only Master.
2. You shall see to it that My Teaching will be spread as an Alm
in order to nurture,
but not to allure,
so man will ask for My Water
wittingly, but not to repay for your kindness
or your allure.
3. The baptismal water
that you gesture My Cross over,

ANNOTATIONS
Verset par verset ou générales ★
Either verse by verse or general ★

19 C'EST LA VIE ÉVANGÉLIQUE ACTIVE ET CHALEUREUSE, MÊME SANS FOI, QUI MÈNE AU BONHEUR. LA RELIGION, LA MORALE, LA LOI ET LA SCIENCE SÈCHES SONT DES *VAISSEAUX* PROMIS AU NAUFRAGE.

★ Il y a 2000 ans déja Jésus avertit: *Ce n'est pas celui qui crie: «Seigneur, Seigneur!» qui se sauve, mais celui qui fait les volontés du Père (Matthieu 7/21)*. La Veillée 19 (voir 28/11-12) confirme que la foi, la morale et naturellement la loi sont inopérantes si elles ne sont pas créatrices, si elles sont fondées sur des abstractions intellectuelles: philosophiques, théologiques, mystiques, ou juridiques. *Mieux vaut* la vie sans foi, sans dogmes ni lois, mais active dans l'amour, la justice naturelle, la volonté de se recréer et de recréer *(changer) le monde,* que la foi et la morale réduites à des idées et convictions inactives.

20 LE BAPTÊME N'EST PAS UN RITUEL MAGIQUE CENSÉ NOUS GUÉRIR DU MAL CONGÉNITAL. C'EST LA CONFIRMATION DE L'ENGAGEMENT DE L'APÔTRE À *SE CHANGER* ET À *CHANGER LE MONDE*.

1. Par *l'Eau* du vrai *Baptême (v. 7)* ne passe rien d'autre que l'engagement du croyant envers Dieu, comme un *vaisseau* passe sur la *Mer (18/4)*. C'est une alliance personnelle et pragmatique avec le Père. Pour sceller ce pacte il n'y a ni baptiseur, ni consécrateur, ni autre intermédiaire. Il n'y a pas de *culte* (voir n. 12/1-2). Le *Baptême* est scellé directement entre l'homme et Dieu.

2. Le *baptême* religieux *(v. 3)* n'est autre qu'un rituel magique (v. 6, *superstition, 21/1)* supposé guérir l'homme du mal congénital; ce *baptême-là* passe pour être la porte incontournable du Ciel, le préalable sans quoi les mérites ultérieurs ne seraient pas validés. Le vrai *Baptême* n'est en fait que la confirmation de l'engagement conscient de l'apôtre que doit devenir tout croyant.

19 IT IS THE ACTIVE WARM EVANGELICAL WAY OF LIFE, EVEN WITHOUT FAITH, THAT LEADS MAN TO HAPPINESS. DRY RELIGION, ETHIC, LAW AND SCIENCE ARE *SHIPS* BOUND TO WRECK.

★ 2,000 years ago Jesus already warned: *It is not anyone who cries, "Lord, Lord!" who is saved, but the one who does the will of the Father (Matthew 7/21)*. The Vigil 19 (see also 28/11-12) confirms that faith, ethic and, of course, law are ineffective when they are not creative, when they are based on intellectual abstractions: theological, philosophical, mystic, or juridical. It is *better to* have a way of life without faith, without dogmas or laws, but actively involved in love, in natural justice, in the will to recreate oneself and recreate *(change) the world*, than have a faith and ethic reduced to inactive concepts and convictions.

20 BAPTISM IS NOT A MAGIC RITUAL SUPPOSED TO CURE MAN OF THE CONGENITAL EVIL. IT IS THE CONFIRMATION OF THE APOSTLE'S COMMITMENT TO *CHANGE HIMSELF* AND *CHANGE THE WORLD*.

1. Through the *Water* of the true *Baptism (v. 7)* nothing passes but the the believer's commitment to God, like a *ship* passes through the *Sea (18/4)*. This is a private pragmatic covenant with the Father. This pact is not sealed by a baptizer, or consecrator, or any intermediary. There is no *worship* or *ceremonial* (see n. 12/1-2). The *Baptism* is sealed between man and God directly.

2. Religious *baptism (v. 3)* is only a magic ritual (v. 6, *superstition, 21/1)* supposed to cure man of congenital evil; that *baptism* is regarded as the inescapable door to Heaven, the prerequisite without which all subsequent merits would be invalidated. In fact, true *Baptism* is just the confirmation of the conscious commitment of the apostle into whom every believer has to turn.

RÉVÉLATION ORIGINALE — *ORIGINAL REVELATION*
Les mots en *italiques* reconstituent les mots illisibles du document manuscrit
The italicized words are reconstructions of the illegible words of the handwritten record

que tu verses sur la tête et le dos,
ne contient aucune puissance.
C'est l'eau dont baptisait Jean.
4. L'Eau sur Quoi glisse l'âme comme une voile
ne vient pas du ciel au-dessus de toi,
mais des Cieux Qui sont Mon Séjour.
La Mer Qu'on trouve sur les Hauteurs
où tu vas conduire Mon Peuple,
ceux qui choisiront de te suivre
par les sentiers chevriers,
n'est pas d'une nature connue de l'homme.
5. L'Eau Que Je répands
devant ceux qui Me La demandent
pour y lancer leurs vaisseaux
n'est pas celle que l'homme boit à l'auberge,
pas celle qui arrose les arbres,
que Je ne bénis pas
parce que le meurtrier y lave son poignard,
la prostituée s'y lave.

(and) which you pour on the head and the back,
is utterly devoid of power.
It is the water with which John used to baptize.
4. The Water That the soul like a sail glides along on
does not come from the sky above you,
It comes from Heaven That is My Dwelling.
The Sea That is found on the Heights
where you are to lead My People,
those who will choose to follow you
along the goat paths,
has a nature unknown to man.
5. The Water That I spread
in front of those who ask Me for It
to launch their ships onto It,
is not the water which men drink in inns,
not the water with which trees are watered,
which I do not bless
because the murderer washes his dagger in it,
the prostitute washes in it.

ANNOTATIONS
Verset par verset ou générales ★
Either verse by verse or general ★

★ Les *ordonnances (v.9)* du frère Michel ne concernent pas que les *rites* (voir n. 12/1-2, prière *35/4, Mémoire du Sacrifice 8/9, Veillée 10,* etc.); elles désignent toutes recommandations pratiques qu'il estimera bon de faire en tous domaines. Les *ordonnances* ne sont pas des lois au sens formaliste et sacré, contraire à l'Esprit libérateur de *La Révélation d'Arès,* mais des indications marquées du bon sens prophétique. Dieu contribue de près à certaines *ordonnances,* par exemple en restaurant *Père de l'Univers* et la fréquence quotidienne de la prière *(12/4-5,* voir aussi XLVIII), l'esprit et la pratique des *épousailles* et des *funérailles (Veillée 33, XLVI),* et l'esprit et la pratique du vrai *Baptême.* Ce n'est ni le baptême-magie religieux qui prétend transmuer le bébé inconscient des ténèbres animales à la Lumière, ni le baptême-formalité ouvrant droit au titre de catholique, protestant, orthodoxe, etc. Le *Baptême* est un pacte solennel passé entre Dieu et le croyant à la *demande* de celui-ci *(v.5),* donc optionnel. Le Baptême n'est envisagé qu'en état d'apogée spirituelle; engagement supérieur, *étape* majeure sur *les sentiers (v.4)* de *l'ascension vers les Hauteurs (Veillée 7).* Le baptisé s'administre lui-même le *Baptême (vv. 7-8),* attestant qu'il a conscience d'être seul face à Dieu, responsable de ses actes devant Dieu, et s'engageant à être un apôtre émérite et un exemple de vertu. Vingt ans après les apparitions de Jésus, aucun des Pèlerins d'Arès les plus engagés, pas même le *prophète,* ne s'était encore donné le *Baptême.*

3. *L'eau du baptême:* Ici *l'eau* banale du *baptême* religieux, et par extension *eau* bénite, liquide sans la moindre *puissance,* une *superstition (v.6, 21/1),* puisque Dieu *seul bénit (16/7). Jean:* non *Jean* auteur d'un évangile contesté *(16/12),* mais *Jean* le Baptiste, dont le *baptême* était tout au plus le signe annonciateur du vrai *Baptême,* comme l'indique le ton discriminatoire du verset.

4-5. *L'Eau* de Dieu n'est pas un liquide, c'est la *Mer* de Grâce, de Force, d'Amour, que Dieu étend devant les croyants qui la Lui *demandent (v.7);* ainsi Dieu répond-il à la foi active, pénitente et missionnaire des croyants. On retrouve la parabole de *la Mer* dans *Le Livre (XXI/11, XXX/12). Sentiers chevriers* (également en 25/5): Les voies de la foi créatrice et évolutive, voies

★ Brother Michel's *edicts (v.9)* are not only about *observances* (see n. 12/1-2, prayer *35/4, calling of the Sacrifice to Remembrance 8/9, Vigil 10,* etc); they designate all of the practical recommendations that he will deem appropriate about a variety of matters. The *edicts* are no laws in a formalistic and sacred sense conflicting with *The Revelation of Arès's* Spirit of freedom, but directions on which the *prophet* will have stamped his practical wisdom. God contributes very closely toward some *edicts,* for example by restoring *Father of the Universe* and the daily frequency of prayer *(12/4-5,* also see XLVIII), the spirit and practice of *nuptials* and *funeral (Vigil 33, XLVI),* and the spirit and practice of true *Baptism.* This is neither the religious magic baptism that alledgedly transmutes an unconscious infant from the darkness of animality to the Light, nor the baptism as a formality entitling one to call oneself Catholic, Protestant, Greek Orthodox, etc. The *Baptism* is a solemn pact made between God and the believer on the believer's request *(v. 5),* an optional act then. A believer contemplates *Baptism* only at the peak of his spirituality; it is a top commitment, a major *stage* on the uphill *paths (v. 4)* to the *Heights (Vigil 7).* The baptized one administers the *Baptism* to him- or herself *(v. 7-8),* so testifying to his or her being conscious that he or she acts alone under God's eyes, responsible for his or her actions before God, and committing him- or herself to being a highly active apostle and setting an example of virtue. Twenty years after Jesus' appearances none of the most deeply involved Arès Pilgrims, not even the *prophet,* had given him- or herself *Baptism* yet.

3. *The baptismal water:* Here the common *water* of the religious *baptism,* and by extension the holy *water,* a liquid *devoid of any power,* a *superstition (v.6, 21/1),* since God *alone blesses (16/7,* 'holy water' is called 'blessed water' in French). *John:* Not *John,* author of a contested gospel *(16/12),* but *John* the Baptist whose baptism was at best the portent of true *Baptism,* as may be inferred from the disparaging tone of the verse.

4-5. God's *Water* is not a liquid, it is the *Sea* of Grace, Strength and Love which God stretches in front of the believers who *ask* him for it *(v.7);* so God responds to the believers' active, penitent and missionary faith. The parable of the *Sea* is also found in *The Book (XXI/11, XXX/12).* Goat

RÉVÉLATION ORIGINALE — *ORIGINAL REVELATION*
Les mots en *italiques* reconstituent les mots illisibles du document manuscrit
The italicized words are reconstructions of the illegible words of the handwritten record

6. Tu veilleras à ce qu'on ne trace plus Ma Croix sur cette eau-là pour en faire usage de superstition.
7. Pour faire mémoire de Ma Parole livrée aujourd'hui,
celui qui demande le Baptême
se tiendra devant un vase empli d'eau, et dira :
« Non, pas l'eau de Jean, mais Ton Eau ! »
8. Ensuite le baptisé lavera sa tête et ses mains
dans l'eau du vase,
en boira,
en répandra ce qui (en) reste(ra) sur le sol
pour témoigner que cette eau-là est un Don pour la soif, pour le bain, pour l'arrosage des champs,
à cause des péchés d'Adam et des péchés de sa descendance.
9. Tu établiras ce rite comme les autres rites ;
Mon Souffle descendra et sèchera pour toujours *l'encre* de tes ordonnances.

---

6. You shall see to it that no one will ever gesture My Cross over that water to use it as (an object of) superstition.
7. As a reminder of My Word delivered today
he or she who will ask for the Baptism
shall stand in front of a vase filled with water, and say,
"No, not John's water, but Your Water!"
8. Then the baptized one shall wash his head and hands
in the water in the vase,
drink some,
spill the rest of it on the ground
in order to attest that such water is a Gift for thirst, for (taking) baths, for watering fields,
because of the sins of Adam and the sins of Adam's descendants.
9. You shall establish this observance as the other observances ;
My Breath will go down and set the *ink* of your edicts dry for ever.

ANNOTATIONS
Verset par verset ou générales ★
Either verse by verse or general ★

difficiles mais qui élèvent l'homme vers le Ciel comme des *sentiers de montagne (26/6)*. *Hauteurs:* Degrés supérieurs de la vie spirituelle atteints dans l'effort permanent de se recréer soi-même et de recréer *(changer) le monde*. *N'est pas d'une nature connue de l'homme:* Il y a si longtemps que l'humanité a oublié les degrés supérieurs de la vie spirituelle qu'elle n'a plus aucune idée des aboutissements d'une telle vie.

6. Ce verset rappelle *Tu ne béniras personne ni aucune chose (16/7)*, et aussi *Personne que Moi ne donne force et pardon (8/2)*, etc.

7-8. Le baptisé est un autobaptisé. En fait, son acte constitue un rejet solennel de la *superstition (21/1)*. Il *se lave dans l'eau* puis *répand* celle-ci *sur le sol* pour montrer ostentatoirement son irrévérence pour ce qui n'est que de *l'eau;* par ce geste il déclare solennellement que seule la vraie foi baptise, c.-à-d. la foi active et créatrice en conformité avec le Plan de Dieu. Le vrai *Baptême* est donc déjà réalisé par la *pénitence* et par l'apostolat qui, tant que Dieu les constate et les reconnaît comme conformes, scellent l'alliance de Dieu et du croyant, et même de Dieu et de l'incroyant humaniste. Disons, pour être encore plus clair, que dans l'instant même où Noé et Abraham suivirent Dieu (El Shaddai, Genèse 9/17 et 17/1-3), quoique leur Alliance ne fut pas scellée dans *l'eau*, ils furent *baptisés*. Le vrai *Baptême* existe donc de temps immémoriaux dans le cœur de tous les hommes qui reprirent la route pour Éden.

9. Confirmation du pouvoir de décision laissé au *prophète: Parole de Mikal Ma Parole (I/12, XI/1, etc.)*.

---

paths (also in *25/5):* The *paths* of creative and evolutionary faith are arduous to climb, but they go up toward Heaven as *mountain paths (26/6)*. *Heights:* The upper stages of spiritual life reached through permanent efforts to recreate oneself and recreate *(change) the world*. *Has a nature unknown to man:* It is so long since men forgot the upper stages of spiritual life that they do not have the least idea of the outcomes of such a life left.

6. The verse reminds us of *You shall not bless anyone or anything (16/7)*, and *No one apart from Me gives strength and forgiveness (8/2)*, etc.

7-8. The baptized one is a self-baptized one. In actual fact, his or her act constitutes a solemn dismissal of *superstition (21/1)*. He or she *washes in the water*, and then *spills* it *on the ground* in order to ostentatiously show his or her irreverence for what is mere *water;* by this gesture he or she solemnly acknowledges that true faith alone baptizes, that is, the active creative faith in accordance with God's Plan. True *Baptism*, therefore, is already performed by *penitence* and apostolate which, as long as they are noticed and recognized as suitable by God, seal the covenant between God and the believer, and even between God and the unbelieving humanist. Let's say, to make things even clearer, that at the very moment Noah or Abraham set out to follow God (El Shaddai, Genesis 9/17 & 17/1-3), although their Covenant was not sealed in *water*, they were *baptized*. True *Baptism*, therefore, has existed since time immemorial in the hearts of all of the men who have resumed the journey to Eden.

9. This confirms the decision-making power given to the *prophet: Mikal's word (is) My Word (I/12, XI/1, etc.)*.

RÉVÉLATION ORIGINALE — *ORIGINAL REVELATION*
Les mots en *italiques* reconstituent les mots illisibles du document manuscrit
The italicized words are reconstructions of the illegible words of the handwritten record

21 1. Tu aboliras toutes les superstitions,
surtout celles venues de la malice des princes du culte, de leurs docteurs et de leurs prêtres
pour donner à leurs gestes et à leurs paroles
une puissance illusoire
dont ils tirent domination et profit,
disant au peuple :
2. « Voilà que Dieu nous a distingués de vous pour nous donner pouvoir de vous oindre dans l'Esprit,
de vous pardonner vos péchés,
de vous distribuer *la Manne,*
de vous libérer des démons,
toutes choses qui par nous seuls
vous conduisent au Père, et que nous tenons du Père ! »
3. Hypocrites, ils miment l'humilité,
se disent indignes de la puissance *à eux déléguée,*
mais rappellent que Mon Peuple *n'en doit pas moins*
passer par elle pour trouver Mon Salut.
4. Mensonge ! Toi, homme Michel, tu Me seras une abomination si tu

---

21 1. You shall do away with all superstitions,
particularly those originated in the mischievousness of princes of religion, their doctors and priests
(who have used them) to give their gestures and words
an illusive power
from which they have derived domination and benefit,
telling the people,
2. "Lo and behold, God has selected us from you and given us the power to anoint you in the Spirit('s name),
to forgive your sins,
to distribute *the Manna* to you,
to relieve you of the devils,
all (these) things that through us alone
lead you to the Father, *(these things)* bequeathed to us by the Father ! "
3. They, hypocrites, sham humbleness,
declare themselves unworthy of the power *delegated to them,*
but remind that *for all their unworthiness* My People *must*
give in to their power to find My Salvation.
4. Lies ! You, man Michel, will be an abomination in My Eyes if you utter

TU ABOLIRAS LES SUPERSTITIONS — YOU SHALL DO AWAY WITH SUPERSTITIONS

ANNOTATIONS
Verset par verset ou générales ★
Either verse by verse or general ★

21 NUL POUVOIR N'EST «LÉGITIME» OU «SACRÉ». DIEU N'A PAS CRÉÉ DE POUVOIRS RELIGIEUX, POLITIQUES, JUDICIAIRES OU AUTRES; CE NE SONT QUE DES INVENTIONS ET DES SUPERSTITIONS HUMAINES.

1. *Superstitions:* Les croyances et peurs populaires primitives, l'infaillibilité des dogmes, les sacrements *illusoires* (baptême, 20/6; absolution, confession, 30/15-16; ordination de clergé, 8/1; onction 2/12; eucharistie 8/2; bénédiction 16/7; culte des saints, 39/4, etc.), etc. La nature sacrée ou suprême attribuée à tout pouvoir politique, judiciaire, etc. (33/20) est également *superstition*.

2. Ceux prétendument *distingués* du commun des hommes sont les clergés et, par analogie, tous ceux qui dominent l'esprit et la vie, justifiant par cette *distinction*, d'élection divine ou d'élection politique, leur autorité sur le peuple et sur sa liberté spirituelle ou civile.

3-4. Au cours des années qui suivirent 1974, certains Pèlerins d'Arès s'appuyèrent sur ces versets pour reprocher au frère Michel son *indulgence* envers le clergé et ses analogues civils. Le frère Michel n'a jamais été *indulgent* au sens de complaisant, mais il a toujours rappelé, d'une part, *l'amour* et la *mesure,* et d'autre part le verset 28/22 qui montre que Dieu ne condamne pas sans appel. Nature longanime, ce ne fut qu'après plusieurs années, quand les calomnies lancées par le clergé s'avérèrent très préjudiciables à la mission arésienne que frère Michel se dispensa d'excuser les prêtres, pasteurs, etc., pour leur surdité, leurs prétentions et leurs accusations; mais il continua de les considérer comme abusés et irresponsables pour la plupart.

5. *Je ne partage pas Ma Puissance:* Il ne s'agit pas des facultés que le Père partage avec l'homme: liberté, parole, individualité, créativité, amour (*image et ressemblance* de Dieu,

21 NO POWER IS 'LEGITIMATE' OR 'SACRED'. GOD HAS NOT CREATED POWERS, RELIGIOUS, POLITICAL, JUDICIAL OR OF OTHER KINDS; THEY ARE MERE HUMAN INVENTIONS AND SUPERSTITIONS.

1. *Superstitions:* Popular primitive beliefs and fears, infallibility of dogmas, *delusive* sacraments (baptism, 20/6; absolution, confession, 30/15-16; ordination of clergy, 8/1; unction and anointing, 2/12; eucharist, 8/2; blessing, 16/7; worship of saints, 39/4, etc). The sacred or supreme nature imparted to every political, judicial, etc, power (33/20) is a *superstition* too.

2. Those alledgedly *selected* from the common run of men are clergy and, by analogy, all those who rule over man's mind and life; by this *selection,* whether divine or political, they vindicate their authority over the people and their spiritual or civil freedom.

3-4. For a few years after 1974 some Arès Pilgrims referred to this verse when they blamed brother Michel for his *leniency* towards clergy and their civil analogues. Brother Michel has never have *leniency* in the sense of 'complaisance', but he has always recalled his brothers, on the one hand, to a sense of *love* and *moderation,* and, on the other hand, to v. 28/22 which shows that God does not condemn irrevocably. Having a long-suffering nature brother Michel did not refrain from excusing priests, ministers, etc, for their deafness, claims and accusations until their slander campaign proved very harmful to the Aresian mission; but he keeps on regarding most of them as irresponsible misled men.

5. *Peter (or any other man) has no share in My Might:* This is not about the powers man has in share with the Father: freedom, langage, individuality, creativity, love (God's *image and like-*

RÉVÉLATION ORIGINALE — ORIGINAL REVELATION
Les mots en *italiques* reconstituent les mots illisibles du document manuscrit
The italicized words are reconstructions of the illegible words of the handwritten record

prononces la moindre indulgence
pour ceux qui volent Mes Attributs
et trompent Mon Peuple.
5. Je ne partage pas Ma Puissance avec Pierre,
ni avec *aucun* de Mes Témoins, ni avec aucun homme ;
6. J'ai envoyé Pierre et Mes Disciples prêcher les Juifs pour les délier en Mon Nom de leurs serments envers le temple et ses prêtres,
envers les synagogues,
et les lier à Mes Assemblées nouvelles et à Ma Parole, comme le Roi envoie Ses Messagers convier Ses Sujets à Ses Noces, les déliant de toute obligation ce jour-là,
car c'est toutes affaires cessantes
qu'un Juif peut répondre à l'invitation de son Roi.
7. Mais *ce* Roi n'a ni ministres ni gouverneurs,
Il règne seul,
Il siège seul à Son Tribunal.
8. Ses Messagers, Il ne les a même pas faits majordomes, pas même officiers de Sa Maison,
Il les a aimés comme Messagers.

---

the least leniency (word)
about the men who steal My Attributes
and deceive My People.
5. Peter has no share in My Might,
none of My Witnesses, none of men has (a share in My Might).
6. I sent Peter and My Disciples to preach to the Jews, to unbind them, in My Name, from their allegiance to the temple and its priests,
(and) to the synagogues,
and bind them to my new Assemblies and My Word, just as the King sends His Messengers to invite His Subjects to His Wedding, releasing them from every obligation on that day,
for a Jew is entitled to forthwith
answer his King's invitation.
7. *That* King, however, has no ministers or governors,
He rules by Himself,
He alone sits in His Court.
8. He has not even appointed His Messengers majordomos, He has not even appointed them officers in His Household,
He has loved them as (mere) Messengers.

ANNOTATIONS
Verset par verset ou générales ★
Either verse by verse or general ★

Genèse 1/27), mais des prérogatives divines (Bénédiction, Miséricorde, Grâce, etc.) dont certains hommes se prétendent les *délégués*, parfois tyranniques. *Pierre:* L'apôtre en qui les Catholiques voient leur premier pape. Notons au passage que l'interprétation catholique des mots: *Tu es Pierre, sur ce rocher je bâtis mon assemblée (Matthieu 16/18)*, résulte d'un examen malhonnête du texte. D'une part Jésus s'adresse clairement à Pierre seul, lui demandant d'établir *l'assemblée* de Palestine (Galilée, Judée); les mots ne laissent nullement entendre que Pierre aura des successeurs. D'autre part, Jésus n'ayant institué ni religion ni clergé, il ne peut instituer en Pierre un chef religieux. De plus, en imaginant que Jésus nomme papes Pierre et ses successeurs, ils ne pourraient pas être les évêques de Rome, car c'est Paul qui évangélisera cette ville, et non *Pierre (Actes des Apôtres)*. On ne trouve aucun lien entre les mots adressés par Jésus à *Pierre* et la puissance vaticane. Mais le catholicisme n'a pas l'exclusivité de ce genre d'abus.

6. En déclarant: *Tu es Pierre... (n. 5)*, Jésus, parlant au Nom de Dieu, *n'envoyait* pas les apôtres (les *témoins, 5/2*) fonder une église dogmatique soumise à des *prêtres*. Il les *envoyait* au contraire *délier* la foi et le peuple des dogmes et des *prêtres*. Dieu ne pouvait pas justifier des institutions qui avaient démontré définitivement leur *mal (8/3)*. Le «christianisme» ecclésiastique, par exemple, n'est que la continuation du judaïsme ecclésiastique *(le temple)* qui a tué Jésus et tant d'autres prophètes.

7-8. Dieu confirme qu'il n'a institué ni clergé ni *tribunaux*. Dieu est le seul *Pasteur (25/5)* et le seul *Tribunal*. En outre, Dieu n'entend pas par *Tribunal* ce que l'homme entend par ce mot. Pour Dieu *Tribunal* signifie la réaction permanente, immanente, naturelle, du pécheur sur lui-même, l'auto-jugement de l'homme en somme (voir *Nous croyons, Nous ne croyons pas*). Prophètes et *disciples* ont été *envoyés* au monde comme *Messagers*, non comme ecclésiastiques et juges.

---

ness, *Genesis 1/27);* it is about the divine prerogatives (Blessing, Mercy, Grace, etc) which some men, sometimes tyrannic, claim are *delegated* to them. *Peter:* The apostle whom Catholics see as their first pope. Let's notice, in passing, that the Catholic interpretation of the words: *You are Peter and on this rock I am building my assembly (Matthew 16/18)* resulted from a dishonest study of the text. On a one hand, Jesus clearly addressed Peter alone asking him to set up the *assembly* of Palestine (Galilee, Judea); the words did not let it be understood at all that Peter would have successors. On the other hand, as Jesus did not set up any religion or clergy, he was unlikely to appoint Peter a religious leader. Moreover, imagining that Jesus appointed Peter and successors as popes, they could not be the bishops of Rome, because Paul, not *Peter*, evangelized that city *(Acts of the Apostles)*. No link is found between Jesus' words to *Peter* and the Vatican power. But Catholicism has not got a monopoly on that kind of abuse.

6. By stating: *You are Peter... (n. 5)*, Jesus, speaking on God's behalf, did not *send* the apostles (the *witnesses 5/2*) to set up a dogmatic church subjected to *priests*. Quite the contrary, he *sent* them to *unbind* faith and the people from the dogmas and *priests*. God was unlikely to vindicate institutions which had proved to be permanently an *evil (8/3)*. The ecclesiastical 'Christianity' is nothing but the continuation of the clerical Judaism *(the temple)* that killed Jesus and a lot of prophets.

7-8. God confirms that he has not instituted any clergy or *courts*. God is the only *Pastor (25/5)* and the only *Court*. Moreover, by *Court* God doest mean what man usually means by that word. God considers the *Court* as the permanent, immanent, natural response of the sinner on him- or herself, in sum, man's self-judgement (see *We believe, We do not believe*). The prophets and *disciples* have been *sent* to the world as mere *Messengers*, not as clergy and judges.

RÉVÉLATION ORIGINALE — *ORIGINAL REVELATION*
Les mots en *italiques* reconstituent les mots illisibles du document manuscrit
The italicized words are reconstructions of the illegible words of the handwritten record

22

1. Parce qu'ils ont usé vainement leurs jarrets sur des terres incultes, loin d'Israël,
Mes Messagers ont eu la déception pour salaire;
ils ne laissèrent que *brebis éparses*
traquées par les loups.
2. Des béliers montèrent des ténèbres,
ils encornèrent les loups avec fureur,
puis rassemblèrent Mes Brebis en troupeaux et se les partagèrent,
qui au levant, *qui* au couchant, *qui* au septentrion, *qui* au midi.
3. Écris cela, homme Michel, car ta génération connaît les calamités, elle saura leur faire face,
mais les générations à venir oublieront ce qui n'est pas écrit. Écris pour elles:
4. Voilà! Les béliers sont les princes et leurs prêtres. Certains princes se soumirent un grand nombre d'autres princes et leurs troupeaux; avec eux ils formèrent des hordes innombrables;
ils marchèrent à leurs têtes pour étendre sans cesse leurs conquêtes.
5. Pour *affermir* leur puissance, ils firent venir de nuit leurs faussaires,
des orfèvres habiles à construire un trône ancien,

22

1. My Messengers wore out their hams in vain on some waste lands far from Isreal,
therefore they got disappointment as wages;
behind them they left only *scattered sheep*
stalked by wolves.
2. Some rams came up from the darkness,
they furiously gored the wolves,
next they rallied My Sheep into flocks and they shared them among themselves,
some in the east, *some* in the west, *some* in the north, *some* in the south.
3. Write this, man Michel, because (the men of) your generation are aware of the scourges, they will know how to face up to them,
but the next generations will forget what is not written. Write for them:
4. This is what happened. The rams are the princes and their priests. Some princes subdued other princes in great number; with each other they made up countless hordes
at the heads of which they marched to widen their conquests continually.
5. On a night, in order to *strengthen* their power they sent for their forgers, some goldsmiths skillful at constructing an antique throne

ANNOTATIONS
Verset par verset ou générales ★
Either verse by verse or general ★

22 L'HISTOIRE DE LA RELIGION EST L'HISTOIRE DE LA SUPERSTITION, DE L'AMBITION, DE L'INTRIGUE, DE LA CONQUÊTE ET DU CRIME SUPPLANTANT LA VIE SPIRITUELLE. PLUS JAMAIS UN TEL FLÉAU!

1. Rappel du reproche déjà fait aux apôtres (Veillée 5), étendu à d'autres *Messagers* de Dieu, non nommés, qui ne remplirent pas leur mission (voir 2/16-19).

2. Les défaillances de nombreux *Messagers* de Dieu (v. 1) dues à la *crainte (2/16)*, au *découragement (5/3)*, mais aussi à la vanité (sens que rappelle *vainement*), sont responsables de la piètre expansion de la vraie foi. La vraie foi n'a touché que *brebis éparses*, incapables de se défendre contre les *loups* (païens, barbares autrefois, systèmes rationalistes, cyniques, antireligieux, tyranniques, etc., aujourd'hui) et contre les *béliers* (religions et leurs émules et protecteurs politiques, philosophiques, économiques, etc.) qui disputent les croyants aux *loups* et qui *se les partagent*. Les *béliers* sont-ils un moindre mal? Ça ne semble pas si sûr.

3. Religions et systèmes similaires disparaîtront, mais les générations futures, qui ne les auront pas subis, pourraient les laisser se reformer par négligence ou par innocence (voir vv. 13-14).

4. *Des princes se soumirent d'autres princes:* On sait que *La Révélation d'Arès* confond intentionnellement les *princes du culte* (ou le *roi blanc*, nom collectif dans *Le Livre:* tous les chefs religieux de toutes religions) et les *princes* profanes (ou le *roi noir*, nom collectif dans *Le Livre:* tous les chefs civils, politiques, industriels, intellectuels, etc., voir v. 6, n. ★ Veillée 14). Cependant, c'est la religion qui est donnée comme modèle et, spécialement dans ce verset, comme origine historique de tous les systèmes de *domination*. Ici, il est surtout question de

22 THE HISTORY OF RELIGION IS THE HISTORY OF SUPERSTITION, AMBITION, SCHEMES, CONQUEST AND CRIME SUPERSEDING SPIRITUAL LIFE. LET NOT SUCH A BANE OCCUR ANY MORE!

1. An evocation of the reproach already brought on the apostles (Vigil 5) widened to other *Messengers,* whose names are not mentioned, who did not fulfilled their mission (see 2/16-19).

2. The weaknesses of many *Messengers* of God (v. 1) due to *apprehension (2/16)*, *dispondency (5/3)* and vanity (a sense that *in vain* calls to mind) are to blame for the very poor spreading of true faith. True faith has reached only *scattered sheep*, unable to defend themselves against the *wolves* (pagans and barbarians in the past, antireligious, rationalistic, cynical, tyrannical systems today) and against the *rams* (religions and their political, philosophical, economic, etc, emulators and protectors) which fight against the *wolves* for the rule over believers, then the *rams share* believers *among themselves*. Are the *rams* a lesser evil? It does not sound that clear cut.

3. Religions and similar systems will disappear, but the generations that will not have been subjected to them might let them reappear out of carelessness or innocence (see v. 13-14).

4. *Some princes subdued other princes:* As the reader knows, *The Revelation of Arès* purposefully mixes up *princes of religion (*or the *white king,* a collective noun in *The Book:* all religious leaders of all religions) and profane *princes* (or the *black king,* a collective noun in *The Book:* all civil leaders, political, industrial, intellectual, etc., see v. 6, n. ★ Vigil 14). Religion, however, is shown as the model and, especially in this verse, as the historic origin of all of the *domination* systems. Here Jesus speaks mainly about the church: The fraternal presidents of the early Christian communities turned into bishops, patriarchs, popes, etc., and then *subjugated other*

RÉVÉLATION ORIGINALE — *ORIGINAL REVELATION*
Les mots en *italiques* reconstituent les mots illisibles du document manuscrit
The italicized words are reconstructions of the illegible words of the handwritten record

sur lequel ils assirent des os blanchis,
les os de Pierre,
les os d'André;
on déterra Mes Disciples.

6. Les princes des hordes convoquèrent leurs peuples devant le trône : « Ne reconnaissez-vous pas là les côtes, le crâne et les dents de mon père ? N'est-il pas le roi établi par Dieu sur cette nation ? Ne suis-je pas son fils, l'héritier de son trône ? »
Quelques-uns dirent : « Nous ne voyons que des os blanchis ! »
Aussitôt les pillards, qui suivaient chaque horde,
craignant qu'elle se divise et perde sa force,
craignant de perdre leurs profits,
les mirent à mort en criant : « Salut du peuple ! »

7. Chaque prince pleura : « Mes pauvres frères, la nation est témoin que je n'ai pas voulu pour vous une fin aussi cruelle ; la vengeance des pillards a *devancé* ma clémence. Serais-je moins clément pour eux que pour vous ? »

8. Sous le bras étendu des princes les pillards furent absous, *établis satrapes* pour leur dévouement,

---

on which they seated bleached bones,
Peter's bones,
Andrew's bones;
dug up were My Disciples.

6. The princes of the hordes summoned their peoples before the throne, (and told them), "You surely recognize my father's ribs, skull and teeth. Don't you? Is he not the king set up by God over this nation? Am I not his son, the heir of his throne?"
A few said, "We cannot see anything but bleached bones."
All at once the pillagers who used to follow every horde
feared that it might be set at variance and lose its strength,
feared that they (pillagers) might lose their benefits,
they put those few to death in shouting, "Safety of the people (first)!"

7. Every prince mourned, "I take the nation to witness that I did not want you, my poor brothers, to die so much cruel a death; the pillagers' retaliation has *outstripped* my clemency. Should I be less clement to them than (I wanted to be) to you?"

8. The princes stretched their arms out, absolved the pillagers, *established them as satraps* (in return) for their devotion

ANNOTATIONS
Verset par verset ou générales ★
Either verse by verse or general ★

l'église. Les présidents fraternels des premières communautés chrétiennes se changèrent en évêques, patriarches, papes, etc., puis *se soumirent d'autres* évêques; ensemble ils se soumirent les *peuples (les hordes).* La vie spirituelle, fondée sur le développement universel de l'amour, de l'intelligence et de la sagesse, fut partout supplantée par la religion qui, comme la politique, triomphe des faibles, leur impose sa *domination,* les maintient dans un état d'insuffisance.

5. *Faussaires: Docteurs* chargés d'interpréter l'histoire et les textes de manière à justifier les *chefs* et leurs dogmes. La «légitimité» des *chefs* religieux et, par extension, des *chefs* civils, une *imposture (v.12)* parmi d'autres qui est le type même de ce travail *d'orfèvres* (voir nn. 21/5-6).

6. *Pillards:* Exécuteurs de basses besognes. Malgré leurs luttes de préséance, les *dominateurs* religieux *(roi blanc)* et les *dominateurs* civils *(roi noir)* sont liés par les mêmes intérêts, la même ambition; ils se reconnaissent mutuellement légitimes, se partagent le monde, se soutiennent. Les chefs religieux et politiques, comme les magistrats, n'appliquent pas eux-mêmes leurs *sentences (28/18),* ils confient cette tâche à des exécuteurs, allant des *bourreaux (v.9)* aux diffamateurs (media). C'est toujours au nom du «bien général», *en criant: «Salut du peuple!»,* que les gêneurs sont neutralisés de quelle que façon que ce soit.

7-8. *Chaque prince (du culte) pleura:* Comme tous les chefs religieux se prétendent ministres de la Miséricorde Divine sur terre, ils se lamentent *hypocritement (v.10, 21/3)* sur les *crimes (v.9)* qu'ils ont eux-mêmes inspirés, ou laissé faire. Mais, la solidarité des puissances jouant (n. 6), les *princes* se gardent d'accuser les responsables, et leur accordent même à l'occasion des indulgences et des titres. En méditant ce que *La Révélation d'Arès* met au jour, on voit bien qu'il n'est pas besoin de remonter à Charlemagne pour le vérifier. Lors de la guerre 1939-45, Pie XII, qui connaissait les crimes nazis, se garda de condamner Hitler et ses SS.; il «bénit» même à

bishops; together they *subdued the people (the hordes).* Spiritual life, which is based on the universal development of love, intelligence and wisdom, was everywhere supplanted by religion which, as politics does, triumphes over the weak, imposes its *domination* upon them, and holds them in a state of inadequacy.

5. *Forgers: Doctors* in charge of interpreting history and texts in order to vindicate the *rulers* and their dogmas. The 'legitimacy' of religious *rulers* and, by extension, of civil *rulers,* is both an *imposture (v. 12)* among others and the classic example of *goldsmiths'* work (see n. 21/5-6).

6. *Pillagers:* Fulfillers of menial and nasty jobs. Despite struggles for precedence religious *dominators (white king)* and civil *dominators (black king)* are bound to one another by the same interests, the same ambition; they acknowledge one another to be legitimate, they share the world among themselves, they stand by one another. Religious and political heads never enforce their *sentences (28/18)* themselves, just as magistrates do they entrust enforcers, whether *executioners (v.9)* or slanderers (mass media), with the task. It is always on public good's behalf, *in shouting, "Safety of the people first!",* that *the few* men standing in the way of the powers are neutralized however they are executed.

7-8. *Every prince (of religion) mourned:* Since all religious heads claim that they are the earthly ministers of God's Mercy, they lament *hypocritically (v.10, 21/3)* the *murders (v.9)* that they themselves have inspired or they have let others commit. But, as the mighty always stick together in the end (n. 6), the *princes* refrain from pointing to the guilt of the responsible, who may even be granted indulgences and titles. In musing we realize that we can check what *The Revelation of Arès* discloses without dating it back to Charlemagne. During World War II Pius XII, who was well aware of the Nazi misdeeds, refrained from pointing to Hitler's and his SS's

pour prêter leur violence aux princes
sur qui ne devait jamais retomber
le sang des crimes commis pour le salut du peuple, car immense fut l'habileté des princes à gouverner.
9. Aujourd'hui encore ils miment la sagesse patiente,
dépêchent leurs envoyés par des voies détournées pour les attarder,
pour que leur pardon parvienne au bourreau après qu'il a décapité le faible,
pour que leur *condamnation* parvienne à la cour du fort après qu'il a commis son crime.
10. Pour leur hypocrisie, pour leur rapacité
leurs spectres ont mérité d'errer par les lieux les plus terrifiants.
Mais ils ont fait plus abominable encore :
11. Ils ont volé Mes Attributs,
ils ont mimé Ma Puissance,
ils ont bâti aux frontières de Mon Royaume
un porche de douane,
un péage,
pour détourner *la dîme* de charité,

(and) for their violence always available to the princes
on whom the blood of the murders committed for the people's safety
should never fall, for the princes' skill at ruling was immense.
9. Today they still mimic forbearance and wisdom,
they dispatch their envoys by roundabout routes so as to delay them,
in order that their pardon reaches the executioner after he has beheaded the weak man,
in order that their *condemnation* reaches the mighty man's court after he has committed a murder.
10. So hypocritical, so rapacious have they been that
their specters have deserved to roam through the most terrifying places.
But they have been still more abominable wrongdoers :
11. They have stolen My Attributes,
they have mimicked My Might,
at the border of My Realm
they have built a customs porch,
a toll,
in order to embezzle *the tithe* of charity,
issue illusory passports,

ANNOTATIONS
Verset par verset ou générales ★
Either verse by verse or general ★

Rome un pèlerinage de soldats allemands partant pour l'URSS. La guerre finie, il pleura sur toutes les victimes. Dans des conflits comme ceux d'Irlande, de Yougoslavie, du Moyen-Orient, etc., les religieux de toutes confessions ont adopté des attitudes pareillement ambiguës.

9. Dieu, qui attend que l'humanité retrouve la Vérité et le bien, ne regarde que l'avenir; il n'a que faire du *passé (30/13)*. Il cite les défauts et les fautes de la religion non par référence à son histoire, mais par référence à des principes perpétuels dont la religion ne peut pas se corriger (elle a *anéanti* sa *race, 8/3)*, parce qu'ils constituent sa nature même. Dans la religion Dieu ne condamne pas des hommes — au contraire, il en appelle au bon sens des héritiers irresponsables d'une très antique institution —, il rejette le système. Le Père ne fait pas des religieux le bouc émissaire des péchés de l'humanité. Il ressort clairement du sens général de *La Révélation d'Arès* qu'à travers sa critique de la religion le Père vise toute l'organisation humaine, partout faite sur le modèle religieux. Partout l'homme est *dominé* par des *princes* et des *satrapes:* états, tribunaux, administrations, écoles, municipalités, entreprises, etc.; chaque organisation a sa loi, sa justice, sa police; chacune *mime* le droit absolu; chacune par des prélèvements: impôt, bénéfice, participation obligatoire, *bâtit un péage,* fait payer bonheur et liberté, *détourne* le fruit du travail, le bien d'autrui, vers ses *charités* officielles — le fonctionnement du système étant la première *charité* — considérées comme les plus respectables et authentiques; toutes les organisations humaines menacent *(couvrent d'effroi)* les éventuels contrevenants *(v.11)*.

11. *Ils ont volé Mes Attributs... Ils ont mimé Ma Puissance:* Toute légitimité est un abus de langage, parfois une *imposture (v.12)*. Le pire est de prétendre *délivrer des passeports* pour le salut éternel, c.-à-d. de fait croire que le salut dépend de la religion.

---

guilt; in Rome he 'blessed' a pilgrimage of German soldiers bound for the USSR. Once the war was over, he lamented all of casualties. In conflicts that plague Ireland, Yugoslavia, Middle-East, etc., religious men of all persuasions have had similarly ambiguous attitudes.

9. God, who expects mankind to regain Truth and good, only views the future; he does not care about the *past (30/13)*. He mentions the failings and misdeeds of religion not regarding its history, but regarding its perpetual principles of which religion cannot break itself (it has *annihilated* its *breed, 8/3)*, since they make up its very nature. In religion God does not condemn men—on the contrary, he appeals to the common sense of the irresponsible heirs of a very old institution—, he rejects the system. The Father does not make the men of religion the scapegoats of mankind's sins. It is clearly inferred from the general meaning of *The Revelation of Arès* that through his critic of religion the Father aims at the whole human organization everywhere patterned on religion. Everywhere men are *dominated* by *princes* and *satraps:* states, courts of law, administrations, schools, municipalities, corporations and companies, etc; each of human organizations has its law, justice, police; each of them *mimicks* the absolute right; each of them by levies: taxes, profits, compulsory contribution, *builds a toll,* make people pay for happiness and freedom, *embezzles* the fruit of labor, the neighbour's possession, and diverts them to its official *charities*—the functioning of the system is the major *charity*—considered as the worthiest and most genuine ones; all of human organizations threaten *(spread dread on)* possible infringers *(v.11)*. *The mighty man's court:* Not the court of law, but the residence and government, as a king's.

11. *They have stolen My Attributes... mimicked My Might:* Everywhere legitimacy is a misnomer, it may be an *imposture (v.12)*. The worst thing of all is to claim *to issue passports* for eternal salvation, that is, make people believe that salvation depends on religion.

RÉVÉLATION ORIGINALE — ORIGINAL REVELATION

Les mots en *italiques* reconstituent les mots illisibles du document manuscrit
The italicized words are reconstructions of the illegible words of the handwritten record

   délivrer des passeports illusoires,
   juger en Mon Nom,
   couvrir Mon Peuple de ténèbres et d'effroi.
12. Leur abomination est affaire de Ma Justice,
   mais écris, homme Michel, que les princes seront détrônés bientôt;
   leur imposture est déjà révélée,
   leurs prêtres seront renvoyés au champ et à *l'établi*,
   leurs docteurs vendront leur art aux disputes du siècle.
13. Mais écris pour les enfants de tes enfants
   que le fléau demeurera derrière l'horizon
   caché par un ciel pur.
   Comme l'envie soulève les mamelles
   d'une jeune vierge,
   le fléau reviendra d'abord comme un vent léger,
   agréable pour ceux qu'il caresse.
   Que ta descendance prenne garde à l'ouragan qui suivra,
   si elle se laisse prendre aux séductions
   des voix douces revenues de l'horizon,
   car elles deviendront vite le tonnerre des tyrans,

---

   judge in My Name,
   (and) spread darkness and dread on My People.
12. Their abomination is a case for My Justice,
   but, man Michel, write that the princes will be dethroned before long;
   their imposture has already been disclosed,
   their priests will be sent back to the fields and to *the workbench*,
   their doctors will hire their art out to the wordly disputers.
13. But write for the children of your children
   that the scourge will remain below the horizon
   hidden by a clear sky.
   Just as desire makes the breast
   of a young virgin swell,
   the scourge will come back as a gentle wind at first,
   pleasant to those whom it will caress.
   Let your descendants beware of the hurricane that will arise
   if they fall under the spell
   of the sweet voices coming back from the horizon,
   because they will soon turn into the thunder of tyrants
   in front of whom My Day will hold off once again!

ANNOTATIONS
Verset par verset ou générales ★
Either verse by verse or general ★

12. *Docteurs:* Théoriciens religieux, théologiens, prêcheurs, etc., prêts à offrir les services de leur éloquence et de leur plume à toutes les causes profanes, quand défendre la cause religieuse seule ne paie plus ou devient compromettant.

★ Pour leur beauté et leur force d'évocation, les vv. 13 et 14 sont parmi les passages de *La Révélation d'Arès* qui ont forcé l'admiration d'écrivains et de penseurs (notamment Maurice Clavel, voir *Le Pèlerin d'Arès* n° 4/1979). Ces versets constituent un avertissement solennel de Dieu contre le retour des *dominations* religieuses et de leurs émules: les *dominations* politiques, après qu'elles auront disparu ou perdu leur importance dans le monde (conditions qui provoqueront le *Jour* de Dieu). Dieu promeut des *assemblées* libres et *souveraines (8/1, 16/4)* à la place des religions et des nations, communautés enrégimentées, même quand elles sont démocratiques. Après des générations tenaces dans leur vision d'un monde légaliste et policé, les *assemblées* libres se généraliseront, ce qui annonce un monde très diversifié. Mais des ambitieux chercheront toujours à dominer et à gouverner les *âmes* et/ou les *esprits*. Parallèlement, par paresse, ou par oubli des leçons de l'histoire, le peuple sera toujours tenté d'abandonner à des professionnels et des ambitieux la direction de la vie, spirituelle ou sociale. Il faudra veiller *longtemps (v.14)* après le Jour de Dieu jusqu'à ce que *meure la Bête — la Bête* englobe toutes les religions et leurs émules: la religion de la nation, la religion du pouvoir, la religion de la loi, le culte de la personnalité, etc.

12. *Doctors:* Religious theorists, theologians, preachers, etc., ready to offer the service of their eloquence and art of writing to profane causes whatever, when standing up for the religious cause alone no longer pays off or has turned compromising or incriminating.

★ For their beauty and suggestive power the verses 13 & 14 are among the passages of *The Revelation of Arès* for which some writers and thinkers (e.g. Maurice Clavel, see *Le Pèlerin d'Arès* Nr 4/1979) have been filled with admiration. These verses constitute a solemn warning of God against the return of religious *dominations* and those who emulate them: political *dominations,* after they have either disappeared or lost their importance in the world (conditions that are to bring about God's *Day*). God promotes free and *sovereign (8/1, 16/4) assemblies* in the place of religions and nations, all of them regimented communities, even when democratic. After many generations stubborn in their vision of a legalistic marshalled society free *assemblies* will become widespread; that foreshadows a most diversified world. But intermittently some ambitious men will endeavor to rule *souls* and/or *minds* again. Concurrently, either turned lazy or oblivious to what history has taught them, the people will be tempted to leave it up to professionnals and ambitious men to manage spiritual or social life. Men will be well-advised to keep an eye open *a long time (v.14)* until the *Beast* dies—the *Beast* encompasses all religions and their emulators: the religion of the nation, the religion of power, the religion of law, the cult of personality, etc.

RÉVÉLATION ORIGINALE — *ORIGINAL REVELATION*
Les mots en *italiques* reconstituent les mots illisibles du document manuscrit
The italicized words are reconstructions of the illegible words of the handwritten record

et Mon Jour reculera encore devant eux !
14. Que ta descendance se souvienne de Ma Parole :
Plus jamais de princes,
ni prêtres, ni docteurs,
et la Bête, qui agonisera longtemps derrière l'horizon,
mourra.

23 1. Écoute, homme Michel, ta tête est faible,
et tu n'es pourtant pas l'avorton de Mes Fils consumés par leurs fautes comme par *le pian* ;
le mal a creusé leur tête, voilé leurs yeux et leurs oreilles,
le péché a tanné leur cœur.
2. Au milieu des chétifs les moins chétifs *figurent* les athlètes ; le moins insensé est le sage au milieu des insensés ;
mais qu'entre chez eux le Fort, l'Illuminé, leurs athlètes et leurs sages découvrent leur honte et crient :
« Que l'Aigle laisse la taupe régner au milieu des siens ! Qu'Il garde le Ciel et nous laisse la terre ! Que nous importe Son Cri Qui traverse les montagnes ? Il ne parvient pas au fond de nos tunnels ! »

---

14. May your descendants remember My Word:
(Let there be) no princes,
no priests, no doctors any more,
so the Beast, which will lay dying a long time below the horizon,
will die.

23 1. Listen, man Michel, your mind is weak,
and yet you are not the little runt among My Sons wasted by their misdeeds like by *yaws* ;
evil has dug their heads, (it has) veiled their eyes and ears,
sin has tanned their hearts.
2. Among the puny the least puny ones *are* the athletes; the least foolish man is the wise man among the foolish;
but, when the Strong one, the Enlightened one, goes into their houses, their athletes and their wise men find out their shame and cry out,
"May the Eagle let the mole reign amid its fellow moles! May He have Heaven for Himself and leave the earth for us! We do not mind His Shout Which crosses the mountains. It is not audible in the far end of our burrows!"

ANNOTATIONS
Verset par verset ou générales ★
Either verse by verse or general ★

23 LA FOI N'EST CRÉATIVE ET *INTELLIGENTE* QUE SANS RELIGION. LA VIE SOCIALE ET LE SAVOIR NE PROGRESSENT QUE SANS CULTURE NI POLITIQUE. LA LIBERTÉ SEULE ENGENDRE L'HOMME NOUVEAU.

1. *Michel:* Réel prénom d'état civil du témoin, remplacé par *Mikal* dans *Le Livre* (où *Michel* n'apparaît qu'une seule fois, *XLII/1*). *Michel* est toujours précédé du mot *homme* dans *L'Évangile Donné à Arès* pour rappeler que c'est un *homme* ordinaire (comme Jésus fut un *homme* ordinaire, *32/2*) qui est témoin d'un prodige surnaturel rare dans l'histoire. Quelques témoins d'un tel prodige sont Noé 4000 av. J.C., Abraham 2000 av. J.C., Moïse (2/8, I/7, IV/3, etc.) 1300 av. J.C., Isaïe (XLII/14-22) 750 av. J.C., Jésus (2/11-15), Mahomet (2/9) vers 680, enfin *Michel* à Arès en 1974 et 1977, 6000 ans après Abraham, 1300 ans après Mahomet. *Homme* accolé à *Michel* évite aussi tout rapprochement déplacé avec l'archange Michel. Certains reconnaissent dans le frère Michel le Messager *Mikaël* annoncé par *Daniel 10/13-21*, ce que rien ne permet d'affirmer ou d'infirmer. *Pian:* Maladie infectieuse grave dans laquelle des ulcères rongent la peau puis les os. *Mes Fils:* (voir n. 2/1 entre autres notes).

23 FAITH IS CREATIVE AND *INTELLIGENT* ONLY WITHOUT RELIGION. SOCIAL LIFE AND KNOWLEDGE CAN PROGRESS ONLY WITHOUT CULTURE OR POLITICS. ONLY FREEDOM GENERATES A NEW MAN.

1. *Michel:* The witness's real registered first name, replaced by *Mikal* in *The Book (*where *Michel* appears only once, *XLII/1*). *Michel* is always preceded by the word *man* in *The Gospel Delivered in Arès* in order to recall that an ordinary man (just as Jesus was an ordinary *man, 32/2*) is witnessing a supernatural marvel rare in history. Some witnesses to such a marvel in history are: Noah 4000 BC, Abraham 2000 BC, Moses (2/8, I/7, IV/3, etc) 1300 BC, Isaiah (XLII/14-22) 750 BC, Jesus (2/11-15), Muhammad (2/9) c. 680, finally *Michel* in Arès, 1974 and 1977, 6000 years after Abraham, 1300 years after Muhammad. *Man* joined to *Michel* also is intented to eschew any uncalled-for parallel between the witness of God in Arès and Archangel Michael. Some persons have recognized brother Michel as Messenger *Michael* heralded by *Daniel 10/13-21*, which cannot be either validated or invalidated. *Yaws:* A serious infectious disease marked by ulcerating lesions of the skin with later bone involvement. *My Sons:* (see n. 2/1 among other annotations).

RÉVÉLATION ORIGINALE — *ORIGINAL REVELATION*
Les mots en *italiques* reconstituent les mots illisibles du document manuscrit
The italicized words are reconstructions of the illegible words of the handwritten record

En Vérité, homme Michel,
c'est leur faiblesse qui *leur* fait refuser l'Alliance de l'Aigle.
3. Parle à Mon Peuple selon ses faiblesses
dont tu n'as pas idée,
car il a des artifices pour paraître comprendre,
pour *opiner* devant le mystère comme devant le babil des enfants ;
son illusion *adoucit sa détresse ;*
les plus rusés en tirent profit, disant : « Vous êtes un peuple illuminé ; par nous Dieu vous révèle Ses Énigmes, par nous Il ouvre vos intelligences et vos yeux. »
Consolé, le peuple paie le salaire de leurs leçons.
4. Bannis les docteurs
dont l'ignorance M'est un dégoût,
qui emplissent de vent les têtes faibles de Mon Peuple !
Je te livre un langage
qui lui donnera l'intelligence
comme Je l'ai livré aux prophètes et aux disciples.
5. Sous ta voix Je répandrai Mon Eau sur les cœurs altérés ; ta parole fera jaillir le sang dans les têtes vides et les fertilisera. J'exhalerai Mon

---

Verily, man Michel,
only weakness makes *them* reject the Eagle's Covenant.
3. Speak to My People in keeping with their weaknesses,
you have no idea how profound they are,
for My People have tricks to sham understanding,
to *nod* to mystery like (one *nods*) to infants' babble ;
their illusion *softens their distress ;*
the craftiest ones take advantage of it, saying, "You are an enlightened people ; through us God reveals His Enigmas to you, through us He opens your wits and your eyes."
The people thus comforted pay their teaching fees.
4. Warn doctors off
for whose ignorance I feel disgust ;
they fill My People's weak minds with hot air !
To you I reveal a language
that will give them intelligence
jus as I revealed it to the prophets and disciples.
5. Under your voice I will spread My Water on the thirsty hearts ; your word will make blood gush forth into the empty heads and fertilize

UN LANGAGE QUI DONNE L'INTELLIGENCE — *A LANGUAGE THAT GIVES WITS*

ANNOTATIONS
Verset par verset ou générales ★
Either verse by verse or general ★

★ Dans un raccourci piquant, la parabole de la *taupe* et de *l'aigle* évoque ce grand mal qu'affrontent les Pèlerins d'Arès qui *moissonnent:* la gêne et le déplaisir de la masse devant la Vérité, parce que la Vérité remet *avec force* (au Nom du *Fort*) la société en question — pas seulement la société religieuse quoique celle-ci soit prise comme référence —. Même consciente que le système (religieux, politique, etc.) n'est pas idéal, l'humanité a fini par les juger inévitables. Cette opinion profondément enracinée donne une «raison» à la surdité et à la *faiblesse* générales. Par *faiblesse,* l'humain préfère ce beau vêtement de mensonges et d'oublis appelé culture à l'effort de *changer le monde* (la culture n'est pas le savoir, qui est positif, mais l'ensemble des préjugés et préférences arbitraires d'un groupe humain). Les *illusions (v. 3)* de l'homme sur lui-même n'arrangent pas les choses, elles constituent des *faiblesses* exploitées par les religieux, les politiques et les affairistes *les plus rusés,* qui savent étourdir ou circonvenir les consciences.

2. *L'Aigle:* Le Père, le Créateur.

4. *Bannis les docteurs:* Dieu confirme son *dégoût* des idéologues religieux et, par extension, des idéologues de toutes natures. De même que le terme *princes* confond chefs religieux et chefs politiques (n. 22/4), le terme *docteurs* confond théologiens et intellectuels profanes. Dieu n'a rien contre le savoir en lui-même, au contraire, mais en critiquant les têtes savantes à cause de leurs préjugés il rappelle qu'il tira rarement ses *prophètes* de milieux cultivés: Noé, un paysan; Abraham et Mahomet, des caravaniers; Jésus, un charpentier; les apôtres, des pêcheurs. Isaïe, vers 750 av. J.C., par exception fut homme de religion avant d'être *prophète,* comme frère Michel 2700 ans plus tard. De toute façon, aucun *prophète* ne trouve *l'intelligence* sans se dépouiller de ses acquis intellectuels par la *pénitence.*

5-6. Beaucoup plus qu'on ne croit, les *cœurs* humains sont *altérés* de Vérité, d'amour, de droiture, de pureté.

★ In broad but piquant outline the parable of the *mole* and *eagle* evokes the major evil the Arès Pilgrims confront when *harvesting:* the masses' embarrassment and displeasure in the face of Truth, because Truth *with strength* (on *the Strong one's* behalf) calls society into question—not only religious society although it is the point of reference—. Even if they have been long aware that the (political, religious, etc.) system is not ideal, men consider it inevitable today. This deeprooted opinion gives some 'reason' to general deafness and *weakness.* Out of *weakness* mankind prefers the beautiful clothing of lies and oblivion called culture to the effort to *change the world* (culture is not knowledge or learning, which is positive; culture is made up of all the arbitrary prejudices and preferences of a human group). Man's *illusions (v. 3)* about himself do not help matters; they are *weaknesses* of which *the craftiest* religious, political and business men make the most, because they know how to go to people's heads and circumvent consciences.

2. *The Eagle:* The Father, the Maker.

4. *Warn doctors off:* Dieu confirms that religious ideologues and, by entension, all sorts of ideologues fill him with *disgust.* Just as the word *princes* mingles religious leaders and political heads (n. 22/4), the word *doctors* mingles theologians and profane intellectuals. God does not spurn knowledge or learning in itself, he favours it, but by being critical of the learned wits because of their prejudices he recalls that he has seldom chosen his *prophets* in cultivated circles: Noah was a peasant, Abraham and Muhammad were caravaneers; Jesus was a carpenter; the apostles were fishermen. Exceptionally Isaiah, c. 750 BC, had been a religious man before he became a *prophet,* and so is brother Michel 2,700 years later. At any rate, no *prophet* gains *intelligence* unless he loses his intellectual acquisitions through *penitence.*

5-6. Human *hearts* are much *thirstiest* for Truth, love, righteousness and purity, than people usually imagine.

RÉVÉLATION ORIGINALE — *ORIGINAL REVELATION*
Les mots en *italiques* reconstituent les mots illisibles du document manuscrit
The italicized words are reconstructions of the illegible words of the handwritten record

Souffle sur tes fidèles et Ma Bénédiction sur leur descendance.
6. Douce sera ta voix,
sobres tes paroles ;
souvent un baiser de toi fera mieux qu'un discours.
7. Les docteurs M'ont façonné un dieu à trois têtes
pour étonner les faibles, les faire trembler sous leur oracle ; ils ont décidé de Ma Pitié et de Mon Châtiment selon les œuvres
en discours interminables,
énigmatiques ;
d'un Mot de Moi ils ont écrit des livres.
8. Mon Peuple ne sait plus où Je suis, où Je ne suis pas.
Abats les idoles de l'esprit
comme furent abattues les idoles de bois !
9. Va ! Je suis ton Appui.

---

them. I will blow My Breath on your faithfuls and My Blessing on their descendants.
6. Your voice shall be sweet,
your word shall be sober ;
a kiss of you will often do better than rhetoric.
7. Doctors have made Me into a three-headed god
in order to stun the weak, make the weak tremble at their oracle ; they have decided on My Pity or My Punishment according to deeds
in endless
enigmatic speeches ;
on a single Word of Mine they have written books.
8. My People can no longer discern where I am, where I am not.
Bring down the idols of the mind
just as the wooden idols were brought down !
9. Go ! I am your Support.

ANNOTATIONS
Verset par verset ou générales ★
Either verse by verse or general ★

---

7. *Un dieu à trois têtes:* La trinité, un exemple classique d'élucubrations par des *docteurs ignorants (v.4)*, *ignorants* parce que savants en beaucoup de matières, mais pas en Vérité. La dogmatisation de la trinité par le concile de Nicée, en 325, fut une manœuvre *rusée* et astucieuse *(3/4)*. En décrétant que Dieu était complexe, *trois têtes* (ou personnes): père, fils et saint-esprit, l'église pouvait s'insérer dans cette complexité, laissant penser qu'elle était la quatrième *tête* de Dieu. Autrement dit, au père, au fils et au saint-esprit faisaient suite les grands «inspirés»: clergés, notamment évêques et papes, ainsi «divinisés» ou «légitimés». D'une façon générale toute religion «démontre» qu'elle est une émanation directe du divin, comme toute politique «démontre» qu'elle est l'émanation directe de ce qu'attend le peuple.

8. La foi est devenue intellectuelle. *L'intelligence* spirituelle *(32/5)* s'est perdue. *L'esprit* (ou intelligence intellectuelle, la fonction pensante de l'animal humain) est devenu une nouvelle *idole*. Ce verset est un plaidoyer pour le cœur et la simplicité (32/5-10), et pour l'action spirituelle qui *changera ce monde (28/7)*, c.-à-d., qui chassera du *monde* les fausses valeurs d'une civilisation de loi, de hiérarchie et de cérébralité dominantes et froides comme des *idoles de bois*.

---

7. *A three-headed god:* The trinity, a classic example of wild imaginings by *ignorant doctors (v.4)*, *ignorant* because they may be learned in many fields, but not in Truth. The dogmatization of the trinity by the council of Nicea, 325, was a *crafty* and shrewd *(3/4)* manipulation. By decreeing that God was complex, *three heads* (or persons): father, son and holy spirit, the church managed to filter into that complexity implying that it was God's fourth *head*. In other words, the father, the son and the holy spirit were succeeded by the great 'inspired' men: clergy, particularly bishops and popes thus 'deified' or 'legitimated'. As a rule, every religion 'demonstrates' that it is a direct procession of the divine, just as every policy 'demonstrates' that it is the direct product of the people's will and expectations.

8. Faith has become intellectual. Spiritual *intelligence (32/5)* has vanished. The *mind* (or intellectual intelligence, the thinking function of the human animal) has become a new *idol*. This verse is a plea for love and simplicity (32/5-10), and for the spiritual action which is to *change the world (28/7)*, that is, which is to drive from the *world* the false values of a civilisation of law, hierarchy and cerebralness domineering and cold as *wooden idols*.

RÉVÉLATION ORIGINALE — *ORIGINAL REVELATION*
Les mots en *italiques* reconstituent les mots illisibles du document manuscrit
The italicized words are reconstructions of the illegible words of the handwritten record

24 1. Ta tête reposera sur la dalle du tombeau,
tes fidèles pleureront sur tes mains glacées
avant que tu n'aies vu
même le petit reste que Je t'envoie rassembler
accomplir la Parole Que Je te livre.
2. Procède sans hâte !
La larve en se hâtant rejoint-elle l'abeille ?
Elle doit accomplir son temps.
Ajouterais-Je des jours à tes jours qu'ils ne suffiront pas ; quatre générations ne suffiront pas.
3. Non pas un homme montre la Voie ;
non pas un autre homme trouve la Vie,
mais beaucoup d'hommes
se succédant au tombeau
montreront la Voie,
une multitude dont les os ajoutés dresseraient une montagne trouvera la Vie,
parce que le Père ne donne plus la Vie ;

---

24 1. Your head will rest on the stoneslab of the tomb,
your faithfuls will weep over your frozen hands
before you see
the small remnant, whom I send you to rally,
achieve the Word That I am delivering to you.
2. Proceed without hurry !
Can the hurrying grub catch up with the bee ?
The grub is to accomplish its time.
Even if I add days to your days, they will not be sufficient ; four generations will not be sufficient.
3. A single man cannot show the Way,
Another single man cannot gain Life,
but many men
succeeding one another in the tomb
will show the Way,
a multitude whose bones piled up would form a mountain will find Life,
because the Father no longer gives Life.

ANNOTATIONS
Verset par verset ou générales ★
Either verse by verse or general ★

24 COMMENÇONS LA MISSION. POURSUIVONS-LA DE GÉNÉRATION EN GÉNÉRATION. LE SALUT DE TOUTE LA TERRE VIENDRA D'UN *RESTE* D'HOMMES DE BIEN LENTEMENT RASSEMBLÉS.

1-2. *Reste:* Les hommes capables de *changer le monde* (dans *La Révélation d'Arès* changer = sauver). *Petit reste:* Fraction du *reste* dont la vocation est spécialement spirituelle, apostolique, créatrice et dynamisante, ceux appelés Pèlerins d'Arès depuis 1975. Potentiellement, dit Dieu, il existe dans le monde un *reste* d'hommes de biens, croyants et incroyants (28/6, 28/11, XXXI/19), éclairés, évolutifs, capables de gagner en vertu et de *changer le monde;* les trouver et les rassembler est l'objet de la *moisson*. Si, pour *changer le monde*, le Père n'appelle qu'un *reste* c'est par réalisme. L'humanité entière ne peut pas trouver la foi et/ou la vertu et restaurer Éden; seul un certain nombre *d'élus* le peut *(31/6-13, Matthieu 24/22)*. Les *élus* ne sont pas des prédestinés, *La Révélation d'Arès* est clairement antidéterministe; les *élus* sont les hommes résolus à *accomplir la Parole (35/6)*. Le *reste* opérera dans le *monde* un *changement* suffisant pour provoquer le *Jour* de Dieu. Le *petit reste* quant à lui sera fait d'apôtres actifs, capables de *faire* activement *Mémoire du Sacrifice* de Dieu (ne signifie pas «dire ou écouter la messe», voir Veillée 8 entre autres), capables de restaurer en eux-mêmes l'Adam *consumé par le péché*, que la religion n'a pas guéri. La comparaison des nombres impressionnants de fidèles que claironnent les grandes religions (800 millions de catholiques, 400 millions de protestants, 900 millions de musulmans, etc.) avec les tragiques problèmes du monde fait la preuve flagrante de l'échec de la foi traditionnelle, dogmatique, formaliste, plus attachée à sa dominance culturelle qu'à l'installation effective de l'amour sur terre. Il faut partir de zéro, ou presque (12/9). *Ta tête reposera sur la dalle du tombeau:* Même s'il atteint un âge vénérable (il a déjà 45 ans quand Jésus lui apparaît en 1974), le frère Michel mourra avant d'avoir vu un nombre de croyants actifs suffisant pour *changer le monde*. Sa mission doit commencer tout de suite (23/9, 25/10)

24 LET'S START THE MISSION. WE SHALL CARRY ON WITH IT FROM GENERATION TO GENERATION. THE WHOLE EARTH WILL BE SAVED BY A *REMNANT* OF GOOD MEN WHO WILL BE SLOWLY GATHERING.

1-2. *Remnant:* The men able to *change the world* (In *The Revelation of Arès* change = save). *Small remnant:* The proportion of the *remnant* especially devoted to spirituality, apostolate, creation and energization, those called Arès Pilgrims since 1975. Potentially in the world, God says, there exists a *remnant* of good men, believers and unbelievers (28/6, 28/11, XXXI/19), enlightened, evolutionary, able to gain in virtue and *change the world;* finding and gathering them is the object of the *harvest*. The Father calls only a *remnant to change the world* because he is realistic. The whole mankind cannot gain faith and/or virtue and restore Eden; only a fair number of men can: *the elect (31/6-13, Matthew 24/22)*. The *elect* are no predestined men, *The Revelation of Arès* is clearly antideterministic; the *elect* are the men resolute to *achieve the Word (35/6)*. The *remnant*, will carry out a *change* in the *world* adequate for bringing about God's *Day*. As for the *small remnant*, they will be made up of active apostles capable of actively *calling* God's *Sacrifice to Remembrance* (does not mean 'saying or hearing mass'; see Vigil 8 among others), of restoring within themselves the Adam *wasted by sin* whom religion has not cured. The comparison of the impressive numbers of believers that the great religions trumpet (800 million Catholics, 400 million Protestants, 900 million Muslims, etc.) with the world's tragic problems blatantly proves the failure of the traditional, dogmatic, formalistic faith more concerned with cultural dominance than with actual spreading of love on earth. We have to start from little short from rock-bottom (12/9). *Your head will rest on the stoneslab:* Even if he reaches a venerable age (he was already 45 when Jesus appeared to him in 1974), brother Michel will die before a number of active men sufficient for *changing the world* is brought together. He

RÉVÉLATION ORIGINALE — *ORIGINAL REVELATION*
Les mots en *italiques* reconstituent les mots illisibles du document manuscrit
The italicized words are reconstructions of the illegible words of the handwritten record

Il L'a donnée une fois,
l'Oasis.
4. Comment un seul homme, mille hommes même,
retrouveraient-ils la Source enfouie
sous le piétinement des batailles,
sous les pas des caravanes des marchands,
sous les processions des prêtres,
sous les reins des prostituées,
sous le Vent de la Colère de Dieu ?
Des générations repentantes camperont sur ce désert pour en tamiser le sable,
5. le fouiller comme une mine,
pour retrouver la Vie.

25 1. Que deviendras-tu à Mes Yeux
si jusqu'à Mes Rivages
tu guides les seules assemblées de ton peuple ?
2. Partout les pères aiment leurs enfants, les prêtres aussi aiment leurs fidèles.

Once for all He gave It,
the Oasis
4. How could a one man and even a thousand men
recover the Spring buried
under the stamping of battles,
under the steps of merchants' caravans,
under the processions of priests,
under the loins of prostitutes,
under the Wind of the Anger of God ?
Many repenting generations will pitch camp on that desert in order to sift its sand,
5. excavate it as a mine
to recover Life.

25 1. What (kind of man) will you be in My Eyes
if you lead only the assemblies of your people
to My Shores ?
2. Everywhere fathers love their children, priests love their congregations as well.

ANNOTATIONS
Verset par verset ou générales ★
Either verse by verse or general ★

mais sans *hâte* inutile, car elle n'aboutira que beaucoup plus tard — *Quatre générations ne suffiront pas* —. L'influence du *prophète* restera un *arbre toujours vert (XVI/13);* le prophétisme est immortel.

3-4. *Multitude:* La somme totale des générations du *reste,* non une *multitude* instantanée. À travers l'ancêtre Adam (voir Veillée 2, ch. VII) l'humanité a reçu *une fois* pour toutes son potentiel spirituel, autrement dit: *l'image et ressemblance* du Créateur (voir notes Veillées 1 et 2 entre autres). Le *petit reste* regroupe ceux qui raniment *(retrouvent, v.5)* en eux cette *Vie* spirituelle par la *pénitence.* Poussée à un haut niveau *(Hauteurs),* la *Vie* spirituelle refait de l'homme un *Dieu (2/13).* La nature spirituelle de l'homme fut étouffée sous une longue histoire de violence *(batailles),* de cupidité *(marchands),* de religion *(processions),* de vice *(prostituées),* histoire dégradante et tragique entrecoupée d'appels que Dieu lance à l'homme pour qu'il réveille la *Vie* latente en lui (1/10-12, 4/10-11, 28/14, etc.). *La Source, l'Oasis:* On retrouve une fois de plus le thème de *l'Eau* (voir Veillées 17 à 20).

4. *Repentantes:* Faire *pénitence* n'est pas se lamenter sur ses péchés mais *changer* (voir 10/4, 30/11).

25 PLUS DE POUVOIRS, PLUS DE RELIGIONS, DONC PLUS DE *NATIONS,* PLUS *D'ÉTRANGERS!* COMME LE CHAOS PRIMORDIAL LA VARIÉTÉ DES MODES D'EXISTENCE ET DES GÉNIES LIBRES ENTRAÎNERA LA *VIE.*

1. *Mes Rivages:* Ceux de *la Mer sur les Hauteurs (20/4),* ou ceux des *fleuves* d'Éden appelés à réapparaître *(35/2-3),* les *Rivages* du bonheur, aboutissement du *changement (28/7, 30/11).*

---

has to start his mission right now (23/9, 25/10), but without *hurry,* because its success is very distant in time—*Four generations will not be sufficient*—. The *prophet's* influence will remain an *evergreen tree (XVI/13);* prophetism is immortal.

3-4. *Multitude:* The total sum of the generations of the *remnant,* not an instantaneous *multitude.* Through ancestor Adam (see Vigil 2, ch. VII) mankind once for all was given its spiritual potential, that is, the Maker's *image-and-likeness* (see n. Vigils 1 & 2 among others). The *small remnant* consist of the men that revive *(recover, v.5)* spiritual *Life* in them through *penitence.* When it is brought to a high level *(Heights),* spiritual *Life* makes man a *God* again *(2/13).* Man's spiritual nature has been smothered by a long history of violence *(battles),* greed *(merchants),* religion *(processions),* vice *(prostitutes),* a degrading tragic history interrupted with God'incentives to man so that he would rekindles spiritual *Life* latent inside him (1/10-12, 4/10-11, 28/14, etc). *Spring, Oasis:* Once again the theme of the *Water* (see Vigils 17 to 20).

3-4. *Repenting:* Being a *penitent* does not mean lamenting over one's sins; it means *changing* (see 10/4, 30/11).

25 NO POWERS, NO RELIGIONS, AND THUS NO *NATIONS,* NO *FOREIGNERS* ANYMORE! LIKE THE PRIMORDIAL CHAOS THE VARIETY OF THE FREE WAYS OF EXISTENCE AND GENIUSES WILL BRING ABOUT *LIFE.*

1. *My Shores:* Those of *the Sea on the Heights (20/4),* or those of the *rivers* of Eden which are to reappear *(35/2-3),* the *Shores* of happiness, the natural outcome of the *change (28/7, 30/11).*

Où est leur mérite ?
3. Ne dis pas aux étrangers : « Joignez-vous à mes assemblées ! Avec elles je vous aimerai ; avec elles je vous conduirai sur les Rivages de la Vie ! »
4. Dis-leur : « Étrangers, je vous aime avant de vous connaître. Avant que des profondeurs vos têtes aient *affleuré* l'horizon, j'ai dressé la table pour vous restaurer, j'ai ouvert les rangs de ma race pour que vous y preniez place
pour gravir ensemble les Hauteurs,
car je suis l'échanson et le muletier,
5. mais l'Hôte et le Pasteur est au-dessus de moi ; Il conduit les pécheurs qui s'engagent dans les sentiers chevriers,
Il les nourrit sur les rocailles,
Il lave leurs pieds écorchés.
6. « Il n'abandonne aucun pécheur dans sa pénitence ; tous Il les fortifie dans leur ascension,
ceux qui Le prient en silence,
ceux qui Le prient en agitant des grelots et des luminaires,
ceux qui Le prient sept fois par jour,
ceux qui ne Le prient pas, mais qui Le connaissent,

Is there any merit in that?
3. Do not tell strangers : "Join my assemblies ! I will love you along with them ; along with them I will lead you to the Shores of Life !"
4. Tell them : "Strangers, I love you ever before meeting you. Before your heads *shows on* the horizon I set the table to feed you, I open the rows of my race so that you may take your place in the midst of it,
so that we all together may climb the Heights,
for I am both the cupbearer and the muleteer,
5. but the Host and Shepherd is above me ; He leads the sinners who begin their journey on the goat paths,
He feeds them on the rocky ground,
He washes their chafed feet.
6. "He never forsakes a sinner in his penitence ; all the sinners he fortifies during their ascent,
those who pray to Him in silence,
those who pray to Him shaking bells and candles,
those who pray to Him seven times a day,
those who do not pray to Him but who know Him,
those who count the sun(rise)s until His Day (comes)

ANNOTATIONS
Verset par verset ou générales ★
Either verse by verse or general ★

★ La Veillée 25 est un hymne à la fraternité spirituelle universelle. Les Pèlerins d'Arès ont d'ailleurs fait des v.5-6 une prière quotidienne. Par cette prière ils attestent qu'ils sont frères de tous ceux qui prient dans ce monde de n'importe quelle façon, même superstitieuse ou quémandeuse, et qu'ils ont la certitude qu'un jour tous les croyants prieront dans un seul esprit (35/6), toutes les cultures, qui divisent, disparaîtront faisant place à un seul *peuple*. Des hommes de toutes origines, sincères, droits, aimants, même incroyants *(les négateurs, v. 6) changeront le monde (28/7)* tous ensemble. La Veillée 25, comme d'autres veillées et chapitres de *La Révélation d'Arès,* fait de *l'assemblée* des Pèlerins d'Arès tout le contraire d'une religion, à plus forte raison d'une secte; elle justifie aussi le titre d'*Évangile Donné à Arès* donné à la Révélation de 1974. C'est pourquoi ceux qui suivent *La Révélation d'Arès* se disent souvent croyants tout court; ils pourraient ajouter: citoyens du monde. Le mot *étranger* devient ici sa propre antithèse: il ne doit plus y avoir d'*étrangers* pour personne.

3. *Avec elles je vous aimerai:* C.-à-d. *avec elles* seulement, à la seule condition que vous deveniez Pèlerins d'Arès. Au contraire (v. 4), un Pèlerin d'Arès aime tous les hommes, et il prie volontiers avec tous les hommes qui prient (v.6), même si, en privé, il a son *rite* propre.

5. *Les rocailles:* Les voies très rudes qu'il faudra emprunter pour *changer le monde.*

6. Dieu ne dresse pas cette liste pour approuver et proroger la pléthore des cultes (voir n. 12/1-2). Bien au contraire, puisqu'il charge le frère Michel d'établir le *rite* très simplement (12/1, 20/9). Que disparaissent les cultes religieux, parce qu'ils s'opposent, et qu'apparaisse une variation harmonieuse sur le *rite* comme mille *reflets* sur un même *roc,* comme les milliers *d'étoiles* du seul ciel *(27/6)!* Le labyrinthe des cultes rasé, la liberté de prière entraîne la vie spirituelle. Seule condition à remplir: *Prononcer Ma Parole pour L'accomplir (35/6).* Sans importance sont les gestes, chants et calendriers, ou l'absence de gestes, chants et calendriers, mais essentiels sont l'amour et la volonté de se *changer soi-même* et *de changer le monde.*

★ The Vigil 25 is a hymn to universal spiritual brotherhood. The Arès Pilgrims use v.5-6 as a daily prayer, whereby they testify they are the brothers of all the men who pray in the world in whatever way even superstitious or begging, and they are confident that someday all believers will pray in a one spirit (35/6), and that all cultures, which divide men, will disappear and there will be a one *people*. Sincere, righteous, loving, even unbelieving *(the deniers v.6)* men of all origins will *change the world (28/7)* all together. The Vigil 25 like other vigils and chapters of *The Revelation of Arès* makes the *assembly* of the Arès Pilgrims the perfect opposite of a religion, all the more for it the opposite of a sect; it also vindicates the title *The Gospel Delivered in Arès* given to the Revelation of 1974. This is why those who abide by *The Revelation of Arès* frequently call themselves plain believers; they could add: citizens of the world. Here the word *stranger* turns into its own antithesis: There must not be any more *strangers*.

3. *I will love you along with them:* That is, *along with them* only, only if you become Arès Pilgrims. Quite the contrary (v.4), an Arès Pilgrim loves all men, and he prays readily *along with* all the men who pray (v.6), even though he follows peculiar *observances* in private.

5. *Rocky ground:* The tough *paths* that we shall follow in order to *change the world.*

6. God does not draw that list to approve of or extend the plethora of worships (see n. 12/1-2). Quite the contrary, since he orders brother Michel to establish *observances* in a very simple way (12/1, 20/9). Let the religious worships disappear, because they are antagonistic, and let a harmonious variation emerge from the *observances* as myriad *glints* from a same rock and myriad *stars* from the one sky *(27/6)!* Once the maze of worships is razed to the ground, freedom of prayer brings about spiritual life. One only rule: *Uttering My Word so as to achieve it (35/6).* Gestures, songs, calendars are unimportant, and so is the absence of gestures, songs and calendars, but essential are love and the will to *change oneself* and *change the world.*

RÉVÉLATION ORIGINALE — *ORIGINAL REVELATION*
Les mots en *italiques* reconstituent les mots illisibles du document manuscrit
The italicized words are reconstructions of the illegible words of the handwritten record

ceux qui comptent les soleils jusqu'à Son Jour
et ceux qui comptent les lunes,
ceux qui L'encensent et qui crient vers Lui,
ceux que l'encens et les cris indisposent,
ceux qui Le voient blanc et ceux qui Le voient noir,
et les négateurs de tous ceux-là,
la foule innombrable qu'un *flot d'encre* ne peut nommer, dont le Père connaît les noms.»

7. Homme Michel, si tu ne les aimes pas déjà,
non pour leur faire l'aumône ou panser leurs plaies
comme font les princes et leurs prêtres
en se gardant de les convier à leurs conseils
de peur de perdre leurs trônes,
mais en les aimant comme Je les aime,
ton amour sera sagesse de prince,
non le Vent Fou levé de Nazareth,
la Trombe Qui traverse la terre éperdument.

8. Romps avec tous le Corps de Mon Sacrifice ; dans leurs rangs fais circuler le calice ;

and those who count the moons,
those who burn incense to Him and shout toward Him,
those whom the incense and shouts annoy,
those who see Him white and those who see Him black,
and the deniers of all of those,
the countless multitude whose names a *flood of ink* would not suffice to list, whose names the Father knows (though)."

7. Man Michel, if you do not love them yet
not to give them alms or to bandage their wounds,
as do princes and priests
careful not to invite the multitude to their councils
lest they might lose their thrones,
but to love them as I love them,
your love will be (but) a prince's wisdom,
(it will) not (be) the Wild Wind That arose in Nazareth,
the Waterspout That travels the earth over furiously.

8. With all men break the Body of My Sacrifice ; pass the chalice round their rows ;
join your prayer to their prayer, bring your offering to their temples,

ANNOTATIONS
Verset par verset ou générales ★
Either verse by verse or general ★

7. *Aumône de princes:* La charité que des arrière-pensées contrôlent, influencent ou freinent, notamment la charité qui sélectionne ceux qu'elle secourt, qui néglige d'en secourir d'autres. La charité qui se présente comme la meilleure, ou qui vante certains types de secours et fait le silence sur les autres, qui trie entre eux arbitrairement. La charité qui se met une étiquette publicitaire promouvant son affiliation religieuse ou politique et ses sponsors. La charité qui *panse les plaies* en se gardant de contrarier les causes des grands maux: *dominations,* pouvoirs, castes, privilèges, nationalisme, complicités, etc. Cette charité tendancieuse ne peut se réclamer de Dieu ou d'un pur humanisme. D'une part, la bonté qui nous vient génétiquement du Père, par *l'image et ressemblance (Genèse 1/27),* se partage entre tous. D'autre part, l'homme vraiment charitable est le *Vent Fou* de Dieu, sa charité est d'abord spirituelle, il est l'incitateur et le secoureur de l'âme.

8. *La Mémoire du Sacrifice* n'est pas une messe ou liturgie de formules et de gestes symboliques (Veillées 8 et 10). C'est un *sacrifice* effectif, le sacrifice de soi pour *changer soi-même* et *changer le monde.* De même, le *calice* qui doit *circuler dans les rangs* des hommes ne désigne pas une messe ou un cérémonial, mais la fraternité et la générosité effectives, qu'il faut mettre en application. Dieu ne cite pas le *calice* pour homologuer un objet de *superstition (21/1)* censé contenir le «sang de Jésus», mais pour rappeler que l'amour entre les hommes est la première exigence de la foi.

7. *Alms of princes:* The charity that ulterior motives control, influence or restrain, notably the charity that selects the men whom it aids, and that fails to aid others. The charity that puts itself forward as the best, or that sings the praises of some aids and keeps silent about others, and that sorts them out arbitrarily. The charity that sports a publicity label to further its religious or political affiliation and its sponsors. The charity that *bandages wounds* but is careful not to impede the causes of the great evils: *dominations,* powers, castes, privileges, nationalism, collusions, etc. That tendencious charity claims unfairly to have its roots in God or in pure humanism. On the one hand, goodness which we get genetically from the Father, through the *image and likeness (Genesis 1/27),* is shared between all men. On the other hand, the really charitable man is God's *Wild Wind,* his charity is chiefly spiritual, he is the incitator and rescuer of the soul.

8. *Calling the Sacrifice to Remembrance* is not a mass or liturgy made of gratuitous symbolic formulas and gestures (Vigils 8 & 10). It is an actual *sacrif*ice, the sacrifice of oneself *to changing oneself* and *changing the world.* Likewise, the *chalice* which should be *passed round the rows* of men does not represent a mass or another ceremonial; it represents actual brotherhood and generosity which men have to implement. God does not mention the *chalice* to recognize and authorize an object of *superstition (21/1)* supposed to contain 'Jesus' blood', but to recall that love between men is the first requirement of faith.

RÉVÉLATION ORIGINALE — *ORIGINAL REVELATION*
Les mots en *italiques* reconstituent les mots illisibles du document manuscrit
The italicized words are reconstructions of the illegible words of the handwritten record

joins tes prières à leurs prières, apporte ton offrande à leurs temples, donne tes filles à leurs fils !
9. La mesure et la douceur
ont disposé les *bans*
du grand conseil de Mes Assemblées ;
Je l'attends sur Ma Montagne Sainte.
10. Chausse-toi, homme Michel, prends ton bâton,
conduis-le vers Moi, le cou tendu !

26 1. J'ai dit : Sauf le petit reste, la multitude ne te suivra pas.
Elle s'écriera d'abord : « La route que tu montres est la vraie ! » Car faciles sont les premiers repentirs,
exaltants les préparatifs du long voyage
jusqu'à Mes Hauteurs.
2. Mais le tentateur se glissera derrière toi.
La nuit qui précède le départ,
à l'heure où les cœurs s'angoissent,
il frappe aux portes, il entre et dit : « Suivre cet homme pour une escalade sans *rétribution* est folie. »

---

give your daughters(' hands) to their sons !
9. Moderate and gentle
the *bans* of My Assemblies' great council
have been proclaimed ;
I am waiting for it (to gather) on the Saint's Mountain.
10. Put your shoes on, man Michel, grab your staff,
lead the great council to Me in craning your neck !

26 1. I said: Apart from the small remnant the multitude will not follow you.
First they will exclaim, "The path that you show us is the true one !" For repentance is easy at first,
exhilarating are the preparations for the long journey
uphill to My Heights.
2. But behind your back the tempter will edge his way in.
On the night before the departure,
at the hour when hearts become anguished,
he knocks at the doors, he comes in, and says, "It is madness to follow that man in a climb without *remuneration*."

ANNOTATIONS
Verset par verset ou générales ★
Either verse by verse or general ★

9. *Disposer:* Mettre (quelqu'un) dans des dispositions (de *mesure* et de *douceur*). *Bans:* Le ban et l'arrière ban, tous ceux qui défendent activement la Parole de Dieu par analogie avec les vassaux qui prenaient les armes pour soutenir le roi au moyen âge. *Mesure:* voir Veillée 7. *Le grand conseil des Assemblées:* Non une institution, car toutes les institutions ont dégénéré en religions, églises et sectes ou en organismes politiques, judiciaires et militaires. Le *grand conseil* a un sens spirituel, n'est autre que l'application d'un principe de complémentarité créatrice et dynamique à des consciences spirituelles très diverses en elles-mêmes. Par exemple, même dans un *rite* uni, il y a autant de façons de sentir et de *proclamer la Parole pour l'accomplir* qu'il y a de croyants, mais tous doivent être liés par une unique règle d'amour, de vérité et d'action apostolique (35/6, voir n. 27/3) pour *changer le monde. Assemblées* prend ici un sens très large, puisque *grand conseil* désigne à l'évidence le *reste* et le *petit reste* (n. 24/1-2).

26 CRÉATEUR DE LA MATIÈRE, DIEU EST LE PREMIER MATÉRIALISTE. AUSSI EST-IL INEPTE D'OPPOSER À DIEU LA MATIÈRE, LES JOIES DU MONDE ET LA RAISON QU'IL A LUI-MÊME DONNÉES À L'HOMME.

1-2. De même que le missionnaire est tout feu tout flamme au début de son apostolat, puis est menacé de découragement quand il constate combien convaincre est difficile, tout nouveau converti, passée la période enthousiaste de sa conversion, peut subir de terribles tentations de recul et de fuite.

---

9. *Ban:* In the Middle-Ages a summoning of the king's vassals in an emergency. Here the *bans* are, by analogy, the summonings of all the men who support actively God's Word. *Moderate:* See *moderation,* Vigil 7. *The great council of the Assemblies:* Not an institution, because all institutions have degenerated either into religions, churches and sects or into political, judicial and military bodies. The meaning of *great council* is spiritual; it designates the application of a principle of dynamic creative complementarity to spiritual consciousnesses most varied in themselves. For example, even in united *observances* the ways of feeling and *proclaiming the Word in order to achieve it* are as many as believers are many, but all of them are to be bound together by a one rule of love, truth and apostolic action (35/6, see n. 27/3) in order to *change the world.* Here *Assemblies* has a very broad meaning because the *great council* clearly encompasses the *remnant* and *small remnant* (n. 24/1-2).

26 AS GOD IS THE MAKER OF MATTER, HE IS THE FIRST MATERIALIST. SO IT IS INEPT TO CONTRAST GOD WITH MATTER, EARTHLY JOYS AND REASON BECAUSE HE HIMSELF HAS GIVEN THEM TO MAN.

1-2. Just as a missionary burns with zeal in the beginning of his apostolate, and then is threatened with despondency when he realizes how hard persuading men is, a convert, once the wild enthusiasm of his conversion has worn off, may meet terrible temptations of retreating and fleeing.

RÉVÉLATION ORIGINALE — *ORIGINAL REVELATION*
Les mots en *italiques* reconstituent les mots illisibles du document manuscrit
The italicized words are reconstructions of the illegible words of the handwritten record

3. Sur Mes Semis il lance ses poisons,
disant à ceux qu'émeut la science : « On a lu dans les entrailles des morts, on a pesé, tamisé la poussière des tombeaux, on n'a pas trouvé de suite à la mort de l'homme ; courte est sa vie ; sur ces hauteurs comme en bas, où vous êtes, sa fin est dans la fosse. »
Ceux-là retournent se coucher, s'écriant : « Voilà un langage de raison ! »

4. À ceux qui aiment le plaisir et les biens le tentateur dit : « Restez dans la vallée grasse, dans les aises de vos maisons ! À ceux qui n'ont pas je prête pour payer le maçon, le tapissier et le jardinier, pour les musiciens qui égaieront leurs fêtes ;
j'avance le prix de l'étalon qui les portera chez leur *belle,* chez l'ami qui donne un banquet.
Si brèves sont vos joies, les échangerez-vous contre les peines d'une folle ascension qui vous précipiteront plus vite encore, *maigres* et tristes, dans la fosse sans retour ? »
Ceux-là retournent se coucher, s'écriant : « Voilà un langage de sagesse ! »

5. Le tentateur ne se lasse pas de mentir
comme le porc ne se lasse pas de manger.
Aux puissants et aux riches il dit : « Insulterez-vous vos pères, dilapi-

---

3. On My Seedlings he throws his poisons
by saying to them whom science sways, "The entrails of the dead have been read, the dust of tombs has been sifted, but no continuation of man has been found after death; man's lifetime is short; on those heights up there just as here below where you are, man's end is in the grave."
These people return to bed exclaiming, "Those are sensible words!"

4. To them who like pleasure and possessions the tempter says, "Stay in the fat valley, in your commodious houses! To people short of money I lend some so that they can pay for the builder, the upholsterer and the gardener, for the musicians who will enliven their parties;
I advance the price of the stallion which takes them to their *belles'* place, (and) to the house of the friend who gives a banquet;
Your joys are very brief; would you barter them for the hardships of a foolish climb which will even faster rush you into the grave from which no one returns ever?"
These people go back to bed exclaiming, "Those are wise words!"

5. The tempter never tires of lying
just as the hog never tires of eating.
To the mighty and the wealthy he says, "Will you insult your fathers,

LE TENTATEUR LANCE SES POISONS — *THE TEMPTER THROWS HIS POISONS*

ANNOTATIONS
Verset par verset ou générales ★
Either verse by verse or general ★

3. C'est d'abord dans la «raison» que se cache le *tentateur*. Le Coran rappelle çà et là l'exclamation des rationalistes: «Quoi? Une fois morts, pourrissant en terre, nous revivons?!».

★ L'opposition du bien au mal n'est pas l'antagonisme absolu et sauvage de deux créations ou de deux projets. Ce n'est pas la coalition de la raison, de la violence, de l'égoïsme, de l'orgueil et de la médiocrité en guerre totale contre l'amour, *l'intelligence* spirituelle et la transcendance. Il n'existe que deux créateurs, et ils ne sont pas antagonistes, puisque l'un, l'homme, est *l'image et ressemblance* de l'autre, le Père *(Genèse 1/27)*. L'homme ne crée ni matière, ni vie, ni idées qui, quant à la nature et à l'esprit, soient très différentes de ce que crée le *Père de l'Univers* incomparablement plus puissant. Toutes proportions gardées, les buts et les moyens de l'homme, et donc les buts et les moyens du mal, sont ceux de la Création même. Le mal n'est donc pas insolite dans la Création, même si son apparition n'y était pas fatale. Le mal n'est pas qu'une parodie du bien *(vv. 8 à 10);* sa nature est plus subtile: le mal est le bien à l'envers. Du permanent pile ou face humain sortent tour à tour bonté ou méchanceté, vérité ou mensonge, etc. Ce tournoiement est le péché même, impulsif ou aléatoire, rarement calculé. De là, les revirements des hommes racontés versets 1 à 6. Mais la pièce du pile ou face est pipée; le bien reste la force dominante. La *pénitence* et la *moisson* — inséparables: *récolter* ne va pas sans *changer* — accroissent cette force qui ralentira puis arrêtera le pile ou face. Dans la Parole il n'y a pas de théorie abstraite, morale ou philosophique du mal; le mal y est souvent nommé le *démon* ou *tentateur*. Mais le *tentateur* n'est pas souvent une créature invisible étrangère à l'homme; l'homme est presque toujours son propre *tentateur*, sinon il ne serait pas *pécheur* mais victime, et sa *pénitence* serait sans effet sur lui-même. C'est pourquoi *changer le monde* est possible. Le mal comporte inconsciemment son bien; un retour au bien, rapide ou lent, est possible en chacun de nous. De plus, Dieu a fait le *tentateur* aussi libre que l'homme; le *tentateur* finira par opter pour le bien. Dieu ne nous incline pas à la facilité. Espérer implique travailler, informer le monde de la vérité (vv. 8 & 10), récuser les mensonges ou les amalgames de la «raison». Espérer, c'est, comme Dieu envers les pécheurs, agir envers l'homme mauvais avec amour, sans le laisser faire, et en lui criant sans cesse: «*Ne te perds pas!* Escalade avec nous les *Montagnes* du bonheur!» *(v. 15)*.

3. First and foremost it is in 'reason' that the *tempter* hides. Every so often the Quran recalls the rationalists' exclamation, "What? Once we are dead, rotting in the grave, we live again?!"

★ The opposition of good to evil is not the wild absolute antagonism between two creations or two plans. It is not the coalition of reason, selfishness, pride and mediocrity waging all-out war on love, spiritual *intelligence* and transcendence. There exist only two creators, and they are not antagonistic, since one, man, is the *image-and-likeness* of the other, the Father *(Genesis 1/27)*. Man does not create any matter, or life, or ideas which, in regard to their nature and spirit, are much different from whatever the *Father of the Universe* creates, though he is incomparably more powerful. Relatively speaking, the goals and means of man, the goals and means of evil therefore, are those of the very Creation. Evil is not unexpected and strange in the Creation, then, even though its emergence in it was not inevitable. Evil is not only a parody of good *(v. 8 to v. 10);* its nature is subtler: evil is good upside down. In the permanent human toss-up game goodness or spitefulness, truth or lying, etc, come up in turns. That toss is sin itself which is impulsive or random, rarely planned. Hence men's changes of mind told in v. 1 to 6. But the tossing coin is loaded; good remains the dominant force. *Penitence* and the *harvest* —which are inseparable: *harvesting* does not dispense with *changing*—increase the force that will slow down then stop the toss-up. In the Word there is no philosophical or moral abstract theory of evil; evil is often called *devil* or *tempter*. But the *tempter* is not often an invisible creature foreign to man; man is nearly always his own *tempter*, otherwise he would not be a *sinner* but a victim, and his *penitence* would have no effect on himself. This is why *changing the world* is possible. Evil unknowingly contains its own good; a reversion to good, whether fast or slow, is feasible within each of us. Besides, God has made the *tempter* as free as man; the *devil* will eventually opt for good. God does not incline us to choose easy ways. Hoping implies working and informing the world about truth (v. 8 & 10) and challenging lies and the hotchpotches made by 'reason'. Hoping requires dealing with the bad man out of love just as God does, it requires trying to keep the bad man from doing evil, and shouting to him continually, *"Escape perdition!* Climb the *Mountains* of happiness with us!" *(v.15)*.

derez-vous leur héritage, les dons de la chance qui vous chérit ? Priverez-vous le pauvre peuple des services de votre intelligence, de votre gouvernement, des marchandises de vos *entrepôts,* de l'or que vous prêtez ? Quel profit tireront vos sujets, *vos clients,* à vous voir partager avec eux les pommes aigres des montagnes ? »

Ceux-là, satisfaits, retournent se coucher, en disant : « Quel *crime* d'abandon allions-nous commettre ! »

6. Contre les corps d'hommes et de femmes vêtus, chaussés pour l'ascension, le tentateur se glisse, allume un feu dans leurs entrailles, leur dit à l'oreille : « Quelle amoureuse, quel amant apaisera ce feu sur les sentiers de montagne ? »

À la femme : « Qui te paiera en or et en cadeaux, en bijoux et parures, pour les joies que tu donnes, quand tu seras là-haut ? »

À l'homme : « Qui remplacera là-haut ta femme dont tu es fatigué ? L'austérité te desséchera comme un vieillard ! »

Ceux-là et celles-là retournent se coucher pour forniquer, pour commettre l'adultère.

7. Tout cela, et bien d'autres choses encore, le tentateur l'a fait sur les pas de Mes Messagers,

---

will you squander their legacy, the gifts you owe to good luck which cherishes you ? Will you deprive the poor people of the services of your intelligence, your art of governing, the goods in your *warehouses,* the gold you lend ? Will your subjects, *your customers,* ever benefit from watching you share the sour mountain apples together with them ? "

Satisfied these people go back to bed saying, "A crime of desertion, we were about to commit ! "

6. The tempter edges along the bodies of men and women who have put on shoes and clothes for the ascent, he kindles a fire in their entrails, he has a word in their ears, "What lover will quench that fire (when you are plodding) on the mountain paths ? "

To the woman (he says), "When you are up there, who will pay you in gold and presents, in jewels and fineries, for the joy you give ? "

To the man, (he says) " Up there what woman will replace your wife whom you are tired of ? You will become wizened with austerity as an old man ! "

These men and women go back to bed to fornicate, to commit adultery.

7. The tempter always hot on My Messengers' heels has done all those things and even worse things.

ANNOTATIONS
Verset par verset ou générales ★
Either verse by verse or general ★

4. Le *tentateur* se cache particulièrement derrière les situations briguées et la fortune. Il faut distinguer entre les ambitions et possessions normales et la tentation des excès, sources d'avidité, d'égoïsme, d'orgueil. Le *tentateur* ne propose pas le confortable, légitime chez-soi (*maison chaude v. 8*), mais la *maison d'aise*, une inutile démesure de place et de luxe — *Le Livre* dit: *Deux chaises pour une jambe, deux lits pour une nuit (V/7)*—. Le *tentateur* propose la *vallée grasse*, un monde tellement tenté et exploité qu'il ne pense qu'à accumuler les biens superflus et qu'à obtenir des *prêts* pour les acheter. Dans la tentation des *musiciens* ce qui est en cause n'est pas la musique, que Dieu aime *(30/11* et *v. 8)*, mais les spectacles-mirages abêtissants. Le *tentateur* ne propose pas la *mule (v. 9)*, c.-à-d. l'automobile utile et légitime, un grand progrès, mais *l'étalon*, c.-à-d. le véhicule inutilement puissant et voyant. De même la *belle* n'est pas l'épouse, mais la maîtresse, la prostituée; le *banquet* n'est pas le repas, mais le gâchis de nourriture. Ces quelques tentations en impliquent beaucoup d'autres qui, en tant que biens et plaisirs, peuvent ne pas être mauvais en soi, mais qui, en perdant la *mesure* (Veillée 7), gâtent les natures faibles, et peuvent empêcher *l'âme d'éclore* ou *la tuer*.

5. Le *tentateur* recourt également à la flatterie par laquelle sont exagérés les mérites et naissent la vanité et l'orgueil. Par d'habiles sophismes il convainc des professions ou métiers nécessaires quand ils sont pratiqués avec droiture et mesure — commerce, administration, etc. —, qu'ils sont plus que nécessaires, le salut du *pauvre peuple;* il les rend ainsi abusifs et même nuisibles. Il couvre aussi d'éloges les gens savants, de sorte qu'ils se croient la providence du monde, alors qu'ils sont loin d'être les seuls *forts et sages* que Dieu donne à son *peuple (v. 9)*.

6. Pas seulement *l'adultère* au sens étroit, mais aussi le libertinage entre gens non-mariés, car Dieu ne voit de normalité, de beauté et même de grandeur, *une œuvre sacrée (33/22)*, que dans *les joies* de la volupté *(v. 9, 9/7) données aux époux (33/22)* fidèles.

---

4. The *tempter* conceals himself particularly behind wealth and coveted situations. We have to distinguish between normal ambitions and possessions and the temptation of excess and glut, sources of greed, selfishness, pride. The *tempter* does not offer the comfortable legitimate home (the *cozy house v. 8*), it offers the *commodious house*, immoderate in room and luxury—*The Book* says, *Two chairs for one leg, two beds for one night (V/7)*—. The *tempter* offers the *fat valley*, that is, so much tempted and exploited a world that it only aspires to hoard superfluous possessions and get *loans* to buy them. In *musicians* it is not music, which God likes *(30/11* & *v. 8)*, that is in question, but the stupefying mirage shows. The *tempter* does not offer the *mule (v.9)*, that is, the legitimate useful car, a great progress, but the *stallion*, that is, the needlessly powerful showy vehicle. Likewise the *belle* is not the wife, but the mistress, the prostitute; the *banquet* is not a meal, but a waste of food. These few temptations imply many others which, as possessions and pleasures, may not be bad in themselves, but which, by becoming *immoderate (Vigil 7)*, ruin feeble natures and are apt to keep the *soul* from *dawning* or apt to *kill it*.

5. The *tempter* also resorts to flattery by which merits are overstated and vanity and pride are bred. Through clever sophisms he convinces professions and trades necessary when plied with righteousness and moderation—commerce, administration, etc.—, that they are more than necessary, they are the salvation of the *poor people*, so that he leads them to misuse and harmfulness. He also showers the men of great learning with praises so that they think that they are the salvation of the world, although they are by no means the only *strong and wise men* whom God gives his people (v. 9).

6. Not only *adultery* in a strict sense, but also dissoluteness between non married people, for God regards only the *joys* of sensual delight *(v.9, 9/7) given to* (faithful) *husband and wife (33/32)* as normal, fine and even grand: *a sacred (or hallowed) deed (33/22)*.

RÉVÉLATION ORIGINALE — *ORIGINAL REVELATION*
Les mots en *italiques* reconstituent les mots illisibles du document manuscrit
The italicized words are reconstructions of the illegible words of the handwritten record

mais sur ta trace il fera pire encore
parce que tu es Mon Messager Fort ;
plus avides de biens, de plaisirs, de puissance il fera les hommes, plus impudiques les femmes.

8. Mais qu'offre-t-il, le tentateur, qui ne peut rien créer, ni joies, ni biens ? Qu'offre-t-il que Je ne donne déjà?
N'ai-Je pas construit des maisons chaudes ? N'ai-Je pas planté des vignes le long de Mes Sentiers vers les Hauteurs ?
N'ai-Je pas invité les musiciens à fêter Ma Victoire, à divertir celui qui a peiné tout le jour ?

9. N'ai-Je pas donné Mes Mules pour l'ascension, et la nourriture à chacun ?
N'ai-Je pas mis les forts et les sages au service des faibles et des petits ?
N'ai-Je pas paré de beauté les femmes ; n'ai-Je pas rempli leurs époux de *force virile ;* le Père ne bénit-Il pas leurs joies ?

10. N'ai-Je pas livré à tous le long des sentiers les sources et les ruches, le fer et le feu ?
L'imposteur ne peut rien donner de tout cela ; il peut seulement souiller et mentir ;
c'est l'auge que la pitié du Père lui a laissée ;

---

but on your heels he will act in a still worse way
because you are My Strong Messenger ;
he will make men more eager for possessions, pleasures, power, and women more immodest.

8. But whatever does the tempter offer, he who can create nothing, neither joys nor goods?
Does he offer anything that I have not yet given Myself?
Have I not built cozy houses ? Have I not planted vines which line My Paths toward the Heights ?
Have I not invited musicians to celebrate My Victory, to entertain the man who has toiled all day ?

9. Have I not given My Mules for the ascent, and food for every one ?
Have I not sent the strong and the wise to serve the weak and the little ?
Have I not adorned women with beauty ; have I not filled their husbands with virile strength ? Does not the Father bless their joys ?

10. Have I not left springs and bee hives, iron and fire, to everyone along the paths ?
The impostor cannot give any of those things ; he can only sully and lie ;
this is the trough that the Father's pity has left to him ;

ANNOTATIONS
Verset par verset ou générales ★
Either verse by verse or general ★

7. L'activité du *tentateur* ne diminuera pas de sitôt.

8-10. Le *tentateur* ne propose pas un plan de progrès matériel et de bonheur nouveau, original et supérieur, concurrençant le plan du Créateur. Il ne fait qu'offrir — mais boursouflé, perverti, *souillé (v.10)* — ce que le Créateur offre déjà à l'homme depuis toujours. *L'imposture (v.10)* du mal est la grande parodie du bien qu'il joue sur la scène du monde, notamment sous la forme de maintes grandes idées dominantes, que dénonce *La Révélation d'Arès*. Le Père n'a intronisé aucun pouvoir politique, économique, judiciaire, religieux, etc. (mise en garde du Père aux Hébreux qui demandent un pouvoir politique, *1 Samuel ch.8*), et moins encore le pouvoir de la tentation. Il a intronisé la Vérité et montré la Voie. Le Créateur a donné à l'humanité tous les moyens d'une vie spirituelle et sociale heureuse par l'amour et la liberté sans passer par des passions dominatrices. Le *tentateur* (l'homme lui-même, qui est son propre *tentateur*, beaucoup plus souvent que le *démon*) présente le plan de Dieu comme triste, injuste et chimérique — *la fin de l'homme est dans la fosse! (vv.3-4)*, affirme-t-il —. Or, la *Vie*, qui se puise dans le Père et qui fait un *Dieu (2/13, 32/5)* de l'homme redevenu *l'image et ressemblance* positive du Créateur, est au contraire juste, généreuse, joyeuse, même dans la *pénitence (30/11)*. Tout choix est mal présenté à l'esprit s'il oppose matérialisme et spiritualité. Dieu a créé la matière et la chair, la joie et le bonheur, Dieu est le premier matérialiste. Le mal réside dans le mauvais rôle assigné par l'homme à la matière et à la vie, non dans celles-ci.

7. The *tempter's* activity is unlikely to subside rapidly.

8-10. The *tempter* does not propose a new, original, superior plan of material progress and happiness competing with the Maker's plan. What the *tempter offers* is not different—only bombastic, perverted, *sullied (v.10)*—from what the Maker has already offered to man ever since the Creation days. The *imposture (v.10)* of evil is the great parody of good which it has played so far on the world's arena, notably in the form of many dominant major concepts that *The Revelation of Arès* denounces. The Father has not installed any power; political, economic, judicial, religious, etc. (e.g. the Father's warning to the Hebrews who call for a political power, *1 Samuel ch.8*) and even less the power of temptation. He has installed Truth and showed the Path. The Maker has given men every possible means to live spiritual and social life through love and freedom without submitting to domineering passions. The *tempter* (man himself, who is his own *tempter*, far more frequently than the *devil*) passes off God's plan as being sad, unjust and chimerical—*Man's end is in the grave! (v.3 & 4)*, he asserts—. That is untrue, the *Life* that is drawn from the Father is actually just, generous, joyful, even in *penitence (30/11)*. No choice is correctly propounded to the mind if it sets materialism against spirituality. God created matter and flesh, joy and happiness, God is the leading materialist. Evil lies in the wrong role allotted by man to matter and life, it does not lie in matter and life in themselves.

le porc y grogne, s'y repaît, sa faim ne fléchit jamais.
11. Le Père lui abandonne les cœurs, les âmes
des impénitents entêtés,
des hommes et des femmes endurcis dans leurs plaisirs, leur cupidité, leur méchanceté, leurs adultères, tous ceux qui Me défient, disant : « Dieu, Tu nous trompes ; qui a vu vivre les morts ? »,
disant encore : « Nous ne voulons pas d'un Dieu jaloux de nos joies et de nos richesses,
Qui nous ride et nous jaunit comme des vieilles ! »
disant aussi : « Qui crée, qui gouverne ici sinon l'homme ? Qui sera maître de la mort sinon la science de l'homme ? »
12. Le tentateur digère l'orgueil,
l'impudicité, la cupidité, les abominations,
il les *défèque* dans les profondeurs glacées,
parce que le Père peuple Son Séjour d'âmes propres, et parce qu'il y a déjà assez de démons.
13. ...
14. ...
15. Dis à Mon Peuple : « Ne vous perdez pas ! » Ne te lasse pas de lui parler ;

---

the hog grunts in it, he eats its fill from it, his hunger goes on unabated.
11. To him the Father leaves the hearts (and) the souls
of the stiff-necked impenitent,
of the men and women hardening in their pleasures, their greed, their spitefulness, their adulteries, who all defy Me saying," You God deceive us ; has anyone ever seen the dead live ? "
and saying, "We do not want a God jealous of our joys and our riches,
Who wrinkles us and yellows us like old women,"
also saying, "Is there a creator, is there a ruler here below apart from man ? Will any power ever conquer death apart from man's science ? "
12. The tempter digests pride,
immodesty, greed, abominations,
he *defecates* them into the frozen depths,
because the Father calls only clean souls to populate His Abode, and because there are enough devils already.
13. ...
14. ...
15. Tell My People, "Escape perdition !" Speak to them without flagging ; onto My Mountains take off as many men as ever you can !

235 DIS À MON PEUPLE: NE VOUS PERDEZ PAS! — *TELL MY PEOPLE, ESCAPE PERDITION!*

ANNOTATIONS
Verset par verset ou générales ★
Either verse by verse or general ★

11. La Bible *(Job 1/6-12)* raconte comment *Satan* éprouve un homme avec l'accord de Dieu. Mais l'homme se tente lui-même, et tente ses semblables, tellement plus souvent et plus puissamment qu'on peut se demander si le *tentateur* n'est pas qu'une allégorie du péché. Frère Michel dit parfois: «L'homme fait tout le boulot. Le *tentateur* n'a pas besoin de se fatiguer. Allongé dans un transat sur une plage, fumant le cigare, il regarde l'homme se nuire tout seul.» Dans sa parodie de justice et de logique (note v. 8-10) le *tentateur,* donc l'homme, reproche à Dieu d'être *jaloux* des joies et des succès de l'humanité, et d'exiger d'elle l'austérité, la tristesse, l'étroitesse d'esprit et la soumission. En fait, c'est l'homme qui impose austérité, tristesse et soumission à ses semblables, ou qui s'y complaît lui-même parfois (moines, ascètes, puritains, etc.). C'est l'homme qui *jalouse,* qui est cause du malheur sur terre.

12. Certains considèrent *déféquer* comme un mot grossier, donc douteux. Imprimé en *italique,* donc pas très lisible sur l'original, *défèque* est pourtant le seul mot plausible. De plus, ce mot n'est pas inattendu sur les lèvres de Jésus; ne parlait-il pas un jour des aliments qui se transforment *dans le tube digestif puis vont aux latrines (Marc 7/19)?* Le péché transforme de même les dons de Dieu en mal, en mensonge, en dérision, liés par leur nature même aux *profondeurs glacées (16/1+, 31/2),* les *latrines* où finissent les vies ratées. *Il y a déjà assez de démons:* Après la mort certaines *âmes* perdent leur *propreté (26/12),* elles fautent ou déchoient, et sont rejetées du *Séjour* de Lumière où elles étaient montées dans les *profondeurs glacées* où elles grossissent le peuple des *spectres* (ici sens de *démons*). Ainsi la mort n'empêche pas le péché et ses risques.

13-14. Ces versets ne sont pas publiés. Le frère Michel les appelle «les versets terribles». Jésus lui demanda de ne les révéler que plus tard et seulement dans certaines circonstances qui pourraient, du reste, ne jamais survenir.

---

11. The Bible *(Job 1/6-12)* relates how Satan puts a man to the test with God's assent. But man temptes himself and temptes his fellow creatures much more often and much more toughly so that we can wonder whether the *temper* is just an allegory of sin. Sometimes brother Michel says, "Man does the whole job. The *tempter* need not overwork. Lying on a deckchair, smoking a cigar, he watches man injuring himself." In his parody of justice and logic (note v. 8-10) the *tempter,* man himself then, blames God for being *jealous* of mankind's joys and successes and for expecting mankind to become austere, dreary, narrow-minded and submissive. In fact, it is man who imposes austerity, dreariness and submissiveness on his fellow creatures, or who sometimes revels himself in austerity and dreariness (monks, ascetics, puritans, etc). It is man who is *jealous* and who brings about misfortune on the earth.

12. *He defecates:* To some people this verb is coarse, therefore dubious. As it is almost illegible in the original, it is italicized, but *defecates* is the only plausible word. Besides, that word is not unexpected in Jesus' mouth; did he not mention the food getting transformed in *the stomach and then going into the sewer (Mark 7/19)?* Likewise, sin transforms God's gifts into evil, lies and derision all of them by nature related to the *frozen depths (16/1+, 31/2),* that is, the *sewer* where the men whose lives were failures end up. *There are enough devils already:* After death some *souls* lose their *cleanness (26/12),* they transgress or they demean themselves, then they fall from the *Abode* of Light to which they ascended into the *frozen depths* where they swell the *specters'* people (here *devil = specter*). Thus sin and its outcomes are not prevented by death.

13-14. These verses have not been published. Brother Michel calls them the 'terrible verses'. Jesus asked him to reveal them later on, and not until some special circumstances have taken place, which, besides, might never occur.

sur Mes Montagnes entraîne tous ceux que tu peux !
16. Dis-lui : « Le tentateur rôde par la terre,
toujours affamé. Son regard rouge qui cligne sous la Lumière, il le tourne vers le Père ; " Avance Ton Bras, frappe ! " implore-t-il.
17. « Le Bras de Dieu, l'ange qui extermine, frappe les âmes qui se sont perdues dans l'orgueil, qui ont dérobé Mes Attributs, qui se sont plues dans toutes les abominations. Comme de *déchets* le tentateur s'en repaît. »

27
1. Homme Michel, *aime* ceux qui marchent vers leur perte !
Tu ne les aimeras pas si tu les reçois dans Mes Assemblées ; ils se croiront élus.
2. N'incline pas à se croire sauvés ceux qui s'entêtent à l'impénitence ;
que ton cœur ne fléchisse pas devant l'infortune des pécheurs endurcis, des pécheurs publics, ou (de) ceux dont tu connais le secret.
3. La honte est salutaire. Leur honte, expose-la sur les places et dans les conseils, mais ne juge pas, ne dis pas : Celui-ci est perdu ! Dis : Quel frère s'attachera aux pas de celui-ci pour le détourner de l'erreur ?
Sauve ! Ne juge pas !

---

16. Tell them, "Throughout the earth the tempter roams
ever so angry. He blinks his red eyes in the Light, he turns them to the Father, he implores, 'Stretch Your Arm out ! Hit !'
17. "God's Arm, the exterminating angel, hits the souls who have met perdition out of pride, who have stolen My Attributes, who have reveled in all abominations possible. The tempter feeds on them like on *refuse.*"

27
1. Man Michel, *love* them who are heading for perdition !
You will not love them if you welcome them in My Assemblies ; it will occur to them that they are chosen ones.
2. Do not incline those who persist in impenitence to believe that they are saved ;
let your heart not be moved by the misfortune of the hardened sinners, the public sinners, or those whose secret you are aware of.
3. Shame has a salutary effect. From the rooftops and in councils unfold (loudly) their shame, but do not judge (them), do not tell : This one is doomed to perdition ! (But) tell : Will a brother follow this one about in order to dissuade him from error ?
Save ! Do not judge !

ANNOTATIONS
Verset par verset ou générales ★
Either verse by verse or general ★

15-16. Voir n. 11. Voir aussi n. XXVIII/12.

17. *Attribut* (voir *21/4, 22/11*). Une fois de plus *La Révélation d'Arès* rappelle que la désolation attend beaucoup d'hommes dans l'au-delà, malheur post-mortem dont la foi laxiste moderne tend à rire. Il ne s'agit pas d'une punition dans un sens judiciaire, mais de la fin naturelle d'une vie inconséquente comme les *déchets* finissent naturellement dans des lieux désolés. La Bible et le Coran appellent ces lieux shéol, enfer, géhenne, etc. Jésus, voilà 2000 ans, rappelait déjà qu'une vie non spirituelle (non spirituelle ne signifie pas nécessairement incroyante) conduit à la Géhenne, un séjour où, disait-il, les *vers rongent* et le *feu brûle,* sans doute de la brûlure du froid *(ténèbres glacées).* Voir aussi *XL/13-15*.

27 AIMER ET NE PAS JUGER N'EST PAS SE DISPENSER DE MONTRER LA *VOIE* AUX FRÈRES ÉGARÉS ET MÊME AUX HOMMES PUBLICS ET AUX RELIGIEUX. TIMIDITÉ ET PASSIVITÉ NE PRÉPARENT PAS L'AVENIR.

1-2. Attention au contresens! *Aime ceux qui marchent vers leur perte* non parce qu'ils *marchent vers* la perdition, mais parce que tu dois tenter de les ramener dans la *Voie Droite (Coran 1/5-6)! Ils se croiront élus:* Sous le couvert de la charité, les croyances modernes professent souvent le laisser-faire, la complaisance, et jusqu'aux assurances de salut automatique. Non seulement de telles croyances gardent l'homme dans l'erreur, mais elles sont cause d'une grave perte du sens spirituel. Il faut aimer, il ne faut *pas juger,* mais il faut rappeler avec courage et sérénité qu'il existe une manière de vivre qui crée *l'âme,* qui la sauve et qui sauvera le monde, et une manière de vivre qui empêche *l'âme* d'éclore, qui conduit *l'esprit* aux *ténèbres,* et qui, de plus, maintient le monde dans le malheur, car le monde de l'au-delà est le miroir de ce monde-ci.

15-16. See n. 11. See also n. XXVIII/12.

17. *Attribute* (see *21/4, 22/11*). Once more *The Revelation of Arès* reminds that there is grief in store for many men in the hereafter; the latitudinarian modern faith tends to scoff at afterlife misfortune. This is not a punishment in a judicial sense, but the natural end of inconsequential life just as *refuse* end up naturally in dreary places. The Bible and the Quran call them Sheol, Hell, Gehenna, etc. 2,000 years ago Jesus already recalled that nonspiritual life (nonspiritual does not necessarily mean ungodly) leads to Gehenna, an abode where, said he, *worms gnaw* and *fire burns,* probably the burning sensation of cold *(freezing darkness).* See also *XL/13-15*.

27 TO LOVE AND KEEP FROM JUDGING IS NOT TO KEEP FROM SHOWING THE *PATH* TO STRAYING BROTHERS AND EVEN PUBLIC MEN AND CLERGY. THE FUTURE IS NOT BUILT ON SHYNESS AND PASSIVITY.

1-2. Be careful not to misunderstand! *Love them who are heading for doom* not because they are proceeding to perdition, but because you must strive to bring them back to the *Straight Path (Quran 1/5-6)! It will occur to them that they are chosen ones:* Under the cloak of charity modern beliefs often profess laissez-faire, indulgence, and even the solemn undertaking that salvation is automatic. Not only have such beliefs kept man in error, but they have brought about a serious loss of the spiritual sense. We must love, we must *not judge,* but we must recall with a will and with serenity alike that there is a way of living which calls the *soul* into existence, saves it, and which will save the world, and a way of living which keeps the *soul* from dawning, leads the *mind* to *darkness,* and, what is more, maintains the world in unhappiness, for the afterworld is the mirror of the present world.

RÉVÉLATION ORIGINALE — *ORIGINAL REVELATION*
Les mots en *italiques* reconstituent les mots illisibles du document manuscrit
The italicized words are reconstructions of the illegible words of the handwritten record

4. Tu éloigneras de Mes Assemblées avec douceur et discernement ceux dont le péché est public comme celui des adultères et des prostituées,
et qui ne montrent aucune pénitence,
ceux qui font abus de richesse et de puissance, qui ont bâti des temples à leurs ambitions,
à l'or, au *négoce,* à l'usure,
5. car J'ai interdit qu'on *s'empare de* l'héritage de Mon Peuple et *de* son gouvernement,
que J'ai donnés à tous,
qu'on détourne vers l'échoppe du banquier et du marchand la récolte du paysan et le salaire de l'ouvrier par toutes sortes de séductions et de corruptions ;
ceux aussi qui détournent vers eux Ma Puissance et se font passer pour Mes Portiers : les princes du culte, les prêtres, les docteurs qui se font passer pour Mes Messagers.
6. J'ai dit : Tous ceux-là et d'autres encore que tu connais, tu les éloigneras de Mes Assemblées
avec discernement ;
tu *déchiffreras* leur cœur avant de peser leurs fautes, car leurs intentions

---

4. With gentleness and discernment you shall keep away from My Assemblies those whose sin is common knowledge as adulterers' and prostitutes'
when they do not show any penitence,
(and) those who overindulge in wealth and power, who have erected temples to their ambitions,
to gold, to *trading,* to usury,
5. for I have forbidden anyone to *appropriate* My People's inheritance and government
which I have given to all men,
(or) to divert the farmer's crop and the laborer's salary to the booths of the banker and of the storekeeper through all manner of enticements and corruption ;
(and) also those who divert My Might to themselves, who pose as My Doorkeepers : princes of religion, priests, doctors, who pose as My Messengers.
6. I have said : From My Assemblies you shall
with dicernment
keep away all those and even others whom you know ;

SAUVE! NE JUGE PAS! — SAVE! DO NOT JUDGE!

ANNOTATIONS
Verset par verset ou générales ★
Either verse by verse or general ★

---

3. *Conseils:* Il ne s'agit pas d'institutions (voir n. 25/9) mais de concertations naturelles de croyants qui prennent souci des égarés, non pour les juger, les moraliser, les gourmander, mais pour les détourner de leurs égarements par l'exemple, avec amour et humilité. *Sur les places:* Au grand jour, à haute voix. Les convenances, la peur des rebuffades et railleries ne doivent pas empêcher le *prophète* et les missionnaires de rappeler partout *dans la paix (15/5, 28/15, 36/17)* les graves conséquences sociales et spirituelles du péché. *Quel frère s'attachera aux pas de celui-ci ?* La vérité et la foi ne sauvent celui qui les a acquises que s'il s'efforce de les propager et de sauver d'autres hommes; ceci n'implique pas d'être juge et moralisateur, mais implique d'être apôtre, prophète du monde à venir, *moissonneur (voir n. 13/7-8).* Un homme de bien ne peut laisser se perdre un autre homme sans rien dire.

4. *L'assemblée* constitue les prémices du monde futur, l'avant-garde du *changement (28/7),* même si sa formation est très difficile dans les premières générations. Le pluriel *assemblées* indique que Dieu attend une société très diversifiée, riche en personnalités et complémentarités. *L'assemblée* n'éloigne pas *l'étranger* (voir Veillée 25), même incroyant, qui apporte son aide à l'action de *changement (28/4, 28/11-12, XXXI/19),* mais elle éloigne les attentistes, les peureux, les paresseux, les *égarés,* les *pécheurs publics* et *obstinés,* les infiltrés, et jusqu'au *frère* dont la vie devient contraire à la Parole (37/9) et nuisible au groupe, donc à la bonne formation d'une société nouvelle. *Temples bâtis à l'ambition, à l'or, au négoce, à l'usure:* Professions qui se prétendent les parfaites incarnations de l'ordre, de la raison, de l'inévitable.

5. *L'héritage de Mon Peuple:* La vocation spirituelle de l'humanité. *Gouvernement (de Mon Peuple):* L'humanité spiritualisée s'enrichit de sa diversité et de ses paradoxes au lieu d'en engendrer des conflits; elle se régit sans autre pouvoir ou loi que l'amour et *l'intelligence* retrouvée *(32/5).* Dieu *interdit* religion et politique. *J'ai interdit qu'on détourne la récolte, le*

---

3. *Councils:* No institutions (n. 25/9) but natural dialogues between believers concerned about their straying brothers not to judge or sermonize or berate them, but to divert them from aberration by setting examples of love and humility. *From the rooftops:* In the open, in a loud voice. The proprieties as well as the fear of rebuffs and scoffings should not keep the *prophet* and the missionaries from *peacefully (15/5, 28/15, 36/17)* reminding all men of the serious spiritual and social outcomes of sin. *Will a brother follow this one about?* Truth and faith save the man that has gained them only if he endeavors to spread them and save other men; this does not imply that this man is a judge and a moralizer; it implies that he is an apostle, a prophet to the world to come, a *harvester (see n. 13/7-8).* A good man cannot silently leave another man to perdition.

4. The *assembly* constitutes the early beginnings of the future world, the vanguard of the *change (28/7),* even if its developing is very difficult in the earlier generations. *Assemblies* in the plural means that God expects a most diversified society rich in personalities and complementarities. The *assembly* shall not exclude a *stranger* or *foreigner* (see Vigil 25), even if he is an nonbeliever, who helps with the action of *change (28/4, 28/11-12, XXXI/19),* but it shall exclude those who follow a wait-and-see policy, the timorous, the lazy, the *stray* ones, those whose *sin* is *common knowledge* and *stubborn,* those infiltrating the *assembly,* and even the *brother* whose life becomes detrimental to the Word (37/9) and harmful to the group, that is, to the correct developing of a new society. *Temples erected to ambition, gold, trading and usury:* Professions and trades that claim that they epitomize perfectly reason, the order, the inevitable.

5. *My People's inheritance:* The spiritual vocation of humanity. *(My People's) government:* Spiritualized humanity is enriched with its diversity and paradoxes instead of begetting conflicts out of them; it administers itself freely without any power or law, only with love and *intelligence* recovered *(32/5).* God *forbids* religion and politics. *I have forbidden diverting the farmer's crop*

RÉVÉLATION ORIGINALE — *ORIGINAL REVELATION*

Les mots en *italiques* reconstituent les mots illisibles du document manuscrit
The italicized words are reconstructions of the illegible words of the handwritten record

sont variées comme les reflets des roches, aussi nombreuses que les étoiles.
7. Ce que tu prescriras aux Assemblées
pour discerner les bonnes intentions des mauvaises,
les pénitents des impénitents,
Je le scellerai.
8. Tant que Jérusalem n'aura pas regagné l'Aire Céleste, ne te lasse pas de dire
aux riches, aux puissants, aux impudiques et aux prêtres et aux autres
qu'ils tirent maintenant abondance de la terre, de l'or, du fer et du feu,
du salaire de l'ouvrier,
de l'humilité des petits, des faiblesses des pécheurs, et qu'ils ont mis en lois leurs rapines, leur injustice et toutes leurs abominations
en alliances qu'ils font habilement sceller par ceux qu'ils dominent pour les corrompre,
les tromper, les voler,
9. mais qu'ils connaîtront le châtiment de ceux qui scandalisent,
parce qu'ils ont inspiré aux faibles qu'ils dominent, et dont ils tirent profit,

---

you shall *decipher* their hearts before weighing their sins, because their intentions are as varied as the glints of rocks, as numerous as stars.
7. I will seal
the instructions that you shall leave to the Assemblies
so that they will manage to tell good intentions from bad ones,
penitents from the impenitent.
8. As long as Jerusalem has not returned to the Heavenly Area you shall unflaggingly say
to the wealthy, the mighty, the immodest, and priests, and others,
that, for the time being, they derive profuse benefit from soil, gold, iron and fire, and from the laborer's salary,
the little ones' humility, the sinner's weakness, and that they have made their plundering, injustice and all their abominations into laws
(and) into alliances which they persuade the men whom they dominate to seal in order to corrupt them,
deceive them, rob them,
9. but (you also shall say to them) that they will meet the chastisement in store for those who make other men lose faith and righteousness,
because they have inspired the weak whom they dominate, and whom

241 CE QUE TU PRESCRIRAS JE LE SCELLERAI — *I WILL SEAL YOUR INSTRUCTIONS*

ANNOTATIONS
Verset par verset ou générales ★
Either verse by verse or general ★

salaire: Il faut lire ces mots avec le *discernement* prescrit *(v.6)*. Le *négoce* n'est pas *interdit*, il est même nécessaire pour que les matières premières, la nourriture, les produits manufacturés, etc., trouvent acquéreurs et circulent, mais le bénéfice des *marchands* et des *banquiers* doit être *mesuré*. *Interdit* est le *négoce* qui n'est pas un facteur de progrès économique, notamment quand son unique objet est l'enrichissement des *marchands et banquiers*, le dépouillement systématique du *peuple*. *Séductions et corruptions:* Incitations à perdre la vie spirituelle et l'amour du prochain, à perdre le sens de la liberté, à s'en remettre à des lois, etc. Les *princes du culte, prêtres et docteurs* sont clairement fustigés pêle-mêle avec tout le système profane de domination: politique, finances, privilèges, idées dominantes, etc.

6-7. *Tu déchiffreras leur cœur... tu prescriras:* Le frère Michel *n'est chef de personne (16/1)*, de sorte qu'il ne peut donc ni commander ni légiférer, mais il doit *enseigner (39/1)* la vie spirituelle et le *discernement* ou *distinction* entre bien et mal dans le maquis touffu des occupations et intentions humaines et de leurs innombrables nuances.

8. *Jérusalem* ne désigne pas la ville géographiquement parlant, mais le terrain mental idéal de rencontre de Dieu et des hommes ainsi que le *champ* spirituel des bonnnes relations entre hommes, particulièrement entre les enfants d'Abraham: judaïsme, christianisme, islam, l'aire de mission fixée aux Pèlerins d'Arès *(5/6-7)*. Méfiance, désaccord et guerres divisent la famille d'Abraham; ils doivent *regagner l'Aire Céleste*, c'est-à-dire *accomplir* ensemble le plan originel de la Création, construire la *Jérusalem* de l'amour et du bonheur: Éden. Si les enfants d'Abraham sont corrompus, le reste du monde l'est et les missions religieuses ou morales n'y changent rien. *Ils ont mis en lois leurs rapines:* Les puissances politiques, religieuses, financières, etc. — *roi blanc et roi noir (Le Livre)* —, excellent à *corrompre* ceux qui les servent et à donner mauvaise conscience à ceux qui leur résistent.

---

and the laborer's salary: These words should be read with the recommended *discernment (v.6)*. *Trading* is not *forbidden;* failing *trading,* commodities, food, manufactured goods, etc, cannot circulate and find buyers, but *merchants, storekeepers and bankers* shall make *moderate* profits. *Trading* is *forbidden* when it is not a factor of economic progress, particularly when the only object of *trading* is the *merchants', storekeepers'* and *bankers'* enrichment, the systematic stripping of the *people*. *Enticements and corruption:* Incentives to lose spiritual life and love of the neighbour, to lose the sense of freedom, to leave every matter and initiative to laws, etc. The *princes of religion, priests and doctors* are cleary reprimanded together with the whole profane system of domination: politics, money, privileges, ruling concepts, etc.

6-7. *You shall decipher the hearts... your shall give instructions:* Brother Michel is *no ruler for anyone (16/1)*, so that he is not allowed to command or lay down laws, but he has to *teach (39/1)* spiritual life and *discernment* or *distinction* between good and evil in the dense jungle of human occupations and intentions and of the innumerable lights and shades in these.

8. *Jerusalem* does not refer to the city geographically speaking; it designates the ideal mental ground of meeting between God and men, and equally the spiritual *field* of good relationship between men, especially between Abraham's offspring: Judaism, Christianity, Islam, that is, the mission area marked out *(5/6-7)* for the Arès Pilgrims. Suspicion, disagreement and war divide Abraham's children; they have to *return to the Heavenly Area*, that is, together *achieve* the original plan of the Creation, build the *Jerusalem* of love and happiness: Eden. If Abraham's family is corrupted the rest of the world remains corrupted, no religious or moral missions can change that situation. *They have made their plundering... into laws:* The political, religious, financial, etc, powers—*the white king* and *the black king (The Book)*—, excel in *corrupting* the men who serve them and making those who withstand them have a feeling of guilt.

RÉVÉLATION ORIGINALE — *ORIGINAL REVELATION*
Les mots en *italiques* reconstituent les mots illisibles du document manuscrit
The italicized words are reconstructions of the illegible words of the handwritten record

de devenir comme leurs dominateurs
et leurs spoliateurs ;
ils ont engendré une vengeance sans fin.

28 1. Tu chancelles, homme Michel, tu pleures.
Qui sera sauvé, Me demandes-tu ?
Je ne t'envoie pas par le monde avec un cordeau à mesurer pour dire : « Je veux voir la largeur et la longueur de l'Aire Céleste qui contiendra les élus. »
2. Je t'envoie montrer à Mon Peuple ses erreurs,
pour qu'il discerne où Je suis,
où Je ne suis pas.
3. Voilà où Je suis : Ma Parole comme un fleuve s'écoule à nouveau sur les steppes,
Elle trace son cours dans les terres glacées
où J'ai suscité des hommes rudes,
des hommes qui ne Me connaissaient plus dans les masques qu'on M'avait façonnés,

---

they take advantage of,
to become like their dominators
and their despoilers ;
they have generated endless revenge.

28 1. You are wobbling, man Michel, your are crying.
You ask Me, "Who will be saved ?"
I do not send you to travel the world with a measuring string and say everywhere, "I want to see the length and width of the Heavenly Area that is to contain the elect."
2. I send you to show My People their errors,
so that they will tell where I am
from where I am not.
3. Here is where I am : My Word flows as a river through the steppes anew,
It cuts its course in the frozen lands
where I have aroused rugged men,
men who could no longer know Me by the masks fashioned for (obscuring) Me,
men whom the mighty and merchants, princes and priests, have led to

ANNOTATIONS
Verset par verset ou générales ★
Either verse by verse or general ★

9. *Ceux qui scandalisent* (voir 28/3-4) sont principalement les *hypocrites* qui prêchent une vie exemplaire qu'ils ne mènent pas eux-mêmes. Les clergés et les moralisateurs profanes (sociaux, politiques, économiques, etc.) sont spécialement visés. *Vengeance sans fin:* Contrecoups *sans fin* des conflits, abus, tromperies et injustices. *Vengeance* n'est pas à prendre au sens étroit, mais au sens très large de représailles, compensation, compétition, émulation, imitation, etc. (28/19).

28 LE MONDE DOIT CHANGER. POUR CELA DIEU COMPTE PLUS SUR CERTAINS ATHÉES QUE SUR CERTAINS CROYANTS, ET MARIE PLEINE DE BON SENS EST UN MEILLEUR MODÈLE QUE LA RELIGION.

1-2. Seules la première et la dernière Veillée de *L'Évangile donné à Arès* sont datées: 15 janvier et 13 avril 1974. La Veillée 28 dut avoir lieu à la fin mars. Dans son trouble, curieusement mêlé de désintérêt pour un événement surnaturel qu'il n'a pas désiré (sa nature n'est pas mystique) et dont il souffre parce que Dieu le «fouille jusqu'au fond et le cure comme un puits», le frère Michel ne note pas les dates. Lors de la 28ᵉ apparition il souffre d'abattement et même de détresse sous le poids d'une Révélation déjà reçue à vingt-sept reprises, qui bouleverse ses convictions ecclésiastiques. Il *chancelle* de fatigue, il *pleure* de contrariété, parce qu'il commence à réaliser l'exceptionnelle importance du Message qu'il transcrit, il comprend que Dieu lui demande d'accepter une mission prophétique très lourde qui va irriter ou faire rire le monde, une mission pour laquelle il ne se sent pas du tout prêt en dépit des assurances de Jésus (4/3, 15/1), une mission qui absorbera toute sa vie. *Où Je suis, où Je ne suis pas:* Dieu ne prend pas forcément parti pour les croyants et grands «vertueux»; il peut être d'accord avec des incroyants et des gens de vie discutable et même travailler avec eux pour recréer le monde.

9. *Those who(se behaviour) makes others lose faith and righteousness** (see 28/3-4) are mostly the *hypocrites* who preach an examplary life which they themselves fail to lead. This applies chiefly to clergy and profane moralizers (social, political, economic, etc.). *Endless revenge:* The uninterrupted repercussions of conflicts, abuses, deceptions and injustices. *Revenge* (or *vengeance*) should not be understood in a narrow sense; it has a broad sense of retaliation, compensation, competition, emulation, imitation, etc. (28/19).

* The French verb *'scandaliser'* in its biblical sense has no match in English.

28 THE WORLD HAS TO CHANGE. WITH THAT AIM IN VIEW GOD RELIES MORE ON CERTAIN ATHEISTS THAN ON CERTAIN BELIEVERS, AND MARY FULL OF SENSE SETS A BETTER EXAMPLE THAN RELIGION.

1-2. Only the first Vigil and the last Vigil of *The Gospel Delivered in Arès* are dated: January 15 and April 13, 1974. The Vigil 28 must have occurred in late March. Very disturbed and at the same time oddly uninterested in a supernatural event he had not wished for (he is not mystical by nature), which hit him hard because God «rummaged deep down in me and cleaned me out like a well», brother Michel did not write down the dates. When the 28th apparition occurs brother Michel's despondency and distress are increasing under the weigh of a Revelation he has already received 27 times, which has shattered his religious beliefs. He is *wobbling* with tiredness and *crying* with annoyance beginning to realize the uniqueness of the Message he has been writing down and understand that God expects him to take up a heavy prophetic mission likely to annoy or amuse the world, a task for which he does not feel ready despite Jesus' undertaking to help him (4/3, 15/1), and likely to take his whole lifetime. *Where I am... where I am not:* God does not necessarily takes sides with believers and the great 'virtuous'; he may agree with unbelievers and men of questionable life and he may even work with them to re-create the world.

RÉVÉLATION ORIGINALE — ORIGINAL REVELATION
Les mots en *italiques* reconstituent les mots illisibles du document manuscrit
The italicized words are reconstructions of the illegible words of the handwritten record

des hommes scandalisés par les puissants et les marchands, les princes et les prêtres.
4. Je les ai *suscités*. Ils ne prononcent pourtant pas Mon Nom, ils n'écoutent pas Ma Parole ; beaucoup Me haïssent,
mais cela ne leur sera pas reproché
parce qu'ils ont été scandalisés.
5. L'abusé devient prudent ;
pourquoi enverrais-Je des prophètes à ceux qui furent visités par les faux prophètes ?
C'est d'eux-mêmes que Je fais des prophètes.
6. C'est pourquoi Je n'ai pas envoyé à ces hommes Ma Parole dans les Livres,
mais en secret J'ai conduit leurs pas vers la Vérité
qui gisait comme un aigle blessé
dans les cœurs de leurs pères et de leurs frères ployés sous les puissants et les riches,
et ils ont libéré la Vérité,
et ils ont libéré leurs pères et leurs frères ;
et Je Me cache encore d'eux parce qu'on les avait fatigués de Moi,

---

lose faith and righteouness.
4. I have *aroused* them. They do not utter My Name, though ; they do not listen to My Word, though ; many of them hate Me,
but they are not to be blamed for this,
because they have been led to lose their faith and righeousness.
5. Deceived men grow cautious ;
why would I send prophets to those who have been visited by the bogus prophets ?
I have been making prophets of those very men.
6. This is the reason why I have not sent My Word in the Books to those men,
but in secret I have guided their steps toward Truth
which had been lying as a wounded eagle
in the hearts of their fathers and brothers bending under the mighty and the wealthy,
then they have liberated Truth,
they have set their fathers and brothers free ;
and I have as yet to hide from them because they have been made weary of Me,

ANNOTATIONS
Verset par verset ou générales ★
Either verse by verse or general ★

3. *Steppes:* De 1974 à 1990, avant que ne s'effondre l'Empire Soviétique, certains voyaient dans le mot *steppes* l'approbation du marxisme par Dieu. Depuis 1990 ils y voient le contraire: la prophétie de la libération des peuples soumis au communisme. En fait, *steppes* est une parabole désignant partout sur terre les lieux géographiques ou moraux où ceux qui parviennent aux situations de direction et de privilèges ne partagent guère leur bonne fortune avec les autres. La redistribution du monde n'est pas un plan marxiste-léniniste; c'est le plan de Dieu depuis la Création, consolidé par l'Évangile voilà 2000 ans. Il n'y a aucun lien entre le Marx politique et Dieu qui rejette la politique (Veillée 27), mais il y a des liens, parfois étroits, entre tous les humanistes qui espèrent le bonheur humain et le Créateur qui n'espère pas autre chose.

★ Dieu nie les «valeurs» fixées par les castes dominantes, tous les surnantis et privilégiés pour justifier leur place sociale. Voilà 2000 ans Jésus insistait déjà: *On ne peut pas servir Dieu et Mammon (Luc 16/13); Mammon* est le pouvoir sur *l'esprit* (religion, politique, culture, etc.) comme sur la matière (hédonisme abêtissant, argent, etc.), bref, toute *domination; Dieu* représente ce qui fait *l'âme:* Vérité, amour, *intelligence (32/5).* Tout observateur en déduit que la religion reste largement du côté de *Mammon.* La Veillée 28 confirme un point déjà évoqué voilà 2000 ans: Les œuvres bonnes athées valent la foi, et valent même plus si la foi n'est que formalisme passif et simple déclaration de conscience, et surtout si la foi s'allie aux œuvres mauvaises ou laisse faire celles-ci. Mais ne déduisons pas de la supériorité de l'amour et de *l'intelligence* que la foi et la prière sont secondaires ou superflues. Dieu apprécie (v. 4, 30/12) les œuvres bonnes d'hommes rendus incroyants par le *scandale* des moralisateurs *(les faux prophètes v.5, les hypocrites, etc.)* et par les *oppresseurs* et spoliateurs *(vv.10 et 24)* qu'ils soutiennent. Si Dieu *efface* les *violences* d'hommes tombés dans l'athéisme par refus de l'hypocrisie (vv. 20-21), et si ces incroyants peuvent même développer une *âme (Veillées 17 à 19)* et trouver le salut éternel, leur *descendance (39/10)* reconnaîtra le Créateur, *reviendra à la foi (v. 21).* Un monde spirituel reste la finalité; Éden restauré ne sera pas le bonheur sans Dieu.

3. *Steppes:* From 1974 to 1990, previous to the Soviet Empire's collapse, some used to read *steppes* as God's approval of Marxism. Since 1990 they have read it as the opposite: the prophesy of the liberation of the peoples subjected to communism. *Steppes*, in fact, is a parable referring to any place on earth, whether geographical or moral, where the men who achieve situations of leadership and privileges do not share their good fortune with others. The world's redistribution is not a Marxist plan; it has been God's plan ever since the Creation, strengthened by the Gospel 2,000 years ago. There is no link between political Marx and God who rejects politics (Vigil 27), but there are links, sometimes close links, between all of the humanists who hope for mankind's happiness and the Maker who does not hope anything else.

★ God denies the 'values' fixed by the ruling castes, the overaffluent and the privileged to vindicate their social positions. 2,000 years ago Jesus already insisted: *You cannot serve God and Mammon (Luke 16/13); Mammon* is the power over the *mind* (religion, politics, culture, etc) and matter alike (addictive hedonism, money, etc.), in short, every type of *domination; God* represents what makes the *soul:* Truth, love, *intelligence (32/5).* From this any observer infers that most of religion is still on *Mammon's* side. The Vigil 28 lays stress upon a point already brought up 2,000 years ago: atheistic good deeds are as good as faith, and even better if faith is just passive formalism, a mere declaration of conscientence, and particularly if it allies itself with the evil works or condones them. But let's not infer from the superiority of love and *intelligence* that faith and prayer are secondary or superfluous. God cares for the good deeds (v. 4, 30/12) of men turned unbelievers because of the moralizers *(the bogus prophets v. 5, the hypocrites, etc)* and of the *oppressors* and *despoilers (vv.10 et 24)* whom the moralizers support. Even though God *erases* the *violences* of men who lapsed into atheism from rebellion against hypocrisy (vv. 20-21), and even though such unbelievers can develop *souls (Vigils 17 to 19)* and eventually reach eternal salvation, their *descendants (39/10)* will recognize the Maker, *will regain faith (v. 21).* A spiritual world is the finality; Eden restored will not be happiness without God.

RÉVÉLATION ORIGINALE — *ORIGINAL REVELATION*
Les mots en *italiques* reconstituent les mots illisibles du document manuscrit
The italicized words are reconstructions of the illegible words of the handwritten record

Je souffle en silence dans leur poitrine.
7. Car la Vérité, c'est que le monde doit changer,
Je n'ai rien dit d'autre à Mes Témoins.
Ma Parole est la Loi Qui vient;
les nations s'Y sont-elles encore jamais soumises?
Même Pierre ne L'a pas accomplie.
8. Pour cela on tirera de leurs palais et de leurs temples les hypocrites qui ont fait faussement de Ma Parole la loi qui est.
Elle est la Loi Qui sera.
Encore quelques princes à Rome, ailleurs aussi,
et le dernier sera tiré de son lit à l'aube.
9. Ne pleure pas sur les malheurs qu'on verra ce jour-là,
car J'ai laissé aux princes
le temps d'écouter Ma Parole,
et même plus que le temps du repentir!
10. Parce qu'ils ne l'ont pas fait, s'attribuant Ma Force et détournant la piété vers leurs œuvres fausses,
tu établiras la vraie piété de Mon Peuple,
tu enseigneras la Vérité,

I breathe silently into their chests.
7. The Truth is, the world has to change;
I did not say anything else to My Witnesses.
My Word is the Law to come;
have the nations ever submitted to It?
Even Peter did not achieve It.
8. Therefore the hypocrites that have spuriously made My Word into the law in force will be dragged out of their palaces and temples.
My Word is the Law That is to be.
Some more princes (will reign) in Rome and others elsewhere,
and then the last will be pulled out of his bed at sunrise.
9. Do not cry over the hardships that will be seen on that day,
for I have given the princes
time to listen to My Word,
and still more than the time needed to repent!
10. Since they have not repented (and since they keep) laying claim to My Strength and diverting piety toward their false works,
you shall establish the true piety of My People,
you shall teach Truth,

ANNOTATIONS
Verset par verset ou générales ★
Either verse by verse or general ★

4. *Je les ai suscités:* Le *reste,* tous les hommes de bien, croyants ou incroyants (34/9), que le Père appelle à recréer le monde. Le *petit reste (24/1-2)* jouera un rôle d'animation prépondérant, mais, étant quantitativement trop faible, il ne pourrait pas *changer le monde* à lui seul.

5. *Faux prophètes:* Religions, églises, sectes et leurs clergés, mais aussi idéologues profanes, responsables d'orientations politiques et économiques sophistiques.

6. Voir n. 4. L'athéisme est la conséquence logique de la religion dogmatique, hypocrite, et impérieuse. C'est pourquoi Dieu ne s'éloigne pas de ceux devenus athées *parce qu'on les avait fatigués de* principes spirituels et moraux irréalisés. Dans un sens, l'athéisme est un intermède salutaire (v. 15).

7. Dieu pousse l'homme à la redistribution totale du monde, matérielle, sociale et surtout spirituelle, parce que sans vie spirituelle le bonheur collectif est impossible. Si les chefs religieux *(Pierre = roi blanc* dans *Le Livre),* en bons politiques modernes, prêchent le progrès, ils empêcheront toujours un vrai *changement* de fond, qui saperait leurs propres assises.

8-9. *Rome* ne désigne pas uniquement l'église catholique, mais tout siège religieux central. Dieu ne précise pas le temps écoulé et le nombre de chefs religieux *(quelques* peut signifier beaucoup) jusqu'à ce que la religion et d'autres idées dominantes, dont l'influence n'a pas encore assez décrû, ait perdu toute importance et ait fait place à la vie spirituelle. Le déclin prophétisé des églises sous-tend le déclin de tous les systèmes religieux dans le monde.

10. Les religions et les *nations* reposent sur le principe de la *domination,* de la concurrence ou de l'opposition, ainsi que leur nombre encore élevé et l'actualité le démontrent. Comment *changeraient-elles* la terre en un *monde (v. 7)* d'amour et de bonheur? Ce n'est donc pas d'une capitale

---

4. *I have aroused them:* The *remnant,* all the good men, believing or unbelieving (34/9), whom the Father calls on to recreate the world. The *small remnant (24/1-2)* are to be essential as a driving force, but being scarce in number they could not *change the world* by themselves.

5. *Bogus prophets:* Religions, churches, sects and their clergy, and also profane ideologues answerable for sophistic political and economic experiences.

6. See n. 4. Atheism is the logical outcome of hypocritical, dogmatic, imperious religion. This is why God does not grow away from those who become atheists *because they have been made weary of* unachieved spiritual and moral principles. In a way, atheism is a salutary phase (v. 15).

7. God prompts man to cause a complete material, social and chiefly spiritual redistribution of the world, because collective happiness is infeasible without spiritual life. Although religious leaders *(Peter = white king* in *The Book),* who are shrewd modern politicians, preach progress, they will keep hindering every real essential *change* which would destroy their own foundation.

8-9. *Rome* does not exclusively refer to the Catholic church; it alludes to any central religious seat. God does not let us know the length of time and the number of religious leaders *(some more* may mean many) until religion, the influence of which has not enough declined yet, loses its importance altogether and gives way to spiritual life. The prophesied collapse of the churches subtends the collapse of all of religious systems in the world.

10. Religions and *nations* are based on the principle of *domination* and rivalry or opposition, which is still conclusively shown at once by their still high number and by the news we read. How could they *change* the earth into a *world (v. 7)* of love and happiness? So it is not from a

RÉVÉLATION ORIGINALE — ORIGINAL REVELATION
Les mots en *italiques* reconstituent les mots illisibles du document manuscrit
The italicized words are reconstructions of the illegible words of the handwritten record

    tu aimeras Mon Peuple,
    tu aideras l'opprimé contre l'oppresseur,
    le spolié contre le spoliateur ;
    avec tes frères des steppes, ceux qui ne prononcent pas Mon Nom, tu établiras *l'équité*.
11. Mieux vaut qu'elle s'établisse sans Mon Nom
    plutôt qu'en Mon Nom règne ce que J'ai en horreur.
    Cela, Je l'ai crié sur les hauteurs,
    sous Mon Cri les eaux se sont soulevées devant Génésareth,
    mais la multitude qui M'écoutait est demeurée assise.
12. Il eut mieux valu pour eux
    qu'ils ne reconnaissent pas Ma Voix,
    mais qu'ils se lèvent comme les vagues de la mer,
    comme les vagues se ruent contre le roc qui leur barre leur cours,
    sourdes, obstinées ;
    ils auraient battu le péché,
    l'abomination haute comme une falaise.
    Mais la multitude qui M'écoutait est restée assise avec ses chefs et ses prêtres.

---

    you shall love My People,
    you shall help the oppressed man against the oppressor,
    the despoiled man against the despoiler ;
    along with your brothers of the steppes, those who do not utter My Name, you shall establish *equity*.
11. (It is) better to establish it without (mentioning) My Name
    than let what I loathe rule in My Name.
    This, I shouted out from the hills,
    My Shout set the billows heaving off Gennesaret,
    but the multitude that was listening to Me remained seated.
12. It would have been better for them
    not to recognize My Voice,
    but to rise as the waves of the sea,
    as the *deaf obstinate*
    waves rushing at the (ridge of) rock that bars their way ;
    (so) they would have defeated sin,
    abomination as high as a cliff.
    But the multitude that was listening to Me remained seated with their rulers and priests.

ANNOTATIONS
Verset par verset ou générales ★
Either verse by verse or general ★

prestigieuse, mais d'Arès, un lieu sans la moindre importance religieuse ou politique, que Dieu appelle les croyants, surtout les fils d'Abraham: juifs, chrétiens, musulmans (35/11, Veillée 25) et les incroyants *(ceux qui ne prononcent pas le Nom de Dieu)* à décider tous ensemble de tourner le dos aux systèmes et de vivre autrement, rendant simplement inutiles les pouvoirs en place. Ce n'est pas par la violence que se libéreront *l'oppressé et le spolié,* mais par le choix d'une autre vie. Nulle révolution politique n'a *changé le monde* au sens du verbe *changer* au v. 7. Le v. 10 confirme le manque d'affinité entre le combat politique et *La Révélation d'Arès* (voir n. 3), laquelle promeut une transformation historique par la *Vie,* plus forte que des révolutions qui remplacent des pouvoirs par d'autres pouvoirs et ne *changent* rien au fond.

11-13. *Génésareth* évoque le fameux Sermon prononcé par Jésus sur une colline devant le lac de *Génésareth (Matthieu ch. 5 à 7).* Nous voilà au cœur du thème des œuvres bonnes, même athées, supérieures à la foi inapte, égoïste, inactive. Un thème dominant dans *La Révélation d'Arès.* Les versets 12 et 13 réfutent la doctrine — notamment la théologie protestante fondée sur les épîtres de Paul qui ne sont pas Parole de Dieu (16/12, 35/12) — selon laquelle le croyant est principalement «justifié par la foi». Tout homme qui s'imagine qu'il lui suffit de croire pour être sauvé *reste assis,* autrement dit, risque fort de se perdre. L'homme qui se sauve et qui contribue à sauver le monde est celui qui *se lève,* c'est-à-dire qui agit, qui *change sa vie (30/11)* et qui a souci de *changer le monde (v. 7)* en s'efforçant d'y répandre un concept nouveau de la vie, même s'il le fait inconsciemment et sans foi comme le *serpent des champs (v. 13)* ou *le siffleur qui chante avec* le prophète *(XXXI/19).* Ceci ne signifie pas que la foi est inutile — toute la Parole de Dieu appelle l'homme à croire —, mais quand la foi est réduite au formalisme religieux Dieu préfère des incroyants actifs bienfaisants que des croyants passifs, car la passivité est toujours malfaisante même sans intention de faire mal.

---

prestigious capital city, but from Arès, a place devoid of any religious and political significance, that God calls on believers, notably Abraham's sons: Jews, Christians, Muslims (35/11, Vigil 25), and unbelievers *(those who do not utter God's Name)* to decide all together to turn their backs on the systems and live in a different way, so making the powers in force purely and simply useless. *The oppressed and the despoiled* wil free themselves not by rebelling violently but by opting for another life. No political revolution has ever *changed the world* in the sense of *to change* in v. 7. The v. 10 confirms the lack of affinity between political struggle and *The Revelation of Arès* (see n. 3) which promotes a historic transformation through *Life,* far stronger than revolutions which substitute new powers for previous powers but *change* nothing basically.

11-13. *Gennesaret* evokes the famous Sermon that Jesus preached on a hill by the lake of *Gennesaret (Matthew ch. 5 to 7).* The reader gets at the heart of the theme of good deeds, whether done by believers or done by atheists, superior to selfish, inactive, unfit faith. A prevailing theme in *The Revelation of Arès.* The v. 12 & 13 disprove the doctrine—notably the Protestant theology based on Paul's epistles which are not God's Word (16/12, 35/12)—that asserts that a believer is chiefly 'justified by his faith'. The man who thinks that believing is enough for him to be saved *remains seating,* in other words he may meet perdition. The man that saves himself and helps save the world is the one that *rises,* that is, takes action and *changes his life (30/11)* and has concern for the *change of the world (v. 7)* by endeavoring to spread a new concept of life all over the earth, even though he is acting unconsciously and without faith like a *field snake (v.13)* or like the *whistler who sings with* the prophet *(XXXI/19).* This does not mean that faith is needless—God's whole Word calls on man to believe—, but when faith is no more than religious formalism God prefers active benevolent unbelievers to passive believers, because passivity is always harmful even though it is not meant to do harm.

> RÉVÉLATION ORIGINALE — *ORIGINAL REVELATION*
> Les mots en *italiques* reconstituent les mots illisibles du document manuscrit
> *The italicized words are reconstructions of the illegible words of the handwritten record*

J'ai attendu
et voilà que Je Me suis levé à leur place.
13. Car le serpent des champs Me glorifierait-il de l'avoir fait libre, de lui avoir donné un nid pour ses enfants et la nourriture en abondance,
de l'avoir fait l'égal des serpents de son espèce,
et des hommes Me maudiraient-ils encore de les avoir laissés *fléchir sous* la tyrannie de l'étranger, leur frère, de les avoir laissé déshériter par les riches, leurs frères,
de les avoir laissé tromper par les prêtres ?
14. Le temps est venu où Ma Parole s'accomplit.
Des hauteurs qui dominent les rivages
devant Génésareth
Mon Appel est enfin entendu
par des hommes qui Me haïssent.
15. Heureux sont-ils parce qu'ils ont été scandalisés.
Heureux sont-ils parce qu'ils ont été dignement pauvres et qu'ils deviendront riches de toute la terre.
Heureux sont-ils parce que leurs pères sont morts esclaves et que leurs os sont aujourd'hui consolés.

I have waited (for them to rise),
and now I rise instead of them.
13. Would the field snake glorify Me for My having created it free, given its offspring a nest, glutted them with food,
and made it the equal of all the snakes of its species,
and would any men be still cursing at Me for My having (alledgedly) let them *bend under* the tyranny of the stranger, their brother, let them be disinherited by the wealthy, their brothers,
and let them be cheated by priests ?
14. The time comes when My Word is working out.
At last My Appeal (once called) from the hills that overlook the shores by Gennesaret
is heard
by men who (have) loath(ed) Me.
15. Fortunate are they, since religion has led them to lose faith.
Fortunate are they, because they have endured poverty with dignity and they are to win the whole earth as wealth.
Fortunate are they, because the bones of their fathers who died in bondage are consoled today.

ANNOTATIONS
Verset par verset ou générales ★
Either verse by verse or general ★

14. Dieu se *lève à la place des chefs et des prêtres (v.12)*, parce que *le temps est venu où la Parole s'accomplit*. Ainsi Dieu explique-t-il pourquoi il parle à Arès en 1974 par l'entremise de Jésus et pourquoi il parlera lui-même en 1977 (voir n. 16/11, 37/3). Des événements déjà survenus, mais dont les croyants ne sont pas conscients parce qu'ils furent provoqués par des athées — *des hommes qui haïssent* Dieu—, et d'autres événements à venir cachent une action *silencieuse* de Dieu (v. 6) qui aidera puissamment les *générations (24/2)* du *changement*.

15-17. Le style des «Béatitudes» est propre à l'Écriture. Les «Béatitudes» de *La Révélation d'Arès* font particulièrement penser à celles, célèbres, des *Évangiles de Matthieu (5/3-12)* et de *Luc (6/20-23);* celles rapportées par Luc sont suivies de malédictions (6/24-26). Les «Béatitudes» révélées ici actualisent les sentiments paternels de Dieu à l'égard des hommes privés du droit ou de la possibilité de réaliser leurs souhaits légitimes, de décider de leur sort et du sort du monde. Inutile de chercher la localisation sociale et géographique des *scandalisés,* comme certains ont cherché à localiser les *steppes* évoquées au v. 3. Il y a des *scandalisés* partout, qui ne sont pas nécessairement des pauvres, des chômeurs, des émigrés, etc., mais qui sont tous les hommes frustrés de leur capacité spirituelle.

---

14. God *rises instead of leaders and priests (v.12)*, because *the time comes when His Word is working*. So God explains why he is speaking in Arès in 1974 by means of Jesus and will speak himself in 1977 (see n. 16/11, 37/3). Events which have already taken place, which believers have not yet become aware of because they were brought about by atheists—*men who hate* God—, and further events to come conceal a *silent* action of God (v. 6) who means to powerfully support the *generations (24/2)* of the *change*.

15-17. The style of the 'Blessings' is peculiar to the Scripture. The 'Blessings' of *The Revelation of Arès* are reminiscent of the famous 'Blessings' of the *Gospel of Matthew (5/3-12)* and *Luke (6/20-23);* Luke's 'Blessings' are followed by curses (6/24-26). The 'Blessings' revealed here update God's fatherly sentiments towards the men deprived of the right or ability to actualize their legitimate wishes and decide on their destiny and the world's destiny. It is needless to look for the social and geographical location of the *scandalisés** just as some people tried to locate the *steppes (v. 3)*. There are *scandalisés* everywhere, who are not necessarily the poor, the unemployed, the migrant workers, etc; they are all the men deprived of their spiritual capability.

* *Scandalisés* has no match in English; the *scandalisés* are men who lost faith and sometimes righeousness because they were repelled by hypocrits, clergy, etc.

RÉVÉLATION ORIGINALE — ORIGINAL REVELATION
Les mots en *italiques* reconstituent les mots illisibles du document manuscrit
The italicized words are reconstructions of the illegible words of the handwritten record

Heureux sont-ils parce que la faim et l'injustice les *enserraient* et qu'ils vivront justifiés et rassasiés.
Heureux sont-ils à cause de leur vertu parce qu'ils connaîtront Dieu.
Heureux sont-ils parce qu'ils aiment leurs frères, qu'ils font la paix avec eux.
Heureux sont-ils parce qu'ils distribueront entre tous Mon Héritage.

16. Tu aimeras particulièrement Mes Heureux,
parce qu'ils accomplissent Ma Parole,
parce que Je ne Me souviendrai pas de leur haine,
mais Je Me souviendrai des fautes des princes qui ont terrifié leurs pères en Mon Nom.

17. Ce que leurs pères M'ont demandé
la nuit où ils avaient froid et faim,
et qu'ils n'ont pas obtenu de ceux qui parlaient en Mon Nom,
Je le fais aboutir aujourd'hui,
car ils n'ont pas péché par envie,
leur cœur est resté généreux.

18. Ils ont demandé leur part de Mon Héritage à ceux qui se sont emparés de la terre, du fer et du feu,

---

Fortunate are they, because hunger and injustice have *hemmed* them *in* but they will live vindicated and (they will) eat their fill.
Fortunate are they because they will know God thanks to their virtue.
Fortunate are they because they love their brothers, they make their peace with them.
Fortunate are they because they will share My Legacy between all.

16. You shall particularly love My Fortunate ones,
because they fulfil My Word,
because I will forget their hatred,
but I will not forget the wrongs done by the princes who terrified their fathers in My Name.

17. What their fathers asked Me for
on the night when they were cold and hungry,
which they did not get from those who used to speak in My Name,
I bring to a successful end today,
for they did not sin out of envy,
they kept their hearts generous.

18. They requested their share of My Legacy from those who had seized the earth and iron and fire,

ANNOTATIONS
Verset par verset ou générales ★
Either verse by verse or general ★

17. Voir n. 15-17 précédente.

18. D'une part *riches et puissants*, d'autre part *pauvres et faibles* ne sont que des paraboles par lesquelles Dieu s'épargne d'énoncer une longue liste d'hommes considérés ou se considérant comme supérieurs et d'autres hommes considérés ou se considérant comme inférieurs. Les «supérieurs» affirment que la nature et/ou la providence leur ont donné des moyens intellectuels et matériels qui leur confèrent des privilèges et le droit, et même le devoir (26/5), de décider du sort de la société. Les «inférieurs» soit croient passivement ce qu'affirment les précédents, soit se soumettent par la force des choses, soit sont *scandalisés*. Même sous des régimes politiques ou religieux où personne n'est sensé être *riche* ou *pauvre*, privilégié ou non, les dirigeants passent pour plus méritants et pour dignes de droits supérieurs. Or, ce qui est une fatalité pour la nature végétale et animale n'est pas une fatalité pour l'homme, dont la remarquable et noble caractéristique est de pouvoir vaincre et dépasser le hasard des faiblesses et des malchances naturelles. Il n'y a pas si longtemps l'église consolait et subjuguait les humbles en déclarant enviables la *pauvreté* et toute infériorité physique, mentale ou sociale: un *passeport (22/11)* pour le Ciel. C'est un sophisme. La Parole ne dit pas que l'infériorité, la soumission, la pauvreté sont salutaires et doivent être recherchées, même à titre de *pénitence (30/11)*. La Parole de Dieu rappelle au contraire que l'homme *spolie* librement l'homme, et que c'est librement que l'homme doit restaurer le règne initial d'amour et de bonheur.

---

17. See n. 15-17 above.

18. On the one heand *the wealthy and the mighty*, on the other hand *the poor and the weak* are only parables through which God spares himself the bother of spouting a lengthy list of men considered or considering themselves as superior and other men considered or considering themselves as inferior. The 'superior' assert that nature and/or providence have given them intellectual and material powers which confer on them privileges and the right, even the duty (26/5), to decide on the destiny of society. The 'inferior' either passively believe what the 'superior' assert, or submit by force of circumstances, or are *scandalisés* (see * n. 15-17). Even in some political or religious regimes under which *the wealthy* and *the poor,* the privileged and the unprivileged, are supposed to have disappeared, rulers are considered more deserving and worthy of superior rights. But what is inevitability for vegetable and animal nature is not inevitablity for man in view of his remarkable noble ability to get the better of and reach beyond the whims of natural feebleness and bad luck. Not long ago the church used to solace and subdue the humble by stating that *poverty* and all physical, mental, social inferiority were enviable: a *passport (22/11)* to Heaven. This is a sophism. The Word does not state that inferiority, submission and poverty are salutary situations and should be sought after, even on a *penitence* basis *(30/11)*. On the contrary, God's Word recalls that man freely *despoils* man, and that man has to freely restore the original kingdom of love and happiness.

RÉVÉLATION ORIGINALE — ORIGINAL REVELATION
Les mots en *italiques* reconstituent les mots illisibles du document manuscrit
The italicized words are reconstructions of the illegible words of the handwritten record

ils ont demandé justice à ceux qui trônent en Mon Nom, qui rendent cette sentence : « Il y a les riches et les pauvres, les puissants et les faibles ; Dieu l'a dit ! »
Malheur aux juges iniques !

19. Éperdus, ils se sont tournés vers Satan, quand le scandale a tué le Père dans leur cœur,
et Satan leur dit : « Que les plus malins deviennent riches, qu'ils gouvernent les nations ! La science l'a dit. »

20. Il est temps que Je libère les nations ;
dans la nuit Je leur ai fait entendre le délire des puissants, des princes et des riches,
elles ont compris, elles se sont levées,
elles ont rompu les chaînes, de leur fer elles ont forgé des armes,
de leurs faux elles ont fait des épées,
elles ont capté le feu qui lance les traits,
elles ont grondé du fond des steppes
comme le galop des chevaux marqués de Mon Signe,
elles ont repris leur héritage aux voleurs.

21. J'ai effacé leurs violences comme des nuages,

---

they begged justice from those who sit enthroned in My Name, who pronounce this sentence, "There are the poor and the rich, the mighty and the weak ; this was decreed by God ! "
Woe betide the iniquitous judges !

19. Distraught they turned to Satan after injustice and hypocrisy had killed the Father in their hearts,
then Satan told them, "Let the most artful men become wealthy, let them rule the nations ! Science has been teaching this."

20. It is time I freed nations ;
in the dark I have made them hear the delirium of the mighty, of the princes and of the wealthy,
they have understood, they have risen,
they have broken their chains the iron of which they have forged into arms,
they have made their scythes into swords,
they have seized the fire that shoots the darts,
they have come thundering from the heart of the steppes
like the gallop of the horses branded with My Sign,
they have recaptured their inheritance from the robbers.

ANNOTATIONS
Verset par verset ou générales ★
Either verse by verse or general ★

19. Malgré les révolutions il y a toujours des *opprimés* et des *oppresseurs*, des *spoliés* et des *spoliateurs (v.10)*. Les révolutions n'ont pas *changé le monde (v.7)*; d'une part, elles sont fondées sur la *vengeance (27/9)* et non sur l'amour et la générosité — on n'inspire pas au peuple l'amour et la générosité par la violence et par des lois nouvelles —; d'autre part, elles ne provoquent pas le grand *changement:* l'autorévolution intérieure de chaque citoyen *changeant* son cœur et sa conscience, autrement dit la *pénitence* au sens spécifique de *La Révélation d'Arès*. Quand le cœur des citoyens reste dur, une révolution ne fait que remplacer un ordre *spoliateur* par un autre, parfois un peu meilleur, mais non idéal. Certaines révolutions interdisent ou affaiblissent la religion, mais en fondant de nouvelles religions: la religion d'une idéologie, la religion de l'état providence, de la *science,* etc., auxquelles on fait professer des promesses aussi mensongères que celles des *princes* (n. 18). D'autres révolutions instaurent l'intégrisme religieux, voire même la terreur religieuse.

20-21. Ces versets sont conjugués au passé, mais ce n'est qu'une tournure parabolique; leur conclusion — *Les nations reviendront vers Moi* — est au futur. Aux hommes tombés dans le fatalisme ou dans le scepticisme il est rappelé qu'un lent *(Quatre générations ne suffiront pas 24/2)* mais radical bouleversement peut *changer* l'humanité en fondant son fabuleux pouvoir créateur sur des valeurs spirituelles. Des hommes résolus — le *reste* et le *petit reste* — doivent entreprendre ce que frère Michel appelle «l'insurgeance» par opposition à la révolution dont l'esprit est violent. Les *armes forgées dans le fer des chaînes* sont principalement spirituelles, les *armes* de l'amour et de *l'intelligence* spirituelle retrouvée *(32/5)*. Mais les *dominateurs* considèrent toujours tout ce qui menace leur pouvoir et leur «raison» comme *violent* (insensé, rétrograde, etc.). Contre cette *violence* que subiront leur politique, leur religion, leurs théories, bref, tout ce qu'ils contrôlent, les *voleurs se* défendront; de là l'atmosphère de guerre des versets.

---

19. Despite revolutions there are still *oppressed men* and *oppressors, despoiled men* and *despoilers (v.10)*. Revolutions have not *changed the world (v.7);* on the one hand, they are based on *revenge (27/9),* not on love and generosity—violence and new laws cannot inspire the people with love and generosity—; on the other hand, they fail to perform the great *change*: the inward self-revolution of every citizen *changing* his heart and conscience, that is, *penitence* in the specific sense *The Revelation of Arès* gives this word. When the citizens' hearts remain hard a revolution only substitutes a *despoiling* order for another, sometimes a little better but not ideal. Some revolutions either prohibit or weaken religion, but they do so while founding new religions: the religion of an ideology, or the religion of the providence state (welfare state), or the religion of *science,* etc, and these new religions profess as untrue promises as those of *princes* (n. 18). Other revolutions establish religious fundamentalism, and even religious terror.

20-21. These verses are conjugated in the perfect tense, but this is only a parabolic turn of style; their conclusion—*Nations will come back to Me*—is in the future. The men who have lapsed into fatalism and skepticism are reminded that a slow *(Four generations will not suffice 24/2)* though radical upheaval can *change* humanity by founding the fabulous human power of creation on spiritual values. Resolute men—the *remnant* and *small remnant*—must set about what brother Michel calls 'opposingness' in contrast with revolution the spirit of which is violent. The *arms (weapons) forged from the iron of the chains* are chiefly spiritual, the *arms* of love and spiritual *intelligence* restored *(32/5)*. But *dominators* always consider all that threatens their power and 'reason' as *violent* (foolish, retrograde, etc). Against this *violence* which their politics, religion, theories, in short, all that they control, are going to suffer the *robbers* will defend themselves; hence the mood of war of the verses. Except in self-defence God does not vindicate bloody

RÉVÉLATION ORIGINALE — *ORIGINAL REVELATION*
Les mots en *italiques* reconstituent les mots illisibles du document manuscrit
The italicized words are reconstructions of the illegible words of the handwritten record

    Mon Souffle a purifié le ciel au-dessus d'elles.
    Les nations reviendront vers Moi,
    d'autres nations se libéreront.
    Je laisse à leurs dominateurs le temps du repentir, Je patiente encore,
22. J'appelle encore les prêtres à la Vérité.
    Selon Ma Promesse il leur sera laissé la paix, la nourriture et l'abri ;
    celui qui restituera à Mon Peuple
    qui ses biens,
    qui sa piété
    s'éteindra heureux au milieu des siens ;
23. mais qu'il tarde, qu'il prenne des détours, il subira la violence.
    Beaucoup seront persécutés,
    leurs rescapés seront traqués,
    leurs femmes se prostitueront
    et leurs enfants seront dépouillés.
24. Qu'ils méditent vite Ma Parole
    ceux qui fixent le prix de la terre,
    le prix du fer et du feu, le prix de la prière,
    le salaire de l'ouvrier, l'intérêt de l'argent,

---

21. I have erased their violences as clouds,
    My Breath has purified the sky above them.
    The nations will move back to Me,
    other nations will free themselves.
    I have given their dominators time to repent, I am still waiting,
22. I still appeal to priests not to refuse Truth.
    Just as I have promised, peace, food and shelters will be left for them ;
    he who will restore My People
    to their assets for some,
    to their piety for others,
    will pass away happy surrounded by his family and friends ;
23. but if he procrastinates, takes roundabout ways, he will suffer violence.
    Many will be persecuted,
    the survivors among them will be hunted down,
    their wives will prostitute themselves,
    their children will be stripped.
24. Let them soon meditate on My Word,
    all them who set the price of the land,
    the price of iron and fire, the price of prayer,

ANNOTATIONS
Verset par verset ou générales ★
Either verse by verse or general ★

Sauf dans la légitime défense, Dieu ne justifie pas la violence sanglante, mais il justifie la *violence intelligente (10/12)* des *nations* qui *reprendront leur héritage* édénique et qui se fondront en un seul *peuple*. *Nations* au pluriel évoque la division en nationalités, religions, classes sociales, etc. En *se libérant*, en *revenant* au plan du Créateur, l'humanité *forge* son unicité, abandonne sa situation actuelle basée sur l'équilibre toujours précaire des antagonismes et non sur l'enrichissante diversité humaine dans l'amour. *D'autres nations:* La partie du monde en dehors de l'aire de mission définie en 5/6-7.

22-23. La Grâce est assurée à ceux qui écoutent l'appel de Dieu. Le Père ne *se souviendra plus de leurs* fautes *passées (30/13)*. *Prêtres:* Le terme est générique, désigne tout clergé, mais aussi toute cléricature au sens le plus large: cléricature savante, philosophique, financière, etc. Les *prêtres* (clercs) sont les premiers exhortés à retrouver la Vérité, de même que Jésus exhorta d'abord *Israël (5/2-4)* — Israël était la *nation* la mieux préparée à comprendre la Vérité en dépit de ses péchés —. Les *sourds*, tous ceux qui continueront d'exploiter *la prière, la terre, le feu, le fer, l'intérêt de l'argent* (ces mots sont également des raccourcis paraboliques pour éviter la liste interminable de tous les domaines dans lesquels l'homme exploite l'homme, voir n. 20-21), et leurs partisans, souffriront de la privation de leurs pouvoirs comme d'un martyre (note suivante).

23-24. Dans un *monde changé* par l'amour devenu dominant il ne saurait y avoir d'hommes *traqués*, de femmes *prostituées* ni d'enfants *dépouillés*, bref, il ne saurait y avoir de représailles. Le lecteur comprendrait mieux ces versets s'il pouvait entendre le ton sur lequel Jésus les prononça. Ces versets ne menacent pas; ils reprennent, mais à contre-pied, les cauchemars des *oppresseurs* et *spoliateurs (v.10)* qui craignent les représailles des oppressés et spoliés. Par ces versets Dieu dit implicitement qu'il n'existe pas de *dominateurs* qui ne sachent qu'ils agissent mal et qu'en fait ce sont eux qui phantasment sur les représailles qu'ils mériteraient de subir.

---

violence, but he vindicates the *intelligent (10/12)* violence of *nations recapturing their* Edenic *inheritance* and merging into a one *people*. *Nations* in the plural conjures up the division into nationalities, religions, social classes, etc. By *freeing itself,* by *coming back* to the Maker's plan, mankind *forges* its oneness, gives up its current situation based on the ever precarious balance between antagonisms, but not based on the enriching diversity of men living in love. *Other nations:* The part of the world outside the mission area defined in 5/6-7.

22-23. Those who respond to God's appeal are ensured of Grace. The Father *will not remember their past* sins *(30/13)*. *Priests*: A generic term designating not only clergy, but also clerkship in the broadest sense: scholarly, philosophical, banking, etc, clerkship. *Priests* (clerks) are the first exhorted to regain Truth, just as Jesus exhorted *Israel (5/2-4)* first—Israel was the *nation* best prepared for understanding Truth in spite of its sins—. The *deaf,* all those who will keep on exploiting *prayer, lands, fire, iron, interest of money* (these words also are parabolic foreshortened images to avoid setting out the endless list of all the fields in which man exploits man, see n. 20-21), and their supporters will suffer from being divested from their power as from some martyrdom (see following note)

23-24. In the *world changed* by love turned dominant there cannot be any *hunted down* men or *prostituted* women or *stripped* children, in short, there cannot be any reprisals. The reader would understand these verses better if he could hear the tone in which Jesus spoke them. These verses do not threat; they repeat—but in an opposite spirit—the nightmares of the *oppressors* and *despoilers (v.10)* who fear that the oppressed and the despoiled might take reprisals some day. Through these verses God implicitly says that there exist no *dominators* unaware of the evil they do; accordingly, the *dominators* themselves actually fantacized about the reprisals which they would deserve to suffer.

RÉVÉLATION ORIGINALE — ORIGINAL REVELATION
Les mots en *italiques* reconstituent les mots illisibles du document manuscrit
The italicized words are reconstructions of the illegible words of the handwritten record

qui tirent de Mon Héritage pour eux seuls des profits ;
qu'ils prennent garde avant qu'il soit trop tard !
25. Ai-Je fixé un prix à Mon Salut ?
Ne l'ai-Je pas livré à tous pour la peine d'une pénitence
qui est une joie pour les hommes pieux,
qui n'est pas plus lourde que le souci de l'usurier,
qui est plus légère que le joug du riche et du puissant ?
26. Le long de Mes Sentiers vers Mes Hauteurs
les abeilles travaillent pour tous.
Pourquoi avec folie
fabriquer du miel et de la cire dans les échoppes ?
À leur pied Mes Amandiers répandent leurs fruits ; la perdrix n'exige pas un prix de sa chair
ni la chèvre un prix de son lait.
Je fais jaillir l'huile pour le feu, Je répands à la surface de la terre le plomb et le cuivre pour tous, pour la peine de les ramasser et de les apprêter.
De la terre ne donné-Je pas la tuile
pour la peine de la cuire ?

---

the laborer's salary, the interest (rate) of money,
them who benefit from My Inheritance for them alone ;
let them pay heed (to My Warning) before it is too late !
25. Have I ever set a price for My Salvation ?
Have I not given it to all men in return for efforts of penitence
which is joy to pious men,
which is not heavier than the usurer's worries,
which is lighter than the wealthy one's and the mighty one's yoke ?
26. Along My Paths toward My Heights
bees work hard for all men.
Why senselessly
manufacture honey and wax in workshops ?
At their foot My Almond trees spread their fruit ; the partridge does not require payment for its meat,
neither does the goat for its milk.
I make oil gush for (making) fire, I spread the earth's surface with lead and copper for all men in return for efforts to collect and dress them.
Do I not give the tile from clay
in return for efforts to bake it ?

ANNOTATIONS
Verset par verset ou générales ★
Either verse by verse or general ★

25-26. Dieu fait remarquer à l'homme l'incohérence de son acharnement à posséder le plus de biens possible et à dominer et exploiter ses semblables au prix de fatigue et de *soucis* très *lourds* — au prix des *plaies de Job et de la fosse* (la mort, *2/1*) —, fatigue et *soucis* qu'il consacrerait plus utilement, et sans se donner plus de mal, à installer l'amour et le bonheur sur une terre à laquelle Dieu a déjà donné tout ce qu'il faut pour assurer la prospérité et la joie de tous. Une prospérité et une joie sur lesquelles poindra le *Jour* de Dieu. On retrouve ici le vrai sens de *pénitence*, qui est *joyeuse* et *légère*, qui n'est pas une *mortification* — la *mortification* est seulement propre au deuil *(33/32)* — ni une autopunition, mais une autotransformation, une recréation de soi, car l'homme est co-créateur de ce monde avec Dieu.

26. *Le long de Mes Sentiers:* Voir *sentiers chevriers (25/5)*. Ce verset réjouit certains écologistes qui prônent l'usage exclusif de matières et nourritures naturelles. Pourtant, aucun produit de l'industrie humaine, même la matière plastique, n'est non naturel; tout produit, même synthétique, part d'énergie et de matière terrestres. Ce n'est donc pas l'esprit inventif et le génie industriel humains que Dieu blâme, puisque de tels esprit et génie procèdent de *l'image et ressemblance* du Créateur. Dieu blâme la philosophie que l'homme a tirée de sa science et de son industrie. De sa maîtrise de la science et de l'industrie l'homme conclut qu'il est maître de la terre, ce qui est vrai *(Genèse)*, mais il en déduit aussi que le Créateur et la vie spirituelle n'existent pas, ce qui est faux. C'est Dieu lui-même qui a créé l'homme scientifique et industrieux. Dieu ironise aussi sur le travail acharné auquel s'adonne l'homme pour des résultats non essentiels; le travail d'accumulation et de *domination* est une des *plaies par quoi* voulut *passer Adam* pour se *payer* la jouissance égoïste de la terre *(2/1, Genèse 3/17-19)*.

25-26. God lays stress on man's inconsistent relentlessness to get the greatest possession possible and dominate and exploit his fellow men at the cost of very *heavy* strains and *worries*—at the cost of *Job's sores and of the grave* (death, *2/1*)—, strains and *worries* which man could devote far more profitably to developing love and happiness throughout the earth; God has already *given* the earth all that is necessary for all men to get affluence and joy. The affluence and joy on which God's *Day* will dawn. Once more we find the true meaning of *penitence* which is *joyful* and *light*, which is neither *mortification*—mortification is peculiar to mourning *(33/32)*—nor self-punishment; it is self-transformation, re-creation of oneself, because man is the co-creator of this world along with God.

26. *Along My Paths:* See *goat paths (25/5)*. This verse gladdens the hearts of the environmentalists that laud the exclusive usage of natural materials and food. However, no product of human industry, even plastics, is unnatural; every product, even a synthetic one, is derived from earthly matter and energy. Therefore, God does not blame the inventive spirit and industrial genius, since such spirit and genius originate in the Maker's *image and likeness*. God blames the philosophy that man has derived from science and industry; from his command of science and industry man infers that he is master of Earth, which is true *(Genesis)*, but he also infers from it that there exist no Maker and no spiritual life, which is false. God himself made man scientific and industrious. God is also ironical about the relentless toil of man for unessential outcomes; the work to accumulate and *dominate* is one of the *sores Adam* wanted *to undergo* in order to *pay* for his egoistic enjoyment of the earth *(2/1, Genesis 3/17-19)*.

RÉVÉLATION ORIGINALE — *ORIGINAL REVELATION*
Les mots en *italiques* reconstituent les mots illisibles du document manuscrit
The italicized words are reconstructions of the illegible words of the handwritten record

27. Du haut de Mon Séjour Je t'ai appelé, homme Michel,
homme de Mon Dessein,
pour dire où Je suis,
où Je ne suis pas,
pour dire que celui qui Me crie : « Seigneur ! », ne sera pas sauvé s'il reste sourd à Ma Parole,
et que celui qui M'a oublié sera réchauffé par l'éclat de Ma Gloire s'il suit Ma Parole.
Mais toi, tu ne porteras la main sur personne !

29 1. Ce Que J'ai dit s'accomplira
pour les générations qui sortiront de ta descendance.
2. Toi, homme Michel, tu connaîtras seulement
le petit reste,
trop faible pour te faire un rempart contre les dominateurs, tous ceux qui te craindront,
qui t'accuseront de mensonge et de blasphème,
de rébellion, qui susciteront les rieurs contre toi
et des insensés pour atteindre ta vie,

---

27. Man Michel, man of My Design,
from My high Abode I have called upon you
to tell (men) where I am,
where I am not,
(and) tell (men) that the one who shouts to Me, "Lord!", will not be saved if he remains deaf to My Word,
and the one who has forgotten Me will be warmed up in the blaze of My Glory if he follows My Word.
As for you, you shall not raise a hand to anyone!

29 1. That which I have been telling you will be achieved
for the generations that will come from your descendants.
2. You, man Michel, will know only
the small remnant
too weak to shield you from the dominators, (from) all those who will fear you,
who will charge you with falsity and blasphemy,
(and) with rebellion, and who will rouse the mockers against you
and (rouse) some demented men to make attempts on your life

ANNOTATIONS
Verset par verset ou générales ★
Either verse by verse or general ★

27. Une fois de plus le Père rappelle que la mission du frère Michel n'est pas celle d'un *chef (16/1)* religieux ou politique, ni celle d'un *chef* de guerre *(mais toi, tu ne porteras la main sur personne).* Le frère Michel est un *avertisseur (Le Coran),* un *prophète (36/17, XXXVII/2),* celui qui rappelle la *Vérité* et montre la *Voie Droite. Celui qui Me crie «Seigneur!» ne sera pas sauvé...:* Parallèle de *Matthieu 7/21.*

29 ASSEZ D'ILLUSIONS RELIGIEUSES ET POLITIQUES! CELUI QUI PARLE AU NOM DE DIEU N'A PAS LE POUVOIR DE DIEU. CELUI QUI TRAVAILLE À *CHANGER LE MONDE* NE RÉUSSIRA PAS SANS DIEU.

★ *Tu connaîtras seulement le petit reste* paraît contredire *avant que tu n'aies vu le petit reste (24/1).* En fait, Dieu insiste sur le rôle initiateur, défricheur, quoique décisif, du frère Michel. Il sera mort avant que le *monde n'ait changé,* mais avant de s'éteindre il recevra, surtout dans les moments d'action et d'adversité, les renforts humains et célestes *(les légions d'anges v. 6)* nécessaires au démarrage d'une mission longue (24/2) mais irrésistible. *Le petit reste trop faible pour faire un rempart* au *prophète* sous-entend: au cas où des ennemis surgiraient avant que n'arrivent ces renforts. Ceci implique qu'il existe bien un *reste* de soutiens, de sympathisants, etc., plus large que le *petite reste.* Dieu a *assumé le Sacrifice,* la peine millénaire de patience et de préparation du renouveau du monde — C'est dans ce sens large (Veillée 8) qu'il faut comprendre *Sacrifice,* non dans le sens païen étroit qu'on retrouve dans la théologie de la Passion, qui obnubile les esprits formés dans la doctrine chrétienne traditionnelle.

27. Once more the Father reminds that brother Michel's mission is not a religious or political *leader's* or *ruler's (16/1)* or a war *leader's (as for you, you shall not raise a hand to anyone).* Brother Michel is a *warner (Quran),* a *prophet (36/17, XXXVII/2),* the one who reminds men of Truth and shows the *Straight Path. The one who shouts to Me, "Lord!", will not be saved—:* A reminder of *Matthew 7/21.*

29 THAT'S ENOUGH RELIGIOUS AND POLITICAL DELUSION! WHOEVER SPEAKS IN GOD'S NAME HAS NOT GOD'S POWER. WHOEVER WORKS TO *CHANGE THE WORLD* CANNOT SUCCEED WITHOUT GOD'S HELP.

★ *You will know only the small remnant* sounds as if it were at variance with *and you will not even have seen the small remnant (24/1).* Actually God emphasizes brother Michel's role as a pioneering, initiatory, albeit conclusive role. He will die before the *world has changed,* but before passing away he will be given, especially in times of action and adversity, the human and heavenly reinforcements *(legions of angels, v. 6)* necessary to start up a long (24/2), though irresistible mission. *The small remnant too weak to shield* the *prophet* implies: in case enemies turn up before reinforcements come up. This also implies that there definitely exists a *remnant* of supporters, sympathizers, etc., wider than the *small(er) remnant.* God has *taken on the Sacrifice,* i.e. the millennia-long efforts of patience and preparation for the world's revival—One must interpret *Sacrifice* in this broad sense (Vigil 8), not in the narrow pagan sense of which the theology of the Passion is reminiscent, a Passion which obsesses the minds trained in the traditional Christian doctrine.

RÉVÉLATION ORIGINALE — *ORIGINAL REVELATION*
Les mots en *italiques* reconstituent les mots illisibles du document manuscrit
The italicized words are reconstructions of the illegible words of the handwritten record

comme ils l'ont fait contre Moi.
3. Mais pour toi
comme pour tous
J'ai assumé le Sacrifice.
Tous en feront Mémoire dans le repentir,
mais qui *saurait* Le subir à nouveau ?
Pas même toi.
4. Car Ma Victoire est déjà ta victoire
avant qu'on t'ait frappé ;
Mon Bras levé du tombeau arrêtera devant toi les moqueurs et les assassins,
les faux témoins.
5. Tu n'auras pas l'orgueil *funeste* de t'offrir en sacrifice comme ton Dieu,
Qui seul peut S'offrir au bourreau sans Se perdre,
car tu n'as pas pouvoir de te ressusciter
et tu perdras ce que J'attends de toi ;
tu commettras le pire des péchés.
6. Juste et doux, tu accompliras Ce Que Je dicte ;
alors une légion d'anges t'assistera,

---

just as they did upon Me.
3. But for you
and all men alike
I have taken on the Sacrifice.
Everyone shall call it to Remembrance in repentance,
but *could* anyone take on the Sacrifice afresh ?
(No one *could,*) not even you.
4. For My Victory is already your victory
before you are hit ;
My Arm rising from the tomb will stop the mockers', murderers'
(and) lying witnesses' going for you.
5. You shall not be so *banefully* proud that you would offer yourself as a sacrifice like your God
Who alone can offer Himself to the hangman without meeting His death,
for you have not the power to resurrect yourself
and you will ruin what I am expecting from you ;
you will commit the very worst sin.
6. Just and gentle you shall achieve what I am dictating to you ;
then a legion of angels will go to your help,

ANNOTATIONS
Verset par verset ou générales ★
Either verse by verse or general ★

2. *Le petit reste:* Voir 24/1-2. *Des insensés pour atteindre ta vie comme ils l'ont fait contre Moi:* N'oublions pas que celui qui s'exprime est Dieu, non le messager Jésus qui *n'est pas Dieu (32/1)*. Attention aux contresens que la doctrine trinitaire des églises peut suggérer! Tout *attentat* contre tout *prophète* (et non seulement contre Jésus) contient une intention morale de déicide. Depuis Adam, tuer les *prophètes* est une manière répétitive de rejeter Dieu (voir n. ★ Veillée 2).

3-4. *J'ai assumé le Sacrifice:* voir n. ★ ci-dessus. *Ma Victoire est déjà ta victoire:* Tout homme qui *a mis ses pas dans les Pas de Dieu (2/12)*, et qui ne s'en est jamais écarté *(32/3)* a *déjà* triomphé du péché, quelles que soient ses épreuves; vaincre le péché est la *Victoire* par excellence. Jésus disait voilà 2000 ans: *Ne craignez pas ce qui tue la chair, mais ce qui tue l'âme.*

5. Jésus n'était *pas Dieu (32/2)*, il n'était pas immunisé contre l'erreur. Bien qu'étant un *prophète* d'exceptionnelle qualité, le modèle de l'homme transfiguré (2/11-14, Marc 9/2-8), c'est par une grave erreur d'appréciation du danger, ou dans un malheureux moment d'illuminisme *(orgueil funeste)*, que Jésus entra dans Jérusalem, *s'offrant* ainsi à ses *assassins*. Dieu dut le *ressusciter* pour que sa mission, par ailleurs puissante et admirable, ne fût pas anéantie par la crucifixion qui avait déjà fait perdre la foi aux apôtres. Inversement, le *sage (2/9)* Mahomet comprit à temps qu'il devait fuir les assassins mecquois. Si l'épreuve est inévitable, il faut y faire face dignement, mais il ne faut pas la rechercher, car tout homme, serait-il Jésus ou Mahomet, est mortel; aucun homme *n'a le pouvoir de se ressusciter*. Or, le Père a besoin d'hommes vivants et non de morts pour *changer le monde;* c'est assez de l'âge à tuer l'homme à cause du péché (2/5) sans défier la mort inutilement. C'est en échange de leur *prudence (35/10)*, que le frère Michel, les *moissonneurs (37/8)* et leur *descendance (39/10)* recevront les secours du Ciel *(une légion d'anges, v. 6)*. On retrouve ici la *mesure* déjà préconisée (7/6, 35/7, etc.).

---

2. *Small remnant:* See 24/1-2. *Demented men to make attempts upon your life just as they did upon Me:* Let's not forget that God is expressing himself, not Jesus who *is not God (32/1)*. Be careful not to make misinterpretations which the churches' trinitarian doctrine might suggest! Any *attempt* upon any *prophet's* life (not only Jesus') implies a moral intention of deicide. Ever since Adam's days killing the *prophets* has been a repetitive way to reject God (see n. ★ Vigil 2).

3-4. *I have taken on the Sacrifice:* see n. ★ above. *My Victory is already your victory before you are hit:* Every man who *has set his steps in God's steps (2/12)*, who has never *strayed from them (32/3)* has *already* conquered sin, whatever hardships he may endure; overcoming sin is the *Victory* par excellence. 2,000 years ago Jesus said, *"Don't be scared of what kills the flesh; fear what kills the soul instead!"*

5. Jesus was *not God (32/2)*, he was not immune to error. Although he was a *prophet* of outstanding quality, the epitome of the transfigured man (2/11-14, Mark 9/2-8), it was by a grave error of assessment of possible risks, or in an unfortunate moment of illuminism *(baneful pride)*, that Jesus entered Jerusalem and thus *offered himself* to his murderers. God had to *resurrect* him so that his mission would not be ruined by the crucifixion which had already caused the apostles to lose faith. Conversely, *wise (2/9)* Muhammad understood in time that he had to flee from the Meccan murderers. If an ordeal is unavoidable a man has to face it with dignity, but he must not court it, for he *has not the power to resurrect himself*. Now God needs living men to *change the world,* but not dead men; it is quite enough old age's killing man because of sin (2/5) without uselessly defying death. It is in return for their *prudence (35/10)* that brother Michel, the *harvesters (37/8)*, and their *descendants (39/10)* will receive Heaven's help *(legion of angels, v. 6)*. *Moderation* is once more recommended (7/6, 35/7, etc).

frappera sur Mon Ordre tes ennemis trop pressants.
Ne te préoccupe pas de te défendre,
affaire-toi à ce que Je te commande aujourd'hui !

30
1. Ce Que Je dis
Je L'ai déjà dit ;
Mes Prophètes et Mes Témoins L'ont livré au monde.
Si tu les avais écoutés, homme Michel,
Je ne serais pas descendu vers toi.
2. Mais la mémoire des hommes est sous le péché
comme sous la sécheresse une vallée fertile,
tout y dépérit, l'eau vive s'évapore,
l'esprit de l'homme hume l'air comme un âne assoiffé,
il boit la fange dans le creux des mares,
il boit n'importe quoi qui apaise sa soif un instant.
3. Par toi Je viens *renvoyer* l'Eau Vive.
Combien de fois devrai-Je vous abreuver avant que vous n'accomplissiez Ma Parole ?

---

on My Orders they will strike your most dogged enemies.
Do not care about your defense ;
busy yourself with what I command you to do today (instead) !

30
1. That which I have been telling you—
I told It before ;
My Prophets and Witnesses delivered it to the world.
Man Michel, if you had listened to them,
I would not have gone down to you.
2. But men's memory under sin is
like a fertile valley under drought,
everything withers in it, the (once) lively water evaporates,
man's mind inhales air as a thirsty donkey (does),
man drinks mire from the hollows of (empty) pools,
he drinks anything that slakes his thirst for a short while.
3. Through you I will *pour* the Lively Water *again*.
Men, how many times will I have to quench your thirst until you achieve My Word ?

ANNOTATIONS
Verset par verset ou générales ★
Either verse by verse or general ★

30 ENTRE L'HOMME ET DIEU PAS DE RÈGLEMENT DE COMPTES, PAS DE PROCÈS, PAS DE CONFESSION, MAIS L'AMOUR. SI LE PÉCHEUR *CHANGE DE VIE*, SON *PASSÉ* EST TOUT SIMPLEMENT *OUBLIÉ*.

1. *Ce que Je dis Je l'ai déjà dit:* L'homme a reçu la Parole il y a longtemps, mais le Père doit la répéter de diverses façons (Bible, Coran, *Révélation d'Arès*), car l'homme, jusqu'à présent, a utilisé sa liberté de surdité, de paresse, d'argumentation et de bon plaisir bien plus souvent que sa liberté d'écoute, d'amour et *d'intelligence* spirituelle.

5. *Le temps où Marie M'enfanta:* Voir n. ★ Veillée 11. Il va sans dire que Marie n'a pas *enfanté* Dieu, mais le prophète Jésus, qui est le *Christ* de référence *(v. 16)* parce qu'il excella comme *pénitent* et comme *prophète*, comme est *christ* tout homme qui sert remarquablement le *Dessein* de Dieu. Dieu *regrettera-t-il* d'envoyer un *prophète* de plus — frère Michel — à l'humanité, qui jusqu'alors a interprété les messages prophétiques selon ses rêves, ses caprices et ses intérêts?

6-7. Après le Déluge *(la Trombe au temps de Noé)* Dieu dit: *Je ne frapperai plus les vivants comme Je l'ai fait (Genèse 8/21).* Preuve que, sauf l'exception du Déluge, les malheurs et la mort de l'homme sont bien causés par l'homme lui-même (n. ★ Veillée 2), c'est-à-dire par le

30 BETWEEN MAN AND GOD THERE ARE NO SETTLING OF OLD SCORES, NO CASE OR LAWSUIT, NO CONFESSION, BUT ONLY LOVE. IF A SINNER *CHANGES HIS LIFE*, HIS *PAST* IS SIMPLY *FORGOTTEN*.

1. *That Which I have been telling you—I told It before:* Man has long received the Word, but the Father has to repeat it in various manners (Bible, Quran, *Revelation of Arès*), for man so far has resorted to his freedom of deafness, laziness, argumentation and whims much more often than he has used his freedom of listening, love and spiritual *intelligence*.

5. *When Mary brought Me forth:* See n. ★ Vigil 11. Needless to say that *Mary* did not give birth to God, she *brought forth* prophet Jesus, who is the reference *Christ (v.16)* because he excelled as a *penitent* and a *prophet*, just as any man remarkable for his service to God's *Design* is a *christ*. Is God going to *regret* to send one more *prophet*—brother Michel—to mankind which has thus far interpreted the prophetic messages according to its dreams, whims and interests?

6-7. After the Flood *(the Waterspout in Noah's time)* God said, *"Never again will I strike down every living thing (Genesis 8/21)."* This proves that, except for the Flood, the ordeals and death that man suffers are definitely caused by man himself (see n.★ Vigil 2), that is, by *sin*. To

RÉVÉLATION ORIGINALE — *ORIGINAL REVELATION*
Les mots en *italiques* reconstituent les mots illisibles du document manuscrit
The italicized words are reconstructions of the illegible words of the handwritten record

4. Pourquoi Mes Plaies restent-Elles ouvertes ?
Pourquoi *refuse-t-on* qu'Elles guérissent ?
Sont-Elles à peine fermées, survient un temps d'abomination à son comble, où le blasphème, le scandale,
la cupidité, l'impudicité, le mensonge
dépassent tout ce qui s'est vu jusqu'alors,
qui rouvrent Mes Plaies comme une pointe *silex,*
qui y versent le feu.
Elles ne guériront pas si l'homme ne se guérit pas ;
Mon Jour recule sans cesse.
5. Devrai-Je regretter le temps où Marie M'enfanta,
dire qu'il ne soit pas béni !?
6. Plutôt que *balayer* les pécheurs endurcis
sous Ma Colère comme sous Ma *Trombe* aux jours de Noé, Je descends prendre racine au milieu de ta génération pour en être la Vigne ;
7. Mes Sarments blessés de Mes Plaies ne donnent pas de fruits, le Père les taille ;
s'Ils repoussent blessés de Mes Plaies, Il Les taille encore. Si tu es le bon sarment Il souffle sur toi pour disperser la vermine ; Il te bénit pour

---

4. Why do My Wounds remain open ?
Why *are men opposed to* Their Healing ?
Hardly *have they* closed up when a time of abomination at its peak occurs ; then blasphemy, all the outrages which induce men to lose faith, (and) greed, immodesty, falsehood
grow beyond all that has been seen thus far ;
they open My Wounds as a pointed *flint* (does),
they pour fire into Them.
They will not heal if man does not heal ;
My Day is continually delayed.
5. Should I regret the time when Mary brought Me forth,
(should I) state that one must not thank for it ?!
6. Rather than *sweep away* the hardened sinners
under My Anger like under My *Waterspout* in Noah's time I (prefer to) go down and take roots in the midst of your generation and be its Vine ;
7. (As) My Vine Shoots sore with My Wounds cannot give fruit the Father prunes them ;
if They shoot up sore with My Wounds again, He prunes Them again. If you are the good vine shoot He blows on you so that vermin may break

ANNOTATIONS
Verset par verset ou générales ★
Either verse by verse or general ★

péché. Plutôt que détruire l'humanité pour ses *péchés,* Dieu l'appelle à *changer (v.11, 28/7).* Il s'installe *(prend racine)* au milieu des hommes sous la forme de sa Parole *(la Vigne)* représentée par ses *prophètes* qui sont les *bons Sarments (v. 7).*

★ La religion rejette *La Révélation d'Arès* prétextant: «Pourquoi Dieu délivrerait-il une nouvelle révélation? Tout n'a-t-il pas été dit?» Elle ne comprend pas ou feint de ne pas comprendre que depuis Noé la Révélation n'a pas été accomplie par l'homme. C'est pourquoi Dieu la rappelle régulièrement en l'adaptant aux changements de mentalité, de language, etc. C'est un effet de l'amour et de la longanimité du Père. Les religions, églises et sectes, quoiqu'elles professent des doctrines monolithiques, immobiles, donc mortes *(momifiées XLIX/7),* n'adaptent-elles pas leur discours périodiquement? Pourquoi Dieu se dispenserait-Il d'adapter sa Parole? En fait, les religions n'apprécient ni ne comprennent la foi vivante en quête de la Vérité — «Croire, c'est chercher, dit le frère Michel» — et ne comprennent pas davantage que Dieu, encore plus vivant que le croyant, s'active inlassablement à hausser son *image et ressemblance* à son niveau originel. Elles redoutent les rectifications qui ébrèchent puis brisent leurs fossiles théologiques vénérés mais de plus en plus fragiles. Elles prennent les devants, décrètent: «La révélation est close»; elles devraient dire honnêtement: «Notre interprétation est close.» À Arès, Dieu n'adresse pas aux hommes une Révélation différente de celle donnée par tous les *prophètes* et apôtres *(les témoins, 5/2).* Il explique une fois de plus comment la Révélation doit être comprise (v. 1-3). *Les Plaies* sont les plaies *ouvertes (v. 4)* dans l'amour de Dieu, notamment par les *abominations (v. 15) (déprédations 14/1,* super*stitions 21/1, hypocrisie, rapacité 22/10,* religieuses et profanes), par la théologie et les idéologies: *mensonges,* qui mutilent la Parole. Ces *Plaies* ont mutilé *(blessé, v. 7)* la Vigne (la Parole); la religion s'est montrée une vigneronne mauvaise et négligente; la *vermine* a proliféré. Chaque religion proclame que seuls ses fidèles pratiquants peuvent vraiment espérer le *pardon.* C'est un *blasphème (v.15)!* Le *pardon* n'est qu'une conséquence naturelle de la vertu de l'homme. Au cours de l'histoire, la Vérité resurgit sur les lèvres des *prophètes:* Abraham, Moïse, Jésus, Mahomet, mais la religion ne tarde pas à *s'en emparer (1/7)* à nouveau (v. 4) pour son profit. Cette fois, la Révélation qui passe par *Michel* doit rester pure.

detroying men because of their sins God prefers calling on them to *change (v.11, 28/7).* God settles *(takes roots) in the midst of* men in the form of his Word *(the Vine)* represented by the *prophets* who are the *good Shoots (v. 7).*

★ Religion rejects *The Revelation of Arès* giving as a pretext, "Why would God deliver a new revelation? Hasn't everything been revealed?" Religion does not understand or pretends not to understand that ever since Noah's days the Revelation has not been achieved by man. This is why God reminds man of it by regularly adapting it to suit the development of mentality, language, etc. This is an effect of the Father's love and forbearance. Do not religions, churches and sects, though they profess monolithic, immovable, therefore dead *(mummified XLIX/7)* doctrines, adapt their rhetoric periodically? Why should God not adapt his Word? As a matter of fact religions do not appreciate or understand living faith in search of Truth—"Believing is searching," brother Michel says—, neither do they understand that God, still more living than any believer, is unflaggingly busy raising his *image-and-likeness* to its primeval standard. They dread corrections which chip and then split their revered, albeit more and more fragile, theological fossils. They forestall all correction by declaring, "The revelation is closed," whereas they should honestly declare, "Our interpretation is closed." In Arès God does not address to mankind a Revelation different from the Revelation that he delivered through all the *prophets* and apostles *(the witnesses, 5/2).* Once more he is spelling out the right understanding of the Revelation (v. 1-3). The *Wounds* are the wounds *opened up (v. 4)* in God's love, notably by the *abominations (v. 15)* (religious and profane depre*dations 14/1, superstitions 21/1, hypocrisy, rapaciousness 22/10),* and by theology and ideologies: *falsehood,* which deface the Word. These *Wounds* have mutilated (made sore *v. 7)* the *Vine* (the Word); religion has proved to be a careless, incompetent wine grower; *vermin* has proliferated. Every religion claims that its rigorous followers and attenders alone can hope for *forgiveness.* This is a *blasphemy (v.15)! Forgiveness* is only a natural consequence of man's virtue. In the course of history Truth re-emerges in the *prophets'* mouths: Abraham, Moses, Jesus, Muhammad, but it does not take religion long to *appropriate* it *(1/7)* again (v. 4) to its advantage. This time, the Revelation conveyed by Michel is to remain pure.

que tu portes davantage de fruits.
8. Mais que prennent garde ceux qui blessent Mes Sarments inlassablement ! Ils seront jetés au feu avec eux.
9. Non, Ma Colère n'est pas éteinte à jamais.
Ce sont les docteurs qui ont dit cela ; qu'ils finissent dans le feu !
Que de leur chair *grillée* leurs spectres soient précipités dans les vents glacés des abîmes !
10. Je ne pardonne pas les péchés ;
Mon Salut n'est pas au bout du pardon, mais au bout de la pénitence.
Je ne pardonne pas le pécheur ;
Ma Volonté est qu'il cesse d'être pécheur.
11. Le pénitent n'est pas le pécheur qui s'assied dans la poussière, qui se couvre d'un sac,
mais l'homme qui cesse de pécher, même vêtu pour la fête, parfumé, chantant au son des flûtes *et des trompettes,*
et même la joie et la parure ne conviennent-elles pas à celui qui a *changé* sa vie ?
12. À ceux qui n'ont pas reçu Ma Parole,
qui ne connaissent pas leur faute,

---

up ; He blesses you so that you may yield more fruit.
8. But those who steadily hurt My Vine Shoots, let them beware of Me !
They are to be thrown in the fire along with My Vine Shoots.
9. No, My Anger has not been quelled for ever.
This has been asserted by doctors. Let them end up in the fire !
Let their specters be pushed headlong from their *grilled* flesh into the icy winds of the abyss !
10. I do not forgive sins ;
My Salvation does not result from forgiveness ;
it results from penitence ;
I do not forgive the sinner ; My Will is (done when) he stops sinning.
11. The penitent is not the sinner who sits in dirt and wraps himself up in a sack,
but the man who stops sinning, even though he wears festive clothes and scent and (even though he) sings to the music of flutes *and trumpets ;*
besides, do joy and finery not suit to him who has *changed* his life ?
12. Those who did not receive My Word,
who are unaware of their sin,
also those who lost faith and virtue because religion outraged them,

269 C'EST CHANGER DE VIE QUI SAUVE— *ONLY CHANGING ONE'S LIFE SAVES*

ANNOTATIONS
Verset par verset ou générales ★
Either verse by verse or general ★

8-10. Dieu ne frappe pas les pécheurs *(n. 6-7);* l'homme *trouve le salut (17/6)* ou la perdition dans ses propres actes. Depuis le Déluge *(la Trombe)* la *Colère* de Dieu n'agit plus directement dans l'histoire humaine. Cette *Colère* n'est plus qu'une immanence créée dans tout homme. C'est donc l'homme qui déclenche cette *Colère* contre lui-même; elle n'est autre que sa propre colère, généralement inconsciente. Cette *Colère* immanente, ou auto-justice, peut conduire dans les *ténèbres* certaines catégories de pécheurs comme, par exemple, les *docteurs* qui tantôt cachent aux hommes les vraies conséquences du péché, tantôt (dans certaines églises) font passer le croyant par la confession *(les aveux du pécheur)* et l'absolution *illusoire (v. 14, 21/1),* se posant ainsi en maîtres du *pardon* de Dieu. *Pardon,* on va le voir, n'a pas le sens commun du mot (v. 10). Le clergé s'efforce de se rendre indispensable aux fidèles en leur faisant croire qu'il a le pouvoir de laver les *âmes* ou de leur ouvrir le Ciel (22/11) d'une façon ou d'une autre. La Vérité est différente; la *Justice* de Dieu et le salut ne sont pas fondés sur des sacrements, ou un jugement, ou une prédestination, etc. La perdition est une conséquence naturelle: Quand *l'image et ressemblance* est en contradiction avec elle-même, elle se gâte et se perd elle-même. Le *Père aimant (12/7)* ne revient pas sur le passé (v. 13); au *Tribunal* du Père *(16/13, 21/7)* on ne règle pas de comptes. Ce curieux Juge a un tout autre rôle, de prévention. Il appelle le *fils* aimé, il l'appelle par les voies mystérieuses et muettes de l'atavisme et par celles expresses des *prophètes.* L'homme réagit selon sa liberté. S'il suit la *Voie Droite,* il a une *âme (Veillées 17 et 18),* il se *pardonne* lui-même, pour ainsi dire. La foi n'est pas un préalable nécessaire du *Pardon* — des athées vertueux sont sauvés —, et le *Pardon (7/4)* n'est pas un acquit délivré contre des remords. *Pardon* dans *La Révélation d'Arès* signifie construction, création; c'est l'espérance unie de Dieu et de l'homme *changé* tous les deux tournés vers l'avenir. *Pardon:* Un effet aussi naturel et irrésistible que le printemps après l'hiver, sans réminiscence ni formalités. C'est la leçon des paraboles de la brebis retrouvée, de l'enfant prodigue *(Luc 15/3-7 et 11-32).*

8-10. God himself does not strike sinners *(n.6-7);* man *reaches salvation (17/6)* or meets perdition in his own deeds. Just after the Flood *(the Waterspout)* God decided not to take a direct active part in man's history any more. Ever since his *Anger* has been but an immanence created within every man. It is man, therefore, who sets off this *Anger* at himself; it is nothing but his own anger of which he is usually unconscious. This immanent *Anger,* or self-justice, may lead into *darkness* certain categories of sinners as *doctors,* for example, who either conceal the real effects of sin from men, or (in some churches) impose confession *(the sinner's avowals)* and the *illusive (v.14, 21/1)* absolution upon believers, and so pose as authorities in control of God's *forgiveness. Forgiveness,* as is explained below, has not the common sense of the word (v. 10). Clergy do their utmost to be indispensable to the believer whom they induce to think that they have the power to cleanse his *soul* or throw open Heaven to him (22/11) somehow or other. Truth is different; God's *Justice* and salvation are not based on sacraments, or on a judgement, or on predestination, etc. Perdition is a natural consequence: When the *image-and-likeness* contradicts itself, it becomes tainted, then lost, on its own. The *loving Father (12/7)* does not go back over the past (v. 13); in his *Court (16/13, 21/7)* the Father does not settle old scores. That curious Judge has a quite different role, a role of prevention. He calls on the loved *son* through the mysterious voiceless ways of atavism as well as the explicit ways of the *prophets.* Man responds according to his freedom. If a man follows the *Straight Path* he gains a *soul (Vigils 17 & 18),* he *forgives* himself, as it were. Faith is no prerequisite for *forgiveness*—Virtuous atheists are saved—, and *Forgiveness (7/4)* is not a receipt issued in return for remorse. *Forgiveness* in *The Revelation of Arès* means construction, creation; it is the joint expectation of God and the *changed* man both turned to the future. *Forgiveness:* As natural and irresistible an effect as spring after winter, without reminiscence or formality. This is the lesson learnt from the parable of the lost sheep and the parable of the 'prodigal' *(Luke 15/3-7 and 11-32).*

RÉVÉLATION ORIGINALE — *ORIGINAL REVELATION*
Les mots en *italiques* reconstituent les mots illisibles du document manuscrit
The italicized words are reconstructions of the illegible words of the handwritten record

   à ceux qui ont été scandalisés aussi
   il sera pardonné,
   mais à ceux qui ont reçu Ma Parole,
   qui connaissent leur désobéissance,
   il est demandé de se convertir à Ma Parole,
   de ne plus pécher.
13. S'ils ne pèchent plus, Je ne Me souviendrai plus de leur passé,
   ils entrent dans la pénitence,
   ils sont des hommes du temps qui vient.
14. Les princes du culte, qui ont détourné vers eux et leurs prêtres Mes Assemblées,
   en ont fait des troupeaux haletants, aspirant l'air pour tromper leur faim ;
   comme des pasteurs gardent leurs brebis dans la faim et la soif,
   leur comptent habilement l'herbe et l'eau,
   pour qu'elles marchent sur leurs talons,
   ils se sont fait mendier par Mes Fidèles
   leur pardon illusoire.
15. Combien de temps dureront encore leurs abominations ?
   Homme Michel, voilà ce que tu diras à celui qui fait un geste pour

---

   will be forgiven,
   but those who received My Word,
   who are aware of their disobedience,
   are asked to convert to My Word
   (and) stop sinning.
13. If they stop sinning, I stop recollecting their past,
   they enter upon penitence,
   they are men of the time to come.
14. Princes of religion, who diverted My Assemblies to them and their priests,
   changed My Assemblies into panting flocks breathing in air to stave off hunger ;
   like shepherds who keep their sheep hungry and thirsty,
   (and who) artfully count (every blade of) the grass and (every drop of) the water that they feed them on
   so that the sheep should walk on their heels,
   princes of religion have made My Faithfuls beg them
   for their illusive forgiveness.
15. How long will their abominations last ?
   Man Michel, you shall warn the one who makes a motion to absolve,

271 LE PARDON N'EST QUE TRANSFORMATION — FORGIVENESS IS JUST CHANGEOVER

ANNOTATIONS
Verset par verset ou générales ★
Either verse by verse or general ★

11. La *pénitence* n'est ni punition, ni autopunition, ni *mortification (33/33-34)*, ni ascèse imposée ou auto-imposée. Le *pénitent* est simplement celui qui a *cessé de pécher*, qui *change sa vie*. Le *pénitent* n'est ni triste, ni douloureux, mais plein de *joie (30/11)*, même celui qui se convertit par *crainte* de Dieu *(17/6, 15/5)*. Les attitudes mortifiées et compassées, déjà dénoncées par Jésus il y a deux mille ans, ne sont pas des attitudes de *pénitence* mais de dolorisme, antique démonstration de bravoure et de résistance à la douleur perpétuée jusqu'à nos jours dans la religion.

12. Voir n. ★ Veillée 28.

13. *Colère:* voir n. ★ ci-dessus. Le salut ne résulte pas d'une sorte de procès ou d'un bilan du mal et du bien, mais d'une construction (Veillées 17 et 18). Dieu regarde l'avenir; il vise la disparition du péché, le *changement* de l'homme, non le châtiment des pécheurs—*Au reste, tous les hommes sont pécheurs (8/4)*—. Dans ces conditions, pourquoi certains pécheurs tombent-ils dans les *ténèbres* après la mort *(16/15, 33/33, etc.)* en attendant le *Jour* de Dieu *(31/8)*? Les *ténèbres glacées* ne représentent pas une punition, mais l'effet naturel de l'alourdissement causé par la résistance au bien, le rejet de la Vérité, de l'amour, etc. Le bien produit *l'âme (Veillées 17 et 18, XXXIX/5-11)*. Produite par une force ascensionnelle, *l'âme* devient elle-même une force ascensionnelle qui allège les composants immortels de l'homme; *l'âme* pousse l'homme vers les *Hauteurs* de son vivant et après sa mort. Sans *l'âme, l'esprit* après la mort devient le *spectre* alourdi de *givre (4/6-7, 16/15-l6)*; ainsi l'au-delà a-t-il sa loi de pesanteur. Par ailleurs, *Le Livre* révèle que le monde de l'au-delà est en perpétuel mouvement; une ascension lente ne paraît pas impossible pour *le spectre* depuis *les abîmes (v. 9)*. En tout cas, dans *La Révélation d'Arès*, le ton de l'espérance contrebalance ou alterne avec le ton de la *Colère* au point qu'on peut en conclure, sans abus de confiance, que l'issue pour un grand nombre d'hommes sera positive à long terme.

---

11. *Penitence* is not punishment or self-punishment, not *mortification (33/33-34)*, not asceticism imposed or self-imposed on believers. The *penitent* is merely the man who has *stopped sinning*, who is *changing his life*. Penitents, even those converted *out of fear* of God *(17/6, 15/5)*, are not sad or distressed, they are filled with *joy (30/11)*. The formal mortified behavior that Jesus already denounced 2,000 years ago is not *penitence;* it is 'dolorism', a very ancient display of bravery and resistance to pain which has survived in religion until today.

12. See n. ★ Vigil 28.

13. *Anger:* See n. ★ above. Salvation does not result from a kind of lawsuit or from a checkup of good and evil; it results from a construction (Vigils 17 & 18). What matters to God is the future, the disappearing of sin, the *change* of man; he does not aim at punishing sinners—*Besides, all men are sinners (8/4)*—. Under such conditions, why do a number of sinners after death fall into the *darkness (16/15, 33/33, etc)* where they wait for God's *Day (31/8)* to come? The *frozen darkness* does not constitute a punishment; it is the natural effect of the increasing weigh or *heaviness* caused by resistance to good, rejection of Truth, of love, etc. Good produces the *soul (Vigils 17 & 18, XXXIX/5-11)*. The *soul* is produced by an ascensional force and becomes an ascensional force itself which makes man's immortal components lighter; the *soul* pushes man towards the *Heights* in his lifetime and after his death. Without the *soul* the *mind* after death becomes the *specter* heavy with *frost (4/6-7, 16/15-l6);* so the hereafter has its law of gravity. Besides, *The Book* reveals that the afterlife is perpetually on the move; *specters* might well ascend slowly from the *depths (v. 9)*. At any rate, in *The Revelation of Arès* the tone of hope either offsets or alternates with the tone of *Anger* so much so that we can conclude without breach of trust that the prospect for a great number of men will be positive in the long run.

RÉVÉLATION ORIGINALE — ORIGINAL REVELATION
Les mots en *italiques* reconstituent les mots illisibles du document manuscrit
The italicized words are reconstructions of the illegible words of the handwritten record

absoudre : « Prends garde ! Tu traces un blasphème. »
À celui qui convoque le pécheur pour entendre ses aveux dis qu'il commet le pire scandale contre le faible !

16. Le Christ n'écoute pas les aveux des pécheurs,
Il les appelle à la pénitence,
Il attend qu'ils ne pèchent plus,
Il leur montre Ses Plaies sanglantes,
Ses Sarments blessés étendus devant eux
pour qu'ils Les pansent,
pour que Mon Jour illumine le ciel au-dessus d'eux.

31
1. Comme la vigne Je M'enracine dans ta génération ;
déjà des bons Sarments se sont étendus au-dessus des steppes, où l'on ne prononce pas Mon Nom.
2. Mes Sarments qui ombragent les vallées où l'on invoque Mon Nom en brûlant l'encens
sont blessés,

"Beware ! You gesture a blasphemy."
To the one who summons the sinner to hear his confession you shall say that he commits the worst outrage against the weak man by making him lose the true faith.

16. Christ does not hear sinners' confessions,
He calls on sinners to become penitent,
He waits for them to stop sinning,
He shows them His bloody Wounds,
His wounded Vine Shoots outstretched right before them
so that they may bandage Them,
so that My Day will light up the heavens above them.

31
1. Like the vine I am taking roots in your generation ;
some good Vine Shoots have already stretched out over the steppes where My Name is not uttered.
2. My Vine Shoots that shade the valleys where men invoke My Name while burning incense
are wounded

ANNOTATIONS
Verset par verset ou générales ★
Either verse by verse or general ★

14. Les religions gardent leur audience par un plus ou moins habile dosage «de la carotte et du bâton». Tout en *mimant l'humilité, et se prétendant indigne de la puissance* que Dieu lui aurait *déléguée (21/3)*, chaque religion laisse plus ou moins clairement entendre à quiconque lui est infidèle qu'il s'égare, voire même qu'il est perdu.

15. Parmi les *superstitions (21/1)* inventées et entretenues par les clergés, la confession et l'absolution constituent *le pire scandale contre le faible* (voir n. 8-10).

16. Aucun *christ* n'est Dieu. Un christ est *l'image et ressemblance* de Dieu positive par rapport à *l'image et ressemblance* négative qu'est le pécheur commun. Substantiellement, psychiquement, spirituellement (32/2) tout *christ* n'est qu'un homme, mais un homme profondément engagé dans l'accomplissement du *Dessein* de Dieu: *pénitence, changement du monde, moisson,* par lesquels *la Parole s'accomplit.* Jésus est le *Christ* de référence, mais tous les hommes et femmes prophétiques sont également des *christs. Sarments blessés: prophètes* rebuffés, méprisés, parfois tués, ou restés inconnus, ainsi qu'une foule d'hommes et de femmes inconnus dont la vie, l'action et l'apostolat obscurs ont été véritablement prophétiques (Voir n. 2/12-13).

31 LE JOUR DE DIEU MARQUERA LE RECUL DU MAL ET DE LA MORT DEVANT LE BIEN QUE LES HOMMES AURONT ÉTABLI DANS LE MONDE PAR UN TRÈS LENT ET DIFFICILE TRAVAIL DE *CHANGEMENT*.

1-2. Voir n. 30/6. *Des bons Sarments se sont étendus au-dessus des steppes:* Voir n. 28/3 et n. 5 ci-après. On retrouve le thème des œuvres égales ou supérieures à la foi (Veillée 28).

---

14. Religions preserve their audience through a more or less skillful proportioning of the 'carrot and stick' approach. While *feigning humbleness, pretending to be unworthy of the power* which God would allegedly have *delegated (21/3)* to it, every religion more or less clearly hints to whoever is unfaithful to it that he is wandering from truth or even doomed to perdition.

15. Among the *superstitions (21/1)* contrived and kept alive by clergy confession and absolution are *the worst outrage against the weak man* whom it makes *lose the true faith* (see n. 8-10). The French word *scandale* in its evangelical sense has no match in English; in this verse it is once more replaced by a periphrasis.

16. No *christ* is God. A *christ* is God's positive *image and likeness* compared with the negative *image and likeness:* the common sinner. Substantially, psychically, spiritually (32/2) every *christ* is just a man, but a man deeply involved in carrying out God's *Design: penitence, the change of the world, the harvest,* by which *the Word is achieved.* Jesus is the *Christ* of reference, but all prophetic men and women also are *christs. Wounded* (or *sore*) *Vine Shoots:* Known or unknown *prophets* snubed, scorned, sometimes killed, as well as numerous unknown men and women whose lives, actions and apostolates have been truly prophetic (See n. 2/12-13).

31 GOD'S DAY WILL MARK THE WITHDRAWAL OF EVIL AND DEATH FROM GOOD WHICH MEN WILL HAVE ESTABLISHED IN THE WORLD BY A VERY SLOW LABORIOUS WORK OF *CHANGE*.

1-2. See n. 30/6. *Good Vine Shoots have stretched out over the steppes:* See n. 28/3 & n. 5 below. Again we come across the theme of actual works equal or superior to faith (Vigil 28).

RÉVÉLATION ORIGINALE — *ORIGINAL REVELATION*
Les mots en *italiques* reconstituent les mots illisibles du document manuscrit
The italicized words are reconstructions of the illegible words of the handwritten record

parce que sous leur ombre on n'entre pas en pénitence.
Le Père les taille et les jette *avec* les pécheurs comme avec la vermine.
Les ténèbres grouillent de spectres errants.
3. Ma Parole n'est-Elle pas insistante ?
Ne t'ai-Je pas appelé pour La faire connaître à Mon Peuple après que Mes Prophètes et Mes Témoins L'ont déjà proclamée ?
4. Mon Peuple s'éloignera-t-il des princes du culte et des prêtres, s'éloignera-t-il des fausses promesses,
fuira-t-il les prostituées, les marchands, les usuriers qui le retiennent par leurs séductions,
tous ceux qui le corrompent et le scandalisent,
qui rendent des jugements iniques,
qui menacent de malheur les faibles s'ils se rebellent,
qui détournent vers eux Mon Héritage ?
Et les pénitents *reviendront-ils* à ceux qui les perdaient ?
5. Devrai-Je étendre Ma Main vers le levant
pour appeler les hommes rudes des steppes,
qu'ils grondent à l'horizon sur leurs chevaux marqués, pour abattre comme Ma Trombe au temps de Noé

---

because in their shade men do not enter upon penitence.
The Father prunes them and throws them *along with* the sinners just as with vermin.
The darkness is teeming with wandering specters.
3. Is My Word not insistent ?
Have I not called upon you to make It known to My People after My Prophets and Witnesses had already proclaimed It ?
4. Will My People withdraw from princes of religion and priests, withdraw from the false promises,
will they shun prostitutes, traders, usurers, who (all) detain them through enticements,
(will they shun) those who corrupt them and make them lose faith,
who pass iniquitous sentences,
who threaten the weak with misfortune if they rebel,
who misappropriate My Inheritance ?
And *will* the penitents *return* to those who led them to perdition ?
5. Should I stretch out My Hand towards the east
to call on the rugged steppesmen
to come thundering from the horizon riding their branded horses so that

ANNOTATIONS
Verset par verset ou générales ★
Either verse by verse or general ★

3-4. Une fois de plus Dieu met le monde en garde contre tous ceux, religieux ou profanes, qui étouffent, déforment ou mutilent ses *bons Sarments*. *Bons Sarments: Prophètes, témoins* (apôtres *5/2)* et tous les *justes* qui raniment en eux-mêmes et chez les autres la vocation spirituelle humaine. Dans la Bible déjà, les politiciens, le clergé, les dévots, les marchands, les banquiers, etc., sont comparés aux *prostituées*. Dans *La Révélation d'Arès* Dieu insiste aussi sur ce trait caractéristique des *dominateurs* politiques, religieux, commerciaux, financiers, etc., de se prétendre inévitables et nécessaires et d'entretenir chez ceux qui les contestent un sentiment de culpabilité ou de doute. Les *dominateurs* passent ainsi pour les seuls raisonnables gestionnaires de *l'Héritage* universel dont ils *se sont emparés (1/7)*. *Menacent de malheur les faibles:* Depuis 1974, les religieux préviennent leurs fidèles: «Attention! *La Révélation d'Arès* est d'inspiration satanique,» ou bien: «C'est une farce; elle perd les âmes naïves qui l'acceptent en confiance». Les pouvoirs profanes usent aussi d'arguments *menaçants,* rationalistes, flétrissants ou railleurs, pour faire *revenir* à la «raison» les Pèlerins d'Arès *(le petit reste)* et leurs soutiens *(le reste)*.

5. *Devrai-Je étendre Ma Main vers le Levant pour appeler les hommes rudes des steppes?:* Jusqu'à l'effondrement des régimes communistes (vers 1989) les mots *Levant* et *steppes* suggéraient à certains lecteurs que Dieu se reposait sur le marxisme pour accomplir son *Dessein*. Il n'en est rien (voir *steppes* n. 28/3)! Dieu cite bien Marie comme *femme élevée au-dessus de l'Orient (33/13, 35/4)*, pour autant il ne nous demande pas d'épouser des religions orientales. *Levant* et *Orient,* suggèrent en fait l'origine du monde, le cœur de la Vérité. Certes, Éden s'étendit au *Levant,* la plupart des prophètes, de Noé à Mahomet (Veillée 2), prêchèrent au *Levant,* mais la Vérité immuable et perpétuelle s'adresse au monde entier comme le démontrent *Azor* qui prêcha en Amérique *(2/6)* et *l'homme Michel* qui prêche en Europe Occidentale. Comme dans la Veillée 28, Dieu laisse entendre qu'à la *violence (nn.28/20 à 23)* des attaques

---

3-4. Once more God warns the world against all those, whether religious or profane, that stifle, distort or mutilate his *good Vine Shoots*. *Good Vine Shoots: Prophets, witnesses* (apostles *5/2)* and all the *just* who reawaken the human spiritual vocation in their own lives and in others' lives. Already in the Bible politicians, clergy, bigots, traders, bankers, etc, were compared to *prostitutes*. In *The Revelation of Arès* God also insists on that characteristic trait of *dominators* in politics, religion, business, finance, etc, of claiming that they are inescapable and necessary and of nurturing a feeling of guilt or doubt within the men who object to them. *Dominators* thus pass for the only reasonable administrators of the *Inheritance* which they *have appropriated (1/7)*. *Threaten the weak with misfortune:* Ever since 1974 the religious have warned the faithful, "Be careful! *The Revelation of Arès* has been inspired by Satan," and also, "It's a hoax; it leads to perdition the naive souls that accept it trustfully." Profane powers too resorts to *threatening* rationalistic, blackening or mocking arguments to get the Arès Pilgrims *(the small remnant)* and their supporters *(the remnant)* to *return* to 'reason'.

5. *Should I stretch out My Hand towards the east to call the rugged steppesmen?:* Up until the collapse of the communist regimes (circa 1989) some readers inferred from the words *east* and *steppes* that God relied on Marxism to achieve his *Design*. Nothing of the kind (see *steppes* n. 28/3)! God mentions Mary as *a woman elevated above the Orient (33/13, 35/4),* for all that he does not ask us to embrace oriental religions. As a matter of fact, *East* and *Orient* hint at the world's origin, the core of Truth. Although Eden was located in the *east* and most prophets from Noah to Muhammad (Vigil 2) preached in the Middle *East,* immutable and perpetual Truth is addressed to the whole world as is demonstrated by *Azor* who preached in America *(2/6)* and *man Michel* who preaches in Western Europe. Like in the Vigil 28 God gives the reader to understand that the supporters of *The Revelation of Arès* will be subjected to *violent* attacks and

RÉVÉLATION ORIGINALE — ORIGINAL REVELATION
Les mots en *italiques* reconstituent les mots illisibles du document manuscrit
The italicized words are reconstructions of the illegible words of the handwritten record

ceux qui ont égaré Mon Peuple,
qui ont bâti *sur* ses gémissements leur opulence
en invoquant Mon Nom,
pour fermer les *bouches* qui crient des mensonges, des blasphèmes et des insanités,
pour trancher les mains qui ont volé l'héritage de Mon Peuple ?

6. La Moisson que Je t'envoie faire, homme Michel, est un *labeur* pour les géants des temps anciens,
mais ton bras est faible comme une tarière qui voudrait percer une montagne ;
c'est pourquoi toi et tes moissonneurs, vous serez assistés tous les jours ; on affûtera vos faux émoussées ; Mon Souffle ploiera devant vous les épis ; le Feu du Ciel brûlera les épines ; une légion d'anges tout équipée frappera vos ennemis,

7. et pourtant vous peinerez, vos bras seront bleuis des coups reçus, griffés par les épines ;
mais des gerbes lourdes, riches de bon grain, s'entasseront derrière vous, les planchers de Mes Granges gémiront sous leur poids.

8. Alors ce sera Mon Jour.

---

they might bring down, just as My Waterspout did in Noah's times,
the men who have misled My People
(and) who invoking My Name
have built their opulence *on* My People's moans,
so that they might shut the *mouths* that shout out lies, blasphemies and nonsense,
so that they might chop the hands that have stolen the inheritance of My People ?

6. The harvest on which I send you is a *toil* for the giants of olden times,
but your arm is as frail as an auger with which one would pierce through a mountain ;
this is why (I will see to it that) you and your harvesters will be assisted every day, (and that) your blunted scythes will be sharpened ; My Breath will bend the (wheat)ears before you ; Heaven's Fire will burn the thorns ; a legion of well-fitted-out angels will strike your enemies,

7. still you shall toil, your arms will be bruised with the blows dealt to you, (they will be) scratched by the thorns ;
but heavy sheaves rich in good grain will pile up behind you, under their weight the floors of My Barns will creak and groan.

ANNOTATIONS
Verset par verset ou générales ★
Either verse by verse or general ★

qu'ils pourront subir, les défenseurs de *La Révélation d'Arès* devront répondre par une certaine *violence*, par légitime défense. Il ne s'agit pas d'une *violence* exterminatrice comme *la Trombe au temps de Noé (n. 30/6)* qui tua pour tuer, mais d'une *violence* de survie pour laquelle le Père envisage le renfort d'une *légion d'anges*. Même de façon non sanglante, les hommes droits devront souvent lutter pour en finir avec les *mensonges, les blasphèmes, les insanités* (qui comportent aussi les insultes, calomnies, propagandes viles lancées contre les *moissonneurs)*, et *l'opulence* spoliatrice.

6-7. Tous les *hommes du temps qui vient*, croyants ou humanistes, les Pèlerins d'Arès en particulier, sont une nouvelle fois appelés à *moissonner* (missionner, 5/5, 13/7, 35/1, etc.). La vraie foi, ou vie spirituelle, ne peut pas être égocentrique ou solitaire; la vraie foi est nécessairement créatrice d'un nouvel homme et d'un nouveau monde, elle est prophétisme et *moisson* autant que *piété* et *vertu*. Faire son salut n'est pas subir avec résignation ou mépriser la terre de souffrances en attendant l'éternité, mais travailler à restaurer le bonheur général disparu de la terre avec Éden. À ce *labeur*, travail pénible parfois doublé d'un combat, *les hommes du temps qui vient* prendront des *coups*, mais Dieu leur promet son Appui.

7-10. Le *Jour* de Dieu ne surviendra pas inopinément sans causes apparentes, comme le croient beaucoup d'enfants d'Abraham: Juifs, Chrétiens, Musulmans. Le *Jour* de Dieu parachèvera le patient, opiniâtre travail pratique et spirituel de *générations (24/2)* de *moissonneurs (v.6, 5/2-5, 35/1-2)*, les créateurs du nouveau monde qui auront fait prévaloir le bonheur contre le malheur (pas forcément disparu, mais neutralisé: *la Bête 22/14*) et qui auront vaincu la mort (v. 11).

---

will have to defend themselves with some *violence*, acting in self-defense. That *violence* shall not have an exterminating nature as had the *Waterspout in Noah's days (n. 30/6)* which killed for the sake of killing, but it shall be a *violence* of survival for which the Father allows a reinforcement of a *legion of angels*. Even in a non-sanguinary way the righteous men will have to struggle to purge the world of *lies, blasphemies, nonsense* (which also includes insults, slander, low propaganda against the *harvesters)* and despoiling *opulence* .

6-7. Once more all the *men of the time to come,* whether believers or humanists, the Arès Pilgrims in particular, are called on to *harvest* (missionize, 5/5, 13/7, 35/1, etc.). True faith, or spiritual life, cannot be self-centred or lonely; necessarily true faith creates a new man and a new world, it is based on prophetism and *harvest* as much as *piety* and *virtue*. Preparing for salvation is not being resignedly subjected to or scornful of the earthly sufferings while waiting for eternity; it is working at the restoration of general happiness which disappeared from the earth along with Eden. While so *toiling*, and sometimes fighting, *the men of the time to come* will get *blows*, but God promises his Support to them.

7-10. God's *Day* will not occur unexpectedly with no apparent causes, as many of Abraham's family (Jews, Christians, Muslims) believe it will. God's *Day* will put the finishing touch to the patient, unrelenting, practical as much as spiritual work done by *generations (24/2)* of *harvesters (v.6, 5/2-5, 35/1-2)*, the creators of the new world who will have make happiness prevail against misfortune (not necessarily annihilated, but neutralized: *the Beast 22/14*) and will have defeated

RÉVÉLATION ORIGINALE — *ORIGINAL REVELATION*
Les mots en *italiques* reconstituent les mots illisibles du document manuscrit
The italicized words are reconstructions of the illegible words of the handwritten record

D'un Geste J'arrêterai l'astre sous vos pieds ;
il n'y aura plus ni jour ni nuit,
mais Ma Lumière couvrira tout sans cesse ;
9. Je descendrai visiter Mes Granges,
J'étendrai Mes deux Bras sur l'univers
et il criera sa liesse, il tremblera de plaisir,
10. les étoiles s'allumeront comme des flammes, brûlant et dévorant les restes de broussailles et d'épines.
11. Je M'inclinerai vers les fosses, les vases funéraires, les mers,
les os et les poussières frémiront sous la caresse des âmes descendues avec Moi des Hauteurs Saintes,
ils s'assembleront et se relèveront.
12. Des abîmes glacés les regards *creux* et blancs des spectres M'imploreront,
chacun verra alors Ce Que Je ferai.
13. Mais jusqu'à ce Jour il y aura beaucoup de pleurs et de souffrances dans les profondeurs *ténébreuses*.
Que Mon Peuple t'entende, homme Michel !

---

8. Then My Day will break.
I will gesture to the planet to stop (revolving) under your feet ;
there will be no longer day or night,
but My Light will cover everything continuously ;
9. I will descend to visit My Barns,
I will stretch out both of My Arms over the universe,
then it will shout for jubilation, it will tremble with delight,
10. the stars will lighten as if ablaze, they will inflame and consume the remaining brushwood and thorn(bush).
11. I will lean over the graves, the funeral urns, the seas,
the bones and ashes will quiver under the caress of the souls descending along with Me from the Saint's Heights,
they will put themselves together and stand up.
12. From the frozen depths the specters' *hollow* white eyes will beseech Me,
everyone, then, will see That Which I will do.
13. But until that Day there will be many tears and sufferings in the *gloomy* depths.
May My People listen to you, man Michel !

ANNOTATIONS
Verset par verset ou générales ★
Either verse by verse or general ★

Matthieu 24/15-25 dit déjà que l'avènement du *Jour* dépendra des *élus* et de leur œuvre apostolique (voir *petit reste*, notamment n. 24/1-2; les *élus* ne sont pas des hommes prédestinés ou désignés par Dieu, mais des hommes qui se sont convertis à la nécessité de *changer* l'homme et le monde). La foi, ses causes et ses effets résultent d'un existentialisme très actif: l'avenir sera ce que l'homme le fera, non simplement ce que l'homme croit qu'il devrait être. Ce caractère voulu, existentiel (ou existentialiste), de l'avenir est rappelé dans toute *La Révélation d'Arès*. C'est à l'homme de préparer, de rapprocher l'heure du *Jour* de Dieu! Ici la prophétie du *Jour* de Dieu est moins poétique, mais plus vivante que celle, répétitive, du Coran.

11-13. Ces versets rappellent *Ézéchiel 37/4-14*. Le *Jour* de Dieu marquera notamment la fin de la mort (la résurrection 33/29) — la mort sous sa forme actuelle en tout cas — et l'avènement de la perpétuité. Perpétuité est un mot plus approprié qu'éternité, car l'homme restera physiquement sensible et vulnérable; à preuve Jésus dont le témoin observe les plaies encore visibles et rouges 2 000 ans après la crucifixion. *Chacun verra ce que je ferai:* Par l'interrogation qu'il soulève (Que *fera* Dieu ce *Jour*-là?), le v. 12 autorise une grande espérance de rédemption pour les *spectres errant dans les ténèbres*, mais *jusqu'à ce Jour* pas de *Miséricorde* généralisée (v. 13, voir n. 30/8-10).

---

death (v. 11). *Matthew 24/15-25* already stated that the advent of the *Day* would depend upon *the elect* and their apostolic work (see *small remnant*, notably n. 24/1-2; *the elect* are not men predestined or appointed by God, but men who have come around to the necessity of *changing* man and the world). Faith, its causes and its effects result from very active existentialism: the future will be how man will make it, not merely how man believes it should be. Throughout *The Revelation of Arès* the intentional existential (or existentialist) nature of the future is reminded. It is up to man to prepare and bring forward the time of God's *Day!* Here the prophesy of God's *Day* is less poetic, but livelier than its repetitious counterpart in the Quran.

11-13. These verses are reminiscent of *Ezekiel 37/4-14*. Among other changes God's *Day* will mark the end of death (resurrection 33/29)—death in its current form at any rate—and the advent of perpetuity. Perpetuity is a more fitting word than eternity because man will remain physically sensitive and vulnerable. Just take Jesus whose wounds the witness could watch, which were still visible and red 2,000 years after the crucifixion. *Everyone, then, will see That Which I will do:* Through the question it raises (Whatever will Go do on that *Day?)* v. 12 gives men good reason for hoping for the redeeming of the *specters wandering in the darkness*, but *until that Day* occurs there will be no general *Mercy* (v. 13, see n. 30/8-10).

RÉVÉLATION ORIGINALE — *ORIGINAL REVELATION*
Les mots en *italiques* reconstituent les mots illisibles du document manuscrit
The italicized words are reconstructions of the illegible words of the handwritten record

32 1. Mouhamad, Mon Messager venu avant toi, a enseigné que Jésus n'est pas Dieu,
que ceux qui croient cela sont impies.
2. Ma Main a oint les lèvres de Mon Messager ; son enseignement est vrai :
l'homme Jésus n'est pas Dieu ;
c'est le Christ Qui est Dieu,
c'est Moi né de Jésus né de Marie.
3. Un espace plus long qu'un rayon de soleil va de Jésus au Christ ;
la distance infinie qui sépare la terre du Ciel
il l'a parcourue, parce qu'il a mis ses pas dans Mes Pas,
il ne s'En est jamais écarté,
il s'est embrasé de Mon Amour pour l'homme,
son frère,
et comme une *fumée* pure il s'est élevé vers Moi ;
4. il a accompli en un an, le temps *d'un battement* d'ailes, ce que le monde pour son salut accomplit dans les siècles des siècles.
5. Je l'ai fondu en Moi ; J'en ai fait un Dieu ;
il est devenu Moi.
Quelle intelligence d'homme, faible lumignon,

---

32 1. Muhammad, My Messenger who came before you, taught that Jesus is not God,
(and) that those who believe it are impious.
2. My Hand anointed My Messenger's lips ; his teaching is true : man Jesus is not God ;
it is Christ that is God,
it is I born of Jesus who was born of Mary.
3. A space longer than a sunshine stretches away from Jesus to Christ ;
he covered the infinite distance which separates the earth from Heaven
because he set his steps in My Steps,
he never strayed from My Steps,
he was fired with My Love for man,
his brother,
and like a pure *vapor* he ascended to Me ;
4. in one year, the time *a* wing *flap* lasts, he achieved that which takes centuries and centuries for the world to achieve for its salvation.
5. I merged him into Me ; I made him a God ;
he became I.
Can any human intelligence, a dull candle end,

ANNOTATIONS
Verset par verset ou générales ★
Either verse by verse or general ★

32 L'INTELLIGENCE INTELLECTUELLE EST BRILLANTE MAIS LAISSE LA FOI AVEUGLE. *L'INTELLIGENCE* SPIRITUELLE RESSUSCITERA SOUS L'ACTION CRÉATRICE DE L'AMOUR ET DE LA *PÉNITENCE*.

1-2. Mahomet *(Mouhamad)*, déjà vanté pour sa *sagesse* et sa mission réussie (2/9), est loué pour sa vérité. Jésus, la prétendue «deuxième personne» de la trinité (23/7, XVIII/1, dogme des églises, construction intellectuelle), n'est pas le *fils* consubstantiel de Dieu (n. 2/1, Coran: Sourate 112, etc.). Il n'est qu'un *homme*. Le dogme du Dieu crucifié pour la rédemption du monde est *langage d'ivrognes*, invention de *docteurs délirants (v.9)*. Dieu *a fondu Jésus en lui* (voir 2/13), *en a fait un Dieu (v.5)*, c'est-à-dire a reconnu dans ce grand *pénitent l'image et ressemblance* divine positive, que tout homme est appelé à redevenir (nn. ★ et ★★ Veillées 1 et 2). Quiconque s'élève en foi et en prophétisme, comme Jésus le fit, est un *christ (nn.2/13-14 et 30/16)*. Jésus est un Christ de référence.

3. Hors du domaine intellectuel l'homme est devenu aveugle (v. 9); le péché a réduit son *intelligence* spirituelle à un *faible lumignon (v.5)*, incapable de *comprendre* ce qui fait de *Jésus* et de chaque *juste* un *Christ*. L'homme ne conçoit plus qu'en acquérant la *vertu* il ranime en lui *l'image et ressemblance* de Dieu, dont il se croit *séparé* par une *distance* infranchissable. Or, tout impie peut devenir un *pénitent et un moissonneur* et atteindre à la *gloire* promise *(37/9)*.

4-5. *En un an:* La mission de Jésus ne dura qu'un an avant qu'on le fît taire en le crucifiant. Ce qui confirment les Évangiles de Matthieu, Marc et Luc. L'Évangile de Jean, qui étend la mission de Jésus sur trois années, est donc bien douteux, ainsi que 16/2 l'affirme. Le Père rappelle que l'homme, s'il s'y emploie tenacement, peut revenir assez vite *(le temps d'un battement d'ailes)*

32 INTELLECTUAL INTELLIGENCE IS BRIGHT, BUT IT LEAVES FAITH BLIND. SPIRITUAL *INTELLIGENCE* WILL RESUSCITATE THROUGH THE CREATIVE ACTION OF LOVE AND *PENITENCE*.

1-2. Muhammad has already been praised for his *wisdom* and his successful mission (2/9), he is now extolled for his truthfulness. Jesus, the so-called second person of the trinity (23/7, XVIII/1, a dogma of the churches, an intellectual construction), is not God's consubstantial *son* (n. 2/1, Quran: Sura 112, etc). He is just *a man*. The dogma of the God crucified for the redeeming of the world is just *drunkard language,* an invention of *delirious doctors (v.9)*. God has *merged Jesus into him* (see 2/13), *made a God of him (v.5)*, that is, acknowledged that great *penitent* as the positive divine *image and likeness* which every man is called on to become again (n. ★ & ★★ Vigils 1 & 2). Whoever elevates himself or herself in faith and prophetism as Jesus did is a *Christ (n. 2/13-14 and n.30/16)*. Jesus is a reference Christ.

3. Outside the intellectual field man has become blind *(v.9);* sin has reduced his spiritual *intelligence* to a *dull candle end (v.5)* unable to *understand* that which makes *Jesus* and each *just* man a *Christ*. Man no longer conceives that by gaining *virtue* he revives God's *image and likeness* within himself; he thinks he is *separated* from God by an impassable *distance*. None the less, any impious man can become a *penitent* and a *harvester* and attain to the *glory* promised *(37/9)*.

4-5. *In one year:* Jesus' mission lasted only a year before he was silenced by crucifixion. This corroborates Matthew, Mark and Luke's Gospels. Accordingly, John's Gospel, in which Jesus' mission lasts three years, is definitely questionable as is stated in 16/12. God recalls that a man, if he persistently applies himself to change, can come back rather quickly *(the time a wing flap*

RÉVÉLATION ORIGINALE — ORIGINAL REVELATION
Les mots en *italiques* reconstituent les mots illisibles du document manuscrit
The italicized words are reconstructions of the illegible words of the handwritten record

peut comprendre cela ?
6. Mais Je lui ai donné assez de force pour qu'elle comprenne en paraboles qu'il est vain de discourir sur Mes Œuvres,
impie d'entendre les docteurs qui bavardent !
7. Ils repaissent de vent Mon Peuple, multiplient vanités et tromperies ; ils font alliance avec la science ; ils sont en procès incessants avec leurs contradicteurs, aussi vains qu'eux ; de leurs *pépiements* ils louent les princes, et les chefs de leurs rebelles,
sachant comment tromper les uns,
comment complimenter les autres,
ils ont réponse à tout,
ils sont le mensonge du mensonge.
8. Or, tu enseigneras, homme Michel, que l'homme pieux se tient devant Ma Parole
et ne fait pas un pas de plus en avant
pour ne pas choir dans l'abîme.
9. Dans Mes Assemblées on ne parlera pas une langue d'ivrogne comme font les docteurs,
qui ne se sont pas désaltérés de Ma Parole,

---

understand that?
6. But I have given it enough strength to understand in parables
that expatiating upon My Works is futile,
(and) listening to doctors' talkings is impious!
7. They feed hot air to My People, multiply their vanities and deceits; they team up with science; they continually make a case against their opponents who are as futile as they; in their *tweeting* voices they praise the princes and the leaders of the princes' rebels,
they know how to deceive some,
how to congratulate others,
they have an answer for everything,
they are the falsehood of falsehood.
8. You man Michel shall teach that the pious man stands in front of My Word
and does not take one more step forward
to avoid falling into the abyss.
9. In My Assemblies no one shall speak a drunken language as doctors do,
who have not quenched their thirst on My Word,
but who have become drunk with It;

ANNOTATIONS
Verset par verset ou générales ★
Either verse by verse or general ★

des obscurités et des dérives raisonneuses de l'intelligence intellectuelle qui ne peut pénétrer le domaine spirituel. Jésus retrouva *l'intelligence* spirituelle par la foi active, *pénitente* et créatrice. C'est dans cet esprit de création que Jésus recommandait aux disciples *d'être comme les enfants (Matthieu 18/3,* aussi *La Révélation d'Arès 33/9).* Tout d'abord, les *enfants* ne comprennent pas ce que dit le *Père,* mais ils reçoivent ses propos avec confiance; peu à peu, s'ils restent des *enfants* qui croissent en vertu, ils assimilent et conçoivent, ils donnent vie en eux-mêmes à des propos qui auparavant leur paraissaient abstraits ou obscurs (donner vie = créer).

6-7. Dieu ne rejette ni la *science* — connaissance de la nature *donnée* à l'homme (26/9) afin qu'il la *domine (Genèse 9/7)* — ni l'intellect, outil nécessaire à la connaissance et à la création. Il blâme l'orgueil et l'aveuglement de ceux qui ont fait de leurs connaissances une *idole de l'esprit (23/8).* La vie intellectuelle ne devrait pas s'opposer à la vie spirituelle. La foi intellectuelle n'est qu'une idéologie qui se veut consacrante en soi; c'est une pure construction de *l'esprit* qui engendre le vide *(vent, vanité)* et la *tromperie.* La Parole de Dieu ne doit pas tomber dans le cerveau pour y devenir idée, mais dans le cœur et dans la vie pour devenir amour et nouvelle vie. «Si Dieu parle tout le temps de Parole et rarement d'Écriture, dit le frère Michel, c'est pour nous éviter les pièges de l'intellectualisation qui ne sera jamais la voie du bonheur et de la lumière.»

8-9. Comme au v. 5, Dieu rappelle à l'homme, devenu un *faible lumignon* spirituel, l'état de déséquilibre dans lequel l'intellect envahissant, effluence purement matérialiste, l'a placé. Ce qui reste de *l'intelligence* spirituelle ne peut percevoir qu'une part infime de *l'abîme* de la transcendance et de ses multiples causalités et relations. Elle ne peut même pas expliquer la vie; comment expliquerait-elle *l'âme,* l'éternité et Dieu? Se méfier de son *intelligence* spirituelle affaiblie n'est pas débilité, mais au contraire lucidité, regain d'équilibre. Cette lucidité donne à

---

lasts) from the obscurity and the quibbling wanderings of intellectual intelligence which cannot fathom the spiritual sphere. Jesus regained spiritual *intelligence* through active, that is, *penitent* and creative faith. It is in that spirit of creation that Jesus recommended to his disciples *to be like children (Matthew 18/3,* also *The Revelation of Arès 33/9).* At first *children* cannot understand the *Father's* words, but they trustingly welcome them; then gradually, if they remain *children* growing in virtue, they take in, conceive and bring to life within themselves words which previously sounded abstract or obscure to them (to bring to life = to create).

6-7. God does not dismiss either *science*—the knowledge of nature once *given* to man (26/9) so that he would *subdue it (Genesis 9/7)*—or intellect, the tool that knowledge and creativity need. He blames the pride and blindness of those who have made their knowledge an *idol of the mind (23/8).* Intellectual life should not oppose spiritual life. Intellectual faith is only an ideology which believers think is consecrating in itself; it is a sheer construction of the *mind* which generates void *(hot air, vanity)* and *deception.* God's Word should never fall into the brain which turns it into ideas; it should fall into the heart and into life to become love and new life. Brother Michel says, "God talks of the Word all the time, he rarely talks of the Scripture, because he seeks to spare us the trappings of intellectualization which will never be the way to happiness and light."

8-9. As in v. 5 God reminds man, reduced to a spiritual *dull candle end,* of the state of imbalance in which invasive intellect, a sheer materialistic effluence, has put him. What is left of spiritual *intelligence* can only perceive a tiny part of the *abyss* of transcendence and its manifold causalities and relationships. It cannot even explain life; how could it explain the *soul,* eternity, God? So being wary of one's *intelligence* is not debility; on the contrary, it is clearmindedness, it is a revival of equilibrium. Clearmindedness gives man the power to recreate himself—*change his*

RÉVÉLATION ORIGINALE — *ORIGINAL REVELATION*
Les mots en *italiques* reconstituent les mots illisibles du document manuscrit
The italicized words are reconstructions of the illegible words of the handwritten record

mais qui s'En sont enivrés ;
personne ne délirera sur Mes Livres.
10. Tu fixeras la mesure avec laquelle Mes Livres seront proclamés dans les assemblées,
et tu rejetteras ceux écrits de main d'homme.

33

1. Ta tête, homme Michel, est faible ; un nœud la tient serrée au cou.
2. Encore un peu de temps et, le jour de Ma Victoire, tranche hardiment la corde qui t'attache au monde
et aux princes du culte.
Enfouis dans la poussière ton sceptre et ta couronne !
3. À partir de ce jour tu fermeras les portes du temple en signe d'expiation,
avec les tiens tu prieras derrière ses murs
jusqu'à ce que tu l'aies disposé selon Mes Ordres.
4. Pendant ce temps Je raidirai ton torse comme un chêne,
Je t'élèverai comme une tour,
Je soufflerai l'Esprit dans ta tête ; Je rendrai ton regard perçant.
5. Comme l'aigle tu te riras du vertige,
comme son cri par-dessus les rochers ta voix parviendra jusqu'à ceux

---

nevermore shall man rave on My Books.
10. You shall fix the right bounds within which My Books are to be proclaimed in the assemblies,
and you shall reject the man-made books.

33

1. Man Michel, your head is weak ; a knot holds it tight by the neck.
2. A short time will pass, and then, on My Victory's day, (you shall) cut boldly the rope that ties you to the world
and to princes of religion.
Bury your scepter and crown in the dust !
3. From that day onward you shall keep the doors of the temple closed as a mark of atonement,
you shall pray outside its walls with your family and companions
until you have arranged it in accordance with My Orders.
4. Meanwhile I will be tensing your chest as an oak tree,
I will raise you as a tower,
I will breathe the Spirit into your head ; I will make your eyes piercing.
5. As the eagle you will make light of vertigo,
as the eagle's call over the rocks your voice will reach those who have

JE T'ÉLEVERAI COMME UNE TOUR — *I WILL RAISE YOU AS A TOWER*

ANNOTATIONS
Verset par verset ou générales ★
Either verse by verse or general ★

---

l'homme la force de se recréer — *changer sa vie (30/11)* —, de recréer le monde et de retrouver son *intelligence* originelle. Pour le moment, et pour de nombreuses générations, l'homme doit se contenter de ce qu'il comprend de la Parole et faire sereinement confiance à ce qu'il *ne peut pas comprendre (33/6)*.

10. *La mesure:* Voir Veillée 7.

33 LA *DOUCEUR* GAGNERA MONDE — UN MODÈLE DE VOLONTÉ DE CHANGEMENT OU D'EXISTENTIALISME: *MARIE — ÉPOUSAILLES* ET *FUNÉRAILLES* — ON NE PRIE AUCUN MORT, MÊME PRÉTENDU SAINT.

1-3. La Veillée 33 a probablement lieu au début d'avril 1974. Quoique Dieu ait parlé trente-deux fois par la bouche de Jésus, le frère Michel reste attaché à ses devoirs et habitudes ecclésiastiques. Sous peu, à Pâques (fête d'une *Victoire* sur la mort; ici le sens de *Victoire* est différent et plus étroit qu'en 10/7), il *fermera les portes* de son église, renoncera aux convictions et aux avantages de son état (35/13), et commencera une vraie vie spirituelle.

4-5. Le Père prescrit au *prophète* d'Arès et à ses futurs compagnons d'acquérir une grande force intérieure contre l'adversité, religieuse ou profane, que leur mission rencontrera puisqu'elle va à contre-courant des idées, habitudes, situations et règles établies depuis le mauvais choix d'Adam (2/2-5). D'Arès Dieu appelle toute l'humanité à un nouvel Exode: L'homme doit se libérer de l'esclavage des structures mentales et sociales et partir à la conquête de la véritable *terre promise*, qui est spirituelle, et qui est toute la terre (voir 5/6-7). Reconquérir, c'est-à-dire recréer

---

life (30/11)—, recreate the world and recover his original *intelligence*. For the time being, and for many generations, man ought to be content with what he is able to understand in the Word and be serenely confident about what he is *unable to understand (33/6)*.

10. *The right bounds:* See *moderation*, Vigil 7.

33 GENTLENESS WILL WIN OVER THE WORLD—A PARAGON OF WILL TO CHANGE OR EXISTENTIALISM: *MARY—NUPTIALS* AND *FUNERAL*—ONE SHALL NEVER PRAY TO ANY DEAD MAN, EVEN A SO-CALLED SAINT.

1-3. The Vigil 33 must have occurred in early April, 1974. Though God had spoken thirty-two times through Jesus' mouth, brother Michel was still tied to his ecclesiastical duties and habits. Before long, on Easter (Celebration of a *Victory* over death; here the sense of *Victory* is different from and narrower than that in 10/7), he would *close the doors* of his church, renounce the beliefs and advantages of his position (35/13), and start a true spiritual life.

4-5. The Father strongly advises the *prophet* and his future fellows to gain a great deal of inner strength against adversity, whether religious or profane, which their mission is to face by going against the stream of customs, situations and rules established after Adam's bad choice (2/2-5). From Arès God is calling whole mankind to start up a new Exodus: Man has to free himself of the mental and social structures that have enslaved him and to go on the conquest of the real *promised land* which is spiritual, and which is the whole earth (see 5/6-7). Conquering or rather

RÉVÉLATION ORIGINALE — ORIGINAL REVELATION
Les mots en *italiques* reconstituent les mots illisibles du document manuscrit
The italicized words are reconstructions of the illegible words of the handwritten record

qui ont égaré Mon Peuple
pour les exhorter au repentir.
6. Tu Me dis : « Tu peux tout ; en un instant Tu peux les réduire à rien. Pourquoi m'envoies-Tu les exhorter ? »
Parce que Ma Sagesse est dépourvue de science,
Elle est démesure pour l'homme,
Ma Sagesse Que tu ne peux pas comprendre.
7. Dis seulement : « Je T'ai entendu et je T'ai vu, cela me suffit ; je ne pécherai pas. »
8. Plus tu videras ta tête des sciences vaniteuses
sous Mon Souffle, dans *l'éclat* de l'Esprit,
plus tu *discerneras* Mes Merveilles ;
c'est pourquoi J'ai dit : « Soyez comme les enfants ! »
9. C'est de la bouche des doux et des petits que partent les flammes qui consumeront les méchants, les faux et les cupides.
Obéis-Moi comme un petit enfant,
et avec ta descendance
tu nettoieras le monde
et prépareras Mon Jour.

---

misled My People
and exhort them to repentance.
6. You say to Me, "You can achieve anything ; in no time you can reduce them to nothing. Why do you send me to exhort them ? "
Because My Wisdom is void of science,
to man It seems to be immoderation,
My Wisdom Which you are unable to understand.
7. Say only this, "I have heard You and I have seen You, that is enough for me ; I am not going to sin."
8. The clearer of conceited sciences you will make your head
under My Breath, in the Spirit's *brightness,*
the more *discernible* My Marvels will be to you ;
for this reason I said, "Be like children ! "
9. The flames that will consume the wicked, the false-hearted and the greedy come out of the little ones' and the gentle ones' mouths.
Obey Me as a little child,
so you and your descendants
will clear the world
and prepare My Day.

ANNOTATIONS
Verset par verset ou générales ★
Either verse by verse or general ★

(changer, 28/7) la terre, restaurer Éden, le règne de la Vérité, de l'amour, de la justice (sens biblique: conformité à la Parole de Dieu) et du bonheur, tout remettre en question peu à peu *(générations, 24/2)*, est contraire à la raison *scientifique (v.6)*, paraît utopie, folie. C'est pourtant la *Sagesse* même, sur quoi toute action se fondera avec confiance, courage et persévérance.

6-8. Le Père intercepte les pensées du frère Michel (voir n. 4/1), qui, tout en écoutant son Message transmis par Jésus, se demande pourquoi le Créateur de l'univers ne recrée pas le monde lui-même, pourquoi il a besoin d'un pauvre homme comme lui pour une telle mission. Mais le Père ne *changera* pas l'homme malgré lui; la nature, et la *gloire*-même, de l'homme repose sur sa liberté et sa fantastique capacité de travail et de création. Le plus obtus des hommes normaux sent que sa vraie vocation est d'être spirituel, heureux, et responsable.

9. Voir *Matthieu 18/2-4*. Pour *l'homme du temps qui vient (30/13)* il ne s'agit pas d'être un *petit enfant* naïf et passif face au monde impie et dur, qui le détruirait; c'est un *petit enfant* devant Dieu et sa Parole qu'il doit être. *La Révélation d'Arès* est un vigoureux Appel à l'action et même au combat de la foi. La victoire sur le péché et les *dominateurs* ne sera pas remportée par des *moissonneurs* enfantins, mais par d'enthousiastes, *intelligents* et énergiques croyants et humanistes, tous ensemble inconditionnels du principe de *changement du monde*.

10-11. Les religions *(le culte)* et les *nations* soumises à l'autorité des dogmes et des clergés ou des politiques et des lois deviendront des *assemblées* libres, *souveraines d'elles-mêmes (8/1, 3/1, n.7/4, etc.)*. La vie spirituelle et la vie sociale libérées des structures: une humanité fondée sur l'amour et *l'intelligence*, libérée des autoritaristes, traditionalistes, nationalistes, légalistes, idéologues, etc., coordonnées par un minimum de gestion sous la sauvegarde d'une grande vigilance spirituelle. Tel est le fond de l'utopie promue par *La Révélation d'Arès*. Dieu présente

---

recreating *(changing 28/7)* the earth, restoring Eden, the realm of Truth, love, justice (in the Bible *justice* means coherence with the Word) and happiness, calling everything into question gradually *(generations, 24/2)*, is against *scientific (v.6)* reason, seems to be utopian, a mad plan. This is *Wisdom,* though; every action shall be based ont it with trust, courage and perseverance.

6-8. The Father intercepts the thoughts of brother Michel (see n. 4/1) who, while listening to his Message conveyed by Jesus, wonders why the Maker of the universe does not recreate the world by himself, and why he needs a poor man like him for such a mission. But the Father will not *change* man forcibly; man's very nature and very *glory* rest on his freedom and tremendous capacity for work and creation. The most obtuse among normal men senses that his true vocation is of spirituality, happiness and responsibility.

9. See *Matthew 18/2-4*. The word *little child* does not intimate that the *man of the time to come (30/13)* has to be a naive passive *little child* facing the impious hard-hearted world which would destroy him. It means that he has to be a *little child* in front of God and his Word. *The Revelation of Arès* is an energetic Appeal for very active and even fighting faith. Victory over sin and *dominators* will not be won by childish *harvesters*; it will be won by enthusiastic, *intelligent,* vigorous believers and humanists, all together unquestioning supporters of the *world's change*.

10-11. *Religions* and *nations* subjected to the authority of dogmas and clergy or politics and laws will form into free *assemblies in control of themselves (8/1, 3/1, n.7/4, etc.)*. Spiritual life and social life free from structures: humanity based on love and *intelligence*, free from authoritarians, tradionalists, nationalists, legalists, ideologues, etc, coordinated by a modicum of management, safeguarded by great spiritual watchfulness. Such is the base of the utopia promoted by *The Revelation of Arès*. God says that this utopia is more realistic and constructive than the

RÉVÉLATION ORIGINALE — *ORIGINAL REVELATION*
Les mots en *italiques* reconstituent les mots illisibles du document manuscrit
The italicized words are reconstructions of the illegible words of the handwritten record

10. Quand du temple tu auras fait le lieu de l'Assemblée, tu ouvriras à nouveau ses portes devant Mon Peuple ;
il sera ta tour escarpée, d'où ta voix comme l'écho du tonnerre, et ce que tu auras écrit, parviendront à ceux qui doivent se repentir.
11. Beaucoup resteront sourds, orgueilleux ; ils se perdront, Je l'ai dit, surtout les princes et les prêtres dont les têtes sont dans des sacs épais,
mais aussi les puissants et les riches assourdis par les fracas de leurs cités.
12. Mais pour le petit reste tu établiras la prière.
Au Père l'on s'adressera comme Je l'ai prescrit ; on fera de même Mémoire de Mon Sacrifice.
13. Mais d'autres manières aussi, que tu prescriras et que Je scellerai, tu feras converser Mes Assemblées avec Moi, et avec la femme élevée au-dessus de l'Orient, qui M'a enfanté,
qui est toujours grosse de tristesse,
car Je lui ai donné Mon Souffle comme monture
pour parcourir la terre,
et ce qu'elle voit l'engrosse de pitié sous l'Esprit Qui l'embrasse sans cesse ; elle a des oreilles innombrables tendues vers le monde, et vers

---

10. When you have made over the temple into the Assembly's place you shall re-open its doors in front of My People ;
it will be your steep tower from which your voice as the echo of thunder and what you shall have written will reach those who are to repent.
11. Many men will remain deaf, proud ; they will meet perdition, I said, especially princes and priests whose heads are in coarse sacks,
but also the mighty and the wealthy deafened by the roar of their cities.
12. But you shall establish prayer for the small remnant.
The Father is to be addressed in the way I have strongly recommended ; likewise My Sacrifice is to be called to Remembrance ;
13. But also in other ways which you shall strongly recommend and which I will seal, you shall have My Assemblies converse with Me and the woman raised above the Orient, who gave birth to Me,
who is always pregnant with sadness,
for I gave her My Breath as a mount (to ride)
so that she would travel the length and breadth of the earth,
and what she watches gets her pregnant with pity by the Spirit Which embraces her continuously ; she has numberless ears all turned to the world, and toward Me she stretches out her seven beseeching arms ;

ANNOTATIONS
Verset par verset ou générales ★
Either verse by verse or general ★

cette utopie comme plus réaliste et constructive que les «raisons» des *dominateurs*. La *sagesse de Mahomet, qui n'a pas fait fléchir son peuple sous les ordonnances des princes du culte*, a été rappelée à dessein *(2/9);* l'Islam sunnite constitue une étape intéressante de la foi sans centralisation dogmatique sur la route de la vie spirituelle, même si certains théologiens *(docteurs)* et pharisiens bornés, certains rois et autres pouvoirs politiques, tous rejetés par Dieu, et une confusion fâcheuse de l'islamisation avec l'arabisation ont empêché jusqu'à présent l'Islam d'atteindre la *Voie Droite (Coran, 1/6)* où se rejoindront les enfants d'Abraham (35/11) et les humanistes conscients qu'il faut *changer le monde*.

11. À nouveau évoqués les *puissants* et les *riches* (ici tous les *princes*, pas seulement ceux *du culte*) que leur prestige a rendu *sourds (des têtes dans des sacs épais)*.

12. *Petit reste:* Voir n. 24/1-2. *Au Père on s'adressera:* Voir 12/4.

13. *D'autres manières aussi:* Frère Michel *établira des rites* simples *(12/1, 20/9)*, y compris une dévotion tournée vers Marie qui a *enfanté* la Parole (double sens: qui *enfanta* le *prophète* et qui trouva le vrai Dieu, la Vérité pure) dans les limites déjà évoquées (n.12/12-13). Dieu seul est prié au sens strict; Marie donne seulement *audience (39/5);* les croyants ne la prient pas mais *conversent* avec elle. Marie garde sa *tristesse* et sa *pitié* humaines; donc toute *âme* qui *rejoint la Flotte Céleste* des bénis et des anges *(17/4)*, garde sa sensibilité terrestre. La vie après la mort continue dans sa personnalité, que Dieu respecte et même utilise pour des missions particulières; c'est le cas pour Marie. Ceci explique la conservation, après 2000 ans de transfiguration, des traits juifs orientaux de Jésus, que le témoin décrira en termes divers mais similaires: «Type et comportement orientaux, noblesse toute levantine, homme grand et puissant au regard très pénétrant, à la voix sévère, au parler royal, mais que d'amour et de bonté en lui!».

'reason' of the *dominators*. The *wisdom* of Muhammad *who had not his people weigh down under the edicts of princes of religion* was recalled on purpose *(2/9);* Sunnite Islam constitutes an interesting stage of the faith free of dogmatic centralization on the path to spiritual life, even though some narrowminded theologians *(doctors)* and pharisees, some kings and other political powers, all of them rejected by God, also an unfortunate confusion of islamization with arabization have thus far kept Islam from reaching the *Straight Path (Quran 1/6)* on which the descendants of Abraham (35/11) and the humanists conscious that *the world should change* will come together.

11. Once more mentioned are *the mighty* and *the wealthy* (here all *princes*, not only *princes of religion*) whom their prestige has *deafened* (put their *heads in coarse sacks*).

12. *Small remnant:* See n. 24/1-2. *The Father is to be addressed:* See 12/4.

13. *Also in other ways:* Brother Michel shall *establish* plain *observances (12/1, 20/9)* including a devotion to Mary who *gave birth* to the Word (dual meaning: she *gave birth* to the *prophet* and she found the true God, pure Truth) within limits already mentioned (n.12/12-13). God alone is prayed to strictly speaking; Mary only grants *audiences (39/5);* believers do not pray to her, they *converse* with her. Mary retains her human *sadness* and *pity;* accordingly, any *soul* that *rejoins the Heavenly Fleet* of the blessed and angels *(17/4)* retains its earthly sensitivity. Life after death goes on in its personality which God respects and even sends on particular missions, as is the case with Mary. This accounts for the preservation, after a 2,000-year-old transfigured state, of the oriental jewish features of Jesus which the witness depicts in various, though similar terms, "Oriental type and behavior, Levantine nobleness, a brawny tall man with very penetrating eyes, a severe voice, a royal way of talking, but how expressive of love and goodness he is!"

RÉVÉLATION ORIGINALE — *ORIGINAL REVELATION*
Les mots en *italiques* reconstituent les mots illisibles du document manuscrit
The italicized words are reconstructions of the illegible words of the handwritten record

Moi elle étend ses sept bras qui implorent ;
elle se lamente comme une femme en travail.
Quand les pécheurs la libéreront-ils ? Quand guériront-ils Mes Plaies, en entrant en pénitence ?
14. L'ange s'est adressé à elle avec crainte,
parce que lui M'obéit ;
elle, Je l'écoute, par ses lèvres J'entends les plaintes de l'homme,
parce que, comme la servante malade retient sa vomissure
quand son Roi lui parle,
elle a ravalé son défi,
entre ses nerfs elle a broyé son orgueil
et contenu son rire ;
elle a trouvé la force qui soulève les montagnes,
elle est entrée dans l'excellence du salut.
15. Pour cela chacun l'enviera dans ses images, que *J'expose,* car Moi seul montre la Voie,
et l'envie du salut est bonne.
16. Les assemblées l'appelleront au milieu d'elles,
lui demanderont les secrets de sa force

---

she laments as a woman in labor.
When will sinners set her free ? When will they cure My Wounds by entering upon penitence ?
14. The angel spoke to her with awe
because he can only obey Me,
(but) her, I listen to ; on her lip I can hear man's moans
because she swallowed her defiance
just as the servant holds back her vomit
when her King is talking to her,
between her nerves she crushed her pride
and suppressed her laugh ;
she found the strength that lifts mountains,
she attained the excellence of salvation.
15. This is why everyone shall envy her in her pictures which I *display,* for I alone show the Path,
and (because) longing for salvation is good.
16. The assemblies shall call her in,
(they) shall ask her for the secrets of her strength
and shall talk to her as to their mother,

ANNOTATIONS
Verset par verset ou générales ★
Either verse by verse or general ★

14. À la différence de *l'ange (Gabriel, Luc 1/26)*, serviteur soumis de Dieu, l'homme a reçu le don de liberté (nn.★★ et ★ Veillées 1 et 2), liberté qui peut aller jusqu'à rejeter Dieu comme un fils terrestre peut *rire* et même cracher à la face de son père. Marie ne fut pas dispensée du fardeau de la liberté. Ce verset dénonce implicitement le dogme catholique de «l'immaculée conception», selon lequel Marie aurait été une sorte de robot humain spécialement créé incapable de pécher. Bien au contraire, Marie est un modèle *excellent* d'existentialisme spirituel, de foi et de *salut (v.16* et n. 11/1-2) volontaires, délibérés. Comme *Adam* elle fut tentée, mais, contrairement à *Adam (2/1-5)* elle choisit de résister au doute et de faire confiance à Dieu — *elle a ravalé son défi, broyé son orgueil —* le jour de l'Annonciation *(9/2, 12/12-13, Luc 1/26-38),* et plus tard dans des circonstances où elle douta de Jésus *(Marc 3/31-35). Elle a contenu son rire:* Parallèle frappant avec Sara, la femme d'Abraham, qui, avant d'accepter elle aussi l'invraisemblable prophétie de la naissance d'Isaac, se moqua de l'Éternel qui lui annonçait qu'elle serait enceinte à l'âge de 90 ans *(Genèse 17/17 et 18/12-15).*

15-16. En *appelant* Marie, les croyants ne la prient pas au sens strict, puisque prier est *prononcer la Parole de Dieu pour l'accomplir (35/6);* ils ne lui demandent pas de miracles, qu'elle ne peut pas faire (39/5); ils ne lui demandent pas d'intercéder pour eux auprès du Père, car l'événement même d'Arès prouve que le Père n'a pas de rapports avec l'homme par des intercesseurs (religion, «saints», etc.). Marie est l'écho céleste du malheur terrestre (v. 14) dans un autre ordre relationnel, celui des *prophètes.* Les croyants méditent sur le modèle de foi et de force que forme Marie et en déduisent les conseils et la direction dont ils ont besoin. *Ma Mère:* Dieu n'ayant pas de mère, le sens est: d'une part *mère* du *prophète* qui reçut et porta la Parole de Dieu (n. 30/5) et qui, dans ce sens particulier, fut *fait un Dieu (2/13)* ou un *Christ (32/2),* et d'autre part *mère* de la vraie foi évangélique active et créatrice, la première convertie de Jésus.

---

14. Unlike the *angel (Gabriel, Luke 1/26),* a submissive servant of God, man was endowed with freedom (n. ★★ and n.★ Vigils 1 & 2); freedom can go as far as to reject God, just as an earthly son can *laugh* and even spit at his father's face. Mary was not spared the burden of freedom. This verse denounces implicitly the Catholic dogma of the 'immaculate conception' which states that Mary would have been a kind of human robot especially created unable to sin. Quite the contrary! Mary is an *excellent* model of spiritual existentialism, of wittingly deliberate faith and *salvation (v.16* and n.11/1-2). Like *Adam* she was tempted, but unlike *Adam (2/1-5)* she chose to resist doubt and to trust God—*swallowed her defiance, crushed her pride*—on the Annunciation day *(9/2, 12/12-13, Luke 1/26-38)* and later when she had doubts about Jesus *(Mark 3/31-35). She suppressed her laugh:* A striking parallel between Mary and Sarah, Abraham's wife who, before she accepted the implausible prophesy of Isaac's birth, had laughed at the Eternal's announcement that she would be pregnant at the age of 90 *(Genesis 17/17 & 18/12-15).*

15-16. When they *call in* Mary believers do not pray to her strictly speaking, since praying is *uttering God's Word so as to achieve it (35/6);* they do not ask her for miracles, since she cannot work miracles (39/5); they do not ask her to intercede on their behalf with the Father, for the very event of Arès shows that the Father does not have dealings with man through intercessors (religions, 'saints', etc). Mary is the celestial echo of earthly misfortune (v. 14) in a different relational connection, she is related to *prophets.* Believers ponder over the example of faith and strength that Mary sets, and they deduce from it the advice and directions they need. *My Mother:* As God has no mother, the meaning is: on the one hand, *mother* of the *prophet* who received and carried God's Word (n. 30/5) and who, in this particular connection, was *made a God (2/13)* or a *Christ (32/2),* and on the other hand *mother* of the true, active, creative, evangelical faith; she is the first human being who was converted by Jesus.

RÉVÉLATION ORIGINALE — *ORIGINAL REVELATION*
Les mots en *italiques* reconstituent les mots illisibles du document manuscrit
The italicized words are reconstructions of the illegible words of the handwritten record

et lui parleront comme à leur mère,
car les pénitents sont fils de Ma Mère.
Cela aussi tu l'établiras dans Mes Assemblées.
17. Tu ne scelleras aucunes fiançailles
parce que J'ai effacé celles de Ma Mère sur les registres du temple.
18. Tu n'imposeras pas de funérailles
parce que comme Élie J'ai élevé Ma Mère jusqu'à Mon Séjour.
19. Tu ne seras pas téméraire en scellant Mes Mystères. Mes Décrets sont gravés dans Mon Lieu.
Tu établiras seulement un registre de mémoires,
tu écriras : Dieu a vu ces fiançailles,
Dieu a vu ces funérailles.
Moi seul tire Mes Verrous sur les époux et les morts.
20. Ni toi, ni personne, ne mimera Ma Force au bout de son *bras débile,* disant faussement : « J'étends ma main sur vous, vous êtes mari et femme, »
ou bien : « J'ai baigné ton corps, tu es baptisé, »
ou, plus impie : « Je t'ai oint, »
et d'autres choses encore que font les princes et les prêtres, qui viennent

---

for the penitents are the sons of My Mother.
You also shall establish this in My Assemblies.
17. You shall not seal any betrothal
because I erased My Mother's betrothal from the registers of the temple.
18. You shall not make funerals compulsory
because I lifted My Mother as Elijah up to My Abode.
19. You shall not be so rash as to seal My Mysteries. My Decrees are engraved in My Place.
You shall only establish a register of memories,
you shall write (in it): God saw this betrothal,
God saw this funeral.
I alone slide My Bolts behind the married couples and the dead.
20. Neither you nor anyone else will ever mimic My Strength extending his *feeble arm* (and) saying untruthfully, "I stretch out my hand over you, (so) you are a husband and wife,"
or saying, "I have bathed your body, (so) you are baptized,"
or saying even more impiously, "I have anointed you,"
or doing other things which princes and priests do who follow close on My Heels from place to place

ANNOTATIONS
Verset par verset ou générales ★
Either verse by verse or general ★

17. *J'ai effacé les fiançailles de Ma mère des registres du temple* a un double sens: D'une part *La Révélation d'Arès* confirme la virginité de Marie; d'autre part elle rappelle la nullité du mariage d'état civil, d'église, de synagogue, etc. Seul vaut et suffit *l'amour* des fiancés *(jeunes gens)* sous le regard de Dieu (v. 21).

18. La mort détruit la chair temporairement (v. 29), mais la vie continue dans *l'âme (l'ha* dans *Le Livre ch.XXXIX)* et/ou dans *l'esprit* (4/5-7, 16/15-16, etc.). Nulle *âme* ne trouve la félicité totale dans l'au-delà puisque la mort est un état anormal consécutif au péché. La vie ne peut pas totalement s'épanouir sans la chair (de là, la promesse de la résurrection), à preuve Marie qui est toujours *triste* et Jésus toujours au travail, en mission ininterrompue auprès des hommes. Dieu rappelle toutefois que pour *Élie, Marie, Jésus, etc.*, et pour tous les *justes*, croyants ou incroyants (Veillée 28), la vie après la mort n'est pas malheureuse comme pour les *spectres (esprits démunis d'âmes)*. Sur terre le deuil peut ébranler la foi; le désespoir que provoquent certaines *funérailles* ressemble fort à une absence totale de foi dans la survivance; à cause de cela mieux vaut *ne pas imposer de funérailles — Tiens compte de leur faiblesse immense (36/5)!*

19. *Moi seul tire Mes Verrous sur les époux et les morts:* Comme l'homme meurt et renonce à sa chair, chaque époux meurt et renonce à soi dans les *épousailles* où les deux *se fondent l'un dans l'autre (Genèse 2/24)* par l'amour. Les *épousailles* n'ont pas un caractère de sacrement ou d'obligation, mais de prophétisme. Un mariage qui n'augure pas du *monde changé*, qui n'est pas l'image de l'amour généreux et prophétique, sera célébré sans *épousailles*. Pour autant les époux seront fidèles; Dieu abhorre *l'adultère (v. 23)*.

20. Ici la Parole est très dure. Les sacrements, déjà rejetés comme *superstitions (n. 21/1)* et *imposture (22/12)*, sont maintenant rejetés comme *charlatanisme*.

---

17. *I erased My Mother's betrothal from the registers of the temple* has a double meaning: On the one hand, *The Revelation of Arès* corroborates Mary's virginity; on the other hand, it recalls that marriage in registry office or townhall, in church, in synagogue, etc. is null and void. Only the engaged people's *(young people's)* love (v. 21) is valid and sufficient in God's eyes.

18. In death the flesh is temporarily destroyed (v. 29), but life continues in the *soul* (the ha in *The Book ch.XXXIX)* and/or in the *mind* (4/5-7, 16/15-16, etc.). No *soul* can attain complete bliss in the afterlife since death is an abnormality resulting from sin. Life cannot totally blossom without the flesh (hence the promise of the resurrection)—Witness Mary who is always *sad* and Jesus who is still at work, busy missionizing men!—God recalls, however, that for *Elijah, Mary, Jesus, etc,* and for all of *the just*, whether believers or unbelievers (Vigil 28), life after death is not unhappy as it is for *specters (minds* deprived of *souls)*. On earth bereavement may weaken faith; the despair roused by some *funerals* sounds like utter absence of faith in survival; this is why one had better not *make funerals compulsory—Do not disregard their immense weakness (36/5)!*

19. *I alone slide My Bolts behind the married couples and the dead:* Just as man dies and renounces his flesh, a spouse renounces and dies for him- or herself in the *nuptials* which cause the husband and wife to *merge into each other (Genesis 2/24)* through love. *Nuptials* have not a character of sacrament or compulsion, but a character of prophetism. A marriage which does not bode well for *the world's change*, i.e. which is not the image of generous prophetic love, will be celebrated without *nuptials*. For all that the couple shall be faithful; God abhors *adultery (v. 23)*.

20. Here the Word is very harsh. Sacraments have already been rejected as *superstition (n. 21/1)* and *imposture (22/12)*, but they are now rejected as *charlatanism*.

RÉVÉLATION ORIGINALE — *ORIGINAL REVELATION*
Les mots en *italiques* reconstituent les mots illisibles du document manuscrit
The italicized words are reconstructions of the illegible words of the handwritten record

derrière Moi de lieu en lieu
comme les charlatans
pour tirer profit de la Force Que J'ai montrée,
de l'exaltation des humbles à la vue de Mes Prodiges.

21. Voilà ! J'ai vu les épousailles dans les cœurs des jeunes gens dès qu'ils se sont aimés ;
quand ils ont désiré connaître leurs corps,
leur vœu secret, Je l'ai scellé.

22. Mais avant de connaître leurs corps, car c'est une œuvre sacrée, ils viendront à l'Assemblée,
qui priera avec eux selon que tu l'établiras,
pour que le Père leur fasse don du regard des anges, les yeux qui rendent pures leur nudité,
qui les dérobent aux aguets du tentateur lubrique,
pour qu'ils soient sur leur lit comme les remous de Bézatha,
non pas comme les vagues qui se lèvent et s'abaissent pour engloutir.
J'envelopperai leurs joies d'innocence, J'en ferai une œuvre sacrée.

23. Mais Je répandrai sur l'adultère Ma Fureur.
L'époux non coupable sera libre, pourra venir à l'Assemblée lui demander

---

as charlatans do,
in order to take advantage of the Strength which I have (often) showed
(and) of the elation felt by the meek at the sight of My Wonders.

21. Behold ! I see the nuptials in the hearts of (two) young people as soon as they love each other ;
when they desire to know each other's bodies,
I seal their secret wish.

22. But before they know each other's bodies, for this is a sacred deed, they will come to the Assembly
which will pray along with them in the way that you shall establish
so that the Father may make them a gift of angels' vision, the eyes that make their nakedness pure,
and that hide them from the lecherous tempter's lookout,
so that they will be in their bed like the swirl of Bethesda,
(but) not like waves which rise then go down to engulf.
I will envelop their delight in innocence, I will make it a sacred deed.

23. But I will let out My Fury on adultery.
The guiltless husband or wife will be free, will be allowed to come to the Assembly to request its testimony,

295 L'AMOUR SEUL CONSACRE LE COUPLE — ONLY LOVE CONSECRATES A COUPLE

ANNOTATIONS
Verset par verset ou générales ★
Either verse by verse or general ★

21. Les affinités intimes, l'attirance charnelle, le *désir* irrésistible de vivre ensemble sont la conséquence normale de l'amour romantique; il scelle l'engagement des fiancés, autant dans les *épousailles* que dans le mariage ordinaire. Mais, dans les *épousailles,* à l'amour romantique s'ajoutent *l'amour* évangélique et, éventuellement, l'amour parental. Trois amours de natures différentes mais complémentaires, indissociables dans les *épousailles.* Des fiancés qui célèbrent leurs *épousailles prient avec l'assemblée avant de connaître leurs corps (v. 22);* ceci montre bien que c'est l'union charnelle qui consacre le couple. C'est pourquoi tout amour consommé, avec ou sans *épousailles,* est consacré. Dès lors, toute infidélité est un adultère. *Jeunes gens:* Le mariage n'est pas réservé aux jeunes; hommes et femmes de tous âges peuvent s'unir, y compris les veufs et les divorcés disculpés (v. 23); *jeunes gens* veut dire que tous ceux qui s'aiment et qui se désirent trouvent ou retrouvent la fraîcheur et les cœurs de la jeunesse.

22. Quand la sexualité n'est qu'assouvissement *lubrique,* elle dégrade l'homme et tue *l'âme.* Dans le mariage *(épousailles),* par contre, la volupté qui accompagne la sexualité n'est pas un assouvissement, mais une *œuvre sacrée* (c'est pourquoi *l'adultère,* v. 23, est sacrilège = qui tue le *sacré*). C'est dans la fidélité *consacrée* par l'amour que les *joies réservées aux époux* (9/7) deviennent belles et *pures* comme *le regard des anges. Bézatha,* source miraculeuse de Jérusalem où l'on baignait les malades quand son eau bouillonnait sous l'effet cyclique de la résurgence; image des *remous* des corps dans l'union sexuelle, *innocente* et bénéfique si l'amour et la fidélité la bénissent, mais perverse, si elle n'est qu'une tempête *lubrique.*

23. La *Fureur* divine contre *l'adultère* est déjà attestée par la Bible et par le Coran. Cette *Fureur* montre à quel point Dieu considère la sexualité des époux comme une *œuvre sacrée.* Le *divorce* peut sanctionner *l'adultère* (v. 22), si *l'époux non coupable* l'exige. *La Révélation d'Arès* ne

---

21. Intimate affinities, mutual carnal attraction and irrepressible longing for living together are the normal outcome of romantic love; the latter seals the fiancés' commitment with a view to *nuptials* or ordinary marriage alike. But, in *nuptials,* evangelical *love* and, if children are born, parental love are added to romantic love. Three loves of different, albeit complementary and indissociable natures in *nuptials,* then. The fiancés who celebrate their *nuptials* shall *pray along with the assembly before they know each other's bodies (v. 22);* this shows definitely that carnal union and nothing else consecrates a couple. Accordingly, any love consummated with or without *nuptials* is consecrated. From then on any act of infidelity is an adultery. *Young people:* Marriage is not reserved for youth; men and women any age may marry, including widowers and vindicated divorced persons (v. 23); *young people* means that all people that love and desire each other gain or regain the freshness and hearts of youth.

22. When sex is just *lecherous* assuaging, it debases man and kills the *soul.* On the other hand, in marriage *(nuptials)* the voluptuousness which accompanies sex is a *sacred deed* (this is why *adultery, v. 23,* is sacrilegious = which kills the sacred). It is in fidelity *consecrated* by love that the *joy (or delight) reserved for a husband and wife (9/7)* becomes beautiful, as *pure* as the *angels' vision. Bethesda,* a miracle spring in Jerusalem in which the sick were bathed when the water was *swirling* by the cyclical effect of the resurgence; it is the image of the turbulence *(swirl)* of the bodies during the carnal union, which is *innocent* and beneficial under the blessing of love and fidelity, but perverted if it is just a *lecherous* storm.

23. The Bible and the Quran have already attested to divine *Fury* against *adultery.* This *Fury* shows to what extent God regards sexuality as a *sacred deed. Adultery* can result in *divorce* if the *guiltless* husband or wife demands it (v. 22). *The Revelation of Arès* mentions *divorce* only

RÉVÉLATION ORIGINALE — *ORIGINAL REVELATION*
Les mots en *italiques* reconstituent les mots illisibles du document manuscrit
The italicized words are reconstructions of the illegible words of the handwritten record

son témoignage,
une lettre de divorce,
la faire prier sur un autre lit.
24. La malédiction du coupable, s'il Me la demande, Je la lui consentirai,
mais tu l'en dissuaderas.
Qu'il se souvienne de sa propre faiblesse et du tentateur qui rôde ;
qu'il Me demande plutôt d'oublier !
25. Les fiancés frénétiques, et les futiles
qui tiennent Mon Lieu de prière pour une salle de fête,
ceux qui t'envoient leur ordonnateur, plus soucieux du monde que de *piété*,
renvoie-les avec douceur à Ma Parole !
S'ils n'acquièrent pas la gravité,
ne les inscris pas sur le registre des mémoires.
26. Voilà encore ! Quand sera mort le pécheur public, ou celui dont tu connais le secret impie,
et qu'on vienne te chercher pour sa sépulture,
ne t'occupe pas de cela !
Avec douceur renvoie ceux qui le pleurent à Ma Parole.

---

a letter of divorce,
(and) get the Assembly to pray on another bed.
24. If he (or she) asks Me to put a curse on the guilty one, I will consent to it, but you shall dissuade him (or her) to do so.
Let him (or her) not forget his (or her) own weakness or the tempter that is lurking around ;
let he (or she) ask Me to forget (the guilty one's sin) instead !
25. The frenzied fiancés and the frivolous ones
who take My Place of prayer for a recreational hall,
who (are) more concerned with worldliness than with *piety* (and who) send their master of ceremonies to you—
gently refer them to My Word !
If they do not gain gravity,
do not write their names in the register of memories.
26. Behold again ! When the notorious sinner or the one whose impious secret you know has died,
and you are called in for his burial,
do not see about it !
Gently refer those who are mourning for him to My Word.

ANNOTATIONS
Verset par verset ou générales ★
Either verse by verse or general ★

parle du *divorce* que dans le cas *d'adultère*. Mais l'Écriture, le Coran notamment, envisage le *divorce* dans d'autres cas, que *La Révélation d'Arès* n'annule pas, comme le *divorce* pour délivrer une femme de la malveillance ou de la violence du mari. Cependant, pour Dieu rien n'est plus grand que la fidélité indissoluble.

24. S'abstenir de juger et toujours pardonner — qui ne signifie pas s'obliger à subir — est une attitude évangélique générale et perpétuelle (36/16, Matthieu 7/1) que les victimes sont vivement invitées à adopter à l'égard des fauteurs de mal. La victime d'un *divorce* évitera donc de juger son conjoint *coupable*.

26. Les *funérailles* d'un impie notoire *(pécheur public)* ne concernent pas les croyants (v. 33-34). De toute façon, les *funérailles* n'assurent pas le salut du défunt et l'absence de *funérailles* n'entraîne pas sa perdition — *Qui peut savoir qui est sauvé, qui n'est pas sauvé? (11/3, voir aussi v. 33).*

---

in the case of *adultery*. But the Scripture, notably the Quran, makes provision for *divorce* in other cases, *The Revelation of Arès* does not invalidate these cases: *divorce* to relieve a woman of her husband's malevolence or violence, for example. To God nothing is greater than indissoluble fidelity, however.

24. To refrain from judging and always to forgive—which does not mean to force oneself to suffer—is a general perpetual evangelical attitude (36/16, Matthew 7/1) which victims are urged to adopt with wrongdoers. Therefore, the victim of a *divorce* will abstain from judging the *guilty* spouse.

26. Believers are not concerned by a *notorious impious* man's *funeral (v.33-34)*. In any case, a *funeral* does not ensure the salvation of the man buried and the absence of funeral does not entail his perdition—*Is anyone able to know whoever is saved, whoever is not? (11/3, see also v.33).*

RÉVÉLATION ORIGINALE — *ORIGINAL REVELATION*
Les mots en *italiques* reconstituent les mots illisibles du document manuscrit
The italicized words are reconstructions of the illegible words of the handwritten record

27. Mais quand sera mort
le pécheur qui a fait Mémoire de Mon Sacrifice,
qui a montré son repentir,
on le coudra dans la nappe blanche de la grandeur d'un linceul, qu'il apportait à l'Assemblée pour y déposer le pain, le vin et l'huile, qui est d'une toile forte comme l'âme du repentant, comme la voile qui le pousse sous Mon Souffle vers Mes Hauteurs Saintes.
28. Le symbole de ces choses est salutaire à ceux qui le porteront en terre,
qui le mettront au feu
ou le jetteront en mer.
29. Qu'on ne s'attarde pas au sort du cadavre
mais au salut !
Ma Puissance Se souviendra de la plus infime esquille
au fond des abîmes,
de la cendre portée au loin par l'ouragan,
et les ressuscitera en Mon Jour.
30. Quelle prière fera plus que la pénitence de l'homme qui laissera derrière lui comme un *sureau*
des membres qui se vident et s'effritent en poussière ?

---

27. But when the sinner
who used to call My Sacrifice to Remembrance
and to show repentance, dies,
you shall have him sewn in the white tablecloth, the size of a shroud, that he used to bring along to the Assembly to set the bread, wine and oil on it, made of as strong linen as the repentant's soul, as the sail that propels him under My Breath toward the Saint's Heights.
28. Such things form a symbol salutary to those who will bury him,
(or) put him on the fire
or throw him into the sea.
29. Let people waste no time in deciding on the corpse's destiny,
let them be concerned about salvation !
My Might will not neglect the tiniest splinter of bone
at the bottom of the depths,
or the ash speck blown away by hurricanes,
and It will resurrect them on My Day.
30. Could a prayer whatever be more efficient than the penitence of the man
who leaves behind him
limbs going empty and crumbling like *elder (wood)*?

LE SORT DU CADAVRE EST NÉGLIGEABLE — THE CORPSE'S DESTINY IS NEGLIGIBLE

ANNOTATIONS
Verset par verset ou générales ★
Either verse by verse or general ★

27. Pas de contradiction entre le v. 27 et le v. 18: *Tu n'imposeras pas de funérailles (v. 18)* signifie seulement que les *funérailles* ne sont d'aucun avantage pour les morts. Les *funérailles* sont seulement une occasion pour les vivants de méditer sur la mort et sur la nécessité de se préparer à mourir. On *coud* le défunt *dans la nappe* sur laquelle il servait à manger quand il *faisait Mémoire du Sacrifice* (Veillées 8 et 10). *Funérailles* du *pécheur qui a fait Mémoire du Sacrifice:* ces mots semblent n'envisager les *funérailles* que pour les hommes, puisque *les femmes ne font pas Mémoire du Sacrifice (9/1)*. Cependant, les femmes participent à ce *rite*, vêtues de leur *tunique*, avec les *enfants (10/4)*. Hommes et femmes étant égaux dans l'épreuve du péché et de la foi, égaux dans la mort, ils seront indifféremment habillés de leur *tunique*, symbole du *manteau neuf (1/1, coute* ou *kitoneth, XLVI)*, de la *pénitence* et des grands événements de la vie spirituelle. Mais seul l'homme sera *cousu dans la nappe*.

28-29. Il peut paraître curieux que le Père insiste tant sur les *funérailles* (dans *Le Livre* le ch. XLVI leur est consacré), puisqu'il ne les rend pas obligatoires, mais le Père n'oublie pas que la foi générale commence souvent par la foi particulière en la survivance des morts. C'est ce que les morts rappellent *salutairement* aux vivants. *En terre, au feu, en mer:* enterré, incinéré ou immergé; le *sort du cadavre* est sans importance; la vie est déjà ailleurs. Du reste, au *Jour* de Dieu (nn. 31/7-11 et 13), le Créateur de l'univers recréera *(ressuscitera)* la *chair* de l'homme, probablement sous la forme transfigurée qu'avait Jésus apparu au frère Michel en 1974.

30-31. Dire ou faire dire des prières, des messes, etc., pour les morts *(charlatanisme v. 20, superstitions, 21/1)* ne les arrache pas aux *ténèbres*. C'est leur *vertu* sur terre, ou plus exactement *l'âme* que leur *vertu* a développée, qui sauve des *ténèbres* ceux qui ont vécu selon le concept que Dieu a de l'homme spirituel, croyant ou incroyant. L'homme n'a que la survivance qu'il s'est préparée.

---

27. There is no contradiction between v. 27 and v. 18: *You shall not make funerals compulsory (v. 18)* only means that the dead do not get any benefit from *funerals*. A *funeral* is just an opportunity for the living to ponder over death and the necessity of preparing to die. The dead man is *sewn in the tablecloth* on which he used to serve food while *calling* (God's) *Sacrifice to Remembrance* (Vigils 8 & 10). *Funeral of the sinner who used to call* (God's) *Sacrifice to Remembrance:* These words sound as if *funerals* were intended for men only, since *women do not call the Sacrifice to Remembrance (9/1)*. Nevertheless, women take part in this *observance*, clothed in their *tunics*, along with the *children (10/4)*. As men and women are equal in the test of sin and faith, equal in death, they should be indiscriminately clothed in their *tunic*, the symbol of the *new coat (1/1, coot* or *kitoneh, XLVI)*, of *penitence*, and of all the great events of spiritual life. But only men will be *sewn in the tablecloth*.

28-29. One may be surprised at the Father's laying great stress upon *funerals* (in *The Book* the whole ch. XLVI is given over to the subject), since he *does not make* them *compulsory*, but the Father does not forget that general faith often begins with the particular faith in the survival of the dead. This is what the living are profitably reminded of by the dead. *Buried, put on fire* (incinerated) or *thrown into the sea* (immersed): The *corpse's destiny* is of no importance; life is already elsewhere. Besides, on God's *Day* (n. 31/7-11 and 13), the Maker of the universe will recreate *(resurrect)* man's flesh, probably in the very transfigured form that Jesus had when he appeared to brocher Michel in 1974.

30-31. To say or to have clerics say prayers, masses, etc, for the dead *(charlatanism v. 20, superstition 21/1)* does not rescue them from the *darkness*. It is their *virtue*, or rather the *soul* that their *virtue* developed, which saves from the *darkness* those who lived up to God's concept of the spiritual man, a believer or a non-believer. Man has but the survival that he prepared for.

RÉVÉLATION ORIGINALE — ORIGINAL REVELATION
Les mots en *italiques* reconstituent les mots illisibles du document manuscrit
The italicized words are reconstructions of the illegible words of the handwritten record

31. M'implorer comme *grincent* vers les nuages les aiglons de l'aigle abattu n'efface pas ses œuvres mauvaises, les crimes qu'il a commis parmi Mes Brebis,
les défis de son orgueil à posséder le Ciel et à dominer sur la terre à Ma Place.
32. S'il n'a pas fait pénitence quand il était temps,
les prières des vivants sont vaines pour celui qui a passé la porte des ténèbres,
mais s'ils se mortifient quarante jours,
et si le pécheur qu'ils pleurent n'a pas atteint le *comble* de l'abomination,
pour salaire de leur piété un ange porteur de luminaire le visitera dans les ténèbres
pour éclairer et tiédir son spectre malheureux.
33. Qui sait qui est dans Mon Lieu
et qui est jeté dans les ténèbres glacées ?
C'est pourquoi on se mortifiera
pour les repentants
comme pour les pécheurs publics.
34. Que ceux qui sont nombreux à pleurer un défunt

---

31. However fervently men beseeche Me just as the eaglets of the eagle shot down *squeak* to the clouds, they do not clear the dead one of the crimes he committed among My Sheep,
of his defiant pride to possess Heaven and rule over earth in My Place.
32. If the one who goes through the gate of the darkness did not show penitence before the time was over,
useless are the prayers of the living for him,
but if they mortify for forty days,
and if the sinner for whom they are mourning did not bring abomination to a *peak*,
as reward for their piety an angel bearing a light will visit him in the darkness
in order to warm his wretched specter and light its way.
33. Could anyone know whoever is (ushered) in My Place
and whoever is thrown into the frozen darkness ?
This is why mourners shall mortify
for penitents
and for notorious sinners alike.
34. If a decease is mourned by many persons,

ANNOTATIONS
Verset par verset ou générales ★
Either verse by verse or general ★

32. Même pour celui qui échappe aux *ténèbres* la période qui suit la mort est généralement pénible avant que son *âme (Veillée 17)* commence sa montée, parce que la vie sans la *chair* est une anomalie brutale et déchirante causée par le péché. Dans la plupart des cas, le désarroi et la peine du désincarné sont immenses, il lui faut s'habituer à son nouvel état. Pour lui faciliter le passage, le Père recommande *la mortification* aux vivants *qui le pleurent*, parce que les vivants qui ont la chair sont plus forts que celui qui vient de la perdre. Que les vivants s'imposent un effort particulier pendant *quarante jours!* Il s'agit d'une durée nominale; quelle que soit la durée de la *mortification,* que chacun détermine à sa mesure, elle doit être significative d'un effort important. La meilleure *mortification,* il va sans dire, est l'intensification de la *pénitence:* Parole de Dieu mieux *accomplie,* apostolat plus actif, lutte plus vigoureuse contre le péché. L'effort de charité est également recommandé. Au pis-aller la *mortification* peut se faire par la privation (de nourriture, de plaisir, de bien-être, etc.), quoique la privation — comme le dolorisme, l'ascétisme, etc. — ne soit pas en elle-même un acte de *pénitence* et de vertu *(30/11);* la privation n'élève l'homme que s'il se prive de quelque chose qui, d'ordinaire, dévalorise ou ralentit sa *pénitence.* On retrouve dans *la mortification* la notion concrète de *la Mémoire du Sacrifice* (Veillées 8 à 10): Pas d'intentions gratuites, toujours l'effort réel.

33-34. On ne fait pas de *funérailles* à l'impie *public (v. 26),* mais on ne le juge pas non plus, car la Vérité seule juge. Qui connaît assez la Vérité pour savoir si cet homme, à sa manière, n'a pas contribué plus ou moins à la victoire de la Vérité? C'est pourquoi il faut se *mortifier* aussi pour les *pécheurs* notoires.

---

32. Even for a man who escapes the *darkness* the period that comes after death is generally painful before his *soul (Vigil 17)* begins ascending, because life without the flesh is an abrupt harrowing abnormality caused by sin. For most disembodied men distress and suffering are huge; they are to get used to their new state. God recommends those who *mourn for a deceased* to *mortify* so that the dead man's moving up may become easier; the living have the *flesh,* so they are stronger than the one who has just lost it. The living should make a special effort *for forty days.* This duration is nominal; however long a *mortification* lasts, its duration, on which every person decides according to his or her capabilities, must involve a great effort. The best *mortification,* it goes without saying, is intensification of *penitence:* an intensified *fulfilment* of God's Word, a more dynamic apostolate, a more vigorous struggle against sin. Putting every effort into charity is also advisable. As a last resort, going without something (food, pleasure, well-being, etc) may be a *mortification,* although depriving oneself—as dolorism, asceticism, etc—is not in itself an act of *penitence* and virtue *(30/11);* a man does not elevate himself by going without some thing unless that thing ordinarily belittles or slackens his *penitence.* In *mortification* one finds the same practical notion than in *calling the Sacrifice to Remembrance* (Vigils 8 and 10): Let's have no gratuitous intents, let's make actual efforts always!

33-34. One shall not hold a *funeral* for a *notorious* impious man *(v. 26),* but for all that one shall not judge him, because Truth alone judges. *Could anyone know* enough Truth to know if this man in his own way did not contribute more or less towards the victory of Truth? For this reason we have to *mortify* for *notorious sinners* as well.

RÉVÉLATION ORIGINALE — ORIGINAL REVELATION
Les mots en *italiques* reconstituent les mots illisibles du document manuscrit
The italicized words are reconstructions of the illegible words of the handwritten record

ne fassent pas tous mortification pour lui,
mais qu'ils portent le deuil et se mortifient
pour ceux qui sont morts dans la solitude, sans parents ni amis pour les pleurer.
Ce sera l'aumône de leur défunt à son frère.

35. Qu'on interdise la pompe et l'opulence,
qu'on démantèle les mausolées,
qui sont piété pour les morts ;
il n'y a de piété que pour Dieu !
Cela aussi tu l'établiras, homme Michel, pour toi-même et pour ta descendance.

36. Un jour de funérailles on ne fera pas Mémoire de Mon Sacrifice, mais on ouvrira le voile du Tabernacle pour contempler Ma Victoire, car le cœur des croyants défaille devant la mort ; on rappellera dans la liesse Mes Promesses et Mes *Fins*.

37. Un jour d'épousailles
l'époux fera pour tous Mémoire de Mon Sacrifice ;
avec l'épouse ils M'offriront
par leur patience et leur dignité

---

let not all of them mortify for him !
Let some of them be in mourning and mortify
for men who died in loneliness without relatives or friends' weeping for them.
This will be the alms of their deceased to his or her brother.

35. Let pomp and opulence be barred,
let mausolea be torn down,
because they are piety to the dead ;
there shall be no piety but to God !
This, you shall establish too, man Michel, for yourself and for your descendants.

36. On a funeral day one shall not call My Sacrifice to Remembrance, but the veil of My Tabernacle shall be drawn so that people may gaze upon My Victory, for believers' hearts falter in front of death ; My Promises and My Purposes shall be recalled in great jubilation.

37. On a nuptials day
the groom shall call My Sacrifice to Remembrance on everyone's behalf ;
the groom and bride shall offer up to Me
the first part of their wedding joy

ANNOTATIONS
Verset par verset ou générales ★
Either verse by verse or general ★

35. Les *pompes* funéraires sont païennes: obsèques et tombes *(mausolées)*. «La tombe du disparu est le cœur des vivants qui l'aiment, car on ne meurt pas, on s'absente,» dit frère Michel. Pour très simples qu'elles doivent être les *funérailles* sont souhaitables «pour rappeler qu'il s'agit de la chair de *l'image et ressemblance* du Père, pas la chair d'un animal.» La fosse ne montrera pas plus de traces du mort *mis en terre* que n'en montrerait la *mer* ou le *feu* où il serait *jeté (v. 28)*. Il n'y aura pas de culte de ceux considérés exemplaires, car il n'y a pas de «saints» (39/4); *le Père seul est Saint (12/4).*

36. *Tabernacle* et *Victoire:* Voir n. 10/7. Par leur *liesse* les hommes et femmes en deuil manifestent leur foi inébranlable dans la survivance et dans l'évènement futur du *Jour* de Dieu et, en attendant, dans la *pénitence,* l'amour et *l'intelligence* spirituelle. C'est pourquoi un jour de *funérailles* ressemble à un jour de *consolation,* un jour de *Triomphe (septième Jour)* où les croyants *proclament la résurrection* et où le *Père leur accorde* force et grâce (voir 10/7-8).

37-38. Par un contraste apparemment curieux Dieu demande, d'un côté, que les *funérailles* se fassent *dans la liesse* qui convient à tous les hommes qui *rappellent les Promesses* de Dieu (voir note v. 36), et demande, d'un autre côté, que les *épousailles* se déroulent dans la *patience et la dignité* des jours de *Mémoire du Sacrifice* (Veillées 8 et 10). *Les joies de noces* ne sont naturellement pas exclues, mais le sens *prophétique* profond de l'amour entre *époux* est celui même de l'amour de Dieu pour l'homme et de tous les problèmes que l'amour pose à Dieu comme à l'homme. L'amour est l'un des dons (les autres sont langage, liberté, pouvoir créateur, individualité) qui font de l'humain *l'image et la ressemblance* du Père. L'amour humain, comme la parole ou la liberté, est unique dans l'univers; brisé, son absence peut tuer Dieu comme le bonheur; exalté — où l'est-il plus que dans le mariage? —, l'amour est prophète du bonheur immédiat des fiancés qui célèbrent leur union comme du bonheur lointain de l'humanité.

35. All funerary *pomps* are pagan: obsequies and tombs *(mausolea)*. "The dead man's tomb is the heart of the living who love him, for a man does not die, he only goes absent," brother Michel says. Plain though a *funeral* is, it is wished for "to recall that the dead man's flesh is that of the Father's *image and likeness*, not a dead animal's." The grave shall not show any more traces of a dead man *buried in the dust* than the *sea* into which he would be *thrown* or the *fire* on which he would *put (v.28)* would show. There shall be no worship of those considered as exemplary, because there are no 'saints' (39/4); *the Father is the only Saint (12/4).*

36. *Tabernacle* and *Victory:* See n. 10/7. Through their *jubilation* the mourning people show their steadfast faith in survival and in the future advent of God's *Day,* and meanwhile their faith in *penitence,* love and spiritual *intelligence*. This is why a *funeral* day should look and sound like a *consolation* day, a *Triumph* day *(seventh Day)* when believers *proclaim the resurrection* and the *Father gives* them strength and grace (see 10/7-8).

37-38. In an apparently strange contrast God, on the one hand, asks believers to hold *funerals* in *jubilation,* which is appropriate for all the men that *recall the Promises* of God (note v. 36), and, on the other hand, asks believers to hold *nuptials* in *patience and dignity* as on days when *his Sacrifice is called to Remembrance* (Vigils 8 & 10). The *wedding joy* is not ruled out, of course, but the deep *prophetic* sense of love between a husband and wife is the very sense of God's love for man and of all the problems love poses for God and for man. Love is one of the gifts (the others are: language, freedom, power to create, individuality) that make the human being the Father's *image and likeness*. Human love, like language or freedom, is unique in the universe; if it is broken, its absence may kill God as well as happiness; if it is elated—where might it be more elated than in marriage?—, love is the prophet of the immediate happiness of the fiancés who are celebrating their union and the prophet of the distant happiness of mankind alike.

la première part de leurs joies de noces ;
ils ne prendront pas de boissons enivrantes ;
ils serviront leurs invités jusqu'au départ du dernier.
38. S'étant retirés sans hâte,
avant de connaître leurs corps
ils s'adresseront à Moi encore, selon que tu le leur diras, car tout au long de ce jour c'est eux qui conduiront la prière comme les prophètes.

34

1. En tout temps celui qui fera Mémoire de Mon Sacrifice portera une tunique pure
qui le distinguera du monde par son humilité.
2. Fais plier dans les coffres — qu'elles y pourrissent ! — les parures que tu portes comme Aaron,
que J'ai prescrites à Moïse comme bouclier contre la magie pour les temps qui précédèrent Ma Victoire sur elle et sur la mort,
sur la tyrannie de Béhémoth et de ses esclaves,
les parures et les couronnes que revêtent encore les princes et les prêtres *sourds* et ignorants,
pour se faire une gloire devant leurs fidèles.

---

by showing (great) patience and dignity ;
they shall not drink heady beverages ;
they shall serve their guests until the last has left.
38. After they have retired without haste,
and before they know each other's bodies,
they shall address Me again in keeping with what you will have told them, for all that day long they shall conduct prayer as prophets do.

34

1. At all times the one who will call My Sacrifice to Remembrance shall wear a pure tunic
that will distinguish him from the world through its humbleness.
2. The finery that you wear like Aaron, have it all folded in chests ! Let it be rotting there !
I recommended it to Moses as a shield against magic in the times previous to My Victory over magic and death,
over the tyranny of Behemoth and his thralls,
the finery and crowns that *deaf* and ignorant princes and priests are still arrayed in
in order to glorify themselves in front of the faithful.

ANNOTATIONS
Verset par verset ou générales ★
Either verse by verse or general ★

34 SE CROYANT DU CÔTÉ DE DIEU OU DE LA RAISON, LES POUVOIRS RELIGIEUX ET PROFANES RIDICULISENT ET TOURMENTENT CEUX QUI *CHANGENT LE MONDE,* MAIS ILS NE SONT PAS INVINCIBLES.

1. *Mémoire du Sacrifice:* Voir Veillées 8 et 10. Le Père, par Amour, ne remet pas en question la liberté qu'il a donnée à l'homme (n. ★ Veillée 2), alors qu'il pourrait le détruire (Déluge, voir n. 30/6); le Père, par Amour, attend le retour de l'homme, il appelle l'homme une nouvelle fois à Arès en 1974 et 1977. *En tout temps:* Non chaque jour de la vie, mais pendant la durée *(six jours, 8/9, 10/4-6)* du *tour de chacun de faire Mémoire du Sacrifice.* Pendant le Pèlerinage, la *tunique* est également portée à Arès aux heures de prière dans la Maison de la Sainte Parole (voir *Le Livre, ch.XLI*) en *Mémoire* de l'Amour *Sacrifié* du Père. Étendant à leur vie quotidienne l'idée de pèlerinage perpétuel, certains Pèlerins d'Arès revêtent la *tunique* chez eux pour la prière.

34 THINKING THEY ARE ON GOD'S OR REASON'S SIDE, THE RELIGIOUS AND PROFANE POWERS RIDICULE AND HARASS THOSE WHO *CHANGE THE WORLD,* BUT THEY ARE NOT INVINCIBLE.

1. *Calling the Sacrifice to Remembrance:* See Vigils 8 & 10. Out of Love the Father does not call into question the freedom he gave man (n. ★ Vigil 2) even though he could destroy him (The Flood, see. 30/6); out of Love God expects the return of man, once more he calls man in Arès in 1974 and 1977. *At all times:* Not every day in every one's lifetime, but for the duration *(six days, 8/9, 10/4-6)* of *every one's turn to call the Sacrifice to Remembrance.* The *tunic* also is worn in Arès during the Pilgrimage at prayer hours in the House of the Saint's Word (see *The Book, ch.XLI*) in *Remembrance* of the *Sacrificed* Love of the Father. Extending to their everyday life the notion of perpetual pilgrimage some Arès Pilgrims wear the *tunic* at prayer time at home.

RÉVÉLATION ORIGINALE — *ORIGINAL REVELATION*
Les mots en *italiques* reconstituent les mots illisibles du document manuscrit
The italicized words are reconstructions of the illegible words of the handwritten record

3. Parce que Je t'envoie effacer leur *lustre*, les menacer de disette,
   leur engeance te fera le sort des apostats ;
   parce que tu lacères leurs enseignes,
   Ma Croix Qu'ils ont dressée pour leur compte,
   ils te traiteront en faux prophète,
4. ils t'affameront, envoyant aux quatre vents leurs hérauts pour répandre sur tes pas *l'opprobre,*
   éloigner de toi la générosité des hommes pieux
   qui leur servent une aumône de *richesses,*
   dont ils ne te *verseront* pas une pièce de cuivre, Mon Impôt qu'ils détournent.
5. Mais qu'ayant vainement tenté de te perdre,
   de t'affamer avec les tiens,
   de te faire leur crier grâce,
   les princes perdent le sommeil,
   qu'ils jeûnent, qu'ils en appellent à Ma Justice, les insensés,
   Je leur fermerai la mâchoire,
   tu passeras au milieu d'eux comme Daniel au milieu des lions.
6. Ai-Je abandonné Mes Messagers aux impies ?

---

3. Because I send you to annul their *luster* and threaten them with scarcity,
   that crew of princes and priests have the apostates' fate in store for you,
   (and) because you tear their ensigns to shreds,
   My Cross which they have set up for their sole use,
   they will treat you as a bogus prophet,
4. they will starve you by sending their heralds to the four winds of heaven
   to spread *disgrace* on you wherever you go
   and to alienate from you the generosity of the pious men
   who pay them *riches* as alms,
   My Tax which they misappropriate, not the least copper coin of which they will share with you.
5. But, after they have vainly struggled to cause your undoing,
   starve you and your fellows,
   force you to beg mercy of them,
   even though they lose sleep over you,
   even though they, demented men, fast and appeal to My Justice,
   I will shut their jaws,
   you will make your way among them as Daniel walked among the lions.
6. Have I ever abandoned My Messengers to the impious ?

ILS TENTERONT DE TE PERDRE — *THEY WILL STRUGGLE TO CAUSE YOUR UNDOING*

ANNOTATIONS
Verset par verset ou générales ★
Either verse by verse or general ★

2. *Aaron:* Frère de Moïse. Dieu le fit *prêtre* par mesure provisoire (Exode 28/1) à cause de l'abêtissement, des superstitions et de la dureté de cœur qui avaient gagné les hébreux au cours de leur long *esclavage* en milieu païen *(Béhémoth,* dieu païen, *magie:* culte païen). Les hébreux libérés d'Égypte restèrent longtemps incapables de concevoir la foi yahwiste, pour élémentaire qu'elle fût. Mais la foi une fois acquise, la *prêtrise* aurait dû disparaître. *Parures:* Ornements et objets *superstitieux* des clergés *(21/1).*

3-4. Voir aussi 36/21-22. Le frère Michel et ses compagnons de mission doivent s'attendre aux malveillances, humiliations, calomnies et provocations de toutes les institutions dont *La Révélation d'Arès* contrarie les idées, le prestige et les intérêts. L'appui qu'apporteront aux religions les pouvoirs profanes (politiques, intellectuels, etc.) est sous-entendu. La mission arésienne face à cette adversité se défendra audacieusement sans perdre sa dignité et son amour de l'homme. La mission d'Arès visera les principes, non les personnes (28/27), comme Dieu le prescrit: *Sauve, ne juge pas ! (27/3).*

5. Malgré leurs efforts hostiles soutenus, les détracteurs de l'Événement surnaturel et de *La Révélation d'Arès* n'empêcheront pas la nouvelle de s'en répandre, et *la moisson* de s'accomplir, pourvu que les *moissonneurs* ne se découragent pas (13/8, 37/8-9). *Daniel:* Bible *(Daniel ch.6).*

6-8. La *demi-dîme* — qui peut être en nature et en service (v. 7) — fait se gausser les ennemis de *La Révélation d'Arès* et les railleurs, qui s'esclaffent: «Ce n'est qu'une affaire d'argent!» D'une part, ces versets rappellent la participation des croyants à la mission de ses *Messagers, établie* par la Bible et le Coran, mais *détournée (v.4)* par des institutions qui ne poursuivent pas le Plan de Dieu. D'autre part, le frère Michel n'a jamais exigé la *demi-dîme;* il dit: «Beaucoup de

---

2. *Aaron:* Moses' brother. God appointed him *priest* provisionally (Exodus 28/1) on account of the dullness, superstition and hard-heartedness which had overcome the Hebrews during the long *slavery* in a pagan environment *(Behemoth,* a pagan god, *magic:* pagan cult). The Hebrews released from Egypt would remain long unable to conceive of the Yahwistic faith, elementary though it might be. But once this faith was gained, they should have done away with *priesthood. Finery:* Clergy's vestments and *superstitious* objects *(21/1).*

3-4. Also see 36/21-22. Brother Michel and his fellow missionaries should be ready to undergo malevolence, humiliation, slander and provocation of all the institutions the ideas, prestige and interests of which *The Revelation of Arès* impedes. The support the profane (political, intellectual, etc) powers are going to give to religion, is implied. Facing up boldly to that adversity the Aresian mission has to retain its dignity and love of man. The Aresian mission has to aim at principles, but not at persons (28/27), as God recommends, *"Save! Do not judge!" (27/3).*

5. Despite making sustained hostile efforts the detractors of the supernatural Event of Arès will fail to stop the news of it from spreading and the *harvest* from being carried out, on the understanding that the *harvesters* do not lose heart (13/8, 37/8-9). *Daniel:* Bible *(Daniel ch.6).*

6-8. The *half-tithe*—which may be paid in kind and service (v. 7)—rouses derision among the enemies of *The Revelation of Arès* and the scoffers who guffaw, "It's just business!" On a one hand, God reminds us of believers' contribution to his *Messengers'* mission as was established by the Bible and the Quran, but *misappropriated (v.4)* by institutions which do not strive toward God's Plan. On the other hand, brother Michel has never demanded the *half-tithe;* he says, "A lot of believers will fail to contribute financially just as they fail in love, justice, *penitence,*

RÉVÉLATION ORIGINALE — ORIGINAL REVELATION
Les mots en *italiques* reconstituent les mots illisibles du document manuscrit
The italicized words are reconstructions of the illegible words of the handwritten record

J'établirai pour toi la demi-dîme pour redevance,
tes fidèles te la verseront en œuvre pieuse ;
celui qui recevra cent valeurs t'en remettra cinq,
et ce qu'il te versera c'est à Moi qu'il le versera.

7. Celui qui te recevra Me recevra,
celui qui assurera ton voyage Me portera avec lui ; ceux que tu quitteras après les avoir visités, Je ne les laisserai pas orphelins et Je les visiterai dans leur solitude ; déjà ceux qui te servent, qui veillent à ton entretien, qui recourent à ton art et à tes conseils, connaissent les bienfaits que Je réserve
à ceux qui assistent Mon Messager dans sa tâche.

8. Tu établiras pour ta génération et celles qui viendront, avec mesure, le denier de service de Mes Assemblées,
mais personne après toi ne recevra la demi-dîme du prophète.

9. Tous ceux qui te la remettront sans détours,
comme Hiram remit à Salomon les cèdres et l'or
pour qu'il construise Mon Temple,
recevront de Ma Main leur récompense.

For you I will establish the half-tithe as contribution,
your faithfuls are to contribute it to you as a pious deed ;
the one who gets a hundred values is to give you five of them,
and what you will be given I will actually be given.

7. Whoever will welcome you will welcome Me,
the one who will enable you to travel will take Me with him; those whom you will leave after visiting them, I will not leave orphaned, I will visit them in their loneliness; already those who serve you, who see to it that you are well supported, who appeal to your art and advice, are aware of the favors I have in store
for those who give support to My Messenger in his task.

8. With moderation you (also) will fix the contribution to My Assemblies' operating funds for your generation and the generations to come,
but no one is to receive the prophet's half-tithe after you.

9. All those who will give it to you without any cut or procrastination,
just as Hiram gave the cedar trees and the gold to Salomon
so that he could build My Temple,
will receive their reward from My Hand.

ANNOTATIONS
Verset par verset ou générales ★
Either verse by verse or general ★

croyants failliront à la contribution matérielle comme ils faillissent à l'amour, à la justice, à la *pénitence,* à l'apostolat et à d'autres devoirs que Dieu demande tout autant. C'est une question de conscience et de niveau spirituels. Comme Dieu laisse tout homme libre de sa foi et de sa confiance, je laisse mes frères libres de leur estime pour ma mission, qui ne fonctionne que par leurs dons.» Parce qu'elle le concerne personnellement, le frère Michel n'a pas fait de la *demi-dîme du prophète (v.8)* une condition d'appartenance à *l'assemblée* d'Arès. Du reste, l'appartenance à *l'assemblée* n'a pas d'autre condition que spirituelle, que seule la conscience du croyant peut évaluer; il n'y a pas d'examens à passer, pas de formulaire à remplir, pas de fichier; le pèlerinage est gratuit et à celui qui s'y présente on ne demande son identité, on lui demande seulement: «Croyez-vous que la Bible, le Coran et *La Révélation d'Arès* viennent de Dieu? Aimez-vous tous les hommes? Pardonnez-vous les offenses?» De ce fait, la mission manque de statistiques (le nombre de Pèlerins d'Arès est ignoré) comme de moyens matériels. Les dettes du frère Michel le mirent en difficultés plusieurs fois. La mission d'Arès est honnête; elle ne donne pas d'argument à la médisance.

9. *Hiram:* Roi de Tyr qui contribua à la construction du *Temple* de Jérusalem en livrant des matériaux et envoyant des artisans à Salomon *(Rois 1,* 5/15-32). Notons qu'étant phénicien, donc païen, Hiram n'en fut pas moins l'allié du peuple de Dieu. Hiram se range ainsi parmi les incroyants qui aident l'homme de Dieu: *hommes rudes (28/3)* et *siffleurs qui chantent avec le prophète (XXXI/19).* Ces incroyants sont souvent des *spoliés,* mais parfois aussi des *puissants* ou *des riches* en quête de Vérité et de bonnes œuvres (voir nn. 28/3 et 4). Ici *Temple* est une image pour le monde de demain, le monde de vraie foi, d'amour, de bonheur.

apostolate and other duties that God demands as well. It is a question of spiritual consciousness and degree. Just as God has made any man free to either have or lack faith and confidence, I leave my brothers free to either have or lack regard for my mission which works only with their contribution." As the *prophet's half-tithe (v. 8)* applies to him personally, brother Michel has not made it a condition of partaking in the *assembly.* Besides, the only condition of membership of the *assembly* is spiritual, which the believer's consciousness alone can estimate; there are no exam to pass, no form to fill in, no identity record; no charge is made for the pilgrimage and whoever turns up is not asked to give his or her personal particulars; he or she is only asked, "Do you believe that the Bible, the Quran and *The Revelation of Arès* originate in God? Do you love all men? Do you forgive trespasses?" For this reason the mission lacks statistics (the number of Arès Pilgrims is unknown) just as it lacks financial means. Debts put brother Michel in difficult positions several times. The Aresian mission is honest; it does not provide arguments for those who say nasty things.

9. *Hiram:* A King of Tyre who contributed to the construction of the *Temple* of Jerusalem by shipping building material and sending craftsmen to Salomon (1 Kings, 5/15-32). Let's notice that *Hiram* as a Phenician was a pagan, which did not keep him from being the ally of the people of God. So Hiram belongs to the unbelievers who help the man of God: *rugged men (28/3), whistlers singing with the prophet (XXXI/19).* These unbelievers are mostly *despoiled* men, but some are *mighty* or *wealthy* men in search of Truth and trying to achieve good deeds (see n. 28/3 & 4). In this verse *Temple* is an image for tomorrow's world, the world of true faith, love and happiness.

RÉVÉLATION ORIGINALE — *ORIGINAL REVELATION*
Les mots en *italiques* reconstituent les mots illisibles du document manuscrit
The italicized words are reconstructions of the illegible words of the handwritten record

35 1. Mon Champ est vaste, homme Michel.
À ses quatre côtés tu te rendras
pour exhorter les moissonneurs, apporter Ma Parole dans leurs maisons ;
à leurs côtés tu fouetteras les épis de ta faux,
tu leur laisseras tes consignes,
tu les enseigneras à prier.
2. Prier n'est pas mendier ;
Mon Salut n'est pas une aumône, mais le salaire du pénitent, la soumission à Ma Volonté de rétablir le temps où s'écoulaient dans Mes Jardins le Tigre, le Pichône, le Guihône en Assour,
qu'on reverra entre les chaumes,
la Moisson faite,
quand les moissonneurs poseront leurs faux
et se pencheront sur leurs rives pour se désaltérer.
3. Alors J'arrêterai les jours et les nuits,
Je suspendrai les hivers et les étés,
le cours de Mes Fleuves s'arrêtera pour qu'ils ne se vident plus dans les failles de la terre,

---

35 1. My Field is vast, man Michel.
You shall go to its four sides
in order to exhort the harvesters and make My Word known in their homes ;
by their sides you shall whip the (wheat-)ears with you scythe,
you shall give them your instructions,
you shall teach them to pray.
2. Praying is not begging ;
My Salvation is not alms but the penitent's retribution, (it is what repays him for his) submission to My Will to restore the time when the Tigris, the Pishon, the Gihon used to flow through My Gardens in Assur,
(the rivers) which men will see among the stubble again
once the Harvest is completed,
when the harvesters lay down the scythes
and bend over their banks to quench their thirst.
3. Then I will stop days and nights,
I will suspend winters and summers,
the flow of My Rivers will stop, they will no longer drain into the fractures of the earth,

ANNOTATIONS
Verset par verset ou générales ★
Either verse by verse or general ★

35 LE *JOUR* DE DIEU VIENDRA QUAND LA *MOISSON* SERA FAITE, QUAND LA *PIÉTÉ* RETROUVERA SA VRAIE NATURE, QUAND LES *LIVRES* SERONT ÉPURÉS, QUAND LES FILS D'ABRAHAM *S'ALLIERONT*.

1. *Mon Champ est vaste:* Voir 5/6. *Moissonneurs:* Les missionnaires ou apôtres que doivent être tous les croyants (n. ★ Veillée 6). *Tu les enseigneras à prier:* Grossière faute de français — on dit: «Tu leur apprendras à prier», ou bien «Tu leur enseigneras la prière» — que les puristes jugent indigne de Jésus. Mais le frère Michel, qui est sûr d'avoir entendu cette phrase telle qu'il la nota, répond: «Ce n'était pas français? Eh bien! maintenant ça l'est.»

2. Il y a 2000 ans, Jésus disait déjà: *Cherchez d'abord le Royaume* (c'est-à-dire: *l'accomplissement* de la Parole), *et le reste vous sera donné par surcroît (Matthieu 6/32-33)*. *Tigre, Pichône et Guihône:* Trois des quatre fleuves qui coulaient en Éden avant qu'Adam ne pèche et ne fasse disparaître le paradis terrestre *(Genèse 2/11-14)*. Le quatrième fleuve, l'Euphrate, n'est pas cité.

3. Dieu rappelle que son *Jour* dépendra de l'achèvement, tout au moins d'un important état d'avancement de la *moisson* (la tâche de rassembler le *reste* et le *petit reste, 24/1, 26/1, etc.*, et de *changer le monde, 28/7*). La référence aux fleuves d'Éden (v. 2) montre que Dieu appelle l'homme à *rétablir* le bonheur sur terre où la mort elle-même, dans sa nature actuelle d'inévitable destruction charnelle, sera inconnue, et où, en tout cas, l'homme ne souffrira pas de sa fragilité physique et psychique comme il souffre aujourd'hui (voir 31/8-13).

4. Il n'est pas interdit de louanger, de se plaindre, de supplier, etc. (v. 2, voir «Nous croyons, Nous ne croyons pas»), mais *prier* est tout autre chose. La *piété (v. 6)* ne consiste même pas à

35 GOD'S *DAY* WILL COME WHEN THE *HARVEST* IS COMPLETED, WHEN *PIETY* HAS REGAINED ITS TRUE NATURE, WHEN THE *BOOKS* ARE PURIFIED, WHEN ABRAHAM'S DESCENDANTS ARE *ALLIED*.

1. *My Field is vast:* See 5/6. All believers have to be *harvesters,* that is, missionaries or apostles (n. ★ Vigil 6). *You shall teach them to pray:* In French there is a blatant grammatical mistake— one should say either "Tu leur apprendras à prier" or "Tu leur enseigneras la prière", but not *Tu les enseigneras à prier*—which purists regard as unworthy of Jesus. But brother Michel, positive that he heard the sentence such as he wrote it down, replies, "Wasn't it good French? It is now."

2. Jesus already said 2,000 years ago, *"Seek the Kingdom first* (that is, the *achievement* of the Word), *and you will be given all the other things in addition (Matthew 6/32-33)*. *Tigris, Pishon, Gihon:* Three of the four rivers that used to flow in Eden before Adam sinned and brought about the ruin of the Garden of Eden *(Genesis 2/11-14)*. The fourth river, the Euphrates, is not quoted.

3. God reminds us that his *Day* will depend on the completion, or at least a sizeable degree of progress, of the *harvest* (the task of gathering the *remnant* and *small remnant, 24/1, 26/1, etc,* and *changing the world, 28/7*). By referring to the rivers of Eden (v. 2) God shows that he is calling on man to *restore* happiness on earth where even death, in its current nature of unavoidable corporeal destruction, will disappear, and where, in any case, man will not suffer because of his physical and psychic frailty as he suffers today (see 31/8-13).

4. Man is not forbidden to praise, complain, beseech, etc. (v. 2, see "We believe, We do not believe"), but to *pray* is altogether another matter. *Piety (v. 6)* does not even consist in saying *the*

RÉVÉLATION ORIGINALE — ORIGINAL REVELATION
Les mots en *italiques* reconstituent les mots illisibles du document manuscrit
The italicized words are reconstructions of the illegible words of the handwritten record

qui rejetteront leurs spectres.
4. Tu enseigneras à prier,
c'est-à-dire à proclamer Ma Parole ;
pour le reste J'ai dit comment on s'adressera au Père et à la mère élevée au-dessus de l'Orient.
5. Tu ne montreras à personne la place où Je Me tiens pour te parler,
tu ne distribueras pas un fil, pas un *fétu* de ce que J'ai touché afin de ne pas détourner tes fidèles de la vraie piété.
6. Prononcer Ma Parole pour L'accomplir,
voilà la vraie piété.
7. En toutes occasions tu garderas ton sens et ta mesure,
tu prendras le temps de décider, car Moi seul suis hors du temps, Ma Force seule se *débande* sans attendre ;
ta force sera dans ta patience et dans les conseils que tu prendras ;
8. tu te reposeras, car la fatigue ôte l'esprit à l'homme ;
9. tu n'auras pas des yeux de chair, qui jugent et qui convoitent, mais les yeux du prophète qui a vu Ma Justice,
qui a tremblé devant Ma Lumière,
qui a pleuré sur les *caillots* de Mes Plaies.

---

which will throw out the specters they harbour.
4. You shall teach to pray,
that is, proclaim My Word ;
apart from this, I have told you how believers shall address the Father and the mother lifted above the Orient.
5. You shall not show anyone the place where I am speaking to you,
you shall not hand out any thread or *wisp* of any thing that I have touched so that your faithfuls will not be led away from true piety.
6. Uttering My Word in order to achieve It,
this is true piety.
7. On every occasion you shall keep your sense and moderation,
you shall take time to make decisions, for I alone am outside time, My Strength alone *unbends* short ;
you shall derive your strength from your patience and from the advice you will take ;
8. you shall get some rest, for tiredness deprives man of his mind ;
9. you shall not have corporeal eyes which judge and covet, you shall have the eyes of the prophet who saw My Justice,
who trembled in the face of My Light,

ANNOTATIONS
Verset par verset ou générales ★
Either verse by verse or general ★

réciter *la Parole* pour dire *la Parole (comme font les païens,* disait Jésus il y a 2000 ans), mais *pour l'accomplir (v.6).* Prier n'a d'autre but que de remémorer la Parole quotidiennement pour garder à l'esprit ce qu'il faut *accomplir (v.6),* c'est-à-dire la *pénitence* personnelle *(30/11)* et le *changement* social *(28/7),* les deux voies inséparables du retour à la vie spirituelle. Le vrai croyant est un prophète qui s'instruit en permanence (v. 1); sa prière est la source vivante d'une foi dynamique, volontaire et créatrice, et donc existentialiste. L'homme qui *proclame la Parole proclame* sa volonté de redevenir *l'image et ressemblance* positive de Dieu (voir nn. ★ et ★★ Veillées 1 et 2) et le co-créateur du monde, sa volonté de retrouver la vocation initiale d'Adam. *S'adresser au Père, à la mère:* voir *Père de l'Univers (12/4)* et *Marie (12/11-13, 33/16).*

5. Le frère Michel l'ignorera jusqu'au 2 octobre 1977 (Première Théophanie), mais Jésus en 1974 sait parfaitement qu'il prépare le témoin, près de quatre ans à l'avance, pour la manifestation de Dieu, Dieu qui a préséance sur toute personne et toute chose (v. 13 et 39/4). Jésus *n'est pas Dieu (32/1),* c'est pourquoi on ne fera pas un lieu de pèlerinage de la maison où il apparaît, on ne fera pas davantage des reliques de ce qu'il *touche.* C'est seulement quand le frère Michel entendra Jésus lui dire: *Ne fais pas de cet endroit un sanctuaire (40/2),* et surtout quand il entendra la Voix de Dieu, en 1977, dans une chapelle appelée depuis Maison de la Sainte Parole (voir *Le Livre),* qu'il comprendra que seul un lieu où Dieu se manifeste doit être vénéré.

7. *La mesure:* Voir Veillée 7. Dieu rappelle au frère Michel, et à ceux qui missionnent avec lui, qu'ils sont des hommes dépendants de la chair, de l'effort, de la réflexion et du temps.

8. Trop de zèle peut causer plus de fatigue et d'erreurs que de profit spirituel et missionnaire.

Word for the sake of saying the *Word (just as pagans do,* Jésus stated 2,000 ago), it consists in *uttering it in order to achieve it (v.6).* The only goal of prayer is to recall the Word every day in order to keep in mind what is to be *achieved (v.6),* that is, personal *penitence (30/11)* and social *change (28/7),* the two indissociable ways of return to spiritual life. The genuine believer is a prophet who is permanently educating himself or herself (v. 1); his or her prayer results in dynamic faith, deliberate and creative, therefore existentialistic. The man who *proclaims the Word* proclaims his will to become God's positive *image and likeness* (n. ★ & ★★ Vigils 1 & 2) and the co-creator of the world again, his will to regain Adam's initial vocation. *To address the Father, the mother:* See *Father of the Universe (12/4)* and *Mary (12/11-13, 33/16).*

5. In 1974 Jesus was well aware that he was preparing the witness, about four years in advance, for the manifestation of God, God who always takes precedence over everyone and everything (v. 13 & 39/4). Until October 2, 1977 (First Theophany) brother Michel would be unaware of it. Jesus *is not God (32/1),* this explains why the house where he appeared should not be made a place of pilgrimage and the things which he *touched* should not be turned into relics. Until the day when brother Michel heard Jesus say, *"Do not make this place a sanctuary" (40/2),* and particularly when he heard God's Voice in 1977, in a chapel renamed House of the Saint's Word since then (see *The Book),* brother Michel would not understand that only a place where God manifests himself deserves revering.

7. *Moderation:* See Vigil 7. God reminds brother Michel and those who missionize with him that they are men dependent on the flesh, on effort, thought, and time.

8. Overzealousness may bring more tiredness and errors than spiritual and apostolical benefit.

RÉVÉLATION ORIGINALE — *ORIGINAL REVELATION*
Les mots en *italiques* reconstituent les mots illisibles du document manuscrit
The italicized words are reconstructions of the illegible words of the handwritten record

10. Tu ne refuseras tes conseils à personne, même au plus impie; tu lui refuseras l'entrée de Mes Assemblées, car Mon Salut commence dès ce monde,
et parce que tu ne peux disposer de Ma Force
mais seulement de ta prudence.
11. Tu feras alliance fraternelle avec les assemblées des synagogues, celles des soumis de Dieu,
nuls de Mes Fils ne seront pour toi des étrangers.
12. Sur le *chancel* de l'assemblée tu disposeras Ma Parole comme ils La proclament,
tu n'écarteras aucun de Mes Livres,
mais tu écarteras les livres d'hommes,
ceux de Pierre, de Paul,
d'*at*-Tabarî et des rabbins,
car dans Ma Parole réside la seule piété.
13. Je suis ton Seigneur,
ce *degré* revient à Moi seul,
dépose-le avec ta couronne et ton bâton de commandement! Il ne t'est pas plus dû

---

and who cried over the *clots* of My Wounds.
10. You shall not refuse anyone, even the most impious, your advice, (but) you shall refuse him admittance to My Assemblies, for My Salvation begins from this world,
and because you cannot use My Strength as you wish,
but only your prudence.
11. You shall ally yourself fraternally with the synagogues' assemblies and the assemblies of those who submit to God,
you shall not regard any of My Sons as foreigners.
12. On the *chancel* of the assembly (house) you shall lay My Word such as they proclaim It,
you shall not rule out any of My Books,
but you shall rule out the books of men,
the books of Peter, of Paul,
of *at*-Tabari and of the rabbis,
for the sole piety resides in My Word.
13. I am your Lord,
this *degree* befits Me alone,
renounce it together with your crown and staff of command! It is not

ANNOTATIONS
Verset par verset ou générales ★
Either verse by verse or general ★

9. Ne retombons pas dans les travers de la religion et de la politique, émule de la religion. À propos des *Plaies*, voir n. ★ Veillée 30.

10. Un Pèlerin d'Arès lutte avec tous les hommes, même *impies*, conscients qu'il faut *changer le monde* pour construire un avenir d'amour, de bonheur, de *vérité (28/10)*. Cependant, la logique est rappelée: mieux vaut ne pas convier *l'impie* à la prière et à toute action spirituelle qui n'a pas de sens pour lui. Dans l'action sociale, la *prudence* sera aussi grande à l'égard *d'impies* qui, quoiqu'humanistes, sont vraiment très réservés au sujet de la mission d'Arès.

> ★ Les religions ne pousseront jamais aussi loin que Dieu ne le fait leurs plus ambitieux projets «d'œcuménisme». Les alliances entre religions sont toujours calculées, très limitées quand elles sont sincères, ou bien sont des opérations publicitaires; elles ne procèdent jamais d'une intention de réviser fondamentalement, sinon même de supprimer les doctrines pour l'unité. Quelle religion renonce à sa conviction d'être l'unique fondée par Dieu? Et à ses intérêts? L'esprit de religion empêche les chrétiens, juifs et musulmans de prier spontanément côte à côte, dans la confiance, sauf au pèlerinage d'Arès. C'est pourquoi Dieu, réaliste, ne préconise qu'une *alliance fraternelle (v.11)* dans un premier temps, sous-entendant que, par la suite, les religions se convertiront peu à peu à la simplicité, à l'unité et à ce projet unique: *Changer le monde*. Dieu congédie une nouvelle fois les *docteurs* chrétiens, juifs *(rabbins* rédacteurs du Talmud) et musulmans *(at-Tabarî*, théologien islamique fameux, cité pour l'exemple) dont les doctrines ont divisé les croyants. Le *prophète* s'emploiera à débarrasser l'Écriture des *livres d'hommes (voir n.16/12)*.

11-12. *Soumis de Dieu:* Sens littéral de «musulman». Les *étrangers* sont nos frères (Veillée 25); à plus forte raison les enfants d'Abraham sont une seule famille, et la Bible, le Coran et *La Révélation d'Arès* sont une seule Parole. *L'alliance* préconisée s'étend, du reste, à tous les croyants *(les Fils v.12)* dont la foi a quelque cohérence avec la Parole.

---

9. Let's not lapse into the shortcomings of religion and of politics, an emulator of religion. About the *Wounds* see n. ★ Vigil 30.

10. An Arès Pilgrim struggles with all the men, even *impious*, that realize that they have to *change the world* to build a future of love, happiness and *truth (28/10)*. However, we are reminded of logic: it is better not to invite an *impious* man to prayer or any spiritual action meaningless to him. In social action we have to be equally careful of the *impious* men who, though they are humanists, are very ill-disposed toward the mission of Arès.

> ★ Religions will never carry their ambitious plans of 'ecumenism' as far as God does with his. Even honest alliances of religions are calculated and limited, or they are advertising campaigns; they never develop from an intention of basically reappraising or even dismissing the doctrines to realize unity. Has any religion ever given up the notion that it is the sole religion founded by God? And given up its interests? The spirit of religion keeps the Christians, Jews and Muslims from praying spontaneously, confidently side by side, except during the pilgrimage in Arès. For this reason God, a realist, advocates only a *fraternal alliance (v.11)* with religions in the beginning, and implies that, from then, the religions will be gradually converting to simplicity, to unity and to that only purpose: *Changing the world*. Once more God dismisses the Christian *doctors*, the Jewish *doctors (rabbis*, compilers of the Talmud) and the Muslim *doctors (at-Tabarî*, a famous Islamic theologian quoted as an example) whose doctrines have set believers at variance. The *prophet* shall apply himself to clearing the Scripture of the *books of men (see n.16/12)*.

11-12. *Those who submit to God:* Literal sense of 'Muslims'. The *strangers* or *foreigners* are our brothers (Vigil 25); all the more for it Abraham's children are a single family, and the Bible, the Quran and *The Revelation of Arès* are a single Word. Besides, the *alliance* here advocated extends to all the believers *(the Sons v.12)* whose faith has some consistency with the Word.

qu'aux statues n'est due la prière.
14. Mon Souffle te portera. N'oublie pas ta place !
Tu es l'épée ;
l'épée n'est pas le Bras Qui la soulève.
Sous ton fer Je briserai les nuques des princes fiers, J'allongerai dans la poussière les riches et les forts, et tu resteras pourtant doux et pacifique.
15. Encore quelques jours et tu ne Me verras plus,
mais Je serai sans cesse sur ta gauche.

36

1. Déjà, homme Michel, roseau frêle,
tu t'es habitué à Me voir ;
ton regard ne Me fixe plus anxieusement,
mais tes yeux s'agitent.
2. Si les hommes avaient multiplié leurs yeux
comme les anges qui en portent tout autour de la tête pour ne pas Me quitter du regard,
Je Me montrerais aux hommes.

---

owed to you any more
than prayer is owed to statues.
14. My Breath will carry you. Do not forget your position !
You are the sword ;
the sword is not the Arm that raises it.
Under your iron I will break the proud princes' necks, I will lay low the wealthy and the strong in the dust, and yet you will remain gentle and peaceable.
15. A few more days, and (from then onward) you will not see Me again,
but I will keep being (present) on your left ever after.

36

1. Man Michel, you frail reed
have got used to seeing Me ;
your eyes no longer stare anxiously at Me,
they move.
2. If men had multiplied their eyes
like angels who have eyes all around their heads so that they cannot let Me out of their sight,
I would show Myself to men.

ANNOTATIONS
Verset par verset ou générales ★
Either verse by verse or general ★

13. *Seigneur, ce degré revient à Moi seul:* Vise clairement le titre (Monseigneur) encore donné au frère Michel dans son église à l'époque des apparitions de Jésus. Complément des paroles de Jésus: *Ne vous faites appeler ni maître, ni père, ni docteur! (Matthieu 23/8-10).*

14-15. Une nouvelle fois la force et l'assistance du *Souffle* de Dieu sont promises au *prophète;* le *Souffle* ne cessera pas de l'inspirer aussi longtemps qu'il *n'oubliera pas sa place,* la *place* de l'envoyé et non celle de Celui qui envoie. *Fer:* Voir aussi *voix de fer (III/3, VI/6, etc.).* La prédication et l'action du frère Michel formeront *doucement et pacifiquement* le *fer* avec lequel ses compagnons et les générations *briseront* la résistance et l'hostilité des puissances religieuses, politiques et d'argent. Ce paradoxe de la *douceur (25/9, 36/22)* et du *fer* (de lance, de hache, etc.) est au cœur de la synergie *(l'épée* et le *Bras)* nécessaire au succès de toute entreprise spirituelle. *Sur ta gauche:* la main *gauche* (du droitier) est la plus faible, appelle le plus fort soutien.

36 LA FOI CRÉATRICE EST DIFFICILE À FAIRE NAÎTRE, DIFFICILE À GARDER. IL FAUT DOSER LA PRESSION DE LA FOI SUR L'ÂME ET ENTRETENIR LE FEU SANS BRÛLER L'ESPÉRANCE NI L'ARDEUR.

---

13. *Lord, this grade befits Me alone:* This is clearly directed against the title (My Lord) that is still brother Michel's at the time of Jesus' apparitions. A complement to Jesus' words: *Do not let any one call you Rabbi (or Master), Father, or Doctor! (Matthew 23/8-10).*

14-15. Once more the *prophet* is promised the assistance and strength of God's *Breath* which will never stop inspiring him as long as he *does not forget his position,* that of the man sent, but not that of the One who sends. *Iron:* See also *iron voice (III/3, VI/6, etc).* Brother Michel's preaching and action are to *gently and peaceably* form the *iron* with which his fellows and the generations to come will *break* the resistance and hostility of the religious, political and money powers. This paradox of *gentleness (25/9, 36/22)* and *iron* (spearhead, ax, etc.) is central to synergy (the *Arm* and the *sword*) which is necessary to make every spiritual undertaking successful. *On your left:* The *left* hand (of a right-handed man) is the weaker, calls for more support.

36 CREATIVE FAITH IS HARD TO AWAKEN AND HARD TO CONSERVE. ONE MUST PROPORTION THE PRESSURE OF FAITH ON THE SOUL AND KEEP THE FIRE GOING WITHOUT BURNING HOPE AND ARDOR.

RÉVÉLATION ORIGINALE — ORIGINAL REVELATION
Les mots en *italiques* reconstituent les mots illisibles du document manuscrit
The italicized words are reconstructions of the illegible words of the handwritten record
---

3. De même les fidèles mangent avec indifférence le Pain descendu du Ciel,
   ils L'avalent sans Le regarder,
   parce que leurs cœurs sont agités.
4. Réveille la pénitence en eux pour qu'ils consomment Ma Chair et Mon Sang
   dans l'affliction du repentir.
5. Mais tiens compte de leur faiblesse immense :
   Qu'ils sursoient à Mon Repas dès qu'ils sont rassasiés !
   Que la faim du repentir,
   qui est la faim de Mon Pain,
   les amène à Ma Table !
6. Le pécheur entêté n'a jamais faim de Moi ; c'est pourquoi il ne sera pas reçu dans l'Assemblée
   tant qu'il se *gavera* d'impiété.
7. Ne le porte pas à se croire accueilli à Ma Table, car il s'endurcira dans son péché,
   et même ton pire ennemi tu ne le tromperas pas ainsi, mais tu veilleras sur son salut.

---

3. Likewise the faithful indifferently eat the Bread which goes down from Heaven,
   they swallow It without their noticing It,
   because their hearts are restless.
4. Awaken penitence within them so that they may consume My Flesh and My Blood
   in the affliction of repentance.
5. But do not disregard their huge weakness :
   Let them adjourn My Meal as soon as they are satisfied !
   Let them be led to My Table
   by hunger for repentance
   which is hunger for My Bread !
6. The stubborn sinner is never hungry for Me ; this is why the Assembly shall not let him join in
   as long as he is *a glutton for* impiety.
7. Do not induce him to believe that he is welcomed at My Table, for he will grow into a still more hardened sinner,
   and even your worst enemy you shall not fool in this way ; you shall watch over his salvation, instead.

319 TIENS COMPTE DE LA FAIBLESSE HUMAINE — DO NOT DISREGARD MAN'S WEAKNESS

ANNOTATIONS
Verset par verset ou générales ★
Either verse by verse or general ★

★ Passé l'émoi de la nouveauté, même l'émoi causé par les extraordinaires apparitions de Jésus, la plus belle conversion, les plus solennelles résolutions peuvent s'éteindre (voir 26/1-2). Pour éviter cela, on doit *multiplier* les efforts de vigilance comme *les anges multiplient leurs yeux*. Dieu *ne se montre plus aux hommes (v.2)* pour *ne pas donner aux chiens ce qui est sacré (Matthieu 7/6)*. Sa lumière dérangera longtemps encore le monde dans son obscurité. Apparaîtrait-il aux foules? Ressusciterait-il des morts? On détournerait ou «expliquerait» par d'habiles arguments le sens de l'événement *(Luc 16/31)*. La plupart de ceux devant qui Dieu avait fait tant de miracles par la main de Jésus furent *indifférents* à sa crucifixion (v. 3). Les hommes de *justice*, les croyants d'abord, doivent s'opposer (v. 4) au mal fait aux gens de foi, martyrisés aujourd'hui par les préjugés, la calomnie, la «raison», la presse, etc. — la persécution moderne sous toutes ses formes — comme autrefois par le supplice *(Corps et Sang,* voir n. ★ Veillée 8).

6-8. Voir n. 35/10. *Mémoire du Sacrifice:* voir Veillées 8 à 10. *Même ton pire ennemi tu ne le tromperas pas ainsi:* Même un *ennemi* de la foi, surtout s'il est un *scandalisé (28/4)*. Il ne faut pas inconsidérément pousser *l'impie* à se convertir; on l'expose à toutes sortes de ratages ou d'égarements: Spiritualité non sentie, mal vécue, et parfois même, pour finir, une animosité grossière contre la foi, qui terniraient ses mérites à combattre pour un monde meilleur, étant donné que son salut peut lui être assuré par ses seules œuvres (Veillées 25 et 28). Faire connaître la Parole n'est pas peser lourdement sur les incroyants, les tièdes, les sympathisants fragiles, qui ne sont pas prêts pour la foi constructrice; il faut veiller à ne pas les lasser (7/3), ne pas les révolter, et à ne pas s'exposer (29/5) à leurs réactions. *Judas* en est un exemple qui montre que les avertissements de *la Parole s'accomplissent (v.8)* quand on ne les suit pas. La foi de *Judas* était trop fragile quand Jésus l'appela comme apôtre (l'appela à la *Table* de Dieu); il ne put pas surmonter l'épreuve du doute et des tentations, de la raison et de l'argent. Ne pas se croire plus fort que *la Parole;* Dieu peut confier des tâches prophétiques à des incroyants ou des tièdes,

★ Once the emotion aroused by novelty subsides, even though it was aroused by Jesus' extraordinary apparitions, the most fervent conversion and the most solemn resolutions may die (see 26/1-2). One has to prevent such an extinction by *multiplying* the efforts of vigilance just as *angels multiply their eyes*. God *no longer shows himself to men (v.2)* because he shuns *giving dogs what is sacred (Matthew 7/6)*. For a rather long time his light will disturb the world in its darkness. Even if he appeared to a crowd, even if he brought dead men back to life, these events would be 'explained' or diverted by skillful argumentative men *(Luke 16/31)*. Most of the men in whose presence God had worked miracles through Jesus' hand proved *indifferent* to the crucifixion (v. 3). Men of justice, particularly believers, must oppose (v. 4) the harm done to people of faith, who today are martyred by prejudices, slander, 'reason', journalists, etc—the modern persecution in its various ways—as by torture in the past *(Body and Blood,* see n. ★ Vigil 8).

6-8. See n. 35/10. *Calling the Sacrifice to Remembrance:* see Vigils 8 to 10. *Even your worst enemy you shall not fool in this way:* Even an *enemy* to faith, particularly if he is *scandalisé* (if hypocrits made him lose his faith, *28/4)*. One must not rashly urge an *impious* man to convert, for one exposes him to various kinds of failures or aberrations: Non-heartfelt and ill-lived spirituality, and sometimes even an abusive animosity toward faith which might smear his merit for struggling for a better world, considering that his good deeds alone (Vigils 25 & 28) can ensure his salvation. Spreading the Word is not weighing heavy on non-believers, frail sympathizers, the half-hearted, all of them not ready for constructive faith; we shall see to it that we do not weary (7/3) or outrage them, and that we do not become subjected (29/5) to their blunt reactions. Of this *Judas* is an example; it shows that the warnings of *the Word come true (v.8)* when they are disregarded. *Judas'* faith was too frail when Jesus called on him to be an apostle (called him to God's *Table);* he was unable to get the better of doubts and temptations, of reason and money. Let's not think we are stronger than the *Word;* God does occasionally give non-believers and

RÉVÉLATION ORIGINALE — *ORIGINAL REVELATION*
Les mots en *italiques* reconstituent les mots illisibles du document manuscrit
The italicized words are reconstructions of the illegible words of the handwritten record

8. Judas a mangé à Ma Table, mais pour que fût accomplie la Parole ;
qu'on ne sonde pas Mes Desseins !
9. Fais observer Mes Préceptes ! Rejette les *arguties* des docteurs ! Je l'ai déjà dit.
Donne Ma Chair au repentant, il se repentira davantage,
mais donne-La à l'impie, il portera sa faute à son comble !
10. Ne sois pas comme les princes du culte et les prêtres, qui, devant leurs assemblées,
veulent Me conduire comme l'éléphant puissant,
disant : « Plie les genoux, incline-Toi vers ceux-ci pour les bénir ! », ou bien :
« Frappe de ta trompe ceux-là, maudis-les ! »
11. N'appelle pas Ma Bénédiction ! Elle n'a pas attendu ta prière pour venir sur Mes Bénis ;
la Bénédiction,
la Malédiction Que Je ne veux pas
ne viennent pas.
12. Mais tu imposeras les deux mains à ceux qui te demanderont un signe en Mon Nom,

---

8. Judas ate at My Table, only because My Word was to come true ;
no man shall probe My Designs ever !
9. Have My Precepts observed ! Dismiss the doctors' *quibbles* ! That, I have said already.
If you give My Flesh to the repentant he will take his repentance further,
but if you give It to the impious man he will bring his sin to its peak !
10. Do not be like princes of religion and priests who, in front of their assemblies,
treat Me as if they drove a powerful elephant,
either telling (it), "Bend your knees, bow toward these people and bless them !", or telling (it),
"With your trunk strike those people, curse them !"
11. Do not appeal to My Blessing ! It never waits until you pray to Me to descend on My Blessed ones ;
the Blessing
or the Curse That I do not will
does not occur.
12. But you will lay both your hands on them who will ask a sign of you in My Name,

ANNOTATIONS
Verset par verset ou générales ★
Either verse by verse or general ★

mais qu'on ne leur demande pas plus que Dieu ne leur demande. *Pour que fût accomplie la Parole* signifie: Parce que le Père s'adresse à tous, y compris aux faibles et aux mauvais, et parce qu'il nourrit l'infatigable Espérance qu'ils réussiront à *changer leur vie,* à se sauver. Ceux qui échouent, comme *Judas,* ne décourageront jamais *le Père trop aimant (12/7),* de toute façon.

9-10. La *Colère* resurgit (21/1, 22/11, etc.). Tout *prince* (tout chef religieux, et politique par analogie), *prêtre* (et aussi pasteur, mollah, etc.) et *docteur* (théologien, idéologue, théoricien officiel) donne l'impression qu'il dispose de l'Intelligence et de la Puissance comme le cornac dispose de son *éléphant.* Mais *Force (35/10)* et *Miséricorde (16/7, 16/15)* ont le Créateur pour seule origine, et sa *Colère (30/9)* seule est juste. Il sait qui est sauvé ou miraculé parmi ceux que leur façon de vivre et leurs actions ne semblent pas destiner au salut et au miracle, et il sait qui est perdu parmi ceux qui paraissent promis au Ciel *(11/3).* La *Chair* de Dieu sur laquelle l'homme doit *se repentir dans l'affliction (v.4)* n'est pas l'eucharistie, une *superstition (21/1, etc.),* mais la *chair* des *prophètes,* des *pénitents* et *moissonneurs,* parce que *blesser (30/7)* ou tuer ces hommes et ces femmes est rejeter la Parole, est déicide.

11. La *bénédiction* et la *malédiction* (excommunication, anathème, interdit) dispensées par les religions n'ont aucune valeur au regard de Dieu; il les range parmi les *superstitions* (sacrements, etc. voir 21/1). Dieu seul bénit et maudit. Les prophètes bibliques bénissaient, mais pas au sens ecclésiastique; leur bénédiction était seulement un signe d'approbation, d'amour, de communion de foi.

12-14. Dans le cadre étouffant et cruel d'injustice, de souffrance et de médiocrité que les hommes se sont aménagé, la plupart d'entre eux ont perdu conscience de la vie spirituelle reçue lors de la Création *(ch. VII),* grâce à quoi ils pourraient résister au péché, adoucir le malheur aujourd'hui et

---

half-hearted people some prophetic jobs to do, but we must not require from them more than God requires. *Only because My Word was to come true* means: Because the Father addresses all men, the weak and the wicked included, and because the Father fosters the indefatigable Hope that they will succeed in *changing their lives* and will be saved. Those who fail, like *Judas,* never dishearten the *too much loving Father (12/7),* in any case.

9-10. The *Anger* re-emerges (21/1, 22/11, etc.). Any *prince* (any religious leader, and any political one by analogy), any *priest* (also minister, mollah, etc) or any *doctor* (theologian, ideologist, official theorist) gives the impression that he has the Intelligence and Might at his disposal just as a mahout has his *elephant* under his control. But the *Strength (35/10)* and *Mercy (16/7, 16/15)* have a one origin: the Maker; only his *Anger (30/9)* is just. He knows what men are saved or miraculously helped among those whose lives and actions seem unlikely to bring them salvation and miracles, and he knows what men are doomed to perdition among those who seem set for Heaven *(11/3).* God's *Flesh* over which man has to *repent in affliction (v.4)* is not the eucharist, a *superstition (21/1, etc.),* but the *flesh* of the *prophets, penitents* and *harvesters,* because *wounding (30/7)* or killing these men and women is rejecting the Word, is a deicide.

11. God considers the *blessing* and *curse* (excommunication, anathema, interdict) dispensed by religion absolutely valueless; he ranks them among *superstitions* (sacraments, etc, see 20/3, 21/1, etc). God alone blesses and curses. The biblical prophets used to bless, but not in the ecclesiastical sense; their blessing was merely a sign of approval, of love, of communion of faith.

12-14. Within the stifling cruel environment of injustice, suffering and mediocrity that they have made for themselves most men have grown unaware of the spiritual life given to man in the days of the Creation *(ch. VII),* which could enable them to withstand sin, to *strengthen,* to ease unhap-

RÉVÉLATION ORIGINALE — ORIGINAL REVELATION
Les mots en *italiques* reconstituent les mots illisibles du document manuscrit
The italicized words are reconstructions of the illegible words of the handwritten record

car une force sortira de toi et les remplira,
les enveloppera d'une fumée pure qui pique les yeux du tentateur, qui s'enfuit en pleurant,
abandonne sa proie.
13. Ta force guérira les malades,
en songe elle désignera l'innocent au juge indécis,
elle arrêtera au loin le bras du méchant,
la langue du faux témoin et du diffamateur,
au lâche elle rappellera son abandon,
au jouisseur le tort qu'il fait aux siens,
elle fortifiera le faible,
14. mais elle ne fera pas de Prodiges,
elle ne sauvera pas de force les impies,
jusqu'à Mes Hauteurs elle ne les ravira pas ;
elle sera jusqu'à Mes Hauteurs comme la force du mulet qui porte le fardeau,
le bagage de ceux qui feront l'ascension avec toi.
15. Tu prêteras ton arbitrage à la querelle entre frères,
tu réprimanderas le menteur,

---

for a strength will issue from you and fill them,
it will envelop them in a pure smoke which stings the eyes of the tempter and makes him run off weeping,
gives up his prey.
13. Your strength will cure the sick,
draw the undecided judge's attention to the innocent in a dream,
from afar it will stop the spiteful man's arm,
(and stop) the lying witness's tongue and the slanderer's,
it will remind the coward of his desertion
and the sensualist of the harm he does to his family and friends,
it will strengthen the weak man,
14. but it will not work Wonders,
it will not save the impious by force,
it will not carry them off to My Heights ;
(all the way) up to My Heights it will be like the strength of the mule which carries the burden,
the baggage of those who will make the ascent along with you.
15. You will arbitrate disputes between brothers,
you will reprimand the liar,

ANNOTATIONS
Verset par verset ou générales ★
Either verse by verse or general ★

le vaincre dans l'avenir. Ce qui reste de vie spirituelle chez ceux qui l'ont sauvegardée: les *pénitents* et les humanistes, est très inégal. Tout homme, cependant, a un potentiel de bien; le bien est lié à *l'image et ressemblance* de Dieu qu'est même *l'impie*. Le bien ne résulte pas de la récitation de credos, de pratique, de sacrements et bénédictions *illusoires,* ni de prédestination, ni d'autres «chemins du paradis»; il résulte de la volonté de développer le bien. Alors, à défaut de la Force de faire des *Prodiges* (dont Dieu seul est capable), *l'image et ressemblance* de Dieu redevenue positive, c.-à-d. l'homme redevenu le bien actif et créateur, trouvera la *force (la force du mulet)* de *changer le monde (28/7),* de le soulager de ses *fardeaux.* Notons que la *force* humaine suprême — comme le *Prodige* suprême — n'est pas tant manifestée dans les malheurs qu'elle écarte ou dans les maladies qu'elle guérit que dans les pécheurs qu'elle convainc de devenir hommes de bien. En effet, le pécheur seul supprime ses péchés en c*hangeant de vie (30/11);* personne, pas même le *prophète,* n'efface les péchés d'autres hommes. Les *passeports illusoires (22/11)* pour le Ciel délivrés par la religion sont une nouvelle fois dénoncés.

15. *Heureux les réconciliateurs!,* proclament les Béatitudes *(Matthieu 5/9).* Maintenir la paix (28/15), aplanir les conflits, est un devoir lié à la *piété,* à la *pénitence* et à la *moisson.* La vraie *paix (v. 17)* ne vient ni de la justice *publique,* ni d*es* alliances politiques, ni de toute prétention de justice personnelle (v. 16, 27/3). La *paix* vient de *l'intelligence* spirituelle, de l'amour qui écoute sans préjugés, qui réfléchit, qui apaise (Luc 6/37).

16. *Ne vous posez pas en juges!,* prévenait déjà Jésus il y a 2000 ans dans le passage fameux de *la paille et de la poutre* (Sermon sur la montagne, *Matthieu 7/1-5).* Le principe évangélique de non-jugement est souvent mal discuté et mal compris. Il n'interdit pas l'opinion si nécessaire à la *prudence (35/10)* qui recommande qu'on identifie l'homme dangereux — par exemple celui qu'il faut *éloigner (37/9)* de l'assemblée —, et qu'on discerne une situation mauvaise d'une

---

piness today, then conquer it in the future. What is left of spiritual life is very unequal in the men, the *penitents* and humanists, who have safeguarded it. Every man, however, possesses a potential of good; good is linked with God's *image and likeness* which even an *impious* one is. Good does not result from the reciting of creeds, church attendance, predestination, *illusory* 'sacraments' and blessings, or any other 'way to reach heaven'; it results from man's will to develop good. So, for want of the Strength to perform *Wonders*—which God alone can—, God's *image and likeness* turned positive, that is, the man grown into active, creative good, will find the *strength (the strength of the mule)* to *change the world (28/7),* i.e. to relieve it of its *burdens* Let's notice that man's supreme *strength*—just as God's supreme *Wonder*—is much more arresting in the sinners whom it induces to become good men than in misfortunes which it overcomes and diseases which it cures. Indeed, the sinner alone obliterates his own sins by *changing his life (30/11);* no one, not even the *prophet,* can remove other persons' sins. The *illusive passports* to Heaven *(22/11)* delivered by religion are once more denounced.

15. The Beatitudes *(Matthew 5/9)* proclaim, *Blessed are the peacemakers!* Preserving peace (28/15) and smoothing conflicts away is a duty linked to *piety, penitence* and the *harvest.* True *peace (v. 17)* cannot come from public justice or political alliances or any pretension to personal justice (v. 16, 27/3). *Peace* results from spiritual *intelligence,* from love which listens without prejudices and which ponders and pacifies (Luc 6/37).

16. *Do not judge!,* Jesus already warned 2,000 years ago in the famous passage of *the splinter and the beam* (Sermon on the Hill, *Matthew 7/1-5).* The evangelical principle of non-judgment is often ill-discussed and misunderstood. It does not rule out opinion very necessary to *prudence (35/10)* which recommends us to identify the dangerous man—for example the one whom the assembly has to *send away (37/9)*—, and to tell a bad situation from a good one. The Gospel

tu exhorteras le voleur à restituer,
le méchant à *réparer*.
16. Mais tu ne jugeras personne, ni publiquement,
ni en secret ;
pas le plus petit jugement au fond de la tête,
car tu ne le piégeras pas plus qu'une puce,
à ton insu il sautera sur ta langue.
17. C'est l'honneur du prophète d'éviter tout jugement,
de répandre la paix ;
même quand ses yeux lancent des éclairs
il ne fulmine pas,
mais il exhorte Mes Fils à la pénitence,
les met en garde contre l'abomination qui les tire vers l'abîme comme une pierre aux pieds ;
18. car tu as vu le séjour des spectres ; tes dents ont claqué, l'horreur t'a blanchi comme un vieillard,
tes bras ont battu les ténèbres pour écarter de toi les ombres,
tu as crié vers Moi pour que Je te tire vers le jour.
19. Tu ne commanderas à personne,

---

you will urge the thief to hand back (his loot)
(and) the spiteful man to make *amends*.
16. But you shall not judge anyone either publicly
or secretly ;
(do) not (have) the least judgement in the inmost recesses of your mind,
because trapping a judgement is as impossible as trapping a flea,
it will leap onto your tongue unawares.
17. The prophet's honor demands that he make no judgement whatsoever,
and spread peace ;
even when his eyes flash
he does not thunder forth,
but he exhorts My Sons to penitence,
he warns them against abomination which pulls them down to the depths as a stone tied to their feet ;
18. for you saw the specters' abode ; your teeth chattered ; dread made you go white as an old man,
your arms thrashed the darkness to thrust back the shadows,
you shouted to Me to pull you up toward the daylight.
19. You shall not command anybody,

ANNOTATIONS
Verset par verset ou générales ★
Either verse by verse or general ★

bonne. L'Évangile interdit *tout jugement* au sens absolu, particulièrement celui qui préjuge de la damnation et du salut (11/3), celui qui décide des valeurs profondes d'un homme ou d'une femme, de la punition à lui infliger, etc. La justice des tribunaux et la justice des conversations quotidiennes se posent presque toujours en *jugement* absolu, malheureusement.

17. Le *prophète* est un artisan de *paix* particulièrement invité par Dieu à montrer l'exemple dans ce domaine, quoiqu'avec discernement, sans tomber dans le laxisme ou des *compromis (15/6)* où seraient enfreints les préceptes de la Parole, et sans jamais taire ses avertissements *(v. 16)*.

18. C'est à dessein que Dieu fit voir les *ténèbres* au frère Michel (17/1-2) et qu'il lui fera voir à nouveau les *spectres* (22 novembre 1977, Récits, Notes et Réflexions sur les Théophanies). Aussi le *prophète* sait-il bien que rappeler à l'homme l'existence des *ténèbres glacées* après la mort, *l'exhorter* à leur échapper et à *se sauver (v.23)* ne sera jamais superflu (Veillées 17 à 19). Beaucoup de croyants modernes croient au paradis garanti, mais le Coran, par de fortes métaphores qui soulèvent *l'horreur*, insiste sur la réalité de l'enfer — *le séjour des spectres.*

19. *Tu ne commanderas à personne* = Tu ne commanderas personne; on trouve de telles étrangetés grammaticales dans *Enseigne-les (v.20)* (= Instruis-les) et *Tu enseigneras à prier (35/4)* (= Tu enseigneras la prière). Une nouvelle fois Dieu appelle tout homme à n'exercer aucun pouvoir sur d'autres hommes. Les responsabilités doivent être assumées à titre socio-fraternel: *Les forts et les sages servent les faibles et les petits (26/9). Qu'importe que tu t'appelles Lentille ou Chèvre:* Avec humour Dieu souligne que changer de nom, comme font les papes, les patriarches orientaux, les moines et d'autres religieux, ne rend personne meilleur. Le nom donné

---

forbid *any judgement* in an absolute sense, particularly a *judgement* that prejudges perdition and salvation (11/3), or a *judgement* that decides the profound values of a man or woman, the punishment that should be inflicted on him or her, etc. Unfortunately, the justice of courts and the justice of everyday talks are almost always passed off as absolute *judgment*.

17. The *prophet* is an architect of *peace* whom God insistently urges to become a model in this field, but with discernment, without lapsing into laxity or working out *compromises (15/6)* in which the Word's precepts would be infringed, and without hushing up his warnings ever *(v. 16)*.

18. It is on purpose that God showed the *darkness* to brother Michel (17/1-2) and will show him the *specters* again (November 22, 1977, *Accounts, Notes and Thoughts about the Theophanies).* The *prophet* is consequently well aware that recalling man to the existence of the *freezing darkness* after death, and urging him to elude it and *be saved (v.23)* is never superfluous (Vigils 17 to 19). Many modern godly men believe in guaranteed paradise, but the Quran, through strong metaphors which arouse *dread*, insists on the reality of hell—*specters' abode.*

19. *Tu ne commanderas à personne* (word for word: *You shall not command to anybody,* incorrect in French as in English) = *You shall not command anybody;* such grammatical strangenesses also are conspicuous in *Enseigne-les (v.20,* correct in English: Teach them, incorrect in French) and *Tu enseigneras à prier,* incorrect in French *(35/4,* correct French: Tu enseigneras la prière = *You shall teach prayer or to pray).* Once more, God calls on every man to refrain from exercising any power over other men. Responsibilities shall be assumed on a sociofraternal basis: *The strong and the wise serve the weak and the little (26/9). It does not matter whether you are called Lentil or Goat:* With humour God emphasizes that changing one's name as the popes,

RÉVÉLATION ORIGINALE — *ORIGINAL REVELATION*
Les mots en *italiques* reconstituent les mots illisibles du document manuscrit
The italicized words are reconstructions of the illegible words of the handwritten record

tu montreras Mes Sentiers vers les Hauteurs Saintes.
Quand on te demandera : « Quel nom faut-il porter pour plaire au Seigneur ? »,
réponds : « Qu'importe que tu t'appelles Lentille ou Chèvre, car si tu te fais une vie pour Dieu, un renom de bonté, de pénitence et de piété, ton nom deviendra aussi grand que celui de Moïse ou d'Élie. »

20. Aime les enfants, veille sur eux,
enseigne-les avec patience et reçois-les à l'Assemblée, car ils sont avec tous
un peuple de sacerdoce ;
mais qu'ils ne fassent pas Mémoire de Mon Sacrifice avant d'être pécheurs,
avant que leur langue ne profère le repentir et n'en goûte les larmes.

21. Ta vie sera un blâme pour les impies ;
ils ne supporteront pas ta vue,
les princes du culte et les prêtres surtout,
beaucoup de leurs rebelles aussi,
car la vie que Je te ferai pour Moi n'est pas comme la leur.

22. Ils te mettront à l'épreuve par le mensonge et l'outrage

---

you shall show My Paths toward the Saint's Heights.
When you are asked, "Which name should one bear in order to please the Lord ?",
reply, "It does not matter whether you are called Lentil or Goat, for if you devote your life to God, if you win renown as a penitent, pious, good man, your name will become as grand as Moses' or Elijah's."

20. Love children, watch over them,
educate them patiently, and welcome them in The Assembly, for they are together with all (believers)
a sacerdotal people ;
but they shall not call My Sacrifice to Remembrance before they are sinners,
before their tongues utter repentance and taste repentance tears.

21. Your life will be a blame to the impious ;
they will not bear seeing you,
particularly princes of religion and priests,
many of their rebels alike,
for your life such as I will make it for Me is unlike theirs.

22. They will put you to the test by lying (about you) and dishonoring (you)

ANNOTATIONS
Verset par verset ou générales ★
Either verse by verse or general ★

au nouveau-né est sans importance. Ce sont l'éducation spirituelle et la *force* spirituelle que recevra l'enfant qui sont importantes (v. 20).

20. Les *princes du culte, prêtres, docteurs* ainsi que les *roi blanc, coucous, guetteurs, dos gris (Le Livre)*, ne sont pas pires que d'autres hommes, et beaucoup d'entre eux sont de remarquables hommes de bien; pourtant *La Révélation d'Arès* en prescrit la disparition; par moments, nous comprenons mal cette sévérité. Mais ici nous comprenons mieux le sens du *sacerdoce*: Le *sacerdoce* est le prophétisme de tout le *peuple* quand il vit la pure vie spirituelle. Tout le *peuple, enfants* compris: Ce point laisse clairement entendre que Dieu n'a jamais institué de sacerdoce professionnel ou cultuel; les cultes doivent disparaître. Quand des formes extérieures de piété subsistent encore (25/5-6), elles ne doivent jamais tendre à la différenciation entre croyants, car les enfants sont par nature les agents mêmes de l'indifférenciation. La *Mémoire du Sacrifice* (Veillées 8 à 10) est donc bien une action non cultuelle, non cérémonielle — le sens très particulier que Dieu donne à *rite (12/1, 20/9)* n'en est que plus caractéristique —. Tout croyant est apôtre, *témoin* de Dieu. Tout vrai croyant qui suit la Parole, même un *enfant*, représente et sert la Vérité; tout clergé s'avère inutile. Maturité spirituelle des *enfants* voir nn. ★ Veillées 17 et 20.

21-22. Frère Michel subira les attaques de ceux qui défendront leurs convictions, leurs intérêts et leur prestige contre *La Révélation d'Arès* (voir 34/3-5), globalement appelés *impies. Rebelles:* Réformés, sectes, etc, mais aussi pouvoirs anticléricaux, politiques, médiatiques, financiers, etc., qui *ne valent pas mieux que* les grandes institutions auxquelles ils s'opposent (n. 3/5) mais avec lesquelles ils s'allient dès que leur principe commun de *domination* est menacé. La conspiration du silence contre Arès, par exemple, qui est la moins méchante mais la plus générale forme d'hostilité, montre que tous les pouvoirs s'allient dès que Dieu se manifeste.

Eastern patriarchs, monks and other religious men do, has never made a man better. The name that a newborn child is given is unimportant. Important are the spiritual education and the spiritual *strength*, fortitude, given to a child (v. 20).

20. The *princes of religion, priests, doctors* as well as the *white king, cuckoos, lookouts, grey backs (The Book)*, are no worse than other men, in fact many of them are outstanding good men; nevertheless *The Revelation of Arès* commands that they be dismissed; at times we fail to understand that harshness. But in this verse we understand the sense of *sacerdotal* much better: *Sacerdotal* is the prophetism of the whole *people* when they live pure spiritual life. The whole *people, children* included: This point implies clearly that God has never set up professional or ceremonial priesthood or ministry; all kinds of worship are to disappear. Wherever some outward forms of piety are still in existence (25/5-6), they should never tend toward differentiation between believers, because children are by nature the very factor of undifferentiation. *Calling the Sacrifice to Remembrance* (Vigils 8 to 10) is definitely a non-cultic non-ceremonial action— what God means by *observance (12/1, 20/9)* is even more clear, then—. Every believer is an apostle, a *witness* to God. Every true believer, even a *child*, who lives up to the Word represents and serves Truth; all clergy prove useless. Children's spiritual maturity, see n. ★ Vigils 17 & 20.

21-22. Brother Michel will undergo the attacks from all the men who will defend their beliefs, interests and prestige against *The Revelation of Arès* (see 34/3-5), all collectively called *the impious. Rebels:* Reformed branches, sects, etc, and also anticlerical powers of politics, business, mass media, etc., who *are no better than* the main institutions they often oppose (n. 3/5) but which ally themselves with them when their common principle of *domination* is threatened. The conspiracy of silence against Arès, for example, the less spiteful, though the most common form of hostility, shows that all powers become allied as soon as God manifests himself.

RÉVÉLATION ORIGINALE — ORIGINAL REVELATION
Les mots en *italiques* reconstituent les mots illisibles du document manuscrit
The italicized words are reconstructions of the illegible words of the handwritten record

pour éprouver ta douceur et ta vérité.
Ne les approche que s'ils t'appellent pour t'entendre, car alors c'est Mon Esprit Qui t'appellera vers eux. Sinon, tiens-toi au loin, ils sont dangereux.

23. Crie partout : « Cette vie est courte ; le bonheur ne se mesure pas en années, mais en éternité ; chacun a juste le temps du repentir, car les regrets du spectre ne font que s'ajouter à ses tourments ! Écoutez la Parole Que j'ai reçue et sauvez-vous ! »

37

1. Bientôt tu ne Me verras plus
et ne M'entendras plus, homme Michel.
Remplis tes yeux et tes oreilles comme Mes Témoins après Ma Victoire.
2. Que Mon Souvenir ne soit pas pour toi comme un nuage qui monte et disparaît à tes yeux par beau temps,
et ne revient devant ton regard qu'aux jours froids et tristes,
ainsi qu'il en est pour la multitude.
3. Tu pourras dire : « J'ai vu Dieu,

---

in order to test your gentleness and thruthfulness.
You shall not approach them unless they send for you to listen to you, for My very Spirit calls you (to speak) to them then. Otherwise, keep off them, they are dangerous.

23. Shout everywhere, "Earthly life is short ; happiness is not measured in years, it is measured in eternity ; every man barely has time to repent, for the regrets of the specter only add torments to its torments ! Listen to the Word That I received and be saved ! "

37

1. Before long you will not see Me any more,
you will not hear Me any more, Man Michel.
Let your eyes and ears fill just as My Witnesses' (were filled) after My Victory.
2. Your memories of Me shall not be like clouds which rise and vanish before your eyes in fine weather,
and which will not come back within your sight until cold and sad days, just as things of life go for the multitude.
3. You will have grounds for stating, "I saw God,

ANNOTATIONS
Verset par verset ou générales ★
Either verse by verse or general ★

23. Ici *bonheur* veut dire *salut*. Les *ténèbres* (*v.18, 4/7, 17/1-2, etc.*) ne furent pas créées par Dieu mais sont naturellement générées par la déchéance librement provoquée par *Adam (2/1, ch.VII)* et perpétuée depuis. Les *ténèbres* après la mort sont aussi réelles que le mensonge, l'égoïsme, l'injustice, la haine, la violence, etc., sont réels sur terre. La foi mythique ou mystique (qui perd tout contact avec la réalité spirituelle) ou bien la foi socialisée, réglementée (les religions, qui perdent de même tout contact avec la réalité spirituelle) sont insuffisantes pour vaincre le mal. Il faut restaurer un état de nature disparu: la vie spirituelle, pour équilibrer la vie intellectuelle qui seule a demeuré (mystique et religion viennent de l'intellect). Le *repentir (pénitence)* n'est pas doloriste; c'est la foi existentielle, évolutive, créatrice d'un homme nouveau. Les *ténèbres* et les *spectres* ne représentent pas une punition, mais l'envers naturel de *l'amour* et de *l'intelligence* spirituelle.

37 LA SCIENCE ET L'ACTION SOCIALE SEULES NE VAINCRONT PAS LE MALHEUR. C'EST UNE *PEINE* INCESSANTE POUR FAIRE NAÎTRE LA VIE SPIRITUELLE QUI *CHANGERA LE MONDE* AVEC L'AIDE DE DIEU.

1. En ce début d'avril 1974, Jésus se montre et parle au frère Michel pour la 37e fois (toujours la nuit, d'où le nom de Veillées donné aux chapitres de *L'Évangile Donné à Arès*) et lui annonce la fin prochaine de ses apparitions.

2. Avec le temps les plus vives émotions se banalisent (n.★ Veillée 36). Le *prophète* d'Arès, comme tout homme (voir nn. 2/16 et 19), sera menacé par l'amollissement de l'habitude, et éprouvera la peur du monde et le doute (comme Marie, 33/14). Il devra lutter pour garder éclatants et vifs sa foi, son prophétisme et jusqu'à la mémoire du prodige dont il est témoin.

23. Here *happiness* means *salvation*. The *darkness* (*v.18, 4/7, 17/1-2, etc*) was not created by God; it results naturally from the decay wilfully brought about by *Adam (2/1)* and perpetuated ever since. The *darkness* is as real in the afterlife as falsehood, selfishness, injustice, hatred, violence, etc, are real on the earth. The mythical or mystical faith (the faith that has lost touch with the spiritual reality) or the socialized, regulated faith (religions which have lost touch with the spiritual reality as well) are inadequate for conquering evil. We have to restore a state of nature which vanished long ago: spiritual life, in order to counterbalance intellectual life which alone has stayed on (mysticism and religion come from intellect). *Repentance (penitence)* is not doloristic; it is the existential, evolutionary faith able to create a new man. The *darkness* and the *specters* do not represent a punishment; they constitute simply the natural reverse of *love* and spiritual *intelligence*.

37 SCIENCE AND SOCIAL ACTION ALONE CANNOT BEAT UNHAPPINESS. IT IS AN UNREMITTING *TOIL* TO BRING SPIRITUAL LIFE TO EXISTENCE THAT WILL *CHANGE THE WORLD* WITH GOD'S HELP.

1. In early April, 1974, Jesus shows himself and speaks to brother Michel for the 37th time (always by night, hence the name Vigil given to the chapters of *The Gospel Delivered in Arès*), and he announces the impending end of his apparitions.

2. With time the intensest emotion turns into humdrum (n.★ Vigil 36). The *prophet* of Arès like any man (see n. 2/16 & 19) will be threatened with the weakening caused by habit, and he will experience fear of the world and doubt (like Mary, 33/14). He shall struggle to keep his faith, his prophethood and even the memories of the wonder he is witnessing vivid and lively.

RÉVÉLATION ORIGINALE — ORIGINAL REVELATION
Les mots en *italiques* reconstituent les mots illisibles du document manuscrit
The italicized words are reconstructions of the illegible words of the handwritten record

le Dieu de mon salut. Maintenant j'ai confiance, car j'ai vu le Salut du pénitent et sa Force ! »

4. Ce Que tu as vu et entendu publie-Le sur les toits et dans les assemblées.
5. Méprise les richesses qu'on t'offrira pour te taire,
pour publier que tu as fait un songe,
pour racheter tes livres,
les jeter au bûcher,
car on te soumettra à des séductions et à des tentations très grandes.
Que ton esprit les frôle, Je t'anéantis !
6. Prends garde au tentateur ! Je te donne la force pour le vaincre, mais il redoublera de ruse et d'efforts.
Ève y a succombé, mais Marie a triomphé de lui. Fais-toi d'elle une compagne de route ! Ne lâche pas les pans de son manteau ! À sa vue le serpent s'enfuit en sifflant.
7. Quant aux hommes qui t'attaqueront, Je l'ai dit : une légion de saints tout équipée t'en défendra ;
d'un Souffle Je t'élèverai au-dessus d'eux.
8. Ma Protection s'étendra sur les moissonneurs qui travailleront avec toi au Champ ;

God of my salvation. I am confident now, because I saw the Salvation of the penitent and his Strength ! "

4. Publish from the rooftops and in the assemblies That Which you have seen and heard.
5. Despise the riches that you will be offered (by men enticing you) to keep silent, to state that you have had a dream,
to buy your books from you
and throw them on the pyre,
for you will have to face very strong attractions and temptations.
If your mind skims over them at all, I destroy you !
6. Look out for the tempter ! I give you the strength to conquer him, but he is going to step up his wiles and efforts.
Eve yielded to him, but Mary triumphed over him. Make your fellow traveler of her ! Do not let go of her coat tail ever ! When the snake sees her, it hurries away hissing.
7. As for the men who will attack you, I have said that a well-fitted-out legion of angels will defend you from them ;
with a single Puff I will lift you above them.
8. I will extend My Protection to the harvesters who are going to work

ANNOTATIONS
Verset par verset ou générales ★
Either verse by verse or general ★

3. Voir n. 35/5. Les Théophanies, la puissance particulière de leur Message *(Le Livre)* et l'extraordinaire conflagration surnaturelle qui les accompagnera, en 1977, causeront un tel choc au témoin qu'il manquera les rejeter et s'enfuir, peut-être même mourir. C'est pourquoi Dieu, dans sa Sagesse, fait précéder les Théophanies des apparitions de Jésus, en 1974. Jésus est certes transfiguré et glorifié, mais il *parle d'une voix d'homme (40/3)*, il appartient à notre ordre mental, sa présence surnaturelle prépare le témoin au surnaturel suprême qui va venir: celui de Dieu lui-même. C'est seulement le 2 octobre 1977, quand le Père en personne (voir *Le Livre: Récits, Notes et Réflexions sur les Théophanies*) se manifestera devant lui et lui parlera, que le frère Michel comprendra le sens de: *Tu pourras dire «J'ai vu Dieu.»* Jusqu'à ce moment-là, le frère Michel assimilera ce verset aux vv. 2/13, 32/5, et d'une façon générale à tout ce qui transparaît de Dieu à travers *l'homme Jésus (32/2)* et à travers tout *prophète*.

4. *Ce Que tu as vu et entendu:* Jésus. Jésus est la preuve que les morts peuvent ressusciter (31/11, 33/29) et la démonstration de la vie charnelle transfigurée et perpétuelle qui attend les justes. L'apparition de Jésus, transfiguré mais en chair et en os, constitue en elle-même un message du Père aussi fort et prometteur que sa Parole. C'est le signe avant-coureur du *Jour* de Dieu,

5-6. Les persiflages, calomnies et provocations (34/3-5, 36/21-22) lancés par les pouvoirs religieux et profanes et leurs media alterneront avec des manœuvres de «récupération», de compromission (15/6) et de *rachat* de *La Révélation d'Arès*. Le frère Michel et plusieurs générations de Pèlerins d'Arès (39/10b) seront attentifs à ces incitations et les repousseront. Pour *Marie*, voir 33/13-16.

7-8. Nouvelle promesse d'aide à la mission d'Arès (23/5, 29/6, 31/6).

---

3. See n. 35/5. The Theophanies, the peculiar vigor of their Message *(The Book)* and the extraordinary supernatural disturbance that will go with them, in 1977, will give such a shock to the witness that he will come to the brink of rejecting them, fleeing, and perhaps even dying. This is why God, out of Wisdom, precedes the Theophanies by Jesus' apparitions, in 1974. Though Jesus is transfigured and glorified, his *voice* is *a man's (40/3)*, he belongs to our mental order, his supernatural presence is preparing the witness for the utmost supernatural that is to occur, that of God in person. It is not until October 2, 1977, when the Father physically present (see *The Book, Accounts, Notes and Thoughts about the Theophanies*) will manifest himself before him, that brocher Michel will grasp the sense of: *You will have grounds for stating, "I saw God."* Until that moment brother Michel will liken this verse to v. 2/13 and v. 32/5, and, broadly speaking, to every thing that shows God through *man Jesus (32/2)* and through every *prophet*.

4. *That Which you have seen and heard:* Jesus. Jesus is the evidence that dead men can resuscitate (31/11, 33/29) and the demonstration of the transfigured perpetual corporeal life that is in store for the just. The appearance of Jesus, transfigured but in the flesh, is in itself a message from the Father as strong and promising as his Word. It is the harbinger of God's *Day*.

5-6. The mockery, slander and provocation (34/3-5, 36/21-22) put out by the religious and profane powers and their mass media will alternate with maneuvers of 'harnessing' and compromising (15/6) and with moves to *buy The Revelation of Arès*. Brother Michel and several generations of Arès Pilgrims (39/10b) shall remain careful to detect and repel those incitements. About *Mary* see 33/13-16.

7-8. One more promise of help to the mission of Arès (23/5, 29/6, 31/6).

RÉVÉLATION ORIGINALE — ORIGINAL REVELATION
Les mots en *italiques* reconstituent les mots illisibles du document manuscrit
The italicized words are reconstructions of the illegible words of the handwritten record

eux aussi subiront les méchants et les ruses du tentateur.
9. Le traître parmi eux, celui qui entre en doute,
éloigne-les tout de suite !
Mais ceux qui goûteront jusqu'au bout du bonheur à leur peine, dont l'ardeur et la piété ne failliront pas,
J'en ferai une constellation éclatante sur Mes Hauteurs Sacrées.
Il y aura un temps pour leur peine
et une éternité pour leur gloire.
10. Mais que tous Me craignent tant qu'ils n'ont pas achevé leur tâche.
Qu'ils observent la Parole Que Je te livre et Celle Que J'ai livrée à Mes Prophètes et à Mes Témoins avant toi.

38 1. Homme Michel, tu as cessé de trembler,
tu es consolé et fort.
2. Je t'ai saisi et déposé à la lisière de Mon Champ ;
il est temps que la Moisson se fasse,
que le monde soit sauvé,
avant que ne *pleuve* le péché des péchés.

---

with you in the Field ;
they too will undergo the attacks of the wicked and the tempter's wiles.
9. You shall without delay send away
the traitor among the harvesters, (and) the one who begins doubting !
But over My Sacred Heights I will make a constellation of the harvesters who will feel happiness in their toil and show unfailing zeal and piety until the end.
There will be a time for their toil
and eternity for their glory
10. Let all of them fear Me, however, as long as their task is not completed.
Let them abide by the Word That I have been delivering to you and The Word That I delivered to My Prophets and Witnesses before you.

38 1. Man Michel, your trembling has died down,
you have grown comforted and strong.
2. I have seized you and stood you on the edge of My Field ;
it is time the Harvest were undertaken,
(it is time) the world were rescued
before the sin of sins *rains*.

ANNOTATIONS
Verset par verset ou générales ★
Either verse by verse or general ★

9. Relier ce verset à 29/5, 36/8, 39/7. L'aide du Père (v. 8) est assurée au *prophète* et à ses compagnons de mission tant qu'ils ne s'exposent pas inutilement ou témérairement à leurs contradicteurs extérieurs, mais aussi intérieurs. L'amour évangélique n'impose pas de garder avec soi un *traître* ou *celui qui entre en doute* (voir n. 36/16). Mais ici le discernement et la *prudence* sont nécessaires. Le *traître* n'est pas forcément celui qui ressent et vit *La Révélation d'Arès* d'une façon originale, apparemment déviante, parfois choquante, qui inquiète ou agace *l'assemblée;* la diversité et la complémentarité sont des richesses du peuple de Dieu. Le *traître* est manifestement en opposition avec la Parole, parfois sous des apparences satisfaisantes. *Celui qui entre en doute:* Outre le *traître*, c'est celui dont l'indécision ou le scepticisme deviennent permanents, l'objecteur aux réactions de conscience contradictoires, et même celui qui néglige durablement la *pénitence* et/ou la *moisson,* enfin tout frère et sœur qui, pour quelle que raison que ce soit, est nuisible à *l'assemblée*. La Parole met clairement en équivalence l'opposition, l'incapacité et la nocivité. Mais, si les *moissonneurs,* hommes imparfaits, parfois très imparfaits, restent aussi fidèles et prudents qu'opiniâtres (6/2-3, 31/6) dans *l'ascension,* quelle récompense, et quel triomphe universel leur sont promis au bout des *générations (24/2-5)!*

38 LE MONDE NE SERA PAS TRANSFIGURÉ PAR DES MYSTIQUES, DES «INITIÉS» OU DES ASCÈTES, MAIS PAR DES GENS ORDINAIRES ANIMÉS D'UNE CONVICTION ÉVOLUTIVE, CRÉATRICE ET JOYEUSE.

1. *Tu as cessé de trembler:* Cette fois il ne s'agit pas seulement d'émotion spirituelle. La veille ou l'avant-veille de la 38ᵉ apparition, au cours de la journée, deux bras invisibles soulèvent le frère Michel jusqu'au plafond de son cabinet de travail, d'où ils le laissent tomber sur le sol, tête

---

9. This verse should be related to 29/5, 36/8, 39/7. The Father assures the *prophet* and his fellow missionaries of his help (v. 8) as long as they do not lay themselves open needlessly or recklessly to their external, but also internal opponents. Evangelical love does not demand that a *traitor* or *the one who begins having doubts* be kept as a fellow (see 36/16). But discernment and *prudence* are required. A *traitor* is not necessarily a person who either senses or lives *The Revelation of Arès* in an peculiar, seemingly deviant, sometimes shocking way that worries or annoys the *assembly;* diversity and complementarity are treasures of God's people. The *traitor* is obviously at variance with the Word, sometimes beneath a satisfactory exterior. *The one who begins doubting:* Apart from the *traitor*, this is the one whose indecisiveness or skepticism become permanent, or an objector with ever conflicting reactions of conscience, or the one who neglects *penitence* and/or the *harvest,* finally every brother or sister harmful to the *assembly* in any way. The Word clearly considers opposition, incapacity and harmfulness as equivalent. But if the *harvesters,* though imperfect, sometimes very imperfect men, remain as faithful and prudent as they remain stubborn (6/2-3, 31/6) in the *ascent,* a great reward and universal triumph are promised to them in the end of the *generations (24/2-5).*

38 THE WORLD WILL NOT BE TRANSFIGURED BY MYSTICS, 'INITIATES' AND ASCETICS, BUT BY ORDINARY PEOPLE PROMPTED BY AN EVOLUTIONARY, CREATIVE AND JOYFUL CONVICTION.

1. *Your trembling has died down:* This time the witness was not just trembling with spiritual emotion. The day before or two days before the 38th appearance, in the daytime, two invisible arms lifted up brother Michel to the ceiling of his study and dropped him headfirst onto the

RÉVÉLATION ORIGINALE — *ORIGINAL REVELATION*
Les mots en *italiques* reconstituent les mots illisibles du document manuscrit
The italicized words are reconstructions of the illegible words of the handwritten record

3. Que Je ne vienne pas à Mon Champ sans t'y trouver !
Devant Moi, partout, quand J'étais avec vous,
J'ai trouvé Ma Mère et Mes Témoins.
Fais de même !
4. De tes craintes Je t'ai consolé,
tu sais que Je te suis sur ta gauche.
Agite ta faux devant toi !
Écarte devant toi les épines qui gênent ta marche pour conduire Mon Peuple jusqu'à Mes Hauteurs.
5. Gerbe et engrange !
Guide et exhorte à l'ascension !
J'ai parlé en paraboles pour affirmer ta confiance, déposer en toi la Vérité sans détours,
car le langage des sciences est comme l'obscurité
et Je suis la Lumière,
il est comme la mort et Je suis la Vie.
6. Je t'ai donné une épouse et J'ai béni vos épousailles. Elle est éprise de toi pour t'être un réconfort,
l'étreinte de son sein affermit ton cœur ;

---

3. Do not let Me come to My Field and not see you there !
Ahead of Me, everywhere, in the days I was being with you,
I could see My Mother and My Witnesses (work).
Do likewise !
4. I have comforted you in your fear,
you know that I accompany you on your left.
Wield your scythe forward !
In front of you thrust aside the thorns which hamper your progress to lead My People up My Heights.
5. Bind into sheaves and store (the harvest) !
Guide and exhort (men) to the ascent !
I have spoken in parables in order to strengthen your trust and leave Truth, plain and straightforward, within you,
for the language of science is like darkness,
but I am Light,
it is like death, but I am Life.
6. I gave you a wife and I blessed your nuptials. She is in love with you so as to be a comfort to you,
the embrace of her breast strengthens your heart ;

ANNOTATIONS
Verset par verset ou générales ★
Either verse by verse or general ★

la première. L'auteur de cette brutalité est un démon enragé par les apparitions de Jésus (voir Liminaire de la 1ère édition de *L'Évangile donné à Arès, 1974*). Quand Jésus apparaît pour la 38e fois, le frère Michel souffre d'une plaie à la tête et de céphalée, il *tremble* de fatigue; Jésus pose sa main sur lui, le guérit et l'apaise aussitôt.

2. *Il est temps que la Moisson se fasse et que le monde soit sauvé:* La religion et son émule, la politique, n'ont pas fait la *Moisson* à laquelle les avaient envoyés les *prophètes*. Pendant des siècles, avant de relancer à Arès la *Moisson* délaissée, le Père a espéré que les religions et/ou les politiques répareraient les erreurs de certains de leurs fondateurs (par exemple les apôtres: *témoins partis sur les friches, Veillée 5*) et surtout leurs propres égarements; le Père a espéré qu'elles rendraient au monde sa vocation spirituelle et le conduiraient au *changement (28/7)*. Dans ces mots: *Je patiente encore (28/21)*, on sent l'amour, les regrets et l'estime du Père pour certains hommes (par exemple *le jars, XXXVI/3*) qui ont fait leur possible pour instaurer la bonté et *l'intelligence* spirituelle comme valeurs sociales suprêmes, mais le Père manifestement ne croit plus que les grandes institutions changeront, à preuve toute la Parole d'Arès les condamne avec une rudesse qui, par moments, nous laisse pantois. De plus, le Père a certainement la prescience d'une évolution malheureuse: extinction universelle accélérée de la foi et des grands élans humanistes; prolifération de sectes nocives ou abêtissantes; expansion de la religion du plaisir, du scepticisme et du cynisme, manifestes dans les media notamment, etc). Cette évolution explique *qu'il est temps* qu'un renversement se fasse, d'autant plus qu'il ne se fera pas rapidement (24/2). *Péché des péchés:* sens lié aux versets 26/13-14, non encore publiés.

3-5. Recommandations renouvelées: *Agite ta faux (13/9). Gerbe et engrange (31/6-8). Exhorte à l'Ascension (7/1, 26/6 et 9, 36/14). La science est l'obscurité (1/3, 26/3 et 11, 32/7 et 9).*

---

floor. The brutality was caused by a devil infuriated by Jesus' appearances (see the Introductory Chapter of the 1st edition of *The Gospel Delivered in Arès, 1974*). When Jesus appeared for the 38th time, brother Michel had a wound in the head and a headache, he was *trembling* with strain; Jesus laid his hand on him, cured and soothed him immediately.

2. *It is time the Harvest were undertaken and the world were rescued:* Religion and its emulator, politics, have not achieved the *Harvest* they had been sent to by the *prophets*. For centuries, before he came down to Arès to revive the neglected *Harvest*, the Father had lived in hope of religions and/or politics' correcting some of their founders' mistakes (eg the apostles': *the witnesses who went off to waste lands, Vigil 5*) and above all their own aberrations; the Father had hoped that they would give back the world its spiritual vocation and would lead it to *change (28/7)*. In the words *I am still waiting (28/21)* we detect the Father's love, regrets and great regard for some men (eg *the gander, XXXVI/3*) who did their best to teach and spread goodness and spiritual *intelligence* as supreme social values, but the Father manifestly expects no longer that the great institutions will ever change—just witness the whole Word of Arès blaming them with a harshness which, at times, stuns! Besides, the Father certainly has foreknowledge of a bad evolution: fast worldwide dying out of faith and of great humanitarian élans; proliferation of harmful and stupefying sects; expansion of the religion of pleasure, of skepticism, of cynicism, notably conspicuous in mass media, etc). That evolution accounts for the words *It is time*: It is time a reversal started, which is all the more urgent as it is to be slow (24/2). *The sin of sins:* the meaning of these words is related to the verses 26/13-14 not published yet.

3-5. Recommandations renewed: *Wield your scythe (13/9). Bind into sheaves and store (31/6-8). Exhort (men) to ascend (7/1, 26/6 & 9, 36/14). Science is darkness (1/3, 26/3 & 11, 32/7 & 9).*

elle te verse à boire, te sert elle-même le soir quand tu as peiné tout le jour.

Qu'elle vive toujours auprès de toi à la lisière de Mon Champ, sur les sentiers de Mes Montagnes !

7. Ne sois pas comme les ambitieux qui éloignent femmes et enfants, se vêtent de la tunique des vierges, croyant s'élever en vertu devant les hommes

et croyant Me servir mieux ;

8. mais ils ont oublié Ma Parole, les insensés ; le tentateur les a *violés* sous leur tunique, a engrossé leur cœur d'orgueil et d'ignorance.

9. Toi, homme Michel, vis auprès de ton épouse et de tes enfants devant toutes Mes Assemblées

pour montrer où est Ma Volonté.

39

1. Tu Me verras demain encore
et puis tu ne Me verras plus,
mais tu sentiras comme un air léger Mon Haleine quand Je te parlerai encore plus tard,
car tu n'as pas idée des questions innombrables qu'on te posera,

---

she pours you drinks, she helps you to food at night after you have toiled all day ;

let her live with you perpetually at the edge of My Field, (and) on the paths of My Mountains !

7. Do not be like the ambitious who dismiss (the prospect of having) wives and children, (and who) put on the virgins' tunic, persuaded that they rise in virtue in men's eyes

and persuaded that they serve Me better ;

8. but they fools have forgotten the Word ; the tempter *raped* them under their tunics, made theirs hearts pregnant with pride and ignorance.

9. You, Man Michel, live with your wife and children before all of My Assemblies

in order to show (them) the gist of My Will.

39

1. You will see Me tomorrow again
and then you will not see Me any more,
but you will feel My Breath like a light draught when I speak to you again later,
for you have no idea of the countless questions you will be asked

337 LE CÉLIBAT N'ÉLÈVE PAS EN VERTU — CELIBACY RISES NO ONE IN VIRTUE

ANNOTATIONS
Verset par verset ou générales ★
Either verse by verse or general ★

6-9. Quand Jésus lui apparaît, le frère Michel, bien que français (breton par son père et lorrain par sa mère), appartient au clergé de l'église orthodoxe, d'abord dans une branche française, puis à partir de 1971 dans une branche russe minoritaire et très controversée mais non moins authentique: l'Église Vivante ou Rénovée, qui se détacha de l'Église Patriarcale Russe pendant la révolution russe; il représente cette branche en Europe Occidentale. Christiane, qu'il épousa en 1968, est née en Berry; en 1974 ils ont déjà deux filles (3 et 5 ans); c'est encore une fille qui naîtra à Arès en 1975 (ce qui paraît conforme à 25/8). *La Révélation d'Arès* rappelle la parfaite pureté du mariage et du bonheur conjugal (26/9, Veillée 33), et plus encore: leur essentialité, inscrits dans le plan du Créateur: Dès qu'il crée Adam, Dieu l'unit à Ève. Ceux (moines, religieuses, prêtres, etc.) qui *éloignent* le mariage défient l'intention du Créateur pour qui l'homme et la femme doivent *faire une seule chair (Genèse 2/18-24)*. L'ascétisme se voudrait-il plus sage que la Sagesse Divine? Croire qu'on *s'élève* au-dessus des autres et/ou qu'on se rapproche de Dieu et de la Vérité par l'ascèse est folle *ambition, orgueil* et *ignorance*.

39 NUL NE *CHANGERA LE MONDE* SANS VIVRE AVEC LE MONDE. IL FAUT PARTAGER ET AIMER CE MONDE DE PÉCHÉ TOUT EN SE LIBÉRANT DU PÉCHÉ. GRANDE ET NOBLE ÉPREUVE DE LA MISSION.

1. *Tu n'as pas idée...*: La mission impartie au frère Michel, aux *assemblées* (les *frères* dans *Le Livre*) qui se formeront autour de lui, et à leur *descendance (v.10)*, est universelle, non religieuse. Il s'agit de ranimer la vie spirituelle comme base naturelle de la vie humaine.

6-9. When Jesus' appearances occur, brother Michel, though he is French (Breton on his father's side, Lorrainese on his mother's) belongs to the clergy of the Orthodox Church, at first in a French branch, then from 1971 in a Russian branch, a minority very controversial but for all that not unauthentic: The Living or Revived Church which had broken away from the Russian Patriarcal Church during the Russian revolution; he is the representative of this branch in Western Europe. Christiane, whom he married in 1968, was born in Berry; in 1974 they already have two daughters (respectively 3 and 5 years old); it is still a daughter that will be born in Arès in 1975 (which seems in accordance with 25/8). *The Revelation of Arès* recalls the perfect purity of marriage and conjugal happiness (26/9, Vigil 33) and above all their essentialness, in line with the Maker's plan: As soon as he created Adam God united him with Eve. Those (monks, nuns, priests, etc.) who *dismiss* marriage challenge the Maker who has intended the man and woman *to become one flesh (Genesis 2/18-24)*. Does asceticism claim to be wiser than Divine Wisdom? To believe that one *rises* above others and/or comes close to God and Truth through asceticism is foolish *ambition, pride* and *ignorance*.

39 NO ONE WILL EVER *CHANGE* MEN WITHOUT LIVING WITH MEN. WE SHALL SHARE AND LOVE THE SINFUL WORLD WHILE FREEING OURSELVES FROM SIN. THIS IS THE GREAT NOBLE TEST OF THE MISSION.

1. *You have no idea...*: The mission assigned to brother Michel, the *assemblies* (the *brothers* in *The Book*) that will gather round him and their *descendants (v.10)* is universal, not religious. They have to revive spiritual life as the natural basis of human life. Intellect is not to be sup-

RÉVÉLATION ORIGINALE — *ORIGINAL REVELATION*
Les mots en *italiques* reconstituent les mots illisibles du document manuscrit
The italicized words are reconstructions of the illegible words of the handwritten record

des enseignements que tu devras *répandre*.
2. Ne réponds rien de toi-même,
   demande un délai pour la prière,
   attends que Je te parle !
3. Répugne à la hâte et à la science ;
   ce sont les portes par où entre le mal dans le monde !
   À Moi la Puissance et la Connaissance ;
   à toi la mesure, la patience et la piété.
4. Tu t'adresseras à Moi seul,
   tous feront de même.
   Contre le péché d'adoration
   mets-les en garde, ceux qui s'adressent à d'autres esprits que Dieu,
   qui leur vouent des sanctuaires et leur apportent des offrandes,
   aux morts qui ont laissé un renom de piété et de sacrifice !
   Ceux qui prient les morts sont morts.
5. La mère seule donne audience à ses enfants ;
   ceux qui s'adresseront à elle le feront avec sens,
   sachant qu'elle ne répand pas la Vie
   mais le conseil, la consolation et la force.

---

and the teachings which you shall have to *spread*.
2. Do not give any answer on impulse,
   ask for some time to pray,
   wait for Me to speak to you !
3. Loathe haste and science ;
   these are the doors through wich evil enters the world !
   To Me Might and Knowledge (belong) ;
   To you moderation, patience and piety (belong).
4. You shall address Me alone,
   everyone will do likewise.
   Against the sin of adoration
   (you shall) warn those who address spirits apart from God,
   and who dedicate sanctuaries to spirits and bring offerings for them,
   for the dead that have achieved fame for their piety and sacrifice !
   Those who pray to the dead are dead.
5. Only the mother gives audience to her children ;
   those who address her shall do so with sense,
   well aware that she does not spread Life ;
   she spreads advice, comfort and strength.

ANNOTATIONS
Verset par verset ou générales ★
Either verse by verse or general ★

L'intellect ne doit pas être étouffé; c'est un outil prodigieux et irremplaçable, mais ce n'est qu'un outil. Dieu appelle des hommes et des femmes ordinaires, inconnus, apparemment dénués de moyens en rapport avec leur but. Frère Michel est le type même de l'homme ordinaire. Pourtant ils se rééduqueront et rééduqueront le monde spirituellement, ils le *changeront,* ils en redistribueront les valeurs, ils ramèneront au premier plan l'amour et *l'intelligence* spirituelle.

2-3. Le frère Michel et les *moissonneurs* seront aidés et inspirés tant qu'ils observeront l'enseignement et les conseils de la Parole, tant qu'ils renonceront à l'enseignement, aux «valeurs» et aux mœurs du monde, et tant qu'ils s'armeront de *mesure,* de *patience* et de *prière.*

4-5. *D'autres esprits que Dieu:* «Saints» et autres *morts (33/35)* superstitieusement vénérés par de nombreuses religions et par les nécromancies (spiritisme) condamnées au temps de Moïse *(Lévitique 19/31, Deutéronome 18/11).* Nul homme n'est apte à distinguer le «saint» du non-saint; il n'existe qu'une certitude de *Sainteté,* celle du *Père (12/4).* Le Premier Commandement reste impératif: *Il n'y a de piété que pour Dieu (33/35),* et, de toute façon, *qui peut savoir qui est sauvé, qui n'est pas sauvé? (11/3).* Du reste, si quelque «saint» était identifié, pourquoi serait-il prié? Dieu n'invite pas à prier Élie, Jésus, Mahomet, etc. (Veillée 2). Le Père seul dispense la *Vie (v.5)* et les *Prodiges (36/14).* Même quand Dieu invite le croyant à *s'adresser* à Marie *(la mère, v.5),* c'est dans des limites bien définies (12/12-13, 33/12-16); la *force* dispensée par Marie est la *force* morale, la *force* de consoler et conseiller (36/13), non la *Force* Divine *(35/10)* qui créa l'univers. Le miracle, par nature, est recréation, mais le grand miracle sera le *changement du monde (28/7)* en synergie avec l'homme: *Ta foi t'a sauvé (Luc 18/42, etc.).* La foi est co-créatrice et recréatrice de l'humanité; elle recréera même des hommes sans foi. Un *reste* et un *petit reste* ont foi dans l'homme; il leur faut devenir très nombreux.

---

pressed because it is an irrepleacable wonderful tool, but only a tool. God calls on ordinary men and women unknown and seemingly deprived of powers proportionate to their purpose. Brother Michel is the very epitome of the ordinary man. However, they will re-educate themselves and re-educate the world spiritually, they will *change* it, they will redistribute its values and bring back love and spiritual *intelligence* to the highest level.

2-3. Brother Michel and the *harvesters* will be assisted and inspired, as long as they observe the Word's teaching and advice, as long as they desert the world's teaching, 'values' and mores, and as long as they arm themselves with *moderation, patience* and *prayer.*

4-5. *Spirits apart from God:* 'Saints' and other *dead (33/35)* superstitiously revered by many religions and by the necromancies (spiritualism) condemned in Moses' times *(Leviticus 19/31, Deuteronomy 18/11).* No man is able to tell a 'saint' from a non-saint; there is a one and only certainty of *Sanctity,* the *Father's (12/4).* The First Commandment still is imperative: *The only (true) piety is for God (33/35),* and, in any case, *is anyone able to know whoever is saved, whoever is not? (11/3).* Moreover, supposing some 'saint' were identified, why should people pray to him or her? God does not invite us to pray to Elijah, Jesus, Muhammad, etc (Vigil 2). God alone dispenses *Life (v.5)* and *Wonders (36/14).* God invites believers to *address* Mary *(the mother, v.5),* but within well-defined limits (12/12-13, 33/12-16); the *strength* Mary dispenses is either moral *strength* or the *strength* to console and advise (36/13), it is not the Divine *Strength (35/10)* that created the universe. By nature miracle is recreation, but the great miracle will be the *world's change (28/7)* in synergy with man: *Your faith has saved you (Luke 18/42, etc).* Faith is the co-creator and recreator of humanity; it will recreate even men deprived of faith. A *remnant* and a *small remnant* have faith in man; they shall considerably increase in number.

RÉVÉLATION ORIGINALE — ORIGINAL REVELATION
Les mots en *italiques* reconstituent les mots illisibles du document manuscrit
The italicized words are reconstructions of the illegible words of the handwritten record

Ne fais-tu pas de même désormais ?
6. Ne rebrousse pas chemin ; ne reviens pas sur tes pas, homme Michel.
Le péché que tu y as abandonné
est embusqué dans l'ornière de ta trace comme un serpent ; sa morsure te tuera avec ton âme.
Je marche en avant avec toi ;
Mes Pas ne t'accompagneront pas en arrière,
et tu seras sans Protection.
7. Le jour où ton âme se perd, tes parents et amis ne te servent à rien ;
ils peuvent courir à gauche et à droite,
pas plus que l'eau que boit la terre après la pluie
ils ne retiendront ton âme.
Ne t'encombre pas de parents et amis impies,
qui t'aiment, mais qui ne reçoivent pas la Parole Que tu leur livres !
8. Mieux vaut pour toi être entouré de compagnons sévères, qui ne te donnent pas un baiser,
pas un mot d'affection,
mais qui reçoivent Ma Parole et qui L'accomplissent.
Les cajoleurs ne sèment que la faiblesse.

Will you not do likewise from now onwards?
6. Do not turn round and go back, do not retrace your steps, man Michel.
Sin, which you have left in your footprints,
lies in ambush in the ruts of your tracks like a snake; its bite will kill you and (kill) your soul.
I walk ahead along with you;
My Steps will not accompany your backwards,
(if you turn back) you will have no Protection.
7. On the day you lose your soul your relatives and friends are no help to you ;
even though they rush about to the left and to the right,
they cannot hold back your soul
just as the soil cannot hold back the water it soaks up after a rain.
Do not burden yourself with impious relatives and friends
who love you, but who fail to receive the Word you deliver to them !
8. Preferable is a circle of severe companions who never give you a kiss,
never an affectionate word,
but who receive My Word and achieve It.
Wheedlers sow only weakness.

ANNOTATIONS
Verset par verset ou générales ★
Either verse by verse or general ★

6. Le Père a déjà rappelé au frère Michel sa fragilité humaine (voir n. ★ Veillée 36). Il a également évoqué la lâcheté et l'erreur de certains hommes qu'il avait appelés (voir 2/16-18, 5/3). Ceci prouve que des *Prodiges* comme les apparitions de Jésus (1974) et les Théophanies (1977) ne garantissent pas leur *témoin* de la peur de diffuser leurs messages dans le monde ou des tentations du laisser-aller, de l'impatience et du désenchantement. Dieu promet une nouvelle fois son appui au *prophète* d'Arès (29/6), à condition *qu'il ne revienne jamais sur ses pas.*

7. Ce verset rappelle les mots fameux: *Celui qui vient à Moi sans Me préférer à son père, sa mère, sa femme, ses frères, ses sœurs, et même à sa propre vie, ne peut pas être mon disciple (Luc 14/26).*

8-9. Ce verset ne signifie pas que les croyants doivent s'imposer entre eux des rapports *sévères*, comme font certains puritains. Les Pèlerins d'Arès sont chaleureux et joyeux entre eux comme ils le sont avec leurs frères humains du monde entier. Le Père rappelle l'effet, bénéfique ou funeste, que l'entourage humain a sur la foi en général. Il pose ici un cas peu commun, extrême même, pour mieux illustrer sa leçon: Si ceux que nous aimons *(parents, amis, v. 7)* et des croyants frivoles *(dévots au cœur faible, v. 9)* nous induisent en tentations de découragement, de lâcheté, de dispute ou, pire, de reniement, il vaut mieux nous tourner vers des frères austères, mais vertueux et engagés dans l'apostolat, et même fréquenter des incroyants *(qui ne prononcent pas le Nom de Dieu,* voir 28/11-14) au cœur bon et droit qui recherchent la vertu et travaillent à *changer le monde.*

---

6. The Father has already reminded brother Michel of his human frailty (see n. ★ Vigil 36). He has already evoked the cowardice and errors of some men whom he had called (see 2/16-18, 5/3). This shows that *Wonders* like Jesus' appearances (1974) and the Theophanies (1977) do not secure their *witness* against the fear of conveying their messages to the world or against the temptation of carelessness, impatience and disillusion. Once again God promises that he will support the *prophet* of Arès (29/6) providing that *he never retraces his steps.*

7. This verse recalls us to the celebrated words: *Anyone who comes to Me without giving to Me preference over his father, mother, wife children, brothers, sisters, and his own life too, cannot be my disciple (Luke 14/26).*

8-9. This verse does not mean that believers should make it a rule to be on *severe* terms with one another as some puritans do. The Arès Pilgrims are joyful and cheerful between them and towards their brothers of the world, all men. The Father lays stress on the either salutary or baneful effects which human sourroundings exert on faith worldwide. Here he conjures up an uncommon, even extreme occurence to illustrate his teaching more strikingly: If both those we love *(relatives, friends, v. 7)* and frivolous believers *(devouts with weak hearts, v. 9)* led us into temptations of despondency, cowardice, quarrel, or, what is worse, disowning, we had better turn to austere, but virtuous brothers, involved in apostolate, and even associate with unbelievers *(who do not utter God's Name,* see 28/11-14) with good and righteous hearts, who strive to gain virtue and *change the world.*

RÉVÉLATION ORIGINALE — *ORIGINAL REVELATION*
Les mots en *italiques* reconstituent les mots illisibles du document manuscrit
The italicized words are reconstructions of the illegible words of the handwritten record

9. De même la compagnie des hommes qui ne prononcent pas Mon Nom,
parce qu'ils ont été scandalisés,
mais qui vivent selon Ma Justice,
sera pour toi meilleure que celle de *dévots* au cœur faible, qui prient et pèchent tout à la fois.
10. Aucun malheur ne te frappera,
aucune amitié fourbe n'attentera à ton salut,
si tu ne t'y prêtes pas.
Tout Ce Que J'ai dit ici
vaut aussi pour tes fidèles
et les générations de ta descendance.

40
1. Voilà la dernière nuit où tu Me vois.
Grave Ma Face dans ton regard !
2. Mais ne fais pas de cet endroit un sanctuaire,
ne laisse pas croire que Je suis venu
et que Je suis parti.
3. Je Me suis seulement montré, et J'ai parlé d'une Voix d'homme, car ton témoignage aidera à surmonter les faiblesses de ce siècle,

---

9. Similarly, men who no longer utter My Name because hypocrits outraged them and made them lose faith,
but who live up to My Justice,
will be better companions for you than *devout* but weak-hearted people who at once pray and sin.
10. No misfortune will hit you,
no false-hearted friendship will jeopardize your salvation,
if you do not lay yourself open to them.
All That I have said here
also concerns the men faithful to you
and the generations of your descendants.

40
1. Tonight you are looking your last on Me.
Let My Face be engraved on your eyes !
2. But do not make this place a sanctuary,
do not let people believe that I came
and then I left.
3. I have only shown Myself, and I have spoken in a human Voice, for your testimony will help men to overcome the wordly weaknesses,

ANNOTATIONS
Verset par verset ou générales ★
Either verse by verse or general ★

10. Tout vrai croyant doit être prophète par analogie aux *prophètes* dont il tient sa foi. Même si un certain nombre de devoirs et de tâches particulières incombent au frère Michel seul, les Pèlerins d'Arès formeront une mission hautement prophétique. *La Révélation d'Arès* est une proclamation lancée à tous les hommes de bien, croyants ou incroyants (Veillée 28), qu'elle entraîne tous ensemble dans la *moisson* du monde.

40 LE PÈRE A DONNÉ À L'HOMME LA LIBERTÉ, IL NE PEUT PAS SAUVER L'HOMME MALGRÉ LUI. LE PÈRE PEUT SEULEMENT — PAR LA VOIX DES *PROPHÈTES* — APPELER L'HOMME À GAGNER LES *HAUTEURS*.

1. *Grave Ma Face dans ton regard:* voir 37/4. Quoique tous les *prophètes* fussent instruits par Dieu, très peu d'entre eux reçurent la Parole dans des circonstances semblables à celles d'Arès (Noé, Abraham, Moïse, Jésus, Mahomet, et parmi quelques autres probablement Zoroastre et Isaïe, XVIII/3, XLII/14-22). Les apparitions de Jésus (1974), les Théophanies (1977, *Le Livre*) et leurs messages étant complémentaires, on doit les considérer comme un seul événement, une nouvelle manifestation historique directe de Dieu à l'homme.

10. Every true believer must be a prophet by analogy with the *prophets* from whom he or she gets his or her faith. Even though a number of particular duties and tasks are incumbent on brother Michel alone, the Arès Pilgrims have to make up a highly prophetic mission. *The Revelation of Arès* is a proclamation sent out to all good men, whether believers or unbelievers (Vigil 28), whom it involves all together in the *harvest* of the world.

40 THE FATHER HAS GIVEN MAN FREEDOM, SO HE CANNOT SAVE MAN AGAINST MAN'S WILL. HE CAN ONLY—THROUGH THE *PROPHETS'* VOICES—CALL ON MAN TO HEAD FOR THE *HEIGHTS*.

1. *Let My Face be engraved on your eyes:* See 37/4. Though all of the *prophets* have been taught by God, very few of them have received the Word under circumstances similar to those of Arès (Noah, Abraham, Moses, Jesus, Muhammad, and among some others probably Zoroaster and Isaiah, XVIII/3, XLII/14-22). As Jesus' apparitions (1974), the Theophanies (1977, *The Book*) and their messages are complementary, they should be considered as a single event, a new historic direct manifestation of God in presence of man.

RÉVÉLATION ORIGINALE — *ORIGINAL REVELATION*
Les mots en *italiques* reconstituent les mots illisibles du document manuscrit
The italicized words are reconstructions of the illegible words of the handwritten record

4. *mais* Je suis au milieu de tous ceux réunis en Mon Nom
   pour accomplir Ma Parole
   depuis toujours
   et jusqu'à Mon Jour.
5. Va, homme Michel, chausse-toi !
   Conduis Mon Peuple sur Mes Hauteurs Saintes
   où Je l'attends !
6. Désormais tu es Mon Messager,
   tu n'es plus rien pour toi-même.

---

4. *but* from time immemorial
   until My Day
   I am in the midst of all the men who gather in My Name
   in order to achieve My Word
5. Go, man Michel, put your shoes on !
   Lead My People up to the Saint's Heights
   where I wait for them !
6. From now onwards you are My Messenger,
   you are no longer anything for yourself.

ANNOTATIONS
Verset par verset ou générales ★
Either verse by verse or general ★

2. Recommandation déjà faite (35/5).

3. *Les faiblesses de ce siècle:* L'homme est devenu sourd et aveugle. Même les croyants ont acquis des réflexes d'incrédulité, sont comme des athées indifférents à la nouvelle d'un *retour de Dieu (I/1)*. Face au désastre spirituel, il faut quand même convertir, c'est-à-dire convaincre l'homme qu'il peut se recréer et recréer le monde. Peu d'hommes comprennent et acceptent d'emblée une Parole qui les appelle à se reconsidérer à travers *l'âme, l'amour et l'intelligence* spirituelle plutôt qu'à travers les appétits immédiats, l'intellect, la culture et la méfiance due à de multiples déceptions historiques (28/4-6).

4. *Mon Jour: Jour* de Dieu et non jour de Jésus (voir 31/8, 32/1, 33/29). Jésus, descendu à Arès, n'est qu'un *fils d'homme,* bien qu'il soit ressuscité et transfiguré. Homme, il a été renvoyé par le Père parmi les hommes *réunis au Nom de Dieu... de l'extrémité de la terre à l'extrémité du Ciel (Marc 13/26-27).*

5-6. Le v. 6 rappelle *Celui qui Me suit renonce à lui-même (Luc 9/23).* Le v. 6 s'adresse à tout croyant (39/10), mais le *prophète* se doit à une abnégation plus stricte.

---

2. This recommandation has already been given (35/5).

3. *The wordly weaknesses:* Man has become deaf and blind; even believers have picked up reflexes of incredulity, they are like atheists indifferent to the news of God's *return (I/1)*. Though we are being faced with a spiritual disaster, we must convert men, that is, convince them that they can recreate themselves and recreate the world. Few men can take in and acknowledge right away a Word that calls on them to reconsider themselves through the *soul*, spiritual *intelligence* and *love* rather than through immediate appetites, intellect, culture and the distrust due to many historical disappointments (28/4-6).

4. *My Day:* God's *Day*, not Jesus' day (see 31/8, 32/1, 33/29). Jesus, who has come down in Arès, is just a *son of man,* though he has been raised from the dead and transfigured. As a man he has been sent back by the Father among *the men who gather in God's Name... from the ends of the world to the ends of Heaven (Mark 13/26-27).*

5-6. The v. 6 reminds us of the sentence, *If anyone wants to be a follower of mine, let him renounce himself (Luke 9/23).* The v. 6 applies to every believer (39/10), but the *prophet* has to observe a stricter self-denial.

2

LE LIVRE

THE BOOK

Les cinq Théophanies
(manifestations directes de Dieu)
des 2, 9 et 19 octobre,
9 et 22 novembre 1977
et leur Message

*The five Theophanies
(God's direct manifestations)
of October 2, 9 and 19,
November 9 and 22, 1977,
and their Message*

LE LIVRE

LES THÉOPHANIES : RÉCITS, NOTES ET RÉFLEXIONS DU TÉMOIN

Ces « Récits, Notes et Réflexions » sont de ma main, mais c'est à la sœur Christiane, mon épouse, qu'ils doivent d'exister.
En 1974, dans la période des apparitions de Jésus et de la révélation de « L'Évangile donné à Arès », je n'avais pas pris de notes personnelles sur l'événement surnaturel lui-même. Étant par nature attaché à l'essentiel — où je peux être très minutieux —, mais peu réceptif à certains détails, même aux détails d'un fait aussi prodigieux que quarante visites physiques de Jésus, j'avais cru la description du surnaturel accessoire ; je l'avais faite de mémoire, à grands traits, dans le liminaire de « L'Évangile donné à Arès »(1)*. J'y avais résumé aussi sommairement les problèmes que cette révélation soulevaient alors dans mon esprit et dans ma vie. Mais beaucoup avaient regretté que ma mémoire fût si peu concernée par quarante apparitions de Jésus dont ils avaient pressenti, à mes allusions et évocations spontanées dans mes lettres ou dans nos conversations, qu'elles ne s'étaient pas déroulées aussi simplement que le liminaire de l'édition 1974 le faisait croire. Peut-être la foi a-t-elle besoin de telles précisions.*
À l'automne 1977, le surnaturel revint dans ma vie : une intervention directe de Dieu, qu'on appelle théophanie. Cette fois la sœur Christiane me pria de noter l'événement. De ces moments datent les pages qui suivent, écrites au fur et à mesure des manifestations divines, publiées une première fois dans « Le Pèlerin d'Arès » de février 1978 à novembre 1980. Aujourd'hui je reconnais : « En relisant ces notes, il me paraît probable que certains souvenirs qu'elles ont fixés ne me seraient pas revenus de mémoire. Même vécus dans une grande émotion, beaucoup de leurs détails étaient pour moi secondaires ; c'est le message, « Le Livre », que je croyais seul important. Mais si le récit des théophanies peut éveiller la foi d'un certain nombre, susciter leur intérêt pour l'appel que Dieu adresse au monde depuis Arès, que mon épouse soit remerciée en leur nom ! »(2)
Ces pages furent écrites soit au cours des heures suivant chaque théophanie, soit dans les périodes intermédiaires, dans différents états de sentiment selon que le surnaturel venait d'être vécu ou s'éloignait. Pour cette raison, et aussi parce qu'il s'agit de simples notes prises sur le vécu, ce texte manque d'unité d'écriture. Il est à lire comme un document.

frère Michel

---

1. Liminaire de 1974.
2. Propos recueillis lors du Pèlerinage 1982.

THE BOOK

THE THEOPHANIES: THE WITNESS'S ACCOUNTS, NOTES AND THOUGHTS

These 'Accounts, Notes and Thoughts' were written in my own hand, but they owe their existence to sister Christiane, my wife.

In 1974, in the course of Jesus' appearances and revealing of 'The Gospel Delivered in Arès', I did not note down my observations of the supernatural event which I was witnessing. As I am by nature tied to the essential—with which I may take great care—, but little receptive to some details, even details of as wonderful an event as Jesus' forty physical visits, I deemed it of minor interest to describe the supernatural facts; I depicted them roughly, from memory, in the 'The Gospel Delivered in Arès' front matter([1]) where I also summed up, in broad outline, the problems that this revelation raised in my mind and life then. But many readers regretted that my memory was so little concerned with forty appearances of Jesus which they sensed from my spontaneous allusions, hints and recallings in letters and talks, might have not unfolded as simply as I depicted them in that 1974 edition. Perhaps faith needs detailed descriptions.

In the fall of 1977 the supernatural came back in my life: a direct intervention of God called theophany. This time sister Christiane pressed me to note down the details of the event. The following pages date from those days; they were written as fast as the theophanies occurred, and then were first published in 'Le Pèlerin d'Arès' from February 1978 to November 1980. Today I admit, "While rereading these notes I realize that some facts would not have recurred to my mind later if I had not set them down on paper. Although I lived every minute of the event with great emotion, many details appeared of secondary interest to me at the moment; it was only the message, 'The Book', that I thought to be important. But, if the account of the theophanies is really likely to awaken the faith of a number of people and arouse their interest in the appeal that God addressed to the world from Arès, let my wife be thanked on their behalf!" ([2])

I wrote some of these pages in the hours following each theophany and some others in the days between two theophanies, in various states of feeling according to whether the supernatural was recent or distant. For this reason and for the reason that these accounts, notes and thoughts were jotted down in the heat of the event, the text is lacking in unity. One should read it as a background paper.

frère Michel

---

1. 1974 Front Matter.
2. From public talks during the Pilgrimage of 1982.

NOTÉ EN TÊTE DE LA PREMIÈRE PUBLICATION, FÉVRIER 1978 :

Un certain nombre de ceux qui lisent ces lignes connurent dès septembre 1977 qu'une manifestation surnaturelle se préparait. Directement ou dans mes lettres, je leur fis part de mon anxieuse certitude d'une théophanie imminente.

Toujours à travers le courrier, un plus grand nombre encore connut à partir du 2 octobre 1977 que la théophanie était survenue ou se déroulait pendant l'automne. Beaucoup de mes correspondants brûlèrent naturellement d'une pieuse curiosité : « Que vous arrive-t-il, que vous révèle le Ciel ? »

Aujourd'hui, ces manifestations divines sont terminées — tout du moins elles me laissent en paix pour le moment(1) —, mais je réponds encore : « De cela je vous parlerai plus tard ! »

Le message de l'automne 1977 et l'impressionnante conflagration surnaturelle dont il jaillit n'ont aucun secret. Ce message s'adresse à tous les hommes. Il représente beaucoup plus qu'un rappel de Dieu à son peuple (comme *L'Évangile Donné à Arès*), il forme une révélation fondamentale.

Il est justement si essentiel, sa langue est si dépouillée, la voix qui l'a prononcé est descendue de si haut, qu'à mon pauvre esprit, fait pour le langage humain et non pour les raccourcis extrêmes, donner son sens en lui gardant sa vivacité extraordinaire ne m'apparaît pas tout de suite(2).

Ce langage de Dieu, lapidaire mais impérieux, m'impose une méditation dans la prière avant que je le publie. Je ne le publierai pas sans lumières(3). L'expérience de *L'Évangile Donné à Arès* m'est à cet égard profitable. Même si, comparé au *Livre*, cet *Évangile* est facile à lire, je n'oublie pas que, de 1974 à 1976, je souffris de ne pas pouvoir répondre avec simplicité à toutes les questions qu'il soulevait. À cause de cela bien des esprits pieux, mis en doute par mes scrupules et mes hésitations, parfois par mon ignorance(4), s'en détournèrent sans comprendre que le pèlerin qui venait de rencontrer son Seigneur n'était pas entièrement transformé par cette seule rencontre et devait prendre le temps de se convertir.

La publication du message de l'automne 1977 ne presse pas, justement parce que nous avons *L'Évangile Donné à Arès,* bon pour le *peuple bas* — le *peuple* encore fait aux séculaires mentalités, aux pénombres, les endormis ou les mal réveillés que nous sommes pour la plupart —, tandis que la voix jaillie le 2 octobre 1977 d'une lumière aveuglante s'adresse au *peuple haut : l'assemblée des pénitents* et prophètes qu'il faut devenir.

J'ai écrit présomptueusement, au début des théophanies, que le message de 1977 « clarifiait ou actualisait » celui de 1974. Il forme en fait, comme la Genèse dans la Bible, le fond et le corps d'éternité de *La Révélation d'Arès ; L'Évangile*

---

1. Jusqu'en 1981 le frère Michel vivra dans la crainte que ne reviennent les théophanies qui l'ont tant éprouvé. En 1982, le sentiment que l'événement surnaturel, commencé en 1974, poursuivi en 1977, est clos gagnera son esprit. Il retrouvera peu à peu sa nature enjouée.
2. *Ne m'apparaît pas:* Il ne s'agit pas du sens proprement dit — le frère Michel, on le sait, a parfaitement compris le message de Dieu au fur et à mesure qu'il l'a entendu —; il s'agit de rendre, avec le sens, l'impression très forte qu'a produit sur le témoin l'étonnant langage du *Livre*.
3. Pour être accessible au public la *langue lapidaire* du *Livre* va en effet poser des problèmes de grammaticalisation et d'annotation, tout en laissant parfaitement transparaître les paroles originales.
4. Par exemple les sens exacts de *Mémoire du Sacrifice* et de *tabernacle* (*L'Évangile Donné à Arès, Veillée 10*) qui mirent du temps à apparaître.

NOTE AT THE HEAD OF THE FIRST PUBLICATION, FEBRUARY 1978:

A number of those who are reading these lines knew as early as September 1977 that a supernatural manifestation was on its way. Either by word of mouth or by letters I told them about my anxious certainty of an impending theophany.

Through correspondence again a still greater number of those who read these lines knew that from October 2, 1977, the theophany had arisen or was unfolding during the fall. Many of my correspondents were obviously seething with pious curiosity, "What is happening to you? What is Heaven revealing to you?"

Today these divine manifestations are over—at least for the moment they leave me alone(1)—, but my reply remains unchanged, "I'll tell you about that later!"

There is no secret about the message of the 1977 fall and the impressive supernatural disturbance from which it sprang. This message is addressed to all men. It constitutes a much more important event than a mere recalling by God to his people (as in *The Gospel Delivered in Arès*), it forms a fundamental revelation.

The message is indeed so essential, its expression is so bald, the voice that spoke it descended straight from so high, that in my poor mind fit for human language, not for extreme short cuts, I cannot yet link its meaning with its extraordinary sharpness(2).

This terse, but also imperious language of God requires of me a long meditation in prayer before I publish it. I shall not put it out without giving the readers very clear insights into it(3). In this respect the experience of *The Gospel Delivered in Arès* is of great benefit to me. Even if this *Gospel,* compared to *The Book,* is easy to read, I do not forget that from 1974 to 1976 I had difficulties in plainly answering all the questions it raised. Because of this many a pious mind led into doubt by my scruples and hesitation, even by my ignorance(4), came to disregard it without realizing that the pilgrim that had met with his Lord had not been drastically changed by that very encounter and would take some time to be converted.

There is no hurry for publishing the message of the fall of 1977 because we have *The Gospel Delivered in Arès* which is good for *the people here below*—that is, *the people* still steeped in the age old mentalities, in the twilight, most of us still completely dull or still half asleep—, whereas the voice that sprang up on October 2, 1977, from a dazzling light is addressed to *the people on high :* the *assembly of the penitents* and prophets that we have to form.

Presumptuously I wrote, in the early period of the theophanies, that the 1977 message 'clarified or updated' the 1974 message. In fact, just as Genesis in the Bible, it constitutes the core and the eternal body of *The Revelation of Arès ;* The

---

1. Until 1981 brother Michel lived fearful of seeing the theophanies occur again which had awfully afflicted him in 1977. In 1982 he had a feeling that the supernatural event that had begun in 1974, then had recurred in 1977, was over. From then he would be gradually recovering his cheerful temper.
2. *I cannot yet link*—: This is not about the meaning strictly speaking—as the reader knows, brother Michel understood perfectly God's message as fast as he heard it—; this is about rendering together with its meaning the very strong impression which the astonishing language of *The Book* made on the witness.
3. Making the *terse language* of *The Book* accessible to a large readership was going to raise problems of grammaticalization and annotation connected to a perfect transparency of the original words.
4. For example the exact sense of *Recalling the Sacrifice to Remembrance* and *tabernacle (The Gospel Delivered in Arès, Vigil 10)* which took much time to emerge.

Donné à Arès est son reflet qui le précède, c'est aussi un message plus circonstanciel ou temporel [1].

Je ne peux pas m'empêcher de penser à la prophétie de Zacharie [2] : *Alors, ce Jour-là, des eaux vives jailliront... moitié vers la mer orientale, moitié vers la mer occidentale... Alors le Seigneur se montrera le roi de toute la terre. Alors le Seigneur se montrera un, et son nom sera unique.*

L'Évangile Donné à Arès est l'eau vive jaillie vers la mer occidentale, vers nous, le monde souillé et qui impose sa dictature philosophique, technique et financière aux autres hommes. *L'Évangile Donné à Arès* montre dans son messager celui que Dieu a chargé de rassembler *le petit reste* [3] : Jésus, que *Le Livre* appelle *Yëchou* ou *le Bon*. Le message de 1977, *Le Livre*, est *l'eau vive jaillie vers la mer orientale* non comme lieu géographique, mais comme lieu de la vérité éternelle, celui d'où nous viennent les Écritures fondamentales, Bible, Coran ; le lieu spirituel où les *pénitents* se mêlent à l'Infini, dont *le nom est unique*.

Avec le message du début de 1974 et celui de la fin de 1977 — presque quatre années entre eux — nous possédons les complémentaires verticales depuis le *bas*, royaume confié à Jésus, jusqu'au *haut*, là où *la Main* de Dieu *porte haut le menton du juste.*

Bien sûr, le message de 1977 va être publié ; j'appelle les lumières de Dieu pour que cela se fasse au plus vite. Je ne suis pas encore prêt pour la publication, mais je suis déjà en mesure de fournir un récit et le sens général de cet événement surnaturel. J'en ai fait un panorama, dont les éléments sont simplement puisés aux notes que j'ai prises tout au long des théophanies.

En 1974 je n'avais pris aucune note personnelle ; je m'étais borné à transcrire sous la dictée les Paroles de l'envoyé céleste. En 1977, sur le conseil de mon épouse, notre sœur Christiane, j'ai noté mes impressions, mes souvenirs, sur le moment. Le conseil était judicieux, puisqu'il me permet aujourd'hui de vous parler de cet événement surnaturel comme si vous y aviez assisté.

LES SIGNES ANNONCIATEURS (NOTÉ EN SEPTEMBRE 1977).

À la fin du mois d'août, séjournant dans le Var [4], je me suis senti à plusieurs reprises ceint comme d'un anneau d'air ; une pression étrange. À d'autres moments une main invisible me poussait dans le dos, sur la poitrine ou sur l'épaule, sans raison et sans direction, une poussée chahuteuse comme celle des camarades dans les rangs à l'école. Parfois des sons et des lumières m'accompagnaient de même sans rapport avec un moment précis de la journée, ou avec un acte ou une pensée déterminés.

Après deux semaines j'ai identifié ces phénomènes, devenus graduellement plus nets et forts, à certains phénomènes qui avaient précédé les apparitions de 1974. La peur, grandie en panique la nuit, me saisit. Il y a des épreuves qu'on subit

---

1. Sur les relations étroites existant entre *L'Évangile Donné à Arès* et *Le Livre* la pensée du frère Michel s'affinera naturellement par rapport à ces lignes écrites en février 1978. Ces deux révélations n'en font qu'une, de toute façon.
2. Zacharie 14/8-9.
3. L'Évangile Donné à Arès 24/1, 26/1, etc.
4. À l'issue d'un pèlerinage très fatigant, le frère Michel passait quelques jours de repos dans un camping de Provence avec son épouse Christiane et ses trois filles, Nina, Anne et Sara, alors agées de 8, 6 et 2 ans.

Gospel Delivered in Arès is its reflection which preceded it; *The Gospel Delivered in Arès* is also a more circumstantial or temporal message (1).

I cannot help thinking of Zechariah's prophesy (2), *"Then, on that Day, living waters will spring forth— half towards the eastern sea, half towards the western sea— Then the Lord will show as the king of the whole world. Then the Lord will be the one and only and his name the one name."*

The Gospel Delivered in Arès is *the living waters that spring forth towards the western sea*, towards us, towards the soiled world which imposes its philosophical, technical and financial dictatorship on other men. *The Gospel Delivered in Arès* speaks of its messenger as him whom God asked to rally the *small remnant(3)*: Jesus, whom *The Book* calls *Yuhshoo* or *the Good one*. The 1977 message, *The Book*, forms the *living waters that spring forth towards the estern sea*, not as a geographical place but as the place of eternal truth where the fundamental Scriptures: the Bible and Koran, came into existence; the spiritual place where the *penitents* melt into the Infinite one whose *name is the one and only name*.

The message of early 1974 plus the message of late 1977—almost four years between both—make up the vertical complementary lines from *here below,* the kingdom that Jesus has been entrusted with, to *on high* where God*'s Hand raises the just one's chin.*

No doubt the 1977 message will be published; I ask God to give me the benefit of his wisdom so that this will be done soon. I am not yet ready for that publication, but I am now in a position to provide an account and the overall sense of this supernatural event. I have made an overview of it simply drawn from the notes which I kept taking from the start to the end of the theophanies.

In 1974 I took no personal notes; I confined myself to taking down the words uttered by the heavenly messenger as a dictation. In 1977 I followed the advice of my wife, our sister Christiane, I noted down my impressions, my recollections, on those very moments. This proved to be judicious advice because I am now capable of speaking to you of the supernatural event as if you yourself witnessed it.

THE PORTENTOUS SIGNS (NOTED DOWN IN SEPTEMBER 1977).

At the end of August I was staying in Var (4); on several occasions I felt girded with a ring of air; a strange pressure. At other moments an invisible hand pushed me in the back, in the chest, on the shoulders, with no reason and no direction, a playful push of the sort boys give each other when in serried rows in schoolyards. Sometimes I was accompanied by sounds and lights which were likewise unrelated to any precise moment of the day, or any definite act, or any thought.

After two weeks I managed to identify those phenomena, which had gradually become stronger and well-marked, with some phenomenal portents of Jesus' appearances in 1974. I was stricken with fear growing into panic by night. There

---

1. About the close relationship between *The Gospel Delivered in Arès* and *The Book* brother Michel's thought was going to become more elaborate later compared to the thought expressed in these words written in February 1978. Both these books are as one revelation, in any case.
2. Zechariah 14/8-9.
3. The Gospel Delivered in Arès 24/1, 26/1, etc.
4. After an exhausting summer pilgrimage brother Michel was taking a few days rest on a campsite in Provence with his wife Christiane and daughters Nina, Anne and Sara, then respectively 8, 6 and 2 years old.

la première fois avec souffrance mais témérité, par surprise ou ignorance. Quand ces épreuves reviennent, on les fuit, même plusieurs années après. Jamais je n'ai mieux compris, jamais je n'ai fait autant mienne la prière de Jésus : *Père, que passe loin de moi cette coupe !(1)*. Dans les circonstances qui sont les miennes, j'y ajoute : « Pourquoi, Père, t'approches-tu de moi encore ? Pourquoi m'imposer l'épreuve du surnaturel comme l'épreuve de l'air au poisson ? »

Non seulement je m'efforce(2) d'oublier l'approche du moment redouté, mais, sortant à peine d'une autre épreuve — celle subie des incrédules, des fanatiques et des moqueurs à la suite de *L'Évangile Donné à Arès* —, je souffre à l'idée de devoir bientôt annoncer : « Dieu s'est encore manifesté. Voilà ce qu'il dit ! » Trois années et demie de lutte passive ou active contre cent problèmes causés de l'intérieur ou de l'extérieur par les apparitions de Jésus ne m'ont pas disposé à l'enthousiasme, aussi forte soit ma foi. Tous ceux qui, plus « savamment » ou « perspicacement » les uns que les autres, ont envahi mes oreilles ou mon courrier de leurs explications, de leurs récusations ou de leurs interprétations contradictoires, et qui m'ont jeté dans la tentation de la dialectique ou de la polémique — du moins jusqu'en 1976 — n'ont fait qu'épaissir, sans jamais les éclairer, même d'un *lumignon(3)*, les problèmes soulevés par le miracle de 1974 et son message. Je sors meurtri de cet affrontement.

Écartelé entre la crainte de Dieu et la crainte des hommes, je me sens maintenant insoumis aux signes qui m'annoncent une nouvelle rencontre avec le Céleste. Je me révolte contre cette idée, je m'efforce de l'ignorer au point de la retarder peut-être assez longtemps, au risque pour moi de moins prier, d'oublier un peu ma mission, et même de m'étourdir à des projets de voyage.

J'ai eu un moment l'espoir de m'être trompé, ou d'avoir écarté l'épreuve, mais le 17 septembre, étant revenu à Arès, un désir irrésistible de me purifier, de passer ma *tunique* et de m'enfermer dans la maison de prière(4) me prend. Je prie et je psalmodie seul longuement. Brutalement tout vibre autour de moi ; je dirais l'air secoué par un battoir énorme. De ce tourbillon sort une voix : *Sois prêt !*

Ce jour, ma certitude qu'une manifestation surnaturelle se prépare est confirmée.

1. PREMIÈRE THÉOPHANIE (2 OCTOBRE 1977)
A. DÉBUT DE LA MANIFESTATION DE DIEU
(Noté le jour même)

Dimanche 2 octobre 1977.

Il est 4 h 05 à mon réveil quand une rumeur venue du dehors me tire de mon sommeil. Voix rêches, cliquetis, froissement mélangés. J'écoute ; la rumeur fluctue ; par moments un bruit s'impose aux autres, chacun tour à tour ; parfois la rumeur s'atténue, devient un bourdonnement lointain.

---

1. Matthieu 26/39.
2. Ce texte, qui avait été mis au passé lors de sa publication dans *Le Pèlerin d'Arès*, est remis au présent, temps des notes originales.
3. L'Évangile donné à Arès 32/5.
4. La Maison de la Sainte Parole, lieu où les théophanies vont avoir lieu, mais, le 17 septembre, le frère Michel, s'il se doute de l'imminence d'un événement surnaturel, ignore qu'il s'agira de Dieu lui-même.

are some trials that one undergoes the first time with suffering but also rashness because one is caught unawares and inexperienced. When such trials recur, even a few years later, one tries to flee from them. Never had I understood or said that wholeheartedly Jesus' prayer, *"Father, let this cup pass me by!"* (*1*). Under the then circumstances I added, "Father, why have you come to me again? Why do you make me undergo the supernatural as a fish undergoing the test of the air?"

Not only did I endeavor(*2*) not to think of the dreaded moment, but, as I had just got over another test—the trial that the incredulous, zealots and mockers had subjected me to on the publishing of *The Gospel Delivered in Arès*—, I could not bear the thought of having to announce, "God has manifested himself. Listen to what he's said." After three and a half years of passive or active struggle against uncountable problems raised from the interior or the exterior by Jesus' appearances I did not incline to enthusiasm, even if my faith had remained strong. All those who, vying with one another in 'scholarship' and 'perspicacity', had filled my mail and my ears with their explanations, impugnments and interpretations contradictory of one another and so had tempted me into dialectics and polemics— at least until 1976—had not thrown the least light, not the least *candle end*(*3*) glow on the problems raised by the 1974 wonder and message. They had just deepened the problems. I was emerging from that confrontation severely wounded.

Torn between the fear of God and the fear of men, I felt rebellious against the portents of a new meeting between the Heavenly and me. I rebelled against the very idea of it, I strove to ignore it to the point of delaying it for a time, possibly a fairly long time, at the risk for me of praying less, neglecting my mission, and even letting my thoughts wander to travel plans.

For a while I was toying with the hope that I had made a mistake or warded off the trial, but on the 17th of September, then back in Arès, I felt the irresistible urge to purify myself, slip on my tunic, and shut myself away in the prayer house(*4*). I prayed and chanted for rather a long moment by myself. Abruptly everything vibrated around me, as if the air was shaken by a huge washerwoman beetle. From that eddy a voice came out, *"Be ready!"*

This confirmed me in my certitude that a supernatural happening was to occur.

1. THE FIRST THEOPHANY (OCTOBER 2, 1977)
A. THE BEGINNING OF GOD'S MANIFESTATION
(Noted down on the same day)

Sunday, October 2, 1977.

It was 04 : 05 a.m. by my alarm when a hubbub from outside woke me up: Harsh voices, jangling and rustling noises. I listened; the hubbub fluctuated; a noise grew stronger than others, then another became predominant, and then another in turn; sometimes the hubbub died down, turned into a distant buzzing.

---

1. Matthew 26/39.
2. Note for the French version: This text, which had been put into the past tense for its publishing in *Le Pèlerin d'Arès*, was put back into its original present tense in *The Revelation of Arès*, 1984 complete edition.
3. The Gospel Delivered in Arès 32/5.
4. The House of The Saint's Word where God was going to manifest himself, but, on September 17, brother Michel was just expecting a supernatural event, he was far from suspecting the coming of God himself.

De mon lit j'écoute assez longuement. Peu à peu des lueurs parviennent du jardin(1) au fond du couloir où s'ouvre notre chambre. J'allume mon chevet. Christiane dort profondément, la joue gauche posée plissée sur sa main. Je la secoue par l'épaule pour la réveiller; sa peau est froide; l'effet sur moi est angoissant. Je la secoue plus encore, en vain. Je me rends à l'évidence: elle est léthargique.

Je me lève, je vais dans les chambres des enfants. En traversant le couloir, j'aperçois à l'autre bout, dans l'antichambre, des reflets lumineux violents. Je pense aussitôt au 10 décembre 1975(2). Mais, en l'observant, la lumière est différente. Anne et Nina sont froides, léthargiques comme leur mère; seule Sara, la plus petite, paraît avoir sa température et son sommeil habituels.

Je passe dans la salle de bain. J'enfile un pantalon, ma tunique et des sandales. Ému, les jambes lâches, j'entre dans l'antichambre. Le bruit s'amplifie; je pense au grondement d'un lion à l'approche d'un ennemi. Je ne sais pas comment je trouve encore le courage d'avancer. Par la porte-fenêtre je vois l'air brasiller, et aussi devenu diaphane, comme si je n'apercevais la Maison de la Sainte Parole qu'à travers un immense diamant scintillant de mille feux. Sans réfléchir, je prends dans la corbeille des clés sur la commode la clé de la maison de prière et je sors.

L'air que je traverse est épais, mouillé, mais il ne pleut pas. Tout autour de moi éclatent les brasillements qui m'effraient. La rumeur m'enveloppe, de plus en plus forte. Soudainement ce bruit me fait dire: «Dieu des Armées... Dieu des Armées...(3), maintenant je comprends.» Je comprends pourquoi les témoins bibliques, qui durent vivre la même expérience surnaturelle, appelèrent l'Éternel *Dieu des Armées*. Des compagnies en armes semblent s'agiter, s'interpeller partout; une troupe céleste fait escorte à Celui qui m'attend dans la maison de prière. De l'intérieur de celle-ci une autre lumière traverse les verres de couleur des fenêtres.

J'entre dans la maison de prière. Des murs coule de la lumière. Mais surtout, se joignant au concert des bruits extérieurs, toute la charpente craque, grince, émet des bruits indescriptibles comme ceux de projectiles tirés dans la longueur des chevrons et des pannes que je m'attends à voir exploser à chaque seconde. L'air semble former des cristaux énormes, il remue en géométries pointues, carrées. Spectacle impartageable. Je tombe sur le sol et je crie: «Dieu!»

Le front contre le carrelage je reste longtemps, je crois, au centre de ce bouleversement. Comme la nuit du 15 janvier 1974(4) j'ai très froid, mais cette fois

---

1. Le frère Michel appellait «jardin» la cour entre la Maison de la Révélation (son logis où avait apparu Jésus en 1974) et la Maison de la Sainte Parole. Il y avait planté deux parcelles de gazon, deux cèdres et un thuya. Après 1995, l'herbe et les arbres seront arrachés, la cour sera entièrement pavée pour faciliter l'entretien et permettre des réunions de plein air pendant le Pèlerinage.
2. Le 10 décembre 1975, 5 h 30 du matin, le frère Michel est levé et travaille à son courrier. Une lumière surnaturelle aveuglante, vue depuis des localités éloignées d'Arès, apparaît sur le toit de la Maison de la Sainte Parole encore en chantier. Elle cause au frère Michel une conjonctivite douloureuse; il est quasiment aveugle pendant deux semaines; sa vue en restera très affaiblie. Les témoins publics de la prodigieuse illumination, trouvés par voie d'annonce dans le journal «Sud-Ouest», refusent d'apporter officiellement leur témoignage à un fait qu'ils attribuent à un O.V.N.I., et non au surnaturel. Pourtant aucune «soucoupe» n'était visible dans la lumière, mais la mentalité moderne accepte plus facilement la «soucoupe» que Dieu.
3. Dans la Bible *Dieu des Armées* ou *Dieu Sabaoth* évoque le Dieu des Armées d'Israël ou des Armées Célestes, c'est-à-dire des Anges, *Exode 7/4, Psaume 103/21, Livres des Prophètes*, etc.
4. La nuit où eut lieu la première apparition de Jésus à Arès.

For a time I stayed in bed listening attentively. Gradually lights from the garden(1) became visible at the end of the corridor onto which our bedroom opened. I put the bedside lamp on. Christiane was sleeping deeply with her left cheek creased on her hand. I shook her by the shoulder to wake her up; her skin was cold; I felt a pang. I shook her again but to no avail. I yielded to the fact: she was in a state of lethargy.

I got up and went into the children's bedrooms. Crossing the corridor I could see fierce reflections of light come from the lobby. I immediately thought of the 10th of December, 1975(2). But, on closer observation, I found these lights different. Anne and Nina were in the same cold lethargic state as their mother; only Sara, the little one, seemed to have her usual temperature and sleep.

I went into the bathroom; I put on trousers, my tunic and sandals. Overcome with fear, my legs feeble, I entered the lobby. The noise intensified; I thought of a lion growling at the approach of an enemy. I wonder how I managed to pluck up my courage and go on. Through the French window I saw the air glimmering; it had turned diaphanous; I seemed to watch the House of the Saint's Word through an enormous diamond flashing brilliantly. Without thinking I took the key to the prayer house from the keys basket on the chest of drawers and I went out.

The air I went through was thick and damp; it was not raining, though. I was scared by those glimmers flashing all around me. The louder and louder hubbub shrouded me. Suddenly that noise recalled me to the God of Hosts, I said, "Lord of Hosts—(3), now I understand—" I understood why the biblical witnesses, who probably had lived through a similar supernatural experience, had called the Eternal *God of Hosts*. It sounded like a hussle of companies at arms calling out to each other everywhere; heavenly troops were escorting The one who was waiting for me in the prayer house. From inside the prayer house another light shone out through the colored window panes.

I entered the prayer house. Light was pouring down the walls. Even more astonished I heard now the joint concert of the outside noise and inside noise: the whole framework creaking, squeaking, grinding, giving out unspeakable sounds as if projectiles were shot lengthways into the rafters and purlins; I expected them to blow up at any second. It seemed that the air was forming into enormous crystals, it was stirring as if made of pointed and square geometries. Who apart from me would ever have an idea of such a bustle? I fell on the floor and shouted, "God!"

I think that I remained long, my face downwards on the tiles, in the middle of that upheaval. Like on the night of January 14, 1974(4), I felt very cold, but this

---

1. Brother Michel used to call the backyard between The House of the Revelation (his home where Jesus had appeared in 1974) and the House of the Saint's Word the 'garden'. He had planted two patches of grass, two cedars and one big thuja there. After 1995, the grass and trees would be pulled up and the yard wholly paved so that the upkeep could become easier and outdoor meetings could take place during the Pilgrimage.
2. On December 10, 1975, at 05:30 a.m., brother Michel had got up and began writing letters. A supernatural blinding light, noticed by some people in towns far from Arès, appeared over the roof of the House of the Saint's Word then still under repair. It caused brother Michel a painful conjunctivitis which would make him nearly blind for two weeks; his sight has considerably weakened ever since. Answering an ad in 'Sud-Ouest', a newspaper, witnesses to that wonderful illumination were reluctant to testify publicly, because they all ascribed the event to a UFO and denied it might be supernatural. No 'saucer' could be seen in the light, though. Modern mentality holds 'flying saucers' to be probable, but God to be improbable.
3. In the Bible *God of Hosts (Armies)* or *God Sabaoth* represents the God of the armies of Isreal and of the Heavenly Armies, that is, of the Angels, *Exodus 7/4, Psalm 103/21, The Prophetic Books*, etc.
4. The night when Jesus appeared in Arès for the first time.

j'éprouve en plus une peur physique atroce : celle de sentir à tout instant comme le bâtiment s'effondrer sur moi. Même le sol est agité, ondule.

Peu à peu la lumière qui coule des murs s'embrase. On dirait qu'un souffle énorme pousse un feu. Au milieu de la maison de prière, à hauteur du premier rang de sièges(1), se dresse un bâton de lumière, d'une lumière plus blanche et plus aveuglante que toutes les autres. Un bâton haut et mince comme une canne, insoutenable pour mon regard qui le perçoit par clignements. C'est de ce trait lumineux vertical que me parvient la voix, qui me dit : *Voilà le Retour,* ou bien *Tu vois le Retour*(2).

(Les notes du 2 octobre sautent directement à la fin de la théophanie, § C, sans parler de son déroulement. Sur ce sujet quelques réflexions furent écrites plus tard ; nous les insérons ci-dessous, § B, pour respecter la chronologie des faits).

B. DÉROULEMENT DE LA PREMIÈRE THÉOPHANIE.
(Noté rétrospectivement en novembre 1977)

À ma place, dans la Maison de la Sainte Parole, il y a toujours un petit écritoire. Il me permet de noter les recommandations ou les adresses des pèlerins à l'issue des réunions de prière. J'y inscris aussi des réflexions personnelles pendant mes méditations. C'est sur cet écritoire que je transcris le message que me livre la voix sortie du bâton de lumière. Bien que sa lumière fût différente d'un feu, et beaucoup plus violente, ce bâton, combien de fois m'a-t-il fait penser à un buisson fameux(3) !

Le 2 octobre, dès les premiers mots du message je suis surpris, presque indisposé, par sa syntaxe et son vocabulaire pauvres, son expression dépouillée à l'extrême. Cette langue apparemment primitive, en fait primordiale, me donne des difficultés d'adaptation(4). Peu à peu(5), cependant, comme l'enfant assimile sa langue maternelle, mon esprit se familiarise avec les mots et les tournures du message que je reçois en 1977, donné par Quelqu'un de beaucoup plus haut, de beaucoup plus « vaste », d'infiniment plus important que l'envoyé céleste de 1974 ; un message de l'Éternel lui-même.

Écoutez et jugez de la langue étonnante :

(Quand) le Bon (Jésus) descend, il est bas. Il va (à) droite, il est (à) droite... (Si Moi, Dieu,) Je descends, Je suis haut. (Si) Je vais (à) droite, Je suis (au) milieu. (Je suis) Etalé(6).

Le sens de ces *Paroles* est confirmé et précisé par les révélations qui suivent au long de l'automne : Jésus, quoique glorifié, nanti d'une mission divine qui le pourvoit d'une gloire qu'aucun homme entré dans l'éternité n'a jamais reçue auparavant — peut-être même aucun ange —, demeure soumis à des limites, celles

---

1. Aujourd'hui dans la Maison de la Sainte Parole les sièges sont disposés le long des quatre murs formant un carré au centre duquel des lampadas marquent l'emplacement de l'apparition du *bâton de lumière*. Mais le 2 octobre 1977, ces mêmes sièges étaient disposés en rangs.
2. Le Livre I/1.
3. Le buisson ardent, *Exode 3/2-6*.
4. Dans les notes originales figurait le mot *compréhension* rectifié (1983) en *adaptation*, plus juste. En effet, Dieu donne à son témoin le don de comprendre son langage au fur et à mesure de la révélation.
5. En fait, peu après que Dieu commença à parler.
6. Le Livre II/3-4. Premier essai de clarification grammaticale et lexicale.

time I also felt an atrocious physical fear, the fear that the building might fall down and crush me. Even the floor was stirring and waving.

The light that was pouring down the walls flared up by degrees, as if a very powerful breath stirred up a fire. Then in the middle of the prayer house, next to the first row of seats(1), a stick of light appeared, a light more dazzling and whiter than all the others. A stick no taller and thicker than a walking stick, and so bright that I could not bear gazing at it and must wink. From that upright line of light a voice came out saying to me, *"This is the return,"* or *"You can see the return."* (2)

(The notes of the 2d of October skipped straight to the end of the theophany, § C, without relating its unfolding on which a few remarks would be written later; they are inserted here below, § B, in order to follow the chronology of the event).

B. THE UNFOLDING OF THE FIRST THEOPHANY.
(Noted down in retrospect in November 1977)

By my seat, in the House of the Saint's Word, there used to be a small writing set. I used it to jot down pilgrims' recommendations and addresses at the close of every prayer meeting, and to write private thoughts during my meditation times. It was with this writing set that I took down the message uttered by the voice coming out of the stick of light. Although its light was different from and much fiercer than fire, this stick was going to remind me of a famous bush many times(3).

On October 2, right from the first words of the message its poor syntax and its style stripped to the utmost amazed me and even upset me. That apparently primitive but in fact primordial language was going to pose some difficulties of adaptation(4) for me. Little by little(5), however, just as a child assimilates its mother tongue, I would get used to the words and phrases of the message that I would be receiving in 1977 spoken by Someone much higher, much more 'vast', infinitely more important than the 1974 heavenly herald: a message from the Eternal himself.

Listen! This gives you an indication of the astonishing language,

(When) The Good one (i.e. Jesus) *descends, he is low; he goes (to) the right, he is (on) the right—(If) I (God) descend, I am (on) high; (if) I go (to) the right, I am (in) the middle. (I am the) Spread (one)*(6).

The sense of these *Words* would be confirmed and clarified by the revelations to come in close succession during the fall: Jesus, though glorified, appointed to a divine mission which bestowed on him a glory that not a single man gone into eternity—perhaps even not a single angel—had ever been given, remains restricted to limits, those of the terrestrial kingdom that he is in charge of. Jesus also is

---

1. Today in the House of the Saint's Word the seats are arranged along the four walls so forming a square in the center of which oil lamps mark the place where the *stick of light* appeared. But on the 2nd of October, 1977, the same seats were arranged in rows.
2. The Book I/1.
3. The burning or blazing bush, *Exodus 3/2-6*.
4. In the original notes there was the word *understanding* instead of *adaptation*. The latter is the right word, it was substituted for the former in 1983. As God had given his witness the gift for understanding his language as fast as the revelation was delivered, brother Michel had no difficulties in *understanding*.
5. In fact, shortly after God had begun speaking.
6. The Book II/3-4. The first attempt at clarifying the original text with grammatical and lexical addings.

de la royauté terrestre dont il est chargé. Il est soumis aussi à des lois quasi physiques ; notamment il se déplace, alors que l'auteur du message de 1977 se dit *étalé*, c'est-à-dire celui qui est partout en même temps.

Je l'ai dit, le message intégral sera publié, mais la révélation du 2 octobre à elle seule comporte des points capitaux, notamment une « genèse » en raccourci, d'expression très différente de la Bible. Je cite ici un autre passage, qui confirme l'ordre qui m'est donné par *L'Évangile Donné à Arès*, la mise à l'écart des *livres d'hommes*(1), autrement dit le recensement des vraies *Paroles* de Dieu. Le 2 octobre 1977, la voix me dit ceci :

Le Bon (Jésus) donne la Parole. Tu (La) donnes... Ferme le livre (de) l'homme ! Tu ouvres (le) bon Livre... Parole de Mikal(2), *Ma Parole*(3).

Il y a aussi dans la révélation du 2 octobre un usage important des mots *bruit* et *compter* ou *compte*, pour traduire d'une part la vanité du verbiage et d'un grand nombre d'idées, et d'autre part l'esprit vétilleux qui s'attache trop aux mots, qu'il *compte* comme s'ils étaient à vendre, ainsi qu'on le ferait, par exemple, des *fleurs d'un jardin* :

La bouche fait le bruit... L'œil (du) dedans voit les fleurs, l'œil (du) dehors compte les fleurs ; (alors) le jardin (est) fauché, vendu... Ouvre (le) bon Livre ! (4)

Mais Dieu lui-même, pour appeler sa création à retrouver l'éden, doit user de ce langage du *bruit*. Pour lui un acte à ce point contre-nature qu'il en souffre atrocement. C'est le sommet dramatique du 2 octobre :

Je parle le bruit d'homme... pas de poumon dans Moi... La bouche d'homme, J'entre (de)dans. Je serre, Je serre comme le clou (qu'on enfonce).(5)

La voix devient souffrante ; je tombe sur le sol, et je crie : « Seigneur, pardon ! »

C. LA FIN DE LA MANIFESTATION DIVINE.
(Noté le jour même, 2 octobre 1977 ; suite directe du § A)

(Dieu a fini de délivrer son message) J'attends. La voix se tait. Ce que j'assimilais tout à l'heure à des « tirs » — fracas arrivant par pulsions comme des projectiles dans le bois de la charpente — s'espace. Peu à peu le bois geint plus qu'il ne craque. À travers mes paupières — fermées devant l'éclat du bâton de lumière — je perçois que la clarté baisse. J'entrouvre les yeux ; le bâton de lumière a disparu. Les murs ont retrouvé leur blancheur de chaux, mais ici et là se forment encore des sortes de tourbillons de particules lumineuses, vortexs aériens de couleur rose-orangée, qui durent un instant et s'éteignent pour réapparaître aussi subitement quelques mètres plus loin, ou plus haut, ou plus bas. Il me semble que ces phénomènes se forment maintenant dans le fond de mon œil, profondément

---

1. L'Évangile Donné à Arès 16/12, 35/12.
2. Pendant les théophanies Dieu appelle son témoin *Mikal ;* une seule fois il l'appellera *Michel* (XLII/1). La prononciation de *Mikal* n'est pas transcriptible ; le *k* est subtilement, élégamment, aspiré et glottal — aurait-il dû être orthographié *Mikhal ?* —, la voyelle *a* est comme une diphtongue de *a* + *o* ouvert.
3. Ici les *Récits, Notes et Réflexions* originaux livraient de longs extraits de la révélation, qu'il devint inutile de reproduire intégralement à partir de 1984, quand *Le Livre* fut publié intégralement.
4. Également ici les *Récits, Notes et Réflexions* originaux présentaient un large extrait de la révélation.
5. Le Livre II/20-21.

dependent on quasi-physical laws; notably he moves about whereas the author of the 1977 message calls himself *the Spread one,* that is to say, the one that is everywhere at the same time.

The whole message is to be published, I said above, but the revelation of October 2 itself already presents us with fundamental points, among others a 'genesis' in a nutshell, the expression of which is very different from that of the Bible. Now I mention another passage which bears out the order I was given by *The Gospel Delivered in Arès* to dismiss the *books of man(1)* or, in other words, to make an inventory of God's real *Words.* On october 2, 1977, the voice told me,

The Good one (i.e. Jesus) *gives the Word. You give It— Close the book (of) man! You open (the) right Book— Mikal's word(2) (is) My Word(3).*

Also, on October 2, God significantly used the words *noise* and *count* or *to count* by which he would render the vanity of verbiage and the extravagance of ideas on the one hand, and, on the other hand, the captiousness of the minds too much eager for words which they *count* as if words were for sale like the *flowers of a garden* for instance,

The mouth makes the noise— The eye (of the) inside can see the flowers, the eye (of the) outside counts the flowers; (then) the garden (is) mowed, sold— Open (the) right Book!(4)

God himself, however, had to use that *noise* language to call on his creation to restore Eden. For him acting so was unnatural so that he suffered atrociously. At this moment the revelation of October 2 reached its dramatic peak,

I speak the noise of man— no lung inside Me— The mouth of man, I go into it. I am squeezed, I am squeezed like the nail (driven in).(5)

The voice became very painful to hear; I fell onto the floor crying, "Lord, forgive me!"

C. THE END OF THE DIVINE MANIFESTATION.
(Written on October 2, 1977; this is the direct sequel of § A)

(God had finished delivering his message) I waited. The voice kept silent. What had sounded to me like 'shootings'—roars arising in fits and starts like projectiles into the framework wood—became less frequent. Gradually the wood was groaning instead of creaking. Through my eyelids—closed in front of the dazzling stick of light—I perceived the light fading. I half-opened my eyes; the stick of light had just vanished. The walls had returned to their usual whitewashing color, but now and then kinds of whirls of luminous particles, shortlived aerial vortexes of reddish orange color which went out and then reappeared suddenly a few yards away or above or below. Now these phenomena, it seemed to me, began

---

1. The Gospel Delivered in Arès 16/12, 35/12.
2. In the course of the theophanies God called his witness *Mikal;* he called him *Michel* only once *(XLII/1).* The pronunciation of *Mikal* cannot be transcribed; the *k* was subtly, gracefully aspirate and glottal—should it have been spelled *Mikhal?*—, the vowel *a* sounded like a diphthong made of *a* in 'car' + open *o*.
3. Here the original *Accounts, Notes & Thoughts* gave away fairly long excerpts from the revelation, which there would be no use printing completely from 1984 onwards, when *The Book* was published in its entirety.
4. Equally here the original *Accounts, Notes & Thoughts* presented wide excerpts from the revelation.
5. The Book II/20-21.

impressionné comme un film photographique par l'intense lumière tout à l'heure. Je me frotte les yeux, je suis dans un grand malaise. Nature précise, je souffre de ne pas pouvoir exactement me situer, hors ou dans l'événement que je viens de vivre.

À travers les vitres colorées des ouvertures je vois l'aube. Le bois craque encore par instants, comme des grosses braises qui se refroidissent. Ces bruits, c'est net, sont extérieurs à moi; ils me rassurent: l'événement ne s'est pas déroulé dans mon esprit, mais bien réellement autour de moi.

J'ai froid. Alors, passant ma main gauche sur le dos de ma main droite, je découvre que je suis couvert de rosée. Je me lève péniblement, ankylosé. Je m'approche d'un mur, je le caresse, lui aussi est couvert de rosée. J'aspire profondément: l'air est saturé d'eau. Un énorme phénomène de condensation fait suite au surnaturel dans la Maison de la Sainte Parole, habituellement si saine. L'humidité et sa fraîcheur, l'épuisement, m'abattent; je claque des dents. Je sors. Au-dehors la même condensation étale la rosée partout, sur le sol, les façades, les toits. L'humidité alourdit ma tunique.

Ce n'est qu'en rentrant chez moi que je sens le sec, qui ranime mes forces. Je sors tout à coup de mon abattement. Je retourne d'un pas vif dans la maison de prière. J'y prends le bloc sur quoi j'ai noté le message du baton de lumière, et, serrant précieusement le papier mouillé, je retourne chez moi.

D. APRÈS LA THÉOPHANIE DU 2 OCTOBRE 1977.
(Noté les jours suivants)

Sans la prière de mon épouse, notre sœur Christiane, je n'aurais rien noté le matin du 2 octobre, sur le vif pour ainsi dire. Si rapporter des faits impressionnants mais accessoires à mes yeux m'avait, de ma vie, paru nécessaire, il y a longtemps que j'écrirais. La littérature, même religieuse, n'est-elle pas faite que d'accessoire, ou peu s'en faut? Les événements importants de l'humanité ou de Dieu réduits à leurs messages, ou à leurs leçons essentielles, rempliraient à peine une collection d'in-folio de l'antiquité à nos jours.

Et puis ma mésestime pour les faits accessoires — le contingent — a tenu jusqu'à maintenant à un certain scepticisme venu de la lecture ou de l'audition, au fil des ans, de témoignages, articles de presse, livres, faux, fantaisistes ou tendancieux, concernant des faits (pas forcément religieux: faits divers, faits biographiques, accidents, etc.) que j'avais eus sous les yeux, ou touchant des personnes que je connaissais personnellement, ou indirectement mais de source sûre. Le témoignage et l'écriture déforment. Ces versions et les miennes variaient toujours, parfois beaucoup. Passée la jeunesse, où je m'indignais du bâclé, du relatif, et colérais contre la malveillance et la calomnie dans les rapports faits par d'autres de certaines circonstances bien connues de moi, la maturité m'a établi dans le doute absolu envers toute possibilité d'objectivité pour l'homme.

Ainsi, quand il me fut demandé vers 1971 d'éditer *Le Messager de L'Église Vivante*[1], je me sentis entravé par les scrupules. J'écrivis à mon supérieur d'alors, à Beyrouth: «Je ne me sens pas apte à rapporter des faits accessoires. Tout

---

1. Un bulletin semestriel, au temps où le frère Michel était ecclésiastique.

forming inside my eye deeply exposed like a photographic film by the intense light a moment ago. I rubbed my eyes; I felt a sense of disquiet. As I by nature like accuracy, I was being ill-at-ease because I could not place myself exactly in relation to the event that I had just lived through: out of it or within it?

Through the colored window panes I could see the daybreak. The wood was still creaking periodically like big embers cooling down. Those sounds were clearly outside me; they reassured me: beyond question the event had not occurred in my mind, it had actually been going on around me.

I felt cold. I ran my left hand over the back of my right hand, I found that I was covered in dew. I rose with difficulty, stiff all over. I reached to a wall, I stroked it, it too was covered in dew. I took a deep breath; the air was dense with humidity. A tremendous phenomenon of condensation resulted from the supernatural happening in the House of the Saint's Word which was usually wholesome, though. I felt overcome by humidity, chill and a great strain; my teeth began chattering. I went out. Outside there was the same condensation on the ground, the walls, the roofs, everywhere. My tunic was loaded down with dampness.

I did not find myself in the dry until I entered my house; I regained stamina then. All at once I got over my despondency. At a lively pace I went back to the prayer house. I seized the desk pad in which I had written down the message from the stick of light, and, holding tight the moist precious paper, I returned home.

D. AFTER THE THEOPHANY OF OCTOBER 2, 1977.
(Written down on the following days)

Had my wife not urged me to, I would not have written notes on the morning of October 2, live-on-the-spot notes, as it were. If I had ever found it necessary to relate facts impressive but of incidental interest in my eyes I would have long been a writer. Is literature, even religious, not made of incidental things for the most part? Once reduced to their essential messages and teachings God's and man's main events would not even fill a series of folio volumes from antiquity to today.

Let us notice that my low regard for incidental events—contingency—originated gradually, as the years went by, in my reading and hearing of untrue, whimsical or tendentious testimonies, newspaper articles and books about events (not only religious events, but also news items, biographical points, accidents, etc) which I had witnessed myself, or events related to persons whom I knew personally, or indirectly but from reliable sources. Testimony and writing distort. There were always variances, sometimes profound ones, between those versions and my versions. In my youth I used to wax indignant about botching and vagueness, I used to be angered by spite and slandering in reports written by others about circumstances I was perfectly aware of; later on experience made me absolutely skeptical about objectivity; I eventually considered it beyond reach of man.

So, when I was asked to edit *Le Messager de L'Église Vivante*[1] around 1971, I felt hampered by scruple. I wrote to my superior at Beirut, "I don't feel capable of reporting accessory facts. Is not any report relativized by the version which is given of it, as sincere as it may be? As for readers, do not they relativize it further

---

1. "The Living Church's Herald", a half-yearly bulletin at the time brother Michel was a churchman.

récit n'est-il pas relativisé par la version qui en est donnée, aussi sincère soit-elle ? Et, du côté des lecteurs, le récit n'est-il pas relativisé par leurs cultures, convictions, choix et préjugés ? Le relatif s'ajoutant au relatif, que reste-t-il de vrai ? »

Le mot « relatif » inquiéta mon supérieur, pour qui les événements et la prospective de son église relevaient de la vérité absolue. Mais existe-t-il une vérité absolue ou seulement toute simple ? En tout cas, je crois bien qu'à dater de ce moment-là, mon supérieur regretta de m'avoir appelé aux fonctions qui m'étaient confiées. Discipliné, je sortis trois numéros du journal en question. Leur rédaction fut une épreuve. Mon stylo mit des jours pour tracer une phrase ; après quoi je la trouvais encore inexacte.

En 1974, après les apparitions de Jésus et la révélation de *L'Évangile Donné à Arès*, je me trouvai bloqué par les mêmes scrupules quand il s'agit de décrire ce qui me paraissait indescriptible : les apparitions elles-mêmes. C'est sur l'insistance d'un ami, journaliste à « La République du Centre », que j'écrivis le liminaire de *L'Évangile Donné à Arès*. Seul, je l'aurais édité sans préface, tel qu'il m'avait été dicté par le messager céleste.

D'ailleurs, outre mes doutes sur l'objectivité de mon récit, l'importance des circonstances dans lesquelles me parvint *L'Évangile Donné à Arès* m'échappait. Ces circonstances m'auraient-elles paru — comme je le compris lentement plus tard — complément et clé du message lui-même, et en aurais-je estimé exact le récit que je pouvais en faire, je les savais impartageables de toute façon. Cette dernière raison à elle seule gênait mon écriture. Quel lecteur peut partager, s'il ne les a pas vécus lui-même, une chute dans le vide, un face à face avec la mort, une fièvre typhoïde, un grand amour, un accident de la route ? Les mieux racontés de ces faits ne restent-ils pas romanesques pour qui lit dans un fauteuil ? Sûrement plus impartageable encore, l'événement surnaturel m'a semblé jusqu'à présent plus propre que tout autre aux affectivités insondables.

Pourtant, quand surviennent les manifestations divines de cet automne, j'assouplis depuis un certain temps mon jugement sur l'inutilité des récits accessoires. Dès 1975, relevant les suggestions de nombreux lecteurs de *L'Évangile Donné à Arès*, j'ai convenu que ce que j'avais pris pour une simple enluminure du message, mon liminaire, pouvait chez certains lecteurs ouvrir une porte sur la Parole, qu'ils n'auraient pas pénétrée sans connaître les circonstances de sa révélation. De mois en mois, j'ai découvert que les raisons que Dieu avait de nous révéler *L'Évangile Donné à Arès* ne tenaient pas seulement au don d'illuminer et à la valeur salvatrice de la Parole elle-même. Jésus apparu devant moi par sa matérialité bien solide avait jeté sur Arès l'ancre qui reliait le Ciel au monde, à l'histoire, aux réalités quotidiennes, mais non aux idées. Dieu n'avait pas pris la peine de nous envoyer physiquement Jésus, dont l'effort et même la répugnance ([1]) à apparaître furent évidents, pour nous dicter seulement un message. Jésus est apparu dans sa chair, transfigurée mais bien matérielle, pour nous rappeler la réalité matérielle de sa résurrection, et aussi celle du *Royaume* : Une leçon aussi essentielle que la *Parole*. Dieu nous relie ainsi à lui par une dialectique, une chaîne d'arguments et de preuves, dont les maillons alternent : foi et matière, sans rupture.

---

1. De la «répugnance» de Jésus à se présenter et à rester en présence d'un pécheur, le frère Michel dira plus tard: «On aurait dit que je puais.» En 1977, Dieu semble, de même, n'approcher le témoin qu'avec difficultés; de là le cri de contrition du témoin quand il tombe sur le sol: «Seigneur, pardon!», § B.

as a result of their cultures, beliefs, options and prejudices? As the relative adds to the relative, is there eventually any traces of truth left?»

The word 'relative' bothered my superior for whom the events and prospects of his church were absolute truth. The question is, is there any absolute, or merely plain truth? In any case, I guess that from that moment onward my superior regretted his having assigned me to important duties. As I was disciplined by nature, I got out three numbers of the publication in question. Writing them was a trial. I would take days to trace one sentence; after that I would find it still inaccurate.

In 1974, once Jesus' appearances had been over and *The Gospel Delivered in Arès* complete, I was held up by similar scruples when it came to recounting what seemed to me indescribable, Jesus' appearances themselves. A friend, a journalist on 'La République du Centre', strongly insisted that I should write the front matter of *The Gospel Delivered in Arès*.Without his insistence I would have published it without a foreword, confined to that which had been dictated by the heavenly messenger.

Besides, I was more than skeptical about the objectivity of my account, I failed to see the importance of the circumstances under which I had received *The Gospel Delivered in Arès*. Even if I had ever realized that those circumstances constituted a complement and a key to the message itself—which I would slowly realize afterwards—, and even if I had ever thought that the account I would give of them might be accurate, I knew that they were at bottom incommunicable and unshareable, anyhow. This reason by itself hindered my writing. Could a reader, I thought, share in a fall into the void, an encounter with death, a typhoid fever, a wild passion, a road accident, if he had not experienced such events himself? Would the best-related event not remain romantic to whoever reads it in an armchair? I considered that a supernatural event, being doubtless still more incommunicable and unshareable, forever belonged to the province of unfathomable affectivities.

However, for a while before God manifested himself in this fall my views on the pointlessness of accessory stories had grown more flexible. From 1975, on the suggestions of many readers of *The Gospel Delivered in Arès,* I had felt gradually inclined to consider that what I had held to be a mere coloring of the message, I mean its front matter in my handwriting, might well have got some readers to open a door on the Word, into which they might have not entered without knowing the circumstances of its revealing. Month by month I had been realizing that the reasons why God had revealed *The Gospel Delivered in Arès* had not been only owed to the enlightening power and saving worth of the Word in itself. Jesus by appearing in front of me, by its solid materiality had dropped onto Arès the anchor that links Heaven to the world, to history, to everyday reality, but not to ideas. God had not bothered to send physical Jesus to us, Jesus whose efforts and even reluctance to appear(1) had been glaring, only to dictate a message. Jesus had appeared in his transfigured, totally material flesh in order to recall to man's mind the material reality of his resurrection as well as that of the *Kingdom :* This teaching is as essential as the Word. So God links us to him through a dialectic, a chain of

---

1. About Jesus' 'reluctance' to appear and stay in the presence of a sinner brother Michel would say later, "It was as if I was stinking.» In 1977 it seemed that God, likewise, could not approach the witness but with difficulties; hence the cry of contrition the witness let out in falling onto the floor, "Lord, forgive me!", § B.

Le sens de *L'Évangile Donné à Arès* échappe à quiconque ne voit pas sa raison d'être de cette façon-là.

Ayant convenu de la valeur révélatrice des apparitions par elles-mêmes, j'ai donc évolué depuis 1974. Après tout, je dois admettre que la Bible et le Coran n'apportent pas uniquement la vérité fondamentale et ne rétablissent pas seulement la communication d'Esprit divin à esprit humain, mais sont aussi des morceaux d'histoire, où Dieu rencontre matériellement, visuellement et sonorement, parfois brutalement, l'humanité : Création, Déluge, Abraham, Jacob, Moïse et l'Exode, Mahomet, et j'en passe.

Pourtant, depuis 1974, l'assouplissement de mon esprit n'a pas distendu toutes mes attaches avec ma formation religieuse passée, selon laquelle Dieu était « pur Esprit », ses manifestations « ineffables », ses « mystères impénétrables », sa Parole à ne lire qu'à distance respectueuse. C'est pourquoi l'insistance de Christiane, mon épouse, a été nécessaire pour que mes derniers préjugés tombent, et que je me mette à noter tout de l'événement surnaturel que j'ai vécu le 2 octobre.

(Noté le 5 octobre) Dès dimanche dans l'après-midi, lundi, et hier mardi 4 octobre, je me suis échiné à mettre au propre le message. Je biffe, je reprends. Ce langage simplifié me déroute à tel point que je suis sans cesse tenté de le « traduire ». J'essaie plusieurs versions en français clair. Non seulement aucune ne me satisfait, mais plus j'avance dans ce travail de Pénélope, plus m'étreint le sentiment que je trahis ma mission.

Je lis à Christiane mes différentes versions. Elle éprouve comme moi la peur de trahir quelque chose d'irremplaçable, l'originalité profonde du message, en voulant trop le clarifier. Pourtant, elle convient que cette révélation, telle que je l'ai entendue et transcrite, n'est pas publiable sans compléments grammaticaux et lexicaux. Nous convenons de placer entre parenthèses les liaisons grammaticales[1] manquant dans la révélation originale.

Je procède ainsi depuis ce matin à un nouveau travail de mise au clair. Je le lis à Christiane pendant le déjeuner. Nous tombons d'accord sur le texte ainsi complété, qui laisse l'original bien discernable.

Je divise aussi cette révélation en quinze versets[2] pour faciliter la recherche des références. Ensuite de lecture en relecture j'effectue les dernières retouches. Avec Christiane nous concluons qu'il n'est pas possible de clarifier plus sans dénaturer l'original, mais qu'il est impossible de clarifier moins[3].

(Noté le 6 octobre) Le passage : *L'homme gagne maintenant. (L')homme a une (seule) vie au soleil*[4], répond aux questions que je me pose depuis qu'on me parle de réincarnation. Depuis toujours je doute qu'existe le processus de réincarnation ; je ne le trouve pas dans les Écritures. Mais depuis la publication de *L'Évangile Donné à Arès* les questions pleuvent sur moi à ce sujet, à cause du verset 3 de la Veillée 17 notamment. À l'inverse de certains, je ne lis pas *le vrai corps aussi léger qu'une fumée pure... naît... de l'homme déjà né* dans le sens de

---

1. Ainsi que le vocabulaire ajouté par le frère Michel par souci de clarté.
2. En fait, le frère Michel reprendra plusieurs fois la division et la numérotation du *Livre*. Ainsi la Première Théophanie, d'abord divisée en 15 versets trop longs, sera finalement partagée en 12 chapitres portant des chiffres romains pour éviter la confusion avec *L'Évangile Donné à Arès* dont les Veillées sont numérotées en chiffres arabes, et chaque chapitre sera subdivisé en versets (de 6 à 19).
3. Comme la numérotation (note précédente), la grammaticalisation du texte original sera retravaillée.
4. Le Livre V/6.

arguments and proofs the links of which alternate: faith and matter in turn, without break. The meaning of *The Gospel Delivered in Arès* escapes anyone that fails to perceive its reason for existence in this way.

So, after having valued Jesus' appearances in themselves as a part of the revelation, I had progressed since 1974 until I came to admit that the Bible and Quran had not only brought in fundamental truth and restored communication from the Divine Spirit to man's mind, but they also had been part of history when God had met man materially, visually, loudly, sometimes roughly: The Creation, the Flood, Abraham, Jacob, Moses and the Exodus, Muhammad, and that's not all.

However, since 1974 the relaxing of my mind had not slackened all of my bonds with my past church training, so that I had kept on stating that God was 'a pure Spirit', his manifestations were 'ineffable', his 'mysteries impenetrable', and his Word should only be read at a respectful distance. For these reasons I would not have forsaken my last prejudices and set about noting the details of the supernatural event I witnessed on October 2, had not my wife Christiane be most insistent about that.

(Noted down on October 5) As early as Sunday afternoon, and then Monday and yesterday, Tuesday 4th October, I strove to think up a clear version of the message crossing out and rewriting sentences over and over. This oversimplified message disconcerted me so much that I was continually tempted to 'translate' it. I tried several French versions in clear. None satisfied me; the further I was performing that Penelope task the more I felt myself betraying my mission.

I read all my versions of the message to Christiane. Just as I was she was afraid that I might betray something irreplaceable, the intrinsic originality of the message, by endeavoring to make it clearer and clearer. She admitted, however, that this revelation such as I had heard and noted it down was unpublishable unless grammatical and lexical complements would be introduced. We thought it right to put in brackets the grammatical links(1) absent from the original revelation.

This morning I worked away at a new clear version of the message. I read it to Christiane at lunchtime. We agreed that for all the additions this new text left the original perfectly discernible.

Also I divided that revelation into fifteen verses(2) in order to facilitate the search for references. Then in reading and re-reading it I put some finishing touches to it. Christiane and I concluded that it was not possible to clarify more the original without distorting it, but it was impossible to clarify it less(3).

(Noted down on October 6) The passage: *Man wins now. Man has (only) one life in the sun*(4), answers what I have been wondering since some people told me about reincarnation. I have always doubted if there is any process of reincarnation; I have not found it in the Scriptures. But since *The Gospel Delivered in Arès* was published I have been showered with questions about it, especially on account of the verse 3 of the Vigil 17. Unlike some readers I have never given the sentence

---

1. Also the vocabulary which brother Michel should add in his concern to make the text clearer.
2. Actually, brother Michel was going to modify the division and numeration of *The Book* several times. So the First Theophany, at first divided into 15 much too long verses, would be eventually divided into 12 chapters numbered in Roman numerals to avoid confusing them with the Vigils of *The Gospel Delivered in Arès* numbered in Arab numerals, and each chapter would be divided into verses (from 6 to 19 verses).
3. Like the numbering (the note above) the grammatical complements would be revised several times.
4. The Book V/6.

« la même âme revient dans le même homme chaque fois qu'il naît ». Ce verset signifie : « L'homme naît à la vie spirituelle dans son unique vie ; la vertu fabrique l'âme ; l'âme est le fruit existentiel de la *justice* (au sens biblique). » Je réponds aux tenants de la réincarnation : « Même si elle existait, la réincarnation ne m'intéresserait pas. Je crois que cette vie me suffit pour faire mon salut ; j'invite tout le monde à faire de même. » Mais j'avoue que le nombre étonnant de partisans de la réincarnation (une découverte pour moi), leur foi, leur insistance, ont fini par me troubler dans le courant de l'année 1977. J'ai souvent appelé sur cette question la lumière de Dieu. Ce 2 octobre, en entendant Dieu prononcer les mots cités, j'ai compris qu'il me répondait : *L'homme a une seule vie,* et dans cette seule vie il perd ou *gagne* son salut.

E. LA MÉTAMORPHOSE EN INSECTE
(Noté le 7 octobre 1977)

Cette nuit, une sorte de bruit de grattoir amplifié me réveille. Je me lève. Pas de lumière surnaturelle dehors, ni rien d'anormal dans la nuit, seulement le bruit de grattoir. Je prends mon chapelet et je prie.

Alors je suis étreint par un sentiment étrange. Bien que je ne porte plus d'ornements ecclésiastiques depuis près de quatre ans — je n'y pense même plus — voilà que cette nuit je sens leur poids sur mes épaules. Ils me serrent les reins, entravent mes pas, pendant que je dis mon chapelet de long en large. Les ornements, invisibles mais sensibles, se font de plus en plus lourds.

Peu à peu je m'incorpore à un insecte géant, je me livre à une danse nuptiale d'insecte. Incorporation de courte durée, mais si pénible, que son évocation ce matin me donne la nausée.

Je crois avoir vécu cette nuit, par une grâce particulière, l'horreur qu'inspire à Dieu la parade ecclésiastique, qui l'emprisonne comme dans une carapace d'insecte dérisoire.

Toute la journée, à la suite de mon incorporation à l'insecte ecclésiastique, un malaise pèse sur moi, des larmes voilent mes yeux sans cesse, la contrition m'accable. Durant ma vie ecclésiastique j'aimais immodérément la liturgie de mon église[1], il est vrai. Mais jamais à la suite de *L'Évangile Donné à Arès,* qui m'en avait interdit la célébration, je ne me suis senti coupable de cet amour passé pour la liturgie. Ce goût pour le cérémonial d'église m'a-t-il imprégné, inconsciemment accompagné au-delà de 1974, pour que Dieu me le reproche encore et m'en fasse revivre, par punition, l'automatisme d'insecte ? En tout cas, aujourd'hui Dieu m'en donne l'horreur. Désormais je ne pourrai plus penser à mes anciens collègues ecclésiastiques sans être saisi d'angoisse pour eux.

---

1. La liturgie orthodoxe est particulièrement riche en cérémonial réhaussé par l'atmosphère à la fois chaude et mystérieuse des lieux de culte avec leurs iconostases bien ouvragées, dorées ou argentées, leurs icônes colorées, leurs innombrables lampades à huile, les rangées de cierges plantés dans des bacs à sable, le clergé vêtu d'ornements de fil d'or ou d'argent, par les chants (les huit tons grecs et huit tons slaves, pendants orientaux des huit tons grégoriens), etc. Immédiatement après les apparitions de Jésus frère Michel et son épouse Christiane obéirent à l'Esprit de *La Révélation d'Arès*, et frère Michel aménagea La Maison de la Sainte Parole avec une simplicité inverse de l'ornementation des églises orthodoxes ; cependant, pendant quelques années, tous les deux gardèrent la nostalgie du culte orthodoxe auquel ils avaient été si attachés.

"the real body as light as a pure smoke— is born— of the man already born" the meaning, "The same soul returns into the same man every time he is born". This verse means, 'A man awakens to spiritual life during his single life; virtue makes the soul; the soul is the existential fruit of *justice* (in the biblical sense).' I have always replied to the adherents to reincarnation, "Even if reincarnation existed, it would be of no concern to me. I believe my current life is enough for me to attain salvation; I urge everybody to do likewise." But I admit that the stunning number of the advocates of reincarnation (this was a discovery for me), their faith and insistence, finally began to trouble me in 1977. I often asked God for a clear answer to that question. On October 2, listening to God I realized he answered me: *Man has (a) one life,* and in that one and only lifetime he *wins* or misses salvation.

E. THE METAMORPHOSIS INTO AN INSECT
(Noted down on October 7, 1977)

That night a kind of scratching noise woke me up. I rose. No supernatural light outside, nothing unusual in the night, only the scratching noise. I took my rosary and prayed.

I fell gripped with a strange feeling then. Although it was nearly four years since I had not worn any church vestments—I had even forgotten that those things existed—, this night I felt their weight on my shoulders. They were too tight round my waist, they hampered me while I said my rosary walking back and forth. The invisible, though palpable vestments became heavier and heavier.

Little by little I blended into a giant insect, I performed an insect's nuptial dance. The blending or incorporation lasted a short while, but it was so painful that the mere evocation of it fills me with nausea this morning.

I think that this night I have experienced, with God's particular blessing, the horror that God is filled with in seeing the clergy's strut and showing-off in which they imprison him as in derisory insects' carapaces.

All that day, as a result of my being incorporated into the clerical insect, something makes me sick and heavy-hearted, tears cloud my eyes continually, I am prostrate with contrition. Although I as a cleric had been indeed fond of the liturgy of my church(1), I have never felt guilty of my past fondness for liturgy since *The Gospel Delivered in Arès* forbad me to celebrate it. Have I stayed unconsciously impregnated with that liking for church ceremonials since 1974, so that God still reproaches me for it today, and forces me to experience once again the insect automatism of those ceremonials as a punishment? In any case, today God gets me to loathe them. From this day onwards I will not think of my former clergy colleagues without my being gripped with anguish for them.

---

1. The eastern orthodox liturgy is especially rich in ceremonials enhanced by the both warm and mysterious atmosphere of the places of worship with their gilt or silvered iconostases finely carved, colored icons, numberless oil lamps, the rows of candles stuck in sand boxes, the clergy clad in golden or silvery vestments, and by the hymns and chants (the eight Greek and Slavic tones, counterparts of the eight Gregorian tones), etc. Brother Michel and his wife Christiane abided by the Spirit of *The Revelation of Arès* immediately after Jesus' appearances, and brother Michel arranged the House of the Saint's Word with plainness in a way quite opposite to the embellishment of orthodox churches, but, for several years, both of them would retain some nostalgia for the orthodox worship they had been fond of.

2. LA DEUXIÈME THÉOPHANIE (9 OCTOBRE 1977)
A. L'ANGE APPARU SUR LA PLAGE LE 8 OCTOBRE
(Noté le lendemain)

Le 8 octobre, quelques heures avant que Dieu ne m'appelle dans la Maison de la Sainte Parole, je fais une marche jusqu'à la plage. Debout sur le sable mouillé, je hume la brise marine. Je contemple ce bassin d'Arcachon qu'en quatre ans j'ai appris à apprécier chaque jour davantage, si varié d'une marée à l'autre, d'un ciel à l'autre. Les bateaux clapotent près des claires. Le paysage, les bruits, l'air rincent mon esprit de ses peines ; j'oublie l'affreux insecte ecclésiastique, qui m'a chargé de ses élytres dorés le jour précédent[1]. Je suis rasséréné ; je ne pense plus qu'à ce que je vois : « Tiens, dis-je en moi-même, beaucoup de touristes de l'été ont encore laissé là leur bateau. » D'ordinaire, les voiliers de plaisance sont tirés à terre et emportés vers les garages d'hivernage dès la fin de septembre. C'est dans l'instant où mon esprit est détendu, porté sur ce détail futile, que je sens près de moi une présence.

À dix mètres à ma droite, sortant de nulle part — sur une plage on voit loin ; or, je n'ai vu approcher personne — un être très beau me sourit. Je le distingue à la fois bien et mal ; une seconde il me semble près, l'autre seconde il me paraît loin. Flotte-t-il au-dessus du sable ? Cela aussi je ne peux le dire. Sa stature est d'un humain normal ; dans son ensemble il est d'un bel ocre pâle avec des cheveux plus clairs. Il ne cesse pas de me sourire. Sans crainte je m'avance vers lui, mais la distance qui nous sépare ne varie pas. Je parcours ainsi plusieurs dizaines de mètres, jusqu'à me trouver à la hauteur du club nautique ; l'être souriant n'est jamais atteint.

Je jette un coup d'œil derrière moi, à gauche et à droite, je n'aperçois, déjà sombre dans le soir, qu'un homme du côté du club. Je crois qu'il s'agit de M. Dubet, le parqueur qui demeure là. Il vient au bord de l'esplanade comme intrigué, scrute un moment dans ma direction puis dans la direction de l'être surnaturel qui me sourit toujours. Cet homme qui observe me gêne, bien qu'il soit à une quarantaine de mètres ; j'éprouve la honte d'être dans une situation bizarre, impossible. Je tourne les talons et je reviens sur mes pas vers l'aérium, comme si je venais d'être surpris en compagnie d'un indésirable.

Alors la voix de l'être souriant m'atteint au cœur. Je ne crois pas que mes oreilles l'entendent, mais dans ma poitrine je la perçois, comme un murmure fort qui monte du sol par mes jambes, mon ventre, jusqu'au cœur. Je me retourne et dans les cheveux clairs de l'être toujours souriant étrangement, qui m'a suivi, je vois briller je ne sais quoi. Sa voix me dit : « *Où fuis-tu ?* » Puis les paroles que voici entrent en moi ; elles disent à peu près, si ma mémoire me les rappelle bien : « *Tu ne t'es pas illuminé toi-même. Tu t'étais réjoui tout ton saoul des joies de la terre. Longtemps le Maître de Tout t'avait recherché, tu lui avais échappé de nombreuses fois. Mais à présent tu es dans sa Paume, et Il t'y tient fortement. Tu as le pouvoir de transmettre (sa Parole).* »

L'ange — car c'est peut-être un ange — poursuit : « *Le Maître redouble d'attention et de soins pour toi chaque fois que les voix du monde t'attirent encore.*

---

1. Voir Première Théophanie, § E.

2. THE SECOND THEOPHANY (OCTOBER 9, 1977)
A. AN ANGEL'S APPEARANCE ON THE BEACH ON OCTOBER 8.
(Noted down the next day, October 9, 1977)

On October 8, a few hours before God called me into the House of the Saint's Word, I had a walk to the beach. There I stood on the wet sand breathing in the sea breeze. I gazed at the Arcachon bay; I had been developing a liking a bit stronger every day for that place changing from a tide to another, from a weather to another. The water lapped along the boats by the oyster beds. The scenery, the sounds and the air rinsed sadness and trouble out of my mind; I forgot the horrid clerical insect that had weighed me down with its golden elytra the day before(¹). I felt serene; I did not think of anything but what I was gazing at. "Fancy that!" I mused, "A lot of summer visitors have left their boats afloat." Ordinarily, in late September the sailing boats were pulled onto the dry land and towed away to boathouses for wintering. While my concerns and tenseness were easing off and I was thinking of that futile detail I felt a presence nearby.

A most handsome being, who had emerged from nowhere—on a beach you can see a long way, and I had not seen anyone come up—, stood thirty feet on my right, smiling at me. I could not distinguish him well; one moment he seemed to be close, distinct, another moment distant, vague. Was he floating above the sand? That, I could not distinguish either. His stature was a normal human's; in the main he was of a fine pale ocher color with still paler hair. He kept smiling at me. Without fear I walked toward him, but the distance between us did not vary. So I walked several dozen yards until I drew level with the water-sports clubhouse, but the smiling being was never reached.

I cast a glance behind me to the left and the right, but all I perceived was a man, dark in the twilight, by the clubhouse. That man, I think, was Mr Dubet, an oyster farmer whose home is situated close by. He came to the the edge of the esplanade, in a puzzled man's attitude he peered at me and then at the supernatural being who kept smiling at me. That man observing me embarrassed me, although he stood about fifty yards from me; I felt ashamed to be caught in a bizarre impossible situation. I turned on my heel and walked away toward the sanitarium, as if I had just been caught in the company of an objectionable person.

At that moment the smiling being's voice reached my heart. I may not have heard it by my ears, but within ma chest I perceived it perfectly as a vibrant whisper coming up from the ground through my legs and stomach to my heart. I turned round and I saw something glitter in the hair of the being who kept smiling at me strangely. His voice told me, *"Where are you fleeing?"* Next the following words entered me; if my memory serves me right, these words were more or less, *"You did not attain enlightenment by yourself. You had filled yourself with the wordly joys, to your heart's content. The Master of All had long been looking for you; you had eluded him many times. Now he is holding you in his Palm, in it he is clutching you. You have been given the power to transmit (his Word)."*

The angel—yes, this was possibly an angel—went on, *"The Master is doubly careful to help you every time the world's voices still attract you. He has called*

---
1. See the First Theophany, § E.

Il a réuni pour te guetter, t'éviter des faux pas, plusieurs serviteurs du Trône. Ils discutent de la façon de te faire accomplir ta mission. Ses deux plus grands serviteurs m'envoient près de toi. Tu me vois ; ensuite tu me verras encore, mais rarement(1)*. Cependant, je suis là; je vois tes actes bons et tes actes mauvais. Je vois tes hardiesses pour le Maître de tout, et je vois tes lâchetés.* »(2)

Tandis qu'il parle en dedans de moi (je suis sûr que c'est lui qui me parle), l'être souriant, être céleste, peut-être un ange, paraît indifférent à ce qu'il prononce. Malgré son sourire ineffaçable il donne l'impression d'être perdu dans des pensées profondes, et pourtant, par éclairs, quelque chose d'avisé et d'obligeant luit dans son regard. Il vient de prononcer dans ma poitrine ses dernière paroles, il irradie tout à coup d'une chaleur de brasier. En quelques secondes mon visage cuit ; je recule devant ce « feu ». Dans le flottement de l'air échauffé autour de lui l'être céleste disparaît.

La nuit est près de tomber. La température redevient rapidement normale et même, par contraste, me fait l'effet du froid. Sous la dernière clarté du jour je m'approche du lieu où l'envoyé des *serviteurs du Maître de Tout* se tenait debout, mais sur le sable rien, pas d'empreinte de pied, pas la moindre trace d'effleurement. Peut-être était-il plus loin, ou plus près ? J'examine la plage tout autour du point où je voyais l'ange ; sur le sol il n'y a que des marques habituelles. Je rentre à la maison, méditatif, mais paisible. Encore quelques heures et, dans le courant de la nuit, l'appel divin va pour la deuxième fois être lancé vers le monde depuis la Maison de la Sainte Parole.

B. DÉBUT DE LA DEUXIÈME THÉOPHANIE
(Noté le 9 octobre 1977)

9 octobre au matin. C'est à 3 h 15 que, cette nuit, les bruits d'armée me réveillent. Sitôt ouverts, mes yeux voient, comme le 2 octobre, les lueurs parvenant depuis le jardin jusqu'au fond du couloir où s'ouvre notre chambre.

Je secoue Christiane. Comme le 2 octobre elle est léthargique. Léthargiques, sauf Sara qui est très chaude et profondément endormie, sont aussi mes filles Nina et Anne, sur lesquelles je me penche dans leur chambre.

Au-dehors la rumeur fluctue, passant du bourdonnement sourd au cliquetis bruyant. Jusqu'alors les choses se passent comme elles se sont passées sept jours plus tôt. Je m'habille dans la salle de bain, puis j'entre dans l'antichambre. De là déjà, observant derrière les vitres de la porte-fenêtre, je me rends compte d'un changement : la lumière, qui ne coulait qu'à l'intérieur de la Maison de la Sainte Parole le 2 octobre, ondoie le long des murs extérieurs, plus fortement le long du pignon sous le campanile.

Derrière la porte-fenêtre, paralysé par l'appréhension de sortir, je fixe le phénomène lumineux : une lave qui serait blanche au lieu de rouge, qui coulerait le long du mur, et semblerait par veines remonter à contre-courant dans la coulée de lumière, moins intense en bas, comme refroidie au cours de sa descente. Dans ce

---

1. « Rarement » est bien le mot. Quand fut éditée *La Révélation d'Arès* intégrale (1984), le frère Michel n'avait pas revu cet ange.
2. Aussitôt entendues, ces paroles, mémorisées en substance, entrèrent dans la piété personnelle du frère Michel. Pendant plusieurs années il les récita quotidiennement comme prière d'humilité.

together several servants of the Throne to watch over you, keep you from making foolish mistakes. They discuss the best way to get you to fulfil your mission. The Master's two greatest servants have sent me to stay by your side. You can see me now; you are to see me again later, though seldom(1). I will stay present, however, watching both your right deeds and your wrong deeds. I can see you when you are bold in the service of the Master of Everything and when you are cowardly." (2)

While speaking inside me—it was beyond all doubt he who spoke inside me—the smiling being, a heavenly being, possibly an angel, looked unconcerned at what he said. His indelible smile notwithstanding, he seemed as if he was lost in deep thought, although at times his eyes gleamed with wisdom and helpfulness. He uttered his last words in my chest, then suddenly irradiated a blaze heat. After a few seconds my face began roasting; I backed away from that 'fire'. In the air heated up and simmering round him the heavenly being vanished.

Night was falling. The temperature swiftly returned to normal, in fact, by contrast, I felt as if it was cold. In the dying daylight I trod softly to the spot where the messenger of *the servants of the Master of Everything* had been standing, but on the sand I could not see anything, not the faintest footprint, not a mark of anything having skimmed the sand. He might have been nearer, or farther? I surveyed the beach about the place where I had witnessed the angel; on the ground there were just usual marks. I walked back home musing, but untroubled. Still a few hours and for the second time, during the night, the divine call would be put out towards the world from the House of the Saint's Word.

B. THE BEGINNING OF THE SECOND THEOPHANY
(Noted down on October 9, 1977)

October 9 in the morning. It was 03:15 a.m. when the noises of an army awoke me. As soon as my eyes opened I saw, just as on October 2, the lights from the garden reflected in the far end of the corridor onto which our bedroom opens.

I shook Christiane. As on October 2 she was in lethargy. I went into the bedrooms of my daughters; I leant over them; Nina and Anne too were lethargic, but Sara was warm and fast asleep.

On the outside the hubbub was fluctuating between muffled hummings and loud clatterings. Until then everything was going on just as it had been seven days before. I clothed myself in the bathroom, then I went into the lobby. From there, watching through the panes of the French window, I noticed a change: The light which on October 2 had been pouring down the inner side of the walls of the House of the Saint's Word also was undulating down the outer side, more intensely down the gable beneath the bell tower.

Inside the French window, incapacitated from going out by apprehension, I stared at the phenomenal light; it looked like a lava, only white instead of red, pouring down the wall and moving upstream in streaks against the downward flow of light less bright at the bottom, as if it cooled while descending. In this moment

---

1. 'Seldom' is the right word. When the complete edition of *The Revelation of Arès* came out (1984), brother Michel had not met that angel again.
2. Directly brother Michel had heard these words, he memorized the gist of them. They made up a constant prayer in his private piety. For several years he used to recite them daily as a prayer of humility.

moment d'émotion intense je trouve le moyen de penser ; je découvre que les mots religieux pour décrire le surnaturel sont artificiels, une invention cérébrale, non le fruit de l'expérience, des noms fictifs, conventionnels, sans valeur objective, qui ne donnent aucune connaissance des choses désignées. Je comprends que ceux qui parlent du surnaturel ne l'ont jamais vu et n'ont rencontré personne qui l'ait vu. De quel mot puis-je user pour désigner cette coulée de lumière qui a les dimensions d'un solide ou d'un fluide ? Si, depuis le 2 octobre, Christiane mon épouse, ne me priait pas de décrire tout ce que je vois et entends, même tant bien que mal, je resterais muet. Je suis certain de ne pas pouvoir exprimer la réalité que j'ai sous les yeux comme celle, tout aussi indescriptible, qui emplit mes oreilles. Je me sens très malheureux de voir ce que les autres ne peuvent pas voir. Ceux qui ont quelque lourd secret à garder doivent, je l'imagine, éprouver le même poids.

À travers la porte-fenêtre j'entends mon nom ; deux syllabes nettes : *Mi-chel !*, qui tombent en moi comme des plombs. Ce n'est pas la voix de Dieu, que je connais depuis le 2 octobre ; c'est une voix terrible. La terreur me saisit ; je me sens pris en faute de couardise, ou de lassitude, je ne sais pas très bien. Rappelé à l'ordre, je me précipite au-dehors.

Je commence à traverser le bruit d'armée qui, comme le 2 octobre, s'amplifie au fur et à mesure que j'approche de la Maison de la Sainte Parole, jusqu'à devenir un rugissement énorme. Je m'arrête aux deux tiers du trajet, soudain pacifié par une idée idiote : En une seconde je me suis mis à croire très sérieusement qu'il me suffirait de rire et de rebrousser chemin pour que tout ce surnaturel s'évanouisse comme une illusion. Il monte en moi tout à coup un tel amour de la vie terrestre que je m'imagine qu'il peut avoir raison, en un instant, de cette épreuve descendue du Ciel. Il me paraît impossible qu'un désir si intense d'être ailleurs, d'oublier, de laisser tout cela aux mystiques, à ceux qui courent après le surnaturel sans jamais le trouver, ne puisse pas vaincre le destin que me prépare Dieu. Je sais que c'est lui qui m'attend, et je me sens le courage de le défier.

Je me concentre sur mon espoir d'évasion loin de cette épreuve, sur mon espoir de réveil, si Dieu qui m'afflige n'est qu'un rêve. Mais pas de rêve ; rien ne change autour de moi ; je suis au cœur d'une réalité tenace. La lumière coule toujours depuis le haut du pignon jusqu'au pied du mur sous le campanile, et le bruit éprouve toujours mes oreilles. Peu à peu, pourtant, une odeur merveilleuse m'environne. Elle doit être forte, car, cassé par de gros rhumes fréquents, mon odorat est presque nul — c'est maintenant Christiane qui me sert de nez —. Le parfum merveilleux entre dans mes narines comme une consolation, et je suis sûr que dans ce moment-là c'est la Bonté consolatrice qui répond à mes folles pensées. Je franchis alors la distance qui me sépare encore de la Maison de la Sainte Parole. Surmontant mon appréhension, j'ouvre la porte et j'entre.

C. DÉROULEMENT DE LA DEUXIÈME THÉOPHANIE
(Suite des notes du 9 octobre 1977)

À l'intérieur de la maison de prière lumières et bruits se reproduisent comme le 2 octobre. Comme le 2 octobre, mû par les habitudes que j'ai dans ce lieu, je me rends à ma place, le dos au poteau ouest ; je m'agenouille, tremblant, attendant le bâton ardent (que j'appelle depuis quelques jours sceptre ardent, par référence à la

of intense fright I managed to think; I found out that the religious words that depict the supernatural are artificial, a mere mental contrivance, not the fruit of experience; fictitious, conventional terms, void of objective value, which give no knowledge of the things referred to. I realized that those who used to hold forth on the supernatural had never witnessed it or met anyone who had witnessed it. Was there any word appropriate for that flow of light which had the dimensions of a solid or of a fluid? If since October 2 Christiane, my wife, had not been urging me to write down, even so-so, all that I was watching and hearing, I would have kept silent. I was sure that I was unable to express that reality under my eyes and the equally indescribable reality perceived by my ears. I felt miserable watching what others could not watch. Those who must keep some weighty secret are likely to feel the same burden, I imagined.

Through the French window I heard my first name; two sharp syllables, *"Mi-chel!"*, which dropped into me like heavy sinkers. This was not God's voice which I had heard on October 2; this was a terrible voice. I was terror-struck; I felt like a coward whom someone catches out suddenly—or did I feel simply dispirited?—. Reminded of my duty, I rushed out.

I began to walk through the noise of an army; as on October 2 it grew louder as I went near to the House of the Saint's Word, finally it became an enormous howl. Having gone two thirds of the way I stopped, I felt suddenly pacified by a silly idea: In one second I had come to believe earnestly that it would take only a laughter and a few steps back to my house for me to make the supernatural fade away like an illusion. I felt love of earthly life well up so strongly within me that I fancied it would get the better of the hardship sent to me from Heaven. It seemed impossible to me that my tremendous longing to be elsewhere, to forget, to let the mystics desperate for the supernatural, but unlikely to find it ever, deal with all that, could not conquer the destiny that God was preparing me for. It was God, I knew, who was waiting for me, and I felt brave enough to defy him.

I concentrated on my hope to escape far from that trial, my hope to wake up if God who afflicted me were but a dream. But I was not dreaming; nothing changed around me; I was being set in a persistent reality. The light kept flowing from the top of the gable under the bell tower down to the bottom of the wall, and the noise kept martyring my ears. Gradually, however, a wonderful scent surrounded me. It must have been very strong, for my sense of smell had been failing for years owing to repeated severe colds—Christiane acts as a nose for me now—. The wonderful scent came into my nostrils comforting me, and, at that moment, I was sure that consolatory Goodness responded to my wild thoughts. Then I covered the short distance between me and the House of the Saint's Word. I managed to overcome my apprehension, I opened the door, I went in.

C. THE UNFOLDING OF THE SECOND THEOPHANY
(Continuation of the notes of October 9, 1977)

Inside the prayer house I confronted the same lights and sounds as on October 2. Like on October 2, prompted by the habits I had picked up in that place for years, I went to my seat the back of which is against the west post; I kneeled trembling to wait for the burning stick to appear (I had called it 'burning scepter'

souveraineté absolue de Dieu sur l'univers). Comme le *buisson ardent* devant Moïse, ce bâton est *embrasé mais ne se consume pas.*

J'attends longtemps sous la charpente qui semble exploser, comme traversée de projectiles, ainsi que je l'ai décrit dimanche dernier. L'impression d'explosion est telle que, lorsque le fracas se fait plus violent, il s'en faut de peu que je m'enfuie. Le bâton ardent se forme progressivement devant moi jusqu'à devenir intense, insoutenable. Je remarque que le parfum merveilleux flotte à l'intérieur comme au-dehors.

Du bâton de lumière me parvient la voix :

La porte (pour)suit la porte ; elles tournent... (Mais, de la) bouche de Yëchou, (de la) bouche de Mouhamad, toi (tu sors comme) le feu[1]*.*

La voix continue un peu, puis fait silence un long moment. D'une voix plus forte Dieu reprend son message par un de ses passages les plus heurtés, les plus lapidaires :

Adame frappe l'arbre de (la) Parole. (Blessure) ouvert(e)!.. Kabou haché![2]

Le message se poursuit, puis Dieu s'interrompt à nouveau avant que la nuit ne s'achève, pour autant que je puisse, noyé dans un flot de lumière, me rendre compte de la couleur du ciel au-dehors. La lumière continue de couler des murs, ou bien ruisselle en traînées minces le long des chevrons ; au centre de la salle le plus fort éclat domine toujours, celui du bâton de lumière.

Entre le bâton ardent et moi je vois soudain défiler devant moi des dormeurs ou des morts. Diaphanes. S'ajoutant au cliquetis d'armée du dehors et aux craquements ininterrompus de la charpente, un bruit de souffle ; ce son creux rythmé comme de respirations humaines accompagne le défilé sortant du mur à ma droite et entrant dans le mur à ma gauche[3].

Ce sont des dormeurs ou des morts se présentant sur le flanc, sur le ventre, sur le dos, que déplaceraient d'invisibles porteurs[4]. Certains vont deux par deux, dos à dos ou tête à pied. Tous sont adultes ; point d'enfants ; la plupart paraissent d'âge mûr, certains très vieux ; certains sont gras et d'autres, décharnés, ont les os qui pointent à travers la peau. Hommes ? Femmes ? Aucun sexe ; au bas du ventre rien que la peau ; pas de seins, ni d'homme, ni de femme ; pas de poil non plus, sauf les cheveux. Leurs yeux sont fermés, mais leur bouche est souvent ouverte.

Le bruit de souffle est ininterrompu ; je le distingue bien malgré le bruit d'armée au-dehors et les craquements de la charpente. Est-ce la respiration de porteurs invisibles, dont le léger balancement des dormeurs suggérerait la marche ? Une voix dit, juste derrière moi : « *Les prophètes.* » Je sens le besoin d'échapper à l'émotion ; je parle au hasard pour me décontracter la poitrine : « Qui est Abraham ? Qui sont Isaac, Jacob ? Lequel est Moïse, lequel Jérémie ? Nahoum ? Isaïe ? Amos ? » Je dois nommer, comme par automatisme, tous les prophètes bibliques. Mais je n'attends pas de réponse ; parler me fait du bien.

Ils passent, dormeurs attendant la résurrection. Cette idée m'angoisse soudainement et je cesse d'énumérer les prophètes en ritournelle pour lancer une vraie

---

1. Les notes originales citent ici entièrement *Le Livre XIII/1 à 18.*
2. Les notes originales citent ici entièrement *Le Livre XIV/1 à XV/1.*
3. Le défilé se déroulait de la porte d'entrée, située au sud, au poteau nord que surmonte le clocher. Il passait donc tout près du bâton (ou sceptre) de lumière, où trois lampes à huile sont aujourd'hui suspendues.
4. Un jour, commentant ce souvenir le frère Michel dira: «Ce défilé avait lieu à hauteur de civière.»

for a few days by reference to God's absolute sovereignty over the universe). Like the *burning bush* in front of Moses this stick was *blazing but not burnt up*.

I waited long under the framework creaking as if it were crossed throughout by projectiles and about to explode, just as I had described it on Sunday last. My feeling that it all would burst was such that I almost rushed out every time the din grew louder. In front of me the burning stick took form by degrees until it became intensely blazing, dazzling, unbearable. I noticed that the wonderful scent that I had smelt outside was also floating inside.

From the stick of light the voice came out,

The door chases the door; they keep turning— (But from) the mouth of Yuhshoo (and from) the mouth of Muhammad you (come out like) the fire(1).

The voice went on for an instant and fell silent for rather a long while. Then God proceeded in a louder voice with one of the most terse and jerkiest passages,

Adam hits the tree of (the) Word. (A) gaping (wound in it)!— Kabu(l is) hacked (to pieces)!(2)

The message continued until God broke off again before the night was over— supposing that I, drowned in a flood of light, could have got a right idea of the color of the sky on the outside—. Light kept on flowing down the walls or pouring along the rafters in thin streaks; the most intense light, the blazing stick, was still glaring in the center of the hall.

Between me and the blazing stick I suddenly saw sleepers or dead men file past me. Diaphanous they were. A noise added to the outside clattering of an army and the steady inside creaking of the framework, it was a breath sound; a rythmic hollow noise like humans' breathings accompanied the file coming out of the wall on my right and going into the wall on my left(3).

They were sleepers or dead men some lying on their sides, some on their fronts, others on their backs, who seemed to be carried by invisible bearers(4). Some moved along two by two, whether back to back or head to feet. All were adults; no children; most of them looked middle aged, a few looked aged; some were fat, others were emaciated, all skin and bone. Men? Women? No genitals; instead of them I could only see skin; no man or woman breasts; no hairs except hair on the heads. Their eyes were closed, but many had their mouths opened.

The breathing sound was uninterrupted; I could make it out well in spite of the noise of an army outside and the creaking and smash in the framework. Was it the breathing of invisible bearers whose walk might be deduced from the sleepers' slight rocking? Right behind me a voice rose, *"The prophets."* I felt the need to evade emotion; I began speaking up at random only to relax my chest, "Who is Abraham? Who is Isaac, and Jacob? Which is Moses; which is Jeremiah— Nahum— Isaiah? Amos?" As by automatism I named, I suppose, all the biblical prophets. But I did not expect any reply; speaking up did me good.

They went past, sleepers waiting for the resurrection day. At this idea I felt anguished, I stopped reciting the prophets' names as a ritornello and asked a real

---

1. The original notes cited the passage of *The Book XIII/1 to 18* in its entirety.
2. The original notes cited the passage of *The Book XIV/1 to XV/1* in its entirety.
3. Those sleepers or dead men filed past the witness from the entry in the south wall to the north post beneath the bell tower. They, therefore, passed close by the stick of light where three oil lamps now hang from the truss right above.
4. Later commenting his recollection of the event brother Michel said: "They filed past at stretcher level."

question : « Est-ce là des âmes ? Dorment-elles ? » Pas de réponse. Je crie : « Les *Hauteurs Saintes*(1), est-ce un cimetière, un dortoir ? N'est-ce pas la Vie ? » Je ne crie peut-être pas ; peut-être que je pense seulement à m'en faire éclater la tête. La voix revient derrière moi, plutôt douce : *« Redoutable, le sort des prophètes ! »*.

Alors je comprends. Sauf Élie, Jésus et d'autres, qui ont vaincu l'erreur, le mal et la peur(2), des prophètes peuvent commettre des fautes qui pèsent sur eux plus lourdement que les péchés de ceux qui croient sans voir et sans entendre Dieu ou ses messagers. Le poids de Dieu alourdit l'âme de son témoin, au point que ses efforts ascensionnels doivent être multipliés. Le prophète n'est ni dispensé d'être vertueux ni immunisé contre le péché et l'adversité. Il assume d'un bout à l'autre tous les risques de sa mission prophétique, même s'il ne l'a pas choisie, même si elle lui est imposée directement d'En-Haut. Ici-bas son *salaire* est celui de *l'ouvrier*(3), que lui verse ceux qui reçoivent son message(4). À la fin, il lui est demandé des comptes ; moment difficile. Ainsi Moïse meurt sans même vivre l'achèvement de *l'Exode*(5). Au-delà de la mort, combien de prophètes atteignent les *Hauteurs* et leur *Lumière* ? Peut-être ai-je vu Moïse et Mahomet dans ces corps pantelants, presque cadavres, figés dans l'inconscience de je ne sais quels sombres limbes, *au pied des grands pics*(6) de la *Montagne Sainte* qu'ils avaient tant espéré atteindre. Comme je comprends le sens de *...en attendant Mon Jour*(7)!

De mon siège je me laisse glisser sur les genoux, je me prosterne, ou plutôt je m'effondre, secoué de pleurs, devant le bâton lumineux. Entre lui et moi défilent encore les dormeurs, ou les morts.

Une pensée consolatrice me traverse : Au moins, les prophètes semblent échapper aux *ténèbres glacées*(8). Ces limbes-dortoir ou limbes-cimetière des prophètes sont-ils un des *sept Ciels* de la révélation, celui qui leur serait réservé ? Un ciel bas, une sorte d'entresol ?

Au bout d'un moment je me redresse sur les genoux. Devant mes yeux passent encore des corps allongés. Certains ont la chair aplatie contre leur civière invisible, la bouche tordue du crawleur en plein effort, mais les bras pendants, sans vie. L'un des dormeurs me paraît parcouru de frissons. Combien ont défilé devant moi ? Plus de cent, je pense.

Enfin le défilé des prophètes endormis s'estompe, puis disparaît. Les lumières sur les murs et le bâton ardent demeurent. C'est donc que la voix de Dieu se fera encore entendre. En attendant, je récite *Père de l'Univers*(9) sur *Père de l'Univers*, tout en observant un point lumineux, gros comme un melon, plus intense que la lumière murale devant laquelle il se promène, entre sol et toit, comme le faisceau d'un projecteur puissant qui cherche. Il monte, descend, fait des cercles. Peu à peu je discerne dans le cercle lumineux des ombres dessinant deux yeux, un nez, une bouche. C'est vague. Pour voir de plus près, je me dresse instinctivement, mais je me rassois subitement, craintif devant le bâton ardent. D'ailleurs je distingue

1. L'Évangile Donné à Arès 26/1, 31/11, etc.
2. L'Évangile Donné à Arès 2/10-12.
3. Luc 10/7.
4. L'Évangile Donné à Arès 34/6.
5. Deutéronome 34/4.
6. L'Évangile Donné à Arès 2/6.
7. L'Évangile Donné à Arès 2/6-8-9.
8. Séjour des impies et des renégats dans *L'Évangile Donné à Arès*, appelé aussi *abîmes glacés (13/4)*.
9. L'Évangile Donné à Arès 12/4.

question, "Are these souls? If so, are they asleep?" No reply. I cried, "Are *the Saint's Heights(1)* a cemetery? A dormitory? Aren't they Life?" Perhaps I did not cry; perhaps I only thought so strongly that my head was about to burst. The voice behind me said, rather sweet, *"Hazardous is the prophets' destiny!"*

Then I understood. Except Elijah, Jesus and some others who overcame error, evil and fear(2), prophets may commit transgressions that weigh on them much heavier than the sins of those who believe without having ever seen and heard God or his messengers. God's weight makes the soul of the witness so heavy that his ascending requires much more efforts. A prophet is neither exempt from being virtuous nor immune to sin and adversity. From beginning to end he must run all the risks of his prophetic mission, even if he has not chosen it, even though it has been imposed upon him by God on high. Here below the prophet's *wages* are a *laborer's(3)*, the wages the men who receive his message pay him(4). Finally he is called to account; a hard time. Thus Moses died without even seing the *Exodus* be completed(5). Beyond death how many prophets have reached the *Heights* and the *Light?* I might have seen Moses and Muhammad among those twitching bodies, little short of corpes, stark in the unconscious condition of some dark limbo *at the foot of the high peaks(6)* of *the Saint's Mountain* that they had been eager to reach. These words became very clear to me: —*waiting for My Day to come(7)!*

I slid down my seat, kneeled, then protrated myself, or rather collapsed, in tears, shaken with sorrow in front of the stick of light. Between it and me the sleepers or dead men were still filing past.

A comforting thought passed through my mind: At least, it seems that the prophets elude the *freezing darkness(8)*. Is the limbo dormitory or limbo cemetery of the prophets one of the *seven heavens* of the revelation, the one reserved for them? A lower heaven, a kind of entresol?

After a while I straightened on my kneels. I still could see some stretched out bodies go past. The flesh of a few was limp, as if pressed on invisible stretchers, they had twisted mouths as crawling swimmers', but dangling lifeless arms. Quivers seemed to run through one of them. How many had gone by under my eyes? A hundred plus, I think.

At last the procession of the sleeping prophets grew dim, and then vanished. The lights on the walls and the blazing stick remained. So I was aware that I would hear the voice again. Waiting for it to arise I said *Father of the Universe(9)* again and again while watching a luminous spot the size of a melon, brighter than the light on the walls by which it was moving about between the floor and the roof like the beam of a powerful searchlight. It was rising, descending, circling. Slowly some shades appeared within it and formed two eyes, a nose, a mouth, discernible but vague. I instinctively stood up to study the face more closely, but all of a sudden I sat down again, filled with fear in front of the burning stick. Now I

1. The Gospel Delivered in Arès 26/1, 31/11, etc.
2. The Gospel Delivered in Arès 2/10-12.
3. Luke 10/7.
4. The Gospel Delivered in Arès 34/6.
5. Deuteronomy 34/4.
6. The Gospel Delivered in Arès 2/6.
7. The Gospel Delivered in Arès 2/6-8-9.
8. The abode of the impious and renegades in *The Gospel Delivered in Arès,* also called *icy abyss (13/4).*
9. The Gospel Delivered in Arès 12/4.

maintenant nettement le visage anonyme et enfantin — visage de chérubin ? — dans la boule de lumière qui se promène sans cesse dans l'air.

J'attends toujours. Mes doigts ont enflé. Je les ouvre et je les ferme à plusieurs reprises, étonné par cette sensation de doigts boudinés. À peine mon esprit curieux demande-t-il à ma raison d'expliquer le visage volant et l'enflure de mes mains, la voix de Dieu s'élève du bâton de lumière.

Le message reprend son cours(1). À force de fixer le bâton éclatant, chaque fois que je lève le nez de mon écritoire — moins pour regarder ce bâton de lumière que pour tenter de surprendre le point d'où sort la voix —, je finis par ne plus voir qu'éblouissements, des constellations d'éclairs. J'en perds la notion des distances et des volumes ; je ne vois plus mon bloc, j'écris à l'aveuglette. Je ne sais plus si le bâton est proche ou loin, sous mon nez ou à l'autre bout de la maison. Les éclairs pleuvent devant mes yeux. Au moment où j'écris ces notes, trois heures plus tard, j'en ai mal sur le haut des globes oculaires, et des éclairs, maintenant en négatif, noirs, éclatent encore au fond de mon œil.

Dieu poursuit sa révélation. Je comprends le drame de la chair, qui est de s'être désadaptée de la « physique » de Dieu. Je me sens tout fait de ce drame avec mes yeux éblouis et douloureux, ma tunique trempée, mes mains enflées. Ah ! je voudrais être sans frontière avec Dieu, comme le poisson voudrait être sans frontière avec l'air, quand la ligne le tire hors de son eau. Mon sang frappe contre ma peau et contre mon crâne, comme si lui aussi voulait rompre cette frontière qui l'emprisonne.

L'épreuve de Dieu est morale, parce que son regard, invisible, mais dont vous sentez le percement vif, vous sonde jusqu'au cœur. Elle est aussi physique, parce que vous et lui, vous procédez de deux matérialités (et sans doute aussi de deux matérialismes) devenues incompatibles. Elles étaient admirablement compatibles avant le péché, au temps heureux où Dieu rendait visite à Adam et Eve *dans la fraîcheur du soir*(2).

D. FIN DE LA DEUXIÈME THÉOPHANIE
(Suite des notes du 9 octobre 1977)

Si dur est aujourd'hui mon effort pour suivre la voix de Dieu, pour ne pas fuir l'épreuve de la lumière et du bruit, si difficile est mon épreuve qu'aucun moment heureux de ma vie ne m'a donné le centième de bonheur que me donne la disparition du bâton ardent, suivie de l'extinction graduelle des lumières et des bruits.

Quand je me retrouve seul dans la pâleur du jour terrestre et dans le silence de ce dimanche matin, mon vêtement inondé de rosée comme les murs, pareillement au 2 octobre, j'éprouve ce que j'imagine être le soulagement merveilleux du noyé passé par les affres de l'asphyxie après avoir nagé jusqu'à l'épuisement, et qu'on tire au dernier moment, encore conscient, du fleuve qui l'emporte. Dans ces instants de grande douleur physique et morale, entre la vie et la mort, je crus voir comme mon âme, quelque chose de blanc, et que je sentais éternel. Mon âme qui se levait comme une brume au-dessus de ma chair.

---

1. Ici les *Récits, Notes et Réflexions* originaux reproduisent le passage du *Livre XVII/8-15*.
2. Genèse 3/8.

distinctly made out an anonymous childish face—a cherub's face?—in the ball of light which kept moving about in the air.

I still waited. My fingers had swollen; I opened and closed them repeatedly amazed at feeling my fingers becoming podgy. My inquiring mind had hardly begun to ask my reason to explain why that face was flying about and my fingers were swelling when God's voice broke out of the stick of light.

The message proceeded([1]). I had so intently stared at the glaring stick every time I had lifted my nose from my paper—not to look at the stick of light stricly speaking, but to try to locate the point the voice came out of—that I eventually perceived only dazzles and constellations of sparks. So I lost all notion of measurements, distances and volumes; I could hardly see my notebook, I was writing blindly. I could not tell whether the stick was close or distant, whether it stood under my nose or at the end of the building. Flashes of light rained before my eyes, so that, as I am writing these notes three hours later, I am having a pain at the top of my eyeballs, and flashes now in the negative, black, burst inside my eyes.

God continued his revelation. The drama of the flesh, I realized, had resulted from its weaning itself off the 'physic' of God. My eyes being dazzled to pain, my tunic drenched with condensation, my hands swelling, I felt myself being wholly molded by this drama. Ah! I wished there had been no boundary between God and me, just as a fish wishes there were no boundary between it and the air when it is hooked and pulled out of its water. My blood was pounding against my skin and my skull, as if it also tried to break through these boundaries which emprison it.

The Divine trial is moral, because God's gaze is invisible, but you can feel it peering through you sharply and probing your depths to the heart. This trial also is physical, because God and you have originated in two materialities (and probably two materialisms too) which have become incompatible. They were wonderfully compatible before the occurrence of sin, in the happy times when God used to visit Adam and Eve *in the cool of the evening* ([2]).

D. THE END OF THE SECOND THEOPHANY
(Continuation of the notes of October 9, 1977)

I had tried so hard to stay alert to God's voice and not run away from the trial of the light and noise, I had been in so severe a discomfort that the vanishing of the stick of light and the gradual extinguishing of the lights and noises made me a hundred times as happy as any good time had ever made me in my whole lifetime.

When I found myself alone in the paleness of the terrestrial daylight and the quietness of this Sunday morning, with my clothes, like the walls, soaked in the dew just as on October 2, I felt what I imagined is the wonderful relief of a man who has swimmed till he sinks with exhaustion in the throes of asphyxia, whom rescuers pull out of a strong stream at the last second, when he is almost drowned but still conscious. In those moments of great moral and physic suffering I had perceived something white, like my soul, something I had sensed had an eternal nature. My soul which had begun rising like some mist over my flesh.

---

1. Here the original *Accounts, Notes and Thoughts* cited the passage of *The Book XVII/8-15* in its entirety.
2. Genesis 3/8.

Maintenant j'ai repris contact avec la terre et son quotidien. Je sors de la maison de prière, trempé de cette rosée qui mouille également tout à l'extérieur : toits, murs, arbres qui dégouttent, sol et vitres ruisselantes des fenêtres.

Là, je pousse un cri. Un cri animal, sans autre raison que de crier pour me prouver que je vis, que je suis chez moi, et que tout à l'heure je vais revoir ma femme et mes trois filles. Et le cri s'écrase sans écho sur les murs qui cernent le jardin ; ce cri me semble presque un silence comparé aux éclats sonores de l'événement surnaturel que je viens de vivre. Ce cri terne finit de me replacer sur terre.

Un oiseau passe lentement, planant dans la brise. Le soleil levant, que je devine derrière les hauts chênes du boulevard de l'Aérium, se reflète sur son plumage. Le vent du matin sent le pin. Un camion passe en frappant des ridelles et son bruit me paraît doux. Je respire profondément, debout sur les dalles de pierre, le nez en l'air, pliant et dépliant machinalement les papiers sur quoi j'ai transcrit le long message de cette nuit.

Je pense. Je pense à l'ange que j'ai vu la veille sur la plage. Je pense au visage du chérubin dans sa boule vitreuse, qui volait tout à l'heure entre sol et toit, plus lumineux que les lumières des murs, moins que le bâton ardent. J'en conclus : « Hiérarchie de lumière. »

D'autres pensées, jaillies dans ma tête encore toute vibrante du prodige, se saccadent, s'espacent, disparaissent. Le céleste me redevient subjectif aussi vite que s'estompe dans mon esprit le vécu où je baignais encore voilà quelques instants. C'est comme après ces leçons de langue étrangère ; un court moment, encore immergé dans l'accent, les tournures, la mentalité, on croit merveilleusement posséder cette langue, puis le parler et la pensée natals reviennent vite, submergent l'esprit, et la langue étrangère se brise, se disperse, redevient vraiment étrangère, et — comme après une rencontre avec le Ciel — finit par seulement bourdonner dans le souvenir auditif, bruit de fuite d'un gaz subtil, inconnaissable, et comme lointain. Il y a tout un drame de la chair qui se déchire du Père Céleste, qu'elle n'a pu enlacer qu'un temps minuscule, et encore ! un temps de grande peur et d'épreuve physique.

Dieu est *étalé*[1] dans un espace infini. Or, nous ne pouvons pas avoir notion de l'infini. Dans cet espace, de toute façon, un homme est moins qu'un atome, un infime principe, mais qui emprisonne l'idée gigantesque, cosmique, de Dieu. Si Dieu peut rencontrer l'homme, c'est parce qu'il peut s'emprisonner un court moment dans le petit, si petit espace de l'homme. J'ai bien senti que, dans ce moment-là, la souffrance de Dieu[2] vaut celle de l'homme qu'il visite. Les bruits qui accompagnent sa visite sont peut-être ses plaintes, et la lumière qui coule le long des murs ses larmes. Pensée personnelle seulement ; pas d'affirmation doctorale. L'homme religieux est tout subjectif ; cependant, depuis 1974, le surnaturel redevenu concret a permis à l'homme de repasser du subjectif spirituel à l'objectif.

De 1974 à la veille du 2 octobre 1977, Dieu n'était que d'un côté de moi, le côté éthéré. Seul Jésus m'était sensible. Maintenant il se trouve aussi du côté physique, et je ne sais pas encore tourner de deux côtés à la fois ma vie spirituelle, n'ayant pas *comme les anges des yeux tout autour de la tête*[3].

1. Le Livre II/4.
2. Le Livre II/21.
3. L'Évangile Donné à Arès 36/2.

Now I was in contact with the earth and everyday life again. I went out of the prayer house, drenched with the dew that had also wetted everything outside: the dripping wet roofs, walls and trees, the ground, and the streaming window panes.

Then I let out a shout. An animal shout for no reason other than the reason to shout to prove to myself that I was alive, I was at home, I was going to see my wife and my three daughters again presently. And the shout dashed against the walls surrounding the garden with no echo; that shout was almost like a silence compared to the ringing hubbub of the supernatural event that I had just experienced. That shout completed my return onto earth.

A bird glided past slowly overhead in the breeze. Reflected in its plumage was the sun, the rise of which a glow pointed to beyond the tall trees lining boulevard de l'Aérium. The morning wind smelt of pine. A truck passed the house with its rails rattling; that noise sounded sweet to me. I took a deep breath while standing still on the stone pavement, with my nose in the air, folding and unfolding repeatedly the paper sheets on which I had written down this night's long message.

I reflected. I reflected on the angel that I had watched on the beach the previous evening. I thought about the cherub's face within the glassy ball flying about between the floor and the roof a moment ago, brighter than the lights on the walls, but less bright than the blazing stick. "A hierarchy of lights," I concluded.

Into my mind still vibrating with the wonder other thoughts leapt, then became jerky, spaced out, dissolved. The heavenly grew subjective to me again as swiftly as the actual experience in which I had still been swimming some minutes ago grew distant. It was like the aftereffect of foreign language lessons; for a short while after school the accent, idioms and mentality are still embedded in you and you think that you have a perfect command of the language, but the native tongue and way of thinking come back fast, overwhelm your mind, the foreign language breaks up, scatters, becomes really foreign again; in the end—as after a meeting with Heaven—it is just a buzzing in auditory memory as a leak of a seemingly distant, unknowable, rare gas. There is a big drama of the flesh resulting from the flesh's ripping itself from the Heavenly Father whom it has embraced only a very short time, and even that has been a time of great fear and physical trial.

God is *spread(1)* over an infinite space. No one can have the faintest notion of the infinite. In that space, in any case, a man is less than an atom, a minute principle, but a minute principle that shuts in the gigantic cosmic idea of God. God can meet with man because he is able to imprison himself for a short while within the small, so small space of man. In that short while I have sensed well that God's suffering(2) equals the suffering of the man whom he calls on. The noise that have accompanied his visit might have been his moan, and the lights pouring down the walls his tears. This is not a doctor's assertion, only a private thought. Religious man is very subjective; nevertheless, since 1974 the supernatural going concrete again has enabled man to pass from spiritual subjectivity to objectivity.

From 1974 to the day before October 2, 1977, God was only on one side of me, my ethereal side. Only Jesus was perceptible to me. Now God is also on my physical side, but I cannot yet turn my spiritual life onto both sides at once, because I have not *eyes all around my head* as *angels have(3)*.

1. The Book II/4.
2. The Book II/21.
3. The Gospel Delivered in Arès 36/2.

Je vais et viens ; j'ai froid, mais je ne me décide toujours pas à entrer chez moi. Je veux prier. Priant, j'ai l'impression à présent d'engager un dialogue avec deux Dieux séparés, celui que j'imaginais avant, et celui que je découvre maintenant. Je parle ici de la difficulté de mon intelligence à coller sur le Dieu caché, invisible derrière le Jésus de 1974, le Dieu qui vient de se montrer à moi, si peu soit-il. Auparavant, quand je priais je n'avais pas trop de mal à localiser Dieu dans mon esprit, et maintenant je le ressens aussi dans ma chair, mais je ne parviens pas à unir harmonieusement les deux notions, je les alterne en priant, ou j'oublie l'une des deux. Mais je sens clairement que ce n'est pas l'unité de Dieu que je mets ici en cause ; je mets en cause la possibilité de l'homme, donc ma propre possibilité, d'être spirituellement un et simple. Au cours de cette prière, qui est autant une réflexion, des larmes me montent aux yeux.

J'aspire l'air du matin. Derrière les arbres je vois le feu du soleil qui monte. Voir le soleil achève mon bonheur de retrouver la terre. Mais je garde pourtant une vague nostalgie de la parcelle du *Royaume* qui s'est montré à moi. Le papier que je plie et déplie machinalement est tout ce qui m'en reste. Je réalise d'un coup sa dimension immense ; c'est le *Livre* de Dieu sous l'immense voûte bleuissante du matin de l'immense église terrestre, qui n'a ni murs, ni hiérarchie. J'ai le sentiment de me trouver subitement seul dans cette église naturelle et libre que l'homme n'a pas pu clore et ne clora jamais. J'ai l'impression d'entrer le premier dans ce lieu pur et libre de la foi, et j'ai comme peur d'y rencontrer un autre homme, qui viendrait tout gâcher, avec son habituel visage fermé d'homme retourné sur soi, quand il devrait partager mon extraordinaire aventure surnaturelle et lever son regard tout occupé du seul Ciel et de son seul Dieu.

(Noté le 25 octobre 1978) Un an après, je rassemble et relis ces notes pour leur publication. Il me revient un souvenir :

Alors qu'au matin du 9 octobre 1977 je vais rentrer chez moi, je vois un chat, que nous appelons « le » chat. Un chat sans nom. « Le » chat semble vivre dans une friche proche, mais quand viennent les fraîcheurs de l'automne il passe parfois la nuit à l'abri de notre porche ou des avant-toits. Il est blanc avec quelques taches roux clair, et il porte une curieuse queue courte et pliée à angle droit. « Le » chat est sauvage, absolument insaisissable. Les enfants ont usé vainement de toutes leurs ruses pour l'attraper.

Le matin du 9 octobre, « le » chat ne s'enfuit pas quand j'approche du porche. Il me regarde bizarrement, comme admirativement. Je me sens tellement gêné de le voir, lui si farouche, subitement aimable, que je préfère penser qu'il est encore tout hébété par les lumières et les bruits surnaturels dont il a dû être témoin. Je parviens à un mètre de lui, ce qui ne s'est jamais vu. Il me coule un regard d'or. Je suis stupéfait ; je me demande même s'il n'est pas malade. J'avance une main vers lui. Il s'aplatit, mais il ne détale qu'à l'instant où je vais l'effleurer.

Pour un chat qui n'a jamais mangé dans une main d'homme, qu'aucun bras n'a jamais bercé, un chat sauvage et distant comme un lynx, une pareille minute d'apprivoisement me paraît un miracle, ajouté aux prodiges de la nuit ; une minute de paradis terrestre. En tout cas, il est évident que même pour « le » chat il s'est passé quelque chose cette nuit-là.

Depuis le 9 octobre 1977, « le » chat est redevenu aussi sauvage qu'avant, mais quand je l'aperçois, je suis attendri. Il est mon cotémoin de la présence de Dieu et de l'énergie énorme, mais pacifique, qui accompagne sa descente sur terre, qui fait

I walked to and fro; I was cold, but I could not bring myself to return home as yet. I wanted to pray. While praying I had a feeling that I engaged in a dialog with two different Gods, the one whom I had pictured to myself previously and the one whom I began to discover. I mean that my intelligence had difficulties superimposing God who had begun revealing himself to me, even if I had only a faint idea of him, on God hidden, invisible behind the 1974 Jesus. Previously, while praying I had had little trouble locating God in my mind, and now I felt him in my flesh too, but I did not manage to join both the notions together, in praying I alternated each other or I forgot about either. But I sensed clearly that I did not question God's unity; I questioned man's ability, my own ability, then, to be spiritually one and simple. During that prayer, which was also a reflection, tears welled up in my eyes.

I inhaled the morning air. Between the trees I could see the fiery rising sun. To watch the sun made me achieve utter happiness to be back on earth. But I felt vaguely nostalgic about the small plot of the *Kingdom* that had appeared to me. The paper that I kept folding and unfolding mechanically was its only remaining bit. Right now I realized its immense size; it was God's *Book* under the immense vault turning blue of the morning of the immense earthly church with no walls, no hierarchy. I had a feeling that I suddenly found myself alone in that free natural church which man fortunately had not locked and would not lock ever. I sensed that I was the first to enter that free pure place of faith, and I was almost afraid to meet there with some man turning up to spoil all the place, a man with his usual uncommunicative look, a man shut on himself instead of opening to my extraordinary spiritual adventure, instead of raising his eyes and focusing them on Heaven and his sole God as he should.

(Noted down on October 25, 1978) One year later, I am collecting and rereading these notes for publication. A memory has just recurred to me:

As I was about to enter my house on the morning of October 9, 1977, I saw a cat that we call 'the' cat. A nameless cat. 'The' cat, it seems, lives in a fallow land nearby, but in fall, from the coming of chill to spring, he often sleeps under the eaves or the porch. It is white with a few pale reddish spots and it has a funny short L-shaped tail. 'The' cat is untamed, absolutely elusive. Our children have tried all kinds of stratagems to catch it, to no avail.

On the morning of October 9, 'the' cat did not flee from me when I went near to the porch. It looked at me strangely, almost admiringly. I felt so embarrassed seeing that wild cat suddenly nice that I imagined that it was in a complete daze after having witnessed the supernatural lights and noises. I was three feet from it; this had never occurred. It stole a golden glance at me. I was dumbfounded; I came to wonder if it was ill. I put out a hand toward it. It crouched, but it did not bolt until I was about to touch it.

That minute of tameness, with a cat that had never eaten out of a man's hand or slept in a man's arms, as wild and stand-offish a cat as a lynx, seemed to me to be a miracle added to the wonders of the night; one minute of earthly paradise. At any rate, it was obvious to me that even 'the' cat had experienced something stunning in the night.

Since October 9, 1977, 'the' cat has been behaving as wildly as before, but every time I catch a glimpse of it I feel emotional. We are joint witnesses to God's presence and the huge but peaceful energy that comes with his descent to the earth,

tout détoner et s'illuminer. Nous avons quelque chose d'important en commun, comme deux satellites qui ne se rencontreront jamais, mais qui courent sur la même orbite. Et je fais au chat des signes amicaux de loin.

E. APRÈS LA DEUXIÈME THÉOPHANIE[1]
(Noté du 12 au 16 octobre 1977)

(Noté le 12 octobre) La journée du 9 octobre s'est passée dans la paix intérieure, presque dans la joie, peut-être par certitude que Dieu ne reviendrait pas le même jour. Mais dès lundi je tombe dans un grand trouble. Deux nuits passées dans l'insomnie à attendre sans raison précise une nouvelle théophanie, et à redouter d'avance sa conflagration surnaturelle.

Le jour, j'éprouve l'irrésistible besoin de marcher vite et loin, porté par ma peur et par mes nerfs. Je vais, comme si je savais où je vais, décidé. Sans autre but que de m'éloigner de la maison. M'en sentir loin me sécurise ; je pousse ma lâche bêtise jusqu'à me dire : « Dieu viendrait-il me chercher au dehors ? »

Autant que de subir le surnaturel, l'éventualité de devoir le raconter et livrer son message au monde tôt ou tard me saisit d'anxiété.

Je vais par les pinèdes autour d'Arès, m'y coulant plus qu'y marchant, laminé entre la peur de Dieu et la peur de raconter Dieu, évitant la plage depuis l'apparition de l'ange[2], le cœur étreint par une tristesse incoercible, sans doute due à mon impuissance à porter mon fardeau.

Je vais en guettant au-dessus de moi les morceaux de ciel bleu entre les pins serrés, cherchant leur ombre, craignant de voir fondre sur moi du Ciel je ne sais quoi. Je fuis la lumière, tant la surnaturelle clarté de Dieu me l'a fait craindre.

Je ne vois jamais le bout de ces fuites-promenades, où je prie tout haut. J'implore : « Seigneur, pourquoi moi ? Ne vois-tu pas comme je suis inapte à la mission que tu me confies ? »

Je réalise ma fragilité d'homme, je me sens les muscles et les os minces, le cœur à portée du moindre coup, exposé et nu derrière ma peau.

En quarante mois j'ai à peine réussi à rendre ma vie logique, à réaliser l'équilibre entre *L'Évangile Donné à Arès,* déjà d'un grand poids, et mon léger cerveau de *coucou*[3]. Je n'ai encore comblé qu'une part de ce qui nous séparait, le message de Jésus et moi, quand il me fut révélé. Vais-je devoir recommencer ?

Je pense aux prêtres, pasteurs, et autres clercs ou sectateurs, auxquels Dieu m'oppose. Je revois, derrière leurs lunettes de notaire, leur regard si sûr d'avoir bien vu « leur » Dieu et « la » vérité dans leurs dogmes. Ils ont les mâchoires serrées d'hommes affirmatifs jusque dans le silence, en pleine « connaissance » et pleine « puissance » de leur foi comme des banquiers en pleine connaissance de la bourse et des valeurs. C'est sans doute ainsi, avec un air sûr, que les fidèles préfèrent leurs papes, leurs évêques, leurs *chefs*. Tandis que moi, à présent, je vais plutôt crispé et agité, n'étant plus sûr de rien, sinon que j'ai vu et entendu Jésus et

---

1. Lors de leur première publication en 1979 le frère Michel mit les notes qui suivent (§ E) au temps passé par souci d'harmonie avec le récit de la Troisième Théophanie dont elles formaient l'introduction. Le temps présent de l'original fut rétabli dans l'édition de 1984 et les suivantes.
2. Voir Deuxième Théophanie § A.
3. Le Livre I/10.

and that sets all things detonating and being lit up. We have something important in common like two satellites unlikely to come together ever, but running in the same orbit. And I make friendly signs to 'the' cat from some distance.

E. AFTER THE SECOND THEOPHANY(1)
(Written down between the 12th and the 16th of October, 1977)

(Noted down on October 12) On October 9 I was having great inner peace, and even joy, all day, perhaps because I was certain that God would not come back the same day. But as soon as Monday a feeling of turmoil overcame me. For no reason I passed two sleepless nights waiting for another theophany to occur, in fear of the supernatural disturbance beforehand.

In daytime I feel the need to take long walks at a brisk pace, prompted by fear and edginess. I walk along, resolute, as if my walk had any aim. My only aim is to be far from the house. A fair distance away I feel in security; my craven foolishness goes as far as to make me think, " Would God ever go after me outside ? "

I am anguished at the thought that the supernatural could possibly afflict me again, and also at the thought of having to report it and convey its message to the world sooner or later.

I walk about the pinewoods in the vicinity of Arès slipping rather then walking through them, pressed between fear of God and fear of telling about God—I have eschewed the beach since the angel's appearance(2)—with my heart gripped by uncontrollable sadness probably due to my powerlessness to carry my burden.

I walk along looking up for patches of blue sky between the dense pines, seeking the shade of the trees, fearing that something might swoop down on me from Heaven. I have shunned light since God's supernatural brightness made me dread it.

I draw out those escape walks; while walking I pray aloud, I beseech, "Lord, why visit me? Can't you see I am unfit for the mission you appoint me to?"

I realize my human frailty, I feel as if my muscles and bones were awfully thin and my heart within range of any blow, an easy target bare beneath my skin.

In forty months I have hardly managed to make my life coherent and achieve the balance between *The Gospel Delivered in Arès,* heavy as it is, and my flimsy *cuckoo(3)* brains. I have only filled a part of the gap which separated me from Jesus when his message was revealed to me. Am I going to resume the whole job?

I muse on priests, pastors and other clerics and sectarians, against whom God pits me. I recollect their eyes through their spectacles of lawyers, their look of men positive that their' God and 'the' truth perfectly shine in their dogmas. They have clenched jaws like men positive even when silent, positive about their 'full knowledge' and the 'power' of their faith just as bankers have 'full knowledge' of the financial and stock market. I suppose that the faithful want their popes, bishops and *rulers* to display such positive airs. I, for the time being, am going on my way

---

1. At the time of the first publication in 1979 the following notes (§ E) were put in the past tense so that they might cohere with the account of the Third Theophany the introductory text of which they made up. The original present tense was restored in the 1984 edition and following editions.
2. See The Second Theophany, § A.
3. The Book I/10.

Dieu et qu'il me faut tout revoir des « valeurs » et des projets de la foi et même de l'univers.

Et pourtant — je le réalise en notant tout ceci — au milieu de cinq milliards d'hommes vivants, je suis probablement le seul qui a vu Dieu de près, le seul qui en a une expérience vécue.

(Noté le 14 octobre 1977) Cet après-midi je m'enfonce au fond de la forêt au volant de notre Land Rover, le « camion » comme nous disons parfois ; brave gros baudet, qui nous a charrié tant de matériaux pour nos travaux. Il m'emporte sur ses grosses roues de tout-terrain, par les chemins forestiers quelque part entre Arès et l'océan.

La nature est belle, sa senteur balsamique. Mais pas le temps d'y succomber ; mes pensées me suivent. Je fuis Dieu, et en même temps je n'ose pas cesser de l'avoir à l'esprit et de le prier plus fervemment.

Je file, mes roues dans les ornières d'autres Land Rover des « Eaux et Forêts » ou des pompiers forestiers. Je ne traîne pas. Je cherche un endroit pour m'arrêter et marcher, prier, penser à mon « hôpital » ; j'appelle ainsi l'ensemble des affligés dont les peines et les problèmes me préoccupent.

Soudain je sens une Présence. Elle me suit. Rien cependant dans mon rétroviseur, rien d'autre que le chemin comme un sillage. Mais cette Présence, quelle présence ! Elle suit, invisible, mais plus présente qu'une montagne en marche. Bien qu'il soit 15 h, et que le temps soit beau, tout s'assombrit derrière les vitres du Land Rover, tandis que l'intérieur du véhicule reste éclairé par le jour, comme si tout le jour du dehors avait été aspiré dans la cabine où je suis. Instinctivement j'allume les phares. Vainement. Rien ne semble pouvoir percer l'ombre du dehors.

Dans l'obscurité je devrais m'arrêter. J'accélère au contraire. J'enfile un nouveau sentier comme un couloir. L'ombre m'accompagne. J'ai peur. Sans y voir beaucoup, je prends un tournant, un autre, des détours. Je guette la réapparition du jour au-dehors. Je traverse un coupe-feu ; freiné par le sable mou et profond, je stoppe ; l'instant d'abaisser le levier de grande démultiplication, je repars dans le tonnerre du moteur qui m'arrache au sable. Je me lance sur un nouveau sentier ; je fuis comme une bête devant une avalanche ou un tremblement de terre.

C'est rouler qu'il faut. Sans penser qu'on ne fuit pas cette Omniprésence-là. Je roule, suivi, précédé ou entouré par la Présence placide, qui a toute la place, tout son temps, toute l'éternité devant elle.

Je hurle ma prière ; je crie *Père de l'Univers* et le psaume de pénitence : *Aie pitié de moi...* Le Land Rover aussi semble trembler de tout son fer.

Pourtant, rien de furieux dans la Présence. Elle est là simplement. Même à prier, à prier à tue-tête, quand on est transi de peur, on n'échappe pas à son désespoir ; c'est une agonie qui n'en finit pas. Alors j'arrête mon véhicule, ou bien il s'arrête de lui-même, je ne sais plus.

La Présence se développe, s'étend comme un cocon sur moi, plus enveloppante que si elle était visible. Alors, le parfum consolateur déjà senti la nuit du 9 octobre m'entoure. C'est à lui que je reconnais Dieu. Je fonds en larmes comme Pierre après son reniement, mais une force réconfortante me pénètre avec le parfum, m'apaise et me hausse en un instant à un point de bonheur indescriptible.

rather tense and troubled instead, no longer sure of anything, only sure that I have witnessed Jesus and God and I must reappraise all the 'values' and the prospects of faith and even of the universe.

And yet, among five billion live men I am probably the only one that has seen God close at hand, the only one that has had a living experience of him—I realize this while writing these notes.

(Noted down on October 14, 1977) This afternoon I plunged into the depths of the forest driving my Land Rover—sometime we call it 'the truck'—, the devoted big donkey that has lugged a great many materials for our restoration and building works. It carried me along on its four big off-road car wheels through forest paths somewhere between Arès and the ocean.

These wilds are beautiful, their scents balsamic, but this afternoon I had not the time to yield to them; my thoughts were pursuing me. I was fleeing from God but at the same time I dared not stop thinking of him and praying him with ardor.

At a fair speed my wheels were following ruts made by Land Rovers of the River & Forest Board and Forest Fire Dpt. I was not dawdling. I was searching for a halt place around which I could stroll, pray, think of my 'hospital'—I have given this name to the afflicted whose sufferings and plights I am concerned about.

Suddenly I felt a Presence. It was following me. In the rearview mirror there was nothing, though, only the path like a slipstream. How present that Presence was, however! Invisible but more present than a mountain on the move it kept chasing me. Although it was 03:00 p.m. and the weather was fine, everything darkened ouside the Land Rover, but it remained lit inside, as though the entire daylight had been sucked into the car. Mechanically I put on the headlamps. To no avail; was there any light powerful enough to break through the dark outside?

In the dark I should have halted. I sped up instead. I entered another path like a corridor. The shade went with me. I was scared. Although I could hardly see anything I took a bend well, then another, then several twists. I was looking out for the daylight to reappear. I crossed a firebreak; the car sank into the deep soft sand; I pushed the extra reduction gear handle and started up in the thunder of the engine, dragged out of the sand. I ran forward onto another path; I was fleeing as a beast flees before an avalanche or an earthquake.

Roll along was all I must do. Without giving a thought to the impossibility for anyone to escape that Omnipresence. I was rolling along followed, preceded or surrounded by the placid Presence which was having all the room, all the time it needed, whole eternity before it.

I was yelling my prayer, shouting out *Father of the Universe* and the penitence psalm *Have pity on me*— The Land Rover also was trembling all over in its iron.

Nevertheless, there was no fury in the Presence. It simply existed. Even by praying, by praying your head off, you cannot elude despair if you are numb with fear; you feel as if you were in endless pangs of death. Did I stop my car, then, or did it stop by itself? I do not know.

The Presence unfolded, stretched over me like a cocoon; I felt wrapped up in it invisible but heavily perceptible. Then the comforting scent that I had smelt in the night of October 9 rose and shrouded me. By that scent I recognized God. I burst into tears like Peter after his disowning, but a comforting strength stole into me along with the scent, and soothed me, and, in no time, lifted me up to a level of indescribable bliss.

F. SENTIMENTS DIVERS DU TÉMOIN DE DIEU ET RÉFLEXIONS SUR LA MISSION QUI L'ATTEND(1)
(Noté le 16 octobre 1977)

Crier de peur, pleurer, puis dans l'instant suivant rire, trembler de joie, voilà qui est propre à l'homme qui traverse l'épreuve de Dieu. Entre la «folie» et le «sérieux» face à Dieu c'est tout choisi. Le «sérieux» ne rencontre pas Dieu. Quand les gens «sérieux» viennent vous parler de Dieu, gardez-vous d'eux! Ils se trompent et ils trompent. Ils n'en connaissent rien. Dieu rend l'homme *fou, fou(2)* d'amour, de crainte, de prière, de joie, de force de vaincre le monde! Dieu ne rend pas l'homme «sérieux».

Je comprends dans ces moments où quelque chose du Ciel s'allie à ma chair, et y irradie, pourquoi les gens «sérieux» écartent le vrai témoin de Dieu, l'habité de Dieu. C'est parce que celui-ci n'a pas subi qu'une inflexion morale qui l'éloigne de «l'ordre», il est sorti de sa norme humaine, il est changé en inconnu. Il est devenu aux yeux des «normaux» l'étrange qui provoque la peur, parfois la rage, animales. Le conflit de la foi et de ses remises en question: la *folie(2)*, l'affrontement de l'homme qui trouve Dieu et de l'ordre (surtout l'ordre religieux), n'est pas le conflit des idées, mais celui cosmique des ondes et des pierres, du Ciel et de la terre, de l'ange et de Jacob(3), de la vie vaincue qui se révolte et de la mort triomphante qui veut garder ses acquis.

C'est que, comme je le découvre depuis deux semaines, les vrais témoins de Dieu ont découvert que le *Royaume* est un lieu déconcertant mais merveilleux, qui vaut la lutte entreprise contre le mal et le péché. L'ordre religieux, lui, pactise inconsciemment avec le mal et le péché, parce que, finalement, il ne croit pas aux fins dernières concrètes; il philosophe.

C'est aussi, d'un point de vue pratique immédiat, que les vrais témoins de Dieu, ayant trouvé la vérité et le *Royaume* comme vraies valeurs, même s'ils les ont trouvés dans les affres d'une métamorphose, deviennent en ce monde les *pauvres*. Non *pauvres* au sens de démunis, car il leur faut les moyens matériels de leur mission; ils sont les *pauvres* au sens le plus redouté par l'ordre: ceux qui n'ont rien à perdre, hormis l'âme; ceux qu'on n'achète pas. Si, dans les moments où Dieu me visite, je souffre, je me sens aussi devenir coriacement incorruptible,

---

1. Le lecteur qu'intéressent surtout les faits et qu'intéressent moins les sentiments du témoin peut passer directement au récit de la Troisième Théophanie. Il reviendra à ce paragraphe ensuite. Était-il sage d'introduire les notes qui composent ce § F dans le témoignage global six ans plus tard? Ces réflexions formant un aparté, le frère Michel hésita. De plus, plutôt qu'un témoignage ces lignes ne forment que l'embryon de réflexions qui, bien que posant déjà de bonnes questions, devront être approfondies au cours des ans. Ces pensées sont donc d'autant plus incomplètes et superficielles que le frère Michel ignore qu'il y aura encore trois théophanies: Comment pourrait-il conclure le 16 octobre? Il faut donc lire ces notes sur l'instant, parce qu'on y trouve quand même des confidences passagères intéressantes. Ces notes montrent surtout, de façon vivante, quelles pensées préoccupaient l'homme surpris par Dieu après l'avoir été par Jésus. On voit que Dieu poussait le bouleversement de la vie et de la foi du témoin bien au-delà du bouleversement déjà opéré en lui par Jésus en 1974.
2. Ici frère Michel a des réminiscences de Paul (I Corinthiens 3/19) dont les épîtres, dit *L'Évangile Donné à Arès (16/12)*, ne sont pas Parole de Dieu. Mais l'idée que pour Dieu la prétendue sagesse du monde est *folie*, et qu'inversement pour le monde c'est la foi qui est *folie*, est enracinée dans toute la Bible et même dans le Coran qui mentionne assez souvent les incroyants traitant les croyants de *fous*.
3. Genèse 32/23-32.

F. VARIOUS FEELINGS OF GOD'S WITNESS
AND A FEW REFLECTIONS ON THE IMPENDIND MISSION(1)
(Noted down on October 16, 1977)

Shouting in fear, weeping, and right afterward laughing, trembling with joy, this behavior is peculiar to a man that lives through the experience of meeting God. Between being 'mad' or being 'serious' that man chooses unhesitatingly. No 'serious' man encounters God ever. When 'serious' persons talk about God to you, beware of them! Either they are misled or they mislead. They know nothing about God. God makes man *mad, mad(2)* on love, *mad* with fear, *mad* on prayer, on joy, *mad* for strength to overcome the world! God never makes man 'serious'.

In these days when something of Heaven unites with the flesh, and radiates within it, I realize why 'serious' people sweep aside God's true witness, the one in whom God dwells. Because that man not only underwent a moral reorientation which estranged him from the 'order', but he moved away from his human norm, he changed into a stranger. In him 'normal' people see the odd man that causes animal fear or fury. The clash between faith and its own callings into question: *madness(2),* the clash between the man who finds God and the order (especially the religious order), is not the clash between ideas, but the cosmic clash between light-waves and rocks, Heaven and earth, the angel and Jacob(3), life defeated which rebels and death triumphal but striving to keep its acquisitions.

In two weeks I have discovered that God's true witnesses have come to know that the *Kingdom* is a bewildering but wonderful place worth struggling against evil and sin. As for the religious order, it has unconsciously come to terms with evil and sin, because it has ended up doubting the concrete ultimate destiny of man, it philosophizes.

I also have discovered that, from a practical immediate viewpoint, God's true witnesses have become the *poor* in this world because they have unearthed the real values: Truth and the *Kingdom,* even though they have suffered the throes of metamorphosis to discover them. Not *poor* in the sense of destitute, for their mission has always required material means, they have been the *poor* in the sense most dreaded by the order: those who have nothing to lose but their souls, those who never let themselves bought. Although I am suffering now that God has visited me, I can feel myself becoming inflexibly incorruptible and even biologi-

---

1. If the reader is only interested in the facts, but not in the witness's feelings, he or she can skip straight to the account of the Third Theophany, and go back to this paragraph afterward. Was it sensible to integrate the notes that make up this §F into the overall testimony six years later? As these notes formed an aside, brother Michel was in two minds. Besides, these lines did not constitute a testimony; they were only an embryo of reflections which would require a broad development for the following years, even if they raised interesting problems as soon as 1977. These thoughts are all the more incomplete and shallow since brother Michel was unaware that another three theophanies would take place; how could he draw conclusions on October 16? One should read these thoughts as something noted down on the spot, but they contain interesting momentary confidences. These notes particularly bring out, in a lively way, the thoughts that were preoccupying a man caught anawares by God after he had been caught anawares by Jesus. God, it is obvious, carried the upheaval in the witness's life and faith far beyond the upheaval already caused by Jesus in 1974.
2. Here brother Michel reminisced about Paul's epistles (I Corinthians 3/19) which are not God's Word, *The Gospel Delivered in Arès (16/12)* states. But the notion that God regards the world's so-called wisdom as *madness,* and that conversely the world regards faith as *madness,* is well rooted in the Bible throughout and even in the Quran which fairly often mentions the unbelievers who call believers *mad men.*
3. Genesis 32/23-32.

et même biologiquement insensible à ce qui pourrait menacer ma vie. Je passe d'une nature sensible aux choses terrestres à une nature sensible aux choses célestes.

La solitude, déjà éprouvante, provoquée par les apparitions de Jésus m'avait laissé quelques restes de vie sociale et « mondaine », si l'on peut dire. Mais mes découvertes, et mes réflexions au jour le jour, dans cette période où la vie divine elle-même se mêle à ma vie terrestre, me jettent dans une solitude totale.

En 1974 beaucoup d'amis, parfois de vieux amis très chers, m'abandonnèrent. À l'inverse, depuis le 2 octobre c'est moi, je le sens, qui dois abandonner certaines relations qui me restent, quand il devient clair que je ne pourrais les garder qu'au prix de compromis de plus en plus impossibles entre ce qu'elles attendent de moi et ce que Dieu attend de moi.

Entre les hommes sans Dieu, ou avec un faux « Dieu », et le vrai Dieu que je connais à présent, je ne peux plus choisir que le vrai Dieu. Dans ce domaine il n'est pas de choix qui n'exige le sacrifice d'amitié, et d'illusions, qui rendent la vie bien agréable quand même. Cela ajoute à ma tristesse, au point que, ce matin, j'ai cru ne plus avoir de raison d'exister parmi les hommes. Dans ces heures, tenté par le néant, je dois — et ma mission doit — à mon épouse Christiane et à mes enfants, et à tous mes correspondants fidèles, de m'avoir retenu sur terre. Pour eux. Mais j'ai reconnu ma vraie patrie, céleste, même au prix d'un chaos du cœur. Ce monde — en son état du moins — ne m'est plus désormais qu'une planète éloignée, à conquérir et à occuper pour Dieu selon ses plans.

D'attendre une nouvelle visite de Dieu je suis de plus en plus fatigué, et insomniaque. Je ne peux plus consacrer à ma correspondance et à mes diverses occupations leur temps quotidien habituel. J'imprime un papier à lettre spécial, portant en tête une formule d'excuse pour la rareté et la brièveté de mes réponses ; cette formule donne, sans détail, la raison de ma brièveté : épreuve surnaturelle. Je sais gré à tous de respecter ma fatigue et de patienter.

J'ai vu une miette du *Royaume* de Dieu tombée devant moi. J'ai deviné les merveilles qui s'offriraient, si ce *Royaume* s'ouvrait tout grand. J'en suis revenu sans dommage, et même comblé de grâce, et je continue pourtant de vivre dans la crainte de son retour. Paradoxe ? De me découvrir lâche et fragile je souffre autant que de la peur du surnaturel. Il me faut bien me résigner à me connaître chaque matin un peu plus. À l'homme qui a découvert — mais alors, vraiment découvert ! — Dieu dans sa « matière », toute certitude et toute tranquillité se refusent.

En écrivant ces notes à l'incitation de Christiane, je réfléchis — déjà — à la façon, ou aux façons, dont il me faudra diffuser ce que je vis et reçois. À cette pensée je fonds d'impuissance, et presque de dégoût. La diffusion de *L'Évangile Donné à Arès,* trois ans et demi plus tôt, m'a déjà éprouvé. Seul face au monde, j'ai compris que le plus important n'est pas que le témoignage soit reçu avec complaisance mais qu'il soit simplement reçu. Or, en 1974, quel déchet, ou quel vide ! Quand, par exemple, avant de confier *L'Évangile Donné à Arès* à l'imprimeur, je demandais l'avis de 99([1]) sommités et instances religieuses, en

---

1. Le chiffre 99 n'a rien de cabalistique ; il n'est dû qu'au hasard. Ne voulant pas porter seul le fardeau de la révélation qu'il venait de recevoir en 1974, le frère Michel demanda l'avis d'autorités et de personnalités religieuses diverses, orthodoxes d'abord (son église avant 1974) mais aussi catholiques, protestantes, juives, musulmanes, etc. Un seul destinataire, un musulman, répondit. Les 98 autres se dérobèrent.

cally insensible to all that might threaten my life. My nature is changing from a state of sensibility to earthly things to a state of sensibility to heavenly things.

The loneliness consequent on Jesus' appearances was trying, but I had a little social life left. Now my discoveries and my reflections day by day, in this period when the divine life mixes with my earthly life, soak me into utter loneliness.

In 1974 a lot of friends, including some very dear old friends, forsook me. Conversely, since October 2 the events have been making it plain to me that I would have to forsake some acquaintances whom I have had left, because I could not keep them but at the cost of dishonest compromises between what they expect from me and what God expects from me.

Between men with no God or with a wrong 'God' and true God whom I have got to know I cannot but choose true God. I have entered a field where choosing calls for giving up friendships and illusions if need be, even though they admittedly make life lovely. This adds to my sadness so that, early today, I thought that I had lost any reason for my existing among men. In hours when I am on the brink of yielding to nothingness I owe—and my mission owes—to my wife Christiane and children, and all my faithful correspondents, for holding me back on earth. I stay here for them. But I have known my real homeland, the heavenly homeland, even if I have known it at the cost of my heart's falling into chaos. From now onward this world will be only a remote planet to me, a planet to be captured for God according to his plans.

Anticipating that God will possibly visit me again makes me wearier and wearier, and I suffer from insomnia. I cannot give as much time as usual to my correspondence and other duties. I have printed a special headed notepaper with a ready-made text to beg my correspondents to excuse my writing parcimonious mail; the laconic text provides the cause of my brevity: a supernatural trial. I am grateful that everyone shows patience and consideration for my tiredness.

I have seen a sliver of God's *Kingdom* dropping under my eyes. I have had an insight into the kinds of marvels that would greet man's eyes if that *Kingdom* opened out wide. It has left me unhurt and even filled with grace, and yet I keep living in fear of its return. Paradoxical? I find myself cowardly and frail, which causes me so much pain as the supernatural has caused me. What can I do if not resign myself to know myself a little more every day? The man who has discovered God's 'matter'—yes, I have discovered it, indeed—, is altogether refused certainty and tranquillity.

While writing these notes, as Christiane urged me to, I begin pondering on the best way, or ways, to make known all that I have been receiving and living through. At that prospect I melt with helpnessness, I feel almost disgusted. For three years and a half I already suffered hardships conveying *The Gospel Delivered in Arès* to the world. Confronting the world by myself I realized that the most important thing is not to get people to receive my testimony with kindness, it is simply to get them to receive it. But what a lot of waste, what an emptiness I met with, in 1974! For instance, I sent stenciled copies of *The Gospel Delivered in Arès* to 99[1] religious leading lights and authorities asking them to express their

---

[1]. The figure 99 is nowhere near cabalistic; it is merely coincidental. As he did not want to be the only man burdened with the revelation he had just received in 1974, brother Michel asked opinions of various religious key figures, first in Orthodox clergy (to which he had belonged before 1974), then in Catholic, Protestant, Jewish, Muslim, etc., clergy. One addressee, a Muslim, answered. The other 98 sidestepped.

leur adressant une ronéotypie de la révélation reçue, un seul accusa réception, un responsable religieux musulman. Je chéris pour toujours ce frère bien inattendu pour ma mentalité d'alors ; j'avais de l'Islam des idées vagues, pas très favorables. Sa lettre adoucit ma détresse, si grande en constatant la lâcheté des autres.

Il faut aussi avoir vu la tête, au curieux *regard creux*[1], de ceux à qui l'on dit : « J'ai eu des apparitions et j'ai reçu un message du Ciel »! On redoute d'y revenir. Mais de toutes les réactions il n'en est pas de pire que le silence. De ce silence j'ai découvert peu à peu la terrible et décevante explication. C'est qu'en fait, sous des traits doctes, aucune sommité religieuse n'est capable de discerner le surnaturel, et la signification du surnaturel ; *à Rome, à Athènes*[2], à Paris, à Heidelberg, à Cantorbury, à Jérusalem, etc., personne pour comprendre. Le silence des hommes qui prétendent distinguer la vérité de l'erreur n'est qu'ignorance et ténèbres.

Ceux qui, les années passant, gênés par leur propre silence, ont fini par répondre — toujours de vive voix ou par personne interposée pour éviter tout document archivable — m'appellèrent « fraternellement au discernement ». Sans autre éclaircissement. « Discernement » en langage ecclésiastique signifie qu'il ne faut pas changer l'ordre religieux établi. Mais chaque fois que Dieu parle aux hommes, n'est-ce pas justement parce que l'ordre des choses lui déplaît ?

Une fois de plus, dans l'histoire des relations entre Dieu et les hommes, ce furent les *petits, les humbles, qui reconnurent leur Seigneur*[3], qui reçurent sa lumière, en 1974. Ces *humbles* sans théologie, à qui la vérité semble venir aussi simplement que la respiration. Et vers tant de santé spirituelle se portent de plus en plus ma confiance et mon estime : gens de campagne, ouvriers, employés, artisans, mères de famille, jeunes gens simples aux yeux limpides, tous ceux qui déjà entouraient Jésus ou Mahomet. Quand j'ai reconnu le vrai peuple de Dieu, j'ai décidé de ne plus tenter d'informer le monde par en haut, par les religions et les églises, mais d'informer le peuple des croyants par le bas, par où entre *l'Eau Vive*.

La Parole, c'est évident, ne prendra plus le détour des autorités religieuses, ou des autorités profanes dont le comportement est similaire. Dieu en 1977 comme en 1974 dit que l'homme fait son salut tout seul, par sa manière de vivre et, s'il est croyant, avec Dieu et en Dieu directement ; c'est là l'unique institution qu'établit le message d'Arès. Une anti-institution, pourrait-on dire. Pas d'intermédiaires sacerdotaux, pas de dogmes, qui sont fatalement erreurs dès que l'homme les signe et les impose. Pas de religion donc. Dans tout rapport entre l'homme et Dieu le facteur décisif est la somme de l'écoute innocente de la Parole, de la prière qui est une forme de cette écoute, et de la *pénitence* qui réveille *l'amour* et bâtit la *vertu*.

À Arès Dieu montre son réalisme à l'homme. Certes, je ne peux faire entendre au monde aucun enregistrement de la voix qui m'a parlé, quoi qu'elle fût plus vivante que la vie. Mais Dieu montre son réalisme d'autre façon : par le contenu de son message, quand il doute que la foi libre, responsable, la seule vraie foi, soit réalisable dans cette civilisation. Il dit que la civilisation doit *changer* et que ce sera long. Non sans violence peut-être[4], parce que les religions et les puissances ont perfectionné le rêve et la formulation intellectuelle du rêve : l'information

---

1. L'Évangile Donné à Arès 31/12.
2. L'Évangile Donné à Arès 3/4, 14/2.
3. Comme les disciples d'Emmaüs par exemple, Luc 24/31.
4. L'Évangile Donné à Arès 28/21. La violence est aussi implicite dans le thème des *hommes rudes des steppes*.

views about it; only one, a religious Muslim official, acknowledged receipt of it. I will forever cherish this brother, who was most unexpected considering my then prevailing mentality; my concept of Islam was vague and not very favorable. His letter eased my distress which was very deep when I saw that every other had not answered.

Equally testing is the look, the bizarre *hollow eyes(1)*, of those whom you tell, "I've seen supernatural appearances, I've received a message from Heaven"! You dread having to meet them again. But the most dreadful response is silence. I have gradually found out the cause of the silence: Under wise exteriors none of those religious prominent men is actually able to detect the supernatural or the meaning of the supernatural; *in Rome, in Athens(2)*, in Paris, in Heidelberg, in Cantorbury, in Jerusalem, etc, no one is likely to understand. The silence of the men that claim that they can tell truth from error is nothing but ignorance and darkness.

A few years later some of them felt embarrassed by their own silence, they eventually answered to me—always by word of mouth or through a third party, for they avoided sending letters liable to be archived—, but only 'fraternally to urge you to be discerning.' With no further clarification. In clerics' jargon 'discerning' means 'not changing anything in the religious established order'. In fact, God speaks to men when law and order displease him, doesn't he?

Once more in the history of relations between God and men *little ones, humble ones recognized their Lord(3)*, and received his light, in 1974. Those *humble* who have no theology, who can see truth as simply as they can breathe. My confidence and high regard have been more and more focusing on their strong spiritual health: countrymen, blue and white collars, craftsmen, housewives, young people with limpid eyes, all those that had rallied round Jesus and Muhammad already. After I had recognized God's real people I decided that I would not attempt any longer to inform the world through upper levels: religions and churches, but I would inform it through lower levels, believers' people, through whom the *live Water* flows in.

The Word, it is obvious, will no longer pass through religious authorities and profane authorities; both behave in similar ways. In 1977 like in 1974 God says that man achieves salvation by himself, through his way of living and, if he is a believer, directly with God and in God; this is the only institution established by the message of Arès. An anti-institution, as it were. Man needs no clerical intermediaries, no dogmas inevitably erroneous since they are written and laid down by men. No religion, therefore. In every relation between man and God the deciding factor is the sum of the innocent hearing of the Word, of prayer which is a way of hearing the Word, and of *penitence* which awakens *love* and builds *virtue*.

In Arès God shows man his realism. Of course, I cannot possibly make the world listen to a recording of the voice that spoke to me, even though it was more live than life. But God shows his realism in a different way: through the contents of his message, when he doubts that the free responsible faith, the only true faith, will be achieved in this civilisation. He says that civilisation has to *change* and the process will be slow. May be not without violence(4), because religion and all

---

1. The Gospel Delivered in Arès 31/12.
2. The Gospel Delivered in Arès 3/4, 14/2.
3. For example, like a few disciples on the road to Emmaus, Luke 24/31.
4. The Gospel Delivered in Arès 28/21. Violence also is implied in the theme of *the rough* (or *harsh*) *men of the steppes.*

contrôlée qui leurre jusqu'aux informateurs, les doctrines religieuses, politiques, économiques, etc., au point qu'elles ont tout structuré d'irréalisme, jusqu'au cœur et aux sens de l'homme.

Je comprends, par ce tour d'horizon sur l'expérience de trois ans et demi, que le choix est sans équivoque : Il faudra lutter. Si le détour par la discussion avec ceux qui défendent leur état, leurs idées, leurs « valeurs » sous tous les prétextes (tradition, pression de l'histoire, loi, théologie), pouvait passer par un dialogue ouvert, sans arrière-pensée, agissant à plein, on pourrait espérer qu'ils se délivrent de leurs inclinations personnelles et de l'empire de leurs intérêts. Mais il n'en sera pas ainsi. Prêtres, pasteurs, rabbins, sectateurs, et les penseurs parareligieux, prennent la fuite avant que toute discussion tourne à l'honnête dialogue. Ils en sont tous arrivés à la même méthode simpliste de défense de leurs situations « spirituelles », et personne, pas même Dieu descendu à Arès, n'ajoutera et ne changera rien à leurs « vérités » au-delà des bornes qu'ils se sont eux-mêmes fixées. Ils ne se rendront à l'évidence que débordés par leur base, même si cette marée populaire doit, pour monter jusqu'à eux, demander *plus de quatre générations*([1]). C'est par la base, comme l'eau, que nous remplirons et *changerons le monde*.

Je vois maintenant ma mission lucidement. Elle est de sortir les croyants de leur système de dépendance et les incroyants de leur rêve idéologique ou rationaliste entré dans l'impasse. Tous, croyants et incroyants, ont échoué, échoueront encore, dans leur quête du meilleur des mondes, parce qu'ils sont loin du Réel que j'ai rencontré. Mais, c'est à la mesure de Dieu que je mesure maintenant les difficultés gigantesques de la mission. Comment sortir le monde de ses rêves pour le conduire à l'amour ? Un jour Dieu fit taire son amour, et ce fut le *Déluge* ; il se promit de ne pas recommencer([2]). Sans amour pas de réalisme, parce qu'aimer, c'est écouter et attendre ; celui qui aime finit donc par être bien informé, il peut décider avec bon sens. Sans l'amour il n'y a pas, dans l'état actuel des choses, de conscience supportable des réalités. Mais Dieu qui veut un règne d'amour et de réalisme, lequel est aussi une vertu, n'est-il pas utopique ? *Étalé* sur l'univers([3]), son regard saisirait-il ce minuscule atome, la terre et ses péchés apparemment résistants à la fission ? J'ose maintenant de telles suppositions. Mais mon abattement demeure, augmenté du vertige qui saisit ma frêle personne suspendue au-dessus d'un abîme de problèmes pour la plupart seulement pressentis.

Parmi les causes de mon vertige celle-ci : Je dois finalement convenir que je suis un *prophète*. Depuis 1974 je lutte contre cette idée, quand elle germe dans l'esprit de mes frères. En continuant de lutter contre elle, maintenant que Dieu lui-même me parle, ne vais-je pas laisser croire que je joue la comédie de l'humilité ? Pourtant, Dieu m'est témoin que je confesse Mahomet comme le *sceau des prophètes,* selon le terme de foi de mes frères musulmans. Que suis-je, comparé à ce géant ? Il accomplit la prophétie majeure, indépassable, de révéler Dieu à des païens, qui, sans lui, seraient encore un milliard de païens. Ne suis-je pas envoyé dans un monde déjà prêché ? La révélation que je transmets est-elle de circonstance ou vraiment de fond ? Du reste, apporté-je l'Alliance comme Noé, Abraham,

---

1. L'Évangile Donné à Arès 24/2.
2. Genèse 8/21.
3. Le Livre II/4.

powers have perfected dream and the intellectual wording of dream: information so well-controlled that it deludes informers themselves, religious, political and economic doctrines, etc, to the point of structuring everything, even man's heart and senses, with unreality or unrealism.

From that quick survey of my three-year and a half experience I gather that there is no right option other than struggle; struggle is inescapable. If the roundabout way through discussion with those that defend their situations, ideas and 'values' on every pretext (tradition, the pressure of history, law, theology) might admit of unbiased, sound, efficient, open talks, we could hope that they would free themselves of their personal inclinations and the weight of their interests. But it cannot work out in this way. Priests, pastors, rabbis, sectarians, and parareligious thinkers, evade every debate before ever it becomes an honest talk. They all have come to use the same simplistic method of defending their 'spiritual' positions, so that no one, not even God who has come down to Arès, is able to add something or make any change to their 'truths' beyond the limits that they have long set themselves. They will not face facts unless they are outflanked by the rank and file, even if it should take *more than four generations(1)* for that masses tide to flow up to them. It is from the bottom, as water, that we will fill and *change the world.*

I can see lucidly my mission now. It consists in getting believers out of their position of subordination and unbelievers out of their ideologic or rationalistic dream which has reached a dead end. All of them, whether they believe it or not, have ended in failure, and they are to fail again, in their quest for the best world, because they are remote from the Real one whom I have met. But, at the present time, it is on God's scale that I size up the gigantic difficulties that the mission is to meet with. How can we get this world out of its dreams and guide it to love? One day God suppressed his love, then the *Flood* occurred; God vowed never to do it again(2). Without love there is no realism, because loving is hearing and being patient; whoever loves is finally well informed, therefore, and he can make up his mind with sense. In the current circumstances, without love there is no bearable consciousness of realities. But is God not utopian who wants love and realism—realism also is a virtue—to prevail over man? Could God's gaze *spread* all over the universe(3) perceive that minute atom, the earth and its sins which apparently resist fission? Such daring assumptions cross my mind now. But my exhaustion lingers worsened by giddiness which has seized me, a frail man, suspended above an abyss of problems most of them being only sensed so far.

Several things cause me giddiness, notably this one: At long last I must admit that I am a *prophet.* Since 1974 I have fought that idea every time it germinated in my brothers' minds. Now that God himself speaks to me, will people not think that I sham humble, if I keep on fighting that idea? As God is my witness, do not I confess that Muhammad is *the seal of the prophets* according to my Muslim brothers' faith? Am not I insignificant beside that giant? He achieved the unsurpassable major prophesy: he revealed God to pagans who would still be a billion pagans today without him. Am I not sent to a world which has already been preached to? Is the revelation that I convey occasional or really fundamental?

1. The Gospel Delivered in Arès 24/2.
2. Genesis 8/21.
3. The Book II/4.

Moïse, et l'amour du prochain comme Jésus ? N'ai-je pas seulement à *rappeler* ces prophètes considérables ? Comment me situer par rapport à eux ? [1]

Dans la chaîne prophétique, je tends à réduire mon rôle à celui d'un rappeleur, d'un remémoreur, barbarisme dont j'use, parce que *L'Évangile Donné à Arès* me dit : *Ce Que Je dis, Je L'ai déjà dit ; Mes Prophètes et Mes Témoins L'ont livré au monde. Si tu les avais écoutés, Je ne serais pas descendu vers toi.*[2] Mais Dieu me réduit-il vraiment au rôle de rappeleur ? En me visitant en personne après m'avoir envoyé Jésus, ne vient-il pas corriger l'erreur et l'indécision de mon esprit timoré ou rebelle ? En venant devant moi dans le bâton de lumière, comme devant Moïse dans le buisson ardent, il éclaire ma lecture de *L'Évangile Donné à Arès* d'une lumière nouvelle. Celui qui a tonné devant Moïse sur le Sinaï, qui a transfiguré Jésus sur le Thabor, qui a élevé Mahomet dans les airs pour son célèbre voyage nocturne, m'a-t-il jeté dans *les ténèbres glacées*[3], et emporté dans l'univers[4], et me fait-il subir lévitations et autres phénomènes dont je reviens le cœur brisé d'émotion au cours du présent automne, pour me montrer ma place parmi ces grands ? [5]

3. TROISIÈME THÉOPHANIE
A. DÉBUT DE LA TROISIÈME THÉOPHANIE
(Noté le 19 octobre 1977)

Je suis réveillé plus tard que les 2 et 9 octobre. C'est à l'instant encore obscur de l'aube que m'appellent du dehors le cliquetis et les cris d'armée. Christiane et les enfants, sauf Sara, sont léthargiques comme les 2 et 9 octobre.

Cette fois je m'habille chaudement, de vêtements préparés depuis deux semaines. L'absence de surprise n'efface pas mon appréhension, peut-être même aggravée par ma grande fatigue.

Au-dehors je fais face aux mêmes phénomènes : bruits d'armée céleste, rumeur et chocs métalliques. C'est ainsi, du moins, que mon esprit continue de traduire le cliquetis et les appels inintelligibles, comme des ordres, le brouhaha qui remplit l'espace. La lumière coule le long du pignon de la maison de prière, lumière blanche et vive, proche de la lumière de Dieu, dont le bâton ardent sera tout à l'heure la clarté optimale.

Je n'ai pas lu l'heure en sortant de mon lit, mais au levant le lointain est lilas sombre ; le moment avant l'aurore. Je traverse le jardin en claquant des dents comme un grippé tiré de son lit en pleine fièvre. Pourtant je ne souffre que d'un léger rhume.

J'ai oublié la clé de la maison de prière, mais je trouve sa porte ouverte (les 2 et 9 octobre j'avais dû l'ouvrir moi-même). Pourtant Christiane l'a bien verrouillée la veille ; j'en aurai la preuve plus tard, en retrouvant la clé au tableau.

---

1. Sincère est le désarroi, sinon le refus, du frère Michel face au fait qu'il est un *prophète,* qu'il n'admettra pas complètement avant 1986 ou 1987. Pourtant Dieu lui a dit : *Parole de Mikal Ma Parole (I/12).*
2. L'Évangile Donné à Arès 30/1.
3. L'Évangile Donné à Arès 17/1.
4. Le Livre VI/1-5.
5. Par exemple, quand Dieu élève le frère Michel au-dessus du sol de la Maison de la Sainte Parole et lui fait contempler son propre cadavre, *Livre XXVIII/20.*

Besides, do I offer a Covenant as Noah, Abraham, Moses did, and love of the neighbor as Jesus did? Is my only duty not to remind men of those eminent prophets? Where can I place myself in relation to them? (1)

I tend to confine my role in the chain of prophets to a recaller's, a recollector's; I use these barbarisms because *The Gospel Delivered in Arès* says to me: *That which I have been telling you I had already told; My prophets and witnesses delivered it to the world. Had you listened to them, I would not have come down to you*(2). But does God really confine my role to a recaller's? By visiting me himself after he had sent Jesus to me he might have meant to correct the error and indecisiveness of my timorous or rebellious mind. By appearing to me in the stick of light just as he had appeared to Moses in the blazing bush he cast a fresh light on my reading of *The Gospel Delivered in Arès*. Did the One who had thundered in Moses' presence on Mt Sinai, transfigured Jesus on Mt Thabor and raised Muhammad to the skies for his famous nocturnal trip throw me into the *freezing darkness*(3), carry me through the universe(4), make me levitate and undergo other phenomena which broke my heart during this fall, in order to show me that I rank among those celebrated prophets? (5)

3. THE THIRD THEOPHANY
A. THE BEGINNING OF THE THIRD THEOPHANY
(Noted down on October 19, 1977)

I was woken up later than I had been on October 2 and 9. The clatter and shouts of an army called me from the outside at the darkest start of dawn. Christiane and the children, except Sara, were in a state of lethargy.

This time I dressed warmly in clothes which I had kept ready for two weeks. I was not surprised, but full of apprehension probably increased by exhaustion.

On the outside I faced the same phenomena: the noises of a heavenly army, rumbling voices, jangles and clanks. In any case it was the way I interpreted the clattering and the unintelligible calls sounding like commands, the hubbub that filled the space, as I had interpreted them before. The light was pouring down the end wall of the prayer house, a bright white light, a light verging on God' light, the optimal brillance of which the blazing stick was going to form presently.

On getting out of bed I did not glance at the clock, but I could see the sky dark lilac-colored away in the east, the instant before dawn. I walked through the garden with my teeth chattering as if I had been dragged out of bed with a flu and high fever. And yet I am just suffering from a mild cold.

I forgot the key to the prayer house, but I would find its door open (On October 2 and October 9 I had had to unlock it). Without doubt Christiane had locked this door, though. As proof of it I would find the key hung on the key board later.

---

1. Sincere was brother Michel's dismay, if not refusal, in the face of the fact that he was a *prophet*, which he would not really admit until 1986 or 1987. God had told him: *Mikal's word is My Word (1/12)*, though.
2. The Gospel Delivered in Arès 30/1.
3. The Gospel Delivered in Arès 17/1.
4. The Book VI/1-5.
5. For example, God lifted up Brother Michel above the floor of the House of the Saint's Word so that he could gaze at his own corpse, *The Book XXVIII/20*.

B. DÉROULEMENT DE LA TROISIÈME THÉOPHANIE
(suite des notes du 19 octobre 1977)

J'entre. Le long des chevrons, qui craquent comme s'ils éclataient, coule une lumière plus claire que les autres fois. Sur les murs aussi la lumière paraît plus claire, plus bleutée en tout cas.

Dès le seuil je m'agenouille et je prie, ressentant je ne sais quelle sécurité à me trouver à la frontière de deux niveaux surnaturels différents, entre le bruit et la lumière de l'extérieur et ceux de l'intérieur, différents. Au bout d'un moment je sens qu'il me faut aller à ma place habituelle. Je m'y assieds; le bâton de lumière apparaît.

Je saisis papier et crayon, et presque tout de suite la voix s'élève, ou descend? Saisir son point de départ est difficile. Comme les 2 et 9 octobre le parler est lapidaire. Cependant, le sens de cette langue sans syntaxe se forme simultanément dans ma conscience, exactement comme si deux voix me parlaient, l'une à mon oreille, l'autre en moi traduisant la précédente. C'est une expérience impartageable et indescriptible.

Si disposé qu'on soit autour de moi à me prêter toutes sortes de mérites, qui me vaudraient les visites de Dieu, ou bien à me trouver sublime face au surnaturel, il faut déchanter. C'est l'imagerie religieuse qui a répandu la légende des grandes vertus seules dignes du regard et de la voix de Dieu. C'est faux, je te l'assure, frère pour qui j'écris ces notes. De plus, j'ai tout simplement envie d'être laissé en paix. Ou bien je n'ai pas assez de discernement pour voir en moi ce qui peut intéresser Dieu, ou bien j'en ai trop, qui me fait redouter l'avenir.

Tandis que Dieu me livre son message aujourd'hui, je me sens plus que jamais dans un grand trouble, qui n'est pas de l'humilité. Je ne me sens pas concerné, c'est tout. Sans pouvoir ignorer la réalité, j'écris, je subis et j'observe ce qui m'arrive avec une application de greffier, qui ne participe pas vraiment. Ma pensée tourbillonne. Ce n'est pas tout à fait confusion, ni détresse; c'est un sentiment difficile à dire, comme d'être loin, ou à côté, et malgré des efforts sincères de ne pas pouvoir être dans l'événement.

Pourtant, le message devrait me captiver. Il annonce la décadence du monde intellectuel et industriel, et la régénération de l'humanité par l'homme fécond et simple venu du *sentier, du riz, de la tourbe*[1], et par la femme qui remplacera par ce robuste étranger l'homme de sa race, dégénéré en être fragile, impuissant et malade de sa vie cérébrale.

Prophétisant, Dieu me rappelle mon orgueil, celui de tout homme qui se croit fait de matière dominante, ce cerveau dont le développement paraît prévenir et maîtriser tout retour de sauvagerie. Nous avons enflé d'orgueil de connaître. Nous n'avons de cesse que notre intelligence[2] n'ait maîtrisé totalement, en tous lieux, à toutes les profondeurs et altitudes, la matière pour nous être une richesse toujours plus grande. Nous ne trouvons d'espoir que dans les perfectionnements ininterrompus de nos machines et de nos organisations. Et voilà que, sous la pression de notre ambition de connaissance, qui n'a d'égale que notre folle cupidité, notre cerveau et notre fécondité vont mourir:

---

1. Le Livre XXVII/6.
2. L'intelligence qui n'est qu'un *faible lumignon*, L'Évangile Donné à Arès 32/5.

B. THE UNFOLDING OF THE THIRD THEOPHANY
(Notes of October 19, 1977, continued)

I went in. Along the rafters, which were cracking and creaking as if they were breaking up, the flowing light was brighter than the other days. On the walls the light seemed to be brighter too, in any case it was a little more bluish.

I kneeled down and began praying in the doorway, I felt sort of safe there on the borderline between two different supernatural levels, between the noises and light outside and those inside, very distinct from each other. After a moment I sensed that I must go to my usual seat. I sat down; the stick of light appeared.

I snatched the pencil and paperblock, and the voice came up very soon, or came down? It was difficult to spot its starting point. Just as it had been on October 2 and October 9 the speech was lapidary—Still, I can comprehend this syntaxless language since its sense simultaneously appears in my psyche, exactly as if two voices were speaking to me, a voice in my ear, the other voice inward me translating the former. Such an experience is unshareable and indescribable.

The men willing to credit me with all kinds of virtues and qualities, supposed to earn me God's visits, are going to be desillusioned. It is the religious imagery that has spread the legend that only high virtuous men are worthy of being singled out and addressed by God. This is untrue, I can assure you, my brother, for whom I am writing these notes. Moreover, all I want is to be left in peace. Either I lack discernment so I cannot see what in me may interest God, or else I have too much discernment and it makes me dread the future.

While God was delivering his message this morning I felt more distressed than ever, and this had nothing to do with humility. Only I did not feel concerned. Although necessarily aware of the reality, I was writing, undergoing and observing like some clerk of a court of justice not really involved in the proceedings. My thought was swirling. In fact, I did not feel really confused, or distressed; my feeling was not definable, as if I were far off the place, or next door, and as if I could not be in the event despite my honest efforts.

The message, however, should have enthralled me. It announced the decline of the intellectual and industrial world, and mankind's regeneration by the fertile unaffected man coming from *the path* (or *track*), from *the rice* and from the *tubra (peat* or *turf)*[1], and by woman who will replace with that robust stranger the man of her race degenerating into a frail impotent being ill through cerebral life.

In prophesying God reminded me of my pride, the pride of every man who deems that he is made of dominant matter, the brain whose development he thinks would ward off and control the return of savageness without fail. We have been swelling with pride of knowing. We will not rest until our intelligence[2] has mastered matter totally, has mastered matter everywhere, at every depth and altitude, so that we will draw more and more riches from it. We have no hope but of unremitting improvements of our machines and organizations. And now we learn that our brain and fertility are going to die under the pressure of our ambition and knowledge which are equalled only by our foolish greed:

---

1. The Book XXVII/6.
2. The intelligence which is only a *dull candle end, The Gospel Delivered in Arès 32/5.*

L'homme (qui) compte (a) le cou plat, la langue lacée... Tu casses l(es) jambe(s) des maîtres... L'homme noir (a) le bras (qui) pend... Entre les dents (de la femme) coule la Parole, le soleil descend (de) son sein ; sa gorge parle, l'œil (de la femme) ferme l'œil (de l'homme).(1)

Avant que ne s'achève cette nuit, je reçois aussi un message à transmettre à un certain *paro*, une puissance terrestre qui trône à l'Orient — de cela Dieu m'insuffle le sens — que mon esprit ne localise pas encore avec précision :

Le paro parle à Israël : «(R)entre le fer dans ta main !» Tu envoies l'aile blanche (c.-à-d. le message) *au paro.*(2)

C. FIN DE LA TROISIÈME THÉOPHANIE
(Suite des notes du 19 octobre 1977)

Ce matin, lorsque la voix se tait, et que s'évanouit le bâton de lumière, au lieu de quitter ce lieu d'épreuve en hâte comme les fois précédentes, je demeure dans la maison de prière. Ce n'est pas parce que je me sens moins éprouvé cette fois-ci ; c'est au contraire parce que je le suis davantage.

Sans doute, je ressens face au bâton de lumière, comme je le ressentis face au regard du Christ en 1974, la répulsion de l'homme contre sa propre transparence, qui le diminue, l'avilit même, dans sa confrontation avec l'Être qui perce jusqu'à ses plus intimes péchés. Aujourd'hui je ressens cela plus fortement. Comment expliquer ? En 1974 j'étais scruté par un œil d'homme — même ressuscité, transfiguré, seulement un homme — et comme par un « détecteur » en lui. Il ne me dépersonnalisait pas tout à fait. À présent je me sens curé comme un puits, violé dans mes profondeurs, dans mes replis les plus dissimulés, par l'éclatante lumière. Elle me fouille et me vide en-dedans.

Mais, plus encore, mon malaise vient du propre malaise de Dieu. Son malaise entre en moi avec sa lumière ; je sens sans cesse sa souffrance, sa difficulté à parler la langue de l'homme déchu ; langue compliquée, obscurcie, fardée par des millénaires de mensonge. Je sens la souffrance qu'il éprouve à se réduire au point lumineux et sonore devant moi. Un point dont j'ose me demander ce matin (toujours saisi par le besoin d'analyse, de débat) : n'est-ce qu'un atome de lui, ou bien son tout comprimé, dont déborde, explose, cette force incroyable, qui fait tout craquer et s'éclairer autour d'elle ?

---

1. Ici les notes originales citent entièrement le long passage du *Livre XXVI/2 à XXVII/14*.
2. Pendant plusieurs années après 1977 les faits historiques découlant de ce verset étaient bien connus. À présent quelques précisions sont bienvenues. Aussitôt après le 19 octobre 1977, le frère Michel *«cherche dans les langues méditerranéennes : espagnol, italien, grec, le sens exact du mot paro.»* Mais *«un matin, il se lève bien avant l'aube pour prier. Une clarté envahit son esprit : Et s'il s'agissait d'hébreu ? Dans la journée il s'informe. "Paro," lui dit un ami hébraïste, "signifie pharaon." Le Frère Michel croit saisir le sens précis de la phrase, mais il doute pendant plusieurs heures qu'il s'agisse du chef d'état égyptien, Anouar el Sadate. Celui-ci n'est-il pas en état de guerre, peut-être de haine, avec Israël, à un point si chronique que personne au monde ne semble espérer entre les deux pays la moindre détente ? Mais depuis 1974 le frère Michel a appris à ne pas tout rationaliser et, se soumettant à la révélation, il écrit le 25 octobre respectivement au Caire et à Tel Aviv... Et le 9 novembre, sous les yeux de l'humanité toute entière, l'incroyable se réalise. Le président Anouar el Sadate s'adresse à Tel Aviv : "Je suis prêt à me rendre en Israël." La réponse de Menahem Beghin survient aussitôt : "Venez, je vous attends." Le 19 novembre, à l'heure où le sabbat s'achève, l'avion du président égyptien atterrit en Israël.»* Extrait du périodique trimestriel *Le Pèlerin d'Arès* n° 1/1978, depuis longtemps épuisé. Voir aussi *Le Livre XXV/5-6*.

The man (who) counts (has) a flat neck, a laced up tongue— You break up the leg(s) of the masters— The black man('s) arm is drooping— Between the teeth (of woman) the Word flows, the sun comes down (from) her breast; her throat speaks, her eye shuts the eye (of man).(1)

In the late night I also received a message to be conveyed to some *paro,* an earthly power that sits enthroned in the east—the meaning of this God breathed it into me—whom my mind cannot yet exactly spot:

(Let) the paro speak to Israel, "Pull (back) the iron in your hand!" You send the white wing (i.e. this message) to the paro.(2)

C. THE END OF THE THIRD THEOPHANY
(The notes of October 19, 1977, continued)

This morning, when the voice fell silent and the stick of light faded, I did not hurry out of that place of hardship as I had done on the previous occasions, I lingered in the prayer house. Not that I felt less afflicted this time; on the contrary, I delayed leaving because I felt much more afflicted.

Doubtless, before the stick of light as before Christ's eyes in 1974, I feel the repulsion of man for his own transparency which diminishes and even demeans him in his confrontation with the Being who penetrates his most intimate sin. Today I felt this still more acutely. How can I put it? In 1974 the eyes of a man—a resurrected and transfigured one indeed, but only a man—and a kind of 'detector' in him had been scrutinizing me. I had never felt totally depersonalized. Now I feel as if I were scraped out like a well shaft, violated in my depths, in the most hidden folds inside me, by the blazing light. It searches me inwards and empties me.

But my uneasiness is still more induced by God's own uneasiness. His uneasiness enters me along with his light; ceaselessly I can feel his suffering, his embarrassment speaking the language of fallen man, that language made tortuous, obscured, disguised by man's millennia-old habit of lying. I feel God suffering much for his reducing himself to a speaking blazing tiny point in front of me. This morning, about that tiny point I (permanently gripped with a need to analyze and debate) dared to wonder whether it were just an atom of his, or whether it were his entirety compressed from which that unbelievable strength overflowed, exploded, and which set everything glaring, creaking and grinding all around?

---

1. Here the original notes mentioned the long passage from *XXVI/2* to *XXVII/14* in its entirety.
2. For many years after 1977 the historic events that followed from this verse would remain common knowledge. Today a few pieces of information are most welcome. Straight after October 19, 1977, brother Michel *"set about looking for the sense of 'paro' in Mediterranean languages like Spanish, Italian, Greek."* But *"one day, he got up long before dawn to pray. A light filled his mind: 'How about Hebrew?' During the day he tried to obtain information. 'Paro,' said a friend of his, a Hebraist, 'means Pharaoh.' Brother Michel thought he caught on to the exact meaning of the sentence now, but for a few hours he kept doubting if it was about the Egyptian head of state, Anwar el Sadat, who was then waging war against Israel and probably hated Isreal so much that no one on earth seemed to hope for the least easing between the two countries. But since 1974 brother Michel had learnt that everything should not be rationalized, so he surrendered to the revelation and, on October 25, sent letters to Cairo and Tel Aviv— Then, on November 9, the whole mankind could see the incredible come true. President Anwar el Sadat addressed Tel Aviv: 'I am ready to take a trip to Isreal.' Menahem Beghin responded immediately: 'I am waiting for you to come.' On November 19, as the sabbath had just ended, the Egyptian president's plane landed in Israel."* Excerpts from the periodical *Le Pèlerin d'Arès,* 1/1978, out of print for long. See also *Le Livre XXV/5-6.*

Je serre, Je serre comme le clou (qu'on enfonce)(1), m'a dit Dieu le premier jour. Depuis, je perçois ses difficultés à chaque visite. Ce matin, après un silence, comme un souffle coupé qui cherche l'air, il m'a dit : *Ma Lèvre (est écrasée) sous ton pied lourd!(2)* Quelle douloureuse compression s'inflige-t-il pour descendre à la hauteur de mon œil et de mon oreille ? Quel prix paie son Amour pour entrer dans le monde de l'homme ? Je repense au père de la parabole, qui abandonne toute dignité en voyant revenir l'enfant prodigue, et qui court au-devant de lui. Pour un vieil oriental c'est une précipitation inconvenante, qui l'abaisse. Pourtant, dans ce cas, l'enfant revient de lui-même, mais moi qui n'ai paru devant le Père qu'appelé et contraint, ne l'ai-je pas forcé à un abaissement plus humiliant encore ? Je sais bien que sa phrase : *Ma Lèvre sous ton pied lourd,* a le sens de « Tu peux trahir ma Parole, la plier à tes projets d'homme », mais, émise comme d'un souffle contenu, exhalée plus qu'articulée, elle me fait un effet pénible. Mais je sais maintenant que cette phrase a un second sens ; c'est un indicible aveu d'amour crucifié. L'amour pour l'homme, que Dieu cherche à amener à la *pénitence,* mettant en jeu sa grandeur et comme son éternité, en prenant par moments des accents d'agonie.

Mon malaise est de culpabilité. Je découvre à quel point Dieu est le Père, participe à notre vie, s'y mêle au prix d'une descente contre nature (la *kénosis* des grecs) jusqu'à la petitesse humaine ; petitesse physique et plus encore petitesse d'esprit — Quel terne écho aura la nouvelle de sa théophanie chez ces mesquins ? J'en tremble —. Le Créateur, *l'Étalé* sur l'univers, dès cette *douce soirée* où il *visita Adam et Ève(3),* se serait-il soumis à une création que, par erreur, il aurait trop miniaturisée pour y régner ou en jouir lui-même à l'aise ? D'une part, il ne s'agit pas d'erreur, mais d'un risque consenti de l'amour. D'autre part, il n'est pas possible que le *Père* ait créé le *fils* en disproportion avec lui ; c'est le péché qui a réduit l'homme psychiquement ; il l'a aussi rapetissé physiquement.

Je suis donc plus porté aujourd'hui à croire la tradition musulmane, que j'ai étudiée à moments perdus depuis 1974. Elle raconte qu'Adam fut d'abord d'une taille immense(4). Sa tête *portait une couronne d'étoiles,* parce qu'elle participait plus du Ciel que de la terre ; alors Dieu l'abordait plus facilement. Leurs rapports devaient avoir une autre allure, relever d'une autre concordance ! *L'Évangile Donné à Arès* n'évoque-t-il pas des *géants des temps anciens ?(5)* Puis Adam pécha et l'homme rapetissa, perdit ses bonnes proportions avec le monde céleste, redevint proche de l'animal et du végétal. Dès lors, il se plaignit qu'il n'entendît plus les hymnes angéliques, et Dieu lui répondit : *L'homme n'est rien que ce qu'il s'est efforcé d'être(6).*

Je sais aussi maintenant que *L'Évangile Donné à Arès* annonçait les théophanies dont j'ai été témoin. Des phrases comme : *Tu pourras dire : "J'ai vu Dieu"* (7), ne m'avaient pas intrigué en 1974. Gardant au fond de moi des traces de trinité, je pensais que voir Jésus était une manière de voir Dieu. Je comprends tout

---

1. Le Livre II/21.
2. Le Livre XXIII/1.
3. Genèse 3/8.
4. *Tarikh al-umam wa al-muluk:* Histoire des Peuples et des Rois.
5. L'Évangile Donné à Arès 31/6.
6. Coran 53/39.
7. L'Évangile Donné à Arès 37/3.

I am squeezed, I am squeezed like the nail (driven in)(1), God had said to me on the first day. Since then I have perceived God's hardship at each visit. This morning, he kept silent for a moment as if he were winded and getting his breath back, and then he told me, *My lip is squashed under your heavy foot!*(2) Did he have to submit to a painful compression to come down to the level of my eyes and ears? What sort of price does his love pay to enter men's world? I think of the father in the parable who relinquished his dignity on seeing the prodigal son come up, and who rushed out to meet him. For an old Oriental such a hurry was unbecoming; it debased him. In that case, however, the son came back on his own free will, whereas I have come before the Father only when called and compelled to; have I forced him to behave in a still more unbecoming debasing way? I know full well that his words, *My lip under your heavy foot*, mean, 'You may betray my Word and suit it to your human plans', but these words were told as if in a restrained breath, exhaled rather than articulated, and so had a painful effect on me. But, now, I am aware that these words have a second meaning; they constitute an unspoken admission of crucified love. Love of man, man whom God seeks to bring to *penitence* risking his grandeur and something like his eternity, for he spoke sometimes as if he were in the pangs of death.

My uneasiness is one of guilt. I have never realized this sharply that God is the Father, participates in our lives, mingles in them by descending to us, petty men, in a way unnatural to him (the Greeks' *kenosis*), to us petty in our flesh, and even pettier in our mind—How will the news of his theophany move those petty men? I tremble at that—. Since the days when he *visited Adam and Eve*(3) has the Maker, the One *spread* over the universe, subjected himself to a creation which he had mistakenly miniaturized so much that he could not reign over it and enjoy it comfortably? On the one hand, this was no mistake, but a voluntary risk of love. On the other hand, the *Father* was unlikely to create the *son* incommensurate to him; it was sin that debilitated man's psyche, and dwarfed him physically.

This inclines me to believe in the Muslim tradition which I have perused in spare times since 1974. It says that at first Adam was immensely tall(4). His head *wore a crown of stars* because he belonged in Heaven more than on earth; in those days God used to approach him easily. Their relationship must have taken an ideal turn then, their similarity must have been perfect. Does *The Gospel Delivered in Arès* not mention *giants of olden times?*(5) Later Adam sinned, then man grew smaller, ill-proportioned with the heavenly world, he regained kinship to animals and plants. From then he began complaining that he could no longer hear angels' songs; God replied to him: *A man is but the man that he strove to be*(6).

I also know now that *The Gospel Delivered in Arès* heralded the theophanies that I have been witnessing. This sentence, *You will have grounds for stating, 'I saw God'* (7), did not intrigue me in 1974. As I was still influenced by the concept of the trinity, I thought that seeing Jesus was a way of seeing God. Today I

---

1. The Book II/21.
2. The Book XXIII/1.
3. Genesis 3/8.
4. *Tarikh al-umam wa al-muluk:* History of the Peoples and Kings.
5. The Gospel Delivered in Arès 31/6.
6. The Quran 53/39.
7. The Gospel Delivered in Arès 37/3.

à coup le futur de *Tu pourras dire...* Un autre verset prend soudain son vrai sens : *Ne laisse pas croire que Je suis venu et que Je suis parti(1).* Ainsi Dieu est toujours là; je n'ai vu qu'une théophanie, non Dieu dans sa nature entière omniprésente, puisque *nul ne peut voir Dieu et vivre(2).* La manifestation sous mes yeux de Dieu souffrant de se réduire à ma dimension n'est qu'une petite facette visible de son immense manifestation invisible, permanente, en ce monde, dont si peu d'hommes se doutent. Les passants dans la rue grouillante voient-ils le Chaland invisible parmi eux, qui pleure et gronde en même temps de ce qu'ils le contraignent — pour qu'il puisse rester leur *Père aimant* — de ravaler son infini ?

Voilà qui fait repenser l'histoire, et même le quotidien ; la foi se trouve aussi au fond de la soupe et sur l'oreiller. Au culte, des croyants chantent : « Dieu règne sur nous, » comme entonnant un hymne patriotique : « La liberté marche devant nous, un flambeau à la main. » C'est pure métaphore. Seuls quelques rares vrais croyants sentent l'épaule de Dieu à leur épaule, sa main sur le manche de leur bêche, son doigt dans leur dé à coudre, son pied contre leur soulier ; ils passent souvent pour primaires. Je les rejoins depuis le 2 octobre. Je n'oublierai plus que Dieu est là, dans tous mes actes quotidiens, et pas seulement dans sa sublime théophanie ou quand *deux ou trois sont réunis en son Nom* solennellement.

La lumière est-elle vraiment une vibration, comme croient savoir les physiciens ? N'est-elle pas plutôt le tremblement et la sueur de Dieu dans l'effort de nous visiter par éléments de lui-même, pour ne pas nous laisser dans la ténèbre totale, qui est la couleur de nos péchés ? Aucune preuve que la lumière n'est pas tremblement et sueur de Dieu ne peut m'être opposée. La découverte de Dieu, comme je la fais, relativise la physique terrestre, dont je découvre l'étroite étendue et la courte vue. Je découvre la physique de Dieu, ou un aspect de cette physique, ou sa faculté de se vêtir de physique, ou de créer indéfiniment la physique, bref, quelque chose qui n'avait pas été envisagé.

En Dieu qu'avons-nous cherché jusqu'ici ? Le *pur esprit.* Or, il n'est pas un *pur esprit.* C'est l'évidence même ; Dieu ne peut *visiter Adam et Ève dans la fraîcheur du soir* que de façon sensible, physique, et non en *pur esprit.* Nous avons aussi fermé les yeux sur le *buisson ardent,* sur *l'orage du Sinaï* et sur les *tables de la loi* — bien faites de matière puisqu'elles cassent ! — et sur tant d'autres choses physiquement surnaturelles, et non surnaturellement physiques, que rapportent les Écritures, à commencer par la voix bien sonore de Dieu.

Pourquoi nous sommes-nous fermé les yeux ? J'en vois ce matin de plus en plus clairement la raison. C'est parce qu'Adam, Abraham, Moïse et Michel qui écrit ces lignes ont vu et entendu Dieu. Il s'est manifesté à eux, nul doute, tandis que d'autres, qui parlent de Dieu plus fort que tout le monde, qui se disent appelés par Dieu à diriger les fidèles, n'ont jamais rien vu, rien entendu de Dieu. Cette carence montre leur invalidité. Il a donc été, en permanence, urgent pour eux de se justifier, d'éviter qu'on doute d'eux. Le bon vieux moyen ? D'abord nier le témoignage des *prophètes* vivants, puis, ceux-ci morts, récupérer leur témoignage sans y perdre, enfin se fabriquer à travers ce témoignage un « infaillible » lien avec Dieu. Ainsi chaque église, toujours un peu incertaine de ses raisons d'exister, s'est cuisiné un contrat direct avec le *Saint Esprit,* aux clauses non concurrentielles

---

1. L'Evangile Donné à Arès 40/2.
2. Exode 33/20.

understand the future tense of the sentence, *You will have grounds for stating...* Another verse suddenly shows its real meaning, *Do not let people believe that I have come and then I have left(1).* So God is always here; I have only witnessed a theophany, not God in his complete omnipresent nature, since *no one can see God and survive(2).* Under my eyes the manifestation of God suffering from reducing himself to my size is just a small visible facet of his huge, permanent, invisible manifestation in the world, which very few men suspect. Do the passers-by in the bustling street detect the invisible Stroller among them, who is both grumbling and weeping at their compelling him to hold back his challenge to remain their *loving Father?*

All this gets us to reconsider our view of history and even everyday life: faith also lies at the bottom of the soup and on the pillow. At worship times some believers sing, "God reigns over us", as if they struck up a patriotic hymn, "Liberty marches ahead of us with a torch in its hand." Merely metaphorical! Only rare true believers can feel God's shoulder by their shoulders, his hand on the shafts of their spades, his finger in their thimbles and his foot against their shoes; these believers are often regarded as a bit limited. I joined them on October 2. I will not forget God's presence again, in all my daily acts and not only in his sublime theophany or when *two or three come together in his Name* solemnly.

Is light really vibration, which physicians think they must assert? Is it not God's shiver and sweat instead; does he not shiver and sweat toiling to visit us through separate elements of himself so that we may be helped out of the pitch dark which is the color of our sins? No one can prove to me that light is not God's shiver and sweat. The discovery of God as I have just made it relativizes terrestrial physics the material and intellectual narrowness of which I have discovered too. I have discovered God's physics, or an aspect of his physics, or his ability to clothe himself in physics or create physics endlessly, in short, something that has never been envisaged.

What have we been looking for in God so far? The *sheer spirit.* But he is not a *sheer spirit.* This is perfectly obvious; God was unliky to *visit Adam and Eve in the cool of the day* otherwise than in a perceptible physical manner, not as a *sheer spirit.* We have overlooked the *burning bush,* the *thunder storm on Mount Sinai,* and the *tablets of the Testimony*—definitely material tablets since they broke!— and many other things that were physically supernatural, not supernaturally physical, that the Scriptures tell of, and the first thing of all: God's sonorous voice.

Why have we kept our eyes shut? The reason for this has been growing clearer and clearer to me this morning. It is plain: Adam, Abraham, Moses and Michel who is writing these lines saw and heard God. Undoubtedly God revealed himself to them whereas other men, who speak up about God louder and claim that God called them to lead the faithful, have never seen or heard anything of or from God. Such a deficiency shows their invalidity. Consequently they permanently feel a need to be warranted, never be doubted. Their good old scheme? First, always to deny the living *prophets'* testimony; then, once the *prophets* are dead, to take their testimony over without losing by it; finally, from that testimony to fabricate 'infallible' links with God for themselves. Thus every church, always a bit doubtful

---

1. The Gospel Delivered in Arès 40/2.
2. Exodus 33/20.

naturellement. Il faut prévenir les interventions du Ciel ; toute religion se déclare seule fondée à décréter la vérité par la théologie ou les dogmes. Depuis qu'elle existe, la religion a pour premier souci d'écarter les *prophètes* qui sont toujours inattendus, désagréables, contrariants.

Pour moi, qui fus un clerc orthodoxe porté sur le concept de « l'Esprit Saint parlant et agissant seulement par l'église, ses conciles, ses dogmes, sa hiérarchie », je reviens de si loin, que je me convertis encore à cette vérité simple, que la foi est tout bonnement Dieu dans notre vie. Je dis « je me convertis encore », parce que je vois bien que *L'Evangile donné à Arès*, que j'ai cru si décisif pour me délivrer de la religion ne m'en a *nettoyé* qu'en partie. En *nettoierais-je les assemblées* de Dieu et le *monde(1)* sans me purifier totalement d'abord ? Mais aussi je me demande : Finit-on jamais de se convertir ? Et par le seul fait de poser la question, de brasser tant de pensées, je réalise que je fais encore de la théologie — même si c'est à présent comme de la théologie sauvage —. Quand on a pris, comme moi cette nuit encore, une leçon de concision et d'essentiel, il faut cesser de penser. Je crois être un relaps incurable, repris par ses tics mentaux malgré une surdose de vérité.

J'ai honte. Je me sens vain. Dieu me tuerait que je serais comme ces canards qui courent encore quand on leur a coupé la tête. Ainsi court mon crayon. Je n'y vois qu'une excuse, celle d'obéir à ma si simple Christiane, qui m'a dit : « Notez tout ce que vous ressentez. » Je lui envie sa simplicité, parce que je comprends chaque jour davantage qu'elle est la simplicité placée par Dieu sous mes yeux pour que je m'en inspire. Sa simplicité me sermonne : *Si vous n'êtes pas comme ces petits...(2)*

Je me demande s'il y a vraiment un lien possible entre le surnaturel que j'ai vécu à la fin de la nuit et les bruits de la maison : les enfants qui crient, qui rient, les mâchoires qui font craquer les croissants, Sara qui traîne son pot(3).

Difficile de rendre compte de mon sentiment. Plus fort que celui d'être passé du Ciel à la terre, d'une lumière éclatante à l'obscurité, c'est le sentiment d'être passé d'un temps à un autre. C'est même comme un voyage qui me ramène chez moi de beaucoup plus loin. Plus frappant le changement : je me sens comme un homme antique transporté dans un foyer du XXe siècle. L'homme du Cro-Magnon placé devant un réfrigérateur, un grille-pain, serait-il plus dépaysé ?

Cependant, les effets sur moi de ce voyage depuis des temps lointains, depuis un état rudimentaire jusqu'au présent complexe, sont moins forts aujourd'hui. Les 2 et 9 octobre j'avais le visage rouge, fripé, souffrant d'un enfant qui sort du ventre, qui passe de la matrice à l'air. Ce matin j'ai l'impression d'avoir un peu grandi, et que mes os et mes muscles étirés ne souffrent que d'une croissance brutale. Je suis passé d'un nourrisson à un petit enfant.

Ce matin, en revenant de la Maison de la Sainte Parole, tout mouillé par l'extraordinaire condensation comme lors des théophanies précédentes, mon comportement est bizarre. Arrivé à la maison, je colle mon oreille contre la porte, je mets mon œil à la serrure (laquelle est de sûreté et ne laisse rien voir). Or, il me suffit de regarder à travers cette porte-fenêtre pour savoir ce qui se passe à

---

1. L'Évangile Donné à Arès 7/4, 33/9.
2. Matthieu 18/3.
3. À l'époque Nina avait 8 ans, Anne 7 ans, Sara 2 ans. Le dimanche était le jour des croissants.

about its grounds for existing, has cooked up for itself a direct compact with the Holy Spirit, with non-competitive clauses of course. Every religion forestalls all interferences possible of Heaven, stating that it alone is empowered to decree truth through theology and dogmas. Ever since religion came into existence it has brushed aside the *prophets* who always prove unexpected, sour, contrary.

I was an orthodox clerc, partial to the concept of the 'Holy Spirit speaking and acting only through church, its councils, its dogmas, its clergy'. As such I was dead, now I am returning to life from so far away that I am still converting to this simple truth: Faith is just God in man's life. I say, 'I am still converting' because I realize that *The Gospel Delivered in Arès,* which I fancied had decisively freed me from religion, had only partly *cleared* it from me. How could I *clear God's assemblies* and the *world*(1) of religion without cleansing myself thoroughly first? But I also wonder, "Can any conversion ever be completed?" And I realize that only by asking questions and stirring up thoughts I am still theologizing, even if my theology sounds wild now. A man who was taught a lesson of concision and essentialness as I was this night should stop thinking. Am I not an incurable relapsed cleric seized with his mental mannerism again despite taking an overdose of truth?

I feel ashamed. I feel vain. If God killed me, I would act like those ducks that can still run once they are beheaded. My pencil runs likewise. The only excuse I can see for this is of obeying unaffected Christiane who said, "Note down all that you feel." I envy her her simplicity, because I understand a bit better every day that it is the simplicity put by God under my eyes so that I may pattern myself upon it. Her simplicity sermonizes me, *"Unless you are like one of those little ones—"* (2)

This morning I wondered if there was a real link between the supernatural which I had experienced and the sounds in my home: the children's shout and laugh, the crunch of croissants in their jaws, and Sara dragging her potty(3).

I could not define my feeling. Stronger than the feeling of a man having just come from Heaven to earth, from intense brightness to darkness, I had this feeling that I had passed from an era to another. It was even stranger, like a voyage that would have brought me back home from much farther away. Even more striking was the change: I felt like an ancient man transported into a household of the 20th century. Would the Cro-Magnon man placed in front of a fridge, a toaster, have been more disoriented?

However, the effect on me of that voyage from remote times, from a rudimentary state to the complex present, was less strong today than it had been on October 2 and October 9. My face then had been red, crumpled, strained, as that of an infant coming out of the womb to the air. This morning I had a feeling that I had grown up a little and that my elongated bones and muscles were only suffering from a sudden growth. I had passed from the newborn stage to the toddler stage.

This morning, on coming from the House of the Saint's Word, as drenched with the singular condensation as I had been during the previous theophanies, I behaved queerly. Once back to the house I pressed my ear to the door, I looked through the keyhole (a safety lock slot through which one cannot see anything), when looking through the French window was enough to know what was going on

---

1. The Gospel Delivered in Arès 7/4, 33/9.
2. Matthew 18/3.
3. In those days Nina was 8, Anne 7, Sara 2. Sunday was the 'croissants day'.

l'intérieur. Quand je me rends compte de ce que je fais, j'ai peur pour moi. Dans ma détresse j'appelle : « Ah ! Seigneur, que fais-tu de moi ?! »

J'entre chez moi. Les gros globes des lampes, couleur de cire blanche, me paraissent étrangers, et même inquiétants. Je les crains, j'évite de passer au-dessous d'eux, comme s'ils pouvaient me tomber sur le crâne, fondre sur moi comme des bêtes à l'affût. Après cela, comment ne répéterais-je pas que Dieu, en une heure, m'a dépaysé, transporté en d'autres temps : je suis l'homme du Cro-Magnon, qui arrive de sa caverne, où dansaient des torches fantastiques, et dont les parois craquaient de tous les séismes qui remuent encore une terre mal solidifiée. Je viens d'une terre d'hommes mal équarris, dont j'étais il y a un instant. Oui, je me sens de bois brut, mais qui fleure la sève, la vie, et qui, même coupé de sa racine, peut surgeonner de tous les côtés. Je suis l'homme de ce temps-là, quand l'homme n'avait pas encore choisi son destin de bois sec, sculpté, vernis, mais mort. Et tout ce que je trouve en rentrant chez moi me semble mourant et me rend méfiant comme un sauvage.

Mais voilà plus étrange : Ce sentiment de passer d'une ère à une autre, je ne l'avais pas tout à l'heure, quand j'écrivais le début de ces notes dans la Maison de la Sainte Parole. Ce transfert s'est fait en revenant chez moi. Tout à l'heure, encore assis là où m'avait parlé le bâton de lumière, je me serais plutôt senti l'anti-Cro-Magnon, ou je ne sais quoi qui n'aurait été qu'éther. Tandis que maintenant mon corps est une part consciente de moi ; jamais je n'ai réalisé à ce point l'existence de mon corps. Étais-je mort, et ai-je réintégré mon corps ? Ressuscité-je des morts, retrouvant mon *vêtement d'os* d'homme venu de la nuit des temps bibliques ? Mais ce sentiment n'est pas constant ; il clignote. Je me sens erratique, tantôt dans mon corps, tantôt hors de mon corps. Mon corps passe du poids à l'impondérable et revient au poids. Et, passant par l'impondérable, il se fait matière primordiale — comme le parler lapidaire de Dieu est un son primordial —, il revient à l'initiale jeunesse de l'humanité, où l'esprit et la chair brillent d'une même lumière. La lumière où j'ai baigné devant le bâton ardent. Mon corps et mon esprit passent par leur fusion avant qu'ils ne tombent dans la pénombre qu'est notre pauvre lumière solaire, celle d'un seul et petit soleil, tout ce que nous a laissé Dieu. Dans sa révélation il parle de *soleils* au pluriel quand il évoque le lieu idéal de vie humaine. Et ne parlons pas de la nuit qu'est notre lumière électrique ! Dans la pénombre solaire, et sous le poids de cette pénombre, je reçois la lumière terrestre comme une cascade sombre, qui me plie le corps sous son poids fluide.

4. QUATRIÈME THÉOPHANIE
A. DÉBUT DE LA QUATRIÈME THÉOPHANIE
(Noté le 9 novembre 1977)

Ce matin je suis appelé plus tôt, à la nuit encore longue à s'achever. Je ne regarde pas l'heure ; c'est pourtant mon premier sursaut de conscience, quotidien, dès l'œil ouvert. Sans même la toucher, je sens Christiane inerte ; sa léthargie sensible à distance semble alourdir l'air de la chambre. Depuis mon lit j'entends les bruits du dehors, qui précèdent Dieu, ou qui l'entourent s'il m'attend déjà. Je l'ai oublié depuis le 19 octobre ; j'en ai été vaguement conscient tout au plus. J'étais arrivé à un moment critique : le confluent de l'habitude prise et de la

inside. I was suddenly aware of my behavior and I feared for me. I fell into great distress, I called out," Oh, Lord, whatever have you turned me into ?! "

I went into my house. The big white wax-colored glass globes of the lamps seemed unusual; they disturbed me. I feared them, I did not pass beneath them as if they were likely to drop onto my head or swoop down on me like beasts poised to attack. So I could not help repeating that God had disoriented me, that he had sent me to distant times; I was the Cro-Magnon man coming straight from his cave where, minutes ago, bright flaming torches had been flickering uncannily and the walls of rock had been cracking with all of the seisms swaying the earth not yet solidified. I came from the earth of rough-hewn men among whom I had belonged a moment ago. Yes, I felt myself made of wood crude but smelling sweetly of sap, of life, wood that, even cut down, could shoot new suckers all over. I was the man of remote times, when man had not yet opted for his destiny of dry wood carved and varnished, but dead. And everything I looked at on entering my house seemed to be dying to me, and made me wary, as if I were a savage.

But stranger still: While writing the first part of these notes in the House of the Saint's Word I had not had that feeling of passing from an era to another. That transfer occurred later as I returned home. A instant before, still sitting where I had been addressed by the stick of light, I had felt more like an anti-Cro-Magnonman, or something made of pure ether. But once back home, my body became a conscious part of me; I had never in my life so strongly realized my body's existence. Had I died and then was I going back into my body? Was I rising from the dead, putting on the *garment of bones* of a man emerging from the night of the biblical times? But that feeling was discontinuous; it was flickering. I felt erratic, now in my body, now off my body. My body had weight, then was weightless and then regained weight. In switching to weightlessness it changed into primeval matter—similar to God's lapidary language that is primeval sound—, it regained the primeval youth of humanity when the spirit and the flesh shone as a one and only light. My body and my spirit went through self-melting before falling into that half-light our poor solar light is, that of a single small sun, all that God has left us. In his revelation, when God refers to the ideal place for human life he mentions *suns* in the plural. This reminds us that electric light is night! In the solar half-light, that half-light which weighs me down, I felt the terrestrial light as a dark waterfall which bent my body under its fluid weight.

4. THE FOURTH THEOPHANY
A. THE BEGINNING OF THE FOURTH THEOPHANY
(Noted down on November 9, 1977)

This morning I was called earlier, a good while before the end of the night. I did not look at the clock; looking at it is my first daily burst of conscience, though, as soon as my eyes open. Without touching Christiane I could feel that she was lifeless; her state of lethargy was perceptible at a distance and seemed to hang heavy on the air of the bedroom. In my bed I could hear the noises from the outside, they preceded God, or they surrounded him if he was already waiting for me. I had forgotten about him since October 19; at most I had been vaguely conscious of him. I had reached a watershed where an established routine and the

conscience d'être visité par Dieu, de sorte que, les trois semaines écoulées, l'appréhension de le voir revenir s'est adoucie. Depuis plusieurs jours elle a même disparu, remplacée par une réflexion active, des projets, du travail pour la mise au clair de ses messages. Pourquoi ai-je cru déjà achevé le temps de l'expérience surnaturelle et de la révélation, et venu celui de les énoncer? Je le sais: c'est que je ne serai décidément jamais mystique; ma nature séculière et pratique prend le dessus. Je ne suis qu'un homme de foi, de prière, d'œuvre, de mission, à *la jambe bien plantée*(1) dans sa terre; mes mains sont plus propres à tenir l'outil qu'à se joindre dans la contemplation, qui est l'attente de Dieu, de la mort, du miracle d'être élevé jusqu'à lui avant la mort, ou du miracle de le voir descendre jusqu'à nous. Pour moi la contemplation est, sous toutes ses attentes, désintérêt pour ce monde, pour ses problèmes, pour ses misères, pour ses recherches. Or, les problèmes, misères et recherches de l'humanité m'occupent tout au contraire.

Évidemment, au moment où je comprends que Dieu m'appelle ce matin, je ne m'attarde pas à ces réflexions, que j'écris quelques heures plus tard. C'est ma chair nerveuse, non mon double pacifié par l'éloignement du surnaturel, qui doit marcher jusqu'à Dieu. Je ne suis vraiment pas un mystique. Parvenu dans le tohu-bohu habituel au-dehors, il me revient tout à coup que l'écritoire n'est pas dans la maison de prière; je l'ai utilisé quelques jours auparavant pour noter un métré, en vue d'améliorer l'aménagement du saint lieu. Je retourne sur mes pas pour prendre dans mon bureau de quoi écrire.

J'ai également oublié la clé de la maison de prière, mais j'en trouve la porte ouverte, comme cela s'est déjà produit. Il fait froid. L'association du froid et de la lumière blanche, que je vois couler le long des murs, m'inspire l'idée de glace. Heureusement, j'ai mis mon gros manteau de peau à col de fourrure noire, celui du dignitaire pope d'avant, dont je ne me sers plus guère, mais je n'ai pas mis de chapeau. Le froid me fait un garrot à la hauteur des tempes; j'ai l'impression d'être sur un lac gelé, battu de bise. L'air froid rend plus assourdissant les craquements de la charpente, ces inexplicables explosions internes du bois.

B. DÉROULEMENT DE LA QUATRIÈME THÉOPHANIE
(Suite des notes du 9 novembre 1977)

Le premier mot de la voix divine tombe sur moi comme un coup:*Vaincu*... Je me mets à écrire, ma main fatigue vite, parce que la voix fait moins de pauses aujourd'hui, et parce que mon écriture, déjà peu rapide, est ralentie par le froid et une douleur articulaire. Mais à ma plus grande facilité à saisir le message par l'intelligence — compensation pour ma main raidie — je vois que le langage de Dieu m'est de plus en plus vite accessible. Et je vois que Dieu le sait, car il parle plus vite, sans presque plus s'arrêter:

Vaincu, le roi blanc sort, la main (tendue) devant (lui). La main écarte le(s) pied(s) comme les figues, la jambe (du fidèle qui) pend... Les caillots tombent (comme) les pierres du ciel: afar. Il pleut (des périls, quand) le Vent (on le) couche! Ma Salive!(2)

---

1. Le Livre VIII/10.
2. Ici les notes originales reproduisent de très longs extraits du *Livre XXIX/1 à XXXII/12*.

consciousness that I had been visited by God mingled together so that for the last three weeks I had become less apprehensive of his possible return. For a few days my apprehension had vanished indeed, had been replaced by active thinking, planning, copying-out of his messages. Why had it occurred to me that the period of the supernatural experience and revelation had ended and that the time had come to make them known? I know why: I have never been and will never be a mystic; my practical-minded secular nature gets the upper hand eventually. I am only a man of faith, prayer, good deeds, mission, with his *leg stronly driven in*(1) the earth; my hands are more fit to handle a tool than join for contemplation, which is expectation of God, of death, of a miraculous lift to God before death, or of his miraculous coming down onto earth. I regard contemplation, in all its expectations, as indifference to the world and to its problems, miseries, searches. But mankind's problems, miseries and searches keep me concerned instead.

Of course, having understood that God called me this morning I did not linger over these thoughts; I would write them down a few hours later. It was my nervous flesh, it was not my double pacified by the apparent disinvolvement of the supernatural, that had to walk to God—undoubtedly I am not a mystic—. I had arrived in the usual hubbub outside when I remembered that the writing set had been removed from the prayer house; I had used it a few days ago to note down measurements with a view to improving the fittings and fixtures of the Saint's place. I turned back and went to my office for pencils and paper.

I also had forgotten the key to the prayer house, but I found its door open as had happened previously. It was cold. The joint effect on me of the cold and the white light which flowed down the walls inspired me with the idea of ice. Luckily I had my heavy leather coat on, that with a black fur collar I had been arrayed in as an orthodox religious dignitary, and that I had not worn for years, but I had not a hat on. Like a tourniquet the cold pressed on my temples; I felt as if I was standing on a North wind-lashed frozen lake. The cold air made the cracks and creaks in the framework still louder, those inexplicable internal explosions of the wood.

B. THE UNFOLDING OF THE FOURTH THEOPHANY
(The notes of November 9, 1977, continued)

I received the first word uttered by the divine voice as a blow: *Conquered*—. I got down to writing, my hand got tired in no time because the voice seldom broke off this morning, and because my writing rather slow in normal conditions was even slower in the cold and slackened by a pain in a hand joint. But, on the other hand, I understood the message much more easily through intelligence—which made up for my stiffened hand—, and so I realized that I had gained a quick comprehensive grasp of God's language. And I sensed that God was well aware of this because he was speaking quickly with very few breaks:

Conquered, the white king goes out with his hand (stretched) forward. The hand pushes aside the feet like the figs, the leg(s of the faithful) dangl(ing)— The clots fall (like) the rocks from the heavens: affar. It rains (perils when men make) the Wind lie down! My Saliva!(2)

---
1. The Book VIII/10.
2. Here the original notes contained wide passages of *The Book XXIX/1 à XXXII/12*.

Dans la révélation d'aujourd'hui, l'insistance de Dieu à condamner religions, églises, clergés, tous systèmes religieux, et parallèlement tout système idéologique, me frappe comme elle ne m'a jamais frappé. Tout en copiant le message, je comprends avec angoisse que du message de 1974 je m'étais abrité, et Dieu sans ménagement m'arrache à mon abri, me tire à découvert devant lui maintenant. Son insistance souffle sur moi comme, en certains printemps ensoleillés, un aigre vent d'hiver attardé qui veut nous rappeler qu'il reviendra toujours. La magnifique parabole de *la jeune vierge* et de *la bête*(1) exige d'être présente en moi. L'insistance de Dieu est si forte que j'ai l'impression de n'avoir pas encore lu, ou de n'avoir pas vraiment compris *L'Évangile Donné à Arès* et la révélation reçue depuis le 2 octobre. Au fond, mon inconsciente indulgence pour une église et son clergé auxquels j'ai appartenu ont émoussé jusqu'à présent dans mon esprit et dans mes propos les paroles les plus tranchantes de Dieu contre la religion-système ; je comprends ces paroles, mais vais-je les oublier encore ? Maintenant que Dieu m'a visité pour la quatrième fois, je constate que mon indulgence pour la religion rend plus insistante, comme obsédée, sa colère contre moi. Il précise sa volonté d'en finir avec elle avant d'en finir avec le fond général d'impiété, dont elle n'est pas qu'un des aspects, mais dont elle est la cause.

La volonté centrale du message, volonté d'établir la foi libre et intime en Dieu et la foi dans le *changement* de l'homme, fixe le plan central de ma mission. Cependant, la disparition de la religion, prison de la foi — pour nous Occidentaux l'église est l'archétype de la religion en général —, n'avait-elle pas commencé avant l'apparition de Jésus à Arès ? Chacun le constate par lui-même dans la vie sociale moderne. En tout cas, depuis *L'Évangile Donné à Arès,* je pensais que cette disparition était l'affaire de Dieu, sinon la conséquence naturelle des égarements, abus et inaptitude de la religion plutôt que la conséquence directe de ma mission. Je m'étais donné une confortable position de témoin, d'annonceur, mais non d'agent de cette disparition(2). Alors, je geins et je pleure de comprendre que Dieu entend que tout soit clair entre lui et moi, et qu'il n'absoudra pas indéfiniment mon *indulgence pour ceux qui trompent son Peuple*(3); tel n'est pas le rôle de sa miséricorde. Il est des maux irrémissibles, pervers par nature, ceux des *hommes qui ont volé les Attributs de Dieu et bâti une douane* aux portes du Ciel(4), des hommes auxquels il a déjà *laissé le temps d'écouter sa Parole*(5) — des siècles —, et qui ne l'ont pas écoutée.

La voix de Dieu gronde. J'apprends que j'estime encore l'église, que je n'ai pas la ferme résolution de dénoncer ses erreurs et de la déborder, si elle n'obéit pas à l'Appel d'Arès dans l'ultime délai de patience que lui laisse Dieu(6). Je découvre que je cherche sourdement à l'église des raisons d'exister et des chances fatales de changer en bien, quand elles sont — Dieu est clair — plus que douteuses. L'insistance de Dieu n'a pas d'autre cause que ma faiblesse et mon irrésolution.

1. L'Évangile Donné à Arès 22/13-14.
2. La première idée de frère Michel était la bonne. La disparition de la religion est bien «la conséquence naturelle de ses égarements, abus et inaptitude». Le *prophète* n'est pas «l'agent de sa disparition». La mission prophétique a pour but principal de préparer l'après-religion.
3. L'Évangile Donné à Arès 21/4.
4. L'Évangile Donné à Arès 22/11.
5. L'Évangile Donné à Arès 28/9.
6. L'Évangile Donné à Arès 28/21.

In today's revelation God's insistent denunciation of religions, churches, clergy, all religious systems and similarly all ideologic systems struck me more strongly than ever. While copying out the message I understand with anguish that I sheltered myself from the message of 1974 so that God is dragging me out of my shelter and bringing me into the open in front of him now. His insistence blows on me just as some belated wintry wind blows on us during sunny springs, insisting to recall that it is bound to return infallibly. The magnificent parable of the *young virgin* and the *beast(1)* recurs to me demandingly. God's strong insistence gives me a feeling that I have not yet read, or not yet understood, *The Gospel Delivered in Arès* and the revelation that I have received since October 2. At bottom, my subconscious forbearance toward the church and clergy I had belonged to has thus far in my mind deadened God's sharpest words against the system religion; I understand them, but will I keep on overlooking them? Now that God has visited me four times I notice that he has been venting his anger on my forbearance toward religion more and more insistently, as if in an obsessive way. He makes it clear that he means the end of religion prior to the end of impiety at large; not only is religion a particular feature of overall impiety, but it is the cause of it.

The pivotal will of the message, the will to establish free intimate faith in God and faith in the *change* of man alike, sets the central purpose of ma mission. Nonetheless the disappearance of religion, the prison of faith—to us Western people the church is the archetype of religion as a whole—, had very likely begun before Jesus' appearance in Arès, hadn't it? Everyone in the modern world can see it for himself. In any case, since *The Gospel Delivered in Arès* I have thought that the disappearance of religion was God's business or the natural result of the aberrations, abuses and incapacity of religion rather than the direct result of my mission. I have given myself a comfortable position of witness, of announcer; I have not considered myself as the factor of that ruination(2). Now I am moaning, crying at the idea of God's intending to make things clear between him and me and not endlessly absolve my *leniency toward those who deceive his People(3)*. Some evils are irremissible, perverse by nature, those of the men who *have stolen God's attributes and built a customs office* at Heaven's gate(4), men to whom God has given much *time*—centuries—*to listen to his Word(5)* and who have not followed it.

This morning God's voice thundered. I was told that I had so far held the church in high regard, and that I had not been resolute in my intention of denouncing its errors and of outflanking it, if it failed to respond to the Arès Call within the ultimate time of patience that God allots it(6). God made me realize that I had thus far silently recognized the church to have good reason to keep on existing and also to be bound to change for the better despite God insisting that religion stands no chance of changing. The cause of God's insistence has only been my weakness and indecisiveness.

---

1. The Gospel Delivered in Arès 22/13-14.
2. Brother Michel's first idea was the right one. The disappearance of religion is definitely "the natural result of its aberrations, abuses and incapacity." The prophet is not "the factor of its ruination". The prophetic mission is mainly intended to prepare the after-religion time.
3. The Gospel Delivered in Arès 21/4.
4. The Gospel Delivered in Arès 22/11.
5. The Gospel Delivered in Arès 28/9.
6. The Gospel Delivered in Arès 28/21.

Le verbe de Dieu monte de mon oreille à mon esprit comme un chemin abrupt de pierres tranchantes. Ce n'est pas une flânerie dans une cathédrale, qui séduit l'esthète, mais peut égarer son âme — Le verbe n'est jamais le commode et progressif escalier où l'on peut se croiser, s'arrêter aux paliers. Le verbe n'est pas une voie de compromis. La voie vers les *Hauteurs Saintes* est certes *accessible(1)*, mais elle demeure un *sentier* avec ses *rocailles ;* les pieds *s'y écorchent(2)* —. Et Dieu jette devant moi à profusion le gravier coupant de son insistance, pour que, de souffrance, j'ajuste enfin mes pas à la *Voie Droite(3)*, que je cesse de zigzaguer, et que je raccourcisse le temps de ma marche sur la pierraille pendant mon *ascension*. Il veut que j'ajuste la cause à l'effet, sans rien abandonner à l'imaginaire ou aux sentiments personnels. Il faut extirper la religion et son clergé qui répand l'erreur. Je comprends mieux encore que l'aire mentale — et géographique par voie de conséquence — que Dieu a assignée à ma mission(4) est précisément celle que couvre l'église, qui est un exemple typique de religion. Mon paradoxe — ce qui me rattache au passé coexistant avec ce qui m'attache déjà à l'avenir —, Dieu l'éclaire d'une lumière crue. Je crie de douleur en écrivant ces lignes.

Christiane de sa cuisine, à l'autre bout de la maison, a entendu mon cri. Elle vient me voir. Entre la porte de mon bureau, où elle se tient debout, et ma table de travail, où je trace ces notes et réflexions, nos regards se croisent en silence. Elle comprend que je souffre et qu'il faut me laisser souffrir seul. Sans prononcer un mot elle repart, ainsi que repart le gardien de prison qui vient de scruter par l'œilleton. Je me sens indigne devant sa sérénité et sa force. De toute façon, et quelles que soient les actions qu'il me faudra décider et administrer, il y a désormais un fossé de prison entre mon passé et l'avenir que je ne fais encore que présumer. J'ai crié en voyant ce fossé, que la révélation de 1974 n'avait pas creusé assez profondément.

Le salut ne se reçoit pas de l'extérieur, de religion ou d'église, de dogmes ou de sacrement. Le salut s'incarne. Il remplace le *sang*. Le salut, c'est Dieu même qui *salive(5)* dans l'homme, si l'homme accepte sa morsure. Le salut résulte de la symbiose Dieu-homme, qui fait jaillir la vie, et qui triomphe particulièrement dans la résurrection.

Un autre passage du message de ce jour dénonce la vanité de toute recherche de la vérité et du salut hors de la voie très simple que Dieu montre :

Mon Œil, sa Force (se) tire du Fond des Fonds... (Même) Mikal ne cherche pas le Fond. Ouvre tes veines ! Dis(-Moi) : « Entre ! »(6)

Le psaume 11 dit : *J'ai fait de Dieu mon refuge*. La plupart des chrétiens ont évacué la foi de leur vie, ou bien ils l'ont réduite, comme l'album de famille(7), à une manipulation sentimentale ou consolatrice, en y collant l'image d'un Dieu qui leur aille, un *refuge* sur mesure. Ils ont rejeté le vrai *refuge*. Le vrai Dieu leur paraît trop exigeant, et terrible. J'ai entendu de ces « réfugiés » qui croient que la

---

1. L'Évangile Donné à Arès 7/1.
2. L'Évangile Donné à Arès 25/5.
3. Coran 1/5.
4. L'Évangile Donné à Arès 5/6.
5. Le Livre XXX/8, XXXII/12.
6. Ici les notes originales publient le passage complet du *Livre XXXIV/6 à 12*.
7. L'album de famille, image de la foi culturelle passive, figurait dans les notes originales; elle fut réintroduite dans l'édition 1984. La vraie foi induite par *La Révélation d'Arès* est une foi active, créatrice.

God's word went uphill from my ear to my mind like a steep road paved with sharp rocks. It was not a stroll through a cathedral, which appeals to aesthetes but may mislead their souls—God's word is never the convenient progressive stairway where people can pass each other and stop at landings. The Word is not the way to compromise solutions. The way to the *Saint's Heights* is indeed *passable(1),* but all the way it remains a *path* or *track,* a *rocky ground* on which our *feet* are *chafed(2)—.* And God is strewing the plentiful sharp-edged gravel of his insistence ahead of me so that I may suffer and consequently adjust my pace to the *Straight Path(3),* and stop zigzaging along, and shorten my walk on the rocky ground during my *ascent.* This morning God made it clear that I would have to adjust the cause to the effect without my abandoning anything to my imagination and private feelings. Religion is to be rooted out and its clergy who spread error alike. I understood even more clearly that the mental area—and geographic area consequently—of my mission(4) is exactly the area covered until now by the church, which is a typical epitome of religion. Oh, my paradox—what binds me to the past coexisting with what already binds me to the future—, God shed a new harsh light on it. While writing these lines I cry for distress.

In the kitchen at the end of the house Christiane has heard my cry. She comes to see me. Between the office doorway where she stands and my work table on which I am writing these notes our gazes meet in silence. She realizes that I am being distressed; she thinks she should let me suffer on my own. Without a word she goes away just as a prison warder goes away after peering through the peephole. I feel unworthy of her serenity and fortitude. In any case, whatever actions I will decide on and perform from this moment forth, there will be a gaping prison ditch between my past and the future, a future I can only conjecture about. I have cried on seeing that ditch that the 1974 revelation had not dug deep enough.

Man can only obtain salvation from himself, but never from anyone or anything external, a religion, a church, dogmas, sacraments. Salvation gets embodied. It replaces *blood.* Salvation is God himself who *salivates(5)* into man when man accepts God's bite. Salvation results from the symbiosis between God and man which makes life spring forth, and proves especially triumphant in resurrection.

Another passage of today's message denounced the futility of all the ways of searching for truth and salvation other than the way that God shows us,

My Eye, its Strength (is) drawn from the Core of the Cores—(Even) Mikal is not looking for the Core. Open your veins! Tell (Me), "Come in!" (6)

The psalm 11 says, *In God I have found refuge.* Most Christians have drained faith from their lives, or they have confined it, like the family photo album(7), to a sentimental, comforting handling after sticking in it the image of a God that fits them fine, a *refuge* that suits them down to the ground. They have repelled the true *refuge.* True God is too much demanding and fearsome to them. I have already

---

1. The Gospel Delivered in Arès 7/1.
2. The Gospel Delivered in Arès 25/5.
3. The Quran 1/5.
4. The Gospel Delivered in Arès 5/6.
5. The Book XXX/8, XXXII/12.
6. Here the original notes mentioned the complete passage of *The Book XXXIV/6 to 12.*
7. The family photo album as an image of cultural passive faith appeared in the original notes, and was put back in the 1984 edition. True faith promoted by *The Revelation of Arès* is active creative faith.

foi n'est qu'un exil provisoire loin du Ciel, qui sera regagné à coup sûr, me dire de *La Révélation d'Arès*: « Dieu ne parlerait pas de façon si sévère. » Comme s'ils avaient avec Dieu une intimité telle qu'ils ne pourraient pas ne pas le connaître parfaitement.

Dieu qui m'a parlé quatre fois à Arès depuis le 2 octobre reste — n'en déplaise à certains — *l'Éternel terrible et jaloux* dont se plaignaient Moïse et les hébreux. Rien n'est changé pour ce qui regarde Dieu lui-même. « Alors, pourquoi vient-il, si rien ne change ? », demandent les ergoteurs. Ils oublient que l'époque change, et que changent les voies pratiques pour surmonter le péché. Ils oublient également tout ce qui est resté inchangé dans l'homme depuis que Dieu l'appelle à se convertir et à reconstruire Éden, notamment l'idée de religion, comme système, qui n'a pas rapport qu'au religieux, mais qui a aussi rapport à la culture et à la politique, ses consœurs :

L'homme noir n'a pas la paupière. L'homme noir lèche l'étal... La lune goûte le nuage, sourds (sont) les fils unis[1].

Alors que Dieu vient de prononcer les mots *sourds sont les fils unis,* une douleur atroce envahit ma poitrine en un instant, dans la région précordiale. Ce n'est pas le cœur, c'est nerveux, je pense. Je souffre d'angoisse et de détresse devant la mission que Dieu m'assigne.

La voix fait silence, tandis que la douleur irradie dans ma poitrine où plonge — je le sens très bien — le perçant regard que cache le bâton de lumière. La voix reprend : *Je suis la mine (et) l'Eau...*, et poursuit jusqu'à *les bouvillons* (le clergé), *l(eur) glotte (est) sèc(he).* Alors je m'écrie, en suffoquant de souffrance : « Mais il y a François d'Assise ! » Montant du bâton éclatant, la voix de Dieu me répond :

Le jars fort (et) beau (c.-à-d. François d'Assise) *(est) dans la cage, (mais) qui voit la cage ? L'œil du roi blanc (en)lace le jars ; le roi blanc sait (que) le jars n'a pas l'œuf*[2].

Oui, Seigneur, je me souviens maintenant que tu as dit : *Vis auprès de ton épouse et de tes enfants... Ne sois pas comme ceux qui se vêtent de la tunique des vierges*[3]. Non de quelque esprit, mais de *l'œuf* de la femme, qui croît de la *goutte de sperme* qu'évoque souvent le Coran, sort tout humain appelé à la vie spirituelle. Simple simplicité, simple vérité, que la culture chrétienne a longtemps éloignée par je ne sais quelle tentation d'angélisme. Ce qui manqua à François d'Assise, malgré sa spirituelle *beauté,* ce fut d'être un Abraham avec une Sara et un Isaac pour nouer la chaîne et nous relier à lui. Avorté fut l'enchaînement charnel par quoi se transmet aussi, et idéalement, ta Parole de salut : le peuple de *chair,* dont les maillons sont faits des enlacements perpétuels d'Adam et d'Ève.

Je souffre face au bâton de lumière, je me tords sur mon siège. J'ai l'impression de tourner autour de mon cœur pour le dompter. Je ne pense pas à la mort, même si je souffre une agonie, je me tords pour garder conscience de mon corps. Une force entre et s'installe en moi, elle se dilate en moi, compensant ainsi la faiblesse de mon âme. Qui peut, comme je le fais dans ce moment tragique, comprendre qu'une fois la chair morte, l'âme n'est pas soulagée mais privée de sa puissante base d'os, de muscle et de nerf ? De la mort c'est le plus terrible effet. Et

---

1. Ici les notes citent intégralement le passage du *Livre XXXIV/15 à XXXV/16.*
2. Le Livre XXXVI/3.
3. L'Évangile Donné à Arès 38/7-9.

heard some of those 'refugees', who think that faith is just a temporary exile far from Heaven in which they will be definitely back some day, tell me about *The Revelation of Arès,* "God would never speak so severely." As though they were so intimate with God that they perforce knew him perfectly.

Whether people like it or not, God, who has spoken to me four times since October 2, still is the *terrible and jealous Eternal* about whom Moses and the Hebrews used to complain. God is not the slightest different today. "Why is he visiting man, since no change is in sight?" quibblers ask. They overlook the fact that the times are different, and so are the practical ways to surmount sin. They also overlook all that has stayed unchanged in man since God began calling him to convert and to rebuild Eden, notably the concept of religion, as a system, not only related to religious things, but to its sister organizations, culture and politics,

The black man has not the eyelid. The black man licks the (butcher's) stall— The moon relishes the cloud; deaf (are) the united sons(1)*.*

Hardly had God uttered the words *deaf (are) the united sons* when an excruciating pain spread in my chest in seconds, within the precordial area. It was not my heart that hurt, I assumed, it must be just nervous. I suffered from anguish and distress facing the mission that God assigns me to.

The voice fell silent as the pain radiated within my chest into which—I felt it distinctly—the piercing eyes hidden in the stick of light dipped. The voice arose again, *I am the mine (and) the Water—,* it went on up to the words *the bullocks* (clergy), *their glottis(es are) parched.* Then, choking with pain, I shouted, "What about Francis of Assisi!" God's voice arose from the blazing stick to reply,

The strong handsome gander (that is, Francis of Assisi) *(is) in the cage. Who regards the cage? The white king's eye gird(le)s the gander; the white king knows (that) the gander has not the egg*(2)*.*

Yes, Lord, now I recall your telling me, *Live with your wife and children— Do not be like the ambitious who put on the virgins' tunics*(3)*.* No man destined for spiritual life comes out of a pure spirit, he comes out of woman's *egg* growing from the *drop of sperm* often mentioned in the Quran. Simple simplicity, simple truth, which Christian culture has long dismissed by some temptation of 'angelism'(4). Francis of Assisi, his spiritual *beauty* notwithstanding, lacked the possibility of being an Abraham with a Sarah and an Isaac to splice the warp and so link us to him. Abortive was the corporeal chain by which your saving Word also is ideally handed down: the people of *flesh* whose links are made from the perpetual embraces of Adam and Eve.

I was suffering before the stick of light, writhing on my seat. I had a feeling that I was turning around my own heart to tame it. Even though I was being in the throes of death I did not think of death, I was writhing to remain conscious that I had a body. A force entered my body, settled in it; it expanded within me so making up for the weakness of my soul. Could anyone understood, as I understood at that tragic time, that once the flesh is dead the soul is not relieved but deprived of its strong base of bones, muscles and nerves? This is the most awful outcome of

---

1. Here the original notes mentioned *The Book* from *XXXIV/15* to *XXXV/16*.
2. The Book XXXVI/3.
3. The Gospel Delivered in Arès 38/7-9.
4. The French word *angélisme* has no match in English. Here it means: Abnormal eagerness or aspiration to escape from the conditions of bodily existence; a sense rather close to that of 'mysticism'.

comment la résurrection charnelle ne serait-elle pas, tout au bout, l'évidente nécessité?

Un flux sanguin m'échauffe la tête, mes oreilles sont brûlantes ; ma douleur thoracique diminue graduellement sans disparaître tout à fait. Je lâche mon crayon, je me baisse pour le ramasser sur le sol ; par réaction mes yeux s'emplissent de grosses larmes, qui coulent sur mes joues, que j'avale. Elles forment un écran protecteur devant mes yeux, alors je regarde, je défie presque le bâton de lumière. Je lui dis en silence : « Quel génie tu as de tendre sous peu de mots — et sous les plus simples mots — ta révélation terrible pour ceux, comme moi, qui s'étaient fabriqué des idéaux si loin de l'extrême simplicité ! »

C. FIN DE LA QUATRIÈME THÉOPHANIE
(Suite des notes du 9 novembre 1977)

Ce matin je quitte la Maison de la Sainte Parole plus fatigué que les autres fois. Que fut le combat nocturne de Jacob et de Dieu ?[1] J'en connais les termes bibliques ; mais l'état intérieur dans lequel fut laissé Jacob ? La Bible n'en dit mot. J'imagine que ses sentiments tenaient de ce que sont les miens après cette nuit d'épreuve. Dieu écrase l'homme quand il a l'affront de rester un moment face à lui avec d'autres pensées que son message.

Ma poitrine me fait encore mal. Je ne goûterai qu'une heure plus tard la merveilleuse paix qu'on éprouve après une douleur et une suffocation thoraciques, après la peur que le cœur cède. Je fuis la maison de prière, croyant encore entendre Dieu chuchoter derrière moi après l'extinction du bâton ardent.

Et je reprends la traversée des armées célestes, qui bruissent encore. Je traverse leur cliquetis et leurs brasillements de troupes angéliques. Elles semblent fourbir des armes d'argent. La nuit pèse encore sur Arès ; il faut dire que les jours raccourcissent. Je me précipite chez moi comme si Dieu m'y pourchassait.

D. APRÈS LA QUATRIÈME THÉOPHANIE, RÉFLEXIONS DIVERSES [2]
(Noté vers le 16 novembre 1977)

La période qui suit le 9 novembre est de fatigue et de malaise. Je pense que le langage particulier dans lequel Dieu s'adresse à moi y est pour quelque chose. Son laconisme étrange m'émerveille par tout ce qu'il exprime de vaste et de profond en quelques mots « primordiaux », et simultanément il m'embarrasse et soumet mon esprit à un effort d'adaptation éprouvant. Il est aisé de croire à la belle langue de nos bibles, traduite par des gens de goût, bien adaptée à nos habitudes mentales. Tout ce qui nous semble venir du Ciel est sans fatigue tant que Dieu ne parle pas lui-même. Mais, qu'il parle, nous découvrons combien nous sommes loin de lui, combien notre conception de Dieu et des rapports entre Dieu et l'homme est fausse. Il me faut me refaire, et c'est difficile. La foi se prouve là pourtant. Certes,

---

1. Genèse 32/23-32.
2. Le lecteur qu'intéressent d'abord les faits surnaturels et le message théophaniques peut sauter à La Cinquième Théophanie et ne revenir sur ces réflexions qu'ensuite.

death. This being considered, how could corporeal resurrection not be the obvious necessity in the end?

A flux of blood overheated my head, my ears began burning; my chest pains gradually diminished but did not disappear. I dropped my pencil, I leaned forward to pick it up; this movement brought big tears to my eyes, they ran down my cheeks and into my mouth. They formed a screen which protected my eyes so that I was able to stare at the stick of light, I almost challenged it. I said to it silently, " You have a genius for stretching under few words—and the simplest words too—your revelation terrible for the men, among whom I belong, who have contrived ideals for themselves which are so much distant from this extreme simplicity!"

C. THE END OF THE FOURTH THEOPHANY
(The notes of November 9, 1977, continued)

This morning I left the House of the Saint's Word more tired than on the other occasions. How had the nocturnal fight of Jacob with God gone off?([1]) I knew the biblical wording for it; but the inner state of Jacob after the fight? The Bible said nothing about it. I surmised that his feelings had been something of my own feelings after this night of trial. God overwhelms the man that has the nerve to face him thinking of things unrelated to his message for a moment.

My chest still hurt me. It would be only an hour later that I would enjoy the wonderful peace that comes about after thoracic pains, fits of choking and fear that the heart might give in. I fancied that I heard God still whispering behind me after the blazing stick had gone out, and I hurried away from the prayer house.

Once again I crossed the heavenly armies which were still humming. I crossed the clattering and glinting of angels' troops. They sounded and glimmered as if they were furbishing silver weapons. The night still hung over Arès—I must tell that the days are drawing in—. I rushed to my house as if God gave chase to me.

D. AFTER THE FOURTH THEOPHANY,
VARIOUS THOUGHTS ([2])
(Noted down about November 16, 1977)

Since November 9 I have lived through a period of tiredness and ill-being. I think that the peculiar language God has used to speak to me has something to do with this. I marvel at its strange terseness that expresses immense and profound concepts in a few 'primordial' words, but simultaneously it puts me in a predicament, it forces my mind to make trying adjustments. It is easy to believe in the elegant language of our bibles translated by people of taste, and well adjuted to our mental routine. Whatever sounds as if it had come from Heaven never puts us under great strain as long as God does not speak himself. But when he speaks, we find out our remoteness from him, our misconception of him and of the relations between him and man. I have to recreate myself, which is a difficult task. The

---

1. Genesis 32/23-32.
2. Readers mainly interested in the supernatural events and the theophanic message can skip directly to the Fifth Theophany; they will come back to these thoughts afterward.

à présent, je préfère la migraine au misérable confort d'une foi sur mesure, pas complètement fausse sur quelques points, mais même sur ces points-là relative. De ce relatif, justement, religions et églises ont tiré profit. Mais de surmonter la force de mes habitudes — cela seul est vivre la foi au fond — je m'épuise. J'imagine que je me trouverai plus tard fort et joyeux de cette sublime expérience, et de cette victoire sur moi-même, mais pour l'heure je peine. Je souffre moins pour moi-même, tout compte fait, que pour ceux à qui je vais devoir transmettre ce message.

Je sais, pour les avoir subies déjà, et pour les avoir parfois rencontrées chez mes frères dans les durs moments de leur conversion, qu'il peut exister une foi qui assombrit la vie et une ferveur qui est tristesse : la foi et la ferveur qui se réforment, s'améliorent, se recréent sous l'irrésistible pression de *L'Évangile Donné à Arès*. Et pourtant la langue de cette révélation-là est la nôtre, comprise sans difficulté, et même agréable. J'appréhende d'autant plus l'effet que fera sur les croyants le message que je reçois en 1977, d'un abord difficile. Néanmoins je comprends — et j'en rends grâce — que Dieu ait dû se faire précéder par Jésus en 1974. Si le Père m'avait adressé directement son message de 1977, comment l'accueillerais-je, et comment le monde l'accueillerait-il ?

Il me faudrait du repos. Mais, au plan spirituel, je crains qu'en cessant pour un temps de percevoir et de lutter, je tombe bientôt dans une amertume et un regret plus grands. Laisser en suspens certains efforts n'est pas bon, parce qu'ils reviennent sur le repos, et là ils passent et repassent dans la tête. La nécessité m'évite ce risque ; j'aime mieux travailler que lutter contre l'envie de travailler.

Je passe des nuits d'insomnie, par l'attente et la crainte d'être appelé par Dieu. Tournant et retournant dans mon lit, je voudrais parfois oublier ma propre existence, mourir. J'ai appris d'une lecture récente que Mahomet songea au suicide ; en ce moment je comprends un tel désespoir. Alors je me lève, j'enfile une robe de chambre et des chaussons, je cours à mon bureau pour m'emplir de travail et non de pensée.

Et remettant au propre le message du sceptre de lumière, travaillant à toutes les formules possibles pour lui donner forme claire sans trahir ni masquer sa langue originale, comme convenu avec Christiane, je sens souvent mes pensées vagues. Mon esprit est fatigué, comme l'œil usé par le travail de nuit, qui voit double. Si demain Dieu revient, me parle, je ne suis pas sûr de pouvoir le noter.

J'ai des difficultés à prier. Je dois vaincre au premier effort ma lassitude à élever mes mains et ma voix vers Dieu, sinon je reste hébété, je ne tente plus de me reprendre. Les moines grecs ont un mot pour cela : «acèdia» ; je connais le mot depuis longtemps, mais j'éprouve pour la première fois le dégoût qu'il désigne. Si je fatigue, cependant, c'est de moi-même et non d'une résistance à Dieu. Lui, je le sens vivement, de toute sa vie proche. Je me tourne vers lui pour le supplier, de rien de bien précis d'ailleurs. Je supplie simplement, comme un grand accidenté serre la main de l'ambulancier qui l'emporte.

Je dois pourtant travailler ; beaucoup de courrier en retard, des travaux dans la maison. Je me sens négligent, ce qui m'est inhabituel. Aussi, pour vaincre ce besoin de vacances que je ne peux pas m'offrir, je me tourne vers ceux qui ont toujours réveillé mes réserves d'énergie, parce qu'à les savoir tellement plus affligés que moi, je me fais honte. Toutes mes pensées tendent alors vers ceux qui souffrent dans leur chair ou dans leur destin ; je me glisse sous leur croix, je passe des jours entiers à monter avec eux leur calvaire en les soulageant du poids de

proof of faith is in the transforming, however. No doubt, at present I prefer headaches to the contemptible comfort of a faith tailor-made for me, a faith not totally untrue in some regards, but relative even in these regards. From this relativity religions and churches have take advantage. But fighting down my old habits— this should be the basic action of faith—wears me out. I presume that this sublime experience, this triumph over my old self, will have filled me with strength and joy some day, but for the time being I am toiling. All in all, I am suffering less for myself than for the men to whom I will have to convey this message.

Because I have found them in myself and in my brothers in the hardest times of their conversion, I know that there exist a faith that casts a shadow over life and a fervor that feels like unhappiness: the faith and fervor in the process of reformation, improvement, recreation, under the strong pressure of *The Gospel Delivered in Arès*. And yet the language of that revelation is our very language easily comprehended and even pleasant. Even more for that I dread the effect which the message I have been receiving in 1977 will have on believers; it is difficult to get to grips with. Nevertheless I understand, and I thank Heaven for it, that God must have had Jesus precede him in 1974. Had the Father given me directly his message of 1977, how would I be receiving it, and how would the world receive it?

I need a rest. But, as regards my spiritual life, I fear that I might soon fall into still greater bitterness and regret if I stopped perceiving and struggling. It is not good to leave certain efforts hanging, because they recur to you during the rest, and go to and fro in your mind. Necessity spares me that danger; I would rather work than struggle against the urge to work.

I spend sleepless nights waiting for and fearing God's call. Tossing about in bed I sometimes whish I forgot about my own existence, I wish I died. Lately I have learnt from a book that Muhammad had contemplated committing suicide; I understood such despair. I get up, then, I slip into my dressing gown and slippers, I dash into my office in order to fill me with work, and not with thinking.

While copying out the message of the blazing scepter, trying out all the text arrangements likely to give it a clear form without disguising or misrepresenting its original language, as Christiane and I have agreed should be done, I often feel my thoughts be vague. My mind is tired, and so is my now blurred vision owing to night work. If God comes back tomorrow, will I be able to note down his word?

I have difficulties in praying. Wearied from the first effort I have to conquer my lassitude to raise my hands and my voice toward God, otherwise I remain downcast, vacant, and I do not make a second attempt to pray. Greek monks call this 'acedia'; I have long known the word, but I feel the distaste that it refers to for the firt time. However, I am weary of myself, but not of resisting God. I acutely feel God's life close by me. I turn to him and beseech him, but for nothing precise. I merely beseech, as intensely as someone severely wounded clutches the hand of the ambulance man who takes him away.

Still, I have to work. I do have a backlog of mail, of house repair. I feel myself becoming casual, which is unusual. Consequently, being forced to overcome that need of rest which I cannot indulge, I turn to those who have always awaken my reserves of energy, because I feel ashamed when reminded of their afflictions very much sharper than mine. I direct all my thoughts toward those who suffer in their flesh or in their destiny then; I slip under their cross; for days on end I scramble up their calvary path along with them striving to relieve them of the burden of

leurs maux. Je profite de la proximité de Dieu, si nette, pour l'appeler sur leurs misères. Dans ces moments-là il se produit des miracles ici et là.

La compassion active, qui presse vos forces, votre mystérieux suc cérébral, et le fait rejaillir au loin sur les affligés, qu'il arrose, imbibe et soulage, cet amour-là humilie au vrai sens spirituel, non social, cela s'entend. Cette humiliation salutaire se changera en humilité qui est le vide laissé en vous de ce que vous donnez de vous. Elle témoigne que vous vous tournez contre vous, contre l'égoïsme qui tente de garder la grâce reçue d'en-haut, et contre l'envie de garder ou défendre même vos plus sottes idées. Pression sur vous comme sur un pis. Le jaillissement en est heureux ; proches ou lointains des douleurs, des colères, des passions tombent, des sorts se redressent, des accords se font, la lumière et la raison apparaissent, bref, beaucoup de ce qui fait le malheur disparaît.

Dans ces moments, baigné dans les afflictions des autres, je me sens à l'envers de moi-même. Fatigué, je me sens heureux. Fragile, je me sens immortel. Une sorte de mort qui donne la vie travaille en moi. Cette mort de mon égoïsme, de mes plaintes, me sauve de l'autre mort ; celle de la chair, n'en parlons pas, simple passage, je parle de la mort de l'âme, si redoutable. En donnant aux autres son amour et sa vie, on se presse, on se frappe comme un linge au lavoir, mais on ne brise pas son être ; au contraire, on se possède tout : *corps, esprit et âme*(1).

Je me soulage donc de mes épreuves en me donnant à mon « hôpital ». J'appelle ainsi l'ensemble de ceux qui me confient leurs propres épreuves. Je les visite chaque jour en pensée ; chacun a sa place dans mon esprit. Certains de ces souffrants, à qui j'écris que ma vie présente est envahie par Dieu — je m'excuse presque d'être accaparé par le Père —, ont peur que je me détourne d'eux, que je les abandonne à leurs plaies sociales, affectives ou physiques.

Fort(es sont) la main, la roue. Le far (qui pour)suit les soleils ? Le soleil (de ta justice) brûle le far(2). Ces mots jaillis du bâton de lumière me font méditer sur ce que nous devons savoir des gestes quotidiens, de leur force. Ce sont eux qui sauvent l'humanité chaque jour ; ce ne sont pas les fusées qu'on envoie vers *le soleil,* qui finissent en fumée, qui n'ont jamais soulagé un affligé, ni nourri un affamé. Ne refusons pas la science et les techniques ; nous ne retournons pas à la barbarie, mais aux sources de l'humanité. L'important est de ne pas oublier que la *main,* la *roue,* la meule ou la rame ont fait plus, et feront toujours plus pour l'homme que les technologies dites « avancées », qui l'éblouissent. Il en est ainsi de l'amour et de la main, quand ils s'appliquent sur l'affligé. L'art médical et la pharmacie, et jusqu'à leur souvenir, disparaîtraient dans un cataclysme planétaire, il nous resterait grâce à Dieu l'amour et la main tendus vers les douleurs du monde ! Bien plus, la main et ses outils simples donnent une idée plus juste des rapports qui lient les hommes que les techniques qui les séparent par d'injustes et d'abyssaux écarts de connaissances entre eux. La science n'unit pas l'humanité — des parts entières d'humanité se sentent plus isolées que jamais de ceux qui savent —. La science séparera les hommes, tant qu'elle n'aura pas pour principe unique de prolonger le cœur et la main.

La protection sociale, la psychologie et la pédagogie elles-mêmes échappent-elles à leurs propres laboratoires ? Ont-elles un cœur, la chaleur d'une pensée, une

---

1. L'Évangile Donné à Arès 17/7.
2. Le Livre XXXVI/21-22.

their sufferings. I take advantage of God's palpable nearness to call his attention to their misery. During those periods miracles take place now and then

Active compassion, which presses out your vigor, your mysterious cerebral sap, and makes it splash up onto the afflicted far away and water, soak and soothe them, is the love that humiliates you in a real spiritual sense, not in a social sense. This salutary humiliation will turn into humility which is this emptiness left within you after you have given yourself to others. It testifies that you turn against yourself, against selfishness which strives to imprison the grace received from on high, and against the longing for keeping or defending even your silliest ideas. This is a pressure on you as on a teat. The spurt is happy; either nearby or far off some pains, angers and passions drop, some destinies improve, settlements are reached, wisdom and reason appear, in short, much of what makes up misfortune vanishes.

Being in those moments steeped in others' afflictions I feel as if I were on the reverse of me. Tired, I feel happy. Frail, I feel immortal. A sort of death which gives life is working in me. This death of my egoism and complaint saves me from the other death, not the death of the flesh, a mere transition, but the dreadful death of the soul. In giving others your love and life, you press, you beat yourself like some washing at the washing house, but you do not destroy yourself; quite the reverse, you possess yourself in your entirety: *body, mind and soul([1])*.

As I have said, I ease my hardship by devoting myself to my 'hospital'. By 'hospital' I call all of those who entrust their own hardships to me. Every day I visit them in thought; each of them has his particular place in my mind. Some of those afflicted people, to whom I have written that God has overrun my current life—I almost apologize for God's claiming all my attention—fear that I might turn aside and abandon them to their social, affective and bodily wounds.

Strong (are) the hand (and) the wheel. (What becomes of) the farr (that) pursues the sun? The sun (of your justice) burns the farr([2]). These words from the stick of light set me pondering over what we should know about everyday gestures and their power. They save mankind every day; the missiles launched toward the *sun* save no one, they end in smoke, they have never soothed an afflicted man or fed a starving one. Let us not reject science and technique, for we are not restoring barbarism but the source of humanity. The important thing is to keep in mind that the *hand*, the *wheel*, the millstone, the oar, etc, have done more for man than the 'advanced' technologies that dazzle him have ever done. Love and the hand have the same power when applied to the afflicted. Should the medical and pharmacological science disappear in a planetary catastrophe, we would have love and the hand left which we could hold out to the suffering world, thanks to God! What is more, the hand and its simple tools make up an idea more indicative of the relations between men than technologies which divide them in creating unjust and deep differences of knowledge between them. Science has not united men— extensive sections of humanity are feeling more isolated as ever from those who possess learning—. Science will divide men as long as it fails to work on the principle that it ought to be the extension to the heart and the hand.

Even social welfare, psychology and pedagogy have not escaped from their own laboratories. Do they have a heart, a warm thought, a comforting hand, or

---

1. The Gospel Delivered in Arès 17/7.
2. The Book XXXVI/21-22.

main consolatrice, ou simplement des bonnes manières ? Leurs découvertes, leurs étonnants succès, dont nous les remercions, ont-ils toujours vaincu l'angoisse et le froid qui enserrent et pénètrent les malheureux, qui ont vite compris, eux, leur plus urgent besoin : quelques gestes d'amour, des paroles chaleureuses, et surtout la bonne vie quotidienne tout autour. « La vision de l'amie roulant la pâte d'une petite tarte, affectueusement préparée, peut souvent faire plus que les savants appareils d'hôpitaux, » disait Alain (je crois). C'est cette « pâte » que je roule chaque jour pour mon « hôpital » de frères et de sœurs affligés, qui n'est pas fait de murs laqués blancs et d'odeur mêlée de lessive et d'éther. Et la merveille se produit. Ce don que je fais chaque jour n'est pas celui, ou n'est pas que celui d'une consolation : des douleurs cessent vraiment, des lésions se ferment, des conflits s'apaisent. J'y trouve un réconfort incomparable dans ces jours où Dieu m'éprouve, même si cette merveille ne vient pas sans concentration, c.-à-d. sans que travaille l'attention. Ceux qui ne creusent pas les causes croient que ce que j'obtiens pour mes frères affligés vient de forces ou de dons obéissants, qu'il me suffirait d'appeler comme je sifflerais mes chiens. La « pâte » de mon cœur et de mon énergie mêlés comme eau et farine, que je roule pour les malheureux, est travail qui vaut celui de la terre ou de la mine remuées ; c'est une œuvre difficile contre le mal. Et il me faut récupérer la force intérieure qu'elle me coûte. Mais, justement, dans cette période où Dieu est proche, je puise en lui.

C'est ainsi en m'associant à la lutte de mes frères et sœurs contre leurs afflictions, en les aidant à porter leur croix, que je peux sans trop de dommages passer le temps qui me sépare de la prochaine théophanie, s'il y en a une prochaine. Mais je sens fortement qu'il y en aura une. Ma traversée des afflictions de mes frères lointains m'apporte aussi ce qui me manque tant dans cette période « divinisée » : l'humanité. Je ne parle pas de l'humanité de mes proches, mais de l'humanité absente dès je quitte Christiane et les enfants pour traverser Arès, pour chercher un journal ou me dérouiller les jambes ; je vois des maisons, des bosquets de pins, du sable, quelques chiens et chats, mais pas d'homme. Par rencontre, je peux voir un jour mes frères et sœurs Brouillet ; c'est bon, mais ils sont mes seuls et rares humains du dehors. En ce moment, tout homme sans le Dieu qui me visite et me parle n'a pas d'humanité pour moi. J'ai beau vibrer pour lui d'amour évangélique, je me dis : « Si j'aborde ce mort — mort spirituel — déguisé de chair, qui me croise, si je lui dis : "Savez-vous que Dieu me visite, et savez-vous ce qu'il me dit ?," je suis à peu près sûr qu'il me répondra moins bien qu'un chien, lequel au moins ne me croirait pas fou. » Ce qui est moins qu'un chien, qu'un arbre, lesquels se garderaient de me juger et me répondraient de leur bonne paix de chien et d'arbre, c'est le dixième degré au-dessous de l'humanité. Mais mon « hôpital », mes bons affligés, ils sont mon humanité ; chez eux ma pensée est dans son monde. Vous, mes bons amis éprouvés, qui peuplez mon esprit et mon cœur dans ces jours-là, vous ne savez pas quel réconfort vous m'apportez ! Je dois bien vous le dire. Vous m'avez adressé par vos lettres des paroles humaines, et par vos pensées vous m'avez envoyé vos regards, vos sourires. En rêve ? Non. Ce sont les semblants d'humains que j'ai rencontrés hors de ma maison qui sont un rêve, le rêve d'un monde qui n'est pas encore créé, vers lequel Dieu vient à Arès comme crier : « Qu'ils *soient !* » Mais ils ne *sont* pas encore. Ils ne *seront*, comme vous *êtes* déjà, mes bons frères qui renaissez de vos douleurs par la foi et l'espérance, que le jour où l'appel du Créateur sera parvenu à leurs oreilles, le jour où ils cesseront de

merely mannerliness? Have their discoveries, their remarkable successes, for which we thank them, ever conquered the anguish and the chill that shroud and pervade the afflicted, who, as for them, have perfectly spotted their most urgent need: a few loving gestures, heartfelt words, and particularly the warm everyday life all around. "The sight of the friend who affectionately rolls out pastry to prepare a nice pie can often do more good than high-technical apparatuses in hospitals," said philosopher Alain (I think). That 'pastry', I roll it every day for my afflicted brothers and sisters' 'hospital' which has no walls painted in white gloss, and no smell of ether and washing powder. And the marvel occurs. That gift I make every day is not or is not just consolation: Truly some pains die down, some wounds close up, some squabbles subside. This brings me a valueless comfort in these days when God puts me to the test, even though I cannot induce marvels without efforts of concentration, that is, without my attention's working. Those who do not look into causes imagine that I help and relieve my afflicted brothers through obedient talents, which I would call as if I whistled for my dogs. The 'pastry' of my heart and energy mixed like water and flour, which I roll out for the afflicted, is work as difficult as farm work or mine digging; it is a hard labour against evil. It costs me inner strength which I have to recuperate. But, fortunately, in these days when God visits me I can draw strength from him.

It is thus by joining my sisters and brothers in their struggle against afflictions, and helping them to bear their crosses, that I manage, without too much trouble, to pass the time until the next theophany, if a next one ever occurs. But I sense strongly that another theophany is to come. In crossing the sea of afflictions of my remote brothers I also get something I have been lacking in during this 'deified' time: humanity. I do not mean my family's humanity; I mean the humanity absent as soon as I leave Christiane and my children and go through Arès for a newspaper or to stretch my legs; I can see houses, pine groves, areas of sand, a few dogs and cats, but no man. I may meet with my brothers and sisters Brouillet; I like meeting them, but they are my only rare humans outside my house. Currently, no man without the God who has been visiting me and speaking to me has any humanity in my eyes. However vibrant with evangelical love I feel for him, I think, "If I come up to that dead—spiritually dead—man disguised in flesh who is passing me, and I say to him, 'Do you know that God has been visiting me, and do you know what he has been telling me?,' I am pretty sure he would reply to me more rudely than a dog would which, at least, would not take me for a madman." What is less than a dog, less than a tree, both of which would refrain from judging me and would reply to me with their nice peace of dog and tree, stands several degrees below the level of humanity. But my 'hospital', my nice miserable brothers, are my humanity; in the midst of them my thought feels at home. You, my good friends in great pain, you who inhabit my mind and heart in these days, you do not imagine what great comfort your are to me! I have to confess it. Through your letters you have spoken human words to me, and through your thoughts you have shown me your eyes and smiles. Is this a dream? No. The semblance of humanity encountered every day outside my house is a dream, a dream of a world not yet created, human beings to whom God in Arès has come as if to shout, "Let them *be!*" But they *are* not yet. Just as you already *are*, my good brothers rising from your pains by faith and hope, they will not *be* until God's call reaches their ears, until they stop crying about all that overwhelms them, all that they have invented for themselves, and so

crier après tout ce qui les accable, tout ce qu'ils se sont inventés, pour être enfin *consolés(1)*. Ce jour-là ils seront créés, ils naîtront enfin, ainsi qu'il est révélé : *L'homme s'engendre lui-même en une autre vie infinie, qu'il bâtit comme un vaisseau pour prendre le large(2)*.

5. LA CINQUIÈME THÉOPHANIE
A. DÉBUT DE LA CINQUIÈME THÉOPHANIE
(Noté le 22 novembre 1977)

J'attendais l'appel depuis plusieurs jours. Je le sentais imminent par une pression anormale de l'air sur moi, ces trois derniers soirs surtout. L'habituel charivari du dehors me réveille ce matin très tôt, à 3 h 15.

Habituelle léthargie de Christiane. Je m'habille chaudement et je sors. Il fait humide ; la rosée coule partout, plus abondante que les autres fois, semble-t-il. J'ai l'impression de débarquer d'un navire sec sur un quai embrumé, battu de poudrin. Je suis désagréablement saisi par le froid mouillé. Mais presque aussitôt le concert de bruits d'armée me distrait de l'inconfort en m'effrayant, car il n'a jamais été si proche et si fort. Mon regard se porte au-dessus des toits, comme si mon regard pouvait retomber de l'autre côté et voir ce qui m'intrigue depuis le 2 octobre : Quel effet produit sur les gens du dehors ce cliquetis mêlé d'appels et de scintillements ? Je ne le saurai peut-être jamais. Les arésiens sont-ils léthargiques comme Christiane et mes grandes filles ?

L'armée céleste paraît se battre contre une troupe de démons, comme pour dégager le lieu où va descendre Dieu. Ces guerriers du Ciel doivent joliment perturber l'ordre diabolique de ce monde déchu, qui s'en défend. Je quitte la terrasse, je fais quelques pas. Tout à coup apparaissent des spectres ; ils sont en marche ; ils sortent du mur du garage neuf à ma droite et traversent le jardin jusqu'au mur d'enceinte à ma gauche, où ils s'enfoncent et disparaissent. Les spectres semblent nus ; ils portent dans la main une assiette ou un plat vide ; certains ont une face d'affreux bandit. Parmi eux voilà une femme, elle tombe, elle accouche en un instant ; un coup de vent, qui m'ébouriffe, l'efface comme poussière, elle et l'enfant spectral sorti de son ventre. Mes dents claquent, de froid, d'humidité et d'émotion. J'ai l'impression que mes souliers collent au sol, et je me panique à l'idée de ne pas pouvoir fuir si ces spectres m'approchent. C'est qu'au passage ils me guignent ; leur œil est mauvais ; je les soupçonne d'intentions agressives. Au fond, ce que je vois ne m'est pas inconnu ; ce sont les *ténèbres glacées* que Jésus m'a déjà fait voir(3).

Un autre spectre tombe. Les autres se ruent sur lui et, comme des vautours, le dévorent par secousses de mâchoire ; ils lui arrachent sa « matière » par lambeaux, et ces cannibales, l'instant de l'ingestion, ont comme une brillance puis se ternissent aussitôt. Le choc d'armes, les appels et les cris de combat enveloppent ce défilé, la rosée le recouvre. Mon manteau est trempé, mes cheveux me collent au crâne et au front.

---

1. L'Évangile Donné à Arès 38/1-4.
2. L'Évangile Donné à Arès 17/3.
3. L'Évangile Donné à Arès 16/15, 31/2, 33/32, et surtout 36/18.

they will be finally *consoled(1)*. On that day they will be created, they will be born at last, as the revelation says, *Man begets himself into a new infinite life, which he builds like a ship to head for the open sea(2)*.

5. THE FIFTH THEOPHANY
A. THE BEGINNING OF THE FIFTH THEOPHANY
(Noted down on November 22, 1977)

I had been expecting the call for a few days. I had felt it impending because of an abnormal pressure of the air on me, the last three evenings particularly. The usual hullabaloo from the outside woke me up this morning very early, at 03:15 p.m.

Christiane was in her usual lethargic state. I put on warm clothes and went out. The air was damp; the walls, it seemed, streamed with more dew than previously. It was as if I had just disembarked from a dry ship onto a fogged and spindrift-lashed quai. I was disagreeably gripped by the moist cold. But almost immediately the chorus of noises of an army frightened me, so it took me off this discomfort; I had not perceived it that close to me and that loud before. My gaze focused on the sky above the roofs, as if it could have gone down on the other side to see what had been intriguing me since October 2: What effect might those clatters blended with calls and glitters have on people on the outside? I might never know it. Were the Aresians in the same lethargic state as Christiane and my eldest daughters?

The heavenly army sounded as if it was fighting troops of devils to clear them off the place where God was to come down. Those warriors from Heaven must be strongly disturbing the devilish order of this fallen world which is defending itself against them. I left the terrace, I took a few steps. Suddenly specters appeared; they were on the move coming out of the new built garage, on my right, and crossing the garden up to the outer wall, on my left, into which they were disappearing. The specters looked naked; each of them was holding an empty plate or dish; some had ghastly bandits' faces. Among them I saw a woman fall over and deliver a baby in no time; a gust, which ruffled my hair, erased her and the spectral infant just born of her womb like dust. My teeth began chattering with the cold, the damp, and fright. I got a feeling that my shoes were stuck on the ground, and I panicked at the idea that I could not run away if the specters approached me. They cast spiteful sidelong glances at me; I suspected them to be ill-intentioned toward me. Actually, what I was watching was not really new to me; I was watching the *freezing darkness* that Jesus had already shown me(3).

Another specter fell over. Others pounced on it, like vultures they ate it away with jolts of their jaws; they tore and shredded its 'matter' off, and when these cannibals swallowed they kind of glimmered for a second and then tarnished immediately. The battle calls and shouts and the colliding weapons clangs drowned the procession, the dew came down on it. My coat was soaked, my hair stuck to my skull and to my forehead.

---

1. The Gospel Delivered in Arès 38/1-4.
2. The Gospel Delivered in Arès 17/3.
3. The Gospel Delivered in Arès 16/15, 31/2, 33/32, particularly 36/18.

Une sorte d'escalier en spiral se dresse devant moi ; il aboutit à une plate-forme, haute dans le ciel nocturne, où je devine des mouvements ; on dirait des ombres qui s'activent devant un incendie. Que portent ces ombres ? Des piques ? De la plate-forme pendent des choses indéfinies et longues. Mon effroi augmente à l'idée que je devrais monter là-haut. Du côté de la Maison de la Sainte Parole la lumière coule toujours le long du pignon, et à travers les vitres de couleur je distingue les éclats blancs à l'intérieur, qui ondoient.

J'ai froid et j'ai peur, et je n'ose pas couper le défilé des spectres pour avancer vers la maison de prière, ni reculer et rentrer chez moi, parce que l'appel de Dieu demeure impératif en moi. Il m'attend, je le sais. J'arrive à penser un peu, je me dis que si Dieu m'attend, c'est qu'il veut que je surmonte l'obstacle. L'appréhension me donne le vertige, les spectres semblent vouloir tourner autour de moi. Au-dessus de ma tête le monumental escalier spiral tourne lentement sur lui-même, mais je crois que c'est son vrai mouvement, ce n'est pas un effet du vertige. Cet escalier — peut-être une tour en fait — est comme accroché au ciel par son sommet. Le vertige se dissipe. Des lueurs apparaissent, courent entre les spectres, elles ressemblent à des risées écumeuses sur la mer, elles m'atteignent. Chaque fois qu'une d'elles me touche, je vois mes mains devenir neigeuses et translucides quelques secondes. Je suppose que mon visage fait de même. Derrière les lueurs et les spectres l'escalier-tour suspendu au ciel, puis les murs de la maison de prière éclatants de lumière blanche. La nuit est dense et noire comme du charbon sur quoi dansent les brasillements de l'armée céleste.

Je me décide. Je me rassemble farouchement ; je traverse le défilé des spectres, le cœur et les tempes battants. Je passe sous l'escalier spiral. Effrayant. Il se dresse au-dessus de ma tête comme une tour de verre qui balance dans le vent, suspendue à la nuit. Qu'elle descende de deux mètres, elle m'écrase ! Ce n'est pas, j'en suis sûr, l'échelle de Jacob, le mouvement apaisant des anges montant et descendant, mais un escalier vide, qui figure la matière invitant sournoisement à la gravir, à la conquérir, pour écraser l'ambitieux. Je découvre que la matière aussi a ses fantômes.

Me voilà à quelques pas de la Maison de la Sainte Parole, les obstacles franchis, les jambes molles. Là, l'exquise odeur florale déjà sentie d'autres fois, le parfum consolateur, m'environne. Une fête entre en moi. Un effet de source coule dans ma gorge, y clapote ; eau délicieuse. Ma peur se dissipe, chassée par une force qui chasse d'ailleurs toute pensée. Vide de tout sentiment, «chose» je suis. Je me sens une fixité et une puissance d'arbre, avec dans mon dos le tumulte, qui ne m'atteint plus. Je suis un arbre odorant, épanoui de bonheur.

Quand je retrouve mes esprits et mon humanité, je me tiens debout face à la Maison de la Sainte Parole, les bras étendus devant moi, les paumes en l'air, priant. Dans cet instant ma prière ne récite pas la Parole, comme elle devrait [1]. Ma prière dit à peu près ceci : «En toute entreprise nous craignons finalement trois choses : Les autres hommes, les forces invisibles qui nous entourent [2] et Dieu. Rien d'autre n'agit contre nous, ni pour nous. J'ai saisi la leçon, Seigneur.»

Tout en sachant qu'il me faut entrer dans la maison de prière et y accepter l'autre épreuve, celle de Dieu, contre quoi nulle ruse, ni prudence, ni délai, ni

---

1. L'Évangile Donné à Arès 35/6.
2. Frère Michel ne pensait pas qu'aux forces surnaturelles. Il pensait à toutes les autres forces invisibles possibles : Naturelles et non naturelles, attendues et non attendues, etc.

A kind of spiral staircase towered in front of me; it ended in a platform at the top, high up in the night sky, where I could make out things moving about which looked like shadows bustling about a fire. What were the shadows holding? Pikes? From the platform indefinable long things were dangling. I fancied that I would be ordered to climb up there; my fear increased. Light was pouring from the gable of the House of the Saint's Word, and through the colored window panes I could see the inner white brilliance rippling, as usual.

I was cold, and afraid; I dared not cut across the specters' procession and proceed to the prayer house, but neither dared I return to my house, because God's call was imperatively echoing in me. I knew that God was waiting for me. I managed to think a bit, I assumed that, since he was waiting for me, he willed me to pass the obstacle. I was giddy with anxiety, the specters moved as if they would circle about me. Above my head the colossal spiral staircase was slowly turning round on itself, but it was its normal motion, not an effect of giddiness, I thought. That staircase—may be a tower, all things considered—seemed to be hooked on to the sky at its top. Giddiness wore off. Glows appeared, ran between the specters like foam over the sea, and reached me. Whenever a glow touched me, I could see my hands turn snowy and translucent for a few seconds. The same, I supposed, happened to my face. Beyond the glows and specters the tower-straircase, and a bit farther the walls of the prayer house dazzling with white light. The night was dense and black as coal above which the armie's glitters were flickering.

I made up my mind. I resolutely gathered my wits; I crossed the specters' procession with my heart and temples beating wildly. I passed under the spiral staircase. Fearsome it was! Over my head it hung upright like a glass tower swaying in the wind, suspended from the night. If it had come down six feet it would have squashed me! I was sure that it was not Jacob's ladder, not the reassuring movement of angels climbing up and down; it was just an empty staircase which represented matter slyly inviting man to climb it, intent on squashing the ambitious one. I found out then that matter too has its ghosts.

I was a few steps from the House of the Saint's Word now, with my legs like jelly. There the exquisite flower scent that I had already smelt before enveloped me. A festive feeling burst inwards me. A cool and lively fountain flowed into my throat, it lapped there, a delightful water. My fear wore off, driven away by a force which, besides, drove all thoughts away from me. I was empty of any feeling; a 'thing' I was. I felt a fixedness and strength of a tree filling me, I was no longer impressed by the tumult behind my back. I was a fragrant tree blossoming into happiness.

When I regained my humanity and my wits I was standing facing the House of the Saint's Word, with my arms stretched out before me, my palms turned to the sky, in prayer. At that moment my prayer was not a recitation of the Word as it should be[1]. My prayer said substantially, "In any undertaking we fear three things ultimately: Other men, the invisible forces which surround us[2] and God. Nothing else is active against us or for us. Lord, I understand the lesson."

Although I was aware that I had to go into the prayer house and willingly confront the other trial, God's trial, which none of cunning or cautiousness, none

---

1. The Gospel Delivered in Arès 35/6.
2. Not only did brother Michel have the supernatural *forces* in mind, but he meant all possible invisible forces, whether natural or unnatural, expected or unexpected, etc.

recours ne pourraient rien, je me sens maintenant en paix. C'est la première fois que j'entre en paix dans ce lieu théophanique; je me sens presque bien sous les chevrons et les poutres qui craquent, face aux cascades de lumière qui descendent des murs.

B. DÉROULEMENT DE LA CINQUIÈME THÉOPHANIE
(Suite des notes du 22 novembre 1977)

Je m'assieds, je prends calmement mon écritoire sur le siège à côté du mien, et, comme s'il attendait mon geste, le bâton de lumière surgit devant mes yeux.

Il dit : *Ta voix sonne (à) la cloche. Pure (ta voix) sonne. Juste prophète, les mains devant !.. Ma main va sur le bruit, le bruit (qui) rend sourd, (elle le) fend*(1).

Le bâton de lumière se tait un long moment, comme pour laisser mon cœur retrouver son rythme, après qu'il a battu d'avoir trop bien compris l'honneur inouï que me font ces deux mots : *Juste prophète*. La voix s'élève à nouveau :

Tu vas haut, bonne pensée. (Le) Bien (est) dans le creux de ta langue... L'ha n'est pas fils de l'ha(2).

En notant mes réflexions ce matin, à propos de *l'ha*, ainsi que Dieu appelle *l'âme,* je dis à Christiane : « Il est allé aux profondeurs ! Je ne peux prédire ce que Dieu révélera encore, mais je crois pouvoir dire désormais à ceux qui me questionneront sur le sceptre de lumière : "Lisez sa Parole du 22 novembre, puis plongez en vous-même pour voir si votre *ha* y a bien *caillé!"* »

Le fond de soi est à portée de main, mais l'homme n'est plus fait à cette courte distance de lui-même. Quand il se porte sur une étoile ou sur l'horizon marin, il est détendu, parce qu'il aime ce qui ne l'engage pas dans des voies étroites. Les larges panoramas lui offrent mille trous pour fuir. Mais retourner l'œil en-dedans ! Et *cailler*(3) en soi quelque chose, assister conscient à sa métamorphose, non ! L'homme n'aime se voir en-dedans qu'anesthésié, sinon il se croit autopsié vif. C'est pour s'endormir qu'il se livre à l'alcool, la bonne chère, la télévision et à tant d'autres choses étourdissantes ; activités forcenées, rencontres où il raisonne en fier, qui le distraient des mystères du corps, de la vie, de la maladie et de la mort. Réduit à une chose charnelle, l'homme peut être intellectuel, mais ne se transcende pas ; il se putréfie vivant dans le confort de l'inconscience. Dame ! puisque *la fin est dans la fosse*(4). Étrange homme qui, à explorer ses profondeurs, à s'arracher au monde pour marcher vers l'éternité, préfère vivre de sommeil sans réveil et, pour finir, glisser dans *les ténèbres*.

Oui, la *fin* absolue peut être *dans la fosse*. Mais, porté par *l'ha plus léger que rien*(5), le *juste* ne subira que la *fin* de son *corps, fin* anormale, douloureuse et grave, il est vrai, puisqu'Adam ne fut pas créé pour mourir, mais rémédiable au *Jour* de Dieu. Le *juste* est l'homme qui s'allège plus que le vide, parce que le vide n'est *rien* qui puisse porter vers l'éternité. *L'ha* est le *vaisseau* de la parabole

---

1. Les notes originales citent ici entièrement le passage du *Livre XXXVII/1 à 15.*
2. Les notes originales citent de longs extraits du *Livre XXXVIII/2 à XXXIX/11.*
3. Le Livre XXXIX/8.
4. L'Évangile Donné à Arès 26/3.
5. Le Livre XXXIX/10.

of recourses or stalling tactics could stop, I had gained inner peace. For the first time I was calm on entering the theophanic place, I was almost at ease beneath the cracking rafters and beams, in front of the cascades of light running down the walls.

B. THE UNFOLDING OF THE FIFTH THEOPHANY
(The notes of November 22, 1977, continued)

I sat down, I calmly took my writing set from the next seat, and then, as if it had been waiting for me to do so, the stick of light sprang up before my eyes.

It said, *Your voice rings (to the sound of) the bell. Pure (your voice) rings. Just prophet, (go along stretching) your hands forward!— My Hand goes on at the noise; it splits the noise (which) makes (man) deaf*[1].

These two words: *Just prophet,* what an incredible honor! As I realized it, my heart pounded wildly. The stick of light was quiet for a while as though letting my heartbeat become normal. Then the voice rose again,

You go high, you good thought. Good (is) in the hollow of your tongue— The ha is not the son of the ha[2].

This morning while writing down my thoughts about the *ha* which is God's word for *soul,* I say to Christiane, "He went down to the depths! I cannot predict what God is going to reveal later, but from now on I feel entitled to tell those who ask me about the scepter of light, 'Read his Word of November 22, and then let your thoughts turn inwards, and check if your *ha* has properly *curdled!*'"

The bottom of the self is close at hand, but man has long lost the ability to look in himself that closely. When he concentrates on a star or the sea horizon he is relaxed because he hates what commits him to narrow paths. Wide panoramas have myriad gaps for escaping. Man dislikes turning his eye inwards, *curdling*[3] anything in himself, knowingly witnessing his metamorphosis! Man agrees to look in himself only when anesthesized, otherwise he imagines himself autopsied alive. He indulges in spirits, good food, television, all that drowns his concern in order to send himself to sleep; frenzied activity and socialization, meetings where he can argue and give himself airs, all that takes his mind off the mysteries of the body, of illness and of death. So reduced to a bodily thing, man, though intellectual, cannot transcend; he putrefies alive in snug unconsciousness, and no wonder about it since he thinks that *the end is in the grave*[4]. Odd man! He would rather live by sleeping without awakening and eventually slip into the *darkness* than actively explore his depths and force himself out of the world and proceed toward eternity.

The absolute *end* may be *in the grave* indeed. But, carried by *the ha lighter than nothing*[5] the *just one* experiences only the *end* of his *body,* a grave, painful, abnormal *end* since Adam was not created to die, but an *end* to be remedied on God's *Day.* The *just one* is the man that has made himself lighter than vacuum,

---

1. Here the original notes mentioned the passage of *The Book from* XXXVII/1 to 15 in its entirety.
2. Here the original notes mentioned wide excerpts from *The Book from* XXXVIII/2 to XXXIX/11.
3. The Book XXXIX/8.
4. The Gospel Delivered in Arès 26/3.
5. The Book XXXIX/10.

d'Arès(1). L'homme ne construit pas son *ha* s'il se rétrécit aux dimensions biologiques et se fait de l'idée du temps et de la matière une prison. Au fond de nous est le vrai vivant, le charnel non-biologique, ce *lait* inorganique qui donne, en *se caillant,* la force ascensionnelle qui tire vers *les Hauteurs*. En deux langages très différents, *L'Évangile Donné à Arès* et *Le Livre* nous donnent la même leçon capitale : celle de la naissance et de *l'ascension* de *l'âme* pour qui veut.

Ce que la nature construite-constructive de *l'ha* nous apprend, entre autres choses essentielles, c'est que l'homme, contrairement aux idées de la «raison», n'a pas des propriétés psycho-chimiques indélébiles — ses structures telles qu'elles sortent du ventre maternel, et ses manières d'agir dérivées de l'éducation —. Si vices et passions, faiblesses et ambitions sont tenaces, leur ténacité n'est pas irrémédiable devant la volonté de construire une *âme*. Le salut est existentiel.

Soudain, au bâton de lumière semblent se superposer un autre bâton de lumière, puis un autre et encore un autre, chacun ajoutant sa lumière aux précédents. En fait, l'intensité du bâton ardent augmente par étapes. Mon regard se détourne. Par contraste, les nappes laiteuses qui coulent le long des murs semblent maintenant sombres. Devant elles dansent et tournoient comme des clartés de fanaux, carrées et troubles. «Un effet de l'éblouissement,» pensé-je. La voix s'est tue ; je ferme les yeux un moment. Mais de la voix je devine la latence par un grondement de gorge léger et soutenu, de timbre égal. La violence lumineuse du bâton ardent est telle que son éclat blanc traverse mes paupières. Je tourne la tête à droite, vers la petite porte verte, avant de rouvrir les yeux. Les fanaux volettent là aussi, en tous sens, du sol à la charpente. Ma main en œillère sur la tempe gauche soulage mon regard de l'éclat de Dieu. Des larmes coulent de mes yeux irrités ; elles aussi protègent mon regard ; à travers elles je vois les fanaux plus flous qui voltigent. Une battue d'anges dans l'air, pour débusquer quelques démons? Que peuvent chercher dans l'air sombre ces lanternes pâles ? Je réalise pour la première fois que l'air est sombre ; rien ne réfléchit la lumière du bâton ardent et celle coulant le long des murs ; elles se reflètent sur soi, se redigèrent, elles n'éclairent qu'elles-mêmes. Cette lumière n'est pas de même nature que la clarté des fanaux, clarté de brouillard, sans force.

Je ne me pose plus de questions. Les bruits et les brasillements d'armée, les explosions dans le bois, les laves blanches glissant le long des murs, les fanaux blafards ou les apparitions d'anges, dans tout cela je vois seulement un cortège de forces diverses autour de Dieu, des éclaboussures infimes de sa puissance.

Je ferme à nouveau les yeux, ma tête penchée sur mon épaule gauche, vers le bâton de lumière, dans une attente sacrée ; j'attends le retour de la voix. Je la guette, parce qu'elle fait toujours irruption, n'étant ni précédée de pas, ni d'une porte qui s'ouvre, ni d'un raclement de gorge comme le discours d'homme. J'ai beau l'attendre, je sursaute toujours à son jaillissement.

La voix ne revient pas encore, mais l'éclat puissant du bâton ardent, que je devine entre mes doigts serrés sur mes yeux, me dit qu'elle ne va pas tarder. Je salive, je crois charrier à pleine bouche la lumière dont je protège mon regard, mais que je sens entrer en moi par la peau, par la tête. La lumière coule et pétille dans mon ventre ; j'ai le sentiment extraordinaire d'être rempli d'étoiles et de

---

1. L'Évangile Donné à Arès, Veillées 17 à 19.

because vacuum is *nothing* able to carry anyone to eternity. The *ha* is the *ship* of the Aresian parable(1). Man cannot build his *ha* if he contracts to a biological size and makes his concept of time and matter a prison. Deep inside every man the true living one is, the non-biologic corporeal, the inorganic *milk* that, by *curdling,* gives the ascending strength that pushes man upwards. In two quite different languages *The Gospel Delivered in Arès* and *The Book* teach one essential lesson: Anyone can give birth to his *soul* and brings it into *ascension,* if he or she wants to.

Among other essential inferences we gather from the constructed-constructive nature of the *ha* that man, contrary to what we learn from 'reason', does not bear indelible psycho-chemical properties—his structures such as they have emerged from the mother's womb, and his ways of acting derived from education—. Vices, passions, weaknesses and ambitions are tenacious, but their tenacity is not irremediable, for man's will to build a *soul* may be stronger. Salvation is existential.

Suddenly, on the stick of light another stick of light seemed to be superimposed, and then another, each adding its brilliance to the previous one. In fact, the intensity of the stick of light increased in stages. I turned my eyes away. In contrast with the stick of light the milky flow on the walls looked dark now. In front of the walls some square blurred lights as those of lanterns eddied and bobbed up and down. "The effect of the dazzle on me," I thought. The voice had disappeared; I shut my eyes for a moment. But I guessed that the voice was latent because of a continuous, even, faint throaty grunt or tone. The light of the blazing stick was so strong that I could perceive its white brightness through my eyelids. I turned to the right toward the green small door, and I opened my eyes. The lanterns were flitting about between the floor and the framework. My hand at my left temple did as a blinker, which relieved my eyes of God's brightness. From my irritated eyes tears flowed; they also protected my sight; through them I saw the flitting lanterns even more blurred. Were they angels beating the air to flush some devils? What might those pale lanterns have been searching for in the dark air? For the first time I noticed that the air was dark; the blazing stick and the light flowing down the walls did not reflect in anything; they reflected in themselves, they swallowed themselves, they lit nothing but themselves. That light had a nature different from the light of the lanterns which was weak, a light of fog.

I stopped asking myself questions. The noises and glitters of an army, the blasts in the wood, the white lava slipping down the walls, the wan lanterns, and the angels' appearances, I merely regarded all these phenomena as various forces accompanying God, very small splashes of his power and nothing else.

I closed my eyes again, I leant my head to my left shoulder, towards the stick of light, in a sacred bearing of expectancy; I expected the voice to reappear. I was in wait for it because it had always burst out, never presaged by footsteps, or the opening of a door, or the clearing of a throat, as human speeches are. However tensely I had waited for it, it had thus far always startled me in bursting out.

The voice was a long time coming, but from the strong brightness of the burning stick, which I made out between my fingers pressing against my eyes, I gathered that the voice would appear soon. I was salivating as if I was drinking deep of the light from which I was protecting my eyes; I felt the light seeping into me through my skin and my head. The light was flowing and bubbling in my

---

1. The Gospel Delivered in Arès, Vigils 17 to 19.

m'envoler. J'ai comme des yeux tournés vers mes entrailles, où ils voient les reflets du Ciel.

J'attends toujours la voix. Les bruits augmentent, les explosions s'accélèrent dans les chevrons et dans les pannes. De ma gauche vient comme le fracas d'un train sur un pont de bois, qui passe sur ma tête. Il secoue tous les sièges de la salle de prière, fait tinter comme une harpe le chandelier aux sept branches fines et flexibles. Un tremblement de terre ? Je m'affole. Mais le sol ne bouge pas sous mes pieds ; l'ébranlement vient d'en-haut. Je lance mes bras en l'air, dérisoire réflexe, pour arrêter le bruit qui y passe. Et deux mains bouillantes saisissent mes poignets, tirent mes bras. Mes épaules craquent. Je pousse un cri bizarre, un cri qui n'ose s'élever : « Les mains de Dieu ! » Je suis intimidé à l'extrême. « Dieu ! », ce mot tremble sur mes lèvres. De la poigne de fer la chaleur gagne tout le bras ; par l'épaule elle m'entre dans le tronc, et sur le cœur c'est un incendie. Elle se concentre là, d'où elle diffuse jusqu'aux pieds. Je ressens, si forte, l'impression de fumer comme un brandon que j'ouvre les yeux. De mon corps sort vraiment de la fumée. Je tremble dans cette vapeur. Le bâton ardent a retrouvé son intensité normale ; je garde les yeux ouverts, mais je n'ose pas les lever vers les mains qui m'empoignent. Pourtant, d'amour pour Dieu, de tendresse folle, je voudrais saisir ces deux mains et les embrasser. Je resterais l'éternité ainsi, les bras tenus en l'air, à me vider de larmes heureuses.

Les fanaux se sont rapetissés, mais multipliés jusqu'à luire comme un banc de poissons à ventre blanc, qui tourne, retourne et repasse. Les bruits se compliquent de coups plus sourds, précédés de sifflements graves dans l'air, ceux d'arbres qui s'abattraient sur le toit de la maison de prière. Celle-ci paraît se rompre sous ces coups. Comparaison difficile ; de tels bruits ne procèdent pas de la physique terrestre. Je palpite dans la chaleur qui m'emplit. Quel contraste avec le froid que j'ai toujours ressenti ici depuis le 2 octobre ! L'intime et brûlante poigne lâche mon bras droit, mais elle tient toujours en l'air le gauche, plus fermement encore. Un courant d'air ; je sens venir la voix. Au bout du bras droit endolori ma main se prépare à écrire. La voix s'élève, presque confidentielle, accentuant l'intimité chaleureuse de Dieu dans ce moment :

Michel (unique fois où *Michel* remplace *Mikal* dans *Le Livre*), *dans tes côtes (J'ouvre) une baie. Le frère (y) pale son île, (un lieu) sûr... Iyëchayë* (Isaïe) *parle : « Mon Œil (se) ferme sur Mikal. Je fais les frères de Mikal »*[1].

À peu près à ce moment-là, l'éclat du bâton de lumière s'intensifie à nouveau par paliers, jusqu'à redevenir insoutenable. Ma main gauche restant prisonnière de la main de Dieu, ma main droite étant occupée à écrire, à tourner et maintenir les feuillets, je ne peux que crisper mes minces paupières sur mes yeux pour les protéger, presque en vain, si pénétrante est la lumière. Je baigne dans un mélange de béatitude et de souffrance. Plus je tente de dégager ma main gauche pour en abriter mes yeux, plus se resserre la poigne sur mon bras et plus elle le tire vers le haut, à m'en déboîter l'épaule. D'une voix lamentable je crie : « Dieu, Dieu, arrête ! » Mais lui continue de parler impitoyablement, tandis que la condensation me couvre, je crois tremper dans l'eau jusqu'aux aisselles ; elle s'évapore au fur et à mesure. J'ai bien du mal à me dépêtrer de mes papiers humides.

---

1. Les notes originales citent ici entièrement *Le Livre XLIII/1 à 23*.

stomach; I had a strange feeling that I was filled with stars and about to fly. I seemed to be looking into my own entrails where I could see Heaven reflected.

I was still waiting for the voice. The noises intensified, the rythm of the blasts in the rafters and purlins sped up. There came from the left a din like a train crossing a wooden bridge over my head. It shook all the seats of the prayer hall; the seven resilient slender branches of the candelabum rang out. An earthquake? I panicked. But the floor did not sway beneath my feet; the shaking was caused from above. My pathetic reaction was to throw my arms in the air as if I could stop the noise up there. Then two boiling hot hands grasped my fists and pulled at my arms. My shoulder joints creaked. I let out a bizarre shout, a shout which seemed not to dare to rise, "God's hands!" I fell overintimidated. "God!", the word was tremulous on my lips. The heat went from the vicelike grip down my arms and, through my shoulders, into my chest, and then it was like a conflagration about my heart. The heat concentrated there, and therefrom it diffused to my feet. I had so strong a feeling that I was smoking as a firebrand that I opened my eyes. My body was really fuming. I began trembling in that fume. The blazing stick had returned to its normal intensity; I kept my eyes open, but I dared not look up to the hands that were gripping me. And yet, out of love for God, out of wild tenderness, I longed to seize and kiss those hands. I would have liked to stay for ages in this attitude, emptying of happy tears, with my arms pulled upwards.

The lanterns had become smaller, but they had multiplied so that they were glittering as a school of white-bellied fish swirling round to and fro. Bangs added to the usual noises, they were preceded by low whistling sounds in the air as though trees chopped came down to the roof of the prayer house. At every bang the roof sounded as if it broke. But those sounds bear no comparison with anything, for they did not belong to terrestrial physics. I was quivering in the heat which was diffusing within me. What a contrast it made with the cold that I felt on the previous occasions! The intimate boiling-hot hand let go of my right arm, but kept holding up my left arm even more tightly. I felt a draught, and then I felt the voice coming. I prepared to write with my aching right arm. The voice rose in a confidential tone, thus increasing the warm intimacy of God this morning:

Michel (the only time when *Michel* is substituted for *Mikal* in *The Book*), *inside your ribs (I open) a bay. (There) the brother pales his island, (a) safe (place)— Yuhshayuh* (Isaiah) *speaks, "My Eye closes on Mikal. I make the brothers of Mikal."* (1)

Approximately at that moment the stick of light began brightening up in stages until once again I was unable to look at it. As my left hand was trapped in God's hand and my right hand busy writing and turning and holding the sheets of paper, my thin eyelids closed and tensed on my eyes to protect them, but to little avail in front of that piercing intense light. I was being wrapped in both bliss and suffering. The more I tried to free my left hand to cover my eyes the firmer God gripped my arm and pulled at it enough to dislocate the shoulder. In a miserable voice I cried, "God, God, stop!" But he pitilessly kept on speaking while the condensation began covering me; I felt as if in water up to the armpits; the condensation evaporated as it soaked through my clothes. I had difficulties in handling the wet paper.

---

1. The original notes mentioned the passage of *The Book XLII/1 to 23* in its entirety.

Mikal est dans Mon Poing. Crochée, la raie. (Si) tu (la) lâches, (tu es) percé... Le Mont sur le(s) Fond(s se re)ferme... Je souffle (sur) ton cheveu, (il tombe de ta tête comme) la pierre de feu coule, il couvre la terre, (il) ouvre l(es) porte(s) comme) la pierre de feu([1]).

Alors le point haut, intense, du bâton de lumière, son « pommeau » d'où sort la voix, s'élargit en un soleil blanc, qui envahit en quelques secondes toute la salle de prière. Sa clarté est supportable : tons concentriques, où tous les bleutés et tous les argentés possibles du blanc s'étagent depuis le centre ; pas un seul ton chaud ; toute teinte est froide. Cependant l'air s'échauffe rapidement, produit une radiation qui irrite ma peau comme feraient des orties ; elle m'attaque et me pénètre. La souffrance devient vite très dure. Mon dos se fend, ma chair est ouverte vive. Je me tords sous la poigne qui ne cesse pas de tirer mon bras gauche vers le haut. Ma main droite a jeté le crayon, elle court sur tout mon corps comme pour en contenir la chair. Je me sens dépecé par derrière ; une voix terne dans mon cou compte mes os et mes viscères. La douleur brûlante atteint mon cœur, y entre, y tourne, y fourgonne comme un tisonnier. J'étouffe de peine et de peur. Enfin la main de Dieu lâche mon bras ; le parfum merveilleux m'enveloppe la tête ; la douleur devient comme délicieuse. Le soleil blanc bleuté et argenté semble respirer, il se dilate et se contracte légèrement. Je le contemple, et je crie dans un souffle : « La gloire de Dieu ! » Le soleil, la douleur, l'indescriptible vacarme de bois éclaté dans la maison et de cliquetis au-dehors s'atténuent et disparaissent.

C. FIN DE LA CINQUIÈME THÉOPHANIE
(Suite des notes du 22 novembre 1977)

Des flammes dansent encore dans l'air, sur le sol, sur les sièges de la Maison de la Sainte Parole, peu lumineuses. Maintenant je vois l'éclairage de la rue derrière les vitres. Il fait donc encore nuit.

Je me tâte machinalement, doutant d'être entier, ou même vivant, après cette épreuve. Je ferme et j'ouvre les yeux à répétition. Mon regard se pose sur mes pieds : quelle émotion ! ils ne touchent pas le sol. Je passe ma main sous mes fesses ; je suis assis sur le vide. La poigne divine m'a décollé du siège, je reste suspendu à dix ou vingt centimètres au-dessus. J'allais me lever, je n'ose plus bouger. Bien qu'élevé à faible hauteur, j'ai peureusement l'impression d'être assis sur la branche haute d'un arbre, dont je chuterais au moindre geste. Et tout à coup j'éclate de fureur : « Mais qu'est-ce que tu me fais ?! Que t'ai-je demandé ? » Débordant d'émotion, à bout de résistance, je me répands en mots amers, et je reçois, claquant dans ma tête comme un éclair, d'une main invisible, une gifle violente.

Je suis d'abord pétrifié, puis je fonds en larmes, je me mets à trembler, mes nerfs craquent de tout côté. Quand je me calme, je repose sur mon siège, mes pieds touchent le sol. Les dernières flammes ont disparu ; l'obscurité serait totale, si du dehors l'éclairage public n'entrait un peu par les verres colorés. Je passe une main dans mon dos ; la peau en est intacte, mais bouillante, et mes vêtements sont encore retroussés jusqu'aux épaules. L'intense chaleur les a séchés en un instant. Je les réordonne, tout en avalant mes dernières larmes, puis je vais à tâtons, d'un

---

1. Les notes originales reproduisaient intégralement la fin du *Livre de XLIII/1 à L/6*.

Mikal is in My Fist. Hooked (is) the ray (skate, stingray). *(If) you let go (of it), pierced (you are)—The Mount closes on the Core—I blow (on) your hair, (it falls out of your head just as) the rock of fire flows, it covers the earth, (it) opens the door(s as) the rock of fire (does)*([1]).

Then the intense point of light at the top of the blazing stick, its 'knob' from which the voice came, expanded into a white sun which filled the whole prayer hall in seconds. An endurable brilliance, a range of concentric bluish and silvery white tones developing from the center; not a single warm tone; only cold colors. The air warmed up swiftly, however, and gave out a radiation which itched my skin like nettle stings; it attacked and pervaded me. The pain became severe. My back cracked, my flesh opened alive. I twisted under the vicelike grip that kept on pulling my left arm upwards. By that time I had dropped the pencil and my left hand was running all over my body as if keeping my flesh from coming off. I felt someone cutting me up in pieces from behind; a drab voice next to my neck was counting my bones and entrails. The burning pain reached my heart, entered it, turned round and round in it and as a poker raked about it. I was stifling with pain and fear. At last God's hand let go of my arm; the wonderful fragrance enveloped my head; the pain became as if delightful. Swelling and contracting slightly the bluish and silvery white sun seemed to be respiring. I gazed at it, and then I breathed that exclamation, "God's glory!" The sun, the pain, the indescribable din of splitting wood in the house and of clatter on the outside faded and died out.

C. THE END OF THE FIFTH THEOPHANY
(Notes of November 22, 1977, continued)

Some dim flames were still flickering in the air, over the floor, and over the seats of the House of the Saint's Word. Now I could see the street lighting through the window panes. The night was not over yet.

Mechanically I felt myself; I doubted whether I was still in one piece or even alive after that trying experience. I shut and opened my eyes repeatedly. I looked down at my feet and I was seized by intense emotion. My feet were not touching the ground. I passed my hand beneath my buttocks; I sat in the void. God's hand had separated me from my seat; I was hovering five or ten inches over it. I wanted to rise, but I dared not move. Although I was not hanging high over the seat, I was afraid, with a feeling that I sat on the highest bough of a tree and I might fall at the slightest gesture. Then, suddenly, I exploded with furor, "What are you doing to me? Have I ever asked you anything of the sort?" Overwhelmed by emotion, with no staying power left, I poured out a stream of bitter words; then, an invisible hand gave me a violent slap in the face; within my head it cracked as a flash.

First I was transfixed, and then I burst into tears, my nerves went to pieces, I began trembling. By the time I was calming down, I found myself sitting on my seat, my feet were touching the floor. The flames had vanished; I would have been in total dark, had the street lighting not come in through the colored panes. I felt my back; the skin was unhurt though boiling hot; my clothes had remained tucked up to my shoulders. In the intense heat they had dried off in a few minutes. I tidied up my clothes while swallowing the last of my tears, and then I walked gropingly,

---

1. Here the original notes mentioned the complete final part of *The Book*, from *XLIII/1* to *L/6*.

pas de malade, jusqu'au petit vestibule entre la salle de prière et la porterie, où se trouve le tableau électrique. J'allume toutes les lampes au-dedans et au-dehors. Revenu dans la salle de prière, je me laisse tomber sur mon siège. Je caresse ma joue, encore chaude de la plus forte gifle jamais reçue depuis mon enfance.

D. APRÈS LA CINQUIÈME THÉOPHANIE
(Noté le 28 novembre 1977)

Il y a une semaine que Dieu m'a fait subir l'extraordinaire et douloureuse expérience de sa dernière visite. En fait, je sors de cette expérience ce matin seulement. Tous ces jours, mon esprit n'a pas repris le cours du quotidien; j'ai traîné mes pieds à travers la maison, la pensée immobilisée sur les événements de la nuit du 22 novembre. Ce matin j'ai enfin pu répondre de façon sensée et pratique à une question ménagère de Christiane.

Ma tête a rejoint mon corps. J'ai cessé de faire pour la centième fois en pensée, jusqu'à la migraine, le tour de l'expérience vécue la nuit du 22 novembre. La phobie de la Maison de la Sainte Parole — jusqu'à la voir de loin qui m'était insupportable — m'a quitté également. J'ai même voulu m'y rendre ce matin. J'ai fait, d'un pas léger de voleur, plusieurs fois le tour de la salle de prière, sans allumer, dans la pénombre d'un matin d'hiver. Je suis passé et repassé entre les rangs de sièges, l'esprit bien dégagé. J'ai même remarqué quelques détails de la salle de prière qui m'avaient échappé, comme si je venais d'y entrer en touriste. Je n'y étais jamais venu que pour m'engloutir dans la prière, mais aujourd'hui je n'ai pas eu envie de prier. Je suis tombé en péché de présomption, me disant : « Dieu est avec moi. Pourquoi prierais-je ? »

Dieu aime tous les hommes, mais chacun a l'impression que Dieu l'aime plus que les autres. Impression piège, je le sais. Pourtant, ce matin j'ai cru moi aussi que j'étais le préféré de Dieu, au point de me permettre une intimité insolente : je me suis assis sur le sol, là où le bâton de lumière m'est apparu, jusqu'à ce que le froid du grès me repousse.

Assis sur le *marchepied*(1) de Dieu, toute présomption m'a quitté; il m'est revenu que je dois sortir de cette épreuve — ou de ce bonheur, je ne sais plus — d'intimité avec Dieu et avertir le monde de ce que j'ai vu, entendu, vécu sur ce lieu. Je sais, sans qu'il me l'ait dit, que Dieu ne reviendra pas cet automne.

Sans l'expérience préalable de 1974 — il y aura quatre ans dans deux mois — l'épreuve du témoignage, qui m'attend, serait impossible. Déclarer : « J'ai vu Jésus » n'est pas l'épreuve de déclarer : « J'ai vu Dieu »

Arès, 28 novembre 1977 frère Michel

---

1. *Marchepied:* Terme biblique qui désigne tout lieu où Dieu communique avec l'homme.

at an ill man's pace, to the small lobby, between the prayer hall and the gatehouse, where the lighting panel is. I switched on all the lights in and out of the building. Then I went back into the prayer hall and dropped onto my seat. I caressed my cheek still hot with the strongest slap I had been given since my childhood.

D. AFTER THE FIFTH THEOPHANY
(Noted down on November 28, 1977)

It was a week ago that God subjected me to the extraordinary and painful experience of his last visit. In fact, I did not recover from that experience until this morning. For days my mind did not managed to resume its usual activity; I shuffled about the house with my thoughts focused on the event of November 22. At last, this morning, I was able to reply to Christiane who talked to me of some housekeeping matter.

My head reunited with my body. Gone was my obsession with the experience that I had lived through on the night of November 22, so tense an obsession that I have had headaches time and again. Also gone was my phobia about the House of the Saint's Word—for days I could not even have endured seeing it from afar—. This morning I went there. I did not light the lamps, I walked round the prayer hall several times, at a thief's light pace, in the halflight of this wintry morning. I paced up and down between the rows of seats, with my mind quite clear. As if I had just come in to look round as a tourist I even noticed a few details in the prayer hall that I had not made out thus far. I had been there only to sink into prayer, but today I did not feel like praying. I committed the sin of presumption; I said to myself, "God is with me. Why should I pray?"

God loves all men, but every man fancies that God loves him more than others. This feeling is delusive, I know. Even so, this morning, I also believed that I was God's favorite, so much that I ventured an insolent offhand act: I sat down on the floor where the stick of light had appeared to me, I stayed there until I could no longer bear the chill of the stoneware tiles.

As I was sitting on God's *stepping stone*([1]) all my presumption faded out; it came to my mind that I must leave behind me this trial—or this bliss?—of intimacy with God and tell the world what I had seen, heard, and experienced in this place. God had not said to me that he would not come back this fall, but I knew that he would not.

Had the previous experience of 1974 not occurred—in two months that will be four years ago—I would be unable to face the hardship in store for me, that of being God's witness. To declare, "I have seen Jesus" is not so trying as to declare, "I have seen God."

Arès, November 28, 1977   brother Michel

---

1. *Stepping stone:* A biblical word that designates every place where God communicates with man.

LE LIVRE

LIMINAIRE DE 1982

Ce liminaire rassemble les introductions qui accompagnaient, théophanie après théophanie, la première publication complète annotée du « Livre » dans le périodique « Le Pèlerin d'Arès », de juin 1982 à juin 1983. Chaque introduction, sauf la première naturellement, reflète les réactions des lecteurs à la publication précédente.

1. INTRODUCTION DE LA PREMIÈRE THÉOPHANIE PARUE DANS *LE PÈLERIN D'ARÈS*, JUIN 1982

LE LIVRE justifie son nom. *Écris le Livre... Tu ouvres le bon Livre enfin(1)*, me dit Dieu dès les premières phrases de la révélation de 1977. C'est pourquoi, après d'autres titres : « Message du Bâton de Lumière », « Révélation Théophanique », etc., proposés depuis 1977, le titre finalement adopté est *Le Livre* ; c'est-à-dire *Le Livre* par excellence, *Le Livre* dicté par Dieu lui-même.

LENTEUR DE LA PUBLICATION DU *LIVRE*, SES CAUSES ET SA SAGESSE.

Les abonnés du *Pèlerin d'Arès* purent lire de février 1978 à novembre 1980 de larges extraits du *Livre*, mêlés aux *Récits*, *Notes et Réflexions* du Frère Michel à propos des Théophanies. Ainsi fragmenté, privé de sa plénitude de sens et de puissance, il ne bouleversa qu'un petit nombre de lecteurs. Quant aux autres, ils ne connurent la révélation de 1977 que par des citations occasionnelles dans des conversations ou dans mes allocutions, échos qui piquèrent rarement leur curiosité ; peu d'entre eux écrivirent à Arès pour en savoir plus ou pour se procurer les numéros du *Pèlerin d'Arès* parus entre 1978 et 1980. *Le Livre* dépasse pourtant en force et en portée *L'Evangile Donné à Arès*, dont il est la clé même. C'est aussi l'appel divin le plus impressionnant et le plus combatif de *La Révélation d'Arès*.

S'étonne-t-on du retard considérable — cinq années — apporté à l'édition complète du *Livre* ? D'une part, les moyens matériels me manquèrent(2). D'autre part, je tins à parfaire la présentation textuelle du *Livre*, laquelle posait un certain nombre de problèmes difficiles. Je dus aussi finir d'assimiler *L'Évangile Donné à Arès* en profondeur avant de livrer totalement *Le Livre* à la diffusion publique. N'est-ce pas à moi qu'aboutit toujours le flot des questions ? Il me faut être au fait.

---

1. Le Livre 1/10-11.
2. Voir Introduction Générale de 1989 en tête du présent ouvrage.

THE BOOK

1982 FRONT MATTER

This front matter is a compilation of the introductions that preceded, theophany after theophany, the first annotated complete edition of 'The Book' published in the periodical 'Le Pèlerin d'Arès' from June 1982 to June 1983. Every introduction, except the first naturally, mirrors the readers' responses to the previous publication.

1. INTRODUCTION TO THE FIRST THEOPHANY PUBLISHED IN *LE PÈLERIN D'ARÈS*, JUNE 1982

THE BOOK is a perfectly justified title. *Write the Book— You open the right Book at last*([1]), God said to me; these words appeared in the early sentences of the revelation of 1977. For this reason I eventually adopted *The Book* as a title among other titles which had been suggested since 1977: 'Message from the Stick of Light', 'Theophanic Revelation', etc. *The Book*, that is to say, *The Book* par excellence, *The Book* dictated by God in person.

THE LONG DELAY IN PUBLISHING *THE BOOK*, ITS CAUSE AND WISDOM.

From February 1978 to November 1980 the subscribers to *Le Pèlerin d'Arès* read wide excerpts from *The Book* interspersed in brother Michel's *Account, Notes & Thoughts about the Theophanies*. Being thus fragmented and deprived of its fulness of meaning and power, *The Book* did not sway very many readers. As for others, they knew of the revelation of 1977 through citations which they picked up in talks and in my addresses, but which rarely excited their curiosity; only a few sent letters to Arès in order to get more information or copies of *Le Pèlerin d'Arès* published from 1978 to 1980. In strength and significance *The Book*, however, surpasses *The Gospel Delivered in Arès*, the very key to which it is. It is also God's most impressive and most combative call in *The Revelation of Arès*.

Many people find it surprising that it took a very long time—five years—for me to publish *The Book* in its entirety. On the one hand, I lacked means([2]). On the other hand, I was very anxious to have the textual presentation of *The Book* all worked out, which had been posing a few tricky problems. I also had to finish assimilating *The Gospel Delivered in Arès* in depth before putting *The Book* in its entirety into public circulation. Does any spate of questions not end up in my mail tray? I have to be familiarized with every matter.

---

1. The Book 1/10-11.
2. See the 1989 General Introduction at the beginning of this book.

La nature humaine est subjective, mais la subjectivité n'est pas de bon conseil ; *L'Évangile Donné à Arès* nous met souvent en garde contre elle. Je dus maîtriser longuement mes émotions, et même une certaine mélancolie, à la lecture du *Livre*, pour le fixer de façon objective, la plus constructive possible, dans ma vie et dans la vie de nos frères. *Le Livre* en effet, est une Parole aussi dure qu'exaltante ; sa force d'évocation — sans nul doute parce qu'elle est pure, sans retouche humaine — est exceptionnelle.

Je voulais aussi m'habituer au français lapidaire, au vocabulaire parfois déroutant, dont usa Dieu en 1977. Je devais me délivrer des présupposés de lecture, quoique Dieu m'ait donné le sens avec le langage ; la culture pouvait me piéger à tout moment. Je voulais allier fidèlement, et simplement, la Parole originale avec mes compléments grammaticaux, et le sens avec mes annotations.

Enfin, je devais dépasser les frontières de l'intellect pour faire entrer et installer cette révélation dans mon cœur, sans quoi je ne pourrais pas l'installer dans le cœur du lecteur. Dieu ne parle pas pour que nous discutions sur sa Parole, comme les théologiens et dogmatistes, mais pour que sa Parole nous donne, et donne à ce monde, la *Vie* au sens le plus riche, le plus prometteur. La *Vie* a déjà été largement évoquée par la révélation de 1974, mais moins puissamment. La *Vie* est le retour de l'homme à *l'image et à la ressemblance* de Dieu(1) pour prix d'un long, parfois furieux *Exode* spirituel.

<u>CONTENU DU MESSAGE THÉOPHANIQUE.</u>

L'auteur du *Livre* est le Dieu Unique et *Saint(2)*. Son Unicité de Vivant et de Possédant absolu — *J'ai, Je suis(3)* —, Dieu l'affirme de diverses façons, par exemple lorsqu'il rappelle que Jésus-Christ, *le Bon*, n'est qu'un prophète, ainsi confirmant *L'Évangile Donné à Arès(4) : Jésus n'est pas Dieu.*

Si les deux parties du message d'Arès, 1974 et 1977, forment un Tout bien scellé, *Le Livre* éclaire de plus *haut(5)* son précurseur de 1974, il nous prépare avec plus d'autorité à la lutte à venir. Dans un sens déjà trouvé dans *L'Évangile Donné à Arès,* mais en termes différents, il évoque ceux qui nous combattront, *roi blanc, roi noir,* leurs procédés, les tribulations à venir ; il nous donne des conseils, il nous rappelle que la société sera *changée* par notre lutte et Éden restauré au bout du temps. Cette révélation, d'une variété beaucoup plus grande qu'il ne paraît au premier abord, est malaisée à résumer, mais sa lecture intégrale la fera désormais se dérouler et parler sous nos yeux.

Le Livre n'est pas que l'appel et l'ordre de marche du nouvel *Exode* pour la reconquête du monde sur l'impiété, la fausseté, l'injustice, la haine. Il renferme et confirme l'histoire d'hier et de demain. Dieu est bien le Créateur qui ne cesse pas de créer(6) un univers infini — *Les mondes tournent dans Ma Main* revient plusieurs fois —, mais il est surtout le Créateur d'Adam, dont la descendance doit vaincre le péché, agent du malheur et de la mort, afin de restaurer Éden.

---

1. Voir notes encadrées des Veillées 1 et 2 dans *L'Évangile Donné à Arès.*
2. Le Livre X/2-5.
3. Le Livre II/1.
4. L'Évangile Donné à Arès 32/2.
5. Le Livre XIII/7.
6. Le Livre VI/4,VII/3.

Human nature is subjective, but subjectivity is a hazardous advisor; *The Gospel Delivered in Arès* gives several warnings about it. It took quite a long time for me to suppress my emotions and even some melancholy in reading *The Book*, and to fix it objectively, most constructively, in my life and in our brothers' lives. *The Book* is indeed as harsh as exhilarating a Word; it has an outstandingly evocative power, undoubtedly because it is pure, free from any alteration by man.

I also wanted to get well-accustomed to God's very terse French, the vocabulary that he had used in 1977 very bewildering in parts. I had to relieve me of my every presupposition of reading, even though God had given me the meaning together with the language; culture might have misled me at any time. I wished to faithfully and simply combine the original Word with my grammatical additions and the meaning with my annotations.

Finally, I had to transcend the limits of intellect so that this revelation could enter my heart and settle in it; failing this I could not incite the readers to settle it in their hearts. God does not speak in order to set us discussing his Word as theologians and dogmatists do, he speaks so that his Word may give us, and give the world, *Life* in the richest, the most promising sense of the word. The revelation of 1974 has already called up *Life*, but less powerfully. *Life* is the restoration by man of God's *image and likeness*[1] in himself at the cost of a long, sometimes furious, spiritual *Exodus*.

CONTENTS OF THE THEOPHANIC MESSAGE.

The author of *The Book* is the Sole *Saint*[2]: God. God claims his Oneness: he is the only absolute Living and Possessor—*I am, I have*[3]—; he claims this in various ways, for example by reminding that Jesus Christ, *the Good one*, is only a prophet; he so confirms *The Gospel Delivered in Arès*[4]: *Jesus is not God*.

Even though both parts of the message, 1974 and 1977, make up a well-sealed Whole, *The Book* shines on its 1974 precursor from far *higher*[5], it prepares us for the forthcoming struggle in a more authoritative way. In a sense that already appeared in *The Gospel Delivered in Arès*, but in different words, *The Book* evokes those who will fight us, *the white king, the black king*, their behaviors, our tribulations to come; it gives us advice, it foretells that society will be *changed* by our struggle and Eden restored at the end of time. It is difficult to sum up this revelation much more varied than it appears to be at first sight, but from now onward man can read it in its entirety and so see it unfolding and speaking under his eyes.

The Book is not just the appeal and marching orders for the new *Exodus*, for the recapture of the world over impiety, falsity, injustice, hatred. It also contains and confirms past and future history. God is definitely the Creator who never stops creating[6] an infinite universe—*The worlds revolve in My Hand*, he repeats—, but he is especially the Creator of Adam whose sin, the agent of sufferings and death, shall be conquered by his descendants so that Eden may be restored.

---

1. See the boxed annotations in Vigil 1 and Vigil 2, *The Gospel Delivered in Arès*.
2. Ths Book X/2-5.
3. Rhe Book II/1.
4. The Gospel Delivered in Arès 32/2.
5. The Book XIII/7.
6. The Book VI/4, VII/3.

La *parole* avait fait d'Adam la créature parlante unique. C'est par la perversion de la *parole(1)*: mensonge, mots de haine et d'envie, leurres intellectuels, etc., et par la perversion de ses dérivés: idéation, imagination, etc., que vint la déchéance et les malheurs du monde. La *parole* devenue *bruit(2)*, tel est le péché fondamental selon *Le Livre*. Dieu rappelle qu'il suscita beaucoup de prophètes pour remettre la *parole* — réplique terrestre de la *Parole* céleste(3) — et donc l'homme sur la voie de la restauration. Dieu appelle un nouveau *prophète*, le *témoin* d'Arès, pour réouvrir cette voie. Qu'ils soient fils culturels de Moïse, Jésus ou Mahomet, *les fils de Mikal(4)*, forment la *race* nouvelle des croyants, apôtres et combattants de Dieu(5), tous appelés à *changer le monde*.

L'Exode relancé à Arès sera rude, mais ses promesses sont exaltantes. *Le Livre* veut provoquer chez les croyants le réarmement spirituel, ranimer leur pugnacité contre le péché. Dieu sait que la foi — la foi lucide, qui se reconquiert des griffes des *dominations* — a quasiment disparu. On ne discerne qu'avec peine et patience les rescapés du conformisme, du doute et de l'athéisme au milieu d'une humanité matérialiste, souvent violente, d'un *grouillis(6)* de *jambes* qui ne portent plus *d'âmes*, qui ne sont plus que *jambes* d'os et de chair pour courir après les biens terrestres et piétiner les obstacles faits à leurs ambitions, *jambes* qui inondent la terre, tellement que *l'oiseau* ne trouve plus *l'herbe(7)* sous leur piétinement.

Dieu sait que ses apparitions sont périodiquement nécessaires pour réveiller et motiver un *petit reste(8)*, un noyau de transformateurs du monde. Il rappelle que le salut ne viendra pas dans l'homme malgré l'homme et moins encore contre l'homme. Rien ne se fera sans notre volonté de créer un homme et un monde nouveaux. Le souci de salut personnel est indissociable du souci de salut général.

Le Créateur est donc Recréateur, et l'homme est co-auteur de sa propre résurrection. « Résurrection » pourrait être le titre du ch. VI. Au cours de l'histoire quelques uns sont ressuscités, le plus célèbre étant Jésus, mais au *Jour* de Dieu tous ses *fils* ressusciteront. Sur fond de résurrection — même une conversion ou une guérison est déjà une résurrection à un moindre degré — *s'accomplissent* l'amour et la justice(9) que Dieu vient ranimer à Arès, l'idéal qu'il nous appelle à accepter et à construire depuis les millénaires.

FORME REÇUE ET FORME PUBLIÉE DU *LIVRE*.

Le Livre est révélé dans une langue lapidaire. D'abord surpris, parfois pris de malaise à l'écoute de ce parler inattendu que je notais au vol, je compris assez vite que Dieu, qui est simplicité et vérité, utilise une « langue qui n'est ni primitive ni

---

1. Adam reçut cinq qualités que l'homme seul possède: Liberté, amour, pouvoir de créer, individualité et parole. Superposés à la biologie de l'homme, ces dons font de l'homme *l'image et ressemblance* du Père.
2. Le Livre VII/8, thème souvent rencontré dans *La Révélation d'Arès*.
3. Le Livre VII/5.
4. Le Livre XI/13.
5. Le Livre XII/5.
6. Le Livre III/2.
7. Le Livre I/15.
8. L'Évangile Donné à Arès 24/1, 26/1.
9. La justice au sens biblique n'est pas la justice rendue par les tribunaux, ni la justice sociale au sens politique, mais la conformité à la Parole du Créateur. L'amour biblique n'est pas un sentiment mais un devoir actif envers le prochain, devoir volontairement consenti et sans cesse travaillé, car non inévitable.

Speech or *language* had made Adam the one and only speaking creature. It was from the perversion of *language(1)*: lies, words of hatred and envy, intellectual lures, etc., and from the perversion of its derivatives: ideation, imagination, etc., that the world's degeneration and sufferings resulted. *Speech* or *language* turned into *noise(2)* and so constituted the fundamental sin according to *The Book*. God reminds us that he called on many prophets to put *speech*—the earthly image of the heavenly Speech or *Word(3)*—and put man therefore on the path to restoration. God calls a new *prophet,* the *witness* of Arès, to open that path again. *Mikal's sons(4),* whether Moses' sons or Jesus' or Muhammad's, form the new *race* of believers, apostles and combatants of God(5) all called on to *change the world*.

The *Exodus* which God revives in Arès will be hard, but full of exhilerating promises. *The Book* is meant to cause believers' spiritual rearmament, prompt them to fight sin again. God is aware that faith—the clearsighted faith that frees itself from the clutches of *the dominations*—has virtually vanished. Today it takes toil and patience to find survivors of conformity, doubt and atheism in the midst of materialistic, often violent men, a *swarmy(6)* of *legs* which carry no *souls* any more; these *legs,* only of bones and flesh, only chase after worldly goods and trample down all the obstacles to man's ambition; these *legs* have covered the earth so much that *birds* no longer find *grass(7)* on the ground they have trampled.

God knows that he has to appear periodically to waken and motivate a *small remnant(8),* a nucleus of transformers of the world. He reminds that salvation will not enter man in spite of man's will and even less against man. Nothing will be fulfilled without our will to create a new man and a new world. Concern for personal salvation and concern for general salvation are inseparable..

The Creator is the Recreator, therefore, and man is the co-creator of his own resurrection. 'Resurrection' might be the title of chapter VI. In the course of history some men have been resurrected—the best known of them is Jesus—, but on the *Day* of God all of his *sons* will rise from the dead. Against a background of resurrection—even a conversion or a cure, as it is, is a resurrection to a lesser extent—love and justice(9) which God reawakens in Arès shall be *achieved;* this is the ideal that God has for millennia steadily asked us to accept and build up.

THE FORM RECEIVED AND THE FORM PUBLICIZED OF *THE BOOK*.

The Book was revealed in a most compressed language. First I was amazed, sometimes sickened listening to those unexpected words which I caught and noted down as fast as they were uttered, but soon I realized that God, who is simplicity

---

1. Adam was given five qualities that man alone possesses: Freedom, love, power to create, individuality and speech. Though superimposed on man's biology, those gifts make man the *image and likeness* of the Father.
2. The Book VII/8, this theme is recurrent in *The Revelation of Arès*.
3. The Book VII/5.
4. The Book XI/13.
5. The Book XII/5.
6. The Book III/2.
7. The Book I/15.
8. The Gospel Delivered in Arès 24/1, 26/1.
9. Justice, in the biblical sense, is not justice exercised in courts of law, and not social justice in a political sense, but compliance with the Maker's Plan. Biblical love is not sentiment or affection, it is active duty by the neighbor, duty voluntary and permanently worked and practiced, because it is not inevitable.

abrégée, mais primordiale », dénuée des fards, des pièges intellectuels et littéraires de nos langues complexes et habiles.

Autant que ce qu'il dit, le langage du *Livre* est une révélation en soi. Il est indubitable que Dieu s'est toujours adressé aux prophètes dans ce parler succint, réduit à des *Signes,* mais piquant. Ceux-ci furent contraints de le traduire en langue claire pour être compris du monde ; voilà qui explique les écarts d'expression et de style d'un Livre Prophétique à un autre. L'idiome est sans importance ; la manière de parler de Dieu reste la même, devant Noé ou devant moi, mais les prophètes doivent utiliser le parler et/ou l'écriture (vernaculaires ou littéraires : poésie, prose, psaume, etc.) qui, selon l'époque et la région, et selon leur estimation, trahissent le moins possible le message dont ils ont reçu la charge.

Ainsi, pour ma part, j'use du moyen de communication le plus commun de mon temps : la typographie. Grâce à elle je peux transmettre *Le Livre* en clair, tout en laissant transparaître la langue originale, par le jeu des parenthèses, des caractères droits ou italiques, des notes, etc., ce que ne pouvaient pas faire Moïse, Isaïe et Mahomet. Ils devaient noyer l'original dans des phrases et des tournures verbales vernaculaires, seules intelligibles pour leurs peuples analphabètes.

Pour le *prophète* pas d'énigme dans le parler de Dieu. Tout en écoutant et en écrivant la révélation « je sentais mon intelligence violemment éclairée et avivée », j'en comprenais parfaitement le sens. Mais connaître le sens du *Livre* est une chose, le transmettre à ceux qui n'ont pas vécu sa révélation en est une autre. Si Dieu préfère au français courant, parler analytique s'il en est, une sorte de « lingua franca » synthétique où chaque mot change sans cesse de poids selon le contexte, c'est parce que notre français quotidien ou littéraire exprime sûrement avec moins de force, de densité et de justesse ce que Dieu veut nous dire. Dans ces conditions expliquer *Le Livre* dans le français accompli que Dieu lui-même évite est une tâche délicate.

Rappelons que la première qui comprit cette difficulté est Christiane, mon épouse. Le 2 octobre 1977, traduisant en français courant la révélation reçue la nuit précédente, j'allais jeter l'original au panier comme on jette des notes, quand ma femme m'arrêta. « Ce que vous faites n'est pas honnête. Comme vous l'avez reçue, vous devez donner cette révélation, me dit-elle. — Mais, répondis-je, ceux auxquels le sens n'a pas été révélé risquent de la mal comprendre. — Eh bien ! il faut trouver un moyen de donner le sens sans cacher la Parole originale. » Depuis, j'ai essayé bien des manières, parfois compliquées, de montrer simultanément le langage de Dieu et son sens. La meilleure manière reste celle utilisée lors de la première publication des *Récits, Notes et Réflexions* à propos des théophanies [1].

ENCORE QUELQUES CONSEILS AVANT LA LECTURE.

Le Livre peut causer un sentiment d'écrasement et de découragement, que j'ai éprouvé sur le moment de sa révélation, et que j'éprouve parfois encore à sa lecture. Comment ce plan fantastique, parfois apocalyptique, de restauration de l'humanité spirituelle ne contrasterait-il pas avec notre faiblesse, notre solitude, au milieu d'une société religieuse ou athée aux *dents* comme aux *jambes serrées* [2],

---

1. 1978-1980. La même présentation fut aussi adoptée pour l'édition du *Livre* en 1984 *(La Révélation d'Arès intégrale),* et est reprise dans la présente édition bilingue avec quelques légères retouches et améliorations.
2. Le Livre I/4 et 15.

and truth, uses a "tongue neither primitive not abridged, but primeval", free from the make-up, the intellectual and literary lures of our clever, complex languages.

The language of *The Book* is in itself as significant a revelation as its meaning is. Indubitably God has always addressed the prophets in that succint, but pithy speech reduced to *Signs*. The prophets have had to translate it into clear language so that the world could understand it; this accounts for the differences in expression and style between the Prophetic Books. Whatever idioms God uses, and whether he speaks to Noah or to me, his way of speaking remains unaltered, but the prophets must use the speech and/or writing (either vernacular or literary: poetry, prose, psalms, etc) which, according to the times, the countries, and their appraisals, are the least unfair to the message that they have to convey.

So, for my part, I use the way of communication most common today: typography. Thanks to it I can publicize *The Book* in clear and at the same time let the original language show through by the interplay of parentheses, upright and italic characters, footnotes, etc., which Moses, Isaiah or Muhammad could not do. They had to bury the original in the vernacular verbal sentences and turns of phrase that their illiterate peoples were able to understand.

To the *prophet* God's speech is not enigmatic on any point. While listening to and writing down the revelation "I felt my intelligence being sharpened and brilliantly lit", I perfectly understood what it meant. But knowing the sense of *The Book* is one thing, putting it over to men who did not experience its revelation is another. No doubt God used a kind of synthetic 'lingua franca' every word of which changes its weight as the context changes, because our literary or everyday French cannot express what God means with sufficient strength, density and exactness. In these conditions, to explain *The Book* in the elaborate French which God himself shuns using is a tricky job.

Let the reader recall the first person understanding this difficulty was my wife, Christiane. On October 2, 1977, as I was translating into standard French the revelation which I had received in the night, I was about to throw out the original notes, but my wife stopped me. "You are going to do something dishonest. Exactly as you received this revelation you have to give it," she said to me. I replied, "But those whom the meaning has not been revealed to might misunderstand it." "Well, you should think up a good way to convey the meaning without concealing the original Word." Ever since I have tried out many, sometimes very complicated ways to show God's language and its meaning simultaneously. The best way has proved to be that which I used for the first publishing of the *Accounts, Notes and Thoughts* about the theophanies(1).

SOME MORE ADVICE BEFORE READING.

While reading *The Book* one may feel overwhelmed or dispirited just as I felt when God was revealing it to me, and as I still occasionally feel when reading it. Inevitably, this fantastic plan, even apocalyptic in a few parts, for man's spiritual restoration sharply contrasts with our weakness and our isolation in the midst of a society, whether religious or atheistic, with *teeth clenched* and *legs squeezing*

---

1. 1978-1980. The same method was adopted for the 1984 edition of *The Book (The Revelation of Arès*, complete edition) and is used in this bilingual edition only slightly touched up and improved.
2. The Book I/4 & 15.

fortement unie, organisée, *corne et dent(1),* pour défendre ses acquis et ses appétits, qui sont grands, face à tout prophétisme ? Mais le *buisson ardent* — qui nous fait penser au bâton de lumière d'Arès — s'embrase devant un anticonformiste que le confort de la cour pharaonique et la carrière politique n'intéressent pas, un exilé solitaire, un assassin en fuite, Moïse. Dieu n'appelle-t-il pas aussi un charpentier dont la spiritualité libre scandalise les paroissiens de la synagogue de Nazareth, et un caravanier de La Mecque dont les dispositions à l'anticonformisme ne paraissent pas moins suspectes ? Outre ces prophètes qui ne seraient pas ceux que choisiraient la religion et le monde, ce sont des esclaves, des pêcheurs ou des bédouins autrefois, de simples citoyens aujourd'hui, timides et apparemment impuissants, qui préparent la restauration d'Éden. Si ces *petits* ont la vocation universelle de faire avancer le salut, c'est parce qu'ils acceptent la loi du *Saint(2)* d'amour et de justice que la masse refuse encore, parce que ses maîtres, ses penseurs, ses formateurs la refusent.

Depuis que l'attraction quasi absolue des sens, de la matière et de l'intellect l'a rendu sourd et aveugle, l'homme, angoissé par tout ce qu'il ne comprend plus selon son expérience immédiate et selon sa culture, apeuré par sa propre obscurité, réagit avec violence à la Parole de Dieu. Tous les livres de la Bible et le Coran furent rejetés avant d'être admis. *L'Évangile Donné à Arès* subit aussi le refus des sourds, des aveugles et des peureux. *Le Livre,* parce qu'il est plus perturbateur et plus impressionnant encore, sera repoussé plus violemment encore.

Mais que le lecteur sceptique ne s'imagine pas que les armes dont il se croit doté par la culture, la science, le rationalisme ou la religion le sauveront de l'événement d'Arès et des problèmes qu'il lui pose ! Qu'il considère plutôt son frère humain d'Arès, son autre soi-même, qui a vu la lumière et entendu la voix de Dieu, et qu'il se dise : « Ce furent une lumière et une voix, simplement. Tout est aussi simple que ça. » Pourquoi douter d'un témoignage ? Oui, frère ou sœur, qui souffrez devant cette révélation, ce fut aussi simple que ça, et c'est désormais aussi simple pour le monde qu'une question de vie ou de mort.

Quant à nos missionnaires, qu'ils ne se découragent pas si Dieu ajoute *Le Livre* à *L'Évangile donné à Arès !* Dieu apparaît et parle toujours dans une société décadente, donc sourde, risquant lui-même la probabilité de ne pas être entendu. Alors ? Les missionnaires voudraient-ils être moins exposés à la difficulté et à la censure que ne l'est Dieu ? Dieu demande : *Qui puis-Je envoyer ?,* ils ne peuvent que répondre comme Isaïe : *Moi, Seigneur, j'irai!(3)*

(Paragraphe ajouté en 1995) Certains croyants m'écrivent : « *L'Évangile Donné à Arès* me suffit. » Une partie de la Parole de Dieu ne suffit pas. La Parole est un Tout, certes lentement assimilé mais jamais divisé. Son sens n'est pas senti en dehors du Tout. De plus, la Parole manifeste un *Dessein* global qui sera réalisé étape par étape — *quatre générations ne suffiront pas* — mais non partie par partie. Chaque croyant devant être apôtre, donc recréateur de soi et du monde, il doit avoir en permanence la sensation générale du Tout. Celui qui trie et choisit tombe dans l'ignorance totale.

---

1. Le Livre X/6.
2. Le Livre X/2-4.
3. Isaïe 6/8.

up*(2)*, strongly united and organized, *like horn and tooth(1)*, defending its acquisitions and appetites, which are big, against any form of prophetism. But the *blazing bush*—which reminds us of the stick of light in Arès—flared up in front of a nonconformist who did not care about a career in politics and the conveniences of Pharaoh's court, a lonesome exile, a murderer on the run, Moses. Did God not call on a carpenter whose free spirituality deeply shocked the parishioners of the synagogue of Nazareth, and a Meccan caravaneer whose tendency to nonconformism did not look less suspicious than Jesus'? In addition to those prophets, whom religion and the establishment would not have chosen, shy and apparently powerless slaves, fishermen, beduins in the past and common citizens today are preparing the restoration of Eden. These *little ones* are qualified for the universal vocation to make the salvation process advance because they do not refuse the *Saint's(2)* law of love and justice which the masses still refuse complying with their rulers, thinkers and trainers' refusal.

Ever since the almost absolute attraction of senses, of matter, of intellect, deafened and blinded man, man has been harrowed by all that he cannot explain by his immediate experience or by his culture, he has feared his own murkiness, he has violently reacted against God's Word. All the books of the Bible and the Quran alike were rejected before being accepted. *The Gospel Delivered in Arès* is also given the flat refusal of the deaf, the blind, the cowards. Since *The Book* is even more unsettling, more impressive, it will be given an even more brutal refusal.

But the skeptical reader should not think that the weapons which he believes culture, science, rationalism or religion have bestowed on him are bound to free him from the event of Arès and the problems which this event raises. He had better regard his human brother of Arès, his other self, who saw God's light and heard God's voice, and he had better say to himself, "They were merely a light and a voice. That's quite straightforward." Why doubt a testimony? Yes, indeed, you brother, you sister, who are suffering over that revelation, it was as straightforward as that, and from this point onwards it will be as simple as a question of life or death all over the world.

As for our missionaries, let them not be disheartened because God has added *The Book* to *The Gospel Delivered in Arès!* God has always appeared and spoken in the midst of a decadent, therefore deaf society so that he has always exposed himself to the probability of being ignored. So what? Do the missionaries wish they were not opened to difficulty and censure as God is? God asks, *Who shall I send?*, they cannot but reply as Isaiah did, *Lord, here am I, send me!(3)*

(This paragraph was added in 1995) Some believers write to me, "The Gospel Delivered in Arès is enough for me." Part of the Word is not enough. The Word is a Whole that a man may take in slowly, but that no man must ever divide. One must sense its meaning as a Whole. Besides, the Word expresses a global *Design* which will be fulfilled stage by stage—*four generations will not suffice—*, but not part by part. As every believer has to be an apostle, a recreator of himself or herself and of the world, then, he or she has to keep in mind the general sensation of the Whole. The man who sorts out and chooses falls into utter ignorance.

1. The Book X/6.
2. The Book X/2-4.
3. Isaiah 6/8.

2. INTRODUCTION DE LA DEUXIÈME THÉOPHANIE PARUE DANS *LE PÈLERIN D'ARÈS*, SEPTEMBRE 1982

RÉACTIONS À LA PUBLICATION DE LA PREMIÈRE THÉOPHANIE.

«Émerveillé, étonné!» Voilà la réaction du plus grand nombre devant la première théophanie publiée intégralement. Émerveillement de découvrir la force rassurante du *Livre* dans la plénitude de son expression. Étonnement de ressentir ce message différemment de ce qu'il fut ressenti par extraits dans les *Récits, Notes et Réflexions*. Des lecteurs avouent que ces extraits mêlés aux *Récits, Notes et Réflexions* leur avaient paru obscurs ou déconcertants, ou même sans intérêt, mais que cette Parole une fois lue dans son intégralité et sa spécificité, devient claire, et même «stimulante», «passionnante». La preuve est faite que l'appel lancé par Dieu en 1977 n'est pas une suite de propos, dont chacun serait totalement intelligible isolément. Chaque propos s'éclaire par la place qu'il a dans l'ensemble du message de 1977, et même de 1974, les deux ne formant qu'un seul message. Tout lecteur habitué à juger sommairement un texte d'après quelques pages de son choix ne peut se faire une idée exacte de la portée et de la signification du *Livre*.

Voici une remarque fréquente: «J'apprécie la colonne de gauche: *Parole Originale,* grammaticalisée et complétée mais laissant bien transparaître les mots prononcés par Dieu.» Mais certains reprochent aux *Annotations* — colonne de droite — d'être trop courtes ou trop «simplistes», et de ne pas former entre elles une synthèse bien apparente. J'explique à ces frères qu'il est difficile d'allonger les notes sans leur donner plus d'importance que la *Parole Originale,* essentielle. Des annotations trop abondantes pourraient aussi couper la lecture de la Parole en espaçant exagérément les versets. La lecture bien enchaînée laisse *la Parole* assurer elle-même son mouvement général, précieux pour la compréhension. Les éléments de la Parole n'étant pas pensés par Dieu comme des messages isolés, aucunes *Annotations* ne pourraient en maintenir apparente la synthèse sur des centaines de pages, de toute façon; c'est aux lecteurs de rétablir, par la réflexion permanente, la cohésion entre elles.

Les *Annotations* ne se fondent pas sur des hypothèses. Chaque note a été rigoureusement limitée au sens qui me fut révélé simultanément à la *Parole Originale*. J'ai évité par-dessus tout de faire ce que Dieu tient en horreur: de la théologie, déjà rejetée par *L'Évangile Donné à Arès*. J'ai signalé mon ignorance de l'origine et de la forme de certains mots, pour mieux m'émerveiller de les comprendre, comme *Pourate :* son sens littéral est ignoré, mais ce qu'il évoque, le berceau de la race blanche orientale([1]), est parfaitement clair.

Je suis heureux que les lecteurs aient reconnu unanimement que j'ai été en tout point exigeant de la pureté de la *Parole Originale* et de son sens. C'est très important pour l'avenir, car *Le Livre,* comme *L'Évangile Donné à Arès*, n'est pas une révélation close sur elle-même, mais la lumière qui permettra de retrouver la pureté et la dynamique créatrice de la Parole passée.

---

1. Le Livre XX/19. En 1990 un professeur de Harvard révélera à frère Michel que *Pourate* signifie Euphrate en iranien, ce qui n'enlève rien au sens indiqué: «Berceau de la race blanche orientale.»

2. INTRODUCTION TO THE SECOND THEOPHANY PUBLISHED IN *LE PÈLERIN D'ARÈS*, SEPTEMBER 1982

RESPONSES TO THE PUBLICATION OF THE FIRST THEOPHANY.

"I marvel, I am amazed." These are the responses of most readers to the first theophany after its complete publishing. They 'marvel' discovering the reassuring strength of *The Book* in the fulness of its expression. They are 'amazed' finding the message different from what they gathered from extracts of it scattered in *Accounts, Notes and Thoughts*. Some readers admit to having found those excerpts mixed with *Accounts, Notes and Thoughts* obscure, or bewildering, or even uninteresting, but once they read that Word in its entirety and specificity, they regard it as clear and even 'stimulating' and 'fascinating'. This proves that the appeal that God issued in 1977 is not a string of remarks each of which would be completely intelligible in isolation; each remark is clear according to its place in the whole message of 1977 and even that of 1974, as both make up a single message. A reader accustomed to assessing any text cursorily through a selection of a few pages cannot have an exact idea of the import and sense of *The Book*.

Here is a frequent observation, "I appreciate the left-hand column: *Original Revelation,* with the grammar and vocabulary additions letting the words uttered by God show through conspicuously." But some complain that the *Annotations*—in the right-hand column—are too short or too 'simplistic', and that the synthesis between them is not arresting. I explain to those brothers that too much extended annotations might have prevailed over the *Original Revelation* that is essential, and might so have been detrimental. Too copious annotations also would have exaggeratedly spaced out the verses, which would break up the reading. If the reading flows in a natural way, the Word retains its general movement, which is invaluable to understanding. As the elements of the Word were not conceived of by God as separate messages no *Annotations* on earth could keep their synthetis apparent over hundreds of pages, at any rate; it is up to the readers to continually restore consistency between them through permanent reflection.

The *Annotations* are not based on hypotheses. Every note was strictly restricted to the sense that had been revealed to me simultaneously with the *Original Revelation*. I particularly eschewed what God loathes: theology, which *The Gospel Delivered in Arès* had already rejected. I pointed out my ignorance of the origins and forms of a few words, but only because I marvelled that I could understand them, like *Purat :* its literal meaning is unknown but what it conjures up, the birthplace of the eastern white race([1]), is perfectly clear.

I am happy to hear that the readers unanimously acknowledge my demand for preserving the purity and meaning of the *Original Revelation* from beginning to end. The future is particularly dependent on such strictness, for *The Book*, like *The Gospel Delivered in Arès*, is not a revelation closed on itself; it is the light that will enable man to regain the purity and creative dynamic of the past Word.

---

1. The Book XX/19. In 1990 a Harvard professor told brother Michel that *Purat* means Euphrates in Persian, which does not in any way detract from the meaning above, 'Birthplace of the eastern white race.'

Pour revenir au reproche de simplisme fait aux *Annotations*, je rappelle que, comme Dieu le veut, je me fais vulgarisateur de sa Parole. Comme Dieu, je souhaite l'écoute et la compréhension du plus large public, en évitant à mes frères et sœurs les plus simples, ces *petits* qu'appelle l'Évangile éternel, des problèmes d'assimilation. *Le Livre*, s'il était surchargé de commentaires, ne servirait pas le *Dessein* divin, il deviendrait comme une «initiation», chère à certains esprits, mais qui, même honnête, est toujours compliquée, intellectuelle et statique, tout le contraire du but qui nous est assigné. Il faut ici un guide simple et dynamique pour tous ceux qui vont se lancer à la reconquête d'eux-mêmes, et s'impliquer dans la tâche difficile de spiritualiser la terre, d'en faire enfin la vraie *terre promise*.

ENTHOUSIASME, MAIS ADAPTATION NÉCESSAIRE.

Le Pèlerinage de l'été 1982 à Arès a montré quel pieux enthousiasme soulève *Le Livre* une fois lu dans son intégralité. Les pèlerins se sentent coulés d'une pièce dans cette *Parole* venue directement de Dieu. La foi prend conscience de sa réalité objective[1]. Plus encore, *Le Livre* est ressenti, jusque dans son langage particulier, comme la seule manière possible de croire, d'être, de lutter. Non seulement *Le Livre* nous unit dans une foi bien affirmée et un combat bien défini, mais encore il ressort de son seul fait d'exister, comme il ressort de son sens, que Dieu entre en personne dans l'action, qu'il lutte aux côtés de ses fidèles, spécialement dans les moments difficiles. Chacun sent dans *Le Livre* que *Dieu lui parle face à face, comme on se parle d'homme à homme*[2].

Ce *Livre* va être d'un très grand profit pour la Mission. Il clarifie, plus que ne le fait *L'Evangile Donné à Arès* dont le contact reste assez classique, le contraste et le conflit entre la *Parole* de Dieu et la *parole* d'homme, et par là le conflit de deux pensées, la céleste et la terrestre. Dieu se dresse en lumière du monde à travers un petit groupe de croyants et d'humanistes encore insignifiants aux yeux du *roi, blanc* ou *noir*. *Le Livre* vient donc aussi rassurer ce *petit reste* sur ses possibilités, peu évidentes au premier regard, d'affronter le puissant monde.

---

1. «Généralement la foi procède d'un conditionnement culturel: Naître arabe est naître musulman, naître italien est naître catholique, naître suédois est naître protestant, naître tamoul est naître hindou, etc. Aucun raisonnement libre ne provoque la foi traditionnelle; seule la culture et ses matériaux intellectuels (théologie, aphorismes, légende dorée, etc.) maintiennent la religion et/ou rassurent ceux qui doutent. Il est exceptionnel que la foi procède d'un choix, d'une déduction raisonnés, ou même d'une conversion par peur, ou par souffrance, ou par goût de certaines atmosphères, philosophie, etc. Mais dans les deux cas la foi est presque toujours subjective, donc fragile; de là viennent le conformisme étroit et le fanatisme: auto-aveuglement farouche qui cache des doutes profonds, généralement inconscients, que le croyant évacue avec violence en s'interdisant toute interrogation ou en s'impliquant dans une lutte qui objectivise une irréalité pénible et inavouée. Cette situation rend plus remarquable l'apparition de la foi solide et dynamique (créatrice) objectivée par *Le Livre*, beaucoup plus que ne l'avait déjà objectivée *L'Évangile Donné à Arès*. Mais notre foi est objective sans fanatisme ni conformisme étroit. Au contraire. L'objet de la foi arésienne devient une réalité tangible, vécue comme un fait quotidiennement présent, quasi matériel, qui n'a pas besoin de se prouver, et qui se montre ainsi d'une force et d'une sérénité remarquables. Mais, pour magnifique que ce soit, cela rend plus clair le problème qui va se poser aux futurs Pèlerins d'Arès: Garder notre foi objective, vivante, dynamique (créatrice), de génération en génération. Autrement dit, éviter qu'elle ne devienne une foi culturelle, un conditionnement dès la naissance, bref, une religion. Nos pédagogues ont là une ligne directrice dont ils ne devront jamais dévier.» Frère Michel, allocution, Pèlerinage 1984.

2. Exode 33/11. Dans certaines traductions: *...comme un homme parle à son ami*.

I come back to the criticisms of the 'simplistic' *Annotations* in order to remind that I have made the Word's popularizer of me because God had told me to. Just as God wishes, I wish the largest audience possible to read and understand his Word, and my meek sisters and brothers, the *little ones* whom the eternal Gospel calls, to be spared problems of assimilation. Had *The Book* been overloaded with comments, it would not serve the divine *Design* well, it would become like some 'initiation', which certain minds are fond of, but 'initiation' whatsoever, even when honest, is always complicated, intellectual, static, and so would interfere with the plan that we have to fulfil. Only a simple dynamic guide is necessary to all those who will embark on the reconquest of themselves and the hard task of spiritualizing the earth and making it the true *promised land* at last.

ENTHUSIASM, BUT SOME ADAPTATION IS NECESSARY.

The 1982 summer Pilgrimage in Arès demonstrated that *The Book* arouses notable pious enthusiasm once it is read entirely. The pilgrims felt themselves cast as a one and only molten metal in this *Word* uttered by God himself. Faith awakes to its objective reality(1). What is more, *The Book* is perceived, even its peculiar language is perceived, as the sole possible way of believing, being and struggling. Not only does *The Book* makes us unite in a well-asserted faith and a well-defined combat, but it follows from the very fact that it exists, just as from its sense, that God in person has gone into action and struggles side by side with his faithfuls, especially in hard times. Every reader senses that through *The Book God talks to him* or to her *face to face as a man talks to another man(2)*.

The mission will derive great benefit from this *Book*. More strongly than *The Gospel Delivered in Arès,* which creates rather classical an impression on readers, *The Book* clarifies the contrast and conflict between God's *Word* and man's word, and, by that very fact, the conflict of two thoughts, the heavenly one and the earthly one. God sets himself up as the world's light through a small group of believers and humanists still insignificant in the eyes of the *king,* whether *white* or *black. The Book,* therefore, is also meant to reassure that *small remnant* about its capability, not very notable at first sight, of confronting the mighty world.

1. "Faith usually proceeds from cultural conditioning: To be born Arabian is to be born Muslim, to be born Italian is to be born Catholic, to be born Swedish is to be born Protestant, to be born Tamul is to be born Hindu, etc. No free reasoning causes traditional faith; only culture and its intellectual materials (theology, aphorisms, golden legend, etc.) preserve religion and/or reassure those who doubt. It is exceptional that faith proceeds from reasoned deduction and option, or even from conversion caused by fear, or by suffering, or by personal attraction to particular atmospheres, philosophies, etc. But in both cases faith is mostly subjective, frail then—hence the narrow conformity and fanaticism that are just obstinate self-blinding attitudes that conceal deep-rooted, usually unconscious doubts the believer violently disposes of by abstaining from self-questioning or by getting heavily involved in a fight that objectifies an unpleasant unconfessed irreality—. This situation gets us to realize that the occurrence of the strong dynamic (creative) faith objectified by *The Book* is remarkable, much more remarkable than the faith previously objectified by *The Gospel Delivered in Arès*. But our faith is objective without being conformist or fanatic. Quite the contrary. The object of Aresian faith becomes a tangible reality, which we can experience like a fact, an almost material fact, which calls for no proof of and for itself, and so shows its outstanding strength and serenity. But, marvellous though it may be, it makes the problem more obvious with which the future Arès Pilgrims are to be confronted: To keep our faith objective, living, dynamic (creative), from generation to generation. In other words, to avoid our faith's turning into cultural faith, into conditioning from the day of birth, in short, into religion. Our childrens' educators shall never stray from this guiding line." Brother Michel, speech, 1984 Pilgrimage.
2. Exodus 33/11. In a few translations: —*as a man talks to his friend.*

Dieu se fait connaître tel qu'il est à un peuple qui l'imaginait autrement. Cela demande une adaptation. Pour bien entendre Dieu, il faut notamment passer d'une lecture littérale, qui paraît encore étrangère, à une lecture familière, qui prend alors tout son sens spirituel et riche. C'est recréer le lecteur en somme, et donc le replacer devant le Créateur.

Chaque mot de Dieu selon sa place dans *Le Livre* porte toute une variété de sens, ou plutôt son poids de sens est assez considérable. La nature « synthétique » du *Livre,* comparée à notre français quotidien « analytique », a été signalée(1). Mais l'adaptation, qui est une résurrection intérieure, se fait déjà, à tous les degrés d'engagement. La langue singulière du *Livre* recèle une Intention précise et puissante. C'est au fond du *Livre* que prend vie notre foi et que s'anime notre vraie mission. *L'Evangile Donné à Arès* entra en nous comme une lumière du Ciel, mais dans des rapports encore familiers avec Jésus, un homme, ou avec Marie, une mère ; c'est ce rôle humain, charnel pour ainsi dire, que *L'Evangile Donné à Arès* joue dans les âmes des néophytes ou des croyants faibles, tant qu'ils n'acceptent pas *Le Livre.* L'appel de 1977 marque une mutation, une émigration vers le haut — *Exode* spirituel—, une mise en marche de la foi arésienne déjà établie, plutôt qu'une conversion.

Le passage de *L'Évangile Donné à Arès* au *Livre* fait aussi penser à ces hommes et femmes que Dieu appela d'abord Abram, Saraï ou Jacob, avant de les appeler Abraham, Sara et Israël. De même notre personne — comme essence, être et force intimes — change avec *Le Livre,* sans être plus absoute par lui qu'elle n'était par *L'Évangile Donné à Arès,* donc tout en continuant de courir les risques du péché. Nous en tirons la confirmation qu'accéder au niveau de foi et d'apostolat que Dieu veut pour chacun est une métamorphose qu'il faut consentir.

Des lecteurs ont exprimé cet éveil par des mots forts : « explosion, décompression ». *Le Livre* libère une énergie en réserve en eux depuis toujours. *Quand Dieu reviendra,* murmure Joseph sur son lit de mort(2). Ne vivons-nous pas un de ces instants exaltants promis depuis 2300 ans ? Survenus deux fois seulement, à notre connaissance : au Sinaï et à Arès ; Mahomet lui-même ne vit pas Dieu, mais Gabriel.

3. INTRODUCTION DE LA TROISIÈME THÉOPHANIE PARUE DANS *LE PÈLERIN D'ARÈS,* DÉCEMBRE 1982

RÉFLEXION GRAVE, L'ESPRIT EST EN ALERTE, MAIS LA FOI FORTIFIÉE.

Après deux publications l'émerveillement et l'enthousiasme demeurent, mais se font plus graves. Chacun médite sur ses responsabilités face à cette formidable *Parole*. Prise de conscience si éprouvante parfois, qu'elle aboutit au renoncement chez une de nos sœurs parmi les plus anciennes et estimées. Mais, parce qu'elle est rare, cette fuite devant *Le Livre* démontre la belle unanimité de notre foi.

---

1. Synthétique est un langage dont chaque mot peut recouvrir plusieurs concepts ou sens selon l'arrangement des mots dans la phrase, selon le contexte, etc. Analytique est un langage dont chaque mot a généralement un sens invariable quel que soit l'arrangement des mots entre eux et quel que soit le contexte.
2. Genèse 50/23-25. Parfois traduit par: *Quand Dieu se souviendra...*

A people who imagined God to be different get to know him such as he really is. This calls for adaptation. In particular, men will not understand God as long as they do not pass from literal reading, which sounds foreign, to intimate reading out of which the Word's whole spiritual meaning and richness looms up. All in all the reader recreates himself and so places himself in a new relation to the Maker.

Every word uttered by God varies in sense according to its place in *The Book,* or, expressed in another way, its weight of senses is sizeable. The 'synthetic' nature of *The Book* as compared to our 'analytic' everyday French has been pointed out(1). But adaptation, which is inner resurrection, is now in progress regardless of the degree of commitment. The singular language of *The Book* conceals a precise powerful Intention. In the depths of *The Book* our faith comes to life and our mission comes into action. *The Gospel Delivered in Arès* entered our minds as a light from Heaven, but it preserved much of our familiar relationship to Jesus, a man, and to Mary, a mother; *The Gospel Delivered in Arès* keeps playing that human role, corporeal as it were, in the neophytes' and weak believers' souls as long as they do not adopt *The Book*. The 1977 appeal inspires man to mutate instead, it urges him to emigrate upwards—the spiritual *Exodus*—, it sets the already established Aresian faith in motion rather than it converts.

The transition from *The Gospel Delivered in Arès* to *The Book* also reminds us of those men and women that God called Abram, Sarai and Jacob before calling them Abraham, Sarah and Israel. Likewise, *The Book* brings our self—I mean our intimate essence, being and strength—into mutation, though it is no more absolved by *The Book* than it was by *The Gospel Delivered in Arès*, that is, though it keeps on running the risk of sin. This confirms that to reach the level of faith and apostolate that God wants each of us to is a metamorphosis we must agree to undergo.

Some readers show their own awakening by strong words, 'explosion, decompression.' *The Book* releases an energy held in reserve inside them for generations. *When God comes back,* Joseph murmured on his deathbed(2). Are we not living through one of those exhilarating moments God promised 2,300 years ago? As far as I know, such moments have occurred only twice: on Mount Sinai and in Arès; Muhammad himself did not eyewitness God; he saw Gabriel.

3. INTRODUCTION TO THE THIRD THEOPHANY PUBLISHED IN *LE PÈLERIN D'ARÈS*, DECEMBER 1982

GRAVE THINKING, THE MIND IS ON THE ALERT, BUT FAITH STRENGTHENS.

After two publications wonder and enthusiasm hold on, but they grow graver. Each of us is pondering over his or her responsabilities to that formidable *Word*. So trying is the awareness that it has led a sister of long standing to renouncement. But, since it is exceptional, such a flight from *The Book* demonstrates our sound unanimity in faith.

1. Synthetic is a language every word of which may encompass several concepts or senses according to the arrangements of the words in the sentence, according to the context, etc. Analytic is a language every word of which usually has an invariable sense, whatever arrangement and context the sentence has.
2. Genesis 50/23-25. According to some translators: *When God remembers—*

Nos consciences sont mises à l'heure d'une réflexion, grave, mais lucide et salutaire. La foi et la mission en sortiront renforcées. Beaucoup voient que leur attachement à Arès jusqu'alors facilitait les passages difficiles de la vie quotidienne, et les consolait de leurs faiblesses, mais que, désormais, il leur faut s'engager résolument. Malgré sa transcendance, Jésus reste humain ; il semble qu'on puisse le suivre « à peu près » ; on compte que sa bonté proverbiale compensera les défaillances et les oublis. Mais comment ne regarder Dieu que du coin de l'œil, quand il se dresse devant vous ? Alors surgit dans l'esprit du croyant un paradoxe éprouvant, c'est que Jésus, qui porte un visage, un regard, un sourire, n'exprime et ne peut finalement rien de lui-même, rien d'autre qu'apporter la *Parole* d'un Dieu sans visage. Un Dieu dont l'amour n'est que force, lumière et pensée, comme j'en ai fait l'expérience. Pour effacer ce paradoxe, qui écartèle la foi, il faut méditer que rien n'est bien senti dans *L'Évangile Donné à Arès* sans être éclairé par *Le Livre*.

C'est l'instant de lucidité. Il nous faut d'abord chasser une certaine religiosité restée tapie en chacun de nous, puis ressentir la précieuse liberté que Dieu nous donne, qui nous sépare fondamentalement des religions, églises, sectes et clergés. Il nous faut, poursuivant cette logique, être apôtres, réveiller partout la vie spirituelle libre et créatrice qui devra remplacer la religion. Dieu empoigne le pèlerin, le met face à la vérité, poussée aux limites de ce que l'humain peut en saisir.

4. INTRODUCTION DE LA QUATRIÈME THÉOPHANIE PARUE DANS *LE PÈLERIN D'ARÈS*, MARS 1983

Un sentiment d'importance et même de primauté du *Livre* sur *L'Évangile Donné à Arès* grandit chez le lecteur d'une théophanie à l'autre. La lecture d'extraits du *Livre* mêlés aux *Récits, Notes et Réflexion* avait rarement provoqué un tel sentiment. En fait, la révélation de 1974 et celle de 1977 se complètent, mais la découverte du *Livre* intégral provoque, en plus, un puissant sentiment de plénitude.

Le langage vif et bref du *Livre*, qui abonde en restrictions, et qui est presque totalement dénué de termes abstraits, n'empêche aucun lecteur de ressentir la perfection, la perfection qui ne laisse derrière elle aucune question sans réponse. La foi en est satisfaite, parfois exaltée. Non seulement tous mes frères semblent accepter la *Parole* du *Livre*, mais ils semblent la juger irremplaçable à un point qu'on ne pouvait pas soupçonner jusqu'à aujourd'hui.

5. INTRODUCTION DE LA CINQUIÈME THÉOPHANIE PARUE DANS *LE PÈLERIN D'ARÈS*, JUIN 1983

ENFIN LA TOTALITÉ. UN TEMPS SE TERMINE, UN AUTRE COMMENCE.

Avec la publication de la cinquième théophanie *Le Livre* peut être lu en totalité. *La Révélation d'Arès*, tout ce que Dieu a dit aux hommes par Jésus en 1974 et tout ce qu'il leur a dit lui-même en 1977, est à la portée du monde.

The hour has come for our consciences to engage in a grave but lucid, helpful thinking. That thinking will strengthen our faith and mission. Many among us realize that their attachment to Arès has helped them endure the hard spells of everyday life so far, and consoled them for their weaknesses, but that they must firmly commit themselves from now on. Jesus, his transcendency notwithstanding, remains human; people seem able to follow him 'more or less'; they expect his proverbial kindness to make up for their failings and neglects. But could we only watch God out of the corner of our eye, when God stands up in front of us? Then a harrowing paradox springs to the believer's mind; he realizes that Jesus has a face, eyes, a smile, but does not speak or act for himself; he carries the *Word* of a faceless God. God whose love is only made of strength, light and thought; I could feel it for myself. To eliminate this paradox that tears faith apart we have to ponder the fact that we cannot perceive anything from *The Gospel Delivered in Arès* unless *The Book* enlightens us as to the right understanding.

Here is the moment of lucidity. First we have to drive off some religiousness still lurking within each of us, and then feel the priceless freedom God gives us, which fundamentally sets us apart from religion, churches, sects, and clergy. We have to follow up this logic, be apostles, awaken free creative spiritual life destined to replace religion everywhere. God grasps the pilgrim, stands him in front of truth carried to the extreme limit of human ability to understand it.

4. INTRODUCTION TO THE FOURTH THEOPHANY PUBLISHED IN *LE PÈLERIN D'ARÈS*, MARCH 1983

From theophany to theophany the reader senses the ever increasing significance of *The Book*, and even its primacy over *The Gospel Delivered in Arès*. The reading of excerpts from *The Book* interspersed among the *Accounts, Notes and Thoughts* had seldom roused such a feeling. Actually the revelation of 1974 and that of 1977 complement each other, but, besides, the discovery of *The Book* in its entirety brings about a powerful feeling of plenitude.

The Book has a lively terse language full of restrictions and virtually deprived of abstract words, but this does not keep every reader from feeling its perfection, perfection which leaves no question unanswered, so that faith is satisfied and even sometimes exhilerated. Not only do all of my brothers seem to welcome the *Word* of *The Book*, but they seem to consider it as irreplaceable to an extent that was not suspected until now.

5. INTRODUCTION TO THE FIFTH THEOPHANY PUBLISHED IN *LE PÈLERIN D'ARÈS*, JUNE 1983

<u>ENTIRETY AT LAST. A TIME IS OVER, ANOTHER BEGINS.</u>

As the fifth theophany is now published, *The Book* can be read right through. *The Revelation of Arès*, all that God said to men through Jesus in 1974 and all that he said to them himself in 1977, is now available to the world.

C'est un grand moment pour l'humanité. Une ère se termine, une autre débute.

Il faut maintenant lancer ce message dans le monde. À toutes les questions, à toutes les attentes des hommes il donne une réponse très simple mais radicale. Béni soit Dieu, qui nous a envoyé cette lumière, maintenant au faîte de son éclat!

Des lecteurs qui m'avaient reproché la brévité et le « simplisme » des *Annotations* changent d'avis ; ils s'aperçoivent qu'en s'enfonçant plus loin dans *Le Livre,* celui-ci s'éclaire de lui-même. Faisant cette découverte, certains vont jusqu'à trouver certaines notes inutiles. C'est sans doute vrai, mais comment saurais-je par avance quel verset sera compris sans note, et quel autre ne le sera pas ? C'est pourquoi je me suis efforcé d'annoter chaque verset, et parfois chaque mot d'un même verset. J'ajoute, pour l'anecdote, que je n'ai pas aimé faire ce travail d'annotation, de peur d'étouffer la vie extrême qui anime *Le Livre.* Je n'aime pas davantage le ton des annotations étranger au ton de la *Parole ;* les annotations souffrent des insuffisances du langage commun, tandis que la *Parole* est transcendante. « Ah !, me suis-je écrié un jour devant des pèlerins, il fallait l'entendre parler, Dieu. Personne ne parle ainsi sur terre. Inimitable. On peut commenter ce qu'il dit de différentes façons, sauf de façon plate. Ce feu crépitant — le mot *feu* revient souvent dans *Le Livre* — doit garder sa chaleur, et doit même, si possible, nous brûler. » Des lecteurs attestent qu'ils ressentent cette brûlure à la lecture de la *Parole Originale,* mais sûrement pas, je présume, à la lecture de mes annotations.

<u>ENCORE QUELQUES CONSEILS POUR LIRE *LE LIVRE.*</u>

En lisant, n'oublions jamais la présence de Dieu dans *Le Livre.* Si l'on peut s'isoler dans quelque retraite pour le lire et se laisser transporter par le *Souffle* qui le traverse, la présence de son auteur divin devient plus évidente encore. Certes, beaucoup ne tenteront pas cette expérience, de peur qu'elle soit probante, ceux qu'effraie par avance tout ce qui peut remettre en question leurs idées, leurs intérêts, leur confort social. Mais d'autres la tenteront. Qui, lisant *Le Livre* dans des conditions convenables de sincérité et de confiance, peut s'empêcher de penser que la vérité est là ? Que le seul Dieu des hommes et la seule solution à leurs problèmes sont là ? Tous ceux qui évolueront dans la connaissance du *Livre,* dans son intimité, prendront une immense avance sur leur époque. Comme dit *Le Livre* lui-même, ils *entreront* (planteront) *leur pied dans la terre*— le *monde* que nous devons *changer* —, ils mettront un pied dans Éden. Ils sauront juger les événements, guider leur vie en conséquence ; ils sauront prier, ils sauront agir pour se sauver et sauver l'humanité. À toute époque, les hommes qui *changent leur vie* s'attirent l'inimitié et la persécution, Dieu le rappelle, mais les Pèlerins d'Arès en sortiront victorieux s'ils ne se découragent jamais. Celui qui accepte *Le Livre* accepte d'être considéré comme fou ou naïf, impie ou illuminé, parfois même « dangereux », par la foi conformiste comme par le rationalisme. Le monde, religieux ou athée, refuse qu'on mette en balance avec ses pouvoirs, « valeurs », ambitions et jouissances, l'amour de Dieu et l'amour des hommes.

Chaque religion, chaque église, en dépit des nuances que certaines apportent aujourd'hui à leurs convictions absolues, se considère toujours comme la vraie, et tient les autres religions pour relativement vraies seulement. *Le Livre,* rejetant *roi blanc* (religions, clergés, etc.) et *roi noir* (politique, affairisme, pouvoirs intellec-

This is a great moment for mankind. An era is over, another begins.

We have to put out this message throughout the world now. It answers simply but radically every question of man, it comes up to every expectation. Thank God for the light that he has sent to us; it is now at the peak of its brightness!

Several people who had reproached me for the brevity and 'simplism' of the *Annotations* have changed their minds; they have noticed that *The Book* eventually clarifies itself perfectly when readers can immerse themselves totally in it, so that some of them have finally found a few annotations futile. They may be right, but I could not beforehand be sure about the verses likely to be understood without annotation and the verses unlikely to. For this reason I saw to it that every verse, and in some verses every word, was annotated. Just for the record I remind that I did not like to do that job writing annotations for fear of stifling the extreme life that animates *The Book*. I do not like, either, the tone of the annotations which is irrelevant to the tone of the *Word*; the annotations suffer from the inadequacies of common language whereas the *Word* is transcendental. One day I exclaimed in the presence of pilgrims, "Ah, I wish you had heard God speak. No man can speak in that way on earth. He is inimitable! What he said might be commented in varied ways except in a dull way. A crackling fire—the word *fire* is recurrent in *The Book!*—We ought to retain its heat within us, and even let it burn us." Some readers attest that they feel that fire while reading the *Original Word*, but I doubt if they feel it while reading my annotations.

SOME MORE ADVICE TO THE READERS OF *THE BOOK*.

Never forget God's presence in *The Book* while your are reading it. If you isolate yourself in some remote retreat to read it and let yourself be carried away by the *Breath* that blows through it, the presence of his divine author feels even more perceptible. Many people will be careful not to put this to the proof for fear that it would be convincing, all those that beforehand fear anything likely to question their views, interests and social conveniences. But some other people will try it. While reading *The Book* in acceptable conditions of honesty and confidence, you cannot help thinking that truth lies in it, and that men's only God and only solution to their problems lie in it. All those who will be evolving by learning continuously from *The Book,* by being more and more intimate with it, will live ahead of their time. As *The Book* itself says, they will *sink* (fix firmly) *their foot into the earth*—*the world* we have to *change*—, they will get a foothold in Eden. They will be skilled at assessing all circumstances and leading their lives accordingly; they will know how to pray, they will be able to save themselves and save mankind. God reminds us that, from time immemorial, the men that *change their lives* incur enmity and persecution, but the Arès Pilgrims will overcome them provided they never lose heart. The one who accepts *The Book* accepts that conformists and rationalists regard him as mad or gullible, impious or bigoted, sometimes 'dangerous'. The religious and atheistic world does not tolerate God's love and love of the neighbor being competing with its powers, 'values', ambitions and enjoyments.

Although many a religion or church has begun qualifying its absolute beliefs, each keeps on claiming to be the unique true one and considers the other religions as relatively true at best. *The Book* rejects the *white king* (religions, clergy, etc.) and *black king* (politics, wheeler-dealers, intellectual powers, etc.), and it frees

tuels, etc.), libère l'humanité de toute institution et de toute puissance ; à plus forte raison il n'en établit pas de nouvelles. C'est assez dire si, comme *Le Livre* le prévoit en confirmant *L'Évangile Donné à Arès,* la religion, la politique et d'autres groupes d'intérêts attaqueront tôt ou tard *La Révélation d'Arès,* de certaines façons ou sous d'autres, avec la dernière énergie. Mais ils se convertiront peut-être aussi par cette lutte même. Les études et les enquêtes malveillantes qu'on mènera sur l'origine du message d'Arès, sur son témoin, sur ses apôtres, et les récusations, les accusations et les moqueries qu'on croira bon d'en dégager, retourneront beaucoup de leurs auteurs. Tout homme qui touche de près à cet Appel de Dieu, même en ennemi, ne peut pas, à terme, y rester insensible.

Puissent ces réflexions aider les lecteurs, les diffuseurs, les traducteurs du *Livre,* à mieux comprendre ce qu'ils tiennent de prodigieux, autant que d'historique et de salvateur en lui ! Qu'ils apprécient aussi la nature populaire de l'appel ! La langue du *Livre* rejoint les abrégés, les onomatopées de la rue, de l'usine, du travail au champ ou à la mer ici, de la tribu là-bas. Langue essentielle, absolue. Le lecteur du *Livre,* s'il est intellectuel, doit d'abord oublier qu'il est intellectuel.

Celui qui lit *Le Livre* comprend que ses courtes phrases lapidaires et hachées vaincront les grandes éloquences, qui président aux pouvoirs de la terre, religieux, politiques ou savants. Ouvrez *Le Livre,* il ouvre les portes de l'avenir !

Arès, 1ᵉʳ juin 1982 frère Michel

mankind of all institutions and powers; all the more reason for *The Book* not to set up any new institution and power. From this we cannot but infer that, just as *The Book* foresees it by bearing out *The Gospel Delivered in Arès,* religion, politics and other interests groups are going to attack *The Revelation of Arès* with the utmost energy sooner or later, in some ways or other ways. But they might well become converted through that very struggle. The malicious studies of the Word of Arès and investigations into its origin, its witness, its apostles, which will be carried out, and the impugnments, accusations and mockeries which some men will feel entitled to draw from them, will finally get those men to turn around. Hardly any man who, even in a hostile way, handles that Call from God closely can remain insensitive to it in the long run.

Let these thoughts help the readers, diffusers, translators of *The Book* to clearly realize the prodigious, historic, saving matter that they hold in their hands! Let they appreciate the popular nature of that appeal as well! The language of *The Book* is closely akin to the abbreviations and onomatopoeias of the street, factories, fields and sea people in this part of the world, and of tribemen in other areas. It is an essential, absolute language. If an intellectual opens *The Book*, first of all let him forget he is intellectual!

The man that reads *The Book* understands that its jerky, terse, short sentences are to conquer the great rhetorics that preside over the earthly powers, whether religious, political or scholarly. Open *The Book!* It opens the door to the future.

Arès, June 1, 1982,   brother Michel

LE LIVRE

PRÉFACE DE 1983

Huit années séparent la première publication de *L'Évangile Donné à Arès,* en 1974, de la première publication complète du *Livre* avec annotations, en 1982, celle qui marqua vraiment la conscience des lecteurs, et qu'on peut qualifier d'évènement. Faute d'ensemble, la précédente publication du *Livre* en amples extraits mêlés aux *Récits, Notes et Réflexions sur les Théophanies,* parue dans *Le Pèlerin d'Arès* de 1978 à 1980, ne montra pas assez sa prodigieuse lumière. Cette lumière fut voilée par le récit du prodige théophanique qui l'enrobait, plus excitant pour l'esprit.

Au cours de ces huit années, assimilant *L'Evangile Donné à Arès,* je compris qu'il était l'anticulture. La force surgie de l'univers sans limites, qui entreprend de déstabiliser les lois de la connaissance et de la critique religieuses comme profanes que l'intellect « chrétien » a fixées, est bien l'anticulture. Ce cri de Dieu, qui abat les valeurs et les institutions assises qui constituent cette civilisation, sa mentalité, sa culture, le long cri vibrant lancé du Ciel, qui réveille notre volonté moribonde d'être enfants de Dieu, qui nous délivre du mensonge, qui nous offre le *manteau neuf*[1] de la vie spirituelle libre, la *tunique* du reconquérant de la terre, n'est-il pas l'anticulture ? Le mot, venu sur mes lèvres pendant le pèlerinage 1978 à Arès, fut parfaitement senti, aussitôt adopté par tous les Pèlerins d'Arès, repris d'assemblée en assemblée. Mais voilà qu'à l'anticulture de *L'Évangile Donné à Arès* Dieu ajoute l'antidiscours du *Livre*.

L'ANTIDISCOURS.

Certains, qui prétendent savoir comment Dieu parle sans l'avoir entendu, ont déjà rejeté *Le Livre* pour sa langue « impossible ». D'autres, en s'esclaffant, l'ont traité de « petit nègre » et même « d'aboiement »[2]. En fait, *Le Livre* est l'antidiscours. Quand Dieu me parlait, du 2 octobre au 22 novembre 1977, j'avais le sentiment qu'il usait d'un langage lapidaire, élémentaire, parce qu'il répugnait à user d'un idiome humain riche et subtil, propre aux tromperies les plus nuancées et à tous les mensonges. La cinquième théophanie me confirma dans ce sentiment : la langue humaine s'est perfectionnée jusqu'à devenir le plus habile véhicule du mensonge, le plus terrible outil de la dispute et du procès ; sa syntaxe, sa grammaire, son style, peuvent lui donner vraisemblance et séduction, et prêtent par ailleurs aux interprétations contradictoires. Avec un tel discours l'humanité ne peut pas trouver la vérité, l'amour et la justice. Comment Dieu, proclamant la vérité, l'amour et la justice, en userait-il ?

---

1. L'Évangile Donné à Ares 1/1.
2. *Le Pèlerin d'Arès* n° 4/1982, Courrier, p. 60.

THE BOOK

1983 FOREWORD

There were eight years between the first publication of *The Gospel Delivered in Arès*, 1974, and the first publication of *The Book* complete and annotated, 1982, that had a real impact on the readers' consciousness, and that deserved to be called a capital event. The previous publication of ample excerpts from *The Book* mixed with the *Accounts, Notes and Thoughts about the Theophanies* in *Le Pèlerin d'Arès*, from 1978 to 1980, had been lacking in unity, so that it had failed to display *The Book's* marvelous light. That light had dimmed under the account of the theophanic wonder much more stimulating mentally in which it had been shrouded.

While assimilating *The Gospel Delivered in Arès* for those eight years I understood that it was the anticulture. The strength that had suddenly loomed up out of the limitless universe to destabilize the laws of religious and profane knowledge and criticism long laid down by the 'Christian' intellect was definitely the anticulture. That shout from God which brings down the established values and institutions which have made up this civilisation, its mentality and its culture, the long vibrant shout from Heaven which awakens our moribund will to be God's children, which emancipates us from falsity, and which presents us with the *new coat*(1) of free spiritual life, the *tunic* of the conqueror of earth, is the anticulture, is not it? This word appeared on my lip during the 1978 Pilgrimage in Arès; the Arès Pilgrims sensed what I meant by it, they soon adopted it; it would be used in all the assemblies before long. But, now, to *The Gospel Delivered in Arès's* anticulture *The Book's* antirhetoric has been added.

THE ANTIRHETORIC.

Some persons who claim that they know God's way of speaking perfectly, although they have never heard him, have already rejected *The Book* owing to its 'impossible' tongue. Some others have scoffed at it and called it 'pidgin French', 'gibberish' and even 'barks'(2). In fact, *The Book* is the antirhetoric. While God was speaking to me, from October 2 to November 22, 1977, I was having a feeling that he used an elementary, lapidary language because he was loath to use a rich subtle human language fit for the most artful deceits and lies. The fifth theophany strengthened me in my feeling: Human language has been perfected to become the most skillful vehicle of lies, the most fearsome tool of arguments and lawsuits; its syntax, its gammar, its style, may make it plausible and attractive; they also are open to contradictory interpretations. With such a rhetoric humanity cannot find Truth, love and justice. God, who states Truth, is unlikely to use it.

---

1. The Gospel Delivered in Arès 1/1.
2. *Le Pèlerin d'Arès* Nr 4/1982, Courrier (Letters), p. 60.

Revoilà donc sur terre — à Arès en France — la Parole primordiale ; la Parole de la Genèse qui dit : *(Que) soit la lumière !(1)*, et celle de *L'Exode* qui déclare : *Je suis (Celui) qui est(2)* ; la Parole essentielle, dont le moindre mot est si dense qu'il paraît contenir à lui seul tout le sens de l'univers, et mériter qu'on s'arrête à lui pour l'éternité ; la Parole, dont la liaison des mots entre eux ne veut pas la syntaxe, mais la variation d'un unique thème : Dieu, noyau physique et vérité de tout. À l'automne 1977, j'eus la parfaite conviction que les mots du *Livre* étaient français par pure convention, non par élection, et aussi sans doute pour faciliter ma transcription. En fait, Dieu parlait la Langue qui est au-delà de toute langue humaine.

Mais Dieu à Arès revient-il vraiment à sa Parole primordiale ? La délaissa-t-il jamais ? Je suis maintenant convaincu que Dieu parla toujours de la même façon aux prophètes, et que ceux-ci, illuminés par l'Esprit comme je l'étais, ont toujours entendu la révélation et compris son sens exact simultanément. Mais il y a très longtemps que les pécheurs ne peuvent plus saisir cette Parole pure ; les prophètes ont toujours dû la leur traduire ou l'adapter d'une façon ou d'une autre. De même, en 1974, Jésus, qui *n'est pas Dieu(3)*, et qui ne peut pas comme Dieu me donner à comprendre directement la Langue céleste, dut adapter son Message à mon entendement humain. La diversité des expressions, formes et styles dans l'Écriture, la Bible notamment, n'est donc que la diversité des traductions et adaptations des prophètes. En retrouvant, comme *l'enfant prodigue(4)*, la Parole du *Père*, celui qui lit et relit avec piété et *constance(5) La Révélation d'Arès* prouve que *Le Livre* peut devenir plus clair, et plus familier, que *L'Évangile Donné à Arès*.

LA PRISON DES SIÈCLES VOLE EN ÉCLATS.

D'époque en époque, des religieux sincères parlent de « réforme » ou de « renouveau », mais les révolutions qu'ils croient provoquer ressemblent toujours à ce qu'elles sont censées purifier. C'est pourquoi les *rebelles* de l'ordre religieux sont traités par Dieu comme les *princes* qu'ils censurent(6). Le remous religieux tourne obstinément dans la même mer close, le flux et le reflux des interprétations de la Parole et des prophètes se font sur le même horizon d'ordre et de culture. Dieu ne nie pas que des religieux veuillent retrouver la voie de la Vérité. Dieu dit qu'en dépit de quelques victoires isolées, personnelles et incomplètes — exemple : François d'Assise, *le jars(7)* —, ces religieux se sont malheureusement montrés incapables de sortir d'un certain système mental. Il faut ressentir *Le Livre* comme l'explosion de ce système mental. Dans le roc de ce système *Le Livre* ouvre un passage vers un monde transformé, vers une harmonie de concepts, de liberté et de grandeur tout à fait différente. Désintégrée, la fidélité obstinée à une interprétation biblique qui ne repose que sur la fiction de la tradition (d'autant plus trompeuse qu'elle passe pour infailliblement inspirée par Dieu) ou du classicisme ! Depuis longtemps l'homme sincère ne s'aperçoit plus que la Bible a reçu un lourd décor

---

1. Genèse 1/3.
2. Exode 3/14 ; ces mots célèbres de Dieu sont parfois traduits par *Je suis (Celui) qui je suis*.
3. L'Évangile Donné à Arès 32/1.
4. Matthieu 18/2, L'Évangile Donné à Arès 33/8.
5. Le Coran 103/3.
6. L'Évangile Donné à Arès 3/5-6.
7. Le Livre XXXVI/3.

The primeval Word is back on earth—in Arès, France—; the *Genesis* Word that told, *Let there be light!*(1), and the *Exodus* Word that stated, *I am (he) who is*(2); the essential Word the least term of which is so dense that it seems to contain the whole meaning of the universe and is worth fixing our attention on it eternally; the Word the terms of which are not linked to one another for grammatical reasons, but because they are variations on a unique theme: God as the physical nucleus and truth of everything. In the fall of 1977 it was my conviction that *The Book's* words were French out of mere convention, not out of choice, and so that I could easily transcribe it. In actual fact, God spoke the Language beyond all human languages.

But did God really revert to his primal Word in Arès? Had he ever given it up? I am now convinced that God has always spoken in the same way to all the prophets, and that these, enlightened by the Spirit just as I was, have always heard the revelation and grasped its exact meaning simultaneously. But sinners have long been unable to understand the pure Word; the prophets have had to translate it or adapt it for them in varied ways. Likewise, in 1974, Jesus, who *is not God*(3), and who unlike God could not make me directly understand the heavenly Language had to adapt its Message for my human understanding. Therefore the diversity of expressions, forms and styles in the Scriptures, notably the Bible, is just the diversity of the prophets' translations and adaptations. The one who rediscovers, as the *prodigal son*(4) did, the *Father's* Word by reading *The Revelation of Arès* again and again with piety and *constancy*(5) proves that *The Book* may become clearer and clearer and gradually more familiar than *The Gospel Delivered in Arès* to man.

<u>THE CENTURIES-OLD PRISON SMASHES INTO PIECES.</u>

Epoch after epoch some sincere religious men came up with 'reforms' and 'renewals', but the upheavals that they thought they brought about always resembled what they were supposed to purify. This is why God is as hard on the *rebels* to the religious order as he is on the *princes* whom these *rebels* censure(6). The religious eddy has persistently been whirling in one and the same closed-in sea, the ebb and flood of the interpretations of the Word and of the prophets go round on the same horizon of order and culture. God does not deny that some religious men are willing to find the path to Truth. God states that, despite isolated, incomplete, personal successes, *the gander's*(7) (Francis of Assisi's) for example, they have proved unfortunately unable to emerge from a given mental system. We should feel *The Book* to be the explosion of that mental system. Into that rock of a system *The Book* opens up a way to a changed world, to a quite different harmony of concepts, freedom and grandeur. Desintegrated is the stubborn faithfulness to a biblical interpretation only based on the myth of tradition (all the more deceptive as it is considered as infallibly inspired by God) or of conventionality! It is a very

---

1. Genesis 1/3.
2. Exodus 3/14; these famous words of God are sometimes translated into: *I am (he) who I am*.
3. The Gospel Delivered in Arès 32/1.
4. Matthew 18/2, The Gospel Delivered in Arès 33/8.
5. The Quran 103/3.
6. The Gospel Delivered in Arès 3/5-6.
7. The Book XXXVI/3.

de *gloses(1)* en trompe-l'œil, devant lequel jouent les religions : judaïsme, catholicisme, protestantisme, etc., les générations de *princes du culte, prêtres et docteurs,* et leurs réformateurs. Tous, même ceux dont les interprétations divergent radicalement, restent fidèles à une Écriture et à des façons de la lire stéréotypées. Lequel passe derrière le décor, y cherche la vérité primordiale ? Si quelque homme — pas rare en nombre, rare en courage, on le sait(2) — reçoit directement la Lumière du Ciel, relance la Vérité ici-bas, la religion assise attend le recul suffisant du temps pour la fondre imperceptiblement dans son stéréotype. Ainsi erreurs et *abominations(3)* se perpétuent désespérément. C'est pour stopper net ce processus d'assimilation, que Dieu, le 2 octobre 1977, ouvre son message par : *Ferme (dans) le Livre les siècles !.. Ferme le livre (de) l'homme ! Écris le (vrai) Livre, l'œil ouvert !(4).*

LA FIN DU DÉSERT SPIRITUEL ET DE SON MIRAGE RELIGIEUX.

À la première lecture du *Livre,* certains concluent : « C'est une Parole terrible, » et semblent rester indéfiniment sous le choc. D'autres disent : « C'est bizarre, » et s'acharnent sans profit à analyser cette révélation selon les règles intellectuelles. Ainsi, *Le Livre* ne finit plus d'apparaître à beaucoup comme un ensemble sibyllin — poétique ou apocalyptique pour certains — de notions indistinctes et irréelles. Or, *Le Livre* est tout le contraire, il marque la fin claire et nette d'un long désert spirituel et de son mirage religieux. Enfin *l'Eau ! L'Eau Forte, l'Eau Bleue, l'Eau Grasse(5),* après la soif et la famine de l'interminable marche vers la Vérité et le *changement.*

Le Livre annonce la fin de la confusion des idées ou de la servilité de la réflexion, qui, par causes opposées, mais par nécessité commune de fixer le mensonge — mobile, fugace, anarchique, par essence —, ont abouti au dogmatisme et à l'obscurantisme, sinon au mysticisme, qui caractérisent encore de nos jours la religion, et sa consœur profane, l'idéologie. En lisant *Le Livre* nous apprenons qu'en nos temps, que nous croyons positifs et rationalistes, la science historique tient encore de l'astrologie tant ses analyses et ses prévisions se trompent, que les mathématiques et la physique tiennent encore de l'alchimie tant leur philosophie est étroite, et que, naturellement, la religion qui prétend se moderniser reste en réalité antique, bornée, sournoisement impérieuse. « Vous savez que $2+2=4$, paraît nous dire *Le Livre,* mais de cette simple addition Je vous rappelle, Moi, que vous ne savez pas encore quoi faire de vraiment utile et heureux. » Les références du *Livre* à cet état inachevé de l'humanité sont très nombreuses.

En nos temps de conscience obscurcie, assommée sous l'avalanche des idées, d'informations et de savoir stérilisés à force de s'étendre, comment saisirions-nous d'emblée les merveilleuses clarté et simplicité du *Livre* ? Dans la lecture du *Livre,* j'ai traversé, moi aussi, ma période de difficultés(6), mais aujourd'hui je me demande où irait le monde sans cette révélation.

1. L'Évangile Donné à Arès 10/10.
2. L'Évangile Donné à Arès 2/16-19.
3. L'Évangile Donné à Arès 21/4, 30/4, 33/32.
4. Le Livre I/6-9-10.
5. Le Livre II/5, II/20, XXII/16, etc.
6. Voir *Récits, Notes et Réflexions sur les Théophanies* notamment.

long time since honest men no longer noticed the big trompe-l'œil scenery of *glosses(1)* built on the Bible, before which religions: Judaism, Catholicism, Protestantism, etc, *princes of religion, priest and doctors,* and their reformers, have performed. All of them, even those whose interpretations diverge radically, stay faithful to stereotyped Scriptures and ways of reading them. Will any of them ever slip behind the scenery and look for the primeval truth? If a man—not that rare in number, but rare in courage, the Word says(2)—receives Heaven's Light directly and revives Truth here below, established religion waits for enough time to elapse for melting it imperceptibly into its stereotype. So error and *abominations(3)* are hopelessly perpetuated. It is to flatly stop that process of assimilation that God, on October 2, 1977, begins his message by these words, *(In) the Book (you) close the centuries!— Close the book (of) man! Write the (true) Book with your eye open!(4).*

THE END OF THE SPIRITUAL DESERT AND OF ITS RELIGIOUS MIRAGE.

After having read *The Book* for the first time some people conclude by saying, "This is a terrible Word," and seem to remain indefinitely shocked. Other people say, "This is odd," and then they desperately try to analyze this revelation in accordance with intellectuals rules. So to people in great numbers *The Book* appears indefinitely to be a sibylline whole of indistinct and irreal notions—poetic or apocalyptic to some persons—. But *The Book* is just the reverse, it clearly signals the end of the long spiritual desert and of its religious mirage. At last *the Water! The Strong Water, the Blue Water, the Fat Water(5),* for men that have suffered thirst and starvation on their endless headway towards Truth and *change.*

The Book heralds the end of confusion in ideas and of servility in reflections, both of which have long had opposite motives, but a common need to fix lies—lies are changing, transient, anarchical by nature—, and have resulted in dogmatism, obscurantism, sometimes mysticism, the main features of religion and its profane sister ideology. *The Book* teaches us that, in these days deemed positive and rationalistic, historical science still is something like astrology since its analyses and forecasts are continually erroneous, and mathematics and physics still are something like alchemy since they have a narrowminded philosophy, and religion which claims it is modernizing remains actually antiquated, shortsighted, slyly imperious. *The Book* sort of says to us, "You know that $2 + 2 = 4$, but I *The Book* remind you that you have not yet derived anything really useful and happy from this addition." This state of incompleteness of humanity, *the Book* recalls almost uninterruptedly.

In these days when conscience is dimmed or crushed under a hail of concepts, information and learning ending up infertile because of extreme multiplication, how could we take an instant consciousness of the marvelous clarity and simplicity of *The Book?* While reading *The Book* over and over I also had difficult times(6), but today I wonder what direction the world might move without this revelation.

---

1. The Gospel Delivered in Arès 10/10.
2. The Gospel Delivered in Arès 2/16-19.
3. The Gospel Delivered in Arès 21/4, 30/4, 33/32.
4. The Book I/6-9-10.
5. The Book II/5, II/20, XXII/16, etc.
6. See *Accounts, Notes & Thoughts about the Theophanies* among other reference materials.

À beaucoup, au commun cerveau dont j'étais, *Le Livre* semble venu comme un cri lointain, répercuté par les *soleils(1)*, inintelligible. Mais à l'oreille qui s'ouvre, à l'oreille de l'humble, il chante comme la plus humaine vérité — l'extrême humanité touche à la divinité —, et sa langue dépouillée n'est pas seulement belle, elle devient le seul mode d'explication de l'histoire et le plus clair appel à la recommencer.

LA SUPERBE DYNAMIQUE DU *LIVRE*.

Comme toute la Parole de Dieu, *Le Livre* repose sur une pensée simple : il faut revenir à Éden, *refaire le jardin qui ne fane pas(2)*. Mais il joint aussi la puissance à la pensée ; il est exécutif ; il peut éclairer à soi seul le monde, inciter un grand nombre à se créer une *âme(3), l'ha(4)*, l'énergie qui refait l'homme. Plénitude de la vérité et de l'action, *Le Livre* contient tout, ramène nos regards sur l'humanité et sur l'avenir au regard de Dieu. Toutes nos tentatives d'évasion loin du mensonge et de la nuit ne peuvent que recourir à son *Bras*.

D'abord déconcertante, nulle Parole de Dieu n'apparaît plus puissante, plus décisive depuis longtemps ; elle rappelle les audacieux et puissants raccourcis des dernières sourates du Coran, qui furent les premières révélées. *Le Livre* bouscule les grands, qui sont impuissants à témoigner du *vrai(5)*, soucieux d'eux seuls, religieux ou non. Qui se résignera à la perte des chères traditions, même les plus critiquées, si leur disparition n'est pas ordonnée par Dieu ? Qui ne sait que la liberté est la plus difficile des épreuves, si ce n'est Dieu en personne qui nous invite à la replacer dans le cadre d'Éden ? Et *Le Livre* nous rappelle que jamais ceux qui parlent sans cesse de liberté, de défense des libertés, de libéralisme, religieux ou profane, n'ont été plus attentifs à saisir, régler, légiférer, enregistrer, minuter, taxer la vie.

On n'a pas fini de dégager du *Livre* ses innombrables leçons, conseils, mots d'ordre, pour refaire l'homme et le monde heureux. Mais le faîte de sa dynamique ? Il est atteint quand sa lecture creuse notre être comme la faim le ventre ; une faim d'espérance nous met debout, nous pousse en avant. Comme toute faim, celle-ci forme dans notre *âme* la vision d'un repas merveilleux, celui que nous pourrons à nouveau prendre avec tous les hommes, en juste partage, dans l'amour fraternel, avec Dieu au milieu de nous. *Le Livre* stimule notre besoin d'agir au moment où nous désespérions de sortir de l'obscurité et de l'esclavage du monde. Il nous délivre de l'obstacle des conventions et de nos propres résistances passives. Un tel miracle ne peut appartenir qu'à un seul : Dieu.

Je sais maintenant que le retour en Éden est possible.

Arès, le 15 novembre 1983   frère Michel

---

1. Innombrables *soleils*, souvent évoqués dans *Le Livre*, montrant l'immensité de l'univers.
2. Le Livre XVI/17.
3. L'Évangile Donné à Arès, Veillée 17.
4. Le Livre XXXIX/5-11.
5. Le Livre II/9, XXXIV/1.

To many men, to common brains among which I belonged, it seems that *The Book* has come like a unintelligible faraway shout echoed by the *suns(1)*. But to the ears that open, to the ears of the humble, it sings like the most human truth—utmost humanity borders on divinity—, and its bald language is not only handsome, it will become both the only right way of explaining history and the clearest call on men to start history afresh.

THE SUPERB DYNAMIC OF *THE BOOK*.

God's whole Word has always rested on a simple idea, so does *The Book*: Man should return to Eden, and *till (afresh) the garden that (will) never fade(2)*. But also *The Book* combines strength and thought; it is executive; it is by itself able to shed light on the world, get many a man to create his *soul(3)*, the *ha(4)*, the energy that makes man afresh. *The Book*, fullness of truth and action, contains everything, steers all our views on man and the future to God's view back. All our attempts at escaping far from falsehood and darkness shall resort to God's *Arm*.

Though staggering at first sight, this Word from God sounds mightier, more decisive than any previous revelation; it reminds of the bold powerful compressed turns of the last suras of the Quran, those which were revealed first. *The Book* shakes up the men in high places, who are unable to bear witness to *the true(5)*, only concerned for themselves, whether religious or not. Will any of them resign himself to losing the beloved traditions, even those most criticized, unless God himself orders their disappearing? May anyone be better aware than God that freedom is the hardest trial, God who urges us to put our freedom back with great prospect of restoring Eden? And *The Book* recalls that the men whose speeches are unstoppable on freedom, defense of liberties, liberalism whether religious or profane, have never be more intent on mastering, ruling, legislating, recording, carefully timing, and taxing life.

The Book will inexhaustibly provide us with lessons, advice, watchwords, to lead us to create a new man and make the world happy. But you reach the climax of its dynamic when, while you are reading it, it is digging down into you, making room for a new hunger, hunger for hope, the hunger that makes you stand up and go ahead. Like hunger for food, the hunger that these lines are about makes our *souls* envision a wonderful meal, the meal that we will share with all of men some day, the just sharing, in fraternal love, with God in the middle of us. *The Book* stimulates our need to act at a time when we are despairing of getting out of the world's darkness and slavery. It releases us from the fences of conventions and of our own passive resistance. Only God can work such a miracle.

Now I know that the return to Eden is feasible.

Arès, November 15, 1983   brother Michel

---

1. The numberless *suns* often mentioned in *The Book*; they represent the immensity of the universe.
2. The Book XVI/17.
3. The Gospel Delivered in Arès, Vigil 17.
4. The Book XXXIX/5-11.
5. The Book II/9, XXXIV/1.

Le Livre
The Book

RÉVÉLATION ORIGINALE — *ORIGINAL REVELATION*
Les mots entre parenthèses (...), ajouts de la main du frère Michel, facilitent la lecture et la compréhension de l'original
The words in brackets (...), additions in brother Michel's hand, make the reading and understanding of the original easier

17 septembre 1977

Sois prêt !

PREMIÈRE THÉOPHANIE
2 octobre 1977

I 1. Tu vois le Retour.
2. (Comme) le Bon donne la Parole, tu (la) donnes.

3. Le muet lasse l'œil.

4. Ouvre ta gorge, dis la Parole, Elle est.
   Les dents arrêtent la Parole ; les morts, le(ur)s dents serrent.

September 17, 1977

Be ready !

FIRST THEOPHANY
October 2, 1977

I 1. You can see the Return.
2. (Just as) the Good one gives the Word, you give it.

3. The dumb man wearies the eye.

4. Open your throat, speak the Word, (thus) It is.
   The teeth stop the Word ; the dead—the(ir) teeth (are) clench(ed).

ANNOTATIONS
Dieu donna en même temps au témoin son Message et le sens de son Message; ces notes sont de la main du témoin
God gave the witness at once his Message and the meaning of his Message; the notes are in the witness's hand

I 1. Il s'agit du *Retour* de Dieu.

2. Le témoin a peur, mais Dieu le rassure: Le témoin a fidèlement transmis la *Parole* que Jésus *(le Bon)* lui *donna* en 1974. Dans *Le Livre* comme dans *L'Évangile Donné à Arès* Jésus *(le Bon)* n'est qu'un *prophète*. Le contexte confirme, en outre, que Jésus est bien un Christ de référence (nn. 2/12-14, 32/1-3), un modèle pour tous les christs, c'est-à-dire pour tous les hommes qui *changent leur vie (30/11)* et qui travaillent à *changer le monde (28/7).*

3. Comme le *muet* qui émet des sons et gesticule pour ne rien dire, le *discoureur (7/5) lasse* le monde. L'amour, l'intelligence spirituelle, la fraternité sans frontières et d'autres espérances ont ainsi été prêchées, mais n'ont pas été réalisées. La religion et son rejeton: l'athéisme, résultent d'une attente déçue de la vie spirituelle restée théorique, pure gesticulation.

4. De même qu'il a répandu *L'Évangile donné à Arès* sans peur des représailles et des moqueries, le témoin devra annoncer la Parole *(Le Livre)* qu'il reçoit en cet automne 1977. Par intérêt ou par scepticisme, couardise, respect humain, etc. (sentiments qui font *serrer les dents*), les hommes censés transmettre la Vérité l'ont dénaturée, censurée, remaniée ou simplement dévalorisée (2/16-19); ces *morts* spirituels ont semé la mort spirituelle. *Gorge:* voir VII/13.

I 1. God's *Return.*

2. The witness is afraid, but God reassures him. The witness has accurately conveyed the Word that Jesus *(the Good one) gave* him in 1974. In *The Book* like in *The Gospel Delivered in Arès* Jesus *(the Good one)* is just a *prophet*. Besides, the context confirms that Jesus is definitely a reference Christ (2/12-14, 32/1-3), that is, a model to all the christs: all the men who *change their lives (30/11)* and work at the *change of the world (28/7).*

3. Like the *dumb man* that utters sounds and gesticulates without telling anything the *speechifier (7/5) wearies* the world. Thus love, spiritual intelligence, fraternity without frontiers and other expectations have been preached, but have not been achieved. Both religion and its offshoot: atheism, have resulted from disappointed expectations of spiritual life remained theoretical, mere gesticulation.

4. Just as he has circulated *The Gospel Delivered in Arès* fearless of reprisals and ridicule, the witness of Arès shall make known the Word *(The Book)* that he begins receiving in the fall 1977. Out of personal interest or out of skepticism, cowardice, fear of the judgment of others (feelings which make many men *clench their teeth*, see 2/16-19) the men supposed to convey Truth have misrepresented it, censored it, altered it, or simply belittled it; these spiritual *dead* have sown spiritual death. *Throat:* see VII/13.

RÉVÉLATION ORIGINALE — *ORIGINAL REVELATION*
Les mots entre parenthèses (...), ajouts de la main du frère Michel, facilitent la lecture et la compréhension de l'original
The words in brackets (...), additions in brother Michel's hand, make the reading and understanding of the original easier

5. Le Bon dit : « Ferme le livre (de) l'homme ! Tu ouvres (le) bon Livre devant les frères. »
6. Ferme (dans) le Livre les siècles !
Ferme, sauf Mouhamad !
Ses frères sont (des) droits changeurs ;
(ils) donnent contre fidélité bon change.

7. Moché, ses frères ; Yëchou, ses frères,
le(ur)s bras (pèsent) sur le(ur)s frères,
8. (et) la nuit couche sur les frères.

9. Le Bon dit : « Ferme le livre (de) l'homme ! »

10. Écris le Livre, l'œil ouvert ! Couvre ta main, (car) le coucou, sa caresse a le bec !
Sa faim est la mer sans rive, (où) tu ne pêches pas.

---

5. The Good one said, "Close the book (of) man ! You open (the) right Book in front of the brothers."
6. (In) the Book (you) close the centuries !
Close, except Muhammad !
His brothers are upright changers ;
(they) give a fair deal (in exchange) for faithfulness.

7. Mosheh—his brothers ; Yuhshoo—his brothers,
the(ir) arms (weigh heavy) on the(ir) brothers,
8. (so) the night lies on the brothers.

9. The Good one said, "Close the book (of) man ! "

10. Write the Book with your eye open ! Cover your hand (because of) the cuckoo, its caress has the beak !
Its hunger is the sea without shore, (the sea which) you cannot fish.

ANNOTATIONS

Dieu donna en même temps au témoin son Message et le sens de son Message; ces notes sont de la main du témoin
God gave the witness at once his Message and the meaning of his Message; the notes are in the witness's hand

5-6. *Mouhamad:* Mahomet (la voix de Dieu suit la prononciation arabe). *Bon Livre:* Pas seulement *La Révélation d'Arès,* mais toute la Parole de Dieu pure, sans ajouts, ni corruptions, ni *gloses (10/10).* Comme cela lui a déjà été ordonné (16/12, 35/12), le frère Michel ne s'en tiendra pas à diffuser la Parole d'Arès, il purgera l'Écriture, directement en la réécrivant nettoyée des additions et déformations accumulées au cours des *siècles,* et/ou indirectement par les déductions logiques qu'entraîneront ses *enseignements (39/1).* Ceci concerne beaucoup moins le Coran, que l'Islam transmet *droitement,* mais à la condition que le Coran soit observé dans la *fidélité* à l'essentiel. L'application *momifiante (XLIX/7)* de points circonstanciels dépassés, la confusion de sa mission universelle avec l'arabisation, etc., ont conduit une part de l'Islam à l'immobilisme, au pharisaïsme, et le reste du monde à la méfiance envers le Coran, Parole universelle. L'homme, *image et ressemblance* du Créateur *(Genèse 1/27),* est co-créateur permanent du monde, et donc évolutif.

7-9. *Moché:* Moïse; prononciation hébraïque restituée telle qu'entendue. *Yëchou:* Jésus. L'hébreu est Yëchoua, mais à Arès le «a» n'est pas audible. Les religieux juifs, chrétiens, mais aussi musulmans, ont mis *leurs bras* sur l'Écriture (ont *déliré 28/20, écrit 23/7,* dogmatisé), ils ont déformé l'héritage de leurs *frères.* Alors l'incompréhension et l'abrutissement *(la nuit)* sont tombés sur les croyants. C'est pourquoi Jésus *(le Bon)* insista en 1974: *Tu écarteras les livres d'hommes (35/12, 16/12),* qui correspond bien à: *Ferme le livre (de) l'homme! (v.9).*

10. *Le coucou:* Quiconque est installé dans le nid de Dieu, clergé et tous ceux qui imposent leur vision religieuse. Le témoin transmettra aux hommes *La Révélation d'Arès* et la Révélation qui l'a précédée avec scrupules et vigilance, mais dans le respect de la liberté. Il préservera le grand *Livre* de Dieu des théologies! De ce que les théologiens mâchent et engloutissent avec une *faim* sans limite *(sans rive)* on ne (re)*pêche* rien de vrai et de vivant.

5-6. *Muhammad:* God's voice complies with the Arabic pronunciation (The French word for *Muhammad* is different: 'Mahomet'). *Right Book:* Not only *The Revelation of Arès,* but also God's whole Word cleared of additions, debasements and *glosses (10/10).* Just as he was already ordered (16/12, 35/12), the witness will not confine himself to circulating the Word of Arès, he shall purify the Scripture directly by rewriting it cleared of the additions and distortions that have accumulated for *centuries* and/or indirectly by the logical inferences to which his *teachings (39/1)* will lead. This applies much less to the Quran which Islam has passed on in an *upright* way, but on condition that this book is observed with *faithfulness* to the essential. The mummifying *(XLIX/7)* enforcement of outdated circumstancial points, the confusion of its universal mission with arabization, etc, have led part of Islam to immobilism and pharisaism and have led the outside world to mistrust the Quran, a universal Word. Man, the Maker's *image and likeness (Genesis 1/27),* is the permanent co-creator of the world, he is evolutionary therefore.

7-9. *Mosheh:* Moses; God's voice complies with the Hebrew pronunciation (The French for Moses is different: 'Moïse' pronounced Moyz). *Yuhshoo:* Jésus. The Hebrew word for Jesus is Yehshua', but in Arès 'a' is not audible and 'e' sounds like 'u' in 'ugh'. Jewish, Christian and also Muslim clerics have laid *their arms* on the Scripture (have been *delirious* about it *28/20,* have *written, 23/7,* and dogmatized on it), they have distorted their brothers' inheritance. Misunderstanding and stupefaction *(the night)* have fallen on believers, then. This is why Jesus *(The Good one)* insisted in 1974, *"You shall exclude the books of man" (35/12, 16/12),* which perfectly matches the verse, *"Close the book (of) man!" (v.9).*

10. *The cuckoo:* Whoever, like clergy, has settled in God's nest, all those who impose their religious views on men. The witness shall pass on to men *The Revelation of Arès* and the Revelation that came before it alike with scruples and watchfulness, but also with respect for freedom. Let

RÉVÉLATION ORIGINALE — ORIGINAL REVELATION

Les mots entre parenthèses (...), ajouts de la main du frère Michel, facilitent la lecture et la compréhension de l'original
The words in brackets (...), additions in brother Michel's hand, make the reading and understanding of the original easier

11. Tu ouvres (le) bon Livre enfin.
    Tu fermes le livre de(s) siècles.
12. Parole de Mikal Ma Parole.
13. Mikal boit Mon Eau. Sa langue, l'Eau (en) lave le cal, (elle est comme) une main blanche.
    La boue coule (de) sa tête ; l'Eau va dans un pli d'argent.
14. (À son tour) Mikal lave ses frères ; il donne l'Eau.

15. Mikal cherche les frères ; les frères (sont) dans les jambes (qui se) serrent, les jambes serrent.
    Mikal (ne) voit (que) les jambes, les jambes, (il cherche comme) l'oiseau cherche l'herbe.
16. Ouvre les jambes ! Elles sautent, elles fendent les plaies. La nuit te bat (comme) l'enfant ; tu as la larme du soir, la larme du matin.

17. Les jambes portent la faim (comme) le(s) gouet(s). Tu portes le Fruit ; le(s) gouet(s) frappe(nt) ton bras ; lâche (le Fruit) dans le(ur)s dents ! Ton bras coupé n'a pas de cure.
18. Ils mangent le Fruit (néanmoins) ; une jambe (te) suit.

---

11. You open the right Book at last.
    You close the book of (the) centuries.
12. Mikal's Word (is) My Word.
13. Mikal drinks My Water. The Water washes the callus off his tongue, (the tongue is like) a white hand.
    The mud flows (from) his head ; the Water goes in a crease of silver.
14. (Now it is) Mikal (that) washes his brothers ; he gives (out) the Water.

15. Mikal looks for the brothers, the brothers (are) in (the midst of) the legs (which) squeeze up, the legs squeeze up.
    Mikal sees (only) the legs, the legs, (he searches) as the bird searches for the grass.
16. Open (a way through) the legs ! They leap, they cut the wounds. The night thrashes you (as) the child ; you have the evening tear, the morning tear.

17. The legs carry hunger (like) billhook(s). You carry the Fruit ; the billhook(s) strike your arm ; leave go (of the Fruit) in the(ir) teeth ! Your arm chopped has no cure.
18. They eat the Fruit (nevertheless) ; a leg follows you.

ANNOTATIONS

Dieu donna en même temps au témoin son Message et le sens de son Message; ces notes sont de la main du témoin
God gave the witness at once his Message and the meaning of his Message; the notes are in the witness's hand

12. *Mikal* = Michel. L'hébreu est *Mikaël*, mais le «ë» n'est pas audible à Arès (voir *Mouhamad, Moché, Yëchou*, nn. 6 et 7-9).

13-14. *Eau (de Dieu):* Principe dispensateur de force, de grâce, de vérité, de pureté, de renouveau (on trouvera ailleurs *Eau Bleue, Eau Forte*, etc.). Dieu purifie le *prophète*, en fait un homme neuf, pour qu'*à son tour* il dispense *l'Eau* de la Vérité aux hommes. On trouve aussi la parabole de *l'Eau* dans *L'Évangile donné à Arès (18/5, 19/2, 20/1-7, 23/5)*.

15-16. *Les jambes, les jambes:* Répétition qui désigne un nombre considérable — même tournure dans *Appelle les frères, les frères (XLI/7)* et ailleurs —. L'humanité impie couvre la planète, s'y presse *(serre)*, la piétine jusqu'à en faire un désert spirituel. Le *prophète* devra *chercher ses frères:* ses compagnons *(frères* dans *Le Livre* a souvent le sens de *petit reste, 26/1, 29/2,* etc.*)* comme *l'oiseau cherche l'herbe* sur la terre battue, rasée après le passage de troupeaux. Les *frères* — ou *petit reste* —, surtout les premières *générations (24/2-5)*, ne seront trouvés que peu à peu, au prix de recherches éprouvantes, de *plaies,* de *nuits* blanches *(la nuit te bat comme l'enfant)* et de peines morales. *Va dans un pli d'argent:* Coule le long des rides que donne le plus noble souci qui soit, le souci d'aider les *âmes* à naître et de *changer le monde*.

17-18. *Gouet:* Serpe; quelque chose qui meurtrit. La foule, dupée depuis des siècles, a *faim* de Vérité mais ne sait plus où la trouver. Affamée, elle avale tout sans discernement, même le *Fruit* qu'apporte le *prophète*. Qu'il abandonne ce *Fruit* à la faim brutale des humains plutôt qu'être

---

him protect God's great *Book* from theology! Theologians' *hunger* is limitless *(without shore)*, they chew and gulp down God's Word thus turning it into a *sea* in which one cannot *fish* for anything true and living.

12. *Mikal* (pronounced Mee-karl)*:* Michel (the French word for Michael). In Hebrew Michel is Mikha'el, but in Arès the 'e' is not audible (See *Muhammad, Mosheh, Yuhshoo*, n. 6 & 7-9).

13-14. *(God's) Water:* The principle dispensing strength, grace, truth, purity, revival (the reader will meet *Blue Water, Strong Water, etc*, in other passages). God purifies the *prophet*, makes him a new man, so that *it is now he that* dispenses the *Water* of Truth to men. The parable of *the Water* is also found in *The Gospel Delivered in Arès (18/5, 19/2, 20/1-7, 23/5)*.

15-16. *The legs, the legs:* The repetition designates large numbers—a same turn of phrase in *Call the brothers, the brothers (XLI/7)*, and elsewhere—. Impious men cover the earth, they *squeeze up* all over it, they trample on it so that it becomes a spiritual desert. The *prophet* shall *look for* his *brothers:* his companions (in *The Book* brothers usually means the same as *small remnant, 26/1, 29/2, etc.)* as *the bird searches for the grass* on a hard-packed surface, laid waste by herds. The *brothers*—or the *small remnant*—, especially the first *generations (24/2-5)*, will be found by degrees, at the cost of a trying search, of *wounds,* of sleepless *nights (the night hits you as the child)* and moral sufferings. *Goes in a crease of silver:* Flows along the wrinkles caused by the noblest concern possible, the concern to help *souls* to be born and *change the world*.

17-18. The masses who have been fooled for centuries have *hunger* for Truth, but they no longer know how and where to find it. Starving they swallow anything without discrimination, even the *Fruit* brought by the *prophet*. Let him *leave* this *Fruit* to the rough hungry men rather than be hurt by them and not heal *(have no cure)!* After all, the masses will receive something from the

---
RÉVÉLATION ORIGINALE — *ORIGINAL REVELATION*
Les mots entre parenthèses (...), ajouts de la main du frère Michel, facilitent la lecture et la compréhension de l'original
The words in brackets (...), additions in brother Michel's hand, make the reading and understanding of the original easier
---

19. (Mais) la jambe (qui) chausse Mon Pied, (qui) bat Mon Orge, le bègue (qui lit) dans le Livre, tiens le Fruit loin (d'eux) !

II 1. J'ai. Je suis.

2. Les soleils tournent dans Ma Main. (Or,) Ma Main a mille Mains ; ton œil (se) tend, (il) bute.

3. Le Bon descend, il est bas ; il va (à) droite, il est (à) droite, (quand) Je (le lui) dis.
4. Je descends, Je suis (en-)haut ; Je vais (à) droite, Je suis (au) milieu. (Je suis l')Étalé.

5. Le Bon (est) Mon Vent, Mikal (est) Mon Vent.
Le frère ouvre l'oreille (au Vent) ; son poil est (comme) la terre, (elle est) pleine (de) l'Eau Bleue, (de) la graine (qu'apporte le Vent).

6. Mon Bras (comme) l'arbre vert entre (dans) la fente (d'une oreille).

---

19. (But) the leg (that) puts on My Foot (like a shoe), (the leg that) threshes My Barley, the stammerer (that reads) in the Book—you keep the Fruit away (from them) !

II 1. I have. I am.

2. The suns revolve in My Hand. (But) My Hand has a thousand Hands ; (however far away) your eye stretches, (it) stumbles.

3. The Good one descends, he is low ; he goes (to) the right, he is (on) the right, (when) I tell (him to).
4. I descend, I am (on) high ; I go (to) the right, I am (in) the middle. (I am the) Spread (one).

5. The Good one (is) My Wind, Mikal (is) My Wind.
The brother opens his ear (to let the Wind in) ; its hairs are (like) the earth, (it is) filled (with) the Blue Water, the seed (that the Wind brings).

6. My Arm (like) the green tree goes into the slot (of an ear).

ANNOTATIONS
Dieu donna en même temps au témoin son Message et le sens de son Message; ces notes sont de la main du témoin
God gave the witness at once his Message and the meaning of his Message; the notes are in the witness's hand

meurtri par eux et ne pas guérir *(ne pas avoir de cure)!* Après tout, la foule recevra quand même quelque chose du *Fruit;* ici et là une conversion se fera *(une jambe te suit).* Plus tard seulement viendront les conversions en masse.

19. Le *prophète* tiendra le *Fruit* loin des gens de religion; ils le reçurent le *Fruit* déjà, mais ils en firent un usage égoïste et pernicieux. Sens étendu: le *prophète* ne fondera ni religion ni clergé.

II 1. Dieu, comme Possédant et Vivant absolu.

2. Une seule *Main* du Créateur contient toutes les étoiles *(soleils)* que la science humaine pourra apercevoir. Or, le Créateur a d'innombrables *Mains;* on ne peut imaginer le nombre d'étoiles qu'elles contiennent. Même le *prophète* ne peut s'imaginer un si vaste univers.

3-4. *L'Étalé:* Exprime l'ubiquité et l'infinitude de Dieu, qui est partout à la fois. Voir XXII/10. Contrairement à Dieu qui est *étalé* sur l'univers infini, Jésus *(le Bon)* est localisé, son espace est limité; Jésus est là où Dieu l'envoie et nulle part ailleurs.

5. Jésus *(le Bon) n'est pas Dieu (32/2-3),* il est toujours localisé (v. 3), mais il a le *Souffle* Divin. Le témoin d'Arès *(Mikal)* l'a aussi. Le *Vent* de Dieu (le *Souffle, l'Esprit* dans *L'Évangile Donné à Arès)* répand la vie spirituelle *(apporte la graine),* donne la grâce et le salut à tout homme qui lui prête *l'oreille (v.6);* le *Vent* lui envoie *l'Eau Bleue* (voir *l'Eau,* n.I/13-14, et *L'Évangile Donné à Arès,* Veillées 17 à 20). *Son poil:* Le poil de *l'oreille.*

6. La Force *(Bras)* qui crée et qui régit l'infiniment grand *(les soleils)* n'est pas disproportionnée à une *oreille* humaine. La *Vie* et l'amour ne sont pas dimensionnels, leur valeur est absolue.

Fruit and, now and again, a man will be converted *(a leg follows you).* It will be a long time before mass conversions occur.

19. The *prophet* shall keep the *Fruit* off the men of religion; they already received it long ago, but used it in a selfish and pernicious way. Broadened meaning: The *prophet* shall not set up any religion or clergy.

II 1. God as the absolute Possessor and the absolute Living one.

2. A single *Hand* of the Maker contains all the stars *(suns)* that human science will be able to view. But the Maker has myriad *Hands,* so that the number of stars they contain is inconceivable. Even the *prophet* cannot imagine such a vast universe.

3-4. *The Spread one:* Expresses God's ubiquity and infiniteness; he is everywhere at the same time. See XXII/10. Unlike God who is *spread (v.4)* over the infinite universe Jesus *(the Good one)* is localized, his area is limited; Jesus is where God sends him and nowhere else.

5. Jesus *(The Good one) is not God (32/2-3),* he is always localized (v. 3), but he has the Divine *Breath.* The witness of Arès *(Mikal)* has it too. God's *Wind* (the *Breath,* the *Spirit* in *The Gospel Delivered in Arès)* spreads spiritual life *(brings the seed),* gives grace and salvation to any man who lends an *ear* to it *(v.6);* the *Wind* sends him the *Blue Water* (see *the Water,* n.I/14-14, and *The Gospel Delivered in Arès, Vigils 17 to 20). Its hairs:* The *hairs* of the *ear.*

6. *Goes into* or *fits into.* The Might *(Arm)* that creates and governs the infinitely great *(the suns)* is not disproportionate to a man's *ear. Life* and love are not dimensional, their value is absolute.

RÉVÉLATION ORIGINALE — *ORIGINAL REVELATION*

Les mots entre parenthèses (...), ajouts de la main du frère Michel, facilitent la lecture et la compréhension de l'original
The words in brackets (...), additions in brother Michel's hand, make the reading and understanding of the original easier

7. L'oint sec (qui re)vêt l'aile de mite (et) le maître de(s) compte(s font) le bruit.
Ouvre l'oreille (à leur bruit, elle devient) pleine de sable.

8. La bouche fait le bruit. Le bruit (est) à côté du vrai.
9. Le vrai (est) un jardin dans la tête.

10. L'œil (du) dedans voit les fleurs ;
l'œil (du) dehors compte les fleurs ;

11. (alors) le jardin est fauché, vendu.

12. L'homme sourd compte le(s) bruit(s) dans Ma Maison.
13. Sa bouche (est) fanée, il a soif (tant) il compte les meules ;
le bruit tourne les meules, (les disperse comme) la vapeur.
14. L'homme compte, l'homme compte ;
le rêve cache la nuit.
15. Ferme le livre de(s) siècles, (car) tu comptes (encore, toi aussi).
(Fais taire) le(s) bruit(s) de bouche devant le livre !

---

7. The dry anointed one (who) dons the moth wing (and) the master of the account(s make) the noise.
(If) you open your ear (and lets the noise in, it becomes) full of sand.

8. The mouth makes the noise. The noise (strays) off the true.
9. The true (is) a garden in the head.

10. The eye (of the) inside can see the flowers ;
the eye (of the) outside counts the flower ;

11. (then) the garden is mowed, sold.
12. The deaf man counts the noise(s) in My House.
13. His mouth (has) withered, he is thirsty (because) he counts the ricks (so hard) ;
the noise turns the ricks over, (spreads them about like) the steam.
14. Man counts, man counts ;
the dream hides the night.
15. Close the book of (the) centuries, (for) you (also) are (still) counting.
(Hush) the noise(s) of (the) mouth before the book !

ANNOTATIONS

Dieu donna en même temps au témoin son Message et le sens de son Message; ces notes sont de la main du témoin
God gave the witness at once his Message and the meaning of his Message; the notes are in the witness's hand

7. *Oint sec:* Celui qui délivre ou qui reçoit un sacrement religieux, une distinction profane, etc., sans valeur *(sec)*. Les bénédictions des clergés, les sentences des juges, les citations militaires, etc. que délivrent des *pouvoirs illusoires (7/4)* parés d'ornements, de robes, d'uniformes, etc., (*l'aile de mite*) ne sont que *bruit* stérile. Le Livre entend par *bruit,* mot fréquent, toute activité religieuse, politique, philosophique, juridique, etc., aussi aride qu'un registre de *comptes,* qui ne contribue pas au *changement* spirituel, personnel *(30/11)* ou universel *(28/7).*

8-9. *Le vrai:* la Vérité. Le *bruit* cache, falsifie ou parodie la Vérité (voir v. 7).

10. *L'œil du dedans:* Le regard spirituel, intérieur, l'esprit réfléchi, mais simple, direct, joyeux, de l'homme des «Béatitudes», qui a choisi de ne pas résister au *Vent (v. 5).* *L'œil du dehors:* Le regard intellectuel, calculateur, l'esprit sourd ou résistant aux appels profonds de *l'image et ressemblance* de Dieu imprimée en lui. Comme s'opposent *compter* et *voir* s'opposent la vie religieuse, intellectuelle, politique, etc., et la vraie vie spirituelle qui est le retour à *l'image et ressemblance* du Créateur. *La Révélation d'Arès* voit l'esprit religieux et l'esprit idéologique, juridique, académique, rationaliste, etc., comme ressortant d'un même système de pensée.

12-13. L'erreur occupe confortablement la *Maison* de Dieu: la Création, dont l'erreur contrefait l'Esprit. Mais la religion et sa contrepartie profane: la politique, s'épuisent à leurs minutieux calculs *(comptes),* qui se retournent contre elles; elles déclinent; leurs militants et fidèles se raréfient. Une fois de plus, la désillusion populaire annonce des crises (voir n. 14).

14. *Le rêve cache la nuit:* Trompeur est le sentiment de sérieux et de sûreté régnant chez les gens dits de savoir, de pouvoir, d'intérêts, et régnant dans les institutions. L'effondrement du système soviétique en 1989 en est une illustration remarquable.

---

7. *The dry anointed one:* The one who either gives or receives valueless *(dry)* religious sacraments, profane distinctions, etc. Clergy's blessings, judges' sentences, military mentions, etc, given by *illusive powers (7/4)* in their vestments, robes, uniforms, etc *(the moth wing)* are just sterile *noise. The Book* means by noise, a frequent word, any religious, political, philosophic, juridical, etc. activity as arid as a ledger full of *(ac)counts* which does not contribute towards the spiritual *change,* whether individual *(30/11)* or universal *(28/7).*

8-9. *The true:* Truth. The *noise* conceals, tampers with or parodies Truth (see v. 7).

10. *The eye of the inside:* The spiritual inner sight, the thoughtful, though plain, straightforward, joyous spirit of the 'Beatitudes' man, who has chosen not to resist the *Wind (v. 5). The eye of the outside:* The calculating intellectual sight, the mind resisting or deaf to the deep calls of God's *image-and-likeness* engraved on it. Just as *to count* conflicts with *to see,* the intellectual, religious, political, etc, life conflicts with the true spiritual life, that is, the return to the Maker's *image-and-likeness. The Revelation of Arès* sees both the religious spirit and the ideologic, juridical, academic, rationalistic, etc, spirit as having emerged from the same system of thought.

12-13. Error dwells comfortably in God's *House*: the Creation, the Spirit of which error imitates. But religion and its profane counterpart: politics, are wearing themselves out making painstaking calculations *(counts* or *accounts)* which rebound on them; they are declining; their militants and faithful are going scarce. Once more, the masses' disillusion foreshadows crises (see n. 14).

14. *The dream hides the night:* Deceptive is the feeling of seriousness and safety prevalent among the men of knowledge, of power, of interests, and prevalent in all institutions. The collapse of the Sovietic system in 1989 is a remarkable illustration of it.

RÉVÉLATION ORIGINALE — *ORIGINAL REVELATION*

Les mots entre parenthèses (...), ajouts de la main du frère Michel, facilitent la lecture et la compréhension de l'original
The words in brackets (...), additions in brother Michel's hand, make the reading and understanding of the original easier

16. Ouvre (le) bon Livre !
17. L'homme sourd (tombe en) copeaux.
    Ta voix est le fer.
    (Si sous son poids) pend ta tête, le Vent (re)lève le fer.
18. Ta parole (est) Mon Jardin.
19. Un Cri le jour, un (autre) Cri la nuit.
    La nuit, le Bon parle en bruit(s), (mais) il ne compte pas le(s) bruit(s).
    (Ce qu')il fait, tu (le) fais.
20. Je parle le bruit d'homme.
    (Pourtant) Je suis l'Eau Forte ; pas de poumon dans Moi.
    Le(s) monde(s) tourne(nt) dans Moi.
21. La bouche d'homme J'entre (de)dans ;
    Je serre, Je serre comme le clou (sous le marteau).

III
1. Mets ta main sous Ma Main !
2. Le grouillis, le(ur)s bras (sont comme) le boyau ;
3. il(s) (en)lace(nt) ta côte, (ils é)cache(nt) ton poumon, (croyant étouffer) Mon Poumon.

---

16. Open (the) right Book !
17. The deaf man (turns into) shavings.
    Your voice is the iron.
    (If) your head droops (beneath its weight), the Wind rights the iron.
18. Your voice (is) My Garden.
19. A Shout (in) the daytime, a(nother) Shout at night.
    At night the Good one speaks in noise(s), (but) he does not count the noise(s). (What) he does you do.
20. I speak the noise of man.
    (And yet) I am the Strong Water ; (there is) no lung inside Me.
    The world(s) revolve inside Me.
21. I go into the mouth of man ;
    I am squeezed, I am squeezed like the nail (hammered in).

III
1. Lay your hand under My Hand !
2. The swarmy, their arms (are like) the gut(s) ;
3. They clasp your rib, they crush your lung (thinking that they crush) My Lung.

JE SERRE COMME LE CLOU — I AM SQUEEZED LIKE THE NAIL HAMMERED IN

ANNOTATIONS
Dieu donna en même temps au témoin son Message et le sens de son Message; ces notes sont de la main du témoin
God gave the witness at once his Message and the meaning of his Message; the notes are in the witness's hand

17. Comme le *fer* d'un rabot attaque un bois dur la *voix* prophétique entame ce monde rétif à la Vérité. Le labeur sera pénible et lent. Si le *prophète* tombe de fatigue *(si sa tête pend)*, le *Souffle* de Dieu *(le Vent)* le soutient. On trouve aussi l'expression *voix de fer (v. III/3)* dans le même sens: Le prophétisme entamant la dureté du monde comme un outil entame la matière.

19. La Parole de Lumière s'adapte aux ténèbres. Au monde Jésus a parlé le langage du monde, mais sans les erreurs, les travers, la malice du monde. *Mikal* doit suivre l'exemple de Jésus.

20. Pour parler au monde Dieu doit parler le langage du monde (n. 19). Le Pur, le Tout Puissant, l'Éternel dont la Vie ne dépend pas de *poumons,* fait cela par amour de l'homme.

21. L'homme occupe une place sans égal, dans le cœur du *Père trop aimant (12/7)* qui a fait de lui son *image et ressemblance (Genèse 1/27),* un *fils* libre de ses choix et de ses actes. Vis-à-vis de l'homme le Créateur est, si l'on peut dire, conditionné par sa propre création. Pour appeler l'homme à revenir au *Dessein* primordial Dieu doit se réduire à la condition vocale et à la dimension minuscule d'un gosier humain. Pour *l'Étalé (II/4),* l'incommensurable *Père de l'univers (12/4),* se réduire à la dimension et au sort d'un *clou* planté au marteau *(serré* dans le bois), quelle souffrance!

III
1. Que le *prophète* s'abrite en Dieu!

2. *Le grouillis* (on trouvera d'autres mots que Dieu crée ainsi, comme *le dévis* du verbe dévier, *XVI/4-5):* Ceux qui *grouillent* autour des pouvoirs, des grands intérêts, et qui flattent les idées de la société religieuse et profane dont ils font leur norme et tirent profit, par opposition aux consciences indépendantes, lucides, libérées par la Vérité.

---

17. Like the *iron* of a plane cutting into hard wood the prophetic *voice* bites into this world rebellious to Truth. The labor will be tiresome and slow. If the *prophet* is tired out *(if his head droops),* God's *Breath (the Wind)* supports him. The phrase *iron voice* is also found *(v. III/3)* with the same meaning: Prophetism biting into the world's hardness as a tool bites into matter.

19. The Word of Light adjusts to darkness. Jesus spoke to the world in the world's language, but cleansed of its errors, shortcomings and malice. *Mikal* has to pattern himself on Jesus.

20. God has to use the world's language to speak to the world (n. 19). The Pure one, the Almighty, the Eternal, whose Life is not dependable on *lungs,* does so from love of man.

21. Man has an unparalleled place in the heart of the *too much loving Father (12/7)* who made him his *image (Genesis 1/27),* a *son* free to choose and act as he likes. In regard to man the Creator is conditioned by his own creation, as it were. In order to call on man to return to the primary *Design* God has to come down to the vocal condition and very small size of a human throat. To be reduced to the size and fate of a *nail* driven in by a hammer *(squeezed* in wood) is great suffering for the *Spread one (II/4),* the incommensurable *Father of the universe (12/4).*

III
1. Let the prophet make God his shelter!

2. *The swarmy (*God creates a French word: *grouillis,* from the verb 'grouiller': *to swarm, to teem,* so the translator invents an equivalent English word): All those who *swarm* round the powers, the big interests, and who pander to the religious and profane society's concepts which they consider as their norm and take advantage of, as opposed to the independent, clearsighted men of conscience set free by Truth.

RÉVÉLATION ORIGINALE — *ORIGINAL REVELATION*
Les mots entre parenthèses (...), ajouts de la main du frère Michel, facilitent la lecture et la compréhension de l'original
The words in brackets (...), additions in brother Michel's hand, make the reading and understanding of the original easier

---

(Mais) tu ne siffles pas ; tu as la voix de fer.
4. Ta côte (est comme) la Pierre Noire. Un baiser, la Pierre (est comme) le doigt de la (jeune) fille trembl(ant)e. Un coup, la Pierre monte, (c'est) la bâcle, (une barrière comme) un pic.

5. (Le haineux,) il crève ton œil, tu as (encore) l'(autre) œil. Il mord ton bras (et) ta main, tu as (encore) l'os. L'os écrit.

IV 1. Mon Pas, Ma Tête ne (le) voit pas.
Mon Épaule ne voit pas Mon (autre) Épaule.
(De) Ma Main à la Main Je cours mille ans d'homme.
2. De Yëchou à Mouhamad mille ans petits ;
de Mouhamad à toi mille ans grands.
3. (Mais toi,) tu entends la Parole (comme Moché l')entend(it).
La terre roule sous ton pied.
4. Courts (sont) les ans d'homme.

(But) you do not wheeze ; you have the iron voice.
4. Your rib (is like) the Black Stone. (If it is given) a kiss, the Stone (is like) the finger of the girl (who) trembles. (If it receives) a blow, the Stone goes up, (it is) the door bar, (a barrier like) a peak.

5. (If t)he (hateful man) gouges out your eye, you have the (other) eye (left). (If) he bites your arm (and) your hand, you have the bone (left). The bone writes.

IV 1. My Head cannot see My Footprint.
My Shoulder cannot see My (other) Shoulder.
(From) My Hand to the Hand I run a thousand years of man.
2. From Yuhshoo to Muhammad a thousand little years ;
from Muhammad to you a thousand large years.
3. (As for you,) you hear the Word (just as Mosheh) hear(d it).
The earth rolls under your feet.
4. Short are man's years.

ANNOTATIONS
Dieu donna en même temps au témoin son Message et le sens de son Message; ces notes sont de la main du témoin
God gave the witness at once his Message and the meaning of his Message; the notes are in the witness's hand

3. *Écacher: Écraser,* vieux sens de *cacher.* On voudra étouffer le message d'Arès, mais *la voix de fer* (n. III/17) restera claire et juste.

4. *Pierre Noire:* Celle conservée à la Kaaba, lancée par Dieu du Ciel sur La Mecque en gage de sa Fidélité. Les pèlerins de La Mecque l'embrassent. Le *prophète Mikal* est comme la *Pierre Noire;* un *baiser* sincère l'émeut comme une fiancée *(jeune fille)* dont le fiancé effleure le *doigt,* mais un *coup* le dresse comme une *barrière (bâcle* = barre transversale de bois ou de fer maintenant une porte fermée), un *pic* infranchissable devant le mal et le mensonge.

5. Quelles que soient ses épreuves, le *prophète* doit sans cesse transmettre la Parole de Dieu.

IV

1. Le Père insiste sur son immensité dans l'espace et dans le temps. On retrouvera le même thème, presque mot à mot, dans la troisième Théophanie.

2-3. *Yëchou:* Jésus, *Moché:* Moïse (n. I/7-9). *Mouhamad:* Mahomet (n. I/6). Mahomet se situe à un point crucial des rapports entre Dieu et l'homme, *Mikal* y occupe une place non moins décisive, mais Moïse se situe à leur point inférieur, non par lui-même mais par son message (Torah) très endommagé et surchargé par les pouvoirs juifs (voir 16/12, 35/12).

4. La vie d'un homme est courte. La stabilité de l'histoire humaine (contrairement à l'opinion de ceux qui y voient des lois immuables) est elle-même très précaire dans les conditions actuelles.

---

3. *Crush (Écacher* or *cacher* are Old French verbs meaning *to crush, to smother):* Men will try to smother the message of Arès, but the *iron voice* (n. III/17) will remain clear and sound. Not only is the Theophanic language terse, but it curiously uses words of Old French, also outmoded or rare words of Contemporary French (and also foreign words in their original pronunciation).

4. *Black Stone*: The stone dropped by God from Heaven onto Mekka as a token of his Fidelity; that stone is preserved at the Kaaba. The pilgrims at Mekka kiss it. *Prophet Mikal* is like the *Black Stone;* a sincere kiss moves him as a fiancée *(girl) trembling* when her fiancé touches her *finger,* but a *blow* makes him stand up like a *barrier (door bar* = straight, rigid piece of wood or iron placed across a door or gate to keep it closed), an impassable *peak* in front of evil and lying.

5. The *prophet* shall keep on circulating God's Word, even if he undergoes great trials.

IV

1. The Father lays stress on his immensity in space and in time. The same theme will be found, almost word for word, in the third Theophany.

2-3. *Yuhshoo:* Jesus; *Mosheh:* Moses (see n. I/7-9). *Muhammad*'s position (I/6) is crucial in the relationship between God and man, Mikal's is not less decisive, but Moses' is at the lowest point of this relationship, not because of himself, but because his message (Torah) was much damaged and littered with additions by the Jewish powers (see 16/12, 35/12).

4. A man's life is short. The stability of human history (contrary to the opinion of those who see unchanging laws in it) also is very precarious under the current circumstances.

RÉVÉLATION ORIGINALE — *ORIGINAL REVELATION*
Les mots entre parenthèses (...), ajouts de la main du frère Michel, facilitent la lecture et la compréhension de l'original
The words in brackets (...), additions in brother Michel's hand, make the reading and understanding of the original easier

5. Le doigt d'homme germe les fils. Les fils germent le(s) peuple(s).
   Les ans vont devant l'homme (comme) le taureau va devant l'araire.
   (Gare à) la fosse !

6. Le menteur (r)assure le mauvais, (pour qu')il ne jeûne pas,
   (pour qu')il ne pleure pas (sur sa faute).

7. Le menteur (con)tourne la nuque (jusqu')au ventre ;
   il lave le(s) mort(s).

8. Le mauvais (étant) mort jeûne ; le mauvais (étant) mort pleure.
   Les os froids cassent ; la larme brûle la racine.
   L'arbre, le mauvais n('y re)monte pas.

9. Le nuage ne porte pas le vent.
   Le mauvais couche sous la pluie ; il compte, il (af)file sa dent, il ferme
   l'œil dans le ravin noir.

---

5. Man's finger germinates the sons. The sons germinate the people(s).
   The years go ahead of man (just as) the bull goes ahead of the plough.
   (Beware of) the pit !

6. The liar (re)assures the wicked man (in order that) he does not fast
   (and) he does not lament (for his sin).

7. The liar('s arm) passes round the neck to (reach) the stomach ;
   he washes the dead.

8. (Once he is) dead the wicked man fasts ; the dead wicked man weeps.
   The cold bones break ; the tear burns the root.
   The tree—the wicked man does not climb it (again).

9. The cloud does not carry the wind.
   The wicked man sleeps in the rain ; he counts, he sharpens his tooth, he
   closes his eye(s) in the dark ravine.

ANNOTATIONS
Dieu donna en même temps au témoin son Message et le sens de son Message; ces notes sont de la main du témoin
God gave the witness at once his Message and the meaning of his Message; the notes are in the witness's hand

5. *Le doigt d'homme*: Double sens (Les doubles sens sont fréquents dans cette révélation dense, économe de vocabulaire, dont chaque mot a un poids et une étendue considérables), *le doigt d'homme* est à la fois le sexe mâle, dont sort le *germe*, et la volonté de l'homme qui désigne du *doigt* la vie et la route qu'il veut suivre. L'humanité s'accroît et s'active sans voir l'avenir, comme un paysan labourerait sans voir la *fosse* dans laquelle son attelage pourrait tomber. *Araire* fut prononcé arare: Vieux type de charrue qui fend la terre mais ne la retourne pas.

6. L'homme se *ment* à lui-même et ne manque jamais d'arguments pour se convaincre que l'erreur est le droit. Plein d'illusions sur l'excellence de sa culture, la justesse de ses choix, l'efficacité de sa science, l'homme de progrès lui-même a perdu le sens de l'effort permanent sur soi qui lui permettrait d'évoluer en qualité et spiritualité; il a ainsi oublié que *changer sa vie (30/11)* et *changer le monde (28/7)* vont de concert et sont perpétuellement nécessaires.

7-8. Le mal, dont le *menteur* est ici l'archétype, a détruit la conscience originelle. Le pécheur est devenu le fossoyeur inconscient de ses victimes et donc son propre fossoyeur. Qu'il meure de ses illusions, *mensonges* inconscients, ou de ses mensonges délibérés, l'homme découvre sa déchéance dans l'au-delà: absence *d'âme*, esprit réduit à un *spectre* (16/17, 17/1, 22/10, 31/2, etc.) sans espoir de retour sur terre pour se re-créer *(il ne remonte pas à l'arbre)*.

9. Le mal ne se chasse pas lui-même. C'est par sa volonté de revenir au bien *(pénitence, 30/11)* que l'homme peu à peu tient le mal à distance, puis le chasse pour de bon. En se passant du *Souffle* (1/10, 2/14, 4/10, etc.) de Dieu, le *Vent* qui seul peut insuffler la force de vaincre le mal, l'humanité laisse celui-ci se répandre. Lamentablement, il ne reste plus à l'homme qu'à s'accomoder de sa déchéance et de ses illusions; c'est pourquoi il préfère les ignorer.

---

5. *Man's finger* has a double sense (Double meanings are common in this compact Revelation sparing of vocabulary, each word of which has a considerable weight and range), *man's finger* is at once the male sex organ, from which the *germ* comes, and the will of man whose *finger* points to the way of life and the route he decides to follow. Mankind increases in number and activity disregarding the future like a farmer who *ploughs* disregarding the *pit* into which his team might fall. *Araire:* Outdated French, an old type of *plough* which cuts but does not turn over the soil.

6. Man *lies* to himself and never lacks arguments to persuade himself that evil is good. Being under illusions about the excellence of his culture, the soundness of his choices, the efficiency of his science, even the progressive man has lost the sense of continuous self-control which would enable him to evolve in quality and spirituality; he has thus forgotten that *changing his life (30/11)* and *changing the world (28/7)* are concerted actions, and are perpetually necessary.

7-8. Evil, the archetype of which the *liar* is here, has wrecked man's primary consciousness. The sinner has become the unconscious gravedigger of his victims, and the gravedigger of himself, therefore. Whether he dies of his illusions and unconscious *lies* or whether he dies of his deliberate *lies*, it is in the afterlife that man finds out about his decay: his *soul* is absent, his *mind* is reduced to a *specter* (16/17, 17/1, 22/10, 31/2, etc), he has no opportunity of returning to earth to recreate himself *(he does not climb the tree again)*.

9. Evil does not eliminate itself. It is through his will to restore good in himself *(penitence)* that a man gradually keeps evil aloof, and then drives it away for good. In doing without God's *Breath* (1/10, 2/14, 4/10, etc), the *Wind*, the only power able to breathe into man the strength to conquer evil, mankind lets evil spread. Miserably it only remains for man to make the best of his degeneration and illusions; this is the reason why he would rather ignore them.

RÉVÉLATION ORIGINALE — *ORIGINAL REVELATION*
Les mots entre parenthèses (...), ajouts de la main du frère Michel, facilitent la lecture et la compréhension de l'original
The words in brackets (...), additions in brother Michel's hand, make the reading and understanding of the original easier

10. Tu trembles ; tu es béni.
11. Tu comprends (que l'homme) qui compte fait le livre de(s) siècles.
    Donne (le) bon Livre ! (Il n'y en a qu')un.

V 1. L'homme fou compte les vies,
    (alors que) l'homme (n')a (qu')une vie.
    2. La tête du ver morte, la queue souffre,
    mais (l')homme, (lui), ne souffre pas la mort vieille.
    (L')homme a une (seule) mort.

3. Le jour court cherche Adame ;
   Haouha (ne) pleure qu'une fois.

4. Étrangle le mauvais maintenant !

---

10. You are trembling ; you are blessed(, then).
11. You understand (that the man) who counts makes the book of the centuries.
    Give (the) right Book ! (There is only) one.

V 1. The foolish man counts the lifetimes,
    (whereas) man has (only) one lifetime.
    2. (Once) the head of the worm (is) dead, the tail suffers,
    but man(, as for him,) does not suffer the old death.
    Man has (only) one death.

3. The short day seeks (after) Adam ;
   Hawwah mourns (only) once.

4. Choke the bad now !

ANNOTATIONS
Dieu donna en même temps au témoin son Message et le sens de son Message; ces notes sont de la main du témoin
God gave the witness at once his Message and the meaning of his Message; the notes are in the witness's hand

10. À celui qui redoute le péché la peur est salutaire. Parallèle de 17/6: Qu'ils *trouvent leur salut dans la crainte, s'ils ne le trouvent pas dans la joie.*

11. Les sciences humaines sont pleines de valeurs fausses, superficielles ou relatives, puisqu'elles ne prennent pas en compte la spiritualité. Seule la Parole touche aux profondeurs de la Vérité et constitue un guide sûr pour l'homme qui se recrée et qui recrée le monde.

V 1. Il est *fou* de croire qu'on dispose d'autant de *vies* qu'il faut pour se parfaire. L'homme *n'a qu'une vie* charnelle. La théorie de la réincarnation est un leurre.

2. L'homme ne vainc pas ses péchés de *vie* en *vie* comme le *ver* sectionné se reconstitue. La réincarnation et le karma sont des *superstitions (21/1)*. L'*âme* se crée au cours de la seule vie charnelle, même chez *l'ouvrier de la onzième heure (Matthieu 20/1-16: Les derniers seront les premiers)* dont la mort est proche. L'*âme* peut évoluer après la mort, le *spectre* aussi vraisemblablement quoique dans des conditions défavorables *(ténèbres)*. Toute la Création est caractérisée par un général et irrésistible mouvement évolutif, quels que soient les points de départ.

3. *Adame:* Adam; *Haouha:* Ève; partout dans *Le Livre* l'orthographe tente de suivre la prononciation des noms propres (voir notes I/6 à 9) et de certains noms communs français ou étrangers telle qu'elle fut entendue; en dehors de ces mots la prononciation française du *Livre* était parfaite. La *vie* charnelle d'un homme est *courte* et unique comme le fut celle d'Adam. Ève n'est veuve qu'une fois = elle ne réépouse pas Adam dans d'autres vies (n.1).

4. *Le mauvais:* Le mal, l'erreur, le mensonge, l'égarement, etc. Le sens du verset est: Dénonce tout mal dès *maintenant!*

---

10. Fear is good for the man that dreads sin. This verse is parallel to 17/6: Let them *find salvation in fear when they do not find it in joy.*

11. Social sciences are filled with a great deal of false, or shallow, or relative values, since they do not take spirituality into account. Only the Word reaches the depths of Truth and constitutes a safe guide for the man that has set himself to recreate himself and recreate the world.

V 1. Believing that one has as many *lifetimes* as one needs to become perfect is *foolish*. Man has only one corporeal *lifetime*. The reincarnation theory is a delusion.

2. Man does not overcome his sins from *lifetime* to *lifetime* just as the *worm* severed regenerates. Reincarnation and karma are *superstitions (21/1)*. The *soul* is created in man's single corporeal *lifetime*, even *the eleventh hour's worker (Matthew 20/1-16: The last will be the first)*, who is close to death, may generate a *soul*. Souls can evolve after death, so do *specters* very probably, though under unfavorable conditions *(darkness)*. The whole Creation is characterized by an irresistible, overall, evolutionary movement, regardless of the starting points.

3. *Hawwah* (a sound between *How-wah* and *Haw-wah):* Eve; throughout *The Book* the spelling renders, as far as it is possible, the pronouncing of the proper nouns (n. I/6 to 9) and some French and foreign common nouns such as it was heard; apart from those words the French pronunciation of *The Book* was perfect. A man's corporeal *life* is *short* and unique as was Adam's. Eve is a widow only once = she does not marry Adam again in subsequent *lifetimes* (see n.1).

4. *The bad:* Evil, error, falsehood, aberration, etc. The meaning of this verse is: Denounce every evil right here and *now!*

RÉVÉLATION ORIGINALE — *ORIGINAL REVELATION*
Les mots entre parenthèses (...), ajouts de la main du frère Michel, facilitent la lecture et la compréhension de l'original
The words in brackets (...), additions in brother Michel's hand, make the reading and understanding of the original easier

---

5. (Le) juge ne revient pas des os.

6. (L')homme gagne maintenant.
   (L')homme (n')a (qu')une vie au soleil.
7. Appelle : « (L')homme (est) fou(! Il) compte l'or.
   (L')homme (est) fou(! Il) compte deux chaises (pour) une jambe, deux lits (pour) une nuit. »
8. (L')homme, son œil saute ; il lit deux livres (pour) un livre.
9. (L')homme lave le(s) mort(s comme) il lave le pain des poules.
   (Il pense :) « La fosse (est) un ventre ; (seules) l(es) fèce(s en) sort(ent). La jambe ne saute pas (la fosse). »

VI 1. Sors (là où) tu ne bois plus l'air, (où) ton pied ne bute pas (contre) le(s) mont(s) haut(s), (où) le feu est bleu, (où) ta main a vingt doigts (comme) la queue du soleil.

---

5. (The) judge does not come back from the bones.

6. Man wins now.
   Man has (only) one life(time) in the sun.
7. Call, "Man (is) foolish(! He) counts the gold.
   Man (is) foolish(! He) counts two chairs (for) one leg, two beds (for) one night!"
8. Man—his eye twitches ; he reads two books (for) one book.
9. Man washes the dead (just as) he washes the bread for the fowls.
   (He thinks,) "The grave (is like) bowels ; (only) the faeces come out (of it). The leg does not leap (over) the pit."

VI 1. Go out (where) you no longer drink air, (where) your foot does not stumble (over) the high mount(s), (where) fire is blue, (where) your hand has twenty fingers (like) the tail of the sun.

ANNOTATIONS
Dieu donna en même temps au témoin son Message et le sens de son Message; ces notes sont de la main du témoin
God gave the witness at once his Message and the meaning of his Message; the notes are in the witness's hand

5. *Ne jugez pas! (Matthieu 7/1)*. Les *jugements* humains ne refont pas le monde; la Vérité est la Vérité. Nul *jugement* de la raison humaine n'est éternel *(ne revient des os)*; aujourd'hui on *juge* le *prophète* comme un ignorant, un illuminé ou un imposteur, mais demain la Vérité éclatera.

6. Voir ci-dessus nn. 1 et 2. *Une vie au soleil:* La Révélation originale dit «*...une vie de soleil.*»

7. Les biens, les réussites et les droits du siècle ne sont pas illégitimes, et sont même parfois nécessaires, mais avec *mesure*. Les vouloir jusqu'à l'absurde *(deux lits pour une nuit)* est *fou*.

8. Le discernement humain est faillible; de plus, il est changeant *(l'œil saute)* et multiple. Selon le moment, sa culture, son état psychologique, ses intérêts, le croyant donne divers sens à la Parole et aux événements *(lit deux livres pour un livre)*. Le profane varie ses opinions de même.

9. *L'homme* rationaliste enterre ses *morts* comme il prépare du *pain* pour ses *poules;* il voit la tombe *(la fosse)* comme un tube digestif où toute vie se dissout sans la moindre chance de survie. Les croyants, par contre, pensent qu'un certain conditionnement funéraire (funérailles, tombeau, parfois embaumement) accroît les chances du mort d'avoir un «repos éternel».

VI. Cette nuit-là, Dieu emporte le *prophète* à travers le lieu de béatitude où la vie ne dépend plus de *l'air, où* l'on ne se déplace pas à *pied, où* la force et la résistance de la chair transfigurée se puise à l'énergie spirituelle —de là la comparaison avec la force du *soleil*—. Ce verset décrit l'état ressuscité (non réincarné) des *justes* (31/8-13), que Dieu fait vivre au *prophète*, afin qu'il puisse le raconter aux hommes. Le frère Michel sera soumis à d'autres expériences surnaturelles (XXVIII/25).

---

5. *Do not judge! (Matthew 7/1)*. Human *judgements* do not make the world again; Truth is Truth. No *judgement* by human reason is everlasting (no *judge(ment) comes back from the bones* ever); today many men *judge* the *prophet* to be an ignoramus, a crank, or an impostor, but tomorrow Truth will be shining.

6. See n. 1 & n. 2 above. *One life in the sun:* The original Revelation says, "*...one life of sun.*"

7. Worldly possessions, successes and rights are not illegitimate; they may be necessary, but with *moderation*. Longing for them to the point of absurdity *(two beds for one night)* is *foolish*.

8. Human discernment is fallible; it is, besides, changeable *(twitching)* and multiple. Depending on the time, their culture, psychological states and interests, believers give varied senses to the Word and to events *(read two books for a book)*. The profane change their opinions likewise.

9. The rationalistic *man* buries his *dead* as he prepares *bread* for his *fowl;* he regards the *grave* as a digestive tract where all of life dissolves without the least expectation of survival. Most believers, on the other hand, think that some funerary conditioning (the funerals, tomb, sometimes embalming) gives the dead person more chances of gaining the 'eternal rest'.

VI. On that night God carried the *prophet* throughout the place of beatitude *where* life does not depend on *air, where* one does not move on *foot, where* the strength and resistance of the transfigured flesh is drawn from spiritual energy—hence the comparison with the strength of *sun*—. The verse depicts the resurrected (not reincarnated) state of the *just* (31/8-13) which God made the *prophet* experience so that he would tell it to men later. Brother Michel was going to undergo other supernatural experiences (XXVIII/25).

RÉVÉLATION ORIGINALE — *ORIGINAL REVELATION*
Les mots entre parenthèses (...), ajouts de la main du frère Michel, facilitent la lecture et la compréhension de l'original
The words in brackets (...), additions in brother Michel's hand, make the reading and understanding of the original easier
---

2. Ton œil moud la lumière, (c)elle (qui) brûle la pierre ; tu vois la bulle dans le morio.
   Le fer bout dans ta main ; (cependant) ta main frise la fleur ; ta main (en) connaît le bord (et) le fond.

3. Tu montes (jusqu'où) les mondes sans heure tournent (comme) les poissons dans Mon Eau.

4. (De) Mon Pouls sort(ent) les mondes ; tu cours devant (eux, comme devant) l'arc ; (pourtant) les mondes ne touchent pas ta barbe.
   (Comme) les poissons (ils) sucent le jonc dans l'Eau Forte (qui) coule.

5. Mon Bras (s'é)tend. J'ouvre Ma Veine sur toi, tu bois l'Eau, la Force (entre en toi).
   Tu plonges (de très) loin par la pluie noire au fond (de la terre, mais) la barque de(s) croubi(s t')attend (en-)haut.

6. Ta dent est un grain ; tu entres dans le (grain de) charbon ; l'orage (éclate) dans le charbon.

---

2. Your eye mills the light, (the l)i(gh)t (that) burns the rock ; you can see the bubble in the morio.
   Iron boils in your hand ; your hand curls the flower (none the less) ; your hand knows the brim (from) the bottom (of the flower).

3. You go up (where) the hourless worlds revolve (like) the fish in My Water.

4. (From) My Pulse the worlds come out ; you run ahead (of them like ahead of) the bow ; the worlds do not touch your beard(, though).
   (As) the fish (they) suck the bulrush in the Strong Water (which) flows.

5. My Arm stretches (out). I open My Vein above you, you drink the Water, the Strength (enters you).
   In the pitch-dark you plunge (from a)far into the core (of the earth, but) the boat of the ch(e)rubi(m) waits (for you) high (up at the surface).

6. Your tooth is a grain ; you go into the (grain of) coal ; the thunderstorm (breaks) in the coal.

ANNOTATIONS
Dieu donna en même temps au témoin son Message et le sens de son Message; ces notes sont de la main du témoin
God gave the witness at once his Message and the meaning of his Message; the notes are in the witness's hand

2. *Morio* (non le quartz appelé morion): Gemme, diamant, etc. D'énormes énergies qui anéantiraient l'homme instantanément dans son état de faiblesse actuel, ne troublent même pas les sens de la chair transfigurée ou ressuscitée. L'*œil* peut fixer une *pierre* qui se transforme en diamant *(morio)* et distinguer le moindre détail (une *bulle*) du processus; la *main* saisit le *fer* en fusion et garde sa finesse de toucher (peut *friser une fleur*). Toutefois, Jésus apparu en 1974 portait des plaies ensanglantées; un transfiguré garde donc une certaine fragilité, notamment liée à l'affliction spirituelle. À l'inverse, sa résistance est liée à sa force spirituelle.

3-4. Au cours de son transport dans l'univers, le *prophète* atteint des *mondes* situés *hors du temps (12/6)*, libres de tout cycle et de toute loi d'attraction, évoluant comme des *poissons dans l'Eau* de Dieu. Le témoin voit que Dieu à chaque instant (à chaque pulsion de son *Pouls*) crée quelque chose, qu'il lance dans l'univers comme une flèche avec un *arc*. Pareille puissance créatrice effraie le témoin (il *court devant* elle), mais il constate que tout ce qui sort du Créateur se nourrit de lui et reconnaît l'homme *(ne touche pas sa barbe)*, à tout le moins l'homme transfiguré.

5. *Croubis* (ou *groubis):* Anges; hébreu *kéroubim:* chérubins, prononcé sans *é* ni *m*, avec un c doux, presque g. Pendant son transport dans l'univers la chair du *prophète* est transfigurée, il a la *force* et les possibilités physiques d'un ressuscité. Le transport prend fin dans une apothéose, l'*Eau* de Dieu *entre* en lui. Ensuite il *plonge* du Ciel dans les profondeurs de la terre comme au fond d'un océan *noir;* il remonte à la surface des ténèbres terrestres d'où des anges le ramènent sur le lieu des Théophanies. Mot à mot: *La barque de croubi attend haute*.

6. Après l'immense univers Dieu fait voir au *prophète* quelques scènes du *Jour (31/8-13, Matthieu 24/21-31)* qui surviendra quand des *générations* auront lutté pour *changer ce monde*. La *Force* même qui vient de transporter le *prophète* à travers le ciel (vv. 1 à 5) pénètre dans des

---

2. *Morio* (not the kind of quartz called morion): Gem, diamond, etc. Huge energies that would instantly annihilate a man in his current state of weakness do not even disturb the senses of the transfigured or resurrected flesh. The *eye* can fasten on a *stone* which is transforming into a gem *(morio)* and can see the least detail (a *bubble*) of the process; the *hand* grasps molten *iron* and retains its sharpness of touch (can *curl a flower*). Nevertheless, Jesus who appeared in 1974 bore bleeding wounds; this proves that a transfigured man retains some frailty, notably when related to spiritual affliction. Conversely, his resistance is related to his spiritual strength.

3-4. During his travel through the universe the *prophet* reaches *worlds* situated *outside time (12/6)*, free from any cycle and any law of gravitation, moving about as *fish in* God's *Water*. The witness sees God creating something at every moment (at every beat of his *Pulse*), something which he propels through the universe as an arrow with a *bow*. Such a creative power frightens the witness (he *runs ahead of it*), but he notices that every thing freshly created lives on the Creator and acknowledges man *(does not touch* man's *beard)*, at least a transfigured man.

5. *Ch(e)rubi(m)* pronounced *crooby* with soft 'c', almost 'g': Angels; *kerubim* in Hebrew. During his travel through the universe the *prophet's* flesh is being transfigured, he is having the *strength* and physical abilities of a resurrected man. The travel ends in an apotheosis, God's *Water enters* him. Then he *plunges* from Heaven into the depths of *earth* like to the bottom of a *dark* sea; he comes back upward to the surface of the terrestrial grimness from where some angels take him back to the Theophany place. Word for word: *The high boat of crooby waits*.

6. After having shown the *prophet* the huge universe God makes him watch some scenes of the *Day (31/8-13, Matthew 24/21-31)* that will come when *generations* have struggled to *change the world*. The very *Force* that has carried the *prophet* through the heavens (v. 1 to v. 5) penetrates

RÉVÉLATION ORIGINALE — *ORIGINAL REVELATION*
Les mots entre parenthèses (...), ajouts de la main du frère Michel, facilitent la lecture et la compréhension de l'original
The words in brackets (...), additions in brother Michel's hand, make the reading and understanding of the original easier

Les maisons (alentour) coulent (comme de) la poudre ; l'homme fou fuit, (mais) l'asile fuit (devant lui). Le frère a sa face à Ma Face ; Je (lui) parle : « Ta fatigue est légère ; monte avec la voix de fer ! »

VII 1. Avant (Adame est) l'homme(, terreau) d'Adame(. L'homme) est long(temps avant Adame).

The (surrounding) houses flow (like) powder ; the foolish man flees, (but) the refuge flees (ahead of him). The brother has his face (turned) to My Face ; I talk (to him), "Your tiredness is light ; come up along with the iron voice !"

VII 1. Before (Adam there is) the man(, the soil) of Adam(. Man) is (a) long (time before Adam).

ANNOTATIONS
Dieu donna en même temps au témoin son Message et le sens de son Message; ces notes sont de la main du témoin
God gave the witness at once his Message and the meaning of his Message; the notes are in the witness's hand

morts transformés depuis longtemps en *grains de charbon,* y fait *éclater* un *orage* de vie, et les ressuscite. Des villes entières *(maisons)* sont pulvérisées. Un insensé *fuit,* mais ne trouve nul refuge; un homme de bien, qui résiste à fuir, fait *face* à la Lumière et en perçoit le message: «Tu n'as pas complètement vaincu ton péché, mais en toi la vie spirituelle a commencé *(ta fatigue est légère),* tu as suivi la *voix de fer,* la *voix* créatrice. Finissons ensemble de recréer ce monde!»

VII 1. Un temps très *long* s'écoula avant que le Créateur ne change *l'homme* en *Adame.* Donc *l'homme* pensant préexista à Adam dont la création ne fut ni biologique ni intellectuelle, mais spirituelle. *Adame* est *l'homme* qualitativement transformé en *image et ressemblance* du Créateur *(Genèse 1/27)* quand la *Voix* (v. 5) entre en lui (voir *L'Év. Donné à Arès* n. ★ Veillée 1). Sur terre, et peut-être dans l'univers, seule la descendance *d'Adame* partage avec le Créateur le langage, la liberté, l'amour, l'individualité et le pouvoir de créer, quoique ces dons soient infiniment moins forts chez les *fils* qu'ils ne sont chez le Père. *Adame* usa de sa liberté pour contrarier le *Dessein* du Père (2/1-5), il se désintéressa de sa nature spirituelle et la perdit. Il ne garda que l'état psycho-physiologique *d'homme* pensant, état que l'actuelle humanité dans sa majorité soit préfère encore, soit considère comme indépassable. Après la *chute,* Dieu ne retira pas à l'humanité les dons divins infusés à Adam; *l'homme* garde sa potentialité spirituelle. Contre *l'homme* devenu pécheur le Créateur fut parfois en colère *(Déluge),* mais son Amour a prévalu *(Genèse 8/21).* Au reste, *Dieu* n'a guère besoin de punir *l'homme,* puisque celui-ci se nuit à lui-même, pâtit du mal même qu'il engendre, se fabrique un *déluge* permanent de malheur et de souffrance qui durera jusqu'à ce qu'il revienne aux grandes espérances placées par Dieu dans *Adame.* Dans *Le Livre* trois mots désignent l'humain: *Adame,* l'humain édénique que nous sommes appelés à redevenir; *homme,* Adam déchu, qui de diverses façons refuse Dieu et son Plan ou qui les travestit; *frère,* celui qui reprend le chemin d'Éden.

---

dead men long turned into *coal grains,* causes a *thunderstorm* of life to *break* in them and resurrects them. Cities *(houses)* are reduced to *powder.* A *foolish man flees* and finds no *refuge;* a good man who resists fleeing *turns* to the Light and perceives its message that says, "You have not overcome sin completely, but spiritual life has begun in you *(your tiredness is light),* you have followed *the iron voice,* the creative *voice.* Let us together finish recreating this world!"

VII 1. A very *long* time went by before the Maker changed *man* into *Adam.* The thinking *man,* therefore, had existed before *Adam* whose creation was neither biological nor intellectual; it was spiritual. *Adam* is *the man* qualitatively transformed into the Maker's *image-and-likeness (Genesis 1/27)* when the *Voice* (v. 5) enters him (see *The Gospel Delivered in Arès* n. ★ Vigil 1). On Earth, and perhaps in the whole universe, only the descendants of *Adam* share language, freedom, love, individuality and the power to create with the Maker, although such gifts are infinitely less powerful with the *sons* than they are with the Father. *Adam* used his freedom to thwart the Father's *Design* (2/1-5), he grew uninterested in his spiritual nature and lost it. He retained only the thinking *man's* psycho-physiological state that most of current mankind considers as either preferable or unsurpassable. Since the fall God has not stripped *man* of the divine gifts he had infused into Adam; *man* retains his spiritual potentiality. With *man* turned sinful God has been angry at times *(Flood),* but his Love has prevailed *(Genesis 8/21).* Besides, there is no need for God to punish *man* since *man* does himself harm, he suffers from the very evil he generates, he creates a permanent flood of suffering and misfortune for himself which will last as long as he does not revert to the great expectations once put by God in *Adam.* In *The Book* three words designate humanity: *Adam,* the Edenic human we are called on to change into; *man,* fallen Adam, who in various ways rejects God and his Plan or misrepresents them; *brother,* the man on his way back to Eden.

RÉVÉLATION ORIGINALE — *ORIGINAL REVELATION*
Les mots entre parenthèses (...), ajouts de la main du frère Michel, facilitent la lecture et la compréhension de l'original
The words in brackets (...), additions in brother Michel's hand, make the reading and understanding of the original easier

2. L'homme couche sur l'ombre ;

3. les mondes tournent dans Ma Main ;

4. la Voix n'est pas le bruit ; l'oreille est un jardin sans le bruit.

5. Ma Voix entre dans l'homme ; Ma Parole est dans la parole d'homme ; il tète la force dans Ma Force.
6. Adame sort de Ma Bouche avec la lime (af)filée.

7. Le lion de la nuit cherche la cuisse ; un désir de noce entre dans la cuisse. La noce branle (comme) l('af)front(ement) de bouc(s).
8. Le bruit entre dans la tête (d'Adame comme) le sable ;
le bruit vient dans l'homme.

9. L'homme met le bruit dans la terre.
L'homme met le bruit dans le ventre.
L'homme met le bruit dans le fer.

---

2. Man sleeps on the shadow(s) ;

3. the worlds revolve in My Hand ;

4. the Voice is not the noise ; the ear is a garden without the noise.

5. My Voice enters man ; My Word is in man's word ; he sucks strength from My Strength.
6. Adam comes out of My Mouth with the sharpened file.

7. The lion of the night fumbles for the thigh ; a yearning for wedding enters the thigh. The wedding bustles (as) the (con)front(ation) of billy goat(s).
8. The noise enters the head (of Adam like) sand ;
the noise comes into man.

9. Man puts the noise in the soil.
Man puts the noise in the entrails.
Man puts the noise in the iron.

ANNOTATIONS
Dieu donna en même temps au témoin son Message et le sens de son Message; ces notes sont de la main du témoin
God gave the witness at once his Message and the meaning of his Message; the notes are in the witness's hand

2-4. Avant que *l'homme ne* devînt *Adame*, l'univers *(les mondes)* était *déjà* tel qu'il est à présent (v. 3), mais Dieu seul possédait la Vérité, la Parole (la *Voix* avant que le péché ne la transforme en *bruit*). Mentalement *l'homme* préexistant à *Adame* était fruste (il *couche sur l'ombre*), totalement matérialiste; son langage ne pouvait pas exprimer de concepts spirituels. Par contre *son oreille est un jardin sans bruit*, c.-à-d. son psychisme et son langage ignoraient les divagations intellectuelles et le mensonge qui viendraient plus tard avec le pouvoir de créer.

5-6. *Lime* ou *lame (v. 6)*. Le don de *parole* abstraite et subtile, de même que les dons de liberté, d'amour, d'individualité et de création, constitue une *force* puisée à la *Force* qui change *l'homme* en *Adame*, en *fils* de Dieu. Ces dons divinisaient *l'homme* — *Jésus (2/13, 32/5)* est l'exemple éclatant de retour à *l'image et ressemblance* divine positive —, mais formaient aussi un outil délicat et dangereux *(lime affilée)* qui allait se retourner contre le *Dessein* du Créateur.

7-8. Soumis aux fortes impulsions de la liberté, oubliant sa fruste condition antérieure d'animal pensant, *Adame* use mal des dons merveilleux (outre la liberté: la parole, l'amour, l'individualité, le pouvoir de créer) qu'il a reçus. La tentation *(le lion de la nuit)* de dire non au Père le grise, l'excite *(désir de* mariage avec le mal). *Adame* devient *l'homme* de l'avidité, de l'implacabilité, de la violence, que la faculté d'abstraction résultant des dons divins va rendre trompeusement subtiles et même attrayantes, mais qui vont parfois placer *l'homme* au-dessous de sa précédente animalité (conséquence inattendue de la combinaison dons divins + animalité).

9. La *parole* abstraite et subtile, même changée en *bruit* subtil par le péché, permet un prodigieux développement cérébral: science, philosophie, etc. *(Mettre le bruit dans* signifie ici connaître). *L'homme* explique et exploite les choses, les énergies, tous les phénomènes qu'il observe.

2-4. Before *man* became *Adam* the universe *(the worlds) already* stood constituted as it stands nowadays (v. 3), but God alone possessed Truth, the Word (the *Voice* before sin changed it into *the noise*). Man before becoming *Adam* was mentally uncouth (he *sleeps on the shadows*), an utter materialist; his language could not express spiritual concepts. Then again, his *ear* was *a garden without the noise*, that is, his mind and language used not to express the intellectual wanderings and the falsity that would emerge later induced by the power to create.

5-6. In French '*lime*' (or '*lame*'?) means *file* (the tool, or *blade?*) The gift of abstract subtle language *(word)*, like the gifts of freedom, love, individuality and power to create, is a *strength* drawn from the *Strength* that turned *man* into *Adam*, God's *son*. These gifts deified *man*—Jesus *(2/13, 32/5)* is a brillant example of restoration of the positive divine *image and likeness*—, but they also made up the tricky dangerous tool *(sharpened file)* that would rebound on the Maker's *Design*.

7-8. Under the strong impulses of freedom *Adam* forgets about his previous uncouth condition of thinking animal and misuses the wonderful gifts (speech, love, individuality and power to create in addition to freedom) he was given. The temptation *(lion of the night)* of saying 'no' to the Maker intoxicates him, excites him (a *yearning* to *wed* evil). *Adam* becomes the *man* of avidity, implacability and violence, which the faculty of abstraction resulting from the divine gifts will cause to sound deceptively subtle and even attractive, but which will often place *man* below his prior animality (an unexpected consequence of the combination divine gifts + animality).

9. The subtle abstract *word* (speech), though sin has turned it into subtle *noise*, brings about a tremendous development of brains: science, philosophy, etc. *(To put the noise in* means to become learned in). *Man* explains and exploits things, energies, all of the phenomena he observes.

RÉVÉLATION ORIGINALE — *ORIGINAL REVELATION*
Les mots entre parenthèses (...), ajouts de la main du frère Michel, facilitent la lecture et la compréhension de l'original
The words in brackets (...), additions in brother Michel's hand, make the reading and understanding of the original easier

10. Le bruit saigne le compte.

11. Le bruit fond le sable, il va dans la terre.
    (Mais) le bruit a la langue longue ; (par) elle (il s'ac)croche (à) la tête,
    (il) lèche le gosier, le bruit (é)tampe le fer.

12. Le bruit ne saigne pas le lait.
    La lèvre n'est pas la rive de la lumière.
    (Sur) le crin l'encre coule ; il bat le dos ; il coupe l'œil.

13. Adame mange sa gorge.
    L'homme (est) la mort d'Adame.

---

10. The noise bleeds the count.

11. The noise melts sand, it goes into the soil.
    (But) the noise has a long tongue ; (by means of) it (the noise) hooks (onto) the head, (it) licks the throat, the noise stamps the iron.

12. The noise does not bleed the milk.
    The lip is not the shore of the light.
    (Down) the mane and tail the ink flows ; they beat the back ; they cut the eye.

13. Adam eats his (own) throat.
    Man (is) Adam's death.

ANNOTATIONS
Dieu donna en même temps au témoin son Message et le sens de son Message; ces notes sont de la main du témoin
God gave the witness at once his Message and the meaning of his Message; the notes are in the witness's hand

10. On trouve dans *Le Livre* des phrases très courtes, mais au sens riche, étendu, souvent très complexe, comme ce verset. La syntaxe qui clarifierait le sens de tels raccourcis est souvent impossible à édifier sans altérer profondément ou faire disparaître la *Parole* originale. Dans ce cas, la forme originale est laissée sans retouche ni complément. Le sens de ce verset est: Le *bruit* (le langage et ses débouchés intellectuels dans l'ère du péché) a fait du *compte* (calcul, astuce, etc.) un élément que *l'homme* a fini par croire aussi vital que son *sang*.

11. Le *bruit* a tout envahi; il préside à tous les actes humains. *Bruit,* dans les cinq Théophanies, a le sens de langage déchu, perverti, et de ses conséquences: Intelligence intellectuelle souvent brillante, mais *intelligence* spirituelle quasi éteinte *(32/5).* Le savoir est ainsi déséquilibré, mal employé. La *parole* détachée du cœur s'est *accrochée à la tête* seule, devenant *bruit,* mensonge, futilité, forfanterie *(elle lèche le gosier).* La *parole,* en permettant la pensée, devint certes un outil (la pensée fut source de prodigieux progrès techniques: *Fondre le sable* = faire du verre et d'autres matières, *étamper le fer* = forger, laminer, souder, quelques exemples d'innombrables techniques), mais cet outil fut rarement et chichement mis au service du Plan Divin.

12. L'intellect perverti a privé l'homme de la bonne fécondité *(le lait)* et de la vraie *lumière*. *L'homme* débilité chasse sa misère spirituelle en se flattant de ses produits intellectuels, comme le cheval secoue sa crinière et fouaille son *dos* et ses *yeux* de la queue *(le crin)* pour chasser les mouches et les parasites, mais ceux-ci reviennent sans cesse.

13. *Gorge:* Cœur comme siège de la parole droite, de *l'intelligence* spirituelle, de la générosité, de la sagesse, etc. Adam s'est *mangé* le cœur. *L'homme* d'aujourd'hui peut être considéré comme le cadavre d'Adam *(la mort d'Adame).*

---

10. In *The Book* the reader comes across very short sentences the meanings of which are rich, wide-ranging, even very complex. It is often impossible to build the syntax that could clarify those much compressed turns of phrase without deeply altering or even removing all trace of the original *Word*. In this case, the original form is left unaltered and uncompleted. The sense of this verse is: The *noise* (language and its intellectual outlooks in the era of sin) made the *(ac)count* (calculation, shrewdness, etc) an element that *man* eventually considered as vital as his *blood*.

11. The *noise* has swept everywhere; it governs all human acts. In the five Theophanies *noise* has the sense of perverted, degenerate language and its outcomes: brilliant intellectual intelligence, but almost extinct spiritual *intelligence (32/5)*. So knowledge is unbalanced, misused. Coming off the heart the *word* (speech) *hooked onto the head* alone, so it became *noise,* falsity, futility, boasfulness *(it licks the throat)*. The *word* permitted thought and so became a tool, of course (thought has been the source of prodigious technical progress: *To melt the sand* = to make glass and other matters, *to stamp iron* = to forge, laminate, weld, etc, a few examples of many techniques), but this tool has rarely and scantily served God's Plan.

12. Perverted intellect has stripped man of the good fecundity *(the milk)* and of *the* true *light*. Enervated *man* drives away his spiritual wretchedness by priding himself on his intellectual results as a horse shakes its *mane* and lashes its *tail* at its *back* and its *eyes* in order to get rid of flies and parasites, but they come back continually.

13. *Throat:* Heart as the center or core of straightforward speech or language, of spiritual *intelligence,* of generosity, of wisdom, etc. Adam has *eaten* his own heart. *Man* nowadays may be considered as the corpse of Adam *(Adam's death).*

RÉVÉLATION ORIGINALE — *ORIGINAL REVELATION*
Les mots entre parenthèses (...), ajouts de la main du frère Michel, facilitent la lecture et la compréhension de l'original
The words in brackets (...), additions in brother Michel's hand, make the reading and understanding of the original easier

14. La graisse (et) le vinaigre tuent l'homme ; le bruit (le) tue.
L'homme (est) la vache, (qui de) sa gueule trait son sein.
Sa jambe casse, son ventre va (comme) l'orvet va.

15. (Sur l')homme Ma Parole est la couronne de glace.

16. Le bruit ouvre la bouche, (mais) ferme l'oreille.

VIII

1. Je parle à l'homme, l'oreille se ferme.

2. Je parle au Bon, il (M')entend.

3. Le Bon parle à Mikal, tu (l')entends (comme) le bruit.

4. (Mais) Mikal (est) la figue (qui se) fend sous le soleil,
le suc coule (de lui), le frère de l'oreille (le) boit.

---

14. Fat (and) vinegar kill man ; the noise kills (him).
Man (is) the cow (which with) its mouth milks its (own) bosom.
His leg breaks, his stomach goes (like) the slowworm goes.

15. (On) man('s head) My Word is the ice crown.

16. The noise opens the mouth, (but it) closes the ear.

VIII

1. I speak to man, the ear closes.

2. I speak to the Good one, he hears (Me).

3. The Good one speaks to Mikal, you hear (him like) the noise.

4. (But) Mikal (is) the fig (that) cracks in the sun(shine),
the juice flows (from him), the brother with the ear drinks (it).

LA FIGUE QUI SE FEND SOUS LE SOLEIL — THE FIG THAT CRACKS IN THE SUNSHINE

ANNOTATIONS
Dieu donna en même temps au témoin son Message et le sens de son Message; ces notes sont de la main du témoin
God gave the witness at once his Message and the meaning of his Message; the notes are in the witness's hand

14. Adam ne suit pas le Père; il préfère vivre à sa guise. Il accepte les conséquences de son choix: souffrance, vieillissement et *mort*, et semble même les revendiquer fièrement *(v.13,* voir 2/1-5). Orgueil, méchanceté, égoïsme, absence de spiritualité, bref, le péché, métabolisent la *chair* en ses propres poisons *(graisse et vinaigre).* L'humanité est comme une *vache* dénaturée qui boirait son propre lait, vouant son veau (son propre avenir) à la mort. Devenu infirme et fragile psychiquement et physiquement *(sa jambe casse),* l'*homme* rampe comme l'*orvet* aveugle.

15. Depuis longtemps la *Parole* de Dieu n'émeut plus l'homme.

16. *L'homme* souffre et fait souffrir, meurt et fait mourir; le péché continue de faire ses ravages. La leçon naturelle de ceci est qu'il faut rejeter le péché, se *changer (30/11),* se recréer; il faut se *fermer* au *bruit,* à l'œuvre de déchéance et de mort, et *s'ouvrir* à la *Parole,* c.-à-d. à l'œuvre de Vie, à l'amour, à *l'intelligence* spirituelle, à une vision toute nouvelle du monde (28/7).

VIII

1-2. L'homme n'entend plus la Vérité, même les croyants *ferment leurs oreilles.* Rares sont les hommes qui écoutent Dieu comme les *prophètes* (notamment Jésus, *le Bon)* l'écoutèrent.

3. En 1974 Jésus fut envoyé à *Mikal* (Mikal est appelé *homme Michel* dans *L'Évangile Donné à Arès).* Cette rencontre surnaturelle rendit *Mikal* réaliste. Réaliste, il devra le rester après les Théophanies (il devra *entendre le bruit).* Sens complémentaire: En 1974 Jésus parla le langage des pécheurs *(bruit),* par opposition à Dieu qui s'exprime autrement en 1977.

4. *Mikal* s'ouvre à la Vérité — *La Vérité est que le monde doit changer (28/7)* —, qu'il transmet comme une *figue* nourrissante à tous ceux, croyants ou non *(les frères),* qui veulent l'*accomplir.*

---

14. *Adam* does not follow the Father; he goes his own way. He accepts the consequences of his choice: suffering, aging and *death;* what is more, he seems to proudly claim responsability for them *(v.13,* see 2/1-5). Pride, spite, selfishness and lack of spirituality, in short, sin, metabolize the *flesh* into its own poisons *(fat and vinegar).* Mankind is like a perverted *cow* that would drink its own milk and thus doom its calf (its own future) to death. Having become psychically and physically disabled and frail *(his leg breaks), man* crawls as the blind *slowworm.*

15. Man has long been unmoved by God's *Word.*

16. *Man* suffers and makes others suffer, dies and makes others die; sin keeps on causing havoc. The natural lesson to be learned from this is that sin must be rejected, *man* must *change himself (30/11),* recreate himself; he must *close* his mind to *the noise,* to degeneration and death, and *open* his mind to Life, to love and spiritual *intelligence,* and to a new vision of the world (28/7).

VIII

1-2. Man no longer hears Truth, even believers *close their ears.* Scarce are those who listen to God as the *prophets* (like Jesus, *the Good one)* listened to him.

3. In 1974 Jesus was sent to *Mikal* (Mikal is called *man Michel* in The *Gospel Delivered in Arès).* That supernatural encounter made *Mikal* realistic; he shall keep realistic *(hear the noise)* after the Theophanies. The verse has another meaning: In 1974 Jesus spoke the sinners' language *(noise)* by contrast with God who expresses himself otherwise in 1977.

4. *Juice:* Pith or essence. *Mikal* opens his heart to Truth—*Truth is that the World has to change (28/7)*—, which he passes on as a nourishing *fig* to all the men, believers or non-believers *(the brothers),* willing to *achieve* it.

RÉVÉLATION ORIGINALE — *ORIGINAL REVELATION*

Les mots entre parenthèses (...), ajouts de la main du frère Michel, facilitent la lecture et la compréhension de l'original
The words in brackets (...), additions in brother Michel's hand, make the reading and understanding of the original easier

5. Elle est bénie.
   Assieds(-toi à) Ma Place !

6. Le Retour (de Dieu) fend la tête (jusqu')à la gorge.

7. Je suis l'Eau Forte.

8. Mikal, ouvre ton coude ! J('y) mets la flamme (que) la terre n'étouffe pas, (mais si) tu (re)fermes ton coude, tu brûles.

9. Je tire (sur) ton dos fripé, (J'en fais) le cuir de tortue, (car) le haineux frappe (dans) le dos.
   (Tant que tu es) debout, sa pique ne crève pas (ton dos) ; (mais si) tu dors, la pique crève ton foie ; tu coules (comme) le baquet.

10. Je plante ta jambe.

11. Ma Salive est sur ta langue.
    (Si) tu (La re)craches, le mauvais (em)porte ta langue sur l'étal, il (la dé)coupe pour son plat.

---

5. It is blessed.
   Sit (in) My Seat !

6. The Return (of God) splits the head (down) to the throat.

7. I am the Strong Water.

8. Mikal, open your elbow ! (In it) I put the flame (that) earth cannot smother, (but if) you close your elbow, you are on fire.

9. I pull (at) your crumpled back, (I make) the turtle leather (out of it), (because) the man full of hate strikes (at) the back.
   (As long as you are) standing, his pike does not puncture (your back) ; (but if) you sleep, the pike punctures your liver ; you leak (as) the tub.

10. I drive your leg in.

11. My Saliva is on your tongue.
    (If) you spit (It) out, the evil (one) takes your tongue onto the stall, he cuts (it into slices) for his dish.

ANNOTATIONS
Dieu donna en même temps au témoin son Message et le sens de son Message; ces notes sont de la main du témoin
God gave the witness at once his Message and the meaning of his Message; the notes are in the witness's hand

5. *Elle est bénie:* Il s'agit autant de la Parole qui sort de la bouche du *prophète (la figue, v. 4)* que de *l'oreille (v. 4)* qui écoute cette Parole. *Le Livre* est plein de raccourcis et ellipses de même type (voir n. VII/10). *Assieds-toi à Ma Place:* Dieu confirme la *place* exceptionnelle qu'il donne au *prophète* d'Arès pour parler en son Nom — *Parole de Mikal Ma Parole (I/12).*

6. Le Père *revient* raviver *l'intelligence* spirituelle quasi morte *(32/5)*, et par elle compenser l'intelligence intellectuelle *(la tête)* dont la domination est devenue quasi absolue. Son but: Porter l'homme à se rééquilibrer, à redevenir le co-créateur d'Éden.

7. *Eau Forte: Eau* en mouvement; le principe qui crée, féconde, fertilise, développe, fait avancer.

8. Dieu remet à *Mikal* une *flamme* inextinguible pour éclairer les hommes et leur donner la *Vie (24/5)*. S'il manque à sa mission, elle se retournera contre lui et le consumera.

9. C'est sans doute *dans le dos* que l'adversaire *frappera* le frère Michel. Tant que le *prophète* — et par extension *l'assemblée*, les *moissonneurs* ou *frères* — remplit sa mission (est *debout*), il est protégé (31/6, 37/7). Mais s'il se décourage, l'ennemi ose l'attaquer de front (au *foie*) et pourrait même le frapper mortellement (au sens spirituel et/ou physique, XVI/6-13).

10. Dieu fortifie le réalisme du *prophète*, il l'aide à se délivrer des préjugés de la culture, il consolide sa foi et son discernement.

11. La Substance même du Père (sa *Salive*) anime la Parole, donc le *prophète*. Si celui-ci ne veille pas à garder cette *force* en lui-même et dans son œuvre, l'ennemi s'empare de la Parole et l'apprête selon son goût et ses intérêts.

---

5. *It is blessed:* 'It' is both the Word that comes out of the *prophet's* mouth *(the fig, v. 4)* and the *ear (v.4)* that listens to the Word. *The Book* contains many compressed turns of phrase and ellipses of this kind (see n. VII/10). *Sit in My Seat:* God stresses that he gives the *prophet* an exceptional position to speak in his Name—*Mikal's word (is) My Word (I/12).*

6. The Father *returns* to revive spiritual *intelligence* virtually dead *(32/5)* so that it will counterbalance intellectual intelligence *(the head)* whose prevalence has become virtually absolute. His aim: To prompt man to restore his balance and become the cocreator of Eden again.

7. *Strong Water: Water* in motion; the principle that creates, fertilizes, develops, moves forward.

8. God hands over an inextinguishable *flame* to *Mikal* so that he may light the way of men and give them *Life (24/5)*. If he fails in his mission the *flame* will backfire on him and consume him.

9. The enemy is likely to *strike* brother Michel in a cowardly way, *at the back*. As long as the *prophet*—and, by extension, the *assembly*, the *harvesters* or *brothers*—fulfils his mission (is *standing*), he is protected (31/6, 37/7). But if he loses heart, the foe dares to attack him head-on *(in the liver)* and may even strike him fatally (in a spiritual and/or physical sense XVI/6-13).

10. God strengthens the *prophet's* realism, he helps him get rid of the prejudices of culture, and reinforces his faith and discernment.

11. The Father's very Substance *(Saliva)* is the prime mover of the Word, and of the *prophet*, then. If the latter does not continuously see to it that this *force* is well-maintained in him and in his work, the enemy grabs hold of the Word and cooks it according to his taste and interest.

RÉVÉLATION ORIGINALE — *ORIGINAL REVELATION*
Les mots entre parenthèses (...), ajouts de la main du frère Michel, facilitent la lecture et la compréhension de l'original
The words in brackets (...), additions in brother Michel's hand, make the reading and understanding of the original easier

IX 1. Mikal, ton poumon est chaud. Souffle! Le Vent (par ton souffle sou)lève la peau, les chiens bavent.
2. Les singes rient.

3. Les chiens lèchent le pied du roi blanc, (ils lui disent:) « Ta peau est lourde (comme) une porte. Ta larme est (figée comme) la glace. Le Vent n'entre pas (sous) ta robe.»

4. (Le roi blanc dit:) « Les chiens ne chassent pas pour moi, (mais) ils mangent avec moi.»

5. Le roi blanc, ses genoux ont les dents.
6. Il mange ta moelle avec Mon Sel.

7. Le roi blanc a l'homme (qui) n'a pas l'œil.

8. La Lumière (est prise) dans le piège d'homme.
Mikal libère la Lumière.
(Si) le piège mord ta main, (avec) le bâton (tu) casses le piège.

IX 1. Mikal, your lung is hot. Blow! The Wind (through your breath) lifts the skin, the dogs slobber.
2. The apes laugh.

3. The dogs lick the white king's foot, (they tell him,) "Your skin is (as) heavy (as) a gate. Your tear is (congealed like) ice. The Wind does not go in (under) your robe."

4. (The white king says,) "The dogs do not go hunting for me, (but) they have meals with me."

5. The white king—his knees have the teeth.
6. He eats your marrow with My Salt.

7. The white king has the man (who) has not the eye.

8. The Light (is caught) in the trap of man.
Mikal releases the Light.
(If) the trap bites your hand, (with) the stick (you) break the trap.

ANNOTATIONS
Dieu donna en même temps au témoin son Message et le sens de son Message; ces notes sont de la main du témoin
God gave the witness at once his Message and the meaning of his Message; the notes are in the witness's hand

1-2. Le *souffle* du prophète est *chaud* de la *flamme* que Dieu a allumée en lui (VIII/8). La Parole que répand *Mikal* exaspère ses ennemis. Certains souffrent de la Parole comme des *chiens* écorchés vifs *(la peau soulevée)*, d'autres méprisent la Parole ou en *rient* comme des sots et des vaniteux (des *singes*).

3. *Roi blanc:* Pas spécialement le pape, toute autorité religieuse de n'importe quelle religion. Les ennemis du *prophète,* croyants ou incroyants (voir v. 4), en appellent aux pouvoirs religieux bien établis en les flattant: «Vous avez pour vous le poids *(la peau lourde)* d'une longue expérience, vous avez l'art de circonscrire vos concurrents. Vous ne craignez pas ce *Souffle* d'Arès qui nous tombe dessus et qui menace nos idées et nos intérêts. Aidez-nous à l'étouffer!»

4. *Chiens:* Quand il s'agit de défendre leurs avantages établis au cours des siècles, les religions, même antagonistes ou rivales, et les incroyants *mangent* et discutent à la même table.

5. Les puissants religieux *(le roi blanc,* voir XXIX/1) ont des *dents* aux *genoux,* c'est-à-dire: Plus leur apparence est humble et pieuse *(à genoux),* plus leur morsure *(les dents)* est redoutable.

6. Si elles ne peuvent pas anéantir le message et la mission *(le Sel)* du *prophète,* les puissances religieuses tenteront de les récupérer. Certaines pourraient manœuvrer pour retourner la Parole d'Arès contre son témoin en reconnaissant celle-ci et en l'interprétant à leur manière.

7. La religion veille à n'avoir que des clercs et des militants aveugles et soumis.

8. Dure lutte entre ceux qui *piègent la Lumière* de Dieu pour s'en rendre maître, la voiler, la tamiser, la teinter et l'orienter à leur gré, et le *prophète* qui la *libère.*

1-2. The prophet's *breath* (or *blow*) is *hot* with the *flame* that God has lighted in him (VIII/8). The Word that *Mikal* spreads exasperates his enemies. Some suffers from the Word as *dogs* skinned alive (with their *skin lifted),* others spurn the Word or *laugh* at it in a silly and arrogant way (as *apes* or *monkeys*).

3. *White king:* Not especially the pope, any religious authority of any religion. The *prophet's* enemies, believers or non-believers (see v. 4), appeal to the well-established religious powers flattering them, "You've got the weight *(heavy skin)* of long standing experience, you do have the know-how to keep your competitors under control. You don't fear that Heavenly *Breath* that comes our way and jeopardizes our concepts and interests. Help us stifle it!"

4. *Dogs:* When it comes to defending the advantages they have gained for centuries, religions, even antagonistic or competing, and unbelievers share *meals* and have talks at the same table.

5. The religious powers (*white king* in various forms, see XXIX/1) have *knees* with *teeth,* which means: The humbler and godlier they seem (as *kneeling*) the more dangerous their bite *(teeth)* is.

6. If they cannot annihilate the *prophet's* message and mission *(the Salt),* the religious powers will attempt to take them over. Some religious powers might maneuver to turn the Word back against his witness by recognizing it and interpreting it in their own ways.

7. Religion sees to it that all its clerks and militants remain blind and submissive.

8. A hard struggle between those who *trap the Light* of God to gain control of it, obscure it, filter it, tint it, and direct it as they want to, and the *prophet* who *releases* it

RÉVÉLATION ORIGINALE — *ORIGINAL REVELATION*

Les mots entre parenthèses (...), ajouts de la main du frère Michel, facilitent la lecture et la compréhension de l'original
The words in brackets (...), additions in brother Michel's hand, make the reading and understanding of the original easier

X 1. Tu as la voix de fer.

2. Appelle la nation, ton frère (qui) glane. Il ne trouve pas le Saint; sa pelle fouille, il ne trouve pas le Saint.
3. Il allume la brande, son œil (ne) voit (que) la nuit.

4. (L'homme, même le frère, crie:) «Ruine le Saint!»
Le chiot d'homme dit: «Où est le Saint, le Vent?»
5. Il dit vrai: Ruine le Saint. Pâquis, chasse, bouc et chien, (voilà à quoi) l'homme (L'a réduit).

6. Le roi blanc, le roi noir (sont comme) corne et dent.

7. (Mais toi,) tu viens sur deux pieds.

8. Mon Chant (est) à ta barbe.

X 1. You have the iron voice.

2. Call the nation, your brother (who) gleans. He does not find the Saint; his shovel digs about, (but) he does not find the Saint.
3. He kindles the heather, (but) his eye sees (only) the night.

4. (Man, even the brother, shouts,) "(In) ruin the Saint (lies)!"
The pup of a man says, "Where is the Saint, the Wind?"
5. He tells true: (To) ruin the Saint (has gone). (To) pasture, (to) hunting ground, (to a) billy goat and (to a) dog man (has reduced the Saint).

6. The white king (and) the black king (are) horn and tooth.

7. (As for you,) you come on two feet.

8. My Song (is) at your beard.

ROI BLANC ET ROI NOIR — *WHITE KING AND BLACK KING*

ANNOTATIONS
Dieu donna en même temps au témoin son Message et le sens de son Message; ces notes sont de la main du témoin
God gave the witness at once his Message and the meaning of his Message; the notes are in the witness's hand

1-3. *Voix de fer:* Voir II/17 et III/3. Le *prophète* apportera une attention particulière aux croyants et aux humanistes en recherche menacés par le désespoir ou la perversion, parce qu'ils ne *trouvent pa*s la Vérité *(ils glanent mais ne trouvent pas le Saint)* chez les rois *(v.6)* qui prétendent la représenter.

4-5. Les hommes, parfois même des frères qui se découragent (ils réagissent tous en *chiens,* voir IX/4), *crient:* «Dieu existe-t-il vraiment? S'il existe, sa Parole *(Vent)* sera-t-elle jamais réalisée?» *L'homme* devenu sceptique, cynique, médiocre (le *chiot* des *hommes* qui l'ont précédé) ne voit plus dans la vie qu'animalité *(bouc, chien)* ou activité *(pâquis:* pâturages, *chasse:* profits) sans signification ni destin spirituels. *L'homme dit vrai* et Dieu ne peut pas ne pas comprendre *l'homme,* puisque la Vérité (qui vient du *Saint* = Créateur) lui a été cachée de sorte qu'il ne connaît plus que l'immédiat et qu'il est soumis à ceux qui règnent sur l'esprit.

6. *Roi noir:* Équivalent profane du *roi blanc* religieux (voir IX/3). Simplistes sont ceux qui réduisent le sens de *La Révélation d'Arès* à la condamnation de la religion. Avant tout, la Parole d'Arès appelle à la création d'un monde spirituel et heureux; ce n'est que dans cette perspective positive qu'elle nous prévient contre des agents négatifs: Pouvoir religieux et pouvoir non religieux *(corne et dent)* alliés pour maintenir un ordre contraire à la vocation humaine. *L'Évangile Donné à Arès* désigne par *prince du culte* tout pouvoir dans tous les domaines «sacrés» (religieux, politiques, judiciaires, culturels, scientifiques, financiers, etc.) d'un système mondial assimilé par Dieu à un *culte,* système surtout condamné pour ses fautes contre la Vérité et contre la suprême vocation spirituelle humaine, surtout l'amour.

7. Deux puissances *(roi blanc* et *roi noir)* contre le *prophète,* mais Dieu donne à celui-ci la compensation spirituelle nécessaire (Dieu le met *sur deux pieds).*

1-3. *Iron Voice:* See II/17 & III/3. The *prophet* shall pay special attention to the believers and humanists in search of Truth who are threatened with despondency or perversion because they do *not find* Truth *(they glean but do not find the Saint)* with the *kings (v.6)* who claim they stand for it.

4-5. Men and even at times some *brothers* who lose heart (they all react as *dogs,* see IX/4) *shout,* "Does God really exist? If he does, will his Word *(Wind)* ever be achieved?" *Man* has turned skeptical, cynical, mediocre (has turned into the the *pup* of the *men* who preceded him), in life he sees only animality *(billy goat, dog)* and activity *(pasture:* farming, *hunting ground:* profit) deprived of any spiritual sense and purpose. *Man tells true* and God cannot but understand him, since Truth (which originates in the *Saint* = Creator) has been hidden from *man* so that he has come to be only conscious of the immediate and subjected to those who rule over mind.

6. *Black King:* The religious *white king's* profane equivalent (see IX/3). Those are simplistic who reduce the meaning of *The Revelation of Arès* to condemnation of religion. Above all the Word of Arès urges man to create a happy spiritual world; it is only in this positive prospect that the Word warns us against negative factors: The religious power and the non-religious power *(horn and tooth)* united to uphold an order contrary to man's vocation. By *prince of religion The Gospel Delivered in Arès* refers to any power in all the 'hallowed' or 'sacred' spheres (religious, political, judicial, cultural, scientific, financial, etc) of a worldwide system God assimilates to a *religion* (or *cult),* a system condemned especially for its transgressing against Truth and against the supreme spiritual vocation of man, particularly love.

7. Two powers *(white king & black king)* against the *prophet,* but God gives the latter the necessary spiritual compensation (God stands him *on two feet).*

RÉVÉLATION ORIGINALE — *ORIGINAL REVELATION*

Les mots entre parenthèses (...), ajouts de la main du frère Michel, facilitent la lecture et la compréhension de l'original
The words in brackets (...), additions in brother Michel's hand, make the reading and understanding of the original easier

9. Ta parole pèse (comme une) balle de laine sur les reins ;
   tu n'entres pas dans les reins, (mais) ils sont pleins.

10. Le roi fort vient ; devant lui les reins (sont) fermés.

11. Il étouffe (de colère) ; (il y a du) poison derrière son œil.
12. Le bouc (re)joint le chien. Huit griffes contre tes pieds blancs. Gare (à ne pas jouer) la colombe !

13. Bruit d'aile !
    Je regarde ; Je gèle l'aile.

14. Tu tombes ? Non ! Combats !
15. J('é)tire ton épaule large (comme) un mur.
    Ton bras (devient) un barreau, ton front une étoile.

16. Ton cœur lance le feu.

---

9. Your word (like a) bale of wool presses heavily on the loins ;
   you do not enter the loins, (but) they are filled.

10. The strong king comes ; in front of him the loins (are) closed.

11. He chokes (with anger) ; (there is) poison inside his eye.
12. The billy goat joins the dog. Eight claws against your white feet. (Be) careful (not to play) the dove !

13. (The) sound of a wing !
    I look ; I freeze the wing.

14. (Will) you fall ? No ! Fight !
15. I stretch your shoulder broad (as) a wall.
    Your arm (becomes) a(n iron) bar, your forehead a star.

16. Your heart throws the fire.

ANNOTATIONS
Dieu donna en même temps au témoin son Message et le sens de son Message; ces notes sont de la main du témoin
God gave the witness at once his Message and the meaning of his Message; the notes are in the witness's hand

8. Que pourraient opposer le *roi blanc* et le *roi noir* à celui qui élève sur le monde le *Chant* même du Créateur?

9. La mission *(moisson, 4/12, 6/2, 38/2, etc., XLV/13-17)* pèse sur la vie du *prophète* et sur les vies de ceux emplis de son *enseignement (les reins pleins)* qui se font apôtres. D'une part la mission ne doit jamais forcer la conscience *(n'entre pas dans les reins* de force) — *Pas de contrainte en religion (Coran)*—; d'autre part, elle enrichit les *âmes* des missionnaires.

10. Quand les puissants attaqueront les *frères* (voir n. I/15-16), ils les trouveront bien instruits, spirituellement forts, imperméables *(fermés)* aux arguments et aux influences, prêts à répliquer.

11-12. Les *rois* enragés par la résistance des *frères* noueront des alliances avec tous ceux non concernés ou non directement défiés par la Parole d'Arès, qu'ils convaincront du devoir et des avantages de la combattre. *Gare* au *prophète* et à ses *frères* s'ils se laissent vilipender et détruire sous prétexte d'humilité et de douceur!

13. *Aile:* Lettre, message, écrit; ici dans une intention malveillante; ailleurs dans une intention favorable *(aile blanche,* n. XXV/6). *Bruit d'aile: Bruit* littéraire, intellectuel, discours, article, pamphlet, etc., contre le *prophète,* ses compagnons et leur mission. Dieu, qui veille *(regarde),* rend maladroite ou inefficace *(gèle)* la plume des polémistes et diffamateurs.

15. La personne, la vie et l'action du *prophète* aussi insaisissables qu'une *étoile* pour ses ennemis. Leur mépris épaissit leur ignorance; leur opposition en devient plus maladroite encore.

16. Comparer *cœur* à *gorge* (n. VII/13). Dans *Le Livre, gorge* a le sens que nous donnons généralement à *cœur,* tandis que *cœur* a le sens de courage, fougue, amour combattant.

---

8. Whatever could the *white king* and the *black king* oppose against the one who raises the very *Song* of the Maker over the world?

9. The mission *(harvest, 4/12, 6/2, 38/2, etc, XLV/13-17)* presses heavily on the *prophet's* life and the lives of the men full of his *teaching (the filled loins)* turned apostles. On the one hand the mission must never do violence to conscience (must *not enter the loins by force)—No constraint ever in religion (Quran)—,* on the other hand it enriches the missionaries' *souls.*

10. When the mighty attack the *brothers* (see n. I/15-16), they will find them well-taught, spiritually strong, impervious *(closed)* to arguments and influences, ready to respond.

11-12. The *kings* infuriated by the *brothers'* resistance will become allies with all the men either not concerned with or not directly challenged by the Word of Arès, whom they will convince of the duty to fight it and of the benefits derived from that fight. The *prophet* and the *brothers* shall *be careful* not to let themselves vilify and destroy on the pretext of humbleness and gentleness.

13. *Wing:* Letter, message, writing, with a spiteful view here; with a favorable view in other verses *(white wing,* n. XXV/6). *Sound of a wing:* Literary or intellectual *noise,* speech, article, lampoon, etc., against the *prophet,* his fellows and their mission. God, who is watchful (who *looks),* makes the polemicists' and slanderers' writings clumsy or ineffective (he *freezes* them).

15. The *prophet's* personality, way of life and action are as elusive as a *star* for his opponents. Their contempt deepens their ignorance; their opposition becomes all the more ineffective for it.

16. Compare *heart* with *throat* (n. VII/13). In *The Book throat* has the meaning that we generally give to *heart,* whereas *heart* means courage, bravery, ardor, spirit, fighting love.

RÉVÉLATION ORIGINALE — *ORIGINAL REVELATION*

Les mots entre parenthèses (...), ajouts de la main du frère Michel, facilitent la lecture et la compréhension de l'original
The words in brackets (...), additions in brother Michel's hand, make the reading and understanding of the original easier

17. Tu fuis ? La corne (et) la dent crèvent le(s) rein(s), le(s) pis gros(, que tu as remplis).
18. Le chien rit,
    (il dit :) « Quelle ombre couvr(it) le(s) rein(s) ? »
19. Combats ! Entre le pied dans la terre !

XI

1. Tu as Ma Parole.
   Ils ouvrent l(eur) loi devant toi, ils (te) rasent la tête, le menton.

2. Ne crains pas ! Assois-toi (à) Ma Place !

3. Le juge, le compte coule (de lui).
4. Le compte creuse l'homme, l'homme (devient) un nain.
   Le compte creuse l'homme mort. Le bruit tire la graisse de l'homme.

5. L'homme (devient) le bœuf au champ.
6. Ma Parole (est) couronne de glace sur l'homme de bruit.
   Le bruit ferme l'oreille.

---

17. (If) you flee, the horn (and) the tooth pierce the loin(s), the big udder(s that you have filled).
18. The dog laughs,
    (it says,) "What shadow cover(ed) the loin(s) ?"
19. Fight ! Sink your foot into the earth !

XI

1. You have My Word.
   They open the(ir) law in front of you, they shave (your) head, (your) chin.
2. Never fear ! Sit (in) My Seat !

3. (From) the judge the count flows.
4. The count hollows man out, man (turns into) a dwarf.
   The count hollows out the dead man. The noise pulls fat out of man.

5. Man (becomes) the ox in the field.
6. My Word (is a) crown of ice on the man of noise.
   Le noise closes the ear.

513   L'HOMME DEVIENT LE BŒUF AU CHAMP — MAN BECOMES AN OX IN THE FIELD

ANNOTATIONS
Dieu donna en même temps au témoin son Message et le sens de son Message; ces notes sont de la main du témoin
God gave the witness at once his Message and the meaning of his Message; the notes are in the witness's hand

17-18. Si *Mikal* perd courage et fuit le combat prophétique, ses *frères* — les hommes *(reins)* et femmes *(pis gros)* qui le suivent — perdent la foi sous la dérision, la calomnie, les menées du système religieux et profane, ou simplement la pression culturelle. Leurs ennemis ironisent: «Par quel lâche et décevant bonhomme, à quelle illusion *(ombre)* ces pauvres gens ont-ils été convertis?» Le texte original est au présent: *Quelle ombre couvre les reins?*

19. Signifie: Tiens bon ! Cale ton *pied* dans la *terre* (sois réaliste!) et résiste à tes ennemis!

1-2. Pour empêcher le *prophète* et ses *frères* de répandre la *Parole*, leurs ennemis tenteront d'user de la *loi* du moment ou de promulguer des *lois* nouvelles contre eux. On enquêtera sur leur moindre cheveu, ou poil de barbe. Qu'ils n'aient pas peur, et qu'ils soient même honorés, car ils seront jugés à la *place* de Dieu.

3-4. Le *juge* (des tribunaux) est l'exemple même du *compte,* agissant non par pure *justice* mais selon les vues des pouvoirs et intérêts en place et selon les préjugés populaires que la *loi* reflète. Qui pourrait juger le *prophète* en ce bas monde? Celui qui condamnerait le *prophète* et ses *frères* par sa *loi* non seulement s'avilirait (deviendra *nain)*, mais se suiciderait spirituellement succombant à sa vanité comme le cœur de l'obèse succombe sous *la graisse.*

5. Les *hommes* en sont arrivés à suivre inconsciemment les préjugés et les lois qu'ils se sont fabriqués comme *le bœuf* suit son sillon.

6. Voir VII/15-16.

17-18. If *Mikal* loses heart and flees from the prophetic struggle, his *brothers*—the men *(loins)* and women *(big utters)* that follow him—lose faith under derision, slander, the maneuvers of the religious and profane system, or merely the cultural pressure. Their enemies are ironical, "By what sort of disappointing, cowardly fellow, to what sort of delusion *(shadow)* have those poor people been converted?" The original text is in the present: *What shadow covers the loins?*

19. This verse means: Hold on! Brace your *foot* into the *earth* (be realistic!) and stand up to your enemies!

1-2. To stop the *prophet* and his *brothers* from spreading the *Word* their enemies will attempt to use the current *law* or have new *laws* passed against them. The least of their hairs or beard bristles will be investigated. Let them not fear, and let them be honored too because they will be tried in the place of God (in God's *Seat*).

3-4. A *judge* (of courts of law) is the very model of *the count;* he acts not from pure *justice* but in keeping with the views of the established powers and interests and of the popular prejudices which *law* reflects. Who is fit to judge the *prophet* here below? Whoever would condemn the *prophet* and his *brothers* by his *law* not only would degrade *(dwarf)* himself, but would commit spiritual suicide succumbing to his own vanity as the obese man's heart succumbs under *fat.*

5. *Men* have come to unconsciously follow the prejudices and laws they have made for themselves just as an *ox* follows the furrow.

6. See VII/15-16.

RÉVÉLATION ORIGINALE — *ORIGINAL REVELATION*

Les mots entre parenthèses (...), ajouts de la main du frère Michel, facilitent la lecture et la compréhension de l'original
The words in brackets (...), additions in brother Michel's hand, make the reading and understanding of the original easier

7. Le juge (qui) mange sa langue ouvre la porte devant toi.

8. (Mais) le guetteur du roi, (qui) mange (à) l'entraille du roi, il (ac)court, il parle dans le cou (du roi).

9. (Il dit :) « Le juge, ses reins sont pleins. Le loup (à) l'haste rouge entre (dans) les reins. Il a les fils, (alors que) le roi va sans fils. (Que le loup soit) pendu ! »

10. J('é)tends Mon Bras. Je mets le deuil sur le roi.
   Je vêts ton épaule (avec) le lin ; tu n'es pas nu. Je tire (sur) ton menton, la barbe (re)descend (comme) la main sur ta gorge.

11. Les maisons de(s) roi(s), tes frères (en) font une brande.
    (Ils mettent) le pot sur la brande ; les frères (qui) ont faim mangent.

12. Tes frères boivent l'Eau Forte. (De) l(eur) lèvre coulent les torrents ; les frères (qui) ont soif boivent.

13. Mikal est Mon Fils.
    Il germe les fils de l'Eau.

---

7. The judge (that) eats his (own) tongue opens the door in front of you.

8. (But) the king's look-out (who) eats (out of) the king's entrail(s)—he (comes) run(ning), he talks next to (the king's) neck.

9. (He says,) "The judge—his loins are filled. The wolf (with) a red lance enters the loins. He has the sons (whereas) the king goes without sons. (Let the wolf be) hanged !"

10. I stretch out My Arm. I lay mourning on the king.
    I clothe your shoulder (in) the flax ; your are not naked. I pull (at) your chin, your beard comes down (again like) the hand on your throat.

11. The houses of the king(s)—your brothers make (them into) firewood.
    (They put) the pot on the firewood ; the hungry brothers eat.

12. Your brothers drink the Strong Water. (From) the(ir) lip(s) the torrents flow ; the thirsty brothers drink.

13. Mikal is My Son.
    He germinates the sons of the Water.

LES FRÈRES BOIVENT L'EAU FORTE — *THE BROTHERS DRINK THE STRONG WATER*

ANNOTATIONS
Dieu donna en même temps au témoin son Message et le sens de son Message; ces notes sont de la main du témoin
God gave the witness at once his Message and the meaning of his Message; the notes are in the witness's hand

7. *Mange sa langue:* Hésite, doute qu'il faille condamner, passe outre les lois. Un *juge* qui s'inquiète pour son honneur et son salut ne condamne pas l'envoyé de Dieu, il le libère.

8-9. Ici *haste* a le double sens de lance (ou pique) et de calomnie. *Guettant* toutes les occasions de calomnier, le servile adulateur de l'ordre établi et le commun défenseur des idées reçues accusent le *prophète* — ici taxé de *loup* — d'user de la plus grossière séduction. Ils s'indignent de ce que la loi *(le juge)* soit tolérante envers les idées nouvelles; vilenies subies depuis toujours par tous les mouvements de renouveau, même le plus sublime. Les conseillers préviennent leurs maîtres *(roi* ici au sens générique: tous ceux qui dominent politiquement, religieusement, intellectuellement, culturellement, moralement, etc.) que s'ils n'éliminent pas la mission d'Arès, celle-ci va engendrer une nouvelle humanité *(les fils)* qui les supplantera.

10. Si la mission était très menacée Dieu pourrait intervenir (voir 31/6, 37/7).

11. Sur les cendres du système dominateur (ici sens de *maisons*), qui régit le monde depuis des millénaires, les *frères* (ici sens générique: les hommes de bien en général, croyants et incroyants, le *reste*) établiront une *terre promise* de Vérité, d'amour, d'*intelligence* spirituelle, dont se nourriront ceux qui ont *faim* et *soif* (rappelle Matthieu 5/6) du *Royaume* du Bien (toile de fond de *La Révélation d'Arès;* thème du *monde changé, 28/7, 26/15;* thème du nouvel *Exode* que le frère Michel aime développer dans son *enseignement).*

12. Cette Parole donne aux *frères* une *Force* exceptionnelle. De cette *Eau Forte* ils irriguent l'humanité, apaisent sa *soif* de Vérité et d'espérance, ils lui inspirent un *torrent* de *changements.*

13. *Mikal* est un *fils* de Dieu (voir n. 2/1). À son tour il engendrera beaucoup de *fils* de Dieu.

---

7. *(He) eats his own tongue:* He hesitates, doubts if he has to condemn, disregards laws. A *judge* anxious about his honor and salvation does not condemn God's messenger and releases him.

8-9. Here *lance* has a double meaning: Spear and slander. Continuously *looking out* for every opportunity of slandering, the cringing sycophant of the establishment and the common defender of the preconceived ideas accuse the *prophet*—here denounced as a *wolf*—of using gross captivation. They are indignant that the law *(the judge)* is tolerant towards new ideas; foul deeds which all movements of revival, even the most sublime, have always suffered. Councilors and advisers warn their masters *(king* here has a generic sense: all those that rule over politics, religion, intellect, culture, ethics, etc.) that if they do not eliminate the Aresian mission, it will generate a new humanity *(the sons)* that is to supersede them.

10. If the mission were much threatened God might intervene (see 31/6, 37/7).

11. Over the ashes of the dominating system (which *houses* means here) that has ruled over the earth for millennia the *brothers* (here a generic term for the good men as a whole, whether believers or unbelievers, the *remnant*) will establish a *promised land* of Truth, love, spiritual *intelligence*, on which the men *hungry* and *thirsty* (reminiscent of Matthew 5/6) for the *Kingdom* of Good will feed (the backdrop of *The Revelation of Arès;* the theme of the *changed world 28/7, 28/15;* the theme of the new *Exodus* that brother Michel likes to develop in his teaching).

12. This Word gives the *brothers* an exceptional *Strength*. With this *Strong Water* they irrigate mankind, they quench its *thirst* for Truth and hope, they inspire a *torrent* of *changes* in it.

13. *Mikal* is a *son* of God (n. 2/1). Subsequently he will generate *sons* of God in great numbers.

RÉVÉLATION ORIGINALE — *ORIGINAL REVELATION*

Les mots entre parenthèses (...), ajouts de la main du frère Michel, facilitent la lecture et la compréhension de l'original
The words in brackets (...), additions in brother Michel's hand, make the reading and understanding of the original easier

XII
1. L'homme (est) la nèpe sous Mon Pied.
2. Mon Pas est lent, (mais) Mon Talon est lourd.
3. Mon Haleine ne court pas dans les pins (comme) les bègues (y) courent. Ils vengent l(eur) langue cousue.
4. Les bègues mangent la poussière.
   (Quand) Mikal parle, la poussière (devient) le miel. Le miel fait le fort. Parle !
5. Ta bouche mâche la poussière pour le frère.
   (Tu es comme) l'abeille (qui) vole dans les pins ; le miel coule dans le frère. Il fait la race.
6. La mer lance la tempête, les pins (se ren)versent,
   (mais) l'abeille vole, le miel (est à l'abri) sous l'écorce
   (tandis que) la nèpe entre dans la terre, le flot (la) noie.
7. Appelle le frère ! L'homme sourd, crie dans son oreille !
   (Dis leur :) « Le feu lourd, sa braise fond le roc. »
8. Le feu lourd tombe (dans) le bec de fer sous la mer. Le feu vanne la mer (comme) la paille ; il essuie la mer (comme) la sueur.

XII
1. Man (is) the water scorpion under My Foot.
2. My Pace is slow, (but) My Heel is heavy.
3. My Breath does not run between the pines (as) the stammerers run (there). They avenge (themselves for) the(ir) stitched tongue.
4. The stammerers eat the dust.
   (When) Mikal speaks, the dust (becomes) the honey. The honey makes the strong one. Speak!
5. Your mouth chews the dust for the brother.
   (You are like) the bee (which) flies about between the pines ; the honey flows into the brother. He generates the race.
6. The sea launches the storm, the pines fall (over),
   (but) the bee flies, the honey (is sheltered) under the bark
   (while) the water scorpion goes into the ground, the waves drown it.
7. Call out to the brother! The deaf man—shout in his ear!
   (Tell them,) "The heavy fire—its embers melt the rock."
8. The heavy fire drops (into) the iron spout underseas. The fire winnows the sea (like) the chaff ; it wipes away the sea (like) the sweat.

LA POUSSIÈRE DEVIENT LE MIEL — *THE DUST BECOMES THE HONEY*

ANNOTATIONS
Dieu donna en même temps au témoin son Message et le sens de son Message; ces notes sont de la main du témoin
God gave the witness at once his Message and the meaning of his Message; the notes are in the witness's hand

XII

1. *Nèpe:* Punaise, scorpion.

2. *Mon Pas est lent:* Je suis patient et magnanime. Cependant, l'homme doit accélérer le mouvement de l'histoire vers la restauration d'Éden. Que *l'homme* n'oublie pas qu'il est peu de chose *(une nèpe)* et pourtant capable de devenir *un Dieu (2/13)!* La Vérité approche lentement des mauvais, des égarés et des frivoles en leur laissant le temps de *changer leur vie (30/11, 28/7)*, mais un jour ou l'autre une fatale évolution (le *Talon*) viendra, et les retardataires et les rebelles obstinés seront abandonnés à leur sort.

3. En 1977 Arès, localité côtière, était encore riche en pinèdes; la promotion immobilière a causé l'abattage d'un grand nombre d'arbres depuis lors. Dieu ne parle pas à Arès pour alimenter sous les *pins* les conversations superficielles ou inopportunes de ceux qui ne comprennent pas son Message ou qui ne se considèrent pas engagés par lui, bien qu'ils ne cessent d'en discuter.

4-5. La *Parole* de Dieu et la *parole (1/12)* du *prophète (le miel)* remplaceront les débats et les discours inutiles *(la poussière)*. L'*abeille* de la *Vie (24/3-5, 38/5)* remplacera le scorpion *(nèpe)* de l'intellect et des notions abstraites et mythiques de la religion, de la politique, etc. Une fois de plus la foi est représentée comme une action créatrice et non comme un concept dogmatique.

6. Quand survient la tourmente (voir n. 7-8), la mission tient bon, la *Parole* et toute sa potentialité sont *à l'abri*. Qu'en serait-il avec des bavards vaniteux et lâches? La mission périrait.

7-8. Si l'humanité continue ainsi, un bouleversement social, économique, etc., surviendra, aussi redoutable qu'un *feu* nucléaire soulevant la *mer* et l'éparpillant comme un *van* fait voler *la paille*. Le monde peut s'en trouver bouleversé comme un océan se trouverait asséché *(essuyé)*.

XII

1. Either a *water scorpion (nèpe* in French) or any insect of the family nepidae.

2. *My Pace is slow:* I am patient and magnanimous. Nevertheless, *man* has to speed up the progress of history toward the restoration of Eden. Let *man* remember that he is nothing much *(a water scorpion)* and yet able to become *a God (2/13)!* Truth is slowly drawing near to the wicked, the men led astray and the futile, it gives them time *to change their lives (30/11, 28/7)*, but sooner or later an inevitable evolution (the *Heel*) will occur, and the latecomers and the strubborn rebels will be left to their fate.

3. In 1977 Arès, a coastal town, was still rich in *pine* woods and groves; housing development has caused the felling of numerous trees since then. God is not speaking in Arès to keep shallow or inappropriate talks going *between the pines,* the talks of men who either do not understand his Message or do not consider themselves committed to it, though they are discussing it endlessly.

4-5. God's *Word* and the *prophet's word (I/12) (the honey)* shall replace the unavailing debates and rhetorics *(the dust)*. The *bee* of *Life (24/3-5, 38/5)* shall replace the *scorpion* of intellect and abstract mythical notions of religion, politics, etc. Once more faith is represented as a creative action, not as a dogmatic concept.

6. When an upheaval arises (see n. 7-8), the mission holds out, the *Word* and its intact potentiality are well-*sheltered*. If the mission were made up of vain, cowardly prattlers, it would die away.

7-8. If the world goes on in the same way, a social, economical, etc. upheaval is to occur as fearsome as a nuclear *fire* raising the *sea* and dispersing it as a winnow blows off *chaff*. The world may find itself drastically transformed just as an ocean would be drained *(wiped away)*.

RÉVÉLATION ORIGINALE — *ORIGINAL REVELATION*
Les mots entre parenthèses (...), ajouts de la main du frère Michel, facilitent la lecture et la compréhension de l'original
The words in brackets (...), additions in brother Michel's hand, make the reading and understanding of the original easier
---

9. (Seul) Mon Souffle éteint le feu.
10. Tu as Mon Souffle.
    (Quand) ton genou plie (de fatigue), Ma Main (te re)lève.
11. (Al)long(e) ton bras, (mets) ta main sous Mon Pied ! Tu es droit (comme) un nerf !

DEUXIÈME THÉOPHANIE
9 octobre 1977

1. La porte (pour)suit la porte ; elles tournent.
2. Berger, tu as Mon Bras.

3. (Pourquoi) ton bras (te paraît-il) mort devant le Bon ?
4. (Tu te dis :) « Le Bon tombe comme l'éclair. »

5. Yëchou (est) vrai, (mais) sa gorge (est) petite ; (elle) souffle.
6. Le Bon donne la Parole en bruit.

---

9. (Only) My Breath puts out the fire.
10. You have My Breath.
    (When) your knee bends (with tiredness), My Hand helps (you) up.
11. (E)long(ate) your arm, (put) your hand under My Foot ! You are erect (like) a nerve.

SECOND THEOPHANY
October 9, 1977

1. The door chases the door ; they (keep) turn(ing).
2. Shepherd, you have My Arm.

3. (Why does) your arm (feel) numb in front of the Good one ?
4. (You think,) "The Good one falls like the lightning."

5. Yuhshoo (is) true, (but) his throat (is) small ; (it) wheezes.
6. The Good one gives the Word in noise.

ANNOTATIONS
Dieu donna en même temps au témoin son Message et le sens de son Message; ces notes sont de la main du témoin
God gave the witness at once his Message and the meaning of his Message; the notes are in the witness's hand

9-11. Qu'il soit le *feu* de la guerre ou de grands bouleversements sociaux et économiques (suggérés par les versets 7 et 8) ou qu'il soit le *feu* du mal qui consume le cœur humain même en temps de paix et d'apparent bonheur, il s'agit ici du *feu* du péché. Dieu ne dit pas qu'il le soufflera comme une bougie, puisque Dieu a décidé que sa Liberté dépendrait de la liberté de l'homme (Genèse 8/21, I Samuel 8/7-8) et donc que la solution du péché dépendrait de leurs volontés simultanées (synergie). Dieu dit que l'humanité elle-même *éteindra* ce *feu* si elle laisse enfin entrer le *Souffle (l'Esprit)* du contre-*feu (XLI/7, XLVIII/9, L/4-6)* qui lui est offert depuis la Genèse, c'est-à-dire, si elle *accomplit (35/6)* enfin la *Parole*, dont le *prophète* rappelle le sens.

XIII 1. *La porte poursuit la porte...:* Les *portes tournent* sans cesse comme un tourniquet ou un sas à tambour. La recherche de la Vérité et de la recette du bonheur est une agitation sans fin; les seuls moyens matérialistes et rationalistes n'en viendront pas à bout. Pour le moment toute solution débouche sur un nouveau problème. Il n'y aura pas de solution définitive hors de la vie spirituelle.

3-4. La grandeur de Jésus *(le Bon)* impressionne et décourage le témoin d'Arès; il se sent beaucoup moins vertueux que le Christ, mais il n'en est pas moins *prophète*.

5-6. Quoique la rectitude et la richesse spirituelles de Jésus fussent exceptionnelles à la fin de sa vie prophétique, quand *il mit ses pas dans les Pas de Dieu (2/12)*, incarnant l'amour de Dieu pour l'homme, il ne faut pas attendre de lui plus qu'on ne doit attendre d'un humain transfiguré et glorifié *(32/1-2,* voir aussi nn. II/3, II/5, 23/7, etc., qui démentent que Jésus soit Dieu; il a

9-11. Whether the *fire* is that of war or that of big social and economic upheavals (suggested by the v. 7 & 8) or whether it is that of evil which consumes man's heart even in times of peace and apparent happiness, the *fire* in question here is that of sin. God does not say that he will blow it out as a candle because he decided that his Freedom would depends on man's freedom (Genesis 8/21, I Samuel 8/7-8), therefore the solution to sin depends on God and man's simultaneous wills (synergy). God says that men themselves will *put out* that *fire* if they eventually let in the *Breath* (the *Spirit*) of the back*fire (XLI/7, XLVIII/9, L/4-6)* which they have been offered ever since Genesis, that is to say, if they *achieve the Word (35/6)* at last, the meaning of which the *prophet* is charged to recall men to.

XIII 1. *The door chases* (literally: *follows) the door:* The *doors turn* non stop as revolving doors or a turnstile. The search of truth and of the recipe for happiness is an endless turbulence; man will never bring it to a satisfactory conclusion by materialistic and rationalistic means only. For the time being every solution leads on to a new problem. No definitive solution will be found outside spiritual life.

3-4. The grandeur of Jesus *(the Good one)* overawes and disheartens the witness of Arès; he feels much less virtuous than Christ, but he is not a lesser *prophet*, however.

5-6. Although Jesus' spiritual richness and righteousness were exceptional in his late prophetic lifetime, when *he set his steps in God's steps (2/12)* embodying the love of God for man, one should not expect from him anything more than one should expect from a transfigured and glorified human being *(32/1-2,* see also n. II/3, II/5, 23/7, etc, which deny that Jesus is God; he

RÉVÉLATION ORIGINALE — *ORIGINAL REVELATION*
Les mots entre parenthèses (...), ajouts de la main du frère Michel, facilitent la lecture et la compréhension de l'original
The words in brackets (...), additions in brother Michel's hand, make the reading and understanding of the original easier

7. Yëchou (est) bas ; Je suis haut.

8. La Parole, un nerf dans ta tête.

9. Le Bon passe, (il laisse sa) salive sur ta main ;
pourquoi ton bras (serait-il) mort ?

10. Frotte ta main ! Le Bon est roi (en-)bas ;
11. (il) regarde (mais) son œil (est) l'œuf mort.
12. (Il) vole, crois-tu ? (Non,) le Bon marche (comme) l'araignée marche.

13. (Toutefois,) le Bon parle vrai.

14. (Il) est roi du peuple (d'en-)bas face à la mer, entre la terre et l'arbre.

---

7. Yuhshoo is low ; I am high.

8. The Word (is) a nerve in the head.

9. The Good one passes by, (he leaves his) saliva on your hand ;
why (would) your arm (be) numb ?

10. Rub your hand ! The Good one is a king (here) below ;
11. (he) watches, (but) his eye (is) the dead egg ;
12. Do you think (that he) flies ? (No,) the Good one walks (as) the spider walks.

13. The Good one speaks (the) Truth (nonetheless).
14. (He) is the king of the people (here) below facing the sea, between the ground and the tree.

ANNOTATIONS

Dieu donna en même temps au témoin son Message et le sens de son Message; ces notes sont de la main du témoin
God gave the witness at once his Message and the meaning of his Message; the notes are in the witness's hand

seulement été *fait un Dieu, 2/13,* un *Christ, 32/2,* ce que tout homme est appelé à devenir. Voir aussi les notes sur *l'image et ressemblance* du Père). Les autres *prophètes* ne sont pas inférieurs à Jésus; quelques uns le dépassent par certains côtés: Comparer par exemple XIII/6 avec XIII/15: Jésus parle *en bruit,* mais Mahomet *(Mouhamad)* parle *face à l'Aurore!*

7. *Bas* (humain) et *haut* (divin): Comparer avec II/3-4. *Jésus n'est pas Dieu (32/2).*

8-9. La *Parole* adressée à *Mikal* n'est pas moins importante que la *Parole* autrefois adressée à Abraham, Moïse, Jésus, Mahomet *(Mouhamad)* et d'autres *prophètes.* Il n'y a qu'une *Parole* (un seul *nerf dans la tête*) sous des modes différents selon les époques et les circonstances. *Mikal* est *prophète* à part entière, seulement différent. Il peut et doit remplir sa mission sans se croire inférieur, sans tendre à s'effacer derrière le renom, la vertu et la gloire des *prophètes,* notamment de Jésus *(le Bon),* qui l'ont précédé — Une tendance qu'avait le frère Michel à cette époque.

10. Si Jésus est *roi* (v. 14), ce ne peut être que sur terre *(en-bas);* il n'est pas roi au Ciel. Nouvelle dénégation du dogme chrétien de Jésus, deuxième personne de la trinité.

11-12. *L'œil* de Jésus n'est pas l'Œil de Dieu. Même ressuscité et transfiguré, Jésus vit comme toute créature vivante dans l'univers — exemple: une *araignée* — selon le *Dessein* du Créateur.

13. Quoique contraint de *parler en bruit* pour être compris des hommes, Jésus a transmis la Vérité, notamment à Arès en 1974. *Bruit:* voir n. II/19.

14. *Peuple d'en-bas:* Le *peuple* qui se reconstituera autour de la Parole d'Arès, révélée non dans un prestigieux sanctuaire religieux, mais dans une banale localité *face à la mer* (l'Atlantique); et

---

was just *made a God, 2/13,* a *Christ, 32/2,* which every man is called on to change into. See also the notes about the Father's *image and likeness).* The other *prophets* are no lower than Jesus; a few of them surpass him in some respects: For example, compare XIII/6 with XIII/15: *Jesus speaks in noise,* but *Muhammad* speaks *turned toward the Dawn!*

7. *Low* (human) and *high* (divine): Compare with II/3-4. *Jesus is not God (32/2).*

8-9. The *Word* sent to *Mikal* is no less important than the *Word* once sent to Abraham, Moses, Muhammad and other *prophets.* There is a sole *Word* (a one *nerve in the head*) only in different styles according to times and circumstances. *Mikal* est fully-fledged *prophet,* only different. He has both the ability and duty to carry out his mission; he shall not posit that he is unequal to the task, and he shall not incline to hide behind the renown, virtue and glory of the *prophets* who came before him, particularly Jesus *(the Good one)*—A tendency of brother Michel at the time.

10. As Jesus is a *king* (v.14), he can only be a *king* on the earth *(here below);* he is no king in Heaven. A new denial of the Christian dogma of Jesus regarded as second person of the trinity.

11-12. Jesus' *eye* is not God's Eye. Even resurrected and transfigured Jesus lives like any living creature in the universe—as a *spider,* for example—according to the the *Design* of the Maker.

13. Though bound to *speak in noise* so that men could understand him, Jesus has conveyed Truth, particularly in Arès, 1974. *Noise:* see n. II/19.

14. *People here below:* The *people* to be reconstituted round the Word of Arès not revealed in a prestigious religious shrine, but revealed in a commonplace town *facing the sea* (the Atlantic),

RÉVÉLATION ORIGINALE — *ORIGINAL REVELATION*
Les mots entre parenthèses (...), ajouts de la main du frère Michel, facilitent la lecture et la compréhension de l'original
The words in brackets (...), additions in brother Michel's hand, make the reading and understanding of the original easier

15. Mouhamad (est) la voix face à l'Aurore.

16. L'œil de Mouhamad (est) plein d'Eau (Céleste).

17. Le Bon pousse la nuit ;
Mouhamad tient le soleil sur la tête de Yëchou.

---

15. Muhammad (is) the voice toward the Dawn.

16. Muhammad's eye (is) full of (Heavenly) Water.

17. The Good one pushes the night ;
Muhammad holds the sun over Yuhshoo's head.

ANNOTATIONS

Dieu donna en même temps au témoin son Message et le sens de son Message; ces notes sont de la main du témoin
God gave the witness at once his Message and the meaning of his Message; the notes are in the witness's hand

au sens figuré *la Mer sur les Hauteurs (20/4)*. Il ne s'agit pas des habitants d'Arès; la plupart d'entre eux ne croient pas dans *La Révélation d'Arès — Nul n'est prophète dans son pays (Luc 4/24)* —. Il s'agit des hommes et femmes partout dans le monde qui tirent de l'Appel d'Arès des raisons nouvelles de *changer leurs vies (30/11)* et de *changer le monde (28/7)*. *Entre la terre et l'arbre:* La racine du monde à venir, le *reste* et le *petit reste* (n. I/15-16 et n. 24/1-2). Ici *roi* désigne le *prophète* par antithèse, parce qu'aucun *prophète* n'est un *chef (16/1)* religieux ou politique au sens de *roi blanc* et *roi noir* (voir n. IX/3, etc).

15-16. *Aurore:* L'Orient comme terre païenne; Mahomet *(Mouhamad)* fut le dernier *(le sceau, Coran)* des *prophètes* envoyé à des païens, ou à des incroyants intégraux, pour leur révéler la Vérité basale, élémentaire. Sens étendu: Dieu est Celui qui fait lever l'ultime et sublime *Aurore* de l'espérance et du *changement*. L'unique Vérité compose le *Fond (ch.XXXIV)* de tous les messages prophétiques, mais leurs formes différentes déroutent les esprits superficiels et fondamentalistes. C'est pourquoi Jésus, en Galilée ou à Arès, parla *en bruit (v.6)*, c.-à-d. traduisit la Parole en langage commun, notamment en paraboles — *La Révélation d'Arès* n'indique pas clairement pourquoi —, tandis que le Coran est plus proche des mots mêmes *(l'Eau Céleste)* perçus par Mahomet. Cependant, l'Évangile et le Coran expriment tous deux la Vérité.

17. *Jésus pousse la nuit* comme on pousse une charrette, c.-à-d. laborieusement. Tandis que Jésus *(le Bon)* doit aujourd'hui encore poursuivre sa difficile mission, *Mouhamad* a réussi la plus grande part de sa mission dès sa vie terrestre. Mais la différence n'abaisse pas Jésus; elle résulte d'écarts de modes et de circonstances selon les missions. Aucune mission prophétique n'est supérieure à une autre en valeur spirituelle absolue, toutes les missions se complètent pour ne former qu'un seul et unique prophétisme au service de l'unique Vérité.

---

and in the figurative sense the *Sea on the Heights (20/4)*. This verse is not about the inhabitants of Arès; most of them do not believe in *The Revelation of Arès—No prophet is ever accepted in his own country (Luke 4/24)*—. It is about the men and women worldwide who draw new reasons for *changing their lives (30/11)* and *the world (28/7)* from the Call of Arès. *Between the ground and the tree:* The coming world's root, the *remnant* and *small remnant* (see n. I/15-16 & n. 24/1-2). Here *king* refers to *prophet* Jesus by antithesis because none of the *prophets* is a religious or political *ruler (16/1)* in the sense of *white* and *black king* (see n. IX/3, etc).

15-16. *Dawn:* The East as a pagan land; *Muhammad* was the last *(the seal, Quran)* of the *prophets* sent to pagans or utter unbelievers in order to reveal the basic Truth to them. Extended meaning: God is the One who causes the ultimate and sublime *Dawn* of hope and *change* to break. The unique Truth forms the *Core* or *Bottom* or *Pith (ch.XXXIV)* of all the prophetic messages, but their different exteriors disconcert the shallow and fundamentalist minds. This is why Jesus, in Galilee and in Arès alike, spoke *in noise (v.6)*, that is, translated the Word into everyday tongue, especially into parables—*The Revelation of Arès* does not make it clear why—, while the Quran is closer to the very words *(Heavenly Water)* that *Muhammad* perceived. Both the Gospel and the Quran express Truth, however.

17. *Jesus pushes the night* just as one pushes a cart, that is, laboriously. While Jesus *(The Good one)* still carries on with his difficult mission, Muhammad made a success of his own mission for the most part in his lifetime. But Jesus is not brought low by the difference, which follows from disparities of ways and circumstances between the missions. No prophetic mission is superior to another in absolute spiritual value, all the missions complement one another in order to form a one and only prophethood serving the one and only Truth.

RÉVÉLATION ORIGINALE — *ORIGINAL REVELATION*
Les mots entre parenthèses (...), ajouts de la main du frère Michel, facilitent la lecture et la compréhension de l'original
The words in brackets (...), additions in brother Michel's hand, make the reading and understanding of the original easier

18. (Mais, de la) bouche de Yëchou (et de la) bouche de Mouhamad, toi (tu sors comme) le feu.
19. Tu montes sur l(eur) oreille.
20. Le roi blanc, tu souffles ses pas ;
    le(s) fidèle(s) ne voi(en)t plus (les pas du roi blanc).
21. Le roi (qui) tient la barbe de Moché,
    le roi (qui) tient la barbe de Yëchou,
    le roi (qui) tient la barbe de Mouhamad,
22. son bas a le(s) trou(s), (il r)entre sa jambe,
    (comme) le serpent (il te) cherche.
23. Cache ta face ! (Quand elle devient comme) le cuir, (tu laisses) le roi blanc voi(r) ton œil.

XIV

1. Adame frappe l'arbre de (la) Parole. (Blessure) ouvert(e) !
2. L'arbre pleure le sang.
   Le sang (gicle) sur la tête, la cuisse (d'Adame, qui sont) rouges.
3. Rouges ! Je suis blanc (comme) l'Eau.

---

18. (But from) the mouth of Yuhshoo (and from) the mouth of Muhammad you (come out like) the fire.
19. You climb on to the(ir) ear(s).
20. The white king's footprints—you blow (them) away ;
    the faithful no longer see (the white king's footprints).
21. The king (who) holds the beard of Mosheh,
    the king (who) holds the beard of Yuhshoo,
    the king (who) holds the beard of Muhammad—
22. his stocking has the hole(s), (he) pulls his leg (in),
    (like) the snake (he) searches (for you).
23. Hide your face ! (When it becomes like) the leather, (you let) the white king see your eye.

XIV

1. Adam hits the tree of (the) Word. (A) gaping (wound in it) !
2. The tree weeps blood.
   The blood (spurts) onto the head, the thigh (of Adam, which are) red.
3. Red ! I am white (as) the Water.

ANNOTATIONS
Dieu donna en même temps au témoin son Message et le sens de son Message; ces notes sont de la main du témoin
God gave the witness at once his Message and the meaning of his Message; the notes are in the witness's hand

18-19. *Mikal* n'a aucune raison de se sentir inférieur à Mahomet *(Muhammad)*, à Jésus ou à d'autres *prophètes* (voir nn. XIII/8-10).

20. *Soufflée* par la bouche du *prophète*, la Parole court sur les brisées de la religion et de ses émules: politique, justice, etc., elle y provoque confusion et doute, elle porte la foi et la société à suivre une évolution créatrice permanente en désertant les idées et les puissances *momifiées (XLIX/7)*. La Révélation originale dit: *les fidèles ne voient pas*, mais le sens est *ne voient plus*.

21-22. Que le *prophète* prenne garde aux réactions de la religion *(roi blanc)*, qu'elles se réclament de Moïse *(Moché)*, de Jésus *(Yëchou)*, de Mahomet *(Mouhamad)* ou d'autres sources!

23. À cause de son ancienneté chaque grande religion a une expérience approfondie de la rivalité religieuse, dispose d'armes psychologiques et médiatiques puissantes, et est convaincue de sa véracité unique. Que le *prophète* n'affronte aucun pouvoir religieux *(roi blanc)* sans s'être bien préparé (s'être fait *la face* dure comme *cuir)!* (Voir 29/2, 36/22, etc.)

1. Par son péché Adam abattit ou fit éclater *l'arbre* d'Éden dont le fruit était la Parole (voir nn. VII/5 à 13), *la connaissance du bonheur et du malheur (Genèse 2/17); l'arbre* de l'équilibre. Pour *Adame* voir aussi n. V/3.

2-3. Ici *rouge* est la couleur du péché opposée au *blanc (v. 3)* de la pureté de Dieu, de la Vérité. Mais *rouge* n'a pas toujours ce sens (voir XIX/17, XXVI/6, etc.) et *blanc* n'a pas toujours le sens de pur et vrai, comme on le voit dans *roi blanc*. La Voix du Père fit un bref mais très caractéristique silence entre le premier *rouges (v. 2)* et le second *rouges (v. 3)*.

18-19. *Mikal* has no grounds for feeling lower than *Muhammad*, or Jesus, or other *prophets* (see n. XIII/8-10).

20. *Blown* through the *prophet's* lips the Word competes with religion and its emulators: politics, justice, etc, it arouses confusion and doubts in them, and it incites faith and society to desert the mummified *(XLIX/7)* ideas and powers *(kings)* and to follow a permanent creative development. The original Revelation says: *the faithful do not see*, but the true meaning is *no longer see*.

21-22. Let the *prophet* beware of the reactions of religion *(white king)*, whatever roots it claims to have, in Moses *(Mosheh)*, or in Jesus *(Yuhshoo)*, or in Muhammad, or in other sources!

23. Owing to its ancientness each major religion has a great experience of religious rivalry and powerful psychological weapons and mass media, and it is convinced of its unique truthfulness. Let the *prophet* not conflict with any religious power *(white king)* unless he has prepared for the confrontation (made his *face* hard as *leather)!* (See 29/2, 36/22, etc.)

1. Adam through his sin either felled or burst the *tree* of Eden, the fruit of which was the *Word* (see n. VII/5 to 13), *the knowledge of good and evil (Genesis 2/17);* the *tree* of equilibrium. Concerning Adam see n. V/3 too.

2-3. Here *red* is the color of sin as opposed to *white (v. 3)*, the color of God's purity, of Truth. But sometimes *red* bears other senses (see XIX/17, XXVI/6, etc), and *white* does not always mean pure and true, as we see in *white king*. The Father's Voice was quiet for a short but unequivocal while between the first *red (v. 2)* and the second *red (v. 3)*.

RÉVÉLATION ORIGINALE — *ORIGINAL REVELATION*
Les mots entre parenthèses (...), ajouts de la main du frère Michel, facilitent la lecture et la compréhension de l'original
The words in brackets (...), additions in brother Michel's hand, make the reading and understanding of the original easier

4. Rouges (sont d')Adame le fils, et (les) fils et (les) fils,

5. jusqu'à Yëchou (qui est) percé;

6. (mais) Mouhamad lance le fer.

7. Toi, (tu es) assis sur l'île sèche, là (où) Cha'oul boit la pluie, (se) tord (de) la faim.

8. Cha'oul donne la Parole en bruit de bruit.
9. L'île (en devient) sourde,
   (ils en ont) mal (à) l'oreille, pousse(nt) Cha'oul dans la mer.

---

4. Red are Adam('s) son and sons and sons,

5. even Yuhshoo (is) pierced;

6. (but) Muhammad hurls the iron.

7. (As for you,) you sit on the dry island, where Sha'ul drinks the rain, writhes with hunger.

8. Sha'ul speaks the Word in noise of noise.
9. The island(ers turn) deaf,
   (they have a) pain (in) the(ir) ear(s), (they) shove Sha'ul into the sea.

ANNOTATIONS
Dieu donna en même temps au témoin son Message et le sens de son Message; ces notes sont de la main du témoin
God gave the witness at once his Message and the meaning of his Message; the notes are in the witness's hand

4. La descendance d'Adam a obstinément perpétué le péché. *Le fils et les fils et les fils:* La répétition indique un très grand nombre, ici un grand nombre de générations, voir n. I/15-16.

5-6. *Jusqu'à* tuer le *prophète* de l'amour et du dépassement! Par opposition à Jésus crucifié *(percé)*, Mouhamad échappe aux meurtriers et prend les armes *(lance le fer)*. Note historique: Ayant prêché pacifiquement pendant dix ans à La Mecque, Mahomet allait succomber à un complot criminel des notables mecquois, quand il s'enfuit avec son ami Abou Bakr à Medine (Yathreb) d'où il lança la guerre sainte. Ce moment fatidique s'appelle l'Hégire.

7. *Île sèche:* Refuge, par allusion à Malte où *Cha'oul* (Saül, l'apôtre Paul) fut naufragé et souffrit de la soif et de la faim. Même s'il doit s'en trouver démuni et affamé (34/5), *Mikal* maîtrisera sa nature combative et ne s'exposera pas physiquement (29/5). Verset qui ne contredit pas X/14-19, mais qui en précise le sens: Évitant le sort de Jésus dont la mission fut tragiquement abrégée et le sort de Mahomet contraint à la guerre où, selon certains, il aurait perdu une partie de sa réputation de transcendance, *Mikal* fuira la violence comme il fuira toute tutelle pour garder sa liberté d'action et de *parole*.

8-9. Paul n'avait pas connu personnellement Jésus. De la prédication de Jésus, laquelle avait déjà pris une certaine forme de *bruit (XIII/6),* puisque Jésus avait dû traduire la Parole en langage commun, Paul fit une théologie, un *bruit de bruit*, le pire des *bruits* (voir *livre d'homme 32/12,* et n. I/5). Les hommes de l'époque étaient inaptes à saisir une spiritualité de haut niveau (le sont-ils seulement aujourd'hui?); Jésus eut raison de leur parler en paraboles, mais Paul ne comprit pas ce besoin de clarté par la simplicité et le schéma, il obscurcit le message évangélique par la théologie. N'y comprenant rien, les Maltais agacés chassèrent ce vaillant missionnaire.

---

4. Adam's descendants have persistently perpetuated sin. *Adam's son and sons and sons:* The repetition designates a great number, here a great number of generations, see n. I/15-16.

5-6. *Even* the *prophet* of love and surpassing-of-oneself was killed! In contrast to Jesus crucified *(pierced)* Muhammad escapes from the murderers and takes up arms *(hurls the iron).* A point of history: After preaching peaceably for ten years in Mecca Muhammad was about to succumb to a plot of the Meccan notables on his life when he fled with his friend Abu Bakr to Medina (Yathrib) where he began waging Holy War. That fateful time is called the Hegira.

7. *Dry island:* Refuge; it alludes to Malta where *Sha'ul* (apostle Paul) as a castaway suffered from thirst and hunger. Even if he were to become destitute and famished (34/5), *Mikal* shall control his fighting nature and avoid putting himself in danger (29/5). This is not at variance with X/14-19; this supplements the sense of the latter: *Mikal* shall avoid both the fate of Jesus whose mission was tragically shortened and the fate of Muhammad forced to wage war, in which, some think, he might have lost part of his reputation for transcendence; Mikal shall fight shy of anyone's violence and/or supervision alike in order to keep his *word* and action free.

8-9. Paul had not known Jesus personally. From Jesus' preaching which had already taken some form of *noise (XIII/6),* since Jesus had had to translate the Word into common language, Paul derived a theology: *noise of noise,* the worst kind of *noise,* the utmost *noise* (see also *book of man 32/12,* and n. I/5). In those times most men were unable to perceive high-level spirituality (are they able to today?); Jesus was right to speak to them in parables, but Paul did not realize that need for clarity through plainness and outlines, he obscured the evangelical message under theology. The Maltese did not understand a word of it, they became irritated and forced this courageous missionary to flee.

RÉVÉLATION ORIGINALE — *ORIGINAL REVELATION*
Les mots entre parenthèses (...), ajouts de la main du frère Michel, facilitent la lecture et la compréhension de l'original
The words in brackets (...), additions in brother Michel's hand, make the reading and understanding of the original easier

10. (Si) le(s) sang(uinaires te) chasse(nt) à l'île sèche, là assois la Parole !

11. (L'île te fait) honneur ! L'île, Mon Œil tourne autour.
12. Sous le pouce (repasse) l'œil de Yëchou ;
    Mouhamad (a) l'œil plein d'Eau.

13. Ton œil (a) le Feu ;
    l'homme (qui te suit) voit l'Île Bleue (au) loin.

---

10. (If) the blood(thirsty) force (you) to flee to the dry island, secure the Word there !
11. (The islanders) honor (you) ! The island—My Eye turns around (it).
12. Under the thumb Yuhshoo's eye (looks again) ;
    Muhammad('s) eye (is) full of Water.

13. Your eye (has) the Fire ;
    the man (that follows you) can see the Blue Island far (off).

ANNOTATIONS
Dieu donna en même temps au témoin son Message et le sens de son Message; ces notes sont de la main du témoin
God gave the witness at once his Message and the meaning of his Message; the notes are in the witness's hand

10-11. Ceux qui donnent abri au *prophète* et à la *Parole* reçoivent des Grâces *(l'Œil* de Dieu se fixe sur eux). Ceci ne s'applique pas seulement aux circonstances dramatiques. Sous une autre forme on retrouve ici le thème de l'assistance donnée au *prophète (34/7).*

12. Quand Jésus *(Yëchou),* bien que glorifié, est renvoyé sur terre (comme à Arès en 1974), il reprend un comportement terrestre et retrouve les difficultés de la communication entre hommes (il *repasse sous le pouce). Prophète* de l'amour et du *changement du monde (28/7)* — c'est surtout sur ce plan qu'il se démarqua du judaïsme —, Jésus en Palestine parla en paraboles empruntées à la vie quotidienne. À Arès en 1974 il parle de façon plus élaborée et abstraite, mais son langage reste familier pour le lecteur, il use encore largement de paraboles. Par contre, en 1977, le langage des Théophanies est transcendant, primordial; l'opinion de ceux qui le trouvent primitif ou ridicule n'est pas fondée. D'une certaine façon, le langage du Coran annonçait cette transcendance; le paysage mental du Coran, *plein d'Eau,* est parfois peu visible à *l'œil* humain (voir XIII/6, 16 et 17) à la première lecture.

13. *L'Île Bleue:* Le refuge suprême, ultime, du juste, *l'île sèche (v. 7)* étant son refuge provisoire terrestre. *L'Île Bleue* représente le séjour des *âmes* dans l'attente d'Éden que restaureront peu à peu les hommes de bien et que consacrera le *Jour* (Éden et le *Jour* de Dieu sont des œuvres de natures différentes, mais corrélatives, ou synergiques). Le *prophète* d'Arès a reçu un exceptionnel don de discernement dans le domaine spirituel. De même que le *feu* décompose la matière, *l'œil* intérieur de *Mikal* discerne les problèmes que posent la *Parole,* la foi, la mission, etc., à l'intelligence intellectuelle en attendant la restauration de *l'intelligence* spirituelle qui n'est plus aujourd'hui qu'un *faible lumignon (32/5).*

10-11. Those who give shelter to the *prophet* and the *Word* are given Graces (God fixes his *Eye* on them). This is not only relevant to tragic occurrences. Here the theme of the assistance lent to the *prophet (34/7)* re-emerges in a different form.

12. When Jesus *(Yuhshoo),* though he is glorified, is sent back onto the earth (as is the case in Arès, 1974), he resumes an earthly behavior and has to tackle the difficulties of communication between men *again* (he *passes under the thumb again).* Being the *prophet* of love and of *the world's change (28/7)*—it is especially in this field that he stood apart from Judaism , Jesus in Palestine used to speak in parables borrowed from everyday facts. In Arès, 1974, he speaks in a more elaborate and abstract way, but his language remains familiar to the reader, he still makes wide use of parables. On the other hand, in 1977, the language of the Theophanies is transcendent, primordial; the opinion of the men that deem it primitive or ludicrous is groundless. In a way the Quran's language foreshadowed this transcendence; the mental scene of the Quran, *full of Water,* may be hardly visible to the human *eye* (see XIII/6, 16 &17) on the first reading.

13. *The Blue Island:* The supreme, ultimate refuge of the just man in contrast to the *dry island (v. 7),* his temporary earthly refuge. The *Blue Island* refers to the abode of the *souls* waiting for Eden to be gradually restored by the good men and for God's *Day* to make that restoration complete (Eden and God's *Day* are works of a different, but correlative or synergetic nature). The *prophet* of Arès has been endowed with outstanding clearsightedness in the spiritual sphere. Just as *fire* decomposes matter, *Mikal's* inner *eye* can discern the problems posed by the *Word,* by faith, by the mission, etc, for intellectual intelligence as long as spiritual *intelligence,* which has long come down to a *dim candle end (32/5),* is not recovered.

RÉVÉLATION ORIGINALE — *ORIGINAL REVELATION*
Les mots entre parenthèses (...), ajouts de la main du frère Michel, facilitent la lecture et la compréhension de l'original
The words in brackets (...), additions in brother Michel's hand, make the reading and understanding of the original easier

XV

1. Kabou(l) haché !

2. (Où) l'aigle dort le(s) frère(s) de Mouhamad dor(men)t. (De) la pierre (ils) bouche(nt) la gueule (qui) tonne ; (ils) pare(nt) le tonnerre (comme) le croc.

3. J'ai les Bras pour le(s) frère(s) de Mouhamad.
Un (Bras) donne la furie, un (Bras) donne le pain, un (Bras) af)file la lame, un (Bras) couvre l'enfant.

4. Je vois les rois assis sur le(ur)s mains ; (ils) querellent.

5. (Parce que) tes frères appellent le Nom, les rois laissent la fumée (de la guerre) cui(re) les briques pour la pile.

6. (J'en fais) serment, (je mets) le(s) frère(s) de Mouhamad (à) Ma Droite. (Où qu')il(s) boi(ven)t, le torrent n'est pas sec.

7. Le mur tombe ; il(s) relève(nt) le mas'ji.

XV

1. Kabu(l is) hacked (to pieces) !

2. (Where) the eagle sleeps Muhammad's brother(s) sleep. (With) the rock (they) block up the muzzle (that) thunders ; (they) fend off the thunder (like) the hook.

3. I have the Arms for Muhammad's brother(s).
One (Arm) gives fury, one (Arm) gives the bread, one (Arm) sharpens the blade, one (Arm) covers the child.

4. I can see the kings sitting on the(ir own) hands ; (they) squabble.

5. (Because) your brothers call the Name, the kings let the smoke (of war) bake the bricks for the pillar.

6. (I give this) pledge : (I place) Muhammad's brother(s on) My Right. (Wherever) they drink the torrent is not dry.

7. The wall falls down ; they rebuild the mas'jy.

KABOUL HACHÉ SE RELÈVE — *KABUL HACKED IN PIECES IS REBUILT*

ANNOTATIONS
Dieu donna en même temps au témoin son Message et le sens de son Message; ces notes sont de la main du témoin
God gave the witness at once his Message and the meaning of his Message; the notes are in the witness's hand

---

XV 1. *Kaboul:* Capitale de l'Afghanistan. Cette prophétie tombe plus de deux ans avant la guerre d'Afghanistan, quand rien n'indique qu'une telle guerre puisse éclater dans un pays dont beaucoup d'Occidentaux ignorent l'emplacement exact, et jusqu'à l'existence. Puisque Dieu insuffle au témoin le sens de sa Parole tout en lui parlant, le frère Michel sait que *Kaboul* est une ville qui sera meurtrie par la guerre, mais ses souvenirs scolaires sont flous, ce nom ne lui dit pas grand chose. Pour cette raison la lettre terminale «*l*» manque dans la transcription originale; le témoin croit entendre *Kabou*.

2-3. Entre l'Afghanistan sans richesses ni industries et la puissante URSS, c'est la lutte de la *pierre* (allusion à des moyens antiques, ou à la fronde de David) contre le *tonnerre* (canons, bombes, missiles, ou Goliath). Mais Dieu soutiendra les *frères de Mouhamad*. L'événement étant bien connu maintenant, ces versets se passent de commentaire.

4-5. Les nations et les religions *(les rois)* du monde s'indignent, ils discutent d'un cessez-le-feu, mais n'apportent qu'une aide symbolique au peuple attaqué. Préférant être en bons termes avec la forte URSS plutôt qu'avec le faible Afghanistan, les puissants restent dans l'expectative; ils prévoient cependant d'honorer les Afghans par des discours et un monument *(pile = colonne)* après leur défaite. Partout les combattants de la foi sont estimés, mais ils gênent les pouvoirs du monde. Comparer avec 22/9. La Révélation originale dit: *Les rois laissent la fumée cuit les briques pour la pile.*

6. Quoi qu'il arrive, leur ennemi comme leurs tièdes amis n'abattront pas la foi des Afghans.

7. *Mas'ji:* Mosquée. Le mot arabe est «masdjid», mais la Voix le prononça «masji».

XV 1. *Kabul:* Capital city of Afghanistan. This prophesy comes through more than two years before the Afghanistan war, when nothing foreshadows any war in a country the location and even the existence of which most Western people are unaware. As God breathes the sense of his Word into the witness while speaking to him, brother Michel knows that *Kabul* is a city fated to be ravaged by warfare, but his school memories are hazy, this name does not convey much to him. For this reason the final letter '*l*' is missing in his original record; the witness hears '*Kabu.*'

2-3. Between Afghanistan wanting in wealth and industry and powerful USSR the fight is that of the *rock* (an allusion to antiquated means, or to David's sling) against the *thunder* (guns, bombs, missiles, or Goliath). But God will lend his *Arms* (upper limbs, not weapons) to back up *Muhammad's brothers*. As the event is well-known now, these verses need no comment.

4-5. Nations and religions *(the kings)* worldwide are indignant at the war, they discuss a truce, but they give only a cosmetic support to the people assailed. As they prefer to be on good terms with strong URSS rather than weak Afghanistan, the powers have a wait-and-see policy; they consider honoring the Afghans by speeches and a monument *(pillar)* after their defeat, however. All over the world fighters of faith are held in high esteem, but they embarrass the powers. Compare with 22/9. The original Revelation is: *The kings leave the smoke bakes the bricks for the pile.*

6. No matter what happens, their enemy as well as their half-hearted friends will not bring down the Afghans' faith.

7. *Mas'jy:* Mosque. The Arabic word is 'masjid', but it was pronounced 'mas'zhy' by the Voice.

RÉVÉLATION ORIGINALE — *ORIGINAL REVELATION*
Les mots entre parenthèses (...), ajouts de la main du frère Michel, facilitent la lecture et la compréhension de l'original
The words in brackets (...), additions in brother Michel's hand, make the reading and understanding of the original easier

8. La griffe dans la vallée tourne l'olque, sème le sel. Ma Langue (le) lave. Je sème la noix, la feuille (comme) l'oiseau monte.

XVI

1. Le(s) ri(re)s siffle(nt) : « Le fou appelle le Nom (de Dieu) ! »

2. Le(s) divin(s) la tête dans la fumée (et) l('effluve d)e cumin, le(ur) dos vêt(u de) l'aile de mite,

3. le(s) divin(s qui) ont le dos gris, (qui) portent les livres (comme) les cannes,

4. crient avec le dévis : « Le fou appelle le Nom (de Dieu). Chaîne, marc pour le fou (qui tient au) loin le marchand, le trône, (parce que) le Livre (lui) donne le pain (et) la pluie.

---

8. In the valley the claw turns (over) the olk, (it) sows the salt. My Tongue washes (it off). I sow the nut, the leaf (like) the bird rises.

XVI

1. The laughter hisses, "The fool calls the Name (of God) !"

2. The divine (with) the(ir) heads in the smoke (and in) the caraway (fragrance), the(ir) backs dressed in the moth wing,

3. the divine (who) have grey backs, (who) carry the books (like) the canes,

4. shout (together) with the deviaty, "The fool calls the Name (of God). Fetter(s), brandy for the fool (who holds) off the merchant (and) the throne, (because) the Book gives (him) the bread (and) the rain.

ANNOTATIONS
Dieu donna en même temps au témoin son Message et le sens de son Message; ces notes sont de la main du témoin
God gave the witness at once his Message and the meaning of his Message; the notes are in the witness's hand

8. *Olque* (mot d'origine non encore identifiée): Champs, cultures. Les engins de guerre *(griffe)* et des poisons *(sel)* dévastent les *vallées* afghanes. Dieu aidera à réparer les ruines, à semer à nouveau des cultures prospères dans ces *vallées,* parce que leurs habitants défendent la foi contre une puissance matérialiste et rationaliste trop sûre d'elle.

XVI

1. Ensemble les incroyants et les nombreux croyants qui se comportent en incroyants *rient* de ceux (considérés comme *fous)* qui affirment que Dieu peut se manifester à qui il veut, quand il veut et où il veut, que la religion, la politique et les théories en vigueur ne résoudront pas les grands problèmes de l'homme, et que l'homme et le monde peuvent *changer (28/7, 30/11)* par d'autres voies.

2-4. *L'ascension (7/2, 26/9, etc.)* des hommes de bien, que *La Révélation d'Arès* définit comme libres, aimants, évolutifs, créateurs, sera une longue épreuve sous *la canne* (les coups) des grandes institutions dominatrices et stériles. *Les divins:* Gens de religion, tant ceux qui croient représenter Dieu dans leurs ornements *(ailes de mite)* et leurs *fumées* d'encens que ceux plus austères ou moins cérémonieux *(dos gris)* qui usent seulement de *livres* (comme de *cannes)* pour mener leurs fidèles. Des *fous* qu'il faut *enchaîner* et droguer *(marc* = médicament), voilà de quoi l'on traite ceux qui croient en *Dieu* et dans l'homme mais non dans la religion et dans son rejeton, la politique, et qui refusent la fatalité d'un monde de *marchands* et de *trônes. Dévis* (mot construit sur *dévier,* n. III/2): Ceux qui ont *dévié* du Plan du Créateur, qui jugent *fou* tout esprit libre, surtout s'il est convaincu que d'un régime d'amour et *d'intelligence* spirituelle l'homme recevra autant de *pain* et de *pluie* (prospérité) que d'un régime de lois et de police. Le *frère* libre sait que ces dons viennent du Créateur (26/8-10) tout comme le génie humain qui peut se passer de *rois* «providentiels».

---

8. *Olk* (the origin of the word has not been identified yet): Fields, crops. The war machines *(claw)* and poisons *(salt)* wreak havoc in Afghanistan *valleys.* God will help the Afghans to restore the ruins and to sow fresh thriving crops in their *valleys,* because they stand up for faith against too self-confident a materialistic and rationalistic power.

XVI

1. All together unbelievers and the numerous believers that behave as unbelievers *laugh* at the men (regarded as *fools* or *madmen)* who assert that God can manifest himself whenever, wherever and to whomever he wants, and that religion, politics and the theories in force or in use cannot solve men's major problems, and that man and the world can *change (28/7, 30/11)* through other ways and means.

2-4. The *ascent (7/2, 26/9, etc.)* of the good men, whom *The Revelation of Arès* defines as free, warmhearted, evolutionary, creative, will be a long test under *the cane* (the blows) of the major ruling institutions set rigidly in dogmas, virtually sterile. *The divine:* Men of religion, both the ones who think they represent God in their vestments *(moth wings)* and incense *smoke* and the austere or less ceremonious ones *(grey backs)* who use only books like *canes* to drive the faithful. Stamped as *fools* or *madmen* who require *fetters* and drugs *(brandy* = medicine) are those who believe in God and man, but who do not believe in religion and its offshoot, politics, and who do not believe that a world of *merchants* and *thrones* is inevitable. *The deviaty* (a word built out of the verb 'deviate', n. III/2): The men who have *deviated* from the Maker's Plan, who regard every free mind as *foolish,* particularly if it believes that man will get as much *bread* and *rain* (prosperity) from a regime of love and spiritual *intelligence* than he gets from a regime of laws and police. A free *brother* knows that those gifts are bestowed by the Creator (26/8-10) just as is human genius which can do without 'providential' *kings.*

RÉVÉLATION ORIGINALE — *ORIGINAL REVELATION*

Les mots entre parenthèses (...), ajouts de la main du frère Michel, facilitent la lecture et la compréhension de l'original
The words in brackets (...), additions in brother Michel's hand, make the reading and understanding of the original easier

5. Le croubi ? Le(s) divin(s et) le dévis — son cil est sacarlate — (leur) nouent le collier.
6. « Plie le cou ! » (lui ordonnent-ils.) « Vois ! Le gland de fer tue la voix de fer. (Admire l'homme ; il) jette l'éclair, la jambe de fer, la ligne (qui) pêche (par-des)sus la mer.
7. Haut l'homme, l'orage (est) sous son genou ! (Il) jette le fer contre le Nom, (Les-)Mille-Bras (qui) taille l'ortie (et) le carabe sans force.
(Même) le volcan (ne) brûle (de l'homme que) l'ongle. »

8. La nuit a quatre voies pour l'homme (qui) mange sa cervelle,
9. (mais c'est) Ma Main (qui) tient la main (de l'homme souffrant, comme) la mère mouille (s)a gorge (de larmes).
10. Crête sur le front d'homme, la poule (qui) rugit. Ma Main (est) son nid. Mon Doigt (se) plie (pour) mouler les œufs (de la femme) ; le bec (de l'homme, Mon Doigt en) fait le pollen. L'ortie est roi, (si) Ma Larme mouille la fleur.

11. L'homme saute la vague. (Mais si) je dis : « L'air est lourd ! », le navire tombe (comme) le cerf dans le ravin.

---

5. (Around) the c(he)rubi(m's necks) the divine (and) the deviaty—its eyelash is sacarlat—knot the collar.
6. "Bend your neck !" (they order the cherubim.) "Look ! The iron acorn kills the iron voice. (Admire man ; he) casts the lightning, the iron leg, the line (that catches) fish (far) over the sea.
7. High (is) man, the thunderstorm (is) beneath his knee ! (He) hurls the iron against the Name, (The-)Thousand(-of-)Arms (who) carves the nettle (and) the puny carabid.
The volcano (itself) burns (no more than) the nail (of man)."

8. The night has four routes for the man (who) eats his (own) brain,
9. (but it is) My Hand (that) holds the hand (of the suffering man, just as) the mother wets her breast (with tears).
10. (A) crest on the brow of man, the hen (which) roars. My Hand (is) his nest. My Finger bends to mold the eggs (of woman) ; the beak (of man)—(My Finger) makes (it into) pollen. The nettle is a king (if) My Tear wets the flower.
11. Man leaps over the wave. (But if) I say, "The air is heavy !", the ship drops (like) the stag into the ravine.

535 C'EST MA MAIN QUI SOUTIENT L'HOMME — IT IS MY HAND THAT SUPPORTS MAN

ANNOTATIONS
Dieu donna en même temps au témoin son Message et le sens de son Message; ces notes sont de la main du témoin
God gave the witness at once his Message and the meaning of his Message; the notes are in the witness's hand

5. Les *dominateurs (27/9, 28/21)* ont l'œil rouge *(cil sacarlate*, écarlate, voir XIV/2-4). L'œil rouge désigne tout à la fois le regard de domination, le regard de convoitise, l'insomnie à force de veiller sur ses intérêts. Ils voudraient se soumettre même les anges *(croubi, n. VI/5).*

6-7. En clair: «Vous, les anges, inclinez-vous devant la supériorité de l'homme! L'homme ne peut-il pas éliminer d'une seule balle *(gland de fer)* le *prophète (la voix de fer)*? L'homme n'a-t-il pas dompté le métal et la lumière, vaincu la distance, asservi la nature? *Les-Mille-Bras* (Le Tout Puissant) peut créer *(tailler:* sculpter) l'ortie et le scarabée *(carabe)*, mais il ne paraît pas plus régner sur l'homme que ne règnent sur lui *l'ortie,* le scarabée *(carabe)* et *même le volcan!»*

8. *Quatre voies:* Points cardinaux, boussole. S'usant *(mangeant sa cervelle)* à observer, à apprendre et à inventer, l'homme a même appris à se diriger dans l'obscurité. Cette parabole signifie en substance: Si seulement l'homme pouvait aussi bien trouver le chemin de la Vérité et de l'amour! Quelle boussole le sortira du malheur, de la *souffrance* et de la mort?

9-10. La Parole est la boussole salutaire. Le Créateur ne cesse de s'angoisser pour *l'homme* comme une *mère* pour l'enfant. Il a conféré à *l'homme* un pouvoir exceptionnel sur la Création — comme si la force du lion *(qui rugit)* était donnée à la *poule* —, mais l'orgueil *(la crête)* cache à *l'homme le nid* divin où il peut *changer,* évoluer et prospérer. Le Créateur, s'il le voulait, referait le monde avec pour *roi l'ortie* à la place de *l'homme.* Que l'homme comprenne qu'il a reçu un privilège incomparable: Il peut *mettre ses pas dans les pas de Dieu (2/12, 32/3).*

11. *L'homme* a appris à naviguer sur les mers sans songer que le Créateur pourrait à tout moment changer la loi physique (principe d'Archimède) qui fait flotter le *navire.* Il en va de même pour toutes les lois naturelles que *l'homme* croit maîtriser à jamais.

---

5. The *dominators (27/9, 28/21)* are red-eyed *(sacarlat:* scarlet, see XIV/2-4). The red eyes refer at once to the domineering look, to the covetous look and to insomnia caused by strenuous attention paid to one's interests. They seek to subject even the angels *(cherubim, see VI/5).*

6-7. To put it plainly, "You angels, bow to man's superiority! Cannot man eliminate the *prophet (iron voice)* with a single bullet *(iron acorn)?* Has man not tamed metal and light, overcome distance, subjected nature? *The-Thousand-Of-Arms* (the Almighty) can create *(carve:* sculpt) *nettle* and beetle *(carabid)* but he does not seem to rule over man any more than *nettle,* beetle and *even volcanos* rule over him!"

8. *Four routes*: Cardinal points, compass. Wearing himself out *(eating his own brain)* observing, learning, inventing, man has even contrived means of finding his way in the dark. This parable means in substance: If only man could find his way to Truth and love as well! Which compass will lead him out of misfortune, *suffering,* and death?

9-10. The Word is the salutary compass. Like a *mother* about her child the Maker has been continuously worrying about *man*. He has endowed *man* with an exceptional power over Creation— as if *hens* had been given the strength of lions *(which roar)*—, but pride *(the crest)* inclines *man* to ignore the divine *nest* where he can *change,* develop and thrive. The Maker, if he wished to, would make the world anew with *nettle* as a *king* instead of *man.* Let man realize that he was given an incomparable privilege: He can *set his steps in God's Steps (2/12, 32/3).*

11. *Man* has managed to navigate over seas without thinking that the Maker has the power to change at any time the physical law (Archimedes' principle) that permits *ships* to float. It is the same with all the natural laws that *man* fancies he masters forever.

RÉVÉLATION ORIGINALE — *ORIGINAL REVELATION*

Les mots entre parenthèses (...), ajouts de la main du frère Michel, facilitent la lecture et la compréhension de l'original
The words in brackets (...), additions in brother Michel's hand, make the reading and understanding of the original easier

12. L'homme frêle dort; Je souffle dans le sang, il court; Je (re)tire sa paupière, le sang (devient comme) le sable. L'homme (qui) ne dort pas (est plus frêle que) la mouche.
13. (Mais si) le gland de fer couche Mikal, il dort sans paupière. (De) sa mâchoire pousse l'arbre (à) la pointe toujours verte.

14. Les frères ont la main (en-)haut (vers) l'enseigne.
    Le faucon niche (là-haut), le vigile (qui) ne dort pas.

15. (Quand) l'écorce mange l'arbre, (quand) l'herbe (devient) noire, (quand) les coqs tuent les poules pour (de) la mousse, le faucon tue les coqs, il vit.

16. Le soleil (suffit à cuire) l'argile, il est dur; l'huile brûle le(s) bras.
    La sueur (de l'homme) ne sale pas la mer. La tête (est) un pot (où) le pavot bout.

---

12. The frail man sleeps; (if) I blow into the blood, he runs; (if) I pull his eyelid (off), the blood (becomes like) sand. The man (who) does not sleep (is more frail than) a fly.
13. (But if) the iron acorn lays (out) Mikal, he sleeps without eyelids. (Out of) his jaw the tree (with) the evergreen top grows.

14. The brothers have the(ir) hand high (up toward) the ensign.
    The falcon nests (up there), the watchman (who) does not sleep.

15. (When) the bark eats (away) the tree, (when) the grass (turns) black, (when) the roosters kill the hens for (some) moss, the falcon kills the roosters (and) it lives.

16. The sun (does for baking) the clay, it is hard; the oil burns the arm(s).
    The sweat (of man) does not salt the sea. The head (is) a pot (in which) the poppy boils.

537 L'ARBRE À LA POINTE TOUJOURS VERTE — THE TREE WITH AN EVERGREEN TOP

ANNOTATIONS
Dieu donna en même temps au témoin son Message et le sens de son Message; ces notes sont de la main du témoin
God gave the witness at once his Message and the meaning of his Message; the notes are in the witness's hand

12. *L'homme frêle* oublie-t-il que sans le sommeil, pendant lequel le Créateur le recharge de vie, sa vie serait plus brève que celle d'une *mouche* ?

13. *Mikal:* Quelle que soit la façon dont on tentera de le faire taire (par la calomnie, le ridicule, la violence, etc.), son œuvre, ses *enseignements (39/1)* et ses réalisations en ce monde resteront perpétuels *(il dormira sans paupière)*. De ses *mâchoires* serrées par le baillon ou par la mort se dressera et s'étendra à jamais sur la terre *l'arbre toujours vert* de la Parole qu'il y aura planté.

14. Le *faucon* est de petite taille, mais il a de formidables facultés psycho-physiques (voir aussi XLIV/3, XLV/14 et 26). Il a acuité de vue, altitude, courage, décision, vitesse, efficacité, etc. C'est pourquoi Dieu fait du *faucon l'enseigne* perpétuelle du *prophète*. Signe d'impulsion, d'élan, il portera les *frères* (croyants ou humanistes partisans du *changement)* à recréer l'homme et ce monde sur des bases spirituelles, mais non dénuées de sens et d'efficacité pratiques.

15. Le sens de ce verset est difficile à abréger: Chaque fois que l'inaptitude des structures mentales, sociales, politiques, économiques et/ou religieuses, jusqu'alors estimées les meilleures se fait jour, l'homme se met à douter des valeurs auxquelles il croyait, un puissant mouvement spirituel est possible. Dans ces moments décisifs, qui se multiplieront, le *frère (moissonneur,* apôtre) doit *vivre* plus intensément l'action sur soi *(pénitence)* et sur la société *(changement)*. Le prophétisme s'emploie à réveiller la conscience spirituelle et à recréer ce monde.

16. Née du pouvoir créateur humain, l'industrie n'est pas contre nature, elle constitue un progrès qui aidera le bonheur à se répandre. Mais d'une part l'industrie ne représente pas l'essentiel, d'autre part sa philosophie et sa démesure actuelles sont préjudiciables. Quand l'industrie

---

12. Has *the frail man* forgotten that without sleep, during which the Maker refills him with life, he would be even more shortlived as a *fly?*

13. *Mikal:* Whatever attempts (slander, ridicule, violence, etc) may be made to silence him, his work, his *teachings (39/1)*, all his achievements here below will stay perpetual (he will *sleep without eyelids*). Out of his jaws clenched by either a gag or death the *evergreen tree* of the Word which he will have planted will keep on rising and spreading out forever over the earth.

14. The *falcon* is small, but it has tremendous psycho-physical powers. It has sharp eyes, altitude, bravery, decisiveness, speed, efficiency, etc. This is why God makes the *falcon* (see XLIV/3, XLV/14 & 26 too) the *prophet's* perpetual *ensign*. A sign of impetus, of élan, it will urge the *brothers* (the believers and humanists that advocate the *change)* to recreate man and the world on a spiritual basis though not devoid of practical sense and efficiency.

15. The sense of this verse is hard to summarize: Whenever the unfitness of the mental, social, political, economic and/or religious structures so far considered as the best ones becomes obvious, men begin doubting the values they have trusted; a strong spiritual move is feasible then. At such turning points, likely to be on the increase, the *brother (harvester,* apostle) must more intensely *live* up to its action on himself *(penitence)* and on society *(change)*. The prophetic action must keep busy awakening spiritual conscience and recreating this world.

16. Industry has been born of man's power of creation, so it is not conflicting with nature; it forms a progress which will help spread happiness. But, on the one hand, industry does not constitute the essential, on the other hand its current philosophy and immoderation are harmful.

RÉVÉLATION ORIGINALE — *ORIGINAL REVELATION*

Les mots entre parenthèses (...), ajouts de la main du frère Michel, facilitent la lecture et la compréhension de l'original
The words in brackets (...), additions in brother Michel's hand, make the reading and understanding of the original easier

17. Assis, le frère voit la fleur (se) fane(r et) la rouille (se former), (il sent) son os (qui se) tord ;
(alors dans) sa tête la houe entre (pour faire) le jardin (qui) ne fane pas.
18. Le frère (qui) voit clair sort (de) sa tête, monte dans Ma Main.
Sa tête (devient de) l'or en feu (comme) le soleil, sa salive verse la pluie, la forêt couvre sa jambe.
19. Ta lanterne droit(e est) la tour (du renouveau), Yërouch'lim debout.
20. Ton frère chante sous la lanterne.

XVII 1. Sous ton pied le lais (est comme) le pétrin ;
les chats (le) lèchent, la joue (en) est pleine, le mouton mange ton pied gras (comme) la bette.

2. (Si) l'oreille (n'est qu'un) trou de sable, ferme ta voix !
Le sable avale l(a voix d)e fer (et) l'Eau.

---

17. (When) sitting the brother sees the flower wilt(ing) and the rust (coming out), (he feels) his bone bend(ing) ;
(then into) his head the hoe comes (to till) the garden (that) never fades.
18. The brother (that) is clearsighted goes out (of) his (own) head, goes up into My Hand.
His head (becomes) gold on fire (like) the sun, his saliva pours the rain, the forest spreads over his leg.
19. Your upright lantern (is) the tower (of renewal), Yuhrooshlim erect.
20. Your brother sings underneath the lantern.

XVII 1. Under your foot the foreshore (is like) the kneading-trough ;
the cats lick (it), the(ir) cheek is full (of it), the sheep eats your fat foot (like) the chard.

2. (If) the ear (is just a) hole in sand, close your voice !
The sand swallows up the iron (voice and) the Water.

ANNOTATIONS
Dieu donna en même temps au témoin son Message et le sens de son Message; ces notes sont de la main du témoin
God gave the witness at once his Message and the meaning of his Message; the notes are in the witness's hand

dilapide l'énergie de la terre *(l'huile)*, l'homme se voue à un avenir de pénurie *(se brûle les bras)* et à une remise en question de la paix sociale. Le Père n'ordonne pas de remplacer les fours et les chaudières par le *soleil*, mais préconise l'économie. La *sueur* follement dépensée et la pensée bouillonnante *(la tête* comme *un pot)* empoisonnent le jugement *(le pavot bout)*; de plus, elles sont faibles comparées, par exemple, à la puissance disponible dans la *mer*.

17-18. L'homme vieillit *(son os se tord)* et meurt, et corrélativement la nature dégénère *(la fleur fane)*, à cause du péché (2/1-5). Le *frère* qui retrouve humilité et amour, retrouve la lucidité, et peut *changer le monde (28/7)*, parce qu'il n'a plus de présupposés; il écoute les autres, la nature, la raison, retrouve *l'intelligence*. Pas de raison créatrice sans péché vaincu. *Voir clair* signifie avoir l'amour et l'humilité, donc la vraie raison, promouvoir la vie spirituelle, *changer* la pente de la dégénérescence en *ascension* de la force et fraîcheur.

19-20. *Lanterne:* Du petit clocher de la Maison de la Sainte Parole à Arès (reconstruit un peu plus grand en 1993 pour y installer de nouvelles cloches électrifiées) s'envole une espérance universelle, l'espérance de reconstruire la grande Jérusalem *(Yërouch'lim)* du monde, Éden.

1. On vient comme *chats* gourmands et gentils *moutons* au bord de la mer où Mikal vit *(lais* fut prononcé *lèsse*, et non *lè* comme en français moderne= terrain que la mer laisse à découvert en se retirant). On aime écouter le *prophète*, mais sans sérieux ni profit (comme on *mange une bette)*.

2. Le *prophète parle au peuple (26/15)*, mais n'est pas responsable de la lâcheté de ceux qu'intéresse la *Parole*, mais que n'intéresse pas sa mise en œuvre — *Ne donnez pas le Saint aux chiens! (Matthieu 7/6)* —. *Eau:* voir n. I/13-14. *Avale:* Boit, absorbe indéfiniment sans profit.

As industry is wasting the earth's energy *(the oil)*, man is doomed to a future of shortage *(he burns his arms)* and of continual callings into question of social peace. The Father does not order man to replace furnaces and boilers with *sun*, but he advocates thrift. Foolishly wasted sweat and seething thought *(the head* turned *a pot)* are poisoning judgement *(the poppy is boiling)*; moreover, they are weak compared with the power available in the *sea*, for example.

17-18. Man ages *(his bone bends)* and dies, and correlatively nature degenerates *(the flower wilts)*, because of sin (2/1-5). The *brother* that regains humility and love regains clearsightedness, he can *change the world (28/7)*, because he has no presuppositions any more; he listens to others, to nature and to reason, he is recovering *intelligence*. Creative reason results from the defeat of sin. *Being clearsighted* means having love and humility, therefore true reason, promoting spiritual life, turning the slope to degeneration back into the *ascent* to strength and freshness.

19-20. *Lantern:* From the small bell-tower of the House of the Saint's Word in Arès (rebuilt in 1993 a little bigger so that it could lodge new electrified bells) a universal hope flies away, the hope of rebuilding the big Jerusalem *(Yuhroosh'lim)* of the world, Eden.

1. People like greedy *cats* and gentle *sheep* come to the seashore by which Mikal lives *(foreshore* = the area between high-water and low-water marks; Mikal's house is not far from the *foreshore)*. People like listening to the *prophet*, though without earnestness or benefit (just as they would *eat a chard)*.

2. The *prophet speaks to the people (26/15)*, but he is not answerable for the cowardice of men interested in the *Word* but not interested in its implementation—*Do not give the Saint to dogs (Matthew 7/6)*—. *Water:* see n. I/13-14. *Sand swallows:* soaks up endlessly with no benefit.

RÉVÉLATION ORIGINALE — *ORIGINAL REVELATION*
Les mots entre parenthèses (...), ajouts de la main du frère Michel, facilitent la lecture et la compréhension de l'original
The words in brackets (...), additions in brother Michel's hand, make the reading and understanding of the original easier

3. (Re)pose ton pied, pose ton œil (sur le) loin(tain) !
Le(s) frère(s) vien(nen)t, (ceux qui ont) le jardin dans la tête
(où) l'Eau monte (comme) dans l'arbre, (dans) la fleur.

4. L(eur) oreille (a) le nerf, le(ur) jarret (a) le genou du cheval, le(ur)
poignet tient la scoute ; il(s) parle(nt) dans le guichet.

5. Il(s) ouvre(nt) la main pour toi.

6. Le(ur) poumon fait cent voix de fer.
Le(s) roi(s et) l(eurs) tabl(é)e(s) tremblent (comme) les loups (qui)
entendent le lynx.

7. Le(s) roi(s) mange(nt) la cervelle de (leurs) mordeurs,
les chiens sans œil (af)filent le(ur)s dents, le(ur)s griffes ; le(ur) coude
bat les chaînes.

8. Jusqu'à l'île tu montes.

---

3. Rest your foot, let your eye come to rest (on the) far (reaches) !
The brother(s) come, (those with) the garden in the(ir) head
(into which) the Water rises (as) into the tree, (into) the flower.

4. The(ir) ear (has) the nerve, the(ir) ham (has) the horse knee, the(ir) fist
holds the scoot ; (t)he(y) speak through the wicket.

5. (T)he(y) open the(ir) hand for you.

6. The(ir) lung makes a hundred iron voices.
The king(s and) the(ir guests at their) table(s) tremble (like) the wolves
that hear the lynx (close in).

7. The king(s) eat the brain(s) of (their) biters,
the eyeless dogs sharpen the(ir) teeth, the(ir) claw(s) ; the(ir) elbow(s)
hammer the chains.

8. All the way to the island you ascend.

ANNOTATIONS
Dieu donna en même temps au témoin son Message et le sens de son Message; ces notes sont de la main du témoin
God gave the witness at once his Message and the meaning of his Message; the notes are in the witness's hand

3-4. *Frères* du *lointain* (le *reste 24/1*): Croyants et humanistes restant liés à leurs religions et philosophies, mais qui s'efforcent de se *changer* et de *changer le monde* dans une ligne proche de la *Parole* d'Arès. *Frères qui ont le jardin dans la tête* (le *petit reste, 24/1*): Les frères très proches du *prophète*, son bouclier — *scoute* (latin «scutum») —; leur *pénitence* et leur *moisson* sont *accomplies* avec sens créatif et pratique, maturité spirituelle et sagesse *(parler dans le guichet = agir* sans grands discours et bavardages, sans polémique, en aimant tout le monde). La foi arésienne n'est ni d'exclusive, ni de construction intellectuelle, ni de bavardage.

5. Les *frères ouvrent la main:* Ils participent à la mission prophétique de toutes les manières possibles *(34/6-8).*

6. La *voix* du frère Michel amplifiée et multipliée par les *frères* (ils *font cent voix de fer*) parvient chez les puissants *(rois)* et leurs partisans *(leurs tablées)* qui, comme des *loups* qui sentent les *lynx*, sentent le danger d'un Message qui les met en doute et qui propose au monde une espérance transformatrice, dans laquelle le cœur retrouve ses racines perdues.

7. Contre la Vérité qui stimule une foi restaurée, créatrice, mobile, la puissance immobile religieuse et profane *(rois)* s'acharne par l'entremise de ses partisans, satellites et protégés *(mordeurs* et *chiens sans œil* et sans *cervelle:* conditionnés, infléchissables). *Battre des chaînes:* Créer des entraves et des obstacles par la censure, la calomnie, etc..

8-10. *L'île* ici n'est ni *l'île sèche (XIV/7-10)* ni une *île* comme force individuelle *(XLII/2-9)*, mais la mission prophétique comme foyer d'espérance créatrice et transformatrice au milieu d'un océan humain de scepticisme ou d'espérances usées qui ont perdu toute force créatrice. Dieu insiste: Le *prophète* ne s'exposera pas en vain (n. XIV/7). De plus, l'amour donne calme, discer-

---

3-4. *Brothers of the far reaches* (the *remnant, 24/1*): Believers and humanists who remain bound to their religions and philosophies, but who strive to *change* themselves and *change the world* along lines close to the Arès Word's. *Brothers with the garden in their head* (the *small remnant 24/1*): Brothers very close to the *prophet*, his shield—*scoot* (Latin 'scutum')—, their *penitence* and *harvest* are carried out with a creative practical spirit, spiritual maturity, wisdom *(speaking through the wicket* = without long-drawn-out speeches or polemics, with love for all men). The Aresian faith is no faith of exclusion, of intellectual construction or of chatter and gossip.

5. *They open their hands:* The *brothers* contribute to the prophetic mission in all the ways possible *(34/6-8).*

6. Brother Michel's *voice* amplified and multiplied by the *brothers* (they *make a hundred iron voices*) are heard by the mighty *(kings)* and their supporters *(guests at their tables)* who, just as *wolves* that feel *lynxes closing in*, feel threatened by a Message that casts doubts on them and offers to the world a transforming expectation in which man's heart recovers its lost roots.

7. The immobile religious and profane power *(kings)* sets itself blindly against Truth which stimulates a restored, creative, mobile faith; the *kings* are helped by their supporters, satellites and protégés *(biters* and *dogs* without *eyes* or *brains,* that is to say, conditioned, unbendable). *Hammering chains:* Thinking out hindrances and obstacles through censorship, slander, etc..

8-10. Here the *island* is neither the *dry island (XIV/7-10)* nor the *island* as an individual force *(XLII/2-9);* it is the prophetic mission as the center of transforming creative hope in the middle of a human ocean of skepticism or of worn-out hopes which have lost any creative strength. God is insistent: The *prophet* shall not needlessly run risks (n. XIV/7). Besides, love gives compos-

RÉVÉLATION ORIGINALE — *ORIGINAL REVELATION*
Les mots entre parenthèses (...), ajouts de la main du frère Michel, facilitent la lecture et la compréhension de l'original
The words in brackets (...), additions in brother Michel's hand, make the reading and understanding of the original easier

9. (Si tu es un) chien mouillé, tu (pro)jettes les nuits dans la mer ;
   la mer (em)porte les nuits (au) loin.

10. Garde(-toi) clair, le bras en feu sur l'île.

11. Là (où) Chéoul (se) tord (de) la faim, (à) toi l'air (ap)porte le drap, le grain. Le Vent prend ton aile blanche.

12. Les nuits, tu restes (l')homme clair (et) blanc, (comme) Je suis blanc.

13. (Des) soleils et (des) soleils (finissent dans) la fumée,
    (parce qu'étant) blancs vient (sur) eux le noir.

14. Voilà (que) ta tête, ta peau (sont) la Maison !
15. (Les) frères de Yëchou entrent dans ta tête
    (qui est) la Maison (du Père) sur l'île.

---

9. (If you are a) wet dog, you cast the nights into the sea ;
   the sea bears the nights far (off).

10. Keep clear, (keep) your arm on fire on the island.

11. While Sha'ul writhes (in the pains of) hunger, (to) you the air carries the sheet, the grain. The Wind takes (along) your white wing.

12. By night you remain (the) clear white man (just as) I am White.

13. Suns and suns (end up in) smoke,
    (because they are) white (and therefore) the black one comes (upon) them.

14. Now your head, your skin (are) the House !
15. Yuhshoo's brother(s) enter your head
    (that is) the House (of the Father) on the island.

ANNOTATIONS
Dieu donna en même temps au témoin son Message et le sens de son Message; ces notes sont de la main du témoin
God gave the witness at once his Message and the meaning of his Message; the notes are in the witness's hand

nement, *prudence (35/10);* avant de faire souffrir, même un ennemi implacable, il faut peser la nécessité de toute action dommageable: non frapper pour frapper mais pour défendre et assurer la mission. Une lutte grossière ou brutale contre de vieilles institutions qui s'accrochent à leurs «vérités», à leurs privilèges et à leurs lois, accaparerait et disperserait *(projetterait la nuit dans)* l'esprit du serviteur de Dieu. Le *prophète* ne doit pas devenir un *chien mouillé (mouillé:* qui éclabousse et qui pue) même si l'ennemi est prêt à toutes les bassesses; il doit incarner la force spirituelle. *Garde-toi clair:* Le *prophète* et par extension tous ses *frères* présents et à venir *(39/10)* garderont l'esprit fort et lucide. Le *prophète* restera le phare *(le bras en feu)* sur lequel les *frères* se dirigeront toujours.

11-12. *Mikal* ne souffrira ni de privation comme Paul dans son refuge *(Cha'oul,* n. XIV/7) ni de solitude absolue. Si nécessaire, l'Esprit Saint *(le Vent)* portera ses messages à ses *frères.* Dans les moments d'épreuve *(les nuits)* le *prophète* doit garder sa foi sereine, dynamique et créative. La Vérité restera *claire* en lui comme dans l'Esprit du Père *(Mikal* restera *blanc* comme Dieu).

13. *Le noir:* Le mal, le *tentateur (26/2-17, etc.),* rarement un être surnaturel malfaisant (Satan, diable, etc.), presque toujours le mal dont est capable l'humanité elle-même contre elle-même; l'humanité est son propre démon, son propre tentateur. Les lumières puissantes *(soleils)* de la spiritualité et de *l'intelligence (32/5)* ont disparu sous les mensonges et les méfaits des hommes. Ne jamais sous-estimer la puissance du mal sur le bien, mais savoir que le mal est suppressible.

14-15. *Mikal* constitue la *Maison du Père.* Tous les hommes de bien, particulièrement les chrétiens *(frères de Yëchou,* voir 5/6-7) verront en lui la Parole du *Père.* Ceci ne signifie pas que la Parole d'Arès ne s'adresse qu'aux chrétiens; elle s'adresse à l'homme.

---

ure, discernment, *prudence (35/10);* before hurting anyone, even an implacable enemy, every harmful action shall be weighed up: not striking for the sake of striking, but for defending and maintaining the mission. A coarse or brutal struggle against old institutions which cling to their 'truths', privileges and laws, would completely absorb and dissipate (would *cast the night into)* the mind of God's servant. The *prophet* shall not become a *wet dog (wet:* spattering and stinking), even if an enemy stoops to anything; he shall embody spiritual fortitude. *Keep clear:* The *prophet* and, by extension, all of his *brothers,* whether present or future *(39/10),* shall keep their minds strong and *clear.* The *prophet* will remain the beacon *(fiery arm* or *arm on fire)* that the *brothers* will use as their guide forever.

11-12. *Mikal* will suffer neither privation as Paul did in his refuge *(Sha'ul,* n. XIV/7) nor absolute loneliness. If need be, the Saint's Spirit *(the Wind)* will take his messages to the *brothers.* In times of hardship *(by night)* the *prophet* shall keep serene, creative, go-ahead faith. Truth will stay *clear* within him as it is in the Father's Spirit *(Mikal* will remain *white* as God).

13. *The black one:* Evil, the *tempter (26/2-17, etc.),* rarely an evil-doing supernatural being (Satan, devil, etc), all but always the evil that humanity is able to do itself to itself; humanity is its own devil, its own tempter. The powerful lights *(suns)* of spirituality and *intelligence (32/5)* have been destroyed by men's lies and misdeeds. One should never underestimate the power of evil over good, but one should also know that evil is suppressible.

14-15. The *prophet* constitutes *the Father's House.* All good men, in particular all Christians *(Yuhshoo's brothers,* see 5/6-7), shall regard him as the Father's Word. This does not imply that the Word of Arès is just addressed to Christians; it is addressed to man.

RÉVÉLATION ORIGINALE — *ORIGINAL REVELATION*
Les mots entre parenthèses (...), ajouts de la main du frère Michel, facilitent la lecture et la compréhension de l'original
The words in brackets (...), additions in brother Michel's hand, make the reading and understanding of the original easier

XVIII

1. Le noir a trois doigts : père, fils (et) fumée ; sa dent paît le Vent.

2. (Si) le noir crache le Nom, le Nom lourd pend (à) sa gueule (comme) le rondeau.

3. Dolent, le noir (re)mâche le Nom, il (le) roule dans sa dent.
   Le soleil (levant), il (lui) dit : « Sarsouchtratame. »
   La lune grasse, (il lui dit) : « La-cane-sa-cuisse-pond-l'or. »
   L'étoile, (il lui dit) : « Yëchou. »

4. Le noir parle à Moché : « La Parole de Nom va (comme) le pas du rat, (mais) ma parole (à moi est large comme) le pied du chameau. »

XVIII

1. The black one has three fingers : father, son (and) smoke ; his tooth browses the Wind.

2. (If) the black one spits out the Name, the Name hangs (from) his muzzle (like) the roller.

3. The doleful black one chews (over) the Name, he rolls (it) in his tooth.
   (To) the (rising) sun he says, "Sarsushtratam."
   (To) the fat moon (he says), "The-she-duck's-thigh–lays–gold."
   (To) the star (he says), "Yuhshoo."

4. The black one talks to Mosheh, "The Word of Name goes (at) the pace of the rat, (whereas) my word (is wide as) the foot of the camel."

545 MÊME LE MAL NE PEUT IGNORER DIEU — EVEN EVIL CANNOT IGNORE GOD

ANNOTATIONS
Dieu donna en même temps au témoin son Message et le sens de son Message; ces notes sont de la main du témoin
God gave the witness at once his Message and the meaning of his Message; the notes are in the witness's hand

1. Le *noir*, le mal, notamment sous ses formes d'erreur et d'invention (v. 13), inspira la «trinité» toujours en vigueur, le type même du mythe. Le christianisme joue de ses mythes (trinité, rédemption par la croix, sacrements, culte des saints, infaillibilité catholique, prédestination calviniste, etc.) comme des *doigts* de la main (voir 23/7) autoritairement ou subtilement selon le cas.

2. Le mal lui-même ne peut que savoir, ou se douter, que Dieu existe, ou que Dieu n'est *pas trois (v.1, Deutéronome 6/4,* Coran 112), etc. D'ailleurs, l'anti-Dieu — homme ou démon — ne cesse pas de penser au *Nom* (à Dieu) dans le secret de son cœur; le doute *pend à sa gueule* et le torture. *Rondeau:* Lourd tronc d'arbre écorcé qu'on passait après les semailles, le rouleau des fermiers.

3. *Sarsouchtratame* (épelé comme entendu): Zoroastre. À Dieu et à la Vérité le *noir* donne des faux noms (par exemple la trinité, v. 1) variables selon le pays, la culture et la mentalité. Par contre Zoroastre, jusqu'à présent considéré comme païen, fut un vrai *prophète* du Dieu et de la Vérité uniques, même si Zoroastre ne désigne plus aujourd'hui qu'une petite religion sans rapports avec sa prédication originale (env. 1300 av. J.C.). Aux pays industriels le *noir* présente Dieu et la Vérité sous le nom de *lune grasse:* dieu Abondance ou dieu Profit *(La-cane-sa-cuisse-pond-l'or).* Pour les chrétiens, quoiqu'héritiers de *l'étoile* de David, le nom de Jésus *(Yëchou)* recouvre maintenant des «vérités» fort éloignées de la Vérité que Jésus prêchait.

4. *Nom* (nom propre ici): Dieu. La Parole fut déformée et gonflée d'ajouts ecclésiastiques, politiques et juridiques (exemple: la loi de Moïse). En fait, la Parole dictée par Dieu est brève: le petit *pas du rat* dont le *noir* se moque, le comparant au *large pied de chameau* des prêtres et des politiciens. La lourde loi humaine trahit la sage mesure des recommandations de Dieu et bafoue la liberté. Entre autres choses on reconnaît l'œuvre du mal à sa méchanceté et à sa prolixité.

1. *The black one,* evil, particularly in the form of error or invention (v.13), inspired the 'trinity' still in effect, the classic example of myths. Christianity makes the most of its myths (the trinity, redeeming through the cross, sacraments, worship of saints, Catholic infallibility, Calvinistic predestination, etc) as if of hand*fingers* in a now overbearing, now subtle way (see 23/7).

2. Even evil cannot but know or suspect that God exists or that God is *not three (v.1, Deuteronomy 6/4,* Quran 112), etc. Moreover, the anti-God—whether man or devil—cannot but think of the *Name* (God) in his heart of hearts; doubt *hangs from his muzzle* and tortures him. In French a *rondeau* is a primitive type of farming *roller:* a heavy barked trunk of tree to smooth fields.

3. *Sarsushtratam* (spelled as it was heard): Zoroaster. The *black one* gives God and Truth several false names (the trinity, for example) varying with countries, cultures and mentalities. But Zoroaster, regarded as a pagan so far, was a true *prophet* of the single God and Truth, even though nowadays Zoroaster refers to a minor religion that bears no relation to his original preaching (circa 1300 BC). To industrial countries the *black one* presents God and Truth under the name of *fat moon:* god Abundance or god Profit *(The-she-duck's-thigh–lays–gold).* To Christians, though they are the heirs to David's *star,* the name of Jesus *(Yuhshoo)* now covers 'truths' irrelevant to the Truth Jesus used to preach.

4. *Name* (a proper name here): God. Gods' Word was doctored, swollen by priests', politicians' and lawyers' additions (eg Moses' law). Actually, the Word dictated by God is short: the *pace of the rat* which the *black one* mocks contrasting it with the *wide camel foot* of priests and politicians. Man's heavy law belies the wise moderation of God's recommendations and flouts freedom. One recognizes the work of evil by its spitefulness and prolixity among other things.

XVIII/5-XVIII/10 LE LIVRE — THE BOOK 546

RÉVÉLATION ORIGINALE — *ORIGINAL REVELATION*
Les mots entre parenthèses (...), ajouts de la main du frère Michel, facilitent la lecture et la compréhension de l'original
The words in brackets (...), additions in brother Michel's hand, make the reading and understanding of the original easier

5. (Les frères de) Moché entend(ent) le noir.
   (Mais toi,) ferme ton oreille !

6. Reste assis, écoute(-Moi) !
   L'homme sonne (comme) la casse, sa tête a le plomb. Le noir chante (au son de) la casse (et du) plomb.

7. Tu as le nerf dans l'oreille. Il (se) bande onze jours, (puis il) jette ou prend.

8. Le noir roule la pierre sur ton pied,
   (mais) ton pied descend dans la Botte.

9. L'homme, son nez (est) sur le bouc, (mais) le noir (lui dit) : « L'oliban ! »

10. Mon Doigt (s'al)long(e) dans l'œil de Noir ; il tombe (dans une chute) sans fond. (Au noir) l'homme envoie la grolle, son dos (est) la selle (du noir), sa fiente cure l'œil (du noir).

---

5. (The brothers of) Mosheh hear the black one.
   (As for you,) close your ear !

6. Stay seated, listen (to Me) !
   Man jingles (like) the kass, his head has the lead. The black one sings (accompanied on) the kass (and) the lead.

7. You have the nerve in the ear. It tightens (for) eleven days, (and then it) throws (out) or takes (in).

8. The black one rolls the rock over your foot,
   (but) your foot descends into the Boot.

9. Man—his nose (is) over the billy goat, (but) the black one (says to him), "The frankincense ! "

10. My Finger (e)long(ates) into the eye of Black ; he falls(, his fall meets) no bottom. (To the black one) man sends the groll, its back (is) the saddle (of the black one), its droppings clean (the black one's) eye up.

ANNOTATIONS

Dieu donna en même temps au témoin son Message et le sens de son Message; ces notes sont de la main du témoin
God gave the witness at once his Message and the meaning of his Message; the notes are in the witness's hand

5. Le *prophète* d'Arès ne se laissera pas tromper comme ses frères juifs *(les frères de Moché)*.

6. *Casse:* Louche, poêle. Le Père invite *Mikal* à bien observer *l'homme.* Soit *l'homme* répète indéfiniment ce que les générations avant lui ont répété *(la casse* = culture) — il confond ancienneté avec vérité et valeur —, soit *l'homme* est sourd et aveugle *(sa tête a le plomb);* dans les deux cas il est fermé à la Lumière. Le mal *(le noir),* démon ou *homme,* sait parfaitement tirer parti des préjugés culturels et de la surdité humaine. Il faut combattre toute culture—non le savoir qui unit, mais les cultures qui différencient et divisent.

7. *Onze jours* n'a pas valeur arithmétique = longtemps. Patiemment *Mikal* reste ouvert et attentif, mais réfléchit soigneusement à tout ce qu'il entend. Il discerne alors le faux du vrai.

8. *La Botte:* La divine circonspection. Le *noir* tente sans cesse de faire trébucher le *prophète,* mais le Père a donné au *prophète* sa Prudence.

9. Le mal ou péché *(le noir)* se fait passer pour le bien, s'attribue le mérite de tout (il fait prendre l'odeur de *bouc* pour celle de l'encens, *l'oliban).* Ce raccourci *(Le Livre* contient beaucoup de raccourcis) signifie: Le mal ou péché ne crée rien; il exploite, dénature et empoisonne la Création mais n'y ajoute rien dont elle n'ait déjà été remplie et riche. Le mal agit sur les degrés et les sensations, mais ne refait pas le monde (voir Veillée 26).

10. *Grolle:* Corbeau — homme de loi, d'argent, de religion, de politique —. Dieu ne favorise pas le péché. *Noir* (comme *Nom XVIII/4, Noir* est ici nom propre) pourrait disparaître *(sans fond* = pour toujours) si *l'homme* ne le recherchait sans cesse et ne l'entretenait jusque dans des institutions auréolées de prestige et d'honorabilité (gouvernements, tribunaux, etc.) où prospère le mal.

---

5. The *prophet* shall not let himself be deceived as his Jewish brothers *(Mosheh's brothers)* were.

6. *Lead:* Metal. *Kass:* Ladle, pan. The Father urges *Mikal* to observe carefully *man.* Either *man* indefinitely repeats all that the previous generations used to repeat *(the kass* = culture)—man mistakes ancientness for truth and value—, or *man* is deaf and blind *(his head has the lead);* in both cases he closes his mind to Light. Evil *(the black one),* whether *man* or devil, makes the best possible use of cultural prejudices and human deafness. Every culture must be fought—not learning which unites, but the cultures that differentiate and divide.

7. *Eleven days* (no arithmetic value) = for a long time. *Mikal* keeps patiently openminded and mindful, but he reflects carefully upon all that he hears. Then he can tell falsehood from truth.

8. *The Boot:* Divine circumspection. The *black one* continually strives to trip up the *prophet,* but the Father has given the *prophet* his Caution.

9. Evil or sin *(the black one)* passes itself off as good, it claims credit for everything (it gets men to take the *billy goat* smell for *frankincense).* This compressed turn *(The Book* contains many compressed turns) means: Evil or sin creates nothing; it exploits, perverts and poisons the Creation but never adds to it anything it would not have already been full of or rich in. Evil or sin's action affects degrees and sensations, but it is unable to make a new world (see Vigil 26).

10. *Groll:* Raven—man of law, of money, of religion, of politics—. God never favours sin. Black (like *Name XVIII/4, Black* is a proper name here) could disappear *(no bottom* = for ever), if *man* was not continuously seeking for him and keeping him alive even in institutions crowned with prestige and worthiness (governments, courts, etc) where evil or sin has long thrived.

RÉVÉLATION ORIGINALE — ORIGINAL REVELATION
Les mots entre parenthèses (...), ajouts de la main du frère Michel, facilitent la lecture et la compréhension de l'original
The words in brackets (...), additions in brother Michel's hand, make the reading and understanding of the original easier

11. Le bras de Noir (entoure) l'homme; le ventre (de Noir) coule dans le ventre (de l'homme).
Blande, l'haste secoue l'homme; sa lèvre (s')ouvre (comme) le coffre.
12. Buée de plomb! L'homme dit: « Où est le Bleu ? »
Le froid souffle, le plomb tombe; ses os plient sous (le plomb), (ils) trouent la terre.
13. Le(s) femme(s), l(eur) œil (par le) lustre tombe (laissant vides) les caves; les enfants de Noir (y) grouillent.
Le(s) femme(s), l(eur) peau, l(eur) poil tombent; (elles) tapent le ruileau (sur leurs joues).

1. Le(s) mauvais (te) crie(nt): « Tu tires le poil, la peau; tu (é)toupes la bourse, ta fumée (tire) les pleurs ! »
(Que) ton cil ne cache pas ton œil !

2. (Si) l'huile brille (sur) ta lèvre,

---

11. The arm of Black (hugs) man; the entrails (of Black) empty into the entrails (of man).
Alluring, the lance shakes man; his lip opens (like) the coffer.
12. Vapor of lead! Man says, "Where is the Blue?"
The cold blows, the lead falls; his bones bend under (the lead), (they) make a hole in the ground.
13. Women—(from luster) the(ir) eyes fall out (leaving) the caves (empty); Black's children swarm (into them).
Women—the(ir) skin, the(ir) hair fall out; (they) pat (their cheeks with) the trowel.

1. The wicked shout (to you), "You pull the hair, the skin; you (stuff) tow (into) the purse, your smoke (draws) tears !"
(Let) your eyelash not hide your eye !

2. (If) the oil glints (on) your lip,

ANNOTATIONS
Dieu donna en même temps au témoin son Message et le sens de son Message; ces notes sont de la main du témoin
God gave the witness at once his Message and the meaning of his Message; the notes are in the witness's hand

11. *Blande* (mot inconnu des dictionnaires mais de même racine que *blandices)*: Qui séduit, qui tente, qui donne jouissance. *L'homme* se livre aux jouissances grossières qu'inspire *Noir*. Pour elles *l'homme* paie parfois n'importe quel prix. Textuellement: *Le bras de Noir l'homme autour. L'haste:* voir n. XI/9.

12. *Buée de plomb* (en fusion): Illusion lourde de conséquences. Même le pécheur ressent la nécessité du Bien et de la Pureté *(le Bleu)*. Mais comme le *froid* fige le *plomb*, la ténèbre très ancienne du péché a alourdi *l'homme*, l'a enfoncé peu à peu en *terre*. *L'homme* qui ne se libère pas du péché par la *pénitence* tend ses bras vers le Bien mais ne peut pas l'atteindre.

13. *Caves:* Orbites de *l'œil. Ruileau:* Truelle, spatule; ici nécessaire de maquillage. L'élégance qui souligne la dignité et la netteté est légitime, mais l'élégance, hélas, découle plus souvent de la vanité ou du besoin futile d'attirer; les femmes y perdent leur vrai beau regard. *Noir* (le mal, le péché) est la réelle cause du vieillissement, que le fard *(ruileau)* est censé cacher.

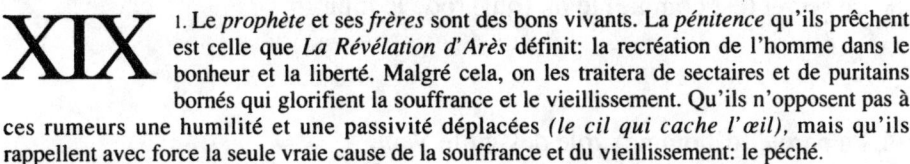

XIX 1. Le *prophète* et ses *frères* sont des bons vivants. La *pénitence* qu'ils prêchent est celle que *La Révélation d'Arès* définit: la recréation de l'homme dans le bonheur et la liberté. Malgré cela, on les traitera de sectaires et de puritains bornés qui glorifient la souffrance et le vieillissement. Qu'ils n'opposent pas à ces rumeurs une humilité et une passivité déplacées *(le cil qui cache l'œil)*, mais qu'ils rappellent avec force la seule vraie cause de la souffrance et du vieillissement: le péché.

2. Le légitime amour de la vie et la bonne humeur ne doivent pas porter à la complaisance envers le péché. Il faut aimer les pécheurs, mais il ne faut pas confondre amour et encouragement à pécher.

---

11. The outdated French word 'blandices', from which God creates '*blande*', is kin to English 'blandishment', but it means rather 'allurement', so that '*blande*' means *alluring*. Man revels in the coarse pleasures inspired by *Black*. For those pleasures *man* pays a fortune sometimes. Literally: *Black's arm man around. Lance:* see n. XI/9.

12. *Vapor of* (molten) *lead:* Delusion fraught with heavy consequences. Even sinners feel a need for Good and Purity *(the Blue)*. But just as the *cold* congeals *lead,* the very old darkness of sin has weighed man down, and has been driving him gradually into the *ground*. A *man* unable to free himself from sin through *penitence* stretches out his arms to Good but cannot reach for it.

13. *Caves: Eye*sockets. *Trowel:* A derisive word for 'make-up kit'. Elegance is justified when it stresses neatness and dignity, but elegance unfortunately results more often from vanity and a futile need to be attractive, by which women lose their true beautiful look. *Black* (evil, sin) is the real cause of ageing which the make-up *(the trowel)* is supposed to conceal.

XIX 1. The *prophet* and his *brothers* enjoy the pleasures of life. The *penitence* that they preach is that which *The Revelation of Arès* defines: re-creation of man in happiness and freedom. Even so they will be dubbed sectarians, killjoys, narrowminded puritans who glorify suffering and ageing. Against such rumors they shall not oppose uncalled-for humbleness and passiveness *(the eyelash that hides the eye)*; they shall forcefully recall that the only real cause of suffering and ageing is sin.

2. Legitimate love for life, good humour and good-naturedness shall not incline anyone to be lenient or accomodating toward sin. We must love sinners, but we must not confuse love with inducement to sin.

RÉVÉLATION ORIGINALE — *ORIGINAL REVELATION*

Les mots entre parenthèses (...), ajouts de la main du frère Michel, facilitent la lecture et la compréhension de l'original
The words in brackets (...), additions in brother Michel's hand, make the reading and understanding of the original easier

3. (si) ton bras (con)tourne ton dos, il est vare. (Al)long(e) ton bras, frappe ! Le bruit râle.
4. Garde ton cœur ! Le(s) mauvais (t')envoie(nt) la femme ; elle ouvre sa robe devant toi.
5. (Comme) la gigue elle cuit ; de son ventre le feu monte dans sa langue (comme) le venin.
6. La paix n'est pas dans ta main.

7. Parle (de des)sous l'œil ; ne parle pas (de des)sus l'œil.

8. Le secret (est comme) le rat (qui) rode le mur.

9. La parole (d'homme) vole devant le Vent,
10. (ou bien elle s'en)roule (comme) le nœud.

   L'hudra, (secret et parole d'homme),

---

3. (if) your arm skirts (round) your back, it is var(us). (E)long(ate) your arm, strike ! (Then) the noise moans.
4. Keep your heart safe ! The wicked send the woman (to you) ; she opens her dress in front of you.
5. (Like) the muttonleg she cooks ; from her entrails the fire goes up into her tongue (like) the venom.
6. Peace is not in your hand.

7. Speak (from) under your eye ; do not speak (from) over your eye.

8. The secret (is like) the rat (which) grinds the wall.

9. The word (of man) flies ahead of the Wind,
10. (or it) coils (like) the knot.

   The hudra, (man's secret and word),

ANNOTATIONS

Dieu donna en même temps au témoin son Message et le sens de son Message; ces notes sont de la main du témoin
God gave the witness at once his Message and the meaning of his Message; the notes are in the witness's hand

3. *Vare:* Varus, infirme. Que *Mikal* ne laisse pas paralyser sa mission, qu'il la garde active! *Frapper le bruit:* Opposer la Vérité au mensonge et à l'erreur *(bruit,* voir n. VII/10-11, etc.)

4-5. Le mal usera de toutes les séductions envers le *prophète* (n. X/l6, n. VII/13, 37/5). Quand la séduction aura échoué, viendront la calomnie et la ridiculisation *(le feu dans la langue, venin).*

6. La mission est un long combat pour cette génération et de nombreuses générations à venir.

7. Phrase laconique, mais sens très riche (n. VII/10): *Mikal* parle par amour *(au-dessous de l'œil, au plan du cœur et de l'âme)* selon sa foi et sa conscience, et non suivant la raison froide et les impulsions de l'orgueil et de l'ambition *(au-dessus de l'œil).*

8. *Secret,* outre son sens propre, sous-entend les «mystères» dogmatiques, les «arcanes» ésotériques, les «initiations» prétendument réservées à une élite ou à des esprits supposés supérieurs. Concept faux; la *Parole* et toute connaissance sont ouvertes à tous: *Partez dans le monde entier... Mettez tout au grand jour! (Marc 16/15).* Le goût du *secret,* de la connaissance réservée, conduit à l'esprit de caste, d'élitisme, d'exclusion, de secte, et ronge *(rode)* toute justice spirituelle et sociale, s'oppose au renouveau de l'Évangile éternel et populaire.

9. Non la *parole* du *prophète (I/12, etc.),* mais la *parole* des hommes (philosophes, idéologues, théologiens, etc.) qui croient pénétrer ou même dépasser l'Esprit *(le Vent)* par l'intellect. Aux rationalistes la *Parole* de Dieu paraît débile; elle leur semble ressortir à d'antiques mythes naïfs.

10. *L'hudra* (transcrit à peu près comme prononcé): L'hydre. La *parole* qui *s'enroule* comme *le nœud:* Mensonge, fourberie ou élucubrations.

---

3. *Varus:* Crippled. Let *Mikal* not let his mission be paralysed; let him keep it active! *To strike the noise:* To oppose Truth against falsehood and error *(noise,* see n. VII/10-11, etc.)

4-5. Evil will strive to seduce the *prophet* from his duty in all ways possible (n. X/16, n. VII/13, 37/5). When seduction has failed, slander and ridicule *(fire in the tongue, venom)* will come up.

6. The mission is a long struggle carried on by the current generation and many generations to come.

7. This sentence is very terse but very rich in meaning (see n. VII/10): *Mikal* speaks from love *(under the eye,* on the plane of the heart and *soul)* according to his faith and consciousness; he does not speak according to cold reason and the impulses of pride and ambition *(over the eye).*

8. In addition to its common sense *secret* implies the dogmatic 'mysteries', the esoteric 'arcana', the 'initiations' alledgedly reserved for an elite or supposedly superior minds. This is a wrong concept; the *Word* and all knowledge are an open book for everyone: *Go out to the whole world... Bring everything to light! (Mark 16/15).* The taste for *secret,* for reserved knowledge, results in a spirit of caste, of elitism, of exclusion, of sectarism, and eats into *(grinds)* spiritual and social justice, conflicts with the renewal of the eternal popular Gospel.

9. Not the *prophet's word (I/12, etc.),* but the *word* of men (philosophers, ideologists, theologians, etc) who think their intellect fathoms the Spirit *(the Wind)* or even surpasses it. To rationalists God's *Word* seems idiotic; they think it belongs among ancient naive myths.

10. *The hudra* (spelled nearly as pronounced with a French 'u'): The hydra. *The word that coils like the knot:* Lying, fallacy, treachery, wild imagining.

RÉVÉLATION ORIGINALE — *ORIGINAL REVELATION*
Les mots entre parenthèses (...), ajouts de la main du frère Michel, facilitent la lecture et la compréhension de l'original
The words in brackets (...), additions in brother Michel's hand, make the reading and understanding of the original easier

11. le bois (qui) flotte (et qui) pourrit; le(s) roi(s le) pousse(nt) devant (eux). (Alors) le tupha pourrit.

12. (Mais) le bois vient à la mer. Le(s) roi(s) ne nage(nt) pas contre l'Eau, voilà (que) la mer (les) noie.

13. La langue de(s) roi(s est comme) la flûte.

14. (Les rois) épie(nt) ta langue, (ils se disent:) « Mikal, sa langue (ferait) sur la tête le diadème. La flûte (se) lave le dos, la robe de Mikal (la re)vêt. La reine est (parée de) neuf. »

15. Le soleil, sa jument (est devenue) l'urne (qui) pue.

16. Le(s) roi(s) tremble(nt) dans l(eur) manche; le(ur) pied (glisse) dans la boue.

17. Le fer rouge a soif aussi, (mais) ta tête coupée (re)pousse.

---

11. the wood (that) floats (and) rots; the king(s) push (it) along before them.
The tupha rots (then).

12. (But) the wood reaches the sea. The king(s) do not swim against the Water, and now the sea drowns (them).

13. The tongue of the king(s sounds like) the flute.

14. (The kings) listen out for your tongue, (they think,) "Mikal—his tongue (would be) the diadem on the head. The flute washes its back, the robe of Mikal clothes (it). The queen is new(-adorned)."

15. The sun—its mare (has turned into) the urn (which) reeks.

16. The king(s) tremble in the(ir) sleeve(s); the(ir) feet (slip) in the mud.

17. Red-hot iron is thirsty too, (but) your head chopped springs up (again).

ANNOTATIONS
Dieu donna en même temps au témoin son Message et le sens de son Message; ces notes sont de la main du témoin
God gave the witness at once his Message and the meaning of his Message; the notes are in the witness's hand

11. *Tupha* (L'euphonie avec *hudra* semble délibérée): Typha (roseau des étangs, massette), végétation aquatique (n. I/13-14), image de ceux qui vivent de l'Eau Céleste. Les puissants (n. IX/3, X/6) ont *pourri* le monde autant en cultivant le *secret* qu'inversement en lui parlant sans scrupules, sans peser les conséquences de leurs rêves religieux, politiques et économiques.

12. Les *rois* de toutes sortes se *noieront*, ayant achevé leur longue flottaison *pourrissante* au bout des *fleuves (28/3, 35/3)* de l'amour et de la Vérité qu'ils empoisonnent. Que les hommes de bien profitent de ces circonstances pour triompher du mal et redonner aux *fleuves* leur *Eau* pure!

13. Longtemps imperceptible *(secrète)* l'astuce des puissants devient criante *(flûte* au son aigu).

14. Certains *rois blancs* et *noirs* songeront même à imiter le *prophète*, en utilisant la *Parole* qu'il délivre pour refaire une façade au mal et à l'erreur *(laver le dos* de *la flûte)* et se donnant une nouvelle «légitimité» *(diadème, la reine* remise *à neuf)*. La Parole originale dit: *La flûte lave son dos;* le possessif *son* a été changé en *le* pour éviter la confusion avec le dos de *Mikal*.

15. *La jument du soleil:* La Terre et son humanité. L'homme *pourrit (v. 11)* en péchant comme il se putréfiera en mourant *(l'urne* = urne funéraire).

16. Les pouvoirs religieux et profanes *(les rois)* ne sont plus si sûrs d'eux. Leurs assises traditionnelles dérapent comme un *pied dans la boue*, tandis que la Vérité ré-émerge (X/19).

17. Même l'homme au cœur dur et violent (l'homme de *fer rouge)* aura *soif* de Vérité, de droiture et de sagesse, comme *le fer rouge* réclame la trempe. Si elle ignore ou même se débarrasse du *prophète* aujourd'hui, l'humanité le reconnaîtra comme envoyé de Dieu plus tard.

---

11. *Tupha* (sounds purposefully euphonic with *hudra*): Typha (cattail, reed), aquatic vegetation (n. I/13-14), an image for those who live by the Heavenly Water. The mighty (n. IX/3, X/6) have made the world *rotten* as much by cultivating *secret* as, conversely, by making unscrupulous statements, regardless of the outcomes of their religious, political and economic dreams.

12. All types of *kings* are going to *drown* at the end of their long *rotting* floatation down the *rivers (28/3, 35/3)* of love and Truth they have been poisoning. Let the good men take advantage of those circumstances to triumph over evil and make pure *Water* flow in the *rivers* again!

13. After having long been barely perceptible *(secret)* the astuteness of the powers is becoming blatant (as a shrill-sounding *flute)*.

14. Some *white* and *black kings* will contemplate imitating the *prophet* by using the Word that he delivers to redo the façade of evil and error *(to wash the back of the flute)* and give themselves a new 'legitimacy' *(the diadem, the queen new-adorned)*.

15. *The mare of the sun:* The Earth and its mankind. Man *rots (v. 11)* by sinning just as he will putrefy by dying *(the urn* = funerary urn).

16. The religious and profane powers *(kings)* are no longer that self-assured. Their traditional basis begin sliding as a *foot slipping in mud* while Truth is re-emerging (X/19).

17. Even the hard-hearted violent man (the *hot-red iron* man) will become thirsty with Truth, righteousness and wisdom, just as *hot-red iron* calls for quenching. Even though men ignore or get rid of the *prophet* today, they will recognize him as God's messenger later.

RÉVÉLATION ORIGINALE — *ORIGINAL REVELATION*
Les mots entre parenthèses (...), ajouts de la main du frère Michel, facilitent la lecture et la compréhension de l'original
The words in brackets (...), additions in brother Michel's hand, make the reading and understanding of the original easier
---

18. Tu es la vapeur avant l'Aurore. L'œil de(s) roi(s) ne (la) voit pas (encore, mais) la mouche y boit (déjà).

19. Tes doigts (s'é)tendent (comme) le bois (d)e thuma (qui) monte (par) le nez (de) l'homme ; (l'homme s'a)dou(cit), s(es) côte(s) s'ouvre(nt).

20. (Même) le cru(el pose) sa tête entre tes seins (comme sur ceux de) la mère.

21. La ronce laisse le(s) piques, le mort (re)vient, la mâchoire (se re)lâche, le sang (redevient) clair.

===

18. You are the haze before the Dawn. The eye of the king(s) cannot see (it yet, but) the fly (already) drinks from it.

19. Your fingers stretch (out like) the thuma wood (which) sprouts up (through) the nose of man ; (man) mellow(s), his rib(s part) open.

20. (Even) the cru(el) one (lays) his head between your breasts (as between) the mother('s).

21. The brambles (are) quit (of) the prickle(s), the dead (man) comes (round), the jaw loose(ns), the blood (becomes) clear (again).

ANNOTATIONS
Dieu donna en même temps au témoin son Message et le sens de son Message; ces notes sont de la main du témoin
God gave the witness at once his Message and the meaning of his Message; the notes are in the witness's hand

18. *L'Aurore:* Le retour de la Vérité (voir XIII/15). Pour les puissants, au moment de cette Révélation (1977), le *prophète* d'Arès est insignifiant, quand il n'est pas simplement inconnu. Mais pour de nombreux humbles, croyants et humanistes éclairés et bien avisés, également considérés insignifiants *(mouches)*, son message est capital. Il y a 2 000 ans, Jésus disait déjà que la Vérité passe par les *petits*, les sans-pouvoir (les *mouches*).

19-20. *Thuma* (ou *thyma*, l'euphonie avec *hudra* et *tupha, vv. 10 et 11*, semble évidente): Thym, herbe aromatique. Le *prophète* transmet la Parole avec un amour universel *(les doigts étendus)*; il ne lance pas la Parole à ses ennemis comme une provocation ou un libelle, mais comme il la donne à ses amis. Beaucoup d'indifférents et d'incrédules finiront par s'intéresser à *La Révélation d'Arès*; même des hommes très durs *(les cruels)* se prendront à rêver d'un monde d'amour. Des lecteurs s'étonnent de ce que *La Révélation d'Arès* rappelle avec tant d'insistance que le succès de la mission arésienne n'est pas pour demain (24/2, 31/7), et qu'il faudra que les *frères* ne se découragent pas, ne dévient pas, et ne figent pas la Parole dans une religion bornée. Pour comprendre cette insistance il faut se souvenir que le frère Michel, tandis qu'il écoutait Dieu, ressentait un irrépressible scepticisme quant à sa capacité de convaincre les hommes de l'extraordinaire Événement dont il était le témoin. Dieu connaissait les doutes qui tourmentaient son témoin; de là son insistance.

21. La transformation spirituelle de l'homme entraînera dans le monde des transformations naturelles qui rappellent celles annoncées par *Isaïe 32/15-18 et 35/7, etc.* On notera également que *Le mort revient* est proche de *Effacé sera votre pacte avec la mort (Isaïe 28/18)*, et que *La ronce laisse les piquants* et *La mâchoire se relâche* évoquent *Isaïe 11/6-9*. Le *mort* signifie l'âme *morte*, l'amour *mort*, l'*intelligence (32/5) morte*, etc., aussi bien que le mortel.

---

18. *The Dawn:* The return of Truth (see XIII/15). At the time of this Revelation, 1977, the *prophet* of Arès is either insignificant or merely unknown to the mighty. But to the humble in large numbers, enlightened and well-advised believers and humanists, also considered insignificant (as *flies*), his message is essential. 2,000 years ago Jesus said already that Truth is brought in through the *little ones*, those devoid of any power (the *flies*).

19-20. *Thuma* (or *thima*, the euphony with *hudra* and *tupha, v.10 & 11*, sounds obvious): Thyme, aromatic herb. The *prophet* conveys the Word for the love of all men *(with his fingers stretched out)*, that is, he does not level the Word at his enemies as a provocation or a libel, he gives it to them just as he gives it to his friends. Many incredulous and indifferent people will eventually give their minds to *The Revelation of Arès;* even very rough men *(the cruel)* will begin dreaming of a world of love. Some readers wonder that *The Revelation of Arès* insists on the very long time it will take for the Aresian mission to succeed (24/2, 31/7), and that it repeats very insistently that the success will come only if the *brothers* never lose heart, never diverge, never freeze the Word in a narrow-minded religion. One can understand the insistence only by bearing in mind that brother Michel, while listening to God, felt irrepressibly skeptical of his own ability to get men to believe in the extraordinary Event he was witnessing. God was aware of the doubts that were plaguing his witness; hence his insistence.

21. The spiritual change of man will bring the world to natural changes reminiscent of those heralded by *Isaiah 32/15-18 & 35/7, etc*. Also notice that *The dead man comes round* is close to *Your treaty with death will be broken (Isaiah 28/18)*, and that *The brambles are quit of the prickles* and *The jaw loosens* remind us of *Isaiah 11/6-9*. *The dead man* means the *dead* soul, *dead* love, *dead intelligence (32/5)*, etc., apart from the mortal.

RÉVÉLATION ORIGINALE — *ORIGINAL REVELATION*
Les mots entre parenthèses (...), ajouts de la main du frère Michel, facilitent la lecture et la compréhension de l'original
The words in brackets (...), additions in brother Michel's hand, make the reading and understanding of the original easier

22. L(es) homme(s de)vien(nen)t les frères, (le monde devient) le nuage (d')or (où) les nations (s')embrassent, (où) le frère ne vend pas le pain (et) la laine.

23. (Con)jure le(s) mauvais sans peur! Ma Main (est) ta main. Le(ur) crach(at) brûle ton doigt? Ma Main (r)est(e par)faite. Ils nouent le collier (à ton cou), mais Ma Main fait (du collier) le lierre (qui) odore, l(a) bras(sée de) la récolte.

24. (Dans) le fossé Je descend(rai comme) l'Eau sur le ronc(i)e(r). Toi, (tu es) déjà sous la paille Mon Eau, (tu es) le roi debout sans le fouet, (sans) les fort(eresse)s. Le faucon n'a pas (besoin de) la loi de(s) rat(s).

25. Gard(i)e(n de) l'Eau, tu es (le) lieu haut, l'angle (à) quatre (ren)forts; (tu es) la lèvre, l'œil, l'oreille, la main ferm(é)e sur Ma Parole. Le frère bénit Mikal.
26. Tu donnes la Vie.

---

22. Men come (together as) brothers, (the world becomes) the golden cloud (where) the nations embrace (each other, where) the brother does not sell the bread (and) the wool.

23. Avert the wicked fearlessly! My Hand (is) your hand. (Does) the(ir) spit(tle) burn your finger? My Hand (rema)i(n)s perfect. They knot the collar (round your neck), but My Hand makes (the collar into) ivy (which) scents, the arm(ful) of the crops.

24. (Into) the ditch I (will) go down (like) the Water onto the bramble. You (are) already My Water beneath the straw, (your are) the king standing without the whip, (without) the fort(resse)s. The falcon has not (any need of) the law of the rat(s).

25. Guard(ian of) the Water, you are (the) high place, the corner (with) four props; (you are) the lip, the eye, the ear, the hand closed on My Word. The brother blesses Mikal.
26. You give Life.

ANNOTATIONS
Dieu donna en même temps au témoin son Message et le sens de son Message; ces notes sont de la main du témoin
God gave the witness at once his Message and the meaning of his Message; the notes are in the witness's hand

22. L'intelligence économique est une étape nécessaire sur la voie de la fraternité absolue dont le développement sera lent, parce qu'elle exige l'amour et *l'intelligence* spirituelle. Le commerce est le meilleur moyen de transférer les produits du travail *(pain, laine, etc.* = nourriture, vêtement, etc.) vers ceux qui en ont besoin. Mais le bénéfice commercial ne doit pas représenter plus que la digne rétribution et la nécessaire prévoyance de ceux qui acheminent, stockent, détaillent, etc., sinon le commerce devient *domination* et *spoliation (27/9)*. Cela a déjà été parfaitement compris par beaucoup d'hommes de bien, notamment des politiciens, mais le Père insiste ici sur un dépassement nécessaire: On n'établit aucune *mesure (7/6, etc.)* vraie et durable par des lois, il faut l'amour et *l'intelligence*.

23. Le courage de ceux engagés dans la restauration d'Éden, entreprise lente et difficile, ne devra jamais fléchir. Contre leurs adversaires les plus redoutables Dieu ne leur refusera pas son Aide *(sa Main)*. Si grand est le pouvoir ultime de la foi et de l'amour que maints renversements de situation, aujourd'hui jugés utopiques, seront possibles. Le *collier* se changera en *lierre odorant:* Des adversaires farouches, des persécuteurs s'adouciront ou même se convertiront.

24-25. Dans ce verset le *roi* est *Mikal* — comme Jésus est le *roi* en XIII/14 — par opposition aux *rois blancs* et *noirs* qui ont *le fouet, les forteresses,* c.-à-d. qui détiennent le pouvoir politique, religieux, judiciaire, économique, etc. Dans les conditions défavorables ou même apparemment désespérées *(dans le fossé, sous la paille)* le *prophète* et les *moissonneurs* resteront envers et contre tout les *gardiens* de *l'Eau* (Vérité, Force, etc.) et des Certitudes *(angle à quatre renforts)* qu'apporte la *Parole*. Le *prophète (faucon,* XVI/14-15, XLV/14-26) et ses *frères* suivent la Parole et l'opposent *sans peur (v. 23)* aux lois humaines *(loi des rats)*.

26. Dieu réaffirme la hauteur et la grande portée prophétiques de la *Parole* d'Arès.

---

22. Economic intelligence is an essential stage on the way to absolute fraternity the development of which will be slow, because it calls for love and spiritual *intelligence*. Trade is the most reliable means of transferring the products of work *(bread, wool, etc.* = food, clothes, etc) to the men who need them. But the profit of trade should not account for more than the worthy remuneration and the necessary provisions of the men who transport, store, retail, etc, otherwise trade becomes *domination* and *despoilment (27/9)*. That has already been perfectly understood by many good men, especially politicians, but the Father insists on a necessary surpassing: No lasting true *moderation (7/6, etc)* is ever established through laws; love and *intelligence* are required.

23. The courage of the men involved in restorating Eden, a slow hard undertaking, shall never flag. God will not refuse them his Help *(his Hand)* against their most fearsome opponents. The ultimate Might of faith and love is so great that many a reversal of situation, regarded as utopian today, will be possible. The *collar* will be changed into sweet-*scented ivy:* Fierce enemies and persecutors will mellow or even be converted.

24-25. In this verse the *king* is *Mikal*—just as Jesus is the *king* in XIII/14—as opposed to the *white* and *black kings* who have *the whip and the fortresses,* that is, who hold the political, religious, judiciary, economic, etc, power. When the conditions are against them or even seemingly hopeless *(in the ditch, beneath the straw)* the *prophet* and the *harvesters* shall against the whole world remain the *guardians* of the *Water* (Truth, Strength, etc) and of the Certainties *(the corner with four props)* brought by the *Word*. The *prophet (falcon,* XVI/14-15, XLV/14-26) and his *brothers* abide by the *Word* and oppose it *fearlessly (v. 23)* against man's laws *(law of the rats)*.

26. Once more God asserts the very high, far-reaching prophetic essence of the *Word* of Arès.

RÉVÉLATION ORIGINALE — *ORIGINAL REVELATION*
Les mots entre parenthèses (...), ajouts de la main du frère Michel, facilitent la lecture et la compréhension de l'original
The words in brackets (...), additions in brother Michel's hand, make the reading and understanding of the original easier

 1. Nabi, (quand) tu écris, tu coupes ton ongle.

2. Écris le vrai !

3. Mon Ongle (seul) raie ; ta voix a Mon Ongle.

4. Tu ne pousses pas ton frère (comme) la montagne pousse le ruisseau ;

5. il casse sur le roc ; la poussière (le) boit.
Le frère a la tête (à) gauche, le frère a la main (à) droite.

6. Tu tiens la perche ; tu (la) tailles long(ue ou) court(e).

7. Tu dis : « Trois jours (ou) trente jours. Trois pas (ou) trente pas. »

8. Nabi, (de) ton sein coule la sueur ; (r)entre la sueur !
Mikal (est) la fontaine (qui) court ; tu ne (dé)fonces pas la vallée.

9. (Que) ta main ne tourne pas dans la pâte ! Tu perds ton pied ; ta tête (est) dans le cuveau. Ton œil voit bas.

 1. Nabi, (when) you write, you cut your fingernail.

2. Write the true !

3. My Fingernail (alone) scratches ; your voice has My Fingernail.

4. You do not push your brother (ahead as) the mountain pushes the brook (downwards) ;

5. it breaks against the rock ; the dust soaks (it) up.
The brother has his head (on the) left, the brother has his hand (on the) right.

6. You hold the pole ; you cut (it) long (or) short.

7. You tell, "Three days (or) thirty days. Three steps (or) thirty steps."

8. Nabi, the sweat pours off your breast ; hold back your sweat !
Mikal (is) the fountain (that) runs ; you do not deep-plough the valley.

9. Let your hand not stir the dough ! You lose your foot(ing), your head (is) in the wine vat. Your eye is short-sighted.

ANNOTATIONS
Dieu donna en même temps au témoin son Message et le sens de son Message; ces notes sont de la main du témoin
God gave the witness at once his Message and the meaning of his Message; the notes are in the witness's hand

1. *Nabi:* Prophète en hébreu. Dieu peut tonner contre les pécheurs, en particulier contre ceux qui opposent à sa Parole leur vision religieuse ou politique, mais si le *prophète* les attaque sur le même ton (en *écrivant,* en parlant ou en agissant), il devient arrogant, violent, médiocre. Même quand ses *yeux lancent des éclairs (36/17),* il doit parler comme un pécheur, il ne doit *pas juger (11/3, 36/17, Matthieu 7/1).*

2. Le *prophète* a pour première fonction d'exprimer la Vérité *(le vrai)* dans tous les domaines où il l'estimera représentable, sous toutes les formes et par tous moyens qu'il estimera nécessaires ou simplement utiles d'adopter *(vv. 6 et 7).* Mais toujours avec amour et dignité (v. 1).

3. La Parole textuelle suffit pour lancer contre ses ennemis le reproche et la diatribe *(l'Ongle).*

4-5. Le *prophète* ne *poussera* pas les *frères* à des devoirs et des situations trop difficiles comme *la montagne,* par pesanteur, *pousse le ruisseau* dans sa pente. Les *frères* seraient brisés comme le *ruisseau* se brise *(casse) sur le roc;* ils disperseraient leurs forces et perdraient leur bon sens (ils auraient *la tête à gauche, la main à droite)* dans des efforts hors de *mesure (voir 7/1-3, etc.).*

6. *Mikal* décidera de la bonne *mesure (la perche longue ou courte)* à suivre dans la vie spirituelle et dans la mission selon les circonstances.

7. La latitude de décision laissée au témoin d'Arès est très large — *La parole de Mikal est Ma Parole (I/12)... Juste prophète (XXXVII/2).*

8-9. Que *Mikal* n'oublie pas qu'il est le *nabi (v. 1)!* Quand il le pourra, il cessera de disperser une trop grande part de ses forces dans des tâches manuelles, bureaucratiques, etc. (travaux de *main,*

1. *Nabi:* Prophet in Hebrew. It is appropriate for God to thunder against sinners, particularly against those who oppose their religious and political views to his Word, but if the *prophet* attacked them in the same tone (by *writing,* speaking or acting), he would turn arrogant, violent, mediocre. Even when his *eyes flash (36/17),* his words shall be a sinner's, and he *shall not judge (11/13, 36/17, Matthew 7/1).*

2. What comes within the *prophet's* remit is primarily expressing Truth *(the true)* in all the fields where he will think it representable, in all the ways and forms that he will deem necessary or merely useful to adopt *(v. 6 & v. 7).* But always in a loving and dignified way (v. 1).

3. The literal Word is enough to speak reproaches and diatribes *(the Fingernail)* against its foes.

4-5. The *prophet* shall not *push* the *brothers* into assuming too hard duties and conditions as the mountain by gravity *pushes the brook downwards.* The *brothers* would be *broken* as *the brook breaks against the rock;* they would dissipate their strength and lose sense (they would have their *heads on the left,* their *hands on the right)* in *immoderate* exertions *(see 7/1-3, etc).*

6. *Mikal* shall decide on the right *moderation (the pole cut long or short)* to be followed in spiritual life and in the mission according to circumstances.

7. Very wide is the scope of decision-making the witness of Arès is allowed — *Mikal's word is My Word (I/12)... Just prophet (XXXVII/2).*

8-9. Let *Mikal* not forget that he is the *nabi (v. 1)!* When he can, he will stop wasting the greater part of his strength in manual, bureaucratic, etc., tasks *(hand-, head-, foot-*works) which he has

RÉVÉLATION ORIGINALE — *ORIGINAL REVELATION*

Les mots entre parenthèses (...), ajouts de la main du frère Michel, facilitent la lecture et la compréhension de l'original
The words in brackets (...), additions in brother Michel's hand, make the reading and understanding of the original easier

10. Le frère (qui) a le bras fort, le frère (qui) a le (fil à)plomb dans la tempe, (est) le frère (qui) tient l'arc, la pelle, la faux.
11. Ton œil (se pose) sur le(s) frère(s pour qu'ils) ne donne(nt) pas le pain avec l(es) pique(s, ni) l'Eau avec la bave.
12. Le(s) frère(s), Je ne (leur) parle pas; tu (leur) parles.
13. Le Vent ne (sou)lève pas ton cheveu (comme) une couronne.
14. Je mets le nacar sur ton doigt; tu ne grattes pas la motte.
15. Mikal a le doigt (si) fort (qu')il lève l'étoile de Moché (et de) Yëchou, (c)elle (qui) dort dans la nuit.
    Sa main (comme) le (bâton de) saule bat (l'étoile comme) le cheval; il (re)prend la jument (pour Dieu).

---

10. The brother (who) has a strong arm, the brother (who) has the plumb (-line) in his temple, (is) the brother (who) handles the bow, the shovel, the scythe.
11. Your eye(s come to rest) on the brother(s so that they) do not give the bread along with the prickle(s or) the Water with the slobber.
12. (To) the brothers I do not speak; you speak (to them).
13. The Wind does not raise your hair (like) a crown.
14. I put the nakar on your finger; you do not scrape the clod.
15. Mikal's finger (is so) strong (that) it lifts the star of Mosheh (and) Yuhshoo, (th)i(s s)t(ar) asleep in the night.
    His Hand (like) the (stick of) willow beats (the star like) the horse; he (re)captures the mare (for God).

ANNOTATIONS
Dieu donna en même temps au témoin son Message et le sens de son Message; ces notes sont de la main du témoin
God gave the witness at once his Message and the meaning of his Message; the notes are in the witness's hand

de *tête, de pied*) qu'il doit assumer tant qu'il est solitaire, ou tant que les *frères* ne sont pas en mesure de s'en charger. S'il poursuivait ces besognes sans nécessité, par pure humilité, ce serait une humilité mal placée (vue par un *œil bas*, myope). *Mikal* est la source *(fontaine),* qui ne doit jamais tarir, du fleuve qui creuse *(défonce)* la *vallée* d'Éden, et qui se grossira des innombrables affluents que seront les *frères (v. 10)*. *Cuveau:* La cuve où le jus de raisin fermente; se pencher trop longtemps sur le *cuveau* fait perdre la *tête*.

10. Les *frères (frères* répété, voir n. I/15, XLI/7) assumeront la partie pratique et matérielle de l'action missionnaire. *Fil à plomb dans la tempe:* Esprit bien équilibré.

11. *Piques* (barbe de blé, d'orge): Ce qui ne se mange pas, qui est indigeste. Les *frères* en mission n'entacheront pas d'impuretés, de déformations et de rigueurs inutiles *(bave, piques)* la nourriture spirituelle *(le pain, l'Eau)* qu'ils distribuent.

12-13. Dieu ne parle pas directement aux croyants. Il charge le *prophète* de répandre son *Vent,* mais il ne fait pas de lui un souverain ou un *chef (16/1)*. Cela n'empêchera pas ses adversaires de le juger impérieux et prétentieux *(couronné)*. Qu'il ne se laisse pas abattre par ces calomnies!

14. *Nacar:* Nacre. On n'use pas du dépôt sacré de Dieu à des fins vulgaires ou perverses.

15. *Mikal* réveille la foi des descendants de *l'étoile* (peuple de David, voir n. XVIII/3): Les juifs et surtout les chrétiens. Mais au-delà de ces groupes religieux, partout sur la terre *(la jument,* voir n. XIX/15) la Parole d'Arès redonnera à l'espérance bonne direction, vigueur et créativité.

---

to perform while he is lonely, or while the brothers are not able to take on those jobs. If he carried on with those menial tasks without necessity, only from humbleness, it would be unwarranted humbleness (regarded by a *short-sighted eye*). *Mikal* is the source *(fountain),* which shall never run dry, of the river that will dig *(deep-plough)* the *valley* of Eden and swell with the innumerable tributaries which the *brothers (v. 10)* will go to make up. *Wine-vat:* The *vat* where the grapes juice ferments; the one who leans over it too long goes out of his mind *(head)*.

10. The *brothers (brothers* repeated, see n. I/15, XLI/7) will assume the material and practical part of the mission. *Plumb-line in the temple* (side of the head, not a place of worship): Mental poise.

11. *Prickles* (corn or barley beard): That which is indigestible, inedible. The *brothers* on mission shall not mar the spiritual food *(bread, Water)* that they distribute with impurities, distortions and unnecessary rigors *(slobber, prickles)* .

12-13. God does not address believers directly. He appoints a *prophet* to spread his *Wind,* but he does not make him a sovereign or a *ruler (16/1)*. This will not stop his opponents from considering him as imperious and conceited *(crowned)*. Let him not be let down by slander!

14. *Nakar:* Nacre, mother-of-pearl. The sacred trust left by God shall not be used with vulgar, perverse aims.

15. *Mikal* awakens the faith of the descendants of the *star* (David's people, see n. XVIII/3): Jews and particularly Christians. But beyond these religious groups, everywhere on the earth *(the mare,* see n. XIX/15), the Word of Arès is meant to revitalize hope by giving it a correct direction, strength and creativity.

RÉVÉLATION ORIGINALE — ORIGINAL REVELATION

Les mots entre parenthèses (...), ajouts de la main du frère Michel, facilitent la lecture et la compréhension de l'original
The words in brackets (...), additions in brother Michel's hand, make the reading and understanding of the original easier

16. (Pour) le frère de Mouhamad la sexte (est) à la fin ;
son cheval court (sur) le jarret (de la jument).

17. Ma Main (avec) l'amande oint l'homme, (avec) la noix oint l'homme, (avec) le moût oint l'homme ;
Je sais (pourquoi) ; l'homme ne sait pas.

18. Trois têtes, trois portes pour le Vent.

19. Tu as le Vent (qui) souffle sur Duna (et) Pourate, (et sur) la cu(cu)bale dans le(s) blé(s et) la vigne.

---

16. (For) the brother of Muhammad the sext (comes) to an end ;
his horse runs (hot on) the hock (of the mare).

17. My Hand anoints man (with) the almond, anoints man (with) the walnut, anoints man (with) the (grape-)must ;
I know why ; man does not know.

18. Three heads, three doors for the Wind.

19. You have the Wind (that) blows across Duna (and) Poorat, (and on) the campion in the wheat field(s and) the vineyard(s).

ANNOTATIONS
Dieu donna en même temps au témoin son Message et le sens de son Message; ces notes sont de la main du témoin
God gave the witness at once his Message and the meaning of his Message; the notes are in the witness's hand

16. *Sexte:* Sieste («sexta hora» latine), sommeil moins profond que le sommeil nocturne des juifs et des chrétiens (v. 15). Déjà I/6-7 laissait entendre que les musulmans auront moins de difficultés pour se conformer à *La Révélation d'Arès* que n'auront les *frères de Moché* (juifs) et les *frères de Yëchou* (chrétiens). Les juifs donnent au terme *peuple élu* un sens très étroit, alors que la descendance d'Abraham est l'humanité spirituelle entière. Sur les chrétiens règne *(couche) la nuit (I/7-8)* des dogmes aberrants: Dieu incarné, trinité, croix rédemptrice, etc. Mais l'Islam n'est pas parfait non plus; il arabise la foi au lieu de l'universaliser, son interprétation du Coran n'est pas sans étroitesses d'esprit ni erreurs. C'est pourquoi les musulmans se joindront aux juifs et aux chrétiens dans une entreprise générale de dépassement ou transcendance.

17. *Moût* prononcé «moûte». Par *race (25/4, XII/5)* Dieu entend seulement humanité spirituelle. Pourquoi prend-elle différentes couleurs: Asiatiques colorés *(oints) d'amande,* Africains colorés de *noix,* Européens colorés de *moût* (rose)? Dieu seul le *sait.*

18. Dieu envoie son *Vent* quand il veut et où il veut. Il peut aussi l'envoyer par plusieurs envoyés et sous diverses formes: *trois têtes, trois portes* (ici le chiffre *trois* n'a aucun rapport avec la «trinité»; il n'a pas valeur arithmétique, il indique la pluralité). Démenti adressé aux religions qui prétendent que la Parole de Dieu est «close» et son interprétation parfaite et définitive.

19. *Duna:* Danube, comme berceau de l'homme blanc d'Occident. *Pourate* (serait du persan): Euphrate, comme berceau de l'homme blanc d'Orient. La mission d'Arès n'est pas adressée à une race, mais à une région mentale, celle d'Abraham, juive, chrétienne et musulmane (5/6-7). Cette aire mentale coïncide avec la race blanche, mais en fait la Parole s'adresse à tous les hommes de mentalité abrahamique indépendamment de leurs couleurs de peau *(la cucubale).*

---

16. *Sext:* Nap (Latin 'sexta hora'), a less heavy sleep than the nocturnal sleep of Jews and Christians (v. 15). I/6-7 already meant that Muslims will have less difficulties in complying with *The Revelation of Arès* than *Mosheh's brothers* (Jews) and *Yuhshoo's brothers* (Christians) will. Jews give the term *chosen people* a very narrow sense, whereas Abraham's descendants are whole spiritual mankind in actual fact. Over Christians *the night* of nonsensical dogmas rules *(lies, I/7-8):* God incarnate, the trinity, redeeming cross, etc. But Islam is not perfect either; it Arabizes faith instead of universalizing it, its interpretration of the Quran is not devoid of narrow-mindedness and mistakes. For these reasons Muslims shall join Jews and Christians in a general undertaking of surpassing or transcendence.

17. *Must:* (White) grape-juice before fermentation. By *race (25/4, XII/5)* God means only spiritual humanity. Why does humanity have several colors: *Almond*-colored *(almond-anointed)* Asians, *Walnut*-colored Africans, *(Grapes-)must*-colored Europeans? God alone *knows.*

18. God sends his *Wind* when and where he wants to. He also may send it through several messengers and in various forms: *three heads, three doors* (here *three* is not related to the 'trinity'; it has no arithmetical value, it indicates multiplicity). This is a denial to the religions' assertion that God's Word is 'a closed matter' and its interpretation faultless and definitive.

19. The French word *'cucubale'* might be rendered by the English word *cucubalus,* but *campion* seems commoner. *Duna:* Danube, as the birthplace of the Western white race. *Poorat* (may be Persian): Euphrates, as the birthplace of the Eastern white race. The Aresian mission is not intended for a race (see n. 17), but for a mental region, that of Abraham, Jewish, Christian and Muslim (5/6-7). That mental region coincides with the white race, but in actual fact the Word is addressed to all the men of Abrahamic mentality regardless of their skin colors *(the campion).*

RÉVÉLATION ORIGINALE — *ORIGINAL REVELATION*
Les mots entre parenthèses (...), ajouts de la main du frère Michel, facilitent la lecture et la compréhension de l'original
The words in brackets (...), additions in brother Michel's hand, make the reading and understanding of the original easier

20. (Si) ta dent mange l'amande (avec) la noix, (elle) casse.

21. (Si) ta main tourne dans la pâte, (elle) est las(se) ; ta tête tombe dans le moût ; ton bras n'est pas la pelle, il plie.

22. Mikal ne jette pas le soleil (comme) la braise.

 1. Tu n'ouvres pas le ventre de l'homme (comme) le(s) roi(s), le(ur)s chiens (et) le(ur)s coucous (l')ouvrent.

2. Le ventre est ouvert,
   (ils disent :) « Le(s) ver(s sont) dans le ventre, (donc) l'homme est fils de ver(s). »
3. (Ils disent encore :) « L'homme mort, le(s) ver(s le) mange(nt), (donc) l'homme est le pain de(s) ver(s). »

---

20. (If) your tooth eats the almond (together with) the nut, (it) breaks.

21. (If) your hand stirs the dough, (it) is weary ; your head falls into the (grapes-)must ; your arm is not the shovel, it sags.

22. Mikal shall not throw (out) the sun (like) embers.

XXI 1. You shall not open the entrails of man (just as) the king(s), the(ir) dogs (and) the(ir) cuckoos open (it).

2. The entrails are open,
   (they say,) "The worm(s are) in the entrails, (therefore) man is a son of worm(s)."
3. (they also say,) "(Once) man (is) dead, the worm(s) eat (him), (therefore) man is the bread of the worm(s)."

ANNOTATIONS

Dieu donna en même temps au témoin son Message et le sens de son Message; ces notes sont de la main du témoin
God gave the witness at once his Message and the meaning of his Message; the notes are in the witness's hand

20. La mission perd sa logique *(casse)*, si elle s'égare hors des limites fixées par le Père. Sous la parabole des fruits verts dans leur enveloppe dure *(noix)* qui *casse* les *dents,* le lecteur retrouve le thème des *terres incultes* et *des friches (5/2-5).*

21. Rappel de XX/8-9. L'insistance de Dieu s'explique: À l'époque des Théophanies et au cours des années suivantes, la solitude allait maintenir le frère Michel sous la dépendance de tâches accessoires nombreuses, souvent manuelles, parfois épuisantes. *Ta tête tombe dans le moût* est à rapprocher du conseil donné par *L'Évangile Donné à Arès 35/8.*

22. *Mikal* doit garder conscience de l'importance de sa mission prophétique et discerner l'essentiel de l'accessoire (n. 8-9).

XXI 1. Sens complexe: Ce n'est pas d'une analyse «logique» *(le ventre ouvert)* de sa nature humaine et de l'histoire que l'homme trouvera la vraie foi et *changera le monde (28/7),* car l'analyse la plus «sérieuse» est subjective, fondée sur un apriorisme culturel. La religion, la politique, l'économie et même certaines sciences s'enferment dans des concepts doctrinaux. L'homme ainsi enchaîné ne peut pas évoluer comme il devrait. *Chiens:* voir n. IX/4. *Coucous:* voir n. I/10.

2-4. *L'homme* ne comprend son sort et n'imagine son avenir qu'à partir des logiques et des présupposés de sa culture (tradition, religion, politique, science officielle) et à partir de la seule connaissance qu'admet ou maîtrise cette culture, quelle qu'elle soit. Préparer l'avenir sur les concepts et les jugements qui prévalent aujourd'hui est comme déduire à courte vue, par

20. The mission loses its logic *(breaks)* if it strays outside the limits that the Father sets. Through the parable of unripe fruit in hard husks *(nuts)* on which *teeth break* this verse reminds the reader of the theme of the *waste lands* and *fallow lands (5/2-5).*

21. The reader is reminded of XX/8-9. God's insistence is explainable: At the time of the Theophanies and for the next few years loneliness was keeping brother Michel dependent upon many incidental, sometimes manual and exhausting jobs. *Your head falls into the (grapes-)must* should be connected with the advice given by *The Gospel Delivered in Arès 35/8.*

22. *Mikal* has to remain conscious of the significance of his prophetic mission and distinguish the essential from the incidental (n. 8-9).

XXI 1. The meaning is complex: It is not by a 'logical' analysis (by *opening the entrails*) of his human nature and history that *man* will manage to gain true faith and *change the world (28/7),* because the most 'serious' analysis is subjective, based on cultural apriority. Religion, politics, economy and even some sciences have locked themselves in doctrinal concepts. Man thus chained cannot develop as he should. *Dogs:* see n. IX/4. *Cuckoos:* see n. I/10.

2-4. *Man* understands his destiny and thinks up his future only from the presuppositions and logics of his culture (tradition, religion, politics, official science) and from the sole knowledge that this culture whatsoever acknowledges or masters. Preparing for the future on the basis of the currently prevailing concepts and judgments is like inferring shortsightedly, for example, that

---
RÉVÉLATION ORIGINALE — *ORIGINAL REVELATION*
Les mots entre parenthèses (...), ajouts de la main du frère Michel, facilitent la lecture et la compréhension de l'original
The words in brackets (...), additions in brother Michel's hand, make the reading and understanding of the original easier
---

4. (Ils disent encore :) « Le ver tisse la bave, l'homme tisse, (donc) le ver est maître de l'homme. »

5. L'homme n'est pas fils du ver ;
l'homme est fils de (la) buée (de) Ma Bouche.

6. (Partout de) Ma Main (gauche) à Ma Main (droite seul) l'homme souffle (sur) le feu.

7. (Si) l'homme (m'appelle), Je lave la tache dans l'œil, J'écarte les dents (de l'homme).

---

4. (They also say,) "The worm weaves the slobber, man weaves, (therefore) the worm is the master of man."

5. Man is not the son of the worm ;
man is the son of (the) steam (of) My Mouth.

6. (Everywhere from) My (left) Hand to My (right) Hand (only) man blows (on) the fire.

7. (If) man (calls Me in), I wash the stain in the eye, I part the teeth (of man).

ANNOTATIONS
Dieu donna en même temps au témoin son Message et le sens de son Message; ces notes sont de la main du témoin
God gave the witness at once his Message and the meaning of his Message; the notes are in the witness's hand

exemple, que *l'homme* a un destin de *ver* parce qu'il a la biologie des *vers (v. 2)*. On ne sait plus comment prendre en compte ces propriétés humaines tellement réelles que sont l'amour, *l'intelligence*, le sens de la justice, l'intuition de la divinité de l'homme *(image et ressemblance* du Créateur), et on les escamote. En raisonnant de façon similaire sur *l'homme mort (v. 3,* à rapprocher de *26/3)* on tire des conclusions plus trompeuses encore sur son sort post mortem. On prétend aussi que le cocon *tissé* par le *ver* a inspiré à *l'homme* de devenir tisserand, et qu'il y a entre eux parenté d'industrie *(v. 4)*. Bref, on ne voit en *l'homme* qu'un *ver* (animal) poète et ingénieur, on ne voit plus son génie spirituel et sa prodigieuse dynamique créatrice.

5. Dieu rappelle qu'Adam *sortit de sa Bouche (VII/5-6)*: «*Faisons l'homme! (Genèse 1/26)*.» Le don du langage fait à *l'homme* par le Créateur (avec les autres dons: liberté, amour, individualité et pouvoir de création) détache résolument *l'homme* du monde animal.

6. De toutes les créatures *l'homme* seul fait et maîtrise le *feu*. Il doit ce pouvoir à sa filiation divine; par là il transcende la nature biologique dont le propre est, inversement, la peur du *feu*. Le verset réfute que *l'homme* dépende totalement du règne physique. Bien au contraire, c'est en étant conquérant et maître du monde physique que *l'homme* prouve son indépendance par rapport à lui. La faculté de vivre non pour le monde physique, mais de lui, avec lui ou même sans lui, est exclusivement humaine. *L'image et ressemblance* de Dieu se retrouve ici magnifiquement *(Genèse 1/27,* voir les notes sur *l'image et ressemblance* dans *L'Év. D. à Arès)*.

7. Si *l'homme appelle* Dieu, c.-à-d. si, en plus de ses efforts pour *changer* (efforts que peuvent faire des incroyants), il trouve la vraie foi, la Grâce contribuera à lui redonner la profondeur de vue et l'amour *(dents écartées* = douceur d'expression), conditions d'un avenir heureux.

---

man has a *worm's* destiny because he has a *worm's* biology *(v. 2)*. One no longer knows how to reckon with these human characteristics which are so very real: love, *intelligence,* sense of justice, intuition of man's divinity (the Maker's *image and likeness),* so that one dodges them. By reasoning in a similar way over the *dead man (v. 3* which may be related to *26/3)* one draws even more misleading conclusions about his afterlife fate. One also puts forward that the cocoon *woven by the worm* has inspired *man* to become a weaver, and there is thus some industrial kinship between them *(v. 4)*. In short, in man one sees a poet *worm* or engineer *worm* (animal), but one no longer sees the spiritual genius and its fabulous creative dynamic.

5. God recalls that Adam *came out of* (came from) *his Mouth (VII/5-6): "Let us make man! (Genesis 1/26)."* Language given to *man* by the Maker (together with other gifts: freedom, love, individuality and power to create) differentiates *man* from the animal kingdom determinedly.

6. Among all creatures only *man* makes and controls *fire*. He is indebted to his divine filiation for this power, so he transcends biological nature the distinctive feature of which is conversely fear of *fire*. The verse disproves that *man* is entirely dependent on the physical kingdom. On the contrary, by being the conqueror and master of the physical world *man* proves his independence of it. The ability to live not for the physical world, but on it, with it, or even without it, is reserved for man only. Here God's *image-and-likeness* is superbly recognizable *(Genesis 1/27,* see the notes about the *image and likeness* in *The Gospel Delivered in Arès)*.

7. If *man calls in* God, that is, if apart from striving to *change* (unbelievers can strive to *change* as well) he gains true faith, Grace will help him to regain profundity of insight and love *(teeth parted* = kindness of expression) which are the conditions for a happy future.

RÉVÉLATION ORIGINALE — *ORIGINAL REVELATION*
Les mots entre parenthèses (...), ajouts de la main du frère Michel, facilitent la lecture et la compréhension de l'original
The words in brackets (...), additions in brother Michel's hand, make the reading and understanding of the original easier
---

8. Le Vent chaud monte le Vent froid.

9. Mikal souffle (sur) le pain, le vin (et) l'huile ;
   (ils deviennent) légers.

10. Teste ! Donne (la Parole) aux fils de tes frères (pour que) l(eur) œil n'arrête pas la Lumière ;
    (la Lumière) cuit le(ur) pain, (elle) presse le(ur) vin, l(eur) huile.

11. Mer profonde (où) tu (ne) vois (pas plus loin que) ta main.

12. (Pourtant) la Mer entre dans ta vessie.

---

8. The hot Wind mounts the cold Wind.

9. Mikal blows (on) the bread, the wine (and) the oil;
   (they become) light.

10. Bequeath! Give (the Word) to the sons of your brothers (so that) the(ir) eye will not block the Light;
    (the Light) bakes the(ir) bread, (it) presses (out) the(ir) wine, the(ir) oil.

11. Deep Sea (in which) you (cannot) see (beyond) your hand.

12. (Nevertheless) the Sea fits into your bladder.

ANNOTATIONS
Dieu donna en même temps au témoin son Message et le sens de son Message; ces notes sont de la main du témoin
God gave the witness at once his Message and the meaning of his Message; the notes are in the witness's hand

8. ...*monte le Vent froid* = ...chevauche le Vent Froid. Sens riche, difficile à résumer (voir n. VII/10): Il y a deux façons d'utiliser la Vérité *(le Vent)*. La bonne façon est l'envol, l'évasion hors des prisons culturelles; sans cette libération ou Exode spirituel (non l'Exode biblique qui s'est avili en conquête cupide et sanglante), *l'homme* ne se dirige pas vers les *Hauteurs (7/1, etc.)*. La mauvaise façon, quelle qu'elle soit, ne décolle pas du monde culturel, intellectuel et rationaliste; c'est mieux que rien, mais le *monde* ne *changera* pas ainsi *(28/7)*.

9. On ne triomphe pas du mal sans *sacrifice* réel (voir *Mémoire du Sacrifice* qu'évoquent le *pain*, le *vin* et *l'huile*, *Veillée 8 et ailleurs*). Les «sacrifices» symboliques comme la messe n'aboutissent à rien. Le vrai *sacrifice* de ceux qui *changent leur vie (30/11: pénitence*, retour à *l'image et ressemblance* du Créateur, acquisition de l'amour, de *l'intelligence*, de la force créatrice) et qui travaillent au *changement du monde (moisson*, reconstitution du vrai peuple de Dieu, restauration d'Éden, nouvel Exode spirituel) est difficile au début, mais finit par paraître *léger*.

10. *Tester:* Laisser un testament, un héritage, un témoignage. Si le *prophète* lègue bien à sa descendance spirituelle la Parole d'Arès, ils dépasseront l'ère technique, l'art de se nourrir, de s'outiller, de se soigner, de dominer matériellement la terre. La *Lumière* spirituelle — ici *Lumière* a le sens d'Énergie — animera tous leurs actes. L'avenir matériel, figuré par le *pain*, le *vin* et *l'huile*, n'est pas condamné — *l'homme* reste de chair —; il sera transcendé.

11. Une perspective à peine imaginable même pour le *prophète*.

12. *Mikal* n'a encore qu'une faible idée de ce qu'il va représenter; il n'a pas pris la juste mesure des raisons de créer un homme neuf que sa personne et son *enseignement (32/2)* vont incarner. *Cependant*, une *Mer* d'espoir est déversée en lui pour toutes les générations à venir.

---

8. ...*mounts the cold Wind* = ...rides on the cold Wind. The sense of the verse is rich and hard to summarize (see n. VII/10): There are two ways to use Truth *(the Wind)*. The right way consists in rising, soaring, escaping from the cultural prisons; without this liberation or spiritual Exodus (not the biblical Exodus that ended in a greedy bloody conquest), man cannot head for the *Heights (7/1, etc.)*. The wrong way, whatever it is, does not rise from the cultural, intellectual, rationalistic ground; it is better than nothing, but the *world* will not *change (28/7)* in this way.

9. Evil will not be conquered if *man* does not consent to real *sacrifices* (see *Recalling of the Sacrifice to Remembrance* of which *bread, wine and oil* reminds us, *Vigil 8* and elsewhere). The fictitious 'sacrifices' like mass results in nothing. The real *sacrifice* of those who *change their lives (30/11: penitence*, the return to the Maker's *image and likeness*, acquisition of love, *intelligence*, creative strength) and who work at the *world's change (harvest*, reconstruction of God's people, restoration of Eden, new spiritual Exodus) is difficult at first, but ends up feeling *light*.

10. *Bequeath:* The outdated French verb *tester* means 'to write a will'. If the *prophet* correctly *bequeaths* the Word of Arès to his spiritual descendants they can transcend the technique era, the art of feeding, equipping and curing themselves, of materially dominating the earth. The spiritual *Light*—here *Light* means Energy—will animate all their actions. The material future, referred to by the *bread, win* and *oil*, is not doomed—*man* remains corporeal—; it will be transcended.

11. A prospect which the *prophet* himself can hardly imagine.

12. *Mikal* was still having a vague notion of what he was going to represent; he had not yet sized up all the reasons for creating a new man whom his person and *teaching (32/2)* would embody. *Nevertheless*, a *Sea* of hope was poured into him for all the generations to come.

RÉVÉLATION ORIGINALE — *ORIGINAL REVELATION*
Les mots entre parenthèses (...), ajouts de la main du frère Michel, facilitent la lecture et la compréhension de l'original
The words in brackets (...), additions in brother Michel's hand, make the reading and understanding of the original easier
---

TROISIÈME THÉOPHANIE
19 Octobre 1977

 1. La grue à trois pattes (qui) dort chez Néro, (a tenu comme) l'ancre dans le Vent Fort,

2. (mais) la grue a trois banos (et) tombe.

3. (Si de) la grue les trois becs cassent le(s) pied(s) de Mikal(, il) clope sur l'os, (mais) le Vent (sou)lève sa jambe.

THIRD THEOPHANY
October 19, 1977

 1. The crane with three feet (that) sleeps at Nero's (has held on like) the anchor in the Strong Wind.

2. (but) the crane has three banos (and) falls (down).

3. (If) the crane('s) three beaks break the feet (of) Mikal (he) hobbles on his (leg) bone, (but) the Wind lifts his leg.

ANNOTATIONS
Dieu donna en même temps au témoin son Message et le sens de son Message; ces notes sont de la main du témoin
God gave the witness at once his Message and the meaning of his Message; the notes are in the witness's hand

XXII 1. *Néro:* Néron, empereur romain qui représente non seulement la religion chrétienne — notons que la basilique st-Pierre au Vatican fut érigée sur l'emplacement du cirque de Néron —, mais toute la civilisation installée à sa suite, religieusement, politiquement, culturellement, économiquement, sur la partie du monde décrite en 5/6-7. *Grue:* Échassier proche du râle (les oiseaux sont des symboles fréquents dans cette Révélation: *coucou I/10, râle XLV/2-4*), désigne cette civilisation, dont l'église romaine est le prototype. Cette civilisation, un christianisme avorté, s'est installée solidement, mais son *ancrage* terrestre même l'a empêchée d'atteindre la Vérité.

2. *Banos:* Ailes — il s'agit peut-être du mot «vanneaux» (grandes plumes des ailes) mal entendu par le témoin —. Les religions s'empêtrent dans les formes dogmatiques, sacramentelles, cérémonielles, qu'elles revêtent pour paraître voler dans le Ciel (voir *aile de mite, II/7, XVI/2*), et qu'imitent plus ou moins les pouvoirs, institutions et idéologies profanes de cette civilisation.

3. *Cloper* (soit «clopiner» abrégé, soit du latin *cloppus*, boiteux): Boiter. Les *trois becs, trois pattes (v.1)* et *trois banos (v.2)* représentent les religions et institutions dominantes et soulignent leur étrangeté aux yeux de Dieu, qui ne conçoit pas ainsi la vie humaine — Toute créature normale n'a-t-elle pas un nombre de jambes, de pattes ou d'ailes pair? —. Si ces puissances l'attaquent, le *prophète* reçoit l'appui du *Vent* de Dieu. *Le Vent soulève sa jambe* rappelle *15/4*. *Trois* fait aussi allusion à la bizarrerie théologique et idéologique (trinité, 23/7 et n. XVIII/1).

XXII 1. *Nero:* A Roman emperor that not only represents the Christian religion —let's notice that st-Peter's basilica in the Vatican was erected on the place of Nero's circus—, but also the whole civilisation that has settled in its wake religiously, politically, economically, culturally, over the world's area described in 5/6-7. *Crane:* A wader close to rails (birds are frequent symbols in this Revelation: *cuckoo I/10, rail XLV/2-4*), refers to this civilisation the prototype of which the Roman Church is. This civilisation, an abortive Christianity, has firmly settled, but it is its strong *anchoring* itself that has kept it from moving ahead to reach Truth.

2. *Banos:* Wings, may be the French word 'vanneaux' (large quill feathers of the wing) sounding almost like *bano*. Religions are entangled in the dogmatic, sacramental, ceremonial forms which they have taken on to look as if they were flying in Heaven (see *moth wing II/7, XVI/2*), and which are broadly imitated by the profane powers, institutions and ideologies of this civilisation.

3. The *three beaks, three feet (v.1)* and *three banos (v.2)* represent the great ruling religions and institutions and emphasizes their strangeness in the eyes of God who does not conceive of human life in this way—Has every normal creature not an even number of legs, paws, feet and wings?—. If these powers attack the *prophet,* he can count on the help of God's *Wind. The Wind lifts his leg* reminds us of *15/4*. The figure *three* also alludes to theological and ideological oddness (the trinity, see 23/7 and n. XVIII/1).

RÉVÉLATION ORIGINALE — *ORIGINAL REVELATION*
Les mots entre parenthèses (...), ajouts de la main du frère Michel, facilitent la lecture et la compréhension de l'original
The words in brackets (...), additions in brother Michel's hand, make the reading and understanding of the original easier

4. Tes frères trottent sur l'os ;
   le Vent (sou)lève tes frères (aussi) ;

5. les frères, l'égala'h (a) l'attelle (qui) coupe l(eur) peau ;

6. ils vont (sur) ton talon, les frères (qui) mâchent Ma Rête, (qui) dorment dans la foul(é)e de ton pied.

7. Les frères de Mikal tournent dans Mon Œil ; la canne à leur poignet (est) la Lumière de Mon Œil.

8. Le frère baise Ma Lèvre (quand il) baise la lèvre de l'homme, la lèvre (d'où) sort le pus (ou) le ver (comme) la lèvre (qui) cache l'hameçon ; le frère (les) baise

---

4. Your brothers trot on the(ir leg) bone(s) ;
   the Wind (also) lifts your brothers ;

5. the brothers—the egalah (has) the harness (that) digs into the(ir) skin ;

6. they go (hot on) your heel(s), the brothers (who) chew (at) My Rein (and) sleep in the print of your foot.

7. The brothers of Mikal turn round (and round) in My Eye ; the cane at their wrist (is) the Light of My Eye.

8. The brother kisses My Lip (when he) kisses the lip of man, the lip (from which) the pus (or) the worm comes out (and) the lip (which) conceals the fishing-hook (alike) ; the brother kiss (them)

573 LES FRÈRES ATTELÉS À LA MISSION — THE BROTHERS HARNESSED TO THE MISSION

ANNOTATIONS
Dieu donna en même temps au témoin son Message et le sens de son Message; ces notes sont de la main du témoin
God gave the witness at once his Message and the meaning of his Message; the notes are in the witness's hand

4. *L'Évangile donné à Arès (31/6)* étend à tous les *moissonneurs* l'aide des anges promise au *prophète (29/6)*. De même, *Le Livre* étend à tous ceux engagés avec *Mikal* (frère Michel) dans la mission *(la moisson)* le soutien de l'Esprit Saint *(le Vent)*.

5. *L'égala'h* (finale rauque, mot hébreu) désigne quelque chose ou quelqu'un ayant trait à la *moisson* ou au battage *(v. 6)*: Animal de trait, outil, engin, ouvrier, ou le procédé lui-même?

6. *Rête:* Rêne, bride, trait. Dans *Le Livre* le battage (les épis *foulés* au *pied*) correspond à la *moisson* dans *L'Évangile Donné à Arès*, l'un ou l'autre désigne la mission *(4/12, 5/2, etc.)* — même idée directrice —. Les *frères* de *Mikal*, que le Père soutient comme il soutient *Mikal* lui-même, doivent devenir les très actifs et fidèles ouvriers de la *moisson* des âmes.

7. *Tournent,* c'est-à-dire *tournent* comme les animaux (bœufs, chevaux, ânes) utilisés au battage. À force de *pénitence* et de mission les compagnons du *prophète* (le *petit reste*) finiront par poser sur le monde le regard même *(l'Œil)* d'amour et *d'intelligence* spirituelle que le Père promène sur ses créatures. En tout point ils devront marcher dans les Voies du Père. *La canne à leur poignet:* Les termes originaux sont exactement *la canne dans leur poignet*.

8. Ce verset équivaut à *Il est dit: Tu aimeras ton prochain, mais je vous dis: Aimez aussi vos ennemis et ceux qui vous persécutent (Matthieu 5/43-44)*. Notre *prochain* est aussi celui qui nous répugne (qui a *le pus ou le ver* sur *la lèvre*) et celui qui nous contredit, qui nous insulte ou qui nous calomnie (celui dont la *lèvre cache l'hameçon*). Dieu évoque ici le *baiser* à l'orientale sur la bouche, signe parfaitement digne et fraternel, sans rapport avec le baiser sensuel sur la bouche à la manière occidentale.

---

4. *The Gospel Delivered in Arès (31/6)* extends the angels' help promised to the *prophet* to all of the *harvesters (29/6)*. Likewise, *The Book* extends the support of the Saint's Spirit *(the Wind)* to all those who participate with *Mikal* (brother Michel) in the mission *(harvest)*.

5. *Egalah'* (Hebrew, with a hoarse final letter) refers to something or someone connected to the *harvest* or threshing *(v. 6):* A draft animal, a tool, an implement, a worker, or the process itself?

6. In *The Book* threshing (beating out the grain under*foot*) corresponds to *harvesting* in *The Gospel Delivered in Arès*, either means missionizing *(4/12, 5/2, etc)*—a same leading idea—. *Mikal's brothers,* whom the Father supports just as he supports *Mikal* himself, have to become the very energetic faithful workers of the *souls harvest.*

7. They *turn round and round,* that is, they turn like animals (oxen, horses, donkeys) used for the threshing. By dint of *penitence* and mission the *prophet's* fellows (the *small remnant*) will in the long run cast over the world the very *Eye* of love and spiritual *intelligence* that the Father runs over his creatures. In every respect the *brothers* will have to follow the Father's Paths. *The cane at their wrist:* The original wording is *the cane in their wrist*.

8. This verse matches *It is said: You shall love your neighbor, but I say to you: Love your enemies and those who persecute you as well (Matthew 5/43-44).* Our *neighbor* also is the man that repels us (who has some *pus or worms* on his *lip*) and the one that contradicts us, insults us or slanders us (the one whose *lip conceals the fishing-hook*). Here God mentions the *kiss* on the mouth in the Eastern way, a perfectly correct sign of dignity and fraternity, unrelated to the sensual kiss on the mouth in the Western way.

RÉVÉLATION ORIGINALE — *ORIGINAL REVELATION*
Les mots entre parenthèses (...), ajouts de la main du frère Michel, facilitent la lecture et la compréhension de l'original
The words in brackets (...), additions in brother Michel's hand, make the reading and understanding of the original easier

9. (parce que) le femier, (c'est de lui que) sort le jardin.

10. Mon Œil ne voit pas Mon Pied ;
    (de) Ma Main à Ma Main Je cours ;

11. le vent use mille montagnes, Je ne reviens pas encore ;
    J('em)porte Mikal.

12. (Le jour où) le soleil (est dispersé comme) plumes de pavo(t)
    Je cours (encore, et pendant ce temps) Je fais mille (nouveaux) soleils.

13. Ma Main passe, (Elle) éteint les soleils, (elle en fait) la boue ;
    (Ma Main fait) coule(r) les feux (du ciel comme) les écailles.

---

9. (because from) the manure the garden comes out.

10. My Eye does not see My Foot ;
    (from) My Hand to My Hand I run ;

11. the wind wears away a thousand mountains, I am not back yet ;
    I bear Mikal (away).

12. (The day) the sun (is scattered like) feathers of pavo
    I (still) run (and meantime) I make a thousand (new) suns.

13. My Hand goes past, (It) extinguishes the suns, (it makes them into) the mud ;
    (My Hand makes) the lights (of heavens) sink (like) the (fish-)scales.

575 C'EST DU FUMIER QUE SORT LE JARDIN — FROM MANURE THE GARDEN COMES OUT

ANNOTATIONS

Dieu donna en même temps au témoin son Message et le sens de son Message; ces notes sont de la main du témoin
God gave the witness at once his Message and the meaning of his Message; the notes are in the witness's hand

9. *Femier:* Fumier. Ici *jardin* signifie le triomphe de la Vérité, le bien et le bonheur à venir (voir II/9). La restauration de l'amour, du bonheur et même la foi et le salut universels dépendent autant *d'hommes* qui nous plaisent que *d'hommes* qui nous répugnent ou que nous craignons, comme la promesse d'un beau *jardin* dépend du *fumier* qui y est répandu.

10. Ce verset est à rapprocher de II/4. *L'Étalé* recouvre toute sa Création dont les dimensions sont inimaginables *(l'Œil de Dieu ne voit pas son Pied)*. La physique de Dieu — puisqu'il est *Père de l'univers (12/4)* physique autant que spirituel, une part de sa nature est forcément physique — n'est pas la physique tridimensionnelle de l'homme. Dieu est partout et, de plus, *hors du temps (12/6)*, voir note v. 11.

11. Dieu créerait-il *mille* ères géologiques successives sur la terre, il ne vieillirait pas. Distance et temps ne l'affectent pas *(35/7)*. *Mikal,* que Dieu *emporte* avec lui à travers l'espace et le temps *(Mikal* est soumis à une nouvelle expérience surnaturelle, semblable à celle qui fait l'objet du ch. VI) incarne le prophétisme perpétuel. Les justes qui suivront *Mikal* devront poursuivre son prophétisme; il fera d'eux les participants de la perpétuité et de l'infini.

12. *Pavo(t):* Paon *(pavo* en latin) et pavot (la plante). Par ce jeu de mots le Père compare le *soleil* qui brille sur nous aux *plumes* du paon qui charment le regard et au *pavot* qui endort l'esprit. Nous voyons dans *le soleil* une splendeur et une force éternelles, mais il n'est qu'une fugitive étincelle comparé à l'éternité de Dieu. Notre *soleil* aura disparu depuis longtemps, Dieu créera encore *mille* autres systèmes solaires.

13. Dieu crée, mais il peut aussi *passer sa Main* sur l'univers pour en *éteindre les soleils, écailler* l'univers de ses astres *(les feux du ciel)* aussi facilement qu'on écaille un poisson.

---

9. Here *garden* means good and happiness to come, the triumph of Truth (see II/9). The restoration of love, happiness and even universal faith and salvation are as much dependent on *men* we like as dependent on *men* repugnant to us and *men* we dread, just as the promise of a beautiful *garden* depends upon the *manure* that is spread over it.

10. This verse ties up with II/4. The *Spread one* covers his whole Creation which has an unimaginable size (God's *Eye does not see* his *Foot*). The physics of God—since he is *the Father of the* physical as well as spiritual *universe (12/4)* part of his nature is necessarily physical—is not the three-dimensional physics of man. God is everywhere and, besides, is *outside time (12/6)*, see note v. 11.

11. Even if God created *a thousand* successive geologic eras on the earth, he would not age. Distance and time do not affect him *(35/7)*. *Mikal,* whom God *bears away* throughout space and time *(Mikal* is undergoing another supernatural experience similar to that mentioned in ch. VI), embodies perpetual prophethood. The just who will follow *Mikal* shall continue his prophetic action, which will make them participants in perpetuity and infinity.

12. *Pavo:* Means at once *peacock (pavo* in Latin) and *poppy* (in French *pavot* pronounced *pavo*). By this pun the Father compares the *sun* that shines over us with both the peacock *feathers* which enchants the eye and the *poppy* which dulls the mind. We regard the *sun* as eternal magnificence and strength while it is only a fleeting spark compared with God's eternity. Our *sun* will have long vanished when God keeps on creating *a thousand* fresh solar systems.

13. God creates, but he too can *pass his Hand* over the universe *to extinguish the suns, to scale* the universe by removing its stars *(the lights of heavens)* so easily as one *scales* fish.

RÉVÉLATION ORIGINALE — *ORIGINAL REVELATION*
Les mots entre parenthèses (...), ajouts de la main du frère Michel, facilitent la lecture et la compréhension de l'original
The words in brackets (...), additions in brother Michel's hand, make the reading and understanding of the original easier

14. Ma Main couvre le frère (qui) va conscit;
    (il) pousse le soleil, les feux (des cieux comme de l'esprit), (ainsi que) l(a) bras(sée) d'épines pousse l'âne.

15. (Devant) la mort (et) la faim l'homme (a) sa langue (qui) pend, son menton tremble;
16. (mais si comme) la véprelle il tient (à) Ma Lèvre, (il devient) le frère, (il) boit l'Eau Grasse — Elle (Qui) ne sèche pas —, (il sur)vole haut la fosse.

17. Ton bras (en)lace ta tête;
    le soupir de ton soulier (se) mêle (à) ton haleine.
    Tu es l'arbre (et) la rave et la fleur (de l'arbre).

18. Le zéleur (est) plat dans la fosse, les nuits roulent (sur lui).
    Tu clopes, (mais) ta jambe passe (par-dessus) le soleil.

---

14. My Hand covers the brother (that) goes (along) conscienced;
    (he) pushes the sun, the lights (of heavens and of the mind alike just as) the arm(ful) of thorns pushes the donkey (forward).

15. (When facing) death (and) hunger man's tongue hangs down, his chin trembles;
16. (but if like) the veprell he holds (to) My Lip, (he becomes) the brother, (he) drinks the Fat Water—It Which does not dry up—, (the brother) flies high (over) the grave.

17. Your arm embraces your (own) head;
    the sigh of your shoe mingles (with) your breath('s).
    You are the tree (and) the root and the blossom (of the tree).

18. The zealor (is) flat(tened) in the grave, the nights roll (over him).
    You hobble, (but) your leg passes (over) the sun.

ANNOTATIONS
Dieu donna en même temps au témoin son Message et le sens de son Message; ces notes sont de la main du témoin
God gave the witness at once his Message and the meaning of his Message; the notes are in the witness's hand

14. *Conscit:* Dieu crée ce mot dérivé de *conscience* (à ne pas confondre avec «concis» dérivé de concision). L'homme *conscit* a la *conscience* absolue, celle de *l'image et ressemblance* de Dieu *(Genèse 1/17, n. VII/1)*. La *Main* même qui crée ou supprime l'univers nous a donné tout pouvoir sur la Création *(Genèse 1/28 et 9/7),* pouvoir que nous utiliserons pour le Bien quand notre divinité redeviendra *conscite* en nous.

15-16. *Véprelle:* Chauve-souris (latin *vespertilio*). *Eau Grasse:* Principe de vie (n. I/13-14) et d'éternité *(l'Eau qui ne sèche pas);* ici *grasse* est pratiquement opposé à 26/4 *(vallée grasse)*. Celui qui s'attache à la *Parole* (qui *tient à la Lèvre) devient le frère,* il vainc la *mort* et la *faim* au propre et au figuré, autrement dit, il vainc la *mort* physique et spirituelle, et il vainc la famine alimentaire comme la *faim* de puissance, de biens, de plaisirs.

17. *Rave:* Non légume, mais racine en général. La foi n'est pas une affaire personnelle; personne n'a la vie spirituelle sans s'efforcer de faire naître la vie spirituelle dans le monde. Le génie de l'Évangile est essentiellement créateur, transformateur: *Allez sauver le monde! (Marc 16/15).* La restauration d'Éden est le *Dessein.* Par leurs pérégrinations *(le soupir du soulier),* leurs paroles *(l'haleine),* leur exemple, les *frères* feront triompher la vie spirituelle. C'est l'humanité totale, tout à la fois la nature humaine *(chair, esprit et âme, 17/7)* et la diversité des humains, qui retrouvera le bonheur comme le tronc de *l'arbre* n'existe qu'avec ses racines et ses *fleurs*.

18. *Zéleur* (rien à voir avec zélote): *L'homme* moderne dynamique, efficace, axé sur la réussite matérielle et les sciences. Généralement sceptique, souvent cynique, il cherche à imposer sa logique et à contrôler le monde, mais il risque de finir dans les ténèbres *(les nuits roulent sur lui).* Le *prophète* et ses *frères* finiront dans la Lumière *(passeront par-dessus le soleil,* voir

---

14. There is no such word as *'conscit'* in French (nothing to do with 'conscis' derived from 'concision'). God creates *'conscit'* from *'conscience'*, which prompts the translator to invent the word *conscienced* in English. A *conscienced* man has absolute *conscience*, the conscience of God's *image-and-likeness (Genesis 1/17, n.VII/1)*. The very *Hand* that creates or wipes out the universe gave man absolute power over Creation *(Genesis 1/28 & 9/7);* we will use this power for Good when our divinity becomes *conscienced* within us again.

15-16. *Veprell:* Bat *(vespertilio* in Latin). *Fat Water:* The principle of life (n. I/13-14) and of eternity *(the Water that does not dry up);* here *fat* is virtually opposed to 26/4 *(fat valley)*. The man who sticks to the Word (who *holds to the Lip) becomes the brother,* he triumphs over *death* and *hunger* in the literal and figurative sense, that is, he conquers both physical and spiritual *death,* and he conquers both alimentary starvation and *hunger* for power, possession, pleasure.

17. *Root:* Here the French word *rave (celeriac)* means *root* at large. Faith is no private business; no man has spiritual life if he does not endeavor to make spiritual life appear in the world. The spirit of the Gospel is essentially creative, transformative: *Go and save the world! (Mark 16/15).* Restoring Eden is the *Design.* By their peregrinations *(the sighs of their shoes),* their words *(breath),* their exemplary righteousness, *Mikal* and his *brothers* will make spiritual life triumph. It is complete humanity—that is, both human nature *(flesh, mind and soul, 17/7)* and the wide diversity of humans—which will regain happiness just as the trunk of a *tree* grows but along with its *roots* and *blossom*.

18. *Zealor* (no relation to 'zealot'): The efficient, dynamic modern *man* centred on material success and science. A generally skeptical, often cynical man, he seeks to impose his logic and control the world, but he might well end up in the darkness *(the nights roll over him)*. The

RÉVÉLATION ORIGINALE — *ORIGINAL REVELATION*

Les mots entre parenthèses (...), ajouts de la main du frère Michel, facilitent la lecture et la compréhension de l'original
The words in brackets (...), additions in brother Michel's hand, make the reading and understanding of the original easier

19. (De) ta lèvre (re)tire la croûte !
    Lave ta langue ! Tu as Ma Parole.
20. Siffle la grue ! Trois becs courent devant ; trois pattes courent (comme) la tour, (elle) tombe. Trois banos ne (la sou)lèvent pas.
21. Vif (dans la) paix (doit être) Mikal.

 1. Ma Lèvre (est écrasée) sous ton pied lourd.

2. (Mais) Mon Talon (aussi) est lourd.

3. La pierre n'est pas le fils de feu ; la lave (l'est).

---

19. (From) your lip remove the scab !
    Wash your tongue ! You have My Word.
20. Whistle up the crane ! Three beaks run ahead ; three feet run (like) the tower, (it) falls. Three banos do not lift it (up).
21. Brisk (in) peace Mikal (shall be).

 1. My Lip (is squashed) under your heavy foot.

2. (But) My Heel (also) is heavy.

3. The rock is not the son of fire ; the lava (is).

579   LA LÈVRE DE DIEU ÉCRASÉE — *GOD'S LIPS ARE SQUASHED*

ANNOTATIONS
Dieu donna en même temps au témoin son Message et le sens de son Message; ces notes sont de la main du témoin
God gave the witness at once his Message and the meaning of his Message; the notes are in the witness's hand

---

37/9). Même s'ils avancent très lentement *(clopent)* et parfois piétinent dans la *pénitence* et dans la mission *(moisson)* parce qu'ils marchent à contre-courant des idées du monde (des *zéleurs*), ils maintiendront leur audacieux pari: rendre à l'homme ses vraies vocation et créativité qui sont spirituelles (pour rendre l'homme *conscit v. 14*), rebâtir le monde sur l'amour et sur une juste évaluation de l'homme, de sa vraie nature, de ses possibilités, de ses besoins et aspirations, de son génie, de sa divinité.

19. *Croûte:* Gêne, peur, timidité. Que le *prophète* s'enhardisse et se purifie sans cesse!

20-21. La *grue* (= le système, vv. 1 à 3) qui attaque le *prophète*, lançant ses *trois becs devant,* est certes redoutable par les moyens d'action considérables dont elle dispose, mais sa faiblesse réside justement dans son organisme trop compliqué et lourd. *Vif dans la paix:* Paradoxe qui signifie que l'amour et la *paix* n'empêchent pas la lutte, mais que la lutte change de nature.

1. Signifie: «Tu peux trahir Ma Parole, la plier à tes projets personnels», et en même temps: «Mon *Sacrifice (8/2, 29/3)* est celui d'un Dieu qui se réduit à la voix humaine (voir n. II/21) par amour pour l'homme.»

2. Voir XII/2. Dieu, cependant, n'ignore pas que sa Parole est devenue pesante pour *l'homme* déchu, que sa Puissance divine humilie, fait fuir ou rend perplexe ou sceptique.

3. La *lave* n'est que *pierre* fondue, mais que de *feu* il faut pour qu'elle devienne *lave!* Pourquoi *l'homme* ne conçoit-il l'éventualité ou la nécessité de vivre spirituellement que lorsque le malheur le brûle cruellement ou bien, inversement, quand son cœur et son âme sont embrasés par la Vérité et l'amour? Pourquoi la vie spirituelle ne découle-t-elle pas de la raison pure?

---

prophet and his *brothers* will end up in the *Light (pass above the sun, see 37/9)*. Even though they scramble along slowly *(hobble)* and their *penitence* and mission *(harvest)* hang fire at times because they move against the current of the world's (the *zealors'*) ideas, they shall keep to their bold bet: to restore man to his real vocation and creativity which are spiritual (to make man *conscienced* again, *v. 14*) and rebuild the world on love and on a right valuation of man, of his true nature, of his true capabilities, of his needs and aspirations, of his genius, of his divinity.

19. *Scab:* Embarrassment, fear, shyness. Let the *prophet* grow continuously bolder and purer!

20-21. The *crane* (= the system, v. 1 & 3) that goes for the *prophet* protruding its *three beaks ahead* is beyond question fearsome because of the tremendous means of action it commands, but its weakness precisely lies in the too great, heavy intricacy of its body. *Brisk in peace*: This paradox means that love and *peace* will not impede struggle, but struggle will change its nature.

1. The verse means "You can betray My Word and adjust it to suit your private plans," and also, "My *Sacrifice (8/2, 29/3)* is that of a God who reduces himself to speaking as a man (n. II/21) for love of man."

2. See XII/2. God, however, is aware that his Word has become heavy on the fallen *man* whom God's Might humiliates, repulses, puzzles, or makes skeptical.

3. *Lava* is just molten *rock,* but what an awfully abundant intense *fire* it needs to turn it into *lava!* Why is it not until misfortune cruelly burns *man,* or conversely until his heart and *soul* become inflamed with Truth and love, that he conceives of the possibility or necessity to live spiritually? Why does spiritual life not result from pure reason?

RÉVÉLATION ORIGINALE — *ORIGINAL REVELATION*

Les mots entre parenthèses (...), ajouts de la main du frère Michel, facilitent la lecture et la compréhension de l'original
The words in brackets (...), additions in brother Michel's hand, make the reading and understanding of the original easier

4. L'escape (comme) la mâchoire (s'a)bat (sur) ton oreille (et) ton œil.

5. La joie fend l'escape (comme fait) le coin ; l'œil (qui) brille (de joie) brûle (l'escape) ; la rondelle (la) bat (des pieds) ; le Vent de ta lèvre (la r)épand (comme poussière).

6. Le mousse, frappe(-le) ! (Ses) quatre pas (comme) le mont (s'ef)-fond(r)ent.

7. Tu parles, tu ris, ta crache (est la plus) fort(e).

8. Ma Bouche (te) donne le pain (et) la pluie.

---

4. The escap (like) the jaw beats (down on) your ear (and) your eye.

5. Joy splits the escap (just as) the wedge (does) ; the eye (that) sparkles (with joy) burns (the escap) ; the round dance treads (it down) ; the Wind of your lip(s) spreads (it like dust).

6. The moos—hit (it) ! (Its) four steps found(er like) the mount.

7. You speak, you laugh, your spit (is the) strong(est).

8. My Mouth gives (you) the bread (and) the rain.

ANNOTATIONS
Dieu donna en même temps au témoin son Message et le sens de son Message; ces notes sont de la main du témoin
God gave the witness at once his Message and the meaning of his Message; the notes are in the witness's hand

4. *Escape:* Colonne, non le monument, mais l'édifice intellectuel, particulièrement le rationalisme; non la science en tant que savoir, mais l'idéologie, la philosophie, la théologie, etc., qui fonctionnent dans le mode rationaliste en reliant leurs affirmations à des sources et à des destinations «logiques» (voir *compte, compter, V/1 et 7, XI/3*). Le *Pied* de Dieu *est lourd (v.2)*, mais le rationalisme *(l'escape)* de la pensée abstraite, quand il se pose en finalité, pèse plus encore sur *l'homme* dont il empêche l'évasion spirituelle et l'évolution.

5. *Rondelle:* Ronde, danse. *L'escape* est aussi ce «sérieux» où le monde range ses «valeurs sûres», toutes autres valeurs étant jugées «pas sérieuses». Pourtant la *joie* spirituelle, la prière *(Vent de la lèvre)* et l'action prophétique pour recréer le monde, que réveillent La Révélation d'Arès, pourvoient l'homme d'une énergie puissante, mesurable, créatrice.

6. *Mousse* (le mot latin *musum* abrégé): Mufle. *Pas:* Pattes. La raison intellectuelle dont se réclame le «sérieux» des «valeurs» terrestres paraît solide (sur *quatre* pattes). Mais si le *prophète*, s'armant de la raison spirituelle que Dieu lui donne, *frappe* ces «valeurs» avec précision comme des taureaux sur le mufle, la masse impressionnante *(mont)* de leur édifice *s'effondre*.

7. *Plus forte* que la «raison» du taureau intellectuel, la *crache* n'est pas le crachat, mais *l'haleine (XXII/17)* du *prophète* qui *parle* ou *rit*. La *crache* est la force de l'enthousiasme *(joie, v.5)*, du témoignage, du chant, de la prière, de la mission; la *buée* de la bouche du travailleur de Dieu.

8. *Donner le pain et la pluie:* Expression déjà rencontrée (XVI/4). L'homme croit obtenir nourriture, expérience, progrès, plaisir, par sa seule activité. Mais qu'obtiendrait-il de ses seuls efforts si le Père ne lui avait donné la faculté de cultiver *(pluie)*, de cuisiner *(pain)*, d'apprendre, d'éprouver la *joie (v.5*, opposée au «sérieux» des rationalistes et théologiens, vv. 5-6), etc?

---

4. *Escap*: Column; not the monument, but the intellectual edifice, especially rationalism; not science as knowledge, but ideology, philosophy, theology, etc, which work in the rationalistic mode by linking their assertions with 'logical' sources and destinations (see *count, V/1 & 7, XI/3*). God's *Foot is heavy (v.2)*, but the rationalism *(escap)* of abstract thought, when it poses as finality, weighs much heavier on *man* and hampers his spiritual breakout and development.

5. By the word *rondelle* God means small round dance. The *escap* is also the 'seriousness' in which the world stows its 'trusty values' while it regards other values as 'not serious'. Nevertheless, spiritual *joy*, prayer *(Wind of the lip)* and the prophetic action to recreate the world, which *The Revelation of Arès* revives, provide man with a strong, measurable, creative energy.

6. *Moos* (the Latin word *musum* shortened, nothing to do with an elk): (A bull's) muzzle. *Steps:* Legs. The intellectual reason on which the 'seriousness' of earthly 'values' is alleged to be based seems sturdy (on *four* legs). But if the *prophet* arms himself with the spiritual reason that God gives him and *hits* these 'values' with precision as if he *hit* bulls on their muzzles, their impressive massive structure *(mount) founders*.

7. The *spit(tle) stronger* than the 'reason' of the intellectual bull is no expectoration; it is the *breath (XXII/17)* of the *prophet speaking* or *laughing*. The *spit(tle)* is the force of enthusiasm *(joy, v.5)*, of testimony, of songs, of prayer, of mission; the *steam* from God's laborer's mouth.

8. *To give the bread and the rain:* A phrase already found (XVI/4). Man thinks he gets food, experience, progress, pleasure, only by its activity. But what would he get by effort alone if the Father had not given him the ability to farm the land *(rain)*, cook *(bread)*, learn, feel *joy (v.5*, as opposed to the 'seriousness' of rationalists and theologians; v. 5 & v. 6), etc?

RÉVÉLATION ORIGINALE — *ORIGINAL REVELATION*

Les mots entre parenthèses (...), ajouts de la main du frère Michel, facilitent la lecture et la compréhension de l'original
The words in brackets (...), additions in brother Michel's hand, make the reading and understanding of the original easier

9. Prépuce Mi'âl (est) ton nom, (parce que) ta crache ne vient pas (par en-)bas, elle est (donnée par en-)haut.

10. Ton frère voit la Lumière, il mange dans Ma Main ;

11. l'homme ne voit pas dans ta gorge ; il mange ta langue.

12. L'homme (est comme) le cheval, (il) mange là (où) son pied reste.

13. Le fruit n'est pas l'Arbre ; (c'est) toi le fruit. Pars, tu ne reviens pas.

---

9. Prepuce Mee'âl (is) your name, (because) your spit(tle) does not come (from be)low, it is (given from) high.

10. Your brother sees the Light, he eats from My Hand ;

11. man cannot see into your throat ; he eats your tongue.

12. Man (is like) the horse, (he eats) at the place (where) his foot stays.

13. The fruit is not the Tree ; you (are) the fruit. (If you) go off, you cannot come back.

ANNOTATIONS
Dieu donna en même temps au témoin son Message et le sens de son Message; ces notes sont de la main du témoin
God gave the witness at once his Message and the meaning of his Message; the notes are in the witness's hand

9. *Prépuce Mi'âl* (prononciation difficile à représenter): *Mikal*. Le *prophète* ne transmet pas la *Vie (24/3-5) par en-bas* (par la chair, l'intellect), mais *par en-haut* (par la *Parole* de Dieu). Personne ne reçoit le prophétisme par hérédité, legs ou «succession apostolique» *(1/4, 8/1)*. *Prépuce*, accolé à *Mi'âl*, n'est pas trivial; il évoque la circoncision spirituelle. L'homme n'adhère pas à la Vérité et ne *change pas le monde (28/7)* par l'ablation de son *prépuce* de chair, mais par la circoncision de ses préjugés et de sa paresse. Le *prophète* est, par excellence, le circoncis spirituel. Certains ont vu dans *Prépuce Mi'âl* un jeu de mot subtil; selon eux, Dieu traduirait par *Prépuce*, « posthès» en grec, le patronyme du *prophète*: Potay, et *Mi'âl* serait la racine trouvée dans tous les mots hébreux liés à la circoncision (le *mohel* est le circonciseur); ainsi Potay Michel signifierait «prépuce circoncis».

10-12. *Frère* s'oppose à *homme (n.VII/1, n.XXIV/7-8)*, en quelque sorte. Le *frère* est le *pénitent* et *moissonneur* qui atteint le stade actif et créateur de la vie spirituelle, un membre du *reste* ou, plus spécialement, du *petit reste (24/1, 26/1, 29/2, 33/12)*. La *fraternité* dans *La Révélation d'Arès* n'est pas un concept sentimental, ni même qualitatif, mieux désigné par *amour*, mais un principe actif: ce qui recrée *l'homme*. *Comme le cheval* par le cavalier *l'homme* est conduit par les idées du système. L'esprit *de l'homme* ne se nourrit *(mange)* que de ce qu'il peut assimiler au stade où son évolution est stoppée par ceux qui le conduisent (où *son pied reste)*: religion, culture, politique, etc. Le myope *ne voit pas* la profondeur *(gorge)*, mais il se nourrit des mots.

13. *L'Arbre:* Dieu. À ceux qui sollicitent ses conseils, sa consolation, son aide, sans vouloir rompre leurs attaches culturelles pour travailler au *changement du monde*, le frère Michel rappelle ce verset, qui signifie: «Pourquoi demander le *fruit* tout en ignorant ou refusant *l'Arbre* qui le donne?» *Pars, tu ne reviens pas:* «Si tu tombes, tu pourris. Accroche-toi à l'Arbre!»

---

9. *Prepuce Mee'al* (the pronunciation is difficult to represent): *Mikal*. The *prophet* does not pass on *Life (24/3-5)* to men *from below* (through intellect and the flesh), it passes it on *from high* (through God's *Word*). No one gets prophethood through heredity, bequest, or 'apostolic succession' *(1/4, 8/1)*. *Prepuce* joined to *Mee'al* is not coarse; it evokes spiritual circumcision. Man does not adhere to Truth and does not *change the world (28/7)* by having his bodily *prepuce* removed, but by circumcising his prejudices and laziness. The *prophet* is the spiritually circumcised man par excellence. Some people see a subtle pun in *Prepuce Mee'al;* according to them God would have translated the *prophet's* family name: Potay, into *Prepuce*, 'postess' in Greek, and *Mee'al* would be the root found in Hebrew words related to circumcision (*mohel* = circumciser); so Potay Michel would mean 'circumcized prepuce'.

10-12. *Brother* is opposed to *man (n.VII/1, n.XXIV/7-8)*, in a way. A *brother* is the *penitent* and *harvester* that reaches the active creative standard of spiritual life, a member of the *remnant* or, particularly, of the *small remnant (24/1, 26/1, 29/2, 33/12)*. In *The Revelation of Arès fraternity* is not a sentimental concept, not even a qualitative concept, which is better called *love;* it is an active principle: what recreates *man*. *Like the horse* by a rider *man* is driven by the system's ideas. *Man's* mind cannot absorb *(eat)* any more things than he can take in at the stage his development has been stopped by those that drive him (where his *foot stays)*: religion, culture, politics, etc. The short-sighted *cannot see into* the depth *(throat)*, but they feed on the words.

13. *Tree:* God. In reply to those who request advice, comfort and help of him, but who refuse to undo their cultural ties and set to work for *changing the world*, brother Michel recalls this verse which means: "Why ask for the *fruit* and at the same time ignore or reject the *Tree* that yields it?" *If your go off, you cannot come back:* "If you fall, you rot. Hang onto the Tree!"

RÉVÉLATION ORIGINALE — *ORIGINAL REVELATION*
Les mots entre parenthèses (...), ajouts de la main du frère Michel, facilitent la lecture et la compréhension de l'original
The words in brackets (...), additions in brother Michel's hand, make the reading and understanding of the original easier

XXIV

1. Sois un dans toi !

2. Ta dent mord Ma Lèvre, elle tient.
(Si) ta dent mord ta lèvre, tu es deux.

3. (Si) ton ventre creuse (sous) la peur, tu es dix.

4. Sois un !

5. La tête (qui se) sème les oreilles (est comme) trois sourds.

6. La pierre crie dans Mon Oreille. L'homme (qui) crie dans son oreille n'entend pas la pierre ; J'entends la pierre.

7. L'homme (qui) entre l'étoile sous son cil mange le bruit (comme) le caillot.

8. (L'homme) coupe sa main, (il) écrit (dans) son œil, (il) rase son rire.

XXIV

1. Be one within you !

2. (If) your tooth bites My Lip, it holds (on).
(If) your tooth bites your (own) lip, your are two.

3. (If) your stomach hollows (with) fear, you are ten.

4. Be one !

5. The head (that) strews (itself with) the ears (is like) three deaf men.

6. The rock shouts in My Ear. The man (who) shouts in his (own) ear cannot hear the rock ; I can hear the rock.

7. The man (who) takes in the star under his eyelash eats the noise (like) the (blood) clot.

8. (Man) cuts his hand, (he) writes (inside) his eye, (he) shaves off his laughter.

ANNOTATIONS
Dieu donna en même temps au témoin son Message et le sens de son Message; ces notes sont de la main du témoin
God gave the witness at once his Message and the meaning of his Message; the notes are in the witness's hand

XXIV 1-5. *Mordre* la *Lèv*re de Dieu (image de la *pénitence* opiniâtre, *30/11*) signifie: Se transformer sans cesse pour retrouver son intégralité humaine: *corps, esprit et âme (17/7)*, reconstruire en soi *l'image et ressemblance* du Créateur, être co-créateur du monde, un *christ*, un *Dieu (2/13, 32/2)*. Ainsi l'homme devient-il *un (v.1)*. *Mordre sa* propre *lèvre* est accorder trop de place à ses pensées et aux idées du monde; on est affaibli, divisé contre soi-même (on est *deux*). La *peur* peut détruire (casser en *dix*) le plus vaillant *pénitent* et le meilleur humaniste. La *peur* du monde et sa conséquence: la tentation de plaire au monde et de penser et parler comme lui pour s'en protéger, décuplent les risques de ne jamais se spiritualiser ou de se désintégrer spirituellement. L'unité spirituelle, donc la force spirituelle, est dans la simplicité de la *Voie Droite (Coran 1/5):* Vérité, amour et *ascension* (conquête de soi et du *monde*, nouvel *Exode*), que peut même accomplir l'incroyant, c.-à-d. celui qui retrouve la *Voie* seulement par instinct. En suivant les idées du monde on est sourd à toute incitation de *changer*, on est même sourd à de simples évidences (v. 6). Le chiffre *trois* n'a pas valeur arithmétique, il indique l'augmentation.

6. Dieu fait un avec sa Création; il en *entend* la moindre *pierre*. *L'homme* s'écoute parler mais *n'entend* pas sa propre nature qui est spirituelle. Comment *entendrait-il* Dieu sans effort?

7-8. *L'homme*, dans *Le Livre* (n.VII/1), est l'humain avant la création *d'Adame* et après la chute *d'Adame* (VII/2 et 13), autrement dit, l'humain déspiritualisé, uniquement pensant. Il a l'intelligence intellectuelle mais il a depuis longtemps perdu *l'intelligence* spirituelle *(32/5)* (voir *frère v.9* et n. XXIII/10-12). L'autosatisfaction *(l'étoile sous le cil)* aveugle *l'homme;* sa parole est *bruit* (voir II/15, VII/9 et 11, etc.; *bruit* revient souvent dans *Le Livre*). Ses actes malgré leur ingéniosité manquent souvent d'élévation, de *beauté (12/3)* ou même de nécessité (il a la *main*

XXIV 1-5. *Biting* God's *Lip* (an image of unyielding *penitence 30/11)* means: Keeping on transforming oneself to regain one's human integrality: *body, mind and soul (17/7)*, to rebuild the Maker's *image-and-likeness* within oneself, to be a co-creator of the world, a *christ*, a *God (2/13, 32/2)*. This is how man becomes *one (v.1)*. *Biting one's own lip* is attaching too great a value to one's ideas and the world's; one is weakened, divided against oneself (one is *two*). *Fear* can destroy (break in *ten*) the stoutest *penitent* and the best humanist. *Fear* of the world and its consequence: the temptation to please the world and take up its way of thinking and speaking to protect oneself from it, widens the risk of not growing spitualized or of desintegrating spiritually. Spiritual unity, spiritual force then, lies in the simplicity of the *Straight Path (Quran 1/5):* Truth, love and *ascent* (conquest of oneself and of the world, new *Exodus*) which can even be performed by non-believers, that is, even by men who find the *Path* only by instinct. Someone who follow the world's ideas are deaf to every incitement to *changing* and deaf to simple self-evident things (v. 6) too. The figure *three* has no arithmetical value, it indicates increase.

6. God and his Creation are as one; he can *hear* the least *rock*. *Man* savors his own words but cannot *hear* his own nature which is spiritual. How could he *hear* God without making efforts?

7-8. In *The Book* (n.VII/1) *man* refers to the human before *Adam's* creation and after *Adam's* fall (VII/2 and 13), that is to say, the despiritualized, only thinking human. He has intellectual intelligence, but he has long lost spiritual *intelligence (32/5)* (see *brother v.9*, n. XXIII/10-12). Self-satisfaction *(the star under the eyelash)* blinds man; his speech is *noise* (see II/15, VII/9 & 11, etc, *noise* is often found in *The Book*). His acts, though ingenious, are often lacking in grandeur, *beauty (12/3)* and even necessity *(his hand is cut);* he is blinded, very rarely enlightened by his

RÉVÉLATION ORIGINALE — *ORIGINAL REVELATION*
Les mots entre parenthèses (...), ajouts de la main du frère Michel, facilitent la lecture et la compréhension de l'original
The words in brackets (...), additions in brother Michel's hand, make the reading and understanding of the original easier

9. Le frère (r)entre l'étoile dans Ma Main ; (alors) il entend la pierre, il court sur son bras mille ans.

1. (Prends) la pointe ! Je porte ton œil (où) guerr(oient) le(s) poil(s) épais.

2. Sarbal (et) Moussa ferrent Yërouch'lim, (dont) les murs pleurent.
3. (Ils) appellent : « Al ! » ;
l'œil voit l'œil, (chacun se croit) dans Mon Eau (et crie) : « Mauvais (pour) mauvais ! »

4. (Avant que) Mon Talon (ne) passe, (et ne) laisse cendre, envoie l'aile blanche :

---

9. The brother puts the star in My Hand; (then) he can hear the rock, he runs (al)on(g) his (own) arm (for) a thousand years.

1. (Pick up) the point ! I direct your eye (toward the) war(ring) thick hair(s).

2. Sarbal (and) Mussa hook Yuhrooshlim, the walls (of which) weep.
3. (They) call out, "Al !";
the eye looks in the eye, (they each think they are) in My Water, (they shout,) "Evil (for) evil !"

4. (Before) My Heel passes by (and) leaves ashes (behind), send the white wing,

ANNOTATIONS
Dieu donna en même temps au témoin son Message et le sens de son Message; ces notes sont de la main du témoin
God gave the witness at once his Message and the meaning of his Message; the notes are in the witness's hand

coupée); ses propres pensées, livres, journaux, etc. l'aveuglent plus qu'ils ne l'éclairent *(il écrit dans son œil)*. Très fier de ses conquêtes intellectuelles, l'homme les suit avec tant de sérieux qu'il en perd la vraie joie *(rire)* et donc la vraie raison de créer, d'évoluer et de s'élever.

9. Le *frère* est *l'homme (n. 7-8)* qui redevient peu à peu *Adame, l'image et la ressemblance* positive et créatrice du Créateur. *L'homme* redevenu *frère* entend la pierre *(v. 6)* et *court sur son bras*, c.-à-d. poursuit des perspectives grandioses comme Dieu qui *court de sa Main à sa Main, (XXII/10)*. Le *frère*, reconstructeur du monde selon le *Dessein* du Père, a l'humilité (il *rentre l'étoile dans la Main de Dieu);* l'humilité est mère de la lucidité et de *l'intelligence* .

1. *Prends la pointe* (de crayon): Écris! *J'emporte ton œil où...:* Je te montre la *guerre* que se font deux peuples farouches et impitoyables *(poils épais)*. Il s'agit de l'état de *guerre*, alors permanent, entre Israëliens et Arabes.

2. *Yërouch'lim:* Jérusalem. *Sarbal et Moussa:* Deux montagnes de l'Égypte sinaïtique. Une terrible menace plane sur Israël, qui ne résistera pas toujours à la pression arabe.

3. *Al:* Dieu, racine dont dérivent Élohim (hébreu) et Allah (arabe). Juifs et Musulmans invoquent le secours de Dieu en se désignant mutuellement comme impies, injustes, cruels. *Mauvais pour mauvais:* Le talion *(Lévitique 24/19-21)* inventé par les prêtres, que Dieu n'a jamais établi.

4. *Aile blanche* (voir XVII/11): Lettre, ici message de paix. *Paro:* Pharaon en hébreu, le président d'Égypte, alors Anouar el-Sadate. *Rentre le fer dans ta main:* «Déposons les armes, faisons la paix!» Le 25 octobre 1977, le frère Michel transmet le Message de Dieu au Caire et à

own thoughts, books, newspapers, etc, *(he writes within his eye)*. Man is very proud of his intellectual conquests, he pursues them with so much seriousness that he loses the true joy *(laughter)* of, and consequently the true reason for, creating, developing and rising.

9. The *brother* is the *man (n. 7-8)* who is gradually becoming *Adam* again, the positive, creative *image-and-likeness* of the Maker. When a *man* has become a *brother* he *can hear the rock (v.6)* and *runs along his arm,* that is, pursues grandiose plans like God who *runs from his Hand to his Hand (XXII/10).* The *brother*, rebuilder of the world in keeping with the Father's *Design*, has humility (he *puts the star in* God's *Hand); humility is the root of lucidity and *intelligence*.

1. *Pick up the* (pencil) *point:* Write! *I direct your eye toward....:* I show you the *war* that two fierce and ruthless peoples *(thicks hairs)* are waging against each other. This is the then continuous state of *war* between Israeli and Arabs.

2. *Yuhrooshlim:* Jerusalem. *Sarbal and Mussa:* Two mountains in Sinaitic Egypt. A terrible threat was hovering over Israel unlikely to resist endlessly the Arab pressure.

3. *Al:* God, the root that Elohim (Hebrew) and Allah (Arabic) are derived from. Jews and Muslims call upon God for help pointing out to one another as impious, unjust, ruthless men. *Evil for evil:* The law of retaliation *(Leviticus 24/19-21)* devised by priests, which God never laid down.

4-6. *White Wing* (see XVII/11): Letter, here a message of peace. *Paro:* Pharaoh in Hebrew, the president of Egypt, then Anwar el-Sadat. *Pull back the iron into your hand:* "Let's lay down

RÉVÉLATION ORIGINALE — *ORIGINAL REVELATION*
Les mots entre parenthèses (...), ajouts de la main du frère Michel, facilitent la lecture et la compréhension de l'original
The words in brackets (...), additions in brother Michel's hand, make the reading and understanding of the original easier

5. « (Que) le paro parle à Israël :
"(R)entre le fer dans ta main"! »
6. Tu envoies l'aile blanche au paro.

7. Oblate, défie(-Moi) encore,
(et) le Bras (Qui) guide l'aurore lance le safre ;

8. (le safre) entre (par) la narine, (il) sale le sang, le nerf (dé)périt debout.

9. La paix (qui) monte contre le Saint (re)tombe (de) l'aurore jusqu('à) la décline.

10. Les dents noires (qui) ont les livres (a)choppent.
11. Le Saint, Sa Paix (Se) plante (pour longtemps) ;
(mais) la paix (qui) a l'écorce (mince), les dents (la) mangent.

---

5. "Let the paro speak to Israel,
'Pull (back) the iron in your hand'!"
6. You send the white wing to the paro.

7. Oblat, (if) you defy (Me) again,
the Arm (That) guides the dawn flings the safra ;

8. (the safra) goes in (through) the nostril, (it) salts the blood, the nerve dies (by wasting) upright.

9. A peace (that) goes up against the Saint falls (back from) the dawn to the close (of day).

10. The black teeth (who) have the books stumble.
11. The Saint—His Peace (is) planted (for long),
(but) a peace (that) has (a thin) bark—the teeth eat (it).

LA PAIX ENTRE ISRAËL ET L'ÉGYPTE — *ISRAEL AND EGYPT MAKE PEACE*

ANNOTATIONS
Dieu donna en même temps au témoin son Message et le sens de son Message; ces notes sont de la main du témoin
God gave the witness at once his Message and the meaning of his Message; the notes are in the witness's hand

Tel-Aviv. Deux semaines plus tard, le 9 novembre 1977 Anouar el-Sadate annonce au premier ministre israëlien Ménahem Beghin: «Je suis prêt à me rendre en Israël.» Le 19 novembre 1977 l'avion du président égyptien atterrit à Tel Aviv où les termes d'un traité de paix sont définitivement convenus entre Israël et l'Égypte (voir *Le Pèlerin d'Arès* n° 1/78).

7-8. *Oblate:* Celui ou celle qui se voue au bien de l'humanité; ici le chef ou les chefs d'état qui entend(ent) l'appel des hommes qui souffrent de la guerre. Par une communication de l'ambassade d'Égypte à Paris le frère Michel sut qu'Anouar el-Sadate avait reçu son message et allait se rendre en Israël; Tel Aviv n'accusa pas réception du message. Il est probable que les deux pays étaient en pourparlers depuis un certain temps; la presse semblait ignorer ces pourparlers, à plus forte raison le frère Michel, qui ne lisait pas les journaux, les ignorait. Mais le Père savait et souhaitait une décision politique rapide. *Safre* (saphir? un gaz?): Menace d'une arme nouvelle qui tuerait l'homme par lent *dépérissement*.

9. *De l'aurore à la décline:* De l'Orient à l'Occident. Si la *paix* de Dieu ne se fait pas, un conflit mondial pourrait survenir.

10-11. *Les livres:* Ici l'expérience ou la connaissance des rouéries politiques. La *paix* conclue par les politiciens et leurs experts *(dents noires)* est généralement entachée d'arrière-pensées; elle disparaît (est *mangée*) en quelques coups de *dent*. La *Paix du Saint* (Dieu), elle, est limpide, solide et durable.

---

arms, let's sign the peace!" Brother Michel forwarded God's Message to Cairo and Tel Aviv on October 25, 1977. Two weeks later, on November 9, 1977, Anwar el-Sadat announced to premier Menahem Beghin, "I am prepared to go to Israel." On November 19, 1977, the Egyptian president's plane landed in Tel Aviv where the terms of a peace treaty were conclusively agreed upon by Israel and Egypt (see *Le Pèlerin d'Arès* nr 1/78).

7-8. *Oblat:* He or she who dedicates himself or herself to the good of mankind; here the head or the heads of state who listen to the call of the men who suffer from war. A telephone call from the Egyptian embassy in Paris let brother Michel know that Anwar el-Sadat had received his message and would go to Israel; Tel Aviv did not acknowledge receipt of the message. In all likelihood both countries had been having talks for some time; the press seemed unaware of those talks, all the more reason for brother Michel, who used not to read papers, to be unaware of them. But the Father was aware of the talks and wished for a quick political conclusion. *Safra* (sapphire? a gas?): The threat of a new weapon that would kill man by slow *wasting away*.

9. *From the dawn to the close of day:* From East to West. If God's *peace* is not settled, a world conflict might arise.

10-11. *The books*: Here the experience or knowledge of political wily tricks. The *peace* settled by politicians and experts *(black teeth)* is generally marred by ulterior motives; a few bites (of the *black teeth)* get the better of such a *peace* (the *black teeth eat* it). Conversely, the *Peace of the Saint* (God) is straightforward, strong and lasting.

RÉVÉLATION ORIGINALE — *ORIGINAL REVELATION*
Les mots entre parenthèses (...), ajouts de la main du frère Michel, facilitent la lecture et la compréhension de l'original
The words in brackets (...), additions in brother Michel's hand, make the reading and understanding of the original easier

XXVI

1. Les dents noires (comme des) vieux chiens rodent les boules.

2. L'homme (qui) compte (a) le cou plat, la langue lacée,

3. (il re)tient sa part derrière l'œil, la bouche.

4. Le frère (est) mort (quand) sa main (se) ferme.

5. (Si) Ma Part manque (à l'homme qui la refuse), ta main (lui manque) aussi ;

6. ton front (peut être) rouge (d'effort), ta main (est fermée comme) une noix.

7. (Le) b'hêr, (du) b'hêr à l'homme noir (et du) b'hêr à Moi une eau (différente de) Mon Eau.
Le b'hêr (ap)porte(ra) sa part (de Mon Lot et du lot de l'homme).

═══════════════════════════════

XXVI

1. The black teeth (like) old dogs grind down the balls.

2. The man (who) counts (has) a flat neck, a laced-up tongue,

3. (he) holds (back) his share behind his eye, his mouth.

4. Dead (is) the brother (when) his hand closes.

5. (If a man) lacks My Share (because he refuses It), (he lacks) your hand too ;

6. (even though) your brow (is) red (with effort), your hand (is closed as) a walnut.

7. (The) b'hair—(from the) b'hair to the black man (and from) the b'hair to Me a water (unlike) My Water.
The b'hair (shall) bear its share (of My Lot and of man's).

ANNOTATIONS

Dieu donna en même temps au témoin son Message et le sens de son Message; ces notes sont de la main du témoin
God gave the witness at once his Message and the meaning of his Message; the notes are in the witness's hand

1. *Boules:* Les *boules* du boulier servant à *compter (v.2). Roder:* Ronger. Le système qui gouverne ce monde se fonde sur des valeurs, des principes et une logique usés *(dents noires de vieux chiens),* qui ont démontré leurs insuffisances, et dont ne sortira pas le *monde changé.*

2-3. *L'homme qui compte (compter V/1 et 7, XI/3, etc.):* Le cérébral devenu maître du monde, qui doit sa place dominante à ce qu'il a amassé *derrière son œil et dans sa bouche:* L'intellect. Sa pensée passe par son *cou plat* (platitude des idées reçues) et sa *langue* rivée *(lacée)* à l'habitude d'évaluer et de calculer *(compter)* toujours de la même façon. *L'homme qui compte* ne crée pas dans la liberté, son action est répétitive, il est l'agent de l'immobilisme; il fatigue la masse. Son incapacité d'évoluer est bien perceptible dans les domaines religieux et politiques.

4. *L'homme* dont la *main* ne sait que faire des gestes et des travaux calculés *(comptés)* perd l'amour et le sens de la Vérité. Son retour de la *mort* spirituelle est très difficile.

5. Tout raisonnement, tout projet, toute décision devraient toujours faire la *Part* du Créateur et de sa *Parole.* Si *l'homme* refuse cette *Part* à Dieu et à la Vérité, c'est que les *prophètes* ne sont pas écoutés *(la main du prophète manque aussi),* particulièrement par ceux qui dominent ce monde.

6. Le missionnaire peut bien s'épuiser *(être rouge d'effort)* à convaincre certains hommes, ces derniers voient la Parole comme une *noix* incassable (voir XX/20), une nourriture inaccessible.

7. *B'hêr:* Puits (hébreu). *Homme noir:* Partisan, sujet ou serviteur zélé du *roi noir (nn.X/6, XXIX/9),* l'agent politique, financier, industriel, etc. Du même puits *(b'hêr)* que partagent le Père et les enfants, même infidèles, peuvent sortir des *eaux* très diverses. Le Père ne refuse pas à

1. *Balls:* The *balls* of the abacus used for *counting (v.2). To grind out:* To eat away, gnaw. The system that rules this world is based on values, principles, and a logic worn out *(black teeth of old dogs),* conclusively proved insufficient, from which the *changed world* cannot emerge.

2-3. *The man who counts (count V/1 & 7, XI/3, etc):* The cerebral type turned master of the world; he owes his ruling position to what he has amassed *behind his eye and in his mouth:* Intellect. But his thought passes through his *flat neck* (flatness of preconceived notions) and his *tongue* fastened *(laced)* to the habit of assessing and calculating *(counting)* in an unvarying way. *The man who counts* cannot create freely, his action is repetitive, he is the factor of immobilism; he wearies the masses. His inability to develop is perceptible in the politic and religious fields.

4. The *man* whose *hand* can only make calculated *(counted)* gestures and do calculated works loses love and a sense of Truth. His return from spiritual *death* is very arduous.

5. Every thought process, plan and decision should always allow for the *Share* of the Creator and of his *Word.* Men deny God and Truth their *Share* because they—particularly those who rule the world—do not listen to the *prophets (they lack the prophets's hand too),* .

6. The missionary might well wear himself out *(be red with effort)* convincing some kinds of men, these see the Word as an unbreakable *walnut (nut,* see XX/20), an unattainable food.

7. *A b'hair:* A well (Hebrew). *Black man:* Zealous supporter, subject or servant of the *black king (n.X/6, n.XXIX/9),* a politic, financial, industrial, etc, agent. From the same well *(b'hair)* shared by the Father and the children, even unfaithful, very different *waters* can come out. The Father

RÉVÉLATION ORIGINALE — *ORIGINAL REVELATION*

Les mots entre parenthèses (...), ajouts de la main du frère Michel, facilitent la lecture et la compréhension de l'original
The words in brackets (...), additions in brother Michel's hand, make the reading and understanding of the original easier

8. L'or pourri(t); le feu (s')éteint;
   le soleil (devient) froid; le blé (se) vide.
9. Sous l'homme le pied;
   le fils d'homme(, sa) griffe (est sûre).

10. La main (ne doit pas se) prend(re pour) le pied; le fils d'homme, sa main (est) un voile (fragile).

11. (Alors) le ver rit, le ver (est) gras dans la boue dure.
12. Bonheur (pour) l'homme (qui) griffe la boue, (qui) mange le ver.

13. Tu casses l(es) jambe(s) des maîtres,

14. tu éteins les soleils (que font quand ils) fondent le fer (et) le flate blanc.

---

8. Gold (goes) rotten, fire goes out;
   sun (grows) cold; wheat (turns) empty.
9. Under man the foot;
   the son of man (has reliable) claws.

10. The hand (shall not) take (itself for) the foot; the son of man—his hand (is) a (fragile) veil.

11. (Then) the worm laughs, the worm (is) fat in the hard mud.
12. Luck(y is) the man (who) claws the mud, (and) eats the worm.

13. You break up the leg(s) of the masters,

14. you put out the suns (made by the) melt(ing) iron (and) white flatt.

ANNOTATIONS
Dieu donna en même temps au témoin son Message et le sens de son Message; ces notes sont de la main du témoin
God gave the witness at once his Message and the meaning of his Message; the notes are in the witness's hand

l'homme sa part du puits, mais il demande que son *Eau* qui s'y mêle soit reconnue, car ignorer ses sources est ignorer sa propre vie, c'est comme mourir de soif en buvant.

8. Les matières, les énergies, les biens deviendront rares ou manqueront. Sens implicite: Le Créateur les renouvellera si leur exploitation n'est plus le principal but des activités humaines.

9-10. Quoiqu'il ignore leur existence ou les refuse, *l'homme* garde de solides assises spirituelles *(pied,* ce *pied* qu'il peut *entrer dans la terre, X/19).* S'il dépasse résolument la culture et toutes valeurs jugées indépassables, s'il s'accroche *(griffe)* fermement à sa liberté de créer, à sa nature divine, à l'amour, au réalisme, il se recréera et recréera le monde sur des bases *sûres.* Le *pied* représente aussi le bon sens et l'équilibre qui accompagnent la spiritualité. *L'homme* a été créé pour se tenir sur ses *pieds,* pas sur ses *mains.* Privé *d'intelligence* spirituelle *(32/5), l'homme* avec sa seule intelligence intellectuelle, bien qu'elle soit un outil aussi merveilleux que la *main,* se trompe et s'égare. Il *prend* l'intellect *pour* la seule source de bon sens et de vérité, mais l'intellect est déséquilibré si la spiritualité manque.

11-12. L'intelligence intellectuelle n'organise pas le meilleur des mondes; elle engendre de graves problèmes, parce que l'intellect sans le contrepoids spirituel manque de sagesse. Comme le *ver* de terre survit dans un terrain aride en attendant la pluie, *l'âme* simple et apparemment faible survit en attendant de sauver le monde de l'erreur, de la violence et des folies (voir ch. XXVII).

13-14. *Jambes des maîtres:* Mécanisation, informatisation, etc. *Flate blanc:* Énergie puissante non identifiée ou encore inconnue. Les meilleurs *maîtres* fondent la vie sociale, économique, affective sur la science (Veillée 18). Dieu met en garde contre les projets matérialistes et financiers qui ignorent la dynamique spirituelle de l'homme.

---

does not refuse *man his share* in the well; he asks man to recognize his *Water* mixed in it, because ignoring one's source is ignoring one's own life, it is like drinking and dying of thirst.

8. Commodities, energy and goods will grow scarce or be lacking. The understood sense is: The Maker will renew them when their exploitation is no longer the main aim of human activities.

9-10. Even though he is unaware of them or disinclined for them, man has retained a strong spiritual basis *(foot, that foot that he can sink into the earth, X/19).* If he resolutely surpasses culture and all values regarded as unsurpassable, and if he clings *(claws)* fast to his freedom of creation, his divine nature, love and realism, he will recreate himself and recreate the world on *reliable* bases. The *foot* also represents common sense and balance which go together with spirituality. *Man* has not been created to stand on his *hand,* but to stand on his *feet.* When deprived of spiritual *intelligence (32/5), man* with intellectual intelligence alone, though it is as wonderful a tool as the *hand,* makes mistakes and wanders. He *takes* intellect *for* the only source of sense and truth, but intellect is unbalanced when spirituality is missing.

11-12. Intellectual intelligence cannot organize the best world; it breeds serious problems because intellect lacks wisdom when it lacks the spiritual counterbalance. Just as earth*worms* survive in a barren ground waiting for the rain, the simple, apparently feeble *soul* survives waiting until it can save the world from error, violence, and mad undertakings (see ch. XXVII).

13-14. *Legs of the masters:* Mechanization, computerization, etc. *White flatt:* Powerful energy either not identified or still unknown. The best *masters* have based social, economic, affective life on science (Vigil 18). God warns man against the materialistic and financial plans that ignore the human spiritual dynamic.

RÉVÉLATION ORIGINALE — *ORIGINAL REVELATION*
Les mots entre parenthèses (...), ajouts de la main du frère Michel, facilitent la lecture et la compréhension de l'original
The words in brackets (...), additions in brother Michel's hand, make the reading and understanding of the original easier

15. Ta part (est) Ma Part.

16. Tu embrasses la jambe de sang,
17. (mais) la jambe (qui) danse sur le feu, tu la casses.

XXVII

1. L'œuf dans la femme (devient) peau sèche.

2. La femme, sa cuisse ne boit pas l'eau (aux) filaires ; (elle) boit le vin (qui) secoue le ventre.

3. L'enfant ne dort pas sur le sein ; l'homme dort là.

4. L'air (et) la pluie (vaincront) l'homme noir.
   (Il) tombe, l'homme (qui) compte, la poule (qui) a l'œil de chat.

---

15. Your share (is) My Share.

16. You embrace the leg of blood,
17. (but) your break the leg (that) dances on the fire.

XXVII

1. The egg within woman (turns into) parched skin.

2. Woman—her thigh does not drink the filariae water ; (she) drinks the wine (which) shakes the entrails.

3. The child does not sleep on the breast ; the man sleeps there.

4. The air (and) the rain (will overcome) the black man.
   (He) falls, the man (who) counts, the hen (that) has an eye of cat.

L'ŒUF DANS LA FEMME EST SEC — THE EGG WITHIN WOMAN IS PARCHED

ANNOTATIONS
Dieu donna en même temps au témoin son Message et le sens de son Message; ces notes sont de la main du témoin
God gave the witness at once his Message and the meaning of his Message; the notes are in the witness's hand

---

15. Les grands plans sociaux, les prodigieux progrès techniques nuisent à *l'homme* autant qu'ils le servent. D'énormes déceptions seront évitées (on pense à l'effondrement de l'URSS survenu douze ans après les Théophanies) si on laisse à la *Vie (24/3-5)* sa *Part*. Alors la technique, qui découle du pouvoir créateur donné à Adam, contribuera au bonheur.

16-17. Défendons la primauté de l'humain *(jambe de sang)* sur la mécanique, l'informatique, les énergies *(les jambes qui dansent sur le feu)* et toutes forces similaires qui font de l'humanité leur masse ouvrière, leur clientèle et leur adoratrice. La technique est une néo-religion.

XXVII

1. *La femme* est en passe de devenir stérile, surtout dans le domaine spirituel.

2. *Filaires* (vers minuscules). *L'eau aux filaires:* Sperme, également la source quasi inaperçue de la vie spirituelle qui commence dans la famille. Le plaisir des sens est voulu par Dieu *(joies réservées aux époux, 2/3, 9/7)*, il est donc saint, mais bientôt la *femme* n'attendra plus de la sexualité que son plaisir *(le vin qui secoue le ventre)* —; par extension, ses plaisirs cérébraux et sa quête exagérée de l'intellect gâtent sa santé affective et spirituelle.

4. *Homme noir:* Voir n. XXVI/7 (X/6, XXIX/9), intellectuel, savant, expert, scientifique, économiste, politicien, et aussi l'homme de religion, considérés sous l'angle de «l'élite» intellectuelle. L'enflure de son intellect rendra *l'homme noir* de plus en plus inapte à la vie naturelle *(l'air et la pluie)*. Le sens implicite est: Il est temps que *l'homme noir* se rende compte que ses ambitions sont inadaptées et disproportionnées à ses moyens réels et à sa véritable vocation humaine (il est comme *une poule qui a l'œil de chat)*.

---

15. The big social plans and the prodigious technical progresses prove as much prejudicial as beneficial to *man*. Huge let-downs will be shunned (we cannot help thinking of the USSR's collapse twelve years after the Theophanies) by giving *Life (24/3-5)* its *Share*. Then technic which results from the power to create bestowed on Adam will contribute tc *man's* happiness.

16-17. Let us uphold the primacy of humanity *(leg of blood)* over mecanics, computers, energy *(legs that dance on the fire)* and all similar forces which have made their working, patronizing and worshipping masses of humanity. Technology is a neo-religion.

XXVII

1. *Woman* is on her way to becoming sterile especially in the spiritual domain.

2. *Filariae* (minute worms). *The filariae water:* Sperm, also the nearly unremarked source of spiritual life which starts in family. Sensual pleasure was created by God *(the joy intended for the husband and wife, 2/3, 9/7)*, it is holy then, but *woman* is going to expect only pleasure from sex *(the wine which shakes the entrails)*—; by extension, her cerebral pleasure and too extensive quest for intellect ruin her affective and spiritual health.

4. *Black man:* See n. XXVI/7 (X/6, XXIX/9), highbrow, scholar, expert, scientist, economist, financiers, politician and also man of religion, looked upon from the angle of intellectual 'élite'. *Black man's* bloating intellect will make him more and more unfit for natural life *(air and rain)*. The understood sense is: It is time the *black man* realized that his aims are unsuitable for and disproportionate to his real means and his true human calling (he is like *a hen which has an eye of cat)*.

RÉVÉLATION ORIGINALE — *ORIGINAL REVELATION*
Les mots entre parenthèses (...), ajouts de la main du frère Michel, facilitent la lecture et la compréhension de l'original
The words in brackets (...), additions in brother Michel's hand, make the reading and understanding of the original easier

5. L'homme noir (a) le bras (qui) pend.

6. L'homme du sentier, l'homme du riz, (l'homme) du tubra monte ;

7. il remplit la femme claire.

8. (Il est) ton frère.
9. La femme coupe, coupe la tête,
   (elle) ouvre sa cuisse sur le fort.
10. Devant la porte l'enfant, beaucoup (d'enfants) ; l'enfant crie (de joie).
11. L'homme noir part avec la pluie, avec l'air.

12. Épais le cheveu de femme, sa main (s')ouvre sur le frère, sa dent mord la braise (et) fait le fil.

---

5. The black man('s) arm is drooping.

6. The track man, the rice man, the tubra (man) rises ;

7. he fills the clear woman.

8. (He is) your brother.
9. Woman cuts, cuts the head,
   (she) opens her thigh for the strong man.
10. Outside the door the child, many (children) ; the child screams (with joy).
11. The black man fades in the rain, in the air.
12. Thick is woman's hair, her hand opens on the brother, her tooth bites embers (and) makes yarn.

L'HOMME NATUREL REVIENDRA — *NATURAL MAN WILL COME BACK*

ANNOTATIONS
Dieu donna en même temps au témoin son Message et le sens de son Message; ces notes sont de la main du témoin
God gave the witness at once his Message and the meaning of his Message; the notes are in the witness's hand

5. *Bras:* Organe sexuel mâle. Analogie entre impuissance sexuelle et impuissance spirituelle: *L'homme* devenu trop cérébral n'est plus ni naturel ni spirituel. Il perdra même toutes ses conquêtes intellectuelles, politiques, religieuses, économiques, etc.

6. *Homme du sentier, du riz et du tubra:* *Homme* solide, endurant et de bon sens qui reprend le *sentier* naturel au bout duquel il retrouvera sa vraie vocation humaine. L'intellect, la technique, le commerce ne sont pas indignes de l'homme, loin de là, mais Dieu, une fois de plus, souligne que leur envahissement, leur domination font dégénérer l'homme. *Tubra* (tourbe? tubercule?): Ressources naturelles en général, y compris ressources spirituelles. Comme souvent dans *Le Livre,* il y a un jeu de mots: *Tubra* (qui *monte)* est la virilité opposée au *bras qui pend (v.5).*

7. *Femme claire:* La *femme* redevenue naturelle et saine, le sanctuaire central de la vie spirituelle (9/1-5), que ne satisfait plus l'homme dégénéré par sa cérébralité et son rationalisme.

9. La *femme* la première renoncera à la primauté de la vie cérébrale débilitante et retrouvera vigueur et naturel, qui la pousseront vers l'homme naturellement et spirituellement *fort.*

11. L'intellectuel, même devenant très savant, disparaîtra par fragilisation. L'intelligence intellectuelle ne dominera pas le monde indéfiniment, elle mourra des problèmes mêmes qu'elle pose au monde, notamment de son échec ou son manquement à transcender ou transfigurer l'homme.

12. Le *cheveu épais* n'est pas ici signe de pugnacité comme en XXV/1, mais signe de santé, d'énergie et de force d'âme *(la dent* qui *mord la braise)* comme chez Samson. La *femme* redonne aussi *à l'humanité* le sens naturel du travail et la création (elle *fait le fil),* mais par-dessus tout la générosité (elle *ouvre la main sur le frère).*

---

5. *Arm:* The male organ of copulation. An analogy between impotence and spiritual incapacity: *Man* turned too much cerebral is neither natural nor spiritual anymore. He will even lose his intellectual, political, religious, economic, etc, acquisitions.

6. *Track man, rice man, tubra man:* The sensible, hardy, strong *man* who sets off on the natural *track* again until he regains his true human vocation. Intellect, technology, commerce are not unworthy of man, far from it, but once more God stresses that their invasion and domination have caused man's degeneration. *Tubra* (Turf? Peat, in French 'tourbe'? Tuber?): Natural resources in the aggregate, including spiritual resources. Puns are frequent in *The Book;* there is a pun in this verse: *Tubra* (which *rises)* is manliness as opposed to the *drooping arm (v.5).*

7. *Clear woman:* The *woman* turned natural and sound again, the central sanctuary of spiritual life (9/1-5), dissatisfied with the man degenerating into a cerebral and rationalistic being.

9. *Woman* will be the first to give up the primacy of enervating cerebral life and to regain natural vigorous features which will drive her to the naturally and spiritually *strong man.*

11. The intellectual *man,* even if he attains great learning, will *fade* by weakening. Intellectual intelligence cannot control the world endlessly, it will die from the very problems it poses for the world, particularly from its failure to transcend or transfigure man.

12. Here the *thick hair* is not a sign of pugnacity like in XXV/1; it is a sign of health, energy and fortitude *(the tooth* that *bites embers)* like Samson's. *Woman* also restores the natural spirit of labor and creation (she *makes yarn),* but above all she restores generosity (she *opens her hand on the brother).*

RÉVÉLATION ORIGINALE — *ORIGINAL REVELATION*
Les mots entre parenthèses (...), ajouts de la main du frère Michel, facilitent la lecture et la compréhension de l'original
The words in brackets (...), additions in brother Michel's hand, make the reading and understanding of the original easier

13. La femme (a) la paix. Entre les dents (de la femme) coule la Parole, le soleil descend (de) son sein ;
14. sa gorge parle, l'œil ferme l'œil.

XXVIII

1. La femme, la main du Bon (est) dans sa main.

2. Yëchou tremble, la femme tremble ;
   Yëchou pleure, la femme pleure.

3. Tu flottes sur le Vent (comme) l'oiseau large ;
4. (comme les os de) Yëchou (et de) Mouhamad tes os éclatent,
   le Vent (les) presse loin.
5. Je suis la Force ;
   la Force est dans le frère (comme) dans l'homme mauvais.
6. La Force (est) dans Yëchou, (dans) Mouhamad, (mais aussi) dans le noir, (dans) l'épine ;
   (Elle est) dans l'oreille du frère (mais aussi dans) la corne (du buffle).

---

13. Woman (has) peace. Between the teeth (of woman) the Word flows, the sun comes down (from) her breast ;
14. her throat speaks, the eye shuts the eye.

XXVIII

1. Woman—the hand of the Good one (is) in her hand.

2. (When) Yuhshoo trembles, woman trembles ;
   (when) Yuhshoo weeps, woman weeps.

3. You are floating in the Wind (like) the wide bird ;
4. (like) Yuhshoo('s and) Muhammad('s bones) your bones shatter,
   the Wind hurries (them) far away.
5. I am the Strength ;
   the Strength is in the brother (and) in the evil man (alike).
6. The Strength (is) in Yuhshoo, (in) Muhammad, (but also) in the black one, (in) the prickle ;
   (It is) in the ear of the brother, (but also in) the horn (of the buffalo).

ANNOTATIONS
Dieu donna en même temps au témoin son Message et le sens de son Message; ces notes sont de la main du témoin
God gave the witness at once his Message and the meaning of his Message; the notes are in the witness's hand

13-14. Dieu rappelle l'estime et l'espérance qu'il met dans la *femme* comme agent de foi, de *paix*, de bonheur et *d'intelligence (32/5,* voir tous les passages concernant *Marie, Veillée 9, 11/2, 12/12, 30/5, 32/2, 33/13-18). L'œil ferme l'œil:* Une ère se termine, une nouvelle ère commence.

1. *Le Bon:* Jésus. La *femme,* voilà 2000 ans déjà, comprenait sans difficulté la *Parole* donnée par Jésus (voir 9/4-5); ceci sous-entend qu'elle la comprenait mieux que l'homme. Sa probité et sa lucidité spirituelles l'opposent parfois à l'homme qui a interprété la *Parole* selon ses intérêts et pour justifier ses religions et politiques, son inconduite et sa violence.

2. *Yëchou:* Jésus. La sensibilité de la *femme* répond à celle de Jésus. Dans ce monde structuré par une masculinité impérieuse, fière, souvent cruelle, la *femme* ne craint pas de montrer, comme Jésus les montrait, sa pitié, son chagrin, son humilité, etc.

3-4. *Presser loin:* Dépêcher, envoyer en mission lointaine, faire connaître quelque chose au bout du monde. La vie du *prophète,* pour éprouvé *(éclaté)* qu'il puisse être, est vouée sans défaillance à la mission, afin que le *Vent* atteigne les extrémités de l'aire prophétique *(5/5-7).*

5-6. *Le Père fait lever son soleil sur les bons et sur les mauvais (Matthieu 5/45).* La Force du bien, ou du *changement (28/7, 30/11),* reste disponible en tout pécheur. De plus, *qui sait qui est sauvé, qui n'est pas sauvé? (11/3);* parfois ce qui paraît mal est un bien, comme *l'épine,* un mal pour quiconque cueille la fleur, est un bien pour la fleur. Ne jamais juger.

13-14. God reminds that he has great regard for *woman,* and great expectations of her as a factor of faith, peace, happiness and *intelligence (32/5,* see all the passages relating to *Mary, Vigil 9, 11/2, 12/12, 30/5, 32/2, 33/13-18). The eye shuts the eye:* An era ends, a new era begins.

1. *The Good one:* Jesus. 2,000 years ago *women* already understood the *Word* delivered by Jesus (see 9/4-5) very well; this implies that they understood it better than men did. Sometimes *Woman's* spiritual honesty and lucidity bring her into conflict with men who have interpreted the Word according to their interests and have so justified their religions and politics, their loose living and violence.

2. *Yuhshoo:* Jesus. *Woman's* sensitiveness comes up to Jesus' sensitiveness. In this world structured by imperious, proud, often ruthless masculinity *woman* is not shy of showing pity, grief, sorrow, humility, etc, just as Jesus did.

3-4. *To hurry* (one) *far away:* Send (one) out on a remote mission, make something known all over the world. The life of the *prophet,* afflicted *(shattered)* though he might be, shall be unflaggingly given up to the mission so that the *Wind* may reach the far ends of the prophetic area *(5/5-7).*

5-6. *The Father makes his sun rise on the bad and the good (Matthew 5/45).* The *Strength* of good or of *change (28/7, 30/11)* stays available within every sinner. Besides, *is anyone able to know whoever is saved, whoever is not? (11/3).* Sometimes what seems evil is good, as the *prickle,* a harm to whoever gathers a flower, is a good to the flower. One shall never judge.

RÉVÉLATION ORIGINALE — *ORIGINAL REVELATION*
Les mots entre parenthèses (...), ajouts de la main du frère Michel, facilitent la lecture et la compréhension de l'original
The words in brackets (...), additions in brother Michel's hand, make the reading and understanding of the original easier

7. Abraham, son frère (est) le lézard, (sur) son ventre (il) marche.
8. Moché (Me) voit, (il) mange dans Ma Main (comme) le chat ; le chat (a) le lézard sous son ventre.
9. Yëchou, son frère (est) le bélier ; le chat (passe) sous son ventre.
10. Le frère de Mouhamad (est) le cheval ; le bélier (passe) sous son ventre.
11. Mikal (Me) voit, (il) mange dans Ma Main ; son frère (est) large (et) haut (comme) l'aigle.
12. Le noir tourne pour la Lumière ; il sème le sel (pour voir) clair.
13. Ton front est plat ; trois côtés a ton oreille ; tu frappes ton poumon (comme du) bois creux. (Pourtant) tu as la Lumière.
14. Frappe ton poumon, le Vent (en) sort !
15. Ouvre ta veine ! Le Sang sort, Il (s'en)vole (et comme) le nuage (Il parcourt la terre).
16. Frappe (de) ton front (ce sol ! Ton front est) étalé (comme) la mer, ta lèvre court partout.

---

7. Abraham—his brother (is) the lezard, (on) its belly (it) walks.
8. Mosheh sees (Me), (he) eats from My Hand (like) the cat ; the cat (has) the lezard under its belly.
9. Yuhshoo—his brother (is) the ram ; the cat (passes) under its belly.
10. Muhammad's brother (is) the horse ; the ram (passes) under its belly.
11. Mikal sees (Me), (he) eats from My Hand ; his brother (is) wide (and) high (as) the eagle.
12. The black one turns for the Light ; he sows the salt (to see) clear(ly).
13. Your brow is flat ; your ear has three sides ; you slap your lung (like) hollow wood. (And yet) you have the Light.
14. Slap your lung, the Wind comes out (from it).
15. Open your vein ! The Blood comes out, It flies (away and like) the cloud (It travels the earth over).
16. Strike (this floor with) your brow ! (So your brow) spreads (out as) the sea, your lip runs everywhere.

ANNOTATIONS
Dieu donna en même temps au témoin son Message et le sens de son Message; ces notes sont de la main du témoin
God gave the witness at once his Message and the meaning of his Message; the notes are in the witness's hand

7-11. Les catastrophistes considèrent notre temps comme pire qu'aucune époque passée. En fait, l'humanité *d'Abraham* à *Mikal*, passant par Moïse *(Moché)*, Jésus *(Yëchou)* et Mahomet *(Mouhamad)*, s'est améliorée par étapes. Cependant, beaucoup de *changements (28/7, 30/11)* restent à faire pour qu'éclose la vie spirituelle. De plus, le déclin menace.

12. *Tourner pour:* Chercher. *Le tentateur (le noir) cligne* (de l'œil) *sous la Lumière*, dit *L'Évangile donné à Arès (26/16)*, c'est-à-dire, tout en étant rageusement jaloux du bien, *le noir* n'est pas sans aspirer au bien et à la Vérité; il en a la nostalgie.

13. Malgré l'inconduite et l'obscurité rationaliste de sa jeunesse (il fut athée de 1950 à 1964), malgré les préjugés théologiques de sa période ecclésiastique (1966 à 1974), et malgré le péché auquel il ne peut échapper complètement, le *prophète* reçoit la *Lumière*.

14. Le *prophète* qui n'est ni un ange ni un surhomme fait entendre l'Esprit de Dieu *(le Vent)*.

15. Le *Sang* de Dieu qui coule dans les veines des *prophètes* n'est pas physique mais spirituel.

16. La vraie foi n'est pas simplement l'expression d'une croyance; c'est une énergie créatrice, notamment créatrice de soi *(pénitence)* et du monde *(moisson)*. La foi créatrice doit *s'étaler sur le monde comme la mer* qui grouille de vie. *Frappe ton front...* signifie: «Même si tu en souffres, consacre-toi à la tâche de *changer ta vie (30/11)* et de *changer (28/7)* cette terre *(ce sol)* jusqu'où Je suis descendu.» *Frappe ton front...* évoque aussi la prière prosternée (XLI/4 et 9) à l'exemple du Créateur que l'amour conduit à se réduire à la plus humble dimension (II/21) pour appeler *l'homme* à *changer*.

7-11. Catastrophists consider the present time as worse than any past epoch. As a matter of fact mankind from *Abraham* to *Mikal* through Moses *(Mosheh)*, Jesus *(Yuhshoo)* and *Muhammad*, has gradually improved. Nevertheless, many *changes (28/7, 30/11)* remain to be made so that spiritual life may come up. What is more, a decline is brewing.

12. *To turn for:* To look or search for. *The tempter (the black one) blinks* (his eyes) *in the Light*, says *The Gospel Delivered in Arès (26/16)*, that is to say, though he is furiously jealous of good, the *black one* cannot help aspiring after good and Truth; he pines for them.

13. In spite of the loose living and rationalistic darkness in his youth (he was en atheist from 1950 to 1964), in spite of his theological prejudices in his priesthood time (1966 to 1974), and in spite of sin which he cannot elude utterly, the *prophet* is given the *Light*.

14. The *prophet* who is no angel or superman expresses God's Spirit *(the Wind)*.

15. God's *Blood* that flows in the *prophets' veins* is not physical, it is spiritual.

16. True faith is not merely the expression of a belief; it is a creating energy by which a man creates himself *(penitence)* and creates the world *(harvest)*. The creating faith shall *spread* over the world *as the sea* which swarms with life. *Strike your brow...* means: "Even if it causes you much trouble and suffering, you shall devote yourself to the task of *changing your life (30/11)* and *changing mankind (28/7)* on this earth *(this floor)* I have come down to." *Strike your brow...* also refers to prayer in prostration (XLI/4-9) following the example of the Maker who, just for love of man, has come down to the humblest size (II/21) in order to call on man to *change*.

RÉVÉLATION ORIGINALE — *ORIGINAL REVELATION*

Les mots entre parenthèses (...), ajouts de la main du frère Michel, facilitent la lecture et la compréhension de l'original
The words in brackets (...), additions in brother Michel's hand, make the reading and understanding of the original easier

17. L'homme fort a quatre côtés de fer,
    (mais) il rouille sous Ma Larme.

18. Le singe, (de ses) deux mains (il) mange.
    L'homme (a) une main (qui) mange, une main (qui) donne.
    Mes (deux) Mains donnent.

19. L'homme (qui se croit) fort dit : « (Je suis) la pierre ; (si) le Vent vient, le Vent n(')e(m)porte pas la pierre. » Le Vent (a mieux à faire, il ap)porte l'oiseau (qui s'envole) de ta gorge.

20. L'homme (qui se croit) fort, son œil (est) mou (comme) le cancer (qui) sort (de) son os ; le noir (le) goûte.

21. Je donne la Parole à Mikal. (Qu'il La) garde !
    (Toi, tu seras) fort dans le Vrai ; tu hérites le Jardin.

22. Je brûle (comme) le Jardin de Moché.

---

17. The strong man has four iron sides,
    (but) he rusts under My Tear.

18. The ape—(with its) two hands (it) eat(s).
    Man (has) a hand (which) eats (and) a hand (which) gives.
    (Both) My Hands give.

19. The man (who thinks he is) strong says, "(I am) the rock ; (if) the Wind comes, the Wind cannot carry the rock (away)." The Wind (knows better, it) carries the bird (that flies) from your throat.

20. The man (who thinks he is) strong—his eye (is) soft (like) the cancer (that) comes out (of) its bone ; the black one savors (it).

21. I give Mikal the Word. (Let him) keep (It) !
    (As for you, you shall be) strong in the True ; you inherit the Garden.

22. I (am) burn(ing) like the Garden of Mosheh.

ANNOTATIONS
Dieu donna en même temps au témoin son Message et le sens de son Message; ces notes sont de la main du témoin
God gave the witness at once his Message and the meaning of his Message; the notes are in the witness's hand

17. Quand il était dans l'église, *Mikal* croyait avoir une *oreille* à *trois côtés (v.13)*, c.-à-d. le discernement du bien et du mal. Mais *l'homme* non religieux qui rationalise *croit* que sa raison est plus *forte* encore *(a quatre côtés de fer)*. Dieu pleure (verse sa *Larme*) sur cet *homme, fort* par certains côtés: science, ingéniosité, savoir-faire, etc., mais si faible par d'autres, notamment par son manque d'amour, d'*intelligence* spirituelle, de transcendance et simplement d'espérance.

18. Les degrés de la générosité: Le *singe* n'a pas grand souci de ses congénères; *l'homme* est tantôt égoïste, tantôt généreux. Dieu ne *donne* pas à *l'homme* tout ce que celui-ci lui demande, mais il *donne* tout ce que Sa Sagesse lui dicte de *donner* même si le donataire ne s'en aperçoit pas, même si le donataire *ne prononce pas le Nom* de Dieu *(28/4-10, 31/1, etc.)*.

19. *Gorge:* Voir VII/13. Le *Vent* du Père n'est perçu ni par le présomptueux, le fataliste, l'esprit *fort*, le croyant rebelle à l'Esprit de la Création (i.e. rebelle à l'amour, à la justice, à *l'intelligence* spirituelle), ni par le croyant de foi théorique et indolente (inerte comme la *pierre*). La synergie est sous-entendue: La Grâce de Dieu fortifie celui qui fait l'effort de s'élever comme *l'oiseau*. C'est dans ce sens que Le Coran dit: *Dieu égare qui il veut et sauve qui il veut (Coran 30/29)* et non dans un sens de fatalité ou de prédestination.

20. *Cancer:* Crabe, crustacé. Allusion au *crabe* vulnérable quand il mue.

21. *Mikal:* Michel, le frère Michel, le *prophète* d'Arès. *Le Vrai:* la Vérité. Le *Jardin (II/9)* est la pureté et la force spirituelle initiales, que le Père pousse *l'homme* à rechercher.

22. *Moché:* Moïse. En 1977 Dieu se manifeste à *Mikal* sous la forme d'un bâton de lumière qui *brûle* sans se consumer comme le buisson ardent apparu à Moïse *(Exode 3/2-3)*.

---

17. When he was a churchman *Mikal* believed that his *ear had three sides (v.13)*, that is to say, the capability of discriminating between good and evil. But the non religious *man* who rationalizes, *thinks* that his 'reason' is even *stronger (has four iron sides)*. God laments (shed *Tears*) over that *man* who has *strong* sides: science, ingenuity, craft, know-how, etc, but also very weak sides, particularly his lack of love, spiritual *intelligence,* transcendence and simply hope.

18. The levels of generosity: The *ape* is virtually unconcerned about its fellows; *man* is sometimes selfish, sometimes generous; God does not *give man* everything *man* asks him for, but he *gives* everything his Wisdom leads him to *give,* even if the donee does not even notice it, even if the donee *does not* even *utter* God's *Name (28/4-10, 31/1, etc.)*.

19. *Throat:* See VII/13. The Father's *Wind* is not felt by the presumptuous man, the fatalist, the rationalist, the believer rebellious against the Spirit of the Creation (i.e. against love, justice, spiritual *intelligence)*, neither is it felt by the believer with theoretical and idle faith (as passive as *rock*). Synergy is implied: Divine Grace invigorates him or she who strives to rise like the *bird*. In this spirit the Quran states, *God leaves in error whoever he pleases and leads whoever he pleases (Quran 30/29);* it does not state it in a sense of fatality or predestination.

20. *Cancer:* Crab, crustacean. A hint at the *crab* vulnerable when it sloughs off its shell.

21. *Mikal:* Michel, brother Michel, the *prophet* of Arès. *The True:* Truth. The *Garden (II/9)* is the primeval spiritual purity and strength the Father prompts *man* to seek for.

22. *Mosheh:* Moses. In 1977 God manifested himself in front of *Mikal* in the shape of a stick of light which *was burning* without being consumed away like the *burning* bush that had appeared to Moses *(Exodus 3/2-3)*.

RÉVÉLATION ORIGINALE — *ORIGINAL REVELATION*
Les mots entre parenthèses (...), ajouts de la main du frère Michel, facilitent la lecture et la compréhension de l'original
The words in brackets (...), additions in brother Michel's hand, make the reading and understanding of the original easier

23. (Mais si) tu tires la barbe devant l'œil, Je (fais) coule(r) un torrent de glace sous ta robe.

24. (Mets) ton œil devant l'étoile ; (al)long(e) ton bras !
    Ton bras brûle (comme) la laine, Je (te) tire (à Moi).
25. Vois ! Tes os restent (en-)bas.

26. Garde la Parole ; lie(-la à) ton poignet !
    Parle aux frères, les frères parlent (ensuite aux hommes).
27. Sois assis dans Ma Maison (et) va sur la route !
    Dors, le(s) frère(s sont) vigile(s) ; l'œil (s')ouvre, tu es (le) vigile de(s) frère(s).

28. L'homme baise la foul(é)e de ton talon.

---

23. (But if) you pull the beard (to) in front of the eye, I pour a torrent of ice under your robe.

24. (Set) your eye before the star ; (e)long(ate) your arm !
    Your arm burns (like) the wool, I pull you (up toward Me).
25. Behold ! Your bones remain (be)low.

26. Retain the Word ; bind (it to) your wrist !
    Spreak to the brothers, (and then) the brothers speak (to men).
27. Sit in My House (and) go on the road !
    (When you) sleep, the brother(s are) watchmen ; (when) the eye opens, you are (the) watchman of the brother(s).

28. Man kisses the print of your heel.

605 FRÈRES MORTELS, IMMORTELLE MISSION — MORTAL BROTHERS, IMMORTAL MISSION

ANNOTATIONS
Dieu donna en même temps au témoin son Message et le sens de son Message; ces notes sont de la main du témoin
God gave the witness at once his Message and the meaning of his Message; the notes are in the witness's hand

23. Le témoin ébloui par l'intense clarté *(l'étoile, v.24)* de la Théophanie, peut-être même lassé d'elle, a détourné les yeux *(tire sa barbe devant son œil)*. Dieu lui rappelle qu'il vaut mieux fixer douloureusement sa Lumière qu'être pris dans la *glace* de l'ignorance, de la routine, de la lâcheté, prélude aux *ténèbres glacées* de la mort *(16/15, 33/33, etc.)*.

24. Le Père ordonne au témoin *d'allonger* son *bras* vers le bâton de lumière *(l'étoile)*. Mikal voit son *bras* s'enflammer *(brûler)* et est simultanément *tiré* vers le haut.

25. *Mikal*, soulevé de son siège, flotte dans l'air entre le sol en carreau de grès et la charpente de bois de la Maison de la Sainte Parole. De cette hauteur il voit son propre squelette, auquel pendent des débris charnels, resté assis sur son siège. La vision éprouvante de son cadavre rappelle à *Mikal* sa nature mortelle. Une fois redescendu à sa place *Mikal* note ce verset.

26-27. Rappelle *Deutéronome 6/4-8: La Parole que Je te donne... tu dois l'attacher à ton bras*. En écoutant le *prophète parler* les *frères* apprennent à *parler* au monde. Le *prophète* et *les frères dorment* et veillent *(sont vigiles)* tour à tour. Les missionnaires recevant *l'enseignement (39/1)* du *prophète* poursuivront sa tâche après sa mort, de *génération* en *génération (24/2)* jusqu'à ce que le *monde change (28/7)*. Les *frères* sont mortels (v. 23); la mission est immortelle.

28. Il ne s'agit pas d'adorer *prophète (baiser* ses pieds). Il s'agit de rendre grâce à Dieu parce qu'il honore toute l'humanité en désignant au milieu d'elle un pécheur, un être banal et imparfait, et en l'investissant du charisme de Vérité (I/12) sans qu'il ait le moindre mérite pour cela. Si un nombre suffisant *d'hommes (reste* et *petit reste)* marche sur les *talons* du *prophète* et suit la *Voie Droite* de la *pénitence* et du *changement* social, Éden sera restauré.

---

23. The witness dazzled by, may be even tired of the intense light *(the star, v.24)* of the Theophany, has averted his *eyes (pulled his beard to in front of his eye)*. God reminds him that gazing painfully on his Light is preferable to being caught in the *ice* of ignorance, of the treadmill, of cowardice, the prelude to the *freezing darkness* of death *(16/15, 33/33, etc)*.

24. The Father tells the witness to *elongate* (stretch) his *arm* toward the stick of light *(the star)*. Mikal sees his *arm* catch fire *(burn)* and is simultaneously *pulled* upwards.

25. Having been lifted off his chair *Mikal* is floating in the air between the stoneware pavement and the wooden frame of the House of the Saint's Word. From that height he sees his own skeleton, from which bodily remains hang, which has stayed seated on his chair. The trying sight of his corpse reminds *Mikal* of his mortality. Once taken down to his seat *Mikal* writes this verse.

26-27. These verses tie in with *Deuteronomy 6/4-8: The Word that I give you, you must fasten on your arm*. By hearing the *prophet speak* the *brothers* learn to *speak* to the world. The *prophet* and the *brothers* sleep and are on watch *(watchmen)* in turn. The missionaries who receive the *prophet's teaching (39/1)* will carry on his task after his death from *generation* to *generation (24/2)* until the *world changes (28/7)*. The *brothers* are mortal (v. 23); the mission is immortal.

28. This verse does not tell men to worship the *prophet (kiss* his feet). It induces men to thank God for honoring whole mankind by picking out a sinner from the midst of it, an imperfect common being, and vesting him with the charisma of Truth (I/12) without his deserving any credit for this. If *men* in sufficient numbers *(remnant* and *small remnant)* follow close on the *prophet's heels* along the *Straight Path* of *penitence* and of the social *change,* Eden will be restored.

QUATRIÈME THÉOPHANIE
9 Novembre 1977

XXIX 1. Vaincu, le roi blanc sort, la main (tendue) devant (lui).
2. La main écarte le(s) pied(s) comme les figues, la jambe (du fidèle qui) pend.
3. Coupé le cou (du roi blanc par) le fouet (dont il) coupe le(s) cou(s).
4. Le roi blanc parle, le vent qui a l'oreille (des fidèles); (mais) le vent (traverse de part en) par(t) le(ur)s côtes.
5. Les étoiles tombent(-elles)? Le roi blanc dit: « C'est ma) vapeur (qui) goutte. »
6. Il vêt le gant de Moïse.
7. Le roi blanc parle, (mais) le(s) pendu(s à qui il parle n'ont) pas l'oreille.

FOURTH THEOPHANY
November 9, 1977

XXIX 1. Conquered, the white king goes out with his hand (stretched) forward.
2. The hand pushes aside the feet like the figs, the leg(s of the faithful) dangling.
3. Cut (is) the (white king's) neck (by) the whip (with which he) cuts the neck(s).
4. The white king speaks, the wind that has the ear(s of the faithful); (but) the wind (goes right) through the(ir) ribs.
5. (When) the stars fall, (the white king states, "These are my) steam (which) drips."
6. He puts on the glove of Moses.
7. The white king speaks, (but) the hanged men (to whom he speaks have) not the ear(s).

ANNOTATIONS
Dieu donna en même temps au témoin son Message et le sens de son Message; ces notes sont de la main du témoin
God gave the witness at once his Message and the meaning of his Message; the notes are in the witness's hand

 1-2. *Roi blanc:* Non spécialement le pape, mais tout pouvoir religieux et, par extension, toute religion ou secte, tout système de foi et de piété (voir v. IX/5, etc.). Les religieux *tendent la main*: Ils donnent l'illusion d'un partage fraternel et libre de la Parole. En fait, l'autorité religieuse fixe et impose des dogmes aux *fidèles* ainsi traités comme des *pendus* muets.

3. Toute religion finit par s'étrangler à son propre système immobiliste et autoritaire.

4. Toute religion prétend détenir la Vérité parfaite et la Force divine, et se pose en passage obligatoire entre l'homme et son salut. Selon la religion l'humain ne saurait ni comprendre directement Dieu ni trouver directement le salut. Mais le discours religieux contraignant et lassant, même quand il est relativisé, ne ranime pas plus *l'âme* que le *vent* ne ranime le *pendu*.

5-6. La religion semble tomber du Ciel comme les *étoiles qui tombent,* comètes, étoiles filantes, semblent des *gouttes* du ciel. Toute autorité religieuse se considère égale à *Moïse* recevant ses directives directement de Dieu. Ici *Moïse* est exceptionnellement en français, et non en hébreu.

7-8. La religion donne des croyances, des morales, une espérance, mais non la vie spirituelle. La vraie foi, qu'il faut restaurer, est libre, sans cesse en évolution, créatrice, très différente de ce que la religion appelle foi. Ballottés comme des *pendus* par le *vent (v.4)* du *roi blanc,* les *fidèles*

 1-2. *White King:* Not especially the pope, but any religious power and, by extension, any religion or sect, any system of faith and piety (see v. IX/5, etc.). *Stretching* their *hands* the men of religion give an illusion of free brotherly sharing of the Word. In fact, the religious authority lays down dogmas and force them on the *faithful* who are treated as speechless *hanged men.*

3. Every religion eventually chokes itself in its own immobilistic authoritarian system.

4. Every religion claims it holds perfect Truth and divine Strength, and poses as the inescapable thoroughfare between man and his salvation. Religion contends that man cannot understand God direct or reach salvation direct. But the wearisome, restricting, religious rhetoric, even when relativized, does not revive the *soul* any more than the *wind* revives a *hanged man.*

5-6. Religion sounds as if it has fallen from Heaven just as *stars that fall:* comets and shooting stars, look like *drips* from the heavens. Any religious authority regards itself as equal to *Moses* who got direct God's directives. Here exceptionnally *Moses* is in French *(Moïse),* not in Hebrew.

7-8. Religion gives beliefs, moral standards, hope, but it does not give spiritual life. True faith, which we have to restore, is free, continually evolving, creative, very different from what religion calls faith. Shaken about like *hanged men* by the *wind (v.4)* of the *white king,* the most

RÉVÉLATION ORIGINALE — *ORIGINAL REVELATION*

Les mots entre parenthèses (...), ajouts de la main du frère Michel, facilitent la lecture et la compréhension de l'original
The words in brackets (...), additions in brother Michel's hand, make the reading and understanding of the original easier

8. Le pied, la cuisse (des pendus) tombent : lumière dans la terre !

9. Le roi noir laboure (ensemble) peau (et) terre.

10. (Il crie au roi blanc :) « Tire (encore) ! »

11. Femier le fils du roi blanc.

12. Le roi blanc, son ventre (est de) bois vert.
    Il mange, (il) rote, un bourgeon (lui sort).

13. Mikal coupe le bourgeon.

---

8. The foot (and) the thigh (of the hanged men) fall : (a) light in the earth !

9. The black king ploughs (together the) skin (and the) earth.

10. (He shouts to the white king :) "(Keep on) pull(ing) ! "

11. The white king's son (is) manure.

12. The white king—his entrails (are of) green wood.
    (He) eats, (he) belches, (then) a bud comes out (from him).

13. Mikal cuts the bud.

ANNOTATIONS
Dieu donna en même temps au témoin son Message et le sens de son Message; ces notes sont de la main du témoin
God gave the witness at once his Message and the meaning of his Message; the notes are in the witness's hand

les plus ouverts ne comprennent plus la *Parole (n'ont pas l'oreille)* et ont perdu le prophétisme (leurs *pieds et cuisses tombent* = ils ont perdu la foi en marche, l'esprit créateur), donc la vie spirituelle. Mais cette mort spirituelle n'est pas vaine, si elle sert de leçon *(lumière* = engrais, *dans la terre).*

9. *Roi noir:* L'homologue profane du *roi blanc (v.1, X/6, etc.),* le pouvoir politique, économique, industriel, judiciaire, etc. Pour la maîtrise du système dominateur, dont le *roi blanc* (la religion) fut le pionnier, le *roi noir* et le *roi blanc* sont partenaires. *Laboure peau et terre:* Le *roi noir* a récupéré et exploite un peuple spirituellement mort à l'attente duquel la religion n'a pas répondu.

10. C'est-à-dire: Toi, religion, *tire encore* et encore sur la corde pour *pendre (v.2)* tes *fidèles!* Plus la religion déçoit le peuple, plus le pouvoir profane gagne de partisans au sein des masses que le *roi blanc* a longuement conditionnées à la soumission en réduisant leurs facultés de liberté et *d'intelligence.*

11. *Le fils du roi blanc:* La masse des croyants déçus devenus le fumier *(femier,* déjà vu en XXII/9) et l'engrais des espérances et idéologies profanes.

12-13. Le *roi blanc* (les responsables des religions, presque toujours sincères et bien intentionnés) a causé la mort spirituelle par l'erreur, la superstition et surtout l'immobilisme. La mort spirituelle a débouché sur le rationalisme et le matérialisme institutionnels. Malgré tout, la religion encore apparemment prospère *(le roi blanc mange et rote)* se croit perpétuelle *(bois vert)* ou lutte pour sa survie *(un bourgeon lui sort),* mais *Mikal* explique que son déclin est irrémédiable *(coupe le bourgeon). La Révélation d'Arès* brosse un tableau sombre de l'avenir de la religion.

---

openminded faithful can no longer understand the Word *(they have not the ear),* they have lost prophethood (their *feet and thighs fall* = their faith is no longer on the move, they have long lost the creating spirit), and spiritual life, then. But that spiritual death may be beneficial if it teaches us a lesson *(light* = fertilizer, *in the soil).*

9. *Black King:* The profane counterpart of the *white king (v.1, X/6, etc),* the political, economic, industrial, judicial, etc, power. The *black king* and *white king* are associates in the control of the dominating system once pioneered by the *white king* (religion). *Ploughs together the skin and earth:* The *black king* has taken over and exploits a people spiritually dead whose expectations religion has failed to come up.

10. That is to say: You religion *keep on* and on *pulling* on the rope to *hang (v.2)* the *faithful!* The more religion disappoints the people, the more the profane power wins supporters in the midst of the masses whom the *white king* has very long conditioned to submission by undermining their freedom and *intelligence.*

11. *The white king's son:* The uncountably many disappointed believers who have become the *manure* (see XXII/9) and fertilizer of the profane expectations and ideologies.

12-13. The *white king* (religion officials, almost all of them sincere and well-meaning) has stifled spiritual life under error, superstition and particularly immobilism. The spiritual death has resulted in institutional rationalism and materialism. Even so religion still apparently thriving *(the white king eats and belches)* thinks it is perpetual *(green wood)* or struggles for survival *(a bud comes out of* it), but *Mikal* explains that its decline is irremediable (he *cuts the bud). The Revelation of Arès* paints a drab picture of the future of religion.

RÉVÉLATION ORIGINALE — *ORIGINAL REVELATION*

Les mots entre parenthèses (...), ajouts de la main du frère Michel, facilitent la lecture et la compréhension de l'original
The words in brackets (...), additions in brother Michel's hand, make the reading and understanding of the original easier

14. Le roi blanc marche, passe l'eau, sa parole (bruit comme) un bourdon.
15. (Mais) il (ne) prend (que) le suc de(s) mort(s);
    il tire le pied avant (et) après, le pied tombe.
16. (Il crie :) « Mon fils vole !
    (Puisque) mon fils vole, sa lèvre baise les soleils. »

17. L'oiseau (qui) a les cornes (em)porte la lèvre au nid.

18. Le roi blanc, son fils pend (comme) un sac.

 1. Je parle à Mikal, pas le sac.

2. La cuisse d'homme, l'étoile n'est pas sa chaise.

3. Vide (est) sa cuisse.
   L'homme (reste) debout (mais comme un) pendu.

---

14. The white king walks (about), crosses the sea, his word (buzzes as) a bumblebee.
15. (But) he takes (in only) the juice of the dead;
    he pulls the foot before (and) behind, the foot falls.
16. (He shouts :) "My son flies !
    (Since) my son flies, his lip kisses the suns."
17. The bird (that) has the horns carries the lip to the nest.

18. The white king—his son hangs (like) a sack.

 1. I am speaking to Mikal, not (to) the sack.

2. Man's thigh—the star is not its chair.

3. Empty (is) his thigh.
   Man (stays) upright (but as a) hanged man.

ANNOTATIONS
Dieu donna en même temps au témoin son Message et le sens de son Message; ces notes sont de la main du témoin
God gave the witness at once his Message and the meaning of his Message; the notes are in the witness's hand

14-15. *Avant et après:* En avant et en arrière, en tous sens. Le *roi blanc* s'active à des campagnes et à des voyages de propagande religieuse (il *marche,* il *passe l'eau*). Mais il est trop tard, il y a longtemps que la religion a tué la dynamique et la créativité de la foi. Le *roi blanc* a beau la secouer pour la ranimer, la foi *tombe* comme *le pied* pourri d'un *pendu (vv. 7-8).*

16. Les *pendus* au bout des cordes semblent *voler* entre ciel et terre et *baiser les soleils;* autrement dit, la religion fait encore illusion auprès d'observateurs inattentifs, mais les perspicaces voient qu'elle ne commande plus qu'à un peuple de *pendus* passifs. Les croyants ne peuvent plus infléchir l'histoire, particulièrement dans la partie de l'humanité définie en 5/6-7.

17. *Oiseau à cornes:* Rapace nocturne, les œuvres ténébreuses auxquelles profite la disparition de la vie spirituelle, par opposition au *faucon (XVI/14-15, XIX/24, XLV/14-26)* qui représente les œuvres diurnes, la Lumière. L'humanité loge massivement dans le *nid* de *l'oiseau à corne.*

18. Voir v. 11. *Sac* évoque, outre la lourdeur du *pendu,* la convoitise (bourse ou *sac* d'or, *sacs* de denrées commerciales). Le(s) *fils du roi blanc:* Les croyants dont la foi est quasi morte, ayant perdu liberté et créativité; ils sont ballottés entre leurs malheurs spirituels et leurs faiblesses.

1. Dieu ne *parle* pas à un *sac* (voir XXIX/18), c'est-à-dire à un homme sans spiritualité qui ne serait que l'exploité ou l'exploiteur d'un monde réduit à la religion et au matérialisme essentiel. Dieu *parle* au *prophète.*

2-3. *Homme* dans *Le Livre* est presque toujours opposé à *frère* qui désigne quelqu'un revenu, ou qui revient, à la vraie foi libre, dynamique et créatrice (voir nn. VII/1, XXIV/7-8-9). *L'homme,*

14-15. *Before and behind:* Forth and back, this way and that. The *white king* is busy campaigning and traveling for propagandizing religion (he *walks about,* he *crosses the sea*). But it is too late, religion has long killed the dynamic and creativity of faith. However hard the *white king* strives to revive it, faith *falls* as the rotten *foot* of a *hanged man (v. 7 & 8).*

16. The *hanged men* dangling at the ends of ropes look as if they *flew* between the ground and the sky and *kissed the suns;* in other words, religion still deludes heedless observers, but the perspicacious ones realize that religion controls only a people of passive *hanged men.* Believers are no longer able to reorientate history, especially in the part of humanity defined in 5/6-7.

17. *Bird with horns:* Nocturnal raptor, the dark works which benefit by the vanishing of spiritual life, as opposed to the *falcon (XVI/14-15, XIX/24, XLV/14-26)* that represents the diurnal works, the Light. Most of mankind resides in the *nest* of the *bird with horns.*

18. See v. 11. Apart from the *hanged man's* heaviness the *sack* evokes greed (purse, bag of gold, *sack* of staples). The *white king's son(s):* The believers whose faith is virtually dead after having lost its freedom and creativity; they are torn between spiritual misfortune and weakness.

1. God is *speaking* to a *prophet;* he is *not speaking* to a *sack* (n. XXIX/18), that is, he is *not speaking* to a man devoid of spirituality, a mere exploited man or exploiter in a world reduced to religion and essential materialism.

2-3. In *The Book* the word *man* is mostly used in opposition to *brother* which designates someone who has regained or is regaining the free, creative, dynamic, true faith (n. VII/1, n. XXIV/7-8-9).

RÉVÉLATION ORIGINALE — *ORIGINAL REVELATION*
Les mots entre parenthèses (...), ajouts de la main du frère Michel, facilitent la lecture et la compréhension de l'original
The words in brackets (...), additions in brother Michel's hand, make the reading and understanding of the original easier
---

4. Le roi blanc dit (au croyant) :
   « Je (t'é)lève. Le sel des étoiles prend (à) tes cheveux. »
5. (Le roi blanc é)lève le pendu.

6. Je n('é)lève pas (de force). Mon Bras (attend) au bout du bras d'homme ;
   (il Le saisit s'il veut).

7. (Si) Ma Main (et) sa main tien(nen)t (ensemble) la houe,
   l'homme a mille ans, (et) mord encore.

===

4. The white king says (to the believer),
   "I elevate you(r mind). Your hair sticks (to) the salt of the stars."
5. (The white king) raises the hanged man.

6. I do not raise (anyone forcibly). My Arm (waits) at the end of man's arm ; (he grasps It if he wants to).

7. (If) My Hand (and) his hand (together) hold the hoe,
   man is a thousand years old, (and) can still bite.

ANNOTATIONS
Dieu donna en même temps au témoin son Message et le sens de son Message; ces notes sont de la main du témoin
God gave the witness at once his Message and the meaning of his Message; the notes are in the witness's hand

même sous l'apparence d'idéalisme, n'a plus de vie créatrice et de foi (il est *debout, mais comme un pendu),* il n'a plus de fécondité *(cuisse)* spirituelle, plus d'idéal qui lui permette d'épargner au monde les grandes difficultés qui le menacent.

4-5. Les croyants n'ayant plus qu'une croyance passive, ayant perdu le sens de leur responsabilité spirituelle, laissent sans protester la religion désigner qui est *élevé* et qui est abaissé (décréter qui est sauvé, canonisé, excommunié, ou damné). La religion n'a jamais reçu de Dieu un pouvoir de cette sorte (11/3). Les religieux les plus sincères se trompent totalement sur le sens et sur le processus du salut (voir v. 6).

6. Ce verset condense en quelques mots toutes les variations de *La Révélation d'Arès* sur le thème des fins dernières de l'homme. *Je n'élève pas* répond à *Je ne pardonne pas (30/10):* Le salut ne passe pas par un règlement de comptes entre Dieu et l'homme. Le salut n'est pas davantage une récompense; il ne résulte pas d'une élection ou d'une prédestination; il n'est pas davantage hiérarchisé *(élever* ne suppose ni classes, ni grades, ni saints, etc.). Le salut est l'aboutissement naturel d'une manière spécifique de vivre son humanité. Les *fils* et filles sont ceux qui s'efforcent de retrouver — chacun selon ses aptitudes — la nature *d'Adame (ch.VII)* avant la chute, *l'image et ressemblance (Genèse 1/26-27,* voir notes sur ce thème dans *L'Évangile donné à Arès).* Sont donc sauvés tous ceux qui ont l'amour et qui travaillent au *changement* de l'homme, qu'ils soient croyants ou non, ceux dont le *bras* travaille avec le *Bras* de Dieu.

7. L'association de Dieu et de l'homme marque le point le plus avancé de la liberté humaine. *L'homme* n'est pas sauvé malgré lui. Dieu et *l'homme* œuvrent ensemble à recréer autant l'humanité personnelle que l'humanité sociale; ils œuvrent ainsi à supprimer la mort. Image de la perpétuité retrouvée au *Jour* de Dieu *(31/8): L'homme* de *mille ans* a *encore* toutes ses dents.

Man, even under an outward display of idealism, has no creative life or faith left (he is *upright but as a hanged man),* he has lost spiritual fecundity *(thigh),* he has no more ideals which could enable him to spare the world the great predicaments that it is threatened with.

4-5. As believers have a passive belief left and as they have lost the sense of spiritual responsability, they without protest let religion designate whoever is *raised* and whoever is lowered (decree whoever is saved, canonized, excommunicated, or doomed to hell). God has never given religion any power of this kind (11/3). The most sincere religious men are absolutely mistaken about the sense and process of salvation (see v. 6).

6. This verse condenses into few words all the variations of *The Revelation of Arès* on the theme of the utmost ends of human destiny. *I do not elevate* matches *I do not forgive (30/10):* Salvation does not result from a settlement of old scores between God and man. Salvation is no reward or award; it is not determined by election or predestination; it is not based on a hierarchical system either *(to raise* does not presuppose classes, or ranks, or saints, etc). Salvation is the natural outcome of a specific way of living one's humanity. The *sons* and daughters are those who strive to regain—every one according to his or her abilities—the nature of *Adam (ch.VII)* before the fall, the *image-and-likeness (Genesis 1/26-27,* see notes on this theme in *The Gospel Delivered in Arès).* Therefore, the men saved are those who have love, who work at the *change* of man, whether they are believers or not, those whose *arms* work together with *God's Arm.*

7. The association of God with *man* marks the most advanced point of *man's* freedom. *Man* is not saved against his will. God and *man* together undertake to recreate individual humanity as well as social humanity; they thus work to eliminate death. An image of perpetuity restored on God's *Day (31/8):* The *one thousand year old man still* has all his teeth.

RÉVÉLATION ORIGINALE — *ORIGINAL REVELATION*
Les mots entre parenthèses (...), ajouts de la main du frère Michel, facilitent la lecture et la compréhension de l'original
The words in brackets (...), additions in brother Michel's hand, make the reading and understanding of the original easier

8. (Le frère,) il répand son sang, (mais) sous sa peau Ma Salive (coule).

9. Le queux blanc sert (cuit dans) la sueur le cheval blanc éplié.

10. Le-Reste-(Re)vient (est) Mikal,
    son bras monte (plus) haut (que) le piège.

11. Je ne lace pas le bras (de celui qui respecte) le pacte ;

12. Je (le) mène (en-)Haut (où) la Mer dissout l'or (et se) mange (comme) le pain tendre.

13. Le marmot de Mikal (se plaint) :
    « Le-Dos-Porte-la-Mer presse mon œil, (par lui Dieu me) taille (comme) le lard ;

14. Sa Langue (est) dure (comme) le pied. »

---

8. (The brother)—he sheds his blood, (but) beneath his skin My Saliva (flows).

9. The white cook serves the horse fallen dead (cooked in) the sweat.

10. The-Remnant-Comes-(Back is) Mikal,
    his arm rises high(er than) the trap.

11. I do not lace up the arm (of the man that abides by) the pact ;

12. I lead (him) high (up where) the Sea dissolves gold (and is) edible (as) the fresh bread.

13. The brat of Mikal (complains),
    "The-Back-Bears-the-Sea squeezes my eye, (by him God) carves (me like) the bacon ;

14. His Tongue (is as) hard (as) the foot."

ANNOTATIONS

Dieu donna en même temps au témoin son Message et le sens de son Message; ces notes sont de la main du témoin
God gave the witness at once his Message and the meaning of his Message; the notes are in the witness's hand

8. Ici *répandre son sang* ne signifie pas mourir martyr de la Vérité — le martyre, qui ne doit jamais être recherché (29/5), est un accident extrême rare —. Il s'agit ici du sacrifice permanent du *frère* à l'exemple du *Sacrifice* du *Père*. Le *frère* dépasse sa personne, transfigure sa vie, c'est-à-dire se vide de son égo *(son sang)* pour s'emplir de la *Salive* (Parole et Force) de Dieu.

9. *Queux:* Vieux mot pour cuisinier. *Éplié* (introuvable dans les dictionnaires): Mort d'avoir trop galopé. Sens complexe, difficile à rendre clair par des parenthèses et des additions. Le sens général est senti dans la parabole: Le *roi blanc* est comme un cuisinier qui *sert* la carne d'un *cheval* épuisé (la religion) cuit dans sa *sueur blanche* (l'écume, la bave de la bête épuisée), laquelle n'est nullement la *Salive* de Dieu *(v. 8)*.

10-11. *Le-Reste-Revient:* Fils d'Isaïe *(Isaïe 7/3)*, Shéar-Yachouv, qui signifie «un *reste* reviendra ou se convertira». *Mikal* est *l'aîné (16/1)* du nouveau *petit reste (24/1, 26/1)*, la racine du peuple de Dieu, qui va revenir. Au passage, *Mikal* est confirmé dans la lignée des *prophètes* à laquelle appartient Isaïe. *Respecter le pacte:* Être loyal et honnête.

12. *En-Haut... la Mer:* La *Mer sur les Hauteurs (20/4)* que peuvent atteindre les *frères* qui font *l'ascension (7/1-2, 25/6, 26/1-2, etc.)*, c.-à-d. qui feront *pénitence* en aimant tous les hommes et en se faisant apôtres (conditions du *pacte, v. 11*). La *Mer* étendue sur toute la terre correspond à Éden restauré (voir XXXV/18-20). Sur ses rivages ce n'est pas *l'or* mais le bonheur qui aura cours; la *Mer* nourrira l'humanité comme un *pain* toujours frais *(tendre)*.

13-14. *Le-Dos-Porte-la-Mer: Mikal*, le témoin de Dieu à Arès, le *prophète*. *Presser l'œil:* Faire pleurer de douleur. Nombreux sont les compagnons du *prophète (marmots de Mikal)* qui

---

8. Here *shedding one's blood* does not mean dying a martyr in the cause of Truth—martyrdom, which no one shall ever seek for (29/5), is a rare extreme accident—. The phrase is related to the *brother's* permanent sacrifice that follows the example of the Father's *Sacrifice*. The *brother* surpasses his self, he transfigures his life, that is, he empties of his ego *(his blood)* to fill with God's *Saliva* (Word and Strength).

9. The French word *queux (cook)* is old and outdated. The *horse* has *fallen dead* of having galloped too long. The meaning is complex; making it clear by means of brackets and additions is difficult. The overall sense is felt in the parable: The *white king* is like a *cook* who *serves* the tough meat of a worn out *horse* (religion) *cooked* in its *white sweat* (the exhausted animal's lather and foam) which is not God's *Saliva (v. 8)* at all.

10-11. *The-Remnant-Comes-Back:* Isaiah's son *(Isaiah 7/3)*, Shear Yahshub, which means 'a *remnant* will return or be converted'. *Mikal* is the *eldest* of the new *small remnant (24/1, 26/1)*, the root of God's people which is coming back. In passing, God confirms that *Mikal* ranks among the *prophets* to whom Isaiah belongs. *To abide by the pact:* To be straighforward, honest.

12. *High up... the Sea:* The *Sea on the Heights (20/4)* that the *brothers* can reach by *ascending (7/1-2, 25/6, 26/1-2, etc)*, that is, by achieving *penitence* loving all men and acting as apostles (the conditions of the *pact, v. 11*). The *Sea* spread all over the earth corresponds to Eden restored (see XXXV/18-20). On the shores of that *Sea* it is not *gold*, it is happiness that will be legal tender; the *Sea* will feed mankind like a permanently *fresh bread*.

13-14. *The-Back-Bears-the-Sea: Mikal*, the witness to God in Arès, the *prophet*. *To squeeze the eye:* To make one weep for pain. Many fellows of the *prophet (Mikal's brats)* balk at the

---
RÉVÉLATION ORIGINALE — *ORIGINAL REVELATION*
Les mots entre parenthèses (...), ajouts de la main du frère Michel, facilitent la lecture et la compréhension de l'original
The words in brackets (...), additions in brother Michel's hand, make the reading and understanding of the original easier
---

15. (Dis à tes marmots :) « Le-Dos-Porte-la-Mer est (en-)haut.

16. « Je n'ai pas deux goûts. (C'est) le nerf de poisson (que Dieu met) dans ma bouche ; la fouace reste (aux pendus).

17. « Il (me) dépèce, (Il) envoie m(es) main(s), m(es) jambe(s au) loin. Il prend ma femme pour Son Travail, (Il) fend la porte (de) ma maison. »

18. Bats le(ur) genou, (qu')il plie !

19. Couche(-toi) sur le(ur) crâne, (qu')il frappe (le sol où apparaît) Mon Feu.
(Alors) Je lance Ma Main (sur eux).

---

15. (Tell your brats,) "The-Back-Bears-the-Sea is (on) high.

16. "I have not two tastes. (It is) the fish nerve (that God puts) in my mouth ; the griddle cake is left (to the hanged men).

17. "He cuts me up, (he) sends my hand(s), my leg(s) a long way (from here). He takes (on) my wife for His Work, (he) splits the door (of) my house (open)."

18. Beat the (brat's) knee (so that) it bends !

19. Lie down on the (brat's) head (so that) it strikes (the floor where) My Fire (appears) !
(Then) I throw My Hand (onto them).

617 L'ÉPROUVANTE MISSION DES FRÈRES — THE TRYING MISSION OF THE BROTHERS

ANNOTATIONS
Dieu donna en même temps au témoin son Message et le sens de son Message; ces notes sont de la main du témoin
God gave the witness at once his Message and the meaning of his Message; the notes are in the witness's hand

regimbent contre les exigences de la Parole *(la Langue).* Ils *se plaignent* comme si remplir les conditions du *pacte (v.11)* les écorchaient vifs, les torturaient *(les taillaient comme le lard).*

15. Autrement dit: *Dis à tes marmots* que le vrai *Le-Dos-Porte-la-Mer* est Dieu, puisque le *prophète* parle pour Dieu!

16. *Fouace:* Eucharistie ou tout aliment prétendu bénit ou consacré; Dieu n'y est guère présent. *Nerf de poisson:* Le *poisson* (la Vérité) pêché de frais, frétillant, que Dieu fait passer directement de la *Mer en-haut dans la bouche* du *prophète,* et, par analogie, dans la *bouche* de tout *frère.* On ne confond pas le *goût* du *poisson* avec celui de la *fouace,* c.-à-d. le *prophète* ne peut pas confondre les exigences du Père et de la Vérité avec les illusions de la théologie.

17. Aux pusillanimes *(les marmots, v.13)* qui *se plaignent,* et qui parfois se défilent, le *prophète* doit rappeler ceci: «Dieu n'a-t-il pas brisé ma vie tranquille, ne m'a-t-il pas enlevé ma place confortable dans la société? Ma *femme* ne doit-elle pas peiner pour la mission? Ma *maison* n'est-elle pas devenue un lieu public? (La *Maison* de la Sainte Parole où les Théophanies ont lieu).»

18-19. Premier appel au Pèlerinage d'Arès (voir ch. XLI) bien défini comme une veillée d'armes, une préparation à la mission. En demandant au pélerin de *plier le genou* et de *frapper le sol* de la Maison de la Sainte Parole, le Père ne lui demande pas d'adorer ce lieu; il lui demande de prier (voir 35/6) de toute sa personne, avec sa *chair* autant qu'avec son *esprit* et son *âme (17/7).* Dans la chrétienté la participation du corps à la prière a été réduite considérablement; la prière y est devenue intellectuelle et timorée. Dieu bénit *(lance sa Main sur)* celui qui fait le Pèlerinage d'Arès, qu'il le fasse sur le lieu même des Théophanies ou dans son *cœur (v.20).*

---

requirements the Word *(the Tongue)* asks them to fulfil. They *complain* as if satisfying the conditions of the *pact (v.11)* was like being flayed alive, tortured (like being *carved like bacon).*

15. In other words: *Tell your brats* that *The-Back-Bears-the-Sea* is God in fact, since the *prophet* speaks on God's behalf!

16. *Griddle cake:* Eucharist or any allegedly blessed or consecrated food; God is not present in it. *Nerve of fish:* The wriggling freshly caught *fish (Truth)* which God sends directly from the *Sea on high* down into the *prophet's mouth* and, by analogy, in every *brother's* mouth. One cannot mistake the *taste* of *fish* for that of *griddle cake,* that is, the *prophet* cannot mistake the demands of the Father and Truth for the dilusions of theology.

17. The fainthearted ones *(brats, v.13)* who *complain* and shirk at times, the *prophet* has to remind them of this, "Hasn't God broken my peace and quiet? Hasn't he torn me away from a comfortable position in society? Hasn't my *wife* got to toil away for the mission? Didn't I have to turn my *house* into a public place? (The *House* of the Saint's Word where the Theophanies are taking place)."

18-19. This is the first Call to the Arès Pilgrimage (see ch. XLI) well-defined as a vigil of arms, a preparation for the mission. By asking the pilgrim to *bend* his *knee* and *strike with* his *head the floor* of the House of the Saint's Word the Father does not ask him to adore that place, he asks him to pray (see 35/6) with his total self, with his *flesh* as much as with his *mind* and *soul (17/7).* In Christendom the involvement of the body in prayer has considerably dwindled; the prayer has turned intellectual and timorous. God blesses *(throws his Hand onto)* every man who makes a Pilgrimage to Arès, whether in the very place of the Theophanies or in his *heart (v.20).*

RÉVÉLATION ORIGINALE — *ORIGINAL REVELATION*
Les mots entre parenthèses (...), ajouts de la main du frère Michel, facilitent la lecture et la compréhension de l'original
The words in brackets (...), additions in brother Michel's hand, make the reading and understanding of the original easier

20. (Mais) le frère a (déjà) le Feu (quand il a) le bouillon dans son cœur, le tison (de la Parole) dans sa moelle.

21. Le frère (qui) monte (dans) sa chambre monte (après) Ma Hanche.

22. (Ici où) Je parle (et où) tu parles pour les jours (et) les jours, l'homme (à) l'œil crevé prend la force ;

23. il abat le déviateur, (le) riban, (qui) coupre Mon Feu ce matin.

24. Mikal est béni (par) Youou.

---

20. (But) the brother has (already) the Fire (when he has) the seething in his heart, the firebrand (of the Word) in his marrow.

21. The brother (who) goes up (to) his private room goes up My Hip.

22. (Here where) I am speaking (and where) you speak for the days (and) the days, the man (with) a gouged-out eye gains strength;

23. he brings down the deviator, (the) ribban, (who) covets My Fire this morning.

24. Mikal is blessed by Yoo-oo.

ANNOTATIONS
Dieu donna en même temps au témoin son Message et le sens de son Message; ces notes sont de la main du témoin
God gave the witness at once his Message and the meaning of his Message; the notes are in the witness's hand

20-21. *Le frère qui monte dans sa chambre* évoque: *Pour prier va dans ta chambre (ou resserre), ferme ta porte, et tourne-toi vers le Père (Matthieu 6/6).* Ce verset rappelle le caractère facultatif du Pèlerinage, et aussi de la piété collective. Le *frère qui bouillonne* (XXXV/20) *déjà* de foi active et constructive (qui a *le tison de la Parole dans sa moelle*), qui remplit sa mission prophétique *(change sa vie, 30/11,* et travaille à *changer le monde, 28/7),* bref, qui *accomplit la Parole (*accomplissement qui est la prière même, *35/6)* est un Pèlerin d'Arès. La vie spirituelle est la recréation dynamique et permanente du Bien en soi et dans la société, non la conformité à des dogmes, prières, cultes, calendriers, célébrations, pèlerinages, etc. Notre Père appelle à la foi majeure, libre, constructrice, déjà prêchée par Jésus il y a 2000 ans. Le Pèlerinage d'Arès (voir ch. XLI) non obligatoire, est une démarche libre de maturité spirituelle; il n'en a que plus de valeur pour celui qui est libre de faire ou de ne pas faire le Pèlerinage. On ne va pas à Arès pour quêter des faveurs, ou par superstition, mais pour fortifier ses résolutions de redevenir *l'image et ressemblance,* le *fils* du Père, et un efficace co-créateur de l'humanité.

22-23. *Pour les jours et les jours* (à venir): Désormais. *Ce matin:* Déjà, sans attendre. *Couprer* (sans doute francisation de *cupere* latin): Convoiter. *Riban* (origine non identifiée): Accapareur. *L'œil crevé* fait penser à Samson auquel sa passion pour Dalila avait fait oublier sa mission *(Juges 16),* qui retrouve la *force* d'écraser sous les plafonds de leur palais les Philistins qui l'avaient réduit en esclavage après lui avoir crevé les yeux. En suivant la Parole d'Arès l'humanité retrouvera de même la *force* de se ressaisir, de se libérer des ténèbres, de sa soumission aux religions et aux autres pouvoirs, y compris les pouvoirs de la convoitise et de l'argent.

24. *Youou: Yahvé, Yhwh* ou *Jéhovah. Youou* fut prononcé avec une voyelle très longue ou multipliée: *Youououououou.*

20-21. *The brother that goes up to his private room* reminds us of *When you pray, go to your private room (or shed), shut yourself in, then turn to the Father (Matthew 6/6).* This verse recalls that the Pilgrimage, and collective piety alike, are optional. The *brother* who is *already seething* (XXXV/20) with active, constructive faith (who has *the Word's firebrand in his marrow),* who fulfils his prophetic mission *(changes his life, 30/11,* and strives to *change the world, 28/7),* in short, who *achieves the Word* (this achievement is the very prayer, *35/6)* is a Pilgrim to Arès or Arès Pilgrim. Spiritual life is the permanent dynamic recreation of Good in the self and in society, it is not conformity with dogmas, prayers, worships, timetables, ceremonies, pilgrimages, etc. Our Father calls on us to have free, constructive, mature faith, already preached by Jesus 2,000 years ago. The Pilgrimage to Arès (see ch. XLI) is not compulsory, it is a free move of spiritual maturity; it is all the more for that worth making to the man free to make it or not to make it. No one goes to Arès to gain favors, or from superstition; one goes there to strengthen one's resolve to become the *image-and-likeness,* the *son* of the Father, an efficient co-creator of humanity.

22-23. *For the days and the days* (to come): From now on. *This morning:* Already, right away. *Ribban* (a word of unknown origin): Monopolizer, appropriator. *The gouged-out eye* reminds us of Samson; distracted with his passion for Dalilah he forgot about his mission *(Judges 16);* the Philistines gouged out his eyes and enslaved him; later he recovered his *strength* and crushed them under the ceilings of their palace. By following the Word of Arès man will likewise regain the *strength* to pull himself together, to relieve himself from darkness and from his subjection to religion and all powers including the powers of greed and money.

24. *Yoo-oo: Yahweh, Yhwh* or *Jehovah. Yoo-oo* was pronounced with a prolonged or multiplied vowel: *Yoo-oo-oo-oo-oo.*

XXXI/1-XXXI/5   LE LIVRE — *THE BOOK*   620

RÉVÉLATION ORIGINALE — *ORIGINAL REVELATION*
Les mots entre parenthèses (...), ajouts de la main du frère Michel, facilitent la lecture et la compréhension de l'original
The words in brackets (...), additions in brother Michel's hand, make the reading and understanding of the original easier
---

 1. La croix du Bon, le sang roule sur la croix.

2. Le bras (du crucifié n'est) pas la patte du chien dans le piège.

3. La terre prend le sang du Bon, lumière de terre (comme la) peau de pendu.

4. Le poids (de la mort en)lève sa griffe, le Bon monte,
   la cave (est un) ventre vide, ventre (qui) a toujours faim.

5. Le matin, le soir, la mort gave la terre.

 1. The cross of the Good one—the blood rolls down the cross.

2. The arm (of the crucified man is) not the dog's leg in the trap.

3. The earth takes (in) the blood of the Good one, (a) light of earth (like the) skin of (a) hanged man.

4. The weight (of death) lifts (off) its claw, the Good one rises,
   the vault (is an) empty stomach, an always hungry stomach.

5. In the morning, in the evening, death force-feeds the earth.

ANNOTATIONS
Dieu donna en même temps au témoin son Message et le sens de son Message; ces notes sont de la main du témoin
God gave the witness at once his Message and the meaning of his Message; the notes are in the witness's hand

 1-2. Tous les dogmes *(la vapeur du roi blanc, XXIX/5-6)*, de quelle que religion que ce soit, expriment des *superstitions (21/1)* ou des mythes (par exemple la trinité des Chrétiens, XVIII/1, 23/7) ou créditent certaines choses et personnes de pouvoirs surnaturels (les aliments sacrés: *fouace XXX/16,* les sacrements, l'autorité irrécusée des guides et de leurs opinions, etc.). Le prétendu salut de l'homme par le supplice de Jésus *(le Bon)* est un dogme typique. Mais le *sang* de Jésus *roulant sur la croix* n'a sauvé personne; la croix ne fut que l'instrument d'un crime; l'idée que le *Père aimant (12/7)* ferait torturer un homme à mort pour être propice aux autres hommes est absurde et païenne. Seule sauve la mise en pratique de la *Parole* transmise par Jésus et par tous les *prophètes*. L'homme se sauve lui-même par l'action dynamique, créatrice, de *changer sa vie (30/11)* et *le monde (28/7)*, action spontanément soutenue par le Père. Comme tant de perturbateurs assassinés Jésus ne fut qu'une victime. L'espérance que des croyants fondent sur Jésus ne doit pas rester prise à la *croix* comme au *piège* d'un dogme qui les maintient dans la foi passive, dans une confiance dangereuse, et qui éteint l'existentialisme.

3. Du *Bon* (Jésus) et de sa *croix* n'ont dérivé que des idées *terrestres:* pauvres *lumières* conçues par et pour des *pendus* (voir ch. XXIX) teintées de primitivité et de paganisme. Le dieu s'incarnant pour se mêler aux humains et le sacrifice humain propitiatoire sont des idées païennes primitives. Le paganisme est donc toujours vivant, et fonde encore une foi, une morale et une culture. La sincérité avec laquelle sont défendus ces dogmes ne les lave pas de leur fausseté, et surtout de leur négativité qui brise la dynamique créatrice de l'Évangile.

4-5. Jésus ressuscita *(le Bon monte de la cave* = du tombeau). Cette résurrection n'est pas celle de Dieu, comme le prétend le dogme chrétien. À quoi Dieu pourrait-il bien survivre puisqu'il est

 1-2. All of dogmas *(the white king's steam, XXIX/5-6)*, whatever religions profess them, express *superstitions (21/1)*, or myths (for example, the Christian trinity, XVIII/1, 23/7), or credit some things and persons with supernatural powers (sacred food: *griddle cake, XXX/16,* sacraments, unchallenged authority of guides and their opinions, etc). The alledged salvation of man through Jesus' *(the Good one's)* capital punishment is a typical dogma. But Jesus' *blood rolling down the cross* has not saved anyone; the cross was only the instrument of a murder; the concept that the *loving Father (12/7)* should have a man tortured to death so that he could be propitious to other men is preposterous and pagan. Only putting into practice the *Word* conveyed by Jesus and all the *prophets* can save. Man saves himself by the creative dynamic action of *changing his life (30/11)* and *the world (28/7)*, an action spontaneously supported by the Father. Like many murdered troublemakers Jesus was only a victim. The hopes believers have founded on Jesus must not remain caught on the *cross* as by the *trap* of a dogma which keeps them in passive faith or in a dangerous confidence, and which kills existentialism.

3. From the *Good one* (Jesus) and his *cross* only *earthly* ideas have derived: dull *lights* conceived by and for *hanged men* (see ch. XXIX) and tinged with primitivity and paganism. The god that becomes incarnate to mingle with men and the propitiatory human sacrifice are primitive pagan concepts. Paganism is still alive, then; on it a faith, an ethic and a culture are still based. The sincerity with which those dogmas are championed does not clear them of their wrongness and especially of their negativeness which wrecks the creative dynamic of the Gospel.

4-5. Jesus rose from the dead *(the Good one rises from the cellar* = from the tomb). This is not the resurrection of God, which the Christian dogma maintains. Since he is the Eternal, whatever

RÉVÉLATION ORIGINALE — *ORIGINAL REVELATION*

Les mots entre parenthèses (...), ajouts de la main du frère Michel, facilitent la lecture et la compréhension de l'original
The words in brackets (...), additions in brother Michel's hand, make the reading and understanding of the original easier

6. Yëchou crie son nom sur le roi blanc (qui) mange son pain, (qui passe) la tête dans sa robe.

7. (Le roi blanc) vend les mains (et) les pieds (de Yëchou, il) tient la tempe.

8. Tu laves le sang (de Yëchou), l'eau va dans le jardin gras, tu (en) presses (la terre pour en faire) la tour, Je souffle, (Je la) cuis.

9. Tu vois Mon Doigt (qui) va (de) la croûte de ton pied (à) Mon Œil (où) les soleils tournent.

10. Ta parole (est) Ma Parole. Justice de juste.

---

6. Yuhshoo shouts out his name on to the white king (who) eats his bread, (and who slips) his head into his robe.

7. (The white king) sells the hands (and) the feet (of Yuhshoo, he) handles the butcher wedge.

8. You wash out the blood (of Yuhshoo), the water runs into the fat garden; you press (its clay into) the tower, I breathe, (I) bake (it).

9. You can see My Finger (which) goes (from) the callus of your foot (to) My Eye (where) the suns revolve.

10. Your word (is) My Word. Justice of a just man.

ANNOTATIONS
Dieu donna en même temps au témoin son Message et le sens de son Message; ces notes sont de la main du témoin
God gave the witness at once his Message and the meaning of his Message; the notes are in the witness's hand

l'Éternel? Dieu ressuscita Jésus pour que la mission du *prophète* brutalement interrompue par la crucifixion ne tombât pas dans l'oubli. Mais la résurrection de Jésus a manqué jusqu'ici son effet le plus important: La perpétuité charnelle a été accordée spectaculairement à un mortel pour montrer au monde que tout homme peut devenir un *christ (2/13, 32/2), l'image et ressemblance* du Père positive et créatrice. Des dogmatistes eurent l'intuition qu'il y avait en Jésus quelque chose de divin, mais cette divinité est latente en tout homme sur terre.

6. Le *prophète* Jésus *(Yĕchou)* parle *(crie son nom)* au *roi blanc* comme il parle à tout homme. Jésus n'a sur *terre (v.3)* aucun représentant spécial, élu et privilégié. Pourquoi le *roi blanc* continue-t-il de *manger le pain* et de *passer la robe* de Jésus? Finira-t-il par comprendre que tout homme qui *met ses pas dans les Pas (2/12, 32/3)* de Dieu représente Dieu sur *terre*, devient un christ, *l'image et ressemblance* positive et créatrice du Père *(Genèse 1/27)*?

7. *Tempe:* Outil de boucherie pour tenir ouvert l'animal qu'on dépèce. Un sordide commerce de dolorisme s'est organisé sur la passion et la crucifixion de Jésus.

8. La *tour* désigne la Vérité et la foi juste et inébranlable *(33/4 et 10)*. Ce verset dément une nouvelle fois le dogme de Jésus qui serait Dieu en personne *(32/1-2)*. Il faut *laver* Jésus des dogmes et cultes établis sur ses prétendues incarnation et mort rédemptrice. Le *Souffle* redresse et consolide *(cuit)* comme une *tour* de briques la Vérité nourricière *(le jardin gras)*.

9-10. Le témoin d'Arès *voit* et transmet la Vérité unique et impérissable *(ta parole est Ma Parole, Justice de juste)*, qu'elle se cache dans une chose insignifiante *(la croûte du pied)* ou qu'elle réside dans un lieu sublime *(l'Œil de Dieu, les soleils qui tournent:* l'univers).

---

might God have to survive? God resurrected Jesus so that the *prophet's* mission abruptly interrupted by the crucifixion would not fall into oblivion. Jesus' resurrection, however, has not yet produced its most important effect: A mortal has been spectacularly granted corporeal eternity to show the world that every man can become a *christ (2/13, 32/2)*, the positive creative *image-and-likeness* of the Father. Dogmatists had an intuition that there was something divine in Jesus, but that divinity is latent in every man on earth.

6. *Prophet* Jesus *(Yuhshoo)* speaks *(shouts his name)* to the *white king* just as he speaks to any man. Jesus has no elected, favored, special representative on the *earth (v.3)*. Why does the *white king* keep on *eating* Jesus' *bread* and wearing Jesus' *robe*? Will he ever understand that any man that *sets his steps in* God's *Steps (2/12, 32/3)* is God's representative on the *earth*, becomes a christ, the positive and creative *image-and-likeness* of the Father *(Genesis 1/27)*?

7. *Butcher wedge:* In French '*tempe*' is a wooden wedge used by a butcher to keep open the animal he is cutting up. A sordid trade of dolorism was set up on Jesus' passion and crucifixion.

8. *The Tower* denotes Truth and steadfast just faith *(33/4 & 10)*. Once more the dogma of Jesus' being God in person *(32/1-2)* is denied. Jesus has to be *washed* of the dogmas and worships established on his alledged incarnation and redeeming death. The divine *Breath* rights and reinforces the nourishing Truth *(fat garden)* as if he set upright and reinforced *(baked)* a brick *tower*.

9-10. The witness of Arès *can see* and shall convey the unique undying Truth *(your word is My Word, Justice of a just man)*, whether it is hidden in an insignificant thing *(the callus of the foot)* or whether it is located in a sublime place (God's *Eye, the suns* that *revolve:* the universe).

RÉVÉLATION ORIGINALE — ORIGINAL REVELATION

Les mots entre parenthèses (...), ajouts de la main du frère Michel, facilitent la lecture et la compréhension de l'original
The words in brackets (...), additions in brother Michel's hand, make the reading and understanding of the original easier

11. Ton ventre n(e s)'ouvre pas, ton œil court autour.
    Dors, il court (encore) autour.

12. Ton nez gerce(-t-il)? Le roi blanc, le roi noir (t'en)fument.

13. Aguéla bat ta main (si) elle tient la vipère,
    (mais si) tu bois la liqueur (qui) fume, ta main (est) la piche.

14. La tempête couche sur ton pied (comme) un chat; (crie-lui:) « Debout! »,
    elle meule. Mon Pacte n'est pas déçu.

15. Un (seul) tire Mon Bras.

16. J'ouvre ton œil (comme) l'aurore, ton col (est comme) le saule,
    (mais de) ta gorge coule la Parole, tu peux (parler en Mon Nom).

17. (Pour) une dent (qu'on lui) casse Je donne double (à Mikal); Mikal
    clame (de) deux dents.

---

11. Your entrails do not open, your eye runs around (them).
    (If you) sleep, it (still) runs around (them).

12. (Does) your nose chap? The white king (and) the black king smoke
    (you out).

13. Aghela slaps your hand (if) it holds the viper,
    (but if) you drink the liquor (that) fumes, your hand (is) the pish.

14. The tempest sleeps on your foot (like) a cat; (shout to it,) "Rise!", it
    (roars as a) grinds(tone). My Pact is not thwarted.

15. (A) one (man) pulls My Arm.

16. I open your eye (like) the dawn, your neck (is like) the willow,
    (but from) your throat the Word flows, you can (speak on My Behalf).

17. (If) one tooth (of Mikal) breaks (under blows), I give (him) twice as
    much; Mikal proclaims (with) two teeth.

ANNOTATIONS
Dieu donna en même temps au témoin son Message et le sens de son Message; ces notes sont de la main du témoin
God gave the witness at once his Message and the meaning of his Message; the notes are in the witness's hand

11. *Ventre*: Ceinture, cuirasse, et aussi courage, cran. Le *prophète* doit rester prêt (son *ventre ne s'ouvre pas:* il reste *ceint* comme les hébreux durent rester *ceints, Exode 12/11)*, résolu, vigilant (son *œil court autour* de son *ventre)*, pour un combat ininterrompu contre les ténèbres.

12. Si le *prophète* faiblit, ses ennemis religieux ou profanes le subjuguent.

13. *Aguéla:* Un ange du nom *d'Aguéla,* ou un groupe d'anges *(agghéla* est le pluriel du grec *agghélos,* ange) qui assiste *Mikal. Piche* (origine non identifiée): Colle, *main* collante, qui ne peut pas lâcher ce qu'elle *tient* (ici une *vipère).* L'ange *Aguéla* ou le groupe des *agghéla* avertit le *prophète* des dangers, mais certaines séductions ou provocations bien menées (37/5) pourraient tromper le *prophète*, lui faire déprécier les avertissements angéliques.

14-15. *Meuler:* Débrutir, polir, ragréer le monde comme fait une *meule,* moudre le bon grain de la foi. Dieu a confiance dans le *prophète.* Il a donné au *prophète* la force d'honorer sa mission (de *meuler la Terre).* Le *prophète,* dans certaines circonstances, peut user du privilège d'appel direct auprès de Dieu (v. 15), et même commander aux éléments *(la tempête* fait penser à Jésus dans *Matthieu 8/23-27).*

16. *Gorge:* Voir VII/13 et n. X/16. *Mikal* est aussi peu remarqué dans le monde qu'un quelconque *saule* dans la campagne, ni plus souple ni plus résistant que l'arbre. Pendant assez longtemps peu d'hommes soupçonneront l'existence du *prophète* d'Arès ou le connaîtront comme il mérite de l'être. Cependant il est la *Lumière* de Dieu sur le monde *(l'œil comme l'Aurore*, voir v. 10).

17. Quoi que leurs ennemis fassent pour les faire taire, Dieu aidera toujours le *prophète* et ses compagnons à *clamer* sa Parole. *Proclamer* (ou *prononcer) la Parole* et *prier* sont synonymes

---

11. *Entrails:* Belt, armor, also courage, dauntlessness. The *prophet* shall remain ready (his *entrails do not open*: he wears a *belt* as the Hebrews had to, *Exodus 12/11),* resolute, alert (his *eye runs round* his *entrails),* for an unremitting struggle against darkness.

12. If the *prophet* were flagging, his religious and profane enemies would subdue him.

13. *Aghela:* Either an angel by the name of *Aghela* or a group of angels *(agghela* is the Greek word *agghelos,* angel, in the plural) that assists *Mikal. Pish* (a word of unknown origin): Glue, sticky *hand* which cannot let go of what it holds (here a *viper).* Angel *Aghela* or the group of *agghela* warns the *prophet* of dangers, but some well-managed enticements and provocations (37/5) might lure the *prophet,* cause him to depreciate the angel's warnings.

14-15. *To roar as a grindstone:* Both to rough-cut, burnish, finish off the world as with a *grindstone* and to mill the good corn of faith. God puts trust in the *prophet.* He has given the *prophet* the strength to fulfil his mission (to restore the Earth as with a *grindstone).* The *prophet,* under particular circumstances, can use the privilege to directly appeal to God (v. 15) and even have control over the elements (the *tempest* reminds us of Jesus in *Matthew 8/23-27).*

16. *Throat:* See VII/13 and n. X/16. *Mikal* is as unnoticed in the world as a common *willow* tree in the open country, not suppler or hardier than the tree. For a time few men will have an inkling of the *prophet's* existence or will know him as he deserves to be known. Nevertheless the *prophet* of Arès is God's *Light* on the world *(the eye like the dawn,* see v. 10).

17. Whatever ploys are used to silence the *prophet* and his companions, God will help them to *proclaim* his Word. *To proclaim* (or *utter) the Word* and *to pray* are synonymous in *The Gospel*

RÉVÉLATION ORIGINALE — ORIGINAL REVELATION
Les mots entre parenthèses (...), ajouts de la main du frère Michel, facilitent la lecture et la compréhension de l'original
The words in brackets (...), additions in brother Michel's hand, make the reading and understanding of the original easier

18. Suis l'Eau ! Ta jambe (aur)a quatre âges.

19. Le Saint ne (re)pousse pas le siffleur (qui) chante avec toi.

 1. Le roi blanc, son fils, son corps coule dans l'eau noire.

2. La mouche court sur l'œil du pendu, sa lèvre (est comme du) cuir pâle ;

3. la mort serre le nez de(s) fils unis.

4. Garde(-toi) !
Le roi blanc avale l'Air, (il re)jette l'Air hors (de) toi.

---

18. Keep to the Water! (Then) your leg has four ages.

19. The Saint does not push (away) the whistler (that) sings along with you.

 1. The white king—his son, his (son's) body sinks in the black water.

2. The fly runs on the hanged man's eye, his lip (is like) pale leather;

3. death tightens the nose(s) of (the) united sons.

4. Beware!
The white king swallows the Air, (he) throws the Air out (of) you.

ANNOTATIONS
Dieu donna en même temps au témoin son Message et le sens de son Message; ces notes sont de la main du témoin
God gave the witness at once his Message and the meaning of his Message; the notes are in the witness's hand

dans *L'Évangile donné à Arès*. *Clamer* dans *Le Livre* a aussi les deux sens, mais dans ce verset *clamer* signifie plutôt annoncer, propager (pour *clamer* signifiant *prier:* voir XLVIII/1-3).

18. Celui qui *suit* fidèlement la Voie de Dieu (qui *suit l'Eau* qui se jette dans *la Mer en-Haut, XXX/12)* trouve la sagesse, la maturité et le temps nécessaires pour accomplir sa mission.

19. Dieu apprécie *(ne repousse pas)* l'impie qui aide le *prophète* dans sa mission *(le siffleur,* parallèle de celui *qui ne prononce pas le Nom de Dieu, 28/10,* et de *l'auxiliaire* de Mahomet).

 1. *L'eau noire* s'oppose à *l'Eau* de Dieu (voir XXXI/18 et nombreux usages du mot *Eau* dans *La Révélation d'Arès: Eau Bleue, Eau Forte, etc).* Les *fils (XXIX/11)* du *roi blanc* (religion, *XXIX/1-2)* se comportent comme des incroyants, ce qui n'est pas vraiment surprenant puisque le système profane est un rejeton du système religieux. Le comportement athée déteindra plus encore sur le comportement religieux qui s'éloignera de plus en plus de la vie spirituelle. La religion perd son influence en perdant sa spécificité, son avenir est vraiment incertain (la religion *coule dans l'eau noire).*

2-3. *Mouche:* Voir v.5. *Pendu:* Voir XXIX/7-8. *Cuir pâle:* Solidité trompeuse. Des religions tendent à l'œcuménisme et au modernisme, se posent comme *fils unis* du progrès avec les forces politiques et intellectuelles, mais leur immobilisme fondamental demeure; leur déclin est fatal.

4. Pour se sauver de perspectives calamiteuses la religion cherche l'inspiration dans la fraîche *Parole* d'Arès (tentera *d'avaler l'Air* de Dieu) et même de la récupérer (tentera de *rejeter l'Air* hors du *prophète)* en la ré-interprétant à sa manière.

Delivered in Arès. In *The Book to proclaim* has both of these senses too, but in this verse *to proclaim* means rather to announce, propagate *(to proclaim* meaning *to pray:* see XLVIII/1-3).

18. The man that loyally *keeps to* God's Path (the one that follows *the Water* that runs into *the Sea on high, XXX/12)* gains wisdom, maturity and the time he needs to carry out his mission.

19. God likes *(does not push away)* the impious man that helps the *prophet* with his mission (the *whistler* reminds us of the one *who does not utter God's Name 28/10,* and Muhammad's *helper).*

 1. The *black water* is opposed to God's *Water* (see XXXI/18 and many uses of the word *Water* in *The Revelation of Arès: Blue Water, Strong Water, etc).* The *sons (XXIX/11)* of the *white king* (religion, *XXIX/1-2)* behave like unbelievers, which is not really surprising since the profane system is an offshoot of the religious system. The atheistic behavior will rub off more and more on the religious behavior which wanders from spiritual life farther and farther. Religion keeps on losing its specificity and so unceasingly becomes less influential; its future is really uncertain (religion *sinks in the black water).*

2-3. *Fly:* See v.5. *Hanged man:* See XXIX/7-8. *Pale leather:* Deceptive solidity. Some religions tend toward ecumenicism and modernism, claim to be *united sons* of progress along with political and intellectual forces, but their essential immobilism remains; their decline is unavoidable.

4. Striving to rescue itself from calamitous prospects religion will draw inspiration from the fresh *Word* of Arès (it will *swallow* God's *Air)* and even try to take it over from the Arès Pilgrims (try *to throw the Air out of* the *prophet)* by re-interpreting it in its own way.

RÉVÉLATION ORIGINALE — *ORIGINAL REVELATION*

Les mots entre parenthèses (...), ajouts de la main du frère Michel, facilitent la lecture et la compréhension de l'original
The words in brackets (...), additions in brother Michel's hand, make the reading and understanding of the original easier

5. (De ton) œil chasse la mouche !

6. Trempe la main, la jambe !

7. Couds le voile, couds le voile (sur toi) !

8. Le bruit d'homme : yhoudi, mousselmi, christane.

9. Bruit de (la) chair lourd, la chair (qui) a le sang !
   Vide (est) le sang.

10. Les caillots tombent (comme) les pierres du ciel : afar.

---

5. (From your) eye brush the fly off !

6. Quench the hand, the leg !

7. Stitch the veil, stitch the veil (on you) !

8. The noise of man : Yewhdi, Musselmi, Christan.

9. (A) weighty noise from (the) flesh, the flesh (which) has the blood !
   Vacuous (is) the blood.

10. The clots fall (like) the rocks from the heavens : affar.

ANNOTATIONS
Dieu donna en même temps au témoin son Message et le sens de son Message; ces notes sont de la main du témoin
God gave the witness at once his Message and the meaning of his Message; the notes are in the witness's hand

---

5. *Mouche:* Toute chose qui menace la vie spirituelle ou qui dénote la mort spirituelle *(pendaison,* voir XXIX/7-8). Bien qu'ils aiment leurs ennemis *(Matthieu 5/44)*, lesquels sont appelés à *changer* comme tous les hommes de la terre, le *prophète* et ses *frères* seront prudents *(35/10)* dans tous leurs rapports avec des contradicteurs déclarés ou potentiels. En résistant à ceux de l'extérieur qui cherchent à les détruire (n. XXXI/13) et en éloignant ceux de *l'assemblée* qui leur nuisent (37/9), ils ne pèchent pas contre l'amour quand la sauvegarde du prophétisme est en jeu.

6-7. *Trempe..!* comme on *trempe* l'acier pour le durcir. *Couds le voile!:* Protège-toi et protège *l'assemblée* par la Vérité, la fidélité, la créativité! La *tunique* (faite de tissu *cousu*) symbolise cette protection *(10/13, 34/1, ch.XLVI)*. *Voile* a le sens spirituel de *tunique:* le vêtement de rectitude et de recréation spirituelles.

8. *Bruit* (voir VII/11): Discours et raisonnement politiques, intellectuels, financiers, religieux, etc., qui divergent de la Vérité et du *Dessein* du Créateur, et donc de la vocation naturelle de l'homme. *Yhoudi, mousselmi, christane:* Juif, musulman, chrétien. Ces religions différentes et même opposées qui déchirent la Révélation unique sont des divisions nées du *bruit d'homme.*

9-10. *Afar* (hébreu): Poussière, ce qui est sans valeur, inutile, incomestible, malsain, mais retombe partout, recouvre tout, empoisonne et étouffe toute vie. Le *sang* dont Dieu parle ici n'est pas celui de Jésus. La passion sanglante mais brève de Jésus disparaît derrière sa résurrection et son prophétisme perpétuel; le sang que Jésus versa (n. XXXI/1) fut sans conséquence sur sa *gloire,* que tout valeureux *pénitent* et *moissonneur* partagera à son tour *(37/9)* sans nécessairement verser son sang. Le *sang* versé que Dieu déplore est celui de toute l'humanité *(la chair)* déchirée par la douleur, maintenue dans l'erreur, dans le malheur et dans la violence par les institutions et

---

5. *Fly:* Every thing that threatens spiritual life or denotes spiritual death *(hanging,* XXIX/7-8). Although they love their enemies *(Matthew 5/44)* who are called on to *change (28/7, 30/11)* like all men in the world, the *prophet* and his *brothers* shall remain prudent *(35/10)* in all their relations with opponents, whether avowed or potential. By resisting men of the outside world who try to ruin their mission (n. XXXI/13) and by sending away the prejudicial men from the *assembly* (37/9) they will not sin against love when the safety of the prophetic action is at stake.

6-7. *Quench—!* as one immerses red-hot steel in water to harden it. *Stitch the veil!:* Protect yourself and protect the *assembly* by way of Truth, loyalty, creativity! The *tunic* (which is made of *stitched* cloth) symbolizes this protection *(10/13, 34/1, ch.XLVI)*. *Veil* has the spiritual sense of *tunic:* the clothing of spiritual righeousness and recreation.

8. *Noise* (see VII/11): Political, intellectual, financial, religious, etc, rhetoric and reasoning, which diverge from Truth and the Maker's *Design,* from man's natural calling therefore. *Yewhdi, Musselmi, Christan:* Jewish, Muslim, Christian. These different and even conflicting religions which tear apart the unique Revelation are divisions resulting from the *noise of man.*

9-10. *Affar* (Hebrew): Dust, what is worthless, useless, inedible, unhealthy, but comes down everywhere, covers everything, poisons and stifles every life. The *blood* mentioned by God in this verse is not Jesus'. Jesus' bloody but brief passion is of little significance compared with his resurrection and perpetual prophethood; the blood shed by Jesus (n. XXXI/1) was of no consequence for his *glory* which each valorous *penitent* and *harvester* will share in his turn *(37/9)* without necessarily shedding his or her blood. The shed *blood* that God laments here is that of the whole mankind (all *flesh*) racked by pains, kept mistaken, unhappy and violent by the very

RÉVÉLATION ORIGINALE — *ORIGINAL REVELATION*
Les mots entre parenthèses (...), ajouts de la main du frère Michel, facilitent la lecture et la compréhension de l'original
The words in brackets (...), additions in brother Michel's hand, make the reading and understanding of the original easier

11. Il pleut (des périls, quand) le Vent (on le) couche.

12. Ma Salive !

13. Je tombe (depuis) les Cieux à ta face.

---

11. It rains (perils, when men make) the Wind lie down.

12. My Saliva !

13. I fall (from) Heaven to your face.

ANNOTATIONS

Dieu donna en même temps au témoin son Message et le sens de son Message; ces notes sont de la main du témoin
God gave the witness at once his Message and the meaning of his Message; the notes are in the witness's hand

«valeurs» mêmes qu'elle s'est données. La religion — qui, du reste, fit aussi couler le sang — ne peut pas aider l'homme à s'en sortir. Mais par *sang* et *caillots* le Père désigne plus que le crime corporel: le crime spirituel. L'*afar* n'est pas seulement la violence, la haine, la guerre, païennes dans leurs principes mêmes. L'*afar* est aussi le saccage de la nature, la pollution, la démoralisation, la corruption, la médiocratie, le légalisme, l'envie, l'égoïsme, le vice, tous les poisons du cœur humain, également païens dans leurs principes mêmes, qui *tombent du ciel* terrestre sur l'humanité et qui la maintiennent dans le malheur. En dépit des considérables progrès sociaux et techniques réalisés depuis l'antiquité, le monde vit dans le *bruit lourd de la chair* envieuse, violente, sotte. Du reste, dans les pays avancés, les progrès sociaux seront bientôt indépassables par les moyens strictement matériels, de sorte que, si la vie spirituelle n'apparaît pas pour changer les valeurs de base, les revendications sociales et matérielles nouvelles dégénéreront en tragédies ou en décadences qui ne feront qu'accroître *l'afar*.

11. Syntaxe malaisée à rétablir clairement; l'ordre original des mots ne se prête pas à la construction d'une phrase cohérente. Le sens est: Quand l'homme viole *(couche)* la Vérité, la Parole de Dieu *(le Vent)*, il s'expose à tous les *périls*.

12. Voir XXX/8. *Salive:* La Vérité répétée et répétée depuis Adam.

13. Le *sang* qui a coulé des plaies de Jésus, des *prophètes* et de toute l'humanité souffrante (n. XXXI/1-2 et n. 9-10) n'apporte pas le Salut au monde. C'est Dieu en personne descendu *(tombé des Cieux)* au Sinaï, à Mambré, au Mont Hîra, à Arès, qui montre la Voie du Salut. Du reste, l'homme n'est pas sauvé malgré lui par le Père. Le Père l'appelle à *changer sa vie (30/11)*. Le prodige de Dieu apparu à Arès ne supprime pas l'existentialisme humain, c'est-à-dire la volonté d'être ou de ne pas être.

---

institutions and 'values' it has given itself. Religion—which also has caused bloodsheds, anyhow—is unable to help man to escape his misfortune. However, by *blood* and *clots* the Father means much more than corporeal crime, he means spiritual crime. Not only is the *affar* violence, hatred, war, pagan in their very principles, but the *affar* also is devastation of nature, pollution, demoralization, corruption, power in the hands of mediocrity, legalism, greed, selfishness, vice, all of them being poisons for man's heart and pagan in their very principles, which *fall from* the terrestrial *heavens* on humanity and maintain it in unhappiness. In spite of considerable social and technical progress performed ever since antiquity the world lives in the *weighty noise of the* envious, violent, foolish *flesh*. Besides, in the developed countries social progress will be soon unsurpassable through strictly material ways and means, so that, if spiritual life does not appear to change the basic values, the new social and material claims will degenerate into tragedies or declines bound to expand the *affar*.

11. It is difficult to clearly restore the syntax of this verse; the original order of the words does not lend itself to the construction of a consistent sentence. The meaning is: When man violates Truth, God's Word *(the Wind)*, he exposes himself to all sorts of *perils*.

12. See XXX/8. *Saliva:* Truth continually repeated since Adam's days.

13. The *blood* that has flowed from the wounds of Jesus, of the *prophets* and of whole suffering humanity (n. XXXI/1-2 and n. 9-10) does not bring Salvation into the world. It is God himself by his descending *(falling from Heaven)* onto Mount Sinai, Mamre, Mount Hira, Arès, who shows the Path to Salvation. Besides, man is not saved against his will by the Father. The Father calls on man to *change his life (30/11)*. The wondrous appearance of God in Arès does not put an end to man's existentialism, that is, man's will to be or not to be.

XXXII/14-XXXIII/5   LE LIVRE — *THE BOOK*   632

RÉVÉLATION ORIGINALE — *ORIGINAL REVELATION*
Les mots entre parenthèses (...), ajouts de la main du frère Michel, facilitent la lecture et la compréhension de l'original
The words in brackets (...), additions in brother Michel's hand, make the reading and understanding of the original easier

14. Après le mur les crudes couchent les femmes, le(ur) râble tire l'argent,
   (ils) mangent la crème de la terre ;
   (ils) couvrent Ma Main (comme) la blatte, (ils) L'é)cachent ;
   (ils) attellent (le peuple comme) les chiens.

   1. J'entre un fouet dans ta bouche, Ma Main à ton sein (fait) un mur.
   2. Le fer (entre) dans ton sein (comme) dans Ma Main.
3. Mikal monte (dans) la patience ; Je serre l'artère, les ennemis (s'en) vont morts, l'heure et l'heure.

4. La gorge (qui commère) sur ton bougon passe l'épaule ; (celui dont) la gorge (re)mâche ta langue lace la tille (autour d'elle), il pue ce matin.

5. (Mais s')il prend ton genou, (s')il pleure, Je (lui) prête Ma Voix.

---

14. Outside the wall the cruds lay down the women, the(ir) fire rake pulls the money (in),
   (they) eat the cream of earth ;
   (they) cover My Hand (like) the cockroach, (they) swat (It) ;
   (they) hitch the people (like) the dogs.

   1. I put a scourge into your mouth, My Hand on your breast (is) a wall.
   2. The iron (goes into) your breast (as) into My (own) Hand
3. Mikal goes up (in) patience ; I squeeze the artery, the enemies go dead, the hour and the hour.

4. The throat (that gossips) about your grumble passes the shoulder ; the (man whose) throat chews your tongue (on and on) laces up the teel (round itself) ; he stinks this morning.

5. (If) he hugs your knee, (if) he cries, I lend (him) My Voice.

ANNOTATIONS
Dieu donna en même temps au témoin son Message et le sens de son Message; ces notes sont de la main du témoin
God gave the witness at once his Message and the meaning of his Message; the notes are in the witness's hand

14. *Après le mur* (derrière les *murs* de la Maison de la Sainte Parole où Dieu parle à Arès): Dans le monde. *Écacher:* Écraser, voir III/3. *Râble:* Tisonnier, pelle. *Crudes* (du latin *crudum):* Les crus, les saignants (allusion à la viande fraîche), ceux qui ne se voient eux-mêmes et qui ne voient les autres que comme matière jouisseuse et exploitable *(sang).* Avec sérieux et précautions (comme avec un *râble),* mais sans scrupules, ils usent de la vie et de *l'argent. Crudes* sont notamment les perpétuels *dominateurs (27/9)* qui, par des moyens variés, y compris religieux ou libéraux et démocratiques, *attellent* le Peuple (la *Main* de Dieu) *comme des chiens.* Le *crude* s'oppose au *frère* qui répand la *Salive* d'amour, de justice et de Vérité (v. 12, n. XXX/8).

1-2. La Parole *fouette* le monde. Le *prophète* et Dieu, qui a posé sa *Main* sur le *sein du prophète,* ne font qu'un *(un mur)* contre le monde. Par suite, frapper le *prophète* est frapper Dieu.

3. *Il monte dans la patience:* Il redouble de *patience. L'heure et l'heure:* Peu à peu. Le *prophète* n'affrontera pas impétueusement ses adversaires; il agira sagement. Les ennemis du *prophète* et de sa *descendance (39/10)* deviendront peu à peu moins agressifs et moins dangereux.

4-5. *Tille:* Chanvre, garrot. *Ce matin:* Déjà (voir XXX/23). *Gorge:* Voir VII/13, désigne ici la sincérité de certains opposants. *La gorge sur ton bougon...:* Celui qui critique seulement le *bougon* (manière de parler et de missionner) du *prophète* peut se reprendre *(passer l'épaule).* Mais celui qui réfute ou corrompt *(remâche)* la *parole de Mikal* et la *Parole* de Dieu *(I/12, XXXI/10),* même avec sincérité, est frappé de mort spirituelle *(il pue* déjà); il ne viendra ou ne reviendra à la vie spirituelle qu'en se soumettant *(en prenant le genou* du *prophète).*

---

14. *Outside the wall* (outside the *walls* of the House of the Saint's Word where God is speaking in Arès): In the world. *Fire rake:* Poker, shovel. The *cruds* (from the Latin word *crudum):* The raw or bleeding (an allusion to fresh meat), the men who see nothing in themselves and in others but sensual and exploitable matter *(blood).* With seriousness and caution (as with a *fire rake),* but without scruples, they use life and *money.* Notably, among the *cruds* belong the perpetual *dominators (27/9),* who, in varied ways, including religious and liberal, democratic ways, *hitch* the People (God's *Hand) like dogs.* The *crud* is opposed to the *brother* who spreads the *Saliva* of love, justice and Truth (v. 12, n. XXX/8).

1-2. The Word *scourges* the world. The *prophet* and God, who has laid his *Hand* on the *prophet's breast,* are as one *(a wall)* against the world. Consequently, to strike the *prophet* is to strike God.

3. *He goes up in patience:* His patience redoubles. *The hour and the hour:* Gradually, little by little. The *prophet* shall not impetuously confront his opponents; he shall act wisely. The foes of the *prophet* and his *descendants (39/10)* will gradually turn less aggressive and less dangerous.

4-5. *Teel:* Hemp, garrotte. *This morning:* Already (see XXX/23). *Throat:* See VII/13; here *throat* refers to the sincerity of some opponents. *The throat that gossips...:* The man who only finds fault with the *prophet's grumble* (way of speaking and missionizing) can correct himself *(pass the soulder).* But the man who refutes or debases *(chews on and on) Mikal's word* and God's *Word (I/12, XXXI/10)* even sincerely is stricken by spiritual death *(he* already *stinks);* he will gain or regain spiritual life only by surrendering (by *hugging* the *prophet's knee).*

RÉVÉLATION ORIGINALE — *ORIGINAL REVELATION*

Les mots entre parenthèses (...), ajouts de la main du frère Michel, facilitent la lecture et la compréhension de l'original
The words in brackets (...), additions in brother Michel's hand, make the reading and understanding of the original easier

6. La langue (qui) entre dans la gorge mange avec la bête.

7. La montagne sur ta barbe (et la montagne qui) dort avant ta porte, tu vas entre (elles comme entre) les poupes.

8. Il lit la sèbe, le nuage, (même) la faim ment (à) son ventre ; bannis(-le) !

9. Ton œil va dans la Lumière, Ma Main tire ta langue (comme) le rollet, le frère (y) lit le vrai.

10. Le frère, envoie(-le) dire (Ce Que Je dis) !
11. Le Bien (re)tourne dans le frère.

12. Tu écris (comme) le Vent ride la Mer.

---

6. The tongue (that) goes (down) into the throat eats with the beast.

7. The mountain on your beard (and the mountain that) sleeps before your door—you move along between (them like between) the poops.

8. He reads the seb, the cloud, (even) hunger tells his stomach lies ; banish (him) !

9. Your eye moves in the Light, My Hand draws out your tongue (like) the scrollie, the brother reads the true (in it).

10. The brother—send (him) to tell (What I tell) !
11. Good (re)turns into the brother.

12. You write (just as) the Wind ripples the Sea.

ANNOTATIONS
Dieu donna en même temps au témoin son Message et le sens de son Message; ces notes sont de la main du témoin
God gave the witness at once his Message and the meaning of his Message; the notes are in the witness's hand

6. Quiconque approuve le contradicteur ou corrupteur de la *Parole* ne vaut guère mieux que lui.

7. *Avant ta porte:* Devant ta porte. *Poupe:* Poupée, personne sans vie. Marcher *sur la barbe* du *prophète:* Réfuter le *prophète. Dormir* devant *la porte* du *prophète:* S'intéresser au *prophète* sans le suivre. Pour impressionnantes (comme une *montagne*) que soient la réfutation, la moquerie ou la lâcheté, elles n'arrêteront ni la *Parole* révélée à Arès ni la *parole* de *Mikal.*

8. *Sèbe:* Suif, ici vision amphigourique des pronostiqueurs de toutes sortes, pas seulement les devins et astrologues. Dieu ne dit pas que l'homme ne peut pas parfois déterminer assez exactement l'avenir; il *bannit* ce qui tient de la divination plus que de la mûre réflexion. Les dires des devins politiques, financiers, religieux ou ésotériques sont obscurs comme la *sèbe* ou le *nuage* de leur esprit. Ils égarent jusqu'à l'instinct élémentaire, comme la *faim.*

9. *Le vrai:* Vérité. *Rollet* (petit rouleau de parchemin): Petit livre *vrai*, mais mineur comparé au grand *Livre* du Père *(I/5-6 et 11)* et aux *paroles (I/12, XXXI/10)* et *écrits (v.12, 33/10)* du *prophète* quand il commente la Vérité de fond. Il s'agit surtout des conseils que *Mikal* donne sur des points pratiques.

10-11. Le *prophète envoie* ses *frères* en mission dans le monde (voir thème de la *moisson, 4/12, 5/2-4, 13/9, 35/1, 37/8*). Le *frère* qui devient un *moissonneur,* un apôtre fidèle aux directives du *prophète,* reçoit maints Bienfaits (beaucoup de *Bien*).

12. *Mer:* Voir n. XXX/12. Ce que le témoin *écrit* sous la dictée de Dieu fait partie intégrante de ce que l'Esprit *(le Vent)* propage éternellement partout dans l'univers (sur toute la *Mer*).

---

6. Whoever approves of the refuter and the debaser of the Word is no better than them.

7. *Before your door:* Outside your door. *Poop:* Doll, listless person. Treading *on the prophet's beard:* Refuting the *prophet. Sleeping* outside *the prophet's door:* Being interested in the *prophet* without following him. Impressing (like a *mountain)* though refutation, mockery and cowardice may be, they will neither stop the *Word* revealed in Arès nor the *prophet's* word.

8. *Seb:* Tallow, here the tissue of nonsense that makes up all of prognosticators' visions, not only soothsayers' and astrologers'. God does not state that man cannot sometimes determine rather exactly the future; he *banishes* all that proves more divinatory than seriously reflective. The statements of political, financial, religious, esoteric seers are as obscure as their *seb* or *clouds* of minds. They mislead even basic instincts like *hunger.*

9. *The true:* Truth. *Draws out:* Unrolls or rolls out. *Scrollie* (small parchment scroll): Small book *true* but minor by comparison with the Father's great *Book (I/5-6 & 11)* and the *word (I/12, XXXI/10)* and *writings (33/10)* of the *prophet* when he comments on essential Truth. The *scrollie* designates particularly *Mikal's* advice on practical points.

10-11. The *prophet sends* his *brothers* as missionaries in the world (see the theme of the *harvest, 4/12, 5/2-4, 13/9, 35/1, 37/8*). The *brother* that becomes a *harvester,* an apostle true to the *prophet's* directions, is given many a Godsend (much *Good*).

12. *Sea:* See n. XXX/12. God's dictation that the witness *writes* down is part and parcel of what the Spirit *(the Wind)* spreads eternally everywhere in the universe (over the whole *Sea*).

RÉVÉLATION ORIGINALE — ORIGINAL REVELATION
Les mots entre parenthèses (...), ajouts de la main du frère Michel, facilitent la lecture et la compréhension de l'original
The words in brackets (...), additions in brother Michel's hand, make the reading and understanding of the original easier

13. Tu écris, le frère parle ; (il) rend la pustule de sa bouche, la fièvre sort (de lui), le cœur entre (en lui).

14. Mikal (est) le(ur) père,
    le(s) frère(s) monte(nt depuis) les (con)fins de la plèbe, (ils) ne bute(nt) pas (contre Mikal).

15. Le frère boit le vin de ta bouche, (il) mange le pain face (à) toi, (il fait) coule(r) l'huile sur ta tête.

---

13. You write, the brother speaks ; (he) expels the pustule of his mouth, the fever goes out (of him), the heart enters (into him).

14. Mikal (is) the(ir) father,
    the brother(s) go up (from) the (outermost) ends of the plebs, (they) do not stumble (on Mikal).

15. The brother drinks the wine from your mouth, (he) eats the bread facing you, (he) pours the oil on your head.

ANNOTATIONS
Dieu donna en même temps au témoin son Message et le sens de son Message; ces notes sont de la main du témoin
God gave the witness at once his Message and the meaning of his Message; the notes are in the witness's hand

13. *Cœur:* Courage, amour prophétique (X/16). La mission *change* le *frère* qui s'y adonne — «Le premier instruit par la mission est le missionnaire,» dit *Mikal* —. La pratique *intelligente* de la *moisson* délivre l'apôtre (c.-à-d. tout vrai croyant) du conditionnement mental et intellectuel de la culture, et de la *fièvre* — la *fièvre* est la manie de l'à-peu-près (quasi mensonge), du bavardage, de la polémique *(pustules de la bouche* notamment propres aux media) —. La *pénitence* donne la vertu *(cœur)* sans quoi un homme de bien réussit difficilement sa mission terrestre.

14. C'est la seule fois où le mot *père* est appliqué à *Mikal*. Non un titre, comme «saint père» ou «révérend père», mais analogie avec la *Parole* que révèle le *Père* Céleste, que *Mikal* transmet au monde. Le Père dote *Mikal* du don (charisme) de faire comprendre la Parole à l'homme fruste, à l'inculte, à tous ceux *montés* du petit peuple *(plèbe)*.

15. Les trois aliments de la *Mémoire du Sacrifice (10/4-5)* sont ici clairement rapportés à l'œuvre prophétique. *Vin: Parole* bue à la *bouche* du *prophète. Huile:* Bonne disposition à suivre le *prophète (la tête). Pain:* Partage de la tâche prophétique entre tous. De 1974 à 1977 le témoin célébra la *Mémoire du Sacrifice* dans un esprit et sous une forme qui lui paraissaient audacieusement novateurs, mais c'étaient encore l'esprit et la forme d'une messe. Après 1977 *Mikal* comprit son erreur. Ce ch. XXXIII confirme le sens de *Sacrifice:* Non un culte (messe ou eucharistie), mais le *sacrifice* réel du confort social, du temps et des intérêts personnels de *l'homme du temps qui vient (30/13);* un prophétisme actif et créateur. Ce *sacrifice,* concrétisé par la *pénitence* et la *moisson* du *frère,* et par le dévouement à la cause humaine de tout humaniste, rappelle le souci que le Père n'a pas cessé d'avoir pour ses enfants égarés. Si, depuis la Cène, les croyants s'étaient voués à *se changer* et à *changer le monde,* comme l'avait demandé Jésus *en mémoire de Dieu,* Éden serait peut-être restauré aujourd'hui.

---

13. *Heart:* Courage, prophetic love (X/16). The mission *changes* the *brother* devoted to it—"The first man taught by the mission is the missionary," *Mikal* says—. An *intelligent* practice of *harvesting* relieves the apostle (i.e. every true believer) of the mental and intellectual conditioning of culture, and of the *fever—fever* is the compulsive taste for approximation (half lies), chattering and polemic *(pustules of the mouth* notably typical of the mass media)—. *Penitence* provides virtue *(heart)* without which a good man can hardly succeed in his earthly mission.

14. This is the only occurence of the word *father* applied to *Mikal*. Not a title like 'holy father' or 'reverend father', but an analogy with the *Word* delivered by the Heavenly *Father* which *Mikal* passes on to the world. The Father endows *Mikal* with a gift (charism) for encouraging unpolished men, the uncultivated, those who *go up from* the masses *(plebs),* to understand the Word.

15. Here the three foods of the *Calling of the Sacrifice to Remembrance (10/4-5)* are clearly related to the prophetic work. *Wine:* The *Word* drunk from the *prophet's mouth. Oil:* Amenability to the *prophet (the head). Bread:* Sharing of the prophetic task between all. From 1974 to 1977 the witness used to celebrate the *Calling of the Sacrifice to Remembrance* in a spirit and a form which he thought were boldly innovative, but which still had the spirit and the form of a mass. After 1977 *Mikal* realized his mistake. Ch. XXXIII verifies the true sense of *Sacrifice:* No worship (mass or eucharist), but a real *sacrifice* of the social convenience, time and private interests of *the man of the time to come (30/13);* a creative prophetic action. This *sacrifice* when materialized in the *brother's penitence* and *mission,* and in the humanist's devotion to the cause of humanity, evokes the Father's perpetual concern about his misled children. If, ever since the Last Supper, believers had devoted themselves to *changing themselves* and *changing the world,* which Jesus had asked of them *in remembrance of God,* Eden might have been restored.

RÉVÉLATION ORIGINALE — *ORIGINAL REVELATION*
Les mots entre parenthèses (...), ajouts de la main du frère Michel, facilitent la lecture et la compréhension de l'original
The words in brackets (...), additions in brother Michel's hand, make the reading and understanding of the original easier
---

16. Le fou (s')assoit (sur) ses cheveux, (il) couronne son pied; le roi blanc oint le quêteur (qui) entend le rien.

17. Le citron à ta dent (que) tu lèches (encore),
    ne (le) lèche pas !
18. (Si) le fou (est) dans toi, plante(-lui) la fourche !

19. La paille (est) le lit de(s) coucou(s).

---

16. The fool sits (on) his (own) hair, (he) crowns his foot; the white king anoints the quester (who) hears the nothing.

17. The lemon on your tooth (which) you (still) lick—
    do not lick (it) !
18. (If) the fool (is) within you, stick the pitchfork (into him) !

19. The straw (is) the bed of the cuckoo(s).

ANNOTATIONS
Dieu donna en même temps au témoin son Message et le sens de son Message; ces notes sont de la main du témoin
God gave the witness at once his Message and the meaning of his Message; the notes are in the witness's hand

16. *Le fou:* Ici la religion dans son ensemble. Toute religion affirme détenir la vérité absolue et offrir la seule ou la meilleure garantie de salut (chaque religion *couronne son pied* = proclame avec solennité son origine divine, sa perfection, son irrévocabilité). La religion s'oppose à l'évolution de la foi vers la vraie vie spirituelle *(s'assoit sur ses cheveux:* se coince, s'immobilise). Les religions se condamnent ou se suspectent les unes les autres et condamnent et suspectent plus encore les *âmes* libres. Les religions s'opposent souvent à l'évolution sociale. Ainsi la religion, à divers degrés, s'oppose à la largeur de vue, à la générosité et à l'esprit libérateur de la Parole dont elle a censuré, surchargé et *glosé* le texte depuis longtemps. Le mouvement arésien, c'est clair, n'est pas une religion, puisqu'il appelle seulement à la vie spirituelle: la *Vie (18/5, 24/3-5, etc.),* terme par lequel il traduit la foi libre et libératrice, évolutive, créatrice. Le progrès qu'une religion peut provoquer à son début est bref, ensuite sa dynamique créatrice s'immobilise dans les dogmes et les institutions, elle interdit alors toute évolution. Le mouvement arésien, au contraire, restera évolutif et généreux *de génération en génération;* de plus, il ignore les *onctions,* sacrements, cultes, bénédictions, etc., par quoi la religion prétend *couronner* le *quêteur* (celui en *quête* de faveurs, de protection et de salut) et qui sont sans valeur *(rien).* Adam fut créé par le Créateur permanent pour se créer et créer le monde en permanence.

17-18. *Le citron:* Le goût persistant du passé, les réminiscences, les réflexes. Tout homme pieux prend inconsciemment le langage et les attitudes religieux de sa culture (la religion persiste comme le goût du *citron).* Le *prophète* doit se délivrer totalement des habitudes mentales et sociales prises au temps où il était ecclésiastique.

19. *Coucous:* Voir I/10, prêtres, pasteurs, rabbins, mollahs, etc. *Paille:* Ce qui est creux, vide; ce qui ne conduit à *rien (v. 16).*

---

16. *The fool* (or *madman):* Religion as a whole. Every religion, in substance, claims that it holds absolute truth and provides the only or best guarantee of salvation (each religion *crowns its foot,* that is, solemnly claims its divine origin, its perfection, its irrevocability). Religion stands out against any development of faith into true spiritual life *(sits on its own hair:* gets stuck, immobilized). Religions condemn or suspect each other and even more adamantly condemn or suspect the free *souls.* Religion often opposes social development. Thus religion, to various degrees, opposes the broad-mindedness, generosity and liberating spirit of the Word the text of which it has long censored, altered and *glossed.* The Aresian movement clearly is no religion because it merely calls on men to have spiritual life: *Life (18/5, 24/3-5, etc),* a term by which it calls evolutive, creative, free and freeing faith. The progress a religion may effect in its early stages is brief, next its creative dynamic get stuck in dogmas and institutions; it bans every evolution then. On the contrary, the Aresian movement is to keep evolutional and generous *from generation to generation;* besides, it practices no *anointing,* sacrament, worship, blessing, etc, through which religion claims to *crown* the *quester* (the man in *quest* of favours, protection and salvation); such practices are worthless *(nothing).* Adam was created by the permanent Creator to create himself and create the world permanently.

17-18. *Lemon:* Persistent taste or echo of the past, acquired taste or way of behaving. Every pious man unconsciously takes on the religious language and behavior of his culture (religion is as persistent as the taste of *lemon).* The *prophet* must free himself totally of the mental and social habits which he picked up when he was a cleric.

19. *Cuckoos:* See I/10, priests, ministers, rabbis, mollahs, etc. *Straw:* What is hollow, empty; what leads man to *nothing (v. 16).*

RÉVÉLATION ORIGINALE — *ORIGINAL REVELATION*
Les mots entre parenthèses (...), ajouts de la main du frère Michel, facilitent la lecture et la compréhension de l'original
The words in brackets (...), additions in brother Michel's hand, make the reading and understanding of the original easier

XXXIV
1. Mikal annonce le Vrai.
2. Ma Main grisse sous l'écorce (et) dans le coude ; l'homme n(e L)'entend pas.
3. (Ma Main) pèse le soleil, (Elle l'at)tise ; (de) Ma Lèvre coule(nt) le(s) fonts.
4. Ruine (sur) le maître (qui) ne donne pas l'obole du Vrai !

5. Le clone ne sait pas la mère (qu'il a).

6. Mon Œil, sa Force (se) tire du Fond des Fonds.

7. Le(s) relais de(s) soleil(s) ne trouve(nt) pas le Fond. Ton œil cherche le Fond, (tu ne vois) pas le Fond,
8. tu vois l'ongle (du pied), pas la jambe.

XXXIV
1. Mikal announces the True.
2. My Hand rasps beneath the bark (and) in the elbow ; man does not hear It.
3. (My Hand) weighs the sun, (It) fans it ; My Lip pours down the fount(s).
4. (Let) ruin (come) upon the master (who) does not give the mite of the True !

5. The clone is not aware of the mother (that is its).

6. My Eye, its Strength (is) drawn from the Core of the Cores.

7. The relay(s) of the sun(s) do not reach the Core. Your eye looks for the Core, (you can)not (see) the Core,
8. you can see the (toe)nail, (you can)not (see) the leg.

ANNOTATIONS
Dieu donna en même temps au témoin son Message et le sens de son Message; ces notes sont de la main du témoin
God gave the witness at once his Message and the meaning of his Message; the notes are in the witness's hand

2-3. *Grisser:* Forme adoucie de crisser, bruire comme un outil au travail. *Fonts:* Fontaine, source. L'*homme* ne se rend même plus compte que la Création est continue (travail effectif et permanent de Dieu, voir XXII/10-11 et ailleurs).

4. *Maître:* Savant qui, aveuglé par ses présupposés scientifiques, n'explore pas toutes les possibilités de la Vérité *(le Vrai),* refusant notamment d'envisager l'univers comme créé, organisé et maintenu par le Père (vv. 1-2), bien qu'il ne puisse nier la Création par des arguments prouvés.

5. *Clone:* Bourgeon, pousse. L'homme n'a pas plus conscience de la genèse de l'univers, et de sa nature spirituelle au sein de cet univers, qu'un *clone* n'en a de la plante *(mère)* dont il est issu. À l'époque des Théophanies (1977) le mot *clone* n'est utilisé que par les biologistes. Dix ans plus tard, il y aura une considérable médiatisation de *clone, cloner* comme métaphore. Serait-elle due à l'influence de *La Révélation d'Arès?*

6. *Fond des Fonds:* L'Absolu, l'infinie Vérité et cause première de tout ce qui existe, l'essence et la capacité de Dieu, tout ce que l'homme ne peut plus concevoir faute *d'intelligence* spirituelle. L'homme n'a soigné que son intelligence intellectuelle; sa science n'est que la connaissance des phénomènes immédiats. Le péché a réduit *l'intelligence* spirituelle à un *faible lumignon (32/5).*

7-8. *Relais des soleils:* Moyens d'exploration de la science (par analogie avec l'astrophysique qui n'est qu'un coup d'œil myope sur l'univers). Bornée par sa philosophie de l'immédiat, la science aussi loin qu'elle explore reste aveugle au médiat, au transcendant, en bref, à ce qu'il y a de plus important, sans quoi l'immédiat et l'immanent ne peuvent pas s'expliquer.

2-3. *To rasp:* To make a rasping or grating noise like a working tool. *Founts:* Fountains, sources. Man has long lost sight of the fact that the Creation is continuous (God's perpetual actual work, see XXII/10-11 and elsewhere).

4. *Master:* The scholar whom scientific presuppositions blind to all the possibilities of Truth *(the True);* he is particularly reluctant to consider the universe as created, organized and maintained by the Father (v. 1 & 2), although he is unable to deny the Creation through proved arguments.

5. *Clone:* Bud, shoot. Man is not conscious of the genesis of the universe and of his spiritual nature amid that universe any more than a *clone* is conscious of the plant *(mother)* from which it has issued. At the time of the Theophanies (1977) the word *clone* was just used by biologists. Ten years later there would be a tremendous mediatization of the word *clone* as a metaphor. Was it caused by the influence of *The Revelation of Arès?*

6. *The Core of the Cores:* The Absolute, infinite Truth and primary cause of all that exists, God's essence and capacity, all that has grown inconceivable to man for lack of spiritual *intelligence.* Man has only taken care of his intellectual intelligence, so man's science is just the knowledge of proximate phenomena. Sin has reduced spiritual *intelligence* to a *dim candle end (32/5).*

7-8. *The relays of the suns:* The means of exploration used by science (by analogy with astrophysics which is just a shortsighted glance at the universe). Limited by its philosophy of the immediate, science, however far it may explore, stays blind to the mediate, to the transcendent, in short, to what is most important failing which the immediate and the immanent cannot be explained.

RÉVÉLATION ORIGINALE — *ORIGINAL REVELATION*
Les mots entre parenthèses (...), ajouts de la main du frère Michel, facilitent la lecture et la compréhension de l'original
The words in brackets (...), additions in brother Michel's hand, make the reading and understanding of the original easier

9. Tu prends ta cervelle, tu (la) manges, ton œil mange ta cervelle, ton œil (al)long(e) le nerf, (mais) tu ne vois pas le Fond.

10. (Dans) Mon Œil les soleils (seront-ils) éteints avant (que) le bruit (ne cesse de dire) : « Il n'a pas le Fond » ?

11. Mon Œil voit l'ongle, l'ongle (qui) tombe.
12. (Même) Mikal ne cherche pas le Fond. Ouvre tes veines !
    Dis(-Moi) : « Entre ! »

13. Ils disent : « Menteur ! » Digne, (re)lève ton dos !

14. La musette ne paie pas le salaire du cheval ;
    le cheval de Mouhamad ne revêt pas le cuir.

---

9. You grasp your brain, you eat (it), your eye eats your brain, your eye (e)long(ates) the nerve, (but) you cannot see the Core.

10. (Inside) My Eye (will) the suns stop burning before the noise (stops telling,) "He has not the Core"?

11. My Eye can see the (finger)nail, the (finger)nail (that) falls off.
12. (Even) Mikal is not looking for the Core. Open your veins !
    Tell (Me), "Come in ! "

13. They say, "Liar ! " (You,) dignified, raise your back !

14. The shrew does not pay the wages of the horse ;
    the horse of Muhammad does not don the leather.

ANNOTATIONS
Dieu donna en même temps au témoin son Message et le sens de son Message; ces notes sont de la main du témoin
God gave the witness at once his Message and the meaning of his Message; the notes are in the witness's hand

9. *Ton œil mange ta cervelle:* Tu t'épuises à observer et à réfléchir. L'homme ayant perdu trace de l'Absolu *(Fond des Fonds, v.6),* il ne sait plus percevoir le médiat, l'invisible, les réalités transcendantes; même quand il se prétend croyant, il ne les trouve plus. L'homme a beau chercher *(il allonge le nerf),* son audace philosophique, métaphysique ou religieuse a beau être grande, l'homme ne voit plus l'Absolu.

10. *Bruit* (voir n. VII/11): Ici déductions rationalistes ou scientifiques.

11. Par contre, Dieu voit les plus infimes choses de l'univers: *l'ongle qui tombe.*

12. *Même Mikal,* parce qu'il est encore empreint d'habitudes ecclésiastiques, *ne cherche pas* comme il faut l'Absolu ni la grande liberté que l'Absolu donne. Que *Mikal* remplace le *sang* (voir XXXII/9) de ses *veines* (raison bornée, préjugés, etc.) par la *Salive* de Dieu (voir XXX/8)!

13. Les gens de «raison» ou gens «sérieux» traitent le témoin d'Arès d'illuminé, d'esprit égaré ou bien d'imposteur. Qu'il reste *digne* devant la calomnie!

14. *Musette* (peut-être musaraigne): Petit rat, désigne l'homme réduit à sa raison bornée. Le sens de ce verset est difficile à résumer (voir n. VII/10): Le monde «sérieux» et conformiste *(la musette),* majoritairement composé de cyniques et en même temps très attaché à ses «valeurs», cherche à ruiner la dignité sociale du *prophète.* Mais le *prophète* (ici représenté par *le cheval de Mouhamad)* n'a plus de *harnais (10/10)* social *(cuir),* depuis que le Père l'a libéré des conventions terrestres. La *dignité (v.13)* et *l'honneur (XXXVI/16)* du *prophète* sont désormais spirituels.

---

9. *Your eye eats your brain:* You are wearing yourself out observing and thinking. As man has lost all trace of the Absolute *(the Core of the Cores, v.6),* he no longer knows how to perceive the mediate, the invisible, the transcendent reality; even when he claims he is a believer, he cannot find them. However hard man is researching *(elongating the nerve),* however great his philosophical, metaphysical or religious daring may be, man can no longer see the Absolute.

10. *Noise* (see n. VII/11): Here rationalistic and scientific inferences.

11. On the other hand, God can see the minutest thing in the universe: *the fingernail that falls off.*

12. *Even Mikal,* as he is still having some clerical habits, *does not* properly *look for* the Absolute or the great freedom the Absolute gives man. Let *Mikal* substitute the *blood* (see XXXII/9) of his *veins* (limited reason, prejudices, etc.) for God's *Saliva* (see XXX/8)!

13. People of 'reason' or 'serious' people call the witness of Arès a crank, a lunatic or a fraud. Let him keep *dignified* when attacked by slanderers!

14. *Shrew:* Small rat; it designates the man reduced to his limited reason. Summing up the meaning of this verse is difficult (see n. VII/10): The 'serious' conformist society *(the shrew),* which is mostly made up of cynics but which is at the same time much attached to its 'values', endeavors to ruin the social dignity of the *prophet.* But the *prophet* (here represented by *the horse of Muhammad)* has had no more social *harness (10/10) (the leather)* ever since the Father freed him of the earthly conventions. The *prophet's dignity (v.13)* and *honor (XXXVI/16)* are now spiritual.

RÉVÉLATION ORIGINALE — *ORIGINAL REVELATION*
Les mots entre parenthèses (...), ajouts de la main du frère Michel, facilitent la lecture et la compréhension de l'original
The words in brackets (...), additions in brother Michel's hand, make the reading and understanding of the original easier

15. L'homme noir n'a pas la paupière.

16. L'homme noir lèche l'étal, son cil (le) balaie.

17. (S')il guérit le bubon, il monte (sur) le nuage.

18. (Il n'est) debout (qu')un matin après le matin de mort.

19. La mort couche dans l'homme. La mort (se) lève avant (ou) après.

 1. Le sénat de(s) mort(s), le sénat descend (en terre).

2. Le sénat (suivant) prend la (même) queue de vache (qui) mugit.

---

15. The black man has not the eyelid.

16. The black man licks the stall, his eyelash sweeps (it) out.

17. (If) he cures the bubo, he mounts the cloud.

18. (He is) standing (only one) morning after the morning of death.

19. Death lies within man. Death gets up before (or) afterward.

 1. The senate of the dead, the senate go down (into the grave).

2. The (next) senate grasp the tail of the (same) cow (that) moos.

ANNOTATIONS
Dieu donna en même temps au témoin son Message et le sens de son Message; ces notes sont de la main du témoin
God gave the witness at once his Message and the meaning of his Message; the notes are in the witness's hand

15. *L'homme noir* (n. XXVI/7, autre sens: XXVII/11): Factotum ou partisan du *roi noir*, *l'homme* du système actuellement en vigueur (voir n. XXIX/9), ici plutôt le rationaliste, le scientifique ou l'homme d'argent, sceptique ou cynique. Malgré sa courte vue (voir vv. 4-10), l'homme de raison et de «sérieux» est toujours en éveil *(n'a pas la paupière)*, il veille sur ses acquis.

16. *Étal:* Table de dissection, laboratoire, auquel le scientifique est religieusement dévoué (il le *lèche)*, auquel il colle son œil attentif *(son cil le balaie)*, mais aussi, par extension, la caisse du banquier, le bureau de *l'homme* d'affaires, du dirigeant, etc., objets de soins aussi sérieux.

17-18. *Bubon:* Enflure, abcès. Quoique les maux humains (notamment maladie, vieillissement et mort v. 19) soient inévitables tant que règne le péché, la science tire gloire *(monte sur le nuage)* du moindre remède (guérison d'un *bubon*) qu'elle découvre, donne l'illusion qu'elle vaincra la souffrance et la tombe, alors qu'elle prolonge seulement un peu la vie humaine *(un matin)*.

19. *L'homme* reste voué à la *mort*, que seule la vie spirituelle, non la science, vaincra. Dieu ne rejette pas la science comme savoir — il souhaite même que l'homme devienne toujours plus savant —, il la démythifie. La science n'est qu'une très petite part de la Vérité.

1. *Sénat:* Politique et gouvernement en général. Ils tiennent peu compte de la Parole, même si certains partis et hommes d'état s'en réclament. Des *morts* gouvernent les *morts*; l'erreur demeure; les puissants comme les autres *descendent en terre*.

2. Les politiques diffèrent, mais elles partent toutes du même principe de domination.

---

15. *The black man* (n. XXVI/7, other sense: XXVII/11): The factotum or supporter of the *black king*, the *man* of the system currently in force (see n. XXIX/9), here rather the rationalist, the scientist, or the moneyman, skeptical or cynical. Though he is shortsighted, the man of reason and 'seriousness' is always alert *(has not the eyelid)*, he keeps on watching over his acquisitions.

16. *Stall* (counter on which meat is put for carving or articles are displayed for sale): Dissecting table, laboratory, to which the scientific is reverently devoted (he *licks* it), on which he keeps a close watchful eye *(his eyelash sweeps* it), and, by extension, a cashier's desk in a bank, a businessman's or a ruler's desk, etc., which too are shown every serious care and attention.

17-18. *Bubo:* Swelling, abscess. Although human sufferings (notably illnes, aging and *death v. 19)* are inescapable as long as sin is prevailing, scientists glory *(mount the cloud)* in the least remedy they discover (a cure for a *bubo)*, they give the world the illusion that they will triumph over pains and the tomb, though they are only making man's lifetime a little longer *(one morning)*.

19. *Man* remains doomed to *death* which will be conquered by spiritual life, not by science. God does not reject science as knowledge—he even wishes that man gets more and more learning—, he demythologizes it. Science is only a tiniest part of Truth.

1. *Senate:* Politics and government in general. They pay little attention to the Word, even though some parties and statesmen claim to draw their inspiration from it. *Dead* men rule only the *dead;* error remains; the mighty *goe down into the grav*e like all men.

2. Policies are different, but they all are based on the same principle of domination.

RÉVÉLATION ORIGINALE — *ORIGINAL REVELATION*
Les mots entre parenthèses (...), ajouts de la main du frère Michel, facilitent la lecture et la compréhension de l'original
The words in brackets (...), additions in brother Michel's hand, make the reading and understanding of the original easier

3. Le frère de Mikal, le sénat n'a pas sa main.

4. Tu es le maître des héros, tu (les) appelles.

5. Les héros quittent la fête de(s) mort(s),
   la fête de(s) hère(s) de(s) hère(s).

6. La fête (où l'on) chante téfilotes (en versant des) larmes froides.

7. Frère de l'aube, ton frère assis sur son front léger.

8. La vigne bleue monte (jusqu'à) sa tête.

---

3. Mikal's brother—the senate have not his hand.

4. You are the master of the heroes, you call (them) together.

5. The heroes leave the festival of the dead,
   the festival of the heir(s) of the heir(s).

6. The festival (at which people) sing tefilot (in shedding) cold tears.

7. Brother of the dawn, your brother sitting on his light forehead.

8. The blue vine climbs (to) his head.

ANNOTATIONS

Dieu donna en même temps au témoin son Message et le sens de son Message; ces notes sont de la main du témoin
God gave the witness at once his Message and the meaning of his Message; the notes are in the witness's hand

3. Il y a longtemps que la politique s'est discréditée. Les croyants, surtout le *petit reste (24/1, 26/1, etc.), la pieuse gent (XLV/13)*, ne serviront pas cette politique-là. Mais la société humaine ayant besoin d'un minimum de gestion, ils repenseront cette gestion conformément au *Dessein du Créateur*, dans l'amour, la vraie liberté, etc.

4-5. *Hères des hères:* Pas les «pauvres hères», mais les *héritiers* du système religieux et politique en vigueur depuis des millénaires. *Changer ce monde (28/7)* est affaire *d'héroïsme*. Supprimer les habitudes et «valeurs» séculaires, les intérêts et privilèges établis, exige d'exceptionnelles volonté et force, un existentialisme pratique. Dieu *appelle* les hommes de bien à devenir des *héros*, les prophètes pugnaces d'un avenir qu'il faut encore vouloir et créer. En renonçant à la culture, aux institutions, au légalisme, etc., qui l'emprisonnent, *l'homme* quitte *la fête des morts* qui dure depuis les générations des générations de pécheurs *(les hères des hères)*. Le balancement euphonique évident entre *hères* et *héros* a un précédent: *hudra* et *tupha (XIX/10-11)*.

6. *Téfilotes* (Hébreu): Cantiques, chants religieux. Les morts-vivants de ce monde pécheur ont leurs *fêtes* religieuses dont les chants, les chœurs, les orgues, aussi artistiques soient-ils, n'ont jamais changé le cœur de l'homme.

7. *L'aube:* Le commencement d'une nouvelle ère. *Sur son front léger* (sans pesanteur): Avec la sérénité que donne la parfaite légitimité.

8. Une force nouvelle *monte* dans le *frère (v.7)* comme une *vigne,* une *vigne* si riche en grappes qu'elle en est *bleue*. On peut comparer le sens de *vigne* dans ce verset avec la *Vigne blessée (30/6)* et avec Dieu qui *s'enracine comme une vigne (31/1)*.

---

3. Politics has long been discredited. Believers, especially the *small remnant (24/1, 26/1, etc.), the pious gens (XLV/13)*, shall not further that politics. But, as human society needs a modicum of management, they shall rethink this management according to the Maker's *Design*, in love, in true freedom, etc.

4-5. *The heirs of the heirs:* The *heirs* of the religious and political system that has been in force for millennnia. *To change this world (28/7)* is a matter of *heroism*. To do away with the longstanding customs and 'values', the established interests and privileges, calls for exceptional will and strength, a practical existentialism. God calls upon good men to become *heroes*, combative prophets of a future that is still to be willed and created. By giving up culture, institutions, legalism, etc, which have trapped him, man will leave the *festival of the dead* which has lasted for generations and generations of sinners *(the heirs of the heirs)*. In French the euphonic balance between '*hères*' (an unusual abbreviation of '*héritiers*': heirs) and '*héros*' (heroes) has a precedent: *hudra* and *tupha (XIX/10-11)*.

6. *Tefilot* (Hebrew): Canticles, religious songs. Men living in borrowed time in this sinful world have their religious *festivals*, the hymns, songs, choruses, organs, which, however much artistic they may be, have never changed man's heart.

7. *The dawn:* The beginning of a new era. *On his light* (weightless) *forehead* (or *brow):* With the serenity that perfect legitimacy gives man.

8. A fresh strength rises in the brother (v.7) as a *vine,* a *vine* so rich in grapes that it is *blue.* The reader can compare the meaning of *vine* in this verse with the *wounded Vine (30/6)* and with God *taking roots like a vine (31/1)*.

RÉVÉLATION ORIGINALE — *ORIGINAL REVELATION*
Les mots entre parenthèses (...), ajouts de la main du frère Michel, facilitent la lecture et la compréhension de l'original
The words in brackets (...), additions in brother Michel's hand, make the reading and understanding of the original easier

9. Le Jus, le peuple (y) donne sa langue.

10. Les héros attendent.

11. Ton bras (se) lève (à) gauche (pour Me montrer).

12. Les héros (se) lèvent, la mort descend sous les îles.

13. Ils ne dorment pas. (Quand) tu veilles, ils dorment (à leur tour).

14. L'homme noir sait sa cache.

15. (Mais) les frères de Mikal fendent le(s) dos, le(s) dos (qui) cache(nt) l'or, l'eau (qui) fume (et) parle, le fer tors.

---

9. The Juice—the people give (up) their tongues (to it).

10. The heroes (have been) wait(ing).

11. Your arm rises (on the) left (to point Me out).

12. The heroes rise, death goes down beneath the islands.

13. They do not sleep. (When) you are on watch, they sleep (in their turn).

14. The black man knows his hiding place.

15. (But) the brothers of Mikal cleave the back(s) open, the back(s which) conceal the gold, the water (that) fumes (and) speaks, the twisted iron.

ANNOTATIONS
Dieu donna en même temps au témoin son Message et le sens de son Message; ces notes sont de la main du témoin
God gave the witness at once his Message and the meaning of his Message; the notes are in the witness's hand

9. Le *peuple,* maintenu dans les ténèbres (voir *la Main,* XXXII/14) malgré sa faim de Lumière, reçoit à nouveau la *Parole* de Dieu pure *(le Jus* de la *Vigne)* à Arès.

10. Partout, depuis longtemps, des croyants *attendent* un appel du Ciel, mais les *héros* potentiels *(vv. 4-5-12) l'attendent* particulièrement. Le mouvement *d'héroïsme* sera provoqué par le *petit reste.*

11. Dieu se tient *à gauche* du *prophète* (voir 35/15).

12. *Îles:* Ici les lieux où se concentrent les forces du *roi blanc* et du *roi noir* (nn. XXIX/1 et 9), par exemple les grandes capitales religieuses, politiques et industrielles, les scientifiques, les intellectuels officiels, etc. Ces *îles* sont sans rapport avec *l'île sèche, l'Île Bleue (XIV/7-13)* ou *les îles des frères (XLII/2).*

13. *Ils:* Les *héros (v.12).* Qu'ils en aient conscience ou non, les *hommes du temps qui vient (30/13),* croyants ou incroyants, se fondent sur la Révélation pure, donc sur le *Dessein* pur. Engagés sur la *Voie Droite (Coran 1/5),* ils se relaieront à la longue tâche du *changement du monde (moisson).*

14. Le sens de ce verset est difficile à résumer (voir n. VII/10): Il arrive que *l'homme noir (n. XXXIV/15)* se *cache* sous des dehors moraux et généreux. Il *sait* alors justifier ses entreprises, leur donner couleur de progrès, humanitaire ou même évangélique.

15. *Dos qui cache l'or:* Coffres-forts, systèmes financiers. *Eau qui fume et qui parle:* Technologies (chimie, physique, informatique, etc.). *Fer tors:* Métallurgie. Créée par Dieu, la matière

---

9. The *people,* who have been maintained in darkness (see *the Hand,* XXXII/14) though they have longed for Light, are receiving the pure *Word* of God *(The Juice* of the *Vine)* anew in Arès.

10. Everywhere many believers *have* long *been waiting* for a call from Heaven, but the potential *heroes (v. 4-5-12)* have been waiting with particular attention. The movement of *heroism* will be set off by the *small remnant.*

11. God is on the *left* of the *prophet* (see 35/15).

12. *Islands:* Here the places where the forces of the *white king* and *black king* (n. XXIX/1 & 9) are concentrated, for instance the main religious, political and industrial capitals, the official scientists and intellectuals, etc. These *islands* are not related to the *dry island, Blue Island (XIV/7-13)* or the *brothers' islands (XLII/2).*

13. *They:* The *heroes (v.12).* The *men of the time to come (30/13),* whether believers or nonbelievers, have the pure Revelation, accordingly the pure *Design,* as grounds, even though most of them are unconscious of it. Committed to following the *Straight Path (Quran 1/5)* they will take turns at the long task of *changing the world (harvest).*

14. Summing up the meaning of this verse is tricky (see n. VII/10): A *black man (n. XXXIV/15)* occasionally hides under a moral and generous exterior. He *knows,* then, how to justify his undertakings, how to make them appear to be humanitarian or even evangelical progresses.

15. *Backs which conceal the gold:* Safes, financial systems. *Water that fumes and speaks:* Technologies (chemistry, physics, computing, etc). *Twisted iron:* Metallurgy. As it was created

RÉVÉLATION ORIGINALE — *ORIGINAL REVELATION*
Les mots entre parenthèses (...), ajouts de la main du frère Michel, facilitent la lecture et la compréhension de l'original
The words in brackets (...), additions in brother Michel's hand, make the reading and understanding of the original easier

16. La lune goûte le nuage; sourds (sont) les fils unis.

17. Je suis la Mine (et) l'Eau.

18. (Sur le) froid J'appelle le feu, (et sur) la sueur Je flère.

19. Adame va (alors comme) l'onde (de) la main à Ma Main.
20. Sur son chaume bouillon(ne) la moelle, (se re)plante la jambe encore, la flamme (re)vêt la peau.

---

16. The moon relishes the cloud; deaf (are) the united sons.

17. I am the Mine (and) the Water.

18. (On the) cold I call fire down, (and on) the sweat I blow.

19. Adam (then) goes (like) the tide (from) the hand to My Hand.
20. On his stubble the marrow bubbles, (as a) plant the leg (roots) again, the flame dons the skin.

ANNOTATIONS
Dieu donna en même temps au témoin son Message et le sens de son Message; ces notes sont de la main du témoin
God gave the witness at once his Message and the meaning of his Message; the notes are in the witness's hand

n'est pas méprisable *(v.17)*, l'argent n'est pas plus méprisable comme moyen pratique d'éviter le primitif système du troc, mais pourquoi l'humanité a-t-elle fondé sur eux seuls ses activités et ses espoirs? Les *frères (v. 15)* rétabliront la diversité des valeurs.

16. *Lune:* Illusion. Peu de mots, sens très riche (voir n.VII/10): Un *nuage* de valeurs exagérées, de compromis incohérents, plane sur le monde et l'obscurcit. Les accords passés entre les puissances rationalistes et religieuses *(les fils unis* du *roi noir* et du *roi blanc;* on a vu *fils unis* dans un sens similaire, XXXII/3) ne consolideront pas leurs assises respectives. Leurs rivalités demeureront et les garderont *sourds* les uns aux autres.

17. *La Mine:* Ressources matérielles. *L'Eau:* Ressources spirituelles (n. I/13-14). Le Père n'est pas que la source spirituelle de l'homme, il est aussi le premier Matérialiste, puisque Créateur de la matière. Mais si *l'homme* continue d'exploiter la *Mine* du Père (la terre) et de refuser *l'Eau* du Père (la vie spirituelle), les douleurs et malheurs de cette contradiction ne feront que croître.

18. *Flérer* (origine non identifiée): Souffler sur, sécher. Étant l'*image et ressemblance* du Créateur, l'homme sait trouver et exploiter l'énergie *(feu sur le froid)* qui allège son travail *(flère* ou sèche *la sueur).* Éden restauré n'abritera pas de purs esprits mais une humanité charnelle, créatrice, entreprenante, donc évolutive, mais vivant et travaillant dans des conditions spirituelles qui la rendront juste et heureuse. La résurrection de la chair va de pair avec le renouvellement ou l'inépuisement de la matière et de l'énergie (v. 17, création continue VI/4).

19-20. *L'homme* peut retrouver l'équilibre (l'état *adamique)* entre vie matérielle et intellectuelle *(main)* et vie spirituelle et transfigurée *(Main).* Comme la vie transfigurée est pour le pécheur d'une nature inimaginable, le Père peut toujours lui donner quelques indices: *Sur son chaume* (sa

---

by God, matter is not contemptible, money is not contemptible either as a convenient way to spare man the primitive system of barter, but why has mankind based its actions and expectations exclusively on them? The *brothers (v. 15)* will restore the variety of values.

16. *Moon:* Illusion. A very rich meaning in few words (see VII/10): A *cloud* of overstated values and inconsistent compromises hovers over the world and darkens it. The agreements between the rationalistic powers and religious powers *(the united sons* of the *black king* and the *white king;* in XXXII/3 we met *united sons* with a similar meaning) will not strengthen their respective foundations. Their rivalries will endure and keep them *deaf* to one another.

17. *The Mine:* Material resources. *The Water:* Spiritual resources (n. I/13-14). The Father is not just man's spiritual source, he is also the first Materialist since he is the Maker of matter. But if *man* keeps on exploiting the Father's *Mine* (earth) and rejecting the Father's *Water* (spiritual life), the sufferings and plights due to such an inconsistent behavior will keep increasing.

18. *To blow on (sth):* To dry (sth) out. As *man* is the Maker's *image and likeness,* he knows how to find and exploit energy *(fire on the cold)* and so make his work easier *(dry out the sweat).* Eden restored will not house pure spirits; it will be populated by corporeal men creative, enterprising, therefore evolutionary, though living and working under spiritual conditions which will make them just and happy. The resurrection of the flesh goes with the renewal or inexhaustibility of matter and energy (v. 17, uninterrupted creation VI/4).

19-20. *Man* can restore balance (the *Adamic* state) between material, intellectual life *(hand)* and spiritual, transfigured life *(Hand).* Since the nature of transfigured life is unimaginable to a sinner, the Father can but give him a few clues: *On his stubble* (his ageing and death) man will

RÉVÉLATION ORIGINALE — *ORIGINAL REVELATION*
Les mots entre parenthèses (...), ajouts de la main du frère Michel, facilitent la lecture et la compréhension de l'original
The words in brackets (...), additions in brother Michel's hand, make the reading and understanding of the original easier

XXXVI

1. Ma Main, J(e L')entre dans la faille ; (la faille) ne (se re)ferme pas, ton épaule va.

2. Le roi blanc, lace(-lui) la te(s)te !
   Les bouvillons, l(eur) glotte (est) sèc(he).

3. Le jars fort (et) beau (est) dans la cage. Qui voit la cage ?
   L'œil du roi blanc (en)lace le jars ; le roi blanc sait (que) le jars n'a pas l'œuf.

XXXVI

1. My Hand—I put It into the rift; (the rift) does not shut, your shoulder goes.

2. The white king—lace up his te(s)t !
   The bullocks—the(ir) glottis(es are) parched.

3. The strong handsome gander (is) in the cage. Who minds the cage ?
   The white king's eye gird(le)s the gander; the white king knows (that) the gander has not the egg.

ANNOTATIONS
Dieu donna en même temps au témoin son Message et le sens de son Message; ces notes sont de la main du témoin
God gave the witness at once his Message and the meaning of his Message; the notes are in the witness's hand

vieillesse, sa mort) l'homme se régénèrera (la *flamme* se ravivera sous sa *peau*). La perpétuité n'empêchera ni la fragilité physique (en 1974 les plaies de Jésus saignaient) ni un possible endormement du corps, sorte de décès transitoire. La perpétuité procèdera-t-elle par régénération ou recréation charnelle sur le même moi immortel? Il ne s'agira pas de réincarnation (un mythe, n. V/2); *l'âme* ne passe pas d'une vie charnelle à l'autre, elle n'appartient qu'à une unique et même *chair (17/7, ha,* nn. XXXIX/5 à 7). Après le *Jour* de Dieu, il semble que l'*âme*, l'expérience, la mémoire, la personnalité de chaque individu, qui jusqu'alors partaient dans l'au-delà, demeureront sur terre comme un tronc immuable sur lequel fluctuera la *chair* comme fluctuent les feuilles, les fleurs, les fruits selon les saisons. *Flamme* fait penser à la *langue de feu* de la Pentecôte *(Actes des Apôtres 2/3).*

1. La voie — ou la marge de manœuvre, comme on dit dans cette société dure et hostile — dont dispose la mission d'Arès pour atteindre son but est étroite et périlleuse comme la mâchoire d'un étau entrouverte *(faille* = fente). Le Père y glisse sa *Main* de peur que l'adversité ne se resserre sur les *frères* et ne les écrase.

2. *Te(s)te* (prononcé «tette»): Soit testicule qu'on *lace* (ligature) pour castrer et empêcher la reproduction, soit tétine qui, ligaturée, ne nourrit plus; la progéniture meurt de faim. Peu à peu le clergé *(bouvillons)* va se raréfier; ses rescapés s'égosilleront (auront *la glotte sèche)* sans être beaucoup entendus.

3. *Jars fort et beau:* Un croyant, comme François d'Assise, dont la foi, l'amour, la charité sont remarquables au sein d'une religion loin d'être exemplaire. Le 9 novembre 1977 frère Michel, bien qu'ayant reçu *L'Évangile Donné à Arès,* n'a pas encore très bien compris quelle lourde

---

regenerate (a *flame* will revive beneath his *skin*). Perpetuity will not prevent both physical frailty (in 1974 Jesus' wounds were bleeding) and a possible benumbing of the body, a kind of transitional demise. Will perpetuity proceed by corporeal regeneration or recreation on the same everlasting self (see n. V/2)? This will not be a reincarnation process (a myth, n. V/2); the *soul* does not pass from a corporeal life to another, the *soul* belongs to a one and same *flesh (17/7, ha,* nn. XXXIX/5 to 7). After God's *Day* it seems that the *soul,* the experience, the memory and the personality of every individual, which will have departed for the hereafter until then, will stay on earth as an unchanging trunk on which the *flesh* will fluctuate just as leaves, blossom, fruit, fluctuate according to seasons. *Flame* evokes the *tongues as of fire* on Pentecost day *(Acts of the Apostles 2/3).*

1. The path—or the 'room for maneuver' as they say in this hardhearted hostile society—available to the mission of Arès to reach its goal is narrow and perilous as the jaw of a vice almost closed *(rift* = slit). The Father slips his Hand into it for fear that adversity might close up on the *brothers* and crush them.

2. *Test* (was pronounced 'tet'): Either a testicle which is *laced up* (tied up) to castrate and prevent reproduction, or a teat which, once tied up, cannot feed any more; the offspring starve to death. Clergy *(bullocks)* will become rare; the survivors of them will shout themselves hoarse (have *parched glottises),* but very few people will heed their statements.

3. *Strong handsome gander:* A believer, like Francis of Assisi, whose faith, love and charity are outstanding among a religion far from exemplary. On the 9th of November, 1977, brother Michel, though he had received *The Gospel Delivered in Arès,* had not yet perfectly understood

RÉVÉLATION ORIGINALE — *ORIGINAL REVELATION*
Les mots entre parenthèses (...), ajouts de la main du frère Michel, facilitent la lecture et la compréhension de l'original
The words in brackets (...), additions in brother Michel's hand, make the reading and understanding of the original easier

4. J'entre le fouet dans ton poing.

5. Lave ta tête, lève ton bras ! Annonce ! Récuse (ce que) Je récuse !
6. L'ennemi, l'horreur choit (sur lui).

7. (À) Mikal Je donne le pied de fer (qui) va sur le papier (et) les frères (qui col)portent Ma Trace ;
(c'est) Mon Doigt (qui) ouvre le Livre.

8. Ma Fortune (est) ton bât.

---

4. I put the whip into your fist.

5. Wash your head, raise your arm ! Announce ! Object (to what) I object (to) !
6. The enemy—horror falls (onto him).

7. (To) Mikal I give the iron foot (that) goes on the paper (and) the brothers (who) take My Trace (round) ;
(It is) My Finger (that) opens the Book.

8. My Fortune (is) your packsaddle.

ANNOTATIONS
Dieu donna en même temps au témoin son Message et le sens de son Message; ces notes sont de la main du témoin
God gave the witness at once his Message and the meaning of his Message; the notes are in the witness's hand

responsablité la religion porte dans la défaite de la vie spirituelle. Le frère Michel prend une fois encore la défense de certains religieux, et s'écrie: «Et François d'Assise, Jean de Cronstadt (admirable pope russe du XIXe s.) et Albert Schweitzer (qui était pasteur), alors?» Dieu répond par ce verset. Le plus vertueux religieux *(jars fort et beau)* est généralement prisonnier de sa religion et de sa hiérarchie *(est dans la cage)*, les réformes dont il rêve n'aboutissent pas (il *n'a pas l'œuf)*. Quoique que ce soit théoriquement possible, personne ne peut *changer* un système religieux en vie spirituelle, vraie et libre, sans en sortir d'abord.

4. Voir XXXIII/1.

5. *Annonce!:* Voir n. XXXIV/1. *Lave ta tête:* Écarte de tes pensées tout ce que Dieu rejette! L'analogie avec le geste du Baptême (laver sa tête et ses mains, *20/8)* est évidente.

7. Le Père approuve l'imprimerie *(pied de fer sur le papier)* installée depuis peu à Arès pour donner à la mission son autonomie d'édition *(L'Évangile Donné à Arès* était refusé par les éditeurs professionnels). Une seule publication, *«Résurrection»*, y a été éditée en 1977; désapprouvée au Ciel parce que ses thèmes étaient disparates et encore teintés de superstition, elle n'aura pas de suite; Frère Michel comprend qu'il ne doit produire que des imprimés portant la *Trace* de Dieu; *«Le Pèlerin d'Arès»* suivra cette *Trace* à partir de 1978.

8. *Fortune:* Non la richesse matérielle comme fin en soi, mais d'une part la destinée de Dieu, et d'autre part la Grâce que Dieu dispense aux hommes occupés à restaurer la vertu et à *changer le monde*. La *Fortune* représente notamment les moyens spirituels comme matériels donnés au *prophète*, qui les reçoit comme une charge *(bât)* et non comme un cadeau. *L'Évangile Donné à Arès* compare le *prophète* d'Arès à un *mulet (36/14)*.

---

that religion bears full responsability for the defeat of spiritual life. Once more brother Michel stood up for some religious men, he shouted, "What about Francis of Assisi, John of Kronstadt (an admirable Russian priest, 19th c.) and Albert Schweizter (who had been a minister)?" God answered by this verse. The most virtuous clergyman or religious figure *(a strong handsome gander)* usually is a prisoner of his religion and hierarchy *(is in the cage)*, nothing comes ever of the reforms he may dream of (he *has not the egg)*. Although this is theoretically possible, no man can *change* a religious system into true free spiritual life if he does not quit the former first.

4. See XXXIII/1.

5. *Announce!:* See n. XXXIV/1. *Wash your head:* Dismiss from your mind all that God rejects! The analogy with the gesture of Baptism (washing of the head and hands, *20/8)* is obvious.

7. The Father assented to the printing shop *(iron foot on the paper)* set up in Arès a short while ago to give the mission independence to publish *(The Gospel Delivered in Arès* had been turned down by the publishing industry). Only one publication, 'Resurrection', had been printed here in 1977; disapproved of in Heavens because its subjects were motley and still tinged with superstition, it was discontinued. Brother Michel understood that he had to turn out only printed matter bearing God's *Trace;* 'Le Pèlerin d'Arès' was to follow this *Trace* from 1978 onwards.

8. *Fortune:* Not material wealth as an end in itself, but on the first hand the destiny of God, and on the other hand Grace which God lavishes on the men busy restoring virtue and *changing the world*. *Fortune* notably represents the means, spiritual and material alike, bestowed on the *prophet* who takes them on as a responsibility, a burden *(packsaddle)*, but not as a present. *The Gospel Delivered in Arès* compares the *prophet* of Arès to a *mule (36/14)*.

RÉVÉLATION ORIGINALE — *ORIGINAL REVELATION*
Les mots entre parenthèses (...), ajouts de la main du frère Michel, facilitent la lecture et la compréhension de l'original
The words in brackets (...), additions in brother Michel's hand, make the reading and understanding of the original easier

9. Ton lit (est fait) d('un)e carde, (mais) tu couches dans Ma Main ; tu sues (à) la tournette, (mais) le Vent (la) vire.

10. L(es) ange(s sont) avec toi cata.

11. Tu tiens le Livre fort(ement). (Quand) tu parles, le Livre parle.

12. (Tu es) l'uni, l'œil (qui s')ouvre (et) l'œil (qui) ferme, le mêlé, la lèvre jaune (et) la lèvre noire, la pluie (et) la grêle.

13. (Tu es) devant (et au) revers, fils de père (humain et) de ventre, (et pourtant) fils de Mon Bras (et) de Ma Parole.

14. Debout (sur) ta jambe, entends (et) parle !

15. Tu fends le front (dur comme) le mur.

16. (Tu es) Mon Honneur.

17. Le mauvais rit : « Fumée, l'agile ! » Mange ton pain (en paix) ; tu as ton pain.

18. Le grand roi fume (comme) le kafor (et) l'huile, (mais) Mikal reste sous la Narine.

---

9. Your bed (is made) of (a) card, (but) you sleep in My Hand ; you sweat (at) the turnet, (but) the Wind rolls (it).

10. The angel(s are) with you cata.

11. You hold the Book strong(ly). (When) you speak, the Book speaks.

12. (You are) the united one, the eye (that) opens (and) the eye (that) closes, the mingled (one), the yellow lip (and) the black lip, the rain (and) the hail.

13. (You are) in front (and on) the reverse, (a) son of (a human) father (and) of (a) womb, (and yet the) son of My Arm (and) My Word.

14. Standing (on) your leg, hear and speak !

15. You crack the forehead (as hard as) the wall.

16. (You are) My Honor.

17. The wicked man laughs, "(Just) smoke the nimble man (is) !" Eat your bread (in peace) ; you have your bread.

18. The great king (gives off) fumes (like) the kafor (and) the oil, (but) Mikal stays under the Nostril.

ANNOTATIONS
Dieu donna en même temps au témoin son Message et le sens de son Message; ces notes sont de la main du témoin
God gave the witness at once his Message and the meaning of his Message; the notes are in the witness's hand

9. *Carde:* Planche hérissée de pointes pour carder la laine. *Tournette:* Mécanique, ici la machine à imprimer (v. 7). La *Main* et l'Esprit *(le Vent)* de Dieu n'abandonnent jamais le *prophète*, même dans le travail manuel (quand il *sue*), même dans son sommeil (quand *il couche*) agité par les soucis *(la carde)*.

10. *Cata* (Grec): Derrière, dessous. Ici le sens est: Partout autour de toi, en tout sens.

11. *Livre* de Dieu, non seulement *La Révélation d'Arès*, mais aussi toute la *Parole*. Voir I/5.

12. *Mikal* se fondra à la fois en Dieu et dans les profondeurs de l'homme; il sera le trait d'union entre Dieu et l'homme (il sera *l'uni* ou *l'unissant*). Il se *mêlera* aux hommes de toutes couleurs, conditions et opinions; il les comprendra tous; il sera apprécié par beaucoup d'entre eux. Comme la *pluie* il fécondera les hommes; comme la *grêle* il s'abattra sur le péché.

17. *Fumée, l'agile!:* L'illusionniste, l'acrobate, c.-à-d. métaphoriquement l'habile trompeur. Depuis toujours les *prophètes* sont traités de tartufes et d'imposteurs; des insultes et calomnies approchantes sont adressées à leurs compagnons. *Tu as ton pain:* Tu as honnêtement gagné tes moyens d'existence, ils te sont bien dus.

18. *Le grand roi:* Roi blanc et/ou *roi noir* ensemble, le pouvoir en bloc. *Kafor* (origine du mot non identifiée; peut-être camphre): Parfum entêtant, peu discret. *L'huile* apporte l'idée de soins, de toilette, mais aussi l'idée d'industrie, de gros commerce (sans rapport avec *l'huile sur la tête, XXXIII/15*). Les *grands* de ce monde se font un renom tapageur *(fument comme* un parfum fort et enivrant, une *huile* aromatique, qui rend belle la peau et les muscles avantageux), *mais* c'est l'odeur discrète de *Mikal* et de ses *frères* qu'apprécie la *Narine* de Dieu.

---

9. *Card:* A plank bristling with wire teeth for carding wool. *Turnet:* Piece of machinery, here the printing machine (v. 7). God's *Hand* and Spirit *(Wind)* never abandon the *prophet*, even when he is working manually *(sweating)*, even in his *sleep* restless with worries *(the card)*.

10. *Cata* (Greek): Behind, beneath. Here the meaning is: Everywhere around, in all directions.

11. God's *Book*, not only *The Revelation of Arès*, but also the whole *Word*. See I/5.

12. *Mikal* will merge at once into God and into the depths of man; he will be the link between God and man (will be *the united* or *uniting one*). He shall *mingle* with men of all colors, social statuses and convictions; he will understand them all and be appreciated by a great number of them. Like the *rain* he will make them fruitful; like the *hail* he will fall on sin.

17. *Just smoke the nimble man is!:* The conjurer, the acrobat, that is, metaphorically the shrewd deceiver. Since time immemorial *prophets* have been called sanctimonious hypocrits and impostors; similar insults and slander have been in store for their followers. *You have got your bread:* You have honestly earned your living; you are entitled to it.

18. *The great king:* White and/or *black king* together, power in the aggregate. *Kafor* (the origin of the word has not been found; may be camphor): Heavy, rather obtrusive scent. *The oil* brings up the notion of care, cleansing, toilet, but also the notion of industry, big trade (no relationship with *the oil on the head, XXXIII/15*). Men in high places strive to win obtrusive renowns (they *fume like* a heavy intoxicating scent, an aromatic *oil* that makes the skin smooth and fine and the muscles flattering), but it is the discreet odour of *Mikal* and his *brothers* that God's *Nostril* appreciates.

RÉVÉLATION ORIGINALE — *ORIGINAL REVELATION*

<small>Les mots entre parenthèses (...), ajouts de la main du frère Michel, facilitent la lecture et la compréhension de l'original
The words in brackets (...), additions in brother Michel's hand, make the reading and understanding of the original easier</small>

19. Droit (va) ton pas dans Ma Sandale.

20. Missi (et) fer (font la couronne) ; le roi pend (à) la couronne (que voilà).

21. Fort(e)s (sont) la main, la roue.
22. Le far (qui pour)suit les soleils ?
    Le soleil (de ta justice) brûle le far (et) donne deux mains.

23. Ta pante coûte (plus que) le(s) musée(s).

CINQUIÈME THÉOPHANIE
22 novembre 1977

1. Ta voix sonne (à) la cloche.
   Pure, (ta voix) sonne.
2. Juste prophète, (va) les mains devant !

3. (Tes mains) donnent, (mais l')argoule prend.

---

19. Straight your pace (goes) in My Sandal.

20. Missi (and) iron (make up the crown); the king hangs (from) th(at) crown.

21. Strong (are) the hand (and) the wheel.
22. (What becomes of) the farr (that) pursues the suns?
    The sun (of your justice) burns the farr (and) gives two hands.

23. Your pant is worth (much more than) the museum(s).

FIFTH THEOPHANY
November 22, 1977

XXXVII
1. Your voice rings (to the sound of) the bell.
   Pure (your voice) rings.
2. Just prophet, (go along stretching) your hands forward!

3. (Your hands) give, (but the) arghul grasps.

ANNOTATIONS
Dieu donna en même temps au témoin son Message et le sens de son Message; ces notes sont de la main du témoin
God gave the witness at once his Message and the meaning of his Message; the notes are in the witness's hand

19. *Sandale:* Pas ou foulée de Dieu *(mettre ses pas dans les Pas* du Père, voir *2/12, 32/3).*

20. *Le roi: Roi blanc* ou *noir* (voir XXIX/1-2 et 9). *Missi* a un sens fort et complexe: Idée de procéder par voie d'intermédiaires — ministres, ambassadeurs —, mêlée d'idée d'erreur, de tromperie. Tout pouvoir procède de lourdeur *(fer)* et même de sottise, que l'astuce et les intermédiaires masquent mais que décèle bien *l'âme* humble, donc lucide et attentive (l'homme humble et aimant écoute et observe sans préjugés, de sorte qu'il décide de façon réfléchie).

21-22. *Far,* sans doute du latin *furnus* (fonderie, forge): Énergie. Les humbles actes *(main)* et déplacements *(roue)* quotidiens seront plus *forts* que les formidables énergies *(far)* industrielles, nucléaires, militaires, médiatiques, etc., dont dispose *le roi* (le pouvoir en général).

23. *Pante* (soit de *panse,* soit du latin *pantex,* ventre): Estomac. Le plus modeste homme de bien qui lutte contre le mal, particulièrement le mensonge, constitue un enseignement plus utile et a plus de richesses en lui que n'ont tous les *musées* de la terre.

XXXVII

1. *Ta voix sonne:* Tu pries. *Pure:* Voir XL/3.

2-3. *Argoule* (peut-être du latin *argentarium* ou de l'arabe *ghoûl,* démon): Les activités humaines considérées dans toutes leurs contradictions; *l'argoule* représente le système général d'extorsion et en même temps d'autofrustration. Ceux agissant selon le *Dessein* du Créateur *donneront* le bonheur au monde, car le monde se frustre lui-même de la paix, du bonheur et de la vérité auxquels il aspire. Le monde mêle l'espérance et le mal qui détruit l'espérance.

---

19. *Sandal:* God's pace or stride *(to set one's steps in the Steps* of the Father, see *2/12, 32/3).*

20. *The king: White* or *black king* (see XXIX/1-2 & 9). *Missi* has a strong complex meaning, it refers to acting through intermediaries—ministers, envoys—as well as to deceiving, cheating. A power whatever acts with cumbersomeness *(iron)* and even silliness concealed by wiliness and by intermediaries, but detected by an attentive, humble, therefore clear-sighted *soul* (the humble, loving man hears and observes unprejudiced so that he decides after serious reflexion).

21-22. *Farr,* probably derived from Latin *furnus* (foundry, forge): Energy. The lowly everyday actions *(the hand)* and trips *(the wheel)* will be *stronger* than the formidable energies *(farr)* of industry, nuclear plants, weapons, mass media, etc., available to *the king* (power as a whole).

23. *Pant* (derived either from French *panse,* paunch, or from Latin *pantex,* belly): Stomach. The most unassuming good man, who fights against evil, particularly falsehood, represents a more useful teaching and has more treasures in him than all the *museums* in the world.

XXXVII

1. *Your voice rings:* You pray. *Pure:* See XL/3.

2-3. *Arghul* (may be derived from Latin *argentarium* or Arabic *ghul,* devil): Human actions considered in all their contradictions; the *arghul* represents the general system of extortion and at the same time of self-frustration. Those who act according to the Maker's *Design* will *give* happiness to the world, for the world thwarts itself in its expectations of peace, happiness and truth for which it keeps on longing. The world mixes hope with evil which wrecks hope.

RÉVÉLATION ORIGINALE — *ORIGINAL REVELATION*
Les mots entre parenthèses (...), ajouts de la main du frère Michel, facilitent la lecture et la compréhension de l'original
The words in brackets (...), additions in brother Michel's hand, make the reading and understanding of the original easier

4. (Re)jette l'encens(! Il) brûle.

5. (Un) chant (sur) ta langue (est Ma Parole accomplie) avec zèle !

6. Tu parles aux frères, tu parles au Saint ; ta voix (est) étalée.

7. L'air vole (comme) une vague (jusqu'à Moi) ; Mon Œil (s')ouvre.

8. L'air, ta voix (en) est le maître ; l'air porte ta voix au(x) frère(s).

9. Le(s) frère(s) pren(nent) ta voix ; le Bon (t')écoute aussi, il dit : « Tu es le juste, la bonne pensée. »

4. Throw the incense (out ! It) burns.

5. (Like a) song (on) your tongue (is My Word when fulfilled) with zeal !

6. You speak to the brothers, you speak to the Saint ; your voice (is) spread.

7. The air flies (like) a wave (up to Me) ; My Eye opens.

8. The air—your voice is the master (of the air) ; the air carries your voice to the brother(s).

9. The brother(s) take (up) your voice ; the Good one also listens (to you), he says, "You are the just man, the right thought."

ANNOTATIONS
Dieu donna en même temps au témoin son Message et le sens de son Message; ces notes sont de la main du témoin
God gave the witness at once his Message and the meaning of his Message; the notes are in the witness's hand

4. *L'encens brûle:* Il part en fumée, il n'est qu'illusion. Toutes les religions disparaissent comme *l'encens* de leurs cultes, mais d'autres religions les remplacent. Ainsi la vraie vie spirituelle est-elle sans cesse consumée *(brûlée)* avant de pouvoir se développer.

5-6. Autre forme du précepte: *Prononcer la Parole pour L'accomplir, voilà la vraie piété (35/6).* Par analogie avec *l'Étalé (II/4), étalé* est tout homme qui *accomplit* le *Dessein* du Créateur, autrement dit, *étalé* est quiconque transforme les mots en actes (la *vraie piété* dans *La Révélation d'Arès*) en *changeant sa vie (30/11)* et en *changeant le monde (28/7).* La *voix étalée* est bien plus que langage — le langage est enclin à rester du *bruit* —, elle ne *prononce* pas des souhaits, des implorations et des glorifications, elle représente l'humanité qui se recrée par l'effort. C'est la *voix* du *pénitent* au sens arésien, c.-à-d. de l'homme en processus de devenir *l'image et ressemblance* positive du Père), le co-créateur du monde. *Tu parles aux frères tu parles au Saint* (Dieu) rappelle que les hommes et Dieu font ensemble partie d'un univers créé en permanence. Ce verset rappelle la synergie constructive, l'association active de l'humanité dans son effort de restauration et de son Créateur.

7-9. *L'air:* Celui que fait vibrer la prière comme une *cloche (v. 1).* Prier *(prononcer la Parole* et *L'accomplir, 35/6)* n'est pas une action linéaire, mais circulaire, une interaction (voir n. 5-6). La prière est défectueuse si elle ne décide pas le priant à travailler sur lui-même chaque jour pour se transformer, travail qui se répercute sur le monde. Les *frères* répètent la Parole que leur a délivrée la *voix* prophétique pour ne jamais oublier qu'ils sont *pénitents* et *moissonneurs* (apôtres), et pour affirmer leur volonté de *changer* (existentialisme de la foi) et de décider le monde à *changer.* Même glorifié, Jésus *(le Bon,* n. I/2) continue de répandre la Parole du Père. Ceux de la terre et ceux du Ciel se répondent, se complètent, œuvrent ensemble.

---

4. *The incense burns:* It goes up in smoke, it is just illusion. All religions end up vanishing like the *incense* of their worships and ceremonies, but they are replaced by other religions. So spiritual life is continually consumed *(burnt)* before men let it develop.

5-6. Another form of the precept: *To utter my Word in order to achieve it, this is true piety (35/6).* By analogy with *the Spread one (II/4) spread* is whoever *fulfils* or *achieves* the Maker's *Design,* that is to say, *spread* is whoever turns the words into acts *(true piety* in The Revelation of Arès) by *changing his or her life (30/11)* and *changing the world (28/7).* The *spread voice* is much more than language—language is prone to remain *noise*—, the *spread voice* does not *utter* wishes, entreaties or glorifications, it represents humanity recreating itself through effort. It is the voice of the *penitent* in the Aresian sense, that is, the man on the process of becoming the Father's positive *image-and-likeness,* the co-creator of the world. *You talk to the brothers, you talk to the Saint* (God) reminds us that men and God together belong in a universe in permanent process of creation. This verse recalls the constructive synergy, the active association between humanity striving to restore itself and its Maker.

7-9. *Air:* The *air* which prayer causes to vibrate as a *bell (v. 1).* To pray *(to utter the Word* and *achieve It, 35/6)* is no linear action, it is circular action, interaction (see n. 5-6). Prayer is defective if it does not get the praying man to work on himself everyday to transform himself; this work has repercussions on the world. By repeating the Word that the prophetic *voice* has delivered to them the *brothers* never forget that they are *penitents* and *harvesters* (apostles), and they assert their will to *change* (existentialism of faith) and induce the world to *change.* Though he is glorified, Jesus *(the Good one,* n. I/2) keeps on spreading the Father's Word. Those of Earth and those of Heavens respond to each other, complement each other, work all together.

RÉVÉLATION ORIGINALE — *ORIGINAL REVELATION*

Les mots entre parenthèses (...), ajouts de la main du frère Michel, facilitent la lecture et la compréhension de l'original
The words in brackets (...), additions in brother Michel's hand, make the reading and understanding of the original easier

10. Le sourd (est) bavard la nuit ; ta voix ne parle pas la nuit.
11. Ta voix le jour (va) droit.
12. (D')oreilles (pour M'entendre) et (de) mains (pour Me servir tu as une) armée devant toi, assis(e) sur le fer. (Que) les mains (retournent le monde comme) les houes ! (Que) les lèvres (proclament) Ma Parole !
13. Tu dis : « Va ! » La main va.
14. Le roi blanc, le roi noir, même cuisse. L'enfant (qui en) sort, le roi blanc (ou) le roi noir envoie l'enfant devant toi ; il dit : « Garde ta main ! »
15. Mais Je suis ton dos, Mes Bras (sont) tes côtes. Dis : « Ma main va sur le bruit ; le bruit (qui) rend sourd, (elle le) fend. »

1. La pythie va sous la tête, (elle) cite le ver, (elle) crie : « Je coupe la tête, (je) coupe le ver. »
2. (Mais toi,) tu vas haut, bonne pensée.
3. (Le) Bien (est) dans le creux de ta langue.
4. Ton œil voit dans la nuit.
5. Je consulte ta voix. Réponds !

---

10. The deaf one (is) talkative at night ; your voice does not speak at night.
11. Your voice by day (goes) straight.
12. Ears (to hear Me) and hands (to serve Me)—(an) army (of them) in front of you sit on the iron. (Let) the hands (till the world as) the hoes ! (Let) the lips (proclaim) My Word !
13. You tell, "Go !" The hand goes.
14. The white king (and) the black king (are one and the) same thigh. The child (that) goes out (of it)—the white king (or) the black king sends the child in front of you ; it tells, "Keep your hand (away) ! "
15. But I am your back, My Arms (are) your ribs. (You) say, "My hand goes on at the noise ; (it) splits the noise (which) makes (man) deaf."

XXXVIII

1. The pythia goes under the head, (she) summons the worm, (she) shouts, "I cut the head, (I) cut the worm."
2. (But) you go high, (you) good thought.
3. Good (is) in the hollow of your tongue.
4. Your eye can see in the night.
5. I am consulting your voice. Answer !

ANNOTATIONS
Dieu donna en même temps au témoin son Message et le sens de son Message; ces notes sont de la main du témoin
God gave the witness at once his Message and the meaning of his Message; the notes are in the witness's hand

10. *Nuit* est associé à *bavard:* Ténèbres intellectuelles, philosophiques, politiques, religieuses, ésotériques, etc. Mieux vaut se taire que de ne *parler que* de choses terre-à-terre ou de *parler* de choses qu'on ne connaît pas (choses de la *nuit*).

11-12. *Le jour:* Dans la Vérité, opposé à *la nuit (v.10, nuit* suggère erreur, ignorance, bavardages, etc). *Assis sur le fer:* Non préoccupés de réussir au sens mondain, ni de gagner la considération des puissants *(la couronne)*. Les *frères* potentiels sont plus nombreux qu'on pourrait le croire *(une armée)*; ils remodèleront l'humanité sur la *Parole* de Dieu.

13-15. *Main:* Frère. *Roi blanc* ou *noir:* Voir XXIX/1-2 et 9. *Garde ta main!:* Retiens tes *frères* de missionner! Mais aussi: Retire-toi! Disparais! Que ces sommations menaçantes viennent du pouvoir religieux ou du pouvoir profane, Dieu demeure le soutien *(dos)*, l'espérance et la sagesse *(côtes* = abri du cœur) du *prophète*. Malgré tout, le *prophète* n'est pas dispensé d'être prudent *(29/5, 35/10)*.

1. *Citer:* Sommer à comparaître. *Pythie:* Tout procédé d'information, prévision, conseil, prédiction, etc., qui exerce un empire troublant, obscur, occulte ou superstitieux sur l'homme. La *pythie* bouleverse l'esprit de l'homme pour le rassurer ou le soulager d'un rien *(coupe la tête* d'un homme pour le délivrer d'un *ver)*.

2. *Tu vas haut:* Ta *pensée* grandit en force. Elle gagnera en *justesse* (d'opinion, de prévision, etc.) et *justice (XXXVII/9)* pour le plus grand bien de ta mission. *Justice:* Vie conforme à la Parole, la vie du *juste* biblique (rien à voir avec la loi et les tribunaux).

---

10. *Night* is linked with *talkative*: Intellectual, philosophical, political, religious, esoteric, etc, darkness. To keep silent is better than *speak* only down-to-earth things or *speak* about things one is unaware of (things of the *night*).

11-12. *By day:* In Truth, as opposed to *at night (v.10, night* brings to mind error, ignorance, chattering, etc). *Sit on the iron:* Are neither concerned with success in the wordly sense nor anxious to gain the esteem of the mighty *(the crown)*. The potential *brothers* are more numerous than one could imagine *(an army)*; they will remodel humanity after the *Word* of God.

13-15. *Hand: Brother. White* or *black king:* See XXIX/1-2 & 9. *Keep your hand away!:* Hold your *brothers* back from missionizing! Also: Withdraw! Go out of view! Whether such threatening challenges come from the religious power or from the profane power, God remains the *prophet's* support *(back)*, hope and wisdom *(ribs* = shelter of the heart). Even so the *prophet* is not excused from being *prudent (29/5, 35/10)*.

1. *To summon:* Summon to appear as before a court. *Pythia:* Any process of information, forecast, advice, prediction, etc, that exerts a disturbing, dark, or occult, or superstitious influence over man. The *pythia* upsets the mind of man to relieve him of almost nothing *(cuts the head* of man to relieve him of a *worm)*.

2. *You go high:* Your *thought* is growing stronger. It will keep on increasing in soundness (of opinion, forecast, etc) and in *justice (XXXVII/9)* and so benefit your mission much. *Justice:* Life in accordance with the Word, the life of the biblical *just one* (no relation with law and courts).

RÉVÉLATION ORIGINALE — *ORIGINAL REVELATION*
Les mots entre parenthèses (...), ajouts de la main du frère Michel, facilitent la lecture et la compréhension de l'original
The words in brackets (...), additions in brother Michel's hand, make the reading and understanding of the original easier

6. De Ma Main deux pieds, quatre pieds tombent, les pieds (qui) courent.

7. Dis(-Moi) : « Coupe le(s) pied(s) ! » Je coupe le(s) pied(s).
8. (Mais) dis au(x) pied(s) : « La route (que je vous montre), suivez(-la) ! », ils vont (ou) ils ne vont pas. Ma Main ne pousse pas le(s) pied(s).

9. Je consulte ta voix. Réponds !

10. Tu es (en-)bas ; Je suis (en-)haut.
11. Le Bon (s'en) tient (à) la terre.

12. L'aube Je (la) suis ; le soir Je (le) suis, sur tous les soleils.

---

6. From My Hand two feet, four feet fall, the feet (that) run.

7. (If you) tell (Me), "Chop the feet ! ", I chop the feet.
8. (But if you) tell the feet, "Follow the road (that I show you) ! ", (either) they go (or) they do not go. My Hand does not drive the feet.

9. I am consulting your voice. Answer !

10. You are (down be)low ; I am (on) high.
11. The Good one holds (to) the earth('s matters).

12. The dawn, I follow ; the evening, I follow, over all of the suns.

DIEU NE FORCE PAS L'HOMME — GOD DOES NOT COERCE MAN INTO ANYTHING

ANNOTATIONS
Dieu donna en même temps au témoin son Message et le sens de son Message; ces notes sont de la main du témoin
God gave the witness at once his Message and the meaning of his Message; the notes are in the witness's hand

6. Toute vie (ce qui *court* sur *deux* ou plusieurs *pieds)* est créée *(tombe)* de la *Main* de Dieu.

7-8. Le *Père aimant (12/7)* intervient rarement dans la vie ou la mort des hommes, mais il peut intervenir quand le *prophète* l'appelle pour le soulager *d'ennemis trop pressants (v.7, 29/6).* Dieu, contrairement à la croyance populaire, ne fixe pas les maux et la mort qui affligent chaque humain. Même si la fragilité est immanente à la nature biologique créée, ce n'est pas Dieu mais le péché (2/1-5, devenu le mal endémique du monde), donc l'homme lui-même, qui cause le vieillissement, la maladie, l'accident, la folie, la méchanceté, les horreurs de la guerre, etc. Le péché étant un mal infiniment plus préoccupant que la mort, Dieu rappelle au témoin que la mort physique de l'ennemi n'est rien à côté de sa mort spirituelle. Laisser la vie à un ennemi mortellement dangereux, tant qu'on le peut, est lui laisser une chance de salut; tout impie peut devenir *pénitent,* sait-on jamais? La brièveté de la vie et les souffrances sont inévitables pour la *chair* que le péché général a fragilisée, mais le libre-arbitre de l'homme ne lui est jamais retiré. C'est par la liberté que naît *l'ha (XXXIX/5-11)* ou que l'homme se voue aux *ténèbres.*

9. La première fois que Dieu lui dit: *Je consulte ta voix. Réponds! (v.5),* le frère Michel, extrêmement intimidé, resta silencieux. Dieu répète son invitation (v. 9); cette fois témoin hésite un instant, puis dit: «Je réponds, Seigneur» (voir XXXIX/2).

10-11. Dieu rappelle à *Mikal* ses limites humaines comme il rappela les limites du *Bon (II/3-4).* Mikal et Jésus sont tous les deux *d'en-bas,* de simples hommes (32/1-2). La gloire céleste de Jésus ne fait pas de lui le Dieu de l'Univers (nouveau démenti de la trinité) et ne le dispense pas de poursuivre sa mission inachevée quand il dut quitter la *terre.*

12. Le Père rappelle une fois de plus son infinité et sa puissance.

---

6. Every life (whatever *runs* on *two or four feet)* is created by *(falls* from) God's *Hand.*

7-8. The *loving Father (12/7)* interferes rarely in men's lives and deaths, but he may interfere when the *prophet* calls him in to be relieved from *relentless enemies (v.7, 29/6).* Contrary to a widespread belief, God does not determine the evils and death every human is smitten with. Even though frailty is immanent in the created biological nature, it is not God, it is sin (2/1-5, sin turned an endemic evil in the world), it is man therefore, that causes ageing, illness, accidents, madness, spite, the horrors of war, etc. As sin is an awfully more worrying evil than death, God reminds the witness that an enemy's physical death is not much compared to his spiritual death. Letting a lethal enemy live, as long as it possible, is giving him some chance of reaching salvation; every impious man may become a *penitent,* one can never tell. Life's shortness and sufferings are inevitable for the *flesh* which wordlwide sin has weakened, but free will is never removed from any man. Through freedom the *ha (XXXIX/5-11)* comes into existence or man dooms himself to *darkness.*

9. The first time God said to him, *"I am consulting your voice. Answer!" (v.5),* brother Michel felt overwhelmingly shy and kept quiet. Now God repeats his invitation (v. 9); then, the witness feels in two minds for a short while, and replies, "I answer, Lord" (See XXXIX/2).

10-11. God reminds *Mikal* of his human limits just as he recalled the *Good one's* limits *(II/3-4).* Mikal and Jesus belongs to the world *down below,* they are ordinary men (32/1-2). Jesus' heavenly glory does not make him the God of the Universe (a new denial of the trinity) and does not exempt him from carrying on with his mission unfinished when he left the *earth.*

12. Once more the Father reminds us of his infinity and might.

RÉVÉLATION ORIGINALE — *ORIGINAL REVELATION*

Les mots entre parenthèses (...), ajouts de la main du frère Michel, facilitent la lecture et la compréhension de l'original
The words in brackets (...), additions in brother Michel's hand, make the reading and understanding of the original easier

   1. Mon Bras court, (Il) ne touche pas (quelle que limite que ce soit).
2. Réponds ! Pourquoi Mon Œil voit(-il) ton œil ?

3. Ton nerf (est le) fil jaune de Mon Nerf.

4. L'os (est comme) le bois ; (du) bois pousse le bois ; devant l'aube le bois, derrière le soir (encore) le bois.

5. (Mais) l'ha, l'ha ne sort pas (du) nez ; (l'ha n'est) pas dans la bouche, pas dans la main ;

   1. My Arm runs, (It) does not touch (any boundary whatsoever).
2. Answer ! Why can My Eye see your eye ?

3. Your nerve (is the) yellow thread of My Nerve.

4. Bone (is like) wood ; wood sprouts wood ; before the dawn the wood, behind the evening the wood (again).

5. (But) the ha—the ha does not come out (of the) nose ; (the ha is) not in the mouth, not in the hand ;

ANNOTATIONS
Dieu donna en même temps au témoin son Message et le sens de son Message; ces notes sont de la main du témoin
God gave the witness at once his Message and the meaning of his Message; the notes are in the witness's hand

1. Le Père rappelle sa puissance et son immensité (XXXVIII/10 et 12, voir aussi II/4, XXII/10, etc.)

2. Le frère Michel répond à Dieu en citant la Bible *(Genèse 1/27):* «Parce que je suis ton *image et* ta *ressemblance.*»

3. Il y a un lien intime entre le *prophète* et Dieu. Dieu fait en sorte que le *prophète* comprenne parfaitement son Message (tire un *fil* de Lui à lui).

4. De *l'aube* au *soir* d'une existence d'homme la vie *d'en-bas (XXXVIII/10,* le sens ici est: vie de base ou minimale dans ce monde pécheur, vie du *corps* et de *l'esprit)* est une vie *d'os* et de *bois* pensants. Mais une merveille de la volonté humaine, une *ha (âme, v.5),* la vie spirituelle, peut naître sur cet *os* ou ce *bois.* Alors, tout est transformé; alors, commence la transfiguration!

5. *Ha:* Le *h* n'est pas un son aspiré ou guttural; le *h* a été ajouté pour éviter la confusion avec «a» du verbe français «avoir» ou avec l'article indéfini anglais «a». L'*ha* est *l'âme (4/5-8, 17/4-7, etc.)* et même plus que *l'âme.* Aucun mot du *Livre* n'a de sens étroit. De même que la *voix* prophétique est *étalée (XXXVII/6),* des termes prosaïques comme *nez, bruit, cuisse,* ont un sens qui *s'étale* bien au-delà des sens propres et figurés qu'ils ont dans nos langages terrestres. Le mot *ha* monte ainsi comme un écho mystérieux des profondeurs insondables de la Vérité que seul l'homme de foi active et créatrice, l'homme vraiment spirituel, peut visiter. L'apparence primitive et simpliste de la langue du *Livre* s'explique, d'une part par la méfiance du Père à l'égard du langage humain modelé pendant des millénaires par l'art de mentir, d'autre part par l'inexistence, dans aucun langage humain, de mots et de syntaxes qui puissent traduire la Vérité dans toute sa richesse. Il faut garder à l'esprit que *Le Livre* ne reste pas, comme la Bible ou

1. The Father recalls his might and immensity (XXXVIII/10 & 12, see also II/4, XXII/10, etc.)

2. Brother Michel answers God quoting the Bible *(Genesis 1/27),* "Because I am your *image-and-likeness.*"

3. There is an intimate bond between the *prophet* and God. God sees to it that the *prophet* perfectly understands his Message (draws a *thread* from Him to him).

4. From the *dawn* to the *evening* of a man's lifetime life *down below (XXXVIII/10,* here the sense is: basic or minimum life in this sinful world, life of the *body* and *mind)* is life of thinking *bone* and *wood.* But a marvel of man's will, a *ha (soul, v.5),* spiritual life, can come into existence on that human *bone* or *wood.* All is changed, then; transfiguration begins, then!

5. *Ha:* The *h* is no aspirate or guttural sound; the *h* has been added in order to avert confusion with 'a' (has) of the French verb 'avoir' (to have) or with the English indefinite article 'a'. The *ha* is the *soul (4/5-8, 17/4-7, etc.)* and even more than the *soul.* No word in *The Book* has a narrow meaning. Just as the prophetic *voice* is *spread (XXXVII/6),* pedestrian words like *nose, noise, thigh,* have meanings which *spread* far beyond their literal and figurative meanings in our earthly languages. So the word *ha* rises as a mysterious echo from the unfathomable depths of Truth which only the man of creative, active faith, the really spiritual man, can visit. The primitive and simplistic exterior of the language of *The Book* is explained, on the one hand, by the Father's mistrust of human language molded by the art of lying for millennia, and, on the other hand, by the absence, in any language whatever, of words and a syntax fit to convey Truth in its entire richness. We should bear in mind that *The Book,* unlike the Bible or *The Gospel Delivered*

RÉVÉLATION ORIGINALE — *ORIGINAL REVELATION*
Les mots entre parenthèses (...), ajouts de la main du frère Michel, facilitent la lecture et la compréhension de l'original
The words in brackets (...), additions in brother Michel's hand, make the reading and understanding of the original easier

6. (de) la cuisse ne coule pas l'ha dans la femme.

7. L'ha (n'est) pas dans le bruit.

8. (Comme) le lait caille, tu chauffes (en toi) le Fond, (et) l'ha caille.

---

6. (from) the thigh the ha does not flow into woman.

7. The ha (is) not in the noise.

8. (Just as) milk curdles, you heat the Core (inside yourself, so) the ha curdles.

ANNOTATIONS

Dieu donna en même temps au témoin son Message et le sens de son Message; ces notes sont de la main du témoin
God gave the witness at once his Message and the meaning of his Message; the notes are in the witness's hand

L'Évangile donné à Arès, à la surface de l'histoire, il jaillit des abysses divins et y replonge; incessant va-et-vient entre la Vérité inexprimable et les faibles mots de nos langues, si faibles que Dieu doit en remplacer certains par des mots qu'il crée comme *ha* remplaçant *âme* ou *Youou (XXX/24)* remplaçant Dieu. *L'ha* est par excellence le principe que l'homme partage avec Dieu quand il redevient le *frère*, autrement dit, le principe que tout homme peut réanimer en lui s'il remplace le *bruit (v. 7, VII/8)* par la *Parole accomplie.*

6. *De la cuisse ne coule pas l'ha dans la femme* est une autre forme de l'affirmation *Le vrai corps... ne naît pas du ventre de la mère (17/3)*. *De la cuisse :* Du ou par le coït.

7. *Ha* comme *âme* n'est pas une notion intellectuelle *(bruit)*. *L'ha* est la retombée concrète qu'a toute *âme* sur le monde: l'effet social existentialiste, créateur, de toute *âme* en plus de ses effets locaux sur l'individu qui l'a conçue et qui la porte. Autrement dit, *l'ha* est plus que le produit personnel de la vie spirituelle et le véhicule personnel du salut, il est le moteur souverain d'un bouleversement planétaire. L'affirmation de Paul (n. XIV/8): «Vous serez sauvés par votre foi», est fausse, parce qu'elle ne relie pas l'action intérieure *(changement de vie 30/11)* à la révolution extérieure au sens créateur que Dieu donne à *moisson (changement du monde, 28/7).*

8. On vient au monde sans *âme*, donc sans *ha*. *L'ha* est créé par l'adulte au cours de son existence (voir v. 9); l'homme est «responsable» de son *ha* au sens existentialiste. L'enfant, qui n'a ni la conscience du bien et du mal, ni la force de combattre le mal, ni la force créatrice, n'a pas *d'âme*, mais sa nature est spéciale: *os* ou *bois (v.4)* dont le *sang (v.11)* ou la sève est l'innocence. Quand, l'enfance passée, un homme défend le bien et repousse le mal (avec ou sans foi, 28/11-13) *l'âme* lui naît et s'ajoute au *corps* et à *l'esprit (17/7); l'ha* sera l'effet créateur de cette *âme* sur le monde. Par là, *l'ha* est *l'âme* même sous un aspect particulier de celle-ci. La

---

in Arès, does not dwell on the surface of history, it springs from the divine abysses and dives back into them; incessant comings and goings between inexpressible Truth and the words of our languages so weak that God cannot but replace some of them with words he creates as *ha*, a substitute for *soul*, or *Yoo-oo (XXX/24)*, a substitute for God. The *ha* is, to the highest degree, the principle that man and God share in when man becomes the *brother*, in other words the principle that any man can revive in himself if he replaces the *noise (v. 7, VII/8)* with the *Word achieved.*

6. *From the thigh the ha does not flow into the woman* is another form of the statement *The real body... is not born of the mother's womb (17/3). From the thigh:* From or through coitus.

7. *Ha* like *soul* is no intellectual notion *(noise)*. The *ha* is the concrete repercussion of every *soul* on the world: the existentialistic, creating social effect of every *soul* besides its local effects on the individual who made it and bears it. In other words, the *ha* is more than the personal product of spiritual life and the personal vehicle of salvation, it is the sovereign mover of a wordlwide upheaval. The assertion by Paul (n. XIV/8), "You shall be saved by your faith," is wrong because it does not bind the inward action *(changing one's life, 30/11)* to the outward revolution in the creative meaning God gives to *harvest (changing the world, 28/7).*

8. One comes into the world without a *soul*, without a *ha*, then. The *ha* is created by the adult during his lifetime (see v. 9); man is 'responsible' for his *ha* in an existentialistic sense. A child, unconscious of good and evil, too weak to fight evil, deprived of power of creation, has no *soul*, but its nature is special: *bone* or *wood (v.4)* the *blood (v.11)* or sap of which is innocence. When, once childhood is past, a man defends good and fights evil (with or without faith, 28/11-13) a *soul* is born to him and added to his *body* and *mind (17/7)*; the *ha* will be the creating effect of that *soul* on the world. Accordingly, the *ha* is the very *soul* seen from a par-

RÉVÉLATION ORIGINALE — *ORIGINAL REVELATION*
Les mots entre parenthèses (...), ajouts de la main du frère Michel, facilitent la lecture et la compréhension de l'original
The words in brackets (...), additions in brother Michel's hand, make the reading and understanding of the original easier

9. Tu chauffes (l'ha), tu brûles l'or ; ton front frappe la pierre ici (où va) Mon Pas ;

10. (alors) l'ha caille, (devient dur comme) la pierre, (et pourtant plus) léger (il n'y a) rien.

11. Le sang (fait) le sang, la pluie (fait) la pluie, (mais) l'ha n'est pas fils de l'ha.

12. (De) la boue coule la polone ;
    la nuit (est alors) finie, le jour fraye ta lance.

---

9. You heat (the ha), you burn the gold ; your brow hits the stone (where) My Pace (goes) ;

10. (so) the ha curdles, (becomes as hard as) rock, (and yet) nothing (is) lighter (than it).

11. Blood (makes) blood, rain (makes) rain, (but) the ha is not the son of the ha.

12. (From) the mud the polone flows ;
    the night (then is) over, the day(light) clears the path for your spear.

ANNOTATIONS

Dieu donna en même temps au témoin son Message et le sens de son Message; ces notes sont de la main du témoin
God gave the witness at once his Message and the meaning of his Message; the notes are in the witness's hand

société heureuse à venir comme le salut personnel immédiat résultent d'un mode de vie conforme au *Dessein (35/6)* du Créateur, ils dépendent donc de la naissance de *l'âme* et de son activité créatrice: *l'ha*. Ils dépendent donc tout simplement de *l'ha* — même si la conformité au *Dessein* divin n'est pas clairement consciente, comme chez l'homme de bien athée.

9-10. *Où va Mon Pas:* Dieu, soucieux de l'homme, visite *Mikal* comme il visita Abraham, *Moché* (Moïse), *Mouhamad. Chauffer:* Forger. Créer *l'ha* demande des aspirations de haute qualité: briser l'individualisme, développer l'amour du prochain, *brûler l'or,* c.-à-d. ne pas rechercher la richesse et la réussite sociale pour elles-mêmes mais pour optimiser son action apostolique. Le croyant renforce ces aspirations par la *pénitence,* la *piété,* la *moisson.* L'ha est puissant *(dur)* parce qu'il naît de la volonté de briser les puissantes forces du mal (XXVIII/5) qui bouillonnent en l'homme, qui, par extension, contribue à les briser dans le monde (interaction de l'homme et de son *ha*, parallèle de la synergie de l'homme et de Dieu); l'ha est également *léger* parce qu'il est le véhicule d'éternité, il peut *parcourir la distance infinie qui sépare la terre du Ciel (32/3).*

11. *L'ha* est un pont que l'homme lance sur l'abîme du mal et de la mort pour ramener l'humanité à *l'image et ressemblance* du Père *(Genèse 1/27). L'ha* ne se reproduit pas comme la *chair (le sang qui fait le sang). L'ha* ne transmigre pas comme l'eau de *pluie* qui s'évapore, reforme des nuages et retombe en *pluie* suivant un cycle continu. Nouveau démenti opposé à la réincarnation (n. V/2): L'homme dispose d'une seule vie pour forger son *ha* (son *âme),* et dispose même parfois de quelques heures seulement (Parabole des *ouvriers de la onzième heure).*

12. *Frayer:* Montrer le chemin, ici montrer à *la lance* sa trajectoire, sa cible. *Boue:* Minerai et, par extension, toutes les richesses que cache la terre. *Polone* (origine du mot non identifiée): Lavage et traitement du minerai *(la boue);* au sens spirituel: fusion du destin personnel et du

---

ticular side of the latter. The happy society to come as well as man's immediate individual salvation result from a way of life consonant with the Maker's *Design (35/6),* therefore from the birth of the *soul* and from its creating activity: the *ha.* Consequently, they merely depend on the *ha*—even if the consonance with the divine *Design* is not clearly conscious as is the case in the deeds of atheistic good men.

9-10. *Where My Pace goes:* God, anxious about man, visits *Mikal* as he visited Abraham, *Mosheh* (Moses), *Muhammad. To heat:* To forge. Creating the *ha* requires high quality aspirations: subduing individualism, developing love of the neighbor, *burning the gold,* that is, not striving after wealth and social success for the sake of them, but for optimizing one's apostolic action. Believers enhance these aspirations through *penitence, piety, harvesting.* The *ha* is powerful *(hard)* since it is born of the will to crush the powerful forces of evil (XXVIII/5) which seethe in a man, who, by extension, contributes to crushing them in the world (interaction between man and his *ha*, a parallel of the synergy of man with God); the *ha* also is *light* because it is the vehicle to eternity, it can *cover the infinite distance that separates earth from Heaven (32/3).*

11. The *ha* is a bridge man throws over the chasm of evil and death to bring back humanity to the Father's *image-and-likeness (Genesis 1/27).* The *ha* does not breed as does the *flesh (the blood that makes blood).* The *ha* does not transmigrate as *rain* water which evaporates, forms new clouds, then *makes rain* again according to a continual cycle. This is an additional refutation of reincarnation (n. V/2): Man has only one lifetime to create his *ha* (his *soul),* and may even have only a few hours to do so (Parabole of *the eleventh hour's workers).*

12. *Mud:* Ore and, by extension, all the resources which the earth conceals. *Polone* (the origin of the word is unknown): Washing and processing of ore *(mud);* in a spiritual sense: Fusion of

RÉVÉLATION ORIGINALE — *ORIGINAL REVELATION*
Les mots entre parenthèses (...), ajouts de la main du frère Michel, facilitent la lecture et la compréhension de l'original
The words in brackets (...), additions in brother Michel's hand, make the reading and understanding of the original easier

13. L'homme n'a pas la corne (du) grille ;
    (de) la corne (de l'homme) ne coule pas (la polone) ;

14. Ma Main fonde la (bonne) corne dans ton œil (comme) la rave.

15. Le Vent (est) lourd (et) l'Eau ne noie pas.

16. Mikal, l'ami.

---

13. Man has not the horn (of) the crick(et) ;
    the horn (of man) does not pour (the polone) ;

14. My Hand drives the (good) horn into your eye (like) the root.

15. The Wind (is) heavy (and) the Water does not drown (anyone).

16. Mikal, the friend.

ANNOTATIONS
Dieu donna en même temps au témoin son Message et le sens de son Message; ces notes sont de la main du témoin
God gave the witness at once his Message and the meaning of his Message; the notes are in the witness's hand

destin collectif. Le métal invisible dans la *boue* (le minerai) apparaît dans l'éclat de feu et d'étincelles (de *jour* = de lumière) du traitement. Le verset a un sens complexe, difficile à résumer (voir n. VII/10): La *polone* se juxtapose à *l'ha*. *L'ha* est la répercussion universelle de la force individuelle de retour au Bien; la *polone* est le même principe appliqué à l'humanité entière et caché en elle, l'âme des peuples pour ainsi dire. Nul ne sera sauvé s'il ne cherche pas à sauver les autres hommes; de là, la nécessité de lier la *pénitence* privée à la *moisson* publique. Avec son *ha*, le *prophète* comme un guerrier avec sa *lance* conduit le peuple en marche (dont la force spirituelle collective est un aspect de la *polone*) vers la civilisation spirituelle .

13-14. *Rave:* Racine en général (non le céleri-rave). *Grille:* Grillon abrégé. Beaucoup d'hommes maîtrisent les richesses immédiates de la vie et de la nature *(boue:* minerai), mais ils ont moins d'intelligence *(corne:* antenne) que des grillons. Ils oublient les valeurs spirituelles sans lesquelles un véritable bonheur ne peut pas se fonder *(polone,* v. 12, mot au sens complexe). L'amour du prochain, la réflexion sans préjugés, etc. donnent *l'intelligence (la bonne corne dans l'œil),* la maîtrise constructive de l'avenir, tant l'avenir dans l'au-delà que l'avenir du monde.

15. Dans l'avenir promis à l'humanité, si elle répond à l'Appel de Dieu, certains concepts seront renversés. Aujourd'hui l'humain subit la pesanteur et ne peut vivre sous l'eau, mais en Éden restauré le dense *(lourd) Vent* divin portera l'homme dans l'espace, et dans *l'Eau* l'homme ne se noiera pas. Cette nouvelle nature humaine a pour nom transfiguration. Il n'est pas possible, dans notre état actuel de péché et d'obscurité, de mesurer la part physiologique, la part métaphorique et la part d'inconnu de telles prophéties.

16. Non seulement *Mikal* (Michel) est *l'ami* de Dieu, il est aussi *l'ami* des hommes, ses *frères.*

---

individual destiny and collective destiny. The metal invisible in the *mud* (ore) appears in the glare of fire and sparks *(daylight)* of the processing. The verse has a complex sense difficult to sum up (n. VII/10): The *ha* is juxtaposed with the *polone*. The *ha* is the universal repercussion of the individual strength of restoration to Good; the *polone* is the same principle applied to and concealed in whole mankind, the *soul* of the peoples, as it were. No one will be saved who does not strive to save other men; hence the necessity to join private *penitence* and the public *harvest*. With his *ha* the *prophet* as a warrior with his *spear* is heading the people (whose collective spiritual strength is an aspect of the *polone*) on their march toward the spiritual civilisation.

13-14. The French word *'rave'* means *celeriac* or *celery root,* but the sense here is merely *root.* Many men control the immediate riches of life and nature *(mud:* ore), but show less intelligence *(horns:* antennae) than crickets. They overlook the spiritual values without which true happiness *(polone,* v. 12, a word with an intricate meaning) cannot be established. Love of the neighbor, unprejudiced thinking, etc, produce *intelligence (the good horn in the eye),* the constructive mastery of the future, the future in the afterlife and the future of the world alike.

15. In the future promised to men, if they respond to God's Call, a number of concepts will be reversed. Today the human being is subjected to gravity and cannot live underwater, but in restored Eden the dense *(heavy)* divine *Wind* will carry man through space, and in the *Water* man will not drown. That new human nature is called transfiguration. In our current state of sin and dullness we are unable to measure the physiological part, the metaphorical part and the part of the unknown in such prophecies.

16. Not only is *Mikal* (Michel) the *friend* of God, but he is the *friend* of men, his *brothers.*

RÉVÉLATION ORIGINALE — *ORIGINAL REVELATION*

Les mots entre parenthèses (...), ajouts de la main du frère Michel, facilitent la lecture et la compréhension de l'original
The words in brackets (...), additions in brother Michel's hand, make the reading and understanding of the original easier

XL 1. Plante ton pied (ici) !

2. (Si) ton pied (di)va(gue), (si) mâtin(e est) ta main sur les traîtres, ta lèvre fripe, ton pied pourrit dans la terre.

3. (Ici tu) reste(s) pur.

4. Après le mur la balène.

5. Plante ton pied ! (Ici prend son) essor ta parole(, elle ira) où mille œils voient. Ta parole (est) Ma Parole.

XL 1. Drive your foot in here !

2. (If) your foot goes (wandering), (if) your hand (is) sly on the traitors, your lip crumples, your foot rots away in the ground.

3. (Here you) remain pure.

4. After the wall the ballein.

5. Drive your foot in ! (Here) full scope (is given to) your word(, your word will go) where a thousand eyes (can) see. Your word (is) My Word.

PLANTE TON PIED ICI! — *DRIVE YOUR FOOT IN HERE!*

ANNOTATIONS
Dieu donna en même temps au témoin son Message et le sens de son Message; ces notes sont de la main du témoin
God gave the witness at once his Message and the meaning of his Message; the notes are in the witness's hand

---

XL 1-3. Prologue de l'Appel au Pèlerinage (XLI) déjà ébauché (XXX/18-19). Ces versets consacrent le lieu où le Père parle, mais plus encore la Parole qu'il délivre et l'action que les *frères* fonderont sur elle, car le Pèlerinage est avant tout celui des *pénitents* et des *moissonneurs* parcourant le monde pour le *changer (28/7)*. La vie spirituelle ne s'arrête pas à l'adhésion intellectuelle et aux sentiments heureux que provoque *La Révélation d'Arès;* c'est un engagement d'apôtre audacieux et créateur (un *pied planté*, X/19, XXVI/9-10, comme une *tour 33/4 et 10)*. La Parole d'Arès forme une boussole pour ne pas *divaguer* et une force contre les hommes *traîtres* à Dieu. Le Pèlerinage au sens étroit permet seulement de raviver *(purifier)* la Parole dans *l'esprit* et dans *l'âme* de l'apôtre.

4. *Balène* (grec *ballein*, lancer, bombarder): Harcèlement idéologique, diffamatoire et polémique autant que matériel (violence). Derrière (sens de *après*, n. XXXII/14) *le mur* du lieu où Dieu parle (Maison de la Sainte Parole) beaucoup d'hommes seront hostiles à *La Révélation d'Arès;* non seulement ils flétriront et ridiculiseront ce saint lieu et ceux qui y viennent en Pèlerinage, mais leurs calomnies, railleries, menaces ou violences décourageront beaucoup de ceux qui, partout dans le monde, décideront d'appliquer la Parole d'Arès. Mais le lieu où le *Saint* parle, si les croyants qui le défendent progressent en intégrité, en spiritualité, en amour, en force morale et en créativité, restera une *tour* spirituelle *(pied* bien *planté, vv.1 et 5)* inébranlable *(33/4 et 10)*.

5. *Où mille œils voient:* Sur toute la terre. Avec deux *œils* un seul homme ne *voit* qu'une très petite surface terrestre devant lui. Pour couvrir la terre d'un seul regard il faut de très nombreux *œils (petit reste* et *reste)* se relayant d'un horizon à l'autre et dans toutes les directions. Les *pénitents* et les *moissonneurs*, recréateurs du monde, devront être nombreux et déployés en tous sens pour *accomplir* le *Dessein*.

XL 1-3. Here is the prologue of the Call to the Pilgrimage (XLI) already adumbrated in XXX/18-19. These verses consecrate the place where the Father is speaking, and still more the Word he is delivering and the action the *brothers* will establish on it, for the Pilgrimage is above all that of the *penitents* and *harvesters* who travel the world to *change* it *(28/7)*. Spiritual life is not limited to the intellectual adherence and cheering feelings which *The Revelation of Arès* rouse; it is a creative, enterprising apostle's commitment (a *foot driven in*, X/19, XXVI/9-10, like a *tower 33/4 & 10)*. The Word of Arès is a compass to avoid *wandering* and a strength to face the *traitors* to God. The Pilgrimage in a narrow sense only permits to revive *(purify)* the Word in the *mind* and *soul* of the apostle.

4. *Ballein* (Greek *ballein*, to hurl, bomb): As much ideological, slanderous, polemic a harassing as material (violence). Outside (sense of *after*, n. XXXII/14) *the wall* of the building where God is speaking (House of the Saint's Word) many men will be hostile to *The Revelation of Arès;* not only will they blacken and ridicule that sacred place and the men who will come to it on Pilgrimage, but their slander, mockery, threats or violence will dishearten many of the men who, all over the world, will decide to make the Word of Arès materialize. But if the believers who support the place where the *Saint* is speaking evolve in uprightness, spirituality, love of man and creativity, it will remain a solid *(33/4 & 10)* spiritual *tower (a foot* solidly *driven in, v.1 & 5)*.

5. *Where a thousand eyes can see:* All over the earth. With two *eyes* a single man *can* only *see* a very small terrestrial surface in front of him. Sweeping the whole earth at a one glance calls for very many *eyes (small remnant* and *remnant)* taking over from each other from a horizon to another and in all directions. The *penitents* and *harvesters*, recreators of the world, shall become numerous and deployed in all directions in order to *achieve* the *Design*.

RÉVÉLATION ORIGINALE — *ORIGINAL REVELATION*
Les mots entre parenthèses (...), ajouts de la main du frère Michel, facilitent la lecture et la compréhension de l'original
The words in brackets (...), additions in brother Michel's hand, make the reading and understanding of the original easier

6. La patelle sous ta lèvre, le roi (met) la berne sur Mikal.

7. (Mieux vaut) garde(r) la joue creuse.

8. Tu vois Ma Main, (Elle est comme) le four.

9. L'œil d'homme pleure (des) grêlons.

10. Pleure(r n'est qu'un) petit mal.
11. (Mais si) l'œil (se) lève (pour Me défier), (si) la main laisse Ma Main, (l'homme tombe) plus mort (que) la mort.

12. Avalée la cendre, le cri (est tout ce qui) reste (à l'homme perdu); le cri court sous la terre.

---

6. (He puts) the patel under your lip, the king (exerts) dupery on Mikal.

7. (It is better to) keep your cheek hollow.

8. You see My Hand, (It is like) the kiln.

9. The eye of man weeps hailstones.

10. Weep(ing is a) lesser pain.
11. (But if) the eye lifts (to defy Me), (if) the hand leaves My Hand, (man falls) more dead (than) death.

12. (Once) the ash (is) swallowed, (the doomed man has only) the shout left; the shout runs underground.

ANNOTATIONS
Dieu donna en même temps au témoin son Message et le sens de son Message; ces notes sont de la main du témoin
God gave the witness at once his Message and the meaning of his Message; the notes are in the witness's hand

6-7. *Mettre la berne sur* (rien à voir avec «drapeau en berne»): Berner, compromettre. *Patelle:* Plat portant un mets appétissant, tentant, et aussi allusion à la patène utilisée pour la messe (voir XLII/6). *Le roi* (les pouvoirs religieux et profanes, XXIX/1-2 et 9) tentera de s'entendre avec *Mikal* (Michel), de le flatter et de l'honorer *(mettre la patelle sous sa lèvre)* sous certaines conditions de dépendance ou neutralité. *Mikal* devant être un homme d'amour, d'écoute et de progrès spirituel ne refusera pas les actions conjointes avec les *rois* quand elles contribuent à une évolution collective bénéfique. Mais s'il s'agit de compromissions *(15/6)*, mieux vaut pour lui rester dans le besoin *(garder la joue creuse)* que mettre en péril ou en doute sa mission.

8. *Comme le four:* Allusion à l'éclat très vif du bâton de lumière d'où sort la voix de Dieu. Le *prophète* doit rester très attentif, malgré l'éblouissement, car tout ce que lui dit le Père est extrêmement important.

9. Les peines de celui qui poursuit son idéal plutôt que céder aux offres des *rois (v.6,* voir *l'Île sèche, XIV/7)* ne sont pas plus accablantes (comme des *grêlons)* que celles de toute l'humanité qui *pleure* ses idéaux frustrés. Il faut accepter les peines de la lutte. Quiconque juge plus raisonnables les peines de la docilité n'est pas un *homme du temps qui vient (30/13).*

10-11. Versets qui rappellent ces paroles de Jésus aux apôtres: *Ne craignez pas ceux qui frappent le corps, craignez ceux qui peuvent frapper l'âme.* Renier le Bien, la Vérité et l'Amour, même sous menace de *mort*, est mourir spirituellement; c'est la pire des *morts.*

12. Une fois *avalée la cendre:* Les funérailles étant finies et le cadavre commençant de pourrir. Ce verset rappelle *(16/16): Le spectre, qui vient pleurer sur ses os blanchis, auquel il ne reste, dans le tourment des regrets, que l'espérance de Mon Jour.*

6-7. *Patel:* A dish on which tempting, mouth-watering food is displayed, and also an allusion to the paten used to carry the bread at the eucharist (see XLII/6). *The king* (religious and profane powers, XXIX/1-2 & 9) will try to have an agreement with *Mikal* (Michel) and to flatter and honor him *(put the patel under his lip)* under certain conditions of dependency or neutrality. As *Mikal* has to remain a man of love, of regard and consideration, of spiritual progress, he shall not turn down joint actions with the *kings* when they contribute to a propitious collective evolution, but when they imply shady deals *(compromises, 15/6)*, it is better for *Mikal* to remain in need *(keep his cheek hollow)* than jeopardize and cast doubt on his mission.

8. *Like the kiln:* An allusion to the very intense glare of the stick of light that God's voice comes out of. Despite the dazzle the *prophet* has to listen intently, because all that the Father tells him is momentous.

9. The pains of the man working toward his ideals instead of giving in to the *kings'* offers *(v.6,* see *the dry Island, XIV/7)* are no more excruciating (like *hailstones)* than the pains of mankind *weeping* for its frustrated ideals. The pains of the struggle shall be accepted. Whoever considers the pains of submissiveness as more reasonable is no *man of the time to come (30/13).*

10-11. These verses bring to mind Jesus' famous words to the apostles, *"Have no fear of those who hit the body, have fear of those able to hit the soul."* Disown Good, Truth and Love, even under *death* threats, is spiritually dying; it is dying the worst *death.*

12. *Once the ash is swallowed:* When the funeral is over and the corpse begins decaying. This verse is reminiscent of *16/16: The specter, which comes back to mourn over its bleaching bones, and which in the agony of its regrets retains nothing but the hope that My Day will come.*

RÉVÉLATION ORIGINALE — *ORIGINAL REVELATION*
Les mots entre parenthèses (...), ajouts de la main du frère Michel, facilitent la lecture et la compréhension de l'original
The words in brackets (...), additions in brother Michel's hand, make the reading and understanding of the original easier
---

13. (Quand) la mort (est d')un jour, la tête (repose) sur les fleurs douces, (elle) dit : « Bonne (est) la mort, arôme, été clair ! »

14. Deux jours, tu cries : « Piège, la mort ! » (Comme) l'aragne (elle) suce ; la mort boit l'eau dans l'œil.

15. Trois jours, le cri (qui te) reste court sous la terre : « Où (est) l'œil, où (est) la lèvre, où (est) la main ? » Vide.

16. (Si) la main tient Ma Main, l'œil (peut) pleure(r), l'Eau reste dans l'œil.

17. L'os (devient comme) la craie,
    (mais l'homme sauvé est) moins mort (que) la mort.

---

13. (When) death (is) one day (old), the head (rests) on the sweet flowers, (the head) says, "Good (is) death, (an) aroma, (a) clear summer!"

14. (Within) two days you shout, "Death (is a) trap!" (Like) the arachnee (it) sucks; death drinks the water from the eye.

15. (Within) three days the shout (which you have) left runs underground, "Where (is) the eye, where (is) the lip, where (is) the hand?" Void.

16. (If) the hand holds My Hand, the eye (can) weep, the Water remains in the eye.
17. The bone (turns into) chalk,
    (but the saved man is) less dead (than) death.

ANNOTATIONS

Dieu donna en même temps au témoin son Message et le sens de son Message; ces notes sont de la main du témoin
God gave the witness at once his Message and the meaning of his Message; the notes are in the witness's hand

13-15. *L'aragne* (l'araignée): La mort (voir XLI/6). Trompeurs sont ceux qui annoncent le bonheur garanti après la mort, et ceux qui pensent qu'elle est un *repos* éternel. D'une part, Adam ne fut pas créé pour mourir, la mort résulte du *péché;* de là, l'effroi ou l'inquiétude de l'homme devant la mort qu'il ressent avec raison comme une anomalie; de là, la nécessité de la mission contre le *péché*. D'autre part, l'homme n'est en pleine possession de ses moyens, y compris de ses moyens spirituels, que lorsqu'il est complet: *chair, esprit et âme (17/7);* aussi son désarroi et sa faiblesse sont-ils notables quand la *chair* meurt et qu'il ne lui reste que *l'esprit* et *l'âme;* de là, l'aide que les vivants, que leur *chair* rend plus forts, apportent aux morts par la *mortification (33/26-36);* l'impuissance et le malheur du mort deviennent particulièrement dramatiques quand il ne lui reste que *l'esprit* (état de *spectre*). Au premier stade (premier *jour*) la mort peut être agréable. Plus tard *(deux jours, trois jours* sont des valeurs de temps symboliques), tandis que la putréfaction *suce* la *chair*, le défunt qui manqua de vertu pendant sa vie manque de force ascensionnelle (voir *l'âme, l'ha, XXXIX/5-11*, voir *33/32*), reste prisonnier de la lourdeur pécheresse *(spectre, 4/7, 16/16, 22/10)*. Il *crie sous la terre (v. 12):* «Où sont mon œil, ma *lèvre*, ma *main?*» Comprenant qu'il ne peut combattre efficacement son péché qu'avec sa *chair*, le défunt *court* éperdument après son corps et ses sens perdus (rappel des *ténèbres glacées, 16/15, 33/33*).

16. *L'Eau* spirituelle, qui donne la *Vie*, opposée à *l'eau* terrestre qui s'évapore et disparaît, laissant la mort derrière elle (v. 14, voir I/13-14, XXII/16 et ailleurs), est un thème constant dans *La Révélation d'Arès*.

17. *Moins mort que la mort*, tournure qu'emploie Dieu pour dire: Plus vivant que la vie, quand la vie est bornée à sa matérialité.

13-15. *The arachnee* (spider): Death (see XLI/6). Deceiful are those who vouch for happiness in the afterlife, and those who think that death is an eternal *rest*. On the one hand, Adam was not created mortal, death resulted from *sin;* hence man's dread or anxiety when faced with death which he rightly senses to be an abnormality; hence the necessity for the mission against *sin*. On the other hand, man is at the peak of his powers, his spiritual power included, only when complete: *flesh, mind and soul (17/7);* his disarray and weakness are considerable when his *flesh* dies and he has only his *mind* and *soul* left; hence the help that the living, whom *flesh* makes strong, can bring to the dead through *mortification (33/26-36);* the dead man's powerlessness and wretchedness become especially dramatic when he has only his *mind* left (when he is a *specter*). At its first stage (on the first *day*) death may seem pleasant. Later on *(two days, three days* are just symbolic time values), while putrefaction is *sucking* the flesh, the dead man who lacked virtue during his lifetime lacks ascending strength (see *soul, ha, XXXIX/5-11*, see *33/32*), remains imprisoned in the sinner heaviness *(specter, 4/7, 16/16, 22/10)*. He *shouts underground (v. 12)*, "Where are my *eye*, my *lip*, my *hand?*" The deceased understands that he cannot effectively fight his sin without his *flesh*, he sets about desperately hunting for his lost body and senses everywhere (a reminder of the *freezing darkness, 16/15, 33/33*).

16. The spiritual *Water* that gives *Life* as opposed to the earthly *water* that evaporates, vanishes, and leaves death behind (v. 14, see I/13-14, XXII/16 & elsewhere), is a recurrent theme in *The Revelation of Arès*.

17. *Less dead than death*, a turn of phrase used by God to mean: More living than life when life is confined to materiality.

RÉVÉLATION ORIGINALE — *ORIGINAL REVELATION*

Les mots entre parenthèses (...), ajouts de la main du frère Michel, facilitent la lecture et la compréhension de l'original
The words in brackets (...), additions in brother Michel's hand, make the reading and understanding of the original easier

XLI

1. Je suis (ici).

2. Tu (y) viens, le(s) frère(s y) vien(nen)t.

3. La lèvre prend le Feu dans Ma Main.

4. Le front brûle.

5. Le Feu entre dans l'homme.

6. L'aragne suce(rait-elle) le Feu ?

7. Appelle le(s) frère(s et) le(s) frère(s) : « Viens prendre le Feu !

8. (Quand) ton pied descend(ra), ton cri (s'en)vole(ra) haut. »

9. Quarante pas nouent Ma Force (et) Ma Faveur où le front frappe la pierre, où l'œil pleure (comme) ton œil pleure,

---

XLI

1. I am (here).

2. You come (here), the brother(s) come (here).

3. The lip takes the Fire from My Hand.

4. The brow burns.

5. The Fire enters man.

6. (Could) the arachnee suck the Fire ?

7. Call the brother(s and) the brother(s), "Come and take the Fire !

8. (When) your feet go down, your shout(s will) fly (up high)."

9. Forty paces knot (together) My Strength and My Favor where the brow hits the stone, where the eye weeps (just as) your eye is weeping,

ANNOTATIONS

Dieu donna en même temps au témoin son Message et le sens de son Message; ces notes sont de la main du témoin
God gave the witness at once his Message and the meaning of his Message; the notes are in the witness's hand

 1-2. Dieu institue le Pèlerinage d'Arès, déjà annoncé en XXX/18-19 et XL/1-3. Affirmant sa présence réelle sur le lieu théophanique, le Père y appelle tous les hommes de bien.

3-4. *Feu dans Ma Main:* Sens proche de *Main comme le four (XL/8)*. *Feu:* Ici Force, Lumière. Le pèlerin se prosternera, *front* et *lèvres* contre le sol, à l'endroit où se dresse le bâton de lumière. Le Père laisse à jamais là son invisible empreinte.

5. Même *l'homme* impie ou qui doute *(homme* presque toujours opposé à *frère,* voir n. VII/1b), qu'une mystérieuse impulsion portera à baiser ce sol, à méditer là sur *La Révélation d'Arès* et sur l'avenir de l'humanité, trouvera quelque Force *(Feu,* voir v. 12) spirituelle qui l'aidera à se *changer* lui-même *(30/11)* et à contribuer au *changement du monde (28/7).*

6. La mort *(l'aragne,* voir aussi XL/14) prévaudrait-elle contre la Force que Dieu donne à *l'homme* pour qu'il vainque l'ombre, le malheur et la mort?

7-8. Ce sont particulièrement les *frères* du *petit reste,* ceux totalement engagés dans l'*accomplissement* du *Dessein,* que Dieu *appelle* au Pèlerinage d'Arès. Ils rafraîchiront dans leur *âme* la Parole donnée sur ce lieu même. Ils affermiront leur résolution d'être les créateurs actifs d'un monde nouveau. Ils accroîtront par le *Feu (v.9)* leur force spirituelle contre les ténèbres de ce monde et contre les ténèbres de la mort quand leur *pied descendra* dans la tombe.

9. *Quarante pas:* Périmètre approximatif de la salle où se manifeste Dieu à Arès (Maison de la Sainte Parole). Dieu consacre ce lieu (n. XL/1), en fait un puits de Grâce *(Force* et *Faveur)* pour le *pénitent (l'œil* qui *pleure* pour ses péchés).

 1-2. God institutes the Pilgrimage to Arès adumbrated in XXX/18-19 & XL/1-3. Insisting upon his real presence on the theophanic scene the Father calls in all good men there.

3-4. *Fire in My Hand* is closely related to *Hand like the kiln (XL/8)*. *Fire:* Here Strength, Light. The pilgrim shall prostrate him- or herself with his or her *brow* and *lips* against the floor where the stick of light is standing. Here the Father leaves his invisible mark forever.

5. Even an impious *man* or a *man* who has doubts *(man* is nearly always opposed to *brother,* see VII/1b), whom a mysterious impetus will bring to kiss this floor and ponder there over *The Revelation of Arès* and the future of humanity, will gain some spiritual Strength *(Fire,* see v. 12) which may help him *change* himself *(30/11)* and contribute toward *the world's change (28/7).*

6. Could death *(the arachnee,* see also XL/14) prevail against the Strength which God gives to *man* so that he may defeat darkness, unhappiness and death?

7-8. God *calls* particularly on the *brothers* of the *small remnant* to go on Pilgrimage to Arès, those who have totally committed themselves to *achieving* the *Design.* They will refresh in their *souls* the Word revealed in this very place. They will strengthen their resolution to be active creators of a new world. They will increase through the *Fire (v.9)* their fortitude against the darkness of the world and the darkness of death when their *foot goes down* into the grave.

9. *Forty paces:* Approximately the perimeter of the hall where God manifests himself in Arès (House of the Saint's Word). God makes this place sacred (n.XL/1), makes it a fountain of Grace *(Strength* and *Favour)* for the *penitents (the eyes* that *weep* for their sins).

RÉVÉLATION ORIGINALE — ORIGINAL REVELATION
Les mots entre parenthèses (...), ajouts de la main du frère Michel, facilitent la lecture et la compréhension de l'original
The words in brackets (...), additions in brother Michel's hand, make the reading and understanding of the original easier

10. (où) les piques (de Mon Feu) percent (le mal).
11. Ma Main blesse l'homme, l'homme vit.
12. Sa main (é)larg(i)e monte (à) Mon Bras.
13. (Ici) la main d'homme prend Ma Main.

XLII

1. Michel, dans tes côtes (J'ouvre) une baie.

2. Le frère (y) pale son île, (un lieu) sûr.

3. La raie (dont) la gueule parle (en-)dessous,
   la raie (vient avec) la vague (qui) bave.

4. Vireuse, (la raie) ; le fer n'(y) entre pas.

5. Hors (de) ta côte (est contenue) la rage, (mais) la rage (peut se) coiffe(r comme) la napée.
6. (Elle se) couche dans la patelle, (elle) dit : « Mange(-moi) ! »,
7. (mais si) tu manges, la raie (te) boit dans le foie.

---

10. (where) the prickles (of My Fire) pierce (evil).
11. My Hand hurts a man, (and) the man lives.
12. His wide(ned) hand mounts My Arm.
13. (Here) the hand of man grasps My Hand.

XLII

1. Michel, inside your ribs (I open) a bay.

2. (There) the brother pales his island, (a) safe (place).

3. The ray the mouth (of which) speaks (from) underneath,
   the ray (comes along with) the wave (which) slobbers.

4. Noxious (is) the ray ; the iron cannot go in(to it).

5. Outside your rib the rage (is held back, but) the rage (may well) do its hair (like) the nymph's.
6. (It) lies down in the patel, (it) tells, "Eat(-me !)",
7. (but if) you eat the ray(, it) drinks (you) from your liver.

ANNOTATIONS
Dieu donna en même temps au témoin son Message et le sens de son Message; ces notes sont de la main du témoin
God gave the witness at once his Message and the meaning of his Message; the notes are in the witness's hand

11-12. Baiser le sol de ce saint lieu — et, par extension, s'intéresser à l'Événement d'Arès — *blesse* l'orgueil et le respect humain de *l'homme* impie ou qui doute. *Blessure* salutaire, cependant, qui donne la *Vie!* Le Père promet sa *Force* à cet *homme* aussi, et d'abord la *Force* qui stimule la foi ou l'humanisme sans étouffer la liberté de choix *(main élargie,* = volonté libre ou libérée; *montant au Bras* de Dieu = échappant aux préjugés).

1-2. *Paler* (verbe dérivé de *pal, v.9):* Planter, fonder. De *Mikal* (appelé *Michel* ici, *Moché* est aussi appelé une fois *Moïse, XXIX/6)* Dieu fait une *baie:* un havre de Vérité et de force spirituelle *ouvert* dans le littoral escarpé et inhospitalier du monde; chaque *frère* (chaque *île)* y trouve abri.

3. *La raie:* Puissance du mal, du mensonge *(gueule qui parle en-dessous),* de l'erreur. Elle rôde aux abords de la *baie* (le *prophète, v.1),* accompagnée par la tempête écumeuse *(la vague qui bave)* de ceux qui voudraient contrôler définitivement l'ordre social et/ou religieux, qui ont présenté cet ordre comme une loi ou un axiome sociologique et/ou théologique, que contrarie l'inattendue *Révélation d'Arès.* Les *vagues* causées par cet Événement ne font que commencer.

4. *Vireuse:* Empoisonnée. La *raie* paraît, de plus, indestructible: La raison des rationalistes et des sceptiques semble irrécusable, mais c'est un leurre culturel; rien n'est indestructible *(v.21).*

5. *Napée (*nymphe): La charmeuse, la séductrice. La *rage* des ennemis *(la raie)* de Michel *(v.1)* et des *frères* pourrait se déguiser *(se coiffer)* en séduction (n. XL/6).

6-7. *Boire dans le foie:* Enlever la force vitale, déséquilibrer, subjuguer, engourdir. *Patelle* (voir XL/6): Assiette, patène. Les propositions des adversaires du *prophète* et de ses compagnons

---

11-12. Kissing that floor—and, in a broad sense, taking an interest in the Event of Arès—*hurts* the impious *man* or the doubtful *man's* pride and fear of the judgement of others. Still this *hurt* has a salutary effect; it gives *Life!* God promises his *Strength* to that man too, especially the *Strength* that stimulates faith or humanism without stifling freedom to choose *(widened hand* = free will or will set free, *mounting* or *climbing God's Arm* = surmounting prejudices).

1-2. *To pale* (a verb derived from *pale:* stake, *v.9):* Drive in, fix. Of *Mikal* (here called *Michel, Mosheh* also is once called *Moses, XXIX/6)* God makes a *bay:* a harbour of Truth and spiritual strength *opened* up in the world's inhospitable steep shore; there each *brother* (each *island)* finds shelter.

3. *The ray* (or *skate):* The power of evil, of lying *(mouth speaking from underneath)* and of error. Roaming by the *bay* (the *prophet, v.1)* the *ray* is accompanied by the foaming storm *(the wave which slobbers)* of the men who whish they would definitively control the social and/or religious order, who have always laid out that order as a sociological and/or theological law or axiom, and whom the unexpected *Revelation of Arès* annoys. This Event is just beginning to make *waves.*

4. *Noxious:* Poisonous. What is more, the *ray* seems indestructible: The reason of rationalists and skeptics sounds indisputable, but this is a cultural lure; nothing is indestructible *(v.21).*

5. *Nymph*: Charmer, seductress. The *rage* of the enemies of *Michel (v.1)* and of the *brothers* might disguise itself *(have its hair done)* as a charmer, a seductress (n. XL/6).

6-7. *To drink from the liver:* To drain of vital strength, to unbalance, to enthrall, to make numb or sleepy. *Patel* (see XL/6): Plate, paten. The proposals of the opponents of the *prophet* and of his

RÉVÉLATION ORIGINALE — *ORIGINAL REVELATION*
Les mots entre parenthèses (...), ajouts de la main du frère Michel, facilitent la lecture et la compréhension de l'original
The words in brackets (...), additions in brother Michel's hand, make the reading and understanding of the original easier

8. Ta hanche va droit. (Abrite) le foie dans ta hanche !
9. Le(s) frère(s) s')assoi(en)t (sur toi comme) sur le pal (s'assoit) l'île ;
   Ma Main (les) tire (en) haut.
10. Le vent (qui) bave ne (les re)couvre pas ;
    la raie ne tue pas le(s) frère(s).
11. (Le) juste frère (reste) droit sur ta hanche.
12. Le Livre (s')ouvre en face (des frères).
13. Dans tes côtes (respirent) Mouhamad, Yëchou, quatre bras étalés (comme) Ma Voix étalée, la Laine (que Je) file sans nœuds.

14. Le Livre de (la) Voix ; Iyëchayë pile sur les nœuds,
15. Iyëchayë tranche le jour (de) la nuit.
16. Crieur, le chameau (d'Iyëchayë est) le soleil (tournant) autour (de Yëchou, Mouhamad et Mikal).
17. (De Mikal Iyëchayë) dit : « Vois ton bras épais, (il en)lace la raie, (il en)roule sa peau, le livre (qui) ment.
18. Le(s) prêtre(s) dégorge(nt l'Eau qu'ils ont bue indûment). »

---

8. Your hip goes straight. (Shelter) your liver in your hip !
9. The brother(s) sit (on you as) the island on the pale ;
   My Hand pulls (them) upwards.
10. The wind (that) slobbers does not cover (them) ;
    the ray does not kill the brother(s).
11. (The) just brother (stays) upright on your hip.
12. The Book opens opposite (the brothers).
13. Inside your ribs Muhammad (and) Yuhshoo (breathe), four arms spread (like) My Voice (is) spread, the Wool (that I) spin without knots.

14. The Book of (the) Voice ; Yuhshayuh pounds on the knots,
15. Yuhshayuh cuts off the day (from) the night.
16. A crier, the camel (of Yuhshayuh is) the sun (turning) around (Yuhshoo, Muhammad and Mikal).
17. (About Mikal Yuhshayuh) tells, "Look at your thick arm, (it) clasps the ray, (it) rolls (up) its skin, the book (that) tells lies.
18. The priest(s) exude (the Water which they drank wrongfully)."

ANNOTATIONS
Dieu donna en même temps au témoin son Message et le sens de son Message; ces notes sont de la main du témoin
God gave the witness at once his Message and the meaning of his Message; the notes are in the witness's hand

peuvent se faire très tentantes (37/5), par conséquent très dangereuses. Les accepter sans mûre réflexion ni *prudence (35/10)* pourrait parfois être spirituellement mortel.

8-9. *Pal:* Pieu, pilotis. Une conduite irréprochable *(la hanche droite)*, c.-à-d. une *pénitence* et une *moisson* bien conduites, mettra les *frères* hors d'atteinte du mal *(la raie)*. Ils doivent recourir aux conseils du *prophète,* le *pal* central (à la fois support et point de repère), quand nécessaire.

10-11. *Le vent qui bave:* Tempête (v. 3).

12. *Le Livre:* La plus pure Révélation de Dieu (voir I/5 et 11).

13. *Yëchou, Mouhamad:* Jésus, Mahomet (n. I/6 et 7-9). *La Laine que Je file sans nœud:* La *Parole* de Dieu parvenue sans interruption (premier sens de *sans nœud*) depuis l'origine du prophétisme, notamment par Jésus, Mahomet et à *Mikal,* mais que *Mikal* transmet pure, sans déformations (autre sens de *sans nœud*) ni *gloses (10/10)* de transcripteurs et de théologiens.

14-16. *Piler:* Frapper (la monnaie), apposer (des sceaux). *Iyëchayë* (prononciation quasi impossible à représenter): Isaïe, le prophète. Isaïe prophétisa l'histoire dans sa chronologie *(piia les nœuds* = marqua le fil de l'histoire: règnes, tribulations, changements et autres étapes). Il prophétisa notamment les avènements de *Yëchou, Mouhamad* et *Mikal* (voir vv. 17-18).

17-18. Dans Isaïe (Bible) on ne trouve pas littéralement les citations des vv. 17 et 22-23. Toutefois, Isaïe insiste en effet sur l'illégitimité et les abus des *prêtres (v. 18)* qui, à son époque, symbolisent tous les pouvoirs. *Mikal enroule la peau:* Il ferme *le livre qui ment (livre de l'homme, des siècles, I/5 et 11, II/15),* il le fait disparaître *(16/12, 35/12: Tu écarteras les livres d'homme).*

---

companions might grow very attractive (37/5), consequently very dangerous. Agreeing to them without serious reflection or *prudence (35/10)* might sometimes be lethal in a spiritual sense.

8-9. *Pale:* Stake, stilt. A behavior beyond reproach *(the hip going straight)*, that is, a *penitence* and *harvest* well performed, will set the brothers out of reach of evil *(the ray)*. They shall resort to the *prophet's* advice, the central *pale* (both the support and the landmark), when needed.

10-11. *The wind that slobbers:* Gale, storm, tempest (v. 3).

12. *The Book:* God's purest Revelation (see I/5 & 11).

13. *Yuhshoo:* Jesus (n. I/6 & 7-9). *The wool that I spin without knots:* The Word that God has uninterruptedly (first sense of *without knots*) sent to man from the beginning of the prophetic action, notably through Jesus, *Muhammad* and *Mikal,* and that *Mikal* conveys pure, without distortion (another sense of *without knots*) or *glosses (10/10)* by transcribers and theologians.

14-16. *To pound:* To strike (as coins), affix (as seals). *Yuhshayuh* (no spelling can render the pronunciation): Prophet Isaiah. Isaiah prophesied history according to its chronology *(he pounded the knots* = checked off the reigns, tribulations, changes and other stages along the thread of history). He notably prophesied the comings of *Yuhshoo, Muhammad* and *Mikal* (see v.17-18).

17-18. In Isaiah (Bible) one cannot find the quotations of the v. 17 & 22-23 literally speaking. Isaiah, however, is indeed insistent about the illegitimacy and abuses of the *priests (v. 18)* who symbolize all of the powers in his time. *Mikal rolls up the skin:* He closes *the book that tells lies (book of man, of the centuries, I/5 & 11, II/15),* he disposes of it *(16/12, 35/12: You shall exclude the books of men).*

RÉVÉLATION ORIGINALE — *ORIGINAL REVELATION*
Les mots entre parenthèses (...), ajouts de la main du frère Michel, facilitent la lecture et la compréhension de l'original
The words in brackets (...), additions in brother Michel's hand, make the reading and understanding of the original easier

19. Le fer (vise) à ta tête ; la gueule paît ta tête ;
    (la raie a) la fureur plein le nez.

20. Les saints voient (cette fureur), (ils) tremblent, (ils) s'égaillent ;

21. Mikal (les r)appelle,
    le(urs) bec(s) troue(nt) la raie (comme) la neige.

22. (Par) Iyëchayë (J'ai) parl(é) :
    « Mikal bâtit Ma Maison sur Ma Maison. J('y) pose Mon Pied.

23. Mon Œil (se) ferme sur Mikal.
    Je fais les frères de Mikal. »

XLIII

1. Mikal est dans Mon Poing.

2. Crochée, la raie.
   (Si) tu lâches, (tu es) percé.

---

19. The iron (aims) at your head; the (ray's) mouth grazes on your head;
    (with) fury the (ray's) nose (is) choked.

20. The saints see (that fury), (they) tremble, (they) disperse ;

21. Mikal calls (them back),
    the(ir) beak(s) pierce the ray (like) snow.

22. (Through) Yuhshayuh (I) spoke,
    "Mikal builds My House over My House. I put My Foot (in it).

23. "My Eye closes on Mikal.
    I make Mikal's brothers."

XLIII

1. Mikal is in My Fist.

2. Hooked (is) the ray.
   (If) you let go (of it, you are) pierced.

ANNOTATIONS

Dieu donna en même temps au témoin son Message et le sens de son Message; ces notes sont de la main du témoin
God gave the witness at once his Message and the meaning of his Message; the notes are in the witness's hand

19. *Paître la tête:* Rendre chauve par le souci et l'angoisse, et aussi ruiner la réputation. La mission de *Mikal* n'est pas la voie du confort et du triomphe facile. Elle lui apportera beaucoup de soucis, il subira les attaques de l'extérieur: malveillance, calomnie, risées, peut-être même attentats *(ch. XIV, gland de fer XVI/6, et 29/2).*

20-21. *Saints* (non les «saints» canonisés): Anges. Les complots contre le *prophète* effraient même les anges. *Ils s'égaillent:* ils se dispersent (par la peur). Mais la promesse de protection déjà faite au *prophète* et aux *frères (29/6, 31/6)* sera tenue.

22-23. *Mon Œil se ferme sur Mikal* signifie: Je me repose sur *Mikal.* C'est une réponse claire à la question de Dieu rapportée par *Iyëchayë (Isaïe 66/1):* Dieu dit: «Puisque le Ciel est Mon Trône et la terre l'escabeau de Mes Pieds, quelle Maison bâtiriez-vous pour Moi, quel lieu de repos pour Moi?». *Ma Maison sur Ma Maison:* Formule superlative qui signifie *Ma Maison* par excellence; non la *Maison* (au sens étroit) où Dieu se manifeste à Arès en 1977 et où l'on viendra en Pèlerinage (nn. XL/1, XLI/9), mais le grand idéal qui unira tous les *frères* ralliés à la Parole d'Arès, la suprême *Maison* spirituelle, la *Maison* en quoi il faut *changer le monde (28/7).*

XLIII

1-2. *Mikal est dans Mon Poing:* «Deux mains bouillantes saisissent les poignets» de *Mikal,* puis cette «intime et brûlante Poigne lâche son bras droit, pour qu'il puisse écrire, mais tient toujours son gauche en l'air» (Récits, Notes et Réflexions sur les Théophanies). En empoignant le bras de *Mikal* Dieu illustre en quelque sorte sa *Parole* qui dit qu'il a *croché la raie* (le mal) pour le *prophète,* à qui il passe maintenant le crochet. Le prophète maintiendra la *Bête (22/14)* fermement à distance pour ne pas être *percé* par son dard mortel (voir XLII/4).

---

19. *To graze on someone's head:* To make someone bald with trouble and anguish, also to wreck someone's reputation. *Mikal's* mission is no path to comfort and easy success. The mission will cause him a great deal of worries, he will have to face up to attacks from the outside: malevolence, slander, mockery, may be even murder attempts *(ch. XIV, acorn of iron XVI/6, and 29/2).*

20-21. *Saints* (not the canonized 'saints'): Angels. Even angels are scared of the plots hatched against the *prophet; they disperse* from fear. But the promise of protection already made to the *prophet* and the *brothers (29/6, 31/6)* will be kept.

22-23. *My Eye closes on Mikal* means: I rely on *Mikal.* This is a clear answer to God's question reported by *Yuhshayuh (Isaiah 66/1):* Says God, "As heaven is My Throne and earth My Footstool, what house could you build Me, what place for Me to rely on?" *My House over My House:* A superlative phrase meaning *My House* par excellence; not the *House* (in the narrowest sense) where God manifested himself in 1977, and where people will come on Pilgrimage (nn. XL/1, XLI/9), but the great ideals round which all the *brothers* won over to the Word of Arès will rally, the supreme spiritual *House* into which we have to *change the world (28/7).*

XLIII

1-2. *Mikal is in My Fist:* 'Two boiling hot hands grasped the wrists' of *Mikal,* and then this 'intimate burning hot Grip released *Mikal's* right arm so that he could write, but it held on tight his left arm up' (Accounts, Notes and Thoughts about the Theophanies). By gripping *Mikal's* arm God, as it were, illustrates his Word that says that he has *hooked the ray* (evil) for the *prophet* to whom he hands on the hook now. The *prophet* shall keep firmly the *Beast (22/14)* at a distance so that its lethal sting cannot *pierce* him (see XLII/4).

RÉVÉLATION ORIGINALE — *ORIGINAL REVELATION*

Les mots entre parenthèses (...), ajouts de la main du frère Michel, facilitent la lecture et la compréhension de l'original
The words in brackets (...), additions in brother Michel's hand, make the reading and understanding of the original easier

3. Je suis ton Poing, tu mouds (la raie ; tu en fais) un javeau.

4. Mouhamad foule le javeau ;
   le cheval (de Mouhamad le foule) sous le pied.

5. Yĕchou, le fer de feu, la mer (qui) bout ; verre (devient) le javeau.

6. (En) mille (et) mille ans la gouée (s'est) glacée, le fer (est) en frutte ;

7. (mais) Mikal (rendra) le cœur rouge (comme le fer rouge) dans la braise.

8. L'homme frère voit (Mikal), l'homme frère va (vers lui) ; (il s'y attache comme l')écorce au cœur ; (l')écorce (devient) fer (affûté).

9. Un pont dans le froid (est jeté de) toi à Ma Main.

10. (De) Ma Main la Moelle coule ;

11. Le chien noir ne mange pas ton cœur (dans lequel) la Moelle coule.

---

3. I am your Fist, you grind (the ray into) a sandbank.

4. Muhammad treads down the sandbank ;
   the horse (of Muhammad treads it) underfoot.

5. Yuhshoo, the iron of fire, the sea (that) boils ; (into) glass the sandbank (turns).

6. (In) a thousand (and) a thousand years the billhook (has) frozen, the iron (is now) in frute ;

7. (but) Mikal (will make) the heart red (again like red-hot iron) in embers.

8. The brother man sees (Mikal), the brother man goes (to him) ; (he clings to him like) bark to the heart ; (the) bark (becomes sharpened) iron.

9. In the cold a bridge (is thrown from) you to Me.

10. (From) My Hand the Marrow flows ;

11. The black dog does not eat your heart (into which) the Marrow flows.

ANNOTATIONS
Dieu donna en même temps au témoin son Message et le sens de son Message; ces notes sont de la main du témoin
God gave the witness at once his Message and the meaning of his Message; the notes are in the witness's hand

3. *Javeau* (tas ou petite étendue de sable ou de vase laissé par une crue ou une marée): Un amas de choses, de concepts et de sentiments sans valeur.

4-5. *Fer de feu* (Littéralement *le fer le feu):* Fer rouge. *Mouhamad* (Mahomet) réduit *(foule)* le mal par la force brutale *(le cheval* = la guerre sainte). *Yëchou* (Jésus), dont la nature prophétique est différente de celle de Mahomet, transforme le mal en bien par l'amour évangélique comme le *feu* vitrifie le sable. Dans des circonstances différentes ils empruntèrent des voies différentes pour *changer le monde (28/7)*, mais le verset sous-entend qu'il y a d'autres voies possibles.

6-7. *Gouée:* Faux du *moissonneur* (on a vu *gouet*, au masculin, I/17). *En frutte* (origine non identifiée, probablement un dérivé *d'effrité):* Émoussé, ébréché. Au cours des temps, l'ardeur prophétique — que représente la *gouée* — s'est éteinte *(glacée)*. Mikal doit ranimer la *moisson (4/12, 5/2, 37/8, 38/2)*, la volonté enthousiaste d'évoluer, de reconsidérer toutes les valeurs.

8. *Homme frère:* Humaniste non croyant mais enclin à devenir un *frère*, un partisan de la cause arésienne (nn. XLI/5 et 11). *Affûté* a été emprunté, dans un souci de clarté, à *L'Évangile donné à Arès (31/6)*.

9. La *baie (XLII/1)* de lumière et d'espérance au milieu des eaux sombres du monde représente le *prophète*. Dieu jette un *pont* entre son Royaume et cette *baie* par-dessus la tempête permanente *(la vague, XLII/3)* d'une humanité spirituellement refroidie (qui est *dans le froid*).

10-11. *Moelle:* Grâce, *Force (37/3)*, Faveur *(XLI/9)* et amour de Dieu. *Le chien noir:* Le *noir*, le démon *(n.26/8-10)*, le mal (voir XVII/13 et ch. XVIII).

---

3. *Sandbank* (the French word *javeau* designates a *sandbank* or silt deposit left behind by a flood or a tide): A mass of worthless things, concepts and feelings.

4-5. *Iron of fire* (literally *the iron the fire):* Red-hot iron. *Muhammad* reduces *(treads down)* evil by brute force *(the horse* = the holy war). *Yuhshoo* (Jesus), whose prophetic nature is unlike *Muhammad's*, turns evil into good through evangelical love as *fire* vitrifies sand. Under different circumstances they had different ways to *change the world (28/7)*, but the verse gives to understand that there are other possible ways.

6-7. *Billhook* (already met in I/17): The *harvester's scythe. In frute* (the origin of the word is still unknow; probably a word derived from French *effrité*, crumbling away, eroded): Blunt, nicked. In course of time prophetic zeal—represented by the *billhook*—has faded or died *(has frozen)*. *Mikal* shall revive the *harvest (4/12, 5/2, 37/8, 38/2)*, man's enthusiastic will to evolve, to reconsider all values.

8. *Brother man*: Humanist who, though a non-believer, is inclined to become a *brother*, an advocate of the Aresian cause (n. XLI/5 & 11). *Sharpened* was borrowed from *The Gospel Delivered in Arès (31/6)* in a concern to be clear.

9. The *bay (XLII/1)* of light and hope in the middle of the world's dark waters represents the *prophet*. God throws a *bridge* between his Kingdom and that *bay* over the permanent storm *(the wave, XLII/3)* of mankind whose spirituality has cooled off (is *in the cold*).

10-11. *Marrow:* God's Grace, *Force (37/3)*, Favour *(XLI/9)* and Love. *The black dog:* The *black one*, the devil *(n.26/8-10)*, evil (see XVII/13 and ch. XVIII).

RÉVÉLATION ORIGINALE — ORIGINAL REVELATION

Les mots entre parenthèses (...), ajouts de la main du frère Michel, facilitent la lecture et la compréhension de l'original
The words in brackets (...), additions in brother Michel's hand, make the reading and understanding of the original easier

12. (Comme) la chaux (la Moelle réduit) l'œil (et) la langue du roi blanc (à de) la bourbe.
13. Le roi noir, son bras (devient comme) la langue du pendu.
14. Le Feu monte dans le fer (rouge), perce la sole ; (il s'é)lève (depuis) le Fond (jusque) dans la tête du frère.
15. La Moelle court le long (du) fer (jusqu')à la tête du frère froid(e).
    La tête froid(e) parle (clair), (mais) la tête chaud(e) est (comme) neuf têtes.

XLIV

1. Le Mont sur le Fond (se re)ferme.

2. Mikal (se) jette dehors.

3. (Des) rémiges (sont) tes mains.
    Tu voles, (mais) tu laisses ton pied dans la terre.

---

12. (Like) the lime (the Marrow reduces) the eye (and) the tongue of the white king (to) mire.
13. The black king—his arm (becomes like) the tongue of the hanged man.
14. The Fire rises inside the (red-hot) iron, pierces the sole ; (it) lifts (from) the Core (all the way) to the head of the brother.
15. The Marrow runs along (the) iron (to) the brother's cool head.
    The cool head speaks (clearly), (but) the hot head is (like) nine heads.

XLIV

1. The Mount closes on the Core.

2. Mikal dashes out.

3. Your hands (are) remiges.
    You fly, (but) you leave your foot in the ground.

ANNOTATIONS
Dieu donna en même temps au témoin son Message et le sens de son Message; ces notes sont de la main du témoin
God gave the witness at once his Message and the meaning of his Message; the notes are in the witness's hand

12-13. *Roi blanc:* Tous les pouvoirs religieux (voir IX/1-2) et, par extension, toutes les religions. *Roi noir:* Homologues profanes du *roi blanc* et toutes leurs institutions (politiques, judiciaires, financières, intellectuelles, etc.). Voir le thème des *pendus* (ch. XXIX et XXX).

14-15. *Feu* (voir XLI/3 et 6-7). *Fer rouge* (voir v. 5). *Sole:* Fondement ou assise des *degrés (2/20)* ou valeurs terrestres, opposé au *Fond (Fond des Fonds XXXIV/6)*, le principe fondamental, le *Dessein* absolu, sur quoi repose la Création. Le *frère* est un ardent serviteur du *Dessein* (un *cœur rouge, v.7*), mais c'est la *tête froide* qu'il prie *(parle = prononce* dans le sens de *Prononcer Ma Parole pour l'accomplir, 35/5-6)*, qu'il fait *pénitence*, qu'il *moissonne*, et qu'il aime son prochain. Nécessaire équilibre entre la transcendance et le sang-froid de la foi créatrice et de l'amour. La *tête* trop émotive perd sa lucidité spirituelle *(est comme neuf têtes)*, elle peut être tentée par l'esprit de religion, par le mysticisme, le fanatisme, l'illuminisme, l'ésotérisme.

XLIV 1. *Mont* (voir VI/1): Montagne Sainte *(7/7, 25/9)*; ce thème est également fréquent dans la Bible. La Théophanie d'Arès est un événement d'importance suprême: Dieu *(le Mont)* et le principe profond de sa Création *(Fond)*, par extension la créature elle-même, se rapprochent; la *Main* divine *se referme* sur *Mikal*, ils ne font qu'un pendant cette rencontre.

2. *Se jette dehors:* Comme le jeune *faucon* quitte le nid pour son premier vol (vv. 3, 6 et 12, XVI/14-15, XLV/14), le *prophète* va bientôt développer sa mission.

3. *Rémiges:* Grandes plumes de l'aile (ici l'aile du *faucon*, voir n. 2). Le *prophète* s'envole, mais il garde la *tête froide (XLIII/14-15)*, il est réaliste (un *pied dans la terre*). Il a atteint l'équilibre et la force nécessaires pour relier solidement la terre au Ciel.

12-13. *White King:* All of religious powers (see IX/1-2) and, by extension, all of religions. Black King: The profane equivalents of the *white king* and all their institutions (political, judicial, financial, intellectual, etc.) See the theme of the *hanged men* (ch. XXIX & XXX).

14-15. *Fire* (see XLI/3 & 6-7). *Red-hot iron* (see v. 5). *Sole:* Foundation or basis of the earthly *degrees (2/20)* or values as opposed to the *Core* (or *Bottom*, or *Base, Core of the Cores XXXIV/6)*; the fundamental principle, the absolute *Design*, on which the Creation est based. The *brother* is an ardent servant (a *red-hot heart, v.7*) of the *Design*, but he keeps his *head cool* when he prays *(speaks = utters* as in *Uttering My Word so as to achieve it, 35/5-6)*, makes penitence, harvests and loves his neighbour. Balance is necessary between the transcendency and the composure of creative faith and love. Too emotional a *head* loses spiritual lucidity *(it is like nine heads)*, may be tempted by the spirit of religion, by mysticism, fanatism, illuminism, esoterism.

XLIV 1. *Mount* (see VI/1): *The Saint's Mountain (7/7, 25/9);* this theme also is recurrent in the Bible. The Theophany of Arès is an event of paramount significance: God *(the Mount)* and the deep principle of his Creation *(Core* or *Bottom)*, by extension the creature himself, come together; the divine Hand *closes on Mikal*; the Maker and the *prophet* are like one person during the meeting.

2. *Mikal dashes out* or *outwards:* Just as the young *falcon* leaves the nest for its first flight (v. 3, 6 & 12, XVI/14-15, XLV/14) the *prophet* will set about developing his mission before long.

3. *Remiges:* Big quill feathers of the wing (here the *falcon's* wing, see n. 2). The *prophet* flies up, but he keeps his *head cool (XLIII/14-15)*, he is realistic (keeps a *feet in the ground*). He has reached the balance and strength that enable him to firmly link the earth to Heaven.

RÉVÉLATION ORIGINALE — *ORIGINAL REVELATION*
Les mots entre parenthèses (...), ajouts de la main du frère Michel, facilitent la lecture et la compréhension de l'original
The words in brackets (...), additions in brother Michel's hand, make the reading and understanding of the original easier

4. Je suis (et Je) viens prendre ton pied ;
   (Je l')attache (à) ta lèvre.

5. Le Signe n'est pas (encore donné).

6. (Mais quand) Mikal vole(ra, il sera comme) le Vent chaud.

7. Ta bouche étale la braise de Yëchou ;
   ton bras a la lance de Mouhamad.

8. (Par)tout la glace est (maîtresse de) l'Eau.

9. La tête du frère a l'Eau.

10. Tu voles, (alors) Mouhamad, son cheval vient sous toi ; son crin vole à (ta) droite.

---

4. I am (and) I come and pick up your foot ;
   (I) fasten (it) to your lip.

5. The Sign has not been (given yet).

6. (But when) Mikal flies, (he will be like) the warm Wind.

7. Your mouth spreads the embers of Yuhshoo ;
   your arm has the spear of Muhammad.

8. Every(where) the ice is (master of) the Water.

9. The brother's head has the Water.

10. You fly, (then) Muhammad, his horse comes beneath you ; its hair floats on (your) right hand.

ANNOTATIONS
Dieu donna en même temps au témoin son Message et le sens de son Message; ces notes sont de la main du témoin
God gave the witness at once his Message and the meaning of his Message; the notes are in the witness's hand

4. *Je suis:* Voir II/1. La phrase, complétée pour la clarté, aurait pu être laissée comme prononcée: *Je-suis* (nom propre) *vient prendre ton pied,* qui fait penser à *Exode 3/12-14* où Dieu recommande à Moïse de se présenter chez les Hébreux en disant: *Je-suis m'envoie vers vous.* Le *pied attaché à la lèvre:* Le *prophète* est à la fois la parole et l'action.

5-7. Dieu présent à Arès n'est-il pas le *Signe* du *changement?* Mais rien ne *change* sur terre sans la volonté conjointe du Père et de l'homme. Pour l'heure, seul *l'envol* du *faucon* est possible. Le *Signe* ne sera complet, donc *donné,* que quand le stade des paroles — *Parole* de Dieu et *parole* de *Mikal* — sera dépassé, quand l'homme *changera,* donc quand le *reste* et le *petit reste* auront existé et atteint un stade significatif. *La braise de Yëchou:* Voir XLIII/5.

8-9. La *glace* (impiété, scepticisme, obscurité, erreur, méchanceté, égoïsme, cynisme, stupidité, maladie, sénilité, mort, etc.) en quoi le péché a changé le *cœur* de l'homme est quand même faite *d'Eau* (potentialité spirituelle, *image et ressemblance* de Dieu). Il faut provoquer le dégel. La recréation de soi et la recréation du monde ne s'opèrent pas hors de *l'Eau,* source de *Vie (18/5, 24/3-5, 25/3, etc.), Eau* spirituelle, *Eau* d'éternité (voir XL/16), etc.

10. *Mouhamad* est le *sceau des prophètes,* c.-à-d. l'ultime *prophète* absolu pour toutes les parties du Coran apportant à des païens la Révélation absolue, dont le *Fond* est: *Il est Dieu unique (Coran 112),* aboutissement (ou *sceau*) du prophétisme absolu d'Abraham. Le prophétisme de Mahomet est réel mais non absolu dans les parties du Coran rappelant la Bible ou celles touchant à des points de mœurs et de juridisme locaux et circonstanciels, dont beaucoup sont maintenant inappliqués dans l'Islam même. Mais, la Vérité étant unique, tous les *prophètes* ne sont que des rappeleurs, comme Moïse (abstraction faite des «lois» et des *gloses* du clergé juif qui corrompit sa Révélation), *Yëchou* (Jésus) et *Mikal (35/9, XXXVII/2).* Ils rappellent la vraie Parole; ils

---

4. *I am:* See II/1. The sentence has been completed in a concern for clarity, but it could have been left worded in its original form: *I-am* (proper name) *comes to pick up your foot,* which reminds us of *Exodus 3/12-14,* when God advised Moses to call upon the Hebrews in saying: *I-am has sent me to you.* The *foot fastened to the lip:* The *prophet* is both word and action.

5-7. Is God present in Arès not the *Sign* of the *change?* But nothing *changes* on earth without the joint will of both the Father and man. For the time being only the *falcon's* taking wing is possible. The *Sign* will not be complete, *given* then, until the stage of the words—God's *Word* and *Mikal's word*—is exceeded, until man *changes,* accordingly until the *remnant* and *small remnant* come to existence and reach some significant stage. *The embers of Yuhshoo*: See XLIII/5.

8-9. The *ice* (impiety, skepticism, obscurity, error, malevolence, selfishness, cynicism, illness, foolishness, senility, death, etc.) into which sin has changed man's *heart* is made of *Water* (spiritual potentiality, *image and likeness* of God) just the same. The thaw is to be started. Recreation of the self and recreation of the world cannot occur outside the *Water,* the source of *Life (18/5, 24/3-5, 25/3, etc),* the spiritual Water, the *Water* of eternity (see XL/16), etc.

10. *Muhammad* is the *seal of the prophets,* that is, the ultimate absolute *prophet* for all the parts of the Quran that brought pagans the absolute Revelation, the *Core* of which is: *God is One (Quran 112),* the outcome (or *seal*) of Abraham's absolute prophetic action. Muhammad's prophethood is real but not absolute in the parts of the Quran reminiscent of the Bible or those regarding local and circumstantial points of customs and legalism, many of which are no longer applied in Islam itself. But, as there is one Truth, all the *prophets* are only recallers, like Moses (leaving aside the «laws» and *glosses* by Jewish clergy who adulterated his Revelation), *Yuhshoo* (Jesus) and *Mikal (35/9, XXXVII/2).* They recall the true Word; they battle with the

RÉVÉLATION ORIGINALE — *ORIGINAL REVELATION*
Les mots entre parenthèses (...), ajouts de la main du frère Michel, facilitent la lecture et la compréhension de l'original
The words in brackets (...), additions in brother Michel's hand, make the reading and understanding of the original easier

11. (À) ta gauche le Bon tourne autour (de la terre).

12. Mikal vole.

XLV 1. Mon Poing abat le(s) chien(s à) la queue noire.
2. Le râle (a) trois cents gueules, vieille voix dans la pente,
3. (mais) la barbe pousse (sur) son œil.
4. Tu voles,
(mais) le râle (ne) voit (que) son poil dans l'œil, le poil (qui re)luit.

---

11. (On) your left the Good one turns around (the earth).

12. Mikal flies.

XLV 1. My Fist knocks down the black-tailed dog(s).
2. The (water) rail (has) three hundred mouths, the old voice down the slope,
3. (but) the beard grows (on) its eye.
4. You fly,
(but) the rail can see (nothing but) its hair in its eye, the hair (that) gleams.

ANNOTATIONS

Dieu donna en même temps au témoin son Message et le sens de son Message; ces notes sont de la main du témoin
God gave the witness at once his Message and the meaning of his Message; the notes are in the witness's hand

combattent les erreurs, superstitions et influences qui altèrent la Vérité; ils adaptent celle-ci à l'évolution mentale; ils libèrent de la lettre l'esprit et ils libèrent du moralisme l'amour. Ils dégagent les croyants du formalisme (la religion); ils exhortent les croyants au dépassement par la vie spirituelle et le retour à *l'image et ressemblance* du Créateur. Par là ils portent la personne et la société à se recréer en suivant le *Dessein* rejeté librement par l'homme — liberté humaine que le Créateur même de la liberté respecte —. Ils s'efforcent aussi de redonner l'espoir aux incroyants et aux sceptiques. Mahomet chevauche (à *cheval* = prêt à l'action) *à la droite* de *Mikal* pour l'assister dans sa mission, Dieu étant toujours *sur la gauche* du *prophète (35/15,* n. XXXV/11). *Cheval de Mouhamad:* Soutien que l'Islam doit apporter à *Mikal* — comme le devraient la judaïté et la chrétienté et tous les hommes de bien —. Ce *cheval* fait penser à la jument ailée Boraq, conduite par l'ange Gabriel, sur laquelle Mahomet fit son «Voyage Nocturne».

11-12. Ici Jésus a la préséance sur *Mikal (le Bon à ta gauche).* Dans d'autres versets c'est l'inverse (II/5, XIII/18, etc). De toute façon, il n'y a qu'un prophétisme (XXXVII/9), puisqu'il n'y a qu'une Parole. Comme Mahomet (v.10) Jésus assiste le *prophète* d'Arès dans sa mission.

XLV 1. Voir le *chien noir (XLIII/11).*

2-3. *Le râle* (oiseau échassier migrateur): Le caquet intellectuel, religieux et politique. *Vieille voix dans la pente:* Discours ou concept faux mais rendu vénérable par son antiquité, par la culture dont il se réclame, par sa formulation bien rodée. La religion et la politique sont aveuglées par leur ancienneté *(la barbe* leur *pousse sur l'œil).*

4. *Le poil qui luit:* L'orgueil, la présomption, le mépris. Pour ces *vieilles* puissances de la terre qu'est donc ce petit *prophète* venu d'un lieu inconnu et dérisoire, Arès?!

---

mistakes, superstitions and influences that misrepresent Truth; they adjust the latter to the mental evolution; they ease the spirit of the letter and they ease love of moralism. They relieve believers of formalism (religion); they urge on believers transcendence by living spiritual life, by restoring the *image and likeness* of the Creator in them. Thereby they prompt the individual and society to recreate themselves by taking to the *Design* that man has freely rejected—human freedom which the very Creator of freedom respects—. They also strive to restore the unbelievers' and skeptics' trust. *Muhammad* rides (on *horse*back = ready for action) *on the right* of *Mikal* to assist him with his mission, God being always on the right of the *prophet* (35/15, n. XXXV/11). *Muhammad's horse:* The support that Islam should give Mikal—so should Judaism, Christiandom, and all good men—. This *horse* reminds us of winged mare Boraq, driven by archangel Gabriel, on whose back Muhammad went on the 'Nocturnal Journey'.

11-12. Here Jesus has precedence over *Mikal (the Good one on your left).* In other verses it is the reverse (II/5, XIII/18, etc). At any rate, there is a one and only prophethood (XXXVII/9) since there is a one Word. Just as Muhammad does, Jesus helps the *prophet* of Arès with his mission.

XLV 1. See the *black dog (XLIII/11).*

2-3. *The rail* (a migrant wading bird): The intellectual, religious, political cackle. *Old voice down the slope:* A rhetoric or concept wrong though regarded as venerable for its antiquity, for the culture it belongs in, and for its smoothly running wording. Religion and politics are blinded *(the beard on their eyes)* with their own antiquity

4. *The hair that gleams*: Pride, self-importance, scorn. What could that petty *prophet* from Arès, a derisory unknown place, represent to the *old* earthly powers?!

RÉVÉLATION ORIGINALE — *ORIGINAL REVELATION*
Les mots entre parenthèses (...), ajouts de la main du frère Michel, facilitent la lecture et la compréhension de l'original
The words in brackets (...), additions in brother Michel's hand, make the reading and understanding of the original easier

5. Long(ue est) la patte (du râle, mais elle est) valgue.
   Elle va, la hanche tourne.

6. L'œil (du râle) tourne, l'œil (du râle) guette l'œil (de l'homme) transi (de peur) sous la patte,

7. (mais) l'œil (du râle) ne voit pas Mikal dans Ma Main.

8. Son bras a la rouille ; contre toi (il envoie) la raie ;
   son fer (t'attaque par-)dessous.

9. Mais tu voles (au-dessus du péril).
10. Le Mont (a) les pics (que) le(s) guetteur(s), (dont) l'œil (ri)boule, ne voi(en)t pas.

11. Le(s) chef(s ont) le ver dans l'œil,
    (c'est pourquoi ils) ont le(s) guetteur(s).

---

5. Long (is) the leg (of the rail, but it is) valg.
   The leg moves, the hip turns.

6. The eye (of the rail) turns, the eye (of the rail) looks out for the eye (of the man) transfixed (with fear) under its foot,

7. (but) the eye (of the rail) cannot see Mikal in My Hand.

8. The rail's arm has the rust (on) ; against you (it sends) the ray ;
   its iron (attacks you from) beneath.

9. But you fly (above the peril).
10. The Mount (has) the peaks (which) the look-out(s), whose eye(s) roll, cannot see.

11. The ruler(s have) the worm(s) in the(ir) eye(s),
    (this is why they) have the look-out(s).

ANNOTATIONS
Dieu donna en même temps au témoin son Message et le sens de son Message; ces notes sont de la main du témoin
God gave the witness at once his Message and the meaning of his Message; the notes are in the witness's hand

5. *Valgue:* Bancal (du latin *valgus*). *La hanche tourne:* Le *râle (v.2)* boite, va de travers, par opposition à la *hanche* du *prophète* qui se tient et marche *droite (XLII/8)*.

6. *Œil* qui *tourne:* Regard trompeur. Le regard professionnel de bonté et de désintéressement de nombreux religieux et politiques cache leur préoccupation constante d'être vénérés, ou tout du moins suivis, obéis. *Guetter* ceux qui ont *l'œil transi:* Fonder son pouvoir sur l'humanité impressionnable, moutonnière, passive ou conformiste.

7. Le mépris des religieux, des politiques et autres gens importants pour le *prophète* et ses *frères* a du bon. Persuadés que les Pèlerins d'Arès disparaîtront aussi vite qu'ils ont apparu, et infatués de leur nécessité ou pleins d'illusions sur leur supériorité, ils ignoreront assez longtemps le *petit reste* pour qu'il puisse commencer de se développer irréversiblement.

8-9. Les grandes institutions religieuses et profanes sont généralement hypocrites; maganimes ou indifférentes, elles ne semblent jamais attaquer personne (leur *bras a la rouille*). Elles font exécuter leurs mauvaises besognes par des intermédiaires, des provocateurs, des journalistes, des agents infiltrés, etc. *(Son fer attaque par-dessous:* voir XLII/3, voir aussi *guetteurs v. 10)* .

10-11. *Mont:* Voir n. XLIV/1. *L'œil des guetteurs riboule:* Ils roulent des yeux cherchant à tout voir. *Guetteurs:* Serviteurs, exécutants, espions. Ils paraissent perspicaces, mais ils *ne voient* pas assez haut et assez loin *(ne voient pas les pics* = les choses les plus importantes), notamment ils sous-estiment la Force spirituelle *(le Mont:* Dieu) de *Mikal* et des *frères*. Ils sont cependant plus clairvoyants que leurs *chefs* obnubilés *(le ver dans l'œil)* par la dignité, l'ancienneté (n. 2-3) et la tradition attachées à leurs fonctions, qu'ils croient indéracinables.

---

5. *Valg:* Lame (from Latin *vulgus*). *The hip turns:* The *rail (v.2)* limps, staggers along, as opposed to the *hip* of the *prophet* who stands and moves *straight (XLII/8)*.

6. *Eye* that *turns:* Deceptive look. The professional benevolent, selfless looks of numerous religious men and politicians conceal their permanent concern to be revered, or at least followed, obeyed. *Looking out* for those whose *eye is transfixed:* Building one's power on the impressionable, sheeplike, passive or conformist men.

7. The scorn of the religious men, politicians and other important persons for the *prophet* and his *brothers* has its good points. Convinced that the Arès Pilgims will disappear as fast as they appeared, and conceited about their necessity or filled with illusions about their superiority, they will be ignoring the *small remnant* long enough for it to begin developing irreversibly.

8-9. The religious and profane great institutions are generally hypocritical; showing magnanimity or indifference, they never sound and look as if they were going to attack anyone (Their *arms have the rust on*). They have their bad jobs done by intermediaries, agitators, journalists, infiltrated men, etc. *(Its iron attacks from beneath*: See XLII/3, also see *look-outs v. 10).*

10-11. *Mount:* See n.XLIV/1. *The look-outs' eyes roll*: They strive to see everything everywhere. *Look-outs:* Servants, underlings, spies. They look shrewd, but they *cannot see* high enough or deeply enough *(cannot see the peaks* = the most important things), they underrate the spiritual Strength *(the Mount:* God) of *Mikal* and the *brothers*. They are, however, more clear-sighted than their *leaders* who are obsessed *(have worms in their eyes)* with the dignity, antiquity (n. 2-3) and tradition peculiar to their functions, which they deem to be ineradicable.

RÉVÉLATION ORIGINALE — *ORIGINAL REVELATION*

Les mots entre parenthèses (...), ajouts de la main du frère Michel, facilitent la lecture et la compréhension de l'original
The words in brackets (...), additions in brother Michel's hand, make the reading and understanding of the original easier

12. La gent(e) parle (du haut du Mont) :
    « La Taure entre dans la cuisse. »
13. (La) pieuse gent(e) choit, le sein devant, le sein dur (comme) Mon Poing (qui) bat (la terre) ;
14. le faucon (dont) les ois(ill)ons (ont) les serres ; (par) mille (et) mille (ils) battent la terre, (comme) les haches (ils s'a)battent.
15. (De) haut elle choit, blanc(he comme) l'Eau ; elle bout (quand) elle choit, (elle) frappe (comme) le fouet,
16. (de) haut la pieuse gent(e) choit, (elle éclate comme) l'orage ; les oreilles crèvent.
17. Elle crie (comme) les scies. Brume les perles (d'Eau du Ciel).
18. Le(s) guetteur(s), le(ur) ventre perd ; tu coupes le(ur)s jambes (et) le cou de(s) chef(s auquel) l'or pend (comme) les loupes.

19. Mes unis roulent la graisse dans l'eau ; l'Eau bout.

---

12. The kindred speak out (from the top of the Mount) :
    "The Taure enters the thigh."
13. (The) pious kindred fall with their breasts in front, their breasts hard (as) My Fist (which) beats (the earth) ;
14. the falcon (whose) fledglings (have) the talons ; (in their) thousands (and) thousands (they) beat the earth, (like) the axes (they) beat (down on it).
15. (From on) high they fall, white (as) the Water ; they boil (while) they fall, (they) strike (like) the scourge,
16. (from on) high the pious kindred fall, (they break like) the thunder storm ; men's ears burst.
17. They shout (like) the saws. (Like) mist are the (Water) pearls (from Heaven).
18. The look-outs, the(ir) bellies leak ; you chop the(ir) legs (and) the necks of the ruler(s from which) gold hangs (like) the wens.

19. My united ones roll the fat in the water ; the Water boils.

ANNOTATIONS
Dieu donna en même temps au témoin son Message et le sens de son Message; ces notes sont de la main du témoin
God gave the witness at once his Message and the meaning of his Message; the notes are in the witness's hand

12-13. *La pieuse gent(e)* (s'orthographie *gent* en français, mais fut prononcé *gente;* de là, le *e* final noté et conservé par le témoin): Le *petit reste, les frères. Taure* (taureau reproducteur): Les *âmes* fécondes. «*La Taure entre dans la cuisse*» signifie: «Nous sommes le peuple apostolique que Dieu envoie féconder l'humanité, l'engrosser de vie spirituelle.»

14. Le *faucon (XVI/14-15, XIX/24, XLIV/2-3)* est le *prophète; les oisillons* sont ses *frères.* Ensemble ils forment le *Poing (vv.1 et 13)* de Dieu (XLIII/1-3), les réveilleurs spirituels qui vont *battre la terre* comme une pluie torrentielle *(haches, fouet, l'Eau* bouillonnante) pour *changer* l'humanité (28/7, 30/11).

15-17. *La pieuse gente choit (vv.12, 13 et 16):* Elle tombe ou fond du Ciel = descend tout droit de la Parole de Dieu. *Elle bout:* Elle éclabousse et arrose comme un torrent. *Brume les perles d'Eau:* Les frères imbibent le monde de Vérité. Ces versets imagés annoncent aussi les épreuves de la *pieuse gente:* Opposition et lutte, mais dans l'exaltante aventure de la mission.

18. *Loupes* (goitres, excroissances graisseuses, v.19): Enflure de l'esprit, redondance, et aussi démesure de renom et de fortune. *Leur ventre perd:* Les ennemis de *La Révélation d'Arès* prennent peur devant l'influence imprévue de la mission arésienne, le remue-ménage qu'elle provoque (vv.15-17); comme ils ont été indiscutés, repus de biens *(or),* de sûreté et d'honneurs *(loupes)* longtemps, ils ont perdu toute combativité décisive contre le *prophète.*

19. *La graisse:* Les *loupes (v.18). Mes unis: Frères* venus de tous les horizons, croyants ou humanistes, *s'unissant* pour faire un monde neuf (28/7 et 10, 35/11, 25/6). Confrontation de *l'eau* du monde et de *l'Eau* de Dieu (XLIV/8, XXVI/7).

12-13. *The pious kindred:* The old-fashioned French word *'gent'* means 'people having a common source, a race, a tribe, family, the closely related ones', i.e. the *small remnant,* the *brothers. Taure* (breeding bull): Fertile *souls.* "*The Taure enters the thigh*" means, "We are the apostolic people that God sends out to fertilize mankind, to make it pregnant with a fresh spiritual life."

14. The *falcon (XVI/14-15, XIX/24, XLIV/2-3)* is the *prophet;* the *fledglings* are his *brothers.* They all together make up the *Fist (v.1 & 13)* of God (XLIII/1-3), the spiritual awakeners who will *beat down the earth* as a torrential rain *(axes, scourge, the* seething or *boiling Water)* in order to *change* humanity (28/7, 30/11).

15-17. *The pious kindred fall (v.12, 13 & 16):* They swoop from Heaven = descend from God's Word direct. *They boil:* They splash and water the earth as a torrent. *Like mist are the Water pearls:* The *brothers* impregnate the world with Truth. These verses full of imagery also forebode hardships for *the pious kindred:* Conflict and struggle, but in the elating adventure of the mission.

18. *Wens* (goiters, fatty excrescences, v.19): Turgidity of mind, superfluity, also excess of fame and wealth. *Their bellies leak:* The enemies of *The Revelation of Arès* take fright noticing the unexpected influence the Aresian mission exert, the commotion it arouses (v.15-17); as they have long been undisputed, and as they have long had their fill of wealth *(gold),* safety and honors *(wens),* they have lost any decisive fighting spirit against the *prophet.*

19. *The fat:* The *wens (v.18). My united ones: Brothers* hailed from very different backgrounds, whether believers or humanists, *uniting* to build a new world (28/7 & 10, 35/11, 25/6). Confrontation between the world's *water* and God's *Water* (XLIV/8, XXVI/7).

RÉVÉLATION ORIGINALE — *ORIGINAL REVELATION*
Les mots entre parenthèses (...), ajouts de la main du frère Michel, facilitent la lecture et la compréhension de l'original
The words in brackets (...), additions in brother Michel's hand, make the reading and understanding of the original easier

20. Mes pieux (é)lèvent ton signe, le faucon sans peur.
21. (Le faucon survole) la vague (qui) bave (par-)dessous ; il (la) voit (petite comme) un pois.
22. La Mer noie la raie (et) le(s) guetteur(s).
23. La Mer (sou)lève les frères (comme) la fane.
24. Le roi blanc, le roi (qui) a la peau lourd(e, est mis) nu.

25. Mikal a le Blanc ; voilà le Retour !

26. Mon faucon vole, (et au repos) son pied dort sur Ma Main.

XLVI

1. Tes frères à bras (ou) à cinelle, beaucoup (sur qui l'on) ferme(ra) la coute.
2. La coute serre le rein (et) la main ; (dans) le bras blanc (l'on) coud la tête ;
l'os rit dans le(s) pli(s).

3. (Dans) la nappe, le manteau du frère — le frère (qui) a le pied corné —, (on) coud le pied.

---

20. My pious ones raise your sign, the fearless falcon.
21. (The falcon flies over) the wave (that) slobbers underneath ; it sees (the wave as small as) a pea.
22. The Sea drowns the ray (and) the look-out(s).
23. The Sea lifts the brothers (like) the hay.
24. The white king, the king (who) has a heavy skin, (is stripped) naked.

25. Mikal has the White ; here is the Return !

26. My falcon flies, (and when it rests) its foot sleeps on My Hand.

XLVI

1. Your brothers with arms (or) with haws, many (on whom) the coot (is) close(d).
2. The coot wraps the loins (and) the hand tight ; the white arm(—one) stitches (it round) the head ;
the bone laughs in the crease(s).

3. The tablecloth, the coat of the brother, (of) the brother (who) has a calloused foot(—one) stitches (it round) the foot.

ANNOTATIONS
Dieu donna en même temps au témoin son Message et le sens de son Message; ces notes sont de la main du témoin
God gave the witness at once his Message and the meaning of his Message; the notes are in the witness's hand

20-22. Le *faucon, signe* du prophète. *Vague qui bave:* Tempête, tourmente (XLII/3). La *vague:* La mer des tempêtes et des abîmes terrestres opposée à la *Mer* de la Vérité et du renouveau *(20/4, XXX/12-13)*. Les valeurs du monde finiront par se noyer d'elles-mêmes (v. 22).

23. *Fane:* Foin, herbe légère, qui flotte sur *l'Eau*.

24-25. *Voilà le retour!* (voir I/1): *Retour* d'un *prophète* et d'un peuple d'hommes droits et créateurs *(la Taure, v. 12)*, forme habituelle du *Retour* de Dieu depuis la Genèse. *Roi blanc:* Tous pouvoirs religieux et, par extension, toutes religions, voir IX/3-7, XXIX/1, etc. *Peau lourde:* Tenues et insignes de puissance, ecclésiastiques, judiciaires, militaires, etc. *Le Blanc* opposé au *blanc* du *roi (v. 24):* La marque de la vie spirituelle (opposée à la marque de la religion) qui revient à celui que Dieu élit pour restaurer la Vérité et préparer le *changement (28/7)*.

26. *Faucon* (voir v. 20): Le *prophète*.

XLVI

1-3. *À bras* (pénis) *ou à cinelle* (cenelle, fruit de l'aubépine): Hommes ou femmes. *Bras blanc:* Manche de la *coute*. *Coute* (du latin *cuculla* ou dérivé de *couture?):* Tunique portée dans les grandes occasions de la vie spirituelle (10/13, 34/l). Quand meurt le *frère* ou la *sœur* au *pied corné* (qui marcha dans la voie de la *Parole* et qui travailla à la *Moisson*), il ou elle est revêtu de la *coute*. Mais le *frère* est, par surcroît, enveloppé dans la *nappe (33/27)* qu'il utilisait pour servir le *pain, le vin et l'huile* lors de la *Mémoire du Sacrifice (8/2-9, 9/1, 10/4-6, etc., XXXIII/15)*. *Coute* et *nappe* (de la dimension d'un *manteau* ou d'une *cape*) sont *cousues sur la tête, les mains* et *les pieds*. *L'os rit dans le pli:* Le *frère* ou la *sœur* sont ainsi préparés très simplement pour des *funérailles* tout aussi simples (pas de *pompes* funéraires, *33/26-36)*.

20-22. The *falcon*, the *sign* of the *prophet*. *Wave that slobbers:* Storm, tempest (XLII/3). The *wave*: The sea of the earthly storms and abysses as opposed to the *Sea* of Truth and revival *(20/4, XXX/12-13)*. The wordly values will eventually drown on their own (v. 22).

23. *Hay* (The French word *'fane'* means grass drying for hay): Light grass floating on the *Water*.

24-25. *Here is the Return!* (see I/1): The *return* of a *prophet* and of a people of righteous and creative men *(Taure, v. 12)*, which has been the usual form of God's *Return* since Genesis. *White King:* All religious powers and, by extension, all religions, see IX/3-7, XXIX/1, etc. *Heavy skin:* Dresses and insignia of power as of clergy, judges, soldiers, etc. *The White* as opposed to the *white* of the *king (v. 24):* The mark of spiritual life (as opposed to the mark of religion) which is by right that of the man chosen by God to restore Truth and prepare for the *change (28/7)*.

26. *Falcon* (see v. 20): The *prophet*.

XLVI

1-3. *With arms* (penes) *or with haws* (berries of the hoe or hawthorn bush): Men or women. *White arm:* Sleeve of the *coot*. *Coot* (from Latin *cuculla* or from French *couture:* sewing, seam?): *Tunic* worn on important occasions of spiritual life (10/13, 34/1). When a *brother* or a *sister* with a *calloused foot* (who has followed the path of the *Word* and worked at the *Harvest*) has died, he or she is clothed in the *coot*. But the *brother*, moreover, is wrappred in the *tablecloth (33/27)* that he used to serve the *bread, wine and oil* on the days of *Calling of the Sacrifice to Remembrance (8/2-9, 9/1, 10/4-6, etc., XXXIII/15)*. The *coot* and *tablecloth* (the size of a *coat* or cloak) are *stitched* round the *head, hands* and *feet*. *The bone laughs in the creases:* The dead *brother* or *sister* are thus very simply prepared for a very simple *funeral* (no funerary *pomps, 33/26-35)*.

RÉVÉLATION ORIGINALE — *ORIGINAL REVELATION*
Les mots entre parenthèses (...), ajouts de la main du frère Michel, facilitent la lecture et la compréhension de l'original
The words in brackets (...), additions in brother Michel's hand, make the reading and understanding of the original easier

4. Ma Bouche (est) la chambre (du frère mort, la) kitoneth ;
le frère mange sur Ma Dent.

XLVII

1. Je parle (depuis) mille (et) mille ans ;
l'oreille (se) ferme.
2. Yërouch'lim ne tient pas dans Ma Main ; le bruit (M'a remplacé) dans Yërouch'lim.

3. L'(é)change, Je (le) donne.

4. La rive (d'Arès), la rive a le sel (qu'on met) dans le pain, la rosée (d'Arès est le) le vin (qui) lave la langue du frère.

5. (Arès est) le val Hanouka (au) ras (de la mer), (où) le frère ne lèche pas le bois.

6. Hanouka-la-langue-propre, le val béni sous ta paupière large.

---

4. My Mouth (is) the chamber (of the dead brother, the) kitoneth ;
the brother eats on My Tooth.

XLVII

1. I (have been) speak(ing for) a thousand (and) a thousand years ;
men's ears (have kept) close(d).
2. Yuhrooshlim has not held in My Hand ; the noise (has replaced Me) in Yuhrooshlim.
3. The (ex)change, I give it.

4. The shore (of Arès), the shore has the salt (that man puts) in the bread, the dew (of Arès is) the wine (that) washes the tongue of the brother.

5. (Arès is) the Hanukkah valley flush (with the sea), (where) the brother does not lick the wood.

6. Hanukkah-the-Proper-Tongue, the blessed valley under your wide eyelid.

ANNOTATIONS
Dieu donna en même temps au témoin son Message et le sens de son Message; ces notes sont de la main du témoin
God gave the witness at once his Message and the meaning of his Message; the notes are in the witness's hand

4. *Kitoneth: Tunique* en hébreu. Le vrai tombeau *(chambre* mortuaire) du *frère* est sa *tunique* de *funérailles.* Il ou elle *mange sur Ma Dent:* L'unique nourriture que le *frère* emporte, et qu'il retrouve, dans l'au-delà est la Parole de Dieu.

XLVII 1-2. *Yërouch'lim:* Jérusalem (XVI/19, XXV/2). Le *bruit* terrestre (voir II/7-13, VII/4-16, etc.) est le *bruit* des discours religieux, politiques intellectuels, financiers, le *bruit* de l'argent, de l'industrie et du commerce, des armées, des polices, les *bruits* de la littérature, de la presse, etc., qui couvrent le son de la Vérité ou qui la *remplacent* par l'erreur et le mensonge.

3. Non le remplacement de Jérusalem par *Arès* comme villes, mais la Parole *d'Arès (v.4)* donnée en *échange* de la Parole autrefois révélée à Israël et avilie par le *bruit (3/4).* Dieu, bien qu'il espère (XVI/19) la restauration de Jérusalem comme symbole de Vérité (27/8), c.-à-d. bien qu'il espère l'épuration de l'Écriture (16/12, 35/12, I/10-12, etc.), *donne à La Révélation d'Arès* le premier rang.

4-6. *Hanouka:* Commémoration juive de la re-sacralisation de l'autel après le pillage et la profanation du temple de Jérusalem par Antiochus Épiphane. À *l'autel (1/5, 10/1-3, 21/1)* de *bois* aboli *(v.5,* celui des superstitions, des sacrifices, de la messe, de la patrie, des dieux de la fortune, des délices, etc.) Dieu substitue l'autel spirituel qu'est l'homme renouvelé dans l'amour et la foi créatrice. Frère Michel compare parfois *Arès* au point de départ d'un nouvel Exode, spirituel celui-là, auquel tous les hommes sont appelés, non en vue d'une conquête territoriale, spoliatrice et violente, mais pour la conquête des cœurs et la renaissance des *âmes* sur toute la terre. *Hanouka-la-Langue-Propre* s'oppose aux sens impropres, étroits et nationalistes donnés par les Hébreux à des concepts comme *peuple élu, terre promise, loi* (la *torah* surchargée de

---

4. *Kitoneth: Tunic* in Hebrew. The *brother's* real tomb (mortuary *chamber*) is his or her *funeral tunic.* He or she *eats on My Tooth:* The only food that the *brother* brings along to the hereafter, and that he finds over there again, is God's Word.

XLVII 1-2. *Yuhrooshlim:* Jerusalem (XVI/19, XXV/2). The earthly *noise* (see II/7-13, VII/4-16, etc) is the *noise* of the religious, political, intellectual, financial rhetorics, the *noise* of money, industry, trade, armies, police, the *noises* of literature, of news, etc, which drown the sound of Truth or *substitute* error and falsehood for Truth.

3. Not the replacement of Jerusalem by *Arès* as cities, but the Word of *Arès (v.4)* given in *exchange* for the Word revealed to Israel formerly and debased by the *noise (3/4).* Although God hopes (XVI/19) for the restoration of Jerusalem as a symbol of Truth (27/8), that is, although he hopes for the purification of the Scripture (16/12, 35/12, I/10-12), he *gives The Revelation of* Arès the highest rank.

4-6. *Hanukkah:* The Jewish commemoration of the rededication of the altar after the looting and profanation of the temple of Jerusalem by Antiochus Epiphanes. God replaces the abolished *wooden (v.5) altar (1/5, 10/1-3, 21/1,* the *altar* of supertition, of sacrifices, of mass, of fatherland, of delights, of the gods of fortune, etc) with the spiritual altar constituted by the man renewed in love and creative faith. Brother Michel every so often likens Arès to the starting point of a new Exodus, a spiritual Exodus, that all men are called on to join in, not with a view to a territorial, despoiling, violent conquest, but with a view to the conquest of hearts and revival of *souls* all over the earth. *Hannukah-the-Proper-Tongue* is opposed to the improper, narrow, nationalistic meanings which the Hebrews gave to concepts like *chosen people, promised land,*

RÉVÉLATION ORIGINALE — *ORIGINAL REVELATION*
Les mots entre parenthèses (...), ajouts de la main du frère Michel, facilitent la lecture et la compréhension de l'original
The words in brackets (...), additions in brother Michel's hand, make the reading and understanding of the original easier

7. Le pied (pris) dans le javeau est radice mort(e).

8. La lèvre (et) le front (s'al)long(ent) vers le Four; (comme d'un) léger rabab J'entends (leur chant).

7. The foot (caught) in the sandbank is (a) dead radicle.

8. The lip (and) the brow (e)long(ate) toward the Kiln; (as played on a) light rabab I hear (their song).

ANNOTATIONS
Dieu donna en même temps au témoin son Message et le sens de son Message; ces notes sont de la main du témoin
God gave the witness at once his Message and the meaning of his Message; the notes are in the witness's hand

décrets ecclésiastiques bornés, et même vindicatifs pour surcroît de malheur), etc. En fait, le *peuple élu* et la *terre promise* sont l'humanité et la terre entières; la seule vraie *loi* est l'esprit de créativité et d'évolution par l'amour et *l'intelligence*. Le seul vrai *Temple (1/11)* est fait du cœur et de *l'âme* voués à la *pénitence (30/11)*, à la recréation de l'humanité *(28/7)*. Sur la Parole appliquée revivent *l'ha (XXXIX/5-7)* et la *polone (XXXIX/12)*. Parlant de la *rive* d'Arès Dieu ne s'arrête pas à des considérations géographiques; il souligne que c'est par *La Révélation d'Arès* qu'on *embarque* sur la *Mer* de *Vérité (18/3-4)*. *Sel (Matthieu 5/13, Marc 9/50, Luc 14/34):* Agent de sagesse, de purification spirituelle; le nouveau *sel* vivifiant opposé au *sel* empoisonné *(XV/8, XXVIII/12)*. La *rosée* — l'eau la plus pure (image de *l'Eau* de Dieu) — et le *sel* d'Arès lavent la langue des *bruits* qu'elle véhicule. *Pain:* Voir XXIII/8, XXXIII/15. *Sous ta paupière large:* Sous l'œil du *prophète* vigilant, mais large d'esprit, émancipateur; l'idée de *largeur* évoque la liberté, l'*élar*gissement au sens de libération, dépassement, transcendance. La vie spirituelle ne doit pas dépasser que la religion, elle dépasse la politique et tous les concepts qui rendent médiocres et qui divisent les hommes, notamment les cultures (à ne pas confondre avec le savoir, la connaissance), les nationalismes, les religions, etc. Tel est le plan central de *La Révélation d'Arès* (son utopie, disent ses adversaires): Montrer que les structures freinent l'évolution vers le Bien. *Arès* (ch. XLI, Pèlerinage) est un lieu désormais sacré, mais, par extension de sens, tout homme qui *accomplit la Parole* est un lieu sacré en lui-même.

7-8. *Radice:* Racine. *Rabab:* Rebab, rebec, violon. *Javeau* (voir XLIII/3): Ici plage d'agrément. *Four:* Lieu des Théophanies. Face à la masse qui pense que l'homme ne peut que s'efforcer de rendre sa vie aussi peu désagréable que possible et qu'il n'existe pas d'autre espérance raisonnable, ceux *(lèvres et fronts)* qui croient que l'humain doit prendre conscience de ses prolongements spirituels et du bonheur incomparable qu'il peut fonder sur eux sont une joie pour le Père.

---

law (the *torah* overloaded with clergy's decrees narrowminded and even vindictive to make matters worse), etc. In fact, the *chosen people* and *promised land* are whole mankind and earth; the only true *law* is the spirit of creativity and evolution through love and *intelligence*. The only true *Temple (1/11)* is made of the heart and *soul* devoted to *penitence (30/11)* and to recreation of humanity *(28/7)*. The *ha (XXXIX/5-7)* and the *polone (XXXIX/12)* revive on the Word implimented. Talking of the *shore* of Arès God does not dwell on geographic considerations; he stresses that *The Revelation of Arès* is the *shore* from which one sails for the *Sea* of Truth *(18/3-4)*. *Salt (Matthew 5/13, Mark 9/50, Luke 14/34):* Agent of wisdom, of spiritual cleansing; the new invigorating *salt* as opposed to the poisoned *salt (XV/8, XXVIII/12)*. The *dew*, the purest water (an image of God's *Water)*, and the *salt* of Arès wash the *noises* off the *tongue. Bread:* See XXIII/8, XXXIII/15. *Under your wide eyelid:* Before the eyes of the watchful but broadminded *prophet*, an emancipator; *wide*ness brings to mind freedom, *wide*ning in the sense of liberation, self-surpassing, transcendence. Not only shall spiritual life exceed religion, but it shall exceed politics and all the concepts that bring mediocrity and division, notably cultures (not to be confused with learning, knowledge), nationalisms, religions, etc. Such is the central goal (the utopia, say opponents) of *The Revelation of Arès:* Explaining and showing that the structures hinder development toward Good. *Arès* (ch. XLI, Pilgrimage) is a sacred place for ever, but, by extension of sense, any man that *achieves the Word* is a sacred place in himself.

7-8. *Radicle:* Root. *Rabab:* Rebec, violin. *Sandbank* (see XLIII/3): Here pleasure beach. *Kiln:* The Theophanies place. Compared to the bulk of men who think that a man can only try to make his life as little unpleasant as possible, and that there exists no other sensible expectation, those *(lips and brows)* who believe that mankind shall awake to its spiritual extensions *(elongations)* and the incomparable happiness it can found on them fill the Father with joy.

RÉVÉLATION ORIGINALE — *ORIGINAL REVELATION*
Les mots entre parenthèses (...), ajouts de la main du frère Michel, facilitent la lecture et la compréhension de l'original
The words in brackets (...), additions in brother Michel's hand, make the reading and understanding of the original easier
---

9. Et Mikal (quoique fragile comme) la soie, Mikal (dont) la gorge est la fontaine (où) Ma Parole nage, monte (comme) la trombe ;
10. (Mikal devient) dur (comme) l'Eau (qui) pile sur la terre.
11. Mais le frère vole (au-)dessus avec toi.
12. Ton front (est) le marteau sur les nations.
13. Je lave ton cœur.

XLVIII 1. Les barde(aux et) l'ais clament (tandis que) Je (te) parle.

2. Tu clames (Ma Parole quand) l'ombre rampe ;
   (quand) le soleil (se) penche (vers toi), tu clames ;
   (quand) ta bouche mange le soleil, tu clames ;
   le soleil sous ton pied, tu clames ;
3. tu clames : « (C'est) Je (Qui) parle ! »

4. Appelle le frère, le frère, le frère !

---

9. And Mikal, (though as flimsy as) silk, Mikal, the throat (that) is the fountain (where) My Word swims, rises (like) the waterspout ;
10. (Mikal becomes as) hard (as) the Water (that) pounds on the earth.
11. But the brother flies above along with you.
12. Your brow (is) the hammer on the nations.
13. I am washing your heart.

XLVIII 1. The shingle(s and) the plank(s) are proclaiming (while) I am speaking (to you).

2. You proclaim (My Word when) the shade creeps ;
   (when) the sun leans down (to you), you proclaim ;
   (when) your mouth eats the sun, you proclaim ;
   the sun beneath your foot, you proclaim ;
3. you proclaim, " (It is) I (Who) speaks ! ".

4. Call together the brother, the brother, the brother !

ANNOTATIONS

Dieu donna en même temps au témoin son Message et le sens de son Message; ces notes sont de la main du témoin
God gave the witness at once his Message and the meaning of his Message; the notes are in the witness's hand

9-11. Le Père en dictant *Le Livre* n'utilise presque jamais la conjonction *et; et* prend donc ici un relief particulier. *Piler:* Voir XLII/14. *Mikal* marque une étape décisive de l'histoire spirituelle de la *terre*. Les disciples du *prophète volent* comme le *faucon (XLV/26)*.

12-13. Le *front* du *prophète* et, par suite, le front de chacun de ses *frères (v.11)* frapperont humblement l'endroit où Dieu parle (ch. XLI) symbolisant ainsi le *marteau* qui reforge la vie spirituelle, et donc l'homme et la société. *Je lave ton cœur:* Les premiers *frères* musulmans ralliés à *La Révélation d'Arès* ont rapproché ce verset d'un récit traditionnel de l'enfance de Mahomet, quand «deux anges lui ouvrirent la poitrine et lui *lavèrent le cœur* avec de la neige.»

1. *Bardeaux, ais* (fut prononcé *aïsse*): Bois de charpente. Pendant chaque Théophanie la charpente et les meubles de la Maison de la Sainte Parole craquent comme s'ils éclataient. C'est ainsi que le bois *proclame (vv.2-3)* la louange du Créateur descendu à Arès pour renouveler les liens très particuliers qu'il a avec la *Terre (L/5)*.

2-3. *Je parle:* Dieu *parle; Je* est ici un Nom de Dieu (voir XLIV/4, *Exode 3/14*). *Tu clames la Parole:* Tu pries (voir XXXVII/5-9, et *Prononcer Ma Parole pour l'accomplir voilà la vraie piété, 35/4*). Le croyant doit prier quatre fois en vingt-quatre heures (12/5): *Quand l'ombre rampe encore:* Tôt le matin. *Quand le soleil se penche vers* la terre: Vers midi. *Quand le soleil descend à hauteur de la bouche:* Avant le coucher du soleil. Quand *le soleil est sous le pied:* La nuit. La prière minimum est *Père de l'Univers (12/4)*.

4. Voir XLI/7. Le *frère* répété trois fois est une tournure qui exprime un très grand nombre, une multitude.

9-11. Since he began dictating *The Book* the Father has almost never used the conjunction *and;* therefore, *and* stands out in special relief here. *To pound:* See XLII/14. *Mikal* represents a decisive stage in the spiritual history of *Earth*. The *prophet's* disciples *fly* like the *falcon (XLV/26)*.

12-13. The *prophet's brow* and, accordingly, the *brows* of his *brothers (v.11)* will humbly hit the floor where God speaks (ch. XLI), so they will symbolize the *hammer* that forges spiritual life again, and man and society then. *I am washing your heart*: The first Muslim *brothers* won over to *The Revelation of Arès* linked this verse to a traditional story of Muhammad's childhood, when 'two angels opened his chest and *washed his heart* with snow.'

XLVIII 1. *Shingles, planks:* Parts and pieces of wooden frameworks. During each Theophany the framework and furniture of the House of the Saint's Word are creaking as if they were coming apart. This is the way the wood *proclaims (v.2 & 3)* the praises of the Maker who has come down in Arès in order to renew the very particular links between him and *Earth (L/5)*.

2-3. *It is I Who speaks:* God *speaks;* here 'I' is a Name of God (see XLIV/4, *Exodus 3/14*). *You proclaim (the Word):* You pray (see XXXVII/5-9, see also *Uttering My Word so as to achieve it, this is true piety, 35/4*). A believer shall pray four times in twenty-four hours (12/5): *When the shade creeps:* Early in the morning. *When the sun leans down to* the earth: Around noon. *When the sun* comes at *mouth*-level: Before sunset. When *the sun* is *beneath the foot:* At night. The minimum prayer is *Father of the Universe (12/4)*.

4. See XLI/7. *The brother* repeated three times is a turn of phrase which means a very great number, a multitude.

RÉVÉLATION ORIGINALE — *ORIGINAL REVELATION*
Les mots entre parenthèses (...), ajouts de la main du frère Michel, facilitent la lecture et la compréhension de l'original
The words in brackets (...), additions in brother Michel's hand, make the reading and understanding of the original easier

5. Quarante (fois) sept jours, le voile (est) sur Ma Tête,
   ton pied dans le lacet ;
6. ta langue sèc(he) court sur le voile,
   (mais) l'huile blanc(he) monte (dans) le voile (comme) l'huile dans le vin.
7. Douze (fois) sept jours (c'est) le Ciel, le voile (s'en)vole,
   l'huile blanc(he) entre dans l'œil du frère.
8. Sous Mon Pied le frère a sa main, le cal (de sa main) brûle,
   sa main (devient comme) la soie.
9. Le frère, sa lèvre prend le Feu.
10. (De) douze (fois sept jours) deux parts chaud(e)s,
    (de) douze (fois sept jours) une part froid(e).

---

5. Forty (times) seven days, the veil (is) on My Head,
   your foot in the snare ;
6. your dry tongue runs about on the veil,
   (but) the white oil rises (in) the veil (like) oil in wine.
7. Twelve (times) seven days (there is) Heaven, the veil flies (away),
   the white oil enters into the brother's eye.
8. Under My Foot the brother has his hand, the callus (of his hand) burns,
   his hand (becomes as soft as) silk.
9. The brother, his lip takes (in) the Fire.
10. (In) twelve (times seven days) two hot parts,
    (in) twelve (times seven days) one cold part.

ANNOTATIONS
Dieu donna en même temps au témoin son Message et le sens de son Message; ces notes sont de la main du témoin
God gave the witness at once his Message and the meaning of his Message; the notes are in the witness's hand

5-9. Pendant *quarante* semaines, l'emplacement où apparaît le bâton de lumière sera isolé par un *voile*, qui évoque la longue attente *(la langue sèche)* des croyants qui ont langui après un *Retour* de Dieu (XLV/25); le *voile* sera assez transparent pour qu'on perçoive la lumière d'une lampe à huile, symbole de l'espérance qui perce le doute. Pendant *douze* semaines, il n'y aura pas de *voile;* le pèlerin (quand La Maison de la Sainte Parole est ouverte) touchera, embrassera et *frappera* de son *front* le sol (XLI/3-9, XLVII/12) *sous le Pied de Dieu (v.8):* à l'endroit précis où le bâton de lumière apparaît. On ne prie pas à Arès par *superstition (21/1);* le pèlerin régénère la Parole dans son *esprit* et dans son *âme,* la médite constructivement, et renouvelle sa résolution de *faire pénitence* et de *moissonner* l'humanité; une énergie nouvelle *(soie)* chasse la redoutable dégénérescence de l'habitude *(cal).* Le frère Michel *(Mikal)* appelle ces deux phases annuelles respectivement Pèlerinage du *Voile (vv. 5-6)* et Pèlerinage de (ou du) *Feu (vv. 7-9).* De 1974 à l'année d'édition du présent livre et sans doute pour longtemps encore, La Maison de la Sainte Parole à Arès n'est pas régulièrement ouverte (par manque de personnel et de moyens), sauf six semaines en été.

10. Des *douze* semaines du Pèlerinage de *Feu* (n. 5-9) *deux* tiers sont *chauds* (Pèlerinage de *Feu* d'Été: huit semaines) *un* tiers est *froid* (Pèlerinage de *Feu* d'Hiver: quatre semaines). Le Pèlerinage du *Voile* (vv. 5-6) occupe le reste de l'année. La précision de ces préceptes et de quelques autres *(Mémoire du Sacrifice: Veillée 8, 9 et 10, funérailles et épousailles: Veillée 33,* ch.XLVI; prière: 12/5, XLVIII/2, etc.) étonne certains qui y voient une loi de type mosaïque ou pharisaïque fixant un culte sacré incontournable. Ils oublient l'Esprit qui sous-tend toute *La Révélation d'Arès:* L'Appel à l'évasion hors des religions, à la libération spirituelle générale. Non seulement le Pèlerinage n'est pas une formalité pharisaïque, ni une quête de miracles, mais il n'est pas obligatoire. C'est justement ce qui le rend plus indispensable aux *âmes* qui exigent

---

5-9. For *forty* weeks the spot where the stick of light appears shall be cut off from people with a *veil* which conjures up the long wait *(the dry tongue)* of the believers who have yearned for a *Return* of God (XLV/25); the *veil* shall be transparent enough so that the light of an oil-lamp shows through it as a symbol of hope filtering through doubt. For *twelve* weeks there shall be no *veil;* the pilgrim (when The House of the Saint'S Word is open) shall touch, kiss, and *hit* with his or her *brow* the floor (XLI/3-9, XLVII/12) just *under God's Foot (v. 8):* at the precise spot where the stick of light appears. No one prays in Arès out of *superstition (21/1);* the pilgrim revives the Word in his or her *mind* and *soul,* ponders over it constructively, refreshes his or her resolution to *make penitence* and to *harvest* mankind; a fresh energy *(silk)* blows away the fearsome degeneration of habit *(callus).* Brother Michel *(Mikal)* calls those two annual phases respectively Pilgrimage of the *Veil (v. 5-6)* and Pilgrimage of (the) *Fire (v. 7-9).* From 1974 to the publishing year of this book and probably for a long time yet, The House of the Saint's Word in Arès is not regularly open (for want of staff and means) except for six weeks in summer.

10. *Two* thirds of the *twelve* weeks of the Pilgrimage of *Fire* (n. 5-9) are *hot* (Summer Pilgrimage of *Fire:* eight weeks) and *one* third of them is *cold* (Winter Pilgrimage of *Fire:* four weeks). The Pilgrimage of the *Veil* takes up the rest of the year. The preciseness of these precepts and of a few others *(Calling of the Sacrifice to Remembrance: Vigils 8, 9 & 10;* the *nuptials and funeral: Vigil 33,* ch.XLVI; prayer: 12/5, XLVIII/2, etc.) surprises some people whom they remind of a mosaic or pharisaical law which fixes an inescapable sacred worship. They forget the Spirit that underlies *The Revelation of Arès* from beginning to end: The Appeal for escaping religions and for general spiritual liberation. Not only is the Pilgrimage no pharisaical formality, and no quest for miracles, but it is not compulsory. For all that the Pilgrimage is all the more essential to *souls* that freely demand much of themselves: *penitence,* work at the *harvest,* complete devotion to

RÉVÉLATION ORIGINALE — *ORIGINAL REVELATION*
Les mots entre parenthèses (...), ajouts de la main du frère Michel, facilitent la lecture et la compréhension de l'original
The words in brackets (...), additions in brother Michel's hand, make the reading and understanding of the original easier

XLIX
1. Le Four cuit l'épée.

2. Mon Bras (entre) dans la gorge du frère ; (Mon Bras) pousse le Fer dans la main (du frère), le Fer (qui) est dur.
3. Le frère fend le souci de(s) nations ;
4. le Fer garde le jardin d'Adame.
5. Le frère (est) parleur.

XLIX
1. The Kiln heats the sword.

2. My Arm (goes into) the throat of the brother; (My Arm) forces the Iron into the hand (of the brother), the Iron (that) is hard.
3. The brother rends the worry of (the) nations;
4. the Iron guards the garden of Adam.
5. The brother (is) a silence-breaker.

ANNOTATIONS
Dieu donna en même temps au témoin son Message et le sens de son Message; ces notes sont de la main du témoin
God gave the witness at once his Message and the meaning of his Message; the notes are in the witness's hand

librement beaucoup d'elles-mêmes: *pénitence,* travail à la *moisson,* consécration totale à Dieu et aux hommes, bref, dépassement. Ces versets recommandent implicitement la *mesure (7/6, 25/9, etc.)* dans la piété et toute activité de la foi, afin d'éviter le mysticisme qui affaiblit l'esprit créateur de la foi ou conduit au fanatisme. Avec *mesure* Dieu équilibre le Pèlerinage entre le *Voile* et le *Feu. La Révélation d'Arès* répond parfaitement au message de Jésus qui, voilà 2 000 ans, relativisait la loi juive, invitait le croyant à remplacer la religion par l'esprit d'amour, de liberté, de re-création réaliste de l'homme. Dans ce cadre, tout croyant doit avoir conscience de ses faiblesses, de la stérilité du conformisme et, naturellement, du danger de tous les excès.

 1. *Four:* Au sens étroit, le bâton de lumière dressé devant *Mikal (XL/8)*; au sens large, qui est le cas ici, l'effet général sur le monde de l'Événement d'Arès, de sa signification et de ses répercussions spirituelles. Dans ce *Four* se ramollira, se détrempera *(cuira) l'épée* (les armes, les arguments) des *négateurs (25/6); l'épée* des puissances terrestres s'ébréchera ou se brisera sur *l'épée* de *Fer (v. 4, la voix de fer III/3)* du *prophète (35/14)* et de la mission d'Arès.

2-4. *Le jardin d'Adame* prend ici un sens plus étendu qu'en II/9-11: Pas seulement la vie spirituelle et *l'image et ressemblance* positive de Dieu que l'homme doit retrouver, mais aussi Éden que l'homme devra restaurer. *Gorge:* Voir VII/13. Le *Fer* qui soumettra les *nations* — cette fois pour leur bonheur et non pour leur *souci* — n'est pas *l'épée (v. 1)* des pouvoirs, des lois et des «valeurs» terrestres, mais la *Parole* de Dieu que transmettront et *accompliront* les *frères.*

5. *Parleur:* Celui qui ne se tait pas, par opposition à celui qui croit seulement. Tout croyant rallié à *La Révélation d'Arès* doit être missionnaire *(parleur),* prophète par analogie au *prophète.* Tout comme la *pénitence,* l'apostolat est un devoir naturel pour tout vrai croyant.

God and men, in short, transcendence. These verses tacitly recommend *moderation (7/6, 25/9, etc)* in piety and all activities of faith to shun mysticism which weakens the creative spirit of faith or leads to fanatism. With *moderation* God balances the Pilgrimage between the *Veil* and *Fire. The Revelation of Arès* perfectly meets Jesus' message which, 2,000 years ago, relativized the Jewish law and urged believers to replace religion with the spirit of love, freedom, realistic re-creation of man. In this frame of mind any believer has to be aware of his or her weaknesses, of the sterility of conformism and, naturally, of the danger of all immoderate acts and behaviors.

 1. *Kiln:* In a narrow sense, the stick of light standing in front of *Mikal (XL/8)*; in the broadest sense, as is the case here, the general effect of the Event of Arès, of its spiritual significance and repercussions, on the world. In that *Kiln* the *sword* (weapons and arguments) of the *deniers (25/6)* will soften, be annealed *(heated)*; the earthly powers' *swords* will be nicked or broken against the *Iron sword (v. 4, the iron voice III/3)* of the *prophet (35/14)* and the Aresian mission.

2-4. The meaning of *the garden of Adam* is broader here than in II/9-11: Not only does it mean spiritual life and God's positive *image and likeness* which men have to regain, but also Eden which man has to restore. *Throat:* See VII/13. The *Iron* that will subdue the *nations*—for happiness, not for *worry* as it has been the case so far—is not the *sword (v. 1)* of powers, of law, and of earthly 'values', it is the *Word* of God that the *brothers* shall convey and *achieve.*

5. The literal original verse is: *The brother is (a) speaker;* in view of special senses of *speaker* (spokesman, speaker of a legislative assembly) *silence-breaker* is the right translation. Every believer won over to *The Revelation of Arès* shall be a missionary *(silence-breaker),* a prophet by analogy with the *prophet.* Just as is *penitence* apostolate is a natural duty for all true believers.

RÉVÉLATION ORIGINALE — ORIGINAL REVELATION
Les mots entre parenthèses (...), ajouts de la main du frère Michel, facilitent la lecture et la compréhension de l'original
The words in brackets (...), additions in brother Michel's hand, make the reading and understanding of the original easier

6. Le frère parle :
« L'œil a l'Eau claire, la langue (est) rouge ; entre ! »

7. (Sinon il dit :) « Le front (a) un trou, la langue (est comme) la cire, le bras (se) tourne (en-)dedans (comme le bras de) la moumia ; va-t'en ! »

8. Le Fer fend l'épée (comme) la noix.

9. Mille armées contre le Fer, (mais) le Four cuit l(eurs) épée(s, les rend) mou(s).

L
1. Je lave ton cœur,

2. (et toi,) tu laves le cœur du frère.

---

6. The brother speaks,
"The eye has the clear Water in, the tongue (is) red ; come in !"

7. (Or else he says,) "The brow (has) a hole, the tongue (is like) wax, the arm bends in(ward like the arm of) the moomia ; away with you !"

8. The Iron splits the sword (like) the (wal)nut.

9. A thousand armies against the Iron, (but) the Kiln heats the(ir) sword(s, makes them) limp.

L
1. I wash your heart,

2. (then) you wash the heart of the brother.

ANNOTATIONS
Dieu donna en même temps au témoin son Message et le sens de son Message; ces notes sont de la main du témoin
God gave the witness at once his Message and the meaning of his Message; the notes are in the witness's hand

6-7. *L'Eau claire:* L'amour. *La langue rouge:* Le désir ardent de servir la Vérité. Au v. 6 le *frère* (ici un apôtre expérimenté) *parle* au prosélyte résolu et apte à *accomplir la Parole* par la *pénitence* et la *moisson.* Inversement, au v. 7 — qui rappelle *Celui qui doute éloigne-le (37/9)* —, le *frère* éloigne le croyant pas assez convaincu ou trop faible pour bien servir la Parole. *Moumia* (mot dérivé du latin ou de l'arabe): Momie. On dissuadera de se joindre au *petit reste* toute personne spirituellement défaillante, instable, ou paralysée par l'égoïsme, le respect humain, des troubles caractériels, ou non détachée de l'esprit religieux et culturel (dont *le bras tourne en-dedans* comme celui d'une *momie* bandée), ou conduite par l'ambition personnelle, etc. Toutefois, le frère Michel recommande à ses *frères* d'orienter les défaillants ou les inaptes vers des activités humanistes ou religieuses extérieures *(le reste)* contribuant d'une certaine façon au *changement du monde,* notamment les activités animées par l'amour. Les Pèlerins d'Arès ne missionnent pas dans le seul but de recruter comme font les sectes; leur devoir fondamental est de redonner à tous les hommes leur vocation d'amour, de spiritualité, *d'intelligence.*

8-9. Les ennemis du *prophète* et de ses *frères* seront nombreux *(mille armées).* Une dernière fois avant que ne cessent les Théophanies, Dieu prépare *Mikal* au combat spirituel et historique qui l'attend, charge à lui de préparer les *frères* ensuite *(L/2).*

L 1. Répétition de XLVII/13. Dieu sent bien que le témoin doute intimement de ses compétences pour faire un bon *prophète;* Dieu le rassure et confirme qu'il l'emplit de sa Grâce.

2. La Parole, la vraie foi créatrice, le devoir de lancer puis de soutenir la recréation de l'homme, le *prophète* les transmettra à sa génération, laquelle les transmettra aux générations suivantes.

6-7. *The clear Water:* Love. *The red tongue:* The longing to serve Truth. In v. 6 the *brother* (here an experienced apostle) *speaks* to the proselyte determined and fitted to achieve the Word through *penitence* and the *harvest.* On the contrary in v. 7—which recalls *The doubtful one you shall send away (37/9)*—the *brother* puts off the believer not convinced enough or too weak to serve the Word satisfactorily. *Moomia* (a word derived from Latin or Arabic): Mummy. One shall dissuade from joining the *small remnant* every person spiritually failing, unstable, or paralysed with selfishness, with fear of judgement of others, with emotional problems, or not yet free from the religious and cultural spirit (whose *arm bends inward* like a bandaged mummy's), or led by personal ambition, etc. Nevertheless, brother Michel advises his *brothers* to orientate the weak and the unfitted toward external humanist or religious activities *(the remnant's)* which contribute in a way toward the *change of the world,* particularly activities motivated by love. The Arès Pilgrims do not missionize only for recruiting as sects do; they have the essential duty to restore every man to his vocation for love, spirituality, *intelligence.*

8-9. The enemies of the *prophet* and of his *brothers* will be numerous *(a thousand armies).* For the last time before the end of the Theophanies God is preparing *Mikal* for the historic spiritual fight in store for him; upon him is the onus of preparing the *brothers* later *(L/2).*

L 1. A repetition of XLVII/13. God feels that the witness is being deeply doubtful about his abilities to act as the right *prophet;* God reassures him and confirms that *Mikal* is filled with Grace.

2. The Word, the true creative faith, the duty to initiate and then support man's recreation, the *prophet* shall passed them on to his generation which shall hand them on to the following generations.

RÉVÉLATION ORIGINALE — *ORIGINAL REVELATION*

Les mots entre parenthèses (...), ajouts de la main du frère Michel, facilitent la lecture et la compréhension de l'original
The words in brackets (...), additions in brother Michel's hand, make the reading and understanding of the original easier

3. Le Fer, tu (en) es le fil.

4. Je souffle (sur) ton cheveu, (il tombe de ta tête comme) la pierre de feu coule,
5. il couvre la terre,
6. (il) ouvre l(es) porte(s comme fait) la pierre de feu.

---

3. The Iron—you are the edge (of the Iron).

4. I blow (on) your hair, (it falls out of your head just as) the rock of fire flows,
5. it covers the earth,
6. (it) opens the door(s as) the rock of fire (does).

ANNOTATIONS
Dieu donna en même temps au témoin son Message et le sens de son Message; ces notes sont de la main du témoin
God gave the witness at once his Message and the meaning of his Message; the notes are in the witness's hand

3. *Fil:* Tranchant. *Fer:* Voir *la voix de fer, III/3*, voir aussi XLIX/2-4 et 8.

4-6. *Pierre de feu:* Lave, éruption volcanique. Le *prophète* et la mission d'Arès n'ont que leur détermination (leurs *cheveux*) pour protection et pour arme, mais la détermination est, à long terme, une arme irrésistible. *L'armée (XLIX/9)* la plus puissante ne combat pas un tremblement de terre; l'insouciance et le scepticisme des voisins du volcan n'empêchent pas les éruptions; de même l'hostilité et la surdité du monde n'empêcheront pas le *prophète* et ses *frères* de répandre la Vérité irrésistiblement (comme la lave). Si, de *génération* en *génération (24/2)*, les *frères ne perdent* jamais leur *courage* et leur résolution (13/8), ils réussiront. La Révélation d'Arès purifiera la *terre* et en renouvellera les assises spirituelles comme la lave en se solidifiant construit une *Montagne (7/7, 25/9)*.

3. Edge: The cutting *edge. Iron:* See *the iron voice III/3*, also see XLIX/2-4 & 8.

4-6. *Rock of fire:* Lava, volcanic eruption. The *prophet* and the Aresian mission have no protection and weapon but determination (their *hair);* determination in the long term is an irresistible weapon, however. The mightiest *army (XLIX/9)* cannot fight against an earthquake; the heedless attitude and skepticism of people who live in volcanic areas do not prevent eruptions; likewise the world's hostility and deafness will not prevent the *prophet* and his *brothers* from spreading Truth irresistibly (like lava). If the *brothers, from generation* to *generation (24/2),* never *lose courage* and resolution (13/8), they will be successful. *The Revelation of Arès* will cleanse the *earth* and renew its spiritual bases just as solidifying lava builds a *Mountain (7/7, 25/9)*.

3

APPENDICES

NOUS CROYONS
NOUS NE CROYONS PAS

WE BELIEVE,
WE DO NOT BELIEVE

Extrait du « Pèlerin d'Arès »
(Et ce que tu auras écrit)
1991-1992

An extract from "Le Pèlerin d'Arès"
(And what you shall have written)
1991-1992

INFORMATIONS GÉNÉRALES

GENERAL INFORMATION

APPENDICE
À LA RÉVÉLATION D'ARÈS

NOUS CROYONS
NOUS NE CROYONS PAS

NOTA. Extraites du périodique annuel « Le Pèlerin d'Arès 1991-1992 », ces pages furent rédigées par le frère Michel pendant une maladie d'issue incertaine. Son intention était de laisser à ses frères ce qu'il appela une « direction de certitude » et de les inciter à abandonner définitivement les réflexes mentaux traditionnels nuisibles à leur mission que le public interprète comme une propagande religieuse. Ce n'est pas une religion que La Révélation d'Arès donne au monde, mais la vie spirituelle. La vie spirituelle n'est pas fidélité à des dogmes, à un culte, à une liste d'attitudes, qui sauveraient par le seul fait d'y croire et de les observer (définition de la religion). La vraie foi a certes un cadre : la Parole de Dieu, mais sur cette base elle est fidélité constructive à la volonté de se changer soi-même — vaincre le péché, et d'abord le péché contre l'amour — et de changer le monde. Par là même la vraie foi, ni dogmatique ni cultuelle, est libre, créatrice, évolutive. L'homme, co-créateur du monde avec Dieu, doit essentiellement se reconstruire en bien, en amour, en intelligence. C'est le génie même de La Révélation d'Arès et de toute la Parole de Dieu depuis son origine.

La religion ne laisse pas grand chose à la liberté, à la liberté de la Parole autant qu'à celle de l'homme. De la Parole elle a rabougri, détourné la dynamique fondamentale et perpétuelle, dont elle a dépassionné l'homme. La religion a dilaté, reformulé, décrété ce qui n'est qu'indicatif; elle a généralisé et éternisé ce qui est local et circonstantiel; elle a changé l'amour et la latitude de la Parole en morale étroite; elle en a rempli les silences, oubliant leur sagesse. La religion a escamoté la Colère que Dieu dirige contre elle. Pour vous en finir, la religion a souvent fabulé, vaticiné, fixé la conduite et le sort de Dieu — *l'éléphant (36/10)* — comme de l'homme — *le pendu (XXX/3)*.

Dans l'église je n'avais que des certitudes et des réponses prêtes sur tous les sujets. Peut-être me sentais-je seulement innocent de toute erreur. Je me posais rarement, et vaguement, la question des possibles erreurs et des inventions de la doctrine. Si elles existaient, je n'y étais pas mêlé, elles venaient des fondateurs: les « pères »; je jouissais de la certitude viscérale que Dieu reconnaîtrait mon innocence et me sauverait le jour de ma mort. S'il m'arrivait de penser que des grands de l'église avaient commis des abus, je n'étais pas un *abusé devenu prudent (28/5)*. Ecclésiastique engagé et dévoué, je considérais ma religion comme parfaite, pourvu qu'on eût la « sagesse » de ne pas réfléchir et assez de « discernement » pour se laisser guider. Mon église, je n'en doutais pas, détenait « la vérité en plénitude ».

AN APPENDIX
TO THE REVELATION OF ARÈS

WE BELIEVE
WE DO NOT BELIEVE

N. B. These pages are extracted from the yearly periodical "Le Pèlerin d'Arès 1991-1992". Brother Michel wrote them during an illness the outcome of which was uncertain. He meant to leave to his brothers what he called a 'direction of certitude' and urge them to definitively forsake traditional mental reflexes harmful to their mission which the public reckoned as religious propaganda. The Revelation of Arès does not give the world a religion, it gives spiritual life. Spiritual life is not fidelity to dogmas, a cult and a list of attitudes supposed to save man by the very fact that he believes in them and observes them (this defines religion). True faith certainly falls within a scope: God's Word, but within it faith is constructive fidelity to man's will to change himself— conquer sin, first the sin against love— and change the world. True faith, therefore, is neither dogmatic nor worship-like; it is free, creative, evolvable. Man, co-creator of the world along with God, essentially has to build himself again in goodness, in love, in intelligence. This is the very genius of The Revelation of Arès and God's whole Word since it began.

Religion never leaves anything much to freedom, to the Word's freedom as well as man's. Religion has dwarfed or diverted the Word's perpetual fundamental dynamic, towards which it has rendered man apathetic. Religion has inflated, reformulated, decreed what in the Word is just indicative; it has generalized and perpetuated what is local and temporary; it has turned the Word's love and latitude into narrow ethical standards; it has filled the Word's silences the wisdom of which it has ignored. Religion has skirted round the Wrath that God has always aimed at it. To cut a long story short, religion has often fantasized, vaticinated, and decided on the behaviour and destiny of God—*the elephant (36/10)*—like those of man—*the hanged one (XXX/3)*.

As a churchman I used to have only certainties, and an answer for everything. Perhaps I only used to feel innocent of any error. I rarely, and vaguely, asked myself questions about potential errors and fabrications in the doctrine. Had there have been some, I never felt involved in them; the founders, the 'fathers', had initiated them; I used to have visceral reliance on God's acknowledging my innocence and saving me on my dying day. Although it occurred to me that some great churchmen might have abused their authority, I was never a *deceived man turned prudent (28/5)*. I, a devoted, committed cleric, reckoned my religion to be perfect, the truest one for any man who 'wisely' refrained from reflecting and had enough 'discernment' to let oneself be led. I used to believe without the slightest misgiving that my church did have 'the plenitude of truth'.

1974. Commence le lent et pénible éveil de ma conscience ; il durera jusqu'aux Théophanies, qui me mettront debout, les yeux grand ouverts. Jésus me surprend en haut de ma *falaise* de certitudes, noyé dans les nuages théologiques. Il *souffle* et me pousse jusqu'à la *Mer,* la *Mer sur les Hauteurs* tellement plus haute que les sommets où je m'étais élevé. Je nage, dépouillant mes *parures (34/2)* d'étoffe et d'esprit, luttant pour trouver *l'Air (XXXII/4).* Dégrisé, je perçois l'humiliante immensité, l'inconnaissabilité de la *Mer,* l'impuissance du nageur humain à l'embrasser au-delà du flot immédiat. Je découvre que je ne sais rien, et ce que j'apprends maintenant dans *l'Eau* de Dieu représente tout ce que l'homme peut en savoir, rien de plus, la seule part accessible au pêcheur. Au-delà de ce petit flot de conscience la *Mer court,* démesurée, d'une *Main* à l'autre *Main* du Créateur *(IV/1).* Plus tard, je m'éleverai, *faucon,* du flot tumultueux de mon apprentissage, quand j'aurai compris qu'un peu de *vrai (II/8-9, XX/2)* sauve s'il est *accompli,* mais que beaucoup de théologie égare aussi sûrement que le rêve.

Homme d'église, j'enseignais un credo, et son développement : des dogmes, une doctrine prolixe. Tout m'y apparaissait logique, d'une complétude sans faille, inexpugnable à tout déni. Des « pères, saints inspirés par le Saint Esprit », avaient tout compris et tout dit. Ma foi n'était pas piètre comme celle des innombrables gens pour qui elle n'était qu'habitude acquise, espoir face aux doutes, ivresse contre les illusions perdues. Ma foi était construite. Toute déclaration étrangère ou défavorable au dieu-trinité, à la croix rédemptrice, aux sacrements salvateurs, à l'intercession des saints, était égarement, donc péché, et perdition à moins de Miséricorde, plutôt peu probable hors de l'église. Je me sentais même honoré par l'injustice imbécile d'une telle absence d'alternative, j'étais aveugle à l'Amour et au Non-Conformisme de Dieu, lisant ses Évangiles chaque jour, en martelant les phrases, sans en entendre la générosité et l'insurgence. Je vivais ma foi avec ce que les hommes d'église appellent « sérieux ». Chacun, alors, comprendra mieux mon désarroi de pharisien, quand Dieu, en 1974 et en 1977, ramena la Parole à la part accessible à l'homme, m'apprit la vraie foi. D'abord j'y vis une relativisation. Assez vite je compris qu'il s'agissait de transcendance, la lentille par quoi passe bien plus que la connaissance : la Lumière. Par exemple, Jésus, qui *n'est pas Dieu (32/2),* me parla comme s'il était Dieu, dans l'ambiguïté des *Je* et des *Me* pour souligner cette nature du langage prophétique qui avait amené des *docteurs* raisonneurs à déclarer faussement que le prophète Jésus était Dieu incarné, et pour nous rappeler qu'aucune *intelligence d'homme, faible lumignon, ne peut comprendre* le lien réel entre Dieu et le prophétisme — *la parole qui est la Parole, Justice de juste (XXXI/10)* — et qu'il faut prudemment *se tenir devant la Parole comme devant un abîme (32/5-8).*

Pèlerins d'Arès, à qui échoit de savoir que — sur l'aire désignée en 5/6 — la religion, déjà décélérée, gérera toujours moins de mouvements moraux et sociaux, deviendra négligeable, et que sur sa ruine nous devrons bâtir le *Vrai,* nous n'avons pas de credo. Le Père dit en substance qu'aucun croyant ne devrait avoir de credo, que tout credo est religieux par nature, une construction de *docteurs* et de *dos gris.* Le Père nous appelle à vivre les raisons de la *vraie* foi, à comprendre par le vécu qu'elles nous donnent seulement une direction de certitude. Tout credo est faux. Si nous nous en donnions un, il serait aussi faux, même fondé sur *La Révélation d'Arès,* même apparemment exempt de théologie, parce que tout credo revient à une théologie, et même par son principe simplificateur, doctoral, déclaratoire, tend

WE BELIEVE, WE DO NOT BELIEVE (an appendix)

1974. The slow hard awakening of my consciousness began; it would end with the Theophanies which would set me upright, with my eyes wide opened. Jesus caught me shrouded in the theological clouds at the top of my *cliff* of certainties. He *blew* and drove me up to the *Sea,* the *Sea on the Heights* far higher than the peaks to which I had elevated myself. I began to swim stripping off my *fineries (34/2)* of cloth and intellect alike, and struggling to find *the Air (XXXII/4).* Sobered, I perceived the humbling vastness of the unknowable *Sea,* and the human swimmer's incapacity to view it beyond the immediate billows. I realized that I knew nothing, and what I began learning in God's *Water* represented all that a man can ever know about it, the sole part within a sinner's reach, nothing else. Beyond my small wave of awareness the immeasurable *Sea ran* from a *Hand* to the other *Hand* of the Maker *(IV/1).* I was going to rise later as a *falcon* from the tumultuous waves of my apprenticeship, when I realized that a bit of *the true (II/8-9, XX/2)* saves, if it is *achieved,* but much theology leads astray as surely as dream does.

As a churchman I used to teach a creed and its development: dogmas and a copious doctrine. In them every thing sounded to me logical, flawlessly complete, impregnable to any denial. 'Fathers, saints inspired by the Holy Spirit,' had understood and told everything. My faith was not paltry as that of myriad men whose faith was nothing but acquired habits, hope in the face of doubt, exhilaration to evade disillusionment. My faith was well constructed. Any statement unfavorable or alien to the trinity-god, the redeeming cross, the saving sacraments, the intercession of the saints, was an aberration, therefore a sin and a cause of perdition, barring God's Mercy not really conceivable outside of the Church. I felt even honored by the idiotic injustice of such a lack of alternative, I was blind to the Love and Nonconformity of God whose Gospels I used to read every day hammering their sentences without hearing their generosity and 'opposingness'. I lived my faith with what churchmen call 'seriousness'. Each reader understands better, then, how confused I a pharisee felt when, in 1974 and 1977, God condensed the Word to the mere part accessible to man and taught me true faith. First I viewed it as relativisation. Quite rapidly I realized it was trancendency, the lens through which much more than knowledge goes: the Light. For example, Jesus, who *is not God (32/2),* spoke to me as if he were God using ambiguous *I's* and *Me's* to stress that peculiar nature of the prophetic speech which had formerly induced argumentative *doctors* to state falsely that prophet Jesus was God incarnate, and to remind us that every *human intelligence, a mere dim candle end, is unable to understand* the real link of God with prophethood—*the word that is the Word, Justice of a just man (XXXI/10)*—and that one has to cautiously *stand in front of the Word as in front of a chasm (32/5-8).*

As it has fallen to us Arès Pilgrims to know that—throughout the area pointed out in 5/6—religion already decelerating will manage less and less moral and social movements and will eventually become insignificant, and that we will have to build the *True* on its ruin, we have no credo. The Father says in substance that no believer should have a credo, a credo whatsoever is religious by nature, a construction of *doctors* and *grey backs.* The Father calls on us to live up the reasons of *true* faith and to understand by living them up that they give us only a direction of certitude. Every credo is erroneous. If we gave ourselves a credo, it would be equally erroneous, even based on *The Revelation of Arès,* even apparently free from theology, because any credo amounts to some theology, and by its

à se prétendre absolue vérité et formule magique de salut. Cependant, nous croyons à quelque chose, ce quelque chose passe par la pensée qui, pour participer à la *Vie* et redonner au monde la *Vie,* se trouve bien d'être en paix et en pleine possession de sa force spirituelle. N'ayons pas de credo, mais une pensée claire.

J'ai comparé la Vérité à la *Mer.* La Vérité est aussi comparable à une lourde, longue amarre montée du *Fond (XXXIV/7-9),* longtemps *avant Adame (VII/1),* à travers *l'Eau* de Dieu, et disparaissant dans les soutes profondes et obscures des fins dernières. Elle ne fait que passer par nos mains, très lentement, quelques tresses à la fois, que nous tâtons plus que nous ne les voyons dans la nuit du péché ou bien, au mieux, dans le demi-jour brumeux de la *pénitence.* Du *Fond* auquel l'amarre nous relie nous ne voyons presque rien ; des fins dernières à l'autre bout nous savons très peu. Quant au *Père* qu'elle nous apporte, de distance en distance — la dernière fois en 1977 —, ce nœud lourd qui nous fait, haleurs, soudain ahaner, qui pourrait le dénouer à moins d'avoir infinies patience et concentration, et de tenir les deux extrémités de l'amarre ?

Nous sentons plus que nous ne comprenons les vibrations et les appels qui parcourent cette amarre, montant de l'Ancre invisible sur le *vaisseau* humain. Et même, nous distinguons à peine dans la soute les milliards d'hommes disparus, vivants et à venir — l'homme ne se connaît pas mieux qu'il ne connaît Dieu —. L'amarre nous glisse souvent des mains ; la religion n'est pas étrangère à ces maladresses, parce qu'elle a fait plus de mal à la Vérité que l'ignorance n'a fait d'obscurantisme.

Depuis *La Révélation d'Arès* nous savons que la part de Vérité que l'homme peut porter n'a pas cessé d'apparaître du fait de Dieu, et de pourrir sur place du fait de l'homme, créé libre de la saisir ou de la laisser choir. Les religions qui proclament que tout a été dit, que leurs livres mettent tout sous nos yeux, sont vaines comme des haleurs assis, inutiles, qui n'ont pas compris que la Vérité bouge, monte, vibre, court comme la vie.

La Vérité totale n'a jamais été donnée à personne. Qu'en ferions-nous, du reste ? En discuter sans fin et sans comprendre, *la langue cousue (XII/3)?* Du pêcheur *l'intelligence* est très limitée, mais la prétention considérable. À notre salut suffit le *miel,* la petite part de Vérité que certains saisissent par la foi *conscite (XXII/14)* et d'autres par intuition, même si ceux-ci taisent *le Nom de Dieu* ou le *haïssent (28/10-14).* Par la foi ou par l'intuition, de cette petite part de Vérité rien n'est déjà facile à *accomplir,* en même temps rien n'est compliqué, et rien n'est catégorisable, parce que chaque Idée, chaque Mot contient tous les autres. Ce flot accessible roule sur lui-même et s'échange sans cesse avec la *Mer* immense à quoi, fluide, il appartient.

L'homme ne comprends sa part de Vérité que dans le flou, l'inachevé, l'incomplétude ; cela tient à l'Amour de Dieu. Dieu respecte la liberté de l'homme, il sait que l'homme est devenu librement *bègue* et *sourd (XII/4-7).* Dieu ne lui ouvrira pas les oreilles de force, n'en fera pas un sauvé involontaire et sans gloire. Dieu attendra que l'homme se grandisse et se glorifie en se recréant consciemment. Jusqu'à ce moment il arrivera même que notre part de Vérité trouble la foi au lieu de l'éclairer. La compréhension de la Parole, particulièrement la compréhension collective, est bien devenue *faible lumignon (32/5).*

Cependant, avec *La Révélation d'Arès,* si la part de Vérité accessible à l'homme se révèle moindre que nous pensions, une sensation nouvelle nous

simplifying, doctoral, declaratory principle also tends to claim to be absolute truth and the magical formula of salvation. Nevertheless, we believe in something, something that passes through thought which needs peace and full spiritual strength to participate in *Life* and bring back *Life* into the world. Let's not have any credo, but a clear thought.

I have likened Truth to the *Sea*. I also can liken Truth to a long heavy mooring rope, which *long before Adam's days (VII/1)* began coming up from the *Bottom* (or *Core, XXXIV/7-9*) through God's *Water,* continuously swallowed up in the dark deep bunkers of the final events of history. It is just passing in our hands, very slowly, a few braids at a time which we feel rather than see in the night of sin, or else, at the very best, in the misty half-light of *penitence*. We can hardly see the *Bottom* that the mooring rope links us to, and about the final events of history at the other end we know very little. As for the *Father* whom the rope brings to us at intervals—the last time in 1977—, that heavy knot which forces us, haulers, to labour suddenly, would any man manage to undo it unless he has infinite patience, concentration, and holds both ends of the rope?

We do not really understand, we can only feel the vibrations and signals coming up along the rope from the invisible Anchor onto man' *ship*. We can hardly even make out in the bunker the men dead, alive or future in their billions— man does not know about himself any more than he knows about God—. The rope often slips out of our hands; religion has much to do with this awkwardness, because it has done more harm to Truth than ignorance has ever done to set up obscurantism.

Ever since *The Revelation of Arès* we have learned that the part of Truth that man can carry had never stopped both appearing owing to God's action and rotting owing to the action of man once created free to grip it or drop it. Religions, as all of them state that everything has been revealed and is forever entirely displayed in their books, are as vain as sitting idle haulers who have not understood that Truth moves, goes up, vibrates and runs like life.

No one has ever been given complete Truth. Besides, what on earth would we do with it? Argue endlessly about it without understanding it, *with stitched tongues (XII/3)?* The sinner's *intelligence* is most restricted, but his pretensions are big. Enough for our salvation is the *honey,* the small fraction of Truth that some grasp through *conscienced* faith *(XXII/14)* and others through intuition, even if the latter hush up *God's Name* or *loathe* God *(28/10-14)*. Whether through faith or through intuition nothing of this small part of Truth is easy to *achieve,* as it is, but at the same time nothing is complicated, and nothing is classifiable, because each Notion or Word contains all others. These accessible waves roll on themselves and mix ceaselessly with the immense *Sea,* in which they belong, since they are fluid.

Man understands his portion of Truth only in a blur, incompletely, inadequately; this results from God's Love. God has respect for man's freedom, he knows that man has freely become a *stammerer* and turned *deaf (XII/4-7)*. God will not force man's ears open or make him an inglorious, unwitting redeemed creature. God will wait for man to grow in stature and glory by recreating himself deliberately. Until then it may even happen that man's share of Truth fails to enlighten him, and bewilders him instead. No doubt, the understanding of the Word, particularly the collective understanding, has turned into a *dim candle end (32/5)*.

réveille. Par tous les atomes de la *chair* et tout l'éther de *l'esprit* nous sentons que cette part de Vérité ne se transmet pas, ne se réalise pas dans une doctrine — un credo — mais dans une tension de l'être : notre amour, notre humilité, notre honnêteté, notre travail à créer le nouveau monde ; de ces sensation et tension acceptées, dynamisées, se forme *l'âme*. Cette (re)découverte est sans pareille dans l'histoire. De la Parole nos *descendants (39/10)* comprendront plus de choses, plus vite, même si *quatre générations ne suffisent pas (24/2)* pour faire d'eux des nouveaux Adam. Dès cette génération le *clone (XXXIV/5)* de l'Adam édénique ressort dans notre *sang (XXX/8)* et dans notre conscience personnelle comme sociale — bourgeon de l'intraduisible phénomène de renaissance qu'est la *polone (XXXIX/12-13)* —. Nous sentons la sève monter dans notre bois mort : *Ils peuvent ne pas Me voir, mais ils sont moulés à Moi, dit la Vérité (1/11)*. À travers la Parole d'Arès nous sentons le *vrai (II/8-9, XX/2)*, la petite part de Vérité à notre portée : infiniment plus de Lumière que n'en donnèrent au monde les *princes du culte et leurs docteurs* péremptoires, qui codifièrent et imposèrent beaucoup de faux, égarant d'innombrables croyants. Quand ceux-ci, égarés au cours d'une très longue ère de confiance, s'aperçurent de la tromperie des religieux, ils tombèrent dans le doute, dans la recherche de substituts, ou dans l'athéisme. Mais beaucoup sont prêts à retrouver et à comprendre le sens général de la Création et le rapport entre Dieu et l'homme ou, dit autrement, le rapport entre l'Amour et la liberté. Pour revenir parler à l'homme, en 1974 et 1977, le Père a choisi l'instant historique d'une crise de la foi. Dans ces circonstances nous réalisons que l'homme, qui est co-créateur du monde avec Dieu, est aussi co-créateur de sa part de Vérité quand il en discerne les limites, la comprend et l'entreprend. Quant à la Vérité totale, absolue, n'étant ni compréhensible ni réalisable, à quoi servirait-elle à l'homme, quand bien même Dieu l'aurait énoncée aux oreilles d'un *prophète ?*

N'ajoutons rien d'artificiel ou d'inventé à ce que Dieu *dit,* n'allons pas au-delà de ce que nous en comprenons, et nous garderons la direction de certitude. C'est d'accepter notre part de Vérité comme ne représentant que quelques brasses de la longue amarre Vérité, que nous trouvons la sagesse. Ce qui compte, c'est que nous soyons transportés de foi, de joie et d'esprit de décision en sachant que, si la Vérité plénière échappe, le salut est quand même assuré aux hommes de bien, croyants et incroyants, et le *monde* peut *changer (28/7)*. Un peu de Vérité pour *changer* tout un *monde !*

Le Vrai, la part de Vérité que nous pouvons saisir, manque de glisser entre nos mains à tout instant, tourne et revient sur lui-même. De plus, il ne se laisse voir qu'en surface ; la lourde amarre cache dans ses torons la masse de son chanvre. Non seulement nous n'avons pas de credo, pas de dogme, pas de doctrine, mais nous ne pouvons pas dresser une liste de termes de foi parfaitement catégorisée. La Parole de Dieu et la foi qu'elle suscite nous mêlent à de puissantes Notions qui elles-mêmes se mêlent et s'interpénètrent. Toute partie dépend du tout, et le tout est contenu dans toute partie. Qui n'est frappé, en lisant la Bible, le Coran ou *La Révélation d'Arès,* par l'absence de plan discursif, linéaire ? La Parole n'est pas conçue comme une thèse systématique ; elle obéit au besoin d'être comprise des hommes comme ils comprennent la vie, afin de transmettre la *Vie*. Toute fraction de l'univers que Dieu crée, une étoile ou une phrase, contient la Vérité plénière, n'est autre qu'un mode d'être de la Vérité plénière. Thèse humaine : tantôt quête fiévreuse de ce mieux qui est l'ennemi du bien, tantôt théorie simplificatrice. Une

Nevertheless, even though the part of Truth within reach of man proves much smaller than we had assumed it to be, *The Revelation of Arès* gives us a fresh sensation and awakens us. In all the atoms of our *flesh* and all the ether of our *mind* we feel that this part of Truth will not be passed on and will not come true through a doctrine—a credo—, but it will through a tension deep down in our being: Our love, humbleness, honesty, and our labor to create the new world; from that feeling and that tension both accepted and made dynamic our *soul* forms. This is a (re)discovery unparalleled in history. Our *descendants (39/10)* will understand the Word more extensively, more rapidly, even though *four generations are not enough (24/2)* to make them new Adams. From the current generation onward the *clone(XXXIV/5)* of Edenic Adam is reappearing in our *blood (XXX/8)* and in our both individual and social conscience—a bud of the inexpressible phenomenon of rebirth that the *polone* is *(XXXIX/12-13)*—. We feel the sap rising within our dead wood: *They may not see Me, but they are molded to Me,* Truth says *(1/11)*. Through the Word of Arès we feel the *true (II/8-9, XX/2)*, the little part of Truth within our reach: Immensely more Light than the world has ever received from the peremptory *princes of religion and their doctors* who have ordained and enforced much falsehood, so leading astray innumerable believers. When these, led astray during a very long era of confidence, became aware of the clerics' deception, they began to doubt, or look for substitutes, or lapse into atheism. But many of them are ready to regain and understand the general meaning of Creation and the relation between God and man or, said in other words, the relation between Love and freedom. The Father chose the historic time of a crisis of faith to come back and speak to man in 1974 and 1977. Under such circumstances we realize that man, who is co-creator of the world along with God, also is co-creator of his part of Truth when he discerns the limits of Truth, understands and carries it out. As for total, absolute Truth which is neither understandable nor achievable, would it be of any use to man, even though God had set it forth in a *prophet's* ear?

Let's not add anything contrived or invented to what God has *said,* let's not go beyond what we understand, and we will retain the direction of certitude. It is by accepting our share of Truth as representing no more than a few yards of the long mooring rope Truth, that we gain wisdom. Since we know that total Truth has not been revealed, but that, even so, salvation is ensured for the upright men, believers or unbelievers, and the *world* can *change (28/7),* what counts now is our carrying away with faith, joy and decisive spirit. A little Truth to *change* a huge *world!*

The True, the only fraction of Truth we are able to grasp, almost slips through our fingers at any minute, it turns round on itself and draws back. Moreover, we can only see its surface; the heavy mooring rope hides its massive hemp within its strands. Not only have we no credo, no dogma, no doctrine, but we cannot draw up a list of perfectly categorized terms of faith. The Word of God and the faith which it rouses involve us in strong Notions which themselves involve and interpenetrate each other. Each portion is dependent on the whole and each portion contains the whole. Anyone while reading the Bible, the Quran or *The Revelation of Arès* is struck by the absence of linear, discursive plan. The Word is not conceived of like a systematic thesis; it is prompted by the need to be understood by men just as they understand life, in order to transmit *Life*. Every fraction of the universe, whether a star or a sentence, which God creates contains full Truth, is just one of the many modes of being of full Truth. A human thesis: Either a feverish quest for

thèse, au mieux, conçoit, fabrique et manipule *l'épée*, mais s'égare quand elle veut expliquer et remplacer *le Bras qui la soulève (35/14)*. Nous ne pouvons faire mieux, pour serrer de près *le Vrai*, que de garder aux concepts qu'il dicte leur nature interactive, et de dire :

Nous croyons dans le *Père de l'Univers*[1], parce que, sous un *Nom*[2] divers, une *Puissance*[3] créatrice, paternelle et participante se révèle à l'homme depuis la nuit des temps par des media variés, et se révèle chaque jour dans l'homme par des dons, apanages et charismes qui détachent manifestement celui-ci du reste du monde vivant et de l'Univers et qui démontrent sa parenté avec une *Force*[4] transcendante.

Nous ne croyons pas dans une divinité composée[5] ou dans une pluralité de divinités.

Nous croyons que le *Père, Unique*[6], Être et Possesseur absolu[7], *Seul Saint*[8], dans Lequel *tournent les mondes*[9], n'est pas d'une Nature connaissable et analysable. Nous constatons seulement quelque chose de son Existence et nous y participons à travers les *prophètes* par qui il *a parlé*[10], à travers notre humanité *faite à son image et ressemblance*[11] et à travers sa Création, d'une infime partie de laquelle il nous a faits co-créateurs : le *monde*[12] et tout lieu de *l'Univers* que nous pourrons atteindre.

Nous croyons que *l'Univers*[13] est en processus de Création ininterrompu[14] et que nous savons peu de chose de ses immensité et diversité[15]. Le Créateur est notamment *Père* de la vie humaine à deux stades : vie pensante et *Vie* spirituelle[16], laquelle transfigure[17] la vie pensante de tout homme qui, par intention ou par intuition[18], *met ses pas dans les Pas*[19] du *Père* en recherchant la *vertu* et en *changeant le monde*[20] en bien.

1. 12/4, Jérémie 3/19, Luc 23/34 + nombreuses références.
2. 2/16, 3/6, 28/4, XV/5, XVI/7, XVIII/2-3-4 + autres références: El, Élohim, el Shaddaï, Adonaï, Je-Suis-Qui-Est, Yahwé, Très-Haut, Éternel, Créateur, Dieu, Père, Seigneur (La Bible), Ahura Mazda (Les Gâthas de Zoroastre), Allah, Miséricordieux (Le Coran), etc.
3. Nombreuses références dans toute l'Écriture.
4. 4/9, 7/6, VII/5 + autres références.
5. Trinité par exemple, 23/7, XX/18.
6. Coran 112/1, Deutéronome 6/4.
7. II/1, Exode 3/14.
8. 12/4.
9. II/20, Coran 1/2.
10. 2/1-15, II/21.
11. Genèse 1/27.
12. 28/7 (Pouvoir humain de changer le monde), XLV/12-17 + autres références.
13. 12/4, Genèse 1/1-27.
14. XXII/12 + autres références.
15. II/2, VI/3-4 + nombreuses références.
16. 17/3, 24/4 + autres références.
17. 2/13, 37/9, VII/5.
18. 28/11, XXXI/19.
19. 2/12, 32/3.
20. 28/7, autour de ce verset: *La Vérité est que le monde doit changer*, se développe toute la Parole d'Arès.

the inaccessible best or an oversimplifying theory. A thesis, at best, conceives, fabricates and handles *the sword*, but it is unsound when it aims at explaining and replacing *the Arm that lifts it (35/14)*. If we want to keep close behind *the True*, the best we can do is strive to retain the interactive nature of the concepts which it dictates, and say:

We believe in the *Father of the Universe(1)*, because under a diverse *Name(2)* a creating, participating, paternal *Might(3)* has revealed himself to man since the dawn of time through various media, and reveals himself within man every day by gifts, privileges and charisms which beyond question separate the human being from the living world and from the Universe, and demonstrate his kinship to a transcendent *Strength(4)*.

We do not believe in a compound divinity(5) or a plurality of divinities.

We believe that the *Father, the One(6)*, the absolute Being and Possessor(7), *the Only Saint(8), within* Whom *the worlds revolve(9)*, has not a knowable, analyzable Nature. We can only notice something of his Existence and take part in it through the *prophets* by whom he has *spoken(10)*, through our humanity *made in his image and likeness(11)*, and through his Creation a minute part of which he has made us the co-creators: *the world(12)* and any place of the *Universe* that we will be able to reach.

We believe that the *Universe(13)* is in an uninterrupted process of Creation(14), and that we know little about its immensity and variety(15). The Maker is notably the *Father* of human life in two stages: Thinking life and spiritual *Life(16);* the latter transfigures(17) the thinking life of whoever, whether purposefully or intuitively(18), *sets its steps in the Steps(19)* of the *Father* by striving for *virtue* and by *changing the world(20)* into *good*.

---

1. 12/4, Jeremiah 3/19, Luke 23/34 + many references.
2. 2/16, 3/6, 28/4, XV/5, XVI/7, XVIII/2-3-4 + other references: El, Elohim, el Shaddai, Adonai, I-Am-He-Who-Is, Yahweh, the High One, the Eternal, Maker, God Father, Lord (The Bible), Ahura Mazda (Gâthas by Zoroaster, XVII/3), Allah, the Merciful (The Quran), &c.
3. Many references throughout the Scripture. May also be called *Power*.
4. 4/9, 7/6, VII/5 + other references.
5. Trinity, for example, 23/7, XX/18.
6. The Quran 112/1, Deuteronomy 6/4.
7. II/1, Exodus 3/14.
8. 12/4.
9. II/20, The Quran 1/2.
10. 2/1-15, II/21.
11. Genesis 1/27.
12. 28/7 (The human power to change the world), XLV/12-17 + other references.
13. 12/4, Genesis 1/1-27.
14. XXII/12 + other references.
15. II/2, VI/3-4 + many references.
16. 17/3, 24/4 + other references.
17. 2/13, 37/9, VII/5.
18. 28/11, XXXI/19.
19. 2/12, 32/3.
20. 28/7, around the verse, *Truth is that the world has to change,* all the Word of Arès develops.

NOUS CROYONS, NOUS NE CROYONS PAS (appendice) 728

Nous croyons *qu'Adame et Haouah(1)* formèrent le stade spirituel de *l'homme* et de la femme depuis longtemps existants(2) au stade pensant. Après la *chute d'Adame(3)*, de façons variées qui constituent toute l'économie du *salut* et de la *perdition*, tout homme pensant peut gagner ou regagner la qualité spirituelle et tout homme spirituel peut déchoir et retourner au stade pensant. La Création *d'Adame et d'Haouah*, le *terreau(4)* humain changé en enfants de Dieu(5), n'étant pas matérielle mais qualitative — par là étant la transfiguration plutôt que la création au sens primaire d'êtres biologiques et psychiques créés depuis longtemps —, et étant par surcroît dépendante du bon vouloir des créés, devenant auto-créés(6), est sans pareille dans l'Univers.

Nous croyons que l'homme, au stade pensant comme spirituel, tient du *Père* cinq facultés : Parole (ou langage), amour, liberté, individualité et pouvoir de création. La *Parole* dote l'homme de la parole. De la *Force* il tire l'amour et la liberté(7). Capable de se nommer et de nommer les autres, il est individuel. Enfin, le Créateur le fait créateur. Ainsi l'homme est *image et ressemblance(8)* du *Père*. Aucune créature non humaine ne jouit de ces cinq dons, que le *Père* détenait seul jusqu'à l'instant où il créa l'homme, encore qu'il les possède éternellement à un degré de puissance incomparable.

Nous croyons que l'humanité pensante fut créée soumise aux vicissitudes(9) de la lutte pour la vie, mais qu'au stade spirituel elle accéda à la capacité d'être heureuse et perpétuelle, capacité à laquelle renonça *Adame(10)*. Le monde peut retrouver le bonheur et la perpétuité pourvu que la qualité spirituelle requise soit le choix d'une *race(11)*, c'est-à-dire un choix partagé par une partie spirituellement influente de l'humanité(12).

Nous croyons que, des cinq dons que le *Père aimant(13)* confère à l'humanité, c'est principalement la liberté avec l'individualité sa parente qui ouvrent l'humanité aux alternatives mais aussi aux contradictions qu'ignore l'instinct. Résultant d'un risque consenti de l'Amour Divin, la liberté permit à *Adame* de repousser son Bienfaiteur et son *Dessein* pour *choisir* une vie indépendante et retourner au stade pensant. Ainsi Adam laissa la parole (re)devenir mensonge, l'amour se refuser au prochain(14), l'individualité (re)devenir individualisme, l'habileté et le pouvoir de création perpétuer toutes sortes de maux et en inventer de nouveaux.

---

1. V/3, Genèse 2/23, Genèse 3/20, Genèse 4/25. C'est sous cette forme qu'Adam et Ève sont nommés dans *Le Livre*. Les noms signifient Homme et Femme en hébreu.
2. VII/1.
3. La chute, Genèse 3.
4. (Genèse 2/7) ou l'argile (VII/1).
5. 2/1 + autres références.
6. Longue exhortation de Dieu à *l'image et ressemblance* pour qu'elle retrouve sa liberté et son pouvoir créateur, *La Révélation d'Arès* est un Événement capital.
7. VII/5.
8. Genèse 1/27.
9. VII/2.
10. 2/1-5, VII/8-14.
11. 25/4, XII/5.
12. Matthieu 24/22.
13. 12/7.
14. 2/3-4.

WE BELIEVE, WE DO NOT BELIEVE (an appendix)

We believe that *Adam and Howwah(1)* formed the spiritual stage of the *man and woman* who had long been in existence(2) in the thinking stage. After *Adam's fall(3)*, in various ways which constitute all of the economy of *salvation* and *perdition*, any thinking man can gain or regain the spiritual quality, and any spiritual man can decline and return to the thinking stage. Since the Creation of *Adam and Howwah*, the human *soil(4)* changed into God's children(5), is not material but qualitative—they are therefore the transfiguration rather than the creation, in a primary sense, of long-created biological and psychical beings—, and since it is furthermore dependent on the goodwill of the created ones who thus become self-created(6), this Creation is unmatched in the Universe.

We believe that man in his thinking stage and spiritual stage alike gets from the Father five faculties: Speech (or language), love, freedom, individuality and power to create. The *Word* endowes man with speech (or language). From the *Strength* he draws love and freedom(7). Being able to name himself and name others he is individual. Finally, the Creator makes him a creator. Thus man is the *image and likeness(8)* of the Father. None of non-human creatures enjoys those five gifts, which God alone had held until the day he made man, even though he possesses them eternally to an incomparable degree of power.

We believe that thinking humanity was created subjected to the trials and tribulations(9) of the struggle for life, but in the spiritual stage it rose to the capability of being happy and perpetual. *Adam* would renounce that capability(10). The world can regain happiness and perpetuity provided that the spiritual quality required is the choice of a *race(11)*, that is, a choice shared by an influential spiritual portion of mankind(12).

We believe that among the five gifts the loving *Father(13)* bestows on humanity it is chiefly freedom along with its relative: individuality, which open humanity to alternatives as well as contradictions alien to instinct. As it resulted from a risk wittingly taken by Divine Love, freedom enabled *Adam* to reject his Benefactor and his *Design,* choose an independent way of life, and go back to the thinking stage. *Adam* thus let speech (or language re)turn to lying, he let love refuse to give itself to the neighbour(14), he let individuality (re)turn to individualism, he let skill and power to create perpetuate all manner of evils and contrive new evils.

---

1. Or *Hawwah*. V/3, Genesis 2/23, Genesis 3/20, Genesis 4/25. Adam and Eve are named in this form in *The Book*. The names mean Man and Woman in Hebrew.
2. VII/1.
3. The fall, Genesis 3.
4. (Genesis 2/7) or the clay (VII/1).
5. 2/1 + other references.
6. As a long exhortation to the *image and likeness,* so that it can regain its freedom and power of creation, *The Revelation of Arès* is a cardinal Event.
7. VII/5.
8. Genesis 1/27.
9. VII/2.
10. 2/1-5, VII/8-14.
11. 25/4, XII/5.
12. Matthew 24/22.
13. 12/7.
14. 2/3-4.

Nous croyons qu'ainsi l'humanité est à la fois génératrice et victime de ses maux, elle est notamment vieillissante et mortelle, même si ce mauvais choix hérité n'est plus conscient pour la plupart des hommes après les millénaires.

Nous croyons que le projet édénique, le *Dessein* de *bonheur* et de perpétuité[1] selon lequel Dieu créa *Adame,* n'a jamais été annulé. Il ne tient qu'à l'humanité d'y revenir.

Nous croyons que les Appels lancés par Dieu depuis Noé n'ont pas eu d'autre but que de convaincre l'humanité d'accepter le *Dessein* mis dans la *Vie* spirituelle.

Nous ne croyons pas que le *Père* ait jamais réservé ses Appels transmis au monde par les *prophètes*[2] à l'interprétation et à la garde jalouses de corporations ou catégories humaines, d'ailleurs rivales. Personne ni aucun groupe n'est fondé à se déclarer seul détenteur de la Vérité, guide, psychopompe, pardonneur, purificateur, moraliste, parfois juge. Toute appropriation, nationalisation ou culturalisation de la Parole, de ses transmission et application, produit la religion et son clergé. En réalité, le *sacerdoce*[3] est le devoir naturel de tout membre du *peuple*[3] des *justes*[4]; la Parole *élit* tout homme qui la reconnaît[5] au prophétisme universel sans catégorisation, corporatisme, hiérarchie, prérogatives, droit héréditaire; le *sacerdoce* peut même être par intuition une vocation d'incroyant[6]. La religion n'a pas pu détruire *l'indestructible*[5] — on n'enclot ni ne subjugue le *Vent* —, mais elle l'a masqué, *harnaché*[7], détourné, elle en a isolé les hommes. L'esprit de religion, étroit ou large, marque une intention de contrôler le *Souffle,* de lui commander[8]; il dénature l'homme en lui refusant liberté, parole, individualité, amour universel et pouvoir de création continue; par là toute religion s'oppose à l'Esprit de la Création; elle est donc *faux prophète*[9].

Nous croyons que l'humanité retrouvera bonheur et perpétuité, si un *reste* d'hommes *change sa vie*[10], s'élargit[11], reforme le *Peuple* originel du *Père,* et porte le *monde à changer,* à retrouver la *Voie Droite*[12] afin qu'advienne enfin le *Jour*[13] qui *recule sans cesse.* Du *reste* se détache le *petit reste* de *ceux qui choisissent (délibérément) de répondre à l'Appel*[14]. *Reste* et *petit reste*[15], il va sans dire, ne forment ni ne désignent une religion.

---

1. A contrario 36/23.
2. 23/4, 30/1, 31/3, 35/9, XXXVII/2 + autres références.
3. 36/20. Le vrai *sacerdoce* n'est ni l'état d'une corporation consacrée ni l'état d'un «peuple» déterminé, mais l'état prophétique universel de tous ceux qui *se changent* et qui *changent le monde*; même *les enfants* en montrant un exemple d'innocence tiennent un rôle prophétique universel.
4. Au sens de XXXI/10. Bible: nombreuses références.
5. 1/9-12.
6. 28/5, 28/11, XXXI/19.
7. 10/10 + nombreuses références aux entraves mises à la Parole et à son Dessein.
8. 36/10 + autres références.
9. 28/5.
10. 30/11.
11. XLI/7, XLVIII/4, 4/12 + nombreuses références.
12. Le Coran 1/6.
13. 2/6-8-9, 30/4, 31/8-13, 33/9, 40/4 + autres références.
14. Matthieu 24/22.
15. 26/1, 29/2, 33/12. Ne signifie pas nombre minuscule, mais minorité très influente.

We believe that thus humanity is both the generator and the victim of its own evils, in particular it is aging and mortal, even though most men are no longer conscious of this inherited bad choice after millennia.

We believe that the Edenic plan, the *Design* for *happiness* and perpetuity[1] according to which God created *Adam,* has never been revoked. It is entirely up to mankind to revert to it.

We believe that the Calls continually put out by God since Noah's days have had the only aim to persuade mankind to agree to the *Design* put in spiritual *Life*.

We do not believe that God has ever reserved the Calls, which he has put out towards the world through the *prophets*[2], for some corporate bodies or human categories, which moreover are rivals. No man or group has any grounds for claiming to be the only holder of Truth, guide, conductor of the dead, forgiver, purifier, moralist, preacher, sometimes judge. Every appropriation, nationalization and culturalization of the Word, of its passing-on and implementation, result in religion and clergy. In reality, each member of the *people*[3] of the *just*[4] has a natural *sacerdotal*[3] duty; each man who recognizes the Word[5] is *elected* to universal prophethood without categorization, corporatism, prerogatives, hereditary rights; even a non-believer[6] may by intuition have a *sacerdotal* calling. Religion has not been able to destroy the *indestructible*[5]—Could the *Wind* ever be shut in or subjugated?—, but religion has masked it, *harnessed*[7] it, diverted it and isolated men from it. The spirit of religion, whether narrow- or broadminded, is the clear sign of a strong will to control the *Breath* and to have command over it[8]; it denatures man by barring him from freedom, speech, individuality, universal love and power of continuous creation; hence every religion goes against the Spirit of the Creation, and therefore is a *false* (or *bogus* or *sham*) *prophet*[9].

We believe that mankind will regain happiness and perpetuity if a *remnant* of men *change their lives*[10], multiply[11], form the *Father's* original *People* anew, and incite the *world* to *change* and to follow the *Straight Path*[12] again, so that the *Day*[13] which *is continually delayed* will come at last. From the *remnant* the *small remnant* of those who (wittingly) choose to answer the *Call*[14] break off. *Remnant*[15] and *small remnant* do not make up or designate a religion, it goes without saying.

1. A contrario 36/23.
2. 23/4, 30/1, 31/3, 35/9, XXXVII/2 + other references.
3. 36/20. The true priesthood is not the station of a consecrated corporate body or a definite 'people', but the universal prophetic state of all those who *change themselves* and *change the world;* even *children* have a universal prophetic role by showing an example of innocence.
4. In the sense of XXXI/10. Bible: many references.
5. 1/9-12.
6. 28/5, 28/11, XXXI/19.
7. 10/10 + many references of constraints upon the Word and its Design.
8. 36/10 + other references.
9. 28/5.
10. 30/11.
11. XLI/7, XLVIII/4, 4/12 + many references.
12. The Quran 1/6.
13. 2/6-8-9, 30/4, 31/8-13, 33/9, 40/4 + other references.
14. Matthew 24/22.
15. 26/1, 29/2, 33/12. It does not mean a tiny number, but a very influential minority.

Nous croyons que le *changement* demandera de nombreuses *générations(1)*, des efforts considérables(2), des actions audacieuses(3), mais que la *gloire* du *reste* et du *petit reste* viendra quand ils auront *peiné(4)*.

Nous croyons que le *bien(5)* se dégage, se construit et s'organise des actes et comportements, volontaires ou non, qui se conforment, contribuent, prennent part au *Dessein* mis dans la *Vie* spirituelle, i.e. mis dans *Adame*. L'absence de *péché* n'est pas le *bien*; le *bien* est actif et créatif par nature. Dans ce *monde taré(6)* l'homme de *bien* absolu, *l'Adame* restauré, qui retrouve *l'image et ressemblance* plénière et active du Créateur, n'est encore qu'une figure de foi, ou bien est très rare; Jésus en est un modèle. Par contre les hommes de *bien* relatif, *pécheurs* combattant leur péché *(pénitents),* peuvent devenir nombreux; *Le Livre* les appelle *frères(7)*.

Nous croyons que le *péché(8)* est tout acte, tout comportement, volontaire ou non, qui s'oppose, nuit, se refuse au *Dessein* mis par le Créateur dans la *Vie* spirituelle, c'est-à-dire mis dans *Adame,* même si *l'homme* reste en toutes circonstances *image et ressemblance* relative et latente (ou négative) du *Père*. Même la simple absence de *bien* et l'indifférence sont *péché(9)*.

Nous ne croyons pas qu'il existe un état intermédiaire entre l'homme de *bien* et le *pécheur*. Il existe des hommes *qui ne connaissent pas leur péché* et qui sont irresponsables de celui-ci(10), et d'autres hommes qui ignorent le *bien qu'ils font(11)*. Le *péché* et le *bien* inconscients produisent sur le monde les mêmes effets que le *péché* et le *bien* conscients(12). Exceptions: par leur innocence les enfants et les inconscients pathologiques, hommes inachevés, n'assument pas la responsabilité du *monde* au sens du verset (28/7), ils ne relèvent ni du *bien* ni du *péché*.

Nous ne croyons pas que *péché* désigne un acte ou un comportement nécessairement conscient et/ni nécessairement sanctionné(13). *Péché* désigne une anomalie de direction consécutive à la liberté, que celle-ci fût jadis consciemment égarée(14) ou qu'elle soit aujourd'hui inconsciemment égarée chez la plupart des hommes. Cette anomalie est, de toute façon, toujours pénalisante et dommageable pour le monde.

Nous croyons à la communicabilité du *péché* comme du *bien,* notamment à leur socialité et à leur irradiance aléatoires, immédiates ou médiates. En quelque lieu, de quelque façon, à quelque degré que je *pèche* ou fasse le *bien,* même dans une intention définie et limitée, l'effet de mon *péché* ou de mon *bien,* au-delà de

---

1. 24/2: *Quatre* n'a pas valeur arithmétique, mais indique une longue durée.
2. 36/7 + autres références.
3. XLV/2-23 + nombreuses références.
4. 37/9, 26/1. *Petit reste* sous-entend l'existence d'un *reste* plus large et plus varié.
5. 12/3, XXXIII/11 + autres références.
6. 2/12.
7. Le Livre, très nombreuses références.
8. 4/3-4, 8/7, 9/3, 16/14, 36/7 + nombreuses références.
9. 28/12: La multitude est restée assise avec ses chefs, + autres références.
10. 28/4, 28/17, 30/12.
11. 30/13, XXXI/19 + autres références.
12. Voir ci-après la communicabilité du *bien* et du *péché*.
13. 4/4, 30/12.
14. 2/2.

We believe that the *change* will require many *generations(1)*, take considerable efforts(2) and daring enterprises(3), but the *glory* of the *remnant* and *small remnant* will occur when they have *toiled(4)*.

We believe that *good(5)* emerges, builds up and gets organized from the acts and behaviors, whether intentional or not, that apply to, contribute toward and take part in the Intention *(Design)* put in spiritual *Life*, that is, in *Adam*. Absence of *sin* is not *good*; *good* is active and creative by nature. In this *tainted(6)* world the absolute *good* man, the restored *Adam*, that regains the Creator's complete active *image-and-likeness*, still is only a figure of faith, or is very rare; Jesus is a model of absolute *good* man. On the other hand, relatively *good* men, *sinners* fighting sin within them *(penitents)*, may become numerous; *The Book* call them *brothers(7)*.

We believe that *sin(8)* is every act or behaviour, whether intentional or not, that is at variance with, injurious to, or withstanding the *Design* put on spiritual *Life*, i.e. put on *Adam* by the Maker, even though *man* remains the relative and latent (or negative) *image-and-likeness* of the *Father* in every circumstance. Even a mere absence of *good* and even indifference are *sins(9)*.

We do not believe that there is any middle state between *good* men and *sinners*. There are men *unaware of their sin* and irresponsible for it(10), and other men unconscious that they do *good(11)*. Unconscious *sins* and *good deeds* produce the same effects on the world as conscious *sins* and *good deeds(12)*. Exceptions: Because of their innocence children and pathological unconscious men, all of them uncompleted humans, do not share in any responsibility for the *world* in the sense of the verse (28/7), they do not fall within the province of *good* and *sin*.

We do not believe that *sin* refers to an act or behavior necessarily conscious and/or necessarily penalized(13). *Sin* refers to an abnormality of direction consequent on freedom, whether consciously straying freedom in times past(14) or unconsciously straying freedom with most men today. This abnormality, in any case, keeps on penalizing and damaging the world.

We believe in the communicability of *sin* and *good* alike, notably we believe in their random sociality and irradiance, whether immediate or mediate. Wherever, however and to whatever degree I *sin* or do *good*, even with a very limited definite intention, the effect of my *sin* or *good* will be propagated at random, far beyond its intention and object, and it will have repercussions on some beings, things and situations in the close and remote world. The direct effect of my *sin* or my *good* on

1. 24/2: *Four* is not an arithmetical value; it means a long duration.
2. 36/7 + other references.
3. XLV/2-23 + many references.
4. 37/9, 26/1. *Small remnant* implies the existence of a *remnant* larger and more varied.
5. 12/3, XXXIII/11 + other references.
6. 2/12.
7. Very many references in *The Book*.
8. 4/3-4, 8/7, 9/3, 16/14, 36/7 + many references.
9. 28/12: *The multitude have remained sitting along with their leaders*, + other references.
10. 28/4, 28/17, 30/12.
11. 30/13, XXXI/19 + other references.
12. See below communicability of *good* and *sin*.
13. 4/4, 30/12.
14. 2/2.

son intention et de son objet, se propage au hasard, se répercute sur des êtres, des choses et des situations dans le monde proche et lointain. L'effet direct de mon *péché* ou de mon *bien* sur ma valeur spirituelle est défini, décisif, mais l'effet indirect, parfois très lointain, de ma vie spirituelle personnelle ou de mon absence de vie spirituelle est totalement aléatoire, mais il est absolument certain que ma vie spirituelle ou mon absence de vie spirituelle résonne sur la vie du monde et que cette résonance est sa conséquence finale. Ainsi, dans l'état actuel du monde, mon *péché* contribue à faire souffrir et mourir des innocents comme des méchants, et mon *bien* ne contribue qu'à réduire ou compenser l'effet du mal sur les innocents et sur les méchants(1). Tant que le *bien* n'aura pas *battu le péché*(2), l'humanité vivra dans une fluctuation de malheur, le *bien* ne dominera pas, et la vertu ne sera qu'une petite lumière accessoire.

Nous croyons que l'humanité peut triompher du *péché*, donc du mal, du malheur, de la souffrance et de la mort. Une victoire totale au *Jour* du *Père*(3), mais jusqu'à ce moment-là une victoire relative quotidienne — *Déjà un certain nombre ici présents voient se construire le royaume (voient changer le monde)(4)* —. Aujourd'hui déjà tout péché surmonté, tout amour réveillé soulage des souffrants inconnus, prolonge des vies obscures. Tout acte de bien humble ou ignoré est un pas de l'humanité vers Éden, à plus forte raison tout acte de bien collectif et d'importance pour réduire la *souffrance(5)*, la *domination* et la *spoliation(6)*. Réciproquement, tout *péché* fait mal non seulement à son auteur et aux personnes qu'il vise, mais aussi à d'autres hommes ailleurs. Bien et mal ne sont pas des images morales; ils se répercutent réellement sur l'humanité psychique, physique, sociale, innocente ou non, et sur l'histoire.

Nous croyons à l'existence d'un *tentateur(7)*, le *Noir(8)*. Le mot *tentateur* soit allégorise simplement le péché opposé au bien dans la Parole Divine et dans la pensée prophétique, soit allégorise le côté obscur, malveillant, égoïste du choix humain, un stimulus philosophique ou émotionnel du mal dans l'homme, soit désigne un être invisible maléfique, indépendant — *Satan, le(s) démon(s)(9)* —, qui commet le mal ou l'inspire à l'homme. Il importe moins de savoir laquelle de ces *tentations*, extérieure ou intérieure, agit à tel ou tel moment que de toujours lui opposer *vigilance* et résistance.

Nous ne croyons pas que le *Jour* du *Père(10)* a été fixé à l'avance et qu'il surviendra quel que soit l'état de l'humanité.

Nous croyons que l'homme est maître du *Jour*. Quand l'homme aura recréé le monde, de sorte que celui-ci tendra irréversiblement vers le bien, ou vers Éden, le *Jour* du *Père* aura lieu par le fait même.

1. Matthieu 5/45.
2. 28/12.
3. 31/8-12.
4. Luc 9/27.
5. 17/5, 31/13.
6. 27/9.
7. Veillée 26, 36/12 + autres références.
8. XVIII/1-13.
9. 12/5, Job 1/6-2/7, Marc 5/6-13 + nombreuses références.
10. 31/8-13 + nombreuses références.

my spiritual worth is definite, decisive, but the indirect effect, sometimes very remote, of my personal spiritual life or my lack of spiritual life is totally haphazard, but it is indubitable that my personal spiritual life or my lack of spiritual life reverberates on the world's life, and that this reverberation is its final consequence. So, in the current state of the world, my *sin* contributes to making both innocent people and wicked people suffer and die, and my *good* only contributes to compensating for or reducing the effect of evil on the innocent and the wicked alike(1). As long as *good* has not *beaten* (or *conquered*) *sin(2)*, mankind will live in fluctuations of hardships and misfortunes, *good* will not go dominant, and virtue will remain but an incidental small light.

We believe that humanity can triumph over *sin,* therefore over evil, misfortune, suffering and death. A complete victory on the *Day* of the *Father(3)*, but, all the way to that *Day*, a relative everyday victory—*Some standing here can already see the kingdom in course of being built (see the world changing)(4)*—. Nowadays every sin overcome and every love awakened already soothe some unkown suffering men and prolong some obscure lives. Every lowly or unknown good deed is a step of humanity towards Eden, all the more for it every collective and extensive good deed is to curb *suffering(5), domination* and *despoilment(6)*. Conversely, not only does every *sin* harm its perpetrator and the persons whom it aims at, but it harms other men somewhere else. Good and evil are no moral or ethical images; they have actual repercussions on psychical, physical and social humanity, whether innocent or not, and on history.

We believe in the existence of a *temptor(7),* the *Black one(8)*. The term *temptor* either allegorizes merely evil as opposed to good in the Divine Word and in the prophetic thought, or allegorizes the dark, malevolent, selfish side of the human choice, a philosophical or emotional stimulus of *sin* in man, or refers to an independent, baleful invisible being—*Satan, the devil(s)(9)*—who commits evil or inspires man to commit it. To know which of these *temptations,* whether they come from inside or from outside, is active at such and such moment is less significant than to offer permanent *watchful* resistance to them.

We do not believe that the *Father's Day(10)* has been set beforehand and will take place regardless of the state in which mankind will be.

We believe that man is master of the *Day*. When man has recreated the world, that is, when the world is making irreversible progress towards good, towards Eden therefore, the *Father's Day* will occur by this very fact.

1. Matthew 5/45.
2. 28/12.
3. 31/8-12.
4. Luke 9/27.
5. 17/5, 31/13.
6. 27/9.
7. Vigil 26, 36/12 + other references.
8. XVIII/1-13.
9. 12/5, Job 1/6-2/7, Mark 5/6-13 + many references.
10. 31/8-13 + many references.

Nous croyons que tout homme qui devient un *pénitent* consommé, c'est-à-dire qui vraiment *change sa vie(1)* et travaille à *changer le monde,* est un *christ,* un messie pour le monde, le nième *fils(2)* du *Père,* un *Dieu(3)* analogique — *l'image et ressemblance* tournée vers la *Lumière* après s'être tournée vers *l'ombre* —. Le prophète Jésus est un *Christ* de référence(4).

Nous ne croyons pas que le *Père* usa de torture et versa le sang pour le salut et le bonheur de l'humanité. Le mythe de la «croix rédemptrice» perpétue l'idée païenne du sacrifice animal ou humain(5), ou de «l'initiation» par la souffrance; il généra l'idée chrétienne médiévale de rachat par le supplice et d'autres concepts arriérés de la valorisation de la foi et du repentir par la douleur et l'autopunition (dolorisme). Jésus ne fut pas sacrifié par le *Père* pour sauver le monde, mais tué par des hommes qui voulaient faire taire le *prophète.* L'exécution, bien que prévisible pour un factieux comme Jésus, qui l'avait envisagée plusieurs fois avec juste raison, fut *inique* et atroce tellement que les disciples perdirent la foi et que le *Père* dut ressusciter le *prophète* pour qu'ils croient en lui et poursuivent sa mission.

Nous ne croyons pas que, par dolorisme(6) ou en *s'offrant en sacrifice(7),* en s'humiliant devant ses ennemis, un croyant fasse avancer le monde. Jésus s'attendait à son arrestation, mais ne la recherchait pas; il fut pris au piège de Jérusalem, subit alors son sort avec grandeur, incitant ses disciples à tirer de ce drame des leçons positives. *Muhammad, le plus sage(8),* échappa à ses tourmenteurs et à ses exécuteurs pour continuer d'annoncer la Parole, multiplier et fortifier les croyants, assurer leur triomphe. Il faut être *héroïque* dans l'épreuve quand on ne peut l'éviter — l'apostolat qui incombe à tout croyant est déjà une épreuve et une contrition en soi(9) —. Mais *s'offrir* à l'affliction, à la persécution, à la seule contrition pour elles-mêmes est *funeste(10)* pour le *Dessein* de la *Création* et pour l'avenir du monde, qui ont besoin de tous les *ouvriers de la moisson(11) rusés comme des serpents et prudents comme des colombes(12).*

Nous croyons que *changer sa vie* n'exclut pas les *joies(13)* de la vie.

Nous croyons que la *Bible,* le *Coran, La Révélation d'Arès* et d'autres Écritures qui ne nous sont pas parvenues(14) forment une *Parole Unique(15).*

Nous croyons que la *Parole,* d'une part, contient des *Codes* circonstantiels comme les *Codes de Josué, de Moïse, de Néhémie(16),* auxquels Jésus mit fin,

1. 30/11b.
2. 2/11.
3. 2/13.
4. 30/16, 32/2-3.
5. Probablement pratiqué en Israël quelquefois, 1 Rois 13/2.
6. 30/11a.
7. 29/5.
8. 2/9.
9. XXXV/4-5-10-12.
10. 29/5.
11. 13/9 + nombreuses références.
12. Matthieu 10/16.
13. 30/11b.
14. 2/6: Azor, 2/16-18: les *craintifs,* XVIII/3: Zoroastre, + autres références.
15. 10/9 + autres références.
16. Josué 24/26. Code de Moïse (appelé aussi loi): Exode, Nombres, Lévitique, Deutéronome. Néhémie 9/3.

WE BELIEVE, WE DO NOT BELIEVE (an appendix)

We believe that any man who becomes an accomplished *penitent*, that is to say, who really *changes his life(1)* and works to *change the world*, is a *christ*, a messiah for the world, the *Father's* umpteenth *son(2)*, an analogical *God(3)*—the image-and-likeness turning to the *Light* after having faced the *shade*—. Prophet Jesus is a reference *Christ(4)*.

We do not believe that the *Father* used torture and shedded blood for mankind's salvation and bliss. The myth of the 'redeeming cross' has carried on the pagan notion of animal or human sacrifice(5), or of 'initiation' by pain; it gave rise to the medieval Christian notion of atonement by torture and other backward notions of faith enhancement and of repentance by suffering and self-punishment (dolorism). Jesus was not sacrificed by the *Father* to save men; he was killed by men anxious to silence the *prophet*. The execution, though foreseeable for a seditious man like Jesus, who had envisaged it several times with good reason, was so *iniquitous* and dreadful that the disciples lost faith and the *Father* had to resurrect the *prophet* so that they could believe in him and take over the mission from him.

We do not believe that through dolorism(6) or *by offering himself up as a sacrifice(7)*, or by cringing before his enemies, a believer contributes to the world progress. Jesus was expecting to be arrested, but he was not courting this ordeal; he was caught in the trap of Jerusalem, and underwent his fate with greatness then, inciting his disciples to draw positive lessons from it. *Muhammad, the wisest(8)*, escaped from his tormentors and executioners in order to go on proclaiming the Word, multiply and strengthen the believers, and lead them to victory. We have to be *heroic* in hardship when we cannot eschew it—apostolate incumbent upon every believer is in itself hardship and contrition as it is(9)—. But *offering oneself* to affliction, persecution, contrition for the sake of them is *disastrous(10)* for the *Design* of the Creation and the future of the world, which need all of the *workers of the harvest(11)* cunning like snakes and prudent like doves(12).

We believe that *changing one's life* does not rule out the *joys(13)* of life.

We believe that the *Bible*, the *Quran*, *The Revelation of Arès* and other Scriptures which have not come down to us(14) make up a *One and Only Word(15)*.

We believe that, on the one hand, the *Word* contains transitory *Codes* as *Joshua's Code, Moses' Code, Nehemiah's Code(16)*, to which Jesus put an end, but which still inspire Judaism and many a 'Christian' religion, or the *Koranic Code*

---

1. 30/11b.
2. 2/11.
3. 2/13.
4. 30/16, 32/2-3.
5. Probably put into practice in Israel sometimes, 1 Kings 13/2.
6. 30/11a.
7. 29/5.
8. 2/9.
9. XXXV/4-5-10-12.
10. 29/5.
11. 13/9 + many references.
12. Matthew 10/16.
13. 30/11b.
14. 2/6: Azor, 2/16-18: *The cringing ones*, XVIII/3: Zoroaster, + other references.
15. 10/9 + other references.
16. Joshua 24/26. Moses' code (also called law): Exodus, Nombers, Léviticus, Deuteronomy. Nehemiah 9/3.

mais qui inspirent encore le judaïsme et maintes religions « chrétiennes », ou bien le *Code Coranique* dont nombre de prescriptions sont déjà inapplicables : l'abus des captives, le partage du butin, l'amputation des voleurs, etc. L'humanité pécheresse ne pouvant s'améliorer, revenir à sa vocation spirituelle qu'avec le temps — Dieu *seul est hors du temps(1)* — les *Codes* sont évolutifs, adaptés à des époques, des régions, des situations historiques, des mentalités et des sensibilités éloignés, parfois très éloignés, de la *Vie* spirituelle, laquelle ne naîtra que de *l'amour* et de *l'intelligence* encore inaccessibles à la plupart des humains. Les *Codes* préconisent des règles de foi et de conduite pauvres en spiritualité, mais entraînant graduellement moins de paganisme, moins de *superstition,* moins de religion. Ils préconisent des sanctions pauvres en bonté, mais entraînant peu à peu moins de souffrance et moins de *vengeance(2)*. Par l'évolution des *Codes* (ou *Lois)* la notion de *pardon* et *guérison* des pécheurs, de création d'un nouveau *monde,* en bref, de foi créatrice, remplace peu à peu les notions non constructives de religion d'une part, de justice par la punition et la revanche d'autre part, ainsi que la *crainte(3)* que ces notions sont censées provoquer. Les *Codes* sont faits pour être adoucis, relativisés, spiritualisés(4) au fur et à mesure qu'évolue l'homme. Ils disparaîtront.

Nous croyons que la *Parole,* d'autre part, contient le *Fond(5)*, *l'Enseignement(6) hors du temps(1), la Loi qui vient(7)*. Le *Fond* est perpétuel et spirituellement vital, par là clairement distinct des *Codes* transitoires, généralement frustes. Par exemple, le *Code de Moïse* fit lapider *l'adultère* conjugal et mutiler l'infidèle à Dieu *(adultère* religieux) en des temps où les meilleurs croyants n'étaient pas réceptifs à l'idée spirituelle et nouménale du péché et de ses conséquences, qu'ils ne percevaient qu'au stade phénoménal : dans la douleur causée par un tort et dans l'horreur du châtiment ; or, le *Fond* enseigne que *l'adultère,* infidélité au conjoint ou infidélité à la Parole, tue *l'âme* en fait. Autre exemple, le *Fond* n'envisage pas de rapports entre le croyant et Dieu autres que directs, mais des *Codes,* à l'inverse, instituèrent des intermédiaires, comme les lévites, en des jours de barbarie, de foi grossière, d'incapacité de percevoir tant la force et le rôle de *l'âme* dans le *Dessein* de Dieu, que la dynamique et la créativité spirituelles de *l'intelligence,* de la fidélité, de l'amour, dans la perspective de *changer le monde.* Ainsi le *Père* conduit ses *fils* des *Codes* (ou *Lois)* imparfaits et vulgaires au *Fond* parfait et sublime ; les hommes cheminent de la nuit de leur déchéance à la Lumière.

Nous croyons que *le Code est fait pour l'homme, non l'homme pour le Code, et qu'ainsi l'homme est maître du Code(8)* — pour Jésus Loi voulait dire *Code* —. Ainsi l'homme de foi *conscite(9),* c.-à-d. celui qui a trouvé la conscience absolue du *Dessein* mis en lui par le *Père,* dépasse tout *Code,* mais alors le *Fond* devient pour lui *la Loi qui vient,* pour lui le *Fond* est incontournable. Il se peut que le croyant qui néglige le *Code* de sa religion néglige sa seule possibilité de moindre

1. 12/6.
2. 27/9.
3. 17/6.
4. Matthieu chapitres 5 à 7: «Sermon sur la Montagne».
5. XXXIV/6-10.
6. 16/11.
7. 28/7.
8. Marc 2/27-28.
9. XXII/14.

many dictates of which are already unenforceable: The woman captives abuse, the sharing of booties, the thieve's amputation, etc. Since sinful humanity can improve and recover its spiritual vocation only with time—God *alone is outside time(1)*—, the *Codes* are evolutionary, suited for times, areas, historic occurrences, mentalities and sensitivenesses far, sometimes very far, from the spiritual *Life* that will arise from *love* and *intelligence* still out of reach of most human beings. The *Codes* advocate rules of faith and behavior lacking in spirituality but leading gradually to less paganism, less *superstition* and less religion. They advocate penalties deficient in goodness but leading gradually to less sufferings and less *vengeance(2)*. Through the evolution of the *Codes* (or *Laws*) the notion of *forgiveness* and *cure* of sinners, of creation of a new world, in short, of creative faith, is little by little replacing the non constructive notions of religion on the one hand, of justice through punishment and revenge on the other hand, and also the *fear(3)* which such notions are supposed to arouse. The *Codes* are meant to be softened, relativized, spiritualized(4) as soon as man evolves. They will disappear.

We believe that, on the other hand, the *Word* contains the *Core* or *Bottom(5)*, the *timeless(1) Teaching(6), the Law to come(7)*. The *Bottom* (or *Core*) is perpetual and spiritually vital, hence clearly distinct from the generally gross and rough transitory *Codes*. For example, *Moses' Code* ordered that conjugal *adulteries* should be lapidated and the unfaithful to God (religious *adulteries*) should be maimed in former times when the best believers were not receptive to the spiritual and noumenal notion of sin and its consequences, which they could only perceive in their phenomenal stage: in the pain caused by a wrong and in the horror of the punishment; in actual fact, the *Core* (or *Bottom*) teaches that adultery, whether unfaithfulness to a spouse or unfaithfulness to the Word, kills the *soul*. Another example, the *Core* stipulates that the relationship between believers and God is direct; conversely some *Codes* instituted intermediaries, as the levites, in days of barbarism, of rude faith and of inability to perceive both the strength and the role of the *soul* in God's *Design* and the personal spiritual dynamic of *intelligence, faithfulness* and *love* in the prospect of *changing the world*. So the *Father* guides his sons from the vulgar imperfect *Codes* (or *Laws*) to the sublime perfect *Core*; men plod along from the dark of decay to the Light.

We believe that *the Code is made for man, not man for the Code, so man is master of the Code(8)*—By 'Law' Jesus meant *Code*—. So the man who has *conscienced(9)* faith, that is, the one who has gained absolute consciousness of the *Design* put in him by the *Father*, surpasses any *Code*, but for him the *Core* or *Bottom* becomes *the Law to come*, the *Core* is inescapable. It may be that a believer who disregards the *Code* of his religion disregards his only possibility of lesser evil, if he is rude or backward, or lacking in the spiritual strength needed to

---

1. 12/6.
2. 27/9.
3. 17/6.
4. Matthew chapters 5 to 7: «The Sermon on the Mount».
5. XXXIV/6-10. *Core* or *Bottom:* Either translation is possible from French.
6. 16/11.
7. 28/7.
8. Mark 2/27-28.
9. XXII/14.

mal, s'il est fruste ou arriéré, ou s'il manque de force spirituelle pour vivre une foi libre. Mais si le croyant dont *l'âme* est devenue libre et *consciente* délaisse le *Fond*, il *trahit(1)* sa propre intention et *se perd*.

Nous croyons que la part authentique du *Fond* comme des *Codes* est minime dans l'Écriture; elle y est même ici et là indécelable. L'Écriture est surtout constituée d'écrits *d'hommes(2)* : livres entiers, chapitres, passages ou phrases. Certains sont des révélations censurées, déformées, corrompues, surchargées, glosées; d'autres sont des textes inventés ou sans rapport avec la révélation; d'autres encore sont des poèmes, hymnes, récits historiques, etc., qui illustrent ou chantent *l'Enseignement* avec des bonheurs variés, ou qui fournissent des cadres historiques et mentaux aux *Codes*, mais qui pour la plupart sont trompeurs ou superflus.

Nous croyons que le *Père* nous a donné *La Révélation d'Arès* pour ressusciter la Vérité noyée dans l'Écriture.

Nous croyons que le *Père*, dans sa *Sagesse*, a approprié *La Révélation d'Arès* aux modes de croire et d'agir qui *changeront le monde*. Elle pourvoit *l'homme du temps qui vient(3)* d'une *Lumière* qui éclaire et coordonne la *Parole Unique*.

Nous croyons que, depuis la Déclaration faite à Noé(4), le *Père* n'intervient pas dans l'histoire humaine. Le mal et le bien sur terre sont le fait de l'humanité. La rareté des miracles qu'effectue le *Père* montre qu'il garde l'intention de ne pas changer de force le cours de l'histoire. Tout miracle est certes un acte de *Miséricorde*, mais de *Miséricorde* mêlée au sens de *Signe* ou *d'Appel* — De là, la retenue à laquelle la Parole nous invite concernant la *Miséricorde(5)* —. La *Parole* est le miracle-signe par excellence; tout miracle manifeste le Souhait de Dieu de restaurer Éden et l'homme; il aide à ce projet. Le miracle peut ne pas être ce que l'humanité considère comme un bien; le miracle peut *éprouver*.

Nous croyons que le principe de la synergie sourd de toute la Parole. Force organique plus encore que force logique entre des *intelligences* et des volontés(6) parentes et compatibles, la synergie accroît la puissance co-créatrice des hommes entre eux et des hommes avec le *Père*. La synergie postule que la *Volonté(7)* qu'apportera le *Père* au *changement* sera proportionnelle à la volonté du *reste* et du *petit reste* de renverser le cours d'une histoire agitée et dramatique.

Nous croyons que le *monde changé* désigne un cadre spirituel, non un monde économiquement, socialement défini et assigné d'avance. De la forme pratique du *monde changé* l'homme, par son pouvoir créateur, décidera parmi tous les mondes de bonheur, d'amour, de paix, de liberté, de diversification, qu'il peut imaginer et réaliser, mais son cadre spirituel sera celui prévu par le *Père*. C'est sur ces bases que l'homme est co-créateur de sa personne sociale spirituelle à venir comme il est co-créateur de son *âme*. L'humanité nouvelle ne résultera pas d'un concept réglementariste et légaliste; ceux qui espèrent dans les lois et dans les pouvoirs qui les appliquent tendent à l'uniformisation obligatoire fatale au génie humain.

---

1. 37/9.
2. 35/12, I/9.
3. 30/13.
4. Genèse 9/11.
5. 16/15.
6. Pour ce qui est de la Volonté indubitable du Père: 7/5, 10/14 + autres références.
7. 7/5, 12/4, 30/10 + autres références.

live up to free faith. But if the believer whose *soul* has turned free and *conscienced* deserts the *Core* or *Bottom,* he *betrays(1)* his own intention and *incurs doom.*

We believe that the authentic part of both the *Core* and *Codes* is very small in the Scriptures; it may even be indiscernible in various places. The Scriptures are mainly made up of writings *of men(2):* complete *books,* chapters, passages and sentences. Some are censored, doctored, corrupted, overweighted, glossed revelations; some others are texts invented or unrelated to the revelations; others are poems, hymns, historic stories, etc., which sing and illustrate the *Teaching* more or less usefully or provide historic and mental backgrounds for the *Codes,* but which are mostly superfluous or deceitful.

We believe that the *Father* has given us *The Revelation of Arès* in order to resurrect Truth buried in the Scriptures.

We believe that the *Wise Father* has suited *The Revelation of Arès* to the future ways of believing and acting that will *change the world.* This book gives *the man of the time to come(3)* a Light that clarifies and coordinates the *Only Word.*

We believe that the *Father* has not intervened in man's history since his Statement to Noah(4). Both evil and good on earth are caused by man. The rarity of the miracles which the *Father* works shows that he retains his purpose of not changing the course of history forcibly. Every miracle is certainly an act of *Mercy,* but *Mercy* mixed with the sense of *Sign* or *Call*—Hence the restraint the Word asks us to observe about *Mercy(5)*—. The Word is the sign-miracle par excellence; every miracle shows God's Wish that Eden and man will be restored; it helps man to achieve that plan. Many miracles are not what humanity considers as godsends; some miracles *afflict* men.

We believe that the principle of synergy wells up in the whole Word. Synergy, which is not so much a logic force as an organic force between related and compatible *intelligences* and will powers(6), increases the power of co-creation of men between them and of men along with the *Father.* Synergy postulates that the *Father's Will(7)* to *change the world* will be proportional to the *remnant* and *small remnant's* will to reverse the course of the turbulent and dramatic history.

We believe that the *changed world* refers to a spiritual structure, not to a world economically and socially defined and allotted beforehand. Through his power of creation man will decide on the practical form of that *changed world* among all of the worlds of happiness, love, peace, freedom and diversification which he is able to imagine and create, but that *world's* spiritual frame shall be that planned by the *Father.* It is on that basis that man is co-creator of his future social spiritual self just as he is co-creator of his *soul.* The new humanity will not result from a regulationist, legalistic or progressive concept; the men who put trust in laws and in powers to enforce them tend to mandatory standardization disastrous to the human genius.

1. 37/9.
2. 35/12, I/9.
3. 30/13.
4. Genesis 9/11.
5. 16/15.
6. Concerning the Father's undubitable Will: 7/5, 10/14 + other references.
7. 7/5, 12/4, 30/10 + other references.

Nous croyons que prier consiste seulement à *prononcer la Parole pour l'accomplir*[1]. La récitation régulière de la *Parole,* dans un élan de volonté de se recréer et de recréer le monde, stimule *l'âme, l'esprit* et le *corps*[2], les rend plus assidus à *accomplir* ce que le *Père* attend d'eux : le *changement.* La *piété* nous rappelle sans cesse au *Dessein* remis entre nos mains, et à ce qui nous manque le plus, notamment *l'intelligence,* l'amour, la détermination prophétique, la sérénité.

Nous ne croyons pas que la prière soit faite de louange et de demande ou supplication[3]. La louange est la louange, la supplication est la supplication, non illégitimes, mais la *piété* est la *piété.* La *pénitence* ne se réalise pas et le *changement du monde* ne se fera pas en louangeant et en implorant le *Père,* mais en se remémorant ou en apprenant sa Parole pour *l'accomplir* chaque jour.

Nous croyons qu'outre la *vraie piété* comme stimulant de *l'accomplissement,* Dieu nous recommande *la prière des pécheurs : Père de l'Univers*[4], à dire *trois fois le jour, une fois la nuit.*

Nous croyons que la Parole donne à *Pardon*[5] (de Dieu) un sens totalement différent de celui que lui donnent la religion ou les sentiments ; *Pardon* du *Père* a un sens primordial. La *clémence*[6] humaine dépend du bon vouloir de l'offensé ou de l'autorité qui juge, ou de lois, ou de mœurs, mais le *Père* n'a pas de bon vouloir, qui suppose la bonne humeur du moment ou des arrière-pensées, il n'obéit pas davantage à des lois et à des mœurs. L'Autorité du *Père* est constructive, non judiciaire ; il a l'Amour et le Pouvoir Créateurs. Le *Pardon* est de la nature de la vie ; il ne passe pas par l'intellect. L'homme donne naturellement la vie au *Pardon* en lui-même quand il *cesse de pécher*[7] comme il aspire naturellement l'air après avoir étouffé ou boit naturellement l'eau en sortant du désert.

Nous croyons de même que *Tribunal*[8] et *Jugement*[9] ne désignent pas une pesée des péchés suivie d'une sentence dépendantes du bon plaisir du Père ou de lois, bref, ne désignent pas un procès. Ils désignent une réaction naturelle permanente, immanente de *l'image et ressemblance* sur elle-même, un auto-*jugement* en somme. Cette réaction sur soi est *d'ascension* quand *l'image et ressemblance* se spiritualise, sinon elle est de *chute.* L'homme *se moule*[10] au *Tribunal* et au *Jugement* comme *l'arbre poussé contre le mur du Temple* se moule au Temple.

Nous croyons que le *salut* résulte naturellement de l'effort par intention, par intuition ou même par pur hasard ou coïncidence, de *cesser de pécher,* de *changer sa vie* et *le monde.* Par métabolisme naturel cet effort de *changement* crée *l'âme* du croyant ou de l'incroyant, transforme celui-ci en *homme du temps qui vient,* autojugé, autopardonné et autosauvé par le processus même. En ceci encore l'homme est co-créateur de son salut. *Pardon* et *Jugement* ne désignent rien d'autre que les gains dynamiques naturels de *l'ascension* spirituelle.

1. 35/6.
2. 17/7.
3. 35/2, Matthieu 6/8 et 6/33-34.
4. 12/4.
5. 7/4, 8/2, 30/12, Matthieu 6/14 + autres références.
6. 22/7.
7. 30/10.
8. 16/13, 21/7.
9. Le Coran 42/10 + nombreuses références.
10. 1/11.

We believe that praying only consists in *uttering the Word in order to achieve it(1)*. The regular reciting of the *Word*, in a surge of will to recreate oneself and recreate the world, stimulates the *soul, mind* and *body(2)*, makes them more assiduous in *achieving* what the *Father* expects from them: the *change*. *Piety* continually reminds us of the *Design* that we have been entrusted with and of all that we lack most, notably *intelligence,* love, prophetic resoluteness, serenity.

We do not believe that prayer is composed of praise and entreaty or supplication(3). Praise is praise, supplication is supplication, they are not illegitimate, but *piety* is *piety*. *Penitence* is not performed and the *world* will not become *changed* by praising and imploring the *Father*, but by recollecting or learning his Word in order to *fulfill* it every day.

We believe that, besides *true piety* as a stimulus to *achievement*, God has recommended us to say *the sinners' prayer : Father of the Universe(4)*, which we have to say *three times by day and once by night*.

We believe that by *Forgiveness(5)* (of God) the Word means something quite different from what religion or feelings mean; the *Father's Forgiveness* has a primordial sense. Human *clemency(6)* is contingent on the goodwill of the offended party or the judging authority, or laws, or moral standards, but the *Father* has no goodwill which presupposes now good spirits at a given time now ulterior motives, nor does the *Father* abide by any laws and moral standards. The *Father's* Authority is not judicial, it is constructive; he has the Love and Power that create. *Forgiveness* has the nature of life; it does not come from intellect. Man gives birth to *Forgiveness* naturally in himself when he *stops sinning(7)* just as he naturally breathes in air after choking or naturally drinks water on coming out of a desert.

We believe likewise that *Court(8)* and *Judgement(9)* do not designate a weighing of sins entailing a sentence dependent either on the Father's discretion or on laws, in short, do not designate a lawsuit. They designate a natural, permanent, immanent response of the *image-and-likeness* on itself, a self-*judgement* as it were. This natural response on oneself is an *ascent* when the *image-and-likeness* grows spiritualized, otherwise it is a *fall*. Man's nature *molds to(10)* the *Court* and *Judgement* as *the tree grown against the wall of the Temple molds* to the Temple.

We believe that *Salvation* results naturally from the effort on purpose, or by intuition, or even by sheer chance or coincidence, to *stop sinning, change one's life* and *the world*. Through natural metabolism the effort to *change* creates the *soul* of the believer or unbeliever, turns him into a *man of the time to come*, self-judged, self-forgiven and self-saved by the very process. In this again man is the co-creator of his salvation. *Forgiveness* and *Judgement* denote nothing but the dynamic natural benefits of the spiritual *ascent*.

1. 35/6.
2. 17/7.
3. 35/2, Matthew 6/8 & 6/33-34.
4. 12/4.
5. 7/4, 8/2, 30/12, Matthew 6/14 + other references.
6. 22/7.
7. 30/10.
8. 16/13, 21/7.
9. The Quran 42/10 + many references.
10. 1/11.

NOUS CROYONS, NOUS NE CROYONS PAS (appendice) 744

Nous ne croyons pas que le salut est la récompense d'une vie de bonne observance religieuse ou morale — au reste, quelle religion ou quelle morale faudrait-il suivre parmi les innombrables religions et morales du monde? —. Le salut est simplement l'issue de *l'ascension(1)* ou *construction(2)* de l'humanité spirituelle.

Nous croyons au génie créateur de *l'amour du prochain(3)*, de tous les actes qu'il inspire, notamment du *pardon des offenses(4)*, dans la perspective d'un *monde* heureux dans le réalisme. *L'amour* et le *pardon* entre hommes ne ressortent pas à une morale, ils relèvent de la vie — la Parole n'apporte pas une morale, mais la *Vie* —, ils déteignent de l'Amour du *Père(5)* pour l'homme; étant ainsi propriétés de *l'image et ressemblance,* ils sont *forts et sages(6)*. L'exécration(7) et la *vengeance(8)* non seulement dégradent l'homme, mais, l'histoire le prouve, elles ne résolvent aucun problème humain et elles engendrent les mêmes malheurs qu'engendrent la *domination* et la *spoliation(9)*. Le *pardon* du *frère(10)* à quiconque lui fait du mal ou du tort n'est pas une *clémence* contingente, mais *sagesse;* la *sagesse* doit devenir immanente, étrangère à tout sentiment, elle doit rejeter l'aversion et la rancune comme inutiles, notamment dans la phase débutante, systématique, de la *pénitence* quand *l'amour* et le *pardon* ne sont pas encore naturels. Il faut se protéger d'offenseurs obstinés, inguérissables, ou très dangereux, mais la protection ne sera pas inspirée par des sentiments contraires à *l'amour,* à la *paix* et, si la violence est inévitable (légitime défense), à la *mesure.*

Nous ne croyons pas que le *Père* ait jamais divisé l'humanité en religions, en états(11), en mœurs et en morales. Il n'a établi sur son *Peuple* ni *rois blancs(12)* — pouvoirs religieux, clergés: *princes du culte, docteurs, prêtres(13), divins, dos gris(14),* etc. — ni *rois noirs(15)* — les autres pouvoirs politiques(16), judiciaires(17), militaires(18), financiers(19), etc. —. C'est l'humanité qui s'est divisée et qui s'est donné toutes sortes *d'oppresseurs, dominateurs, spoliateurs,* et qui les a érigés en institutions, tout en s'efforçant de les contrôler dans une confusion sans fin des causes avec les effets et les remèdes.

1. 7/2, 25/6, 36/14 + autres références.
2. Veillées 17 et 18.
3. 7/5, 25/7, Lévitique 19/18, Matthieu 5/43-45 + nombreuses références.
4. 10/14, 12/4, Matthieu 5/24, Matthieu 6/14 + nombreuses références.
5. 12/7.
6. 26/9 + autres références.
7. XXII/8, Matthieu 5/43-48 + autres références.
8. 27/9, Lévitique 19/18 + nombreuses références.
9. 28/10, 27/9, 28/21, 29/2, XLV: le râle (l'oiseau) + autres références.
10. *Le Livre* désigne par *frères* tous les hommes en *ascension,* tous ceux qui *se changent* et qui travaillent à *changer le monde.*
11. 22/2 + autres références.
12. IX/3-4-5-7, toute autorité religieuse personnelle ou collective, nombreuses réf.
13. L'Évangile Donné à Arès, nombreuses réf. Dans la Bible le clergé est rejeté par de nombreux prophètes.
14. XVI/2-3-5.
15. X/6 + nombreuses références dans *Le Livre.*
16. 2/2-4, 22/4-8 + autres références. Depuis longtemps Dieu met en garde son Peuple contre le pouvoir politique qu'il demande, 1 Samuel 8/7-9.
17. 28/18, V/5, XI/3-9 + autres références.
18. 22/6-8 + autres références.
19. Condamnation répétée du profit immodéré, de l'usure, etc., dans toute l'Écriture.

WE BELIEVE, WE DO NOT BELIEVE (an appendix)

We do not believe that salvation is the reward for a life of good religious or moral or ethical observances—and besides, which religion or which ethic should man follow among the numberless religions and ethics in the world?—. Salvation is merely the issue of the *ascent(1)* or *construction(2)* of spiritual humanity.

We believe in the creative genius of *love of the neighbour(3)*, of all the actions, notably of *forgiveness of offendings(4)*, that *love* inspires in man with a prospect of making a *world* happy in realism. *Love* and *forgiveness* between men do not come under moral standards, they are a matter of life—The Word does not bring moral standards, but *Life*—, they rub off on man from the *Father's(5)* Love for man; thus they are features of *the image-and-likeness*, they are *strong and wise(6)*. Not only do execration(7) and *vengeance(8)* debase man, but history shows that they never solve any human problem and they cause the same misfortunes and calamities as those caused by *domination* and *despoilment(9)*. The *brother's(10) forgiveness* towards any person who has wronged or harmed him is no contingent *clemency*, but *wisdom*; true *wisdom* is immanent, independent of any sentiment, it urges man to reject loathing and grudge as pointless, especially during the beginning systematic phase of *penitence* when *love* and *forgiveness* are not yet natural. Man has to protect himself from stubborn, incurable, or very dangerous offenders, but the protection should never be led by feelings contrary to *love, peace* and, if violence is inevitable (as in self-defense), *moderation*.

We do not believe that the *Father* has ever divided mankind into religions, states(11), moral standards and ethics. Over his *People* the *Father* has not set up white kings(12)—religious powers, clergy: *princes of religion, doctors, priests(13), the divine, the grey backs(14), etc.*—or *black kings(15)*—the other powers, political(16), judicial(17), military(18), financial(19), etc—. It is mankind which has divided itself and given itself all manner of *oppressors, dominators* and *despoilers*, and which has raised them to the status of institutions, though it continually strives to supervise them in a perpetual confusion of causes with effects and remedies.

1. 7/2, 25/6, 36/14 + other references.
2. Vigils 17 and 18.
3. 7/5, 25/7, Leviticus 19/18, Matthew 5/43-45 + many references.
4. 10/14, 12/4, Matthew 5/24, Matthew 6/14 + many references.
5. 12/7.
6. 26/9 + other references.
7. XXII/8, Matthew 5/43-48 + other references.
8. 27/9, Leviticus 19/18 + many references.
9. 28/10, 27/9, 28/21, 29/2, XLV: the rail (the bird) + other references.
10. By *brothers* The Book means all the men who are *ascending*, i.e. all those who are *changing* and working at the *change of the world*.
11. 22/2 + other references.
12. IX/3-4-5-7, any individual or collective religious authority, many references.
13. The Gospel Delivered in Arès, many references. In the Bible many prophets reject clergy.
14. XVI/2-3-5.
15. X/6 + many references in *The Book*.
16. 2/2-4, 22/4-8 + other references. For long God has warned his People against the powers which they call for, 1 Samuel 8/7-9.
17. 28/18, V/5, XI/3-9 + other references.
18. 22/6-8 + other references.
19. The condemnation of immoderate profits, usury, etc., is repeated throughout the Scriptures.

Nous croyons que le *Père* appelle une société sans *chefs(1)*, qui n'est pas une société de confusion et de désordre, mais une société spirituelle, fondée sur la dynamisation de la *ressemblance* de l'homme avec le *Père*. Les *prophètes* eux-mêmes ne *commandent personne ;* leur *parole(2)* proclame ou rappelle le *Fond*, et fixe un *Code* quand le *Père* le leur ordonne — *Tu établiras le rite, tes ordonnances... tu tailles la perche longue ou courte(3)* — avec *justice(4)* et *patience(5)*, même quand leurs *yeux lancent des éclairs(6)*. De l'antiquité jusqu'à nos jours(7) tous les *chefs*, religieux ou non, sont *restés assis* sur leurs trônes et sur leurs acquis, aucun d'eux n'a suivi le Plan du Créateur, qui doit *se lever à leur place* régulièrement pour inciter *les nations à se libérer(8)* des chaînes et des maux qu'elles se sont donnés.

Nous croyons qu'une société d'hommes de bien peut être *souveraine d'elle-même(9)*, que le *monde changé* sera libre, assisté d'un service public minimum de *forts et de sages au service des petits(10)*.

Nous croyons que les échecs ou les égarements des idéologies de progrès et les déceptions que cause la démocratie ne surviennent pas par hasard au cours des années qui suivent *La Révélation d'Arès*. La *Sagesse(11)* les avait envisagés. L'expérience cruelle de l'histoire, les *scandalisés(12)* et leurs révoltes ont porté le monde à se bonifier, mais des insuccès et des déchirements nouveaux s'annoncent, confirmant *l'Enseignement* du *Père :* il n'y a pas de morale qui vainque l'égotisme, le cynisme, la cupidité, l'étroitesse d'esprit, et qui donne *l'intelligence ;* il n'y a pas de loi, de pouvoir, de système social et économique, de police, de justice qui rendent les hommes fraternels ; le progrès social le mieux réglementé ne débouche jamais sur une humanité vraiment généreuse, épanouissante, heureuse. C'est même quand le *juge* déserte la loi qu'il devrait appliquer qu'il commence à être juste(13), et quand les hommes en général renoncent à juger(14) que la justice apparaît, au sens que le *Père* donne à ce mot(15). La solution est spirituelle ; la bonne société fleurira et prospérera sur le cœur et *l'âme : Le jardin dans la tête(16)*. L'humanité doit *changer*. Pendant le lent processus de spiritualisation il faudra graduellement développer l'amour, la volonté de comprendre, le courage, briser les tentations de *colère(17)*, de menace, de recours aux lois et, pire encore, de guerre, qui engendrent toujours *une vengeance sans fin(18)*.

1. 16/1, 36/19 + autres références.
2. 14/5, I/12 + autres références.
3. 20/9, XX/6-7 + autres références.
4. 29/6.
5. 39/3.
6. 36/17.
7. 28/7-15. Cette référence à *Génésareth* est une parabole; elle ne cantonne pas la trahison des *chefs* au temps de l'Évangile Palestinien, mais elle la situe par rapport à l'Évangile perpétuel.
8. 28/20.
9. 8/1.
10. 26/9.
11. 10/12, 33/6.
12. 28/3-6.
13. XI/7.
14. 36/16, Matthieu 7/1-2, Luc 6/37-38 + autres références.
15. Matthieu 5/20, Matthieu 6/1 + autres références.
16. II/9, XVII/3.
17. X/11 + autres références.
18. 27/9.

We believe that the *Father* advocates a society without *rulers(1)*, not a society living in confusion or disorderliness, but a spiritual society based on the energization of *likeness* between God and man. Even the *prophets do not command anyone*, their *word(2)* only states or recalls the *Core* or *Bottom*, and defines a *Code* when the Father orders them to—*You will lay down the observances, your edicts... you chop the pole either long or short(3)*—with *justice(4)* and *patience(5)*, even when their *eyes flash fire(6)*. Ever since the old days until today(7) all of the *rulers*, whether religious or profane, have *stayed sitting* in their thrones and on their assets, none of them has followed the Plan of the Maker, who has had to *stand up in their place* at intervals to urge the nations to *free themselves(8)* from the chains and evils that they have given themselves.

We believe that it is possible for a society of good men to be *in control of themselves(9)*, and that the *changed world* will be free, attended by a minimum public service of *strong and wise ones in the service of the little ones(10)*.

We believe that the failures or deviations of the ideologies of progress and the disappointments caused by democracy did not come off by sheer chance for the years which followed *The Revelation of Arès. Wisdom(11)* had envisaged them. The cruel experience of history, the *scandalisés(12)* and their rebellions have led the world to better, but new failures and wrenches are on their way and confirm the *Father's Teaching* : No moral standards conquer egotism, cynicism, greed, narrowmindedness, and give *intelligence* ever; no law, no power, no social and economic system, no police, no justice, have ever made a man brotherly; the best regulated social progress never results in a really generous, blossoming, happy humanity. It is even when the *judge* deserts the law he is in charge of applying that he begins being just(13), and when men as a whole give up judging(14) that justice appears in the sense that the *Father* gives to that word(15). The solution is spiritual; the good society will blossom and thrive on the heart and *soul : The garden in the head(16)*. Humanity has to *change*. During the slow process of spiritualization men shall gradually develop love, the will to understand and courage; they shall break the temptations of *anger(17)*, of threatening, of resorting to laws and to war, which is even worse, for so doing they generate *an endless vengeance* (or *revenge)(18)*.

1. 16/1, 36/19 + other references.
2. 14/5, I/12 + other references.
3. 20/9, XX/6-7 + other references.
4. 29/6.
5. 39/3.
6. 36/17.
7. 28/7-15. The reference to *Genesareth* is a parable which does not confine the betrayal of the rulers to the Palestinian Gospel's times, but places it in relation to the perpetual Gospel.
8. 28/20.
9. 8/1.
10. 26/9.
11. 10/12, 33/6.
12. 28/3-6. No single English word can render the French word *scandalisés* which means: Those who no longer believe in God, religion and clergy because of religious hypocrisy and cynicism.
13. XI/7.
14. 36/16, Matthew 7/1-2, Luke 6/37-38 + other references.
15. Matthew 5/20, Matthew 6/1 + other references.
16. II/9, XVII/3.
17. X/11 + other references.
18. 27/9.

Nous croyons que, dans ce *Dessein,* le *petit reste* n'est pas constitué *d'élus(1)* attendant simplement d'entrer au paradis. Les *élus* sont des *frères* des hommes, des *pécheurs,* qui remplissent, sous toutes les motivations possibles de la foi ou de l'humanisme, un devoir et un travail très difficiles de pionniers : *changer leur vie* et frayer la voie du *monde changé.*

Nous ne croyons pas que le *salut* général résulte de l'addition des saluts individuels. Le *Sage* sait que l'humanité entière ne peut pas passer par la *pénitence* personnelle. C'est pourquoi un *petit reste* de *pénitents* et un *reste* d'humanistes et d'autres hommes de bien suffiront à sauver l'humanité.

Nous croyons que, dans ce cadre de salut social, le *petit reste* est constitué de *pénitents(2)* et de *moissonneurs(3)* agissant dans la liberté, la diversité, l'épanouissement des personnalités, la joie, l'amour, le respect des autres, l'endurance. La finalité du *petit reste* résidera surtout dans sa qualité spirituelle créatrice. Il démontrera que des hommes et femmes ordinaires peuvent *changer de vie* en acquérant la *vertu,* en *changeant* leurs valeurs et leurs objets d'intérêt, et qu'une société de transcendance pourra vraiment naître, une société d'hommes libres, divers mais complémentaires, bâtisseurs d'un nouveau monde heureux et harmonieux quel qu'il soit parmi tous les mondes *changés* inventables et proposables. Le *petit reste* devra intéresser et attirer les hommes qui l'observent. La finalité du *petit reste* réside aussi dans un effet de conscience nécessaire au cœur de l'inconscient de masse et dans la Grâce que sa présence attire sur le monde. Le *petit reste* est un agent majeur de la synergie.

Nous ne croyons pas que le *monde changé* sortira d'une vertu de masse. Il n'existe ni *amour* ni *justice* de masse ; la *vertu(4)* comme *l'âme* est personnelle. Mais *l'intelligence(5),* que rappelle si peu le *faible lumignon* que l'homme garde d'elle, est partageable, puisque le *Père* l'alloue au *Peuple(6),* la cite au pluriel(6), contrairement à *amour* et *justice* toujours au singulier. *L'intelligence* plus aisément concevable, enseignable, élaboratrice que *l'amour* et la *justice* peut même aider ceux-ci à naître quand ils ne l'ont pas précédée. Sans *l'intelligence l'amour* et la *justice* ne chasseront ni la piètre imitation du *Vent(7)* Créateur que représente le *vent(8)* des *puissants* religieux, politiques et financiers ni la médiocrité de masse dont a été *repu le Peuple(9).* Des *intelligences* interactives du *Peuple,* idée depuis longtemps utopique, sortira le *bien(10)* partagé, dans la floraison harmonieuse de personnalités libres.

Nous croyons que le salut général résultera du recouvrement de *l'amour,* de la *justice,* de la liberté et de *l'intelligence* par cette humanité minoritaire, mais influente jusqu'à être décisive : le *reste* et le *petit reste* qui *accompliront* le

---

1. Matthieu 24/22.
2. 8/4, 12/2, 13/4, 27/7, 30/10-16 + autres références.
3. 5/2-5, 13/7, 31/6, 35/1-2 + autres références. Le thème de la Moisson revient aussi fréquemment dans l'Évangile Palestinien.
4. 28/15.
5. 32/5.
6. Intelligence du Peuple : 23/4. Les intelligences : 10/12.
7. II/5-17, X/4 + nombreuses références, surtout dans *Le Livre.*
8. 23/4, 32/7, XXIX/4, XLII/10 + autres références.
9. 32/7.
10. XXXIII/11.

We believe that, in that *Design*, the *small remnant* is not made up of *chosen ones(1)* who are merely waiting to enter paradise. The *chosen ones* are men's *brothers, sinners* who under all motivations possible of faith or humanism fulfil a very arduous pioneer duty and task: *changing their lives,* opening up the way to a *changed world.*

We do not believe that mankind's overall *salvation* results from the addition of individual salvations. The *Wise one* knows that all the men on earth cannot undergo personal *penitence.* This is the reason why a *small remnant* of *penitents* and a *remnant* of humanists and other good men will suffice to save mankind.

We believe that, within this scope of social salvation, the *small remnant* is made up of *penitents(2)* and *harvesters(3)* acting in freedom, diversity, blossoming of the personalities, joy, love, respect for others, endurance. The *small remnant's* finality lies particularly in its creative spiritual quality. They shall show that ordinary men and women are able to *change their lives* by gaining *virtue, by changing* their values and objects of interest, and that a society of transcendence can plausibly come into existence, a society of diverse but complementary free men able to build a new happy, harmonious world whatsoever among all the *changed* worlds possible which can be invented and put forward. The *small remnant* shall interest and attract the men who observe it. The finality of the *small remnant* also lies in a necessary effect of consciousness in the heart of the masses' unconsciousness and in the Grace that the *small remnant's* presence wins for the World. The *small remnant* is a major factor of synergy.

We do not believe that the *changed world* will derive from a mass virtue. There exists no mass *love,* no mass *justice; virtue(4)* is as individual as the *soul.* But *intelligence(5),* so much poorly reminded of by the *dim candle end* which man has left of it, is shareable, since the *Father* allots it to the *People(6),* mentions it in the plural(6) contrary to *love* and *justice* always in the singular. *Intelligence* less difficult to conceive of, teach and elaborate on than *love* and *justice* can even help both these to come into existence when they have not preceded it. Without *intelligence* both *love* and *justice* will suppress neither the creating *Wind's(7)* poor imitation which the *hot air(8)* of the religious, political and money *powers* represents, nor the mass mediocrity with which the *People have been filled up(9).* From the *People's* interactive *intelligences,* a notion which has been utopian so far, the shared *good(10)* will come up in the harmonious full bloom of free personalities.

We believe that general salvation will result from the recovery of *love, justice,* freedom and *intelligence* by that influential and even decisive minority humanity: The *remnant* and *small remnant* that will *achieve* the *Design.* Among the *remnant*

1. Matthew 24/22.
2. 8/4, 12/2, 13/4, 27/7, 30/10-16 + other references.
3. 5/2-5, 13/7, 31/6, 35/1-2 + other references. The theme of the *Harvest* is also frequent in the Palestinian Gospel.
4. 28/15.
5. 32/5.
6. Intelligence of the People: 23/4. The intelligences: 10/12.
7. II/5-17, X/4 + many references, particularly in *The Book.*
8. 23/4, 32/7, XXIX/4, XLII/10 + other references.
9. 32/7.
10. XXXIII/11.

Dessein. Des spécificités du *petit reste* et du *reste l'intelligence*, quoi que sa nature rationnelle laisse penser, ne sera pas facilement accessible. Parce qu'il n'existe pas de tradition évangélique de *l'intelligence,* son acquisition demandera beaucoup de déculturation, un profond *changement* personnel pour l'aligner sur *l'amour, la justice* et la liberté qui ont des traditions idéalistes, non réalisées mais déjà « mentalisées ». Si *l'intelligence,* au sens spirituel que La Révélation d'Arès donne à ce mot, ne réapparaît pas, le génie humain restera exceptionnel, ne sera pas *populaire. L'intelligence* exigera donc la condition de *l'âme* qui attire la Grâce et déclenche la synergie du *Père* et de l'homme, la condition de *prudence,* de *patience(1), d'humilité(2)* mère de la *sagesse,* et la condition de la réflexion, ce lent *retour en soi-même(3)* qui aboutit au retour du *Père* en soi qu'on appelle *vertu(4).* Des *accomplissements(5)* personnels comme collectifs de la *pénitence* la recherche inlassable de *l'intelligence* n'est pas le moindre, mais étant moins affectée par l'humeur et le caractère que ne le sont *l'amour, la justice* et la liberté, *l'intelligence* peut être relativement moins éprouvante à rechercher dans la première période de *pénitence,* qui est souvent de nervosité et de susceptibilité. *Génération* après *génération(6), l'intelligence* diffusera dans le monde à partir du *petit reste* et du *reste.*

Nous croyons que Dieu épargne la liberté humaine. Par suite, nous ne pouvons moins faire que d'épargner la liberté du prochain.

Nous ne croyons pas que des Paroles comme : *Allah égare qui il veut et guide qui il veut,* ou bien : *Qui donc dirigerait ceux qu'Allah égare ?(7),* signifient que le *Père offenserait* sa propre *Miséricorde(8)* en prédestinant certains à l'erreur et à la perdition et d'autres à la Vérité et au salut. De même, la théorie de « l'immaculée conception »(9), la doctrine calviniste du salut réservé aux seuls hommes élus par Dieu depuis la fondation du monde, toute croyance dans la rédemption de prédestinés, résultent d'égarements dans l'interprétation de la Parole. Tout homme est libre de choisir entre bien et mal quand il a connaissance de ceux-ci. Les versets du Coran cités forment des exemples frappants de l'imperfection du langage humain, qui peut seulement refléter, mais non rendre en plénitude la Vérité parfaite, transcendante. Les mots coraniques signifient : « Dieu pourrait guider les uns et égarer les autres s'il le voulait, mais il laisse l'homme agir librement. » La richesse et le contenu de la Notion de liberté laissée par le *Père* à l'homme et de nombreuses autres Notions sont au-delà des mots ; ils ne sont totalement concevables que pour *l'Omniscient* et *Miséricordieux.* C'est pourquoi il y a toujours danger ou malhonnêteté à séparer des mots et des phrases du Tout où se développe le *Dessein.*

---

1. 35/7-10, XXXIII/3 + autres références.
2. 18/4 + autres références.
3. Luc 15/17, L'Enfant Prodigue.
4. 28/15.
5. 35/6.
6. 13/7, 24/2-5, 39/10 + autres références.
7. Le Coran 30/29, Le Coran 35/8 + nombreuses références similaires.
8. 4/2.
9. Marie prétendument créée dans l'incapacité de pécher. Théorie démentie par le scepticisme qu'affiche Marie lors de l'annonciation: *Comment cela se pourrait-il, puisque je ne connais pas d'homme? (Luc 1/34),* et L'Évangile donné à Arès: *Elle a ravalé son défi et contenu son rire (33/14).*

and *small remnant's* specificities *intelligence*, however you may regard it in view of its rational nature, will not be easily gained. Since there does not exist any evangelical tradition of *intelligence*, gaining it will call for much decultivation, a very deep personal *change* to bring it into line with *love, justice* and freedom which have idealistic traditions not yet fulfilled but already 'mentalized'. If spiritual *intelligence*, in the sense that *The Revelation of Arès* gives this word, never reappears, man's genius will remain exceptional, will not grow *popular*. Intelligence consequently will call for the *soul's* condition that attracts Grace and sets off synergy between the *Father* and man, the condition of *prudence, patience(1),* humility(2) mother of wisdom, and the condition of reflectiveness, the slow *return into oneself(3)* that results in the restoration of the *Father* in one which is called *virtue(4)*. The unflagging pursuit of *intelligence* is not the least of the personal as well as collective *achievements(5)* of *penitence,* but as *intelligence* is less affected by personal temper and disposition than *love, justice* and freedom are, seeking it may be relatively less testing during the *penitence* early period which is frequently a time of irritability and sensibilities. *Generation* after *generation(6), intelligence* will diffuse into the the world from the *small remnant* and *remnant*.

We believe that God spares human freedom. Consequently, we cannot do less than spare the neighbor's freedom.

We do not believe that Words as: *Allah leads whomever He pleases astray and guides whomever he will,* and: *Who could guide those whom Allah leads astray?(7)*, mean that the *Father* would ever *offend* his own *Mercy(8)* by predestining some to error and loss, and others to Truth and salvation. Likewise the theory of the 'immaculate conception'(9), the Calvinistic doctrine of salvation reserved only for those chosen by God from the foundation of the world, any belief in salvation for predestined ones, result from aberrations in the process of interpretation of the Word. Every man is free of choosing between good and evil when he is aware of them. The verses of the Quran mentioned above set striking examples of the imperfection of human language which can only reflect, but cannot express, perfect and transcendent Truth in plenitude. The Quranic words mean: "God could guide some and lead others astray, if He would, but he lets man act freely'. The richness and content of the Concept of freedom left by the *Father* to man, and of many other Concepts, are beyond words of speech; they are fully conceivable for the *Omniscient,* the *Merciful* alone. Separating some words, phrases or sentences from the Whole within which the *Design* develops is risky or dishonest.

1. 35/7-10, XXXIII/3 + other references.
2. 18/4 + other references.
3. Luke 15/17, The Lost Son (The Prodigal).
4. 28/15.
5. 35/6.
6. 13/7, 24/2-5, 39/10 + other references.
7. The Quran 30/29, The Quran 35/8 + many similar references.
8. 4/2.
9. Mary allegedly created as a human unable to sin. This theory is contradicted by Mary's skepticism at the very moment of the annunciation: *But how could this come about, since I do not know any man? (Luke 1/34),* and The Gospel Delivered in Arès: *She swallowed her defiance and suppressed her laugh (33/14).*

Nous croyons que *l'espérance de la Miséricorde(1)* est légitime, mais qu'elle demande discernement.

Nous ne croyons pas que la *Miséricorde* est immanquable(2), pas même pour ceux qui la demandent : *N'évoque pas à tout propos ma Miséricorde(3), la Bénédiction (ou) la Malédiction que je ne veux pas (prononcer) ne viennent pas(4)*. Ces mots, dans une poignante ambiguïté pour notre *faible lumignon* (notre pauvre intelligence), rejoignent le verset coranique : *Allah égare qui il veut et guide qui il veut*.

Nous croyons que nous n'exercerons d'influence décisive sur le monde qu'après de longs et âpres *efforts(5)* de *pénitence(6)* contre notre nature pécheresse — *Combats* le mal !(7) —. Sans preuve que la vertu est possible notre mission ne sera qu'idéologique ; aucune idéologie n'affaiblira les arguments de nos *ennemis* et la résistance des *scandalisés(8)*. Les hommes *semés(9)*, mais si difficiles à *moissonner,* ne croiront pas qu'ils ont une nature spirituelle, une faculté de transfiguration, et que tous, même les *ennemis* de la *Parole* sont appelés à grossir la *Flotte du Roi(10)*, si la vie spirituelle ne se montre pas effectivement.

Nous croyons que la *pénitence* ne doit pas s'exhiber(11). C'est une lutte sans contentement de soi, discrète, modeste et même *joyeuse(12)* contre son péché et son obscurité intérieur. La *pénitence* rayonne par elle-même.

Nous croyons que le *combat* contre les *ennemis* du grand *Dessein* ne doit jamais être primaire, vulgaire, amer, intolérant, polémique ou brutal. Au contraire, il donne l'occasion de maîtriser la *mesure(13), l'amour,* la *paix* intérieure(14) et le discernement entre ce qui est menaçant, qu'il faut désarmer, ce qui est déformant, qu'il faut rectifier, et ce qui ne fait que manifester l'opinion de ceux qui ne croient pas en nous, opinion dont ils sont libres. L'apostolat ignore l'esprit de *vengeance* et ne donne pas davantage à l'adversaire des raisons ou prétextes de *vengeance* ; il est économe des peines causées aux autres ; nous ne sommes pas meilleurs que bien des hommes qui n'approuvent pas notre foi. Le prophétisme requiert confiance en soi et maîtrise de soi, qui seront transmises aux enfants, qui n'hériteront pas de préjugés, de l'amour-propre et de l'autosatisfaction, mais de l'espérance vivante, généreuse, *intelligente*.

Nous croyons qu'en sortant du *ventre de la mère(15)* l'humain n'a pas *d'âme* — *l'ha(15)* —. Il n'a qu'un *corps* et un *esprit*.

1. 8/7, 12/11 + autres références.
2. 11/3.
3. 16/15.
4. 36/11.
5. 14/3, 31/6-7, 37/8-9, XLV/13 + autres références.
6. 8/6 + autres références.
7. X/19.
8. 28/4.
9. 5/1, 6/2, 14/1+ autres références.
10. 17/4, 18/4.
11. 30/11, Matthieu 6/2, Matthieu 6/16 + autres références.
12. 30/11.
13. 25/9, 35/7 + autres références.
14. 13/6-8, XXXVI/17 + autres références.
15. L'âme : 4/5-8, Veillée 17. L'ha : Chapitre XXXIX + autres références.

We believe that *expectation of Mercy(1)* is legitimate, but requires some discernment.

We do not believe that *Mercy* should be taken for granted(2), not even granted to those who beg for it: *Do not allude to my Mercy at every turn(3); the Blessing and the Curse that I do not will do not come(4)*. These words, the ambiguity of which is harrowing for our *dim candle end* (our poor intelligence), is closely akin to the Quranic verse: *Allah guides whomever He will and leads whomever He pleases astray.*

We believe that we will not have any conclusive influence on the world until we have expended lengthy hard *efforts(5)* of *penitence(6)* against our sinful nature —*Fight* evil!(7)—. If we fail to prove that virtue is possible our mission will be but ideological; no ideology is likely to weaken our *enemies'* arguments and the *scandalisés'* resistance(8). The men *sown(9)*, but awfully hard to *harvest*, will not believe that they have a spiritual nature, a faculty of transfiguration, and that all of them, even the *enemies* of the *Word*, are called on to swell the numbers of *the King's Fleet(10)*, if spiritual life does not actually show.

We believe that *penitence* must not show off(11). It is a struggle without complacency, a man's discreet, modest, and even *joyful(12)* struggle against his sin and inner darkness. *Penitence is* radiant on its own.

We believe that the *fighting* against the *enemies* of the great *Design* must never have a limited outlook, never be vulgar, bitter, intolerant, polemical or brutal. On the contrary, it gives us the opportunity of mastering *moderation(13), love,* inner *peace(14)* and discernment between whatever is threatening and needs to be disarmed, whatever is distorting and needs to be corrected, and whatever manifests only the opinion of those who do not believe in us, which they are free to express. Apostolate is devoid of spirit of *vengeance* and does not provide an adversary with a pretext or a reason for *vengeance;* it is sparing of the pains inflicted on others; we are no better than many men who do not agree to our faith. Prophetism requires self-confidence and self-control, which will be passed on to children so that they will not inherit prejudices, selfsatisfaction and self-esteem, but they will be the heirs of *intelligent,* living, generous hope.

We believe that on coming out of *the mother's womb(15)* the human being has not a *soul—the ha(15)—*. He has only a *mind* and *body*.

1. 8/7, 12/11 + other references.
2. 11/3.
3. 16/15.
4. 36/11.
5. 14/3, 31/6-7, 37/8-9, XLV/13 + other references.
6. 8/6 + other references.
7. X/19.
8. 28/4. The *scandalisés* are those whom religious or moral hypocrisy have caused to lose faith.
9. God's Field, those *sown* with God's seeds, 5/1, 6/2, 14/1+ other references.
10. 17/4, 18/4.
11. 30/11, Matthew 6/2, Matthew 6/16 + other references.
12. 30/11.
13. 25/9, 35/7 + other references.
14. 13/6-8, XXXVI/17 + other references.
15. The soul: 4/5-8, Vigil 17. The ha: Chapter XXXIX + other references.

Nous croyons que l'homme de bien, croyant ou non, génère son *âme*. Toute *âme* est un *fruit* naturellement produit par *l'Arbre(1)* qu'est le Créateur quand un homme, consciemment ou non, délibérément ou par pure coïncidence, s'identifie à lui en *cessant de pécher*, en poursuivant le *Dessein* de la Création. *L'âme* ne naît pas de la foi et de la piété si celles-ci ne sont que des inclinations de principe qui n'entraînent pas une vie de bien actif et créatif.

Nous croyons que *l'âme*, une fois générée par l'homme de bien, devient réciproquement pour cet homme un stimulant spirituel et une force *ascensionnelle*. Quand l'association ou la mutualité de la volonté *d'ascension(2)* et de *l'âme* qui en résulte produit chez un homme une vie spirituelle, une *vertu*, d'une force exceptionnelle, cet homme va jusqu'à éviter la mort(3). Cependant la quasi totalité des hommes de bien, même ceux qui atteignent les *Hauteurs Saintes(4)*, mourront jusqu'à ce qu'ils aient *changé le monde* assez pour que survienne le *Jour* de Dieu. La mort du *corps* provoque la dislocation anormale d'un être créé à l'origine pour rester perpétuel dans son entier — *chair, esprit et âme(5)* —; la volonté d'élévation, que l'homme de bien puisait dans sa *chair* et dans son *esprit*, perd subitement sa puissance; seule *l'âme* garde sa force ascensionnelle et entraîne *l'esprit*, qu'a affaibli la mort du *corps*, au-dessus des *ténèbres glacées(6)* ou du vide de *l'anéantissement(7)*. Mais les hommes qui n'ont pas commencé ou qui ont interrompu leur *ascension* meurent sans *âme*; leur *esprit* sans force descend dans les *ténèbres*.

Nous croyons que *l'âme* peut apparaître puis disparaître plusieurs fois au cours d'une vie où alternent le bien et le mal.

Nous croyons que la mort suit le processus suivant: Le *corps* devenu matière inerte, tout *esprit* devient *spectre(8)*. Passée une brève période de sentiments heureux ou neutres(9), il *rend compte de son péché(10)*, ce qui signifie simplement que son destin commence à bénéficier de l'âme ou à pâtir de l'absence d'âme. S'il est relié à une *âme* — s'il *tient la Main(11)* du *Père* —, le *spectre*, après un dégagement plus ou moins difficile(12), entre dans le *Séjour(13)* où le *Père* l'entend et le *nourrit(14)*. Sans âme, il se joint aux *spectres malheureux, lamentables(15)*, mais il arrive *qu'un ange le visite(16)* et l'éclaire dans ces *ténèbres glacées*. Si, de son

---

1. XXIII/13.
2. 7/2, 25/6, 38/5 + autres références. Le thème de *l'ascension*, comme les thèmes de la *moisson*, des *semailles*, etc., est sous-jacent à tout *L'Évangile donné à Arès*.
3. Par exemple Élie, Jésus, Marie: 2/10-11, 33/18.
4. 7/1, 36/19, 40/5 + autres références. Montagne Sainte: Thème fréquent dans les Livres des Prophètes (La Bible).
5. 17/7.
6. 16/15-17, 33/33, VI/5b + autres références. L'Évangile Palestinien et Le Coran parlent de *géhenne* (Marc 9/43-47) ou *d'enfer de feu*. Mais le froid extrême brûle comme le feu. Froid et feu désignent paraboliquement un tourment indescriptible.
7. 4/4.
8. 16/17, 17/1, 33/32 + autres références.
9. XL/13.
10. 4/4, XL/14 + autres références. Voir *Tribunal* et *Jugement*, p. 742.
11. XL/16-17.
12. 33/32. La durée de *40 jours* concerne celui qui *fait mortification;* elle est nominale (c.-à-d. ne correspond à une durée précise) pour le défunt qui est sorti du temps.
13. 2/10, 20/4, 26/12 + autres références.
14. 4/6.
15. 17/1, 33/32, 16/17.
16. 33/32.

WE BELIEVE, WE DO NOT BELIEVE (an appendix)

We believe that a good man, whether a believer or not, generates his *soul*. Every *soul* is a *fruit* naturally yielded by the *Tree(1)* that the Maker is, when a man whether knowingly or unknowingly, whether on purpose or by sheer coincidence, identifies with it by *stopping sinning* and pursuing the *Design* of the Creation. The *soul* does not result from faith and piety when these are mere perfunctory inclinations which do not entail a life of active, creative good.

We believe that the *soul*, once generated by a good man, reciprocally becomes a spiritual stimulus and an elevating force for this very man. When the association or reciprocity of the will to *ascend(2)* and the *soul* that results from it produces outstandingly strong spiritual life, *virtue,* in a man, this man may go so far as to avoid death(3). However, virtually all the good men, even those who reach the *Saint's Heights(4)*, will die until they have *changed the world* enough to make God' *Day* occur. The death of the *body* causes the abnormal breaking-up of a being that was originally created to remain perpetual in his entirety—*flesh, mind and soul(5)*—; the will to *ascend*, which the good man used to draw from his *flesh* and *mind*, abruptly loses its strength; the *soul* alone retains its elevating power, it can drag upwards the *mind*, which has been weakened by the *body's* death, above the *frozen darkness(6)* or the chasm of *annihilation(7)*. But the men who have not begun or have interrupted their *ascent* die without a *soul;* their enfeebled *mind* goes down into the *darkness(6)*.

We believe that the *soul* can appear then disappear several times during a lifetime when good and evil alternate.

We believe that the death process is as follows: Once the *body* has become lifeless matter, every *mind* turns into a *specter(8)*. After a short period of happy or neutral feelings(9) it *accounts for its sin(10)*, which simply means that its fate begins either benefitting from the *soul* or suffering for lack of a *soul*. If it is linked to a *soul*—if it *holds the Hand(11)* of the *Father*—, the *specter* after a more or less difficult release(12) enters the *Abode(13)* where the *Father can hear and feed him(14)*. Without a *soul* it mingles with the *miserable, wretched specters(15)*, but it may happen that *an angel visits him* (16) and lights its way in that *freezing*

---

1. XXIII/13.
2. 7/2, 25/6, 38/5 + other references. The theme of the *ascent*, like the theme of the *harvest* and that of the *sowing*, underlies the whole *Gospel Delivered in Arès*.
3. Elijah, Jesus, Mary, for instance: 2/10-11, 33/18.
4. 7/1, 36/19, 40/5 + other references. The Saint's Mountain: A frequent theme in the Books of the Prophets (The Bible).
5. 17/7.
6. 16/15-17, 33/33, VI/5b + other references. The Palestinian Gospel and The Koran say *gehenna (Mark 9/43-47)* or *hell of fire*. But the extreme cold burns as the fire. Either cold or fire is an image which indicates an unspeakable agony.
7. 4/4.
8. 16/17, 17/1, 33/32 + other references.
9. XL/13.
10. 4/4, XL/14 + other references. See *Court* and *Judgement*, p.743.
11. XL/16-17.
12. 33/32. The *40-days* duration concerns the one who *mortifies himself;* it is nominal (that is, it does not designate a precise duration) for the deceased who has left time.
13. 2/10, 20/4, 26/12 + other references.
14. 4/6.
15. 17/1, 33/32, 16/17.
16. 33/32.

vivant terrestre, le défunt rejeta consciemment la vocation spirituelle de l'humanité(1), *atteignit* l'extrême *abomination(2)*, et se réduisit à une matière animée raisonnante, qu'elle fût comblée ou frustrée, son *spectre* trouve la fin des bêtes et des choses, *l'anéantissement(3)*.

Nous croyons que les enfants et les inconscients pathologiques jouissent du privilège de l'innocence, créatures sans liberté ni conscience matures, dépendantes des sens et aussi des parents, des éducateurs, des nourriciers, de la religion, des lois. L'alternative *Séjour du Père* ou *ténèbres glacées* ne les concerne pas.

Nous croyons que la mort sera vaincue.

Nous croyons dans la résurrection des morts(4), c'est-à-dire dans *la réunion de l'âme, de l'esprit et de la chair(5)*, qui suivra le *Jour* du *Père*. Le sort des *spectres* sans âme ce *Jour-là* n'est pas connu : *Chacun verra alors ce que le Père fera(6)* pour eux.

Nous croyons que les ressuscités seront charnels, mais transfigurés comme le *Messager* charnel et transfiguré, Jésus, que le *Père* envoya à Arès pour nous rappeler que l'humanité peut reconstruire Éden.

Nous croyons qu'il en sera à dater du *Jour* de Dieu comme il en fut aux jours *d'Adame* : il n'y aura pas de fatalité du Bien. Le mal, *la Bête*, menacera *longtemps* avant de *mourir(7)*, parce que le Bien ne peut pas régner sans possibilité de mal comme la lumière n'existe pas sans possibilité d'ombre et l'harmonie sans possibilité de chaos.

Nous croyons que l'humanité édénique aura acquis la *vigilance* qui manqua à *Adame*, *vigilance(8)* que cultivent les *frères* dès à présent. Après des millénaires d'expérience du mal, l'humanité jouira d'un flair puissant pour devancer ou pour détecter celui-ci, d'une grande force de caractère pour écarter les mauvais choix, et surtout d'une *mémoire(9)* active des temps du péché, et un penchant sublime pour le Bien. Ainsi contiendra-t-elle *la Bête derrière l'horizon(10)*.

Nous croyons que l'humain redeviendra perpétuel. Bien que transfiguré, il restera corporellement sensible et vulnérable — à Arès les plaies de Jésus ressuscité saignèrent —. L'humain se perpétuera par régénération dans des conditions et proportions inconnues, et peut-être dans l'éventualité d'autres fins dernières. Depuis la chute *d'Adame* nous ne pouvons plus représenter la vie édénique psychique et physique, ses critères et aboutissements, autrement que poétiquement, donc trompeusement ; nous n'en connaissons à gros traits que le principe spirituel, celui de *l'image et ressemblance*. Éden n'est pas une aire géographique, mais la vie transfigurée, qui est toujours corporelle — L'état de

---

1. 4/4.
2. 33/32.
3. 4/4 et 4/8.
4. 31/8-11, 35/2-3, Daniel 12/2-13, Actes des Apôtres 24/15, Le Coran : thème répétitif.
5. 17/7.
6. 31/12.
7. 22/14. La mort de la *Bête* évoque d'autres fins dernières, *longtemps* après le *Jour,* un règne très lointain hors de toute Vérité exprimable, hors de notre entendement.
8. XVI/14, XXVIII/27.
9. La douloureuse *mémoire* à laquelle le Père nous sensibilise déjà : 8/2-9, 10/4-6, Luc 22/14-20 + autres références.
10. 22/14.

darkness. If in his earthly lifetime the deceased consciously dismissed the spiritual vocation of humanity(1), came to utmost *abomination(2)* and confined himself to a reasoning animated matter, whether he had all that he wished for or whether he was frustrated, his *specter* meets the end of animals and things, *annihilation(3)*.

We believe that children and pathological unconscious adults enjoy the privilege of innocence since they are creatures without mature freedom and conscience, dependent on senses and on parents, educators, foster-persons, religion, law. The alternative of *the Father's Abode* or the *frozen darkness* does not concern them.

We believe that death will be conquered.

We believe in the rising of the dead(4), that is, the *reuniting of the soul, mind and flesh(5)* subsequent to the *Father's Day*. The fate reserved on that *Day* for the *specters* without *souls* is not known: *Every one will see, then, what the Father will do(6)* for them.

We believe that the resurrected will be corporeal, but transfigured like transfigured corporeal *Messenger* Jesus whom the *Father* sent to Arès in order to remind us that mankind can rebuild Eden.

We believe that from God's *Day* onwards things will be as they were in *Adam's* days: There will be no inevitability of Good. Evil, *the Beast*, will stay threatening *a long time* before it *dies(7)*, because Good cannot prevail without possibility of evil just as light cannot exist if darkness is not possible, and so cannot harmony if chaos is not possible.

We believe that Edenic humanity will have acquired *vigilance* which Adam failed to observe, *vigilance(8)* which the *brothers* are already cultivating. After experiencing evil for millennia humanity will have a powerful intuition to anticipate and detect evil, a great strength of character to dismiss bad choices, and particularly an active *memory(9)* of the old times of sin, and a sublime liking for Good. So men will hold *the Beast* in check *below the horizon(10)*.

We believe that humans will be perpetual again. Though transfigured, they will remain corporeally sensitive and vulnerable—in Arès resurrected Jesus' wounds bled—. The human being will be perpetuated by regeneration under unknown conditions and in unknown proportions, and perhaps in the expectation of further ultimate events. After Adam's fall we gradually grew unable to conceive of the Edenic psychical and physical life, its criteria and prospects, in a way other than poetic, that is, deceptive; we are only, and roughly, aware of its spiritual basis, that of the *image-and-likeness*. Eden is no geographic area, it is transfigured life which is always bodily—After death the *soul* is not in a state of transfiguration which

---

1. 4/4.
2. 33/32.
3. 4/4 and 4/8.
4. 31/8-11, 35/2-3; Daniel 12/2-13; Acts 24/15; in The Quran this theme is continual.
5. 17/7.
6. 31/12.
7. 22/14. The *Beast's* death evokes other ends of a further history *a long time* after the *Day*, a very remote reign beyond all expressible Truth, beyond all understanding.
8. XVI/14, XXVIII/27.
9. The harrowing *memory* that the Father has already made us aware of: 8/2-9, 10/4-6, Luke 22/14-20 + other references.
10. 22/14.

l'âme après la mort n'est pas une transfiguration, celle-ci ne concerne que l'homme de chair —. Cette vie transfigurée sera peut-être beaucoup plus étrangère ou beaucoup plus proche de notre actuelle condition psycho-physique que nous l'imaginons. La *Parole* peut seulement allégoriser la résurrection, la transfiguration, la perpétuité de l'homme sauvé, mais elle leur donne le prix considérable d'une *Promesse(1)* du *Père*.

Nous croyons qu'Éden restauré sera un *monde* en tout point humain : social, économique, technique, etc. Ni angélique ou idyllique, ni dématérialisé, ni uniformisé non plus, il tirera son bonheur de la victoire de l'homme sur le péché et sur les sentiments bas, et des qualité et transcendance consécutives. L'humanité sera beaucoup plus diversifiée qu'elle n'est aujourd'hui pour permettre dans la Vérité, l'amour et la liberté l'épanouissement des prodigieuses ressources humaines. L'homme nouveau, les choix et les actions par lesquels il se sera recréé et ceux qui auront résulté de sa recréation (vrai sens de *pénitence*) seront évidemment marqués par la spiritualisation durant le temps du *changement* précédant le *Jour*, par la transfiguration ensuite. Les descriptions de Jésus apparu à Arès et du *témoin* enlevé dans l'univers(2) ne donnent de l'homme *changé* qu'une idée ininterprétable, parce que la métamorphose ne sera consciente que dans l'environnement auquel elle se sera destinée, et sera marquée par les volitions que dynamiseront sans cesse les générations de *pénitents* et d'humanistes (existentialisme comme dynamique de la *pénitence* et du *changement*). La liberté créatrice de l'homme ne cessera jamais d'être déterminante. Mais sa métamorphose sera plus complexe qu'il ne peut l'imaginer aujourd'hui, puisque le *Père*, co-créateur du *monde changé*, y mettra sa marque. Cet Éden lointain dépend déjà de la volonté de *changer* des premiers *frères* — c'est le sens des mots de Jésus aux apôtres : *Déjà dans cette génération certains ne mourront pas sans avoir vu le Royaume* (c.-à-d. sans avoir prévu de le créer et sans y avoir travaillé) —. La *pénitence*, la *moisson* et toutes les actions et recherches de *l'assemblée* se déterminent par ce seul but prophétique : Éden ou le *Royaume*.

Nous croyons que sur le *Champ(3)* sont engagés, pour *l'accomplissement* du *Dessein*, des croyants libres et des incroyants humanistes libres. Les croyants *proclament la Parole*, *prient*, font *pénitence*, mais ne forment ni ne suivent une religion ; au contraire, ils voient dans la Parole du *Père* révélée depuis des millénaires un Appel à la libération spirituelle, à la genèse des *hommes du temps qui vient(4)*. Cette humanité en marche survient comme un *orage(5)* de vie, le nouvel *Exode* qui n'est plus religieux, introspectif, appropriatif, en somme mal compris, mais spirituel, ouvert, créateur, au bout duquel la *Terre Promise* n'est pas un pays conquis avec violence, exploité aux dépens d'autres hommes, mais le *monde* entier pour le bonheur de tous. C'est *l'Exode* de la *pieuse gent(5)*, hommes aux origines, aux sensibilités, aux moyens intellectuels et matériels et aux vocations aussi variés qu'il est possible, comme sont variées leurs visions de la *pénitence*, de la *moisson*, du *changement* et finalement d'Éden. Et cependant une seule *race(6)*.

1. 1/6, 2/8, 33/36 + autres références.
2. VI/1-4.
3. 5/2, 14/1 + autres références.
4. 30/13.
5. VI/6, XLV/13-16.
6. 25/4, XII/5.

concerns only the man of flesh—. That future transfigured life may be either much more alien or much more close to our current psycho-physical condition than we can imagine. The *Word* can only allegorize the saved man's resurrection, transfiguration and perpetuity, but it gives them the considerable worth of a *Promise(1)* of the *Father*.

We believe that Eden restored will be a *world* human in every respect: social, economic, technical, etc. Not angelic or idyllic, not dematerialized, but not standardized either, it will derive its happiness from man's victory over sin and low feelings and from the quality and transcendence consequent on this victory. Mankind will be far more varied than it is today in order to further man's blossoming and prodigious resources in Truth, love and freedom. The new man and the choices and actions through which he will have recreated himself as well as those that will have resulted from his recreation (the real meaning of *penitence*) will obviously be marked by spiritualization during the times of the *change* previous to the *Day,* and by transfiguration afterwards. The descriptions of Jesus appearing in Arès and of the *witness* lifted into the universe(2) do not give us any interpretable idea of the *changed* man, because the metamorphosis will not be really conscious until it participates in the environment that it has meant itself for, and it will be marked by the volitions that generations of *penitents* and humanists will continuously energize (existentialism as the dynamic of *penitence* and *change*). The creative liberty of man will forever remain a deciding factor. But his metamorphosis will be still more complex than he can imagine currently because the *Father,* co-creator of the *changed world,* will bring its personal mark to it. That remote Eden is already dependent on the first *brothers'* will to *change*—this is the sense of Jesus' words to the apostles: *Already in this generation a few will not die before they have seen the Kingdom* (that is, before they have contemplated creating it and worked at it)—. *Penitence,* the *harvest* and all the actions and pursuits of the *assembly* are defined on this only prophetic goal: Eden or the *Kingdom*.

We believe that on the *Field(3)* those committed to *achieving* the *Design* are free believers and free humanist unbelievers. The believers *proclaim the Word, pray,* are *penitents,* but they do not form or follow a religion; on the contrary, they regard the *Word* revealed by the *Father* for millennia as a Call for spiritual liberation, for the genesis of *the men of the time to come(4)*. That humanity on the move materializes as a *thunderstorm(5)* of life, the new *Exodus* which is no longer religious, introspective, appropriating, in short misunderstood, but spiritual, open, creative, at the end of which the *Promised Land* will not be a country conquered with violence and exploited at the expense of other men, but the whole *world* where all men will be happy. It is the *Exodus* of the *pious kindred(5),* who are men with origins, sensitivenesses, intellectual and material means and vocations as varied as possible just as are their visions of *penitence,* of the *harvest,* of the *change* process, and finally of Eden. A one and only *race(6),* though.

1. 1/6, 2/8, 33/36 + other references.
2. VI/1-4
3. 5/2, 14/1 + other references.
4. 30/13.
5. VI/6, XLV/13-16.
6. 25/4, XII/5.

Nous croyons que *les hommes du temps qui vient,* qui n'ont ni *chef(1),* ni hiérarchie, ni loi, puisque toute forme de pouvoir *rejette le Père(2),* ont pour seule *Lumière(3)* la *Parole,* qu'ils la connaissent ou qu'ils en aient seulement *gardé souvenir(4).* Nous croyons qu'ils ne reconnaissent sur terre qu'une seule *souveraineté(5),* celle des dons faits par Dieu à l'homme : *amour, intelligence* ou *sagesse* (deux formes ou dérivées du don de *parole), liberté, individualité, pouvoir de création.* La dynamique ou l'existentialisme du *changement* qu'ils préparent se fonde sur la certitude qu'avoir un *langage de raison(6)* n'est pas dire : L'humanité restera médiocre, à jamais faite de prédateurs et de bétail humains, mais dire : L'humanité peut *changer* en bien — *Fond* de la Parole de Dieu —. Les hommes de bien, très divers, qui partagent cet existentialisme, croyants et incroyants, conscients et inconscients, connus et inconnus, forment le *reste.* Au milieu du *reste* ceux consciemment liés à *La Révélation d'Arès* forment le *petit reste,* dont *l'assemblée* n'a aucune prétention élitaire et dominante ; elle constitue une plate-forme mentale spirituelle, justifiée par la seule réalité de sa mentalité et de sa créativité spirituelles. Les hommes du *petit reste* sont *frères, pénitents* et *moissonneurs* afin de sensibiliser patiemment le monde à *l'amour,* à l'importance de retrouver *l'intelligence,* à la dynamique aiguë de la *liberté* et de *l'individualité* épanouies pour réaliser la diversification et la multilocalisation — orientation centrifuge contraire aux principe et réflexe actuels centripètes des nations et de tous groupes humains —. *L'Assemblée* idéale n'existe jamais, car la vie, comme la foi, est poursuite infinie. Aussi *l'assemblée* se cherche-t-elle sans cesse comme tout homme de bien se cherche sans cesse, elle se cherche comme prémisse de la société *qui vient. L'Assemblée* n'est pas une organisation mais un organisme vivant où se développent et se complètent les personnalités, originalités, compétences et talents les plus variés. *L'assemblée* voit dans l'attachement inconditionnel et naturel à la *Parole* et au *Dessein* du *Père* les seuls raison et aboutissement de la foi ; aussi n'a-t-elle aucune doctrine ou théologie, aucun clergé, elle n'impose aucunes règles en matière d'adhésion, d'obole, de réunion, de choix personnels de vie, de profession, de mariage, etc., et laisse à chaque *frère* la liberté d'organiser sa *pénitence,* sa *prière,* sa *moisson* pourvu que celles-ci soient actives. Dans ce cadre elle *rappelle* à chacun la logique de sa présence au milieu d'elle, *éloigne(7)* celui qui s'éloigne du *Fond* et qui ne peut ni servir le *Fond* ni s'y épanouir, mais elle cherche volontiers avec lui comment il peut contribuer au *changement du monde* dans une autre partie du *reste* plus conforme à ses vision et personnalité. Chaque membre du *petit reste* forge les obligations de sa conscience et, unissant celle-ci aux consciences de ses *frères,* travaille à recréer la conscience collective spirituelle dont il reste peu de traces dans ce monde — L'humanité tombée dans le grégarisme, dont la religion est la manifestation typique, est au mieux localement fraternaliste dans un sens politique, non spirituel.

1. 16/1 et par la négative: 28/12, XLV/11-18 + autres références.
2. 1 Samuel 8/7-9.
3. 38/5 + nombreuses références.
4. 1/10. Ce *souvenir* peut être autre chose qu'un objet conscient et précis de la mémoire ; il peut être matérialisé par l'instinct, l'intuition, la déduction, la philosophie personnelle, voire même la coïncidence.
5. 8/1.
6. 26/3.
7. 37/9.

WE BELIEVE, WE DO NOT BELIEVE (an appendix)

We believe that *the men of the time to come,* who have no *ruler(1),* no hierarchy, no law, since every form of power *rejects the Father(2),* have a one and only *Light(3):* the Word, whether they know it or whether they have only *kept memories(4)* of it. We believe that they acknowledge an only *control(5)* on earth, that of the gifts bestowed by God on man: *love, intelligence* or *wisdom* (two forms or derivatives of *language), freedom, individuality, power to create.* The dynamic or existentialism of the *change* process at which they work is based on the certainty that having the *language of reason(6)* is not saying: Mankind will remain mediocre, forever made up of human cattle and predators, but saying: Mankind can *change* for the better—which is the *Core* of God's Word—. The varied good men, whether believers or unbelievers, conscious or unconscious, known or unknown, who share in this existentialism, make up the *remnant.* In the midst of the *remnant* those consciously linked to *The Revelation of Arès* make up the *small remnant* whose *assembly* has no pretence to elitism and domination; they form a spiritual mental platform, only justified by the very reality of their spiritual mentality and creativity. The *small remnant* are *brothers, penitents* and *harvesters* in order to patiently make the world alive to *love,* to the significance of regaining *intelligence,* to the acute dynamic of totally fulfilled *freedom* and *individuality* out of which diversification and multilocalization will be achieved—a centrifugal orientation contrary to the current centripetal principle and reflex of nations and all human groups—. The ideal *assembly* does not exist ever, for life, like faith, is an endless pursuit. This is why the *assembly* incessantly searches for its identity just as any good man incessantly searches for his identity; it strives to be the best bodement of the society *to come.* The *assembly* is no organization, it is a living organism in which much varied personalities, originalities, abilities and talents develop and complement each other. As the *assembly* sees unreserved natural attachment to the *Father's Word* and *Design* as the only reason for and outcome of faith, it has no doctrine or theology, no clergy, it does not impose on anyone any constraint in matters of membership, mite, meeting, personal choices in life, profession, mariage, etc., it lets every member freely organize his *penitence, prayer and mission* provided they are active. Within this context the *assembly* reminds every member of the logic of his commitment, it *sends away(7)* the one who deviates from the *Core,* who cannot serve the *Core* or be blossoming out within it, but it helps him to keep on working at the *world's change* in another part of the *remnant* suitable for his vision and personality. Each one among the *small remnant* forms the duties of his own consciousness and, by uniting the latter to his *brothers'* consciousnesses, works at the recreation of the collective spiritual consciousness of which little trace has remained in the world—Mankind which has lapsed into gregariousness, a typical symptom of which religion is, is at best locally fraternalistic in a political sense, not in a spiritual sense.

1. 16/1 and in the negative: 28/12, XLV/11-18 + other references.
2. 1 Samuel 8/7-9.
3. 38/5 + many references.
4. 1/10. These *memories* are not necessarily conscious, precise objets of recollection; they may materialize in instinct, intuition, inference, personal philosophies, or even coincidences.
5. *Control* or *sovereignty,* 8/1.
6. 26/3.
7. 37/9.

Nous ne croyons pas que ceux qui ne partagent pas ces termes de foi soient perdus. Par-dessus tout comptent les actes. Le bien effectif, pratique, prévaut sur les croyances religieuses comme sur les théories humanistes. Le *Père (re)connaît* tous ceux dont les actes contribuent à réaliser son *Dessein*: croyants et priants comme incroyants et non-priants[1]; mais le *Père* désespère de la foi et de la prière, même les plus ferventes, d'hommes qui ne *changent* pas leur *vie* et qui ne *changent pas le monde*. Il ne s'arrête pas aux formes, parce que seul compte que *la foule innombrable*[2] évolue vers *les Hauteurs*. Nous n'avons pas pour mission de *juger*. Nous avons pour mission de retrouver et *moissonner* les bons *épis* cachés chez les désabusés, les cyniques et les attentistes, de réduire la *foule des impénitents*[3], d'élargir l'horizon de ceux enclins à *changer leur vie et le monde* mais fixés sur des valeurs incertaines ou incomplètes de raison ou de doute[4], de culture, de tradition, de thèmes en vogue. À tous nous rappelons leur nature spirituelle libre et créatrice avec ses limites et impossibilités, mais aussi avec ses prodigieuses possibilités quand cette nature retrouve le *sens*, la *mesure*, la *patience*[5], le *courage*[6], la *beauté*[7] transfigurante plus convaincante que toute beauté esthétique, la volonté *battante*[8] des conquérants spirituels, *l'obstination des vagues*[9] capables de saper les *falaises* ou les *citadelles*[10] des pouvoirs présumés inexpugnables, la *furie*[11] de combattre si l'on y est contraint, mais plus encore la *paix*[10] et l'impassibilité devant la résistance des habitudes et des idées, devant la fuite du temps, les coups de l'histoire — L'histoire : une force passive qui perpétue la raison culturelle, qui ne voit de raison que dans la loi et dans la force, qui oublie qu'il n'y a de loi et de force que celles qu'on accepte ; l'histoire que vaincra la raison naturelle et ontologique, la foi dynamique et créatrice, la foi dans l'homme par quoi commence presque toujours la foi en Dieu —. Le *Père* ne nous démunit pas d'une solide dialectique.

Nous croyons qu'aucun homme au monde ne peut connaître, et moins encore décréter, le sort de ceux qui s'opposent à la foi délibérément ou non, de façon partisane réfléchie et informée ou de façon irréfléchie et non informée. Le *Père* seul connaît leur responsabilité, mais aussi leurs souffrances, tant l'humanité a été *égarée*. La *sagesse* synthétise tous les dons ou qualités de *l'image et ressemblance*, et de tous ces dons *l'amour* est le plus sage, donc le plus créateur. Il est dit : *Ne juge pas ! Sauve ! Qui sait qui est sauvé, qui n'est pas sauvé ?*

NOTE. Pour faciliter la lecture de ce cadre de foi et d'action je l'ai balisé d'un minimum de références à la Parole et de notes de bas de page. Les lecteurs familiarisés avec la Bible, le Coran et *La Révélation d'Arès* ajouteront ou complèteront

1. 25/4-6.
2. 13/2, 25/6 + autres références.
3. 13/4.
4. 26/3.
5. 35/7 + autres références.
6. 6/1, 7/3, 13/6-8 + autres références.
7. 12/3.
8. XLV/14.
9. 28/12.
10. 13/7-8.
11. XV/3.

We do not believe that the men who do not agree with these terms of faith are doomed to perdition. The acts count above all else. Actual, practical good prevails over religious beliefs and humanistic theories alike. The *Father knows* all the men whose acts contribute to fulfil his *Design,* believers and praying men and unbelievers and non-praying men(1) alike; but the *Father* despairs of the faith and prayer, even most fervent, of men that do not *change their lives* and do not *change the world.* He does not dwell on outward forms, because what counts is that the *innumerable crowd*(2) evolves towards *the Heights.* We are not sent out to *judge.* We are sent out to find and *harvest* the good *wheat ears* hidden among the disillusioned, the cynics and the followers of the wait-and-see posture, reduce the *crowd of the impenitent*(3), and widen the horizons of those who may be prone to *change their lives and the world,* but who are focused on uncertain or incomplete values of reason or doubt(4), of culture, of tradition, of themes in fashion. We remind them all of their free and creative spiritual nature, its limits and inabilities, but also its prodigious abilities when that nature recovers *sense, moderation, patience*(5), *courage*(6), the transfiguring *beauty*(7) more convincing than every esthetic beauty, the *beating*(8) will of the spiritual conquerors, the *stubbornness of the waves*(9) strong enough to undermine the *cliffs* or *citadels*(10) of powers presumed impregnable, *fury*(11) to fight if they are forced to, but preferably *peace*(10) and impassiveness when they are confronted with the resistance of customs and concepts, confronted with the flight of time and the blows dealt by history— History: A passive power which perpetuates cultural reason, and which sees no reason outside law and force, but forgets that there are no law and no force but those accepted by man; history which will be conquered by ontological, natural reason, by dynamic creative faith, by faith in man with which faith in God begins all but always—. The *Father* does not leave us deprived from a strong dialectic.

We believe that no man on earth can know, or can even less decree the destiny of those who set against faith deliberately or not, in a partisan, well-thought-out, well-informed way or in a thoughtless, ill-informed way. The *Father* alone knows their responsability, but also their sufferings, because man has long been *led astray. Wisdom* synthesizes all the gifts or qualities of the *image-and-likeness* and among all these gifts *love* is the wisest, therefore the most creative. We have been told: *Do not judge! Save! Who knows which man is saved, which man is not?*

NOTA. I have marked out this framework of faith and action with a minimum of footnotes and references to the Word so that it can be read easily. The readers familiar with the Bible, the Quran and *The Revelation of Arès* will readily add or

1. 25/4-6.
2. 13/2, 25/6 + other references.
3. 13/4.
4. 26/3.
5. 35/7 + other references.
6. 6/1, 7/3, 13/6-8 + other references.
7. 12/3.
8. XLV/14.
9. 28/12.
10. 13/7-8.
11. XV/3.

sans difficulté les nombreuses références implicites dans cette énumération. Par ailleurs, les chevauchements, les répétitions et l'ordre de succession des concepts qui peut paraître bizarre n'ont rien de désordonné si l'on pense à la logique particulière de la Parole de Dieu ; ils sont voulus pour écarter de cette proclamation de *Vie* l'esprit de système totalement ignoré par la Parole. Déjà je trouve les éléments de cette liste trop classés, puisque la Parole est entière dans et autour de chacun de ses mots ; la Parole n'est pas sérielle mais interactive. On n'atteint ni Dieu ni la *Vie* avec une échelle. La ligne droite avec ses échelons n'est qu'une trouvaille technique, culturelle. Nul corps, nul arbre, nul rayon de lumière, rien dans la Création n'est droit et isolé ; tout y est courbe, parfois brisé, et comme un confluent mêlé au tout qui l'entoure. Cette énumération est une courbe, un cercle même ; elle se contourne soi-même et revient sur soi. Quand vous avez fini de la lire, vous pouvez continuer par le commencement, ou repartir de n'importe quel paragraphe, et indéfiniment ainsi.

Une fois écrits ces termes d'affirmation et de dénégation, quelques étangs où j'ai versé, enfermé un peu de la *Mer,* je retourne en courant sur les *Rivages*(1) de Dieu, aux flots libres, riches, vivants, mêlés et pourtant indivisibles, de sa Parole. Tout auteur de credo a fait de celui-ci, de sa récitation, la condition absolue du salut ; l'église catholique alla jusqu'à interdire aux fidèles la lecture de la Bible, comme pour déclarer son credo et son catéchisme supérieurs à celle-ci. Aujourd'hui encore la plupart des religions et des églises font passer la foi dans leurs dogmes et l'obéissance à leurs règles et sacrements avant les œuvres — pour cette raison parmi d'autres le christianisme n'a pas encore existé —. Réciter *Nous croyons, Nous ne croyons pas* ne sauvera personne. C'est en *accomplissant la Parole,* en s'acquittant de cette *vraie piété*(2) qu'est l'action de *changer sa vie,* de devenir *un homme du temps qui vient,* et de travailler à *changer le monde,* que l'homme s'élève vers les *Hauteurs.* Dieu fait de *changer* le synonyme de *sauver.*

La *Vie* de la Parole est d'une telle *Force,* d'une telle plénitude, qu'elle paraît un corps dépecé dans les paragraphes de mon *Nous croyons, Nous ne croyons pas.* Pourquoi l'avoir écrit, alors ? C'est un pense-bête pour aider le découvreur — l'homme en début de conversion —, pour régénérer le *frère* tiédi ou tombé dans la routine ou revisité par la vieille mentalité religieuse, pour permettre au *frère* plus fixé sur le Fait Surnaturel d'Arès que sur son Message de faire le point de sa foi, pour inspirer des œuvres didactiques, notamment celles destinées aux enfants, pour informer ceux qui veulent se faire une idée correcte de *La Révélation d'Arès* et des Pèlerins d'Arès. Encore les idées exprimées ici sont-elles déjà, tout à la fois, un peu trop sériées (elles suggèrent l'hypothèse d'une doctrine, quand cette hypothèse est étrangère à notre spiritualité), un peu trop transcendantes (elles sont empreintes d'une tension spirituelle trop forte pour des profanes et des croyants figés dans les structures culturelles consacrées), et pas assez transcendantes (elles ne montrent pas assez que notre foi est infiniment plus *vécue* et créatrice qu'énumérée et intellectuelle). *Nous croyons, Nous ne croyons pas* est à la fois trop systématique, trop transcendant et pas assez transcendant, parce que j'ai mis dans cet aide-mémoire un certain esprit de vulgarisation afin d'en aider la compréhension.

---

1. 19/2, 25/1-3.
2. 35/6 et 12.

complement many references implicit in this enumeration. In other respects, the overlappings, the repetitions and the order of the concepts succession which may seem odd are not uncoordinated if the reader keeps in mind the particular logic of God's Word; they are intentional so that the spirit of system which God's Word ignores may be kept away from this proclamation of *Life*. I even find the elements of this list too much sorted out, as it is, since the Word is complete in and around each of its terms; the Word is not serial, it is interactive. One cannot reach God or *Life* with a ladder. The straight line with its rungs is only a cultural, technical find. No body, no tree, no shaft of light, nothing in the Creation is straight and isolated; everything is curved, sometimes broken, and is as a confluence mingled with all that surrounds it. This enumeration is a curve, and even a circle; it moves around itself and returns to itself. When you have finished reading it you can carry on reading it from the beginning or from any paragraph, and so on indefinitely.

Once I have written these terms of assertion and denial, a few ponds in which I have poured and trapped a little of the *Sea,* I hurry back onto the *Shores(1)* of God, to the free, rich, living, mingled and yet indivisible waters of his Word. Every author of a credo has declared the latter and its recitation to be the absolute condition for salvation; the Catholic Church went so far as to forbid the faithful to read the Bible, as though the Bible were inferior to its credo and catechism. Nowadays, in most religions and churches, faith in dogmas and submission to rules and sacraments takes precedence over deeds—for this reason among others Christianity has not yet come into existence—. The recitation of *We believe, We do not believe* will save no one. It is by *achieving the Word,* by performing the *true piety(2)* materialized by the process of *changing his or her life,* of turning into *man or woman of the time to come,* of working at *the world's change,* that man ascends toward the *Heights*. God makes *to change* synonymous with *to save*.

The Word's *Life* has so much *Strength* and fullness that it seems to be a dismembered body in the paragraphs of my *We believe, We do not believe*. Why did I write it then? This is a memo meant to help the discoverer—the man at the start of his conversion—, meant to revive a *brother* that has cooled off or fallen into routine, or who is haunted by the old religious mentality, meant to help the *brother* that has focussed much more on the Supernatural Fact of Arès than on its Message to take stock of his faith, meant to inspire didactic works, notably those destined for children, meant to inform those willing to get a right idea about *The Revelation of Arès* and the Arès Pilgrims. Even then the ideas here expressed may be simultaneously somewhat too much sorted out (they suggest the hypothesis of a doctrine while such a hypothesis is alien to our spirituality), somewhat too transcendent (they are marked with too strong a spiritual tension for laymen and believers still set rigidly in the established consecrated cultural structures), and not transcendent enough (they fail to show satisfactorily that our faith is infinitely more *lived* and creative than enumerated and intellectual). *We believe, We do not believe* is at the same time systematic, too transcendent and not transcendent enough, because I have put some spirit of popularization in this memo so that people may quite easily comprehend it.

1. 19/2, 25/1-3.
2. 35/6 & 12.

Mais c'est aussi, pour le Pèlerin d'Arès engagé, un mémoire de la foi et de la vie actives, conquérantes, les seules qui aient une valeur. *L'Évangile donné à Arès* remonte à 1974, *Le Livre* à 1977 ; aujourd'hui *Nous croyons, Nous ne croyons pas* devrait permettre à tout Pèlerin d'Arès assez ancien de revenir sur soi, de faire le compte de ce qu'il a compris et de ce qu'il a fait, et d'évaluer de quoi il sera capable dans l'avenir. Quand j'écoute ou quand je lis mes frères je constate que tous n'embrassent pas d'une vision complète, nette, instantanée, et spécifique, le vaste horizon que dessine la Parole, tous n'évaluent pas correctement l'étendue qui les sépare encore de cet horizon. Sauf quelques frères exceptionnels, chacun a plus ou moins ses sujets de prédilection, certains très limités, sur la base desquels il s'efforce de témoigner de la foi arésienne ; on n'est jamais que ce qu'on a compris, ou admis. C'est mieux que de ne pas témoigner du tout. Mais tout Pèlerin d'Arès digne de ce nom, sans connaître la Parole sur le bout du doigt, doit l'avoir assimilée clairement dans son ensemble et savoir à quoi il s'est engagé.

Les Pèlerins d'Arès sont encore indéfinissables, ils y trouvent parfois la saveur d'un compliment. On n'est définissable que par des catégories connues, acceptées ; or, les Pèlerins d'Arès n'entrent dans aucune d'elles de façon satisfaisante. Le cadre général de foi et de vie que j'ai dressé, *Nous croyons, Nous ne croyons pas,* montre bien que *La Révélation d'Arès* et l'éclairage qu'elle projette sur la Bible et le Coran ont haussé l'intelligibilité du *Dessein* de Dieu, et du rôle que devrait y jouer le croyant, jusqu'à des valeurs pures et puissantes, la plupart fort différentes de celles enseignées par les religions. *Nous croyons, Nous ne croyons pas* aidera les sociologues, l'administration, les religieux, les journalistes, à donner une définition des « gens qui croient dans cette fable d'Arès » — ce siècle veut que tout mouvement de la pensée et du comportement soit assujetti à une formule précise —. Mais mon but majeur est que tous mes frères, j'entends ici tous les hommes de bien, se reconnaissent mieux entre eux par l'espérance qu'ils partagent ou partageront, parfois sous des termes très différents, et pour laquelle ils se dévouent ou se dévoueront ensemble.

But this also is for the committed Arès Pilgrim a memorandum of the active conquering faith and life, the only ones of worth. *The Gospel Delivered in Arès* dates back to 1974, *The Book* to 1977; today *We believe, We do not believe* should help every Arès Pilgrim of long-standing commitment to get an insight into his faith and mission, to assess what he has understood and done, and to estimate what he may be capable of in the future. When I listen to my brothers and read their letters, I notice that not all of them have a comprehensive, clear, instant, specific vision of the wide horizon that the Word shows, not all of them correctly assess the large area that stretches between them and that horizon. Apart from some exceptional brothers every one has more or less his favourite idiosyncratic topics, some very limited, on the basis of which he strives to bear witness to the Aresian faith; a man is just equal to what he has understood, or accepted. This is better than not to bear witness at all. But every Arès Pilgrim worthy of the name, even if he has not utterly memorized the Word, must have taken it in clearly in its whole, and must perfectly know what he is involved in.

The Arès Pilgrims are still indefinable; in this they sometimes find the flavour of a compliment. One is definable only through well known, accepted categories, but the Arès Pilgrims do not satisfactorily belong in any of them. The framework of faith and life, which I have drawn up, *We believe, We do not believe,* shows definitely that *The Revelation of Arès* and the light it casts on the Bible and the Quran enhance the intelligibility of God's *Design,* and of the role every believer has to play in it, to pure powerful values, most of them being very different from the values taught by religions. *We believe, We do not believe* may help sociologists, administrations, clergy, journalists, to think up a correct definition of the 'folks who believe in that fib of Arès'—the men of this century require every trend of thought and behavior to be subject to a precise formula—. But above all I have written these pages with the aim of helping all of my brothers, I mean all good men on earth, to recognize one another much better through the hope that they share or will share in, sometimes under very different terms, and that they devote or will devote themselves all together to.

LES PÈLERINS D'ARÈS

On trouve dans ce livre les textes sur lesquels se fondent spirituellement ceux communément appelés Pèlerins d'Arès. Mais dans les annuaires téléphoniques le nom de Pèlerins d'Arès est introuvable. Qu'en est-il du mouvement arésien au plan concret ?

En avril 1974, après les apparitions de Jésus, frère Michel quitta la religion. La publication de *L'Évangile Donné à Arès* en octobre 1974 paracheva ce qu'il appela alors sa « mort civile ». Abandonné de ses amis et de ses relations, marginalisé par la méfiance ou la guoguenardise du monde extérieur, c'est avec quelques rares fidèles, sans moyens financiers, qu'il commença de rassembler celles et ceux qu'on allait bientôt appeler les Pèlerins d'Arès. Cette appellation fut spontanée, sans doute dérivée de la triple conjonction du verset 12/9 (*...la grande détresse du pèlerin, qui apaise le Père*), du désir de se rendre à Arès naturellement ressenti par les premiers convertis, et de l'idée précoce de lancer un grand pèlerinage — ou Exode — universel pour libérer la vie spirituelle de l'emprise des religions, politiques, cultures, philosophies, etc., et pour le *changement du monde (28/7)*.

Cette spontanéité, ce naturel, cette impulsion créatrice marquent profondément le mouvement arésien. « La Parole d'Arès est fondamentalement libératrice, dit le frère Michel. Librement naît toute *âme,* librement on est un *pénitent* et un *moissonneur.* Une conscience qui ne se contrôle pas elle-même, qui a besoin de dogmes, de clercs, de chefs, de lois, de conditionnement, pour fonctionner n'est pas vraiment une conscience ; en tout cas, ce n'est pas une conscience arésienne. ».

Une communication faite, en 1992, par le frère Michel à l'hebdomadaire à gros tirage « Femme Actuelle » dresse ce portrait du mouvement arésien :

« Les Pèlerins d'Arès sont des croyants libres qui ne croient pas que l'Écriture fonde une religion. Tout différemment, ils voient dans l'Écriture un Appel antique à la libération spirituelle, au respect de tous, au pardon, à l'apaisement et à l'effacement de tout ce qui divise les hommes...

« Les Pèlerins d'Arès ne constituent ni une église ni même une religion. C'est un courant, un Exode spirituel composé d'hommes aussi variés qu'il est possible. Depuis 1974 c'est un mouvement naturel de croyants libres chrétiens, juifs, musulmans ou d'autres origines, et même de non-croyants, puisque pour les Pèlerins d'Arès l'action de se *changer soi-même (30/11)* et de *changer le monde (28/7)* en bien est supérieure à la foi, si celle-ci n'est guère plus qu'une motion de principe. Ils lisent la Bible et le Coran sous la lumière de *La Révélation d'Arès*... Tantôt ils sont isolés, tantôt ils forment des groupes et des missions spontanés, sans chefs ni hiérarchie, sans autre autorité que celle de leur propre foi en la Parole de Dieu et en l'homme, sans autre cohésion, dans l'espérance comme dans l'action, que celle tirée de l'effort d'amour, de justice, de vertu, d'écoute et de respect de l'autre.

THE ARÈS PILGRIMS

In this book one finds the material by which the men commonly called Arès Pilgrims go spiritually. But in telephone directories the name Arès Pilgrims is not found. As regards its concrete existence, how do things stand about the Aresian movement?

In April 1974, once Jesus' appearances were over, brother Michel quitted religion. The publication of *The Gospel Delivered in Arès,* in October 1974, completed what he then called his 'civil death'. He was forsaken by his friends and acquaintances, marginalized by the distrustful and mocking exterior world; along with very few followers he began gathering together the men and women who were going to be called Arès Pilgrims. That appellation was spontaneous, probably derived from the triple conjunction of the verse 12/9 *(...the pilgrim's misery that mollifies the Father),* the longing to go to Arès naturally felt by the early converts, and the early idea of initiating a great universal pilgrimage—or Exodus—to recapture spiritual life from religion, politics, culture, philosophy, etc, and *change the world (28/7).*

This spontaneousness, this naturalness, this creative impetus profoundly characterize the Aresian movement. "In essence the Word of Arès has an emancipating nature," says brother Michel. "Freely every *soul* is born, freely one is a *penitent* and a *harvester.* When consciousness cannot control itself, when it needs dogmas, clergy, rulers, laws, conditioning, to operate, it is not really consciousness; it is not Aresian consciousness, in any case."

In 1992, a communication sent by brother Michel to the high circulation weekly 'Femme Actuelle' (Today's Woman) depicted the Aresian movement so:

"The Arès Pilgrims are free believers who do not believe that the Scripture has founded any religion whatsoever. Quite differently they regard the Scripture as a very old Call for spiritual liberation, respect for all men, forgiveness, assuaging and elimination of all that has divided mankind—

"The Arès Pilgrims do not make up a church, not even a religion. They form a current, a spiritual Exodus made of the largest variety of men possible. From 1974 it has been a natural movement of free believers, Christian, Jewish, Muslim and of other origins, and of non-believers as well, since to the Arès Pilgrims the action to *change oneself (30/11)* and *change the world (28/7)* is superior to faith, if faith is nothing more than a theoretical motion. They read the Bible and the Quran in the light of *The Revelation of Arès—* In some areas they are isolated, in other areas they form spontaneous groups and missions without leaders or hierarchies, without any authority except that of their own faith in God's Word and in man, without cohesion in hope and action other than the cohesion drawn from efforts of love, justice, virtue, efforts to listen to and respect others. Here and there they express

S'ils s'expriment parfois par des associations régionales (comme les missions de type "Les Ouvriers de la Moisson") ou plus larges (comme "L'Œuvre du Pèlerinage d'Arès"), aucune association générale ne regroupera et ne représentera jamais les Pèlerins d'Arès en tant que tels. Il n'y a aucune formalité et registre d'adhésion, aucune formule d'initiation ou sacrement, aucune contrainte de prière, d'obole, de réunion, de pèlerinage. Chaque Pèlerin d'Arès forge lui-même les obligations de sa conscience et, unissant celles-ci aux consciences personnelles de ses sœurs et frères, s'efforce de recréer la conscience spirituelle collective actuellement absente du monde, dont peut sortir une humanité neuve.

« On peut être pour ou contre les Pèlerins d'Arès, parfois jugés utopiques » par ceux qui croient que l'homme n'est qu'un animal pensant incapable de se conduire noblement sans religion, sans lois, sans pouvoirs, mais « le moins qu'on puisse dire, si les mots ont encore un sens pour quiconque est intellectuellement honnête, est qu'ils ne forment ni une religion, ni un parti, ni une secte, dont ils ne partagent aucune des caractéristiques. »

La même année, 1992, le frère Michel adressa à l'évêque catholique de Metz une lettre dans laquelle il précisait :

« Les Pèlerins d'Arès — sauf quelques sectaires, il y en a chez nous comme chez vous — sont des sœurs et frères *pénitents* sans *chefs,* sans règles sinon la Parole. Ils ne se croient pas seuls sauvés, ils ne se croient pas meilleurs que d'autres, mais ils ont accepté de Dieu une mission spécifique, un idéal magnifique et d'apparence utopique. L'utopie d'un jour ne fut-elle pas souvent la réalité de demain ? Parce que l'église a échoué dans son ambition de faire de ce monde l'Évangile vécu, d'autres mouvements doivent-ils échouer ? Votre échec vous fait rationaliser, confondre les lois d'une histoire que vous avez faite avec les espérances d'une autre histoire, à faire.

« Qu'ils viennent du christianisme, du judaïsme, de l'islam, de l'athéisme ou de quelque autre famille de foi ou de pensée — je prie moi-même à l'église, au temple, à la mosquée, à la synagogue ou dans n'importe quel autre lieu religieux ou non—, (mes frères) ont trouvé une espérance dans une Parole qui appelle tous les hommes comme l'unique race humaine et spirituelle. Ce qui sauve l'homme, ce ne sont ni ses dogmes, ni ses superstitions, ni ses idéologies, ce n'est même pas la foi en elle-même, mais ses efforts pour mettre en application dans sa propre vie et dans le monde la Parole du Créateur, l'amour, l'humilité (source de lucidité), la miséricorde, l'intérêt pour le prochain. »

Où y a-t-il des Pèlerins d'Arès, et comment les rencontrer ?

Il existe des groupes de Pèlerins d'Arès dans la plupart des grandes villes de France : Paris, Strasbourg, Lorient, Lyon, Marseille, Bordeaux, Tours, Limoges, Grenoble, Nice, Toulouse, Nancy, etc. On trouve également des Pèlerins d'Arès en Belgique, en Suisse : notamment à Genève, Neuchâtel, Zürich, et au Canada.

Spontané et libre, le mouvement arésien n'est régi par aucune autorité générale ou régionale ; il n'a même pas de secrétariat central. Un tel secrétariat et les moyens de son fonctionnement ne pourraient naître que d'un consensus fonctionnel exprès. Or, pour l'heure — peut-être pour toujours —, s'il existe un fort consensus spirituel, il n'existe aucun consensus fonctionnel. Par la grande variété d'hommes et de tempéraments libres qui la forment la fraternité arésienne

themselves through local associations (e.g. those of the 'The Workers of the Harvest' type) or more extensive associations (e.g. 'L'Œuvre du Pèlerinage d'Arès') but no general association will ever group together and represent the Arès Pilgrims as such. There are no membership formalities, no membership registers, no initiation program, no sacraments, no compulsion on anyone to pray, contribute, meet, go on pilgrimage. Each Arès Pilgrim molds the obligations of his or her own consciousness and, by joining the latter with the personal consciousnesses of all the sisters and brothers, endeavors to recreate the collective consciousness currently missing in the world, from which new humanity will be able to emerge.

"Whether people are against or for the Arès Pilgrims, sometimes considered as utopian" by some who think that man is just a thinking animal unable to behave high-mindedly when deprived of religion, laws and powers, "the least people can say, if words have retained their correct meanings in honest minds, is that the Arès Pilgrims do not make up a religion, or a party, or a sect, the characteristics of which they do not fit by any means."

The same year, 1992, brother Michel sent to the Catholic bishop of Metz (in eastern France) a letter in which he was specific about some points:

"The Arès Pilgrims—except a few sectarians; it could well be that our movement houses a few sectarians just as your Church does—are *penitents* with no *rulers,* no hierarchy, no law other than the Word. They do not believe that they alone are saved, they do not regard themselves as better than others, but they have accepted the specific mission that God has put to them, a magnificient, apparently utopian ideal. Is not today's utopia tomorrow's reality? It is. Does the Churche's failure in its ambition to make this world a living gospel prompt you to infer that any other movement is bound to fail? Your failure leads you to rationalize, mistake the laws of a history that you have made for the expectations of another history still to be made.

"Whatever persuasion or philosophy they come from: Christianity, Judaism, Islam, atheism, etc.—I personally can pray in church, in mosque, in synagogue, or in any other place, godly or ungodly, depending on circumstances—, (my brothers) have found hope in a Word that regards all of men as the sole human and spiritual race. Men have never been saved by their dogmas, superstitions or ideologies; men have not even been saved by faith in itself. Men are saved by their efforts to implement the Maker's Word in their lives and in the world alike, and to put into practice love, humbleness (the source of lucidity), mercy, interest in the neighbor."

Where are there Arès Pilgrims and how can one meet them?

There exist groups of Arès Pilgrims in most main cities of France: Paris, Strasbourg, Lorient, Lyon, Marseille, Bordeaux, Tours, Limoges, Grenoble, Nice, Toulouse, Nancy, etc. There are Arès Pilgrims in Belgium, Switzerland: notably in Geneva, Neuchâtel, Zürich, and in Canada.

The Aresian movement is spontaneous and free, it is not governed by any local or general authority; it has not even a central secretariat. Such a secretariat and the means to operate it could only result from a clearly stated functional consensus. But, for the time being—may be for ever—, there exists a strong spiritual consensus but no functional consensus. Through the wide diversity of the free men and natures which constitute it the Aresian brotherhood bespeaks the spirit of the

témoigne de l'esprit du Père, lui-même libre et Créateur de la liberté, et dans cette variété elle puise sa richesse et sa force. Toutefois, au plan pratique, ce manque de structures rend parfois les premiers contacts quelque peu problématiques.

Le premier contact peut être pris par courrier personnel adressé à :
Frère Michel POTAY
Maison de la Révélation, B.P. 16, 33740 ARÈS (France).

Le frère Michel soit communiquera au correspondant l'adresse des Pèlerins d'Arès les plus proches de son domicile,

soit mettra le correspondant en relation avec une sœur ou un frère susceptible de communiquer avec lui, si possible dans sa langue, si ce correspondant réside loin des pays où les Pèlerins d'Arès sont représentés.

Les Pèlerins d'Arès n'avancent pas sans de grandes difficultés dans la voie idéale de *La Révélation d'Arès*. Ils ne se posent pas en modèles ; ils ne sont que symptômes. Ce sont des *pécheurs,* femmes et hommes qui recherchent la vertu, témoignent de la Vérité et s'efforcent d'ouvrir le monde à un concept spirituel de la vie intérieure, de la vie sociale et de l'avenir qui n'est pas moins raisonnable que le concept matérialiste. De plus, l'expérience des uns et des autres est variable selon leur ancienneté et leurs qualités personnelles. Les Pèlerins d'Arès peuvent donc décevoir comparés aux idéaux sublimes exprimés par *La Révélation d'Arès*. C'est cette dernière qui devra rester l'unique Lumière, le seul guide, de toute âme. En chaque nouveau venu les Pèlerins d'Arès, avec amour et sagesse, espèrent celle ou celui qui les surpassera en vertu et en ardeur apostolique.

LE FRÈRE MICHEL

Il semble bien naturel que toute personne touchée par *La Révélation d'Arès* souhaite rencontrer le témoin de Jésus (1974) et des Théophanies (1977). Mais en lisant le présent livre, cette personne a déjà rencontré le frère Michel mieux qu'elle ne l'aurait rencontré face à face. Par son témoignage et sa pensée largement exprimés dans les textes et les annotations qui accompagnent la Révélation proprement dite, le témoin de l'Événement surnaturel d'Arès est présent à chaque page. Pour le reste, frère Michel rappelle qu'il est « un homme dénué d'intérêt en soi. »

Michel Potay naquit à Suresnes, dans la banlieue de Paris, le 11 juillet 1929 d'une mère vosgienne et d'un père né à Paris mais breton par ses parents. Il fut ingénieur à Paris puis à Lyon de 1954 à 1964. Sortant d'une longue période d'athéisme il chercha la voie de la foi sous diverses formes, y compris l'ésotérisme qu'il rejeta, le jugeant spécieux. À partir de 1965 il se prépara à la prêtrise dans l'Église Orthodoxe. Marié en 1968 avec Christiane Négaret — trois filles : Nina (1969), Anne (1970) et Sara (1975), naîtront de ce mariage —, il fut ordonné la même année. Quittant l'église après les apparitions de Jésus à Arès en 1974, il reçut par les Théophanies de 1977 confirmation de la mission qu'il assume, et assumera jusqu'à son dernier souffle, comme guide d'un nouvel Exode, spirituel, le héraut d'une humanité qui vaincra le mal ni par la religion, ni par la politique, ni

Father, who himself is free and is the Maker of freedom, and on that diversity it draws its richness and strength. But, in practice, such a lack of structures may make the first contacts somewhat problematical.

The first contact may be made by writing to the following address:

Frère Michel POTAY,
Maison de la Révélation, B.P. 16, 33740 ARÈS (France).

Brother Michel will either inform the correspondent of the address of the Arès Pilgrims nearest to his or her place of residence,

or get the correspondent in touch with a sister or a brother liable to communicate with him or her, possibly in his or her language, if the correspondent lives a long way from the countries or areas where Arès Pilgrims are present.

The Arès Pilgrims advance with great difficulties on their ideal goal represented by *The Revelation of Arès*. They do not pass themselves off as models, they are only symptoms. They are *sinners,* men and women who seek virtue, who bear witness to Truth, and who strive to open the world to a spiritual concept of inner life, of social life and of the future, which is not less sensible than the materialistic concepts. Moreover, their personal experiences vary greatly according to their seniority and individual qualities. The Arès Pilgrims may be disappointing, then, when compared to the sublime ideals expressed by *The Revelation of Arès*. The latter shall remain the one and only Light, the sole guide, for every *soul*. In every newcomer the Arès Pilgrims, with love and wisdom, hope to find the man or woman that will surpass them in virtue and apostolic ardor.

BROTHER MICHEL

It seems quite natural that every person impressed by *The Revelation of Arès* wishes to meet the witness to Jesus (1974) and to the Theophanies (1977). But by reading this book a person has already met brother Michel better than he or she could have met him face to face. Through his testimony and thoughts widely expressed in the texts and annotations that accompany the actual Revelation, the witness to the supernatural Event of Arès is present in every page. As for the rest, brother Michel recalls that he is "a man devoid of any interest in himself."

Michel Potay was born in Suresnes, a suburb of Paris, on July 11, 1929, to a mother native of Vosges (a mountain range in eastern France) and father born in Paris to Breton parents. He was an engineer in Paris and then in Lyon from 1954 to 1964. Emerging from a long period in atheism he sought a path in faith in several ways, including esotericism which he rejected judging it to be specious. From 1965 on he prepared for priesthood in the Orthodox Church. He married Christiane Négaret in 1968—they would have three daughters: Nina (1969), Anne (1970) and Sara (1975)—; he was ordained in the same year. He quitted the Church after Jesus' appearances in 1974, and he was later, in 1977, confirmed by the Theophanies in the mission that he has been and will keep assuming until he breathes his last as the guide of a new Exodus, spiritual, as the herald of men who will

par la science, « qui n'est qu'un admirable outil », mais par la recherche patiente de l'amour créateur et de *l'intelligence* spirituelle.

La Révélation d'Arès appelle le frère Michel *prophète (35/9, XXXVII/2, etc.)*. Dans une allocution, lors du Pèlerinage d'été 1993, frère Michel dit :

« Être *prophète* du Père n'a pas de sens si je ne suis pas *prophète* des hommes. Je dois convaincre les croyants, pour qui la miséricorde est un effet de l'Amour du Père, que par ce fait même la miséricorde est un effet de l'amour des hommes, même athées. Seul l'amour et *l'intelligence* spirituelle peuvent redonner sa puissance créatrice à la foi, et d'abord à la foi dans l'homme sans laquelle ne peut fonctionner la foi en Dieu.

« Sans doute la foi religieuse évite-t-elle le pire à l'humanité, mais Dieu ne créa pas les hommes pour simplement leur éviter le pire, pour avoir pitié d'eux ou pour se faire glorifier par eux. Il créa Adam à son *image et ressemblance (Genèse 1/27)*, autrement dit, il fit l'homme co-créateur de lui-même et du monde. La vraie foi est existentialiste. L'homme doit se réaliser. Voilà ce que *La Révélation d'Arès* nous rappelle ! La religion a échoué, le communisme (une sorte de religion) a échoué aussi, parce qu'on ne change pas l'homme par un culte ou par des lois.

« À Arès Dieu n'a pas seulement prouvé sa Réalité. Il a prouvé l'Espérance active qu'il met dans l'homme. Dieu créa l'homme libre d'accepter ou de refuser son *Dessein ;* il sait que l'homme, aujourd'hui encore, refuse ce *Dessein ;* mais il n'a pas renoncé à la grande Idée originelle d'Éden. Éden ne renaîtra que de la volonté de l'homme d'être autrement qu'il n'est devenu. De cet existentialisme-là je suis *prophète*. C'est ce que m'a demandé le Père.»

N'étant *chef de personne (16/1),* le frère Michel n'exerce aucun pouvoir sur les Pèlerins d'Arès. Il vit seul avec sa famille ; jusqu'en 1995 il n'a même pas eu de secrétaire. À la suite d'un long surmenage, des problèmes de santé le contraignirent à quitter la Maison de la Révélation en 1992. Tout courrier doit toujours lui être adressé à Arès, cependant.

Le frère Michel visite régulièrement les missions de France et des pays proches. Toutefois, il y a gros à parier que la diffusion de *La Révélation d'Arès* en anglais, aux USA, en Grande Bretagne et ailleurs, le conduira vers de nouveaux horizons afin d'aider les nouveaux frères à faire leurs premiers pas dans la *pénitence* et dans la *moisson*.

LE PÈLERINAGE D'ARÈS

Le Pèlerinage d'Arès n'est pas obligatoire. C'est sans doute ce qui le rend plus nécessaire encore aux yeux des croyants libres. Faire le Pèlerinage est l'aboutissement d'un engagement profond de *l'âme* ; à Arès on ravive son ardeur à la *pénitence* et à la *moisson*. Mais il y a des exceptions ; pour quelques uns le pèlerinage est un commencement. En tout cas, personne ne va à Arès quêter des faveurs ou des miracles, même si des faveurs et de miracles sont obtenus là, comme partout dans le monde où la foi est dynamique et créatrice.

conquer evil not through religion or politics or science, "which is just a wonderful tool", but through the patient pursuit of creative love and spiritual *intelligence*.

The Revelation of Arès calls brother Michel *prophet (35/9, XXXVII/2, etc.)*. In a short speech, during the 1993 Summer Pilgrimage, brother Michel said,

"To me being the *prophet* of the Father is meaningless if I am not the *prophet* of men. I have to convince all believers, to whom mercy is an effect of the Father's Love, that by this very fact mercy is an effect of men's love, even of atheists' love. Only spiritual love and intelligence are capable of restore power of creation to faith, first of all faith in man without which faith in God cannot work out.

"No doubt religious faith has spared manking the worst, but God did not create men only to spare them the worst, to pity them, or to be glorified by them. He created Adam in his *image and likeness (Genesis 1/27)*, in other words, he made man the creator of himself and of the world. True faith is existentialistic. Man has to realize himself. This is what *The Revelation of Arès* reminds us of! Religion has failed, communism (a kind of religion) also has failed, because man is not changed by either worship or laws.

"In Arès God has not only demonstrated his reality. He has demonstrated the active Hope he puts in man. God created man free to accept or refuse his *Design*; he knows that man still refuses this *Design* today; but he has not given up the great original Idea of Eden. Eden can only result from man's will to be different from what he has long turned into. I am the *prophet* of that existentialism. That is what the Father asked me to be."

As he is *no ruler for anyone (16/1)*, brother Michel exercises no power over the Arès Pilgrims. He lives by himself along with his family; from 1974 to 1995 he did not even have a secretary. As a result of long overworking he fell ill and had to leave The House of the Revelation in 1992. All letters should still be addressed to Arès, however.

Brother Michel pays regular visits to the missions of France and neighboring countries. But the odds are that the circulation of the English translation of *The Revelation of Arès* in the USA, the United Kingdom and elsewhere will induce him to make for new horizons in order to help the new brothers to take their first steps in *penitence* et in the *harvest*.

THE PILGRIMAGE TO ARÈS

The Pilgrimage to Arès is not compulsory. This may be the reason why free believers find it even more necessary. Making the Pilgrimage is the outcome of a deep commitment of the *soul*; in Arès one rekindles one's ardor for *penitence* and the *harvest*. But there are exceptions; for a few persons the Pilgrimage is a beginning. In any case, no one goes to Arès to quest for favors and miracles, even though favors and miracles are sometimes obtained there as they are worldwide wherever faith is dynamic and creative.

Dieu à Arès nous libère des religions et relance la vie spirituelle, qui est libre par nature. Le Pèlerinage d'Arès est donc spirituel, mais non religieux. Il préfigure notre libération générale de tous pouvoirs humains, notamment des pouvoirs qui s'exercent sur la foi. Le Pèlerinage place donc chaque pèlerin dans sa personne entière, autonome et responsable, seul devant Dieu. Le Pèlerinage n'est pas pénitentiel; l'esprit du pèlerin est tourné vers l'avenir, il ne saurait être dominé par l'obsession de fautes passées. C'est pourquoi l'esprit du Pèlerinage d'Arès n'est pas de componction; il est dynamique et joyeux.

Le Pèlerinage est institué par le Père. On trouve dans *Le Livre* les Paroles qui le fondent *(XXX/18-19, XL/1-3, XLI/1-13, XLVIII/4)*.

L'accès au Pèlerinage est gratuit. L'entretien de La Maison de la Sainte Parole est assuré par les dons libres des pèlerins.

L'origine religieuse ou agnostique et l'identité personnelle du pèlerin sont sans importance. D'antécédent chrétien, juif, musulman ou autre, le pèlerin doit seulement répondre « oui » à deux questions :

1. « Croyez-vous que la Bible, le Coran et *La Révélation d'Arès* viennent de Dieu ? »

2. « Aimez-vous tous les hommes et pardonnez-vous les offenses ? »

Aux agnostiques et athées qui ne peuvent pas répondre à la première question, il est demandé de répondre « oui » à la suivante :

3. « Assurez-vous que vous n'entrez pas dans ce lieu par curiosité, mais que vous y entrez par espérance ? »

Le Pèlerinage a lieu dans la maison même où Dieu se manifesta en 1977 :

Maison de la Sainte Parole, 15, rue Jean Lebas, 33740 ARÈS (France)

Accueil : 46, avenue de la Libération, 33740 ARÈS (France)

La pérennité du Pèlerinage et l'entretien des lieux sont confiés à L'Œuvre du Pèlerinage d'Arès (Association Loi 1905, 15 rue Jean Lebas, 33740 Arès).

Le Pèlerinage est en principe perpétuel, mais pour le moment, faute de moyens et de personnel, son ouverture régulière n'a lieu qu'en été :

Première période : du 21 juin au 4 juillet

Deuxième période : du 12 juillet au 25 juillet

Troisième période : du 2 août au 15 août

Une seule ouverture quotidienne :

du lundi au jeudi : de 18 h à 21 h (accueil ouvert à partir de 15 h)

les samedi, dimanche et jours fériés : de 17 h 30 à 21 h (accueil à partir de 15 h)

le vendredi : de 8 h 30 à 11 h 30 (accueil à partir de 8 h)

(Les dates et heures peuvent être sujettes à des changements)

Pourvu qu'on ne sorte pas de l'intention mise par le Père dans la *vraie piété*, la prière est individuelle et libre, sauf le premier et le dernier jour de chaque période. Ces jours-là, le frère Michel, s'il est présent à Arès, conduit une prière collective, non dans un esprit cérémonial ou autoritaire, mais dans l'esprit du verset: *Tu les enseigneras à prier (35/1)*. À l'issue de cette prière collective, il prononce généralement une allocution.

In Arès God frees men of religions and relaunches spiritual life which is free by nature. The Pilgrimage to Arès therefore is spiritual, it is not religious. It prefigures our general liberation from all human powers, particularly the powers over faith. On Pilgrimage, therefore, every pilgrim's autonomous responsible full self is alone in front of God. The Pilgrimage is not penitential; the pilgrim bends its mind toward the future, he or she should not be under the sway of obsessive past sins. This is why the spirit of the Pilgrimage is not one of compunction; it is dynamic and joyous.

The Pilgrimage was founded by the Father. The Words that institute it are found in *The Book (XXX/18-19, XL/1-3, XLI/1-13, XLVIII/4)*.

The admission to the Pilgrimage is free. The upkeep of The House of the Saint's Word is ensured by the pilgrims' liberality.

The religious origin and personal identity of a pilgrim are of no importance. Whether of Christian, Jewish, Muslim or other antecedents the pilgrim is only asked to reply "yes" ("oui" in French, pronounced 'wee') to two questions:

1. "Do you believe that the Bible, the Quran and *The Revelation of Arès* have come from God?"

2. "Do you love all of men and do you forgive them their offences?"

The agnostic and atheists who cannot reply to the first question are asked to reply "yes" ("oui") to the following question:

3. "Can you assure that you are not entering this place out of curiosity, but that you are entering it out of hope?"

The Pilgrimage takes place in the very house where God spoke in 1977:

Maison de la Sainte Parole, 15, rue Jean Lebas, 33740 ARÈS (France)

Reception: 46, avenue de la Libération, 33740 ARÈS (France)

The durability of the Pilgrimage and the keepup of the premises are entrusted to L'Œuvre du Pèlerinage d'Arès (an association, 15 rue Jean Lebas, 33740 Arès).

In principle the Pilgrimage is perpetual, but for the time being, for want of means and staff it is regularly open in summer only:

First period: from June 21 to July 4

Second period: from July 12 to July 25

Third period: from August 2 to August 15

An only daily opening:

Monday to Thursday: 06:00 pm to 09:00 pm (reception open at 03:00 pm)

Saturday, Sunday and Holidays: 05:30 pm to 09:00 pm (reception -idem-)

Friday: 08:30 am to 11:30 am (reception open at 08:00 am)

(the days and hours of opening may be subjected to change)

Provided the pilgrims do not deviate from the intention that the Father puts in *true piety*, prayer is individual and free, except on the first and the last day of each period. On these days brother Michel, if he is present in Arès, leads a collective prayer, not in a ceremonial or authoritarian spirit but in the spirit of the verse, *You shall teach them to pray (35/1)*. After the collective prayer he usually addresses the audience.

NOTES

NOTES

NOTES

NOTES

NOTES

NOTES

NOTES

NOTES

N° AFNIL: 2-901821-07-03

Ce livre a été composé en Times
par le frère Michel Potay
à la Maison de la Révélation
33740 ARÈS (France)

*This book was set in Times
by brother Michel Potay
in The House of the Revelation
33740 ARÈS (France)*

Imprimé et relié par *(Printed and bound by)*
AUBIN Imprimeur
86240 LIGUGÉ (France)

Aubin Imprimeur
LIGUGÉ, POITIERS

Achevé d'imprimer en juin 1995
N° d'impression L 48308
Dépôt légal juin 1995
Imprimé en France